谨以此书，向四十年来组织、领导、关心《敖汉旗文化志》编纂工作的老领导、老同事、老朋友表示崇高的敬意！向编纂过程中以各种形式做出过贡献的各界同仁表示衷心的感谢！

群众文化艺术馆

乌兰牧骑

现在的敖汉旗博物馆

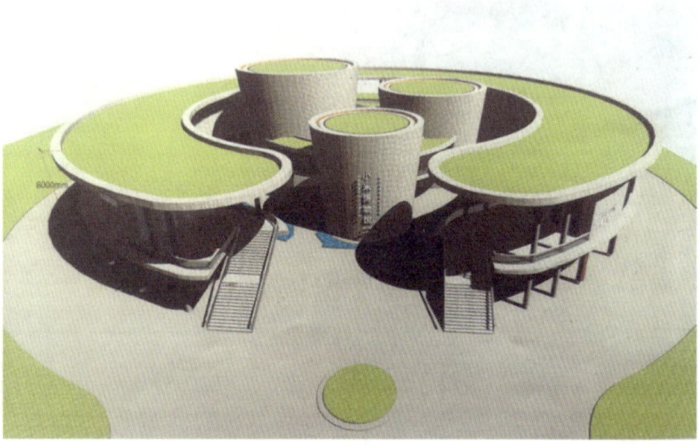
中国小米博物馆效果图

新博物馆效果图

1985 年的敖汉旗图书馆

1985 年的新华书店

电影公司影剧院

网球中心

敖汉旗体育公园效果图

敖汉旗国际小轮车赛场

小东山自驾车营地规划

自行车越野赛道

全民健身馆

彩票管理中心

金厂沟梁金矿职工俱乐部

文化执法人员在执法

玻璃画

敖汉拨面

九曲黄河阵

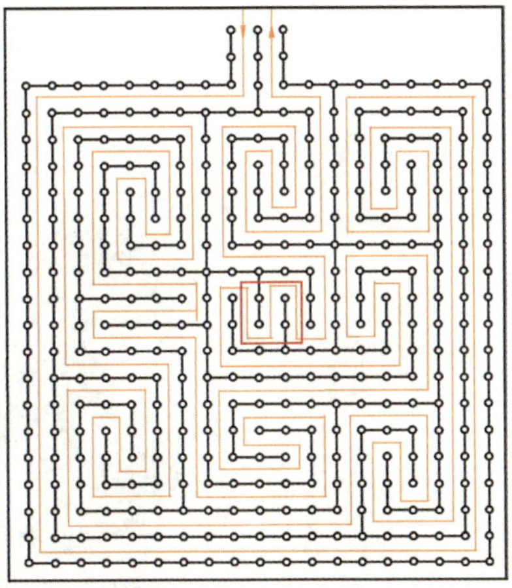

九曲黄河阵图

苏才撵画作品

刺绣（1）

刺绣（2）

徐耀书法绘画

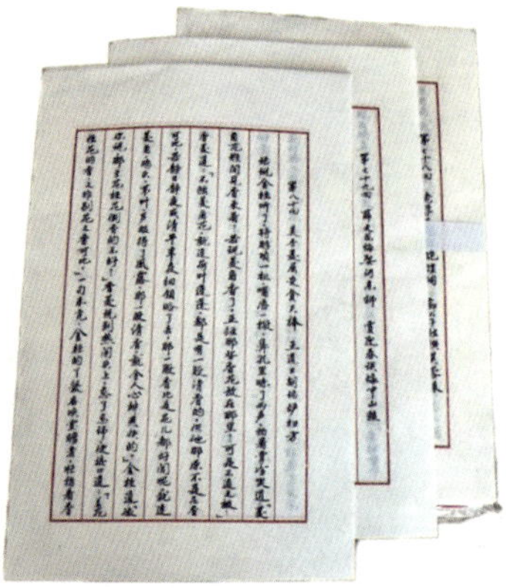

刁金华小楷书法作品《红楼梦》

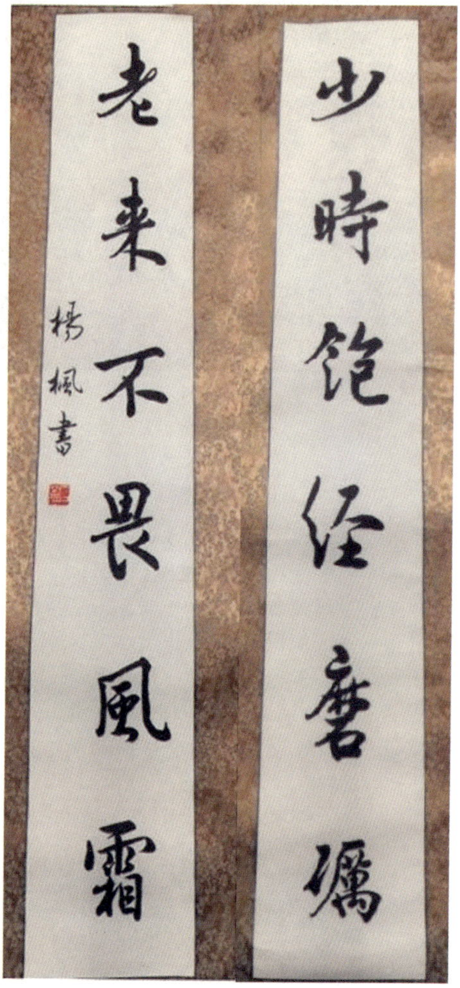

杨枫书法

广场舞（1）

广场舞（2）

秧歌展演（1）

秧歌展演（2）

农牧民演出

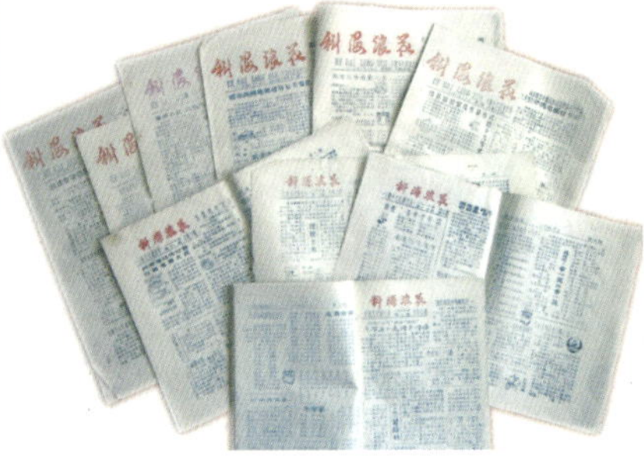

长胜文化站的小报

评剧大赛：冯玉萍颁奖

评剧大赛：预赛

阿友书屋活动

农村文化活动（1）

农村文化活动（2）

社区文化演出

春节灯展

灯谜

农村鼓乐队（1）

农村鼓乐队（2）

网吧 KTV 等场所（1）

网吧 KTV 等场所（2）

旗袍秀

蒙古族祭敖包

《大漠绿魂》建组启动仪式

《大漠绿魂》第一次公演成功 (1)

《大漠绿魂》第一次公演成功 (2)

《桃园喜讯》演职人员剧照 (1)

《桃园喜讯》演职人员剧照 (2)

编剧朱嘉庚

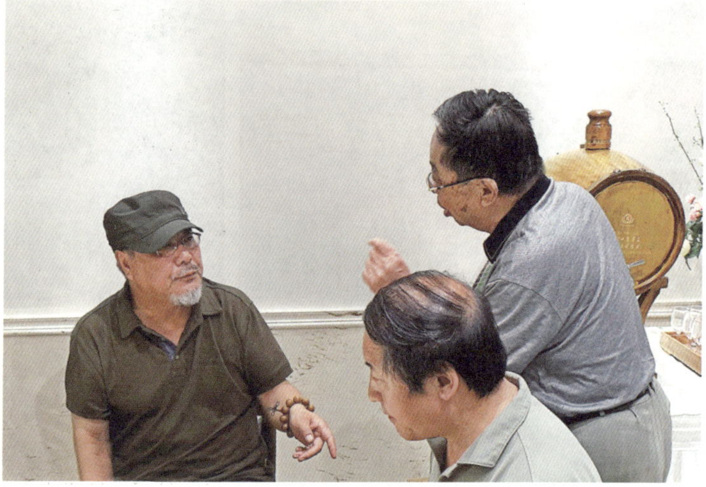

导演宋国峰与编剧朱嘉庚讨论剧务

排练（1）

排练（2）

排练（3）

辅导培训

送戏下乡 (1)

送戏下乡 (2)

敖汉春晚剧照 (1)

敖汉春晚剧照 (2)

敖汉春晚剧照 (3)

敖汉旗文化队资料照片

传统评剧《乾坤带》

评剧《红丝错》演出现场

在中央电视台演出京剧《中国梦》

岗岗营子宣传队演出剧照（1）

岗岗营子宣传队演出剧照（2）

参加北京海淀区非遗展览

剪纸 (1)

剪纸 (2)

剪纸顶碗舞

皮影展演

皮影

皮影匠蒋春

皮影演出现场

英雄会

青城寺祭星

青城寺祭星仪式

好德歌沁 (1)

好德歌沁 (2)

好德歌沁 (3)

好德歌沁表演队（1984 年）

最早记录《诺恩吉雅》的歌曲集

徐立立和她的奖杯

乒乓球比赛

空竹、武术表演

门球比赛、太极表演

电子竞技

围棋比赛

群众端午节爬山活动

羽毛球比赛

武术比赛

运动场

自行车比赛

健身路径

割谷子比赛

农村的广场

农民运动会

2017 年 12 月 4 日国际自盟官员来敖汉考察

于宝君接见托马斯和宋立山

法国技术官员托马斯在施工现场

2018 年 8 月 4 日叶秀丽在梅地亚接收媒体采访

中央电视台播报关于小轮车队成立的新闻

活跃在赛事上的礼仪小姐

小轮车比赛场景 (1)

小轮车比赛场景 (2)

小轮车比赛场景 (3)

小轮车比赛场景 (4)

小轮车比赛场景 (5)

小轮车比赛场景 (6)

公路越野自行车比赛场景 (1)

公路越野自行车比赛场景 (2)

敖汉旅游标识

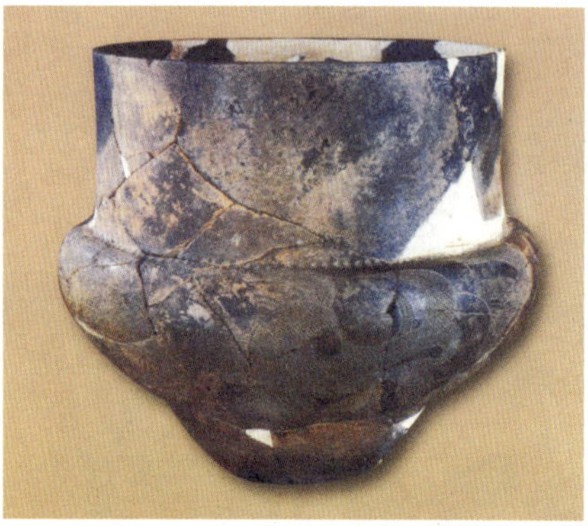

敖汉旅游标识来源——赵宝沟文化尊型器

大黑山风光

红石砬子山

南大青山

山湾子水库

古河畔的水乡泽国

石门湾水乡

老哈河谷地带

三十二连山

文冠庄园

响水摩崖石刻

敖汉温泉城

长胜治沙林场的黑松林

敖汉旗佛祖寺

"世界旱地农业主题公园"
吉祥物形象设计
形象
视图
表情
动态
延展

设计说明
小敖，取自敖汉的"敖"字使得其与主题更加贴切。整体形象以龙祖、粟米、敖汉旗的蒙族服饰为基础，更加贴切主题，突出敖汉是的旱地农业发源地的历史特色。头顶的是粟米标志，突出了旱地农业的特色，让看到小敖的人第一时间能够了解旱地农业的突出特色。外形上，胖胖的可爱外观更加亲近人，能够使得大众所能接受。让大众通过这一吉祥物了解敖汉旱地农业，引起大众的兴趣。
敖汉-小敖
这边走
小敖还可以用于很多实际场景中。例如：手机壳 大门 指示牌 书籍 杯子等纪念品 还有当地出产的农作物包装上。
小敖正面
小敖侧面
小敖背面
现实应用
世界旱地农业主题公园
停车场
Parking

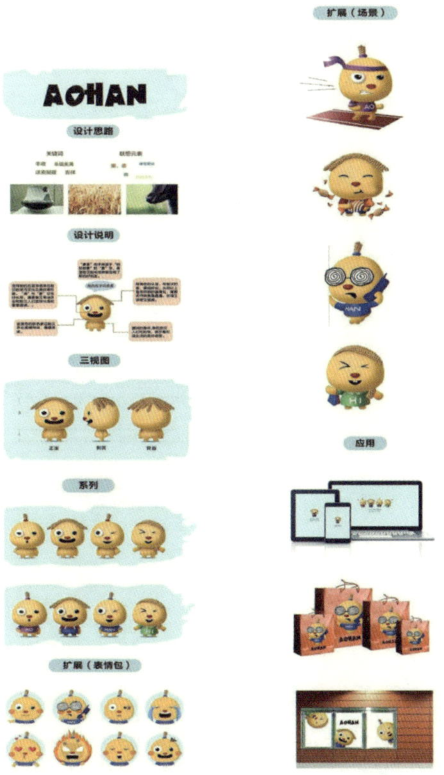
AOHAN
设计思路
设计说明
三视图
系列
扩展（表情包）
扩展（场景）
应用

吉祥物主图：
拓展设计图：
Hi~
设计理念：
吉祥物「禾禾」取材于金黄的小米，加上顶端萌生的草芽，幻化为寓意着"希望"的种子形象，赋予敖汉旱作农业风调雨顺的吉祥愿景；眉心花由代表红山文化的勾云形玉佩与玉龙融汇而成，通过符号化的印记，打造独特的"民族-世界"品牌名片；闪着星芒的大眼睛，增加了趣味性与神秘性，使形象可爱明快，深入人心。
应用设计图：
捏捏乐减压团子
场景应用图：
热气球
AR跟随互动展示屏

大广节获奖作品

旅游服务大赛

下洼大佛寺的石狮子

远古文化创意产业城鸟瞰图

碾盘沟（清泉谷）景观

2018 年杏花节

烈士陵园

敖汉新州博物馆

敖汉旗龙源博物馆

敖汉民俗博物馆

敖汉旗国宾馆

诚远宾馆

嘉阳假日酒店

海岳宾馆

金陶宾馆

·玉石摆件
·镇纸
·笔筒
·陶瓷杯
·T恤
·书立
·水杯
·紫檀化妆镜
·钥匙扣
·小米包装
敖汉小米

创意产品（1）

中国共产党敖汉旗委员会
敖汉旗人民政府

创意产品（2）

徐光晋

刘国祥

王巍

2017 年 5 月陶人出土 5 周年纪念

敖汉陶人及复原图

陶人出土地

兴隆洼文化遗址

第三届世界小米起源与发展国际会议

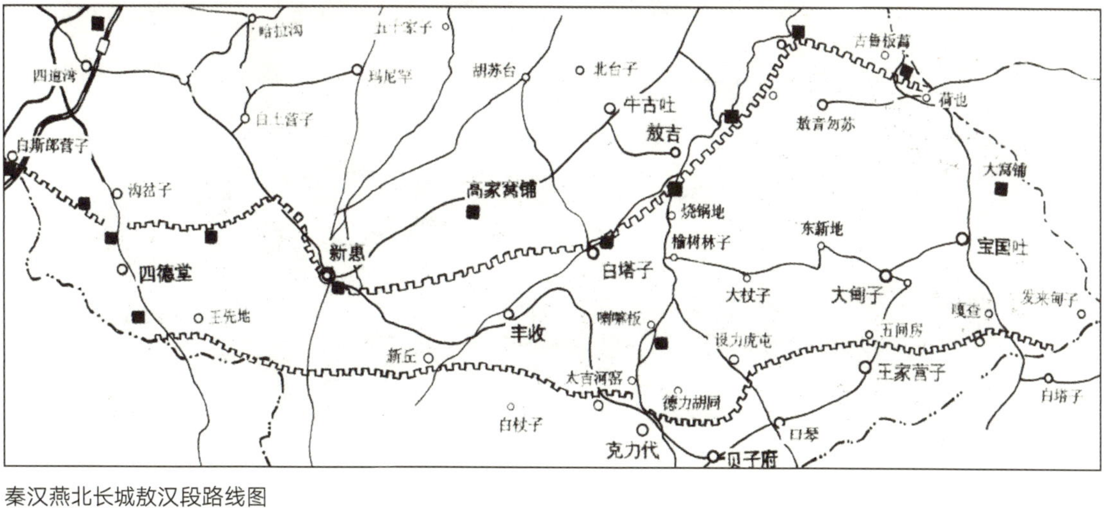

秦汉燕北长城敖汉段路线图

英国剑桥大学马丁先生在敖汉考察

新惠中学师生参观内蒙古史前文化博物馆

兴隆沟遗址碳化黍粟颗粒出土地

文保员培训班

兴隆洼文化匕形器

兴隆洼文化玉玦

兴隆洼文化玉玦

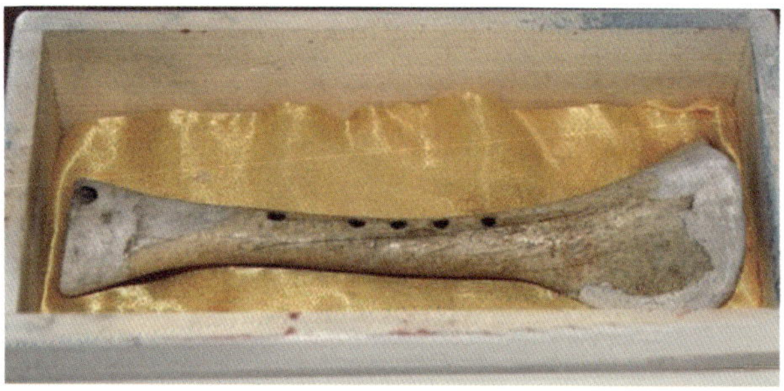

兴隆洼文化骨笛

八千年的碳化粟籽粒

赵宝沟文化尊型器

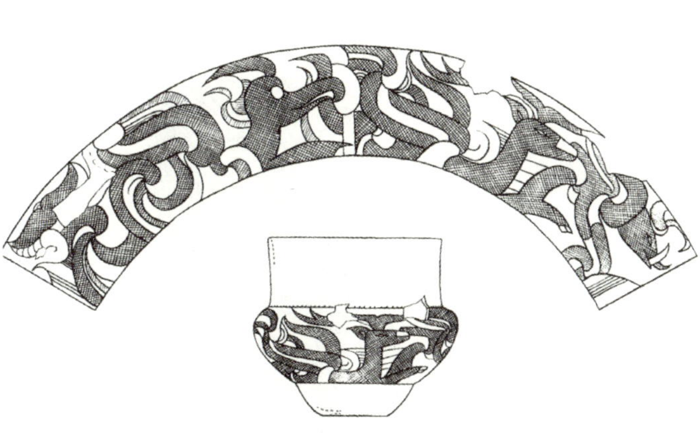

猪、鹿、鸟纹尊形器

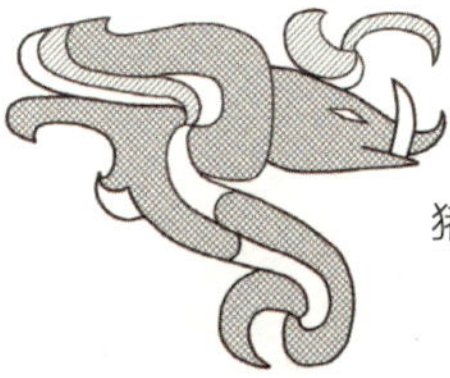

猪龙

神鹿

凤鸟

赵宝沟文化鹿纹陶尊

赵宝沟文化鹿纹陶豆

红山文化猪首龙

红山文化玉龙

红山文化青玉龙

红山文化玉箍形器

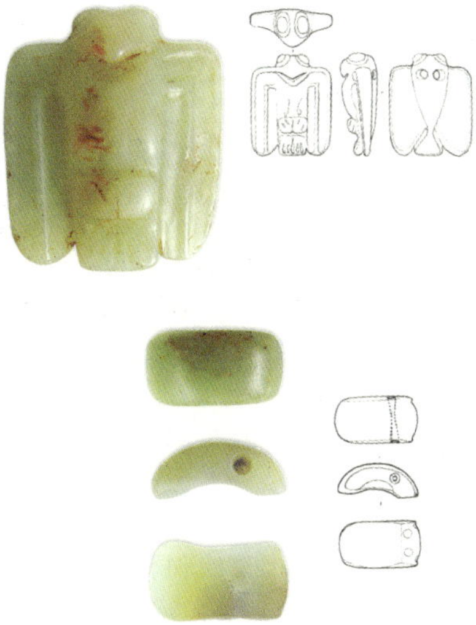
红山文化玉枭

红山文化彩陶瓮、彩陶钵

红山文化石雕人像

兴隆沟陶人

红山文化陶塑三人拥抱像

红山文化方形玉璧

小河沿文化彩陶尊

小河沿文化鸟形壶

大甸子墓地彩绘（1）

大甸子彩绘陶鬲（1）

大甸子墓地彩绘（2）

大甸子彩绘陶罐

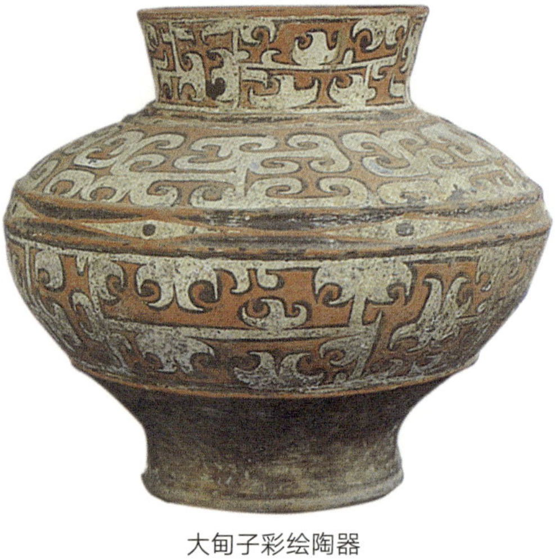
大甸子彩绘陶器

大甸子彩绘陶鬲（2）

大甸子陶鬶

大甸子陶爵

战国青铜猪

唐代狻猊纹银盘

唐代波斯银壶

唐粟特银壶

影青磁钵

宋代紫定印花碗

辽代鎏金银面具

辽代黑釉葫芦瓶

辽代摩羯纹耳坠

辽代三彩香薰

辽代鸡冠壶

辽代贻官罐

辽代玉带

元代龙神

元代春水玉牌

元代金龙金冠

元代龙凤纹瓷罐

元代龙首银杯

元代铁锈花大罐

清代象牙观音

清代人物天球瓷瓶

清代玉屏

清代骨象

时任全国人大常委会副委员长布赫及夫人接见乌兰牧骑部分队员

布小林视察博物馆新馆建设

彭维勇来视察 (1)

彭维勇来视察 (2)

自治区党委常委王丽霞视察敖汉旗博物馆

赤峰市政府市长孟宪东视察博物馆

自治区体育局局长谭景峰视察小轮车场地

于宝君、叶秀丽、藤海魁在小轮车建设场地

当代著名作家、诗人席慕蓉为博物馆题词

于宝君旗长与陈同滨、刘国祥就兴隆洼遗址考古公园合影

旗人大常委会主任张喜生观看文艺汇演

敖汉旗党政领导与演职人员在一起（前排左二于宝军、左四邱文博、右四张希生）

旗委领导参加红山文化研究院成立大会

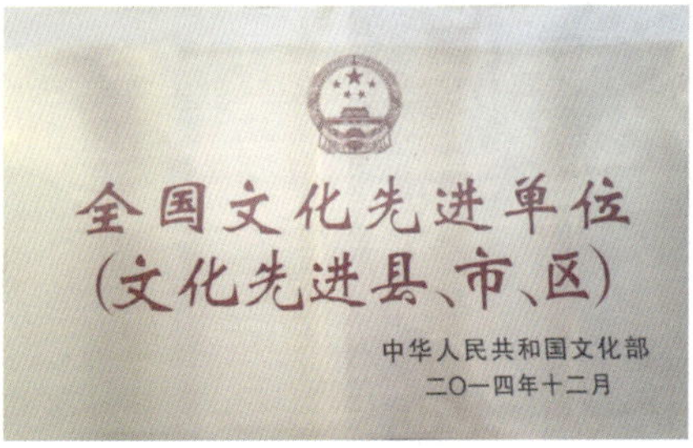

文化部全国文化先进单位

国家体育总局全民健身周先进单位

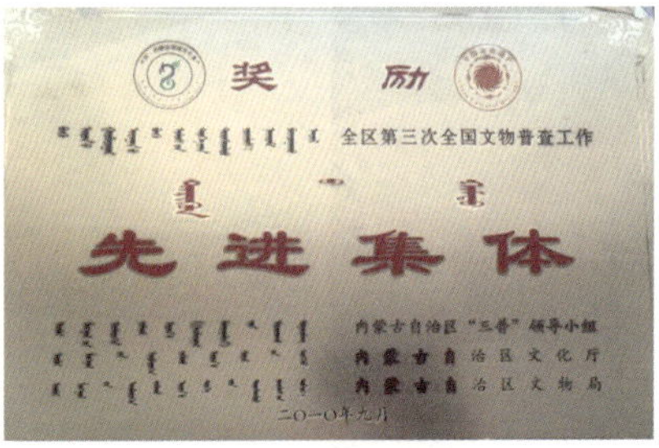

自治区文物普查先进单位

康家店村获得全国示范农家书屋牌匾

全市文化建设先进单位

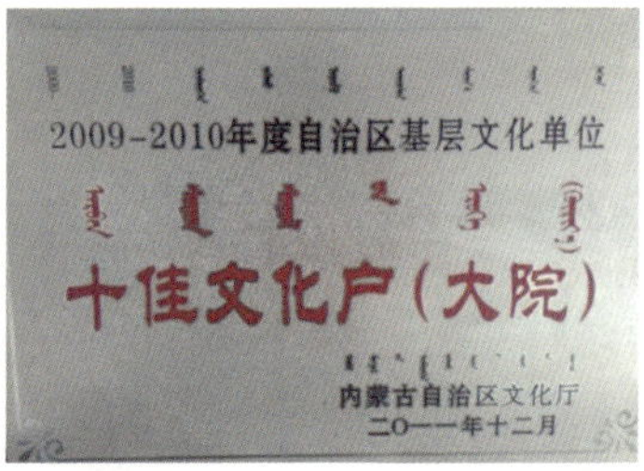

自治区十佳文化大院奖牌

呼图格沁牌匾

兴隆洼考古遗址公园立项牌匾

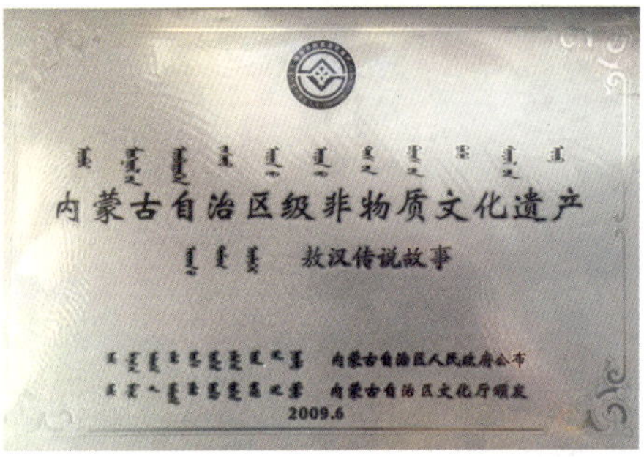

敖汉传说故事

青城寺祭星牌匾

AOHAN QI WENHUA ZHI

敖汉旗文化志

张红民　主编

中国社会出版社
国家一级出版社・全国百佳图书出版单位

序 言

“郡邑之有志，犹国之有史。”一方历史变迁、政治沿革、山川地理、经济文化，常以志记之，以求贯通古今，明察兴替，鉴往知来。《敖汉旗文化志》就承载着这一历史责任。从考古成果看，早在8000年前，生活在敖汉这块土地上的先民，就创造出了独一无二的农耕文化和祭祀文化，是中国北方古文化的发祥地之一。470年前，以蒙古族为主体的敖汉部落形成，在敖汉大地上，不同历史时期的蒙古族汉族文化融合发展，推动着农耕文明与草原文化的深度融合，相互包容，书写着各个时代的精彩篇章。随着历史的变迁，尤其是新中国成立后各个时期的发展与建设，随着经济和社会事业的全面发展，文化事业有了长足的进步。

习近平总书记说：“一个国家、一个民族的强盛，总是以文化兴盛为支撑的，中华民族伟大复兴需要以中华文化发展繁荣为条件。对历史文化特别是先人传承下来的道德规范，要坚持古为今用、推陈出新，有鉴别地加以对待，有扬弃地予以继承。”《敖汉旗文化志》以此为指导思想，坚持为英贤立传，为草根立言，为乡愁立记，为古迹立档，为今人立鉴的修志理念，突出盛世修志、志载盛世、鉴古开来的时代特征。这本《敖汉旗文化志》较为全面、准确地记述了上起自清朝，下至2018年年末敖汉文化事业发展的轨迹，重点详述了中华人民共和国成立以来70年文化事业发展的史实。求其“语备而理尽，例明而事中，举而措之，如指诸掌”，“自为经纬，成一家言”。不落俗套，勇于创新，体现敖汉特色，突出敖汉特点，为了解和研究敖汉旗文化提供丰富而翔实的资料。

《敖汉旗文化志》结构比较合理，论述比较全面，文字也比较精练。不仅记载了敖汉文化的渊源，而且记述了敖汉文化在各个时期的发展和各个文化门类的兴衰。特别是改革开放40多年，旧的计划经济导向的文化体制逐步退出历史舞台，市场经济导向的中国特色社会主义文化体制逐步确立。在这一过程中，敖汉文化事业既有长足快速发展的喜悦也有改革的“阵痛”，既有成功的经验也有失败的挫折和教训，体现了编纂者的良苦用心和严谨的态度。《敖汉旗文化志》的出版，必将对“存史资治”“鉴往知来”有着重要的历史意义和现实意义，是敖汉旗文化建设的一项重要成果。

《敖汉旗文化志》从开始编纂到今天成书，经历了漫长的35年的时间，其间的分歧和曲折经历，也充分反映了我们这个时代人们思想的丰富和活跃，反映了敖汉旗文化事业的波澜和繁荣。“不忘本来才能开辟未来，善于继承才能更好创新。”“用中华民族创造的一切精神财富来以文化人、以文育人。”我们坚信，敖汉文化事业在习近平新时代中国特色社会主义思想指导下，贯彻执行“百花齐放、百家争鸣”的方针，体现社会主义核心价值观，剔除传统文化中封建性糟粕，继承人民性、民主性的精华，为建设中国特色社会主义文化提供渊源和借鉴，为建设社会主义精神文明和物质文明作出努力，与开发和发展敖汉旗的文化旅游体育事业战略相适应。文化工作者不忘初心，牢记使命，继续坚持“为人民服务，为社会主义服务”的方向，为更加灿烂辉煌的明天贡献自己的力量。

赤峰市政协副主席、中共敖汉旗委书记：

中共敖汉旗委副书记、敖汉旗旗长：

2020 年 2 月 26 日

凡　例

一、本志编纂以党的十八大、十九大精神和习近平新时代中国特色社会主义思想为指导，运用辩证唯物主义与历史唯物主义的观点，全面系统地记述敖汉旗文化、体育、旅游事业的发展历史和现状，力求思想性、资料性、科学性的统一，突出地方特色和时代特色。

二、本志按照现代社会分工和科学分类相结合的原则，共设14编、47章、153节，总字数约120万字。志首设插图、序言、凡例、概述、目录。志末设大事记、编纂始末。

三、本志上限追溯至清顺治年间，下限为2018年12月31日。

四、本志体裁以志为主，兼用述、记、传、图、表、录。节以下行文运用记述文体，横排纵述，秉笔直书，述而不论。所记皆实录，不溢美不扬恶，不讳过。大事记以编年体为主。

五、本志纪年。中华人民共和国成立前用朝代纪年，并在括号内加注公元纪年如“乾隆三十六年（1771年）”，中华人民共和国成立后一律使用公元纪年。

六、本志记述机构、单位等名称，在文中第一次出现时使用全称，并括注简称。设人物篇，为在文化事业上作出贡献的已故文化名人以传略的形式记述。其他文化人物按照“生不立传”的原则，分章节录入人物简介。人物传略和简介按姓氏笔画排序。

七、因机构改革，文化系统各机构多有分合变动，本着“存则记述，离则不记”的原则处理。电影部分只记述到2010年；新华书店业绩记述到1985年，党群组织沿革至今；广播电视因其业务的独立性，本志不做记述。

八、本志采用规范的现代语文体记述，使用词语以《现代汉语词典》、新编《辞海》为标准，使用文字以《简化字总表》为标准。

九、各类数据的使用。中华人民共和国成立前以资料出处为准，中华人民共和国成立后以统计部门统计资料为准，统计部门没有数据的，使用主管部门提供的数据。表格空白处为未发生、无统计或查无数据。经过考证鉴别征集的“三亲”资料酌情使用。

十、本志所有数字和标点符号写法均以中华人民共和国国家标准《出版物上数字用法》

《标点符号用法》为准。

十一、本志资料来源于敖汉旗文化体育广电局、档案馆、博物馆、统计局以及敖汉旗内各专志、专著、文献，口碑资料经过考证后载入，均不一一注明出处。

目　录
Contents

第一编　文化机构

第二编　群众文化

第三编 民间文艺

第四编　文化馆

第五编 图 书

第六编　专业演出团体

第七编　电　影

第八编 非遗工作

第九编　体　育

第十编　旅　游

第十一编　文物与考古

第十二编　文化市场

第十三编　人　物

第十四编　附　录

概　述

敖汉旗地处内蒙古自治区赤峰市东南部，位于燕山山脉与松辽平原的过渡带上，是我国古代农耕文明与草原游牧文明的交汇处。东与通辽市奈曼旗田垄为邻，南与辽宁省朝阳市青山分界，西与赤峰市松山区一桥衔接，北与赤峰市翁牛特旗隔河相望。旗人民政府驻新惠镇，距赤峰市政府所在地 110 公里。

敖汉旗辖 16 个乡、镇、苏木和 2 个街道管理办公室，即新惠镇、金厂沟梁镇、四家子镇、四道湾子镇、下洼镇、贝子府镇、长胜镇、兴隆洼镇、黄羊洼镇、牛古吐镇、古鲁板蒿镇、萨力巴乡、丰收乡、玛尼罕乡、木头营子乡、敖润苏莫苏木、新州街道管理办公室、惠州街道管理办公室。全旗人口 60 万，总面积 8300 平方公里。

一

敖汉大地历史悠久，史前文化遗迹遍布全旗，是中国北方古文化的发祥地之一，素有“人文敖汉”之称。旗博物馆藏有 5000 余件（套）历史文化珍品，在全国县级博物馆中位居第一。

境内发现有小河西、兴隆洼、赵宝沟、红山、小河沿、夏家店下层、夏家店上层 7 种史前考古学文化，其中小河西文化、兴隆洼文化、赵宝沟文化、小河沿文化 4 种史前考古学文化首次发现并以敖汉地名命名。境内发现的各个不同时代的古文化遗址和墓葬 4000 余处，居全国县级单位之冠。有兴隆洼原始聚落遗址、城子山山城遗址、大甸子遗址、赵宝沟遗址、战国燕长城遗址等 9 处全国重点文物保护单位。城子山山城遗址是中国北方最大的夏家店下层文化中心性祭祀遗址，兴隆洼原始聚落遗址被誉为“华夏第一村”，大甸子遗址被誉为“海内外孤篇”。

敖汉旗有“龙祖玉源，圣地敖汉”的美誉。在兴隆沟遗址出土的红山文化整身陶人被誉为“中华祖神”，境内出土了世界最早的玉器——玉玦，发现中国最早龙的雏形。遗址出土的骨笛，可以通过三种指法变调吹奏出完整的清乐七音调式，证明 8000 年前我们的祖先在生活、生产或在祭祀场合中，用熟练熟记的乐谱进行变调吹奏，那时的先人们已经熟练地掌握制笛技术与演奏方法，并达到相当精准的程度。中国现代考古学家苏秉琦先生把敖汉赞誉为“文明太阳升起的地方”。

敖汉旗有“全球旱作之源，世界黍粟之乡”的称号。兴隆洼遗址出土的碳化粟和碳化黍，经世界早期农耕文明专家鉴定后认为这些谷物距今8000年，比中欧地区发现的谷子早2700年。敖汉地区是中国古代旱作农业起源地，也是横跨欧亚大陆旱作农业的发源地。2012年，敖汉旱作农业系统被联合国粮农组织列为全球重要农业文化遗产。

横亘在敖汉中部的两道长城表明：在春秋战国时期，这里曾在燕国的版图；春秋战国之后，这里一直是北方骑马民族的驻牧之地。

敖汉地区的近现代文化以王府文化、庙宇文化和民族民间文化最具代表性。敖汉部族形成之后，先后建立四个府第，以蒙古族民间文艺为代表的王府文化，满足了蒙古族王公贵族日常生活中的文化需求。王府文化是在民间文化普及基础上提高的文化，大多表现在文化娱乐方面，形式主要以戏曲、歌舞、曲艺、民歌为主。民俗文化受王府文化影响，蒙古族服饰、首饰、刺绣、金银器制作、皮具等比较先进。

清朝中期前后，在王子庙、乌兰召一带兴起一种蒙古族民间艺术“好德歌沁”。这是敖汉地区特有的以歌舞为主，兼有一定戏曲表演形式的蒙古族民间文艺活动，亦称“呼图格沁”。至今仍在民间流传，是内蒙古自治区第一批认定的非物质文化遗产。清乾隆八年（1743年），乾隆帝东谒祖陵途经敖汉响水（今敖润苏莫苏木境内），即兴题诗《观敖汉瀑布》。用满、汉、蒙三种文字刻在响水北岸石壁上。至今摩崖石刻隐隐可见，成为大漠之中一道奇特的景观。

为了满足统治者的需要，乾隆四十四年（1779年），敖汉札萨克王府召集艺人成立戏班，即敖汉布克道喇“图勒门班”。该班与土默特、科尔沁、巴林、奈曼等18个王府供养的戏班，众议梨园会盟，聚集演戏艺伶793口，承德人称之为“漠南四十九旗十八班”。“十八班”年年都到热河避暑山庄为在此避暑的清廷王公大臣演出。这期间艺人们成功将“梆子戏”引入敖汉，使之成为草原上一个新剧种，并一直演唱至今。清代的“移民实边”政策使大批的关内汉族人口迁徙至此，也带来华北一带的汉族文化艺术，“落子”“京剧”“评剧”“梆子戏”“二人转”“大鼓词”等文化艺术形式与塞外草原文化的深度融合，使敖汉旗民间艺术兼容并蓄，得到丰富和发展。

民国时期，敖汉地区出现以唱“二人转”（俗称“大口落子”）为主的民间小戏班。由于活动方便，对外来的戏曲艺术接受很快，逐渐向初期的评剧发展，有的能兼演梆子戏。由此开始，民间戏班、民间影班以当地财主领办或名望较高的艺人牵头的方式，成为敖汉地区民间艺术的重要形式之一。

解放战争期间，张宽、侯凤山戏班应八路军冀察热辽军区十七旅邀请，随部队在下洼、敖吉、牛古吐、贝子府等地流动演出，受到部队和地方群众的欢迎。十七旅赠给戏班五块匾和毛泽东、朱德画像，成为敖汉旗第一支跟随部队慰问演出的文艺团体。1947年，解放军某部在哲里木盟奈曼旗境内歼灭土匪“小白龙”，邀请敖汉旗牛古吐张宽戏班唱庆功戏，场面热烈而隆重。敖汉旗全境于 1947 年解放后，新生的人民政权设置文教科，人民的文化事业开启新的航程。

二

中华人民共和国成立后，旗委、旗政府加强对文化工作的领导。敖汉旗政府设文教科，负责全旗文化事业的管理。在党和政府“团结旧艺人，改进旧艺术，使旧艺人成为新文化工作者”的文化工作方针指导下，旗文教科派出一批老艺人参加热河省在赤峰初头朗举办的“短期乡艺培训班”，向这些老艺人颁发毕业证书和从艺证书。

在党的文艺工作“双百”方针指引下，敖汉旗加强群众文化工作的指导。1950 年，敖汉旗文学艺术工作者联合会成立，全旗 12 个区文联小组也相继成立并开展工作。同年 5 月，旗文化馆正式成立，文化工作的领导和组织机构得到加强。文化馆成立后，主要任务是抓职工和农牧民扫除文盲工作，在新惠镇内办起职工业余学校、农民业余学校、扫盲识字班等。

1956 年在贯彻中央“提高质量，稳步发展，全面规划，加强领导”文化工作方针的基础上，文化工作服务于合作化运动和“整风运动”，并有长足进步。全旗 3 支电影放映队，全年放映电影 299 场，17.7 万人次就近看上电影。敖汉旗半职业剧团一年排演 70 多个剧目，演出 380 场，30 多万观众受到宣传教育。全旗有 1 个文化馆、3 个文化站、40 个农村俱乐部、113 个农村业余剧团、1100 多人的文化骨干分子活跃在农村牧区。

1962 年，国民经济开始好转，文化活动逐渐复苏。根据文化部关于在市、县剧团中“改制”的指示，纠正民间职业剧团增长过快、不注意发挥艺人积极性和经营管理失当以及搞平均主义等偏向，精简文艺机构，加强民主管理，认真实行按劳分配制度，从而调动起广大文艺工作者的积极性。

1964 年，全旗文艺骨干会议之后，旗人委文教科制定下发《关于对农村业余剧团的管理意见》和《关于对流散艺人的管理意见》，进一步规范民间文艺活动，使群众文化工作得到正常发展。电影发行放映工作加强了集中统一领导，内蒙古自治区电影放映单位变为“条管”体制，敖汉旗电影放映总队改为敖汉旗电影管理站，以县为主的电影放映体系活跃在城乡。图书报刊为科研服务、为生产服务，充分发挥书刊文献作用。

三

“文化大革命”期间，敖汉旗的文化事业受到一定程度冲击。从 1966—1968 年的最初几年里，包括文化在内的所有社会生活领域均陷入无政府状态，群众组织林立，新中国成立 17 年来文化艺术事业的成果统统被视为“封、资、修”的毒草加以禁绝，旗评剧团价值两万余元的传统戏曲服装被红卫兵当作“四旧”（旧思想、旧文化、旧风俗、旧习惯）焚烧；古装戏被视为“帝王将相”“才子佳人”而遭禁演，传统曲艺曲（书）目禁唱；文艺创作队伍被解散，许多作品被批判；文物和古籍图书被视为“四旧”，旗文化馆的许多图书被造反派付之一炬；文化事业的领导干部和业务骨干多被打成“资产阶级当权派”“反动学术权威”“文艺黑线人物”“牛鬼蛇神”被关、被管，有的遭到迫害；旗文化馆、电影队、新华书店、乌兰牧骑合并为“敖汉旗革命委员会毛泽东思想文艺宣传队”。文艺工作者被集中起来搞“斗、批、改”，旗评剧团大部分演员及家属下放到农村参加农业生产劳动，群众文化活动和专业文艺创作基本处于停滞状态。

1970年前后，八个“样板戏”陆续出台。作为政治任务，全旗上下学唱“样板戏”是最经常性的文艺活动，被称之为“八亿人民八出戏”，各公社、大小生产队的业余文艺活动则畸形地活跃，所谓的“小靳庄经验”推波助澜。农村生产大队、各中小学校都成立“毛泽东思想宣传队”，开展所谓的“人人跳忠字舞”“人人唱语录歌”“人人学唱样板戏”“人人唱革命歌曲”“人人写革命诗”“人人写革命大字报”“人人写大批判稿”等“全民运动”，内容全部是宣传“文化大革命”，一些简单的文艺体裁，如三句半、快板、对口词、诗歌、表演唱、样板戏选段等成为敖汉城乡文艺舞台上最常见的表演形式。

这期间，全旗各公社先后成立电影放映队，配齐16毫米和8.75毫米电影放映机，实现农村牧区电影普及。

四

1978年12月，党的十一届三中全会开启改革开放的新征程。敖汉旗的文化事业彻底清除“四人帮”的文化专制和极“左”路线的流毒，在“两为”（为人民服务、为社会主义服务）方向和“双百”方针（百花齐放、百家争鸣）指引下，焕发出勃勃生机。随着改革的逐步深入和开放步伐的不断加快，在计划经济体制下成长起来的文化事业也受到很大的冲击，走过一段曲折的道路。经过解放思想，大胆改革文化体制，逐步适应社会主义市场经济的新形势，各项文化艺术事业得到长足的发展。

文博事业实现大的飞跃，打造“人文敖汉”亮丽名片。在敖汉旗8300平方公里的大地上，经过文物普查，共发现各个不同时期的古文化遗址4000余处，居全国县级之冠。其数量占内蒙古全区五分之一，赤峰市四分之二。

戏曲艺术推陈出新，文艺创新斩获成就。旗乌兰牧骑作为敖汉旗唯一的专业演出机构，坚持“两为”方向和“双百”方针，面向人民群众，改革管理体制，健全活动机制，不断推出新剧目，不断取得新成绩，不断获得新荣誉。

群众文化空前活跃，文化体育连获殊荣。全旗广大文艺工作者坚持“为人民服务，为社会主义服务”的方向，牢记“百花齐放，百家争鸣”的方针，按照国务院提出的“乡乡建有文化站”的要求，30个乡镇普遍建起文化站。在“全面推动，重点指导，抓好典型，以点带面”的工作思路指导下，村级文化室、文化户、文化大院发展迅速，成为农村牧区群众文化的主阵地。20世纪90年代后，突出“文化工作与经济建设紧密结合”广泛开展群众性“大文化”，文化网络建设进一步加强。敖汉旗先后获得市级、内蒙古自治区级、国家级文化体育先进旗光荣称号。

培育业余文艺人才队伍，文学艺术创作硕果累累。改革开放40年，敖汉的文学艺术园地，繁花似锦，文学爱好者们连连出版诗集、散文集、长篇小说等，为广大读者的书架增添本土文学的元素。

高度重视文化市场管理工作。1987年，旗政府制定出台《关于加强全旗文化市场管理的暂行规定》，从文艺团体和个体演出人员的演出管理，关于非法出版物的收缴和处理，关于音像录放管理，关于营业性舞会管理，关于文物管理等方面作出明确规定。成立专门队伍，加大执法力度，使全旗文化市场健康有序发展。

1995年9月，敖汉旗旅游局正式组建，与敖汉旗经济贸易委员会合署办公。内设专门负责旅游的工作机构，对外行使旅游局的职能。从1999年开始，在赤峰市旅游局的帮助下，先后编制《敖汉旗旅游资源规划书》《加快我旗旅游业发展实施方案》《敖汉旗“十一五”期间旅游业发展规划》等促进旅游事业发展的文件。2009年8月，根据上级关于着手制定“十二五”规划的工作部署，旗旅游局组织力量编制《敖汉旗“十二五”期间旅游业发展规划》。2014年，旗委、旗政府作出《关于加强文化旅游工作的决定》，提出打造“一心三线”文化旅游产业格局的新思路。敖汉旗旅游事业逐步走上健康发展的轨道。

电影事业管理机制在改革中不断完善。1963年1月，旗电影放映中心总队改为敖汉旗电影管理站。1975年，全旗各公社陆续建立电影放映队。1979年8月，旗“电影院管理站”改为“敖汉旗电影发行放映公司”，电影管理体制进一步完善。20世纪80年代后期，旗政府投资新建电影院，电影发行放映事业又上一个新台阶。进入世纪之交，群众的观赏意识和文化娱乐要求发生变化，电视逐渐普及，电影及其他表演艺术活动受到冲击。2001年，旗政府成立“实施农村牧区电影‘2131工程’目标领导小组”，组织旗电影公司“送电影下乡”，农村牧区在21世纪初实现一村一月放映一场电影的目标。

2014年以来，旗委、旗政府按照中央关于推进公共文化服务标准化、均等化的要求，根据自治区、赤峰市的工作部署，依托敖汉丰厚的历史文化资源和历史悠久的群众文化传统，创新多元的文化发展模式。从群众的精神文化生活需求出发，充分调动社会各方面力量，统筹推进以村级文化活动室为载体的农村牧区基层文化阵地建设。文化室、文化户、文化广场和文化大院建设日新月异，收到前所未有的文化惠民成果。

五

党的十九大确定我国已经进入中国特色社会主义新时代，贯彻落实习近平新时代中国特色社会主义思想，是文化工作的必然要求，丰富精神文化生活越来越成为各族人民的热切愿望。

从 2016 年起，敖汉旗每年都举办有一定主题的春节联欢晚会，通过六大网络平台直播，每年都有近 40 万人次观看，在更大的范围内宣传敖汉、推介敖汉。

从 2018 年开始，举办首届“中国梦·梨园情”评剧大赛，共有来自内蒙古、河北、辽宁三地 108 名专业演员和票友的参与。

2018 年 8 月，新排演以敖汉旗生态文明为主题的现代评剧《大漠绿魂》在自治区首府展演。9 月，参加第十一届中国评剧艺术节，取得了很大成功。12 月 20 日，敖汉旗乌兰牧骑在北京召开新闻发布会，现代评剧《大漠绿魂》将于 2019 年 1 月 9 日在北京民族文化宫大剧院上演。

占地总面积 76325.85 平方米的敖汉旗国际小轮车赛场项目从开工建设到完工并投入使用，仅仅用不足两个月的时间，创造出敖汉速度。2018 年 6 月中旬，成功举办 XBM 全国小轮车竞速赛。9 月，举办“千森杯国际自盟小轮车竞速赛敖汉旗站”比赛和“千森杯国际自盟公路越野职业一级赛敖汉旗站”比赛，吸引 21 个国家、54 支车队的上百名运动员参加比赛，其中许多世界顶级车手参与角逐。同月，中国竞速小轮车队也在敖汉旗成立，成为敖汉体育史上一件大事。为打造敖汉旗自行车骑行文化，发展自行车骑行游等特色体育项目起到了引领作用。

在全面普查旅游资源的基础上，2018 年，本着“突出乡土特色、保护与开发并重、自然美与人工美相协调”原则，对 2011 年制订的《敖汉旗旅游总体规划》进行修编，着力打造“五区、七镇、二十三园”文化旅游格局。一是打好“文化”牌，以史招商。二是打好“生态”牌，用绿招商。三是打好“区位”牌，借势招商。

综观全旗文化与旅游产业的发展，现在仍存在一些不容回避的短板，文化旅游产业仍处于初级阶段：规模小、层次低、抗风险能力弱；部分重点项目投资额度大，后续投入资金不足；史前文化资源开发难度大；专业人才匮乏；等等。这些都需要在今后的发展中，对症下药，加大改革力度，增强自身发展内生动力，增加资金投入，广纳专业人才，补齐短板，助力文化大旗建设，打造崭新局面。

随着人民生活水平的不断提高和科学技术的飞速发展，群众文化消费的热点也由戏剧—电影—歌舞—电视录像—卡拉 OK—网吧—互联网依次转移。但是一种文化艺术形式不可能“独霸天下”，文艺形式的多样化反映出人民群众文化生活的丰富多彩。在习近平新时代中国特色社会主义思想指引下，敖汉旗的文化事业将更好地传承和发扬优秀传统，吸收和借鉴一切优秀文化成果，使社会主义文化艺术事业更好地实现为人民服务、为社会主义服务的宗旨。

第一编

文化机构

第一章　文化行政管理机关

第一节　机构沿革

一、中华人民共和国成立前敖汉旗文化行政机构

清末县级文化行政机构不单设，归教育机构，设教育署和训导署，后改为劝学所。教谕、教导，也叫学官，掌管文庙春秋祭祀。学官以下配有礼房、廪局、斋夫、门斗等公务人员。任县级学官的需贡生以上学位。教谕、教导兼任奉祀官。奉祀官的级俸分七品、八品、九品三等。主要是管理文庙的庙产、殿产、庙内祭品、乐器和行赞事宜，还管理全县文武生员（秀才），配合府里的学道兼考生员。平时还设坛讲学，为生员解疑答难，批改文章。这个时期，敖汉地区文化事宜归建昌县、建平县教育署、训导署和劝学所管理。

民国初期，文化行政机构沿用清末旧制设劝学所，后改为教育公所和教育局。

伪满时期，设教育科，由礼教股办理社会文化教育，管理文化古籍，督导地方尊孔祭圣。训练所谓“忠良国民”等。

民国 26 年（1937 年）3 月 1 日，敖汉地区从建平县分出，建立新惠县。新惠县公署设行政科管理文化。

民国 29 年（1940 年）8 月，新惠县改称敖汉旗，文化工作由敖汉旗政府教育科管理。

民国 34 年（1945 年）9 月，敖汉旗改称新惠县，文化归民政科（1945 年 11 月前）和民教科（1945 年 11 月后）。当时的文化工作主要是宣传清除“正统思想”的流毒，宣传土地改革，反奸清算，减租减息，开展文娱活动，引导群众认识时局，进行新民主主义教育等。

民国 35 年（1946 年）3 月，敖汉地区分别设立新惠县政府、新东县政府和敖汉旗政府。文化工作分别由两县一旗的民教科管理，民教科指导各区、苏木会民教助理，开展文化工作。

民国 37 年（1948 年）3 月，新惠县、新东县合并为新惠县，文化工作由新惠县政府文教科管理。同年 6 月，新惠县政府和敖汉旗政府合并为敖汉旗－新惠县联合政府，设

文教科。

民国 38 年（1949 年）3 月，敖汉旗 – 新惠县联合政府改称为敖汉旗政府。同年 5 日 1 日，敖汉旗政府改称为敖汉旗人民政府，文教科设置不变。

二、中华人民共和国成立后敖汉旗文化行政机构

中华人民共和国成立后，敖汉旗人民政府设文教科，除管理教育外，还管理全县文化、艺术、图书、电影和文博等工作。

1955 年，敖汉旗人民政府文教科改称敖汉旗人民委员会文教科。1956 年 7 月，文化、教育分家，敖汉旗人民委员会设文化科；1957 年 4 月，文化、教育合并，仍为敖汉旗人民委员会文教科。

1959 年 3 月，文教科改称文教部，同年 8 月又改称文教科。1960 年 1 月，敖汉旗人民委员会文教科改称文教局。1962 年，文教局又改称文教科。

1966 年，文化行政机关处于瘫痪状态。同年 10 月，撤销敖汉旗人民委员会文教科，文化隶属敖汉旗革命委员会政工组的宣传组。

1973 年 6 月，敖汉旗革命委员会设文教局，隶属敖汉旗革命委员会宣传组。1976 年 6 月，文化、教育分家，敖汉旗革命委员会设文化局。1979 年 6 月，敖汉旗革委会文化局改称敖汉旗人民政府文化局（简称敖汉旗文化局）。

1984 年 2 月，敖汉旗体育运动委员会与敖汉旗文化局合并。1985 年 5 月，敖汉旗体育运动委员会与敖汉旗文化局分设。

1993 年 11 月，敖汉旗文化局和敖汉旗体育运动委员会合并，成立敖汉旗人民政府文化体育局（简称敖汉旗文化体育局）。

2002 年 5 月，敖汉旗人民政府为体制改革、精简机构的需要，把敖汉旗文化体育局、敖汉旗广播电视服务中心和敖汉旗旅游局合并，成立敖汉旗人民政府文化体育广播电视局，简称敖汉旗文化体育广播电视局（旅游局），是主管文化艺术、体育、广播电视、旅游事业的旗人民政府工作部门，具有独立的法人资格。根据敖汉旗委、旗政府《关于敖汉旗党政机构改革实施意见》（敖党发〔2012〕19 号）精神，原文化与体育局承担的管理职能、原广播电视局承担的管理职能、原招商局承担的旅游管理职能一并划入敖汉旗文化体育广播电视局。因文化体育与广播电视业务差异较大，自成体系，既未合署办公，人、财、物也未统一管理，重大决策均由各自的领导班子自行决策。

2007 年 7 月，敖汉旗人民政府关于敖汉旗文化体育广播电视局和敖汉旗广播电视服务中心两机构设立情况作出说明，将广播电视的行政职能划归敖汉旗广播电视服务中心。两机构成为互不隶属并无关系的平行单位。

2010年6月，敖汉旗人民政府文化体育广播电视局改称敖汉旗人民政府文化体育广播电影电视局（简称敖汉旗文化体育广播电影电视局），加挂旅游局牌子。

2015年9月，敖汉旗人民政府文化体育广播电影电视局更名为敖汉旗人民政府文化广电体育局（简称敖汉旗文化广电体育局），挂旅游局、文物局牌子至今。

第一编表1　中华人民共和国成立前敖汉地区文化归属机构沿革及负责人情况表（一）

时间	文化机构名称	负责人			备注
		姓名	职务	籍贯	
1915年（民国4年）	建平县劝学所	张云祥	所长		前清举人，北京师范毕业
1929年（民国18年）	建平县教育局	杨承恩	局长	辽宁省建平县	朝阳中学毕业，优级师范肄业
1931年（民国20年）	建平县教育局	白延桂	局长	辽宁省建平县	
1939—1942年（民国28—31年）	新惠县公署教育科	赵宪堂	科长	辽宁省	
1943—1945年（民国32—34年）	敖汉旗公署教育科	哈旺加卜	科长	吉林省辽源市	

第一编表2　中华人民共和国成立前敖汉地区文化机构设置沿革及负责人情况表（二）

年份	文化机构名称	姓名	职务	任职时间	籍贯
1945.11—1948.06	新惠县政府民教科、教育科、文教科	李世民	科长	1946.09—1947.02	河北省
		谷　合	科长	1947.02—1948.11	河北省丰润县
		刘伯仁	副科长	1947.09—1947.10	辽宁省绥中县
1946.03—1948.03	新东县政府民教科、教育科	高长山	科长（兼）	1946.03—1947.03	辽宁省绥中县
		阎锡笙	科长	1947.03—1947.11	山东省历城县
		侯泽民	副科长	1947.07—1948.03	辽宁省锦县
1946.03—1948.06	敖汉旗政府民教科	于子阳	科长	1946.03—1947.11	萨力巴乡
		王化民	副科长	1946.03—1947.08	
		赫　蒂（王福祥）	科长	1947.07—1948.06	贝子府乡
		白俊卿	副科长	1947.06—1947.11	新惠乡
1948.06—1949.09	敖汉旗-新惠县联合政府文教科（后为敖汉旗政府和敖汉旗人民政府文教科）	刘伯仁	科长	1948.06—1949.09	辽宁省绥中县

第一编表 3　中华人民共和国成立后敖汉旗文化行政管理机构沿革及领导人更迭表

年份	机构名称	姓名	性别	民族	文化程度	职务	任职时间	籍贯
1949.10—1955.04	敖汉旗人民政府文教科	刘伯仁	男	汉	初中	科长	1949.10—1950.10	辽宁省绥中县
		张振祥	男	汉	师范	副科长	1952.12—1955.04	小河沿区
		高守忠	男	汉	高中	副科长	1950.09—1953.01	新惠镇
1955.04—1956.07	敖汉旗人民委员会文教科、文教部	高守忠	男	汉	高中	科长	1953.01—1956.03	新惠镇
		张振祥	男	汉	师范	副科长	1955.04—1957.06	小河沿区
		魏振鹏	男	汉	大专	部长	1956.03—1956.07	四家子区
1956.07—1957.04	敖汉旗人民委员会文化科	张　志	男	汉	高中	副科长	1956.07—1957.04	小河沿区
1957.04—1960.01	敖汉旗人民委员会文教科	魏振鹏	男	汉	大专	科长	1957.06—1960.01	四家子公社
		鲍廷章	男	汉	中师	副科长	1957.08—1960.01	萨力巴乡
1960.01—1962.04	敖汉旗人民委员会文教局	魏振鹏	男	汉	大专	副局长	1960.01—1960.07	四家子公社
		鲍廷章	男	汉	中师	副局长	1960.01—1962.07	乌兰召公社
		孙　亮	男	汉	高中	副局长	1961—1962.04	新地公社
		张　志	男	汉	高中	副局长	1960.08—1961.08	小河沿公社
1962.05—1968.10	敖汉旗人民委员会文教科	张振祥	男	汉	师范	科长	1962.05—1968.10	小河沿公社
		鲍廷章	男	汉	中师	副科长	1962.07—1968.10	乌兰召公社
		刘树义	男	汉	中师	副科长	1965.01—1966.02	牛古吐公社
1968.10—1973.04	敖汉旗革命委员会政工组	王清秀	男	汉	初中	组长	1968.10—1969.04	小河沿公社
		张金山	男	汉	初中	组长	1969.04—1973.04	岗岗营子公社
		郭汉武	男	汉	大专	副组长	1968.10—1973.04	克力代公社
		孙国英	男	汉	初中	副组长	1968.10—1973.04	辽宁省朝阳县
		苏和巴特尔	男	蒙古		副组长	1971.05—1973.04	
1973.05—1976.06	敖汉旗革命委员会文教局	余　昭	男	汉	中师	负责人	1973.05—1976.06	河北省
		何龙江	男	汉		局长	1975.02—1976.06	辽宁省
		张振祥	男	汉	师范	副局长	1973.06—1976.06	小河沿公社
		崔一凡	女	汉	高中	副局长	1973.06—1976.06	下洼公社
		于　庆	男	汉	大专	副局长	1973.06—1976.06	辽宁省朝阳县
1976.06—1979.06	敖汉旗革命委员会文化局	余　昭	男	汉	中师	局长	1976.06—1978.06	河北省
		付景辉	男	汉	高中	局长	1978.07—1979.06	巴林左旗

续表

年份	机构名称	姓名	性别	民族	文化程度	职务	任职时间	籍贯
1979.06—1993.11	敖汉旗人民政府文化局	于　庆	男	汉	大专	局长	1979.06—1980.01	辽宁省朝阳市
		王玉珩	男	汉	高中	副局长	1980.01—1981.06	林家地乡
		王玉珩	男	汉	高中	局长	1981.06—1984.02	林家地乡
		沈绍文	男	汉	高中	副局长	1984.02—1985.05	长胜乡
		蔡春圃	男	汉	大专	局长	1985.05—1993.11	新惠镇
		梁　鹏	男	汉	大专	副局长	1984.02—1993.11	丰收乡
		洪　英	女	汉	大专	副局长	1990.08—1993.11	新惠镇
1993.11—2002.05	敖汉旗人民政府文化体育局	乔化文	男	汉	大学	局长	1993.12—2002.05	玛尼罕乡
		梁　鹏	男	汉	大专	副局长	1993.11—	丰收乡
		齐成玉	男	汉	大学	副局长	1993.11—1996.07	四家子镇
		刘文宗	男	汉	大专	副局长	1993.12—2002.02	玛尼罕乡
		王文才	男	蒙古	大专	副局长	1991-1993.8 1996.10—2001.09	新惠镇
		郭兴志	男	汉	大学	副局长	2001.09—2002.05	丰收乡
		王久芳	男	汉	大学	副局长	2001.09—2002.05	四家子镇
2002.05—2010.06	敖汉旗人民政府文化体育广播电视局（旅游局）	乔化文	男	汉	大学	局长	2002.05—2004.03	玛尼罕乡
		乔化文	男	汉	大学	旅游局局长（兼）	2002.05—2004.03	玛尼罕乡
		李　政	男	汉	大学	副局长	2002.05—2004	新惠镇
		王久芳	男	汉	大学	副局长	2002.05—2009.06	四家子镇
		郭兴志	男	汉	大学	副局长	2002.05—2010.06	丰收乡
		孟宪和	男	汉	大学	副局长（兼）	2002.05—2007.07	新惠镇
		许景泉	男	汉	大学	局长	2004.03—2010.06	四道湾子镇
		于海永	男	汉	大学	副局长	2004.06—2010.06	玛尼罕乡
		马文波	男	汉	大学	副局长	2004.06—2010.06	新惠镇
		杨君雅	女	汉	大学	副局长	2004.06—2010.06	玛尼罕乡
2010.06—2015.11	敖汉旗人民政府文化体育广播影电视局（兼挂旅游局牌子）	许景泉	男	汉	大学	局长	2010.06—2015.04	四道湾子镇
		郭兴志	男	汉	大学	副局长	2010.06—2015.11	丰收乡
		于海永	男	汉	大学	副局长	2010.06—2015.11	玛尼罕乡
		马文波	男	汉	大学	副局长	2010.06—2015.11	新惠镇
		杨君雅	女	汉	大学	副局长	2010.06—2015.11	玛尼罕乡
		葛学文	男	汉	大学	局长	2015.04—2015.11	古鲁板蒿乡

续表

年份	机构名称	姓名	性别	民族	文化程度	职务	任职时间	籍贯
2015.11—2018.12	敖汉旗人民政府文化广电体育局（兼挂旅游局、文物局牌子）	葛学文	男	汉	大学	局长	2015.09—2016.10	古鲁板蒿乡
		郭兴志	男	汉	大学	副局长（正科）	2015.11	丰收乡
		于海永	男	汉	大学	副局长	2015.11	玛尼罕乡
		马文波	男	汉	大学	副局长（正科）	2015.11	新惠镇
		杨君雅	女	汉	大学	副局长（正科）	2015.11—2015.12	玛尼罕乡
		张红民	男	汉	大学	局长	2016.10	兴隆洼镇
		田彦国	男	汉	大学	副局长	2016.10	新惠镇

第二节　内设机构

一、股（室）设置及人员编制

1952 年，文教科配有专职文体科员 1 人。

1956 年 7 月 15 日，文教科分为文化科和教育科。文化科设副科长 1 人、科员 1 人。

1958 年，敖汉旗人委文教科设有负责文化的副科长 1 人、科员 1 人。1962 年春，文教科设文化科员 1 人。

1968 年 10 月，敖汉旗革委会政工组下设宣传组，有组长、副组长各 1 人，负责文化工作。

1973 年 6 月，敖汉旗革委会文教局设负责文化的副局长 1 人、工作人员 1 人。

1976 年 6 月，文化、教育分设，成立敖汉旗革命委员会文化局，设局长 1 人，下设政工组、财会组、业务组，每组工作人员 1 人。

1979 年 6 月，改称敖汉旗人民政府文化局，定编 5 人。

1984 年 2 月，敖汉旗体育运动委员会和敖汉旗人民政府文化局合署办公，编制 17 人。

1985 年 5 月，体委分出。文化局定编 7 人，其中正副局长各 1 人、调研员 1 人、政工组 1 人、业务组 1 人、财会组（兼打字、收发）2 人。1987 年 7 月，文化局增加编制 5 人。

1989 年 3 月，设文化市场管理办公室（副局长兼主任）；1990 年 2 月，编委批准设办公室、业务股。

1992 年，有职工 11 人，编委批准增设文化市场管理股，不增编。

1993 年，与体委第二次合并后的旗文化体育局设局长 1 人、副局长 2 人、工作人员 13 名。内设业务股、人秘股、文化市场管理股、体育股。

1995 年 2 月，撤销业务股。同年 12 月，敖汉旗推行国家公务员制度领导小组批复文化体育局职位设置方案，按 12 个公务员职位设置。其中领导职位 4 个、副主任科员职位 1 个、科员职位 7 个。有局长 1 人，副局长 3 人，文管股长、体育股长、文化股长、人秘股长、秘书、会计、现金出纳各 1 人。

1999 年 4 月，增设旅游（开发）股。2002 年 5 月，敖汉旗文化体育广播电视局（文体、广播、旅游合并）成立。局内设办公室、文化与旅游股、体育股、广播电视股、市场管理股。有工作人员 17 名，设局长 1 人、副局长 3 人。

2007 年 7 月，敖汉旗政府决定将广播电视的行政职能重新划归敖汉旗广播电视服务中心，广播电视股职能职责随之划转。同年 9 月，成立青年工作委员会。

2011 年 7 月，成立敖汉旗体育彩票销售管理站（非常设机构）。同年 10 月，旗政府办公室印发《敖汉旗文化体育广播电影电视局主要职责、内设机构和人员编制规定》，明确主要职责和内设机构。内设办公室、文化股、体育股、广播影视旅游股、市场管理股。

2013 年 3 月，成立文化体育旅游产业办公室。

2014 年，定编 14 人，其中公务员编制 13 人、行政工勤编制 1 人。

2015 年 7 月，设立旅游管理服务中心，为股级单位。同年 12 月，经旗编委批复，内设机构为文化股、体育股、广播影视旅游股、市场管理股、办公室。同年，体育彩票销售管理站升格为体育彩票管理办公室。

2016 年，编委发文增设财务审计股。3 月，成立文化志愿者服务管理办公室。

2017 年 3 月，设信息与网络管理办公室、核算中心。8 月，编委发文撤销文化旅游体育产业办公室。10 月，设文化体育旅游安全监督管理办公室，市场管理股、审批办合署办公。

2018 年，局机关编制 13 人，其中公务员编制 12 人、行政工勤编制 1 人。实有工作人员 11 人，其中局长 1 人、纪检书记 1 人、副局长 4 人。内设党委办公室、工会、办公室、文化股、市场股、体育股、财务审计股、核算中心、非物质文化遗产保护中心、信息与网络管理办公室、彩票销售管理中心。

第一编表 4　各股（组、室）设置及负责人更迭一览表

时间	名称	姓名	性别	民族	文化程度	职务	任职时间	籍贯
1976.06—1990.02	政工组	曹桂英	女	汉	专科	干事	1976.06—1990	贝子府公社
	财会组	罗滋恒	男	汉	高中	会计	1976.06—1990	四家子公社
	业务组	李宝庆	男	汉	高中	工作人员	1976.06—1984	
		刘　才	男	汉	专科	工作人员	1985.09—1990.05	金厂沟梁公社
	文化市场管理办公室	梁　鹏	男	汉	专科	主任（兼）	1988.03—1990	丰收公社
1990.03—1993	办公室	曹桂英	女	汉	专科	主任	1990.03—1992	贝子府公社
		罗滋恒	男	汉	高中	副主任	1990.03—1993	四家子公社
	业务股	杨金英	女	汉	专科	股长	1990.03—1991.05	新惠镇
		姜成云	男	汉	专科	股长	1991.04—1993	辽宁省朝阳市
	文化市场管理股	梁　鹏	男	汉	专科	股长（兼）	1990—1991.04	丰收乡
		杨金英	女	汉	专科	股长	1991.05—1993	新惠镇
1993—1995.12	业务股	姜成云	男	汉	专科	股长	1993—1994.09	辽宁省朝阳市
		王久云	女	汉	专科	股长	1994.10—1995.12	四家子镇
	人秘股	姜成云	男	汉	专科	股长	1994.10—1995.12	辽宁省朝阳市
	文化市场管理股	王久芳	男	汉	本科	股长	1994.10—1995.12	四家子镇
1995.12—2002.05	文化股	王久云	女	汉	专科	股长	1995.12—2002.05	四家子镇
		贾洪国	男	汉	本科	副股长	1999.04—2003.04	敖吉乡
	人秘股	姜成云	男	汉	专科	股长	1995.12—2002.04	辽宁省朝阳市
		朱国文	男	汉	专科	副股长	1999.04—2000.05	金厂沟梁镇
	文化市场管理股	王久芳	男	汉	本科	股长	1995.12—2002.05	四家子镇
2002.06—2011.07	办公室	姜成云	男	汉	专科	主任	2002.06—2011.07	辽宁省朝阳市
		尚诗军	男	汉	本科	副主任	2007.06—2011.07	康家营子乡
	文化与旅游股	吴玉洁	女	满	本科	股长	2002.06—2011.07	奈曼旗
	体育股	杨亚华	女	汉	本科	股长	2002.06—2011.07	贵州省黄平县
	文化市场管理股	王旭友	男	汉	专科	股长	2002.06—2004.10	四家子镇
		王久云	女	汉	专科	股长	2004.07—2011.07	四家子镇
		李桂华	女	汉	专科	副股长	2010.10—2011.07	新窝铺乡
	文化股	王久云	女	汉	专科	股长	2002.06—2004.11	四家子镇
		王旭友	男	汉	专科	股长	2004.11-2009	四家子镇
		罗彦武	男	汉	本科	副股长	2006.04—2009.02	四家子镇
		罗彦武	男	汉	本科	股长	2009.02—2011.07	四家子镇

续表

时间	名称	姓名	性别	民族	文化程度	职务	任职时间	籍贯
2011.07—2015.12	体育彩票销售管理站	王瑞红	女	汉	专科	站长	2011.02—2012.02	贝子府镇
		孙德志	男	汉	本科	站长	2012.02—2013.03	新地乡
		刘海洋	男	汉	本科	站长	2013.03—2015.12	康家营子乡
	办公室	姜成云	男	汉	专科	主任	2011.07—2014.01	辽宁省朝阳市
		尚诗军	男	汉	本科	副主任	2011.07—2015.12	康家营子乡
		罗彦武	男	汉	本科	主任	2014.02—2015.12	四家子镇
	文化股	罗彦武	男	汉	本科	股长	2011.07—2014.01	四家子镇
		董宝军	男	汉	本科	股长	2014.01—2015.12	萨力巴乡
	体育股	杨亚华	女	苗	本科	股长	2011.07—2015.12	贵州省黄平县
	广播影视旅游股	吴玉洁	女	满	本科	股长	2011.07—2012.02	奈曼旗
	文化市场管理股	王久云	女	汉	专科	股长	2011.07—2012.02	四家子镇
		李桂华	女	汉	专科	副股长	2011.07—2012.02	新窝铺乡
		李桂华	女	汉		股长	2012.02—2015.12	新窝铺乡
	文化体育旅游产业办公室	尚诗军	男	汉	本科	主任	2015.11—2015.12	康家营子乡
	人秘股	姜成云	男	汉	专科	股长	2014.01—2014.10	辽宁省朝阳市
2015.12—2018	文化股	董宝军	男	汉	本科	股长	2015.12-2018	萨力巴乡
	体育股	杨亚华	女	汉	本科	主任	2015.12—2017.03	贵州省黄平县
		肖向军	男	汉	本科	主任	2017.04—2018	丰收乡
	广播影视旅游股	吴玉洁	女	满	本科	股长	2015.12—2018.04	奈曼旗
		侯敬东	女	汉	专科	副股长	2016.03—2018.09	辽宁省海城市
	文化市场管理股	李桂华	女	汉	专科	股长	2015.12—2017.10	新窝铺乡
		王晓梅	女	汉	本科	股长	2017.11-2018	赤峰市红山区
	办公室	罗彦武	男	汉	本科	主任	2015.12-2018	四家子镇
		尚诗军	男	汉	本科	副主任	2015.12—2017.03	康家营子乡
		金　涛	男	汉	本科	副主任	2016.03—2017.03	阿旗双胜镇
	体育彩票销售管理办公室	刘海洋	男	汉	专科	主任	2015.12-2018	康家营子乡
	文化志愿者管理办公室	王敏杰	女	汉	本科	主任	2016.03—2017.03	四德堂乡
	信息与网络管理办公室	张　印	男	汉	专科	主任	2017.03—2018	丰收乡
	核算中心	杨亚华	女	汉	本科	主任（兼）	2015.12—2017.02	贵州省黄平县
		刘海翔	男	汉	本科	主任	2017.03—2018.11	玛尼罕乡

续表

时间	名称	姓名	性别	民族	文化程度	职务	任职时间	籍贯
2015.12—2018	文化体育旅游安全监督管理办公室	许晓杰	女	汉	本科	副主任	2016.03—2018	丰收乡
	工会	宋建东	男	汉	专科	主席	2018	新惠镇
	党委办公室	金　涛	男	汉	本科	副主任	2014.01—2016.03	阿旗双胜镇
		金　涛	男	汉	本科	主任	2016.03—2017.03	阿旗双胜镇
		王敏杰	女	汉	本科	主任	2017.04—2018	四德堂乡
	非物质文化遗产保护中心	胡　江	男	汉	大专	主任	2017.10–2018	新惠镇
	财务审计股	杨亚华	女	汉	本科	股长	2016.03—2017.04	贵州省黄平县
		隋秀梅	女	汉	本科	股长	2017.05—2018.12	下洼镇
2018.12	党委办公室	王敏杰	女	汉	本科	主任	2018.12	四德堂乡
	工会	宋建东	男	汉	本科	主席	2018.12	新惠镇
	办公室	罗彦武	男	汉	本科	主任	2018.12	四家子镇
	文化股	董宝军	男	汉	本科	主任	2018.12	萨力巴乡
	文化市场管理股	王晓梅	女	汉	本科	股长	2018.12	赤峰市红山区
	体育股	肖向军	男	汉	本科	股长	2018.12	丰收乡
	财务审计股	隋秀梅	女	汉	本科	股长	2018.12	下洼镇
	核算中心	许晓杰	女	汉	本科	主任	2018.12	南塔子乡
	非物质文化遗产保护中心	胡　江	男	汉	大专	主任	2018.12	新惠镇
	体育彩票销售管理办公室	刘海洋	男	汉	大专	主任	2018.12	下洼镇

二、股室职能

经敖汉旗编委批准的内设股室 6 个，为股级职能科室。各时期股室名称不同，职能职责基本上未发生变化。

办公室（包括党办）：协助局领导处理机关日常工作；综合协调各股室和直属各单位的有关工作；负责综合性文字材料的起草、会议的组织、文秘、档案、保密工作；负责组织管理局机关行政后勤事务；监督指导直属单位的财务工作；负责局机关并指导管理局直属单位的人事、机构编制、专业技术职务评聘、工资晋升、人员调动、岗位培训工作；协助局领导抓好本系统领导班子与队伍建设；协助局党总支做好局机关及局直属单位的党群工作、纪检监察工作、信访工作、党员教育培训工作、社会治安综合治理工作。

文化股：研究制定全旗社会文化事业发展规划并组织实施；指导全旗公共图书馆、社会图书馆（室）、文化馆（站、室）业务建设项目；强化四级文化网络的服务功能；协调指导企业文化、社区文化、村落文化、校园文化、少儿文化、军营文化建设；组织协调指导全旗重大社会文化活动；研究制订全旗艺术事业发展规划并组织实施；指导全旗专业、业余文艺表演团体的业务建设，组织协调指令性重大艺术活动；指导全旗各门类艺术创作与生产工作；宏观管理全旗电影放映工作；研究制订全旗文物事业发展规划并组织实施；指导博物馆的业务建设，监督指导全旗地上地下文物的抢救、保护与利用工作。

体育股：研究制订全旗群众体育工作发展规划并组织实施；推进全民健身计划，监督国家体育锻炼标准实施；组织指导对社会体育指导员的培训与管理；指导推动全旗学校体育、农村体育、城镇体育、老年人体育和其他社会体育的发展；指导旗体育总会、协调各类体育社团组织研究制订全旗竞技体育发展规划和体育竞赛规划、计划并组织实施；负责重大体育比赛和全旗综合性运动会的组织协调工作；负责组织体育专业人员的岗位培训工作。

市场管理股：根据国家和自治区有关法规、政策，研究制定全旗文化体育广播电视旅游市场的有关政策、方法并组织实施；归口管理全旗文化体育广播电视旅游市场，管理以商品形式进入流通领域的文化精神产品包括文化娱乐、体育比赛、体育表演等经营服务活动；组织实施全旗文化体育广播电视旅游市场稽查工作；负责文化体育经营项目、资质的审核、批准和许可证的发放；依法管理全旗文物市场，会同有关部门严厉打击、查处各种文物违法犯罪活动；负责全旗利用卫星接收设施接收卫星节目（包括境内节目、境外节目和加扰节目）的管理工作；负责指导和管理全旗广播电视系统内的稽查工作。

旅游与广播电视股：实施国家关于各类旅游区景点、度假区饭店、旅行社、利用车船和特种旅游项目的实施标准、服务标准，监督检查旅游市场秩序和服务质量，受理旅游者投撤诉，监督检查旅游保险的实施工作；研究制订全旗旅游事业发展规划，并组织实施；组织旅游资源的普查工作，指导重点旅游区域的规划建设；组织指导旅游整体形象宣传、旅游产品开发、促销以及旗内外旅游工作交流。研究制订全旗广播电视事业发展规划并组织实施；指导全旗广播电视宣传工作，研究制定广播电视宣传制度和节目管理制度，并监督检查；指导、组织、协调重大事件和重要活动的宣传报道；负责审核、报批、管理全旗各级有线广播电台、各类专业广播电视台的建立、撤销等有关事宜；负责广播电视行业社会团体的宏观管理工作。

财务审计股：负责编制财务预算，统筹安排收入支出，节约使用各项资金，保障单位正常运转所需的资金，参与财务决算工作；负责定期编制财务报告，进行财务分析；负责建立健全内部财务管理制度，对下属单位的财务活动进行内部审查监督；负责国有资产管理工作，防止国有资产流失；做好项目资金及体彩基金的管理工作。

第三节　直属单位

中华人民共和国成立后，各个不同时期文化系统直属单位多有变化。

1950—1975 年，敖汉旗文教科、文教局直属股级文化事业单位有敖汉旗文化馆、敖汉旗评剧团、敖汉旗文化工作队、敖汉旗电影管理站、敖汉旗新华书店、评剧团与文化工作队合并后的敖汉剧团、乌兰牧骑等。

1976 年，旗文化局成立。直属股级单位有文化馆、乌兰牧骑、敖汉旗电影发行放映公司、新华书店。1979 年 4 月，增加敖汉旗图书馆。1984 年增加敖汉旗文物事业管理所（简称文管所）、敖汉旗体育活动中心（业余体育学校）。

1985 年，新华书店人事、财务、业务统归赤峰市新华书店管理，党务工作归旗文化局。同年，文化馆下设 30 个乡（苏木）、镇文化站，人事、财务、业务改归旗文化局管理，为文化局直属股级业务单位。

1988 年 3 月，直属单位文管所改为敖汉旗博物馆。

1990 年 2 月，电影发行放映公司升格为准科级单位，人事管理归旗政府党组。

1993 年 11 月，直属单位增加体育活动中心（业余体育学校）。1996 年 3 月，增加敖汉旗文化市场稽查队。2002 年 10 月，增加敖汉旗旅游管理服务中心。

2003 年 11 月，电影发行放映公司降格为股级单位。2004 年 11 月，又设立文物管理所，为文化局直属文物管理机构。2006 年 1 月，随着撤乡并镇机构改革，30 个乡（苏木）、镇文化站合并为 16 个。

2010 年 10 月，电影公司划归敖汉旗广播电视服务中心管理。局直属股级单位有文化馆、乌兰牧骑、图书馆、博物馆、文管所、体育活动中心、文化市场稽查队、旅游管理服务中心和 17 个乡（苏木）、镇、办事处文化站。

2012 年 4 月，文化市场稽查队升格为文化市场综合执法大队，定为副科级事业单位。6 月，惠州办事处文化站挂牌成立。

2015 年 9 月，撤销文化馆、乌兰牧骑，组建敖汉旗群众文化艺术馆，挂敖汉旗民族文工团牌子。

2017 年 5 月，文化市场综合执法大队、文物管理所、旅游管理服务中心市场管理职能划归敖汉旗综合行政执法局文化旅游综合行政执法大队。同年 9 月，旗编委批准撤销体育活动中心，划转至群众文化艺术馆。并将群众文化艺术馆更名为敖汉旗群众文化体育馆，加挂民族文工团、体育活动中心牌子。

2018年末，旗文化广电体育局直属股级事业单位有文化馆、图书馆、乌兰牧骑、体育活动中心、博物馆、文物管理所、旅游管理服务中心和18个乡（苏木）、镇、街道文化站。

第四节　机关处所

1976年6月，文化、教育分设，旗文化局办公地点和教育局同在一处。

1983—1987年9月，旗文化局在原旗教育局办公楼1楼办公。

1987年10月，旗文化局搬迁至图书馆新楼3楼办公。

2004年，迁入新建成的敖汉旗宣传文化中心综合办公楼。

2014年开始，办公地点在旗人大综合楼6楼。

第二章　文化系统各单位

第一节　文化馆

文化馆是敖汉旗人民政府为向全旗人民宣传、教育、开展群众文化活动而建立的文化事业单位，工作任务是宣传党的路线、方针和政策，提高人民文化生活水平。通过举办各种文化活动和辅导业余文化活动，满足群众对文化生活的需求。建馆以来，根据党和政府在不同历史时期文化宣传工作的需要，开展不同形式的群众性文化活动。

一、沿革

1950 年 4 月，敖汉旗人民文化馆建立，归旗文教科领导。1954 年 3 月，改称敖汉旗文化馆（简称文化馆）。

1968 年 10 月，文化馆和乌兰牧骑、电影管理站、新华书店合并，成立敖汉旗毛泽东思想宣传队革命委员会（俗称“四合一”），归敖汉旗革命委员会政工组领导。1969 年 6 月，“四合一”撤销，文化馆和乌兰牧骑合并成立敖汉旗毛泽东思想文艺宣传队革命委员会。

1975 年 1 月，与乌兰牧骑分开，又改称敖汉旗文化馆。1976 年 1 月，归旗文化局领导。

2015 年 9 月，敖汉旗编委决定，撤销文化馆、乌兰牧骑，组建敖汉旗群众文化艺术馆，挂敖汉旗民族文工团牌子。为股级事业单位，隶属旗文体广电局。原文化馆职能职责、编制人员等成建制划入新组建的群众文化艺术馆。

2017 年 3 月，文化馆和乌兰牧骑合署办公。

2017 年 9 月 4 日，旗编委决定，撤销敖汉旗体育活动中心，职能职责、人员编制等成建制划转至敖汉旗群众文化艺术馆，并将群众文化艺术馆更名为敖汉旗群众文化体育馆，挂敖汉旗民族文工团、体育活动中心牌子。体育中心并未实质性合并，仍单独办公。

2018 年 12 月，敖汉旗文化馆单设。

第一编表 5　敖汉旗文化馆名称变更及负责人更迭一览表

时间	名称	姓　名	性别	民族	职务	任职时间	籍贯
1950.04—1950.08	敖汉旗人民文化馆	路　明	男	汉	工作人员	1950.04—1950.08	
		方　正	男	汉	兼职人员	1950.04—1950.08	小河沿区
1950.08—1954.03	敖汉旗人民文化馆	高景星	男	汉	馆长	1950.08—1953.11	新地乡
		黄玉生	男	汉	馆长	1953.12—1954.03	小河沿区
1954.03—1968.10	敖汉旗文化馆	黄玉生	男	汉	馆长	1954.03—1955.04	小河沿区
		王廷玉	男	汉	副馆长	1955.05—1958.01	辽宁省北票县
		王玉珩	男	汉	馆长	1958.03—1961.09	林家地公社
		王旭中	男	汉	馆长	1961.09—1968.10	宝国吐公社
		许　谔	男	汉	副馆长	1961.09—1968.10	长胜公社
1968.10—1969.06	敖汉旗毛泽东思想宣传队革命委员会	乌力吉	男	蒙古	主任	1968.10—1969.06	四家子公社
		王玉珩	男	汉	副主任	1968.10—1969.06	林家地公社
		刘中兴	男	汉	副主任	1968.10—1969.06	王家营子公社
1969.06—1975.01	敖汉旗毛泽东思想文艺宣传队革命委员会	王玉珩	男	汉	副主任	1969.06—1969.07	林家地公社
		王玉珩	男	汉	政治指导员	1969.07—1972.11	林家地公社
		于　庆	男	汉	主任	1969.07—1972.11	辽宁省朝阳县
		王玉珩	男	汉	主任	1972.11—1975.06	林家地公社
		于　庆	男	汉	副主任	1972.11—1973.06	辽宁省朝阳县
		毕　民	男	汉	副主任	1974.04—1975.01	四家子公社
1975.01—2015.11	敖汉旗文化馆	毕　民	男	汉	馆长	1975.01—1975.06	四家子公社
		王玉珩	男	汉	馆长	1975.06—1980.01	林家地公社
		邵国田	男	汉	副馆长	1975.6.-1980.8	王家营子公社
		邵国田	男	汉	馆长	1980.08—1984.07	王家营子公社
		齐成玉	男	汉	副馆长	1980.12—1984.09	四家子公社
		苏日图	男	蒙古	副馆长	1983.08—1984.10	辽宁省建平县
		杨金英	女	汉	馆长	1984.07—1987.07	新惠镇
		韩殿丛	男	汉	馆长	1987.08—1990.06	高家窝铺乡
		张果彬	男	汉	馆长	1990.07—1991.05	兴隆洼镇
		魏泽德	男	汉	副馆长	1990.07—1991.05	辽宁省北票市
		魏泽德	男	汉	馆长	1991.05—1994.07	辽宁省北票市
		付殿军	男	汉	副馆长	1991.06—1995.03	新惠镇
		邢柏东	男	汉	副馆长	1993.11—1995.03	新惠镇
		齐成玉	男	汉	馆长（兼）	1994.07—1995.03	四家子镇
		姜彩霞	女	汉	副馆长	1995.12—2004.11	新惠镇

续表

时间	名称	姓　名	性别	民族	职务	任职时间	籍贯
1975.01—2015.11	敖汉旗文化馆	付殿军	男	汉	馆长	1995.03--1997.04	新惠镇
		徐秀峰	男	汉	馆长	1997.04—2004.11	四道湾子镇
		吴　谡	男	汉	副馆长	1997.04—2004.11	牛古吐镇
		吴　谡	男	汉	馆长	2004.11—2015.11	牛古吐镇
		冯黎明	女	汉	副馆长	2004.11—2015.11	新惠镇
		朱志民	男	汉	副馆长	2004.11—2006.04	木头营子乡
		王瑞红	女	汉	副馆长	2007.06—2015.11	贝子府镇
		李亚军	男	蒙古	副馆长	2011.03—2015.11	木头营子乡
2015.11—2017.03	敖汉旗群众文化艺术馆	朱树清	男	汉	馆长	2015.11—2017.03	牛古吐镇
		冯黎明	女	汉	副馆长	2015.11—2017.03	新惠镇
		韩东风	男	汉	副馆长	2015.11—2017.03	四家子镇
		王瑞红	女	汉	副馆长	2015.11—2017.03	贝子府镇
		李亚军	男	蒙古	副馆长	2015.11—2017.03	木头营子乡
		贾　铭	男	汉	副馆长	2015.11—2017.03	木头营子乡
		于玲华	女	汉	副馆长	2015.11—2017.03	长胜镇
		褚国祥	男	汉	副馆长	2015.11—2017.03	木头营子乡
		冯黎明	女	汉	副馆长	2016.04—2017.03	新惠镇
2015.11—2017.03	敖汉旗民族文工团	韩东风	男	汉	团长（兼）	2015.11—2016.11	四家子镇
		贾　铭	男	汉	副团长（兼）	2015.11—2017.03	木头营子乡
		于玲华	女	汉	副团长（兼）	2015.11—2017.03	长胜镇
		褚国祥	男	汉	副团长（兼）	2015.11—2017.03	木头营子乡
2017.03—2017.09	敖汉旗群众文化艺术馆	马文波	男	汉	馆长（兼）	2017.03—2017.09	新惠镇
		李亚军	男	蒙古	副馆长	2017.04—2017.06	木头营子乡
		王瑞红	女	汉	副馆长	2017.03—2017.09	贝子府镇
		于玲华	女	汉	副馆长	2017.03—2017.09	长胜镇
		贾　铭	男	汉	副馆长	2017.03—2017.09	木头营子乡
2017.09—2018.12	敖汉旗群众文化体育馆（挂敖汉旗民族文工团、敖汉旗体育活动中心牌子）	马文波	男	汉	馆长（兼）	2017.09—2018.12	新惠镇
		李亚军	男	蒙古	副馆长	2017.09—2018.12	木头营子乡
		王瑞红	女	汉	副馆长	2017.09—2018.12	贝子府镇
		张　胤	男	汉	副馆长	2018.10	丰收乡
		杨艳光	男	汉	副馆长	2018.10	丰收乡
2018.12	敖汉旗文化馆	王瑞红	女	汉	馆长	2018.12	贝子府镇
		杨艳光	男	汉	副馆长	2018.12	丰收乡

二、设置

1950年4月，文化馆建立，有工作人员1名，文联负责人兼任管理工作。馆址设在新中街中段，房舍2间。

1951年，工作人员增至3名，其中馆长1名，内设成人教育组和阵地宣传组。下设公办文化站1个。

1952年，馆址迁到现百货公司门市处，有房舍14间，人员增至4名，内设成人教育组和文化宣传组。公办文化站增至3个。

1953年，取消成人教育组，增设农村辅导组。

1954年，增设图书组。1955年，增编至5人，自此一直到“文化大革命”开始后，文化馆的设置未变。

1968年10月，建立敖汉旗毛泽东思想宣传队革命委员会（俗称“四合一”），队内设阵地宣传组、农村辅导组和文艺演出组。

1969年9月，馆址迁至原工会住址（现旗群众艺术馆后院）。

1973年，增设文物组。

1974年，开始发展社办公助文化站。

1975年1月，文化馆编制15人，内设美术摄影组、文物组、图书组、农村辅导组。

1976年，有公办站6个，社办公助站4个。

1979年，增设创作组。6月，图书组析出，建立敖汉旗图书馆。同年，增加公办文化站6个，社办公助文化站7个。

1980年，全旗24个公社（镇）都建起公办或社办公助文化站。

1981年3月，内设文艺辅导组、美术摄影组、创编组、文物组和办公室，各设组长一人。成立馆务委员会，有6名成员。

1983年9月，文化馆办公楼破土动工。

1984年，文物组析出，建立敖汉旗文物事业管理所。

1985年，文化站改归敖汉旗文化局领导。馆内工作人员18人。内设文艺辅导组、美术组、摄影组、创作组、民族文化组、财会组、后勤组（兼管图书、资料），各设组长1名。

1986年1月，办公楼竣工并投入使用。楼高4层，建筑面积1172平方米，投资175800元。设展厅、舞厅、排练室、会议室、阅览室、游艺室、暗室、档案室、资料室、画室、少儿活动室、党员活动室、办公室。同年开办敖汉旗第一所少儿艺校。

1988年，在文化馆后院建游艺场，由仿古长廊、仿古戏楼、游艺场三部分组成。1990年完工，总面积1500余平方米。

1993 年，在办公楼大门口左右两侧盖两幢砖瓦结构房舍，用来搞第三产业。

1998 年，筹资 60 余万元在文化馆办公楼南侧续建起一幢 680 平方米的文化综合楼。

2005 年，有工作人员 26 人，其中馆员 7 人、助理馆员 10 人、管理员 2 人、高级工和中级工各 1 人。内设创编室、文艺辅导组、美术组、图书资料室、后勤组。

2007 年，拆除两幢办公楼，重建文化馆办公楼。同年 12 月 31 日竣工验收，其中文化馆建筑面积 2058 平方米。

2017 年 3 月，文化馆和乌兰牧骑合署办公，内设办公室、文化志愿者管理办公室、创编室、群众文化艺术培训辅导中心、非遗保护中心、戏剧服务中心、摄影摄像部、乌兰牧骑。9 月，旗群众文化体育馆核定编制 60 名，其中股级指数 3 名、副股级指数 6 名。人员机构为专业技术人员 59 名、工勤技术人员 1 名，行政管理人员由专业技术人员兼任。

2018 年 12 月，文化馆单设，内设创编室、文艺辅导室、美术摄影室等。

第二节 图书馆

一、沿革

1979 年 4 月 23 日，文化馆图书组析出，成立敖汉旗图书馆（简称图书馆）。为股级事业单位，隶属敖汉旗文化局。馆址设在原旗总工会（现文化馆楼南侧）的两间厢房里，总面积 180 平方米。定编 5 人，时有工作人员 4 人，其中馆长 1 人。下设图书借阅组、报刊阅览组、财会组。

1983 年增编 1 人。1984 年增设后勤组，人员增至 7 人。同年 7 月筹建图书馆办公楼。1985 年文化馆办公楼建成，临时迁入文化馆楼内。

1985 年图书馆办公楼在现新西街破土动工，建筑面积 1200 平方米。1987 年 10 月建成后投入使用。1988 年馆内工作人员增至 14 人，内设阅览室、外借处、资料室、采编室、科技咨询室。1990 年有工作人员 18 人，同年增设少儿阅览室。

2004 年 9 月，迁入敖汉旗宣传文化中心办公楼，办公面积 1500 多平方米，馆内设综合阅览室、少儿阅览室、共享工程电子阅览室、外借处、报刊资料阅览室。

2013 年，由宣传文化中心办公楼迁入档案局办公楼，面积 1500 平方米。

2016 年，迁入民政局办公楼，面积 12 平方米，只有一个办公室。同年末，迁入国有资产管理中心楼，面积 800 平方米。

2017年9月，核定编制15名，其中股级指数3名（1正、2副）、专业技术人员15名，行政管理人员及工勤技术人员由专业技术人员兼任。

第一编表6　敖汉旗图书馆负责人更迭情况一览表

姓名	性别	民族	文化程度	职务	任职时间	籍贯
朱子林	男	汉		负责人	1979.04—1980.01	新窝铺乡
朱子林	男	汉		馆长	1980.01—1981.09	新窝铺乡
徐广兴	男	汉		馆长	1981.10—1984.03	河北省丰宁县
张果彬	男	汉		副馆长	1984.06—1985.03	大甸子乡
张果彬	男	汉		馆长	1985.03—1990.07	大甸子乡
魏春国	男	汉		副馆长	1987.03—1991.05	新地乡
韩殿琮	男	汉		馆长	1990.07—1991.05	高家窝铺乡
魏春国	男	汉		馆长	1991.05—2011.11	新地乡
吴　谡	男	汉		副馆长	1991.05—1995.04	敖吉乡
朱志民	男	汉		副馆长	1995.03—1997.03	新窝铺乡
吴　谡	男	汉		副馆长	1996.09—1997.04	敖吉乡
朱志民	男	汉		副馆长	1997.04—2004.11	新窝铺乡
姜彩霞	女	汉		副馆长	2004.11—2011.02	新惠镇
于玲华	女	汉		副馆长	2006.04—2010.03	长胜乡
张明东	男	汉		副馆长	2010.03—	新惠镇
靖国光	男	汉		副馆长	2012.02—2013.04	新惠镇
靖国光	男	汉		馆长	2013.04—2015.11	新惠镇
洪建新	女	汉		副馆长	2014.11—	新惠镇
吴　谡	男	汉		馆长	2015.11—	敖吉乡

二、职能职责

负责信息资源收集、整理、保存、揭示，并提供公共利用；收集地方文献，传承地域文化；开展面向少儿、老年人、残疾人等特殊人群的服务；为公众提供政府公开信息及其他公共信息服务；开展各类阅读活动，为全民终身教育提供条件和支持；开展公益性培训，提高公众获取知识和利用信息的能力；与其他图书馆及文化机构合作，促进资源共享和地方文化发展；完成主管部门和上级业务部门交办的其他事项。

第三节　文管所、博物馆

一、文管所

1984 年 5 月，经敖汉旗人民政府批准，文化馆文物组析出，建立敖汉旗文物事业管理所（简称文管所）。为股级事业单位，隶属旗文化局。有工作人员 7 人，设业务、财会组，办公地点在旗文化馆院内，有文物库、修复兼办公室 6 间。1985 年迁入旗文化馆办公楼。

1988 年 3 月，改为敖汉旗博物馆，文管所职能、职责、人员编制成建制划转敖汉旗博物馆。

2004 年 11 月，根据全旗文物工作的需要，旗政府批准恢复成立文管所，由博物馆代行的文物管理职能职责从博物馆析出。为股级全额事业单位，定编 5 人，所址设在石羊石虎山南博物馆旧址。

2015 年 3 月 9 日，由博物馆旧址搬迁到旗人大办公楼。

2017 年 5 月，文管所职能职责、人员编制成建制划归旗综合行政执法局。

2017 年 9 月，旗编委批准第三次成立文管所，为股级事业单位，隶属于旗文化广电体育局。核定编制 1 名，为专业技术人员。

第一编表 7　敖汉旗文物事业管理所负责人更迭情况一览表

姓名	性别	文化程度	职务	任职时间	籍贯
邵国田	男		所长	1984.07—1988.03	王家营子乡
安　瑞	男		副所长	1987.03—1988.03	萨力巴乡
邵国田	男		所长	2004.11—2007.06	王家营子乡
朱树青	男		副所长	2004.11—2007.06	牛古吐乡
罗彦武	男		副所长	2004.11—2006.04	四家子镇
朱志民	男		副所长	2006.04—2007.06	木头营子乡
朱树青	男		所长	2007.06—2015.11	牛古吐乡
姜仕勋	男		副所长	2010.03—	四家子镇
张　焱	男		所长	2015.11—	新惠镇

二、博物馆

1988 年 3 月，经旗政府批准成立敖汉旗博物馆（简称博物馆），前敖汉旗文物事业管理所的职能职责、人员编制成建制划归博物馆。为股级事业单位，隶属旗文化局，人员由 7 人增至 12 人。办公地点由文化馆楼搬入石羊石虎山新址。

2004 年 9 月，博物馆迁到新惠镇惠文广场北侧敖汉旗宣传文化中心综合办公楼新址，职工人数增至 24 人。

2011 年 10 月，经内蒙古自治区文物局批准，将敖汉旗博物馆更名升格为“内蒙古史前文化博物馆”，原敖汉旗博物馆牌子继续保留。2015 年 1 月，内蒙古自治区文物局批准，在敖汉旗成立“内蒙古红山文化博物院”。2016 年 3 月，敖汉旗编委报经赤峰市编委批复，内蒙古史前文化博物馆为副科级事业单位。

第一编表 8　敖汉旗博物馆负责人更迭情况一览表

姓名	性别	民族	职务	任职时间	籍贯
邵国田	男	汉	馆长	1988.03—1991.12	王家营子乡
安　瑞	男	汉	副馆长	1990.03—1991.05	萨力巴乡
朱志民	男	汉	副馆长	1991.06—1995.03	木头营子乡
杨义田	男	汉	馆长	1991.12—1994.05	四家子镇
邵国田	男	汉	馆长	1994.05—1997.08	王家营子乡
田彦国	男	汉	副馆长	1995.09—1997.08	新惠镇
田彦国	男	汉	馆长	1997.08—	新惠镇
邱国彬	男	汉	副馆长	1997.08—2007	木头营子乡
鲍全喜	男	蒙古	副馆长	2010.03—	敖润苏莫苏木
王　泽	男	汉	副馆长	2015.03—	萨力巴乡

第四节　乌兰牧骑

一、沿革

1966 年 10 月，敖汉旗乌兰牧骑（简称乌兰牧骑）建队。1968 年 8 月 2 日，敖汉旗革命委员会决定，乌兰牧骑更名为“敖汉旗革命委员会毛泽东思想宣传队”。同年 10 月与文化馆、电影管理站、新华书店合并，成立“敖汉旗毛泽东思想宣传队革命委员会”（俗称“四合一”）。

1969 年 6 月 5 日，“四合一”撤销。旗革命委员会毛泽东思想文艺宣传队与文化馆合并，建立敖汉旗毛泽东思想文艺宣传队革命委员会。乌兰牧骑为文艺演出组。

1975 年 1 月，宣传队分设，恢复乌兰牧骑设置。

2004 年 12 月，挂“敖汉旗乌兰牧骑”“敖汉旗民族歌舞剧团”两块牌子。

2005 年 6 月 23 日，正式恢复“敖汉旗乌兰牧骑”机构名称，取消“民族歌舞剧团”牌子。7 月 8 日，被自治区政府批准为在编乌兰牧骑。

2006 年末，乌兰牧骑分为戏曲队和舞蹈队。2007 年 1 月，舞蹈队改称“乌兰牧骑民族歌舞队”。

2015 年 9 月，旗编办发文，撤销乌兰牧骑、文化馆，组建“敖汉旗群众文化艺术馆”，挂敖汉旗民族文工团牌子，为股级全额事业单位。原乌兰牧骑职能职责、编制、人员等成建制划入新组建的群众文化艺术馆。由于业务性质不同，划归后两单位仍单独办公。

2017 年 3 月，乌兰牧骑与文化馆正式合署办公。“敖汉旗民族文工团”取消，挂“敖汉旗乌兰牧骑”“敖汉旗文化馆”牌子。9 月，群众文化艺术馆更名为“敖汉旗群众文化体育馆”，挂“敖汉旗乌兰牧骑”“敖汉旗文化馆”“敖汉旗体育活动中心”三块牌子。

2018 年 12 月，“群众文化体育馆”机构重组，乌兰牧骑从中析出，机构单设。

第一编表 9　敖汉旗乌兰牧骑名称变更及负责人情况一览表

年度	机构变更	负责人基本情况						
		姓名	性别	民族	文化程度	职务	任职时间	籍贯
1966.10—1968.08	敖汉旗乌兰牧骑	周金禄	男	汉	高小	负责人	1966.10—1967.06	新惠镇
1968.08—1968.10	敖汉旗革命委员会毛泽东思想宣传队	徐洪山	男	汉	高小	负责人	1967.07—1968.07	新惠镇
1968.10—1969.06	敖汉旗毛泽东思想宣传队革命委员会	乌力吉	男	蒙古	高小	主任	1968.10—1969.06	四家子公社
		王玉珩	男	汉	高小	副主任	1968.10—1969.06	林家地公社
		刘中兴	男	汉	高小	副主任	1968.10—1969.06	王家营子公社
1969.06—1975.06	敖汉旗毛泽东思想文艺宣传队革命委员会	王玉珩	男	汉	高小	副主任	1969.06—1969.07	林家地公社
		王玉珩	男	汉	高小	政治指导员	1969.07—1972.11	林家地公社
		于　庆	男	汉	高小	主任委员	1969.07—1972.11	辽宁省朝阳市
		王玉珩	男	汉	高小	主任	1972.11—1975.06	林家地公社
		于　庆	男	汉	高中	副主任	1972.11—1973.06	辽宁省朝阳市
		毕　民	男	汉	高中	副主任	1974.04—1975.06	四家子公社

续表

年度	机构变更	负责人基本情况						
		姓名	性别	民族	文化程度	职务	任职时间	籍贯
1975.06—2004.11	敖汉旗乌兰牧骑	毕　民	男	汉	高中	队长	1975.06—1981.02	四家子公社
		顾国荣		汉	高中	副队长	1976.03—1977	
		王洪儒	男	汉	高中	副队长	1977.07—1980.12	新惠镇
		李井林	男	汉	高中	副队长	1977.07—1980.12	天津市虹桥区
		高铁红	女	汉	高中	副队长	1978.06—1981.09	贝子府公社
		高铁红	女	汉	高中	政治指导员	1981.09—	贝子府公社
		王洪儒	男	汉	高中	队长	1980.12—1984.09	新惠镇
		李井林	男	汉	高中	副队长	1980.12—1985.03	天津市虹桥区
		李井林	男	汉	高中	队长	1985.03—1986.01	天津市虹桥区
		郭晓光	男	汉	大学	副队长（主持工作）	1986.01—1988.02	新惠镇
		徐国选	男	汉	大专	副队长	1986.01—1986.11	金厂沟梁镇
		徐国选	男	汉	大专	副指导员兼编导	1986.11—	金厂沟梁镇
		李国文	男	汉	大学	副队长	1986.11—1989	贝子府镇
		郭晓光	男	汉	大学	队长	1988.02—1991.03	新惠镇
		彭　民	男	汉	高中	副队长	1989.04—	河北省迁安市
		徐国选	男	汉	大专	副队长（主持工作）	1991.03—1995.12	金厂沟梁镇
		彭　民	男	汉	高中	副队长	1991.04—1992	河北省迁安市
		马文波	男	汉	大学	副队长（主持工作）	1991.04—1997.04	新惠镇
		冯黎明	女	汉	大学	副队长	1992.12—2002.06	新惠镇
		徐秀峰	男	汉		副队长	1992.12—1997.04	四道湾子镇
		马文波	男	汉	大学	队长	1997.04—2004.11	新惠镇
2004.11—2016.09	敖汉旗乌兰牧骑（挂敖汉旗民族歌舞剧团牌子）	李亚军	男	蒙古	大学	副队长	1997.04—2011.03	木头营子乡
		马文波	男	汉	大学	队长（兼）	2004.11—2005.06	新惠镇
		周小华	女	汉	大学	副队长	2004.11—2010	下洼镇
		马文波	男	汉	大学	队长（兼）	2005.06—2015.09	新惠镇
		李亚军	男	蒙古	大学	副队长	2004.11—2011.03	木头营子乡
		于玲华	女	汉	高中	副队长	2010.03—2015.09	长胜镇
		贾　铭	男	汉	大专	副队长	2010.03—2015.09	木头营子乡
		褚国祥	男	汉	高中	副队长	2010.03—2016.09	木头营子乡

续表

年度	机构变更	负责人基本情况						
		姓名	性别	民族	文化程度	职务	任职时间	籍贯
2015.09—2017.09	敖汉旗群众文化艺术馆（挂敖汉旗乌兰牧骑、敖汉旗文化馆牌子）	马文波	男	汉	本科	馆长（兼）	2015.09—2017.03	新惠镇
		褚国祥	男	汉	高中	评剧团负责人	2016.09—2017.03	木头营子乡
		韩东风	男	汉	本科	民族文工团负责人	2015.01—2016.11	四家子镇
		马文波	男	汉	本科	馆长（兼）	2017.03—2017.09	新惠镇
		李亚军	男	蒙古	本科	副馆长分管乌兰牧骑工作	2017.05—2017.09	木头营子乡
		朱海霞	女	汉	大专	乌兰牧骑业务队长	2017.06—2017.09	丰收乡
		贾　铭	男	汉	大专	乌兰牧骑事务队长	2017.06—2017.12	木头营子乡
2017.09—2018.12	敖汉旗群众文化体育馆（挂敖汉旗乌兰牧骑、敖汉旗文化馆、敖汉旗体育活动中心牌子）	马文波	男	汉	大学	馆长（兼）	2017.09—2018.12	新惠镇
		李亚军	男	蒙古	大学	副馆长，分管乌兰牧骑工作	2017.05—2018.12	木头营子乡
		朱海霞	女	汉	大专	乌兰牧骑业务队长	2017.06—2018.12	丰收乡
		贾　铭	男	汉	大专	乌兰牧骑事务队长	2017.06—2017.12	木头营子乡
2018.12	敖汉旗乌兰牧骑	王明珠	男	汉	本科	队长	2018.12	贝子府
		朱海霞	女	汉	大专	副队长	2018.12	丰收乡
		韩东风	男	汉	本科	副队长	2018.12	四家子镇

二、设置

1966 年 4 月，敖汉旗委决定恢复旗文化队编制，成立乌兰牧骑，并向昭乌达盟公署提出建队经费申请。10 月下旬，旗文教科在文化馆举办 60 多人的培训班，从中选拔出 14 人，乌兰牧骑正式建队。

1969 年，文艺演出组有队员 4 名。1970 年 7 月，文艺演出组队员重新调整。11 月，从“样板戏”学习班中选拔 12 名新队员。队内分演员组和乐队组。

1972 年，有队员 18 名。1974 年，队员陆续调出 7 名。12 月，招收 10 名新队员。

1975 年 1 月，乌兰牧骑与文化馆分设，时有演职员 21 名。其中队长、副队长各 1 人。内设演出组和财会组。

1978 年 5 月，落实政策的 4 名原敖汉剧团、文化队老演员归队，有 4 名演员调出。1981—1984 年，陆续招收队员 13 名。

1984 年 9 月，从文化馆院迁入原旗政府大礼堂南新办公楼，建筑面积 820 平方米。时有队员 35 名，其中队长 1 人、政治指导员 1 人。内设演员组、乐队组、财会组和后勤组。

1988 年 2 月，旗文化局对乌兰牧骑进行改革，实行队长承包制管理，承包期间班子其他人员停权留职。12 月，招收临时工演员 10 人。到 1990 年共有队员 40 名。

1991 年 3 月，队长承包制管理形式结束，重新组建领导班子，设主持工作的副队长 2 人。1996 年 1 月建立队务委员会，由 6 人组成。

2000 年 1 月 30 日，招收 8 名新队员。2004 年 12 月，撤销“艺委会”。

2007 年，成立民族歌舞队，陆续招收队员。6 月 1 日起，戏曲队实行个人承包制，承包期 1 年。

2008 年 3 月 28 日，9 名新学员入队。2010 年 10 月 4 日，23 名歌舞队队员竞聘上岗，均为聘用制。

2013 年，有队员 62 名，其中在编 23 名，歌舞队队员增至 40 名。

2016 年 9 月，成立敖汉旗评剧团；2017 年 1 月，民族歌舞团建队。

2018 年 12 月，乌兰牧骑内设队委会、艺委会、财务室、创编室、档案室、库房、戏剧队、歌舞队。队委会设队长 1 名、副队长 2 名；艺委会设主任 1 名、成员 6 名；现有演职员 40 名，一级演员 1 名，二级演员、演奏员 11 名，三级演员、演奏员 10 名。

第五节　新华书店

一、沿革

民国 37 年（1948 年），东北书店敖汉支店建立，归中共中央东北局宣传部管理。

民国 38 年（1949 年）7 月 1 日，东北书店改名东北新华书店，敖汉支店亦改称东北新华书店敖汉支店，归东北新华书店管理。

1950 年 4 月，东北新华书店敖汉支店改称新华书店热河省支店敖汉分店，归新华书店热河省支店管理。

1954 年 7 月，东北新华书店撤销，敖汉旗支店改名为热河省分店敖汉旗支店。

1955 年 7 月 30 日，热河省建制撤销，敖汉旗划归内蒙古自治区管辖，敖汉旗支店改为内蒙古自治区新华书店敖汉旗支店，直接归昭乌达盟新华书店管理。

1956 年 1 月，新华书店热河省支店敖汉分店改称内蒙古自治区新华书店昭乌达盟敖汉支店。

1958 年，内蒙古自治区新华书店昭乌达盟店敖汉支店改称敖汉旗新华书店（简称新华书店），下交地方管理，归敖汉旗人民委员会文教科领导。

1963 年，内蒙古自治区新华书店上收财权，敖汉旗新华书店业务改归昭乌达盟书店，行政隶属旗文教科，由昭乌达盟书店和旗文教科双重领导。

1968 年 10 月，新华书店和文化馆、乌兰牧骑、电影管理站合并，建立敖汉旗毛泽东思想宣传队革命委员会（俗称“四合一”），归敖汉旗革命委员会政工组领导。

1969 年 6 月，敖汉旗毛泽东思想宣传队撤销。单独建立“新华书店内蒙古敖汉旗店革命委员会”。

1969 年 8 月，昭乌达盟划归辽宁省管辖，新华书店内蒙古敖汉旗店改称辽宁省敖汉旗新华书店，业务归省店管理，行政隶属旗革命委员会。

1976 年 6 月，敖汉旗文化局成立，新华书店隶属旗文化局。

1979 年 7 月，昭乌达盟重新划归内蒙古自治区管辖，辽宁省敖汉旗新华书店改称内蒙古新华书店敖汉支店，业务归内蒙古新华书店管理，行政隶属旗文化局。

1985 年 1 月，根据赤峰市政府〔1985〕第 1 号文件精神，旗、县、区级新华书店上收，由赤峰市新华书店实行人事、财务、物资三权统一管理，并列为科级单位。4 月 9 日，市文化局、市新华书店与旗文化局、人事局、劳动局代表签订移交书，办理人事档案、劳动工资计划手续，敖汉旗新华书店人、财、物管理权限归市新华书店，党务工作归旗文化局党总支。

第一编表 10　新华书店名称及负责人更迭情况一览表

<table>
<tr><th>年份</th><th>机构名称</th><th>姓名</th><th>性别</th><th>民族</th><th>职务</th><th>任职时间</th><th>籍贯</th></tr>
<tr><td>1948—1949.06</td><td>东北书店敖汉支店</td><td rowspan="3">罗金儒</td><td rowspan="3">男</td><td rowspan="3">汉</td><td rowspan="3">经理、副经理</td><td rowspan="3">1949—1959</td><td rowspan="3">—</td></tr>
<tr><td>1949.07—1950.03</td><td>东北新华书店敖汉分店</td></tr>
<tr><td>1950.04—1955.12</td><td>新华书店热河省支店敖汉分店</td></tr>
<tr><td>1956.01—1958</td><td>内蒙古自治区新华书店昭乌达盟店敖汉分店</td><td>洪秀春</td><td>男</td><td>汉</td><td>副经理</td><td>1957—1959</td><td>辽宁省义县</td></tr>
</table>

续表

年份	机构名称	姓名	性别	民族	职务	任职时间	籍贯
1958—1968.09	内蒙古敖汉旗新华书店	徐广兴	男	汉	经理	1960—1965	河北省丰宁县
		韩若岚	男	汉	副经理	1961—1962	—
		王　忠	男	汉	副经理	1963—1965	—
		乌力吉	男	蒙古	经理	1966—1968.10	四家子公社
1968.10—1969.06	敖汉旗毛泽东思想宣传队革命委员会	乌力吉	男	蒙古	主任	1968.10—1969.06	四家子公社
		王玉珩	男	汉	副主任	1968.10—1969.06	林家地公社
		刘中兴	男	汉	副主任	1968.10—1969.06	王家营子公社
1969.06—1979.12	辽宁省敖汉旗新华书店革命委员会	乌力吉	男	蒙古	主任	1969.06—1969.12	四家子公社
		贾福文	男	汉	主任	1970—1978	四家子公社
		安　瑞	男	汉	副主任	1977—1979.12	萨力巴公社
		徐广兴	男	汉	副主任	1979.02—1979.12	河北省丰宁县
1979.07—1985.04	内蒙古新华书店敖汉支店	安　瑞	男	汉	副经理	1979—1983.11	萨力巴公社
		徐广兴	男	汉	副经理	1979.02—1981.10	河北省丰宁县
		曹　林	男	汉	副经理	1981.08—1984.06	贝子府公社
		刘玉柱	男	汉	经理	1983.10—1984.6	松山区
		刘宝珠	男	汉	经理	1984.06—1989.06	新惠镇
		李广仁	男	汉	副经理	1984.08—	天津市
		姜成云	男	汉	副经理	1984.08—	辽宁省朝阳市

二、设置

民国 37 年（1948 年），东北书店敖汉支店成立，地址在新惠镇新中街北，即现址。有土木结构房舍 2 间，约 35 平方米，用于营业和办公。有职工 3 人，设经理 1 名。内设图书门市 1 个，以经营图书为主，兼营纸张、文具文化用品。

1952 年，在现新惠镇新惠路路南 6 号店址，租用房舍 710 平方米，做门市部和库房用。其中用作营业厅的面积 264 平方米。职工增至 6 人，除经理外，另设会计 1 名、农牧区流供员 3 名。内设门市部和财会组。因人员少，经理、会计兼任一些销售工作。

1954 年，下设图书代销点 1 处。1955 年增设图书代销点 2 处。

1956 年 1 月，国家投资将部分租用房屋买为店有。房舍增加到 10 间，约 150 平方米。增设图书发行组，负责各区供销社图书代销业务。1957 年增设副经理 1 名、流供员 1 名。同年撤销专营图书代销点，改由各区供销社经营。全旗有供销社代销处 31 个，其中规定发行任务的 8 处。

1958 年，全旗建立民办书店 27 个，图书经销处 32 个。

1959 年，有职工 7 人。同年，民办书店撤销，全旗图书代销处统一归供销社销售网。

1965 年，门市部房屋因年久失修倒塌，便将办公室改为营业厅，房舍增至 350 平方米，工作人员 13 人，内设业务组、财务组、农村发行组和门市部。1966 年上半年扩大销售点。

1969 年，下设三组一部，即业务组、财务组、教材发行组和门市部。

1975 年，恢复原建制，有职工 15 人，其中经理、副经理各 1 人，财务 2 人。门市部 1 个，农牧区图书销售点 135 个。

1978 年 9 月，新华书店内部重新划分组别，经理以下设 4 个组，徐广兴任书店管理批发组组长、朱子林任后勤组组长、曹林任农村发行组组长、王淑贤任门市组组长。

1979 年，实行开架售书，加强征订。整顿图书销售点，只保留 23 个公社所在地的售书点。

1983 年，从当年利润额中拿出 8000 元，给门市部、办公室内安装土暖气，解决冬季火炉取暖图书污损问题。

1984 年，有职工 21 人，其中经理 1 人、副经理 2 人、财务 2 人、业务 1 人。店设农村流供组、城镇流供组、库管批发部和门市部。

1985 年 4 月，敖汉旗支店的人事、财务、物资统一由赤峰市新华书店管理。新华书店进行相应的结构调整，设计财股、业务股、门市部和城镇流供股，原农村流供人员划归业务股。由经理聘任各环节干部。年末职工 36 人。当年，内蒙古自治区新华书店拨款 25 万元，在原址翻建 4 层办公楼一幢，建筑面积 1515 平方米。同年自筹 8000 元，购进载重 1.5 吨农用拖拉机 1 台用于镇内图书运输。

第六节 电影公司

一、沿革

1951 年，热河省电影放映队派放映小队在北票县和敖汉旗巡回放映。1954 年 8 月，热河省电影放映队第四小队在敖汉旗定点放映，定名“敖汉一队”。1955 年 8 月，热河省电影放映队第二十八小队增派敖汉旗定点放映，定名“敖汉二队”。1956 年 11 月，内蒙古昭乌达盟派一实习队来敖汉旗放映，定名为“敖汉实习队”。1957 年 1 月，敖汉一、二队和实习队统编为昭乌达盟电影放映队第十五队、第十六队、第十七队，在敖汉旗定点放映。

1958 年，电影管理体制改变，由昭乌达盟统管改为旗、县管理。昭乌达盟电影放映第十五、十六、十七队依次改名为敖汉旗电影放映第一、二、三队，归敖汉旗人民委员会文教科管理。

1959 年 12 月，成立敖汉旗电影放映中心总队，隶属旗文教科。1963 年 7 月，内蒙古自治区电影放映单位变为“条条管理”体制，敖汉旗电影放映公司总队改为敖汉旗电影管理站，业务、人员、财务归昭乌达盟电影公司统一管理。

1968 年，电影放映单位改归地方管理，成立敖汉旗电影管理站革命领导小组。10 月，与文化馆、乌兰牧骑、新华书店合并，建立敖汉旗毛泽东思想宣传队革命委员会（俗称“四合一”）。1969 年 6 月 5 日，敖汉旗毛泽东思想宣传队革命委员会撤销，单独建立敖汉旗电影管理站革命委员会。

1976 年，敖汉旗电影管理站革命委员会权力机构取消，以站长职务代替革委会主任职务，改称敖汉旗电影管理站。1980 年，第二次变为“条条管理”体制。4 月 29 日，电影管理站改称敖汉旗电影发行放映公司（简称电影公司）。

1983 年初，重新改归地方管理，为股级事业单位，隶属敖汉旗文化局。1990 年 2 月，旗委决定电影公司由股级升格为准科级单位，人事管理归政府党组。

1993 年 10 月，电影公司由事业单位划为企业单位。1999 年 8 月，电影公司由企业单位恢复为自收自支的事业单位。2003 年 11 月，电影公司由准科级单位降格为股级单位，隶属旗文体广电局。

2010 年 5 月，旗委、政府两办下发通知，成立敖汉旗理顺电影管理体制工作领导小组。6 月，电影公司职责职能、人员编制成建制划转旗广播电视中心。10 月 18 日，旗文化体育广播电影电视局和旗广播电影电视中心签订《敖汉旗电影公司职能划转人员交接书》。从交接之日起，旗文化体育广播电影电视局对旗电影公司的所有管理职能交由旗广播电影电视中心管理。

第一编表 11　敖汉旗电影发行放映公司名称变更及负责人更迭情况一览表

<table>
<tr><th>时间</th><th>机构名称</th><th>姓名</th><th>性别</th><th>民族</th><th>职务</th><th>任职时间</th><th>籍贯</th></tr>
<tr><td>1951—1954.08</td><td>热河省电影放映队北票敖汉小队</td><td>李久向</td><td>男</td><td>汉</td><td>放映员</td><td>1951—1954.08</td><td>—</td></tr>
<tr><td rowspan="2">1954.08—1956</td><td rowspan="2">热河省电影放映队第四小队（敖汉一队）</td><td>李久向</td><td>男</td><td>汉</td><td>队长</td><td>1954.08—1955</td><td>—</td></tr>
<tr><td>贾广仁</td><td>男</td><td>汉</td><td>队长</td><td>1955—1956</td><td>金厂沟梁镇</td></tr>
<tr><td>1955.08—1956.12</td><td>热河省电影放映队第二十八小队（敖汉二队）</td><td>周世民</td><td>男</td><td>汉</td><td>队长</td><td>1955.08—1956.12</td><td>辽宁省建平县</td></tr>
</table>

续表

时间	机构名称	姓名	性别	民族	职务	任职时间	籍贯
1956.11—1956.12	内蒙古昭乌达盟电影放映队实习队（敖汉实习队）	常　忠	男	汉	队长	1956.11—1956.12	乌兰察布市
1957.01—1958	昭乌达盟电影放映队第十五队、第十六队、第十七队	周世民	男	汉	电影专职干部	1957.01—1958	辽宁省建平县
		王声远	男	汉	队长	1957.01—1958	吉林省延吉市
		李海峰	男	汉	队长	1957.01—1958	贝子府乡
		常　忠	男	汉	队长	1957.01—1958	乌兰察布市
1958—1959.12	敖汉旗电影放映队第一队、第二队、第三队	周世民	男	汉	电影专职干部	1958—1959.12	辽宁省建平县
		王声远	男	汉	队长	1958—1959.12	吉林省延吉市
		李海峰	男	汉	队长	1958—1959.12	贝子府公社
		郭锦明	男	汉	队长	1958—1959.12	克力代公社
1959.12—1963.07	敖汉旗电影放映中心总队	郭锦明	男	汉	总队长	1959.12—1963.12	克力代公社
		李海峰	男	汉	副总队长	1959.12—1963.07	贝子府公社
1963.07—1968.10	内蒙古敖汉旗电影管理站	李海峰	男	汉	站长	1963.07—1968.10	贝子府公社
1968.10	敖汉旗电影管理站革命领导小组	刘中兴	男	汉	组长	1968.10	王家营子公社
1968.10—1969.06	敖汉旗毛泽东思想宣传队革命委员会	乌力吉	男	蒙古	主任	1968.10—1969.06	四家子公社
		王玉珩	男	汉	副主任	1968.10—1969.06	林家地公社
		刘中兴	男	汉	副主任	1968.10—1969.06	王家营子公社
1969.05—1976	敖汉旗电影管理站革命委员会	刘中兴	男	汉	政治指导员	1969.06—1971	王家营子公社
		李海峰	男	汉	主任	1969.06—1971	贝子府公社
		刘中兴	男	汉	主任	1971—1973.06	王家营子公社
		李海峰	男	汉	副主任	1971—1973.06	贝子府公社
		吴　群	男	汉	副主任	1973—1977	辽宁省沈阳市
1976—1980.04	敖汉旗电影管理站	吴旭光	男	汉	站长	1976.11—1979.04	双庙公社
		李秀才	男	汉	副站长	1977.07—1980.04	贝子府公社
		周美娥	女	汉	副站长	1978.05—1980.04	长胜公社
		李海峰	男	汉	站长	1979.04—1980.04	贝子府公社

续表

时间	机构名称	姓名	性别	民族	职务	任职时间	籍贯
1980.04—2010.06	敖汉旗电影发行放映公司	李海峰	男	汉	经理	1980.04—1981.09	贝子府公社
		李秀才	男	汉	副经理	1980.04—1984.06	贝子府公社
		周美娥	女	汉	副经理	1980.04—1982.09	长胜公社
		贾福文	男	汉	经理	1981.10—1983.10	四家子公社
		武永贵	男	蒙古	副经理	1983.08—1995.12	双井公社
		李秀才	男	汉	经理	1984.06—	贝子府乡
		王守贵	男	汉	副经理	1984.11—1988	新窝铺乡
		李秀才	男	汉	经理	1990.08—1995.10	贝子府乡
		静桂荣	女	汉	副经理	1990.08—1995.12	辽宁省义县
		白　江	男		经理（副科级）	1995.10—1996.10	新惠镇
		王　化	男	汉	副经理	1995.12—1996.10	萨力巴乡
		徐亚光	男	汉	副经理	1996.07—2001.04	四道湾子镇
		王　化	男	汉	副经理（主持工作）	1996.10—1998.03	萨力巴乡
		端勤民	男	汉	经理（副科级）	1998.03—2003.11	敖吉乡
		王　化	男	汉	副经理	1998.03—2001.04	萨力巴乡
		李弘彦	女	汉	副经理	2001.04—2003.11	新惠镇
					经理	2003.11—2006.08	
		于海永	男	汉	经理（兼）	2006.08—2009.02	玛尼罕乡
		金　虹	女	蒙古	副经理（主持工作）	2006.09—2009.02	新惠镇
		武连中	男	蒙古	副经理	2006.09—	双井乡
		金　虹	女	蒙古	经理	2009.02—	新惠镇

二、设置

1957年1月，昭乌达盟电影经理部在敖汉旗指定电影专职干部1人。昭盟3个电影放映队利用旗政府院内的两间偏房做库房，存放机器设备。1958年，旗人委配备电影专职干部1人。1959年12月，成立敖汉旗电影放映中心总队，有6个电影队，18名放映员归总队管理。设总队队长、副队长各1人。1963年7月，敖汉旗电影管理站设站长、会计各1人。站址设在新中街路东。

1969 年，建新惠电影院。6 月，建立敖汉旗电影管理站革命委员会，配有 5 名革委会成员，设政治指导员、主任委员各 1 人。

1970 年，站址迁至新中街中段。设电影院、财会组和影片发行组，保留 3 个农村电影放映队，同年开始发展社办电影队。1971—1984 年，内设各业务组随时增减，先后设置放映网管理组、影片发行组、计财组、机修物检组、宣传组、器材组、影院等。

1976 年，电影管理站设站长、副站长各 1 人。1979 年，电影发行放映公司业务量增加，人员增至 30 多名。1985 年，公司下设电影院、放映网管理组、影片发行组，机修物检组和宣传组合并为农村工作组，计财组和器材组合并为后勤组。职工人数 32 人。

1987 年，电影公司办公楼交付使用。

1989 年，有职工 43 人，其中待业青年、临时工 13 人。下设影片发行组、放映网管理组、计财组、影院、录像队、招待所、知青商店等。放映单位 68 个。

1990 年 2 月，电影公司规格升为准科级单位。1991 年 12 月旗文化局批准电影公司成立影片发行股、计财股、办公室、录像队，下设影剧院。电影公司任命股级负责人，张希中任放映股副股长，李桂金任计财股副股长，王化任办公室副主任，马景田任影剧院副经理（主持工作），徐亚光、吕文谦任影剧院副经理。全旗放映单位 52 个。

1993 年，机构改革，电影公司由事业单位划为企业单位，内设 2 股 1 站 1 院。各环节干部由公司招聘，剩余人员安排第三产业或自谋职业。1994 年 5 月，旗文体局决定各乡镇集体、个体电影队归所在地乡镇文体站管理。

2003 年 11 月，电影公司由准科级单位降格为股级单位。2005 年，电影公司内设财会室、农村办、影剧院、物业办和办公室。有职工 28 人，其中在职职工 14 人、离退休 14 人。投资近 3 万元，购置一套数码 35 毫米电影放映设备。2006 年，由于老影院陈旧破落，年久失修，经旗政府批准，在原址重新建了一座功能相对齐全、能容纳 600 人的新影院，于 2008 年底竣工并投入使用。同年 2 月，新惠影剧院小放映厅开始试营业。2010 年，电影公司在职人员 14 人及其人事档案 14 份，移交旗广播电视中心管理。离退休人员 14 人，档案由旗文体广电局移交到旗社会保障局统一管理。

第七节　体育活动中心、旅游中心、文化执法机构

一、体育活动中心

1984 年 2 月，敖汉旗体育运动委员会合并到敖汉旗文化局，其直属单位业余体育学校一并隶属旗文化局。

1985 年 5 月，旗体育运动委员会分出，旗业余体育学校隶属旗体育运动委员会。

1987 年，敖汉旗体育运动委员会地址定于原旗职业中学院内。7 月，旗政府投资建房舍。

1993 年 11 月，因机构改革，文化、体育二次合并，成立敖汉旗文化体育局，敖汉旗业余体育学校改为体育活动中心，业余体育学校机构取消。

1996 年 1 月，体育中心有 13 人，编制 10 人，其中行政管理人员 2 人、专业技术人员 9 人、后勤 2 人。

2017 年 9 月 4 日，敖汉旗编委办公室下发通知，撤销敖汉旗体育活动中心，职能职责、人员编制等成建制划转至敖汉旗群众文化艺术馆，将旗群众文化艺术馆更名为敖汉旗群众文化体育馆，挂敖汉旗民族文工团、体育活动中心牌子。合并后，体育活动中心仍单独办公，其业务、人员等方面未与群艺馆进行实质性合并。

第一编表 12　敖汉旗体育活动中心（业余体育学校）负责人更迭情况一览表

时间	名称	姓名	性别	民族	职务	任职时间
1993.11—2017.09	敖汉旗体育活动中心	谢建国	男	汉	主任	1994.09—2007.06
		吕东国	男	汉	副主任	1994.09—
		王久芳	男	汉	主任（兼）	2007.06
		宋建东	男	汉	副主任	2007.06
		王　青	男	汉	主任	2011.03—2017.09
	敖汉旗业余体育学校	谢建国	男	汉	校长	1994.09—
		苏　广	男	汉	副校长	2003.02—
		刘海翔	男	汉	副校长	2004.11—
		王久芳	男	汉	校长（兼）	2007.06—
		宋建东	男	汉	副校长	2007.06—2017.09
		于海军	男	汉	负责人	2016.09—2017.09

二、旅游中心

1995 年，敖汉旗旅游管理服务中心（简称旅游中心）成立，与敖汉旗经济贸易委员会合署办公。

1999 年 3 月，成立敖汉旗招商局，旅游工作职能划归招商局，内设旅游开发股，有 3 人专抓旅游规划、设计、开发、管理等项工作。

2002 年 5 月，实施机构改革，旗文化体育局、旗广播电视局和旅游局合并，对外称旅游局。10 月，旗委常委会决定组建敖汉旗旅游管理服务中心，旅游局由局级转为股级事业单位，隶属旗文体广电局。内设人秘股、规划发展股、旅游促进股、质量管理股，定编 12 人（主任由副局长兼）。2003 年 5 月核编定为 10 人。

2005 年 7 月，编委发文，敖汉旗旅游管理服务中心规格确定为股级。

2010 年 6 月，旗文化体育广播电影电视局对外挂旅游局牌子。

2017 年 9 月，编委确定旅游中心为股级事业单位，隶属旗文化广电体育局。核定编制 7 名，其中股级指数 1 名，副股级指数 2 名。人员结构为专业技术人员 7 名，行政管理人员及工勤技能人员由专业技术人员兼任。

第一编表 13 敖汉旗旅游管理服务中心名称变更及负责人更迭一览表

时间	名称	姓名	性别	民族	职务	任职时间	籍贯
1995—1993.03	敖汉旗旅游局	高建国	男	汉	局长	1995—1999	新惠镇
		冯兆宇	男	汉	副局长	1995—1999	四家子镇
	敖汉旗旅游中心	高建国	男	汉	主任（兼）	1998—1999	新惠镇
1999.03—2002.05	敖汉旗招商局旅游开发股	李国青	男	汉	局长	1999.03—2002.05	新惠镇
2002.05—2002.10	敖汉旗文体局敖汉旗广播电视局（旅游局）	乔化文	男	汉	局长	2002.05—2002	玛尼罕乡
		张晓东	男	汉	副主任	2002.06—2002.10	丰收乡
		冯黎明	女	汉	副主任	2002.06—2002.10	新惠镇
2002.10—2005.07	敖汉旗旅游管理服务中心（股级事业单位）	李　政	男	汉	主任	2002.10—2004.06	新惠镇
		张晓东	男	汉	副主任	2003.02—2005.11	丰收乡
		冯黎明	女	汉	副主任	2003.02—2004.11	新惠镇
		郭兴志	男	汉	主任（兼）	2004.06—2005.11	丰收乡
		徐秀峰	男	汉	副主任	2004.11—2016.02	四道湾子镇
2005.07—	敖汉旗旅游管理服务中心	张晓东	男	汉	主任	2005.11—2016	丰收乡
		靖国光	男	汉	主任	2016.03—	新惠镇

三、文化执法机构

1989年3月，敖汉旗文化体育局成立文化市场管理办公室，1名副局长兼任主任。

1990年3月，成立文化市场管理股，有专职人员负责全旗文化市场管理工作。

1996年3月，旗编委批准正式成立敖汉旗文化市场稽查队，为旗文体局下属股级全额事业单位，定事业编2人，办公地点设在旗文体局。文化市场管理股股长兼任队长，有专职工作人员2人。2004年11月设专职队长。

2008年增编3人，有执法人员5人，其中正副职各1人。

2012年4月25日，在敖汉旗文化市场稽查队的基础上，组建敖汉旗文化市场综合执法大队（简称文化执法大队），为副科级事业单位，由旗政府委托旗文化体育广播电影电视局管理。原文化市场稽查队职能职责、人员编制成建制划入文化市场综合执法大队。内设执法一队、执法二队和办公室。设副科级职务1名，股级职务3名。核定编制12人，新增7人。人员结构为行政管理人员；专业技术人员及工勤技能人员由行政管理人员兼任。10月，成立敖汉旗文化市场管理工作领导小组，办公室设在旗文体广电局。11月实行机构重组，执法人员配齐。新租6间办公室，面积220平方米，增添桌椅、电脑等办公设施。

2012—2014年没有固定办公地点，三年之内五易办公场所。2016年7月，有事业编制12人，其中参照公务员管理5人、事业编制7人。

2017年3月，旗委、旗政府重新调整文化市场管理工作领导小组成员，办公室仍设在旗文体广电局，张红民兼任主任，王成江兼任副主任。3月31日，旗编制委员会下发《关于成立敖汉旗文化旅游综合行政执法大队的通知》，组建敖汉旗文化旅游综合行政执法大队，为敖汉旗综合行政执法局下属的行政执法机构。旗文化广电体育局下属的文化市场综合执法大队职能职责、人员编制成建制划入文化旅游综合执法大队，划转编制11名，人员10人。

第一编表14　敖汉旗文化市场综合执法大队名称变更及负责人更迭情况一览表

时间	名称	姓名	性别	民族	职务	任职时间	籍贯
1989.03—1990.03	敖汉旗文化市场管理办公室	梁　鹏	男	汉	主任（兼）	1989.03	丰收乡
1990.03—1996.03	文化市场管理股	梁　鹏	男	汉	股长（兼）	1990.03—1991.04	丰收乡
		杨金英	女	汉	股长	1991.05—1996.03	新惠镇

续表

时间	名称	姓名	性别	民族	职务	任职时间	籍贯
1996.03—2012.04	敖汉旗文化市场稽查队	王久芳	男	汉	队长（兼）	1996.03—2002.06	四家子镇
		王旭友	男	汉	队长（兼）	2002.06—2004.11	四家子镇
		罗彦武	男	汉	副队长	2002.06—2004.11	四家子镇
		王成江	男	汉	队长	2004.11—2012.04	四家子镇
		孙德志	男	汉	副队长	2007.06—2012.10	四家子镇
		周小华	女	汉	副队长	2010.10—2012.10	下洼镇
2012.04—2015.04	敖汉旗文化市场综合执法大队	王成江	男	汉	大队长	2012.04—2015.04	四家子镇
		孙德志	男	汉	副大队长	2012.10—2014.11	四家子镇
		周小华	女	汉	副大队长	2012.10—2014.11	下洼镇
		张　焱	男	汉	副中队长	2013.04—2014.11	新惠镇
		孙德志	男	汉	副大队长（兼中队长）	2014.11—2015.04	四家子镇
		周小华	女	汉	副大队长（兼办公室主任）	2014.11—2015.04	下洼镇
		张　焱	男	汉	副大队长（兼中队长）	2014.11—2015.04	新惠镇
2015.04—2017.05	敖汉旗文化市场综合执法大队	王成江	男	汉	大队长	2015.04—2017.05	四家子镇
		孙德志	男	汉	副大队长	2015.04—2017.05	四家子镇
		周小华	女	汉	副大队长	2015.04—2017.05	下洼镇
		尚诗军	男	汉	副大队长	2016.12—2017.05	古鲁板蒿镇

第三章　乡镇（苏木）文化站

第一节　文化站建立

中华人民共和国成立以来，经文化主管部门批准建立的文化站共 32 个，其间随所在地行政机构改革多有撤并分合。

1951 年 9 月，旗文教科责成旗文化馆在德力胡同区建立第一个公办文化站。公办文化站是文化馆下设的直属单位，有站长兼工作人员 1 名。文化馆负责业务指导，区政府负责人员管理。1952 年 8 月，又在金厂沟梁区、下洼区建立两个公办文化站。公办文化站总数 3 个。1954 年 6 月，德力胡同区文化站迁址四家子区。1957 年 1 月，小河沿区公办文化站建立。

1958 年，撤区划乡，区文化站改称乡文化站。10 月，成立人民公社，改称公社文化站。在“大跃进”的形势下，各地纷纷建立民办文化站，到年底全旗民办站达 18 个。1959 年民办站增加到 30 个。1961 年，因国民经济出现暂时性困难，公、民办文化站陆续撤销。

从 1964 年开始，四家子公社、金厂沟梁公社公办文化站相继恢复。长胜公社、岗岗营子公社建立公办文化站。1966 年，有公办站 4 个。1974 年 12 月，小河沿公社公办文化站恢复，大甸子公社公办文化站建立。全旗有公办站 6 个。

1974 年，文教科开始发展“社办公助文化站”，业务指导和人员管理方面与公办站相同。公办站和社办公助站的区别，由站内工作人员身份性质而定。社办公助站成立之初，工作人员均为临时工，即民办身份，未任站长。每站定编 1 人，由文化馆负责支付工资、业务费。1976 年，建立新惠公社、双井公社、古鲁板蒿公社和荷也勿苏公社 4 个社办公助文化站。

1979 年，恢复、增建玛尼罕公社、四德堂公社、乌兰召公社、贝子府公社、宝国吐公社、下洼公社、林家地公社、敖吉公社、牛古吐公社、丰收公社、克力代公社、王家营子公社、新地公社 13 个公办站和社办公助站，文化站总数达 23 个。1980 年，新惠镇文化站建立。24 个公社（镇）全部建起公办或社办公助文化站。1984 年，撤销人民公社改建乡镇人民政府，文化站随之改称乡、镇、苏木文化站。1984 年年末，第一批 7 名社办公助文化站工作人员转为国家干部，其所在文化站随工作人员身份由乡办公助站转为公办站。

1985 年，新划出的木头营子乡、康家营子乡、南塔乡、敖音勿苏乡、高家窝铺乡和敖汉种羊场建立 6 个乡（场）办公助文化站，文化站总数达 30 个，达到国家有关部门“一乡一站，一站一人”的要求。全旗文化站普及后，乡办公助文化站改称“民办公助文化站”，业务工作由旗文化馆指导改归旗文化局直接领导，受所在地政府和旗文化局双重管理。1988 年，四家子、贝子府、双井、金厂沟梁、四道湾子 5 个乡镇建立文化、广播、电影于一体的文化中心站。1990 年 10 月起，旗文化局为 20 名民办公助文化站专职人员提高一级工资，月增工资额 6.00 元。1991 年 12 月，第二批 7 名民办公助文化站工作人员被录用为国家干部。1992 年 5 月 4 日，旗文化局任命 11 名民办公助文化站工作人员为文化站站长。

第一编表 15　1991 年全旗文化站基本情况汇总表

镇（个）	乡苏木（个）	文化站数（个）			站类（个）			建站时间（个）				经费（千元）		业务活动收入	文娱活动次数	举办培训班	
		合计	其中 国办	其中 乡办公助	一类站	二类站	三类站	3 年以下	4—10 年	11—15 年	15 年以上	工资余额	业务费			班次	结业人数
4	26	30	30		10	13	7		6	13	11	33		13.02	90	44	4775

公用房屋建筑面积（千平方米）				演出场所可容观众（人）	藏书（册）	收藏文物（件）	自行车（辆）	
合计	图书借阅用房	电影放映用房	宣传展览用房					
2.36	1.30	0.04	1.02	300	8900	100	22	说明：演出场所为康家营子乡礼堂；大甸子文化站收藏文物；全旗有文化室 239 个

1994 年 5 月，旗文化体育局将各乡、镇、苏木文化站改称为“文化体育工作站”，电影队划归文体站管理。同年 6 月，第三批 6 名民办公助文化站人员被吸收录用为国家干部。

1999 年 12 月，全旗 11 个民办公助文化站的 11 名工作人员全部被录用为国家干部，所在文化站全变为公办站，民办公助站的历史从此结束。2003 年，大部分乡、镇、苏木文化站与广播站合并，称“文化体育广播电视站”，受所在地政府与旗文体局、广播局三重领导，工作人员随之增加。2005 年末乡镇机构改革，有 14 个文化站随所在地政府机构合并到其他乡镇文化机构。合乡并镇以后，全旗有文化站 16 个。2007 年，旗文体广电局与旗广电中心两单位分设，大多数合并的文体广电站随之分设。2008 年，新州街道办成立综合文化站。2012 年，惠州街道办成立文化体育服务中心。截至 2018 年，全旗文化站总数达 18 个。

第一编表 16　文化站发展情况一览表

年度（年）	总数（个）	其中		
		公办站数（个）	社办公助站数（个）	民办站数（个）
1951	1	1		
1952	3	3		
1958	21	3		18
1959	33	3		30
1966	4	4		
1976	10	6	4	
1979	23	12	11	
1980	24	12	12	
1985	30	12	18	
1991	30	30		
2000	30	30		
2006	16	16		
2008	17	17		
2012—2018	18	18		

第二节　文化站业务

一、中华人民共和国成立初期的公办文化站

1951—1963 年，站办活动主要有以下三个方面：一是以文化站为阵地，配合党的中心工作，通过多种形式，大搞宣传活动。如街头广播、屋顶广播、放映幻灯、出刊黑板报、画报画刊，召开座谈会、报告会、讲座会，举办展览会、文艺晚会，组织收听广播、图书借阅等。二是深入各村，组织成立俱乐部、业余剧团、皮影队，并加以辅导。三是组织开展群众性的文艺演出活动。

第一编表 17　1955 年文化艺术事业调查表

区（努图克）	戏曲剧团（个）	人数	文化站	皮影班（社）（个）	人数	半职业剧团（个）	群众俱乐部（个）	业余剧团（个）	人数	群众图书室（个）	收音站（个）	收音员（人）	文化站人数
大各各召区				3	15	3	1	13	390				
小河沿努图克				3	15	3	1	11	235	1	2	2	

续表

区（努图克）	戏曲剧团（个）	人数	文化站	皮影班（社）（个）	人数	半职业剧团（个）	群众俱乐部（个）	业余剧团（个）	人数	群众图书室（个）	收音站（个）	收音员（人）	文化站人数
官家地区				3	15	3		11	190		1	1	
捣格朗营子地区				2	10	2		4	56		1	1	
新地区				2	10	2	1	5	74	1	1	1	
四家子区	1	20	1	3	17	3	3	13	285	4	2	2	1
金厂沟梁区	1	15	1	4	16	4	1	6	100		1	1	1
贝子府区				5	25	5		6	87				
宝国吐区	1	23		3	13	3		2	29				
下洼区			1	2	10	2	1	12	198		1	1	1
牛古吐区				4	20	4		10	200		1	2	
新立屯努				2	7	2		6	132		1	1	
合计	3	58	3	36	173	36	8	99	1976	6	11	12	3

第一编表 18　1956 年各种业余文化艺术活动统计表

活动名称	数目	总人数			内部分工情况				种数			
		男（人）	女（人）	合计（人）	团组长（人）	演员（人）	文武场（个）	导演（人）	农村（个）	牧区（个）	工矿（个）	镇内（人）
农村业余剧团	90	1384	249	1633	129	1049	372	83	87	1	1	1
皮影班	26	113		113	26	72	41	20	24	2		
鼓乐班	14	42		42	14	42			10	4		
拉洋片	3	3		3	3				2	1		
书曲艺人	7	7		7					6	1		
幻术	3	3		3					3			
半职业落子班	3	47	9	56	4	41	13		3			
合计	146	1599	258	1857	176	1204	426	103	135	9	1	1

二、“大跃进”时期的民办文化站

1958 年，各地纷纷建立民办文化站，公社党委宣传委员兼站长，经费和房舍由乡镇各社解决，由所在乡镇人民委员会领导，文化馆在业务上给予指导。据 1958 年 10 月 28 日《敖汉旗报》记载，“到 9 月 30 日，全旗已建成公办文化馆 12 处，民办文化站 18 处”，“基本上实现了乡乡有文化馆、站”。民办文化站的任务是和俱乐部、歌咏队等其他业余群众文化组织一起，配合“大跃进”的形势开展文化宣传活动。

三、公办文化站的恢复建立

受三年国民经济困难的影响，到 1963 年，公办文化站和民办文化站先后撤销。1964—1973 年，文化馆相继在 4 个公社恢复建立公办文化站。这一时期，文化站除阵地活动外，工作重点转向组建农村俱乐部，以俱乐部为中心，突出政治，贯彻执行文化工作为政治服务、为生产服务的方针。

四、文化站的巩固与发展

1974 年，文化馆在巩固原有公办文化站的基础上，增建公办文化站，发展社办公助文化站。各文化站根据文化馆的工作安排，在组织开展群众文化活动的同时，充分利用站内有利条件，突出抓一项重点工作，如业余文艺宣传队、业余创作队伍、文物保护等，收到良好的效果。

五、文化站的普及

1979 年 5 月，敖汉旗文化局发出《关于没有文化站的公社建立文化站的通知》，由旗文化馆负责各公社文化站的普及工作。7 月，旗文化局制定《文化站工作条例（试行）》，加强对文化站的管理。文化站普及后，站内工作人员克服经费不足、业务生疏等困难，以文化站为阵地，主要开展以下几方面工作：加强业余剧团、皮影队的整顿和管理工作；配合形势，大搞板报宣传、摄影展览等；开展收费照相等“以文养文”项目；建玻璃宣传橱窗，定期出刊；举办美术、书法、摄影、戏曲、曲艺、文学创作等多种类型的学习班、培训班；组织文艺队伍举办文艺演出；举办灯谜晚会、各种游艺和文娱活动；图书借阅、报纸期刊阅览；文物保护、征集和文物普查、发掘工作等。

六、文化站管理体制改革

1984 年，国务院办公厅转发文化部《关于当前农村文化站问题的请示》的通知，指出“文化站是乡镇政府领导的群众文化事业机构，业务上接受上级文化部门的指导”。“文化站的任务是组织和举办群众文化艺术、文娱体育活动，向广大群众进行以共产主义思想为核心的宣传教育，普及科学技术文化知识，活跃群众文化生活，辅导农村群众文化活动，协助行政部门对农村群众文化事业、民间艺人和文化个体户等进行管理”。文化站的性质和职能职责得以明确。

1985 年，文化站改为旗文化局直属后，每站定编 1 人，全年经费 1000 元。各基层文化站不断增添文化设施，扩大文化活动范围，增加电影放映、电视放映、文体活动、街头广播等项目。同时，纷纷创办各种油印小报，题材不一，内容多样，尤以致富类信息为读者喜爱，有的文化站连续坚持5—6年时间。除开展站内活动外，重点抓基层文化室、文化户建设，形成四级文化网，向“大文化”发展。

第一编表19　1985年文化站房舍、设备情况一览表

站名	房舍结构	间数	面积（平方米）	图书（册）	摄影器材价值（元）	服装件数	乐器件数	文艺用品价值（元）	办公用具价值（元）
四家子镇文化站	砖瓦	5	100	2400	659	100	100	3500	
金厂沟梁镇文化站	砖瓦	2	40	300	400				500
下洼镇文化站	砖瓦	1	17	47					
四道湾子镇文化站	砖瓦	3	50	250					
新窝铺乡文化站	土木	9		500	200	300	30	42000	250
长胜乡文化站	土木	5	75	3370	650	24	4	740	
大甸子乡文化站	砖瓦	3	81	1040	460	20	2	270	400
敖润苏莫苏木文化站	砖瓦	4	80	700	407	3	12	180	
双井乡文化站	砖瓦	6	108	1300	743	5	7	250	400
古鲁板蒿乡文化站	砖瓦	2	30	80	180		2	2	
新惠乡文化站	砖瓦	4	70	136	1000		1		400
新地乡文化站	土木	2	50	211	310				
克力代乡文化站	土木	5	100	200	500				800
敖吉乡文化站	土木	2	40	120	450				
牛古吐乡文化站	土木	4	60						
林家地乡文化站	砖瓦	2	30	1000	410		3	40	220
王家营子乡文化站	土木	2	30	300	496				
四德堂乡文化站	砖瓦	3	60	250		50		830	800
宝国吐乡文化站	砖瓦	1	20	80	120	5	2		
丰收乡文化站	砖瓦	2	40						
贝子府乡文化站	砖瓦	5	120	150	420				
玛尼罕乡文化站	砖瓦	2	24	400			2	75	100
萨力巴乡文化站	土木	4	72	180	600				
新惠镇文化站				1200					
南塔乡文化站	砖瓦	1	20	120					
高家窝铺乡文化站	砖瓦	3	100	250	400		10	300	500
敖音勿苏乡文化站	砖瓦	1	20						
哈沙吐乡文化站	砖瓦	1	20						

续表

站名	房舍结构	间数	面积（平方米）	图书（册）	摄影器材价值（元）	服装件数	乐器件数	文艺用品价值（元）	办公用具价值（元）
木头营子乡文化站	砖瓦	2	35	400	420				
康家营子乡文化站	砖瓦	5	70	150	210		15	350	500

第一编表 20　文化站油印小报一览表

站别	名称	体裁	时间	主办人
长胜公社文化站	雏燕	小说、散文、诗歌	1983—1984	刘才
长胜乡文化站	科海浪花	科技新闻、文摘	1983—1988	刘才、张凤岐
牛古吐公社文化站	俱乐部	文学、曲艺	1979	朱树青
牛古吐乡文化站	信息简报	科技文摘	1986	刘凤兰
四家子镇文化站	宣传科技简报	科技文摘	1984—1988	刘恩广
四家子镇文化站	芳草青青	文学	1987	刘恩广
四家子镇文化站	四家子简报	新闻、信息	1990	李井刚
新惠乡文化站	致富之道	新闻、信息	1984	吴燕飞
新惠乡文化站	新惠乡报	新闻、文摘	1986	彭乃君
四道湾子镇文化站	四道湾子简报	本镇新闻	1985	杨国权
宝国吐乡文化站	短笛	科技信息	1985	马桂昌
木头营子乡文化站	生活集锦	科技、信息、文摘	1986	朱树青
木头营子乡文化站	沙柳	文学、科普	1986	朱树青
木头营子乡文化站	杏花	文学、科普	1988	刘凤兰
高家窝铺乡文化站	农家科技	科技文摘	1986	单志军
敖润苏莫苏木文化站	青年致富报	科普信息、新闻	1986	肖爱国
双井乡文化站	科海拾贝	科技文摘	1986	杨秀玲
克力代乡文化站	农家乐	科技、信息、文摘	1986	鲁希清
敖吉乡文化站	三面河	新闻、信息	1987	王景隆
玛尼罕乡文化站	花蕾	科普信息	1986	王国云
萨力巴乡文化站	星火科技	科技文摘	1989	赵宗武
新窝铺乡文化站	文化简报	信息、文摘	1990	田　术
新地乡文化站	科技信息	科技文摘	1989	王　泽

1988 年，全旗 30 个文化站共有房舍 87 间，1809 平方米，除了哈沙吐、宝国吐、敖吉 3 个站与其他单位合署办公外，27 个文化站都有办公和活动场所。人员编制共 30 人，实有 43 人，其中 9 个站雇用临时人员，开展照相等“以文养文”项目。经费合计 43360 元，其

中乡镇政府投资11360元，占经费总数的26.2%。“四落实”达标站8个。共有文化室173处，其中较好的90处。照相、绘画、电影、曲艺等个体文化户202户。集体、个体业余剧团12家。有15个站开展“以文补文”有偿服务，共收入6226元，占经费总数的14.3%。

第一编表21 1988年各文化站“以文补文”基本情况一览表

文化站	项目	收入		备注
		单项收入（元）	合计（元）	
四道湾子	录像	350	480	
	电影	70		
	照相	50		
	管理费	10		
林家地	照相	80	80	
木头营子	代销图书	200	200	
高家窝铺	照相	350	350	
四家子	照相	883	986	
	写牌匾	48		
	印背心	35		
	台球	10		
大甸子	照相	410	410	
丰收	绘画	170	170	
南塔子	文化饭馆	250	250	设备归属权未定
古鲁板蒿	照相	500	540	
	卖年画	40		
康家营子	借阅	60	660	
	电影	600		
贝子府	文化商店	500	650	
	电影	150		
牛古吐	照相	200	200	
敖润苏莫苏木	照相	250	250	
长胜	照相	400	400	
双井	照相	600	600	
合计	12类		6226	

1990年开始，乡、镇、苏木文化市场个体经营户陆续增多，文化产业兴起。文化站相应增加基层文化市场管理业务。1993年开始，部分乡、镇、苏木文化站与广播站陆续合并。合并后的文化站在开展群众文化工作的同时，站内工作侧重广播电视业务，负责有线、无

线电视差转传输，电视节目编辑、录制等。各文体广电站站舍扩大，工作人员增多，相应配备有线、无线电视差转传输设备，摄像、照相、编辑、调制等设备比较齐全，同时具备转播、制作电视节目的功能。

1995年，旗文体局全面开展“五个一”建设活动。要求每个乡、镇、苏木文化站在抓好其他工作的同时，重点抓出一个文化名村，一处文化景点，一件文艺精品，一个补文产业，一次大型农牧民体育运动会或群众文化活动，即“一村、一景、一品、一业、一会”。这项活动由于任务明确，工作具体，切合实际，得到所在地党委、政府以及文化站工作人员的重视。一年中，全旗各乡、镇、苏木文化站共出科技知识等各类板报200期。举办种养殖等各类培训班60期，参培人数23000余人。举办大型文化活动80余次，参加人数达12000人次。春节期间组织各类秧歌队310支，直接表演人员达19000人；组织业余剧团及皮影队11个，演出234场；举办各种晚会144次，演出80场；举办各类体育比赛135次，参加人数达3.98万人次。

1997年，下洼镇、四道湾子镇、林家地乡、宝国吐乡、南塔乡、新地乡、牛古吐乡、长胜乡、康家营子乡、木头营子乡、敖润苏莫苏木11个乡、镇、苏木被确定为首批实施“彩虹文化计划”单位。区、市两级政府匹配资金10.3万元，旗政府匹配资金16.5万元，乡、镇、苏木自筹资金110.42万元，新建、改建房舍2348平方米，购置电视机、照相机、乐器、图书等，使这些文体站的文化活动条件得到改善。年末全旗有30个文体站，483个文化室，313个文化户。1998年，四德堂乡、丰收乡、玛尼罕乡3个乡被列为第二批“彩虹文化计划”实施单位。1999年全旗有50%以上的文体站达到自治区甲级一类文体站标准。

2002年，敖汉旗广播电视局承担的管理职能划归新设置的敖汉旗文化体育广播电视局，各乡、镇、苏木文化站和广播站相应合并，称文化体育广播电视站或文化服务中心等，属于所在地政府事业站，为股级单位。业务范围包括群众文化工作、群众体育工作、文化市场管理和广播电视新闻宣传工作、电视节目制作与传输工作。其行政领导机构是所在乡、镇、苏木党委、政府，业务指导机构是敖汉旗文化体育广播电视局。

2005年年末至2006年年初，全旗乡镇机构改革，30个乡、镇、苏木文化体育广播电视站合并为16个。

2007年，广播电视职责重新划归敖汉旗广电中心，大部分乡、镇、苏木文化站与广播电视站分设，单独设立文化体育工作站。

2018年，全旗各乡、镇、苏木、办事处文化站共18个。其所承担的文化工作主要为两大项：一是群众文化工作，二是文化市场管理工作。在群众文化工作方面，有配合政府中心工作的橱窗宣传，书法、摄影等文化艺术作品展览，歌咏比赛、戏剧表演等文娱活动，球类、田径类体育比赛。组织参加旗政府等部门举办的全旗农牧民文化艺术节、农牧民运动会等。在文化市场管理方面，主要是加强民间演出团体和各类文化市场经营户的管理，规范文化市场秩序，使其健康发展。

第一编表 22　2018 年全旗各文化站情况一览表

站名	人员		站长（副站长）	办公室		活动室	
	编制	在岗人员		面积（平方米）	办公地点	面积（平方米）	名称
新惠镇文体服务中心	2	3	姚明姝	30	镇政府办公楼	300	棋牌室、阅览室、排练室
四家子镇文化服务中心	2	2	李井刚	25	镇文体旅游办公楼	720	健身室、棋牌室、电子阅览室、图书室、球类运动室等 12 个专门活动室
四道湾子镇文化站	2	1	王小薇	25	镇政府办公楼六楼	450	乒乓球室、健身室、综合活动室、文化共享培训室、图书室
兴隆洼镇文体工作站	1	2	高景军	25	镇政府 b 楼二楼	405	乒乓球室、健身室、展厅、信息资源共享室
萨力巴乡文化服务中心	1	1	刘春雨	30	乡文化体育活动中心	195	电子阅览室、棋牌室、文体室、图书室
下洼镇文化服务中心	1	1	张兴军	25	镇政府办公楼	400	乒乓球室、棋牌室、信息资源共享室、图书室、书画室、排练室、台球室
长胜镇文化站	3	3	张晓军 王柏华	25	镇政府办公楼	330	多功能厅、电子阅览室、文体活动室、游艺室
金厂沟梁镇文化体育工作站	2	2	刘建军	80	镇政府办公楼三楼	400	乒乓球室、棋牌室、图书室、综合活动室、排练室、台球室、健身室
木头营子乡文化服务中心	3	3	郭晓峰	30	乡文化服务中心综合楼	330	多功能活动室、书刊阅览室、电子阅览室、培训室、文化活动室、科普室
黄羊洼镇文化站	1	3	蒋伟才	80	镇文化体育中心	470	乒乓球室、图书室、综合活动室、多功能厅
牛古吐镇文化体育工作站	1	1	周曙乐	25	镇政府办公楼	450	乒乓球室、图书室、综合活动室、特色展室等
敖润苏莫苏木	2	2	平永宽	16	苏木办公楼	150	健身室、娱乐室、排练室
贝子府镇文化体育工作站	2	1	林志民 张桂敏	80	镇政府综合楼四楼	450	乒乓球室、健身室、信息资源共享室、综合活动室、图书阅览室

续表

站名	人员		站长（副站长）	办公室		活动室	
	编制	在岗人员		面积（平方米）	办公地点	面积（平方米）	名称
玛尼罕乡文化站	1	1	范立琴	20	乡政府办公楼二楼	300	乒乓球室、健身室、多功能活动室、棋牌室、图书室
丰收乡文化服务中心	1	1	崔慧颖	20	乡政府办公楼	150	健身室、图书室、乒乓球室
古鲁板蒿镇文化体育工作站	1	2	薛致甫	25	镇文化活动中心办公楼	600	图书室、阅览室、棋牌室、多功能传媒室、体育健身活动室
新州街道办综合文化站	2	2	王瑞红	24	街道办	200	多功能厅、共享工程活动室、游艺室、文体活动室
惠州街道办文化体育服务中心	1	1	肖景春	16	新州街63号	—	—

第三节　文化站设置、沿革及概况

因文化站建立时间不同，随政区变化名称多有变动，故沿用名称不尽相同。

一、新惠镇文化站

1980年，新惠镇在全旗率先建立“青少年之家”，后改为镇办公助文化站，站址在镇政府院内。1984年12月转为公办站。1986年工作人员调出，又变为民办公助站。1994年6月变为公办站，改称新惠镇文化体育工作站。2006年1月，该站与新惠乡文体站、新地乡文体站、高家窝铺乡文体站四站合并，成立新惠镇文体广电服务中心。2010年4月，文化站单设，称新惠镇文体服务中心。

第一编表23　新惠镇文化站负责人更迭表

名称	性质	姓名	性别	民族	文化程度	职务	任职时间	籍贯
镇文化站	镇办公助	耿守良	男	汉	中师	工作人员	1980—1984.12	辽宁省建平县
镇文化站	公办	耿守良	男	汉	中师	站长	1984.12—1987	辽宁省建平县

续表

名称	性质	姓名	性别	民族	文化程度	职务	任职时间	籍贯
镇文化站	民办公助	王素雅	女	汉	高中	工作人员	1987—1994.06	林家地乡
镇文化体育工作站	公办	王素雅	女	汉	高中	站长	1994.06—1998.08	林家地乡
镇文化体育工作站	公办	杨　富	男	汉	中专	站长	1998.08—2006.01	新惠镇
镇文体广电服务中心	公办	孟庆宗	男	汉	大专	站长	2006.01—2010.04	四道湾子镇
镇文体服务中心	公办	姚明姝	女	汉	研究生	站长	2010.04—	新惠镇

文化站建立后，配合镇党委、政府中心工作开展文化宣传。2006 年合乡并镇以来，该站组织镇内机关干部成立一支文艺宣传队，在节日期间不定期举办 4 次文艺演出。组织各村文艺骨干参加市、旗两级各类农牧民文艺会演，其中两次获得金奖和优秀组织奖，一次获得银奖。指导各村在节日或农闲季节开展秧歌比赛、篮球赛、田径赛等各类文体活动百余次，并对文化大院、文化室进行经常指导。

2018 年，所辖 25 个行政村、1 个居委会，每个村有 3—5 支秧歌队。全镇有文化大院 4 个，皮影队 1 支，业余表演团体 4 支，规模化大舞台 5 个。

二、四家子镇文化站

1954 年 6 月，德力胡同区公办文化站移至四家子区，建立四家子区公办文化站，站址在四家子街西。1958 年，改称四家子公社文化站。1963 年 6 月 27 日该站撤销。

1964 年 3 月，该站恢复建立，称四家子公社文化站，站址设在公社院对过。1984 年，改称四家子镇文化站。1994 年 6 月，改称四家子镇文化体育工作站。2006 年 1 月，与林家地文体站合并成立四家子镇文化体育旅游站。2013 年 1 月，改称四家子镇文化服务中心。

第一编表 24　四家子镇文化站负责人更迭表

名称	性质	姓名	性别	民族	文化程度	职务	任职时间	籍贯
第六区文化站	公办	郭汉武	男	汉	初中	站长	1954.06—1958.01	新惠镇
公社文化站	公办	刘　铁	男	汉	初中	站长	1958.11—1963.06	新惠镇
公社文化站	公办	刘恩广	男	汉	初中	站长	1964.03—1984	四家子公社

续表

名称	性质	姓名	性别	民族	文化程度	职务	任职时间	籍贯
镇文化站	公办	刘恩广	男	汉	初中	站长	1984—1987	四家子镇
镇文化站	民办公助	刘国中	男	汉	高中	工作人员	1987—1988	四家子镇
镇文化站	民办公助	李井刚	男	汉	大专	工作人员	1989.01—1992.04	四家子镇池家湾子村
镇文化站	民办公助	李井刚	男	汉	大专	站长	1992.05—1994.05	四家子镇池家湾子村
镇文化体育工作站	民办公助	李井刚	男	汉	大专	站长	1994.06—1999.12	四家子镇池家湾子村
镇文化体育工作站	公办	李井刚	男	汉	大专	站长	1999.12—2005.12	四家子镇池家湾子村
镇文化体育旅游站	公办	李井刚	男	汉	大专	站长	2006.01—2012.12	四家子镇池家湾子村
镇文化服务中心	公办	李井刚	男	汉	大专	站长	2013.01—	四家子镇池家湾子村
镇文化服务中心	公办	鲍硕权	男	汉	大学	副站长	2013.01—2016.09	萨力巴乡

建站初期的四家子文化站有土木结构房舍3间，约50平方米。配备专职文化干部1人。工作重点是建立中心俱乐部，以便于开展群众文化活动。到1955年年末，全区有四家子、牛夕河屯等7个中心俱乐部。文化站利用俱乐部为阵地，组织业余剧团，建立幻灯放映点，出黑板报，编印宣传资料，开展图书借阅和室内阅览活动。配合农业生产和扫盲工作搞好宣传，提高群众的社会主义觉悟，调动社员生产积极性。到1956年，全区有俱乐部7处，图书室8个，业余剧团25个，幻灯放映点4处，群众文化娱乐组织遍布全区。1958年，四家子文化站辅导区的东井、四家子、金厂沟梁、克力代、七协营子5个乡38个农业生产合作社共建俱乐部34个。

1959年1月1日，在四家子人民广场举行会演。各耕作区文化站在送来捷报的同时，带来了高跷、单刀、马叉、狮子、旱船、小车会、报捷车、三节鞭、手花子、梢子棍、跑驴、二和尚摔跤、牵象等表演，吸引上万人观看。

1961年，全乡有文化站5个，其中民办文化站4个，图书室5个，业余俱乐部6个，业余剧团7支。利用放映幻灯、举办小型展览会和演讲报告会、举办文艺晚会、出黑板报、画窗、屋顶广播等形式，宣传贯彻党中央“十二条指示”，宣传总路线、“大跃进”、人民公社“三面红旗”。

20世纪70年代末，文化站主要负责四家子业余剧团的恢复成立工作，组织排演古装戏曲。1983 年开始，利用板报宣传、图书阅览、举办文学艺术培训班、出刊油印小报等形式，文化工作开展得有声有色。1985 年，该站被自治区文化厅评为“区级先进文化站”。

1993 年以来，文化站每年组织大型群众文体活动 3—4 次。镇文化体育旅游站成立后，工作人员增至 3 名，举办杜鹃花节等活动。同时，组织祥云寺庙会、秧歌比赛、元宵节灯谜竞猜等各种大型群众性文化活动。挖掘“青城寺祭星”“英雄会”秧歌、黄河灯会、粉条制作工艺等多个非物质文化遗产项目，全镇被认定的区、市、旗级代表性项目 8 个。2005 年 3 月，被自治区人民政府评为“全区群众体育先进镇”。

2010—2013 年，镇政府先后投资 230 万元新建文体站办公楼，占地面积 2000 多平方米，建筑面积为 768.75 平方米，文化体育活动室面积 680 平方米。内设图书阅览室等 7 个活动室。购置跑步机等一系列文化体育配套设备。同时建室外体育健身场所 9 处，其中休闲文化广场 2 处，篮球场、网球场和门球场各 1 处，健身场 4 处。

2018 年初，由镇政府举办、镇文化服务中心承办的“魅力四家子”摄影大赛，从自然风光、人文历史、产业发展、百姓民俗等多个方面宣传了四家子。全镇建成文化广场 67 个，村村建有文化活动室。67 支秧歌队、1 个业余剧团、4 支皮影队、1 个农民文化大院为全镇人民提供丰富多彩的文化体育生活。

三、下洼镇文化站

1952 年 8 月，第十区下洼建立公办文化站，站址在区政府院内。1958 年，下洼区文化站改称下洼人民公社文化站。1963 年该站撤销。

1979 年 7 月，下洼公社建立社办公助文化站。1984 年 4 月，改称下洼镇文化站。

1994 年 6 月，改称下洼镇文化体育工作站。2001 年 8 月，该站与镇广播电视站合并，称下洼镇宣传文化站。2006 年 3 月，敖音勿苏乡文体站合并到该站。2008 年，该站与广播电视站分设，成立下洼镇文化服务中心。2012 年，站址随镇政府迁入新区办公楼。

第一编表 25　下洼镇文化站负责人更迭表

名称	性质	姓名	性别	民族	文化程度	职务	任职时间	籍贯
第十区文化站	公办	王庭玉	男	汉	小学	站长	1952.08—1952.11	—
第十区文化站	公办	朱子林	男	汉	小学	站长	1952.11—1957.12	新窝铺乡新民村
公社文化站	公办	杨　忠	男	汉	初中	站长	1958.01—1961.03	新地公社丰盛店大队

续表

名称	性质	姓名	性别	民族	文化程度	职务	任职时间	籍贯
公社文化站	公办	哈斯巴彦	男	蒙古	初中	站长	1961.03—1963	双庙公社西沟大队
公社文化站	社办公助	王春	男	汉	高中	工作人员	1979.07—1982.07	下洼公社下洼大队
公社文化站	社办公助	彭乃君	男	汉	高中	工作人员	1982.12—1984.04	下洼公社下洼村
镇文化站	民办公助	彭乃君	男	汉	高中	工作人员	1984.04—1986	下洼镇下洼村
镇文化站	民办公助	吴燕飞	女	汉	高中	工作人员	1986—1994.06	新惠镇本街
镇文化体育工作站	公办	吴燕飞	女	汉	高中	站长	1994.06—1996.08	新惠镇本街
镇文化体育工作站	公办	张洪峰	男	汉	大专	站长	1996.08—1997.04	大甸子乡大甸子村
镇文化体育工作站	公办	刘翠双	女	汉	大专	站长	1997.08—1998.06	四家子镇下房身村
镇文化体育工作站	公办	温振国	男	汉	大专	站长	1998.06—1999.08	牛古吐乡大五家村
镇文化体育工作站	公办	陈永祥	男	汉	中专	站长	1998.08—2001.05	牛古吐镇三家村
镇宣传文化站	公办	陈永祥	男	汉	中专	站长	2001.05—2002.05	牛古吐镇三家村
镇宣传文化站	公办	张东学	男	汉	中专	站长	2002.05—2006.03	下洼镇河西村
镇文化服务中心	公办	张东学	男	汉	中专	站长	2006.03—2008.06	下洼镇河西村
镇文化服务中心	公办	王明珠	男	汉	大学	站长	2008.06—2016.11	贝子府镇后坟村
镇文化服务中心	公办	车龙	男	汉	大学	站长	2016.11—2017.06	下洼镇下洼村
镇文化服务中心	公办	张兴军	男	汉	大学	站长	2017.06—	兴隆洼镇莱草沟村

下洼区文化站建立后，配有专职文化干部1人，办公室1间，展览室3间。设备有幻灯机1台，留声机1台，黑板1块。有图书850册，报纸3份，期刊16种。1954年建流动图书站3个，屋顶广播组11个，建农村剧团1个。

1957年，全区共有俱乐部12个，农村图书室7个，业余剧团25支。1958年，下洼文化站辅导区俱乐部发展到150个，民办文化馆5个，民办文化站20个，业余剧团和文工团25个，图书馆25个，图书室35个。在下洼街增添宣传塔、宣传匾、跃进门、路标牌等

200多件。

1979年，建立社办公助文化站，有办公用房4间，其中办公室、图书室、展览室、活动室各1间。设备有收录机、扩音器、照相器材及部分文体用品。

1998年，该站有工作人员2人，办公室1间，阅览室2间，图书4000册，照相机1台。同年，下洼镇被旗政府命名为"文化先进镇"。1999年，该站被市文化局评为"市级先进站"。

2001年，文化站与广播电视站合并后，工作人员增至5人。镇政府筹资40万元建起文化体育活动中心楼，建筑面积400多平方米，内设文化活动室等8个专业活动室。各种体育器材、图书、文化设备齐全，固定资产原值50万元。2003年，下洼镇被旗政府评为"全旗文化体育工作先进单位"。2004年获得自治区级"宣传文化示范站"称号。

2007年，下洼镇被旗政府评为"群众体育工作先进单位"。2008年12月，被市委宣传部评为"全市文化建设工作示范单位"。2009年12月，被市老年体协评为"自治区农村牧区'123'老年体育工程达标单位"。2011年，被自治区体育局评为"群众体育先进乡镇苏木"。2015年9月，获敖汉旗第五届农牧民文化艺术节组织奖。2016年7月，获敖汉旗"十个全覆盖"农牧民文艺节目大赛银奖。2017年7月，获全旗第二届农牧民会演铜奖。2018年7月，获第三届农牧民文艺会演暨业余团体调演"守望相助好家园"金奖。

四、金厂沟梁镇文化站

金厂沟梁镇文化站自建立至今一直为公办站。

1952年8月，金厂沟梁区文化站建立，称第七区文化站，站址在区对过街南侧。1957年1月文化站撤销。

1958年4月，金厂沟梁公社文化站恢复建立，办公室设在公社院内。1960年1月撤销。

1965年10月，该站第三次恢复建立，"文化大革命"期间，站内工作停止。1979年4月，文化站复建。1984年，改称金厂沟梁镇文化站。1994年6月，改称金厂沟梁镇文化体育工作站。2006年4月，与镇广播站合并，成立金厂沟梁镇文化体育广播电视站。2008年末，文化、广播分设，改称金厂沟梁镇文化站。2011年，改称金厂沟梁镇文化体育工作站。

第一编表26　金厂沟梁镇文化站负责人更迭表

名称	性质	姓名	性别	民族	文化程度	职务	任职时间	籍贯
第七区文化站	公办	贾广仁	男	汉	高小	站长	1952.08—1953.12	金厂沟梁区刘杖子村
第七区文化站	公办	韩瑞岩	男	回	高小	站长	1954.01—1955.03	金厂沟梁区回族村

续表

名称	性质	姓名	性别	民族	文化程度	职务	任职时间	籍贯
第七区文化站	公办	苏日图	男	蒙古	初中	站长	1955.03—1957.01	新惠镇本街
公社文化站	公办	张立玉	男	汉	高小	站长	1958.04—1959.12	金厂沟梁公社下查干高勒大队
公社文化站	公办	李鸣凤	男	汉	高中	站长	1965.10—1979.04	金厂沟梁公社下查干高勒大队
公社文化站	公办	陈会军	男	汉	大专	站长	1979.04—1981.01	金厂沟梁公社椴木梁大队
公社文化站	公办	徐桂林	男	汉	中师	站长	1981.04—1984.02	金厂沟梁镇金厂沟梁村
镇文化站	公办	徐桂林	男	汉	中师	站长	1984.02—1994.06	金厂沟梁公社金厂沟梁村
镇文化体育工作站	公办	徐桂林	男	汉	中师	站长	1994.06—1998.04	金厂沟梁镇金厂沟梁村
镇文化体育工作站	公办	高　宝	男	汉	大专	站长	1998.04—1998.08	克力代乡克力代村
镇文化体育工作站	公办	张喜辉	男	汉	大学	站长	1998.08—2006.04	金厂沟梁镇石匠沟村
镇文化体育广播电视站	公办	张喜辉	男	汉	大学	站长	2006.04—2008.12	金厂沟梁镇石匠沟村
镇文化站	公办	王玉华	男	汉	大学	站长	2009.01—2011	四道湾子镇
镇文化体育工作站	公办	王玉华	男	汉	大学	站长	2011—2017.07	四道湾子镇
镇文化体育工作站	公办	林　海	男	汉	大学	副站长	2014.07—2015.10	金厂沟梁镇七协营子村
镇文化体育工作站	公办	刘建军	男	蒙古	大专	站长	2017.07—	贝子府镇驿马吐村

金厂沟梁区文化站建立之初，有站长1人，办公室2间，幻灯机1台，黑板报2块，图书400余册。有3个流动阅览点。1958年增宣传画窗1个。1965年黑板报增至4块。这时期主要工作是利用板报、屋顶广播等形式进行农业合作化、“大跃进”等时事政治宣传，辅导白杖子、金厂沟梁、下查干高勒业余剧团。

1979年，站内有办公室、阅览室各1间。图书400册，报纸、杂志20多份。1983年11月，金厂沟梁公社俱乐部建成，开展室内电影放映活动。

1984年以来，文化站每年春节期间均组织秧歌队，开展群众性文化活动。白杖子、官营子、下查干高勒等村的高跷秧歌队，每年均有100多人表演；金厂沟梁村的秧歌队中，有小车子、跑驴等许多杂耍；金陶公司组织400多人的高跷秧歌队，前面有狮子、耍龙灯、威风锣鼓队，浩浩荡荡，气势非凡，多次到新惠镇表演。

2001 年，金厂沟梁镇投资 20 多万元建成 3000 多平方米的文化广场。2005 年，在敖汉旗第二届文艺创新大赛中获团体三等奖。2006 年，获敖汉旗第二届农牧民艺术节团体银奖和优秀组织奖。2008 年，在敖汉旗首届职工艺术节文艺创新大赛中获优秀组织奖。2015 年 9 月，获"新五洲旅行社杯"敖汉旗职工篮球赛第二名。同月，获第五届全旗农牧民文化艺术节优秀组织奖。

2018 年，镇政府所在地有文化体育综合活动中心一处，占地 4000 平方米。设有 7 个专项活动室。室外有体育健身场地 1500 平方米，羽毛球场、篮球场、门球场各 1 片。全镇 14 个行政村，每个村都有文化活动室和体育健身广场。共有文化活动室 16 处，总面积 1500 平方米。健身广场 76 处，总面积达 55000 平方米。成规模的秧歌队、舞蹈队近 30 支。

五、四道湾子镇文化站

1957 年 1 月，小河沿区公办文化站建立，站址在小河沿村。1958 年，改称小河沿公社文化站，站址迁至西南湾子村。1963 年文化站撤销。

1974 年 12 月，该站恢复建立，站址随公社迁至四道湾子村。1984 年 2 月，改称四道湾子镇文化站。1994 年 6 月，改称四道湾子镇文化体育工作站。1998 年 9 月，该站与镇广播电视站合并为四道湾子镇文体广播电视站。1999 年 12 月，改称四道湾子镇宣传文化站，文化、广播仍合署办公。2006 年，四德堂乡文体站合并入该站。2009 年文化、广播分设，改称四道湾子镇文化站。

第一编表 27　四道湾子镇文化站负责人更迭表

名称	性质	姓名	性别	民族	文化程度	职务	任职时间	籍贯
小河沿区文化站	公办	苏日图	男	蒙古	初师	站长	1957.01—1957.10	新惠镇本街
小河沿区文化站	公办	哈斯巴彦	男	蒙古	高中	站长	1957.10—1958	双庙公社西沟大队
小河沿公社文化站	公办	林宝民	男	汉	高中	站长	1958.03—1963	新惠公社新发大队
小河沿公社文化站	公办	赵殿贵	男	汉	中师	站长	1974.12—1977.03	下洼公社下洼大队
小河沿公社文化站	公办	郝　瑞	男	汉	中师	站长	1979.02—1981.12	小河沿公社小河沿大队
小河沿公社文化站	公办	杨国权	男	汉	大专	站长	1982.08—1984.02	小河沿公社小河沿大队
四道湾子镇文化站	公办	杨国权	男	汉	大专	站长	1984.02—1991.11	四道湾子镇小河沿村

续表

名称	性质	姓名	性别	民族	文化程度	职务	任职时间	籍贯
四道湾子镇文化站	公办	张希荟	男	汉	大专	站长	1992.04—1992.08	左旗毛宝力格乡
四道湾子镇文化站	公办	于海云	女	汉	中专	站长	1992.08—1994.06	四德堂乡熊家营子村
四道湾子镇文化体育工作站	公办	于海云	女	汉	中专	站长	1994.06—1998.03	四德堂乡熊家营子村
四道湾子镇文化体育工作站	公办	赵利军	男	汉	大专	站长	1998.03—1998.08	古鲁板蒿乡白家店村
四道湾子镇文体广播电视站	公办	赵利军	男	汉	大专	站长	1998.08—1999.12	古鲁板蒿乡白家店村
四道湾子镇宣传文化站	公办	赵利军	男	汉	大专	站长	1999.12—2000.07	古鲁板蒿乡白家店村
四道湾子镇宣传文化站	公办	张希荟	男	汉	大专	站长	2000.07—2002.02	左旗毛宝力格乡
四道湾子镇宣传文化站	公办	姚海军	男	汉	大专	站长	2002.03—2009.06	四道湾子镇黑土营子村
四道湾子镇文化站	公办	谢巨华	男	汉	大专	站长	2009.09—2014.12	四道湾子镇
四道湾子镇文化站	公办	王小薇	女	汉	大学	站长	2014.12—	四道湾子镇

文化站建立之初，有办公室 1 间、幻灯机 1 台、黑板报 2 块。屋顶广播组 10 个。主要工作是宣传农业合作化涌现出来的新人新事，抓各村业余剧团的辅导工作。1958 年，有幻灯机 2 台，图书 500 册。1961 年有图书 1000 余册，二胡 1 把，板胡 1 把。

1974 年，有办公室 1 间，活动室 3 间，订阅报纸期刊 5 种，图书 1000 余册，二胡、三弦、唢呐各 1 件。1978 年，增加摄影室 2 间，活动室 4 间。

1982 年，有办公用房 120 平方米，其中办公室 1 间、图书活动室 2 间、摄影室 2 间。有图书 1500 册，乐器 2 件，球类 3 种，报纸期刊 10 余种。

1998 年 9 月，文化站与广播电视站合并，工作人员 6 名。同年，四道湾子镇获国家体育运动委员会“全国群众体育先进单位”称号和农业部、国家体育总局、中国农民体育协会“全国亿万农民健身活动先进乡镇”称号。同年，该镇被评为“全市 1998—1999 年度体育先进镇”。

1999 年 12 月，由内蒙古自治区文明委、赤峰市文明委、四道湾子镇共同投资 60 万元，建起 765.4 平方米的镇宣传文化中心楼 1 座。同时还配备摄像机 1 台，录放机 2 台，家庭影院 1 套，购买图书 2000 余册。同年，该镇被评为“市级先进文化镇”，该站被评为“市级先进站”，赵利军被评为“市级优秀站长”。

2000年5月，镇政府获市政府“赤峰市群众体育先进单位”“赤峰市实施《全民健身计划纲要》第一期工程先进集体”两项荣誉。11月，获自治区体育局“全区体育先进镇”称号。2003年8月，参加全旗农牧民文艺会演获团体第二名。

2004年，参加全旗农牧民篮球锦标赛获第二名。8月，该站被内蒙古自治区党委宣传部、文明办和文化厅命名为“百县千乡宣传文化工程示范站”。镇政府被旗政府评为“文化工作先进单位”。

2009年文化站单设后，有工作人员2名。文化站积极组织开展全镇文化体育活动。完成全镇14个行政村的文化室、文化广场的布置命名，做好日常监管、设备维护工作。有计划地发送娱乐器材、体育设备。组建民间小剧团，指导文化大院开展各种活动。

2011年11月，获“华海杯”敖汉旗首届智力运动会优秀组织奖。2013年8月，获第四届全旗农牧民文艺会演暨文化旅游图片展优秀组织奖。

2017年7月3日，组织14个行政村及镇直各单位举办“壮美内蒙古，亮丽小河沿”庆祝自治区成立70周年文艺会演，参演人数达到80多人，为全镇老百姓提供展示自我特长的舞台。7月19日，组织35名农牧民参加全旗第二届农牧民文艺会演获得金奖。

2018年4月，协助旗委、旗政府、文体广电局组织举办“敖汉旗首届杏花节暨山地自行车挑战赛”。7月，获全旗第三届农牧民文化会演暨业余团体调演“守望相助好家园”金奖。

六、长胜镇文化站

1958年4月，长胜乡建立民办文化站。10月成立人民公社，称东风人民公社文化站，站址在公社所在地。1960年10月撤销。

1964年10月，恢复建立长胜公社文化站，站址在公社院外南侧小街路西。1975年2月，文化站中断。1978年1月，该站第三次恢复建立，1982年4月，改为社办公助文化站。1984年12月，称长胜乡文化站。1994年6月，称长胜乡文化体育工作站。1999年12月，改为公办站，称长胜镇文化体育工作站。2001年7月，该站与镇广播电视站合并，成立长胜镇文化广播电视站。2006年，双井乡文化站合并入长胜镇文化广播电视站。

2008年4月，文化、广播分设，单独建立长胜镇文化站。

第一编表28　长胜镇文化站负责人更迭表

名称	性质	姓名	性别	民族	文化程度	职务	任职时间	籍贯
东风人民公社文化站	民办	贾立新	男	汉	高小	工作人员	1958.04—1960.10	岗岗营子公社
长胜公社文化站	公办	张福荣	男	汉	高中	站长	1964.10—1975.02	长胜公社长胜大队

续表

名称	性质	姓名	性别	民族	文化程度	职务	任职时间	籍贯
长胜公社文化站	公办	魏洪儒	男	汉	大专	站长	1978.01—1982.03	新地公社木杖子大队
长胜公社文化站	社办公助	刘　才	男	汉	大专	工作人员	1982.04—1984.12	金厂沟梁公社四六地大队
长胜乡文化站	公办	刘　才	男	汉	大专	站长	1984.12—1985.10	金厂沟梁公社四六地大队
长胜乡文化站	民办公助	张凤岐	男	汉	大专	工作人员	1985.10—1992.05	长胜乡马架子村
长胜乡文化站	民办公助	张凤岐	男	汉	大专	站长	1992.05—1994.06	长胜乡马架子村
长胜乡文化体育工作站	公办	张凤岐	男	汉	大专	站长	1994.06—1999.12	长胜乡马架子村
长胜镇文化体育工作站	公办	张凤岐	男	汉	大专	站长	1999.12—2001.07	长胜镇马架子村
镇文化广播电视站	公办	李殿玉	男	汉	高中	站长	2001.07—2006.04	长胜镇白土梁子村
镇文化广播电视站	公办	陈景诚	男	汉	大学	站长	2006.04—2008.03	长胜镇乌兰巴日嘎苏村
镇文化站	公办	刘亚旭	男	汉	本科	站长	2008.04—2017.03	长胜镇陈家围子村
镇文化站	公办	田洪贵	男	汉	大专	站长	2017.03—2017.12	长胜镇榆树林子村
镇文化站	公办	张晓军	男	汉	大专	站长	2018.01—	长胜镇六合号村
镇文化站	公办	王柏华	男	汉	大专	副站长	2018.10—	长胜镇长胜村

1958 年 4 月，长胜公社建立民办文化站，主要工作是辅导公社业余剧团。1960 年该剧团停止活动，文化站撤销。

1964 年 10 月，恢复建立文化站，有砖石结构房屋 5 间 108 平方米，其中办公室 1 间、藏书室 1 间、阅览室 3 间。有阅览桌椅、橱架 20 套，文艺用品 16 件，幻灯机 2 台，图书 1.4 万册。文化站配合党委中心工作，利用黑板报、屋顶广播等形式，宣传党的路线、方针和政策，并开展图书借阅活动。1975 年又被撤销。

1978 年 1 月，文化站第三次恢复建立，有砖石结构用房 7 间，150 平方米，有图书 2500 册。在原有文艺宣传队的基础上，组建染坊评剧团和榆树林子宣传队。1981 年，公社文化站新建办公室 6 间，占地 430 平方米。固定资产原值 10 万元。同年，文化站被旗委、旗人民政府评为“群众文化活动先进单位”。

1982 年开始，文化站经常组织开展小型多样的文艺演出及球类活动。开展“以文养文”对外照相服务业务。创办《科海浪花》月刊，为农牧民提供致富信息。1984 年 3 月，该站被团市委命名为“合格青少年活动中心”，自治区团委命名为“先进青少年活动阵地”。

1987 年，该站被赤峰市团委命名为“青年之家”。1988 年，获内蒙古自治区团委“优秀青年之家”称号。1997 年，长胜乡被内蒙古自治区命名为“柳编艺术之乡”，并被旗政府评为“文化工作先进单位”。1998 年 3 月，乡文体站被市文化局评为“市级先进文化站”。同年，长胜镇被市文化局命名为该年度“市级先进文化镇”。1999 年，被旗人民政府评为“体育工作先进镇”。同年，张凤岐被市文化局评为“市级优秀站长”。

2001 年 7 月，文化、广播合并，工作人员增至 8 名。同年，该站被敖汉旗团委命名为“青年文明号”。2002 年，获全旗农牧民会演团体第一名。同年，投资 150 万元在镇中心建成 10000 平方米的文化广场和 2000 平方米的文化综合楼。同年，该站被赤峰市文明委命名为“青年文明号”。

2005 年，参加全旗首届农民文化艺术节、农民运动会，取得优异成绩。6 月，长胜镇启动全民健身活动。2008 年 4 月，文化站单设，工作人员 3 名。2009—2014 年，镇政府每逢“七一”期间均组织全镇职工篮球赛和乒乓球赛，同时，举办书画等多种形式的展览，观众年均达到两万多人次，促进全镇文化体育事业的发展。

2015 年，举办“庆七一、唱红歌”歌咏比赛。9 月，组织镇内文艺骨干参加敖汉旗第五届农民文化艺术节，获优秀组织奖。2017 年 7 月，参加全旗第二届农牧民文艺会演获得演出银奖和优秀组织奖。2018 年，镇文化站设多功能厅，用来辅导培训和图书阅览，此外，还有电子阅览室、游艺室、文体活动室等。活动室总面积 330 平方米。14 个行政村均建立独立或综合文化室、图书室，图书总册数 46700 册。镇、村文化广场 15 个。

七、兴隆洼镇文化站

1979 年 7 月，宝国吐公社建立社办公助文化站，站址在公社院内。1984 年，改称宝国吐乡文化站。1994 年 5 月，该站与乡广播电视站合并为宝国吐乡文体广电工作站。6 月，挂乡文化体育工作站牌子，文化站转为公办站。1998 年 8 月，乡文化体育工作站从乡文体广电工作站析出。2001 年 4 月，成立宝国吐乡文化体育广播电视服务中心（挂乡文化体育工作站牌子）。2006 年 3 月，大甸子乡文化体育工作站合并入该站，成立宝国吐乡文化体育工作站。2013 年，改称兴隆洼镇文化体育工作站。

第一编表 29　兴隆洼镇文化站负责人更迭表

名称	性质	姓名	性别	民族	文化程度	职务	任职时间	籍贯
公社文化站	社办公助	马桂昌	男	汉	高中	工作人员	1979.07—1984	宝国吐公社公丰山村
乡文化站	民办公助	马桂昌	男	汉	高中	工作人员	1984—1994.05	宝国吐公社公丰山村
乡文体广电工作站	公办	马桂昌	男	汉	高中	站长	1994.06—1998.08	宝国吐乡公丰山村
乡文化体育工作站	公办	马桂昌	男	汉	高中	站长	1998.08—2001.04	宝国吐乡公丰山村
乡文化体育广播电视服务中心（挂乡文化体育工作站牌子）	公办	马桂昌	男	汉	高中	主任站长（兼）	2001.04—2006.03	宝国吐乡公丰山村
乡文化体育工作站	公办	高景军	男	汉	大专	站长	2006.03—2012.12	宝国吐乡永合号村
乡文化体育工作站	公办	孙玉芹	女	汉	中专	副站长	2012.12—2013	长胜镇清河村
兴隆洼镇文化体育工作站	公办	高景军	男	汉	大专	站长	2013—	宝国吐乡永合号村
兴隆洼镇文化体育工作站	公办	孙玉芹	女	汉	中专	副站长	2013—2015.08	长胜镇清河村

文化站建立之初，有办公室 1 间，办公桌 1 套，照相机 1 台，二胡 2 把，戏装 5 件，图书 80 余册，宣传板报 2 块。主要开展橱窗宣传、图书阅览、举办书法学习班、参加文物普查等活动。1989 年，马桂昌在全市文物普查工作中，被市文化局评为“先进工作者”。

1998—2010 年，站内图书由 200 册增加到 500 册，添置摄像机 1 台，照相机 1 台，电子琴 1 台，以及部分球类等体育器材。1998 年 3 月，宝国吐乡被市文化局命名为“市级文化先进乡”。同年，该乡被评为“全市 1998—1999 年度体育先进乡”。

2010 年，在敖汉旗第六届老年人运动会门球比赛中获农村牧区组第一名。2011 年，获敖汉旗第三届农牧民文化艺术节优秀组织奖。2011 年，宝国吐乡（皮影）被命名为“第五批民间文化艺术之乡”。2013 年 6 月，获“自治区农村牧区‘123’老年人体育工程达标单位”称号。8 月，获第四届全旗农牧民文艺会演文化旅游节优秀奖。2014 年 12 月，被评为“全市老年人体育文化工作 30 年先进集体”。2015 年 3 月，获“庆新春体育彩票杯”敖汉旗第二届智力运动会优秀组织奖。2017 年 7 月，获全旗第二届农牧民文艺会演铜奖。

2018 年 9 月 23 日，兴隆洼镇举办首届“敖汉 · 兴隆沟中国农民丰收节”，丰收节上举行祭农神仪式、农牧民文艺会演、品尝特色小吃等活动，参加人数 3000 多人。

八、贝子府镇文化站

贝子府公社在“文化大革命”前曾设立过文化站，有专职工作人员，“文化大革命”期间撤销。1975年初恢复成立文化站，配备工作人员，与公社教育组合署办公。1976年该站又撤销。

1979年7月，贝子府公社正式建立社办公助文化站，站址在公社院对过西南侧。1984年12月，改称“贝子府乡文化站”，由民办站转为公办站，1994年4月9日，乡政府将乡文化站与乡广播站合并，称“贝子府乡文化广播电视中心站”。1995年，又改称“贝子府镇文化体育广播电视站”。2005年末合乡并镇，该站与克力代乡、王家营子乡文化站合并。2008年，文化与广播两单位分设，改称“贝子府镇文化站”。2011年，改称“贝子府镇文化体育工作站”。

第一编表30　贝子府镇文化站负责人更迭表

名称	性质	姓名	性别	民族	文化程度	职务	任职时间	籍贯
公社文化站	公办	杨惠春	男	汉	初中	工作人员	“文化大革命”前	四家子公社
公社文化站	公办	董国林	男	汉	初中	工作人员	1975—1976.01	贝子府公社
公社文化站	社办公助	刁金华	男	蒙古	大学	工作人员	1979.07—1984.12	贝子府乡黄杖子村
乡文化站	公办	刁金华	男	蒙古	大学	站长	1984.12—1987	贝子府乡黄杖子村
乡文化站	民办公助	王树军	男	汉	大学	工作人员	1987—1991.12	贝子府乡西查干哈达村
乡文化站	公办	王树军	男	汉	大学	站长	1991.12—1994.04	贝子府乡西查干哈达村
乡文化广播电视中心站	公办	王树军	男	汉	大学	站长	1994.04—	贝子府乡西查干哈达村
乡文化广播电视中心站	公办	张清水	男	汉	中师	站长	1994—1995	贝子府乡驿马吐村
镇文化体育广播电视站	公办	张清水	男	汉	中师	站长	1995—1998	贝子府镇驿马吐村
镇文化体育广播电视站	公办	刁玉慧	女	蒙古	大专	站长	1998—2003	贝子府镇黄杖子村
镇文化体育广播电视站	公办	王景华	男	汉	大专	站长	2003—2008	贝子府镇黄杖子村
镇文化体育广播电视站	公办	刘建军	男	汉	大专	副站长	2006—2008	贝子府镇驿马吐村
镇文化站	公办	刘金艳	女	汉	大专	站长	2008—2011	新惠镇

续表

名称	性质	姓名	性别	民族	文化程度	职务	任职时间	籍贯
镇文化体育工作站	公办	林志民	男	汉	大专	站长	2011—2018.07	贝子府镇
镇文化体育工作站	公办	张桂敏	女	汉	大学	副站长	2018.08—	贝子府镇

文化站建立之初，站内一无所有。经过工作人员艰苦奋斗，以文补文，逐步解决应有的设备设施。1981 年，建起 5 间办公室和活动室，添置照相设备。利用橱窗定期出刊搞街头宣传，组建西查干哈达、后坟等业余剧团，举办书法、摄影展览，开办文学、摄影等各类培训班，参加全旗两次文物普查。通过这些活动，为壮大群众文化队伍，丰富群众文化生活，发展地方文化事业作出优异成绩，1985 年，被评为“自治区级先进文化站”。1994 年，成立乡文体广播电视中心站以后，在开展文化工作的同时，侧重广播电视业务。1998 年，站内人员增至 8 人。2005 年末三站合并后，该站编制 7 人，其中正、副站长各 1 人。2008 年 11 月，镇政府为镇文化站和镇广播站配备专用汽车 1 辆。

2008 年，镇文化广播机构分设后，镇文化体育工作站积极组织开展各种群众性文化体育活动。2010 年，在敖汉旗第六届老年人运动会门球比赛中，获得农村牧区组第二名。2011 年 3 月，被旗政府评为“2010 年度全旗群众文化工作先进集体”。2011 年，获敖汉旗第三届农民文化艺术节优秀组织奖。2013 年 6 月，被赤峰市老年人体育协会授予“自治区农村牧区‘123’老年人体育工程达标单位”称号。2014 年 12 月，被赤峰市老年人体育协会评为全市“老年人体育文化工作 30 年先进集体”。2015 年 3 月，获旗广播电影电视局、旗老干部局、旗老年人体育协会“庆新春体育彩票杯敖汉旗第二届智力运动会”优秀组织奖。2016 年 7 月，获全旗第二届农牧民文艺会演金奖。2017 年 7 月 11 日，组织 22 人参加全旗“舞动新州”第四届体彩杯“唱敖汉的歌、跳家乡的舞”广场舞大赛，获得全旗第七名、乡镇第一名。7 月 17 日，组织 40 名农牧民参加全旗第三届农牧民文艺会演，获得金奖和优秀组织奖。2018 年，在全旗第四届农牧民文艺会演中获金奖。

贝子府镇建设有 450 平方米文化活动中心综合楼，位于镇区西 305 国道旁的文化广场，占地 10000 多平方米，设有各类专项活动室 7 个、健身路径、篮球场、戏台等。全镇有成规模剧团 9 个，舞蹈队、秧歌队近 40 支。

九、黄羊洼镇文化站

1985 年 1 月，敖汉种羊场（哈沙吐乡）建立公办文化站，称羊场（哈沙吐乡）文化站。1986 年，文化站交由羊场（乡）工会管理。1988 年 10 月，恢复建立民办公助文化站。1996 年，改称羊场（乡）文化体育工作站。1999 年 12 月，转为公办站。2005 年末，文体站与广播电视站合并为羊场（乡）文体广播电视站。2016 年 10 月，撤场立镇，改称黄羊洼镇文体广播电视站。2017 年 9 月，文化、广播分设，改称黄羊洼镇文化站。

第一编表 31　黄羊洼镇（羊场、哈沙吐乡）文化站负责人更迭表

名称	性质	姓名	性别	民族	文化程度	职务	任职时间	籍贯
羊场（哈沙吐乡）文化站	公办	谭俊堂	男	汉	高中	站长	1985—1986.06	羊场（乡）
羊场（哈沙吐乡）文化站	民办公助	李永贵	男	汉	大专	工作人员	1988.10—1992	长胜乡
羊场（乡）文化站	民办公助	李永贵	男	汉	大专	站长	1992—1999.12	长胜乡
羊场（乡）文化体育工作站	公办	李永贵	男	汉	大专	站长	1999.12—2005.12	长胜乡
羊场（乡）文体广播电视站	公办	车海军	男	汉	大专	站长	2005.12—2008.12	羊场（乡）
羊场（乡）文体广播电视站	公办	王丽华	女	汉	大专	站长	2009.1—2016.10	新惠镇
黄羊洼镇文体广播电视站	公办	王丽华	女	汉	大专	站长	2016.10—2017.8	新惠镇
黄羊洼镇文化站	公办	蒋伟才	男	汉	大专	站长	2017.9—	黄羊洼镇

羊场（哈沙吐乡）文化站建立之初，配备站长 1 名。站内设乒乓球室、图书室和综合活动室，购置图书、球类、棋类等。1986 年，羊场（乡）工会成立老干部（职工）活动中心，文化站人员和业务工作归工会管理。

1988 年 10 月，文化站单独建立后，主要工作是组织职工和群众开展文化体育活动。1990 年 7 月，羊场场部在专家服务楼东侧建起篮球灯光场和排球场。1994 年 11 月，羊场水泥厂建立职工文化室，新建篮球场，购置乒乓球台、图书、乐器等。1996 年，全场（乡）6 个分厂建立文体综合活动室，相应配备文体活动设备设施，陆续建起 5 个标准水泥篮球场。

1999 年 9 月，场（乡）组成代表队参加全旗城乡篮球锦标赛。获得大会组委会颁发的“体育道德风尚奖”。2000 年 5 月，敖汉旗人民政府授予哈沙吐乡“体育先进集体”称号。同年 6 月，国家体育先进县检查验收团来羊场进行检查验收工作，对体育设施、资料软件、文体活动开展情况等给予充分肯定。

2001 年 3 月，羊场（乡）场文体站被赤峰市文化局评为“2000 年度市级先进文化站”，李永贵被评为“市级优秀文化站长”。同年，羊场（乡）被赤峰市人民政府评为“全市体育工作先进集体”。

2002 年 7 月，羊场（乡）建设灯光网球场。8 月，建设门球场。年内，场（乡）文化体

育工作站被自治区体育局评为1998—2001年度“全区体育工作先进集体”，并被赤峰市人民政府评为“全市体育工作先进集体”。2004年，哈沙吐乡被旗政府评为“全旗体育工作先进单位”。

十、古鲁板蒿镇文化站

1976年9月，古鲁板蒿公社建立社办公助文化站，站址在公社院内。1984年，改称古鲁板蒿乡文化站。1994年5月，乡文化站与乡广播电视站合并为乡文体广电工作工作站。6月，转为公办站，挂乡文化体育工作站牌子。1998年8月，乡文体站析出单设。2001年4月，文化、广播第二次合并，成立乡文化体育广播电视服务中心（保留文体站牌子）。2006年3月，古鲁板蒿乡与康家营子乡合并后，建立古鲁板蒿乡文化体育工作站。2018年1月，改称古鲁板蒿镇文化体育工作站。

第一编表32　古鲁板蒿镇文化站负责人更迭表

名称	性质	姓名	性别	民族	文化程度	职务	任职时间	籍贯
公社文化站	社办公助	李　敏	男	汉	高中	工作人员	1976.09—1984	古鲁板蒿乡
乡文化站	乡办公助	李　敏	男	汉	高中	工作人员	1984—1985	古鲁板蒿乡
乡文化站	民办公助	刘国军	男	汉	高中	工作人员	1985.05—1990	古鲁板蒿乡山嘴村
乡文化站	民办公助	马云中	男	汉	高中	工作人员	1990.03—1992.05	古鲁板蒿乡西湾子村
乡文化站	民办公助	马云中	男	汉	高中	站长	1992.05—1994.05	古鲁板蒿乡西湾子村
乡文体广电工作站（挂乡文化体育工作站牌子）	公办	马云中	男	汉	高中	站长	1994.06—1997.03	古鲁板蒿乡西湾子村
乡文化体育工作站	公办	张志华	男	汉	大专	站长	1997.07—2001.04	古鲁板蒿乡古鲁板蒿村
乡文化体育广播电视服务中心（保留乡文化体育工作站牌子）	公办	张志华	男	汉	大专	站长	2001.04—2006.03	古鲁板蒿乡古鲁板蒿村
乡文化体育工作站	公办	张志华	男	汉	大专	站长	2006.03—2007.06	古鲁板蒿乡古鲁板蒿村
乡文化体育工作站	公办	薛致甫	男	汉	大专	站长	2007.07—2018.08	古鲁板蒿乡古鲁板蒿村
镇文化体育工作站	公办	薛致甫	男	汉	大专	站长	2018.08—	古鲁板蒿镇古鲁板蒿村

建立之初的文化站，有办公室1间，办公桌椅1套。公社大门外有两块板报，配合公

社党委中心工作，进行时事政治宣传。1997 年，主要设备有电子琴 1 台，二胡 2 把，照相机 1 台，图书 500 册。2001 年，增添摄像机 1 台以及部分球类、田径运动等体育器材。

2015 年，文化站组织西湾子村“莲花山健身队”，参加全旗首届农牧民广场舞大赛，在全旗 27 支参赛队伍中名列第七位，获得旗政府颁发的奖杯和 2000 元奖金。同年 7 月，在温泉城举办的农牧民文艺会演中，获得农村组第三名。2017 年 7 月，在全旗第二届农牧民文艺会演中获优秀组织奖。2018 年，在全旗农牧民广场舞大赛中，该镇新兴村广场舞队获全旗广场舞大赛农村组第七名，奖金 2000 元。

2018 年，该站新建标准综合文化活动中心二层楼 1 幢，面积达 600 多平方米。内设体育健身活动室、图书室、阅览室、棋牌室、多功能传媒室。购进健身器材和体育器材 20 套（件）。

十一、牛古吐镇文化站

1979 年 6 月，牛古吐公社建立社办公助文化站，称牛古吐公社文化站，站址在公社院内。1984 年，改称牛古吐乡文化站。1994 年 6 月，改称牛古吐乡文化体育工作站。2006 年，与敖吉乡文体站合并，成立牛古吐乡文化体育工作站；2009 年 1 月，改建为牛古吐镇文化体育工作站。

第一编表 33 牛古吐镇文化站负责人更迭表

名称	性质	姓名	性别	民族	文化程度	职务	任职时间	籍贯
公社文化站	社办公助	朱树青	男	汉	高中	工作人员	1979.06—1986.06	牛古吐公社千斤营子大队
乡文化站	乡办公助	刘凤兰	女	汉	高中	工作人员	1986.06—1988.12	牛古吐乡千斤营子村
乡文化站	民办公助	朱树青	男	汉	高中	工作人员	1988.12—1991	牛古吐乡千斤营子大队
乡文化站	民办公助	单志军	男	汉	高中	工作人员	1991.12—1992.05	敖吉乡喇嘛板村
乡文化站	民办公助	单志军	男	汉	高中	站长	1992.05—1994.06	敖吉乡喇嘛板村
乡文化体育工作站	公办	单志军	男	汉	高中	站长	1994.06—2005.12	敖吉乡喇嘛板村
乡文化体育工作站	公办	王旭光	男	汉	大学	站长	2006.03—2008.12	牛古吐乡元宝洼村
镇文化体育工作站	公办	张晓燕	女	汉	大学	站长	2009.01—2012.03	喀喇沁旗锦山镇
镇文化体育工作站	公办	周曙乐	男	汉	大专	站长	2012.04—2018	下洼镇

1981 年，该站与敖吉文化站联合成立业余剧团，招收 20 多名男女青年队员，经培训后演出传统戏曲。1998 年 3 月，牛古吐乡被市文化局命名为“市级先进文化乡”。同年，该乡被旗政府命名为“文化先进乡”“体育先进乡”。该站被市文化局评为“先进文化站”。同时，该乡被评为“全市 1998—1999 年度体育先进乡”。1999 年，该站被内蒙古自治区文化厅评为“区级优秀站”。单志军被市文化局评为“市级优秀文化站长”。

2014 年，乡政府和文化站组织代表队参加全旗农牧民艺术节，获得二等奖。2015 年，在全旗农牧民会演中获得金奖。2016 年 7 月，举办牛古吐乡首届农牧民艺术节文艺会演。9 月，参加第二届温泉旅游文化节演出，获得银奖和优秀组织奖。2017 年，在全旗农牧民会演中获得一等奖和优秀组织奖。2018 年，在全旗农牧民艺术节会演中获得银奖和优秀组织奖。全乡 19 个村均建有文化广场、文化室，成规模秧歌队 40 多支。

十二、丰收乡文化站

1979 年 7 月，丰收公社建立社办公助文化站，站址在公社院内。1984 年，由民办站转为公办站，改称丰收乡文化站。1985 年 5 月中断。1988 年，重新建立民办公助文化站。1994 年 6 月，改称丰收乡文化体育工作站。1999 年 12 月，又转为公办站。2006 年，该站与乡广播站合并为丰收乡文体广电发展中心。2006 年 3 月，南塔乡文体站合并入该站。2009 年，文化、广播分设，改称丰收乡文化服务中心。

第一编表 34　丰收乡文化站负责人更迭表

名称	性质	姓名	性别	民族	文化程度	职务	任职时间	籍贯
公社文化站	社办公助	韩殿琮	男	汉	大专	工作人员	1979.07—1984	丰收公社高家窝铺大队
乡文化站	公办	韩殿琮	男	汉	大专	站长	1984—1985.05	丰收公社高家窝铺大队
乡文化站	民办公助	张　印	男	汉	大专	工作人员	1988—1992.05	丰收乡凤凰岭村
乡文化站	民办公助	张　印	男	汉	大专	站长	1992.05—1999.12	丰收乡凤凰岭村
乡文化站	公办	张　印	男	汉	大专	站长	1999.12—2006.03	丰收乡凤凰岭村
乡文体广电发展中心	公办	韩学廷	男	汉	大学	站长	2006—2009	敖润苏莫苏木
乡文化服务中心	公办	崔慧颖	女	汉	大学	站长	2009—	新惠镇

丰收乡文化站成立后，开展橱窗宣传、图书阅览等业务，配合文物部门进行文物普查。1998 年，丰收乡被旗政府命名为“体育先进乡”。1999 年，该乡被市文化局评为“市级文

化先进乡”，该文化站被评为“市级先进站”，张印被评为“市级优秀文化站长”“赤峰市农村牧区体育工作先进个人”。

2006年，文化、广播合并，有工作人员3名。自2012年起，每年农历二月初二，丰收乡在武安州白塔举办撒龙灯活动。2015年，丰收乡组织代表队，代表敖汉旗参加全市老年人门球赛，取得优异成绩。2016年，在全旗农牧民文艺会演中获得银奖。同年，丰收乡和旗乌兰牧骑组成代表队，参加赤峰市农牧民文艺会演获得金奖。2017年，参加全旗农牧民会演获得银奖。2018年，在全旗农牧民会演中获得金奖。

十三、玛尼罕乡文化站

1979年8月，双庙公社建立公办文化站，站址在公社院对过路南，与公社广播站合署办公。1980年5月该站撤销。1985年6月，玛尼罕乡建立乡办公助文化站，站址在乡政府院内。1994年6月，改称玛尼罕乡文化体育工作站。1999年，由民办站转为公办站。2000年1月，乡文体站与广播站合并，称玛尼罕乡文化广播电视站。2009年6月，文化、广播分设，称玛尼罕乡文化站。

第一编表35　玛尼罕乡文化站负责人更迭表

名称	性质	姓名	性别	民族	文化程度	职务	任职时间	籍贯
双庙公社文化站	公办	陶俊华	女	汉	高中	站长	1979.08—1980.04	新惠镇本街
玛尼罕乡文化站	民办公助	王国云	男	汉	高中	工作人员	1985.06—1994.06	玛尼罕乡
乡文化体育工作站	民办公助	王国云	男	汉	高中	工作人员	1994.06—1999.12	玛尼罕乡
乡文化体育工作站	公办	王国云	男	汉	高中	站长	1999.12—2000.01	玛尼罕乡
乡文化广播电视站	公办	胥　礼	男	汉	本科	站长	2000.01—2009.06	玛尼罕乡
乡文化站	公办	范立琴	女	汉	本科	站长	2009.06—	新惠镇

该站成立后，有办公室1间，工作人员利用专长，为各机关、单位和个人免费修理收音机、电视机，制作电视信号接收天线等。

2000—2003年，乡政府和文化站连续组织庆“七一”篮球赛，每年有10多支村级代表队参加。2016年，文化站组织代表队参加在热水汤举办的全旗第一届农牧民会演获得铜奖。2017年7月19日，组织25人参加全旗第二届农牧民文艺会演，获得铜奖。同年8月9日，乡政府举办庆祝自治区成立70周年篮球比赛，乡直各单位80多人参加。2018年7月，获全旗第三届农牧民会演暨业余团体调演“守望相助好家园”银奖。

十四、萨力巴乡文化站

1979年8月，乌兰召公社建立公办文化站，站址在公社院内。1981年1月该站中断。1981年7月，恢复建立社办公助文化站，称乌兰召公社文化站。1984年，改称萨力巴乡文化站。1994年6月，由民办站转为公办站，改称萨力巴乡文化体育工作站。1998年9月，该站与乡广播电视站合并，称萨力巴乡文体广播电视站。1999年12月，改称萨力巴乡宣传文化站。2006年，文化、广播分设，改称萨力巴乡文化服务中心。

第一编表36　萨力巴乡文化站负责人更迭表

名称	性质	姓名	性别	民族	文化程度	职务	任职时间	籍贯
乌兰召公社文化站	公办	李景志	男	汉	初中	站长	1979.08—1981.01	辽宁省建平县
公社文化站	社办公助	赵宗武	男	汉	高中	工作人员	1981.07—1984	萨力巴公社
萨力巴乡文化站	民办公助	赵宗武	男	汉	高中	工作人员	1984—1994.06	萨力巴乡
乡文化体育工作站	公办	赵宗武	男	汉	高中	站长	1994.06—1998.09	萨力巴乡
乡文化体育工作站	公办	王　清	男	汉	高中	副站长	1994.06—1998.09	萨力巴乡
乡文体广播电视站	公办	赵宗武	男	汉	高中	站长	1998.09—1999.12	萨力巴乡
乡宣传文化站	公办	赵宗武	男	汉	高中	站长	1999.12—2006	萨力巴乡
乡文化服务中心	公办	佟艳军	男	汉	大专	站长	2006—2017.09	萨力巴乡
乡文化服务中心	公办	刘春雨	男	汉	大专	站长	2017.10—	四道湾子镇

文化站建立后，配合公社党委中心工作，宣传党的路线、方针、政策，开展文艺活动。1981年，有办公室2间，利用黑板报为主要宣传阵地。有图书2000余册，每年订报刊十几份，开展对外借阅活动。

1981年以来的几十年时间里，文化站多次配合市、旗文化部门挖掘整理本地区"好德歌沁"等民间艺术，组织"好德歌沁"队伍表演、会演，做好自治区级非物质文化遗产代表性项目"好德歌沁"的保护和传承工作。1982年，该站被赤峰市文化局评为"先进文化站"。

1984年，文化站利用橱窗、板报等多种形式，举办小型展览和电视讲座，宣传党的方针政策和种植、养殖业实用技术等。从1987年开始开展"以文补文"活动，聘用1名工作人员，成立照相部和美术服务部，从事对外营业性服务，年创收达 8000 余元。1993 年有房屋 6 间，图书 3000 册，乐器 2 件，照相机 2 台，录音机 1 台，放大机 1 台，放像机 1 台，体育器材 10 余件。

1998 年，合并后的文体广播电视站组织大型群众文化体育活动 10 余次，参加活动的人数达 3000 多人（次）。2004 年，乡宣传文化站组织 13 人的代表队，参加全旗农牧民文化、体育会演和比赛，有 2 人获得优秀奖。2005 年，组织文化、体育代表队，参加敖汉旗首届农牧民文化艺术节，获得优秀奖。

2006 年，乡文化服务中心有办公用房 10 间，195 平方米，有办公室、图书室、电子阅览室、棋牌室、文体室等。设备设施有电脑 6 台、打印机 1 台、桌椅 10 套、图书 5000 册、乐器 10 件、照相机 1 台、摄像机 1 台、投影仪 1 台、体育器材 20 余件、灯光音响 1 套。2016 年，全乡建立 32 个文化广场。城子山村文化室被评为“市级先进文化室”。同年，参加温泉旅游节文艺会演获得铜牌，全旗广场舞大赛获得第八名。2017 年，参加全旗农牧民会演获得第三名，全旗广场舞大赛获得第十名。2018 年，参加全旗农牧民会演获得银奖，全旗广场舞大赛获得第三名，皮影戏展演获得第二名。

十五、木头营子乡文化站

1985 年，木头营子乡建立民办公助文化站，站址在乡政府院内。1994 年 4 月，由民办站转为公办站，改称木头营子乡文化体育工作站。1996 年 4 月，文化、广播合并，改称木头营子乡文化体育广播电视站。2006 年，新窝铺乡文化站合并入该站。2008 年 10 月，文化、广播分设，改称木头营子乡文化服务中心。

第一编表 37　木头营子乡文化站负责人更迭表

名称	性质	姓名	性别	民族	文化程度	职务	任职时间	籍贯
乡文化站	民办公助	刘凤兰	女	汉	高中	工作人员	1985—1986.06	下洼镇
乡文化站	公办	贾立新	男	汉	初中	站长	1986.03—1987.03	岗岗营子乡
乡文化站	民办公助	朱树青	男	汉	大专	工作人员	1987.03—1992.05	牛古吐乡
乡文化站	民办公助	朱树青	男	汉	大专	站长	1992.05—1994.06	牛古吐乡
乡文化体育工作站	公办	朱树青	男	汉	大专	站长	1994.06—2000.09	牛古吐乡
乡文化体育广播电视站	公办	丁立福	男	汉	大专	站长	2000.09—2004.09	新惠镇

续表

名称	性质	姓名	性别	民族	文化程度	职务	任职时间	籍贯
乡文化体育广播电视站	公办	平永宽	男	汉	大专	站长	2004.09—2005.12	木头营子乡
文化体育广播电视站	公办	朱蕴哲	男	汉	大专	站长	2006.01—2008.10	木头营子乡
乡文化服务中心	公办	李永贵	男	汉	大专	站长	2008.10—2015.08	长胜镇
乡文化服务中心	公办	张洪学	男	汉	大专	站长	2015.08—2017.03	木头营子乡
乡文化服务中心	公办	郭晓峰	男	和	大专	站长	2017.03—	新惠镇

文化站建立后，开展橱窗宣传、图书阅览等，多次组织乡直单位和各村举办小型文艺演出活动。1998 年，木头营子乡被旗政府命名为“文化先进乡”，被市文化局评为“市级文化先进乡”，该站被评为“市级先进文化站”。同年，该乡被评为“全市 1998—1999 年度体育先进乡”。1999 年，朱树青被评为“市级优秀文化站长”。

2006 年，获老年运动会三等奖。2016 年，获全旗文艺会演银奖和优秀组织奖。2017 年，获全旗农牧民文艺会演金奖。2018 年，获全旗农牧民文艺会演银奖和优秀组织奖。

十六、敖润苏莫苏木文化站

1976 年 7 月，荷也勿苏公社建立社办公助文化站，称荷也勿苏公社文化站，站址在公社院内。1984 年，荷也勿苏公社文化站改称敖润苏莫苏木文化站，1986 年 8 月工作人员调离，建立民办公助站。1994 年 6 月，改称苏木文化体育工作站。1999 年 12 月，由民办站转为公办站。

第一编表 38　敖润苏莫苏木文化体育工作站负责人更迭表

名称	性质	姓名	性别	民族	文化程度	职务	任职时间	籍贯
荷也勿苏公社文化站	社办公助	常亚萍	女	蒙古	高中	工作人员	1976.07—1984.11	敖润苏莫苏木
敖润苏莫苏木文化站	公办	常亚萍	女	蒙古	高中	站长	1984.12—1986.08	敖润苏莫苏木
敖润苏莫苏木文化站	民办公助	肖爱国	男	汉	高中	工作人员	1986.08—1994.06	敖润苏莫苏木
敖润苏莫苏木文化体育工作站	公办	肖爱国	男	汉	高中	站长	1994.06—2005.12	敖润苏莫苏木
敖润苏莫苏木文化体育工作站	公办	平永宽	男	汉	大专	站长	2006.01—	木头营子乡

文化站建站之初有办公室一间，图书阅览室 2 间，图书 300 册左右，每年订阅报刊 8

种以上，有6平方米临街宣传橱窗一处，每月更换一期内容，直到1998年因公路拓宽拆除。到2005年末，存图书600余册，电影放映机一台，摄像机一台，照相机一台，房舍3间。

该站1998年3月被市文化局命名为市级先进文化站，同年，被旗政府命名为体育先进苏木。2017年全旗农牧民文艺会演获组织奖。2018年在全旗广场舞大赛中获乡镇组第6名。

十七、新州街道办文化站

2008年，新惠镇新州办事处成立文化站，称新州办事处综合文化站，站址设在新州办事处。2016年5月，改称新州街道办综合文化站。

第一编表39　新州街道办文化站负责人更迭表

名称	性质	姓名	性别	民族	文化程度	职务	任职时间	籍贯
新州办事处综合文化站	公办	李　民	男	汉	大专	站长	2008—2015.05	新惠镇
新州办事处综合文化站	公办	冯亚平	女	汉	大专	站长	2015.05—2015.12	下洼镇
新州街道办综合文化站	公办	李　民	男	汉	大专	站长	2016—2017.10	新惠镇
新州街道办综合文化站	公办	王瑞红	女	汉	大学	副站长	2016—2018	四道湾子镇

新州街道办文化站建立以后，把辖区内的众多文化团体、文化名人组织起来，打造社区文化品牌，开展多种形式的文化活动。完善各社区、村、街道综合文化活动中心和室外健身场地建设。组织开展文化培训、辅导及各类文艺演出和体育赛事活动。积极争取上级有关部门文化体育设施设备配送，实现500米活动圈。创建小区图书室和居民阅览室，开展读书竞赛、征文、图书借阅等活动。组织开展“群众文化节”“新州大舞台”“书香社区、文明街巷、文明楼院、文明小区创建”等系列活动。利用道德讲堂、市民文明学校、普法课堂和新家庭发展中心，举办讲座、培训、报告会，广泛开展公民道德、普法教育，新型生育文化等内容的教育。

2015年9月，获敖汉旗第五届农牧民文化艺术节优秀组织奖。2016年7月，获敖汉旗“十个全覆盖”农牧民文艺节目大赛金奖和优秀组织奖。2017年7月，获全旗第二届农牧民文艺会演演出金奖和优秀组织奖。2018年7月，获全旗第三届农牧民文艺会演演出金奖。

2018年，该站定编3人，其中站长1人。办公室面积24平方米。设有多功能厅、图书阅览室、电子阅览室（共享工程活动室）、游艺室、文体活动室，向群众免费提供演出、展览、阅览、培训、讲座、休闲娱乐等文化活动。

十八、惠州街道办文化站

2012年8月，惠州办事处设立文化站，称惠州办事处文化体育服务中心。2016年5月，改称惠州街道办文化体育服务中心，办公地点为新州街63号（原计生局办公楼）。

第一编表40　惠州街道办文化站负责人更迭表

名称	性质	姓名	性别	民族	文化程度	职务	任职时间	籍贯
惠州办事处文化体育服务中心	公办	肖景春	男	汉	大学	站长	2012.08	古鲁板蒿镇
惠州街道办文化体育服务中心	公办	肖景春	男	汉	大学	站长	2016.05	古鲁板蒿镇

惠州街道办文化体育活动中心成立以后，在加强文化基础设施和文化队伍建设的同时，利用各社区学习讲堂、道德讲堂、爱心超市、“草原学习轻骑兵”“妇女之家”为载体，开展时事政治系列宣教、关爱妇女儿童及贫困残疾家庭、系列科普、尊老孝老、笔会等各种形式的文化活动。指导社区、村居节日期间开展以文艺会演为主要形式的文艺惠民活动。组织辖区表演、演出队伍参加各级文体活动。

2015年，获庆新春“体彩杯”敖汉旗第二届智力运动会团体总分第一名和优秀组织奖；敖汉旗第五届农牧民文化艺术节组织奖。2016年，获赤峰市首届“舞动赤峰”广场舞电视大奖赛暨敖汉旗第二届“体彩杯”广场舞大赛第一名。2017年，全旗春节秧歌展演，街道办喇嘛蒿村坤龙宝和高跷队获得三等奖；在第二届全旗农牧民文艺会演中，街道办专场演出获得银奖和优秀组织奖。2018年，全旗春节千人大秧歌展演，坤龙宝和高跷队获得一等奖；在全旗第三届农牧民文艺会演中，街道办文体服务中心组织的专场演出获得金奖；第三届“舞动敖汉”体彩杯广场舞大赛，经过培训、选拔和决赛，新南村代表队获三等奖，喇嘛蒿村吉祥文化大院代表队获八等奖。

第四节　已撤销的文化站

一、敖吉乡文化站

1979年6月，敖吉公社建立社办公助文化站，站址在公社院内。1985年4月该站撤销。1989年1月，恢复建立民办公助文化站，称敖吉乡文化站。1994年6月，改称敖吉乡文化体育工作站。2006年，该站合并入牛古吐乡文化体育工作站。

第一编表 41　敖吉乡文化站负责人更迭表

名称	性质	姓名	性别	民族	文化程度	职务	任职时间	籍贯
公社文化站	社办公助	单志军	男	汉	高中	工作人员	1979.06—1985.04	敖吉乡
乡文化站	民办公助	董树青	男	汉	高中	工作人员	1989.01—1990.10	敖吉乡
乡文化站	民办公助	王景隆	男	汉	高中	工作人员	1990.10—1994	敖吉乡
乡文化体育工作站	公办	王景隆	男	汉	高中	站长	1994—2004	敖吉乡
乡文化体育工作站	公办	庞大伟	男	蒙古	中专	站长	2004—2006	敖吉乡

文化站建立后，开展橱窗宣传、图书阅览等活动，参加全旗文物普查工作。1981 年，该站与牛古吐文化站联合成立业余剧团。1990 年开始，站内组织开展多种形式的文体活动，坚持数年，群众文化工作成绩显著。1998 年，该乡被旗政府命名为“文化先进乡”。同年，该站被评为“市级先进文化站”。1999 年，该乡被市文化局评为“市级文化先进乡”，王景隆被评为“市级优秀文化站长”。

二、康家营子乡文化站

1985 年，康家营子乡建立民办公助文化站，站址在乡政府院内。1991 年 12 月，由民办站转为公办站。1994 年 6 月，改称康家营子乡文化体育工作站。2006 年，该站合并入古鲁板蒿乡文化体育工作站。

第一编表 42　康家营子乡文化站负责人更迭表

名称	性质	姓名	性别	民族	文化程度	职务	任职时间	籍贯
乡文化站	民办公助	李　敏	男	汉	高中	工作人员	1985—1991.12	古鲁板蒿镇
乡文化站	公办	李　敏	男	汉	高中	站长	1991.12—1996.06	古鲁板蒿镇
乡文化体育工作站	公办	薛致甫	男	汉	高中	站长	1996.06—2006	古鲁板蒿镇

文化站建立后，有办公室 1 间，电影放映机 2 台。在开展文化活动的同时，负责电影放映业务。1997 年，该乡投资建成 300 平方米的综合文化站，乡政府大门两侧建有宣传橱窗。每年出刊 12 期，配合乡党委政府中心工作，进行时事政治、法制教育和科普知识方面的宣传。文化站每年平均组织大型文体活动两次。1998 年 7 月，举办全乡农牧民篮球赛，共有 12 支队伍参加，参赛队员达 150 多人。8 月，组织代表队参加全旗农牧民运动会，获

得全旗第二名的好成绩。同年，被赤峰市文化局评为该年度“市级先进文化站”。1999年，被内蒙古自治区文化厅评为“区级优秀文化站”。

三、敖音勿苏乡文化站

1985年12月，敖音勿苏乡建立民办公助文化站，站址在乡政府院内。1994年6月，改称敖音勿苏乡文化体育工作站。2006年3月，该站合并入下洼镇文化服务中心。

第一编表43　敖音勿苏乡文化站负责人更迭表

名称	性质	姓名	性别	民族	文化程度	职务	任职时间	籍贯
乡文化站	民办公助	张福堂	男	汉	高中	工作人员	1985.12—1987.10	下洼镇
乡文化站	民办公助	杨志仁	男	汉	大专	工作人员	1987.10—1994	下洼镇
乡文化体育工作站	民办公助	杨志仁	男	汉	大专	工作人员	1994—1999	下洼镇
乡文化体育工作站	公办	杨志仁	男	汉	大专	站长	1999—2006.03	下洼镇

四、高家窝铺乡文化站

1985年4月，高家窝铺乡建立民办公助文化站，站址在乡政府院内。1994年6月，由民办站转为公办站，改称高家窝铺乡文化体育工作站。2006年1月，该站合并入新惠镇文体广电服务中心。

第一编表44　高家窝铺乡文化站负责人更迭表

名称	性质	姓名	性别	民族	文化程度	职务	任职时间	籍贯
乡文化站	民办公助	单志军	男	汉	高中	工作人员	1985.05—1991.11	敖吉乡
乡文化站	民办公助	刘凤兰	女	汉	高中	工作人员	1991.11—1994.06	下洼镇
乡文化体育工作站	公办	刘凤兰	女	汉	高中	站长	1994.06—1996.05	下洼镇
乡文化体育工作站	公办	韩国栋	男	汉	高中	站长	1996.05—2000.11	高家窝铺乡
乡文化体育工作站	公办	孟庆宗	男	汉	大专	站长	2000.11—2005.12	四道湾子镇

该站建立后，开展橱窗宣传、节日文艺演出等活动。21世纪之初，参与开发“龙泉山庄”旅游景区，开创敖汉旗旅游度假的先河。

五、南塔乡文化站

1985 年 2 月，南塔乡建立民办公助文化站，站址在乡政府院内。1994 年 6 月，由民办站转为公办站，改称南塔乡文化体育工作站。2006 年，该站合并入丰收乡文化服务中心。

第一编表 45 南塔乡文化站负责人更迭表

名称	性质	姓名	性别	民族	文化程度	职务	任职时间	籍贯
乡文化站	民办公助	韩殿文	男	汉	大专	工作人员	1985.02—1994.06	丰收乡高家窝铺村
乡文化体育工作站	公办	韩殿文	男	汉	大专	站长	1994.06—1999	丰收乡高家窝铺村
乡文化体育工作站	公办	徐文清	男	汉	大学	站长	1999—2001	丰收乡
乡文化体育工作站	公办	林元华	男	汉	大学	站长	2001—2006	丰收乡

该站建立后，在开展文化活动的同时，开办“文化饭店”，“以文养文”工作取得成绩受到表彰。

六、新地乡文化站

1951 年 9 月，旗文化馆负责在第五区德力胡同区建立全旗第一个公办文化站，站址设在德力胡同村。1953 年 7 月，随区政府迁至新地村。1954 年 5 月，该站迁至六区四家子区政府所在地。

1979 年 2 月，新地公社建立社办公助文化站。1984 年，改称新地乡文化站。1991 年 12 月，改为公办站。1994 年 6 月，改称新地乡文化体育工作站。1999 年，文化广播合并，称新地乡文体广电站。2005 年 12 月，该站并入新惠镇文体广电服务中心。

第一编表 46 新地乡文化站负责人更迭表

名称	性质	姓名	性别	民族	文化程度	职务	任职时间	籍贯
第五区文化站	公办	杨　忠	男	汉	高小	站长	1951.09—1954.05	德力胡同区丰盛店村
公社文化站	社办公助	王　泽	男	汉	初中	工作人员	1979.02—1984	新地乡新地村
乡文化站	民办公助	王　泽	男	汉	初中	工作人员	1984—1991.12	新地乡新地村
乡文化体育工作站	公办	王　泽	男	汉	初中	站长	1991.12—1998.12	新地乡新地村
乡文化体育工作站	公办	姚景东	男	汉	本科	站长	1998.12—1999.12	古鲁板蒿镇

续表

名称	性质	姓名	性别	民族	文化程度	职务	任职时间	籍贯
乡文体广电站	公办	孙国立	男	汉	本科	站长	1999.12—2000.12	金厂沟梁镇
乡文体广电站	公办	冯兆伟	男	汉	本科	站长	2000.12—2005.12	四家子镇

1950年，旗文化馆在各区成立农民夜校，开展扫盲工作。第五区德力胡同区群众识字积极性高，农民夜校基础较好，有利于开展群众文化工作。1951年，经旗文教科批准建立起全旗第一个公办文化站，业务方面由文化馆具体指导。

文化站建立初期，旗文教科配备专职文化干部1人，有房舍3间，办公桌凳1套，图书457本。主要利用板报、放映幻灯进行时事政治宣传，同时开展扫盲、图书阅览等工作。1954年，因房舍简陋，缺少维修资金，加上所在地人口较少，不利于开展各项文化活动，经旗文教科研究决定迁至六区四家子区政府所在地。

1979年，新地公社文化站恢复建立后，负责组建农村业余剧团，并加强指导和管理，出街头宣传橱窗，开展图书阅览和文娱活动。1998年3月，该站被市文化局命名“市级先进文化站”。

七、新窝铺乡文化站

1966年5月，岗岗营子公社建立公办文化站，站址在公社所在地。1984年，改称新窝铺乡文化站。1994年6月，改称新窝铺乡文化体育工作站。2003年3月，文化广播合并，改称新窝铺乡文化广播服务中心。2005年，该站合并入木头营子乡文体站。

第一编表47　新窝铺乡文化站负责人更迭表

名称	性质	姓名	性别	民族	文化程度	职务	任职时间	籍贯
岗岗营子公社文化站	公办	贾立新	男	汉	初中	站长	1966.05—1984	岗岗营子公社
新窝铺乡文化站	公办	贾立新	男	汉	初中	站长	1984—1986.03	岗岗营子公社
新窝铺乡文化站	民办公助	朱树清	男	汉	高中	工作人员	1986.06—1987.03	牛古吐乡
新窝铺乡文化站	公办	贾立新	男	汉	初中	站长	1987.03—1989	新窝铺乡
新窝铺乡文化站	民办公助	田　鹏	男	汉	大专	工作人员	1989—1994.06	木头营子乡
乡文化体育工作站	民办公助	田　鹏	男	汉	大专	工作人员	1994.06—1999.12	木头营子乡

续表

名称	性质	姓名	性别	民族	文化程度	职务	任职时间	籍贯
乡文化体育工作站	公办	田　鹏	男	汉	大专	站长	1999.12—2003.03	木头营子乡
乡文化广播服务中心	公办	田　鹏	男	汉	大专	站长	2003.03—2005.12	木头营子乡

自1966—1989年，岗岗营子公社（新窝铺乡）文化站致力于岗岗营子文艺宣传队工作，取得较大成绩。1990年以后，开展橱窗宣传、图书借阅、文娱活动等。1999年，该乡被旗政府命名为“文化先进乡”。

八、大甸子乡文化站

1974年12月，大甸子公社建立公办文化站，站址在公社院内。1981年4月，改为社办公助文化站。1984年，改称大甸子乡文化站。1991年转为公办站。1994年6月，改称大甸子乡文化体育工作站。1998年，文化、广播合并，改称大甸子乡文体广电站。2006年3月该站合并入宝国吐乡文化体育工作站。

第一编表48　大甸子乡文化站负责人更迭表

名称	性质	姓名	性别	民族	文化程度	职务	任职时间	籍贯
公社文化站	公办	徐桂林	男	汉	中师	站长	1974.12—1979.09	金厂沟梁公社
公社文化站	公办	朱志杰	男	汉	高中	站长	1979.09—1981.01	
公社文化站	社办公助	宫　悦	男	汉	高中	工作人员	1981.04—1984	大甸子公社
乡文化站	民办公助	宫　悦	男	汉	高中	工作人员	1984—1991.12	大甸子乡
乡文化站	公办	宫　悦	男	汉	高中	站长	1991.12—1994	大甸子乡
乡文化体育工作站	公办	宫　悦	男	汉	高中	工作人员 站长	1994—1998.10	大甸子乡
乡文体广电站	公办	高景军	男	汉	大学	站长	1998.10—2006.03	宝国吐镇

文化站建立后，有办公室1间，桌椅1套，在公社大门外设置宣传橱窗2块，不定期出刊。1981年，增阅览室1间，图书200册，开展图书阅览活动。增添照相机1台。参加全旗文物普查，协助大甸子夏家店下层文化遗址挖掘、保护。1989年，宫悦在全市文物普查工作中，被市文化局评为先进工作者。

九、双井乡文化站

1976年4月，双井公社建立社办公助文化站，站址在公社院北侧。1984年变为公办站，改称双井乡文化站。1985年又变为民办站。1994年6月，转为公办站，改称双井乡文化体育工作站。1996年，文化、广播合并，改称双井乡文体广电站。2016年，该站合并入长胜镇文化广播电视站。

第一编表49 双井乡文化站负责人更迭表

名称	性质	姓名	性别	民族	文化程度	职务	任职时间	籍贯
公社文化站	社办公助	杨立国	男	汉	高中	工作人员	1976.04—1984.12	双井公社
乡文化站	公办	杨立国	男	汉	高中	站长	1984.12—1985	双井乡
乡文化站	民办公助	杨秀玲	女	汉	高中	工作人员	1985—1991.12	双井乡
乡文化站	公办	杨秀玲	女	汉	高中	站长	1991.12—1993	双井乡
乡文化体育工作站	公办	杨秀玲	女	汉	高中	站长	1993—1995.10	双井乡
乡文化体育工作站	公办	李树田	男	汉	大专	站长	1995.10—1996	双井乡
乡文体广电站	公办	索良杰	男	汉	大专	站长	1996—2006	双井乡大宝甸子村

1976年，双井公社文化站建立。利用出黑板报、放映幻灯等形式宣传。1978年开始，在做好图书阅览、橱窗宣传、业余剧团辅导等工作的同时，白手起家，开展“以文养文”照相服务项目，年创收3000多元。用照相收入办起图书室，购买图书1.2万册，订阅报刊50多种。1986年，文化站有办公场地6间，建起10米长宣传橱窗。1988年该站作为“以文养文”先进典型，杨秀玲参加全国文化工作经验交流会，获得文化部、财政部颁发的“以文养文先进单位”奖杯。1988—1989年，杨秀玲先后两次参加全区“以文补文”工作和开展“大文化”工作经验交流会，在会上作经验介绍，获得区、市级奖励。

2002年以来，文化站组织全乡文艺骨干，多次参加全旗农牧民文艺会演及各类文艺创新大赛，多次获得创作、表演奖和优秀组织奖。

十、新惠乡文化站

1976年5月，新惠公社建立公办文化站，站址在公社院内。1978年9月中断。1979年

8月，恢复建立公办文化站。1980年4月再度停办。1985年2月，建立新惠乡民办公助文化站。1994年6月，改称新惠乡文化体育工作站，其间因缺少工作人员中断。1995年10月，恢复建立公办站。1998年文化、广播站合并，称新惠乡文体广电站。2005年年末，该站并入新惠镇文体广电服务中心。

第一编表50　新惠乡文化站负责人更迭表

名称	性质	姓名	性别	民族	文化程度	职务	任职时间	籍贯
公社文化站	公办	王　玉	男	汉	高中	工作人员	1976.05—1978.09	新惠公社
公社文化站	公办	陈凤芹	女	汉	高中	站长	1979.08—1980.04	新惠公社
乡文化站	民办公助	吴燕飞	女	汉	高中	工作人员	1985.02—1986.06	新惠乡
乡文化站	民办公助	彭乃君	男	汉	高中	工作人员	1986.06—1992	下洼镇
乡文化站	民办公助	彭乃君	男	汉	高中	站长	1992—1994	下洼镇
乡文化体育工作站	公办	彭乃君	男	汉	高中	站长	1994.06—	下洼镇
乡文体广电站	公办	杨秀玲	女	汉	高中	站长	1995.10—2005.12	双井乡

该文化站成立后，开展图书阅览、摄影展览等业务。1997年，配合乡派出所为全乡居民拍摄第一代居民身份证1寸免冠照，时间长达半年多。节日期间经常组织职工举办文体活动，对文化室、文化户进行辅导。

1998年，新惠乡被市文化局命名为“市级先进文化乡”。

十一、克力代乡文化站

1979年6月，克力代公社建立社办公助文化站，站址在公社院西。1985年1月，改称克力代乡文化站。1991年12月，转为公办站。1993年，该站与乡广播电视站合并，称克力代乡文化体育广播电视站。1994年6月，挂乡文化体育工作站牌子。2005年年末，该站与贝子府、王家营子三站合为贝子府镇文化体育广播电视站。

第一编表51　克力代乡文化站负责人情况表

名称	性质	姓名	性别	民族	文化程度	职务	任职时间	籍贯
公社文化站	社办公助	鲁希清	男	汉	高中	工作人员	1979.06—1985.01	克力代公社
乡文化站	民办公助	鲁希清	男	汉	高中	工作人员	1985.01—1991.12	克力代乡

续表

名称	性质	姓名	性别	民族	文化程度	职务	任职时间	籍贯
乡文化站	公办	鲁希清	男	汉	高中	站长	1991.12—1993	克力代乡
乡文化体育广播电视站（挂乡文化体育工作站牌子）	公办	鲁希清	男	汉	高中	站长	1993—2005	克力代乡

克力代文化站建立后，有土房 3 间。主要业务活动是利用街头橱窗进行阵地宣传；组织业余剧团和皮影队搞民间演出；举办摄影学习班，搞摄影展览；举办文学创作班，搞民间文艺普查；参加全旗文物普查，开展文物征集与保护工作。1989 年，鲁希清被市文化局评为全市文物普查工作先进工作者。

十二、四德堂乡文化站

1979 年 7 月，四德堂公社建立社办公助文化站，站址在公社院内。1982 年 9 月该站撤销。1985 年 1 月，恢复建立民办公助文化站，称四德堂乡文化站。1994 年 6 月，改称四德堂乡文化体育工作站。1999 年 12 月转为公办站。2006 年，该站合并入四道湾子镇宣传文化站。

第一编表 52　四德堂乡文化站负责人更迭表

名称	性质	姓名	性别	民族	文化程度	职务	任职时间	籍贯
公社文化站	社办公助	杨国全	男	蒙古	高中	工作人员	1979.07—1982.08	小河沿公社
乡文化站	民办公助	于海奎	男	汉	高中	工作人员	1985.01—1992.05	四德堂乡
乡文化站	民办公助	于海奎	男	汉	高中	站长	1992.05—1994	四德堂乡
乡文化体育工作站	民办公助	于海奎	男	汉	高中	站长	1994—1999.12	四德堂乡
乡文化体育工作站	公办	于海奎	男	汉	高中	站长	1999.12—2002	四德堂乡
乡文化体育工作站	公办	谢巨华	男	汉	高中	站长	2002—2006	四道湾子镇

文化站建立后，站内工作以橱窗宣传、图书阅览为主，同时，组织该乡两支皮影队、1 支业余剧团开展演出活动。1998 年，该站被市文化局评为“市级先进文化站”。

十三、王家营子乡文化站

1979 年 6 月，王家营子公社建立社办公助文化站，站址在公社院内。1984 年，改称王家营子乡文化站。1991 年转为公办站。1993 年，该站与广播站合并，称王家营子乡文化体育广播电视站。1994 年 6 月，挂乡文化体育工作站牌子。2005 年年末，该站与贝子府、克力代三站合并，建立贝子府镇文化体育广播电视站。

第一编表 53　王家营子乡文化站负责人更迭表

名称	性质	姓名	性别	民族	文化程度	职务	任职时间	籍贯
公社文化站	社办公助	徐孝兴	男	汉	高中	工作人员	1979.06—1984	王家营子公社
乡文化站	民办公助	徐孝兴	男	汉	高中	工作人员	1984—1991.12	王家营子乡
乡文化站	公办	徐孝兴	男	汉	高中	站长	1991.12—1993	王家营子乡
乡文化体育广播电视站（挂文化体育工作站牌子）	公办	徐桂娜	女	汉	高中	站长	1993.03—2005.12	王家营子乡

文化站建立之初，有办公室 1 间，活动室 1 间。有照相器材 1 套，图书 300 册。利用 12 平方米的橱窗，经常开展街头宣传展览活动。同时开展群众性文化活动，辅导业余剧团，组织小型文艺演出活动。举办摄影学习班，出刊时事、科技、摄影橱窗，并配合旗里进行两次文物普查。

1993 年，该站与广播站合并后，站舍扩大，设备增多，站内工作侧重广播电视业务。文化体育方面主要是组织参加全旗各种体育竞赛和文艺会演，实现各项业务工作达标。2004 年，该站被旗政府评为“全旗文化工作先进单位”。

十四、林家地乡文化站

1979 年 6 月，林家地公社建立社办公助文化站，站址在公社院内。1984 年转为公办站，改称林家地乡文化站。1985 年工作人员调离，变为民办站。1994 年 6 月，由民办站转为公办站，改称林家地乡文化体育工作站。2006 年，该站合并入四家子镇文化服务中心。

第一编表 54　林家地乡文化站负责人更迭表

名称	性质	姓名	性别	民族	文化程度	职务	任职时间	籍贯
公社文化站	社办公助	刘爱民	男	汉	大学	工作人员	1979.06—1984	林家地公社东井村
乡文化站	公办	刘爱民	男	汉	大学	站长	1984—1985.02	林家地乡东井村
乡文化站	民办公助	刘国珍	女	汉	高中	工作人员	1985.03—1986	四家子镇本街

续表

名称	性质	姓名	性别	民族	文化程度	职务	任职时间	籍贯
乡文化站	民办公助	宋　显	男	汉	大学	工作人员	1986.06—1994.06	林家地乡
乡文化体育工作站	公办	宋　显	男	汉	大学	站长	1994.06—2006	林家地乡

该站建立后，配合乡党委、政府中心工作，开展橱窗宣传、图书阅览等活动。组织指导业余剧团演出，与四家子文化站联合举办戏曲培训班，培养农村戏曲人才。两次参加全旗文物普查工作。

第四章　文化系统党和群团组织

第一节　共产党组织

1948 年 6 月至 1958 年 9 月，敖汉旗人民政府文教科不设党组织，其党务工作归敖汉旗人民政府党支部领导。

1958 年 9 月，文教科设党支部，张志任支部书记。1959 年，敖汉旗文教卫生系统设文卫党总支，贾福文任总支书记。1960 年 1 月，鲍庭章任文教科支部书记。1962 年 5 月，张振祥任支部书记，鲍庭章任支部副书记。

1966 年 10 月，文教科党支部归敖汉旗革命委员会政工组领导。1973 年 6 月，敖汉旗革命委员会文教局设党支部，余昭任支部书记，张振祥任支部副书记。

1977 年 9 月 20 日，经敖汉旗委组织部和旗直属机关党委批准，敖汉旗文化局组建党支部，不设支部委员会。有党员 3 名。

1977 年 9 月，余昭任支部书记。1979 年 3 月，付景辉任支部书记。

一、旗文化局党总支、党组、党委

1978 年 9 月，敖汉旗文化局成立党总支，隶属敖汉旗直属机关党委，所属 7 个党支部。付景辉任总支书记。1979 年 8 月，于庆任总支书记，总支委员吴旭光、王玉珩、曹桂英、安瑞。下辖文化局、新华书店、文化馆、电影管理站 4 个党支部，共有党员 31 名。

1981 年 2 月，王玉珩任总支书记。所属 5 个党支部，有党员 27 名。1984 年 4 月，沈绍文任总支书记，梁鹏任总支副书记。1985 年 5 月，蔡春圃任总支书记。1988 年 7 月，增补梁鹏任总支副书记，委员曹桂英、郭汉武、李秀才。

1990 年 11 月，梁鹏任总支书记，蔡春圃任总支副书记，总支委员洪英、曹桂英、李秀才。1994 年 2 月，乔化文任总支书记，梁鹏任总支副书记；4 月，增补齐成玉为总支委员。1996 年 7 月，李见东任总支副书记；9 月，增补王文才为总支委员。

1997 年 6 月，乔化文任总支书记，李见东任总支副书记，委员梁鹏、王文才、刘文宗、姜成云、王久云。

2001年11月，增补郭兴志、王久芳为总支委员。2003年6月，律清任总支副书记，增补李政为总支委员。2004年6月，杨君雅任总支副书记；10月，许景泉任总支书记，总支委员为于海永、马文波、杨亚华、杨金生。2009年6月，付云任总支副书记。

2015年4月，成立局机关党组，葛学文任党组书记。2016年6月，成立局党委，葛学文任党委书记，郭兴志、左志勇任党委副书记。2016年11月，张红民任局党组书记、党委书记。

二、文化局党总支所辖党支部

（一）敖汉旗文化局党支部

1977年8月前为文教局党支部。1977年9月，文化局成立党支部，不设支部委员会，付景辉任支部书记。1979年6月，于庆任支部书记，有党员4名。1980年1月，王玉珩任支部书记。1985年4月，梁鹏任支部书记，有党员7名。1989年7月，随着党员人数的增加，增选罗滋恒、曹桂英为支部委员。

1990年10月，洪英任支部书记，支部委员罗滋恒、杨金英。1994年2月，刘文宗任支部书记。1997年6月，李见东任支部书记，支部委员为姜成云、王久云。

2003年6月，郭兴志任支部书记，支部委员律清。2004年10月，王久芳任支部书记。2009年3月，杨君雅任支部书记。2010年6月，付云任支部书记。

（二）敖汉旗文化馆党支部

1957年，文化馆成立党支部，王玉珩任支部书记，有党员5名。1959年，文化馆和新华书店联合成立党支部，王玉珩任支部书记。

1969年，文化馆和乌兰牧骑联合成立敖汉旗毛泽东思想文艺宣传队党支部，不设支部委员会，王玉珩任支部书记。1975年3月，毕民任支部书记。同年9月，文化馆单独成立党支部，王玉珩任支部书记，不设支部委员会。1979年有党员5名。

1981年2月，邵国田任支部书记，徐广兴任副书记。1984年10月，苏日图任支部书记。1986年1月，郭汉武任支部书记。1988年6月，选举韩殿琮、彭丽艳为支部委员。

1990年8月，张果彬任支部书记，支部委员为苏日图、陈玉莲。1994年7月，齐成玉任支部书记。1995年12月，付殿军任支部书记，增补支部委员姜彩霞。1997年4月，吴肃任支部书记，增补徐秀峰为支部委员。

2004年11月，冯黎明任支部书记。2015年11月，建立群众文化艺术馆党支部，冯黎明任支部书记，李惠恩任支部副书记。2017年4月，王明珠任支部书记。2018年12月，周晓成任支部书记，王瑞红、陈丽为支部委员。

（三）敖汉旗乌兰牧骑党支部

1975 年 3 月，乌兰牧骑和文化馆成立党支部，毕民任支部书记。同年 9 月，乌兰牧骑单独建立党支部，毕民任支部书记。1981 年 12 月，高铁红任支部书记，有党员 4 名。1987 年 10 月，徐国选任支部副书记。1992 年 12 月，冯黎明任支部书记。1995 年 12 月，徐秀峰任支部副书记，主持支部工作。1996 年，增补支部委员冯黎明、高玉兰。1997 年 4 月，冯黎明任支部书记，支部委员马文波、高玉兰。2003 年 6 月，马文波任支部书记。2004 年 11 月增补李惠恩任支部副书记。2018 年 12 月，李亚军任支部书记，委员王明珠、于玲华。

（四）敖汉旗电影公司党支部

1969 年，电影管理站成立党支部，不设支部委员会，刘中兴任支部书记，有党员 3 名。1973 年 7 月电影公司成立党支部委员会，刘中兴任支部书记，支部委员李秀才、冯禹，有党员 7 名。1976 年，李秀才任支部副书记，有党员 5 名。

1979 年 4 月，吴旭光任支部书记，李秀才任支部副书记，有党员 11 名。

1982 年 2 月，贾福文任支部书记，支部委员李秀才、武永贵。1983 年 10 月，李秀才任支部书记。1984 年 3 月，郭汉武任支部书记。1986 年 2 月，李秀才任支部书记；1988 年 10 月，增补武永贵、静桂荣为支部委员。

1995 年 12 月，白江任支部书记，静桂荣任支部副书记。1997 年 5 月，端勤民任支部书记，静桂荣任支部副书记，支部委员王化。2004 年 11 月，李弘彦任书记。2006 年 9 月，撤销电影公司党支部，党员参加文化馆党支部组织生活。

（五）敖汉旗新华书店党支部

1959 年，新华书店和文化馆联合成立党支部，王玉珩任支部书记，新华书店有党员 3 名。

1969 年，新华书店成立党支部，不设支部委员会，乌力吉任支部书记。1973 年，贾福文任支部书记。1981 年 2 月，安瑞任支部书记，有党员 8 名。1983 年，刘玉柱任支部书记，有党员 4 名。1984 年 11 月，刘宝珠任支部书记。1989 年 7 月，于万祥任支部书记。1990 年 6 月，增补姜成云为支部副书记，王凤鸣为支部委员。1996 年 9 月，杨金生任支部副书记。2005 年，陈宝林任支部书记。2007 年，王海峰任支部书记。2009 年，白音任支部书记。2011 年，肖庆华任支部书记。2018 年，刘艳文任支部书记。

（六）敖汉旗图书馆党支部

1979 年，图书馆成立时未设党支部，党务工作归文化馆党支部。1984 年 11 月，与文物事业管理所联合成立党支部，邵国田任支部书记。

1987 年 6 月，撤销文管所、图书馆联合支部，图书馆单独组建党支部，张果彬任支部书记。1989 年 7 月，增补刘会琴、魏春国为支部委员。1991 年 4 月，魏春国任支部书记，支部委员刘会琴、赵福霞。1996 年 11 月，增补朱志民为支部委员。1997 年 4 月，付殿军任支部书记。1998 年 2 月，朱志民任支部副书记，支部委员赵福霞、魏春国。2003 年 6 月，魏春国任支部书记。2004 年 11 月姜彩霞任支部书记。2011 年 3 月，靖国光任支部副书记。2015 年 11 月，吴肃任支部书记。

（七）敖汉旗博物馆党支部

1984 年 11 月至 1987 年，文管所和图书馆成立联合支部。1988 年 8 月，博物馆成立党支部，邵国田任支部书记。1990 年 5 月，安瑞任支部副书记。10 月，安瑞任支部书记。1991 年 12 月，杨义田任支部书记。1997 年 4 月，邵国田任支部书记，袭桂芝任支部副书记。1999 年 1 月，增补田彦国为支部委员。2004 年 11 月，袭桂芝任支部书记。2013 年 4 月，阮红梅任支部副书记。2017 年 5 月，阮红梅任支部书记。

（八）敖汉旗文物事业管理所党支部

2004 年 11 月朱树青任支部书记。2007 年 6 月，朱志民任支部书记。2011 年 8 月，朱树青任支部书记。

（九）敖汉旗体育活动中心（体育运动委员会、业余体育学校）党支部

1994 年 10 月，谢建国任支部书记。1995 年 12 月，李秀才任支部书记。2002 年 12 月，谢建国任支部书记。2004 年 11 月，吕东国任支部书记。2015 年 1 月，张国桔任支部副书记。2017 年 5 月，张国桔任支部书记。

（十）敖汉旗旅游管理服务中心党支部

2003 年 6 月，李政任支部书记。2004 年 6 月，郭兴志任支部书记。2007 年 6 月，谢建国任支部书记。2015 年 11 月，靖国光任支部书记。2017 年 4 月，冯黎明任支部书记。

（十一）敖汉旗文化市场综合执法大队党支部

2013 年 5 月，王成江任支部书记，支部委员孙德志、张炎。2015 年 1 月，张民任支部副书记。

（十二）敖汉旗广电中心党总支

2016 年 6 月，旗广电中心成立党总支。左志勇任党总支书记，党总支委员张志惠、张金波、王金华、刘才。党总支下辖四个党支部：中心机关党支部书记韩呈双、副书记梁树林，委员苏玉娟、黄旭春、孙晓芳；电视台党支部书记邵亚东，委员孙宏波、高福利；广播电台党支部书记吴艳琴、副书记赵彩云；电影公司党支部书记武连中。

第二节　共青团组织

一、共青团敖汉旗文化局总支委员会

1982 年 4 月，敖汉旗文化局成立团总支，隶属敖汉旗直属机关团委，王旭友任总支书记。1984 年 8 月，魏金峰任总支书记，王旭友任总支副书记，有总支委员 5 名。1990 年 3 月，杨锋利任总支书记，荣庆国任总支副书记，下属 6 个团支部，有 31 名团员。

二、敖汉旗文化局团总支所属团支部

（一）文化局团支部

1981 年 4 月，敖汉旗文化局成立文化系统联合团支部，隶属敖汉旗直属机关团委。王旭友任支部书记，于佐杰任副书记，支部委员陈凤琴、徐亚琴、金虹。1984 年 8 月，成立文化局团支部，孙东任支部书记。2007 年 9 月，敖汉旗文化体育广播电视局成立青年工作委员会，郭兴志任主任，尚诗军任副主任，委员周晓华、王瑞红、刘海翔。

（二）新华书店团支部

1956 年，新华书店成立团支部，嵇坤任支部书记。1961 年，于振龙任支部书记。1966 年，刘玉柱任支部书记。1971 年，刘会荣任支部书记。1979 年，徐亚琴任支部书记。1983 年 10 月，车瑞兰任支部书记。1984 年，李宏光任支部书记。1985 年，荣庆国任支部书记。1999 年 5 月，张成武任支部书记。

（三）文化馆团支部

1972 年，文化馆成立团支部，毕民任支部书记。1973 年，文艺宣传队成立团支部，杨金英任支部书记，有支部委员 3 名。1975 年，文化馆单独成立团支部，杨金英任支部书记。1978 年，于佐杰任支部书记。1983 年，杨锋利任支部书记。1985 年，刘凤岐任支部书记。1988 年，杨锋利任支部书记。

（四）乌兰牧骑团支部

1975 年，乌兰牧骑成立团支部，丁志军任支部书记。1977 年，李景林任支部书记。1978 年，方君任支部书记，王旭友任支部副书记，有团员 12 名。1979 年，王旭友任支部书记。1985 年，冯黎明任支部书记。2008 年 12 月，包淑敏任支部书记。

（五）电影公司团支部

1959年，敖汉旗电影管理站和敖汉旗广播站为一个团支部，赵文任支部书记。1981年，电影公司成立团支部，冯景儒任支部书记，有团员4名。1984年，刘深山任支部书记，有团员8名。

（六）图书馆团支部

1990年3月，图书馆成立团支部，王显民任支部书记。

第三节　工会组织

一、敖汉旗文体系统工会

1999年9月，敖汉旗文体局成立文体系统工会委员会，李见东任工会主席，朱国文任工会副主席，工会委员杨亚华、朱志民、吕东国、冯黎明、李景志。2011年6月，杨君雅任工会主席。2010年6月，付云任工会主席。2017年4月，宋建东任工会主席。

二、敖汉旗文化局机关工会

1999年8月，文体局成立机关工会，朱国文任工会主席，委员王久芳、杨亚华。同年9月，敖汉旗文体局成立女工委员会，杨亚华任主任，委员姜彩霞、高玉兰、李弘彦、袭桂芝。

三、敖汉旗文化馆工会

1985年1月，钱景龙任工会主席，王玉、李彩荣为委员。1987年11月，苏日图任工会主席，李彩荣、刘凤岐为委员。1997年4月，姜彩霞任工会主席，工会委员杨锋利、陶俊华。2004年11月，冯黎明任工会主席。

四、敖汉旗乌兰牧骑工会

1981年6月，王旭友任工会主席。1985年，有工会会员31名。1986年10月，徐国选兼任工会主席，王旭友、李国文任工会副主席。1995年，冯黎明任工会主席。2003年4月，于玲华任工会主席。2009年4月，李惠恩任工会主席。

五、敖汉旗电影公司工会

1961年10月，敖汉旗电影管理站成立工会委员会，郭锦明任工会主席，工会会员18名。1963年，吴凤朝任工会主席，工会会员16名。1973年，李秀才任工会主席。1977年，吴旭光任工会主席。1980年，李秀才任工会主席，有工会会员30人。1984年6月，吴永贵任工会主席，工会委员王守贵、静桂荣。2001年4月，李弘彦任工会主席。2006年11月，武连中任工会主席。

六、敖汉旗图书馆工会组织

1984年8月，魏春国任工会主席。1999年8月，朱志民任工会主席。

七、敖汉旗新华书店工会组织

1979年，安瑞任工会主席，有工会会员13名。1984年8月，王晓光任工会主席，工会委员姜成云、朱志民，有工会会员19名。1985年，李广仁任工会主席，有工会会员21名。

八、敖汉旗博物馆工会组织

1997年4月，袭桂芝任工会主席。1999年8月，鲍全喜任工会主席。2004年11月，鲍全喜任工会主席。2013年4月，张英伟任工会主席。

第五章　文化团体

第一节　文联及所属各协会

一、文联

1950 年 3 月 11 日—16 日，热河省首届文学艺术工作者代表大会召开，大会确定“农村为主，普及第一”的文联工作方针。根据省文代会精神和省文联关于建立各级文联机构的决定，3 月 22 日，敖汉旗委宣传部召开会议，参加会议的有新惠镇内各机关领导和职业、业余文艺工作者，特邀文艺作者等 30 余人。会上，成立敖汉旗文学艺术家联合会（简称文联）筹委会。选出筹委会委员 12 名，其中常委 7 名。郑庆禄、刘伯仁为正、副主任，方正任秘书。下设文艺、美术、戏曲、音乐四个小组，各设组长一人。3 月 23 日，旗委宣传部、旗文联筹委会通知各区普遍成立文联小组，不设委员会，区宣传委员会负责文联小组工作。文联小组的任务是密切配合文联筹委会，团结本区所有的职业文艺工作者和文艺爱好者，广泛开展群众性的文艺活动，使文艺更好地为生产建设服务。

文联筹委会成立后，定期召开常委、全委会议，主要任务是召开文艺座谈会，讨论研究开展文艺工作的措施，向学校和业余剧团布置创作任务，对旧艺人进行改造等。

同年，各区文联小组先后成立。筹委会向各区转发东北首届文代会、热河省首届文代会有关文艺工作的方针、任务和具体要求的通知，提出本旗文艺工作的计划并作出具体部署。文联小组定期向文联筹委会汇报本区文艺活动情况，负责本区业余剧团、俱乐部、秧歌队、歌咏队、皮影班、鼓乐班的成立、巩固工作。10 月，热河省文工团干部孟广辉调敖汉旗工作，其任务是协助建立敖汉文联并开展活动。11 月，文联筹委会发出通知，要求各区文联小组、业余剧团积极响应全国文联第六次常委扩大会议发出的“关于文艺界开展抗美援朝宣传工作”的号召，在全旗范围内掀起抗美援朝宣传热潮。年底，在文联筹委会的基础上，敖汉旗文学艺术工作者联合会成立。

1951 年 12 月，文联召开首届文艺代表大会，中心议题是“把文艺创作和戏曲工作搞好”。大会明确今后文艺工作的方针、任务，强调“开展以农民为主要对象的群众性文艺活动，使其密切配合中心工作，向着正确、持久的方向发展”“面向农村，发展文艺组织，重视文艺普及工作”“业余剧团要演出自己创作的剧本”等。

1952 年 3 月 26 日，文联发出通知，要求各区“根据具体情况，巩固建立农村业余剧团，对现有的业余剧团进行整顿”，并下发《农村业余剧团的组织原则》。同年 6 月 11 日，旗政府为紧缩编制，调整机构，决定撤销旗文联和各区文联小组，其工作由旗文教科和各区文教助理负责。

1980 年 12 月，经旗委宣传部批准，敖汉旗文学艺术工作者联合会重新成立，由宣传、文化部门分管文学艺术工作的负责同志和全旗有声望的演员、导演、民间老艺人、业余创作、音乐、美术、摄影工作者等 19 人组成。于庆任主任，王玉珩、邵国田任副主任，委员有齐成玉、张果彬、高铁红、李海峰、魏振鹏、施恩普、苏日图、钱景龙、贾立新、张国辉、魏泽德、毕民、徐国选、马兴国、朱子林、王恕。下设办公室，办公地址设在旗文化馆，齐成玉兼任办公室主任，工作人员张果彬。

文联成立后，积极开展各种形式的活动，在文学、戏曲创作方面尤为突出，先后邀请作家金河、王栋、张向午、戴云卿等来讲学，组织业余创作队伍，举办学习班培养业余作者。1984 年以后，活动逐渐减少，文联随着办公室的撤销而名存实散。

1996 年，调整文联机构。姚四新任主席，齐成玉任副主席兼秘书长。下设文学协会、书法绘画协会、音乐舞蹈协会、摄影协会。2001 年全旗机构改革，旗委、旗政府重新调整文联机构，设主席 1 人、副主席 1 人。

2004 年 4 月 23 日，旗委常委会议专题研究文联工作。会议决定，加强文联工作的领导力量，增加 1 个文联副主席的编制，从宣传部调节出 1 个公务员，担任文联秘书长；给文联划拨经费 2 万元，以后每年列入财政预算，保证文联工作正常有序地进行开展；筹备文联代表大会，建立专业协会。8 月 13 日，敖汉旗文学艺术界联合会首次代表大会召开，112 名文学艺术界代表参加。选举王国疆任主席，王玉森、邢玉夫任副主席，孙红霞任秘书长。聘请姚四新、齐成玉、刘泽民、张乃夫为文联名誉主席。文联所属的文学协会、民间文艺协会、书法美术协会、摄影摄像协会、音乐舞蹈戏剧协会相继建立起来。各专业协会分别制定本协会章程，明确各自的总则、任务、会员、组织。5 个协会共发展会员近 500 人，形成一支庞大的文艺工作者队伍。2005 年 10 月，创办文学专刊《银河》，每年 1 期，设小说、散文、诗歌、美术、摄影等栏目，刊发全旗业余作者作品。

2014 年，文联充分发挥文学艺术在促进社会发展、满足文化需求方面的重要作用，围绕“放歌赤峰、书写百姓”主题文化实践活动，大力开展主题鲜明、内容充实、形式多样的文艺活动。

2015年，广泛开展文化交流，承接首都文艺家代表团赴敖汉旗开展的文化交流活动，与赤峰市文联作家采风团开展“敖汉采撷、新州访古”笔会。组织优秀艺术作品参加上级文艺展评，其中纪录片《敖汉旱作农业探源》、微电影《薄冰》《芦花》、传记文学《张履谦传记》入选赤峰市首届“五个一工程”评选。

2016年，承办由市文联举办的2016年赤峰市文学创作培训班。按照各协会章程，重新规范组建戏曲曲艺协会、音乐协会、舞蹈协会以及民间艺术协会的换届。各协会积极组建志愿服务队，参加内蒙古文联志愿者服务中心举办的“送欢乐、下基层”文化惠民活动。

2017年，完成文学协会的换届工作，重新组建影视协会，新推选各协会主席、副主席，新纳入会员112人，制定通过各协会章程。纪录片《敖汉旱作农业探源》获自治区第十三届“五个一工程”奖。

2018年12月30日，完成敖汉旗文联影协成立暨作协换届工作。

第一编表55　敖汉旗文联负责人更迭情况一览表

<table>
<tr><th>名称</th><th>成立时间</th><th>姓名</th><th>性别</th><th>民族</th><th>文化程度</th><th>职务</th><th>任职时间</th><th>籍贯</th></tr>
<tr><td rowspan="3">敖汉旗文学艺术界联合会筹委会</td><td rowspan="3">1950.03</td><td>郑庆禄</td><td>男</td><td>汉</td><td></td><td>主任</td><td>1950.03</td><td></td></tr>
<tr><td>刘伯仁</td><td>男</td><td>汉</td><td></td><td>副主任</td><td>1950.03</td><td></td></tr>
<tr><td>方　正</td><td>男</td><td>汉</td><td></td><td>秘书</td><td>1950.03</td><td>小河沿区</td></tr>
<tr><td rowspan="2">敖汉旗文学艺术工作者联合会</td><td rowspan="2">1950.12</td><td>孟广辉</td><td>男</td><td>汉</td><td></td><td>主席</td><td>1950.12</td><td></td></tr>
<tr><td>方　正</td><td>男</td><td>汉</td><td></td><td>副主席</td><td>1950.12</td><td>小河沿区</td></tr>
<tr><td rowspan="4">敖汉旗文学艺术工作者联合会</td><td rowspan="4">1980.12</td><td>于　庆</td><td>男</td><td>汉</td><td></td><td>主任</td><td>1980.12</td><td>辽宁省朝阳市</td></tr>
<tr><td>王玉珩</td><td>男</td><td>汉</td><td></td><td>副主任</td><td>1980.12</td><td>林家地公社</td></tr>
<tr><td>邵国田</td><td>男</td><td>汉</td><td>中师</td><td>副主任</td><td>1980.12</td><td>王家营子公社</td></tr>
<tr><td>齐成玉</td><td>男</td><td>汉</td><td>大学</td><td>办公室主任</td><td>1980.12</td><td>四家子公社</td></tr>
<tr><td rowspan="6">敖汉旗文学艺术界联合会</td><td rowspan="2">1996.06</td><td>姚四新</td><td>男</td><td>汉</td><td>大学</td><td>主席</td><td>1996</td><td>下洼镇</td></tr>
<tr><td>齐成玉</td><td>男</td><td>蒙古</td><td>大学</td><td>副主席</td><td>1996</td><td>四家子镇</td></tr>
<tr><td rowspan="4">2004.08</td><td>王国疆</td><td>男</td><td>汉</td><td>大学</td><td>主席</td><td>2005</td><td>长胜镇</td></tr>
<tr><td>王玉森</td><td>男</td><td>汉</td><td>大学</td><td>副主席</td><td>2005</td><td>新惠镇</td></tr>
<tr><td>邢玉夫</td><td>男</td><td>汉</td><td>大学</td><td>副主席</td><td>2005</td><td>新惠镇</td></tr>
<tr><td>孙红霞</td><td>女</td><td>汉</td><td>大学</td><td>秘书长</td><td>2005</td><td>贝子府镇</td></tr>
</table>

二、文学协会

文学协会成立于2011年6月，刘万祥任主席，吴肃任副主席兼任秘书长。2018年换届，高天宏任主席，吴春雨、崔振爽、杜景礼任副主席。有理事43名。协会制定通过《敖汉旗文学协会章程》，文学协会是敖汉旗作家、诗人、文学爱好者自愿结合的群众团体，任务是：积极培养各族文学创作、文学评论、文学翻译的新生力量，努力发展壮大文学创作队伍；组织和推进同旗外的文学交流和联系；积极组织会员开展交流和创作活动。

文学协会切实加强和改进文学艺术作品的创作和评奖工作，加大对作品创作的扶持力度，推动文艺创作的繁荣和发展。2014 年出版诗集《时间的物证》、散文集《家园》《五月，杜鹃花开》等多部文学作品。2015 年，全旗创作小戏、小品、微电影 10 多部，其中普法剧《过火的山林》、微电影《红姑》等在市、旗电视台播出受到观众好评。旗内文学爱好者出版《狗头金》《一叠梅笺》等小说、散文、诗集 10 余册。2016 年，组织开展反映全旗重点工作建设成果的主题文艺创作和作品征集活动，优秀作品结集成册，并积极向上级申报推荐。全年创作各类歌曲 21 首，其中《大漠天堂》《敖汉我可爱的家乡》等歌曲被广为传唱。2017 年，创作《张履谦》《圆梦记》等 6 部剧本和《天边的芨芨草》《西流水的故事》两部微电影；刘泽民的散文《不到江南不识塞北》《绚丽的庄稼花》获得北京散文诗歌协会组织的散文大赛一等奖；时柳的绝句《夕阳西下》获得第三届“诗词中国”传统诗词创作大赛“年终创作奖”最优秀奖；杨发奎的绝句《草》获得第三届全国百诗百联大赛诗词类三等奖。

三、书画协会

书画协会（书法美术协会）1996 年成立，杨枫、蔡春圃、刘啸天先后担任主席。2004 年改选，孙振华任主席，徐耀、韩殿琮任副主席。

敖汉旗书法绘画协会是敖汉旗书画爱好者自愿结合的群众团体，任务是采取各种方式，积极鼓励、支持和组织开展群众性的书画创作、展出、评比、上报、表彰活动，尊重和弘扬少数民族书法艺术，支持少数民族书画艺术的理论研究和交流活动；积极探索用书画艺术服务于敖汉经济建设和社会发展的新路子，在打造文化大旗、树立敖汉形象方面作出贡献。

1996 年，与建平县文联开始联谊活动，进行书法、绘画艺术交流。

2014 年春节期间，举办“中国梦”剪纸作品展。2015 年春节前夕，组织墨缘社服务队开展“送福送字到农家”志愿活动。报送 19 幅剪纸作品参与市委宣传部“中国梦、赤峰情”优秀剪纸作品征集。杨富、邹吉利、韩海梅等人的 20 幅书法、剪纸作品入选市委宣传部“中国梦、我的梦”优秀艺术作品。2016 年，开展送字画进社区、进学校、进军营志愿活动。2017 年，与文体广电局联合举办喜迎党的十九大“多彩敖汉”书法、绘画、剪纸作品展。敖汉籍书法家王景林作品先后获“米兰国际银奖”“全国书画名家书画大赛”金奖。

四、影像协会

2007 年 9 月，敖汉旗影像协会（摄影摄像协会）成立，选举韩殿琮任主席，刘爱民、邵亚东任副主席，齐广民任秘书长。

敖汉旗影像协会是敖汉旗摄影、摄像爱好者自愿结合的群众团体。任务是团结、组织、联络、服务于全旗摄影、摄像工作者（爱好者），经常性地开展摄影、摄像艺术活动，提高全旗摄影、摄像艺术的创作水平；采取各种方式，积极鼓励、支持和组织开展专业讲座、创作交流、展出评比、表彰等活动，培养新人，壮大队伍。

2014 年，举办“印象敖汉、农耕文明”全旗农业风光摄影大赛。完成世界小米大会摄影作品布展。2015 年，举办《大众摄影》走进敖汉联谊活动，2016 年，组织摄影协会 15 名专业人员，分成 3 个小组，利用两个多月的时间，对全旗 18 个乡、镇（苏木）、办事处的“四项重点”工作进行全方位、多角度的拍摄，对街巷硬化、危房改造、产业调整、扶贫开发等相关场所的建设情况和产业带动脱贫情况进行实地拍摄。2017 年，会员郝军的《金色瀑布》获得全国总工会组织的“中国梦·劳动美”第三届全国职工摄影大赛入围奖。先后两次邀请上级文联摄影协会来敖汉开展摄影采风活动，摄影作品结集成册。

五、音乐舞蹈戏剧协会

2016 年，按照章程重新规范组建戏剧曲艺协会、音乐协会、舞蹈协会。马文波任会长，王瑞红任副会长。

敖汉旗音乐、舞蹈、戏剧协会是由音乐、舞蹈、戏剧专业工作者和业余爱好者自愿结合的群众团体，在旗文联的指导下开展各项活动。任务是：组织会员学习党的文艺方针政策，研究音乐、舞蹈、戏剧方面的理论与实践问题；通过各种形式开展专业知识讲座，培养专业人才，壮大专业队伍，推进专业工作，提高专业水平。

2014 年，与市文联联合开展“放歌赤峰、走进敖汉”音乐创作采风活动，创作完成 10 余首赞美敖汉的歌曲。“七一”期间举办“永远跟党走”专题晚会以及“神奇热水、魅力敖汉”首届温泉文化节晚会。2015 年，深入开展文艺志愿服务活动。第二届“中国梦、万强情、乡村行”群众文化大舞台巡回演出活动，走遍全旗 18 个乡、镇、苏木，演出 20 多场，观看群众达 10 万余人（次）。2016 年，下乡进行艺术指导达 180 多次，文艺演出 20 多场次。举办纪念建党 95 周年、长征胜利 80 周年文艺演出。2017 年，在全旗各乡、镇（苏木）、办事处的幸福大院、敬老院等处开展宣传党的十九大精神、精准扶贫文化先行活动。“音协”会员女生大合唱《孟河河畔，我吉祥的家园》获得全市音乐演唱优秀奖，舞蹈协会获得全市广场舞大赛一等奖。

六、民间文艺协会

民间文艺协会（民间艺术协会）成立于2004年8月，选举梁国强任主席，吴肃任副主席。2016年换届，吴肃任主席。

敖汉旗民间文艺协会是由民间文艺（艺术）专业工作者和业余爱好者自愿结合的群众团体。任务是：组织会员学习党的文艺方针政策，研究民间文艺（艺术）方面的理论与实践问题；挖掘民间文艺素材，保护民间文艺遗产，为打造“人文敖汉”作出贡献；经常性地开展各种专业创作、交流和展演活动，提倡艺术题材、体裁、形式、风格、流派的多样性和自由竞争，充分发扬艺术民主，鼓励创作个性。

协会成立后，组织会员挖掘、整理民族民间艺术和非遗项目。2016年，编印戏曲、小品、表演唱等多种内容的艺术作品集《最美乡村》，在全旗各地演唱。整合民间艺术中剪纸、灯谜、奇石、根雕等各类艺术形式，组织指导其开展相应的搜集、整理、研究、创作、展出等活动。2017年，协会获得全市非遗展演优秀组织奖。民间艺人韩海梅剪纸作品《恩泽万代·福佑东方》、刘金凤红山文化系列剪纸入围第二届赤峰蒙冀辽文化产业博览会展览。

七、影视协会

2018年12月30日，敖汉旗影视协会成立，选举石柏令为主席，马鹏程、吴肃任副主席，张瑜任秘书长，有理事18人。

第二节　文化爱好者社团

一、黄羊洼摄影协会

黄羊洼摄影协会成立于2012年夏季，刘爱民任主席，刁金华任副主席，会员多为退休干部中的摄影爱好者。

协会成立后，吸引许多摄影爱好者。经常参加活动的有杨福建、王贵东、周国军、宋广荣、刘成来、孙富、崔举、周树艳、陈文娜、胡平、胡江、张印等人。

创建之初，为便于会员开展摄影活动，在盛泽园小区的会员个人车库办公，并为协会提供办公桌椅和电脑等办公设备。成立仪式上，协会张贴的对联是：端架子撂架子乃是工作需要，睁只眼闭只眼方能事业有成。

2016 年迁址到新州办事处。协会创办以来，摄影队伍不断壮大，活动开展有声有色。每年不定期举办 2—3 次摄影展览，展出会员作品。2017 年出版摄影作品集《美丽敖汉我的家》。

二、新州书画院

敖汉旗政协新州书画文学院（简称新州书画院）2000 年 10 月 30 日成立，著名作家王蒙为新州书画院题写院名。新州书画院任命魏国民为院长，石柏令为秘书长，吴肃任副秘书长。成立时有顾问姚四新、齐成玉、刘泽民等 16 人；理事有李海玉、李树强、薛志国等 25 人；院士 61 人。下设书法部，孙振华任部长；美术部，徐耀任部长（2015 年辞职）；摄影部，韩殿琮任部长；文学部，石柏令任部长（兼）。2014 年增设影视部，石柏令任部长（兼）。

书法部、美术部和摄影部自成立以来，先后联合赴北京、沈阳、辽阳、多伦、喀喇沁王府等地进行笔会交流。每年全旗“两会”和国庆、元旦等节日期间，深入工厂、学校、部队等地举办联谊笔会，还多次举办孙振华、杨富、徐耀、王爱学、韩殿琮、石柏令等人的书法、美术、摄影专题展。创办《新州书画摄影》报，4 开 4 版，刊登院士的书法、美术、摄影、篆刻、雕塑等作品，由孙振华、韩殿琮分别任主编，每人每年两期，共出刊 28 期。

文学部 2011 年创刊《新州文学》，石柏令任主编，设小说、散文、古体诗、诗歌、文学评论、创作漫谈、名人特稿等栏目，每期 96 页。截至 2018 年，共出刊 24 期。同时，积极组织开展文学创作活动，先后召开“刘万祥作品研讨会”和“高天宏作品研讨会”，并推荐高天宏等 9 人加入内蒙古作家协会、赤峰市作家协会。有 15 位作者出版小说、散文、诗歌等作品 21 部。

2014 年成立影视部，共拍摄微电影 9 部，均为自编、自导、自演。其中《红姑》等 7 部微电影在区、市、旗级电视台及央视网、爱奇艺等网络播出，《芦花》等 3 部微电影获奖。

第一编表 56　影视部拍摄微电影一览表

拍摄时间	微电影名称	编剧	总导演（导演）	导演（副导演）	摄像	主要演员	播出台（网）	获奖情况
2014	《红姑》	石柏令	石柏令	孙宏波	孙宏波	寒山月　曾德胜 邹继宽　孙　革 王利国	内蒙古电视台、赤峰电视台、敖汉电视台、央视网、爱奇艺	
2015	《芦花》	石柏令	石柏令	孙宏波	孙宏波	刘屹立　邹继宽 郝　军　黎　娜 孙　革　王利国 刘梦琼	内蒙古电视台、赤峰电视台、敖汉电视台、央视网、爱奇艺	获 2016 年赤峰市首届“五个一工程”优秀作品奖

续表

拍摄时间	微电影名称	编剧	总导演（导演）	导演（副导演）	摄像	主要演员	播出台（网）	获奖情况
2016	《起灯儿》	石柏令 刘猛	石柏令			刘一然 刘猛 孟庆和 韩文杰 邹继宽 郝军 孙革 王利国	内蒙古电视台、赤峰魏柳电视台、敖汉电视台、央视网、爱奇艺	获2017年国际微电影艺术节最佳影片奖
2017	《西流水的故事》	石柏令	石柏令		石柏令	欧阳邹继 崔靖玮	赤峰电视台、敖汉电视台、央视网、爱奇艺	
2017	《圆梦》	张国星	石柏令	杨庆发	石柏令	魏柳 程海山 王伟琦	赤峰电视台、敖汉电视台、央视网、爱奇艺	
2017	《萨仁花》	张国星	石柏令	杨庆发	石柏令	于海燕 韩文杰 孟庆和 邢智博 邹继宽 齐天鹏 孙革 刘梦琼 金虎 李国新 甄桂丽 杨玉先	敖汉电视台、央视网、爱奇艺	
2017	《收徒记》	石柏令		石柏令	石柏令	杨玉先 魏柳 王伟琦 田淼 董延超	赤峰电视台、敖汉电视台、央视网、爱奇艺	
2018	《蚌河黎明》	石柏令		石柏令	石柏令	杜全燕 邹继宽 隋国清 杨扬 孟庆和 尉芳洲 王伟琦 鲍永东 黄云辉		获赤峰市文联2018年度扶持作品
2018	《邻里情》	杨庆发		杨庆发		夏利娟 翟成山 李爽 孟庆和 刘梦琼 韩文杰 董亚娟 卢国兴		

三、其他文化社团

经敖汉旗文化行政主管部门批准，在有关部门注册登记的文化社团简介如下。

敖汉诗词协会。2016年5月24日登记，注册资金3万元。常戈文任会长，地址在新惠镇惠州街67号。

敖汉民族手工艺协会。2017年4月20日登记，注册资金3万元。田慧莲任会长，地址在新惠镇新南街居委会三楼。

敖汉旗古文化收藏协会。2010年9月6日登记，注册资金9万元。丁起义任会长，地址在河东新区新州街东团结路北，后迁入敖汉旗第一民俗博物馆。

敖汉旗奇石协会。2013年5月28日登记，注册资金3万元。杨晓明任会长，地址在新惠镇新州街西团结路北原粮食局二楼大厅，后迁入新州博物馆一楼。

敖汉艺术摄影家协会。2015 年 9 月 22 日登记，注册资金 3 万元，于海永任会长，地址在新惠镇新中街 112 号图书馆三楼。

第二编

群众文化

第一章　业余文化团体

第一节　农村俱乐部

20世纪50年代初，作为活跃于农村文化生活的农村俱乐部，是在旗委宣传部和旗文教科的倡导下兴办起来的。从性质上，农村俱乐部是群众性的业余文化组织，是社会主义的思想阵地，是农民自我教育和自我娱乐的场所，是满足群众文化生活和提高社会主义觉悟，为当前党的中心工作和生产服务的文化宣传组织。农村俱乐部的方针是“业余自愿”“小型多样”，把爱好文艺的农民组织到俱乐部中，开展各项文化宣传活动，以此活跃群众文化生活，推动生产发展。

敖汉旗建立的第一个俱乐部是1950年兴办起来的大各各召区公爷府村俱乐部。1953年，金厂沟梁区金厂沟梁村和下洼区高力板村分别建起俱乐部。1954年，捣格朗营子区捣格朗营子村大众俱乐部建立，至此，全旗农村中心俱乐部发展到4个。宣传设备有幻灯机、黑板报、图书、广播台等。俱乐部附属机构包括业余剧团、业余文艺宣传队、农村图书室、业余歌咏队、业余美术组等。活动形式有文艺演唱、图书借阅、幻灯放映、举办座谈会和小型展览、组织收听广播等，在当时有力地配合了扫盲、“三反”“五反”、生产互助、植树造林、中苏友好、整党等运动的开展。

第二编表1　初建时期全旗俱乐部一览表

名称	所在地	负责人	建立时间	业余剧团（个）	图书室（个）	图书（册）	黑板报（份）	广播台（个）	幻灯机（台）
公爷府俱乐部	大各各召区公爷府村	赵来信	1950年11月	1	1	410	2		1
金厂沟梁俱乐部	金厂沟梁区金厂沟梁村	王　庭	1953年3月15日	1	1	107	1		
高力板俱乐部	下洼区高力板村	王　芬	1953年11月20日	1	1	200	1	1	
捣格朗营子群众俱乐部	捣格朗营子区捣格朗营子村	陈子安	1954年11月8日	1	1	500	1		1

1950—1955 年，在旗文化馆带头组织开展扫盲运动的影响下，各区俱乐部也利用各种活动形式积极开展扫盲。1956 年 2 月，文化部和团中央联合发布《关于配合农村合作化运动高潮开展农村文化工作》的指示，提出“农村俱乐部是党和政府对农民进行社会主义思想教育的重要阵地，也是农民群众进行广泛的文化活动的综合性的组织形式”，并强调“在开展农村群众文化活动的时候，应该注意结合中心进行宣传，坚持贯彻业余、自愿、小型、多样的原则”。敖汉旗文化馆和四家子区、金厂沟梁区、下洼区三个文化站根据指示精神，开始把工作重点紧紧围绕建立与辅导农村俱乐部这一中心环节。为总结经验，找出建立俱乐部的具体方法，文化馆、站采取试点和训练建部骨干的办法，一年内共建立和辅导农村俱乐部 40 个（中心俱乐部仍为 4 个），两期共培训建部骨干 110 人，包括文卫主任，区、社主任，党支部宣传委员，乡长，文娱骨干等。

1957 年，文化馆把全旗俱乐部分成四个辅导区，划为五片、七个点，分工包片，定期下乡进行系统辅导。文化馆刊印俱乐部参考材料 12 期，850 份。通过通信、传递信息和直接辅导等办法，结合党的八大会议精神以及全国推广合作化运动的宣传，丰富俱乐部活动内容，促进俱乐部发展提高。当时，群众办俱乐部的兴趣很大，乡、社领导也十分重视，并给予支持。比较典型的有五马沟俱乐部、牛夕河屯俱乐部、新发俱乐部、捣格朗营子俱乐部、白塔子俱乐部、下洼俱乐部、高力板俱乐部、三官营子俱乐部等，组织健全，骨干力量强，活动频繁，推动了生产的发展。全旗俱乐部都是农忙生产，农闲季节活动，春节期间尤其活跃。

1958 年，在“大跃进”运动中，全旗各地掀起群众性的歌唱“大跃进”的高潮。旗文化科制订出全旗发展农村俱乐部跃进计划，农村俱乐部发展到 189 个。1961 年，巩固住农村俱乐部 144 个（其中中心俱乐部 4 个）。

1962 年，由于经济困难的影响，全旗农村俱乐部仅剩下 21 个，其他大部分都停止了活动。1964 年，各文化馆、站着手农村俱乐部的恢复和发展工作，到年底，建立俱乐部 54 个。1965 年，俱乐部总数达 572 个，一批生产队建起不同形式的俱乐部。主要活动内容有学习毛主席著作、唱革命歌曲、排练革命现代戏、学习文化知识等。文化馆下发俱乐部的各种展览图片 30 多套，印发文艺演唱材料 5580 份。

1966 年初，在“群众文化工作以农牧区俱乐部为中心”的口号下，各文化馆、站全力以赴辅导农村俱乐部。在辅导时，开展读书读报活动，举办各种展览和文艺活动，贯彻“文艺为政治、为生产服务”的方针，旗文教科举办了有 75 人参加的全旗俱乐部骨干训练班。年末，全旗有俱乐部 1500 个。以岗岗营子公社为例，全公社有俱乐部 48 个，经常参加活动的人民群众达 4780 人，培养 190 多名文艺骨干。业余剧团、文艺宣传队、农村图书室等业余群众文化组织全部从属于农村俱乐部。

第二编表 2　敖汉旗农村俱乐部发展情况一览表

年度	总数	其中		俱乐部骨干人数
		中心俱乐部（个）	普通俱乐部（个）	
1950	1	1		
1953	3	3		
1954	4	4		
1956	40	4	36	110
1958	189	4	185	210
1961	144	4	140	155
1962	21	4	17	34
1964	54		54	62
1965	572		572	612
1966	1500		1500	1900

第二编表 3　1960 年群众举办的业余文化事业统计表

项目	合计		文化馆		文化站		俱乐部		展览馆		业余剧团		幻灯站组		创作组		作品数量	
	个数	人数	个数	人数	个数	人数	个数	人数	个数	人数	个数	人数	个数	人数	人数	合计（篇）	其中民歌（篇）	在合计里蒙文作品（篇）
总计	670	2222	8	8	36	36	140	140	89	93	148	1651	27	44	150	62500	50000	120
公社合计	626	2107	8	8	36	36	139	139	75	75	147	1617	25	39	73	47500	38000	95
公社一级	83	217	8	8	12	12	6	6	11	15	11	121	10	12	37	9250	7400	37
大队一级	506	1771			24	24	124	124	54	54	127	1419	15	27	30	32500	26000	56
小队一级	37	119					9	9	10	10	7	77			23	5750	4600	2
城市公社	13	18					1	1	9	9					8	2000	1600	13
工矿企业	12	46							1	1	2	22	1	2	20	5000	4000	12
机关学校	19	51							4	4	1	12	1	3	32	8000	6400	

第二节　毛泽东思想学习班

1965 年，在“四清”（清工分、清账目、清仓库和清财物）运动中，一部分农村俱乐部改为农村文化活动室。

1966 年，“文化大革命”开始后，由于受“左”倾错误的影响，农村俱乐部和文化室改称“毛泽东思想学习班”、政治夜校，成为“抓阶级斗争”“全面占领社会主义思想文化阵地”“批林批孔”“学习无产阶级专政理论”的工具，群众文化活动被“小靳庄十件新事”所取代。“十件新事”的主要内容是政治夜校、唱演样板戏、赛诗、体育活动、图书阅览、移风易俗、收看电影、军事训练、唱革命歌曲、学习文化。

1974 年，全旗各级“毛泽东思想学习班”、政治夜校有 457 个。大多数生产队的队部就是学习班或政治夜校的课堂，军宣队、贫宣队以及各级革委会派出的宣传队员，成为带领社员开展夜校学习的主要力量。学习内容以“两报一刊”和“活页文选”上面的文章为主，还配合教唱革命歌曲和样板戏选段。

1976 年，政治夜校发展到 872 个（其中农村政治夜校 832 个，城镇机关单位政治夜校 40 个）。一时间，“学习小靳庄活动”“大力普及革命样板戏”“大唱革命歌曲”“大赛革命诗歌”等公式化、形式化的活动风行全旗，丰富多彩的民间文化艺术活动被扼杀。同年 10 月，“四人帮”被粉碎，政治夜校的学习内容以揭批“四人帮”为主要内容。一直到党的十一届三中全会以后，“毛泽东思想学习班”、政治夜校的使命渐渐结束，农村文化活动室又成为人民群众开展业余文化活动的主阵地。

第三节　农村文化室

党的十一届三中全会以后，随着群众的物质文化生活水平的提高，在各级党委、政府的支持下，农村文化活动室开始重新组建。1979 年，全旗有农村文化室 109 个。

1983 年，各乡镇苏木政府、团委、妇联、文化站积极扶持建立新型农村文化室活动内容有图书借阅、文体游艺、收看电视、传播科学文化知识、“五讲四美三热爱”宣传等。1985 年年末，全旗文化室发展到 150 个，比较典型的有扎赛营子村文化室、小河沿村农民文化技术学校等。

1986年年末，全旗有133个村和自然村建起了文化室和图书室。到1988年，全旗30个乡镇苏木都建起了文化站，实现了国务院提出的“乡乡建有文化站”的要求，村办文化室173个，城乡各地，上上下下一个以文化室为基础，以乡镇文化站、文化中心为枢纽，以旗文化馆、图书馆为指导中心的三级文化网络已经基本形成。

第二编表4　全旗文化室基本情况表（1988年12月）

站名	数量（个）	其中较好的	备注
四道湾子	7	河沿、白斯朗、二道湾、六道湾、潍县营子	
林家地	3	热水汤、东井、东北沟	
四家子	6	小古吐、长力哈达、东方申、老虎山、卢家地	
金厂沟梁	11	罗洛沟、白杖子、刘杖子、段木梁、下湾子	
贝子府	5	西查干、后坟、巨林营子、徐家北沟、设立虎屯	
克力代	3	铁匠营子、哈巴气、克力代	
玛尼罕	4	西沟、双庙、马头山	
木头营子	2	东湾子、木头营子	
新窝铺	12	老西店、马家围子、岗岗营子	
高家窝铺	9	高家窝铺、山嘴、下巴当	
下洼	1	高力板	
宝国吐	14	嘎岔、大窝铺	
大甸子	11	吴家窝铺、岗岗、王苏台、永元号	
王家营子	2	刘家湾子	
丰收	4	白杖子、新丘、丰收、凤凰岭	
南塔	6	白塔子、成兴太、杜力营子、三家	
牛古吐	6	敖包、朝阳沟、北台子、大五家、千金营子	
敖吉	4	车罗成、石杖子、岔北沟、黑山嘴	
康家营子	7	头份地、周家地、康家营子、东他拉、哈拉勿苏	
古鲁板蒿	5	山嘴、白家店、八家、古鲁板蒿、西湾子	
敖润苏莫	1	敖润苏莫	
长胜	14	坤头岭、马架子、齐家窝铺、白土梁子	
双井	4	青山、荷也乌丹第八村民组	
萨力巴	5	乌兰召、西庙、水泉	
四德堂	5	黑土营子、沟岔子、桥头	
新惠乡	22	扎赛营子、小格格召、平房、康家店	
新惠镇			未检查

续表

站名	数量（个）	其中较好的	备注
新地			未检查
哈沙吐			未检查

1990年，农村群众文化工作提倡为经济建设服务，“全面推动，重点指导，抓好典型，以点带面”。全旗182个基层文化室工作重点转为广泛传播科技知识、引导农牧民掌握致富本领。1991年，市委、市政府提出文化工作“强化基层，狠抓基层，扬长避短，巩固提高”的指导思想，强调“文化工作与经济建设紧密结合”，广泛开展群众性“大文化”。至当年年底，全旗有文化室239个。

1995年，在大力推进“农村牧区文化体育达小康”活动中，各级政府加强基层群众体育工作，许多文化室建设标准化篮球场，增添乒乓球台等体育活动设施。文化室增加到322个。1997年，文化馆、站在巩固、建立文化室的同时，推行行业管理，注重业务指导，使483个文化室在活跃全旗农牧区群众文化中发挥作用。

1998年年初，配合“彩虹文化计划”的实施，按照自治区文化厅制定的文化室建设标准，旗文体局在各乡镇苏木确定60个村级文化室作为达标室建设典范重点指导，取得初步成效。1999年，加强文化室标准化建设，总结推广经验。年底，330个文化室有50%达到自治区级标准。

2000年，各乡镇苏木通过多种方式，充分发挥文化室在农村牧区两个文明建设中的作用。长胜镇筹集资金，为全镇17个村级文化室订阅报纸120份，刊物148份，平均每村有报刊15份。木头营子乡利用文化室传播科技致富信息，当地农民学到养蚕等多门技术，获得收入。四德堂乡在抗旱减灾工作中，通过文化室开展科学养猪讲座，鼓励王先地村率先发展起规模养猪事业。贝子府镇指导各村级文化室举办各类培训班10期，先后培训农民2000余人次。

2003年，旗文化体育局加强对农村文化室的管理，重点扶持哈沙吐乡三家村等5个村级文化室，注重抓好典型，以点带面，推动基层文化阵地建设，全旗文化室在巩固中得到较快发展。

2011年，全旗统筹规划，投入人力物力，对新惠、四道湾子、长胜、四家子、下洼、木头营子、牛古吐、玛尼罕等乡镇文化室进行集中打造，指导开展活动。坤头岭、二道湾子、青山、草原等村文化室，利用“草原书屋”的设施对农牧民进行科技培训，传播致富信息。

2013年，农村牧区“两个文明”建设的重点是建设社会主义新农村，文化室、草原书屋成为基层文化活动的主要阵地，以文化室为中心开展群众性文体活动。各村纷纷组建秧歌队，自娱自乐，强身健体。扎赛营子、康家店、河西、榆树林子、青山、羊场等村利用文化室、草原书屋，开设讲座，对农牧民进行时事、法律、道德、科技等知识培训。

从2014年开始，随着“十个全覆盖工程”的推进，按照内蒙古自治区文化室建设标准，全旗用3年时间对村级文化室进行达标建设，每年都有分解任务表，落实到行政村，建设达标文化室202个。

第二编表5 2014年敖汉旗村级文化室一览表

乡镇名称	村文化室数量（个）	累计建成面积（平方米）	建成起始年份	建筑结构	建设主体
丰收乡	12	164	1988—1996	砖木	村委会
长胜镇	21	560	1986—2003	砖木	村委会
羊场办事处	—	—	—	—	羊场办事处
惠州办事处	2	60	1999—2003	砖混	政府、村委会
新惠镇	16	700	2009—2011	砖混	村委会
兴隆洼镇	14	425	1997—2013	砖木、砖石	村委会
玛尼罕乡	7	365	1990—2012	砖木	村委会、组织部项目
四道湾子镇	10	315	2008—2013	砖石	村委会
新州办事处	7	290	2000—2013	砖混	政府、老年星光计划
金厂沟梁镇	6	103	1982—2002	砖混	村委会
四家子镇	17	730	1987—2013	砖混	村委会、财政奖补
贝子府镇	21	720	1999—2011	砖混	村委会、部门项目
萨力巴乡	8	330	1989—2012	砖混、砖木	村委会
木头营子乡	16	530	2000—2001	砖木	村委会
敖润苏莫苏木	6	260	2007—2010	砖木	嘎查
下洼镇	12	500	2001—2012	砖混	村委会
古鲁板蒿乡	11	278	1992—2013	砖瓦	村委会
牛古吐乡	16	633	1982—2013	砖石、砖木	村委会、部门项目
合计	202	6963	1982—2013		

2016年，全旗222个行政村全部建起面积达标、设施完备、功能齐全的文化活动室，其中精品村106个、达标村116个，文化活动室总面积达2万多平方米；建设标准图书阅览室222个，配备图书20余万册，总面积6329平方米。2018年年末，全旗社区居委会、乡镇行政村文化室达到243个，全部达标。为了使建设好的文化室等农村文化阵地发挥作用，旗委、旗政府提出“深入开展具有敖汉特色的新文化运动”，搭建新平台，弘扬主旋律，传播正能量。要求全旗上下要突出特色建好，活化机制用好，明确责任管好。在广大农村突出抓“五个一”，即：一支队伍，每个村至少建一支优秀文艺演出队伍；一套节目，每个村

都有一套优秀节目；一本书，每个村都写一部村史；一张光盘，每个文化室都有一张反映全村文化体育活动的视频档案；一张示意图，在村文化室张贴全乡文化资源共享示意图。

第二编表 6　2018 年全旗社区、村级文化室统计一览表

乡镇(苏木)街道	数量(个)	建成起始年份	建筑结构	所属单位
新惠镇	25	2009—2016	砖瓦	各村委会
金厂沟梁镇	14	1982—2016	砖瓦	各村委会
四家子镇	17	1987—2016	砖瓦、砖混	各村委会
四道湾子镇	14	1990—2016	砖瓦、砖混	各村委会
下洼镇	14	2001—2016	砖瓦	各村委会
贝子府镇	21	1999—2016	砖瓦、砖混	各村委会
长胜镇	14	1986—2016	砖瓦、砖木	各村委会
兴隆洼镇	16	1997—2016	砖混、砖木	各村委会
黄羊洼镇	14	2014—2016	砖瓦、砖混	各村委会
古鲁板蒿镇	12	1992—2016	砖瓦、砖木	各村委会
牛古吐镇	19	1982—2016	砖瓦、砖混	各村委会
丰收乡	12	1988—2016	砖瓦、砖木	各村委会
玛尼罕乡	8	1990—2016	砖瓦、砖木	各村委会
萨力巴乡	8	1989—2016	砖瓦、砖混	各村委会
木头营子乡	16	2000—2016	砖瓦、砖木	各村委会
敖润苏莫苏木	6	2007—2016	砖瓦、砖木	各嘎查
新州街道办	8	2000—2016	砖瓦	各居委会
惠州街道办	7	2014—2016	砖瓦	各居委会

第四节　农民文化户

1983 年，在建立新型农村文化室的同时，许多在文化艺术方面具备专长的农民相继成立文化户。文化户根据自身特长确定活动形式，性质专一。从类型上，分戏曲、曲艺、摄影、美术、电影放映、图书、工艺等文化户，各尽所长，以家庭为单位从事文化活动，为活跃农村群众文化生活起到很大的作用。到 1985 年，文化户发展到 117 个，比较典型的有何天龙个体电影放映队、司守英家庭图书室等。

1986 年，全旗各地涌现出歌舞、戏剧、曲艺、皮影、图书经销、图书借阅、科技、绘

画、摄影、电影放映、广播电视播放等类型的个体文化户 219 家。1988 年，全旗 30 个乡镇苏木文化站把抓文化阵地建设当作一项主要任务，除指导文化室建设外，还培育曲艺、科技、电影、绘画等各类文化户 203 个，与旗所在地的文化馆、图书馆一起，初步形成辐射全旗的四级文化网。

第二编表 7　1988 年全旗文化户基本情况一览表

文化站名	合计（个）	文化户类别（个）											
		摄影	绘画	图书	皮影	曲艺	电视	电影	信息	戏剧	书法	广播	写作
林家地	10	1	2	3	2			2					
四家子	8				4	1		1	2				
金厂沟梁	18	2	4	1	2			4				5	
贝子府	9	1		2		2	3		1				
克力代	8	3	2		1			2					
玛尼罕	4			1				3					
木头营子	6	1	2					1				2	
四道湾子	8	3	3					1	1				
新窝铺	10	4	4	1				1					
高家窝铺	1							1					
宝国吐	12	2			2	3	1	4					
大甸子	17			14	1			2					
王家营子	7	3	1		2					1			
丰收	8	3	2		1			2					
南塔子	6	1	1		1			3					
敖吉	7	3		2				2					
牛古吐	4	2	2										
康家营子	9	3	1		1			2				2	
古鲁板蒿	10	3	2		1	2						2	
敖润苏莫	3					2		1					
长胜	9	5	3					1					
双井	5	1		1				2				1	
萨力巴	1							1					
四德堂	17	1			4		10	1			1		
新惠乡	6	3		1	1								1
其他乡镇未检查													

1990 年，文化工作为经济建设服务是基层文化工作的主旋律。传播科技知识，宣传致富本领成为文化网络的新任务。在“全面推动，重点指导，抓好典型，以点带面”的工作思路指导下，全旗共有各类文化户 208 户。

第二编表 8　农民文化户建立数量一览表

年度	个数	年度	个数
1985	117	1986	219
1988	203	1990	208
1991	210	1995	267
1997	313	1998	120

1998 年以后，电视机、DVD 等影像设备的普及，取代了农村影视播放类文化户。说唱、表演类文化户受到冲击，其中一部分加入农村文化室活动。摄影、美术等服务性文化户向文化产业转型。到 2000 年，农民文化户的数量逐渐减少。文化主管部门按照自治区制定的文化户建设标准，重点扶持表演、图书借阅类典型文化户，使之成为新形势下满足农村群众文化需求的“文化大院”。

第五节　农民文化大院

21 世纪初期，结合社会主义新农村建设，各级政府和文化部门对有一定群众基础的特色文化户进行扶持，配备文艺、体育、图书、桌椅等设施设备，建立具备综合文化活动能力的“农民文化大院”，形成以文化馆和图书馆为指导中心、以乡镇苏木文化站为枢纽、以村级文化室为基础、以文化大院为平台的四级群众文化网络。

2006 年，结合社会主义新农村建设，加强以乡镇文体站、文化室、户为重点的基层文化阵地建设。不断提高文化阵地的综合功能，对有一定基础的文化户进行扶持，形成一批具有综合文化活动能力的文化大院。玛尼罕乡的孟庆和文化大院组织开展图书阅览、文艺创作等活动，承办春节秧歌表演，举办“史前文物标本展”，深受当地农牧民欢迎。

2008 年，旗文体局辅导组建丰收乡“守平文化大院”和牛古吐乡“永民剧团”，指导帮助下洼镇王志杰文化大院建立完善制度，改善环境，实现规范科学的管理，还送去 300 余册图书和部分阅览书桌，促进文化活动开展。

2009 年，全市群众文学艺术工作经验交流会在敖汉召开，全体与会人员参观下洼“志杰文化大院”，使之成为典型。

2011年旗文体局在加强农村牧区文化阵地建设过程中，不断提高文化阵地的综合功能，下力量抓文化大院达标建设，全旗有文化大院60余家。

2013年，旗政府有计划地对全旗各地的60多家文化大院加以扶持、改造，建立起扎根农村的文化阵地，有效推动基层文化活动开展。下洼镇志杰文化大院被命名为“2011—2012年度自治区十佳文化大院”。

2015年，群众文化事业以建设文化强旗为目标，结合社会主义新农村建设和“十个全覆盖工程”，全面加强以乡镇苏木文体站、室和草原书屋、文化大院和文化广场为重点的基层文化阵地建设。全旗共有文化大院60家，秧歌表演队伍100余支。

2016年，全旗有文化大院30个，文化广场290个，广场面积60多万平方米。各类演出队伍200余支，皮影队20支，各类舞蹈队86支，秧歌队600支。初步形成了旗有群众文化艺术馆，乡镇有文化工作站，村有文化活动室、文化大院和文化户的完整的基层公共文化服务体系，60万各族人民群众都能享受到改革和发展带来的文化福祉。

2018年，全旗上下巩固已经建成的各级文化阵地，依托乡镇综合文化站、村文化室、文化广场等文化阵地，加强群众文化活动宣传工作，推动全旗丰富多彩的群众文化活动。

第二编表9　全旗各乡镇苏木文化大院基本情况一览表

序号	团体名称	组织者	人数	所在地区	活动时间
1	哈拉勿苏文化大院	金海玉	20	哈拉勿苏村	农闲晚上
2	哈拉勿苏村刘家大院	刘　泉	20	哈拉勿苏村	农闲晚上
3	头份地文化大院	杨文贤	40	新兴村头份地	农闲晚上
4	贝子府春云文化大院	杜国春	40	贝子府镇后坟村	农闲
5	敖南兄妹乐园	王凤发	7	贝子府镇巨林营子	农闲
6	小小兄妹乐园	刘　江	7	贝子府镇后坟村	农闲
7	六顷地文化大院	王利利	20	六顷地村	比赛及平时
8	庆丰收文化大院	王　全	35	丰收乡凤凰岭村	农闲及节假日
9	春叶文化大院	李春叶	26	丰收乡门斗营子	农闲及节假日
10	国英文化大院	张树国 冯金兰 高秀艳	56	丰收乡张虎沟村	每晚及农闲时间
11	新时代文化大院	宋国臣	12	牛力皋村	节日及平时
12	夕阳红文化大院	王淑珍	15	牛力皋村	节日及平时
13	牛古吐镇孙家文化大院	孙小惠	20	牛古吐镇德力板村	节假日、农闲
14	敖汉旗守贵文化大院	宋守贵	6	四家子镇五马沟村	节假日、农闲、晚上
15	敖汉旗志华文化大院	程志华	20	乌兰勿苏村	节假日、农闲、晚上
16	敖汉旗桂萍文化大院	于桂萍	20	新窝铺村	节假日、农闲、晚上

续表

序号	团体名称	组织者	人数	所在地区	活动时间
17	敖汉旗雅琴文化大院	张雅琴	20	岗岗营子村	节假日、农闲、晚上
18	敖汉旗韩峰文化大院	韩　峰	24	乌兰胡同村	节假日、农闲、晚上
19	敖汉旗李家文化大院	李景明	5	老西店村	节假日、农闲、晚上
20	敖汉旗立文文化大院	吴立文	19	木头营子村	节假日、农闲、晚上
21	敖汉旗跃玲文化大院	田跃玲	22	东湾子村	节假日、农闲、晚上
22	敖汉旗可心文化大院	郭振阳	6	新民村	节假日、农闲、晚上
23	敖汉旗田家湾文化大院	张宏民	21	份子地村	节假日、农闲、晚上
24	敖汉旗染坊大漠风情文化大院	樊长生	35	染坊村	节假日、农闲、晚上
25	敖汉旗迎春文化大院	于迎春	29	东湾子村	节假日、农闲、晚上
26	敖汉旗打哈来万里文化大院	巩万里	12	老西店村	节假日、农闲、晚上
27	敖汉旗健康快乐舞蹈演出队	刘亚梅	25	前井村	节假日、农闲、晚上
28	志杰文化大院	王志杰	14	下洼村	集市、农闲
29	国军文化大院	刘国军	20	下洼村	农闲晚上
30	振阳文化大院	李振阳	30	下洼村	农闲晚上
31	庆利文化大院	韩庆利	20	广兴太村	农闲晚上
32	新梦圆组合小团体	刘宝江	8	丰源村	农闲晚上
33	草原之声	张炳强	5	草原村	农闲晚上
34	兰庭文化大院	于跃芬	10	玛尼罕乡五十家子	农闲晚上
35	明宇文化大院	任明宇	30	新惠镇红娘沟村	农闲、晚上
36	仕伟文化大院	王世伟	40	新惠镇红娘沟村	农闲、晚上
37	子凤文化大院	宫子凤	48	兴隆洼镇小甸子村	节假日、农闲、晚上
38	韩老五文化大院	韩玉广	28	兴隆洼镇陈道沟村	节假日、农闲、晚上

第二章　业余文艺创作

第一节　文艺创作队伍

中华人民共和国成立后，全旗各级党委、政府十分重视文学艺术在社会主义建设事业中的重要作用。新中国刚刚成立，旗政府文化主管部门就相继开展文学队伍人才的培养。1950 年 12 月，敖汉旗文学艺术联合会成立，会员有 30 多名，由孟广辉和方正主持工作。那时文联的主要工作是组织业余剧团。

1951 年 11 月，热河省文联举办第一期文艺培训班，旗文联孟广辉、高景星、曹明、王志、杨杰参加学习，这些人成为敖汉地区文学艺术工作的领军人物。12 月，召开首届文学艺术工作者代表大会。

1955 年 5 月，旗文教科召开首次业余文化教育先进工作者劳模大会，出席会议代表 43 人，列席代表 13 人。会议主要研究讨论几年来开展业余教育和文化工作的经验，部署落实新的工作任务。强调业余文学创作活动既要扎扎实实，又要积极开展的原则。从此各业余剧团一些演员的文艺创作开始以曲艺和美术创作为主，曲艺创作包括快板、相声、歌曲、对口剧等，大都是为职业、半职业剧团和业余剧团的演出需要自编自演；美术作品主要供街头板报、标语牌、壁报出刊用，充满着乡土气息。

1956 年，随着农业合作化的发展，整个文化工作坚持贯彻执行中央“提高质量，稳步发展，全面规划，加强领导”的文化工作方针。旗文教科和文化馆以及 3 个文化站把辅导建立农村俱乐部作为主要任务，俱乐部既是农村文化生活的阵地，也是培养文学新人的平台。

1957 年，民间职业剧团创作的评剧《牡丹花》，经过排演被搬上舞台并获得“银盾奖”，极大地鼓舞起业余文艺爱好者的创作热情。

1958 年，全旗文学艺术骨干 20 多人。旗委宣传部根据昭乌达盟发动全民写诗歌的通知，组织“学诗作文”运动。旗委宣传部、旗文教局组成由 3 人负责的民歌整理办公室，指定专人负责，并抽调 5 名干部到各机关、厂矿、学校和各公社布置写诗任务。一时间，全旗上下形成声势浩大的诗歌创作高潮，出现十几名以歌颂“总路线”“大跃进”“人民公社”为主题的诗歌作者，出现新中国成立后第一个文学创作高峰。截至12月8日，民歌办公室整理各类作品75集、317962首，其中包括民歌18600首，快板3400首，相声1600篇，顺口溜520首，大鼓词18首，农谚21条。

1959年，旗文化工作强调“中心是什么，文化活动就宣传什么”，全年创作相声、大鼓词、舞蹈、好来宝等节目56个。全旗汇集民歌15000首，在机关、学校、农民群众中开展“争取文艺卫星上北京”运动，促进创作活动的进一步繁荣。

1960年1月，旗文教局制订“高唱三面红旗运动月”计划。“为了配合党的社会主义教育运动，决定在全旗内开展一个群众性的高唱三面红旗运动月，时间由2月1日至29日。”要求全旗文艺工作者积极进行以三面红旗及四大生产任务（水、肥、副、牧）为主要内容的文艺创作，形式要短小精悍，以适应宣传。

1961年，全旗建立业余创作组25个，创作诗歌8首，绘制以整风整社典型事例为内容的画片、连环画10余套。1964年，全旗业余创作队伍创作现代戏剧剧本3个，中篇小说1部，美术作品30件。各业余剧团就地取材，自编自演文艺节目30多个，其中有二人转《马架子人改天换地》《小两口回娘家》，二人转拉场戏《夜闯家庭关》《追驴》，快板《战胜大自然》，梆子戏《惊险之夜》等。

1966年4月6日，为庆祝内蒙古自治区成立20周年，旗委宣传部、团旗委、总工会、文教科联合发出通知，成立“敖汉旗庆祝内蒙古自治区20周年大庆文艺创作筹备组”。并拟定全旗文化献礼项目，由文教系统各部门以及各公社分工负责完成任务。

1972年3月20日—28日，来自19个公社、7个厂矿单位的业余作者34人参加全旗工农兵业余文艺创作学习辅导班，主要是提高学员路线斗争觉悟，增强捍卫毛主席革命路线的自觉性，坚定为革命搞好业余文学创作的信心。明确文艺为工农兵服务的革命方向，掌握文艺批评的两个标准，明确文艺创作中的一些原则问题，坚持革命样板戏创作中的“三突出”原则，在文学作品中必须体现毛主席无产阶级革命路线和党的政策。旗委提出要求，各级党组织和革委会要加强对革命文艺创作工作的一元化领导，加强工农兵业余创作队伍的建设。各公社都要建立文学创作小组，把革命文艺创作变成经常性工作，并决定由旗毛泽东思想文艺宣传队主办油印刊物《革命文艺》。

1974年11月，旗文教局在文化馆举办文艺创作学习班，每个公社选拔1名文艺创作人员带作品参加，时间20天。

1975年3月，旗革委会下发通知，为落实小靳庄经验，发展“文化大革命”成果，建立全旗工农兵业余文艺创作中心组和业余文艺评论组，负责全旗工农兵业余文艺创作的组织、发动、指导，开展文艺评论工作。张振祥任组长，王玉珩等7人为副组长，组员有刘爱民、高铁虹等17人。此后的几年时间里，作家谈今、金河、杨啸、张长弓等人先后来敖汉讲学，为业余作者开展专题培训，促进全旗文学艺术的发展。涌现出一批创作热情高，作品质量好的业余作者，全旗业余作者已经达到50多人。一些较好的诗歌、散文、小说、曲艺、美术等作品发表于省级、地市（盟）级以上报刊，有的在国家级、区（省）级获奖。

1976年，旗委宣传部、旗文教局下发通知，组建“敖汉文艺”编审组，制定业余作者奖励办法。全旗业余文艺创作队伍发展到50人，其中农村45人。

1977年，在创作方面着重抓队伍建设和作品创作两点。在队伍建设方面，建立业余作者档案；加强巡回辅导和重点指导；3月，在四家子公社举办揭批“四人帮”，肃清其流毒文艺创作学习班，有15名业余作者参加，时间15天，重点辅导四家子公社创作队伍。在作品创作方面，制订创作计划，重点扶持进步作者，开设作品发表园地《敖汉文艺》，每两个月出一期。

1978年4月，旗文化局在文化馆举办全旗业余创作学习班，交流创作经验，时间15天，25名业余作者参加。针对粉碎“四人帮”以后文化事业百废待兴的大好局面，提出抓好业余创作队伍的指导意见，要求文化馆深入各公社大队详细了解和发现创作人才，并通过各种方式培训业余作者。争取每个大队有一两名业余作者，每个公社有一批骨干业余作者，建立业余作者小组，每年对作品进行一次评奖。

1979年7月，文化馆举办为期20天的全旗文化站工作人员业务培训班，学习内容包括党的文艺政策文艺创作基本知识，怎么培养业余创作队伍以及戏剧、舞蹈、器乐、文艺创作、图书、美术、摄影、文物等方面的业务知识。

1981年7月，文化馆举办为期15天的创作学习班，有43名业余作者参加学习。这期间主要围绕揭批“四人帮”，宣传新时期总路线等主题，集中涌现出一批比较好的文学艺术作品，但是也不可避免地出现主题雷同化的现象。

1982年，全旗业余作者在盟级以上报刊发表文学艺术作品48篇。接待金河、王栋、戴云卿等人先后来敖汉讲学6次。民间文学搜集整理工作成绩斐然，被内蒙古民间文学研究会评为民间文学工作先进集体。1983年，全旗业余作者发展到140多人，在各类刊物上发表各种体裁作品60余篇。文学艺术创作事业出现继1958年之后的新高潮。

1986年，全旗30个乡镇苏木都建立“文学、文艺中心创作组”，党委宣传委员担任组长，主抓文艺创作活动。当年在旗文化馆备案的文学社团11个，全旗业余作者达到500余名，在市级以上媒体发表过作品的40多人，经常发表作品的24人。

1994年年初，文体局组织召开文学协会年会，调整领导机构，制订创作计划，落实创作任务，壮大创作队伍，业余文学爱好者达到100多人，全年发表作品250多篇，有的作品经过改编，搬上舞台效果很好。文化馆主办的文学期刊《山花椒》，具有浓郁的乡土气息和地方特色，为全旗文学爱好者搭建了一块创作的园地。

1995年，旗文化局对全旗业余作者的创作实力、发表的作品等重新进行调查摸底，从创作形式上进行分类，形成一支近百人的文学创作队伍，称之为“百人创作队伍”。年末，召开文学爱好者创作年会，完成全旗业余创作队伍建档立卡，其中66名业余作者在市级以上媒体发表作品。为提高业余作者的写作水平，当年旗里把办好诗歌、散文、小说创作培训班和戏剧、歌舞、曲艺研讨班作为文化工作一项重要工作，40多名业余作者参加培训和研讨。

1996年，全旗业余作者队伍不断扩大，已经达到120人。中断多年的旗文学艺术联合会恢复成立，召开第一届文代会。文学创作成果日渐丰富，一些业余作者的作品在国家级媒体上发表，一些文艺作品被搬上舞台，在市级以上文艺比赛中频频获奖。

1997年，围绕精神文明建设“五个一”工程，“百人创作队伍”进一步巩固，在市级以上报刊发表各类文艺作品200余篇，相继出版歌颂家乡风貌和改革开放成就的散文集《可爱的敖汉》《三河纪行》。

1998年，文艺创作仍然是文化工作的着力点，利用电视媒体平台，在敖汉电视台推出《文化乐园》栏目，每月一期，以文化动态、文化生活、敖汉风土人情为主要内容，也为业余作者们提供一块新的创作平台。

1999年，在旗文化馆成立艺术创作中心，其主要任务是加强文艺创作队伍建设，制定文学艺术创作管理办法，调动起一大批文学艺术爱好者的积极性，百人创作队伍硕果累累。一年来创作艺术作品150多个，文学作品300多篇，90%以上在市级以上媒体发表，被人们称之为“文艺创作的丰收年”。

2000年，配合“百日广场消夏文化节”，创作表演唱、二人转、大鼓词等短小精悍的文艺节目11个，演出后收到良好的效果。

2001年，由于开展有偿征集作品，全旗业余文艺创作活动得到加强，文学爱好者们创作热情高涨。由敖汉籍业余作者冯再武执笔创作的话剧《孔繁森》正式上演，并获全市“五个一”工程奖。当年创作出各类文学艺术作品100多篇（件）。

2002年，举办两期全旗业余作者培训班，聘请专业老师授课。一年中召开4次业余作者作品研讨会，以会代培的方式有利于提高业余作者的创作水平。作品数量不断增加，有30多部（篇）优秀文学作品与广大读者见面。

2003年，按照“贴近实际、贴近生活、贴近群众”的文艺创作新要求，“敖汉旗2003—2005年文艺创作规划”出台，把加强百人创作队伍建设放在突出位置。旗文化局、旗文联共同召开全旗专业、业余文艺创作座谈会，研究讨论文艺创作发展思路。全年创作各类文艺作品160篇（件），有的作品获得全市“五个一”工程奖。

2006年，以百人创作队伍为骨干的业余文艺创作连年果实累累，专业和业余作者创编的51个文艺节目被搬上舞台，500多件艺术作品在各类展会上展出，征集《敖汉旗歌》作品8首，制成DV，报有关部门评审。

2011年，充分发挥百人创作队伍的积极性，为“第三届农牧民文化艺术节”和“百日广场消夏文化活动”创作大量文艺节目，以演身边的人和事为主题的自编节目，受到观众的好评。

2013年，由于多年来抓住业余文艺创作队伍不放松，文学艺术创作又开新局。《敖汉文化丛书》诗歌卷、小说卷、民间故事卷、历史文化卷、古文化卷、民歌卷、皮影卷、杂文卷编辑完成出版发行。文化局与公安局、司法局联合拍摄制作的法制栏目剧获得成功。

2016年，举办全旗戏剧培训班，180余名业余作者参加培训，聘请专业老师讲授戏剧艺术创作、舞台艺术创作要点等内容。以正在开展的“十个全覆盖工程”为重点题材，组织专业和业余作者创编一批文艺作品，编印《放歌十个全覆盖，唱响百姓新生活》文艺作品集。制订《敖汉旗舞台艺术创作“十三五”规划》，讲好“敖汉故事”，以满足人民群众精神文化需求为出发点和落脚点，努力推出一批文化底蕴深厚、时代特色鲜明、艺术水平精湛、具有浓郁民间文化风格的精品佳作。

2017年，开展送文艺辅导下乡活动，共辅导农村文艺骨干56名。举办音乐基础知识培训班，来自全旗各地音乐爱好者105人参加此次培训。

2018年，加强文化人才“十百千万”工程建设工作，抓好基层业余文艺团体建设是群众文化工作的重点，敖汉旗着力打造十个文化大院典型、一百人的创作队伍、一千人的演出队伍和一万人的文艺爱好者队伍，并举办各类培训班16次；文化馆深入基层，进农村、进社区、进校园、进单位，送文艺辅导下乡达3000人次；组织50名文化志愿者到田间地头、乡村舞台、文化大院义务演出20多场；开展“戏曲进校园，国粹伴成长”活动，送戏曲辅导教学50多课时，培养小戏迷100多名。

第二节　文学创作成就

一、小说、报告文学

20世纪60年代初期，敖汉旗业余作者的创作活动比较活跃，在小说、报告文学领域多有建树。于恩波等人的报告文学《降龙记》（中篇）在《内蒙古日报》上发表后，引起社会上的关注。1975—1985年，全旗的报告文学、小说等创作活动出现空前的繁荣，金河的报告文学《历史之章》获全国优秀报告文学奖。他的小说《重逢》《不仅仅是留恋》《打鱼的和钓鱼的》分别获 1979 年、1982 年、1984 年全国优秀短篇小说奖。出版有《金河短篇小说选》等 4 部小说集。旗内业余作者创作的小说有杨宝忠、姚四新的《回笼觉》、张果彬的《羊倌的故事》、张国辉的《司令员的女儿》、张国星的《严师》。报告文学有刁玉民的《荒山上的山杏树》、马海楼的《沼气恋》、高鸣的《牧人之子》、齐成玉的《翡翠之乡》、张乃夫的《壮志催春》等。

1986—2005 年，敖汉旗从事小说创作的作者主要有周国生、刘泽民、杨庆发、张国辉、张国星、李万方、王志军、王春晖、刘才等。1992 年，四德堂乡农民周国生出版长篇小说《处子神功》，这是敖汉旗第一部长篇小说。1993 年，王志军的小说《竖井》在《鸭绿江》上发表。1995 年，刘才的小小说《思》在武汉大学《写作》杂志社举办的“精短文学写作比赛”中获优秀作品奖。1996 年，王志军的小说《血站》在《小说月刊》上发表。1997 年，张国辉的小小说《精选》在武汉市文联举办的“小小说写作大赛”中获三等奖。2001 年，齐成玉与张向午合著长篇小说《血沃北疆》，故事以清朝末年光绪年间，发生在敖汉东南部山区由当地农民组织的，以“反清灭洋”为宗旨的宗教组织“学好会”起事为题材，生动再现那场震惊朝野的大事件。同年，杨庆发出版长篇小说《鹿鸣岭下》、张国星出版长篇小说《马兰花》。2002 年，刘泽民出版长篇小说《青山恋》。2003 年，李万方出版长篇小说《一片苍茫》。王春晖出版了以金厂沟梁金矿为背景的《狗头金》。2016 年，《张乃夫文集》的报告文学卷出版，收入各个时期的报告文学 35 篇，20 万字。

本旗四家子镇人冯再武近些年文学创作成果颇丰，长篇小说《山路弯弯》、中篇小说《衮瞎子传奇》出版发行，在文学界引起较好反响。

二、诗歌

1946 年后，随着土地改革运动的开展，一些反映土改和政权建设的打油诗刊于《群众日报》和《群声报》。

1958 年，根据昭乌达盟发动全民写诗歌的通知，旗委宣传部、旗文教局组成由 3 人负责的民歌整理办公室，指定专人负责，抽调 5 名干部布置各机关、厂矿、学校和各公社的写诗任务。一时间，全旗上下形成声势浩大的诗歌创作高潮，涌现出高井星、赵希贤、王振峰、贾三等一批业余作者。

1959 年，全旗汇集民歌 15000 首，在机关、学校、农民群众中开展“争取文艺卫星上北京”运动，促进诗歌创作活动的进一步繁荣。1961 年，全旗建立业余创作组 25 个，创作诗歌 180 首。

1972 年，在纪念毛泽东主席发表《在延安文艺座谈会上的讲话》30 周年精神鼓舞下，群众性的诗歌创作活动开展得较快。一批反映人民群众和基层干部精神风貌的新诗问世，主要有高晓天的《党委书记到我家》、冯均的《老支书》、王恕的《战斗刚刚打响》、孙继权的《机耕队》、石丁的《电工石虎》、王文轩的《我牵叫来回家乡》。反映知识青年上山下乡的诗歌有张俊的《向东去见毛主席》、陈松的《老支书送我到村口》等，这个时期的诗歌创作生活气息比较浓厚，语言质朴。如“土改的鞋袜 / 大跃进的裤褂 / 人到话到 / 进屋就把话拉”“山沟里的孩子石头性 / 敲一敲都有石头声”等。

1975—1985 年，是敖汉旗诗歌创作的高潮时期，出现了一些在区内外较有影响的诗作。主要有高晓天的《大潮歌》，该诗在辽宁省《鸭绿江》上发表后，全国著名诗评论家谢冕在《诗刊》上撰文称赞。王燃的《赤峰人》曾被译成外文出版。高晓天的《红船颂》、白果香的《金秋恋》、张乃夫的《党旗，我心中的旗》《祖国山河多壮丽》、王燃的《颤动在草叶上的情思》、姚四新的《路旁有棵野玫瑰》、杨宝忠的《工地断想》等均有一定的影响。这期间还出现一批如曹鲁、魏振鹏等业余诗词作者。

1986 年以后，敖汉旗从事诗词创作的作者有 20 多人，他们在不同的岗位上，利用业余时间从事诗歌、诗词的创作。1987 年，刘万祥开始发表诗歌作品。1990 年，姚四新的诗《山鹰》被收入《短歌吟》一书。1992 年，刘万祥的诗歌《发光的沉默》被香港禁令书社出版公司翻译成英文（英汉对照），收入《九三诗人台历》。1993 年，张乃夫、高岳宇主编的《敖汉旗古今诗词选》出版，该书收入古今 103 人所作诗词 320 首，是敖汉旗第一部诗词集。1994 年，刘万祥的诗歌《你用温柔的手臂挽着中国——写给我们不屈不挠的中华农业》发表在《淮风》诗刊第 4 期上，并获得《淮风》诗刊“庆祝建国 45 周年征文”一等奖。这期间按照格律、词牌作诗、填词的作者不断涌现。冯春光的诗《冬》《七绝 · 咏紫丁香》、词《一剪梅 · 红山公园放舟》被中国当代作家代表作陈列馆收藏。1998 年，朱国文的诗《晓月》在湖北省屈原文学研究会举办的“全国屈原杯诗词大奖赛”中获佳作奖。

2000 年，吴春宇出版第一部诗词集《新宇诗词选》，收入诗词 199 首。2002 年，孙继权出版诗集《心声如歌》，收入诗歌 123 首。吴春宇出版第二部诗词集《新宇诗词选》，收入诗词 245 首。2003 年后，穆海东、王相东、任悦军、黄维杰、柴占义、赵桂云等人常在“华夏第一村”“中国 · 敖汉”网站发表诗歌作品。2004 年，郑宪芳出版诗集《诚通诗稿》，收入诗词 211 首。崔振爽的诗《七律 · 咏梅》获中国书画艺术家协会、中华诗词协会、北京华夏国粹文化研究所联合举办的首届“国学创新优秀成果奖”银奖。到 2005 年，刘万祥已累计发表诗歌 300 多首。冯再武的诗歌创作精品迭出，长篇朗诵诗 20 多首，现代诗歌近 200 首，晚会串联脚本 100 场以上，古典诗词近百首。他把 100 多首从青年写到老年的爱情诗遴选修改后，结集出版了诗集《彩蝶和杏花雨》。

梁国强从 2014 年开始诗词曲创作。几年间在各级媒体等发表诗词曲及相关诗论文章

700多首（篇），被聘为内蒙古自治区散曲社特约点评专家，2018年被全国诗书画家创作年会组委会授予“2018年全国诗书画先进人物”荣誉称号。

2018年5月，《张乃夫文集》的自由诗卷、格律诗卷出版，自由诗卷收录新诗30首、歌词33首、曲艺文稿15篇共25万字；格律诗卷收录300余首格律诗、词、赋等，30万字。

三、散文

散文创作始于20世纪的60年代初，到1975年后，进入一个繁荣时期。高晓天的《春色赋》《山的性格》《雨中吊南场》《挑石山》，刘爱民的《龙泉散记》、高鸿鸣的《荷花开了的时候》、张国辉的《啄木鸟》、姚四新的《赏花和种花》《三节石》等散文佳作，在当时产生了一定的影响。

1986—2005年，全旗擅长散文写作的业余作者20人左右。这期间散文创作比较活跃，有些作者散文创作成绩显著。1994年，石柏令出版散文集《金色的蚌河湾》，收入散文57篇。张果彬出版散文集《大漠黄柳》，收入散文作品70篇。1995年崔振爽的散文《人间第一情》在人民日报社举办的“全国首届文学与道德暨创作研究会”上获优秀奖。吴肃的散文《家有客车》在北京晚报社举办的“‘武斌杯’全国晚报散文征文大赛”获三等奖。刘万祥的散文《老钟》被选入内蒙古大学出版社1995年出版的“中国－联合国儿童基金会幼儿师资培训项目”的《语文》教材中。1997—1999年，刘泽民先后出版散文集《山趣》《山梦》《山韵》，共收入散文196篇。1999年，张乃夫出版文集《绿的畅想》，其中收入散文8篇。2000年，穆海东的散文《六道岭，六道岭人的书》获内蒙古日报社“辉煌50年文学作品征文评选”佳作奖。2001年，吴肃的散文《难忘的小书箱》在中宣部宣教局、中央人民广播电台、农民日报社、中国文化报社等单位联合举办的读书征文活动中获一等奖。冯再武、姚四新等人在散文写作方面也取得较好成绩，2006年，姚四新的散文集《蒿草集》收入作者各个时期的散文82篇，不乏精品力作。2016年12月，《张乃夫文集》散文卷（一、二）正式出版发行，其中收录散文15篇。

第二编表10-1　1960—1985年敖汉旗作者在市（地）级以上刊物发表的部分作品

作者姓名	作品名称	体裁	发表报刊	发表时间	作者单位
白果香	开犁之前	小说	昭乌达报	1960.07	巴林左旗文化局
张国星	严师	小说	百柳	1973	旗医院
张果彬	羊倌的故事	小说	百柳	1982.01	旗图书馆
杨宝忠 姚四新	回笼觉	小说	昭乌达报	1982.06	敖吉乡
张国辉	司令员的女儿	小说	百柳	1982.11	旗文化馆

续表

作者姓名	作品名称	体裁	发表报刊	发表时间	作者单位
刘　才	投稿	小说	通讯员报	1985	旗文化局
高晓天	大潮歌	诗歌	鸭绿江	1975	昭乌达报社
白果香	金秋恋	诗歌	草原	1979	巴林左旗文化局
张乃夫	党旗，我心中的旗	诗歌	昭乌达报	1979	岗岗营子公社
张国辉	我爱这颗星	诗歌	昭乌达报	1982.06	旗文化馆
姚四新	路旁有棵野玫瑰	诗歌	昭乌达报	1983.04	敖吉乡
高晓天	雨中吊南场	散文	百柳	1980.09	昭乌达报社
张国辉	啄木鸟	散文	内蒙古公安	1980.09	旗文化馆
张果彬	垦荒英雄百里香 敖汉细毛羊	散文	人民日报 内蒙古日报	1983.01 1983.10	旗图书馆
高晓天	乐亭记	散文	散文	1984	昭乌达报社
高鸿鸣	荷花开了的时候	散文	群众日报	1984.08	群众日报社
刘爱民	龙泉散记	散文	百柳	1984.08	旗文化馆
高　鸣	农民之子	报告文学	百柳	1983	旗记者站
张乃夫	壮志催春	报告文学	百柳	1983	旗水利局
张国辉	梅花香自苦寒来	报告文学	瑰丽的明霞	1984.10	旗文化局
刁玉民	荒山中的山杏树	报告文学	百柳	1984	旗记者站
张国星	万树成荫	报告文学	百柳	1984	旗医院
王　燃	草原之夜	报告文学	草原	1984	赤峰市人大
齐成玉	翡翠之乡	报告文学	百柳	1984	旗文化局
张果彬	山沟里的大观园	报告文学	内蒙古日报	1985.06	旗图书馆
白果香	蒙汉一家亲	吉剧	绿野	1982.02	巴林左旗文化局
张国辉 孟庆华	千里驹“蛋”	民间故事	草原传奇	1985	旗文化馆

四、《敖汉报》副刊

1956 年 5 月 19 日，敖汉旗创刊《敖汉简报》。1957 年 7 月 1 日，改为《敖汉旗报》。1960 年 10 月 18 日,《敖汉旗报》停刊。1992 年 5 月 1 日，成立敖汉报社，试刊出版、印刷、发行《敖汉报》，为中共敖汉旗委机关报。4 开 4 版，激光照排，胶版印刷。7 月 1 日,《敖汉报》正式复刊，每周 2 期，最大发行量 7000 份。每 4 期出 2 版副刊，其中一版文艺副刊《响水》，一版文化副刊《新州》，这两版副刊成为敖汉旗文化建设的一个重要阵地，培养了一大批文学艺术爱好者。1998 年 1 月 1 日,《敖汉报》更名为《赤峰日报 · 敖汉版》，2004

年1月1日，敖汉报社更名为敖汉信息社，《赤峰日报·敖汉版》更名为《敖汉信息》，改订阅为赠阅。从《敖汉报》到《敖汉信息》，副刊一直有秩序地办下去。副刊责任编辑先后有韩殿琮、李秀军、梁国强、王景辉、穆海东、崔振爽、徐向光、刘丽华、耿淑丽、杜彩凤。

第二编表10-2　部分敖汉旗籍作者出版的图书

序号	姓名	书籍名称
一、文学作品		
1	白　静	《还我爱情》
2	白果香	《果汁飘香》《桃花水》
3	毕成学	《诗路心吟》
4	曹　凤	《难忘的记忆》
5	柴占义	《华夏第一村故事》《永远的恋歌》
6	崔振爽	《素琴横月》（上下集）、《短笛吟风》
7	杜景礼	《花开无声》
8	冯春光	《枕着诗绪的温婉》《蓝梦春歌》
9	冯再武	《彩蝶和杏花雨》
10	高凤军	《数海情缘》
11	高天宏	《闲人漫笔》《流云诗韵》《流云心韵》
12	高铁虹	《绿野情歌》《戏墨春秋》
13	高晓天	《松风集》《晓天诗草》
14	高子民	《雾散龙城》
15	葛学文	《窗棂上的阳光》《时间的物证》
16	顾大才子	《母亲希望你会跑》
17	韩国春	《炉下生香》
18	黄维生	《文苑杂谈》
19	贾云学	《出行实录》《百村记事》
20	金　河	《金河短篇小说选》《不仅仅是留恋》《金河小说选》《白色的诱惑》，旅行记《中国作家看苏联》，史传《平房魔窟》等
21	孔二狗	《东北往事：黑道风云20年》
22	蓝　冰	《涛声与群鸟》《断竹续竹》《诗情蝉蜕》《诗境行踪》《且歌且行》《秘境诗履》
23	李凤杰	《荒原苦旅》
24	李鹏林	《林泉文集》《鸣泉诗词》
25	李万方	《一片苍茫》《惯看秋月春风》
26	李永贵	《不会忘记》
27	梁国强	《新州视界》《平仄》

续表

序号	姓名	书籍名称
28	林育民	《醒悟人生》
29	刘万祥	《记忆里的炊烟》《生命经典》《诗情浩荡》
30	刘泽民	《青山恋》《情侣山下》《金山恋》《山梦》《山韵》《山魂》《山魄》《刘泽民散文集》
31	马俊林	《学考竞仕：人才机制与价值论证》《古代治国方略》《治政谭概——政治发展的历史溯望》《世道证论——社会发展的历史溯望》
32	马文兴	《足音》《东闻论集》
33	青格里	《游牧人的追求》《绿地琴心》
34	尚诗君	《五月杜鹃花开》
35	石柏岭	《张履谦传记》《张履谦生平探秘》《塞外名刹青城寺》《金色的蚌河湾》
36	王春辉 宁伟然	《狗头金》
37	王国疆	《八千里路》《家园》
38	王　恕	《长相思》
39	王相东	《月亮之上》
40	吴春宇	《新宇诗词选》《泪洗尘缘》
41	徐亚光	《人文的行走》《未名悟道》
42	闫　冰	《一叠梅笺》
43	杨庆发	《寻你到天边》《血色的清晨》《鹿鸣岭下》
44	杨占鹏	《一抹藏蓝》
45	姚四新	《蒿草集》《寒鸦诗草》《抹不去的记忆》，主编《敖汉绿海》《可爱的敖汉》
46	张国辉	《红烛泪》
47	张国星	《马兰花》
48	张果彬	《大漠黄柳》
49	张乃夫	《张乃夫文集》5卷、《绿的畅想》《天边的守望》《敖汉古今诗词选》
50	赵桂云	《陌上纤香》
51	郑宪芳	《诚通诗稿》
52	周鹏江	《鹏江诗选》
53	周雅君	《我的知青岁月》
54	朱国文	《梦里花落》
二、学术著作		
1	白焕然	《折狱龟鉴译析》《修辞故事谈》《巧体、怪体连环体——诗词曲》
2	张乃夫 鲍杰峰	《敖汉部落史》

续表

序号	姓名	书籍名称
3	高岳宇	《六家党报在赤峰》《红柳——赤峰市英烈人物》《昭卓烽火》《大风暴——赤峰市土地改革运动》
4	韩国春	《敖汉蒙古族民歌选》
5	梁久学	《敖汉地名典故》
6	齐成玉	《血沃北疆》
7	邵国田	《敖汉文物考古纪事》
8	孙贺文	《这般读红楼》（上下集）
9	田彦国	《红山古国》《大辽丹青》《敖汉旗博物馆馆藏精品》
10	吴　肃	《敖汉民间故事第一辑》
11	吴春宇	《鲜卑——慕容那些事》《东北方言》《世界各地华夏族人》
12	武永善	《敖汉部王公及其后裔》
13	辛　华	《敖汉山野菜》
14	徐国选	《敖汉皮影》
15	扎戈米	《昭乌达蒙古戏剧研究文集》
16	张红民	《明清时期的敖汉蒙古》《敖汉方言例释》《敖汉老民俗》
17	张洪钟	《敖汉八千年》
三、系列丛书		
1	任　伟	《红色记忆》（上中下三集）
2	张乃夫	《敖汉文化丛书》16卷

第三节　戏曲创作成就

一、戏剧曲艺

敖汉旗戏剧类作品创作始于20世纪60年代，作品形式分戏曲、话剧、曲艺、小品等。有的是根据专业、业余文艺团体专场演出或会演的需要而创作，也有的发表在文艺刊物、报纸副刊或内部交流的演唱材料上。

1965年，徐国选的二人转《驴骡换》发表于《草原》。1966年敖吉公社的王振峰创作小戏《追驴》发表于《昭乌达报》。

20世纪70年代初，旗委宣传部、文教科号召业余创作配合政治形势，创作以“三突出”为主题的文艺节目，供专业和业余文艺宣传队演出。旗文教科派齐成玉参加辽宁省文化厅举办的戏曲、曲艺培训班，创作《渠水畅通》等小戏曲。齐成玉在戏剧创作方面作品较多。1977年，小评剧《俩木匠》，由旗乌兰牧骑排演，在昭乌达盟文艺会演中获创作奖。1978年，鼓词《双飞燕》在昭乌达盟文化局主办的《戏剧演唱》上发表。小评剧《一袋土豆》《行车路上》《风雪之夜》，均由旗乌兰牧骑排演。1983年，小戏曲《俩亲家争宝》由旗乌兰牧骑排演。1996年，以“三五”普法为主题的10多个曲艺作品，配合宣传被搬上舞台。

这期间，旗内戏曲爱好者业余创作精品迭出。1982年由金厂沟梁镇人白果香创作的吉剧《蒙汉一家亲》，发表于《绿野》杂志。1983年，张国辉的小评剧《云岭人家》、高铁虹的小评剧《没过门的媳妇》被收入市文化局《戏剧演唱》作品集，均由旗乌兰牧骑排演；贾立新创作的曲艺节目《俩大嫂》由岗岗营子文艺宣传队排演。1984年，高铁虹和刘玉柱创作的小戏《桃园喜讯》、孟庆和和孟庆华创作的《嘎二嫂撒鸡》在《戏剧演唱》上刊发，同年，由旗乌兰牧骑排演，在参加全市乌兰牧骑会演暨经验交流会期间，分别获创作奖和创作鼓励奖。这一时期，还有张国辉的鼓词《迎军长》、刘爱民的快板《张力山赴会》、苏日图的表演唱《车上的歌》、孟庆华的二人转《送奖状》等许多曲艺作品在各类演唱集或报刊上发表。

1986年以后，全旗从事戏剧创作的作者不足10人。在戏曲创作方面，1986年，孟庆和、孟庆华创作小评剧《连年有余》，刊发在《戏剧演唱》上。1986—2003年，高铁虹先后创作民族神话剧《牧人与仙子》、小评剧《闪烁的光点》、七场戏剧《转中转》、无场次戏曲《情系温泉》、现代戏曲《大漠铁人》《敖包新曲》。1990年，孟庆和、孟庆华创作吉剧《围腰记》，配合全旗人口普查宣传工作，由旗乌兰牧骑排演。1991年，齐成玉创作小评剧《钥匙》《小题大做》，由旗乌兰牧骑排演，参加全市乌兰牧骑会演。2000年，冯再武创作大型五幕话剧《孔繁森》，由旗乌兰牧骑排演，获赤峰市“五个一”工程奖。2004年，冯再武与人合作创作大型现代评剧《大漠绿海》，由旗乌兰牧骑排演。冯再武10多年里先后创作小评剧《大路彩虹》、音乐舞蹈剧《森林交响曲》、儿童课本剧《小猫钓鱼》、儿童课本剧《狼和小羊》、情景剧《悔》《工地交响曲》《我爱你天使》等。其中音乐舞蹈剧《森林交响曲》获敖汉旗农牧民文艺会演创作一等奖。2004年，高玉兰创作小评剧《千里送新娘》。2012—2018年，孟庆和的小戏曲《闹鱼塘》《山欢水笑》先后在自治区党委宣传部主办的《小戏小品创作选编》上发表。

在曲艺创作方面，1984年，孟庆华创作的鼓词《懒大嫂学艺》《闹洞房》等分别在市文化局《昭乌达演唱》《计划生育演唱集》上发表。1986—2005年，高铁虹创作表演唱《牧民餐厅饭菜香》、鼓词《不是亲人胜亲人》等24个曲艺作品。其中二人转《找书记》和鼓词《“一比三”的故事》获 1994 年赤峰市第一届群众文化艺术展演特别创作奖。2012—2018 年，孟庆和创作的相声《小两口观花》、二人转《春燕双双》《三子闹堂》在《小戏小品创作选编》上发表。尚诗军创作的 10 多个曲艺作品，先后在全旗文艺会演中排演。

近年来，冯再武创作小品近百个，其中《进不去，出不来》(与于清涌合写，潘长江主演)、《药》(吕晓禾、范伟、李静主演)、《呼唤》(富丽主演) 均由辽宁电视台播出，中央电视台转播。敖汉籍作家于清涌创作的拉场戏《妞女丑拗牛》获文化部全国第十一届“群星奖”银奖；儿童剧《青蛙王子》在日本国际青年演剧节获“最佳编剧金奖”。

二、歌曲创作

敖汉的歌曲创作活动是从 1985 年以后活跃起来的，一些业余词曲作者发挥创作激情，以歌唱身边的人和事，歌颂家乡发展变化为主题，创作出一批质量比较高的歌曲作品。1988 年，由马金星作词、杨锋利作曲的《未来的世界并不遥远》发表于吉林省音乐家协会主办的刊物《时代新歌》。1992 年，著名作家金河 (敖汉籍) 作词、秦咏诚作曲创作《新惠中学校歌》。刘泽民作词、杨锋利作曲创作《新惠二中校歌》。1994 年，由田玉民作词、杨锋利作曲为敖汉杏仁饮料厂创作的厂歌《绿色之光》，荣获中国“黄河口杯”行业金曲展评大赛银奖，由男高音歌唱家阎维文演唱，中央人民广播电台向全国播出。1996 年，徐秀峰作词、杨锋利作曲的《叮铃铃》入选“中华校园歌曲电视大奖赛获奖作品 100 首”，刊登在《校园歌曲》，并荣获由中宣部文艺局等单位主办的“中华校园歌曲电视大赛”优秀作品奖。1997 年，白立平作词、杨锋利作曲的歌曲《擂响九十九盘鼓》由成都军区战旗歌舞团在庆祝香港回归大型文艺晚会上开场演出，并由中央电视台向全国播放演出实况。1999 年，由张冰作词、王瑞红作曲的《采春天》在内蒙古音乐家协会举办的少儿歌曲有奖征集活动中，荣获三等奖。2001 年，吴肃作词、王瑞红作曲的《草原的春天会说话》在内蒙古音乐家协会等单位联合举办的少年歌曲征集活动中获二等奖。

2002 年，尚诗君作词、杨锋利作曲的《小朋友呀快努力》发表于中国音乐家协会主办的《儿童音乐》。2005 年，任卫新作词、杨锋利作曲的《天下父母心》，荣获中国第二届群众创作歌曲大奖赛金奖，发表于《神州歌海——中国优秀群众创作歌曲选》，中国广播电视出版社出版发行。朱志民作词、杨锋利作曲的《共同的心愿》发表于内蒙古《群文论坛》，并在由内蒙古音乐家协会等单位联合举办的全区第二届“群星之光”歌词、歌曲作品征集评奖中获一等奖。由陈丽作词、刘淑娟作曲的《新世纪的曙光》，在内蒙古群众文化协会举办的全区蒙汉文歌曲评选中获二等奖。冯再武作词、宋汇霖作曲的《赤峰，我美丽的家园》在内蒙古旅游文化节上被演唱。

第二编表 11　1987—2005 年敖汉旗作者在市级以上刊物发表的歌曲一览表

年份	歌曲名称	作者	年份	歌曲名称	作者
1987	敖汉之歌	王化词 杨锋利曲	1999	故乡	张跃进词 刘淑娟曲
1988	未来的世界并不遥远	马金星词 杨锋利曲		采春天	张冰词 王瑞红曲
1992	农业就是开山斧	张果彬词 杨锋利曲		牧童和羊羔	尚诗君词 杨锋利曲
	敖汉我可爱的家乡	潘喜龙词 王文才曲		天地情	高玉兰词 安娜、李亚军曲
1994	一片绿叶也风流	梁国强词 杨锋利曲	2000	深深牧人情	程建林词 刘淑娟曲
	绿色之光	田玉民词 杨锋利曲		相约华海唱新歌	高玉兰词 安娜、李亚军曲
1995	法官赞	徐秀峰词 杨锋利曲	2001	我爱祖国我爱党	刘淑娟词曲
	母子情	徐秀峰词 杨锋利曲		草原的春天会说话	吴肃词 王瑞红曲
	美丽富饶的草业村	张乃夫词 王文才曲	2002	我爱草原	杨锋利词 赵鹏豪曲
1996	叮铃铃	徐秀峰词 杨锋利曲		这里就是你的家	姚四新词 杨锋利曲
	欢迎您到浩特来	白立平词 王瑞红曲		小朋友啊快努力	尚诗君词 杨锋利曲
	哈达情	白立平词 王瑞红曲	2003	太阳，契丹	冯再武词 宋汇霖曲
1997	内蒙古赞歌	徐秀峰词 杨锋利曲		光荣的税务兵	徐秀峰词 杨锋利曲
	擂响九十九盘鼓	白立平词 杨锋利曲	2004	我心中有一支最美的歌	冯再武词曲
	黄金工人之歌	隋振义词 王文才曲		新型合作医疗之歌	高天宏词 李亚军、安娜曲
1998	光明使者	冯春光词 王文才曲	2005	天下父母心	任卫新词 杨锋利曲
	文明花开遍地鲜	王立恩词 徐秀峰、杨锋利曲		共同的心愿	朱志民词 杨锋利曲
				新世纪的曙光	陈丽词 刘淑娟曲
				赤峰，我美丽的家园	冯再武词 宋汇霖曲

从2012年开始，李秀军业余时间学习歌词创作，现已创作原创歌词200余首，在各级媒体发表歌词50多首，在中国原创音乐基地发表原创歌曲近百首，成为敖汉旗歌词创作的高产作者。亲情歌曲《老家老爸老妈》《父亲的脊梁》《妈妈守候在村口》情真意切。乡情歌曲《大漠天堂》《敖汉小米香天下》《妈妈的拨面刀》唱出了乡愁。歌曲《一声乡音》荣获“CCTV 2016新春原创音乐会”金奖。

冯再武创作歌词作品200余首。其中《草原童谣》获得了由中央电视台现场颁奖的2010年全国少儿歌曲大奖赛铜奖；《我心中的祖国》获2013年感动中国艺术盛典现场笔会歌词创作唯一大奖，他个人也因此被评为赤峰市2013年“十大新闻人物之一”。《追梦的中国》获2015年感动中国艺术盛典现场笔会歌词创作一等奖。

敖汉旗四家子籍作家于清涌创作的歌曲《中国制造》《天狗》获辽宁省“五个一”工程“优秀作品奖”；《好兄弟》成为流行金曲。

第四节　书画艺术创作成果

一、绘画

从考古挖掘中发现，敖汉旗康家营子辽壁画墓的《烹饪图》、三家辽墓的《鼓乐图》、成兴太辽壁画墓的《鸡梅图》、宝国吐辽壁画墓的《马球图》以及元宁昌路万寿白塔的浮雕，辽武安州白塔浮雕和下洼大佛寺的彩绘等，表现出敖汉先民在古代就有着高超的绘画技艺。

新中国成立以前，全旗绘画人才极少，只是一些匠人为人打制家具时，在玻璃上作画和在木质品上绘制漆画，多适用于庙宇彩绘，家具装饰，民间丧葬棺椁彩画和祭奠扎彩描图等。体裁多以单线平染和单色水墨为主。题材多以花鸟虫鱼见多，特殊物件上或有人物描摹，如“麒麟送子”“刘海撒金钱”“八仙过海”等。

从1958年开始，旗文化馆不断组织群众美术小组和举办美术学习班，辅导美术爱好者开展业余绘画创作活动。在“大跃进”的年代里，全旗群众性的美术活动随着运动的开展而蓬勃兴起，题材多以工农联盟、大办农业、三面红旗为主，一时间宣传画、壁画等遍布城乡。1960年，部分美术爱好者的作品先后在地级以上刊物发表或参加地、市举办的书画展览。其中有杨承的《盛满辛酸泪》发表于1964年的《昭乌达报》；钱景龙的油画《雨夜红灯》刊于1971年的《辽宁日报》《沈阳日报》；1978年以后，绘画艺术在本旗发展较快，旗文化馆为配合中心工作绘制展出计划生育、种树种草方面的宣传画，还为一些较大的商店、旅店、车站绘制宣传广告近百幅。钱景龙的年画《第一个队日》载于1978年的《内蒙古日报》；魏泽德的漫画《事不关己》《魔高一尺道高一丈》在1979年的《昭乌达报》刊出、陈玉莲的组画《金囊宝籽》参加辽西四地市画展；刘凤岐的版画《牧歌》获内蒙古高等院校画展三等奖；刘淑君的年画《考》和陈玉莲的《静》参加1985年赤峰市迎春画展；刘平的连环画《罗盛教》《杨靖宇》，组画《毛主席的艰苦生活》获全军书画展奖。

1986—2005年，敖汉旗的一些绘画爱好者取得较好的成绩。1987—1991年，徐耀绘制的幻灯作品《计划计划》《王大嫂唱戏》在内蒙古计生委举办的“全区计划生育幻灯会演”中分获一、二等奖；他创作的油画作品《摇篮》在国家计生委和中国美术家协会举办的“首届全国计划生育美术展”中获得三等奖；创作的国画作品《小骑手》在中国书画家协会于北京举办的全国书画展中展出；国画《大漠深处》在内蒙古地税局举办的书画展中获三等奖；《双马贺寿图》被全国人大常委会原副委员长布赫收藏。1993—1995年，敖汉籍画家刘凤林的国画作品《花鸟》《山水》《草原梦》分别在中国北方古代文化国际学术研讨会举办的《龙的故乡——书画摄影大展》展出，在“八卦杯”国际书画大赛中获优秀奖并被新疆特克斯八卦陈列馆收藏，在中国体育书画大展组委会和中国体育报社举办的“九五中国体育书画大展”中获优秀奖。2004年，旗书画协会组织编辑的《敖汉书画作品选》一书，收入绘画作品17幅。四道湾子镇吴南的国画《牡丹图》《春日》，在敖汉旗农牧民书画展中获三等奖。

2005年，苏才的擀画作品《山水画》被内蒙古民间文艺家协会授予内蒙古民间文化“阿尔丁”（民间工艺）奖暨首届内蒙古民族民间工艺博览会铜奖。同年，他的擀画艺术获国家专利，被内蒙古民间文艺家协会命名为“民间工艺美术家”。

青年画家付强现任内蒙古美协会员，师从内蒙古美协主席孟显波教授，2014年作品《青岛写生》获得“第七届全国美育作品展”二等奖；2015年作品《渔船》入选参展“内蒙古青年美术作品展”；2015年作品《牧羊曲》入选参展中（内蒙古大学艺术学院）蒙（蒙古国国立文化艺术大学）高校毕业生优秀作品联展，获英杰奖金，并赴蒙古国展出；2015年作品《牧羊曲》被内蒙古大学收藏，并获2015届毕业生优秀作品奖；2016年作品《窑洞》入选“内蒙古第三届写生作品展”；2017年作品《盛夏的草原》入选“纪念内蒙古艺术学院建校60周年艺术展”；2018年作品《人体习作》入围“庆祝建党97周年全国水彩粉画展暨2018素质教育全国美术教师绘画作品展”。

景海泉1996年开始学习漫画创作，尤其是以反腐倡廉为主题的漫画，画风犀利，直奔主题，针砭时弊，连续获得各项奖励。2009年11月敖汉旗举办景海泉反腐倡廉漫画展，展出他近年创作的30多幅漫画作品，吸引近千名观众驻足观看；2010年10月，敖汉旗纪委举办党风廉政教育画展，景海泉漫画作品获得一等奖；2011 年 7 月，内蒙古自治区总工会举办全区职工书画展，他的漫画作品获得一等奖；2012 年 8 月，赤峰市举办反腐倡廉漫画作品展，景海泉一幅《无题》获得一等奖；2013 年 5 月，全国总工会举行职工漫画作品比赛，他的《无题》漫画获得三等奖；2014 年电力工业部举办全国电力系统漫画展，他的一幅以反腐为主题的漫画作品获得二等奖。

旗内从事绘画的刘萍、陈玉莲、魏先良、钱景龙、孙秀华、刘丽华、刘淑君、宋春燕、徐志强、武剑等人在美术创作方面也取得一定的成绩。

二、书法

敖汉旗内最早的书法作品见于辽代耶律元宁墓志铭和元代宁昌路加封孔子碑，以及建于清代的下洼大佛寺碑和翟杖子凌云寺碑等，这些铭文和碑文，字体清秀，笔力遒劲，颇具楷书功底。新中国成立前，私塾教学和社会交际行文仍以毛笔书法为主。伪满洲国时期，王弼编纂的《县况要本》就是一部较为完整的书法之作，现存于敖汉旗档案馆。在书法领域颇有点名气的当数海力王府塾师王丕谟，曾为玛克塔钦抄修药典书《蓝塔克》，并存遗迹于世。擅长楷书的有傅奎，擅长隶书者是洪秀春，擅长行楷的有林唯贤、张开诚、傅国兴等。但从未有过笔会、展览等展示活动，大多都是在少数人中间观赏或自我欣赏。

1958 年后，书法爱好者渐多，或从师或自学，在书法领域出现一些新秀，旗文化馆、总工会多次举办书法展览和比赛。全旗出现擅隶书者蔡春圃、邓金永、宗宝生；擅行书的有杨枫、钱景龙、金亚光；擅楷书的有冯连信、苏景峰、于庆、修凤琴。曹鲁的草书，邵国田的魏碑，魏振鹏、朱绍和、王玉珩、孙振华的篆刻等均有一定的功底。

1978 年以后，各级电大、教育函授等机构开办书法艺术教学，旗内涌现出一些函授学习书法的爱好者。旗文化馆会同旗总工会多次举办书法展览和比赛，为广大书法爱好者提供创作学习的平台，部分人的作品参加昭乌达盟举办的书法展览。

1986—2005 年，全旗的书法界比较活跃，通过各种渠道学习深造的书法爱好者日渐增多，也出现一些造诣颇深的书法人才。杨枫、刘啸天、李卫东、郭秉恩、蔡春圃、钱景龙、关显峰、孙振华、韩殿琮、徐耀、王景林、李景林等人在书法方面取得较高成就。1986 年，敖汉旗书画协会成立，杨枫任主席。当时，全旗有书法协会会员 80 多人。此后，刘啸天的书法作品先后 3 次在全国书法展赛中获奖。1992 年后，郭秉恩的书法作品先后 20 次在全国书法展赛中获奖，有 29 部专著收入他的书法作品。1994 年后，徐耀的书法作品《龙》在中国书法家协会于加拿大举办的中国书画精品展中展出，并且有 8 幅书法作品被加拿大、新加坡、韩国、日本和中国港澳台地区友人收藏。关显峰、韩殿琮的书法作品均先后 5 次在全国书法展赛中获奖。1996 年，孙振华任旗书画协会主席，全旗书法协会会员 100 多人。

2001年，在中国少儿书画大展组委会、北京瀚海书画院举办的第一届“瀚海杯”全国少儿书画大展中，李委东辅导的学生参评作品获得较好成绩，他也获得“辅导特别奖”。刘晓林为中国艺术研究院一级书法家，他的隶书端庄典雅，行草潇洒流畅，楷书清丽秀美，被中国《书法导报》称为“实力派”。他先后出版《刘晓林隶书唐诗字帖》、隶书长卷《毛泽东诗词七十六首》以及《刘晓林诗词书法集》。2005年5月，赤峰市博物馆为他举办刘晓林书画作品展。6月，其楹联“老地生辉祖风颂雅诗画同歌十载拼搏美誉遥播华夏，书屋掩玉磐市流金文商并举多元发展骄姿永立鹤乡”获得全国首届“老祖书屋”杯楹联大赛金奖。2004年，旗书画协会组织编辑出版《敖汉书画作品选》，收入书法作品34幅。

2005年8月，举办全旗首届农牧民书画作品展，29个乡镇都选送作品，书法作品包括工整遒劲的楷书、飘逸隽秀的行书、酣畅自如的草书、丰满舒展的隶书，令人赏心悦目。刘才书法以草书见长，他的近30幅作品先后在《中国艺术博览》《中国书画界》《印象中国》《书法》《书法导报》《神州诗书画报》《京郊日报》《西藏商报》《内蒙古晨报》《赤峰日报》等报刊上发表。2006年以来，参加首届“太白杯”及“橘子洲杯”“元勋杯”“中华杯”“华夏杯”“神州杯”等全国书画大赛，曾8次获金奖、4次获银奖。自2007年以来，每年旗内组织的迎春笔会，都吸引广大书法爱好者踊跃参加，大家尽情挥毫泼墨，用书法艺术颂扬全旗改革发展大好形势。2008年6月，举办全旗“崇尚科学，反对邪教”“遵守交通法规”中小学师生书画艺术作品展，180多幅师生们的软硬笔书法作品受到观众好评。当年9月以“共谋敖汉发展，同创美好家园”为主题的全旗职工书法艺术展，200余幅书法作品参展，其中不乏名家力作，也有普通职工的即兴挥毫，为改革开放30周年献上一份厚礼。2011年8月2日，旗委宣传部、旗文体广电局联合举办庆祝建党90周年书画艺术作品展，94幅书法作品主题鲜明，风格多样，从不同角度、不同侧面展示全旗各族人民对党、对祖国、对家乡的深切情怀。

刁金华潜心钻研毛笔小楷，多年来坚持用小楷抄写古代四大名著，已完成全本《西游记》《红楼梦》的抄写，计划到2023年抄完《水浒传》《三国演义》。

三、篆刻

篆刻即在不同质材之上雕刻以篆体文字为主的艺术，因以制作印章为主，又称印章艺术。篆刻时以刀代笔，在印材上按照已经写好的书法或画好的图像，进行刻刀刻写，这门传统艺术具有实用与欣赏的双重价值。篆刻最常用的字体是篆字，此外，还有隶书、楷书、行书等。篆刻工艺的材料有水晶、玉、金属、兽角、象牙、竹、木、石料等。敖汉地区使用最广泛的是产于贝子府、王家营子及扎赛营子等地的玉石，也用当地质地上好的各种石料。

敖汉旗早期的篆刻人朱绍和，1984 年曾经为《敖汉文史资料选辑》封面篆刻“敖汉文史”印章沿用至今。王玉珩一生从事文化工作，对篆刻颇有研究，其独特手法为人称道。近年来，关显峰、周凤辉、刘梦琼、薄文元等人先后潜心研究篆刻艺术，风格不一，一些篆刻作品在刊物上发表。

四、摄影

民国 26 年（1937 年），敖汉“丽记”照相社始建，民间摄影者几乎没有。1950—1958 年，旗文化馆、宣传部购置照相机，为旗里大型会议、活动服务，新闻摄影人员渐多。1979 年后，群众摄影组织多起来，各乡镇除有专业摄影社（组）外，全旗摄影爱好者达 150 余人。旗文化馆多次举办摄影学习班，一些作品曾在省（区）、市（盟）级报刊刊出或在影展中展出获奖。文化馆高清河的《岭上变》（1981 年）、《秋》（1982 年）、《角逐》《嫁期》《郁郁葱葱》《少女》《春》（1985 年）等作品参加内蒙古自治区、赤峰市和辽西地区摄影作品展览。其中《角逐》获 1985 年赤峰市第二届优秀摄影作品奖。《郁郁葱葱》获 1985 年辽西地区摄影作品一等奖。邢柏东的《腾龙》《探奇》均在《吉林农民报》上发表。韩殿琮的《生机》《山村热闹》《童年金梦》等曾在《吉林农民报》发表。

1998 年，敖汉旗摄影协会成立，韩殿琮任主席，有会员 50 多人。2004 年，旗摄影协会改称摄影（像）协会，韩殿琮继任主席，有会员 100 多人。十几年来，全旗各地摄影爱好者跋山涉水，精心拍摄主题鲜明、美感强烈的摄影作品，用镜头讴歌祖国的发展和家乡的变化。韩殿琮在摄影方面取得较好成绩，100 多幅作品在省级以上书刊上刊发；刘爱民、刁金华的摄影作品视角独到，手法细腻；白春生的拍鸟系列作品在摄影界独辟蹊径；姚海军的摄影作品《渔舟唱晚》《游鸭戏水》获 2005 年全旗农牧民首届艺术节二等奖。金厂沟梁镇隋振义的《矿山之晨》《火树银花》、刘恩奎的《春雪》均在旗级以上单位展出，并获优秀作品奖。杨福建、于海永、王贵东、李井刚、宁永林、张振远、佟瑞学、齐广民、王振林、韩忠、朱树清、胡江、张胤、张国峰等人在摄影方面各展千秋，都有一定的建树。

2013 年 8 月，由旗委宣传部、文明办、文体广电局主办的以“美丽敖汉”为主题的全旗文化旅游图片展在新惠镇文化广场举行。图片展共收到 18 个乡镇苏木办事处近百名作者实地拍摄的摄影作品 600 多幅，展出 360 幅，内容涉猎经济社会、文化旅游、乡土民情、自然风光等众多领域。这些摄影作品以鲜明的摄影语汇，较强的视觉冲击力，吸引大批市民驻足观赏。

2017 年，由旗文学艺术联合会和黄羊洼摄影协会联合编辑出版的摄影作品集《美丽敖汉我的家》，从近 1000 幅摄影作品中精选出 137 幅（组），汇集成册。既有反映敖汉山水生态等方面的风光照，也有记录敖汉风土人情、乡愁乡情的人文纪实作品。

2018年4月30日，"'神奇敖汉'摄影大赛"自1月开始征稿以来，得到各界人士的广泛关注和热情参与，收到各类参评摄影作品653件。本次大赛的主题是以敖汉旗旱作农业系统为主线，以展现敖汉旗丰富多彩的农耕民俗为主要内容，以纪实的方式，表现敖汉地区丰富多彩的民俗风情。随着经济社会的大发展，人民生活水平日益提高。数码相机渐渐取代胶片相机，遍布全旗城乡的婚纱摄影以及一些专业摄影机构，为人民群众用镜头记录下生活之美。近年来，随着智能手机的普及，其摄影功能日益被人们所接受，成为人们业余生活中不可或缺的休闲娱乐工具。除专业摄影爱好者拥有较昂贵的摄录设备外，人们普遍使用智能手机随时记录生活见闻。

随着人们生活水平的提高和摄影器材的普及，特别是手机拍摄的普及，使摄影再也不是高端的爱好，早已变成普通人的习惯，再加上各类媒体的自媒体功能，使摄影逐渐从"阳春白雪"变成了百花齐放。

第五节　电视专题片

随着电视事业的发展，旗级以上电视媒体成为基层主要的宣传平台，电视专题片作为一种新的宣传方式受到人们的普遍欢迎。张乃夫于1985年秋，创作了敖汉旗第一部电视专题片《叫来河畔草业村》。以下洼公社罗家杖子种草养畜脱贫致富的事迹为题材，编辑25分钟的专题片，在市、旗两级电视台播放，并送农业部草原司。敖汉旗自1975年开展大规模的生态建设以来，到20世纪80年代中期，已有刘家杖子、吴家窝铺、大五家等一大批先进典型。张乃夫先后撰写《刘杖子之路》《在黄土丘陵区崛起》《远山的呼唤》及反映敖汉林业建设40周年专题片《绿色之歌》。进入20世纪90年代，张乃夫又先后撰写电视专题片脚本12部。主要有全面介绍敖汉旗林业建设情况的专题片《绿的畅想曲》，该片分"历史的咏叹调""科学的奏鸣曲""时代的最强音""生命的主旋律"4部分。《草业编织的希望》是农牧渔业部草原司责成赤峰市畜牧局草原站，总结敖汉旗在下洼镇罗家杖子村创办的以草业为主要产业的示范村的经验，该片被农牧渔业部草原司收录并在"三北"地区重点县（旗）播放。同时，还为山湾子灌区管理处撰写了《前进中的山湾子灌区》专题片，为旗土地局撰写了《跨世纪的使命》，为旗农电局撰写了《让大地更璀璨》。为全面反映敖汉旗壮丽的河山，1998年创作了《瑰丽的敖汉风光》专题片，该片全面反映响水玉瀑、大黑山、小河沿湿地、热水汤、碾盘沟等风景区的自然风光。

梁国强创作电视专题片500多部，8000多分钟，对电视汇报片、形象展示片、电视纪录片、电视政论片、历史文献片、动漫片、综艺片、人物故事片等均有所涉猎，其中有 30 部作品获得赤峰市级奖励，有 5 部作品获得国家级奖励。代表作品有敖汉旗形象展示片《中国·敖汉》、8 集电视纪录片《解放》、中央电视台中国影像志之敖汉旗解说词《中国小米之乡》、3 集电视政论片《沧桑正道》、敖汉旗新农村建设汇报片《美丽乡村入画来》、历史文献片《红色档案》、动漫片《革命烈士刘自明》、旅游专题片《走进大黑山》、文化敖汉系列专题片《玉石语言》、人物故事片《婆婆，我是你的眼睛》。2017 年出版电视专题片解说词和脚本文案两种格式的合集《新州视界》。

王国疆自 20 世纪 80 年代开始创作电视专题片脚本，共 50 余部，1100 多分钟。内容涵盖敖汉旗经济建设和社会发展各个方面，其中反映敖汉旗生态建设的有《再造碧水青山》《治理荒漠化的成功模式》等，《治理荒漠化的成功模式》曾交流到我国香港、澳门十几家媒体。反映敖汉旗经济建设和社会发展全貌的有《塞外明珠敖汉旗》上、中、下集，是敖汉旗改革开放对外宣传的重要组成部分，并在国内部分地区交流。他的专题片在农业方面的有《荒天老地上的奇迹》；卫生方面的有《老百姓的护身符》（合作医疗）、《为了美好的明天》（全民体检）；教育方面的有《科教兴旗的壮举》（“两基”达标）等 3 部；扶贫方面的有《走出故道》；就业方面的有《为了社会的和谐》；劳务输出方面的有《踏平坎坷成大道》；交警方面的有《捍卫平安》；道德方面的有《夕阳当红》；法律方面的有《铸魂》等。

刘才在电视专题片的创作方面收获颇丰，先后完成 100 余部。其中有《走笔寻访红石砬》《喇嘛蒿人的壮举》《喇嘛蒿人的胆识》《话说“跑黄河”》《沸腾的新州大地——敖汉秋季农田水利会战纪实》，他的《绿色组歌》（与人合作）在赤峰电视台展播中获二等奖；《红杏出墙——发展中的赤波饮料厂》先后在内蒙古电视台、赤峰电视台播出，获赤峰市电视台电视片展播三等奖；《响水风韵》《千重浪——敖汉乡镇企业发展纪实》两部均获赤峰市“五个一”工程优秀奖。

王春晖的专题片创作达 100 余部，其中 20 分钟以上的有《不信东风唤不回》《路，从这里延伸》《成功之路》《生命的绿灯》《天使情》《杠杆》等，其中《不信东风唤不回》获赤峰电视台电视专题节目展播二等奖。

敖汉电视台除正常新闻节目以外，定期开办电视专栏，从记者的视角，专题报道发生在 8300 平方公里大地上的人和事，或是热情讴歌，或是针砭时弊，大大提高了《敖汉新闻》的收视率。现在，制作电视专题片已经是各级党政机关、行政事业单位、企业汇报工作、申请项目不可或缺的形式。一部专题片图文并茂，内容直观，言简意赅，形象生动，主题突出，表达准确，逐渐取代了那些繁文缛节的文字汇报。

第六节 史料征集与民俗研究

全旗文史资料征集编研工作始于20世纪70年代末。齐成玉在担任敖汉旗政协文史委主任期间，走遍全旗乡镇村屯，征集大量一手资料，为敖汉旗的文史资料工作付出艰辛努力。下洼地区的史料较多，时做文史工作的张乃夫进行了较多的征集采访。1980年，张乃夫开始征集“王三老虎”史料，1983年完成4万余字的《王三老虎世家》一文，共分8章，先后发表在《赤峰市文史资料》第二集和《敖汉文史资料选辑》上。其后又撰写《贝子府德王和三喇嘛》《四家子兵工厂被炸始末》《敖汉旗天主堂概况》等。20世纪80年代中后期，张乃夫调研撰写《敖汉旗固山贝子府》《敖汉旗德·金淑兰的生活》《我伺候过的德王》《土匪吴老广袭击小河沿区政府》，以及2003年撰写的《下洼河西大佛寺被拆记》等均发表于《赤峰文史》和《敖汉政协文史资料选辑报》。2004年撰写的《叫来河东娘娘庙》和《百年商业古镇——下洼》两篇史料先后发表在《敖汉政协文史资料选辑报》2004年第1月、第12月号上。鲍廷章整理的《敖汉海力王府蒙古族国民优级学校》、阿拉坦其木格和哈斯格日勒整理的《传统的呼图格沁演出实录》、哈斯格日勒与苏日图整理的《好德歌沁演出戒规》、哈斯格日勒与孟克整理的《好德歌沁刍议》，以及吴永善整理的《敖汉海力王府》等都收录在《敖汉文史资料选辑》中。邱日升整理的《在大办食堂的日子里》《我在“文革”中的岁月》《我所经历的“大跃进”年代》《七一灌区修建始末》等先后刊载于《敖汉文史资料选辑》上。

第二编表12 《敖汉文史资料选辑》主要文化史料篇目一览表

题目	作者	备注
敖汉由来	齐成玉	第一辑
好德歌沁简介	苏日图	第一辑
敖汉古代文化简介	邵国田	第一辑
响水	张果彬	第二辑
白塔子与小塔子	邵国田	第二辑
敖汉蒙古族民歌选辑	那　顺　苏日图译	第三辑
传统呼图格沁演出实录	阿拉坦其木格　哈斯格日勒	第三辑
好德歌沁演出戒规	哈斯格日勒　苏日图	第三辑
好德歌沁歌曲集	苏日图译	第三辑

续表

题目	作者	备注
好德歌沁刍议	孟　克	第三辑
文化艺术（老照片专集）	征　集	第五辑
考古发现纪实（四篇）	邵国田	第七辑
娜布其公主	韩国春	第八辑
《诺恩吉雅》的故乡在敖汉	韩国春	第八辑
古诗词专辑	汇　辑	第九辑
一支敖汉人创作的军歌	韩国春	第十辑
一件文物背后的故事	刘京运	第十辑
《诺恩吉雅》的故乡在哪里	韩国春	第十辑
发现 287 年前《敖汉千叶莲》画轴	石柏令	第十辑
九曲神灯	韩殿琮　张国彬	第十辑
民间盛会撒官灯	韩殿琮	第十辑
古老的民间手工艺——泥瓦盆	石柏令	第十辑
传承百年的敖汉四家子“英雄会”	朱树清	第十一辑
敖汉走出的本土演员——寒山月	王利国	第十一辑

2013 年，由武永善、张乃夫、鲍杰峰共同主编的《敖汉部落史》，是一部重点叙述明万历八年（1580 年）敖汉部落始建至民国 38 年（1949 年）间敖汉部落的诞生、发展、壮大的历史过程。全书为 16 卷 45 章，分上下两册，80 余万字。是敖汉部建立 370 年来一部民族发展史，一部民族文明史，一部各民族互相融合、互相依存、互相支持，谁也离不开谁的进步史，是敖汉旗文史工作领域一个丰硕成果。

张红民编著的《明清时期敖汉蒙古族》是一部具有丰富史料价值的专著，全书 9 章 28 节 42 万字，从投靠后金前的敖汉部蒙古写起，记述敖汉旗与清政府的关系，敖汉旗与清廷的联姻，康熙、乾隆皇帝东巡与敖汉旗，清朝时期敖汉旗的管理体系，汉族移民对敖汉旗蒙古族的影响，敖汉旗社会矛盾的激化，敖汉旗蒙古族的宗教、习俗及文化等重要史实，弥补《敖汉旗志》关于敖汉蒙古族历史叙述较少的不足。2010 年，该书获得第三届内蒙古自治区哲学社会科学政府奖三等奖。

《敖汉方言例释》是张红民的又一部力作，于 2012 年出版，2016 年增订。该书收集敖汉地区常见、常用的方言、土语、谚语、歇后语 9249 条，另有称谓词、民俗词若干，是研究敖汉方言俗语的一部“百科全书”。2013 年，被赤峰市人民政府评为哲学社会科学政府奖二等奖。2016 年 8 月，第三部专著《敖汉老民俗》出版发行。全书 12 章，53 节，43 万字。从居住、饮食、服饰、生产、技艺、信仰、婚嫁、丧葬、生育、宗亲、节日、生活等方面，全方位地将敖汉地区广为流传的民俗系统整理。2018 年，该书获自治区哲学社会科学政府奖二等奖。《敖汉方言例释》《敖汉老民俗》是两部专注于敖汉地区民俗研究的作品，为深入了解敖汉地区民风、民情、民俗、民生以及语言变化等民俗学内容，提供了有价值的资料。

第三章 演出团体

第一节 戏班

据《承德戏曲志》记载，清乾隆年间，敖汉王府曾有过戏班，为“漠南四十九旗十八班”之一，无具体资料可查。清代至民国年间，敖汉地区先后由乡绅、财主成立过 4 个规模较大的家庭戏班，“四大戏班”即下洼戏班、韩家戏班、宫家戏班和于家戏班。因无档案记载，通过调查走访掌握部分口碑资料。

一、下洼戏班

下洼戏班初为咸益广班，清乾隆三十年（1765 年）前后，为晋商在敖汉旗下洼镇所办，咸益广班在下洼及邻近地区唱山陕梆子。主要演员均来自各地，有“茶壶嘴”“一声雷”、徐德新，以及该戏班自办科班培养的宝奎、小镯、王春茂等。宝奎为蒙古族女奴出身，曾拜“茶壶嘴”为师，学胡子生，还擅长青衣、花旦等行当，当时有“登台一唱，声闻数里”之说。戏班在内蒙古东部、辽宁西部一带颇有影响。之后，咸益广班时兴时衰，到了清咸丰十年（1860 年），戏班落入下洼镇首富王三老虎家族的内亲程芝手中。女伶“麻子红”嫁给程芝后多称程芝班。迨至清光绪元年（1875 年），该班日衰，成员渐去，仅遗存戏箱一副。

清光绪十年（1884 年）前后，下洼南梁村（今奈曼旗义隆永乡）乡绅王文显，从程芝处租用咸益广班遗存戏箱，招收艺人搭班唱戏。王文显自任领导人，后接管戏箱，人称“戏财主”。过了数年，王文显将戏班交二人转艺人李凤芝掌管。李初接戏班时，行头简陋，被称为“铺衬班”，有演员 70 余人。主要演员有十八红、郭童子、小镯、田德生、王春义、赵洪恩、秃梆子等人。戏班以演皮黄戏为主，也演梆子戏。大多数演员为科班出身，演出颇受欢迎，当地有“李凤芝铺衬班，彩头破，戏好”的说法。

10 余年后，李凤芝与岳父沈庆云协力经营戏班，一时名声大振。后又办科班，陆续培养了不少戏曲人才，因科班以“福”字命名，又称福家班。民国 14 年（1925 年）“福”字科班首演亮台，搭台地点在东门外，戏演至两三天，台上失火，福家班的财产被烧毁。

福家班被烧以后，李凤芝虽资财遭毁，但仍未因此弃行。时隔不久，李又求助地方财主崔五（南梁人）和王十东家（河西人）找镇公所管事人，由镇上资助重新添置行头，继续领戏。

民国 17 年（1928 年），李因患脑出血而卒，戏班被其同乡崔凯分去一半，办起了崔家班。其余一半归沈庆云所有。沈将其移至宝国吐东窑村家中，与王文显联手继续操持、经营戏班，仍称“福家班”。民国 19 年（1930 年）小班出科，同期出科的有福魁、福增、福宽、福花、福顺等。

第二编表 13　福家班的主要演员一览表

姓名	艺名	行当	籍贯	备注
祁　荣		丑行	朝阳	
王素珍	玻璃翠	青衣	关里	
	一篓油	彩旦	天津	玻璃翠之妻
王　秋		旦	天津	王素珍之女儿
花玉凤		旦	朝阳以南	
张云桥		武生	关里	
张大麻子		花脸	朝阳以西	
罗凤仙		老生	关内	
双林儿		武生	关内	
刘治国		老生	关内	
田桂芝		青衣、胡子生	关内	刘治国之妻
刘孝民	小年	零碎	奈曼	刘治国之徒
赵　云		武生	关内	
张子文		花脸、老生	关内	
李文郎			承德	与其岳父及其妻均在此班
	小老鹞子	武生	奈曼	善演猴戏
任二秧子		琴师	敖汉旗	
张子林		吹奏	敖汉旗	
王子凡		杂活	敖汉旗	

“福”字班出科后，福家班逐渐恢复元气，名声渐大，除在本地区几大庙会上演出外，还活动在奈曼、朝阳、北票等地。民国 20 年（1931 年），发生“九一八”事变，当时福家班正在朝阳附近演出，闻讯后星夜启程，用 12 峰骆驼将戏箱等送回宝国吐南梁村。民国 25 年（1936 年），戏班用“偷角术”邀艾月楼、张云桥、李小楼、唤廷、大喜、连云儿等入班演出，班底更加雄厚。唱《东皇庄》《西皇庄》时，一出场就是 40 多人。

民国 27 年（1938 年），沈庆云的两个儿子继承父业，“福家班”因内部纠纷不断，遂将戏班一分为三，除沈家兄弟各得一份外，王文显也分到一份。这时时局动荡，演员离散，戏班分裂后，经营更加艰难，不久便停止演出。民国 28 年（1939 年）后，王文显将所有戏箱收回，供当地和外地戏班租用，为此这些戏班也常称下洼戏班。民国 34 年（1945 年），苏联红军路过宝国吐东窑村，把戏箱几乎全部拉走，至此，下洼戏班不复存在。

下洼戏班从清乾隆年间一直办到 20 世纪 40 年代中期，共 170 余年。其间戏班时分时合，故有咸益广班、程芝班、王文显班、李凤芝班、崔家班、福家班、沈家班等诸多称谓。为了跑码头少受欺辱，“写戏”时上述戏班均打过“王三老虎”的旗号，借此壮其声色。

下洼戏班演出的剧目有《南北合》《大赐福》《东皇庄》《西皇庄》《盘丝洞》《打龙袍》等数十出。主要剧种有山陕梆子、直隶梆子、京剧、评剧、二人转等。戏班还经常应邀在蒙古王公、贵族的宴席和敖包会上演出。其间，流入流出的演员无法计数，有不少是名家名角。除汉族外，还有蒙古族和其他少数民族演员，是内蒙古东北地区历史久远、活动范围较广、影响较大的戏班之一。

二、韩家戏班

清光绪末年（1908 年）左右，河北、北京等地的艺人纷纷出关活动，敖汉地区梆子戏比较兴盛。当时四家子后马架子一韩姓财主正值发迹，就招收流动演员，从北京买回行头，由主事人韩青英一手操办，成立韩家戏班。韩家是大财主，成立家庭戏班有雄厚的经济基础。韩青英人称“韩二爷”，他在招收演员时，预付给 50—80 块大洋，入班之后，一切都得听从他的指使，不如意时就吩咐伙房的伙计痛打一顿。戏班有单独的伙房，演员住家堂庙，在地上铺一层穰秸睡觉。到了冬季不能唱戏，主角演员留在韩家，招收六七岁的小孩，办小科班培养演员。其余的演员就打发到老哈河沿岸的一些财主家去“打冻”（即住在财主家吃喝）。这些财主屈服于韩家的势力，对演员也不敢怠慢。

韩家戏班演出的剧种有梆子戏和京剧，没有剧本排戏时靠关里的科班演员口传。韩家专为戏班配备四套马车一辆，常年到外面演出。遇有儿子结婚等喜事，自家也要唱戏。每个台口演 6—9 天，每天两场戏，唱主角的晚上不出场，演员按角色分级别挣钱。韩青英领戏时，全戏班有 100 多人，其中唱角的有六七十人，绝大多数都是关里的科班演员，光饰胡子生的就有 12 人。

第二编表 14　主要演员在戏班担任的角色一览表

姓名	性别	饰演角色	籍贯	备注
张连岐	男	红净	关里	
牟文林	男	老生	建平县	也叫牟才

续表

姓名	性别	饰演角色	籍贯	备注
铜　貌	男	花脸	关里	
尤秃子	男	武生	承德	
黑丫头	女	胡子生	关里	
彭海山	男	红净	关里	
金茶壶	男	胡子生	关里	
尤花芳	女	胡子生	承德	
尤花芬	女	小生	承德	
张金凤	女	刀马旦	凌源	
张祥顺	男	武丑	承德	
三　宝	女	花旦	关里	
小顺子	男	武生	关里	
茶壶嘴	男	胡子生	关里	
小卓儿	女	正旦	关里	
李百川	男	武场	关里	
刘汉章	男	文场	四家子	
刘金山	男	武生	关里	
李春亮	男	武生	关里	又名二老板
小　惠	男	胡子生	关里	

民国6年（1917年）左右，韩青英年事已高，不愿再为此劳神，就把戏班交给侄儿韩巨青。韩巨青领班时期，韩家戏班最为红火。一方面韩家家业兴旺，吃粮花钱充实；另一方面，韩巨青采取“偷角色”的办法来充实戏班。他经常派人到附近的戏班去看戏，按自家戏班缺少的角色物色要偷的对象，一旦看中，先将其行李偷到手，然后出高薪将其请到韩家戏班来。先后从朝阳、承德、锦州等地戏班，偷来不少名角。名角都出于戏曲科班，有较好的表演技艺。一般京剧、梆子戏的重点戏、大武戏都能演唱，韩家戏班因此影响很大，当时民间有“看戏就看韩家班”之说。

第二编表15　韩家戏班第二次成立时的主要演员一览表

姓名（艺名）	性别	行当	籍贯	姓名（艺名）	性别	行当	籍贯
盖天红	男	胡子生	关里	海棠花	女	青衣	关里
十二红	男	老生	关里	禹来福	男	武生	—
一身汗	男	彩旦	关里	阴天乐	男	花脸	关里
张士祥	男	花脸	关里	肖凤	男	武场	关里

续表

姓名（艺名）	性别	行当	籍贯	姓名（艺名）	性别	行当	籍贯
刘汉章	男	文场	四家子	刘金山	男	武生	关里
李春亮（三老板）	男	武生	关里	小惠	男	胡子生	关里
刘大个子	男	丑角	关里	王达子	男	武场	关里
赵　贵	男	武场	—	何吊苦	男	老旦	—

民国 13 年（1924 年），韩家逐步走向破落，只能依靠昔日的声望，向四面八方好友求借度日。20 世纪 30 年代初，韩巨青病故，辽宁省建平县瓦场一个叫高步云的人，以韩巨青欠其 300 元钱为由，把戏班行头据为己有，演员有的随行头入高步云班，大部分到其他戏班演戏，韩家戏班就这样解散了。

民国 22 年（1933 年）左右，韩巨青的叔伯弟弟韩虎臣，到天津投奔一个叫宫树的军阀。经宫树帮助，租了建平县张九香的戏箱，重操旧业，成立韩家戏班。韩虎臣虽然是戏曲外行，但依靠地方警署几个朋友的势力，戏班仍然挺红火。其看家戏《金钱豹》，每每演出都令人称赞不已。

第二编表 16　韩家戏班第三次成立时的主要演员一览表

姓名	性别	饰演角色	籍贯	备注
艾月楼	男	武生	锦州	
罗凤仙	女	胡子生	承德	
付连贺	男	胡子生	凌源	
李小楼	女	花旦	锦州	
李小匣	女	青衣	锦州	别名胶皮人
李小莲	女	老旦	锦州	又名焕廷
李小芳	女	老旦	锦州	又名大喜
李小荣	女	青衣	关里	
郭　明	男	武生	宁城	
郭　亮	男	武生	宁城	
刘得云	男	武生	关里	又名毛英子
庆　虎	男	花脸	关里	
徐德顺	男	丑角	关里	
宋　二	男	武场	关里	
德　喜	男	武场	关里	
申春合	男	老旦	贝子府	
杨秀峰	男	文场	朝阳	

续表

姓名	性别	饰演角色	籍贯	备注
麻子红	女	老生	四家子	
蔡金凤	女	刀马旦	关里	
张云济	男	武生	关里	
十六红	男	武生	赤峰	
张玉匣	女	青衣	赤峰	
桂　芝	女	青衣	—	
葛玉楼	男	武生	关里	
窦宝霞	女	花旦	凌源	
郭振中	男	—	—	
张九香	男	—	—	
贺　小	男	—	—	
宝　奎	男	—	—	
银　香	女	—	—	

民国 27 年（1938 年），韩家戏班演员扎鸦片厉害，开支过大，连吃饭都无力解决，外地艺人纷纷离班而去，韩虎臣只好解散戏班。韩家戏班两代三人领戏，30 多年时间，先后有 200 多名演员加入戏班。活动地区除敖汉外，还到过朝阳、北票、锦州、建平、赤峰、奈曼、通辽等地。上演剧目有梆子戏《战宛城》《失空斩》《金钱豹》和京剧《大登殿》《打金枝》等六七十个。

三、宫家戏班

敖汉解放前，四家子镇老虎山村宫申是一个官私两面的乡绅，人送外号“宫二爷”。于民国 4 年（1915 年）左右，招收流动艺人，购置服装道具，成立家庭戏班。

宫家戏班要武卖艺，所到之处必唱不可。宫申派一个名叫金宝珠的人，常年到附近的戏班去物色名角。一旦看中，便出高薪偷偷地请到宫家戏班来。名角的入班，加上近 20 箱笼的上好行头，让宫家戏班十分红火。演出以梆子戏为主，主要的剧目有《战宛城》《失空斩》《花蝴蝶》等 40 多出。知名演员有牟文林、铜貌等，全戏班兴盛时演员达 60 多人。除在敖汉地区演出外，还活动于朝阳、锦州、围场、通辽等地。

宫申上了年纪后，由孙子宫臣、宫树接管。这一时期，宫家戏班上午唱戏，下午就在戏台下面开“局子（赌博场所）”，以此挣钱。

宫家戏班于民国 9 年（1920 年）左右解散。

四、于家戏班

清宣统年间（1910 年左右），河北省籍一位叫徐老表的流动艺人，自带戏曲行头出关活动。当时敖汉旗克力代铁匠营子财主于德永喜爱戏曲艺术。徐老表来到铁匠营子后，就与于德永合作，成立于家戏班。

于家戏班招收 20 多名北京、河北等地的科班艺人，用徐老表从关里带来的行头常年在外地演出。冬季，演员就在于家“打冻”。

于家戏班以演梆子戏和京剧为主，剧目有《西皇庄》《汾河湾》《调寇》《辕门斩子》等 30 多个。

第二编表 17　于家班主要演员一览表

姓名	饰演角色	姓　名	饰演角色
金　刚	青衣	刘　荣	青衣
杨国山	小生	李德春	花旦
金玉贵	花脸	谭栓子	胡子生
于　汉	彩旦	于　斌	胡子生
乔福友	武生	罗凤仙	老生
于　龙	武生	付连贺	老生
常三瞎子	文场	阎世发	武场

为解决演员不足的问题，于德永从关里请来一位叫付青山的老艺人，办小科班培养演员。于家戏班共办过两次小科班，培养出郭子玉、刘振合、刘振生、金玉琢、金玉春、毕林、毕凤英、“小过子”、李长春等一批演员。

于家戏班主要活动在敖汉旗南部地区，共有四五年的历史，民国初期解散。后来小科班演员自发地组织起戏班，称之为“铁匠营子戏班”，一直没有中断过活动。20 世纪四五十年代，铁匠营子戏班在旗内颇有影响。1978 年以来，这批演员组织起一些青年戏曲爱好者，耐心地传授戏曲艺术，并恢复成立“铁匠营子业余剧团”，农闲季节到全旗各地演出。

于家戏班是铁匠营子业余剧团的前身，多年来，铁匠营子一带戏曲活动的兴盛，与于家戏班的影响不无关系。

第二节　落子班

民国年间，敖汉地区流入一些以唱二人转、拉场戏和落子戏为主的民间艺人，三五成帮，走村串乡演出。后来，牛古吐区二人转艺人张宽把零散艺人组织到一块儿，自发地结合成班，民间称为“张宽落子班”，演出的落子戏在民间深受喜爱。

新中国成立后，敖汉旗委、旗政府加强对民间艺人的管理，旗文教科经常召开艺人座谈会和举办艺人训练班，贯彻宣传党的文化方针政策。1952 年，金厂沟梁区铁匠营子村、宝国吐区宝国吐村、捣格朗营子区柳条沟门村、格斗营子先后成立了落子班。落子班的演员有本地唱二人转的艺人，有河北、山东一带出关的唱梆子戏、皮黄戏的坐科（即拜师傅学艺）艺人，有“四大戏班”小科班培养出来的演员，有戏曲爱好者，4 个落子班从业者 40 人。1953 年，四家子区四家子村成立落子班。

落子班属于半职业性质，农忙生产，春节、挂锄和入冬三大农闲季节，艺人自动组织到一起活动。演出剧目有二人转《西厢记》《蓝桥会》《状元徒》等 20 多个，拉场戏、落子戏、评剧《马前泼水》《铡美案》《刘公案》《于公案》等 40 多个，服装大部分由“班主”（负责人）购置，也有的艺人随身携带行头。演员分主要演员、次要演员和一般演员三等，演出收入按等级分配。5 个落子班不断招收新演员，到 1956 年年末，全旗落子艺人总数达 96 人。

1957 年，遵照内蒙古自治区人民政府关于《民间职业剧团登记管理暂行条例》的规定，张宽落子班经过审核，被批准为民间半职业剧团，其他 4 个落子班在登记的过程中，变为农村业余剧团性质。至此，敖汉地区民间落子班不复存在。

第二编表 18　1954 年 12 月几个落子班演员收入情况（单位：元）

班别	主要演员		次要演员		一般演员	
	最高收入	最低收入	最高收入	最低收入	最高收入	最低收入
张宽落子班	135	120	100	85	30	25
铁匠营子落子班	100	70	100	75	70	65
宝国吐落子班	125	65	105	60	70	55
沟门村落子班	150	110	130	70	100	55
杨永秀落子班	145	110	120	75	90	60

（注：已换算为新币）

第二编表 19　落子班艺人参加座谈会、训练班情况表

班别	参加座谈会		参加训练班	
	人数	次数	人数	次数
张宽落子班	17	19	17	68
铁匠营子落子班	3	3	3	10
宝国吐落子班	2	2	2	4
沟门村落子班	3	3	3	9
杨永秀落子班	2	2	2	5

第二编表 20　1955 年敖汉旗落子班情况一览表

名称	所在地	成立时间	负责人姓名	人数			演员构成情况		
				男	女	合计	演员人数	乐队人数	坐过科人数
敖汉旗半职业流动剧团	大各各召区	1946 年	张　宽　侯凤山　张平山	18	3	21	17	4	6
铁匠营子落子班	金厂沟梁区铁匠营子村	1952 年	金玉琢　刘振合	16		16	13	3	6
宝国吐落子班	宝国吐区宝国吐村	1952 年 12 月	蓝清泉　蒋凤岐	23		23	19	4	6
沟门村落子班	捣格朗营子区柳条沟门格斗营子村	1952 年	张殿阁	13	1	14	11	3	6
杨永秀落子班	四家子区四家子村	1953 年	杨永秀　史国清	20	2	22	18	4	1

一、张宽落子班

民国 24 年（1935 年），牛古吐区牛古吐村二人转艺人张宽（字平宽）、张平山兄弟，联合贝子府、金厂沟梁、四家子等地艺人张万财（艺名“万人迷”）、申春合、王起发、陈球子、常三、常五、“一千二”“大镐把”等，成立小戏班，以演“二人转”为主，兼唱拉场戏、落子戏，地方上称“张宽落子班”，主要演员有张宽、张平山、申春合等。每到农闲时，自发地组织到一起自行活动。

民国 29 年（1940 年）5 月，在奈曼旗西地王子凡戏班的侯凤山、孙凤仙夫妇加入该落子班，该班改称“张宽、侯凤山落子班”。侯凤山、孙凤仙自幼在关内戏班坐科，会唱京、评、梆戏。从下洼戏班小科班培养出来的李福宽、郭明、郭亮等同时入班。演出的剧种由落子戏转为京剧、评剧、梆子戏为主。拥有众多实力派演员的小落子班一时名气大振，常年在本旗及邻近旗、县演出，民国 30 年（1941 年）左右，下洼警察署派人请张宽班为日本人唱戏。

民国 30—32 年（1941—1943 年），张宽落子班辗转敖汉旗各地演出，民间皆知“张宽

落子班”之名。1945年，八路军十七旅部进驻敖汉。张宽班去敖吉慰问演出，受到部队的表扬，随部队转移驻地及时慰问演出。“张宽班”是敖汉地区成立时间最早、活动时间最长、名气最大的落子班。1957年，被登记为“敖汉旗民间半职业剧团”，是敖汉剧团的前身。

第二编表21　1955年“张宽班”人员基本情况表

姓名	性别	职务	行当	备注
张　宽	男	联络人员	二人转	1920年从艺
侯凤山	男	团长	唱老生	坐过科1926年从艺
张平山	男	团长	唱青衣	1937年从艺
郭　明	男	宣传员	唱武生	坐过科1930年从艺
郭　亮	男	组长	唱花脸	1930年从艺
孙凤仙	女		唱鬓生	坐过科1928年从艺
王子藩	男	财会	唱零碎角	1932年从艺
汪凤明	男		唱小生	坐过科1936年从艺
贾福祥	男	工会主席	唱花腔	1928年从艺
赵连才	男	组织委员	唱鬓生	坐过科1931年从艺
吕　俊	男		文场	1934年从艺
郭永全	男		学员	1953年从艺
侯玉林	男		唱三花脸	1950年从艺
马淑元	女	组长	唱花旦	1951年从艺
张贵庭	男		唱小生	1947年从艺
张桂云	女		唱花旦	1950年从艺
绍　荣	男		唱二人转	1950年从艺
王守志	男		文场	1953年从艺
徐　良	男		学员	1953年从艺
党树田	男		学员	1953年从艺
袁宝廷	男		唱二人转	1940年从艺

二、铁匠营子落子班

1952年，金厂沟梁区铁匠营子村落子班成立，由金玉琢、刘振合等坐过科的演员负责组织和领导，演员除本村农民外，还有两名是从本区设力虎村邀聘的，活动范围在本区之内。

第二编表 22　班内演员基本情况一览表

姓名	是否坐科	从业时间	姓名	是否坐科	从业时间
刘振合	坐过科	1951 年	金玉琢	坐过科	1948 年
金玉喜	文场坐过科	1948 年	郭子玉	坐过科	1945 年
刘振生	坐过科	1948 年	李长春	坐过科	1945 年
张万廷		1952 年	高青云		1953 年
毕　林		1953 年	张殿臣		1952 年
高　聪		1952 年	李占一		1948 年
于　勤		1952 年	徐　坤		1952 年
曹国栋		1951 年	贾宗元		1950 年

三、宝国吐落子班

1952 年 12 月，宝国吐戏曲、皮影艺人蓝清泉、蒋凤岐联合本区宝国吐、兴隆沟、兴隆洼、何家窝铺、永合号、西南荒、沟门子等村的艺人和农民，成立落子班，由蓝清泉、蒋凤岐负责组织和领导，活动在宝国吐区境内。

第二编表 23　班内人员基本情况一览表

姓名	是否坐科	从业时间	姓名	是否坐科	从业时间
蒋凤岐	坐过科	1951 年	蓝清泉	坐过科	1951 年
李春堂	坐过科	1951 年	许　凤	坐过科	1951 年
陈兆军		1953 年	高中林		1953 年
丁洪生	文场	1951 年	杜青山	文场坐过科	1951 年
杜春林	文场坐过科	1951 年	徐宝珍		1951 年
张　伦	文场坐过科	1954 年	徐宝香		1954 年
郝凤鸣		1954 年	王　庭		1953 年
李　森		1952 年	孙广志		1952 年
舒占春		1952 年	王　恒		1953 年
王子龙		1953 年	胡俊中		1954 年
闫凤山		1953 年	郭喜军		1954 年
郭振红		1954 年			

四、沟门村落子班

1952 年，敖汉旗捣格朗营子村格斗营子成立落子班，称“沟门村落子班”，由戏曲、皮影艺人张殿阁负责组织和领导。演员都是本区格斗营子、白杖子、宋杖子、陈杖子的艺人和农民，活动在本区和大各各召区、德力胡同区、牛古吐区。

第二编表 24　班内人员基本情况一览表

姓名	性别	行当	是否坐科	从业时间
张殿阁	男	小旦	坐过科	1945 年
李树国	男	老旦		1950 年
范　生	男	胡子生	坐过科	1935 年
李秀敏	女	青衣	坐过科	1935 年
李洪章	男	武场		1935 年
范喜林	男	花脸		1950 年
李云龙	男	老生		1952 年
刘国平	男	武场		1945 年
李　全	男	小生		1950 年
路景春	男	丑	坐过科	1945 年
路景山	男	小生		1949 年
小　辛	男	文场		1945 年
李云奎	男	丑	坐过科	1950 年

五、杨永秀落子班

1953 年，四家子区四家子村落子班成立，由杨永秀、史国青负责组织和领导，演员都是本区四家子村、东北沟村、热水汤村、扣河林村、南大城村、秋杖子村、五马沟村、解放村、马架子村、小古力吐村的艺人和农民，活动在本区范围内。1954 年冬季，曾到黑龙江、吉林等地农村演出。

第二编表 25　班内人员基本情况一览表

姓名	性别	行当	从艺时间	备注
杨永秀	男	武场	1903 年从艺	
王文举	男	花脸	1947 年从艺	
杨树清	男	丑	1947 年从艺	
邢国春	男	老旦	1953 年从艺	
史国青	男	老生	1933 年从艺	坐过科
宋连元	男	彩旦	1927 年从艺	
李国民	男	文场	1952 年从艺	
林树清	男	青衣	1933 年从艺	
王井琢	男	文场	1945 年从艺	

续表

姓名	性别	行当	从艺时间	备注
吴万珍	男	花脸	1950 年从艺	
徐跃文	男	小生	1950 年从艺	
王有春	男	老旦	1929 年从艺	
王秋福	男	小生	1953 年从艺	
贾福昌	男	文场	1927 年从艺	
王海臣	男	彩旦	1953 年从艺	
张余成	男	丑	1954 年从艺	
杨墨林	男	花旦	1954 年从艺	
王　林	男	小生	1954 年从艺	
林　青	男	老生	1947 年从艺	
康金花	女	青衣	1954 年从艺	
王桂兰	女	花旦	1954 年从艺	

第三节　业余剧团

一、业余剧团的总体情况

新中国成立后，全旗业余剧团发展到 9 个，演出节目有《兄妹开荒》《三女回家》《买卖婚姻》《刘胡兰》《活捉夏振明》等。

1951 年，业余剧团贯彻“农村为主、普及第一”的方针，到年底发展到 36 个。1952 年 3 月 26 日，敖汉文学艺术工作者联合会发出通知，号召各地组建农村业余剧团。已经成立的业余剧团，做好巩固、整顿。10 月，旗文教科向各业余剧团推荐上演评剧《小二黑结婚》《梁山伯与祝英台》《救急包》和京剧《虎头牌》《金钵记》5 个剧目，禁演评剧《贞节坊》《小老妈开唠》《枪毙小老妈》。11 月 19 日—22 日，旗文教科召开艺人座谈会，有 22 名艺人参加。12 月 27 日—30 日召开业余剧团负责人会议，参加者 33 人。内容是贯彻党的文艺方针，总结业余剧团工作。各业余剧团还自编许多配合形势的剧目，如反映春耕生产的《春耕互助》、“三反”“五反”运动的《谁在进攻》、抗旱的《人定胜天》、植树造林的《保护森林》、整党的《钢筋铁骨》、扫盲的《突破文化大门》和《学文化》以及《中苏友好》《互助好》《参军保家》《上当》《搞副业》《再不饶他》《送公粮》《卫生好》等节目，在社会上起到一定的宣传推动作用。

1953 年 2 月，文教科举办全旗文艺会演，业余剧团出演的节目，以自编自演为主。1954 年 1 月 4 日，热河省人民政府文化局发出“关于加强领导农村文艺活动”的指示。禁演一批古装传统戏曲，同时禁止业余剧团向职业剧团方向发展，以免影响生产。2 月，文教科举办业余剧团文艺会演。演出剧目大多反映群众生活，配合形式宣传的歌舞、戏曲、皮影、大鼓、曲艺等。同年，敖汉旗委举办艺人训练班，目的是尽快提高艺人的政策、业务水平，贯彻“业余、自愿、为生产服务”的文艺方针，提高宣传质量，做好总路线和宪法的宣传工作，为国家社会主义建设和社会主义改造事业服务。

1955 年 11 月 14 日—18 日，文教科、团旗委、宣传部、文化馆联合举办农村业余剧团骨干训练班，有 41 人参加学习。训练班期间，新惠镇业余剧团演出评剧《秦香莲》。同时，结合学员排练的《镇关西》和《杨八姐游春》，向学员们系统地讲解表演艺术。春节期间，大各各召区、小河沿区、四家子区的 16 个村级业余剧团，分片举办小型文艺会演。年末，旗文教科对全旗农村业余剧团、皮影班、落子班、鼓乐班和各类民间艺人进行登记。全旗农村业余剧团总数达 90 个，演员 1633 人。

第二编表 26　1947—1957 年敖汉旗各区（努图克）农村业余剧团分布情况一览表（个）

年份	大各各召区	小河沿区	官家地区	捣格朗营子区	德力胡同区	四家子区	金厂沟梁区	贝子府区	宝国吐区	下洼区	牛古吐区	梧桐好莱区	合计
1947	—	—	—	—	—	—	—	—	—	—	—	—	—
1948	—	—	—	—	—	—	—	—	—	—	—	—	—
1949	0	2	2	0	0	0	0	0	0	2	3	0	9
1950	3	3	4	1	1	1	0	1	0	4	5	1	24
1951	4	8	4	2	2	1	0	3	0	5	6	1	36
1952	5	10	7	3	4	3	2	4	0	7	6	1	52
1953	6	10	9	6	4	5	4	6	0	8	7	4	69
1954	8	11	9	7	6	10	6	7	0	10	11	5	90
1955	8	13	12	8	6	10	7	7	2	10	11	5	99
1956	8	13	13	10	7	11	7	7	5	10	11	5	107
1957	8	18	13	10	3	11	7	7	6	10	11	5	109

1958 年，成立人民公社。在“大跃进”的高潮中，又有一些农村业余剧团成立。1959 年 2 月 14 日—18 日，首届全旗业余剧团文艺会演。18 个公社，17 个业余剧团，196 名演员，演出 17 个节目，形式多样，有评剧、梆子戏、快板、二人转等，有些节目是业余剧团根据当地发生的真人真事自编自演的，受到社会上的广泛好评。业余剧团以宣传总路线、

“大跃进”、人民公社“三面红旗”为中心，结合宣传大力积造农家肥，促进粮食增产。宣传开展扫盲运动，学习文化的好处等内容。一些文化活动以宣传党的八届八中全会精神，结合党的中心工作去进行。12 月 21 日，旗文教科召开各公社文艺骨干会议，总结业余剧团活动开展情况。1960 年，业余剧团发展到了 189 个。

1962 年 1 月，全旗划分 4 片，分别召开业余剧团团长和文艺骨干分子会议，推动党的文艺方针贯彻落实。1963 年 1 月，旗文化馆培训了长胜、双庙等 6 个公社的 35 名业余剧团文艺骨干。4 月，检查四家子、新地、金厂沟梁 3 个公社的 7 个业余剧团。1964 年 1 月，旗文教科召开各公社文教助理、文艺骨干会议，参加会议的有 80 多人。12 月末，各业余剧团停演了全部传统戏。

1965 年 1 月，文教科举办全旗文艺会演，参加演出的演员 168 人。会演的内容是大唱革命歌曲，大演革命现代戏，摧毁帝王将相、才子佳人的市场，宣传社会主义时代的工农兵形象，使其在人民的舞台上大放光彩。会演结束，评选出两个先进单位，评出 6 个创作奖、17 个乐队奖、48 个导演和演员奖。同年，文化馆举办 27 人参加的二人转学习班，时间 15 天，从学习班中选出 14 名业余剧团骨干，参加全盟群众业余文艺会演。

“文化大革命”期间，在“破四旧、立四新，横扫一切牛鬼蛇神”的宣传攻势下，农村业余剧团被当作四旧，全部取缔，服装道具被付之一炬，遭到了前所未有的毁坏。

第二编表 27　1947—1966 年敖汉旗农村业余剧团基本情况一览表

区别	剧团名称	所在地	负责人	表演剧种	男演员（人）	女演员（人）	演员合计（人）	成立时间（年）	解散时间（年）
下洼区	陈家洼子剧团	陈家洼子村	杨　旺	古装戏、现代戏	16		16	1950.01	
	乌兰勿苏剧团	乌兰勿苏村	王国均	古装戏、现代戏	25		25	1954.02	
	敖音勿苏剧团	敖音勿苏村	韩国学	现代戏	11	6	17	1954.12	
	东亮剧团	东亮村	李树森	古装戏、现代戏	33	5	38	1954.10	
	下洼剧团	下洼村	康　生	现代戏	31	6	37	1949.02	
	马圈剧团	马圈村	姜诗凤	现代戏	6	2	8	1947.12	
	公司剧团	公司村	杨万仪	现代戏	12	5	17	1951.10	
	岗岗营子剧团	岗岗营子村	李　才	现代戏	11	3	14	1950.02	
	高力板剧团	高力板村	王　珍	现代戏	12		12	1952.10	
	新民剧团	新民村	杨　生	现代戏	9		9	1953.02	

续表

区别	剧团名称	所在地	负责人	表演剧种	男演员（人）	女演员（人）	演员合计（人）	成立时间（年）	解散时间（年）
宝国吐区	宝国吐剧团	宝国吐村	蒋凤岐	古装戏、现代戏	23		23	1956.12	
	沟门子剧团	沟门子村	徐宝珍	现代戏	20		20	1955	1957
	甸子剧团	甸子村		古装戏、现代戏				1955	
	双山剧团	双山村		古装戏				1956	
	朱家窝铺剧团	朱家窝铺村		古装戏				1957	
	陈道沟剧团	陈道沟村		古装戏				1956	
德力胡同区	大吉恒地剧团	新地乡三道营子村大吉恒地	李　宽	古装戏、现代戏	21		21	1952.11	
	小东沟剧团	新地乡老烧锅村小东沟村民组	张连众	古装戏、现代戏	14		14	1952.01	
	平安窝铺剧团	新地乡德力胡同村平安窝铺	董清云	古装戏、现代戏	13	2	15	1954.02	1960
	新地剧团	新地乡新地村	姜　玉	现代戏	8		8	1954.01	
	土城子剧团	新地乡七协营子村土城子村民组	徐　才	古装戏、现代戏	10		10	1950.02	
	三官营子剧团	新地乡三官营子村	司国荣	古装戏、现代戏	11	2	13	1951.03	
	大官营子剧团	新地乡大官营子村	欧忠才		8	2	10	1956	1958
捣格朗营子区	骆驼营子剧团	骆驼营子村	王子玉	古装戏、现代戏	8		8	1950.10	
	后布登吐剧团	后布登吐村	陈　义	古装戏、现代戏	14		14	1953.11	
	盆底坑剧团	盆底坑村	张振芳	古装戏、现代戏	12		12	1954.10	
	石羊石虎剧团	石羊石虎村	陆万俊	古装戏、现代戏	15		15	1952.01	
	白塔子剧团	白塔子村	郭文昌	现代戏	20		20	1953.12	
	白杖子剧团	白杖子村	刘国恒	现代戏	12		12	1951.01	
	车沟剧团	车沟村民组	张子新	现代戏	12		12	1953.10	
	格斗营子剧团	格斗营子村	郑国清 徐振发	古装戏、现代戏	25		25	1955	
	龙巨广剧团	龙巨广村	马　彬	古装戏、现代戏	15		15	1956	1966
	杏核营子剧团	杏核营子村	曲志礼 田井方	古装戏、现代戏				1956	1964

续表

区别	剧团名称	所在地	负责人	表演剧种	男演员（人）	女演员（人）	演员合计（人）	成立时间（年）	解散时间（年）
大各各召区	五一剧团	老窝铺村	范福臣	古装戏、现代戏	21	6	27	1954.12	
	哈达吐剧团	新惠乡哈达吐村	秦永合	古装戏、现代戏	28	7	35	1951.01	1966
	喇嘛蒿剧团	新惠乡喇嘛蒿村	张连均	古装戏、现代戏	14		14	1952.11	
	康家店剧团	新惠乡康家店村	高殿生	古装戏、现代戏	22	5	27	1950.02	
	公爷府剧团	新惠乡公爷府村	孙殿奎	古装戏、现代戏	20	4	24	1950.10	
	和平剧团	玛尼罕乡双庙村台吉营子	张志安	古装戏、现代戏	19	5	24	1953.11	
	三节梁剧团	新惠乡三节梁村	徐　峰	古装戏、现代戏	26	5	31	2954.11	
	新惠镇剧团	新惠镇	张垚宝	现代戏	25	5	30	1950.01	
小河沿区	胜利剧团	萨力巴乡张家营子村	庞凤山	现代戏	22	5	27	1952.02	
	萨力巴剧团	萨力巴乡萨力巴村	王福生	古装戏、现代戏	36	6	42	1952.03	
	土城子剧团	马架子村土城子村民组	刘焕永	古装戏、现代戏	25		25	1954.02	
	黑土营子剧团	四德堂乡黑土营子村	张广均	古装戏、现代戏	22		22	1951.02	
	七道湾子剧团	小河沿乡七道湾子村	刘平安	古装戏、现代戏	17		17	1951.02	
	安家胡同剧团	萨力巴乡安家胡同村	詹守义	古装戏、现代戏	21		21	1951.03	
	白庙子剧团	小河沿乡白庙子村	刘　福	现代戏	20	4	24	1950.02	
	乌兰台剧团	萨力巴乡乌兰台村	刘玉文	古装戏、现代戏	13		13	1951.02	
	吴家营子剧团	四德堂乡沟门子村	王凤阁	古装戏、现代戏	14		14	1951.12	
	小河沿剧团	小河沿乡小河沿村	郭汉清	古装戏、现代戏	28	2	30	1949.02	
	下树林子剧团	小河沿乡下树林子村	赵洪福	古装戏、现代戏	24	8	32	1950.02	
	白斯朗营子剧团	小河沿乡白斯朗营子村	崔振祥 刘永和	古装戏、现代戏	23	4	27	1957	
	庄头营子郭家店剧团	四德堂乡庄头营子村	张瑞芳	古装戏、现代戏	11		11	1957	1966
	三道湾子剧团	小河沿乡三道湾子村	张振久	古装戏、现代戏	15		15	1957	1966

续表

区别	剧团名称	所在地	负责人	表演剧种	男演员（人）	女演员（人）	演员合计（人）	成立时间（年）	解散时间（年）
小河沿区	老牛槽沟剧团	萨力巴乡老牛槽沟村		古装戏				1955	
	四德堂剧团	四德堂乡四德堂村		古装戏				1957	
	白土营子剧团	萨力巴乡白土营子村		古装戏	15	7	22	1957	
官家地区	九分地剧团	九分地村	冯永良	古装戏、现代戏	29		29	1953.12	
	三分地剧团	三分地村	刘宗祥	现代戏	19		19	1950.07	
	平顶庙剧团	双庙乡平顶庙村	张　臣	现代戏	21	1	22	1950.02	
	焦家营子剧团	焦家营子	老　崔	古装戏、现代戏	10		10	1952.07	
	孤山子剧团	孤山子	魏守友	现代戏	20		20	1948.01	
	康家营子剧团	康家营子	孟庆莹	古装戏、现代戏	13		13	1952.10	
	东他拉剧团	东他拉	王景和	古装戏、现代戏	13		13	1953.10	
	牤牛营子剧团	牤牛营子	于永相	古装戏、现代戏	10		10	1952.01	
	嘎首剧团	嘎首	王　山	古装戏、现代戏	10	2	12	1949.02	
	哈拉勿苏剧团	哈拉勿苏	王国均	古装戏、现代戏	25		25	1956	
	渗金吐剧团	渗金吐	刘振铎	古装戏、现代戏	20		20	1955	
	官家地剧团	官家地	雷长英	古装戏、现代戏				1955	1960
	白家店剧团	古鲁板蒿乡白家店村	赵　申 赵永良	古装戏、现代戏				1955	1960
四家子区	秋杖子剧团	小古吐乡秋杖子村	徐跃恒	古装戏、现代戏	15		15	1952.02	
	扣河林剧团	四家子乡扣河林村	薛荣廷	古装戏、现代戏	25		25	1952.01	
	小古力吐剧团	小古吐乡小古力吐村	叶向玉	古装戏、现代戏	14		14	1954.11	
	马架子剧团	小古吐乡马架子村	韩　庆	古装戏、现代戏	18		18	1953.01	
	五马沟村剧团	四家子乡五马沟村	李文树	古装戏、现代戏	26		26	1950.10	
	林家地剧团	林家地乡林家地村	李井阳	古装戏、现代戏	15		15	1954.12	
	东北沟剧团	大古力吐村东北沟村民组	胡万一	古装戏、现代戏	14	1	15	1954.01	
	四家子剧团	四家子村	赵连喜	古装戏、现代戏	18		18	1954.12	

续表

区别	剧团名称	所在地	负责人	表演剧种	男演员（人）	女演员（人）	演员合计（人）	成立时间（年）	解散时间（年）
四家子区	热水汤剧团	林家地乡热水汤村	孙九堂	古装戏、现代戏	10		10	1954.01	
	池家湾子剧团	池家湾子村	张　凤	古装戏、现代戏	22	5	27	1953.06	
	牛夕河剧团	牛夕河村	老　姚		12	8	20	1956	
金厂沟梁区	金厂沟梁剧团	金厂沟梁村	张秀芝	古装戏、现代戏	14	4	18	1952.03	
	下长皋剧团	下长皋村	赵忠臣	古装戏、现代戏	13		13	1952.03	
	白杖子剧团	白杖子村	张希生	古装戏、现代戏	16	1	17	1953.02	
	山湾子剧团	山湾子村	赵庆阳	古装戏、现代戏	11		11	1954.11	
	段木梁剧团	段木梁村	王　俊	古装戏、现代戏	20		20	1953.02	
	罗洛沟剧团	罗洛沟村	倪　玉	古装戏、现代戏	17	3	20	1954.12	
	七协营子剧团	七协营子村	徐　才	古装戏、现代戏	20		20	1955	
牛古吐区	喇嘛板剧团	喇嘛板村	董　友	古装戏	25		25	1949	
	山湾子剧团	山湾子村	宋占学	古装戏	10	3	13	1951	
	大五家剧团	七家村大五家屯	赵　荣	古装戏、现代戏	12	3	15	1954	
	腾克力剧团	偏坡营子村	孙凤山	古装戏、现代戏	10		10	1953	
	敖吉剧团	敖吉村	李井生	古装戏、现代戏	15		15	1949	
	千斤营子剧团	千斤营子村	姚树海	古装戏、现代戏	24		24	1950	
	李家围子剧团	李家围子村	秦海志	古装戏、现代戏	17	3	20	1949	
	岗岗营子剧团	大户苏台村岗岗营子屯	刘长文	古装戏、现代戏	10		10	1954	
	赵家窝铺剧团	沈家窝铺村赵家窝铺屯	刘　祥	古装戏、现代戏	12	5	17	1954	
	黑山嘴村剧团	黑山嘴村	李凤珠	古装戏、现代戏	10		10	1954	
	元宝洼剧团	元宝洼村	张振远	古装戏、现代戏	15	6	21	1950	
梧桐好莱区	姚家沟剧团	梧桐好莱村	姜国明	古装戏、现代戏	22		22	1950.12	
	平合剧团	平合村	辛富贵	古装戏、现代戏	20		20	1953.01	
	胜利剧团	榆树林子村	田　义	古装戏、现代戏	16	4	20	1954.12	
	和平剧团	新立街	吕俊杰	古装戏、现代戏	21	4	25	1953.01	
	长胜剧团	长胜甸子村	王德宽	古装戏、现代戏	21		21	1953.03	
贝子府区	胜利剧团	口琴村	孟兆云 张　生	古装戏、现代戏	12	2	14	1954.01	
	后坟剧团	后坟村	郝凤鸣	古装戏、现代戏	12		12	1953.03	
	西沟剧团	大庙村西沟	李世喜	古装戏、现代戏	10		10	1951.01	

1978年，农村业余剧团和业余文艺宣传队纷纷恢复成立。1979年，全旗业余剧团、业余文艺宣传队发展到54个，演员885名，全年演出场次为1108场。经常活动的有四家子、岗岗营子、四德堂三个公社级的业余剧团、文艺宣传队和克力代公社铁匠营子、贝子府公社后坟、丰收公社白塔子、古鲁板蒿公社康家营子、四德堂公社夹心梁等大队业余剧团。

业余剧团、业余文艺宣传队坚持“业余、自愿、小型、多样、节约”的原则，自筹经费购置服装道具、演员中有20世纪五六十年代参加农村业余剧团的、有爱好戏曲的年轻人。演出以传统评剧、拉场戏、二人转为主，兼演少量的梆子戏和京剧，活动在本村或邻近村。

1979年7月，旗文化局召开各公社文化站会议，对加强业余剧团、文艺宣传队的管理进行专门部署。9月，又发布关于业余剧团、文艺宣传队的管理办法。1980年8月，旗文化局对部分业余剧团、零散艺人、皮影队进行审核发证。有4个业余剧团，4个皮影队，1名蒙古语说书艺人，3名汉语说书艺人和2名杂技艺人经审核合格得到演出证。全旗54个业余剧团（其中长期性活动的10个），春节期间演出533场，夏季挂锄季节演出329场，入冬后演出200余场，全年演出1100余场。

1981年，四家子、林家地、贝子府、四德堂、萨力巴、岗岗营子文化站，先后举办戏曲学习班，培训农村业余剧团骨干，参加学习的有271人，总培训天数为169天。

第二编表28　农村业余文艺培训班一览表（1981年）

名称	主办单位	参加人数	办班天数
农村业余文艺骨干培训班	四家子文化站、林家地文化站	53	30
戏曲业余骨干提高班	贝子府文化站	75	36
戏曲学习班	四德堂文化站	31	28
戏曲训练班	乌兰文化站	28	30
戏曲训练班	岗岗营子文化站	84	45

1981年年末，全旗有54个业余剧团，演员1300余名，全年演出2700余场。

1982年，牛古吐、敖吉公社文化站联合成立业余剧团，双井公社、荷也勿苏公社成立业余文艺宣传队。

1985年，因受电视、电影冲击，大部分农村业余剧团、业余文艺宣传队停止活动。

第二编表 29 敖汉旗业余剧团情况一览表(1978—1985 年)

公社	剧团名称	所在地	组织者或负责人	演员人数			成立时间(年)	解散时间(年)	备注
				男(人)	女(人)	合计(人)			
四家子公社	四家子公社剧团	四家子公社	徐跃文 杨树清	18	9	27	1979 年 11 月	1984 年	
	南大城大队剧团	四家子公社南大城大队	刘守志	20	8	28	1979 年		
	马架子大队剧团	四家子公社马架子大队	曲广庆	14	8	22	1978 年	1984 年	
	小古力吐大队剧团	四家子公社小古力吐大队	李昭俊	16	7	23	1979 年	1984 年	
下洼公社	下洼大队剧团	下洼公社下洼大队	张宝堂 任廷杰	14	11	25	1979 年 12 月		
	古鲁板蒿大队剧团	下洼公社古鲁板蒿大队					1979 年 10 月		
小河沿公社	白斯朗营子大队剧团	小河沿公社白斯朗营子大队	王　兴 王　富	12	9	21	1978 年		
	下树林子大队剧团	小河沿公社下树林子大队					1978 年		
贝子府公社	后坟大队剧团	贝子府公社后坟大队	刘显明 王泽凤	15	9	24	1978 年		
	五官营子大队剧团	贝子府公社五官营子大队	张殿维	9	6	15	1979 年		
	西查干哈达大队剧团	贝子府公社西查干哈达大队	杜凤义 王　会	15	10	25	1979 年		
	口琴大队剧团	贝子府公社口琴大队	齐会青	13	12	25	1978 年		
	西查干哈达大队莫枤子剧团	贝子府公社西查干哈达大队莫枤子小队	孙跃东 密学树	18	6	24	1979 年		
金厂沟梁公社	下长皋大队剧团	金厂沟梁公社下长皋大队	李明奇	21	6	27	1979 年		
	罗洛营子大队剧团	金厂沟梁公社罗洛营子大队	尹国峰	18	7	25	1978 年		
	金厂沟梁大队剧团	金厂沟梁公社金厂沟梁大队	王　庭	13	12	25	1979 年 1 月		
	白枤子大队剧团	金厂沟梁公社白枤子大队	王　强	15	3	18	1978 年		
	罗洛沟大队剧团	金厂沟梁公社罗洛沟大队	刘孔明	17	3	20	1979 年		
宝国吐公社	甸子大队剧团	宝国吐公社甸子大队	李占玉	24	4	28	1979 年		
	双山大队剧团	宝国吐公社双山大队	崔恒先	20	10	30	1979 年		
敖吉公社	车罗城大队剧团	敖吉公社车罗城大队	宁志田	19	6	25	1978 年		
	刁家营子大队剧团	敖吉公社刁家营子大队	齐国峰	8	7	15	1979 年		
	大枤子大队西台子小队剧团	敖吉公社大枤子大队西台子生产队	张凤岭	10	1	11	1978 年		
	喇嘛板大队剧团	敖吉公社喇嘛板大队	孙　和	16	4	20	1978 年		
	北洼子大队北沟小队剧团	敖吉公社北洼子大队北沟小队					1979 年		

续表

公社	剧团名称	所在地	组织者或负责人	演员人数			成立时间（年）	解散时间（年）	备注
				男（人）	女（人）	合计（人）			
双庙公社	平房大队恩河厚小队剧团	双庙公社平房大队恩河厚生产队	孟庆福 贾凤祥	17	2	19	1978年		
	平房大队敖包吐小队剧团	双庙公社平房大队敖包吐生产队	王　英	14	3	17	1979年		
	苇子沟大队剧团	双庙公社苇子沟大队		10	2	12	1979年		
	皮匠营子大队剧团	双庙公社皮匠营子大队	张春华	11	3	14	1979年		
	平顶庙大队草绳营子小队剧团	双庙公社草绳营子大队		9	2	11	1978年		
	西沟大队西大梁小队剧团	双庙公社西沟村西大梁小队	孙传合 李　海	11	7	18	1978年		
捣格朗营子公社	白塔子大队剧团	捣格朗营子公社白塔子大队	郭文昌	16	5	21	1979年1月		
	杜力营子大队剧团	捣格朗营子公社杜力营子大队	孙淑珍	10	6	16	1979年		
羊场	二分场剧团	羊场二分场	王国喜	17	8	25	1979年		
	五分场剧团	羊场五分场		13	4	17	1979年		
王家营子公社	平房大队剧团	王家营子公社平房大队	庞　余 白贺臣	20	8	28	1979年		
	大杖子大队大梁底小队剧团	王家营子公社大杖子大队大梁底小队	孟显余	15	8	23	1983年		
四德堂公社	沟叉子大队夹心梁小队剧团	四德堂公社沟叉子大队夹心梁小队	尹长生	20	9	29	1978年11月	1981年4月	
古鲁板蒿公社	哈拉勿苏大队剧团	古鲁板蒿公社哈拉勿苏大队	金海云	14	4	18	1978年		
	西湾子大队剧团	古鲁板蒿公社西湾子大队	宋振坤	17	7	24	1978年12月		
	八家大队剧团	古鲁板蒿公社八家大队							
	康家营子大队剧团	古鲁板蒿公社康家营子大队	卢士光 康　存	16	9	25	1979年12月		
	西湾子大队剧团	古鲁板蒿公社西湾子大队	乔　羽	20	6	26	1979年		
双井公社	四棵树大队剧团	双井公社四棵树大队	冯广跃	10	7	17	1978年		
	枳针林子大队剧团	双井公社枳针林子大队	季连祥 常清河	23	12	35	1979年		
克力代公社	铁匠营子大队剧团	克力代公社铁匠营子大队	孙殿军 于　芹	18	10	28	1978年7月		

续表

公社	剧团名称	所在地	组织者或负责人	演员人数					备注
				男（人）	女（人）	合计（人）	成立时间（年）	解散时间（年）	
乌兰公社	安家胡同大队剧团	乌兰公社安家胡同大队	黄俊杰	14	2	16	1979年		
	黄花甸子大队一队剧团	乌兰公社黄花甸子大队一队	马 才	14		14	1979年		
	黄花甸子大队三、四队剧团	乌兰公社黄花甸子大队三、四队	刘金莲	12	2	14	1979年		
	黄花甸子大队五队剧团	乌兰公社黄花甸子大队五队	李文忠	9		9	1979年		
	白土营子大队剧团	乌兰公社白土营子大队	韩 德	17	3	20	1979年		
	张家营子大队剧团	乌兰公社张家营子大队					1979年		
	萨力巴大队剧团	乌兰公社萨力巴大队					1978年		
大甸子公社	沟门子大队剧团	大甸子公社沟门子大队		16	4	20	1979年		
	朱家窝铺大队剧团	大甸子公社朱家窝铺大队					1978年		
	陈道沟大队剧团	大甸子公社陈道沟大队	李 怀	12	4	16	1979年		
牛古吐公社	千斤营子大队剧团	牛古吐公社千斤营子大队	肖国栋	11	7	18	1972年2月		
	文化站剧团	牛古吐公社文化站	朱树清 单志军				1979年		
新惠公社	三节梁大队剧团	新惠公社三节梁大队	侯殿云	17	11	28	1978年2月		
长胜公社	染坊大队剧团	长胜公社染坊大队	尤久龙	15	8	23	1979年10月		
林家地公社	松树沟大队剧团	林家地公社松树沟大队	张桂成	10	6	16	1979年3月		
	林家地大队剧团	林家地公社林家地大队					1979年4月		
新地公社	大吉恒地大队剧团	新地公社大吉恒地大队	徐焕成	15	8	23	1979年2月		
	大官营子大队剧团	新地公社大官营子大队	任树堂 孙 连	18	10	28	1979年2月		
	双庙大队剧团	新地公社双庙大队	王 起	10	5	15	1979年2月		
	新地大队剧团	新地公社新地大队					1978年4月		

二、主要业余剧团简介

（一）小河沿业余剧团

民国38年（1949年）2月，小河沿区小河沿村业余剧团由祖跃臣、郭汉卿负责组织成立，全团有演员30名，其中男演员28名，女演员2名。主要演员有祖跃臣、郝玉山、郭汉卿、杜金堂、王文学、孟昭荣、张树林、张贵、刘玉林、徐林、刘国清、王福海、李清明、王振化等，演出评剧《棱角雪》《大赶船》等。祖跃臣还自编了《于德转变》《杨小羊参军》《刘德新转变》等许多联系当地真人真事的现代戏，演出后在群众中反响很大。

1950年，剧团响应国家“捐献飞机大炮”的号召，卖票演出3天，收入全部捐献给了国家。

1957年，剧团改称“小河沿业余文工团”，郭汉卿任团长，郝玉山任文艺代表，祖跃臣任导演，同时新招一批演员，有刘贵、刘吉伟、崔志、王永德、宋春儒、马素芬、冯占英、王廷芳、李凤枝、刘桂琴、王玉珍、刘凤兰、唐凤芝等。演出剧目增加《十五贯》《人面桃花》《小二黑结婚》等。

小河沿业余剧团成立后，演出过京剧、评剧、梆子戏、二人转。演员义务演出，收入所得用来购置服装。活动地区以小河沿、乌兰召、四德堂一带为主。曾先后几次参加旗政府在乌兰召举办的赛马大会和旗文教科举办的业余剧团文艺会演，并获得过奖励。1966年，剧团解散。

（二）后坟业余剧团

20世纪30年代初，贝子府后坟村就有一个由零散艺人组成的落子班，冬闲季或春节期间办秧歌，打地摊唱“蹦蹦戏”。主要演员有申春合、郭真、常三、常五等。40年代，增加贾云祥、张殿臣、刘显禄、孙国祥、包文丙、郝凤鸣、王德凤等。

1953年3月，由郝凤鸣负责组织成立后坟村业余剧团。演员有大部分是落子班老演员，共有12名，剧团演员背着服装道具，到邻近村演出，或套上花轱辘车或用几头马驴驮着服装道具，到较远的演出点去演出，剧目有评剧《六月雪》《三节烈》等20多个。

1958年，剧团增加王乃芝、王乃荣、张青莲、赵凤芹等女演员。从沈阳买回绸缎自己制作戏曲服装。

1964年，聘请敖汉剧团原团长张平山到剧团任导演，演出剧目增加，质量也有很大提高，一时出现兴盛局面。1966年，剧团停止演出。

1979年，剧团恢复成立，王泽凤、刘显明任负责人，演员共26名，其中男演员15名，女演员11名。剧团恢复后，正值戏曲活动被禁锢后刚刚兴起阶段，先后到黑龙江、吉林、辽宁、内蒙古等省、自治区的10多个旗县演出，并多次参加旗业余剧团文艺会演，获得过集体与个人奖励。主要演员有王乃荣、张青莲、赵凤芹、李树芳、高云志、王德凤、刘福文、王瑞兰、张殿玉、石登奎、邓广辉、徐焕志、徐秀生等。演出剧目有评剧《打金枝》《蝴蝶梦》《秦香莲》《卷席筒》等。

1985年，剧团解散。

（三）白塔子业余剧团

1953年12月，白塔子村业余剧团成立。郭文昌任负责人，有男演员20名，聘请朝阳某地一姓宋的老艺人为导演。主要演员有张俭、郭文昌、王国臣、郭德玉、杨盛奎、张凤喜、张凤柱等。1956年，又增加了女演员姜海芝、张玉霞、李花、李井荣等。上演剧目以评剧《小二黑结婚》《小姑贤》等为主。剧团边学习边演出，不断与其他剧团进行艺术交流。增加了梆子戏《大登殿》《辕门斩子》等。评剧剧目增加《柳树井》《夜审》《画皮》等30多个，活动在丰收、敖吉、高家窝铺、牛古吐一带。

1959年，在全旗业余剧团文艺会演中，自编自演的评剧《牛郎织女入公社》获创作奖和演出奖。1964年，剧团停止演出。1966年，服装道具被烧毁。

1979年1月，白塔子大队业余剧团由郭文昌、李文山负责恢复成立，有演员21名，其中男演员16名，女演员5名，主要演员有：李文山、郭德明、靳万林、姜海芝、张国庆、庞凤山等。服装道具价值1800元。全年演出25场，观众达65000人次，收入960元。演出评剧《铡美案》《下江南》《万花船》《莲花庵》等20多出，很受农村观众的欢迎。

1984年，剧团解散，保存部分服装道具。

（四）四家子业余剧团

1979年11月13日，四家子公社业余剧团成立，演员大多是杨永秀落子班的老演员，共27名，其中男演员18名，女演员9名，由徐跃文、杨树清负责，有服装道具价值3000元。到年末，共演出19场，观众10000人次，收入1120元。演出剧目有《杨乃武与小白菜》《哭井》《秦香莲》等36个。

第二编表30　四家子剧团演员基本情况一览表

姓名	性别	职务	行当	姓名	性别	职务	行当
徐跃文	男	团长	小生、老生	徐跃先	男		三花脸
杨树清	男	团长	丑	吴景玉	男		武场、大锣
马兴国	男	导演	净	李化楠	男		老生
李井兰	女	导演	花旦	马淑兰	女		彩旦
王瑞莲	女	导演	老旦	王永昌	男		文场、二胡
孟庆全	男	舞台监督	武场	刘秀芝	女		花旦
靳小华	女	化装师	青衣	刘守志	男		老旦

续表

姓名	性别	职务	行当	姓名	性别	职务	行当
车国瑞	男	会计	衣箱	李　学	男		文场板胡
吴万珍	男	现金保管	老生	李　义	男		文场板胡
宫玉丽	女		小生	王文举	男		大花脸
马德厚	男		小生	贾悦宗	男		老生
梁振生	男		丑武场	王玉华	男		小生
才吉彦	男		文场二胡	郑桂亘	女		刀马旦
王凤英	女		小生				

（五）铁匠营子业余剧团

1978年7月，铁匠营子落子班由李明山、张殿军、于勤负责恢复成立，称“铁匠营子业余剧团”。剧团有演员28名，其中男演员18名，女演员10名，购置价值2500元的服装、道具。1979年，在全旗各地演出165场，观众达165000人次，收入3200元。

剧团成立后，上演梆子戏《倒听门》《盘山》《大登殿》等10出和评剧《下江南》《三节烈》《秦香莲》等35个。1985年，剧团解散。

第四节　皮影班

一、敖汉旗皮影班概况

清康、乾年间，皮影戏随着关内汉民的迁入流入敖汉，新中国成立前众多的皮影班已无从可考。

1950年，敖汉旗有半职业性皮影班（又称皮影社）14支，皮影艺人115名。到1955年发展到26支。

第二编表31　1955年敖汉旗皮影班、社分布情况一览表

名称	所在地	领　班负责人	艺人数	性质	活动地区
张子林影班	小河沿努图克四德堂村陈家沟	张子林	4	半职业	小河沿努图克南部
林国民影班	小河沿努图克庄头营子村	林国民	4	半职业	小河沿努图克南部
魏先青影班	小河沿努图克七道湾子村	魏先青	5	半职业	小河沿努图克
张振功影班	官家地区嘎首村	张振功	4	半职业	大各各召区、官家地区

续表

名称	所在地	领　班 负责人	艺人数	性质	活动地区
张广志影班	官家地区康家营子村	张广志	3	半职业	官家地区
于琛影班	官家地区牤牛营子村	于　琛	6	半职业	官家地区
张殿功影班	捣格朗营子区柳条沟门村格斗营子屯	张殿功	5	半职业	大各各召区、官家地区、捣格朗营子区
凤桐影班	捣格朗营子区杏核营子村太平沟屯	王凤桐	5	半职业	捣格朗营子区、牛古吐区
裕民影社	捣格朗营子区下井村曹家窝铺屯	任国权	5	半职业	大各各召区、官家地区、捣格朗营子区、牛古吐区
岳国栋影班	德力胡同区三道营子村叶杖子屯	岳国栋	4	半职业	德力胡同区
李增影班	四家子区扣和林村	李　增	8	半职业	四家子区
王连章影班	四家子区池家湾子村牛夕河屯	王连章	6	半职业	四家子区
李蕴影班	金厂沟梁区罗洛营子村	李　蕴	4	半职业	金厂沟梁区
张殿昌影班	金厂沟梁区大苇子沟村	张殿昌	4	半职业	金厂沟梁区、贝子府区、德力胡同区
金玉喜影班	金厂沟梁区铁匠营子村	金玉喜	4	半职业	金厂沟梁区、贝子府区、德力胡同区
罗振英影班	金厂沟梁区罗洛营子村	罗振英	4	半职业	四家子区、金厂沟梁区
彭墨林影班	贝子府区月明沟村大湾沟屯	彭墨林	5	半职业	贝子府区、牛古吐区
韩殿影影班	贝子府区口琴村马家楼屯	韩殿影	5	半职业	贝子府区、下洼区、牛古吐区、宝国吐区
胡新云影班	宝国吐区何家窝铺村	胡新云	4	半职业	宝国吐区、北票县北部地区
蒋凤岐影班	宝国吐区宝国吐村	蒋凤岐	4	半职业	宝国吐区、下洼区、奈曼旗
王永志影班	宝国吐区石灰窑子村	王永志	3	半职业	宝国吐区
胜利影班	下洼区黑山沟村	吴占中	4	半职业	下洼区、宝国吐区、贝子府区、牛古吐区
魏殿升影班	牛古吐区敖吉村烧锅地屯	魏殿升	4	半职业	牛古吐区、贝子府区
夏庆文影班	牛古吐区李家围子村	夏庆文	4	半职业	牛古吐区、下洼区、贝子府区
李均影班	牛古吐区哈利东堡村	李　均	4	半职业	牛古吐区、捣格朗营子区
张玉珠影班	牛古吐区七家村小朝阳沟屯	张玉珠	4	半职业	牛古吐区、捣格朗营子区

1956—1966 年，皮影班、社和皮影艺人人数有所增加；1966—1976 年，皮影活动被当成“三黄四旧”[“三黄四旧”：是“文化大革命”中对黄色书籍、黄色电影、黄色刊物（“三黄”）和旧思想、旧文化、旧风俗、旧习惯（“四旧”）的统称]禁止，许多影箱被当作牛鬼蛇神而焚毁。

1977年12月，敖汉旗文化馆举办全旗民间皮影艺人学习班，时间为40天，7个公社的16名皮影艺人参加学习。学习班结束后，组织了由6名皮影艺人组成的皮影队，到全旗各地作示范演出，影剧本（影卷）是文化馆改编的《杨家将》《逼上梁山》。

1978年，各地皮影班先后恢复成立。1979年，皮影队发展到23个，演员达95名，全年演出1031场。

1981年，文化馆举办皮影艺人提高班一期，共参加35人次，时间45天。四家子文化站举办了有10人参加的皮影训练班，学习培训17天。

第二编表32　1977—1985年敖汉旗农村皮影班分布情况一览表

影班名	住址	负责人	艺人数	成立时间	性质	活动范围
薛荣庭影班	四家子镇扣和林村	薛荣庭	5	1980年	民办	本乡镇
王青年影班	四家子镇牛夕河村	王青年	6	1980年	民办	本乡镇
李昭俊影班	四家子镇小古力吐村	李昭俊	4	1982年	民办	本乡镇
冯川影班	四家子镇池家湾子村尉家台村民组	冯　川	5	1981年	民办	本乡镇
王信影班	四家子镇闫杖子村	王　信	5	1981年	民办	本乡镇
张瑞方影班	四德堂乡艮兑营子村	张瑞方	4	1978年	民办	本乡镇
林国民影班	四德堂乡林家洼村	林国民	6	1978年	民办	本乡镇
王坤、马振影班	下洼镇草原村温天营子村民组	王　坤 马　振	5	1979年	民办	本乡镇
李云布影班	下洼镇苇子沟村	李云布	5	1979年	民办	本乡镇
孙琢影班	玛尼罕乡草绳营子村	孙　琢 董文礼	5	1980年	民办	本乡镇
魏殿金影班	敖吉乡份平地烧锅地村民组	魏殿金	3	1978年	民办	本乡镇
杨万生影班	敖吉乡哈力海吐村	杨万生	3	1978年	民办	本乡镇
周振铎影班	康家营子乡康家营子村	周振铎	4	1979年	民办	本乡镇
林子佩影班	萨力巴乡萨力巴村	林子佩	6	1979年	民办	本乡镇
陈子云影班	萨力巴乡水泉村	陈子云	4	1979年	民办	本乡镇
刘金玉、周成俭影班	新地乡德力胡同村	刘金玉 周成俭	6	1978年	民办	本乡镇
岳林志影班	新地乡岳仗子村	岳林志	6	1978年	民办	本乡镇
孙久阳影班	克力代乡太吉河窑村	孙久阳	5	1978年	民办	本乡镇
徐广徐坤影班	克力代乡铁匠营子村	徐　广 徐　坤	4	1981年	民办	本乡镇
张金影班	贝子府乡五官营子村	张　金	5	1983年	民办	本乡镇
张殿阁影班	丰收乡格斗营子村	张殿阁	5	1978年	民办	本乡镇

续表

影班名	住址	负责人	艺人数	成立时间	性质	活动范围
梨家影班	王家营子乡刘家湾子村	梨术学	4		民办	本乡镇
舒家影班	王家营子乡六道岭村	舒占茹 舒占会	6		民办	本乡镇
宫自玉影班	大甸子乡西南荒村	宫自玉	5		民办	本乡镇
胡俊堂影班	大甸子乡沟门子村	胡俊堂	5		民办	本乡镇
蒋家影班	宝国吐乡宝国吐村	蒋　青	5	1978 年	民办	本乡镇
大哈来影班	新窝铺乡前井村大哈来村民组	李　信 张　千	6	1979 年	民办	本乡镇
五间房影班	新窝铺乡岗岗营子村五间房村民组	黄玉明 王　贵	6	1979 年	民办	本乡镇
文化站皮影队	新窝铺乡文化站	贾立新	8	1978 年	民办	本乡镇
王存永影班	哈沙吐乡三家窝铺村	王存永	5	1982 年	民办	本乡镇
姜青发影班	古鲁板蒿乡古鲁板蒿村	姜青发	5	1978 年	民办	本乡镇
罗振英影班	金厂沟梁镇罗洛营子村	罗振荣	7	1979 年	民办	本乡镇
曲海峰影班	古鲁板蒿乡山嘴村	曲海峰	5	1978 年	民办	本乡镇
吴荣影班	四道湾子镇白庙子村		4		民办	本乡镇
高凤迟影班	四道湾子镇白庙子镇	高凤迟	4		民办	本乡镇
于久山影班	萨力巴乡白马石村	于久山	5		民办	本乡镇
李桂青影班	长胜乡乌兰巴苏村	李桂青	6		民办	本乡镇
杨国珠影班	新惠乡万益当村	杨国珠	6		民办	本乡镇
张青影班	新惠乡坤龙保河村	张　青	5		民办	本乡镇
程连奎影班	新惠乡乃林皋村	程连奎	5		民办	本乡镇
田井芳影班	新地乡新地村	田井芳	4		民办	本乡镇
陈维影班	丰收乡格斗营子村	陈　维	6		民办	本乡镇
鲍兰田影班	丰收乡小莫力沟村	鲍兰田	4		民办	本乡镇
高永书影班	敖吉乡哈力海吐村	高永书	5		民办	本乡镇
李朝珠影班	牛古吐乡哈拉本堡村	李朝珠	7		民办	本乡镇
孙玉合影班	牛古吐乡德力胡同村	孙玉合	6		民办	本乡镇
马成永影班	下洼镇陈家洼子村	马成永	5		民办	本乡镇
田德林影班	下洼镇下洼村	田德林	7		民办	本乡镇
胡金善影班	下洼镇下洼村	胡金善	6		民办	本乡镇

1990 年以后，许多皮影戏班陆续解散。全旗影班只剩下十几个，从业皮影艺人大部分为影班家族传承人或入室弟子。

2006年,《中华人民共和国非物质文化遗产法》颁布，旗政府将皮影艺术作为旗级非遗项目加以保护和传承，恢复成立10支皮影队，节日或举办大型文体活动时，多次举办皮影戏调演、展演。

2018年春节，文体局为推动皮影繁荣，从正月十三到十五组织了“不忘初心、留住乡愁”皮影戏展演活动，并计划每年搞一次。

第二编表33 2018年春节参加“不忘初心、留住乡愁”皮影戏展演一览表

皮影队名称	演出剧目	参演人员
四家子镇华乐皮影剧团	《秦英征西》	李淑芳(女)、王桂华(女)、王信男、赵井华
四家子镇庆年皮影剧团	《杨怀玉扫北》	邵化明、刘庆年、刘海龙、张树平(女)、孙凤香(女)
新惠皮影社	《五峰会》	张凤玲(女)、王文才、王文柱、赵艳琴(女)
萨力巴皮影队	《忠孝节义》	王福、高凤廷、于久山、沈万峰、赵艳琴(女)、张凤玲(女)高明文
四道湾子镇镇皮影队	《忠节义》	张银祥、张云廷、高明文、李国华(女)
兴隆洼蒋春皮影队	《梅花亭》	蒋春、许杰、裴树森
文化馆皮影队	《双峰剑》	张凤玲(女)、陈国兴、姜振全、姚红(女)、张素珍(女)
四家子镇翠香皮影队	《三请樊梨花》	吴晓峰、王桂华(女)、姜成祥、张翠香(女)
四家子镇新乐皮影队	《梅花亭》	白树旺、耿学文、冯艳春、白树盛
新惠镇康家店皮影队	《聚虎山》	张海波、崔连印、杨树田、王志、贾明明、赵银

二、部分皮影班简介

(一)蒋家影班

兴隆洼镇(原宝国吐区、公社、乡)宝国吐村蒋家影班成立于20世纪初，皮影艺术由祖上从关里带入，影班名称先后叫“荣盛堂”“义合班”“蒋家影班”等。该班祖孙世代唱影，家有影箱子一堂。民国年间，蒋文俊继承祖业，成立影班，开始从事皮影艺术，后因年老体弱，将皮影技艺传授给其叔伯孙儿蒋凤岐。蒋凤岐18岁开始学艺，不辜负长辈厚望，领班唱影。与其同班演出的有胡俊臣、范瑞、刘子琴、丁洪生、朱文谨、李香廷等。从艺几十年中，蒋凤岐教过徒弟20多个。蒋凤岐儿蒋春，14岁随父班学掌鼓板，后精通皮影的唱、念、打、拿各行当，把蒋家百年来皮影艺术的技法传承下来。将凤岐故后，蒋春同蒋凤岐徒弟盖焕福、王守千、纪永组成影班，后来召集许杰、裴树森等人入班，并招收韩文广等徒弟，2018年，仍然坚持经常活动。

蒋家影班建班年代早，传承有序，保留下皮影艺术的许多传统习俗、演出技法和一批较为原始的影人、影卷，弥足珍贵。现存影卷《五峰会》《平辽东》《锁阳关》《双峰剑》《紫金钟》《镇元塔》《珍珠塔》等20多部。

该班成立至今一直没有中断。100 多年来，先后到宝国吐、大甸子、下洼及奈曼旗、辽宁省北票等地演唱，较有名气。近几年，蒋家影班几次代表敖汉旗到呼市、海拉尔、赤峰等地参加皮影展（调）演。

（二）舒家影班

舒家影班字号“福真堂”，班址在今贝子府镇的六道岭村大杖子。民国 22 年（1933 年），舒申、舒选兄弟投师郑某，学习皮影表演艺术。出徒后，同孟兆发、张岐、黎树学组成影班，演出《五峰会》《保龙山》《平西策》等影卷。舒选绘制皮影，曾刻过十余堂影人卖给皮影艺人。

“福真堂”影班活动在王家营子、大甸子一带，与当时的宝国吐蒋家影班同样有名气，是敖汉旗东南部有典型性的影班之一。

舒申、舒选辞世后，其后人舒占会、舒占茹继承父业，成立两个皮影班。2018 年，仍在王家营子一带演出。

（三）裕民影社

裕民影社社址在今新惠镇（原高家窝铺乡）下井村曹家窝铺村民组。20 世纪 40 年代初，影社由任国权（艺名“任三影匠”）负责成立。影社成立后，活动在大各各召区、官家地区、捣格朗营子区、牛古吐区等地。演出影卷《五峰会》《双峰剑》等 20 多部，是敖汉旗中部有代表性的影社之一。1977 年，裕民影社皮影艺人沈连珠、沈连珍、张井玉参加文化馆皮影学习班组成皮影队，到全旗各地做示范性演出。1979 年至今，仍活动在全旗各地。主要演员有：

任国权，1912 年生，1918 年从艺，唱小生、丑角，拉京胡，拿下线。

王瑞堂，1904 年生，1925 年从艺，唱老生，旦角，拉板胡，拿上线。

沈连珠，1921 年生，1941 年从艺，掌鼓板，拿上线，唱旦角，大嗓。

三人均坐过科。1954 年，影社又增加演员沈连珍、张井玉。

第五节　鼓乐班

鼓乐班是传统的民间半职业性文艺班社之一。它的组成以吹、奏单双唢呐为主，配有锣、鼓、钹、板鼓等打击乐，艺人数三五不等。1949 年前，敖汉旗民间就有鼓乐班活动。当时，主要为以下三个方面的活动演奏：

王爷、财主家举行婚丧嫁娶各种仪式或举办堂会、灯会等娱乐性活动。

民间举办庙会、求雨等宗教仪式。

春节期间群众性的秧歌、灯会等活动。

鼓乐班的艺人，大多是坐科出身。被邀请去帮会时，根据办会的不同性质演奏喜、怒、哀、乐的曲牌。敖汉旗民间鼓乐班演奏的曲牌主要有《句句双》《清柳青娘》《混柳青娘》《八条龙》等40余个。

1949年后，民间鼓乐班有所增加。1949年，民间鼓乐艺人达55名。旗政府和各行政区召开会议或举行庆祝活动、节日活动，邀请鼓乐班演奏。1955年，全旗鼓乐班数达14个，鼓乐艺人达48名。

第二编表34　1955年敖汉旗民间鼓乐班情况一览表

名称	所在地	领班人		班内构成		
		姓名	从业年限（年）	艺人数（人）	坐过科数（人）	平均从业年限（年）
张家鼓乐班	小河沿努四德堂村陈家沟	张子林	37	3	3	20
白家鼓乐班	官家地区乍首村马头山屯	白汗林	15	4	3	16
贺家鼓乐班	四家子区马架子村上房身屯	贺风宝	15	8	3	11
牛夕河鼓乐班	四家子区牛夕河村	陈国合	20	2	2	20
巨林营子鼓乐班	贝子府区巨林营子村	王化中	11	3	2	10
赵家窝铺鼓乐班	贝子府区太吉和窑村赵家窝铺屯	吴永广	30	5	2	12
敖包鼓乐班	贝子府区王家营子村敖包屯	邵　围	10	2	2	10
大窝铺鼓乐班	宝国吐区兴隆沟村大窝铺屯	蓝德泉	40	4	1	24
宫杖子鼓乐班	宝国吐区大甸子村宫杖子屯	张文义	15	3	2	10
陈家洼子鼓乐班	下洼区陈家洼子村	张玉堂	31	4	3	14
王家鼓乐班	下洼区下洼村	王相林	21	2	2	13
窑子沟鼓乐班	捣格朗营子区山嘴区窑子沟屯	张国生	12	3	1	8
马架子鼓乐班	捣格朗营子区马架子村	王　全	6	3		5
坤屯稍鼓乐班	四家子区牛夕河村坤头火稍屯	张振生	20	2	2	16

第二编表35　1949—1956年鼓乐班发展情况一览表

年度	鼓乐班数	从艺人数
1949	14	55
1950	14	54
1951	14	50
1952	14	53
1953	14	50

续表

年度	鼓乐班数	从艺人数
1954	14	48
1955	14	48
1956	14	42

1956年，随着民间业余剧团增加，春节期间文艺活动由办秧歌为主改为业余剧团演出为主，一些宗教性的仪式被逐渐废除，鼓乐班因此相继解散，大部分鼓乐艺人加入业余剧团。

20世纪60年代，鼓乐艺人活动较少。

70年代，农村办秧歌由唢呐艺人来吹奏。

党的十一届三中全会后，农村经济条件逐渐好转，百姓人家婚丧嫁娶、生小孩儿办满月酒时，也请由唢呐艺人和会使用打击乐器的人组成的鼓乐班到场吹奏助兴，增添喜庆气氛。萨力巴乡萨力巴村唢呐艺人林子佩，又成立了鼓乐班。其他地区的唢呐艺人，也纷纷在农历正月办秧歌、灯会时，应邀帮会。

第六节　文艺宣传队

一、公安宣传队

1952年7月，敖汉旗公安大队组建文艺宣传队，有演员25人。建队宗旨是通过演出活动，宣传婚姻法，增强群众的反封建意识，提倡男女平等，维护整顿社会治安秩序，配合形势开展宣传工作。

宣传队成立后，排演《刘巧儿》《小二黑结婚》《小女婿》等现代戏，舞台布景、道具和演员服饰等贴近生活，观众易于接受，受到群众普遍欢迎。3年中，在全旗各地巡回演出300余场，观众达65万人次，对启发人们破除封建落后思想，开阔眼界，寻求新的生活道路起到积极作用。

1955年，在“三反”“五反”运动中，宣传队解散。

二、毛泽东思想业余文艺宣传队

1968年，敖汉旗革命委员会号召各公社、大小生产队、学校、机关、街道成立毛泽东思想业余文艺宣传队（简称文宣队），以宣传毛泽东思想为主，演出样板戏和配合政治运动形势的节目。岗岗营子、金厂沟梁、四家子等11个公社成立公社级文艺宣传队，一些大小生产队、学校、机关也开始成立文宣队。

1969年，敖汉旗革命委员会政工组举办全旗毛泽东思想业余文艺宣传队会演，四家子、金厂沟梁等14个公社、大队、学校派代表队参加，促进全旗各地文艺宣传队的发展。

1970年，文宣队开展“普及革命样板戏，普及革命歌曲”活动。7月，政工组召开会议，贯彻上级指示精神，安排布置“双普及”工作，各公社政工干事、文宣队负责人共180人参加。会后，8个公社举办了“双普及”学习班。9月，旗文化馆举办样板戏学习班，由昭乌达盟样板戏学习班的老师辅导，全旗文艺骨干130人参加了学习。同年，羊场、新惠等6个公社文宣队撤销，队员转入学校、大队级文宣队。

1971年，政工组举办“双普及”汇报会，有24个公社的430名文宣队队员参加，演出节目182个，其中自编节目26个。4月，全旗各级文宣队发展到89个，队员1300人。其中：公社级5个，队员66人；大小队级52个，队员756人；学校级30个，队员453人；工厂级2个，队员25人。

第二编表36　敖汉旗公社级毛泽东思想业余文艺宣传队一览表

文宣队名称	现所在地	队员人数			成立时间	解散时间
		男（人）	女（人）	合计（人）		
岗岗营子公社文宣队	木头营子乡岗岗营子村	6	6	12	1968年	
金厂沟梁公社文宣队	金厂沟梁镇金厂沟梁村	7	9	16	1968年	
四家子公社文宣队	四家子镇四家子村	7	8	15	1968年	
红旗公社文宣队	玛尼罕乡玛尼罕村	6	5	11	1968年	
前进公社文宣队	四家子镇林家地村	7	5	12	1968年	
羊场文宣队	黄洋洼镇	6	4	10	1968年	1970年
新惠公社文宣队	新惠镇街里	8	6	14	1968年	1970年
下洼公社文宣队	下洼镇下洼村	7	7	14	1968年	1970年
向阳公社文宣队	贝子府镇贝子府村	8	7	15	1968年	1970年
新地公社文宣队	新惠镇新地村	6	7	13	1968年	1970年
东风公社文宣队	长胜镇长胜村	9	8	17	1968年	1970年

第二编表 37 敖汉旗大、小生产队级毛泽东思想业余文宣队情况一览表

公社	文宣队名称	现所在地	队员人数		
			男（人）	女（人）	合计（人）
下洼公社	贺也哈达大队文宣队	下洼镇贺也村	5	7	12
岗岗营子公社	木头营子大队文宣队	木头营子乡木头营子村	7	8	15
	新民大队三队文宣队	木头营子乡新民村	6	10	16
	前进大队马家窝铺小队文宣队	木头营子乡前井村马家窝铺村民组	9	10	19
	前井大队十三队文宣队	木头营子乡前井村	2	2	4
金厂沟梁公社	上长皋大队西队文宣队	金厂沟梁镇上长皋村西村民组	7	5	12
东方红公社	水泉大队文宣队	贝子府镇水泉村	12	8	20
	东方红大队一队文宣队	贝子府镇王家营子村	4	6	10
	东方红大队敖包小队文宣队	贝子府镇王家营子村敖包	6	9	15
	东方红大队马鞍桥子小队文宣队	贝子府镇王家营子村马鞍桥子村民组	7	7	14
光明公社	铁匠营子大队文宣队	贝子府镇铁匠营子村	6	8	14
	光明大队五队文宣队	贝子府镇克力代村	6	5	11
敖吉公社	喇嘛板大队喇嘛板小队文宣队	牛古吐镇喇嘛板村喇嘛板村民组	5	6	11
	喇嘛板大队前东小队文宣队	牛古吐镇喇嘛板村前东村民组	5	6	11
	老爷庙大队文宣队	牛古吐镇老爷庙村	6	5	11
永红公社	永红大队文宣队	四道湾子镇四德堂村	7	4	11
	黑土营子大队文宣队	四道湾子镇黑土营子村	6	5	11
	四德堂大队文宣队	四道湾子镇四德堂村	11	4	15
丰收公社	工农大队文宣队	丰收乡丰收村	14	5	19
	房申大队文宣队	丰收乡房申村	12	6	18
小河沿公社	四道湾子大队文宣队	四道湾子镇四道湾子村	5	8	13
	小河沿大队文宣队	四道湾子镇小河沿村	11	8	19
	宏伟大队文宣队	四道湾子镇下树林子村	6	8	14
前进公社	前进大队文宣队	四家子镇林家地村	8	5	13
乌兰图格公社	乌兰格日勒大队文宣队	敖润苏莫苏木	6	8	14
	三棵树大队文宣队	敖润苏莫苏木	4	8	12

续表

公社	文宣队名称	现所在地	队员人数		
			男（人）	女（人）	合计（人）
乌兰公社	乌兰召大队文宣队	萨力巴乡乌兰召村	6	8	14
	黄花甸子大队文宣队	萨力巴乡黄花甸子村	6	6	12
	张家营子大队文宣队	萨力巴乡张家营子村	8	5	13
	萨力巴大队文宣队	萨力巴乡萨力巴村	7	7	14
	安家胡同大队文宣队	萨力巴乡安家胡同村	7	5	12
东胜公社	东胜大队文宣队	兴隆洼镇宝国吐村	5	9	14
	发来甸子大队文宣队	兴隆洼镇发来甸子村	8	4	12
	丰田大队文宣队	兴隆洼镇	4	8	12
向阳公社	红伟大队文宣队	贝子府镇	6	7	13
	巨林营子大队文宣队	贝子府镇巨林营子村	8	7	15
	向阳大队文宣队	贝子府镇贝子府村	6	7	13
	大庙大队文宣队	贝子府镇徐家北沟村	6	5	11
	大围子大队文宣队	贝子府镇大围子村	8	9	17
新惠公社	大各各召大队文宣队	新惠镇格格召村	6	7	13
新地公社	新地大队文宣队	新惠镇新地村	12	5	17
	新华大队文宣队	新惠镇新地村	12	8	20
	新兴大队文宣队	新惠镇新地村	10	5	15
红卫公社	红卫大队文宣队	古鲁板蒿镇古鲁板蒿村	14	7	21
	永胜大队文宣队	古鲁板蒿镇古鲁板蒿村	6	10	16
	八家大队文宣队	古鲁板蒿镇八家村	8	11	19
	山嘴大队文宣队	古鲁板蒿镇山嘴村	6	9	15
	杨杖子大队文宣队	古鲁板蒿镇	8	10	18
	东他拉大队文宣队	古鲁板蒿镇东他拉村	8	14	22
	新发大队文宣队	古鲁板蒿镇周家地村	7	9	16
	哈拉勿苏大队文宣队	古鲁板蒿镇东哈拉勿苏村	7	5	12
	白家地大队文宣队	古鲁板蒿镇周家地村	7	8	15

第二编表 38　敖汉旗中小学校毛泽东思想业余文艺宣传队情况一览表

公社	文宣队名称	现所在地	队员人数		
			男（人）	女（人）	合计（人）
下洼公社	下洼中学文宣队	下洼中学	7	8	15

续表

公社	文宣队名称	现所在地	队员人数		
			男（人）	女（人）	合计（人）
大甸子公社	大甸子大队小学文宣队	兴隆洼镇大甸子村小学	6	7	13
金厂沟梁公社	上长皋大队小学文宣队	金厂沟梁镇上长皋小学	13	8	21
	东方红中学文宣队	金厂沟梁镇中学	7	8	15
克力代公社	光明中学文宣队	克力代中学	5	5	10
	光明大队小学文宣队	贝子府镇克力代村小学	7	10	17
四家子公社	四家子中学文宣队	四家子中学	6	7	13
	马架子大队小学文宣队	四家子镇马架子村小学	5	5	10
	小古力吐大队小学文宣队	四家子镇小古力吐村小学	7	6	13
羊场公社	羊场中学文宣队	黄羊洼镇中学	7	7	14
丰收公社	丰收中学文宣队	丰收中学	10	5	15
	丰收大队小学文宣队	丰收乡丰收村小学	9	10	19
敖吉公社	敖吉中学文宣队	敖吉中学	7	5	12
	敖吉大队小学文宣队	牛古吐镇敖吉村小学	6	6	12
	先锋大队小学文宣队	牛古吐镇牛古吐村级小学	6	8	14
双井公社	双井中学文宣队	双井中学	10	8	18
	双井大队小学文宣队	长胜镇双井村小学	8	8	16
	四棵树大队小学文宣队	长胜镇四棵树村小学	9	9	18
东风公社	东风中学文宣队	长胜镇中学	6	9	15
	前进大队小学文宣队	长胜镇	7	8	15
小河沿公社	小河沿中学文宣队	四道湾子中学	7	5	12
乌兰公社	乌兰中学文宣队	萨力巴中学	4	9	13
东胜公社	东胜中学文宣队	宝国吐中学	7	8	15
新地公社	新地中学文宣队	新地中学	12	8	20
新惠公社	新惠一完小文宣队	新惠实验小学			
	新惠二完小文宣队	新惠第二小学			
	建设大队小学文宣队	新惠镇			
	平房大队小学文宣队	新惠镇平房村小学			
红卫公社	红卫中学文宣队	古鲁板蒿中学			
	红卫大队小学文宣队	古鲁板蒿镇古鲁板蒿村小学			

第二编表 39　敖汉旗工厂毛泽东思想业余文艺宣传队（简称文宣队）情况一览表

文宣队名称	所在地	队员人数		
		男（人）	女（人）	合计（人）
修造厂文宣队	敖汉旗农具修造厂	7	5	12
木工厂文宣队	敖汉旗木工厂	6	7	13

1974 年，有文宣队 216 个，其中农村（大小生产队、学校）214 个、工矿 2 个。8 月，敖汉旗文教局从全旗各文宣队中选拔出 30 多名队员，组成代表队，参加昭乌达盟文艺会演。

1975 年，文宣队发展到 824 个，其中农村（大小生产队、学校）823 个、街道 1 个。

1976 年，有文宣队 414 个，其中农村（大小生产队、学校）385 个、工矿 4 个、街道 25 个。粉碎“四人帮”后，所有的宣传队参加一段时间以揭批“四人帮”为主要任务的文艺宣传。1977 年，教育事业步入正轨，各学校注重学生学习文化知识，中小学文宣队全部解散。党的十一届三中全会后，城乡的群众文化活动迎来百花齐放的春天。1978 年，随着农村业余剧团的纷纷成立，部分公社、厂矿相继成立业余文艺宣传队，演出形式以歌舞、曲艺和小戏剧为主，丰富和活跃人民群众文化生活。

第二编表 40　敖汉旗业余文艺宣传队情况一览表（1978—1985 年）

公社	现所在地	负责人	演员人数			演出形式
			男（人）	女（人）	合计（人）	
岗岗营子公社文宣队	新窝铺乡政府所在地	贾立新	11	6	17	歌舞、曲艺、戏剧
四德堂公社文宣队	四德堂乡政府	乡团总支	5	4	9	歌舞、曲艺
荷也勿苏公社文宣队	敖润苏莫苏木政府	韩国春	7	7	14	歌舞、数来宝
贝子府水泥厂文宣队	贝子府水泥厂	厂工会	5	4	9	歌舞、曲艺、戏剧
金厂沟梁金矿文宣队	金厂沟梁金矿	矿工会	11	8	19	歌舞、曲艺、戏剧
撰山子金矿文宣队	撰山子金矿	矿工会	7	6	13	歌舞、曲艺、戏剧
双井公社文宣队	双井乡政府	杨立国	5	6	11	歌舞、曲艺、戏剧

三、岗岗营子业余文艺宣传队

1967 年 6 月，岗岗营子公社文化站成立“岗岗营子业余文艺宣传队”。贾立新负责文宣队的全面工作。文宣队从本公社招 12 名男女队员，因陋就简，配合党的中心工作，编演小型多样的歌舞、曲艺节目，到各生产队做宣传性演出。全公社每人每年抽出 9 分至 1 角 5 分钱，作为文宣队业务开支和队员报酬。

1969 年下半年开始，贾立新带领队员到林场砍树枝、打羊草、种打瓜、办小型综合厂，靠副业收入解决宣传队的各项开支。先后添置了幻灯机、服装、乐器、灯光设备。他们边劳动、边学习、边排练，经常挑着幻灯机、背着服装、乐器走乡串户，演出之余，还为群众义务理发、修理小农具和钟表等，受到全公社干部群众的欢迎。

1970 年，敖汉旗革命委员会派岗岗营子文艺宣传队到天津，为下乡来敖汉旗插队的知识青年家长回访演出 9 场。

1973 年，岗岗营子文艺宣传队到元宝山为知青家长回访演出 9 场。

1969—1974 年，岗岗营子文艺宣传队的幻灯小组 6 次赴沈阳为辽宁省党、政、军等机关汇报演出 9 场，观众达 9000 多人次。同时，在辽宁省行程 7500 多公里为 31 个市、旗、县慰问演出。

1974 年，岗岗营子文艺宣传队随同修建沙通铁路的敖汉旗民兵团在工地上活动两年。这期间，队员陆续到其他行业工作，文艺宣传队渐渐解散。

第二编表 41　岗岗营子文艺宣传队建队初期活动情况一览表

年份		演出场次	观众人数	演出行程（公里）	演出天数	排练天数	举办学习班天数	参加劳动（总天数）
1967 年	上级调演							
	本公社范围演出	125	85000	362	125	17		1267
1968 年	上级调演	17	19000	600	48		6	
	本公社范围演出	162	113400	507	162	36		492
1969 年	上级调演	23	25300	1220	59		8	
	本公社范围演出	132	92400	492	132	40		627
1970 年	上级调演	36	42000	1060	63		16	
	本公社范围演出	89	80400	463	89	32		1236
1971 年 1 月至 5 月 4 日	上级调演	17	17000	1890	54		28	
	本公社范围演出	48	3360	210	48	12	10	504

1977 年 3 月，岗岗营子公社文化站从应届高中毕业生中招收 12 名男女青年，重建文宣队。贾立新任队长，王道生任指导员，赵焕任农业队长。在乌兰勿苏大队老朝力吐生产队搭了 13 间地窨子，当排练场、宿舍和伙房，克服困难，演出歌舞、曲艺、幻灯节目。年末，又招收 5 名队员。

1978 年，购买一堂价值 150 元的皮影，成立皮影小组，10 月招收 8 名队员，全队人数达 28 名。同年，演出范围向全旗各地扩大。

1979 年 1 月，在敖汉旗文化局举办的文艺会演中，喜剧《计划计划》等 4 个节目在演出中获奖。7 月，文宣队分成二人转、皮影两个组，分头活动。

1980 年 1 月，参加全旗文艺调演期间，在新惠电影院内售票演出。8 月，派队员分头到赤峰、承德、通辽、北票学习古装戏，排练评剧《杨八姐游春》《三凤求凰》等。11月为内蒙古自治区文化检查团汇报演出戏曲、幻灯两场节目，同时，在新惠电影院售票演出12场古装戏曲。全年演出达203场。

1981年3月，队址迁到新朝力吐生产队附近的公社水管所。5月23日—31日，应自治区文化厅邀请，7名队员去呼和浩特为自治区领导、宣传系统各部门和全区群众艺术馆长、文化馆长会议汇报演出幻灯、皮影、歌舞、戏曲、曲艺5场节目，观众达9000多人。内蒙古自治区文化局颁发奖状一张、奖电视机一台，每个队员纪念册一本。6月上旬，在文化部汇报演出歌舞、曲艺节目，文化部群文局、艺术局、民族司、《红旗》杂志社等部门的97人观看演出。演出结束后，群文局召开座谈会，听取文艺宣传队的汇报，对他们多年来在艰苦的条件下，为活跃群众的文化生活而努力奋斗的精神，给予充分的肯定。在京期间，文化部专门安排队员到中国评剧院一、二团，中国京剧院四团，北京实验京剧团观摩学习，还安排队员代表到评剧演员新凤霞家走访。6月12日—13日，内蒙古自治区广播电视台为文艺宣传队以《庄户剧团演出记》为题进行专题报道，并选播部分节目。下半年，陆续招收队员6人，10月成立魔术小组，11月在新惠电影院售票演出15场。全年在20个演出点演出300多场。有7名队员被昭乌达盟文工团和旗乌兰牧骑招收为演员。

1982年5月，文艺宣传队迁至新窝铺大队附近的公社苗圃。9月，幻灯组以内蒙古自治区幻灯代表队的身份，参加国家计划生育委员会在秦皇岛举办的“三北鲁豫”15个省（自治区、直辖市）幻灯会演获集体奖，授予奖旗三面，其中《俩大嫂》获优秀节目奖和两项个人表演奖。同年，大量排演古装戏曲，剧种有京剧、评剧、柳子戏、喜剧、黄梅戏，兼演幻灯、皮影、歌舞等。

1983—1984年，巡回全旗各地演出古装戏曲，举办3次戏曲表演培训班，培训学员130多名。

1985年2月，文艺宣传队分成二人转、评剧两个队分头活动，5月送出5名队员到赤峰市群众艺术馆学习3个月，被市评剧队招收为演员。7月，投资1700多元，在新窝铺乡政府所在地建起伙房、排练室、宿舍9间，合160平方米。10月举办戏曲培训班，有45人参加学习，邀请市京剧团辅导队4名老师授课。11月，有17名队员被市戏曲服装厂剧团招收为演员。截至1985年年底，文宣队有队员28名，戏曲服装价值4万元。乐器价值5000元，灯光、扩音设备价值2500元。

1986年10月，为解决演员青黄不接的困难，文宣队招收20多名小队员在市评剧队集体培训40多天。培训班分表演、乐队两组，由马玉柱、李永英等老师授课。结业后，在旗文化馆作汇报演出。经过培训，文宣队演出质量有所提高。1987年以后，10多名优秀队员陆续被旗乌兰牧骑、金厂沟梁金矿、撰山子金矿等文艺团体招收为演员，文宣队逐渐停止演出活动。1988年解散。

岗岗营子文宣队成立 20 多年里，共招收 13 批、200 多名队员，为市、旗级专业文艺团体和各机关、单位、学校、厂矿等业余文艺队伍输送人才 70 多名，为文艺事业的繁荣和发展作出较大贡献。

四、计划生育委员会宣传队

1990 年，敖汉旗计划生育委员会成立文艺宣传队，建队宗旨是配合旗计划生育委员会中心工作，宣传党的计划生育政策，向群众普及优生优育知识。宣传队由贾立新负责成立，在旗计划生育委员会领导下开展活动。贾立新、李亚军先后任队长。所招收的队员都是农村男女青年，在表演、演奏方面有一技之长。

宣传队成立后，发扬乌兰牧骑精神，大部分队员一专多能，台上演唱、伴奏，台下灯光、布景，各司其职，分工合作，小小的宣传队通过高质量的演出得到各级领导和业务部门的充分肯定。1991 年春开始，经旗政府批准，旗计划生育委员会研究决定，宣传队深入全旗各村委会所在地，各乡镇苏木计划生育办公室协助，每村演唱一场。演出形式以自编自演的曲艺、歌舞、小品为主，内容包括“只生一孩好”“生男生女都一样”“少生优生”等，还有宣传农村精神文明、遵纪守法等方面的娱乐性剧目。宣传队晚上演出，白天转场，巡回演出两年多时间，走遍全旗各行政村。同时，多次为旗政府举办大型活动、各级领导和业务部门检查作汇报演出。

1995 年，宣传队解散。

第七节　老年艺术合唱团

敖汉旗老年大学艺术合唱团的前身是“敖汉旗老年合唱团”，2001 年 5 月 16 日在旗老年体协领导下成立。张乃夫为团长，李红、于万祥为副团长，徐国选为艺术总监，高铁虹为副总监。2001—2004 年，先后由孙继权、左文忠担任副团长，高玉佩、高铁虹先后任副教导员。活动场址先后在旗文化馆、万强公司出租房、新惠实验小学、新南村委会等地。2005 年 1 月，敖汉旗老年体协文体厅落成，敖汉旗老年艺术合唱团迁入此厅并参加管理。

2001 年，敖汉旗老年艺术合唱团成立后，积极组织队员参加合唱、曲艺、戏剧、舞蹈等文艺活动的排练演出。每年的“七一”、广场消夏文艺会演等大型活动，都作末场演出并形成制度。另外，每年的 5 月 16 日团庆日、重阳节、元旦等节日都组织联欢会，同时，还参加一些社会活动。

演出形式有大合唱、男女小合唱、曲艺节目、独唱、舞蹈、京剧、评剧及其他剧种选段或选场。

2001—2004年，大合唱的主要曲目有：《黄河大合唱》《山丹丹开花红艳艳》《唱支山歌给党听》《没有共产党就没有新中国》《十送红军》《五十六个民族五十六枝花》等；舞蹈有：《十大姐》《掀起你的盖头来》《延边情》《牧人》《绿色敖汉好家园》《额吉的祝福》《扇子舞》《蓝色的故乡》《大板城的姑娘》《向快乐看齐》《祝毛主席万寿无疆》；表演唱有《唱唱咱们的合唱团》《三个老汉唱三讲》《对花》等。

2005年7月1日，在大礼堂参加《敖汉颂》专题文艺晚会，演出了大合唱《飞奔吧，敖汉》《绿色长城》《没有共产党就没有新中国》、舞蹈《延边情》、二人转坐唱《新惠小城换新颜》、组歌《敖汉颂》——《敖汉我可爱的家乡》《敖汉之歌》《敖汉羊场，我可爱的地方》、京剧联唱《众志成城写华章》、锣鼓说唱《满怀豪情唱敖汉》等。

2006年初，敖汉旗老年合唱团派出30多人，参加赤峰市第二届老年风采大赛，演出舞蹈《敖汉绿色的家园》、民乐合奏《子弟兵和老百姓》、对唱《远方书信随风来》，其中民乐合奏获三等奖。3月8日，敖汉旗老年艺术合唱团举办文体厅交付使用迎春歌会。5月16日，举办庆祝敖汉老年艺术团建团5周年联欢会，表演精彩的文艺节目。7月1日，为纪念建党84周年，在大礼堂演出《长征组歌》中的《告别》《四渡赤水出奇兵》《过雪山草地》《到吴起镇》，还有舞蹈、小合唱、京剧选段等节目。

为了提高全体队员的声乐水平，从2001年开始，老年合唱团把集体学习提高作为常抓常做的必修课。每次全团集中活动，都用近一个小时时间学习简谱知识，请老师讲课和辅导，使全队人员的演艺水平有很大提高。由于经常参加各类演出，社会效益好，敖汉旗老年艺术合唱团在2004年、2006年分别被敖汉旗政府授予“群众文化先进单位”称号。自此，老年艺术团在全旗群众文化领域大显身手，年年都有创新，岁岁获得奖项，成为敖汉地区一支重要的群众文化队伍。

敖汉旗老年艺术合唱团现有场地130平方米，有电视机、VCD一套，有室外音响一套，有部分铜管乐器和民族乐器。教学用桌椅60套，有6种60余套舞蹈、曲艺、合唱演出服装。

第八节 社区、农村业余文艺演出团队

2008年以来，全旗城市各社区、乡镇苏木文化室和农民文化大院纷纷成立业余文艺演出队伍，表演形式有小戏曲、曲艺、歌舞、小品、皮影戏等，利用节假日、农闲时间自娱

自乐，活跃城镇、农村群众文化生活。

第二编表 42 城区各街道办、社区业余文艺演出团队一览表

序号	团体名称	组织者	人数	所在地
1	新州街道办文工团	梁维尊	20	新州街道办
2	新南街社区文工团	赵武英	21	新南街社区
3	新北街社区文工团	岳文军	10	新北街社区
4	戏曲协会	毕　民	20	新中街社区
5	文化艺术团	裴俊霞	30	新中街社区
6	蒙中街社区老年艺术团	程殿元	25	蒙中街社区
7	新兴街社区老年艺术团	李素英	21	新兴街社区
8	新兴街红英居民艺术团	张国英	20	新兴街社区
9	秀水老年艺术团	张　举	15	惠州街道办
10	百姓艺术团	王　才	28	惠州街道办
11	草花艺术团	孟庆和	12	惠州街道办

第二编表 43 各乡镇村级业余文艺演出团队一览表（截至 2018 年）

团队名称	所在地	演出形式	人数	负责人
八旗村文艺宣传队	下洼镇八旗村	歌舞	8	张晓芝
八旗村民间艺术团	下洼镇八旗村	戏剧、歌舞	16	韩殿雅
山村文化说唱表演队	下洼镇贺也村	曲艺、歌舞	20	昝　中
河西村文艺宣传队	下洼镇河西村	说唱	7	王志波
兴太剧团	下洼镇	评剧、歌舞、二人转	14	韩庆利
联合剧团	下洼镇丰源村	歌舞	12	刘宝江
红丝带剧团	下洼镇	评剧、歌舞、二人转	10	王志杰
国军文艺演出队	下洼镇下洼村	歌舞	11	刘国军
草原村文艺宣传队	下洼镇草原村	歌舞	13	张海武
友谊小剧团	贝子府镇五官营子村	评剧、歌舞、二人转	7	张　悦
沃土评剧团	贝子府镇西查干哈达村	评剧、歌舞、二人转	18	王　会
好运来剧团	贝子府镇王家营子村	评剧、歌舞、二人转	3	王殿祥
百家争鸣小剧团	贝子府镇刘家湾子村	评剧、歌舞、二人转	11	胡金霞
铁匠营子剧团	贝子府镇铁匠营子村	评剧、歌舞、二人转、京剧	11	纪宗荣
北斗星小剧团	贝子府镇口琴村	评剧、歌舞、二人转、拉场戏	7	冯忠存
老窑评剧团	贝子府镇后坟村老窑组	评剧、歌舞、二人转、拉场戏	18	杜国春

续表

团队名称	所在地	演出形式	人数	负责人
克力代剧团	贝子府镇克力代村	评剧、歌舞、二人转、京剧	9	鲁希清
五角枫剧团	贝子府镇	评剧、歌舞、二人转	12	杨汉斌
敖南兄妹乐园	贝子府镇巨林营子村	评剧、歌舞、二人转	7	王凤发
小小兄妹乐园	贝子府镇后坟村	评剧、歌舞、二人转	7	刘　江
日月星民间歌舞剧团	贝子府镇	歌舞	11	杨维岭
“英雄队”表演队	四家子镇坤头火稍村	武术、杂耍	20	李景宝
新乐皮影团	四家子镇牛夕河村	皮影	5	白树旺
南大城文艺演出队	四家子镇南大城村	皮影、戏曲、曲艺	12	刘庆年
华乐皮影剧团	四家子镇五马沟村	皮影	5	赵景华
翠香皮影团	四家子镇大古力吐村	皮影	5	张翠香
业余文艺表演队	四家子镇老虎山村	歌舞、评剧、曲艺	12	包文富
业余文艺表演队	四家子镇林家地村	歌舞、评剧、曲艺	10	孙玉香
业余文艺表演队	四家子镇东井村	歌舞、评剧、曲艺	10	刘振霞
谷香民间艺术团	四家子镇老虎山村	歌舞	15	包文贵
凯峰剧团	古鲁板蒿镇哈拉勿苏村	评剧、歌舞、二人转、拉场戏	24	金海玉
天东二人转演艺队	古鲁板蒿镇	歌舞、二人转	10	卢天东
自由人民间艺术团	古鲁板蒿镇	拉场戏	8	王启民
青年曲艺团	古鲁板蒿镇	二人转	11	孙桂民
民间演出队	牛古吐镇德力板村	戏剧、歌舞	30	张洪海
民间艺术团	牛古吐镇大五家村	戏剧、歌舞	20	李彩娜
民间艺术团	牛古吐镇北台子村	戏曲、歌舞	13	佳　佳
孙家文化大院	牛古吐镇	曲艺	10	孙小会
永民剧团	牛古吐镇千斤营子村	评剧、二人转	10	聂永民
秀艳文化大院	牛古吐镇	曲艺	10	刘秀艳
建生文化大院	牛古吐镇	曲艺	20	刘建军
大五家业余演出队	牛古吐镇大五家村	曲艺	15	王小龙
志华歌舞剧团	木头营子乡乌兰勿苏村	歌舞、小品、二人转	20	程志华
桂泙文艺演出队	木头营子乡新窝铺村	歌舞、小品、二人转	20	于桂萍
美之缘歌舞剧团	木头营子乡岗岗营子村	歌舞、小品、二人转	20	张雅琴
可心文艺演出队	木头营子乡新民村	歌舞、小品、二人转	6	郭振阳
田家湾文艺演出队	木头营子乡份子地村田家湾	歌舞、小品、二人转	21	董　瑞 张宏民

续表

团队名称	所在地	演出形式	人数	负责人
益民文艺演出队	木头营子乡平合村	歌舞、小品、二人转	12	潘　福
韩峰文艺演出队	木头营子乡乌兰胡同村	歌舞、小品、二人转	24	韩　峰
惠民剧团	木头营子乡	戏剧	15	吴　极
荞麦花评剧团	黄羊洼镇牛力皋村	评剧	15	刘向东 刘海军
蒋家皮影戏班	兴隆洼镇兴隆洼村	皮影	5	蒋　春
庄稼院艺术团	兴隆洼镇何家窝铺村陈道沟组	戏曲、歌舞、曲艺	15	韩玉广
超越梦想民间艺术团	兴隆洼镇	曲艺	10	高淑环
守春文化演出队	兴隆洼镇	歌曲、戏剧	10	迟宗春
儒奎文艺演出队	兴隆洼镇	歌曲、戏剧	10	计儒奎
喜来顺婚庆演出队	兴隆洼镇	歌曲、戏剧、歌舞	10	高文艳
兰庭大院文艺演出队	玛尼罕乡五十家子村	评剧、歌舞	9	于跃芬
振国文艺演出队	玛尼罕乡草绳营子村	曲艺、歌舞	12	杨振国
海布日文艺演出队	敖润苏莫苏木海布日嘎查	戏曲、歌舞	28	韩国霞
固日班毛都文艺演出队	敖润苏莫苏木固日班毛都嘎查	戏曲、歌舞	55	邱彩霞
荷也勿苏文艺演出队	敖润苏莫苏木 荷也勿苏嘎查	戏曲、歌舞	15	赖秀凤
乌兰章古文艺演出队	敖润苏莫苏木 乌兰章古嘎查	戏曲、歌舞	14	鲍玉兰
巴彦宝力文艺演出队	敖润苏莫苏木 巴彦宝力嘎查	戏曲、歌舞	14	鲍金梅
敖润苏莫嘎查文艺演出队	敖润苏莫苏木 敖润苏莫嘎查	戏曲、歌舞	12	陈晓玲
鸿嘎鲁文艺演出队	敖润苏莫苏木 敖润苏莫嘎查	戏曲、歌舞	29	德力根
好德歌沁演出队	萨力巴乡乌兰召村	说唱、舞蹈	10	李福山
敖汉城子山皮影 文化有限责任公司	萨力巴乡	皮影	5	王　福
三合班皮影队	萨力巴乡张家营子村	皮影	6	于久山
乌兰召村文艺演出队	萨力巴乡乌兰召村	歌舞、曲艺	5	宋小英
安家胡同村文艺演出队	萨力巴乡安家胡同村	歌舞、曲艺	6	于素艳
城子山村文艺演出队	萨力巴乡城子山村	歌舞、曲艺	6	宋艳华
老牛槽沟村文艺演出队	萨力巴乡老牛槽沟村	歌舞、曲艺	8	张玉玲
张家营子村文艺演出队	萨力巴乡张家营子村	歌舞、曲艺	7	于淑芝
白土营子村文艺演出队	萨力巴乡白土营子村	歌舞、曲艺	10	鲁小军

续表

团队名称	所在地	演出形式	人数	负责人
七道湾子村文艺演出队	萨力巴乡七道湾子村	歌舞、曲艺	6	王殿花
萨力巴村文艺演出队 景林业余评剧队	萨力巴乡萨力巴村	歌舞、曲艺 评剧	15 18	吴素霞 李景林
夕阳红老年文艺队	金厂沟梁镇金厂沟梁村	曲艺	10	宋文国
庭新曲艺团	金厂沟梁镇下长皋村	曲艺	15	高庭新
设力虎村歌舞团	金厂沟梁镇设力虎村	歌舞	15	张明红
回族村文艺歌舞团	金厂沟梁镇回族村	歌舞	15	尹凤杰
廷富文化大院演出队	金厂沟梁镇	曲艺	10	张凤花
刘杖子文艺队	金厂沟梁镇刘杖子村	曲艺	10	张艳华
石桥子文艺队	金厂沟梁镇石桥子村	曲艺	10	申桂艳
明羽文化大院演出队	新惠镇红娘沟村	曲艺	50	任明宇
老榆树文化大院演出队	新惠镇高家窝铺村	曲艺	60	魏秉学
文艺小分队	新惠镇	曲艺	40	尹宪柱
士祥文化大院演唱队	新惠镇喇嘛蒿村 西坤龙宝河村	曲艺	20	刘士祥
丰盛店文艺演出队	新惠镇丰盛店村	戏曲、歌舞	20	纪淑琴
凤凰歌舞队	丰收乡凤凰岭村	曲艺	64	张凤银
国英文化大院演出队	丰收乡东八家村	曲艺	22	张树国
庆丰收评剧艺术团	丰收乡凤凰岭村	评剧	24	王　全
欢乐农家小剧团	四道湾子镇二道湾子村	曲艺、歌舞	20	张秀香
张桂华文化大院演唱队	四道湾子镇二道湾子村	曲艺	60	张桂华
王玉霞文化大院演唱队	四道湾子镇小河沿村	曲艺	40	王玉霞
宋志明文化大院演唱队	四道湾子镇下树林子村	曲艺	60	宋志明
桂兰文化大院演唱队	四道湾子镇富民村	曲艺	50	张彩云
新惠皮影社	新惠镇	非物质文化遗产	6	褚国祥
民族文艺演出队	新惠镇	戏剧、歌舞	15	马三惠
兴隆洼演出有限责任公司	新惠镇	戏剧、歌舞	30	叶志新
梨园评剧团	新惠镇	戏剧	30	包淑敏
赤峰艺海文化传媒有限公司	新惠镇	戏剧、歌舞	20	林百艳
好德歌沁蒙古族剧团	新惠镇	戏剧、歌舞	20	褚　彦

第四章　业余文艺演出

第一节　专场文艺演出

党的十一届三中全会以后，敖汉旗委、旗政府及旗直各部委办局经常主办专场文艺演出。有庆祝青年节、劳动节、儿童节、建党周年、建军节、国庆、元旦等节日演出，有配合形势的宣传演出，有大型活动开幕式、闭幕式演出等。

第二编表 44　镇内专场文艺活动一览表

时间	活动名称	主办单位	表演节目（次）	观众人数
1989.10.1	“国庆献礼”专场晚会	文化局	20	1000
1990	“宣传人口普查”专场晚会	文化局	7	1000
1991.5.1	工人之声演唱会	文化局、总工会	14	500
2001.6.28	庆祝建党 80 周年歌舞晚会	组织部、文化局	20	1000
2002.6.29	庆祝建党 81 周年文艺晚会	文化局、乌兰牧骑	31	1000
2002.8.1	拥军爱民联谊会	文化局、民政局	12	500
2003.6.29	庆“七一”文艺联欢会	文体局	22	1000
2003.11.27	反邪教专场文艺晚会	防范办、团旗委、文体局	13	1000
2004.6.28	《大漠绿海》汇报演出专场	文体局	1	600
2005.5.29	庆六一文艺演出专场	文化馆	18	600
2007.6.1	“放飞希望拥抱未来”专场晚会	教育局、旗妇联、文体局	25	10000
2007.6.30	“光荣使命辉煌历程”纪念建党 86 周年专场文艺晚会	组织部、宣传部、文体广电局	14	8000
2007.8.1	庆八一军民联谊会	人武部、文体广电局	12	600
2007.8.8	美丽的内蒙古可爱的家乡歌舞晚会	宣传部、文体广电局	13	10000
2008.7.1	“民族的脊梁，发展的希望”纪念建党 87 周年大型歌舞晚会	旗委办、组织部、宣传部、政法委等	20	6000
2008.8.3	首届职工文化节下洼镇“红丝带”宣传队演出专场	旗委办、政府办	15	10000

续表

时间	活动名称	主办单位	表演节目（次）	观众人数
2008.11.13	《永远的春天》纪念改革开放 30 周年大型歌舞晚会	旗委办、政府办主办，文体广电局承办	12	1000
2009.7.29	庆祝建军 82 周年军民文艺联欢	武装部、文体局	12	1000
2009.9.25	老年大学艺术团庆祝国庆专场文艺晚会	宣传部、文体广电局、老年艺术团	12	600
2009.10.21	“情系灾民，奉献爱心”抗灾减灾红歌演唱会	市委宣传部、旗委、旗政府、市广电局等	20	10000
2010.7.1	创先争优谋发展固本强基促和谐庆七一专场文艺演出	组织部、宣传部、文体局	15	1000
2010.8.1	百日消夏广场文化活动启动仪式暨八一文艺演出专场	宣传部、武装部、文体局	14	3000
2011.6.30	庆祝建党 90 周年大型红歌演唱会	组织部、宣传部、文体局	13	1000
2012.5.31	庆六一专场文艺晚会	教育局、文体局	25	5000
2012.6.29	庆七一专场文艺晚会	宣传部、文明办、文体局	16	8000
2013.7.26	赤峰市第二届群星大舞台走进敖汉专场演出	市文化局、旗文体局	18	5000
2013.7.29	赤峰电视台百姓大舞台走进敖汉专场演出	赤峰市电视台、旗文体局	24	7000
2013.8.18	“激情盛夏美丽敖汉”老年大学艺术团专场演出	宣传部、文明办、文体局	18	8000
2015.7.15	共话京蒙情同筑中国梦北京内蒙古手拉手——首都艺术家赴敖汉慰问演出	宣传部、文体局	12	6000
2018	第三届《龙乡谷韵》春节联欢晚会	旗委办、政府办		40000
2018	“家和万事兴”元宵节专场文艺晚会	宣传部、文体局		2000
2018.6.15	“敖汉你好明星演唱会”	宣传部、文体局、梅林文化传媒有限公司		1500

第二节　全旗业余文艺会（调）演大赛

1953 年 2 月，敖汉旗文教科举办全旗业余剧团文艺会演，演出的节目以自编自演为主。

1954 年 2 月，文教科举办业余剧团文艺会演。演出剧目大多为贴近群众生活、配合形势宣传的歌舞、戏曲、皮影、大鼓、曲艺等。

1955 年春节期间，大各各召区、小河沿区、四家子区的 16 个村级业余剧团，分片举办小型文艺会演。

1957年，旗文教科把全旗业余剧团分成两片，在小河沿、大各各召组织文艺会演。演出节目以戏曲为主，也有一些自编的小节目。

1959年2月14日—18日，文教科举办首届全旗业余剧团文艺会演。来自18个公社17个业余剧团的196名演员参加，演出评剧、梆子戏、快板、二人转等17个节目，一些节目是根据当地发生的真人真事自编自演，如《入社好》《牛郎织女入公社》等，受到社会上广泛好评。评选出集体奖6个，剧本创作奖5个，个人表演奖35名。12月，旗文教科举办全旗业余剧团文艺调演。铁匠营子、白塔子、小河沿、金厂沟梁、宝国吐等业余剧团参加演出，受到社会上广泛好评。

1963年10月，旗文教科举办全旗文艺会演。

1964年5月，敖汉旗直属机关举办250多人参加的业余文艺会演。

1965年1月，旗文教科举办第二届全旗群众业余文艺会演大会，25个公社的20个代表队参加，演出的演员168人。演出形式有歌舞、独唱、快板书、大鼓、小戏等，内容包括大唱革命歌曲，大演革命现代戏，摧毁帝王将相、才子佳人的市场，宣传社会主义时代的工农兵形象，使其在人民的舞台上大放光彩。会演结束，评选出两个先进单位、6个创作奖、17个乐队奖、48个导演和演员奖。

1969年12月，旗革命委员会政工组举办全旗毛泽东思想业余文艺宣传队会演，四家子公社、金厂沟梁公社等14个公社、生产大队、学校级代表队参加，演出《红灯记》《沙家浜》等“样板戏”选段、选场，促进全旗各地文艺宣传队事业的发展。

1971年1月，政工组举办“普及样板戏、普及革命歌曲”汇报会，有24个公社代表队的430名文宣队队员参加，演出节目182个，其中自编节目26个。

1972年1月23日—27日，召开业余文艺宣传队调演会，旗文宣队和新惠公社、下洼公社、四家子公社3个业余文艺宣传队参加，共48人，演出节目51个，其中自编节目29个。

1974年1月6日，举办全旗业余文艺调演。

1979年1月4日—8日，旗文化局在旗委党校举办全旗业余剧团、文艺宣传队会演。克力代、贝子府、下洼、长胜、羊场、小河沿、双井、四家子、金厂沟梁、岗岗营子等11个剧团的249名代表参加。“文化大革命”期间被禁演的传统古装戏在舞台上重现，共演出大、小型现代剧7个、传统戏7个，歌舞、曲艺节目40余个。优秀节目公演了4场，评出3个先进单位、10个优秀节目、35名优秀演员、两个优秀作品。5月，举办“5·23”旗直机关职工业余文艺会演，历时5天，14支队伍参加，演出节目50余个，选出优秀节目公演3场。

1980年1月，旗文化馆举办全旗业余剧团调演，岗岗营子、四家子、贝子府后坟3支业余队伍参加。举办“5·23”全旗职工业余文艺会演，有22支业余队伍参加会演3天，并选出优秀节目进行售票演出。国庆节期间，举办旗直机关业余文艺会演。

1981年，举办新惠镇内职工业余文艺队伍会演，时间5个晚上。

1983年11月27日—30日，举办敖汉旗农牧区业余文艺队伍调演。岗岗营子、贝子府长力哈达、荷也勿苏、双井、新地、牛古吐、敖吉等公社的6支队伍参加，演员130名，观摩代表10人，特邀代表4人，文化站工作人员19人，公社宣传委员5人。演出剧目40余个，其中自编节目占五分之一，评出两支优秀队伍，16个优秀节目。

1984年，举办旗直属机关职工文艺会演，时间20天。

1995年7月，旗文化局举办“华海杯”业余戏曲大赛，其间表演节目56个，观众1.2万人次。

1996年7月，旗委宣传部、旗文化局举办“爱国金曲大奖赛”。

1999年5月，旗委宣传部、旗文化局举办首届“工行杯”业余歌手卡拉OK大奖赛，表演节目999个，观众6000人。同年9月，举办全旗城乡文艺会演，其间表演节目200多个，观众达1.4万人次。

2000年6月，旗政府举办“百日广场消夏文化节”，其间演出节目240多个，观众1.8万人次。

2002年10月，举办“皇明杯”全旗农牧民文艺会演，历时3天，28个乡镇苏木参加，演员178人，演出节目131个，其中自编节目55个。

2003年，旗政府举办全旗农牧民文艺会演，29个乡镇全部派代表队参加，演职人员325名，演出节目133个，历时7天，观众达4.5万人次。

2004年7月，举办“皇明杯”庆“七一”、颂家乡文艺创新大赛，各乡镇和旗直单位的30个代表队参加，演出自编节目30个。表演形式有歌曲、小品、相声、表演唱等20多种。评出一等奖5个，二等奖7个，三等奖5个，优秀奖13个，创作奖6个。

2005年7月，旗政府在新惠中学操场举办“敖汉旗首届农牧民文化艺术节暨农牧民运动会”。9月，举办“谋发展、创和谐、迎国庆、唱丰收‘中石油杯’全旗文艺展演大赛”。演员250多人，历时8天。其间共进行声乐、器乐、戏曲、舞蹈4类比赛，参赛节目175个，获奖选手68名。

2006年8月3日—30日，在“敖汉旗第二届农牧民文化艺术节”期间，举办“首届职工文化艺术节”，本届艺术节以“迎奥运，谋发展，创和谐”为主题，以“继承敖汉文明，发掘人文底蕴，彰显敖汉个性，建设文化大旗”为主旨。共有16支乡、镇、苏木、办事处代表队的200余名职工参加，5天时间表演各类节目70余个。评出一等奖3个，二等奖6个，三等奖9个。同时，举办“谋和谐、创发展——婚育新风进万家”业余剧团展演，古鲁板蒿乡邹家剧团、下洼镇红丝带业余剧团、四家子镇辽蒙友谊评剧团、牛古吐乡永民剧团和丰收乡守平文化大院5支队伍、100多名演员参加，历时5天，表演拉场戏、传统评剧和3台综艺节目。9月25日，由旗委、政府主办，文体广电局、旗妇联、总工会承办的以“创和谐家庭，促社会和谐”为主题的首届和谐家庭才艺展示大赛在政府礼堂举行。来自全旗9个家庭通过三个环节，展示精彩丰富的才艺。

2009年9月，举办“心系祖国，情洒家乡”全旗“玉琼酒业杯”业余歌手大赛。107名业余歌手参赛，比赛历时4天，最终30名选手进入决赛，评出一等奖3名，二等奖6名，三等奖9名，优秀歌手奖12名。

2010年9月25日—29日，举办“创和谐，展风采，促发展”华海杯全旗业余歌手大赛。14个乡镇的67名选手参加预赛，22名选手闯入决赛。评出一等奖2名，二等奖3名，三等奖6名。

2011年5月28日，全市“人川杯”少儿音乐舞蹈大奖赛（敖汉赛区）在新惠影剧院举行。参赛选手300余人，参赛节目80个，其中器乐类50个、舞蹈类23个、声乐类7个；经过1天时间的初赛和复赛，评选出优秀节目，于7月中旬赴赤峰参加决赛。7月29日开始，有68名业余歌手参赛的“青岛啤酒杯”全旗业余歌手大赛，经过7天的比赛，有30名选手进入决赛。最终评出一等奖1名，二等奖1名，三等奖4名，观众最喜爱的歌手1名。9月20日—26日，旗政府举办全旗农牧民文化艺术节文艺创新大赛，来自15个乡、镇、苏木、办事处的15支文艺代表队，演出各类文艺节目70余个。经过5个晚上的比赛，评选出舞蹈类、声乐类、曲艺类，戏剧小品类一等奖各1个。13名业余作者获得创作奖，还评出9名优秀主持人。

2012年8月，旗委、旗政府主办“首届中国兴隆洼文化节”，历时一个月，9月2日结束。开幕式上，国家特一级演员蒋大为、国家一级演员馨妃、内蒙古“梅林组合”、国家一级演员黄华侨等倾情演出，万人体育场嘉宾云集、座无虚席、掌声雷动、盛况空前。文化节期间，各专业、业余文艺团体在惠文广场连续演出十几场文艺节目。

2013年7月26日，赤峰市第二届“群星大舞台”全市巡演走进敖汉活动在惠文广场举办，来自旗内的18位演员参加演出，现场观众5000余名。经过两轮36个节目比赛，最终评出一等奖1人，二等奖3人，三等奖8人。获得一、二等奖的选手参加8月31日在赤峰举行的全市总决赛。8月11日—18日，“激情盛夏、魅力敖汉”第四届全旗农牧民文艺会演在文化广场举行，来自16个乡、镇、苏木、办事处的16支代表队参加演出，每天晚上演出一场，每场有3支代表队参演，共演出5场，96个节目。会演结束后，举行老年大学艺术团专场演出暨全旗农牧民文艺会演颁奖晚会。

2016年7月，在敖汉温泉城举办“十个全覆盖”农牧民优秀文艺节目大赛复赛，18个乡、镇、苏木、办事处派员参加，演员近千人、节目近百个，大多数节目为原创，内容包括歌颂美丽家乡和幸福生活等。

2017 年 7 月，旗委、旗政府主办，旗委宣传部、旗文化广电体育局承办庆祝内蒙古自治区成立 70 周年“全市农牧民文艺会演（敖汉复赛）”。本次大赛共有 18 个乡、镇、苏木、办事处参加比赛，时间 5 天，累计演出 5 场，120 多个节目。演出形式包括歌、舞、器乐、戏剧等门类，节目内容丰富多彩，主题积极向上。7 月 29 日晚，由旗文化体育广电局和敖汉温泉健康城承办的“庆祝建军 90 周年、自治区成立 70 周年军民联谊会演”在敖汉旗温泉健康城举行，此次活动同时拉开第四届氡温泉文化节的序幕。

2018 年 2 月 27 日—3 月 2 日（农历正月十二至十五），举办“舞动全城”千人秧歌大赛，28 支秧歌队参加。同时举办“不忘初心，留住乡愁”为主题的全旗皮影展演，10 支民间皮影班参加比赛。7 月 22 日—26 日，旗委、旗政府举办敖汉旗“守望相助好家园”第三届全旗农牧民文艺会演暨业余文艺团体调演。调演以把握时代性、体现规范性、强调安全节俭、突出群众性为基本原则，各演出单位演出的文艺节目以自编自演为主。

第二编表 45　全旗性文艺活动一览表

时间	活动名称	主办单位	表演节目（次）	观众人数
1995.7.20	华海杯业余戏曲大赛	文化局	56	12000
1996.7.1	爱国金曲大奖赛	宣传部、文化局		
1999.5	首届工行杯业余歌手卡拉 OK 大奖赛	宣传部、文化局	999	6000
1999.9.28	全旗城乡文艺会演	宣传部、文化局	200	12000
2000.6.20	百日广场消夏文化节	宣传部、文化局	240	180000
2001.6.28	庆祝建党 80 周年歌舞晚会	组织部、文化局	20	1000
2002.10.1	皇明杯全旗农牧民文艺会演	宣传部、文化局	131	10000
2003.6.30	庆祝建党 82 周年文艺演唱会	组织部、宣传部文体局	18	800
2004.6.29	明皇杯庆七一颂家乡文艺创新大赛	宣传部、文体局	30	1000
2005.6.30	庆七一颂党功保持共产党员先进性大型文艺演唱会	组织部、宣传部文体局	20	1000
2005.9.29	中石油杯全旗文艺展演	文体局	175	8000
2006.8	第二届农牧民文化艺术节	宣传部、文明办文体局	64	5000
2007.5.1	家乡情草原星业余歌手大赛	宣传部团旗委文体局	80	2400
2007.8.7	庆祝自治区成立 60 周年戏曲晚会	宣传部文体广电局	13	8000
2008.5.4	弘扬奥运精神展示青年风采专场文艺晚会	宣传部、文体广电局、团旗委	16	5000

续表

时间	活动名称	主办单位	表演节目（次）	观众人数
2008.7.1	纪念建党 87 周年大型歌舞晚会	旗委办、组织部、宣传部、政法委	20	6000
2008.8.3	首届职工文化节（红丝带专场）	旗委办、政府办	18	10000
2008.8.30	共谋敖汉发展同创美好家园文艺创新大赛	旗委办、政府办	70	40000
2009.5.4	追寻火红岁月唱响青春旋律“五四”专场文艺晚会	宣传部、团旗委、文体广电局、教育局	15	1000
2009.6.30	庆祝建党 88 周年，迎接建国 60 周年爱国金曲大家唱专场演出	组织部、宣传部、文体广电局	16	1000
2009.9.23	心系祖国情洒家乡庆祝建国 60 周年专场文艺晚会	宣传部、文体广电局	15	500
2010.9.29	华海杯全旗业余歌手大赛	宣传部、文体局	89	4500
2010.12.30	唱响和谐旋律建设平安敖汉主题文艺晚会	综治委、政法委、文体局	17	1000
2011.5.28	人川杯少儿音乐舞蹈大奖赛	宣传部、文体局、教育局	80	1200
2011.6.30	庆祝建党 90 周年大型红歌演唱会	组织部、宣传部、文体局	13	1000
2011.9.20	第三届农牧民文化艺术节文艺创新大赛	旗委办、政府办	70	15000
2012.6.16	中国第三届岫岩玉文化艺术节《我从草原来》专场演出	旗乌兰牧骑	专场演出	1500
2012.8.15	首届中国兴隆洼文化节开幕式	旗委办、政府办	18	12000
2013.8.11—18	激情盛夏美丽敖汉第四届全旗农牧民文艺会演	宣传部、文明办、文体局	98	8000
2015.04	中国情万强蒙乡村行群众大舞台全旗十个全覆盖惠民巡演	文体局	15	20000（17 场）
2015.7.15	共话京蒙情同筑中国梦北京内蒙古手拉手——首都艺术家赴敖汉慰问演出	宣传部、文体局	12	6000
2016.7.15	全旗十个全覆盖农牧民优秀文艺节目大赛	宣传部、文体局	100	5000
2017.7.21	庆祝内蒙古自治区成立 70 周年全市农牧民文艺会演敖汉复赛	旗委办、政府办	120	7000
2018.7.22—26	守望相助好家园第三届农牧民文艺会演暨业余文艺团体调演	旗委办、政府办	140	10000

第三节　参加上级文艺演出

新中国成立后，虽然群众文化工作得到快速发展，但是大规模的文艺会演不算多。1959年2月，旗文化工作队在全盟会演中获集体奖，本队创作演出的山东琴书《九女英雄》获创作二等奖，表演三等奖。5月，敖汉旗评剧团自编剧目《8月8号》在全盟文艺会演中部分演员获奖。

1960年7月，旗文化馆组织“好德歌沁”演出队去呼和浩特参加全区少数民族调演，由于“好德歌沁”的表演形式比较新颖，获得大会的奖励。1963年10月，昭乌达盟举办独唱、独舞、独奏会演。敖汉旗演出的二人转《话家史》、京剧《坐寨盗马》分别获演出奖，导演奖。1966年10月，旗文教科组织全旗文艺会演，并选拔出20人组成代表队参加全盟业余文艺会演。二人转《扒墙头》、小戏《小保管上任》、拉场戏《追驴》获奖。

1987年5月，新窝铺乡文化站幻灯队参加自治区第二届计划生育宣传节目调演，演出的节目《计划生育》获一等奖，《五大嫂唱戏》获二等奖。

2004年，在河北省唐山市举办的全国第三届评剧票友大赛上，敖汉旗选手冯黎明、王瑞红，在近百名参赛选手中，经过复赛、决赛的激烈角逐，双双斩获铜牌。

2007年8月，旗文化馆组团参加赤峰市首届城镇社区文艺会演，演出6个精品文艺节目，其中4个节目获金奖，1个节目获银奖，1个节目获优秀奖，取得团体第一名的好成绩。当年，在自治区群艺馆举办的全区群文专业继续教育试点展演等各项比赛中，旗文化馆共获得金奖11个，银奖5个，铜奖7个，还获得优秀组织奖。

2008年9月2日—4日，由53名演职人员组成的敖汉旗代表队，在全市首届农村牧区文艺会演中取得两金、一银、一铜的好成绩，并选出5个优秀节目参加5日晚在玉龙广场举行的优秀节目展演。

2009年8月9日—12日，在赤峰市第四届红山文化艺术节暨赤峰市第二届社区文艺会演中，由38名演职人员组成的敖汉旗文艺演出代表队，演出6个精彩文艺节目，其中4个节目获金奖，2个节目获银奖，并获文艺会演团体第一名和优秀组织奖。

2010年8月，在全市第二届农村牧区文艺会演中，敖汉旗代表队一举摘得15项优秀节目奖，获得全市第一名的好成绩。还获得创作和主持人优秀奖，金陶股份有限公司获得特别优秀奖。8月28日，由23人组成的新州社区代表队参加赤峰市文化局举办的全市社区歌咏比赛，演唱《飞奔吧敖汉》《长征组歌·过雪山草地》等3首歌曲。经过激烈角逐，新州社区代表队以词曲自创的优势和精彩的演唱风格获得比赛第二名和优秀组织奖。

2016 年 8 月，在全市广场舞大赛中，敖汉旗代表队的《敖汉组歌》《马头琴拉响的地方》获得表演金奖和编导奖。在同年举行的全市农牧民文艺会演中，又取得第一名的好成绩。

2017 年 8 月 25 日，在赤峰玉龙广场举行的第十二届红山文化旅游节颁奖晚会上，获得第一名的敖汉队在颁奖晚会上表演广场舞《草原走马》《欢聚》。同时，参加全市农牧民会演获得创新奖和优秀组织奖。

2018 年，旗群艺馆广场舞队在全区广场舞大赛中《爱在赤峰》《草原上的萨日朗》两个曲目以 9.64 分的成绩获得第三名。8 月 19 日，由市委宣传部、市文化新闻出版广电局主办的“永远的牧歌 · 首届赤峰市非物质文化遗产 · 昭乌达长短调民歌大赛颁奖晚会暨非遗展演”在玉龙广场隆重举行，敖汉旗在此次大赛中获优秀组织奖，歌手朝鲁门获业余组三等奖。在颁奖晚会上，敖汉旗代表队向广大观众展示了敖汉的传统文化技艺，博得全场阵阵掌声。

第五章　街头文化活动

第一节　健身秧歌

把大秧歌作为日常的街头表演，最早出现在“文化大革命”期间。1975—1977 年，敖汉旗各中小学、生产大队在推广辽宁省哈尔套“赶社会主义大集”经验中，以中小学、生产大队为单位，组织开展群众性的“扭东北大秧歌”活动。各公社在“赶社会主义大集”的日子，学校停课、社员放下农活，统一集中到公社所在地“赶社会主义大集”。公社革委会同时举办全公社各学校、生产大队“东北大秧歌”会演，各代表队均由学生和青年社员组成，每人手拿红绿彩绸，在“学大寨、赶大寨”等 7 套乐曲的伴奏下，表演程式化的 7 种不同舞姿。大街之上万头攒动，人流如织。1977 年以后，东北大秧歌的表演销声匿迹。

1996 年，全旗加大力度宣传贯彻《全民健身纲要》和《中华人民共和国体育法》，迅速掀起全民健身的热潮。各乡镇都成立全民健身计划领导小组，乡镇文化站更名为文化体育工作站，都有专兼职全民健身辅导员。2003 年开始，新惠镇内成立 7 支“夕阳红”健身秧歌队，文化馆把辅导健身秧歌队作为一项本职工作。7 支健身秧歌队都有自己固定的活动场所，坚持经常活动，每天黄昏来临，锣鼓咚咚，唢呐声声，彩扇翩翩，彩带飘飘，自娱自乐的中老年人，舞出欢乐，扭出健康。

2005 年，新惠镇内的健身秧歌队发展到 12 支，各乡镇也纷纷成立秧歌队，在乡镇所在地或者是村委会所在地的广场上，经常可以听到欢快的鼓乐声，看到健身秧歌的优美舞姿。旗委、旗政府主办“全民健身宣传月”活动，来自 6 个乡镇和新惠城区 1000 多名健身爱好者，在开幕式上表演健身大秧歌，博得全场数千名观众阵阵喝彩。

2006 年，全旗的群众文化工作把“创新形式，扩大规模，提高档次，满足需求”作为主要抓手，在 6 月的“全民健身宣传月”活动期间，城区 12 支健身秧歌队，进行大秧歌展演，他们依次入场，纷纷展示各自优美的表演技艺。

2008 年以后，各乡镇的文化大院和业余文艺队伍把组织健身秧歌队作为一项重点工作，全旗城乡以健身为主的大秧歌成为一道亮丽的风景。旗文化馆不断推陈出新，积极下乡精心辅导基层秧歌队。2009 年 8 月 8 日，敖汉旗庆祝首个全民健身日暨全民健身项目展演活动在新惠举行。参加活动的 12 支队伍 500 多名运动员进行健身秧歌的精彩表演，给近 2000 名观众带来美的享受。2011 年的“全民健身日”，旗委、旗政府举办全民健身项目展演，旗政府所在地新惠镇 19 支社区代表队，各自表演健身大秧歌，以柔韧矫健整齐划一的表演，昂扬向上的精神风貌尽情展示全民健身的风采，全场观众不时报以热烈的掌声和喝彩声。2012 年 6 月 27 日，在惠文广场举办“庆祝建党 91 周年全民健身展示活动”，来自城区 7 个健身活动点的 600 余名健身爱好者组成的 7 支秧歌队，本着“全民健身，你我同行”的主旨，进行整齐优美、舞步规范的健身表演，近 5000 名观众欣赏了精彩的展演。

到 2016 年，全旗健身秧歌队达到 600 余支，活跃在城乡，给人民群众带来欢乐，带来健康向上的精神风貌。2018 年 2 月 27 日—3 月 2 日（正月十二至十五）组织的“舞动全城”千人秧歌大赛，28 支秧歌队参加，新惠镇内呈现出“千人大秧歌闹新春，万人空巷庆祥和”的欢乐景象。8 月 8 日，敖汉旗全民健身月启动仪式暨“健康千里行”大型展演活动在旗政府广场举行，近千名运动员参加包括健身秧歌在内的 10 个全民健身项目的展演。

第二节　广场舞

活跃在城乡的广场舞是从之前的大型舞会演变而来的。20 世纪 80 年代中期，迪斯科舞、交谊舞等进入敖汉，旗文化馆顺应时代的发展，派员外出学习，回来开展迪斯科舞与交谊舞的培训，并指导举办较大型舞会，使城乡居民的业余生活丰富许多。1987 年，全年由文化馆主办的舞会达 43 场。1990 年上半年，举办 5 期迪斯科、交谊舞学习班，培训骨干 100 多人，都达到能辅导学员的水平。为活跃新惠镇内市民的业余生活，文化馆举办 5 场大型舞会，不论士农工商，爱好者云集舞场，随着音乐翩翩起舞，成为一大亮点。1991 年 6 月，在文化馆的辅导下，举办首场交谊舞比赛。7 月中旬，文化馆又在敖汉种羊场办了 7 天的交谊舞培训班，全场有 500 多名职工参加学习，并组织一场专题舞会以检阅学习成绩。当年，全旗举办迪斯科、交谊舞舞会 100 多场。

随着全民健身活动的兴起，与健身秧歌同步发展的则是广场健身舞。健身舞队与大秧歌队是一体的，通常都是先扭秧歌后跳舞，也有先跳一段健身舞或健身操，然后再扭大秧歌的。场地宽敞，电源方便，音响一放，舞曲响起，众人在领舞者带领下，随着悠扬乐曲，翩翩起舞。伴舞的乐曲都是当下流行的歌曲，如《小苹果》《一剪梅》《最炫民族风》等人们百听不厌的欢快动听乐曲。

从 2001 年开始，健身操、健身舞成为旗文化馆的一项主要辅导内容，每年都有广场健身舞的培训班，各乡镇文化站组织乡村广场舞代表参加学习，新惠镇内各社区广场舞兼职辅导教师参加学习。广场健身舞这一广大群众热心参与的活动很快就在全旗城乡普及开来。

2009 年 8 月 8 日，是第一个全民健身日，旗文体局承办规模较大的全民健身活动，800 多名健身爱好者进行健身舞、太极扇、八段锦等健身项目的表演，广大观众纷纷喝彩。从此，每年的 8 月 8 日，文体局都组织开展较大规模的全民健身日宣传活动，健身舞每年都是一个主要的展演项目。

2017 年 6 月上旬，敖汉旗群众文化艺术馆历时 10 余天的时间，在群艺馆排练大厅举办“唱赤峰的歌、跳自己的舞”暨第三届“体彩杯”全旗广场舞培训活动，为参加赤峰市广场舞比赛训练队伍。8 月 25 日，在赤峰玉龙广场举行的第十二届红山文化旅游节颁奖晚会上，敖汉的广场舞《草原走马》《欢聚》进行了精彩表演。2018 年 6 月 14 日，敖汉旗第三届《舞动敖汉》“体彩杯”“唱赤峰的歌、跳家乡的舞全旗广场舞大赛”在敖汉旗小轮车国际赛场进行。来自全旗 33 支参赛队伍 1600 多人参加比赛，17 支队伍获得等次奖，16 支队伍获得优秀奖。广场健身舞这一具有强大生命力的健身活动，已经成为城乡街头表演的主要形式之一，在敖汉旗广大城乡受到越来越多群众的喜爱，从一开始的中老年化，发展到各年龄段的人群都积极参加。新惠城区一些企业的工间操，已经为健身舞所取代，经常可以看到商亭门前，伴随着欢快的音乐节拍，青年男女员工身着工装，欢快起舞，动作整齐划一，舞姿优美动人，成为城区一道风景。

第二编表 46　敖汉旗街头业余表演团体一览表（截至 2018 年）

序号	团体名称	组织者	人数	所在地区	活动时间
1	哈拉勿苏文化大院	金海玉	20	古鲁板蒿镇哈拉勿苏村	农闲晚上
2	哈拉勿苏村刘家大院	刘　泉	20	古鲁板蒿镇哈拉勿苏村	农闲晚上
3	莲花山健身团队	徐桂华	60	古鲁板蒿镇西湾子村	农闲晚上
4	头份地文化大院	杨文贤	40	古鲁板蒿镇新兴村	农闲晚上
5	小东营子健身队	邹德琴	30	古鲁板蒿镇新兴村	农闲晚上
6	彩虹健身团	张晓香	80	新南街社区	节假日、晚上
7	南街秧歌队	张慧娟	60	新南街社区	节假日、晚上
8	蒙古族花式秧歌队	王秀荣	30	新北村	节假日、晚上
9	气功协会	赵凤花	30	新北街社区	节假日
10	公园健身队	袁素霞	30	新北街社区	节假日、晚上
11	太极拳协会	王会清	15	新中街社区	节假日
12	乒乓球协会	苏宪红	20	新中街社区	节假日、每天
13	园田村健身操队	王立新	70	园田村	节假日、每天
14	滨河健身操队	稽惠民	80	滨河社区	节假日、每天

续表

序号	团体名称	组织者	人数	所在地区	活动时间
15	蒙古族特色秧歌队	李素英	30	新兴街社区	节假日、每天
16	新兴街红英居民艺术团	张国英	20	新兴街社区	节假日、每天
17	妇女之家秧歌队	张素艳	50	新兴街社区	节假日、每天
18	健身操队	刘春英	20	新兴街社区	节假日、每天
19	贝子府春云文化大院	杜国春	40	贝子府镇后坟村	农闲
20	六顷地文化大院	王利利	20	长胜镇六顷地村	比赛及平时
21	长胜健身表演队	李国振	20	长胜镇长胜村	农闲晚上
22	长胜广场舞队	郭鑫鑫	15	长胜镇长胜本街	比赛及平时
23	榆树林子健身舞队	王桂英	18	长胜镇榆树林子村	农闲晚上
24	长胜甸子健身表演队	刘凤龙	30	长胜镇长胜甸子村	农闲晚上
25	庆丰收文化大院	王　全	35	丰收乡凤凰岭村	农闲及节假日
26	春叶文化大院	李春叶	26	丰收乡门斗营子	农闲及节假日
27	国英文化大院	张树国 冯金兰 高秀艳	56	丰收乡张虎沟村	每晚及农闲时间
28	新时代文化大院	宋国臣	12	黄羊洼镇牛力皋村	节日及平时
29	夕阳红文化大院	王淑珍	15	黄羊洼镇牛力皋村	节日及平时
30	羊场广场舞队	赵凤荣	20	黄羊洼镇羊场居委会	比赛及平时
31	大梁广场舞队	吕海英	20	黄洋洼镇大梁村	比赛及平时
32	萨力巴民族广场舞表演队	彭泽祥	20	萨力巴乡萨力巴村	比赛及平时
33	萨力巴和悦健身舞队	王艳玲	40	萨力巴乡萨力巴村	比赛及平时
34	牛古吐镇孙家文化大院	孙小惠	20	牛古吐镇德力板村	节假日、农闲
35	牛古吐镇金山业余文化团体	朱金山	25	牛古吐镇大五家村	节假日、农闲
36	敖汉旗“英雄会”表演队	李井宝	20	四家子镇池家湾子村	节假日、农闲
37	敖汉旗守贵文化大院	宋守贵	6	四家子镇五马沟村	节假日、农闲晚上
38	敖汉旗业余文艺表演队	包文富	12	四家子镇老虎山村	节假日、农闲晚上
39	敖汉旗业余文艺表演队	孙玉香	10	四家子镇林家地村	节假日、农闲晚上
40	敖汉旗业余文艺表演队	刘振霞	10	四家子镇东井村	节假日、农闲晚上
41	敖汉旗健身舞表演队	贾艳华	20	四家子镇四家子村	节假日、农闲晚上
42	敖汉旗志华文化大院	程志华	20	木头营子乡乌兰勿苏村	节假日、农闲晚上
43	敖汉旗桂萍文化大院	于桂萍	20	木头营子乡新窝铺村	节假日、农闲晚上
44	敖汉旗雅琴文化大院	张雅琴	20	木头营子乡岗岗营子村	节假日、农闲晚上
45	敖汉旗韩峰文化大院	韩　峰	24	木头营子乡乌兰胡同村	节假日、农闲晚上
46	敖汉旗李家文化大院	李景明	5	木头营子乡老西店村	节假日、农闲晚上

续表

序号	团体名称	组织者	人数	所在地区	活动时间
47	敖汉旗立文文化大院	吴立文	19	木头营子乡木头营子村	节假日、农闲晚上
48	敖汉旗跃玲文化大院	田跃玲	22	木头营子乡东湾子村	节假日、农闲晚上
49	敖汉旗可心文化大院	郭振阳	6	木头营子乡新民村	节假日、农闲晚上
50	敖汉旗田家湾文化大院	张宏民	21	木头营子乡份子地村	节假日、农闲晚上
51	敖汉旗染坊大漠风情文化大院	樊长生	35	木头营子乡染坊村	节假日、农闲晚上
52	敖汉旗迎春文化大院	于迎春	29	木头营子乡东湾子村	节假日、农闲晚上
53	敖汉旗大哈来万里文化大院	巩万里	12	木头营子乡老西店村	节假日、农闲晚上
54	敖汉旗健康快乐舞蹈演出队	刘亚梅	25	木头营子乡前井村	节假日、农闲晚上
55	志杰文化大院	王志杰	14	下洼镇下洼村	集市、农闲
56	国军文化大院	刘国军	20	下洼镇下洼村	农闲晚上
57	振阳文化大院	李振阳	30	下洼镇下洼村	农闲晚上
58	庆利文化大院	韩庆利	20	下洼镇广兴太村	农闲晚上
59	新梦圆组合小团体	刘宝江	8	下洼镇丰源村	农闲晚上
60	草原之声	张炳强	5	下洼镇草原村	农闲晚上
61	下洼中心健身队	孙亚利	50	下洼镇下洼村	晚上
62	兰庭文化大院	于跃芬	10	玛尼罕乡五十家子	农闲晚上
63	明宇文化大院	任明宇	30	新惠镇红娘沟村	农闲、晚上
64	仕伟文化大院	王世伟	40	新惠镇红娘沟村	农闲、晚上
65	子凤文化大院	宫子凤	48	兴隆洼镇小甸子村	节假日、农闲晚上
66	韩老五文化大院	韩玉广	28	兴隆洼镇陈道沟村	节假日、农闲晚上
67	兴隆洼广场舞健身队	张秀华	30	兴隆洼镇宝国吐村	节假日、农闲晚上

近几年来，在年轻人的带动下，炫绳、魔步舞等也走上了大街和广场，成了又一道亮丽的风景线，随着老年人的增加，一些退休的老干部等也自发地组织起来，参加太极拳、风筝、柔力球、抖空竹、合唱团、旗袍秀等团体，大大丰富了老年人的生活。

第三节　卡拉 OK

20 世纪 80 年代末 90 年代初，城乡一些饭店开始引进卡拉 OK 设备，用餐顾客往往会在酒席中间，拿起话筒引吭高歌，不管唱的如何，一个个都像模像样地跟着录放机的旋律，唱完一曲又一曲。那时，卡拉 OK 唱歌也是一种社交公关的起码手段。到了 90 年代，新惠街里始有录像放映厅和电子游艺厅，录音磁带也在城乡的商店开始出售。较大一点的饭店、卡拉 OK 歌厅开始出现跳舞，有手持话筒的跟随旋律唱歌，旋转灯光下，一些男女顾客随着音乐跳着各种交谊舞蹈，尽管舞姿各异，但是人们乐此不疲。

进入 21 世纪，饭店里面的卡拉 OK 渐渐消失，随之而来的是专门以 K 歌为主营业务的 KTV 歌厅。内部装潢考究，灯光音响配置时尚高档，进入里面唱歌者，根据包房规格，都有免费饮品和小吃相赠，成为城区高消费场所。现在比较上档次的 KTV 歌厅有：夜色 KTV、钱柜 KTV、圣乐嘉华 KTV、糖果主题 KTV、乐梦想主题 KTV、经纬度 KTV 等。这些歌厅依法经营，也是活跃城乡居民业余文化生活的一个好场所。

第四节　文艺演出场所

一、固定场所

在近代，敖汉旗境内供演出固定场所主要是围绕新惠城区、金厂沟梁工矿区和庙宇附近来建设的。曾经存在过一些规模较大、影响较好的戏楼、戏台等。

（一）下洼大佛寺戏楼

下洼大佛寺戏楼位于下洼镇河西村，原大佛寺三星阁对面，始建于清同治十一年（1872 年），为下洼镇首富王家所建。戏楼为砖木结构，坐北朝南，建筑面积 200 平方米，分前楼、后台及供艺人们休息的戏房三部分。整个建筑石砌基座，前后连接，浑然一体。前楼高约 6 米，单檐飞角歇山式楼顶。房脊两端各塑有龙头，角上悬有铜铃。后台与戏房之间有一段空地，两侧各有台阶供艺人们上下通行。左右两侧各有合抱粗的四根石柱支撑，柱头采用如意斗拱，纵横交错，雕梁画栋，涂彩描金。台面通宽 7.5 米，台口高 2.6 米，进深 7 米。台口左右两根石柱上镌刻楷书对联："藉史事以演忠奸可劝可惩奚啻千秋宝鉴，按诗章而谐律吕宜风宜雅真成一代元音"。前后台之间为传统的木质雕镂隔扇，古色古香。正中上方悬长方匾额，石蓝底色上斗大鎏金楷书"歌管楼台"。左右上下场门各有小横额分书"出将""入相"。后台两侧为砖墙，内壁嵌磨光石面，为戏班书写题壁用。后墙正中有神龛，设唐明皇李隆基牌位，每逢演出时供奉。楼前为人造斜坡广场，可容数千人乃至上万人看戏。

戏楼于 1967 年"文化大革命"中被拆毁，现为民宅基地，遗址已荡然无存。

（二）敖汉王府戏楼

敖汉王府戏楼建于清乾隆四十年（1775 年），位于乌敦套海玉田皋札萨克王府院内，于同治十二年（1873 年）被毁，属于漠南四十九旗蒙古王公贵族为乾隆皇帝献戏而成立的“蒙旗十八班”同时期建筑。

乾隆末年，内地白莲教运动风起云涌，并波及塞外，王府戏班艺人多有卷入。白莲教遭到清政府的残酷镇压，参与起事的艺人纷纷隐匿起来，蒙古王公为避嫌遂停办王府戏班。

（三）四家子街戏楼

位于四家子镇正街北段东侧，是一座砖瓦结构独立建筑，房脊两端飞檐斗拱，戏台正面红漆明柱矗立，台分前后，上下场门分列左右。台前是一片面积为 10 多亩的大广场，可容纳万人。既是唱戏之舞台，亦是集会之场所。1978 年拆除，场地建成石油公司油库。现为商业开发之用。

（四）新地戏台

新地戏台建于 1965 年 5 月，位于新朝线公路西侧一块平坦空地上，由新地大队集体兴建。戏台为砖木结构，建筑面积约 50 平方米，坐西朝东，形式为平地起 1 米高土筑石护平台，台上前方左右立柱，上方横木梁上挂椽，椽上着瓦为檐。顶盖为“人”字架形，石灰抹顶。左右两侧各有半壁砖墙通顶，另半面为开敞式，上有小横梁与前大梁相连接。台上分前台后台，中间以土坯砌墙隔开。两侧留有上下场门，墙中间开有小窗两面，演出时挂帘，供前后台随时联系。台前是略呈近低远高的斜坡广场，可容纳千人观看演出。

戏台建成后，主要供本大队业余剧团演出使用。1985 年，戏台台基塌陷不能使用。1988 年被拆掉。

（五）长胜街戏台

位于长胜街东端，粮站对过，为露天土台子。长约 12 米，宽 6 米，占地 2.8 亩。演出时，临时搭建上盖和帷幕。1980 年被拆除。

（六）金厂沟梁街戏台

1957 年春，由金厂沟梁村建成。整个广场占地 5 亩。戏台长 10 米，宽 6 米，高 6 米，四周为石头砌筑，中间填土。上盖有檩木、秫秸搭成，抹泥。戏台分前后台两部分。建成后，金厂沟梁地区的业余剧团，敖汉旗剧团及相邻公社的剧团曾来此演出。1973 年被拆除。

（七）金厂沟梁公社俱乐部

1983 年 11 月，由金厂沟梁公社管委会投资 30 万元建成，位置在公社大门左侧。建筑面积 1080 平方米，砖石结构，设座位 999 个，台幕、灯光齐全。主要用于开会和演出电影、文艺节目。2004 年 4 月拆除。

（八）敖汉旗职工俱乐部

敖汉旗职工俱乐部（敖汉旗总工会礼堂）原址在现敖汉旗群众艺术馆院内，1957 年由旗总工会主持兴建，为砖木结构尖顶瓦房，呈 T 形，南北临街瓦房的中部与东西走向瓦房相连接，建筑面积 700 平方米。从临街瓦房中间正门进入门厅，两侧分别为展览室和图书阅览室，由门厅进入二道门内为演出厅。演出厅东端为舞台，木质台板，面积约 40 平方米。台下为观众席，木质长椅，250 个座位。

俱乐部主要供镇内旗直机关业余文艺演出和召开大型联欢晚会使用。1968 年 10 月，交旗文化馆后，演出厅分为两部分，靠舞台的一部分用作旗乌兰牧骑的排练室，另一部分为旗文化馆文物展览室兼库房。1984 年，演出厅部分因年久失修，出现屋顶漏水墙壁裂陷被拆除，临街的展览室和图书阅览室，1987 年随旗图书馆搬迁而拆除。

（九）敖汉旗人民政府礼堂

敖汉旗人民政府礼堂建于 1954 年，始称敖汉旗人民委员会礼堂，位于新惠镇新中街中段西侧，现旗邮政局南侧。建筑形式为砖木结构，顶部为“人”字架结构，上覆红瓦，呈东西走向。正门在东侧临街一面，入门处原为方形石基水泥台，台南北两侧有台阶供上下进入。门前有可容纳千余人的广场。主体建筑约 800 平方米。礼堂内顶为木板方格天棚，西端设讲台兼舞台。台两侧各有角门供上下通行，观众席地面为“平”形，座位为木质长椅。

礼堂建成后，除了旗党政机关召开大型会议使用外，常年供当时的敖汉剧团作为演出场所，地方上有“戏园子”称谓。后来，敖汉旗文化工作队、旗乌兰牧骑及外地文艺团体，也都在此售票或专场义务演出。

1982 年 12 月，新惠电影院迁入礼堂放映电影，对原内部设施进行改造。把门前的两侧通道式台阶改为三面全通式台阶，门厅间改成阁楼作为放映机房，场内地面改为斜坡式。原观众席的活动式木质长椅换成折叠式固定排椅，设座席 667 个。安装暖气、风扇以及灯光配电设施。

电影院迁入后，礼堂除专门放映外，仍为大型会议场所和文艺演出场所。

1989 年 8 月，电影院迁回新惠影剧院。

1991 年，旗乌兰牧骑迁入礼堂，作为办公和演出排练专用场所。

2018 年起，因年久失修，不符合消防标准而停止使用，目前租给中国邮政做物流仓库。

（十）金厂沟梁金矿俱乐部

1981 年 5 月建立，位于金厂沟梁金矿部大门西侧，总投资 68 万元。砖木结构双层楼房，总面积 1159.1 平方米。有座位 999 个，灯光齐全，主要为会议和文化活动之用。

二、农村文化广场

2015 年以来，全旗各乡（苏木）、镇、街道在“十个全覆盖”工作中，把文化场所建设作为文化体育事业的一项重点工作推进。遍布城市社区和乡村的文化广场，成为人民群众自娱自乐，活动健身的重要场所。

第二编表 47　全旗乡村文化广场建设情况一览表（2018 年）

乡镇名称	广场名称	所在位置	建设面积（平方米）	投资金额（万元）	备注
新惠镇	下井文化广场	下井村	500	7.5	
	高家窝铺广场	高家窝铺村	1500	21.0	
	巴尔当文化广场	巴尔当村	2000	25.0	
	三节梁文化广场	三节梁村	1000	11.0	
	龙凤沟文化广场	龙凤沟村	1000	10.5	
	平房健身休闲广场	平房村	1000	11.0	
	蒙古营子休闲广场	蒙古营子村	1000	12.0	
	三宝山历史文化广场	三宝山村	1500	16.0	
	康家店文化广场	康家店村	800	10.0	
	红娘沟休闲文化广场	红娘沟村	1000	10.5	
	乃林皋文化广场	乃林皋村	800	9.5	
	格格召文化广场	格格召村	1000	12.0	
	扎赛营子文化广场	扎赛营子村	1000	12.0	
	王爷地文化广场	王爷地村	1000	11.0	
	三官营子健身广场	三官营子村	1000	11.0	
	二官营子文化广场	二官营子村	500	7.0	
	大官营子休闲广场	大官营子村	500	6.5	
	新地文化广场	新地村	1000	10.5	
	丰盛店文化广场	丰盛店村	500	5.5	
	德力胡同文化休闲广场	德力胡同村	500	5.8	
	老烧锅文化广场	老烧锅村	500	5.5	
	三家文化广场	三家村	500	5.8	
	哈达吐文化广场	哈达吐村	500	6.0	
	大吉恒地文化广场	大吉恒地村	500	6.2	
	二道营子文化广场	二道营子村	500	6.0	
木头营子乡	染坊文化广场	染坊村	5000	28.0	
	平和文化广场	平和村	2870	23.0	
	万发永文化广场	万发永村	6000	20.0	
	青山文化广场	青山村	2600	18.0	
	木头营子文化广场	木头营子村	3660	14.0	
	前景文化广场	前景村	1800	10.0	
	沙根村文化广场	沙根村	2550	40.0	

续表

乡镇名称	广场名称	所在位置	建设面积（平方米）	投资金额（万元）	备注
兴隆洼镇	宝国吐文化广场	宝国吐村	2000	14.0	
	诚信文化广场	宝力格村	1500	20.0	
	青山文化休闲广场	青山村	1000	20.0	
	发来甸子文化广场	发来甸子村	4000	200.0	
	兴隆洼文化广场	兴隆洼村	500	5.0	
	农耕文化广场	大窝铺村	1040	15.0	
	大甸子文化广场	大甸子村	4000	150.0	
	乡村文化广场	莱草沟村	600	5.0	
敖润苏莫苏木	乌兰章古广场	乌兰章古嘎查	2000	20.0	
	海布日嘎健身广场	海布日嘎查	1460	13.7	
	荷也勿苏健身广场	荷也勿苏嘎查	4000	72.45	
	庙西健身广场	固日班毛都嘎查	420	2.1	
	新发健身广场	固日班毛都嘎查	580	2.9	
	巴彦宝力高牧民广场	巴彦宝力高嘎查	450	1.9	
	敖润苏莫牧民广场	敖润苏莫嘎查	500	2.25	
新州办事处	北村广场	新北村	1200	20.0	
下洼镇	下洼村民健身广场	下洼村	3500	30.0	
	河西村民健身广场	河西村	3350	30.0	
	草原村民健身广场	草原村	3700	30.0	
	朱家窝铺健身广场	朱家窝铺村	210	4.0	
	罗家杖子健身广场	罗家杖子村	1000	0.2	土场地
	八旗村民健身广场	八旗村	400	4.0	
	万增号健身广场	万增号村	800	0.2	土场地
	敖音勿苏健身广场	敖音勿苏村	400	4.5	红砖场地
四道湾子镇	四道湾子村健身广场	四道湾子村	1000	14.0	
	二道湾子村健身广场	二道湾子村	7000	98.0	
	白庙子村健身广场	白庙子村	1760	24.7	
	下树林子村休闲广场	下树林子村	620	8.7	
	下树林子村健身广场	下树林子村	1200	16.8	
	白斯朗营子健身广场	白斯朗营子村	10000	140.0	
	白斯朗营子休闲广场	白斯朗营子村	2400	33.6	
	六道湾子村健身广场	六道湾子村	2500	35.0	
	卫星营子村健身广场	卫星营子村	3000	42.0	

续表

乡镇名称	广场名称	所在位置	建设面积（平方米）	投资金额（万元）	备注
丰收乡	丰收村民健身广场	丰收村	3800	32.3	
	丰收村民休闲广场	丰收村	700	5.9	
	凤凰岭休闲广场	凤凰岭村	1150	9.8	
	凤凰岭村民健身广场	凤凰岭村	4000	34.0	
	成兴太文化广场	成兴太村	1150	9.8	
	人口文化计生广场	白塔子村	1400	12.0	
	房申村文化广场	房申村	1280	10.8	
	东八家村民文化广场	东八家村	2520	21.4	
	燕川广场	门斗营子村	2200	18.7	
	格斗营子村文化广场	格斗营子村	1500	12.7	
	南马架子文化广场	南马架子村	1000	8.5	
	白杖子村民健身广场	白杖子村	2500	21.2	
玛尼罕乡	玛尼罕村民健身广场	玛尼罕村	4000	40.0	
	和谐广场	双庙村	3000	200.0	
	五十家子村文化广场	五十家子村	1000	40.0	
贝子府镇	政府广场	贝子府村	4000	80.0	
	文化广场	镇政府前	10000	120.0	
	文体活动中心广场	克力代村	2000	20.0	
	二西广场	后坟村二西组	2500	22.0	
	后坟村文化广场	后坟村	4800	35.0	
	驿马吐广场	驿马吐村	4000	35.0	
	铁匠营子中心广场	铁匠营子村	3300	33.0	
萨力巴乡	安家胡同文化广场	安家胡同村	800	3.0	
	乌兰召村文化广场	乌兰召村	1400	8.5	
	萨力巴人民广场	萨力巴村	6000	77.0	
	萨力巴廉政文化广场	萨力巴村	1628	20.0	
	城子山文化广场	城子山村	2240	20.0	
	白土营子健身广场	白土营子村	3000	25.0	
古鲁板蒿镇	幸福广场	康家营子村	10500	130.0	
	周家地村广场	周家地村	1400	20.0	
	西湾子村广场	西湾子村	600	10.0	
	古鲁板蒿村广场	古鲁板蒿村	2800	40.0	

续表

乡镇名称	广场名称	所在位置	建设面积（平方米）	投资金额（万元）	备注
古鲁板蒿镇	八家村广场	八家村	600	10.0	
	孤山子村广场	孤山子村	1200	10.0	
	山嘴子村广场	山嘴子村	900	10.0	
	哈拉勿苏文化广场	哈拉勿苏村	700	9.0	
	三分地文化广场	东他拉村	700	7.0	
	新兴村文化广场	新兴村	600	2.0	
	小东广场	白家店村	1100	6.0	
四家子镇	后街广场	四家子村	3500	120.0	
	米园广场	南大城村	760	8.0	
	虎山文化广场	老虎山村	1900	35.0	
	林家地文化广场	林家地村	800	8.0	
	东井村文化广场	东井村	600	6.5	
	热水汤文化广场	热水汤村	3335	100.0	
惠州办事处	姚家小河子广场	喇嘛蒿村	1730	13.2	
	邹家小河子广场	喇嘛蒿村	1780	11.2	
金厂沟梁镇	设力虎村文化广场	设力虎村	3671	48.0	
	刘杖子村文化广场	刘杖子村	800	14.0	
	石桥子村文化广场	石桥子村	1650	19.8	
	下长皋村文化广场	下长皋村	3000	30.0	
	上长皋村文化广场	上长皋村	1200	13.0	
	官营子村文化广场	官营子村	3700	44.0	
	七协营子文化广场	七协营子村	2100	28.0	
	罗洛营子村文化广场	罗洛营子村	3600	43.0	
	罗洛沟文化广场	石匠沟村	2600	30.0	
	段木梁村文化广场	段木梁村	2100	21.0	
	回族文化广场	回族村	1200	13.0	
	白杖子文化广场	金厂沟梁村	3000	60	
	下湾子文化广场	下湾子村	1600	20.0	
	四六地文化广场	四六地村	1000	12.0	
长胜镇	六顷地文化广场	六顷地村	6600	145.0	
	白土梁子文化广场	白土梁子村	3890	48.0	
	坤头岭文化广场	坤头岭村	1340	10.0	
	马架子文化广场	马架子村	2500	15.5	

续表

乡镇名称	广场名称	所在位置	建设面积（平方米）	投资金额（万元）	备注
牛古吐镇	敖包文化广场	敖包村	1500	16.0	
	敖吉健身广场	敖吉村	2500	70.0	健身器材
	北台子健身广场	北台子村	1500	14.0	休闲凉亭
	朝阳沟广场	朝阳沟村	2000	21.5	
	大五家健身广场	大五家村	1600	20.0	
	喇嘛板休闲广场	喇嘛板村	1800	18	
	德力板文化广场	德力板村	1600	15.0	
	哈力海吐文化广场	哈力海吐村	1500	14.5	
	浩雅日哈达文化广场	浩雅日哈达村	1200	12.5	
	牛古吐休闲健身广场	牛古吐村	1500	30.0	休闲长廊
	千斤营子健身广场	千斤营子村	1100	11	
黄羊洼镇	文冠广场	黄羊洼居委会	1500	15.0	健身路径
	永安广场	羊场居委会	1500	16.0	健身路径
	友谊广场	大梁村	1700	18.0	健身路径
	新安广场	沙敖居委会	1400	15.0	健身路径
	小井子文化广场	小井子居委会	1400	14.0	健身路径
	黄羊湖文化广场	黄羊湖居委会	1400	15.0	健身路径
	哈沙吐文化广场	哈沙吐村	5000	30.0	健身路径
	和谐广场	荷也勿丹村	1800	20.0	健身路径
	三义井文化广场	三义井村	1400	16.0	健身路径
	众益文化广场	双井村	1850	22.0	健身路径
	大巴彦花广场	大宝甸子村	1720	20.0	健身路径
	六节地文化广场	六节地村	900	11.0	健身路径
	和美文化广场	牛力皋村	850	10.0	健身路径
	益元文化广场	北三家居委会	2200	25.0	健身路径

第三编

民间文艺

第一章　民间文学

第一节　民间故事

敖汉民间故事是敖汉各族人民在生产生活中创作的语言艺术，民间俗称“嗑儿”“笑话”，具有生动活泼的特色，因此便于传播。几百年来，民间故事以口耳相传的方式保存在人们的记忆中，一代代广泛流传，有着很大的群众性和集体性。敖汉民间故事以传说、故事两种体裁最为丰富，神话较少。

自 1979 年起，旗文化馆开始民间故事的搜集整理工作，齐成玉、张果彬、张国辉及文化站工作人员等许多民间故事爱好者，经过调查走访，从故事讲述者口中进行认真的挖掘整理，每年油印《敖汉民间故事选》一辑，连续五辑共刊发流传在全旗各地的民间故事 106 篇，一些传说、故事在报刊上发表。2006 年，《敖汉民间故事第一辑》（主编许景泉、副主编于海永、吴肃）由内蒙古人民出版社出版，获得内蒙古自治区民间文艺最高奖“阿尔丁奖”。2012 年，《敖汉民间故事第二辑》编辑成册。两辑共收录民间故事近 200 篇。2008 年，“敖汉传说故事”被认定为自治区级非物质文化遗产代表性项目。

一、传说

敖汉地区民间传说多以历史人物、历史事件和地方风物、习俗为背景，寄寓着人们对所述人物、乡土、山川等的深厚情感。有的以一些史实为依据，有的则纯属虚构。传说中的所述多被当地人视为真实发生的事，因而把人名、地名、时间讲得十分确定，增加故事的历史感和真实感。

（一）人物传说

包括清帝康熙、乾隆来敖汉私访传说、清公主下嫁敖汉传说、古典书籍中英雄人物传说。如《阳高庙》《叫来河》《公主坟》《看山奴隶》《后坟》《查二先生》《里二外八黄金塔》《落轿台》《乾隆夜宿卧龙岗》《杨七郎酒醉杏花坡》《罗成大破红门寺》等。

（二）史事传说

包括闹“学好会”传说、大统佛教会传说。如《杨悦春传教》《李国珍入会》《“学好会”谋反》《红巾军火烧贝子府》《聂统领血洗三道沟》《魁星楼史话》等。

（三）地方传说

包括王府传说、地名传说、山川传说、河流传说、塔及庙宇传说、风物传说。如《飞丫环》《醉死五太爷》《疯喇嘛》《吃人的红茬地》《害命的黑山柴》《冷宴请王爷》《飞天簸棱大战海力王》《平顶山》《断亲山》《西泡子》《腾克力山》《热水汤》《老虎山》《压鸡山》《石人山》《黑龙坝》《甸子庙的由来》《宝善堂的传说》《坤龙宝河》《万银当》《霜雪洞》《陷马石》等。

（四）风俗传说

包括南方蛮子憋宝传说、好德歌沁传说、岁时节令传说。如《王兴取宝》《歪脖山》《金马驹的传说》《好德歌沁》《三月天，蛤蟆天》《九曲黄河阵》等。

（五）其他

除上述传说外，还有关于动物、植物及其他传说。如《山与山茶树传说》《布谷鸟的来历》《醉马草》《鹰窝沟》等。

二、故事

敖汉地区民间故事品类繁多，各种故事之间相互交叉，虚构性特征突出。流传的人物故事有时间、地点，故事情节大多表现机智人物聪明、勇敢、智慧、特长等，有真实感。幻想故事、生活故事、动物故事和笑话多以“从前”开头或不确指时间，人物姓名及事件发生地点也不确定，在讲述中不注重事件的真实性，故事情节大多是类型化。此类故事在不同地区也有流传，带有普遍性。

（一）幻想故事

用幻想的手法、情节与现实生活相交织的虚构性的故事，反映主人公的生活、奇遇和冒险经历等。幻想故事结构完整、情节曲折，常以大团圆式喜剧结局。如《放下屠刀，立地成佛》《吃一百回亏的人》《小铜锣》《迎风榜》《河神为民除害》《好与坏》《山上一日，山下百年》等。

（二）生活故事

依据现实生活、现实人物虚构而成的故事，幻想色彩较少。此类故事常常使用巧合、夸张、对比等手法，洋溢着乐观、欢快的气氛。如《精明的老汉》《聪明媳妇和憨傻儿》《千里驹“蛋”》《三兄弟》《三连襟》《狗盗》等。

（三）人物故事

在敖汉地区某一事件中广为人知的传奇人物故事，类似于人物传说。如《石匠爷》《徐道台开金矿》《孟兆奎大闹王爷府》《李永清怒劈警长》《十九兄弟砸教堂》《神奇的猎手敖其尔》《菜刀王》等。

（四）动物故事

通过讲述某种动物形体与习性特征，以及动物与人或动物之间的纠葛，表现某种性格特点，具有较为明显的寓意。如《小白牛》《屎壳郎和疥蛤蟆》《嗬儿，嗬儿》《乌龟披甲的由来》《秃尾巴老李》《猪羊一刀菜》《神奇的葫芦籽》等。

（五）笑话

只截取生活的片段，故事简短、语言精练而有机锋，结尾常引人发笑，借人们的笑声达到否定谬误和荒唐言行的目的，具有较强的娱乐性。如《小铁镘》《硬学舌》《武松打虎》《五大天地》《会作诗的长工》《靶子的滋味》等。

（六）其他

此外，还有谚语故事、人仙（人狐、人鬼）奇遇故事等。如《千里姻缘一线牵》《金子遍地走，专找有福人》《人心不足蛇吞象》《好与坏》《狐仙》《王老道看风水》《老皮活子的故事》等。

为了丰富本篇内容，特选取一部分敖汉旗本地原创的敖汉民间故事记录于下，以飨读者。

三、民间故事选录

（一）罗成智破“断亲山”

这是一个很久远的传说，大青山并不像今天这样太平。据说在唐朝时，这里就有人居住。青沟梁凭借着大青山的险峻，成为土匪占山称霸的咽喉要道。在这一带方圆百里，有杨家姐弟三人，分别占据着牛夕河、大青山、红门寺。大姐在红门寺凭险据守，三妹在牛夕河筑土为城，家族中的唯一男性杨占子是老二，姐弟三人中，数他刁钻蛮横，欺男霸女，无恶不作。在大青山上修筑山寨，训练喽啰，在青沟梁上设置关卡，切断了梁前梁后的来往。这杨占子有一个恶习，只要有迎娶新娘的花轿从青沟梁走过，他就派喽啰兵抢上山，强行拜堂成亲，逼得许多良家女子在山寨内寻了短见。自此，青沟梁就成了切断梁前梁后两地人们来往的绝地，大青山也成了“断亲山”。

唐朝大将罗成北征，恰巧路过青沟梁。在梁北的老虎山扎下大营，探听得断亲山上土匪杨占子飞扬跋扈、无恶不作，强抢民女，丧尽天良。罗成心生一计，决定利用大兵休整之际，除掉杨占子，扫平断亲山。

再说这杨家姐弟三人，对他们自己的所作所为也心知肚明，唯恐遭到攻击。所以他们定下相互联络之号，即把狼粪堆起来点燃，用滚滚浓烟传递消息。据说狼粪点燃后，其烟直上，风吹不倒，人们管这叫“狼烟墩”。定下联络之法后，杨占子有一天闲来无事，心血来潮，命手下人等堆起狼烟墩点燃，果然是狼烟滚滚扶摇直上。扎寨红门寺的大姐和住在牛夕河的三妹一见断亲山狼烟冲天，急忙带领人马赶来救援。到了山寨才知道是杨占子点着玩的，姐妹俩扫兴而归。

这一天，杨占子在山寨里无事闷坐，心想这些日子山下也没有娶亲的了，原先抢上山的几位女子死的死，亡的亡，山寨里就缺一位压寨夫人，可怎么办呢？就在这时，喽啰兵进门来报："报大王，喜事来啦！"

杨占子"呼"的一下从椅子上坐了起来，两眼放出邪光："什么事，快说！"

"大王，从青沟梁北过来一队娶亲的，吹吹打打挺欢的，眼看着就要到梁顶了。"杨占子一个高跳到地下，抓过报事的喽啰，急忙又问："此话当真？"

小喽啰吓得赶紧说："是真的，大王。"

"好哇！正想这事呢，就来啦！"一声吩咐，点齐人马，打开寨门，呼啦啦拥下山来。

这队娶亲的队伍，正是唐将罗成假扮新娘，智赚杨占子之计。由于罗成长得漂亮，是个大帅哥，稍一打扮，就是一个美佳人儿。罗成的弟兄们办成娶亲的，暗藏兵刃，一路吹打着直奔青沟梁。娶亲的队伍刚到梁顶，就被杨占子的人马拦住。"站住！此路是我开，此树是我栽，若要从此过，留下买路财。干什么的？吹吹打打的，闹什么闹！"喽啰兵咋咋呼呼地喊着。

"大王，行行好，我们是娶亲的。"罗成的一位弟兄假装害怕的样子，哀求道。

"娶新媳妇的，好哇！我家大王正缺压寨夫人呢。小的们，把他们押到山上去，一会儿给大王闹洞房！"喽啰兵们一阵哈哈大笑，将娶亲的队伍全部押解到山寨。

杨占子一见新娘长得美丽漂亮，早就神魂颠倒了。在临时布置好的洞房里，罗成施展功夫，几下就把杨占子擒住。外面的弟兄们见罗成动手，也纷纷亮出家伙，把山上的土匪尽数剿灭。杨占子手下的土匪见出事了，匆忙中点燃了狼烟墩，但是已经不管用了，牛夕河与红门寺两地看见狼烟后，还以为杨占子又放着玩呢，谁也没发兵，就这样危害敖汉和朝阳两地的匪患，被罗成轻而易举地剿灭了，从此青沟梁又恢复了往日的平静，"断亲山"成为人们的记忆，大青山又现太平。

（二）康熙风雪哈沙吐

康熙皇帝秋围一过，带领人马要回朝了。人马行至途中，康熙命跟随人马到朝阳待命。自带一名侍卫，身穿便服，骑一匹黑驴下乡查访，要体察民情。

康熙骑着黑驴随意地游走在荒山一条道上。忽然天气骤变，狂风大作，雨雪交加，一下子迷了路，走了好长时间才走到西哈沙吐。康熙本来习惯坐轿，骑马围猎是偶尔玩玩，而这次骑驴私访，赶上天气又不好，走起路来非常吃力。一路走来，颠得浑身像散了架子似的，腹中饥饿，脑袋发晕，两腿酸软，两眼直冒金星，真的走不动了。人要是到了这个时候，那是多么盼望能有个人家歇歇脚，吃点东西呀。侍卫在大风雨中四处瞭望，发现西北方向在草丛中有个蒙古包，急忙向康熙禀报："前面有一人家，何不到此找点饭吃，歇一歇？"康熙感到确实无力行走，主仆二人只好奔向蒙古包。到了蒙古包门口，侍卫上前问："有人吗？"

这时从屋里出来一个老妈妈："找谁？"

侍卫说："我们是走道的，迷了路，天又刮风下雨，想到此歇一歇。"老妈妈看了看这一老一少，不像坏人，就把他们让进了屋。康熙进了蒙古包后坐在一个方凳子上，抬头一看见室内陈设简单，里外就老妇人和一个小姑娘，从她们的穿着可以断定是个奴隶人家。侍卫很有礼貌地问："老阿妈，我们又累又饿，给我们弄点吃的，好走道。"老阿妈这可犯了难，家里没吃的，老头子和儿子爷俩儿一个看山去了，一个去借粮，好几天了，没回来，家里母女两个人糠菜对付着吃呢，哪有招待客人吃的？老阿妈是个受苦人，心地善良，锅里仅有几个糠饼子，娘俩儿可以吃一顿，可是增加了两个男子汉，肯定不够吃，老阿妈和小姑娘商量杀一只母鸡。

小姑娘一听要杀母鸡，生气地说："阿妈，小鸡不是留着下蛋的吗？"

老阿妈说："那吃什么呀？"小姑娘翻了一下白眼，瞪了一下康熙，康熙显然也看到了。康熙也白了她一眼，没说什么。老阿妈忙了一阵子把鸡炖好，放上茶桌，端上奶茶、鸡肉，糠饼子。康熙和侍卫吃得很香。康熙吃了俩糠饼子，还想吃，小姑娘说："没有了。"

康熙看看小姑娘说："这糠饼子真好吃，真香。"

小姑娘白了他一眼说："好吃不好吃，我们奴隶也得吃啊。"

康熙这次生气了，顺便说了一句："短命的丫头！"老阿妈显然也听到了，看了看康熙的怒色，又看了看小姑娘的脸色气得铁青，急忙说："你们喝茶吧。"

康熙转怒为喜，急忙向老阿妈说："老阿妈，我们吃饱了，吃得很香，谢谢你了，我吃了一顿饭也不能白吃，给你一锭银子，换米吃吧。我再给你写封信去找你们的王爷，给你接济接济。"于是拿出纸笔写了几个字盖了印章交给了老阿妈，并告知要王爷开正门接信，不开正门接不给信。康熙主仆拉着黑驴上路了。

老阿妈送走客人，回到屋内瞪了小姑娘一眼。小姑娘也不示弱地说："瞪我干啥？把饽饽让他们吃了，还吃鸡，咱们吃什么？"

老阿妈说："你这孩子不懂事，走道的不也是人吗？人家也没白吃，这不是给银子了吗？你看上面还有字呢。"小姑娘接过来也不认识，老阿妈对着小姑娘没好气地说："你这丫头，把人家气得骂你一句'短命鬼'你听到了吗？"

小姑娘气呼呼地骂康熙："那他是长命鬼。"老阿妈急忙说："算了算了，别咒人了！"

老阿爸出门几天，背着半袋子粮食回家来了。一进门见娘俩儿正在摆弄一件东西，急忙问："这是什么？"没等老阿妈回答，小姑娘发着牢骚告诉走路人吃糠饼、杀鸡吃的经过。老阿爸听明白了就对姑娘说："好了，吃了也吐不出来，这不是借来粮食了嘛！"

老阿妈急忙说："走道老头儿给了一锭银子，还给留封信，说有啥困难去找王爷给接济一下，要开正门接你。"

老阿爸一听，头"嗡"的一下，急忙说："你这笨老婆，说傻话呢，见了王爷，跪着磕头还磕不过来呢，还开正门接你，这不是说笑话，那是自找苦吃。别扯了，穷命人想富道，天下哪有那么便宜的事让你得着，快去整饭吃吧。"老阿妈听了后也觉得这个事是荒唐，哪有王爷开正门接奴隶的。她把这封信没有扔，顺手塞进屋顶房笆缝里，赶忙去做饭。

又隔几十天后，老阿妈总觉得这封信有些说道，看走道的老头儿不像骗子，气度不凡，很有来头，一再催老阿爸去王府试一试。古语说得好"枕边风，一遍不听两遍听"。老阿爸无奈只得拼上老命试一试，临走时嘱咐老伴和孩子们："这次去王府，如果闯出祸来，可能被王爷活活打死，如果打死了把我的尸首拉回来，埋在南山石磐井那个地方，好照看你们娘两个，或者也许碰上好处，求老天爷保佑吧。"老阿妈鼓励老阿爸，老阿爸带着不安的心去了王府。

到王府四十里，老阿爸走了半天，到王府正是中午。远看王府门前人来人往，好像有客人，不敢近前，向前挪了几步站住了。腿总是不好使，向前挪了几步，又退了回来。他自己心里暗暗地说："不行啊，回去吧。"这时守门的府丁发现了他："你是干什么的？"

老阿爸急忙回头说："我是看山的奴隶，想见王爷。"

"王爷正待客呢，你有啥事，快说！"

老阿爸说："我是给王爷送信的。"这时正遇上王府协理出来，看到一个奴隶手拿一封信，急忙来到跟前，老阿爸一看是协理爷，想跪下来，就又赶忙说："我给王爷送信，写信人告诉我不能跪。"

协理爷瞪了老阿爸一眼说："把信给我吧。"

老阿爸胆怯地说："回协理爷的话，写信的人告诉我，叫王爷开正门亲自来接信，不准给别人。"

协理一听大怒："给我打，简直是疯子。"这样一吵吵，在大堂的王爷和贵客们也来看热闹。那时的王府仅是一进一出一个单跨院，大堂对着大门。

王爷说："门外吵吵什么呀？"

协理爷赶忙回来禀报王爷说："西甸子看山奴隶，给王爷送信，非得开正门叫王爷亲自接信。"

王爷一听也来气了："简直口出狂言，分明是来耍笑本王爷的，给我往死里打！"其他王公、贵客们赶忙来劝王爷："今天是王爷寿诞之日，大喜的日子何必生气呢？写信的人可能有来头，不然一个奴隶能耍笑王爷吗？看信后再处置也不晚。"王爷一听似乎有道理："好吧，开正门接信。"协理爷命人开了正门，红毡铺地，王爷下了大堂来到府门外，请看山奴进了府，老阿爸把信举在头上，在前面走，王爷跟在后面，接进大堂。老阿爸把信交给了王爷，这才跪在地下。王爷把信接过来一看，是康熙皇帝手谕。盖有康熙皇帝印章。这还了得，手谕也就是圣旨。王爷喊："圣旨下，摆上香案。"王爷把信放在香案上，王爷和其他王公、贵客们齐刷刷地跪在地下叩头。这把老阿爸又吓了一跳。

王爷们叩过头后，王爷宣读了信。信的大意是"要给这个看山奴隶一块地，永远为业"。王爷命人给老阿爸更换了衣服，并请入席吃饭，老阿爸从害怕到高兴自不必说。饭罢，王爷与王公、贵客们一同带老阿爸来到哈沙吐以南的梁顶上，王爷在马上手提鞭子画了一个很大的圈子，东西南北三四十里地方梁和甸子全归老阿爸所有，并任命他为本地扎兰。

（三）马山的传说

在四家子镇老虎山河的南岸，向南再走大约 1500 米，一座不算高的土山拔地而起，与西面的羊山和北岸的虎山，遥遥相对。虽然是一座土山，但是山顶却有很大一块青黑色的石崖，远远看去，好像一匹卧槽的青马，在那昂起披着长鬃的马头，向着长空，发出清脆的嘶鸣。当地的人们管这个青石崖叫卧马石，因为它有一个动人的传说。

据说在很久以前，这里只有几户阎姓、李姓人家在此立村生活，村子起了一个名叫阎家杖子。村前有一个比较高的土山，远远看上去，就是一个大土包，长满了柴草树木。山顶也没有青石崖，只是一片平平的山头。山下住着从山东逃荒过来的李老四一家，这个四口之家，在山东老家就是因为黄河水灾泛滥，所有的家产都打了水漂，一家人就剩下身上穿的衣服，其余分文没有。为了逃活命，李老四带着家小，跟随着向边外逃荒的人流，一路磕磕绊绊，有一口没一口地讨饭度日，来到了努鲁尔虎山北面的阎家杖子，先挖一个地窨子，一家人就这样定居下来。这一带的土地非常充足，那时没有多少人家，蒙古王公们对这里的山林土地管理也不十分严格。李老四领着妻儿老小，起早贪黑地开垦了几亩山地，用逃荒途中讨来的高粱谷子做种子，种下了第一茬庄稼。春苗出得齐，雨水也调和，地里的庄稼长势很好，一家人心里那个乐呀。眼看夏末秋初时节，高粱谷子都秀齐穗子，丰收在望的喜悦给一家人带来了巨大的希望。

谁知天有不测风云，就在地里的庄稼正在灌浆的时节，一块乌云来，几声炸雷响，暴雨夹杂着冰雹，无情地砸向大地。顷刻间，李老四的几亩庄稼全部被冰雹砸进泥里，一年的收成彻底地泡汤了。李老四跪在庄稼地里，两只手使劲地抠着泥土，抓起一棵棵被砸断的高粱，捧起一个个沾满泥水的谷穗，放声大哭："老天爷呀，你咋这么不睁眼呀！我一家人逃荒要饭到此安身，指望着有个好收成，一家人能吃一顿饱饭。可现在好好的庄稼全瞎啦，你让我们咋活呀？”李老四失声痛哭，哭着哭着，就觉得眼前一黑，昏倒在高粱地。

昏沉沉的李老四，就觉得朦朦胧胧中，面前站着一位穿青衣的小伙子。青衣人伸手把李老四拉了起来，对他说：“这位老哥，不要过于悲伤，天灾难遂人愿，有道是庄稼不收年年种，哭坏了身子，咋养活一家老小啊？”

李老四擦了一把满是泪水和泥水的脸，悲戚戚地说：“小兄弟，你不知道，我一家从山东老家逃荒至此，本以为能有个好年景，一家人不至于冻饿而死，谁知老天爷不让我们活呀，你说这日子还咋过？”说着两眼又流下了难过的泪水。

青衣人说道：“老哥，你先不要难过，困难总是能过去的，我告诉你一个救灾的办法，初一、十五的早晨，趁着太阳没出，你上前面的山上去捡马粪球，到时你就明白是咋回事了。”说完青衣人一转身就不见了，李老四就像做了一场梦似的，忙睁开两眼，雨后的阳光又热又刺眼，他向四外看了看，也没什么青衣人的踪影，但是耳畔仍然回响着刚才的话语。

李老四经这么一折腾，躺在土炕上病倒三天。第四天头上，他想不管咋的我这个一家之主也得把这个家扛起来，遭多大的天灾，日子还得往下过。这天正好是农历的十五，他强打精神，早早地穿衣下地，走出家门。本来是想着出去走走散散心，可是不知怎么的就朝着前面的土山走去，也没觉得怎么累，就不由自主地上了山顶。他忽然想起那天在地里好像做梦似的与青衣人的对话，便自言自语地说：“那个人让我到山顶来捡马粪球，这山上连一匹马都见不到，哪有什么马粪球？”说着他便笑了，使劲地扑棱了一下脑袋瓜。就这样漫不经心地往前走着，突然他停下了脚步，只见眼前均匀地摆着三个小马粪球，淡淡的黄色，已经半干了，他随手将马粪球捡了起来，攥在手里，又继续向前走。不一会儿的工夫，李老四漫荒拉岭地走下土山，回到家里。总是觉得手里有东西，他想起来那是三个马粪球，松开手一看，哪还有什么马粪球呀，只见手心里攥着三个芸豆大小的金豆子。啊，金子！他使劲地揉了揉眼睛，认真地看了又看，真的是金子。老伴和孩子们也围过来看，确实是三个金豆子。老伴忙跪下双膝，朝着前面的土山磕了三个响头，嘴里还叨咕着：“真是老天保佑呀，这下好了，我们一家人有救了。”李老四用三个金豆子，换回来一些米面和布匹，一家人的生活有了着落。

李老四土山上捡金豆子的事，很快就传开了，附近遭灾的百姓们也都学着李老四的样儿，初一、十五的早晨，上土山转悠，许多人都有捡获，很多人家在这灾年靠金豆子度过了饥荒。哪来的金豆子呢？李老四和乡亲们一直疑惑不解，他们在一个十五的清晨，早早地来到土山上，想一探究竟。只见清晨的薄雾弥漫在土山上，柴草树木在雾中更显得虚幻一般。突然从山的北头跑上一匹青黑色小马驹，只见这匹小马，浑身像青缎子一般，溜光水滑，脖子上的青鬃，修剪得整整齐齐，小马驹二目圆睁，昂着头，到山顶向着山下发出一阵清脆的嘶鸣，山上山下回声阵阵。只见小马驹，撅起尾巴，拉出三个粪球，就朝着南面的山坡跑了下去，眨眼间，踪迹皆无。是神马送金豆子，来救我们。李老四和乡亲们望着小马驹消失的方向，跪下双腿，使劲地磕着头。

神马送金豆的事情，被住在老虎山的一位姓宁的财主知道了。他就寻思，怪不得这些穷人们遭了灾也没朝他借粮食，原来是这么回事。如果我把那座土山拢过来，神马的金豆子就全归我了，到时候看你们这些穷人还有啥招！“嘿嘿！嘿，嘿，嘿嘿！”宁财主阴损地狞笑了几声。过了不几天，人们突然发现土山上多了一些人，有认得的知道是老虎山那个财主派来的家奴，只见这伙人骑着马山上山下跑了一个来回，便大声叫道：“围前左近的人们听着！这山已经被我们东家圈上了，今后不许任何人上山砍柴割草，闲杂人等不许登山半步！”财主强行占山，山下的人们再也不能上山捡金豆子了，人们的生活又陷入了饥一顿饱一顿的窘境。宁财主占了土山，立即做起了发大财的美梦。他每逢初一、十五，就起大早跑到土山上，一开始还真捡到两回金豆子，一回只捡三个。他觉得不过瘾，就想着一个更绝的鬼主意，他想我何不想办法把那匹小青马驹抓住，弄回家里，好好供养着，让它在我的家里天天下金豆子，那我可真得发大财啦！说干就干，宁财主带领着几名家奴，拿着绳索钩杆，初一凌晨刚过，他们便起大早来到土山北面的一个山坡等候。这里是青马驹上山的必经之路，几名狗腿子在暗中拉起了绊马索，准备好长长的套马杆子，就等小青马的到来。

东边的天空放出一道道金红色的朝霞，只见从北面的土路上一匹小青马四蹄腾空飞奔而来，身后扬起一溜尘土，好像一匹天马在驰骋。宁财主心里那个乐呀，他告诉手下的人们快做准备。青马驹势如破竹般飞驰而来，突然一根绳索拽起，绊住了它的前腿，就在即将失蹄的时候，只见它后腿使劲一蹬，“咴——”一声长鸣，飞过宁财主和奴才们的头顶，卷起的尘土弄得这伙恶人迷眼的迷眼，咳嗽的咳嗽，半天才回过神来。“快追！别让它跑了！”宁财主声嘶力竭地喊道。这伙恶人撒开两腿拼命地向山顶追了过来，小青马驹由于刚才被绳索绊了一下，又看到这座土山被财主强行霸占，奔到山顶，便就地一滚，化作一块巨大的石崖，远远看去，仍是一匹昂着头朝天嘶鸣的青鬃马。后来人们为纪念青马驹灾年救民的盛德，就把这座土山起名为“马山”。人们说，夏天每到大雾天，都会看见青马驹在山顶来回奔跑，有人还在山上捡到金豆子。

（四）七孔桥

民国年间，敖汉旗某地有一家名为“吉祥铺”的商号，商号的钱掌柜与一位算卦先生之间发生过的故事，听起来颇受启发，多少年来一直为人们津津乐道。

“吉祥铺”商号的店面并不算大，但是掌柜钱三为人正直，买卖有方，经营有道，从不缺斤少两。如果顾客钱不凑手，还可以赊上几天。周围的老百姓，都乐意到“吉祥铺”商号买东西。一来二去，钱三的商号自然是买卖兴隆，人气正旺。

一天，一位算命先生路过“吉祥铺”，和钱三聊了一会儿，见他与人为善，厚道待客，执意要为钱掌柜算上一卦。算命先生问过钱三的生辰八字，掐指一算，便一宗一件地叙说起来。多年来发生的事情好像其自己的亲身经历，说得十分准确，钱三在一旁不住地点头。正当他听得入神时，先生突然停住不说了。

“先生，您往下说呀！”钱三见先生停住话题，着急地催促道。

先生双目微合，口中念念有词：“有道是，算卦不留情，留情卦不灵，贵贱祸福乃命中注定。我如再说下去，恐钱掌柜介意。”

钱三听出先生话里有话，知道卦象必有不吉：“先生，这话说到哪里去了？人生在世命由天定，我岂能因此怪罪您？”

先生毫不隐晦：“恕我直言，此为凶卦。按照卦象看，掌柜的阳寿已尽，恐吃不上年午黑夜（除夕夜）饺子，信不信由你了。”说罢，这位算命先生连卦金都没收就走了。

自打算完卦，钱三的心里总觉得沉甸甸的。时令已近中秋，离年底就几个月的光景了。想到自己在人世上为时不久，不免暗自伤神。他把店铺的事务妥善地安排了一下，交给家人料理，揣上盘缠便离开了家门。他要用生命的有限时间，到亲戚朋友处走个遍，算是在人世间得到的最后一丝慰藉。

中午，秋阳高照。钱三走到一条小河边，刚要脱鞋过河，看到岸边上两位中年妇女正站在那儿徘徊。有心过河吧，两岸人来人往，众人面前脱下鞋，觉得很难为情。女人的三寸金莲是不可在大庭广众下外露的，不脱鞋又过不去河。钱三明白了她俩的心意，自己犯了难。总不能把两个素不相识的妇女背过去吧？他一时想不出办法。正巧，有一个挑着两大摞笆斗子的人来到河边，钱三顿时想出了办法。他拦住那人问：“兄弟，你这笆斗子是卖的吗？”那人看了看面前头戴礼帽，身穿礼袍的商人模样的人，回答说：“不，是我买来的。”

“卖给我行吗？我给你双份钱。”

“不卖，我们营子七八户人家定做的水斗子，家家等着用呢！”那人说着，脱下鞋就要过河。

钱三一把拉住：“兄弟，这笆斗子是打水用的，不怕沾湿，你借我用用，用完后笆斗子归你，我给你十块大洋。”

“哪儿有这样的便宜事。”那人爽快地答应了。

钱三要那人把笆斗子排在河面上，一步远摆一个。从河边到对岸，八个笆斗子刚好够。河水不深，笆斗子扣在水面，露出半截。钱掌柜很客气地对两位妇女说：“二位妹子，请踩着笆斗子过河吧。”两位妇女相互看了一眼，不好意思起来，说了好多感谢的话，踩着笆斗子便过了河。见两位妇女远去，钱三给了那人十块大洋，打发他收起笆斗子去了。

转眼间到了年底，家家户户忙着淘米轧面，钱三哪有闲心张罗年事？他天天度日如年，魂不守舍。谁知道，春节过去了，钱三依然身体健康，别说过世，连点小病都没闹。他心里纳闷，我与算命先生素不相识，无冤无仇，他为什么咒我呢？恨我死其因何在？钱三百思不得其解。

不知不觉春暖花开。钱三从几个月的忧虑苦恼中解脱出来，重操旧业。谁知道，不知趣的算命先生又来到“吉祥铺”商号。

“哎呀！久仰了，先生。”钱三对先生有几分怨气，说话时语气很不对劲，“我还寻思在阳间与你见不着面了呢？”

先生抬头看了看钱三，不作回答，边掐算边思考着。片刻，哈哈大笑起来：“钱掌柜，我神机妙算，从没失过手，算卦不应验的时候是没有的。人的寿命有积有损，你能活在阳间，是自己心好积德的原因啊。”

钱三这回算看透了先生的把戏，心里说：“快拉倒吧，你可别再糊弄人了，我差点给你几句话窝囊死。”

见钱三不大高兴，先生解释说：“我上次给你算卦时隔半月，你舍善修过‘七孔桥’一座，且当日有人过桥，解人之难，成人之美。善有善报，感动阴曹，故积阳寿五年。”说完，胸有成竹地望着钱三，等待他的回答。

钱三一时蒙了。几个月里，他整天东游西逛，走亲访友，倒是路过几座小桥，压根儿就没修过什么桥呀！于是，一个劲摇头否认。

先生让他努力回想，把几个月来的经历从头介绍一遍。当钱掌柜讲到买笆斗子帮两位妇女过河时，先生捋着胡须大笑起来：“哈哈，这就对喽！笆斗子扣在河面上，接通两岸，人能过去，即为桥。八个笆斗子排起来，乃七孔，故为七孔桥也。”

钱掌柜这才恍然大悟，顿时消除误会，二人会心地笑起来。

（五）会作诗的长工

古时候敖汉旗的南部有一个金源县，县衙就在现在的四家子镇牛夕河村。有一个县官姓皮，外号叫皮二毛愣。这个皮知县，办事倒挺快当，就是毛毛愣愣，在断案方面不讲究细节，水萝卜就酒嘎嘣脆，越简单越好。

金源县城里有一个财主姓寇，只因为这家伙太抠门，对于给他做活的长短工，在算工钱时，里扣外掠，鸡蛋里面挑骨头，许多长工给他干了一年，到头来得不到多少工钱，人们恨得牙都痒痒，背地里给他起了一个外号“抠财主”。这个抠财主依仗着平时给皮县官送点礼拉关系，依靠着这棵大树，更加肆无忌惮。

这一年给抠财主扛活的有四个长工，他们四个人好像哥兄弟似的，按照年龄排序互称哥哥弟弟，非常要好。而且这四个人平时都好哼哼顺口溜，见什么事都能数落几句，常常把人们逗得捧腹大笑。抠财主的财黑心黑，早把这哥几个气坏了，他们商量得找机会收拾收拾这个抠老财。

机会来了，一天下午哥四个刚扛着锄头上山，还没等干活，忽然西北角天空几块阴云飘过，接着一阵小风呼呼地刮了起来，大哥站直了腰板抬头看看说："天气黄澄澄。"二哥瞅瞅天接着说："看样要起风。"老三低着头正在卷旱烟就接了一句："风过必有雨。"小老疙瘩把锄头往肩上一扛随口说了一句："下雨就歇工。"话音一落，哥四个拿起家什，大步流星地回家了。

抠财主正站在院子当中拿个小笤帚，浑身上下地扫着衣服上的灰尘，他光顾扫了，没看见进院的长工。这四个长工一进院门看见抠财主，老大顺口说"进门看见财主老"，老二接了一句"浑身上下把土扫"。老三说"这叫闲得没事干"，老四嘿嘿两声"动动爪子也算好"。光顾扫身上的抠财主，忽然看见这四个人不上山干活回家来了，进院还拿他开涮，一下子火就上来了。手拿笤帚把指点着高声骂道："你们吃饱撑得不上山给我干活，咋滚回来啦，真是少教养，我非得整治你们不可。"

四个长工相互看了看，最小的老四说："我说财主老爷，你没看见这天混焦焦的，要来大雨呀，我们不回来还在山上等着挨浇呀？"

抠财主更来气了："胡说！刚起几块云彩，哪来的雨？简直就是胡说八道！"

大哥笑了笑说了一句"财主两眼发了蒙"，老二跟着说"天气阴晴分不清"。老三往前凑了几步"下雨不能把活干"，老四接着说"正好背雨歇歇工"。四个长工说着把锄头扔在院里，朝长工住的屋子走去。

抠老财这回可气蒙了，把笤帚往地上一扔，气呼呼地抓住长工说："走，到县衙，我要让县太爷狠狠地治你们罪！"

金源县衙离财主家不远，不一会儿，抠财主和四个长工吵吵嚷嚷地来到大堂，正赶上皮知县升堂，财主进门就高声喊道："县太爷为我做主呀！"

皮知县抬头一看，见是抠财主，认识。连忙把惊堂木一拍："哇！为何咆哮公堂？"

抠财主磕了一个头，连忙说："求大老爷为小民做主，这是我家几个长工，他们不去干活，反而回到家里来辱骂我，请老爷治他们的罪。"

县官一听问道："你们几个是财主家的长工吗？"

大哥赶紧向上回话："青天大老爷，我们是长工。"

县官接着问："你们既然是长工，为何不好好干活，而偷懒辱骂东家呀？"

大哥接着说："老爷，我们冤枉呀。今天我们上山干活，忽然看见西北天空阴云密布，要来雨，于是我们哥四个顺口作了几句诗。等到家后，看见东家正在扫身上的土，我们来了兴致，又作了几句诗，这老东家硬说我们骂他，我们哪敢呀，这不是冤枉吗？"

皮知县一听长工说他们会作诗，感到很有意思，问道："你们几个庄稼人还会作诗？"

老二忙回答："我们平时见景生情，看见啥都能整几句。"

抠财主一听忙说道："老爷别听他们胡说八道，他们头上顶着高粱花，身上穿着破夹袄，知道诗是什么样，真不知道羞臊。"

老三向上叩头说道："大老爷，我们真的没说瞎话，你若不信，可以当场验证。"

抠老财急赤白脸地说："大老爷，他们根本就不会作什么诗，我敢和他们打赌。"

皮知县说道："哦，东家可真的敢和他们打赌吗？"

财主说："敢！就怕这几个小子胆小。"

县官又问长工："你们敢打赌吗？"

老大说道："请老爷做主，我们如果不会作诗，甘愿为东家白干一年活。如果我们作出诗来怎么办？"

抠老财抢话说道："你们说咋办就咋办。"

老二接茬说："我看这样办，如果我们作出诗来，我们哥四个一人打东家一个嘴巴，老爷你看如何？"

县官问财主："你看行不行？"财主心想就你们几个土包子还能作诗？作不出诗来白给我干一年活，这个赌打得过。就满口答应下来。

皮知县说："那就由我来出题，连作两首诗，你们可是打赌在先，要听好了，头一个题目就以我堂前那棵杏树为题吧。"四个长工向院里看了看那棵长在粪坑当中的杏树，老大开头一句"堂前一棵杏"，老二接着说"长在粪坑中"。老三说"熟杏红着脸"，老四紧跟着一句"青杏酸又硬"。县官一听，拍手说道："好一个青杏酸又硬，好诗也！那第二个题目就以我的大堂为题吧。"

这四个长工抬头端详一阵县衙大堂，略一思索，老四先说"老爷大堂宽又亮"，老三说"三班衙役站两旁"。老二接了一句"老爷惊堂木一拍"，老大最后说"人犯腿抖心发慌"。没等知县说话，师爷在一旁用扇子敲打着手掌连连说："好诗，好诗呀！"

四个长工不容分说，一拥而上，每人拉开架势，使劲抽了抠财主一个响亮的大嘴巴，把抠老财打得腮帮子很快就肿了起来。只见他嘴里哼哼着，也听不清说的啥。

四个长工从县衙走出来，心里那个痛快呀，他们又来了激情，老大说"财主堂前错句话"，老二接道"白挨四个大嘴巴"。老三慢声慢语地说"不知打得疼不疼"，老四快言快语"龇牙咧嘴发狠骂"。说完四个人哈哈大笑，扬长而去。

（六）萝卜

在很早以前，新地有一家老李家烧锅，东家十分吝啬，尤其是在吃饭方面更是里扣外掠。他有一个八岁的儿子，该请一个先生教孩子认字读书了。于是就把邻村的一位老私塾先生请进家门，专门教儿子念书。按理说请老师在家，应当好好招待才是，可是这个李东家却非常会算计，家里有的是萝卜，就上顿萝卜、下顿萝卜吃起来没完。天天吃萝卜，老先生心里不满意，还要端着读书人的架子，抹不开说。

于是，老先生教给小东家认识两个字“萝卜”，他让孩子把这两个字熟读牢记于心，并对他说：“孩子你听着，哪一天你老爸如果考你，你就说萝卜。”孩子觉得就这俩字，很好玩，也不用怎么费劲，就牢记于心了。

先生来家转眼就一个月了，东家用萝卜招待先生一个月。这天老东家心血来潮，来到书房要考一考儿子的学习情况。那时候都讲究对对，先生和学生坐在一边，老东家坐在另一边，东家出题，孩子对句。老东家随口说了一句：“白菜。”孩子马上对道：“萝卜！”老东家高兴地乐了，捻着胡须说：“嗯，不错。”

老东家又说：“绸缎。”孩子马上回答：“萝卜！”老东家不明其意问先生什么意思，先生答道：“小公子对得好呀，绸缎对萝卜正对。这罗乃绫罗之罗，布则是布帛之布也。”东家一听有理，连连点头。

接着老东家又出一句：“钟鼓。”孩子张口而出：“萝卜！”这回东家觉得不对了，钟鼓和萝卜怎么能对呢？先生又说：“小东家对得好，钟鼓为响器也，萝卜呢，也在乐器行之内。这锣是铜锣之锣，卜则为铙钹之物也，何错之有？”老东家皱了几下眉没说什么。挥了挥手，儿子出去了。这老东家看着先生问道：“老先生，这一个月你就教我儿子萝卜啦？”

先生微微一笑：“老东家，你这一个月也净让我吃萝卜啦。”从此李东家再也不敢慢待先生了。

（七）五大天地

从前敖汉归建平县管，建平县的县令是个昏庸无道的赃官，他自从上任以来，吃喝玩乐、搜刮民财、刑讯逼供、屈打成招，造成了数不清的冤案，全县百姓都恨死了这个狗官。这一天，突然传来上面要把县令调走，消息一出，老百姓奔走相告，这下可好啦，这个狗官终于离开建平县了。用什么方法发泄一下人们的怨恨呢？大家集思广益，终于想出一个好办法。

县衙门里面一片忙乱，知县正在打点行装，准备离开。突然外面传来一阵鼓乐之声，大家向外一看，只见县衙门外，聚集着许多老百姓，人们簇拥着一块大牌匾，上面写着四个大字“五大天地”。这是怎么回事呢？师爷忙出来问道：“各位乡亲，这是何意呀？”

人群中走出一位老者，上前深施一礼说道：“我们是本县百姓，听说县太爷高升了，特来送一块牌匾。”师爷指着牌匾问：“何为五大天地？”老者回道：“老爷升堂问案是昏天黑地，老爷退堂是花天酒地，老爷下乡是呼天抢地，老爷迎接上峰检查是瞒天盖地，这会儿老爷要走了，我们是欢天喜地。”

第二节 民间谚语

民间谚语是流传于民间的比较简练而且言简意赅的话语。多数反映劳动人民的生活实践经验，而且一般都是经过口头传下来的。它多是口语形式的通俗易懂的短句或韵语。在全旗广为流传的谚语比较多，带有浓厚的敖汉本土色彩，内容也非常丰富，大致可分为以下5类，本志各选数条记述于此。

一、气候、物候类谚语

这是人们通过祖祖辈辈对大自然的观察，结合气候、物候的四时变化而总结出的经验性谚语。

三月清明不见青，二月清明满地青。

房檐滴答水儿，就有二指雨儿。

顶风雨，顺风起；关门雨，下一宿。

清明难得晴，谷雨难得雨。

大旱不过五月十三。

早晨下雨一天晴，晚上下雨到天明。

燕子低飞蛇过道，水缸穿裙山戴帽。

七月十五定旱涝，八月十五定收成。

晴天漏，下不够；淋伏头，晒伏尾。

牛马年，好庄田，就怕鸡猴这二年。

二、生产类谚语

总结概括生产经验，用以指导农业生产。

不怕贱年，就怕连年；人误地一时，地误人一年。

立夏到小满，种啥都不晚；过了芒种，不可强种。

浅种深蹚苗发壮，草死苗活地发暄。

处暑不拿头，割倒喂老牛。

高粱伤镰一把米，谷子伤镰一把糠。

六月六，看谷秀。

地耪三遍，解涝担旱。

穷豆秸，富谷挠，打不净的高粱挠。

会扬场扬出一条线，不会扬场一个蛋。

种地不上粪，等于瞎胡混。

三、生活类谚语

主要是总结日常生活方面的经验和得失，反映劳动人民的世界观、生活态度和道德观念。

门前别靠井，房后别靠河，灶火坑别堆干柴火。

一家保暖千家怨。

能吃饽饽，不吃搓搓；吃一顿搓搓，吃两顿饽饽。

一顿不吃，两顿赶上；天晚日头转，早晚三顿饭。

墙上有片泥，脸上有张皮；人有脸树有皮。

人是铁，饭是钢，一顿不吃饿得慌。

存粮如存金，存草如存银；穷灶坑，富水缸。

不当家不知柴米贵，不养儿不知父母恩。

勤扫院子少赶集，下雨阴天走亲戚。

老猫炕上睡，一辈留一辈。

四、修养类谚语

通常能起到教化作用，也是人们日常行为的规范。

你敬我一尺，我敬你一丈；老实忠厚常常在。

有麝自来香，不用大风扬。

饭后百步走，活到九十九。

有话送明人，有饭送饥人。

一分精神一分财，十分精神财自来。

多个朋友多条路，多个冤家多堵墙。

吃人嘴短，拿人手软。

打人别打脸，说话不揭短。

管闲事，落不是。

喝凉酒花赃钱早晚是病。

五、事理类谚语

属于在普通的人际交往中总结出来的处世经验。

亲戚远的香，界壁邻居高打墙。

不当家不知柴米贵，不养儿不知父母恩。

舌头再硬拱不过腮。

强扭的瓜不甜；瘦死骆驼比马大。

骑驴不知赶脚苦，饱汉不知饿汉饥。

隔行如隔山。

现代生活中也产生一些与时代共鸣的谚语，如“火车跑得快，全靠车头带”“官不大，架不小”“见困难就上，见荣誉就让”“村看村，户看户，群众看干部”等，充满社会正能量。流传在社会上的一些传统谚语，有许多充满消极情绪和谬误观念，如“各人自扫门前雪，休管他人瓦上霜”“命里八尺，难求一丈”“龙生龙，凤生凤，老鼠生儿会打洞”等。

第二章　民间艺术

第一节　民间音乐

一、民歌

敖汉民歌以蒙古族民歌为代表，大多是晚清至民国年间的作品。20 世纪 80 年代初，旗文化馆组织有关人员深入本旗蒙古族集聚地，搜集濒临失传的敖汉蒙古族民歌。经过阿拉坦格日勒、苏日图、欧东·道尔吉等多人的辛勤工作，搜集整理流传在敖汉地区的蒙古族民歌百余首，有的被编入赤峰市文化局编印的《昭乌达民歌集》中。1982—1985 年，旗文化馆每年汇编《敖汉民歌》油印本 1 册。蒙古族教师韩国春，多年来一直从事敖汉民歌的挖掘、整理和研究，在此基础上，于 2013 年主编《敖汉蒙古族民歌选》，汇集包括“好德歌沁”歌曲在内的 51 首民歌，由敖汉旗政协文史文教学习委员会出版。

敖汉旗蒙古族民歌题材广泛，曲调明快悠扬，歌词跌宕起伏，以其独特的音乐形式，折射着敖汉部蒙古族的语言、历史、宗教、心理、世界观、价值观、人生观以及风俗习惯等。

敖汉旗蒙古族民歌主要有以下几方面题材：一是歌颂蒙古族人民反抗黑暗势力、控诉阶级压迫的歌，如《罪恶的“满洲国”》《吉祥的旗帜》《陶浓合》；二是赞美家乡、思念亲人、怀念故土的歌，如《诺恩吉雅》《那木格草甸子的柳条》《各色的花》；三是格言歌、讽刺歌，如《天上的风》《尚斯特喇嘛》《昂斯勒》；四是祭祀、婚礼、宴饮等仪式歌，如《四季歌》《奔波来》《祭火歌》；五是反映妇女生活的歌，如《乌云其其格》《嘎日布玛》《德哥格尔玛》；等等。还有在近代抗日战争时期和解放战争时期产生的军旅之歌，如《达拉甲梅林的小队子》《巴达玛其其格》。

在音乐风格上，短调民歌是敖汉民歌的主流，这和敖汉旗所处的半农半牧地域有关。其特点节奏整齐，节拍规范，曲调流畅活泼，结构方整紧凑，演唱时旋律多大跳和切分音，欢快热情有舞蹈性。另外，敖汉蒙古族民歌歌词技巧上也很有特色。除主题深刻、情节完整外，还巧妙地运用比兴、衬托、复唱、排比、夸张、设问、对仗、白描等修辞方法。特别是章节段落的重复迭沓，更好地表现主题，收到一唱三叹的艺术效果。值得指出的是，敖汉短调民歌在节奏整齐、节拍规范运行过程中，根据内容的需要突然转为长调形式，如《留柱的歌》歌曲第一句以四二拍起步，唱到第二句则变成散板，具有长调的颤音，构成一波三折、越说越伤心的音乐效果，很有地方特色，即半农半牧、蒙古族汉族习俗夹杂的特点。

二、乐队

敖汉地区民间乐队主要是民间鼓乐班和戏曲、皮影戏演出伴奏乐队。这些乐队均属于半职业性质，农忙时生产，遇有民间办红白事、过年闹秧歌或农闲季节时演出。

民间鼓乐班由3—6人组成，演奏的大多是汉族音乐。其特点是曲调节奏感强、高亢、激昂，欢快、流畅。演奏乐器以唢呐为主，配以长号、短号、小鼓、小钹、撞钟等。鼓乐班或为民间婚丧嫁娶演奏，或为秧歌队伴奏，受雇均称“上买卖”。有时秧歌队只雇用鼓乐班中吹唢呐一两人，打击乐器由秧歌队人员代替。鼓乐班“上买卖”时，根据不同情况演奏不同形式的曲牌。秧歌队伴奏常用《句句双》《柳青娘》《八条龙》等。喜事大多吹奏欢快的曲调，如《满堂红》《朝天子》《接媳妇》《将军令》《玉芙蓉》等。丧事则吹奏表现悲哀的曲牌，如《哭皇天》（又称《拿天鹅》）、《鹧鸪》《祭腔》等。

戏曲乐队演奏乐器有二胡、板胡、唢呐、笛子、箫、三弦等。打击乐器有大鼓、堂鼓、大锣、小锣、大钹、小钹等。民间戏班和业余剧团的乐队，伴奏人员大多是些乐器爱好者，不识简谱，没受过专业培训，唱腔伴奏沿用敖汉地区传统落子戏曲牌。

皮影戏伴奏以“车字调”的大四胡为主奏乐器，与小四胡（又称“六子”）、用板胡经改制而成的“葫芦头”（又称“咕咕”）组成伴奏“三大件”，配以三弦、唢呐等辅助乐器。打击乐器由堂鼓、板鼓、大板、大锣、小锣、铙钹、镲锅组成。演奏时，无论唱什么调，主奏乐器大四胡用g调拉法，一三弦（外弦）定“2”，二四弦（里弦）定“5”；帮弦小四胡用d调拉法，一三弦（外弦）定“5”，二四弦（里弦）定“1”；葫芦头用f调拉法，一弦（外弦）定“3”，二弦（里弦）定“6”。三种调式伴奏同一曲谱，每件乐器都有自己的伴奏技法，相互之间音节错落、长短不一，尾音落到同一个音符上“托腔保调”，形成独特的民间器乐和弦效果。

三、乐谱

（一）唢呐吹奏曲牌

1. 鼓乐队曲牌

喜事常用的曲牌有：《满堂红》《滚鼓令》《挂金锁》《大开门儿》《小开门儿》《接媳妇》《将军令》《蛤蟆令》《激水令》《大四破儿》《小四破儿》《大梅子儿》《小梅子儿》《女打鼓》（又称满大盅）、《梅花三乐》《大梅花三乐》《小梅花三乐》《十二节鹧鸪》《大抱龙台》《小抱龙台》《大柳河音》《小柳河音》《调和柳》《云南调子》《老宫调子》《朝天子》《玉芙蓉》《万年观》《鸳鸯扣》《老八板》《一级风》《姑姑令》《月牙五更》《蛤蟆五更》《金鸡叫五更》等。

丧事（白事）常用的曲牌有：《苏武牧羊》《敬孝歌》《祭灵》《探玉歌》《大出殡》《柳河音》《八条龙》《小开门》《常香玉》《圆梦》《许江风》《姑姑令》《祭腔》《步步高》《四平板》《文咳咳》《苦怜丁》《哭丧》《拿天鹅》《杜十娘》《哭七关》《鹧鸪》等。

2. 秧歌队曲牌

喜事中的鼓乐曲牌大多可用于秧歌伴奏，主要以《八条龙》(《五音八条龙》《四音八条龙》)、《句句双》《柳青娘》(《清柳青娘》《混柳青娘》《五音柳青娘》) 为主。进入 21 世纪后，把一些欢快的流行歌曲加入其中，如《黄土高坡》《九月九》《大花轿》《纤夫的爱》等。

3. 民间唢呐曲牌

《八条龙》(曲一)、《八条龙》(曲二)、《句句双》《柳青娘》《小车子曲》《花扇面》《鹧鸪》《风杨柳》《柳合荫》《跑驴》《小对任》《祭腔》等。

（二）演唱曲谱

皮影戏曲谱：三五七调（称跺板）、《生角平调》旦角平调。

皮影戏演出过程中，配合情节的变化，常演奏一些曲牌来渲染气氛，主要有《祭腔》《塔夺口》《八条龙》《梳妆台》《小开门》（宫门曲）、《朝天子》《洞房赞》《放风筝》《月牙五更》《满堂红》《小寡妇上坟》《句句双》《万年欢》《寄生草》《海清歌》等。

四、蒙古族乐器

（一）四胡

蒙古语称“侯勒”“胡兀尔”“胡尔”，康熙朝编纂的《律吕正义后编》中称之为“提琴”。蒙古族四胡是最具蒙古族特色的乐器之一，分高音四胡、中音四胡和低音四胡三类。高音四胡音色明快、脆亮，多用于独奏、重奏、合奏；中低音四胡音色浑厚、圆润，擅长演奏抒情性乐曲，并主要为科尔沁民族说唱艺术乌力格尔和好来宝伴奏。它们在蒙古族人民的文化生活中扮演着十分重要的角色。蒙古族四胡代表性曲目有《赶路》《八音》《阿斯尔》（以上为大四胡）、《莫德列马》《弯弯曲曲的葡萄藤》《荷英花》（以上为小四胡）等。蒙古族四胡文化积淀丰厚，表现力丰富，技艺自成一体，旋律悠扬、古朴，是从事半农半牧生产方式的蒙古族人民杰出的音乐创造。

（二）马头琴

最受蒙古人推崇。马头琴是蒙古人独有的传统乐器，具有十分独特的风格。传统马头琴是个长约四尺，以木为杆，顶端雕刻一个马头，下端有一铲形皮鼓，用马尾系成两条弦，再用马尾做成一个弓弦，演奏时它能发出悠扬深沉的声调。马头琴的演奏与其他拉弦乐器有所不同，它的弓弦不是夹在琴弦之间，而是琴弦外拉奏。

马头琴音乐在敖汉地区的文艺舞台上经常演奏，曲调热情奔放，时而舒缓流畅，时而万马奔腾，忽而风驰电掣，忽而战马嘶鸣，如泣如诉、如歌如舞，一把马头琴，把辽阔草原的粗犷豪放演绎得淋漓尽致。

（三）火不思

是一种四弦弹拨乐器，是古代广为流传的民乐器，后来成为宫廷中的主要乐器之一。火不思不仅可以独奏，而且还可以伴奏、合奏。火不思音质圆润，音色清纯，适于表达欢快喜悦情结。人们以为，这一古老乐器经过明清战乱已经失传。可喜的是，火不思出人意料地在云南省通海县兴蒙乡华美仙家传了下来。内蒙古歌舞团演奏员青格勒图先生根据在兴蒙乡传下来的火不思样式，于 1976 年研制出了新火不思，在蒙古地方广泛传播开来。

（四）胡日

也称四弦琴，是拉弦乐器，是蒙古人最喜爱的乐器之一。尤其是在东部蒙古，几乎人人都会拉奏。元代以后流传入敖汉旗，是舞台伴奏乐器之一。胡日形状似京胡，但比京胡要大。胡日的琴箱、琴杆一般用红木制成，琴箱蒙以蟒皮或羊皮，竹弓、马尾弦、骨码、琴箱、琴杆以及调弦的木轴雕以各种花纹图案，非常艺术美观。胡日多用于说唱艺术的伴奏或自拉自唱。

第二节　民间演唱

一、戏剧

清乾隆时期，敖汉等 49 旗蒙古王公贵族，既受皇帝恩宠，又受藩封爵禄，享乐之余，效法朝廷宴享宫戏规制，先后有 18 旗建立了王府戏班。敖汉旗王府为“图勒门”班。“十八班”每年都去热河避暑山庄演出。乾隆四十四年（1779 年）八月十三日，蒙旗十八班执事、艺伶 500 多人，身着各色丝锦绸缎、满绣平金的戏装，用唱和戏曲的程式舞蹈动作向皇帝献祝颂词。皇帝赏赐十八班三千两银子。敖汉札萨克王府于清乾隆四十年（1775 年），在府院内建起了戏楼。戏曲艺术在蒙古王公贵族阶层兴起。

光绪初年，关内戏班经常来此演出，戏曲艺术在敖汉地区得以广泛流传，为人们所喜爱。本旗几大财主戏班先后成立后，招收关内许多较有名气的流动艺人来驻班，在农闲季节或庙会上演出，唱大戏成为这一时期最有代表性的大型民间娱乐活动。戏班在演出的同时，立小科班培养演员，为戏曲发展和流传创造条件。

（一）剧种

敖汉旗民间演出的戏曲剧种有落子戏、梆子戏、京剧和评剧，均为外来剧种。

1. 落子戏

19 世纪初，敖汉旗南部四家子、金厂沟梁等人口集中的村镇，由关内流入“唱秧歌”活动，以单人和“二人转”形式表演。“唱秧歌”有戏曲表演性，又兼曲艺歌舞性，是一种综合民间说唱艺术。“对口莲花落”传入后与之融合，逐渐形成民间称谓的“大口落子戏”。由于其表演通俗、活动方便，深受人们喜爱，很快兴盛并流传开来。20 世纪初，艺人们把唱词拆开，按行当扮演不同角色。表演人物增加后，由打地摊变为搭台演出，民间“落子戏”班由此逐渐形成。新中国成立前较有影响的“落子戏”班有四家子的杨永秀班，牛古吐的张宽班、克力代铁匠营子李长春班、康家营子张广志班等。

新中国成立后，党和政府重视地方戏曲事业的发展，从 20 世纪 50 年代初，旗委宣传部、旗文教科加强对民间戏曲团体的管理和支持。“落子戏”班通过学习和与外地交流，对唱腔、板式、乐器伴奏、服装和道具等方面进行改进，不断吸收外来的评剧艺术，向唱评剧发展，许多“落子戏”班逐渐改为半职业性的业余剧团。

2. 梆子戏

光绪初年，梆子戏随关内大型戏曲班社来敖汉地区演出流入。后来，随着民间戏曲活动的兴盛，下洼、四家子等地的大财主，招收河北、北京各地出关艺人，成立业主式家庭戏班。梆子戏艺人大多在关内坐科，演出讲究戏曲规范和程式，场面较大，能演梆子剧中的重头戏、大武戏，深得观众喜爱。敖汉地区童谣“拉大锯，扯大锯，姥姥家门口唱大戏。接闺女，请女婿，小外甥也要去”形象地描述出唱大戏时八方亲友会聚的情景。20 世纪初，唱梆子戏在民间红极一时，不用任何扩音设备，台上喊一腔梆子，台下远近都听得清清楚楚。《调寇》《辕门斩子》等经典梆子戏，在敖汉地区家喻户晓。几大家庭戏班初期以演梆子戏为主，经常在集镇庙会演出，还办小科班培养梆子戏演员。1930 年左右，业主大戏班相继解散，民间落子戏班活跃起来。落子戏与流入的评剧艺术不断融合，为观众所喜爱。评剧的普及使梆子戏由盛转衰。新中国成立后，梆子戏在评剧舞台上少有出现。敖汉剧团上演梆子戏剧目 20 多个。1979 年左右恢复成立的贝子府后坟剧团、克力代铁匠营子剧团等，也演过少量梆子戏。

3. 京剧

几大家庭戏班的成立，吸引许多北京、承德、锦州等地的戏曲艺人驻足行艺，如裴云霆、葛玉楼、爱玉楼等。他们的流入又带来新的剧种“皮黄戏”（京剧）。京剧与梆子戏在各大戏班共存，演出内容得以丰富。

新中国成立后敖汉剧团成立，剧团中侯凤山等演员，从小在关里科班坐科学戏，会唱京剧。1956年，又从沈阳等地聘来两批演员，一时间，演出的京剧剧目增多。付麟童饰演的文武老生，赵艳君饰演的刀马旦，孙凤仙饰演的胡子生，郭明、郭亮兄弟的武打戏等，都给观众留下深刻的印象。

1970年左右，各地文艺宣传队排演现代京剧《红灯记》《沙家浜》等。1978年以后，旗乌兰牧骑排演过《清风亭》等少量京剧。

4. 评剧

民国19年（1930年）左右，敖汉旗的大部分“落子戏”班开始接受来源于河北及辽宁的带有“二人转”韵味的“大口落子”即早期的评剧艺术。在敖汉地区传唱多年的“落子戏”，唱腔方面与之融合，具有浓厚的乡土味，形成独具特色的“敖汉评剧”。评剧内容通俗，结构奇巧，以唱功见长，道白使用口语，艺术形式与现实生活相接近，备受观众喜爱，很快得以普及。1955年，全旗有大小业余评剧团70多个。1978年恢复古装戏曲后，铁匠营子、后坟等农村业余剧团、旗乌兰牧骑均以演出评剧为主。评剧是敖汉地区流布最广的剧种，在民间有着深厚的群众基础，《秦香莲》等一批传统剧目，一直为人们百看不厌。敖汉民间有“铡不死的陈世美(《秦香莲》)，摔不碎的茶瓶(《茶瓶记》)”之戏说。长胜的“赵半台”（赵连才，饰老生）、张宽小弟张平山、张宽之女张桂云（饰旦角）以及乌兰牧骑的徐国选、周承杰、李桂华等一批演员，为各时期演评剧之名角。

第三编表1　敖汉地区上演剧种剧目一览表

剧种	传统剧目
梆子戏	《刀劈二关》《十八罗汉斗悟空》《九江口》《大赐福》《小梁山》《三岔口》《三气周瑜》《三打祝家庄》《三娘教子》《三疑记》《三盗九龙杯》《天门阵》《马芳困城》《双锁山》《水帘洞》《火烧连营》《长坂坡》《凤还巢》《六月雪》《四杰村》《白蟒山》《古城会》《甘露寺》《四郎探母》《白蛇传》《玉堂春》《平江南》《玉虎坠》《东皇庄》《西皇庄》《打金枝》《宇宙锋》《江东计》《华容道》《乌玉带连环计》《乌盆案》《收姜维》《余唐关》《别姬》《金钱豹》《八蜡庙》《取洛阳》《汜水关金沙滩》《虎头牌》《金水桥》《牧护关》《定军山》《卖马》《拉马》《泊水潭》《红鸾喜》《南北合》《战马超》《红娘》《林江驿》《南阳关》《挑滑车》《战冀州》《站铜台》《界牌关》《恶虎村》《恶虎沟》《莫洲庙》《捉放曹借东风》《艳阳楼》《珠帘寨》《搜孤救孤》《破洪州》《盗御马》《探阴山》《望江亭》《盘丝洞》《清风亭》《落马湖》《逼官》《喜荣归》《辕门斩子》《群英会》《劈关西》《樊江关》《蝴蝶会》
京剧	《九江口》《八宝台主》《八杰寨》《二进宫》《八叉庙》《三岔口》《广泰庄》《马武碰杯》《三打祝家庄》《小苍山》《大登殿》《三节烈》《马芳困城》《五行山》《天水关》《反西凉》《火烧连营》《火焰山》《太白醉写》《五雷阵》《乌龙院》《双关诰》《井台会》《火龙驹》《双边记》《牧虎关》《凤仪亭》《古城会》《白马坡》《失街亭》《打鸾店》《打龙袍》《打渔杀家》《甘露寺》《四杰村》《泗水关》《石秀杀嫂》《战宛城》《阎婆惜》《包公赔情》《力杀四门》《巧县官》《失空斩过五关华容道》《扫松》《闹天宫》《杀江》《杀庙》《孙庞斗智》《阴魂阵》《回龙阁》《两将军》《花蝴蝶》《李陵碑》《花子拾金》《走雪山》《苏武牧羊》《汾河湾》《芦花荡》《郑州庙》《空城计》《宝莲灯》《丧巴丘》《取洛阳》《采桑》《金沙滩》《金钱豹》《精忠报国》《虎头牌》《剑峰山》《南阳关》《美猴王》《战长沙》《战冀州》《举鼎》《倒厅门》《浔阳楼》《高老庄》《捉放曹》《铁弓缘》《艳阳楼》《盗御马》《铁公鸡》《假李逵》《绿判官》《断太后》《唐二主探病》《高君宝下山》《黄金台》《逼官》《黄草坡》《探阴山》《断桥》《黑李逵》《黑山口》《雁翅关》《跑城》《禅于寺》《穆生高旺》《翠屏山》《路安洲》《青峰山》

续表

剧种	传统剧目
秦腔	《十王府》《大报酬》《大登殿》《三娘教子》《双关诰》《太白醉酒》《打金枝》《母女会》《杀庙》《江东计》《汾河湾》《斩子》《忠孝牌》《清风亭》《牧羊圈》《金水桥》《桑园会》《烧骨记》《盘山》《铡美案》
评剧	《十四王》《十三妹》《十五贯》《人面桃花》《七人贤》《二度梅》《九龙山》《九件衣》《丁香割肉》《大英杰烈》《小姑贤》《于公案》《三节烈》《三姐下凡》《万里长城》《大赶船》《小赶船》《马寡妇开店》《马前泼水》《小放牛》《女起解》《三击掌》《小过年》《小二黑结婚》《小女婿》《万花船》《三换新浪》《大劈棺》《三上轿》《下江南》《小姑不贤》《小老妈开唠》《三疑计》《大观灯》《三不愿意》《三娘教子》《大报仇》《女借粮》《于德转变》《孔雀东南飞》《王老虎抢亲》《凤仪亭》《元宵谜》《王美荣观花》《井台会》《凤还巢》《天河配》《双婚配》《打狗劝夫》《龙女牧羊》《白蛇传》《玉堂春》《左连城告状》《蓝桥会》《打芦花》《打面缸》《百草坡》《丝绒记》《对莲珠》《红娘》《安安送米》《回杯记百花台》《红楼梦》《西施》《戏牡丹》《李师娘》《杜十娘》《牢狱产子》《杨三姐告状》《花木兰》《花记》《李香莲》《苏小筱》《陈妙常》《沉香扇》《夜探亲娘》《夜神张三》《夜审周子琴》《斩窦娥》《贫女泪》《画皮》《赵五娘》《宋金娘》《宝龙山》《临江驿》《洞房认父》《茶瓶记》《柜中缘》《香罗帕》《香罗带》《珍珠衫》《珍珠塔》《相思树》《美人计》《娟娘》《借当》《哭井》《莲花庵》《桃花庵》《美凤楼》《唐知县审诰命》《秦香莲》《梁山伯与祝英台》《彩楼配》《乾坤带》《渔船花蝎》《情深》《庵堂认母》《乾坤福寿镜》《游西湖》《葛麻》《棒打薄情郎》《黑山孤影》《慈母泪》《碧玉簪》《翠屏山》《麻疯女》《潘金莲》《蝴蝶杯》《劈山救母》
二人转	《蓝桥》《双锁山》《西厢》《杨八姐游春》《薛礼征东》《辞曹挑袍》《白玉楼画画》《王小打鸟》《马前泼水》《小元台》《井台会》《千里送亲娘》《劈山救母》《小二姐做梦》《王员外休妻》《王二姐思夫》《十字坡》《武松逛庙》《祭塔》《韩信算卦》《游宫》《禅于寺》《王小借粮》《朱买臣休妻》《红月娥做梦》《韩湘子讨封》《杨二舍化缘》《梁赛金擀面》《白猿偷桃》《兰瑞莲》《刘云打母》《崇祯观画》《回杯记》《打狗劝夫》《李桂香打柴》《马寡妇开店》《小姑贤》《罗章跪楼》《阴魂阵》《杨七郎打擂》《燕青卖线》《探病》《丁香割肉》《王小摸鱼》《张生跪楼》
折出子（折子戏）	《小姑贤》《大赶船》《小赶船》《借当》《劈关西》《单吊孝》《狼毒记》《告扇子》《哭井》《小牢记》《蜜蜂记》
秧歌帽	《十道黑》《十把小扇》《十二个月倒卷帘》《小拜年》《小放牛》《小五更》《绣荷包》《打秋千》《绣门帘》《绣针扎》《绣汗巾》《叹十声》《送情郎》《茉莉花》《放风筝》《画扇面》《丢戒指》《唐山开粥锅》《卧牛花》《姑娘要赔送》《三月里是清明》《大黄羊》

（二）唱戏

光绪十三年（1887 年），下洼首富王家在大佛寺补立《大佛寺叙事碑记》石碑，记载的是清同治三年（1864 年）至十一年（1872 年）修建大佛寺的盛况。其中有“四境之人少长咸集庙宇有章而席维演剧”之字样。丰收乡翟杖子凌云寺石碑刻有“光绪七年依旧重修开光演戏之辰余亲临拈香至中间殿宇”。这些碑刻文字证明，早在光绪初年以前，敖汉地区就盛行唱戏。

唱一台戏一般时长 3—5 天，由几位“会首”操办。戏班来到演出点，当晚必须开台唱戏，民间称之为“没有哑巴的江湖”。每一场戏演出之前，大多由会首们从戏单中点戏，然后写在一块小黑板上，挂在戏台左侧的立框上，便于观众知晓。通常夏季每天演出三场，叫“三开腔”。冬季天短则演出两场，叫“两开腔”。首场演出必须是戏班的拿手戏，决定着整个台口演出的成败。民间有“头台戏，末台影；谁不听，谁贱种”的说法。

唱戏是民间大型文艺活动，大致有以下几种情况；一是挂锄、秋后和春节期间的丰收戏、娱乐戏；二是庙会日的娱神戏，一些较大庙宇对面一般都建有戏台，每逢庙会时都要唱戏；三是愿戏，凡遇事时在神前求助许过愿的，或求雨成功，或大病初愈，或喜得贵子，或寿诞庆祝，或生意兴隆都要唱还愿戏，即愿戏。

旧时唱戏正日子要举行祭神正神仪式，即“参神”。唱三天戏第二天为正日子，唱五天戏第三天为正日子。唱戏“参神”时间是正日子中午，地点在事先搭好的神棚前。神棚搭在距戏台不远处，与台口相对，供奉着许愿时拜求的神像或牌位，有关公、龙王等。没搭神棚就来到庙上。神棚或庙前预先摆好猪羊等祭品。由三名演员分别扮成状元、仙人和天官，乐器伴奏。“参神”开始时，锣鼓先打“冲头”。天官上前念：“赐福挂中堂，万寿得吉祥。天降甘露雨，百姓得安康。”（白）“我乃赐福天官，下方出了良善人家，众神下方贺喜，驾云前往。”仙人、状元高喊：“设立两厢！”仙人上前念道：“高高山上一清泉，清石大板盖得严。有人饮了清泉水，得中长生不老仙。”仙人退后，状元上前念道：“少年初登第，黄蟒得意归。与民三击浪，平地一声雷。”状元退后，天官上前念道：“赐福天官自复重，站在人前庆长生。眼望四海升平日，父母恩德享太平。”天官念完退后，仙人、状元同声：“赐福已毕！”天官：“回天交旨。”顿时，鼓乐齐奏，唢呐吹《将军令》等曲牌，“会首”或许愿人焚香烧纸，叩拜神灵。最后向“参神”的演员道喜和赏喜钱。

后来，各地祭神正神仪式简化，在敲锣打鼓、焚香上供后，宣读祭文，演员唱祭歌，内容紧扣求雨或许愿事项。

在“参神”之日上午演出结束时，还要有一老仙翁扮相的人，手执拂尘上场念道：“修仙炼道，自在逍遥。”然后坐在舞台正中的桌前，双手抱肩闭目养神，一直到下午开戏。待锣鼓一响，站起来一甩拂尘，下场回幕后，戏行谓之“压台”。

正日子这天中午，有些观众会带着自家孩子来到后台，请演员给孩子“打脸儿”，然后赏给演员喜钱。戏装和头饰万万不可给孩子穿戴，民间有一种说法，一旦“假御带”着体，长大后不能做官。

旧时，戏班都供奉祖师唐玄宗李隆基。把祖师像画在布轴上，或缝制布偶放在最好的箱内。装车先装放祖师像的箱子，行车先行装有祖师像的车。到一个新台口，装好台子后，把祖师像放在后台中央，摆设香案，班主带领全体演职人员向祖师叩头，主事人点燃三炷香念道：“老爷皇封，神力无穷。驱走邪恶，保佑成功。”念毕插上香，演员们站起，仪式结束，方可化装开戏。演员上场前还要向祖师作揖叩谢，祈求演出顺利。

二、曲艺

敖汉旗民间演唱的曲艺曲种有二人转、大鼓、评书、莲花落、什不闲儿等，均从外地流入。在长期的演唱过程中，经过一代代民间艺人的传承和创新，在曲牌及表演形式方面具有敖汉地方特色。

（一）二人转

敖汉地区二人转艺术大约在清雍乾年间流入，分西口、东口二人转两种。西口二人转民间称“唱秧歌”，在形式上近于“莲花落”和“什不闲”，除讲究说、唱、做、舞、绝五功外，在艺术特点、演出方式、唱腔和伴奏等方面独具特色，20世纪50年代前后被称为“敖汉二人转”。西口二人转有固定的两个角色，办地秧歌、灯会时随队演出，秧歌队除伞头和耍公子外，队员由有许多“付架”（也称“帮股”）的二人转演员组成，还有单出头多人。一“付架”分上下装，二人分饰旦、丑角色，单出头则一人表演。唱腔分为大口莲花落和小口莲花落两种。秧歌打场后，由伞头即兴拜年祝福，再点出某“付架”下场表演。走场时上装走扭，下装捧逗，锣鼓伴奏。上装走“踩筐箩沿”，下装学着上装走。上装拿彩绢或手玉子边走边舞动，下装拿一根霸王鞭往背臂上舞打，走到一起时，上装做“翻身”“卧鱼”等动作，下装围着走“矮子”，走完场子不造型亮相。下装用竹板伴奏编穗（数来宝）或念说口，之后上装伴随弦乐唱小帽，有时直接入正篇。唱完后不造型，锣鼓一敲返回秧歌队。

东口二人转流入略晚些，由关里移民传入，分二人转、单出头和拉场戏三种形式。初时打地摊，后在舞台上表演。演出时锣鼓伴奏，后来加入唢呐。打地摊时两个演员先走场子，然后下装念说口，接着唱小帽、开正篇。搬上舞台后，走场子变为开场舞蹈、造型亮相，然后开正篇。一些表演程式和伴奏近乎戏曲化，但不失其风趣幽默之特点。

在音乐唱腔方面，二人转最初均为单纯的锣鼓伴奏，后来加进弦乐、唢呐。西口二人转唱腔比较简单，唱正篇时用胡胡腔，结尾用快板。东口二人转唱腔较丰富，有近百种，艺人们有“九腔十八调，七十二嗨嗨”之说。主要曲牌有主调、副调、专调和小调。主调有胡胡腔（头板、二板、快板）、大救驾、喇叭牌子、打枣、文嗨嗨、武嗨嗨、哭糜子、五字锦（西口韵）、十字锦（三节板）、抱板（干板）、小翻车。副调有压巴生、四平调。专调有诉情、茨儿调。小调有单调、秧歌柳子、正反东趟子、锯大缸、垛口大鼓等。还有单出头、拉场戏用的红柳子、摔镜架、靠山调（穷生调）等。

二人转班多为落子戏班的前身。早期成立的二人转班有牛古吐张宽班、热水汤史国清班、康家营子张广志班等，在本旗及周边旗、县演出。二人转艺人多用艺名，早期较出名的有关东人王起发、陈球子（艺名）等。王起发最为观众喜爱，当时有“看着王起发，一辈子不想家”之说。后又有关里艺人单眼刘、水萝卜、大碗粥、百里香、八百吊（均为艺名）等来演出。新中国成立前，本旗知名的二人转艺人有常三、常五、张宽、张平山、邵荣、刘景悦、史国清、申春合、张万才、张广志、李凤阁、纪玉祥、徐财、李贵春、赵连才、陈锋、韩老美、杜老美、张孝民、蔡景悦、邢万春和艺名为石榴花、张小辫、地头红、玻璃翠、一碗水等人。

东口二人转流入后，逐渐取代了西口二人转。1950 年左右，艺人尝试着把二人转拆开唱。曲目中的角色分别由演员扮演，称为“拆出子”，取消走场、编穗、说口等。由打地摊搬上高台后，唱腔脱离原曲牌，演变成后来的“大口落子”戏，民间落子戏班、业余剧团大多是在此基础上发展起来的。

新中国成立后，敖汉旗文化工作队、农村业余剧团和岗岗营子文艺宣传队，以表演二人转见长。历年大型文艺会演或联欢，都有一些二人转剧目上演。

（二）大鼓

大鼓为艺人说唱的大鼓词，较二人转流入略晚。演唱大鼓者以盲人居多，也有二人转艺人兼唱大鼓。演唱曲调多以东北大鼓为主，西河大鼓相间，与京东大鼓、辽南大鼓不同。东北大鼓在敖汉旗经过长时间流传后，艺人们演唱的同时不断加工修改，自成体系，具有本地区独特风格，演艺界有人称其为“敖汉大鼓”。

“敖汉大鼓”表演多为二人，一人演唱，另一人弹奏三弦。演唱者手执“跟头板（小竹板）”和鼓键，演唱加三弦间奏。也有的一人自弹三弦自唱，不用板，间奏加鼓。新中国成立后至 20 世纪 80 年代，较出名的大鼓艺人有盲人吕佩良、丛景花、下洼河西王永祥、萨力巴乡张家营子村于德才、下洼丰源村邵荣、双井乡荷也勿丹王孝国等。大鼓词目有《秦英征西》《十二寡妇征西》《杨文广征南》《瓦岗寨》《呼家大上坟》《樊梨花》《薛礼征东》《双锁山》《五女兴唐传》《抗金兵》《天波府》《刘秀走国》《昭君出塞》《三国演义》等。

1985 年左右，大鼓艺人大多不再说唱，“敖汉大鼓”几近失传。近几年，旗文化部门将其认定为旗级非遗项目，加强保护和传承。

（三）评书

评书也叫说书、讲书，表演者俗称说书先生。多为私塾先生、二人转或皮影艺人，也有盲人职业说书先生和业余评书爱好者。敖汉旗评书艺术历史悠久，由于说书是自发性娱乐活动，地点十分随意。一般说书都在比较宽敞的屋内进行，表演时，说书人坐在大炕中间，以一块醒木为道具，有的还备有三弦。天黑后人们吃完饭，就可以聚集在一起听书了。开始时，说书人都会先来一个小段子，大多是一些荤嗑儿，或拿自己开开玩笑，一来引起人们注意，二来等一下那些来得稍晚的人，免得来得早的人着急。说书人说书，嘴和手一刻也闲不着，时而绘声绘色地叙说，时而弹弦，用类似大鼓调唱书中的唱词。满屋子的人，都会饶有兴致地侧耳倾听。有时说到不生动的地方，说书人会说一两句荤话把人们逗乐，气氛大大改善，再接着往下说。

说书内容以历史故事和武侠故事为主，大都是长篇，一部书可连续说上几个月。一晚上最多说两个章节，到深夜为止。结束前，找一个情节高潮之处，卖个关子，一句“说到此处算一段，吉凶祸福下回再听”或“欲知后事如何，且听下回分解”，便结束当天的说唱。

新中国成立初期，有外地评书艺人潘洞新来敖汉，在新惠镇现旗新华书店处，开设说书馆售票说书。潘的老师张滦岭是长春地区知名评书艺人，潘受其传授评书有《三侠剑》《童林传》《洪武剑侠图》等。到了 1980 年以后，评书艺术在本地区失传。

流传在敖汉旗的评书书目有《三侠传》《童林传》《包公案》《施公案》《三国演义》《秦英征西》《花木兰扫北》《杨文广征西》《穆桂英挂帅》《封神榜》《大隋唐》《五女兴唐传》《薛刚反唐》《呼延庆打擂》《大破三胜庄》《罗通扫北》《小五义》《小八义》《大八义》《万仙阵》《孙庞斗智》《七侠五义》《十粒金丹》《薛仁贵征东》《彭公案》等。

（四）莲花落

莲花落也叫数莲花落、打莲花落和打“撒啦叭子”，是敖汉旗最早的曲艺曲种，自关内移民迁入以来即在民间流行。表演由一人完成。表演者大多为生活所迫的穷人和无家可归的流浪艺人，要略通古今、思维敏捷。表演时见景生情，合辙押韵，用即兴编成的词句让人听着顺耳，其间配合自然动作和表情。道具有两种，一种是两块牛肩骨上各用丝绳分左右拴两枚铜钱，表演时两手各持一件，手摇道具打出节奏，边打边说唱；另一种是用一长两短三块竹板，分上、中、下穿起，长者居中，中间用弹簧做引力，手握长竹板把柄处有拉弦，一经拉动，竹板通过弹簧的上下起伏作用，发出“撒啦啦啦”的响声，因此被称为打“撒啦叭子”。莲花落艺人把两者分为两家。前一种流入较早，为道家所传，后一种为佛家所传。使用不同道具的艺人相遇时，前者为大居于左侧，后者居右并尊之为师。

莲花落艺人走到哪里表演到哪里，大多在集市、庙会和红白事场合，有时也到各户去。或说快板，或数来宝，或用各种直、短的民歌音调哼唱。说唱内容多为赞美词，合辙押韵，朗朗上口。比如到店铺时，一番夸赞后便说：“掌柜的你高抬手，给个小钱我就走。”到各户则拐弯抹角来讨要：“这二年，我没来，不知你老发了财。你老发财我沾光，你吃饺子我喝汤。”说唱一阵儿，见主人无动于衷，便使出吓唬主人的法子：“一进大门四下观，看你家鸡窝在哪边。白天不得空儿，黑天连窝端。”艺人说唱经验丰富，直到讨要出东西为止。

莲花落艺人靠说唱乞讨为生，不知所归。敖汉旗民间流传着一则故事，说有一富户子弟修整坟墓时，误将某莲花落艺人遗骨迁入坟地，与其母合葬。除夕夜，供奉祖宗的堂屋里传出“你爹没福我有福，我和你妈并了骨”加“撒啦”“撒啦”的响声。虽然荒诞不经，却从侧面反映出艺人的表演形式和穷苦命运。后来，莲花落受其他曲种的冲击，艺人们有的改行唱二人转、大鼓等，到民国年间逐渐失传。

（五）什不闲儿

“什不闲儿”是清末时期流传在敖汉旗南部的一种曲艺形式，多见于庙会、集日和秧歌、皇会队伍里，到民国初年失传。“什不闲儿”顾名思义，即表演者身体各部位都有表演和演奏功能。表演者为一人，道具为一木架，上面分别挂有锣、鼓、铙、钹、板等打击乐器，用丝绳穿连，手脚拉或踩控制。手臂和腿上还缚有钟、磬等小件打击乐器。演出时，表演者坐于木架前，用身体各部位支配架上乐器，表演快板或小调，段落之间加以间奏，有些地方好像现代的架子鼓。“什不闲儿”表演形式活泼，语言通俗幽默，与现代的快板书和“三句半”相似，内容分为祝赞词类和叙述故事类等。

（六）好来宝

“好来宝”蒙古语译音，蒙古族曲艺之一，用蒙古语说唱。好来宝的篇幅长短不同，短的，三五分钟即表演完毕；长的，则能表演几个晚上。其题材多样，除一般的儿女风情、世态变化和知识性的内容外，还有许多民间长篇故事以及改编的古典章回小说。新中国成立后，产生了许多反映社会主义建设的作品，如敖润苏莫苏木蒙古族艺人创作的《箴言好来宝·醉酒歌》《二十四节气歌》《阳高庙》等。好来宝音乐变化多端，节奏轻快活泼，唱词朴实优美，语言形象动人。用蒙古语演唱，表演者均为男性，以四胡伴奏，有三种表现方法：单口好来宝，演唱者自拉自唱；对口好来宝，2 人表演；群口好来宝，是 20 世纪 60 年代由乌兰牧骑根据传统好来宝的演唱特点创作的一种曲艺形式，由 4—6 人齐唱、领唱、对唱等形式表演。其题材内容多以歌颂社会主义祖国为主。

三、皮影

（一）影班

皮影艺术自清朝中叶流入敖汉，距今已有 200 年的历史。

皮影表演称之为“唱影”，因表演中所用的影人子是用驴皮经过炮制后刻成，因此又称“唱皮影”“皮影戏”或“驴皮影”。皮影戏是中国汉族民间流传很广的傀儡戏之一。由于影人子等道具需要用箱子盛放，因此，民间也把唱影班子叫影箱子。一个影班两个影箱，上影箱装影人子、影卷，下影箱装乐器、布围篷等。16 根影杆两张高桌，几把椅子，再加上大小围子、棚顶、影窗、灯具等，这就是影班的全部家当。

幕布，俗称影窗子，是用一块 2 平方米大小的白纱布做成的，有的干脆用白纸糊。白纱布经过鱼油打磨后，变得挺括透亮。演出时影人子紧贴幕布活动，人影和五彩缤纷的颜色真切动人。20 世纪 50 年代前用麻油灯（俗称油耗子）照明，后来用煤油、柴油灯照明，农村普遍通电后均改用电灯。

影人子高的有 1.5 尺的，低的有 3 寸左右的，四肢和头部是分别雕成的，用线连缀而成，以便表演时活动自如。为了让皮影动作灵活，影人子从头到脚有头颅、胸、腹、双腿双臂、双肘、双手，共计 11 个部件。影人子的头俗称茬子，身子俗称戳子，演出结束后，头和身子要分开包好入箱，不能混杂，摆放时不能对脸，说是怕艺人闹不和气。影箱子不准任何人坐卧。影人子中要有一个“大爪子”和一个“大下巴”亦称“小爪子”，是滑稽角色，主要用来挑逗观众、活跃气氛。驴皮影讲究的是“生旦净末丑，捎带说大手”，大手就是大爪子。每当剧目演至中间时，大手便出来调节气氛。演大手的要擅长现抓词儿，装傻充愣，说出的话合辙押韵，一套一套的。据说，这个大爪子是皮影艺人的大师哥，他念佛，双手合十，最后两只手合在一起形成了大爪子。大爪子不用分开头和身子存放，但要放在所有影人子的上面，以示管辖。

一个影班起码要有4—5个人，6人叫满台。演员要有生旦净末丑的唱功，在行当上分唱小嗓（旦）、唱生（文武、老生）、唱大嗓（净行）、唱丑（丑行）等。还要会拉、打、贴、拿的“手活”。拉就是拉弦，还要伴随着唢呐等；打就是打板，也叫掌鼓板的；拿就是拿线儿，就是操控影人子；贴就是贴线儿，也就是配合拿线的操控影人子；拿和贴也叫上下线儿。有的高手，一人能同时操控七八个影人子。

皮影的伴奏乐器主要是四胡，配上扬琴、二胡、笛子、大阮等辅助乐器，使音乐更丰满，更厚实。打击乐器有鼓、板、钹、大锣、小锣等，以满足情节、唱腔、场面的需要。表演时，艺人们在影窗子后面，一边用手操纵戏曲人物，一个皮影人，要用5根竹棍操纵，艺人手指活，常常玩得观众眼花缭乱。他们不仅手上功夫绝妙高超，嘴上还要说、念、打、唱，脚下还要制动锣鼓，具有浓厚的乡土气息。

演皮影戏的操控技巧和唱功是皮影戏班子水平高低的关键，是师傅心传口授和长期勤学苦练的结果。在演出时，艺人们都有操纵影人、乐器伴奏、道白配唱同时兼顾的本领。

据敖汉旗徐国选先生考证，敖汉地区的皮影戏既不是来源于兰州影及派生出来的边外影、热河影、双城影、辽南影、东北影，也和乐亭影、唐山影没有太大关系，与赤峰地区的宁城、喀喇沁、红山、松山地区的皮影戏也不尽相同。据他调查，宁城县已故老皮影艺人李秀、白德昌说，在清同治年间，滦县以北、青龙以南地区流行着一种“老影”，类似以前的山东影。敖汉皮影在演出形式、演出习俗、乐器配置、伴奏方法、音乐声腔等诸多方面与山东影相似，因此，他推断，敖汉皮影直接来自山东皮影，这与敖汉汉族人的主体是山东移民后裔相符。新中国成立前后，敖汉地区有皮影戏班70多个，遍布全旗各地，从艺人员300多人。当时主要的艺人有宝国吐的蒋凤岐、下洼的田德林、丰收的张殿阁、克力代的金玉喜、古鲁板蒿的曲海峰、玛尼罕的刘玉章、四德堂的张子林等。后来经过老艺人传承、培养，许多皮影艺人颇有建树，如人称“影匠四大珠”的沈连珠、杨国珠、张玉珠、李朝珠，以“拉”见长的张景玉、王瑞堂，以“拿”见长的端德林、徐广学，以“打”见长的郭纯堂等。

（二）唱影

旧时唱影分愿影、会影两种。愿影是为一户唱，户主因病、因灾在神灵前许愿，唱影为“还愿”。会影是一个或几个村集资为求雨、庆丰收而联唱，有“办会”性质。愿影一般唱 3 个晚上，会影一般唱 6 个晚上。

敖汉地区皮影戏上演的影目有百余部。除少数单行本外，大多为连台本。经常上演的影目有六七十部。常用的唱腔分影调、外腔和杂牌子 3 种。影调有《七字赋》《三顶七》《五字锦》《十字赋》等；外腔有《小东腔》《大悲调》等；杂牌子有《影绑娃》《石榴花尾》等。武场主要是“打通”和“动作铜器”。“打通”即开场锣鼓，皮影艺人在开场前齐奏《紧串花》《错体》《四面镜》《安板》等 13 个鼓谱。“动作铜器”是配合皮影艺人的表演动作进行的打击乐伴奏。常用的有甩手、出场、开头、拉衫、武马场等。

不管是愿影还是会影，正日子中午都要唱一出“参神影”。影班演员一齐上台，不上影窗、不挂围子，演唱一出《大赐福》，也叫大喜词、神出子。在天地爷、龙王、关老爷像前摆上供品，写好表文，然后焚香化纸、叩拜神灵，以示还了所许之愿。唱完参神影，要祭拜皮影祖师观世音菩萨和大师兄大爪子。然后，户主给影匠吃饺子，表示愿以还完，要把影匠的嘴捏住，再也不用主家唱还愿影。

最后一天俗称末台影，一般较为热闹，有“头台戏，末台影”之说。唱完最后一台影，影匠把影卷往影窗上一放才算结束，俗称“刹影了”。不论唱什么影，影班最后一顿饭必须吃年糕，以示黏住影台，许下的愿还定了。

皮影戏班规模小、成本低，适合在偏僻山村小场合演唱，深受人们喜爱。新中国成立后，敖汉旗文化主管部门十分重视皮影艺术的挖掘、整理和传承工作，多次进行皮影班普查，举办皮影艺人培训班、皮影队调演。2016 年，兴隆洼镇蒋家影班第三代继承人蒋春被旗政府认定为敖汉旗第一批非物质文化遗产皮影项目代表性传承人。2018 年 1 月，旗文体广电局举办皮影调演，有兴隆洼蒋春皮影队、四家子华乐皮影剧团等 10 支代表队参加。

（三）皮影戏影目

敖汉地区流传的影目有百余部，经常上演的就有六七十部。除少数单行本外，大多是连台本。

第三编表 2　敖汉旗流传皮影剧目一览表

故事年代	皮影剧目
远古神话影卷	《三星》《大赐福》《天缘配》《太华山》《玉虎坠》《雷峰塔》《天河配》《金童玉女传》《文末女临凡》《海市蜃楼》等
商周时期故事影卷	《禹王治水》《舜王耕田》《放太甲》《封神榜》《万仙阵》《女娲庙》《酒肉池林》《陈塘关》《哪吒闹海》《姜子牙下山》《火烧琵琶精》《血水河》《姜子牙卖面》《贾氏坠楼》《困姜尚》《黄河阵》《鹿台砸骨验髓》《凤鸣山》《伯邑考》《松枝箭》《黄泉见母》《烽火台》《伐子都》《金顶山》《临潼关斗宝》《西门豹》《孙庞斗智》《无盐伐齐》《五雷阵》《齐灵王走国》《吴越春秋》《火牛阵》《将相和》《大香山》《渭水河》《双魁传》

续表

故事年代	皮影剧目
秦汉、两晋及南北朝时期故事影卷	《天竺国》《楚汉争》《刘秀走国》《白蟒山》《青云剑》《绿珠坠楼》《高阳走国》《灵飞镜》《三贤传》
隋唐五代时期故事影卷	《奇中烈》《四平山》《血书记》《蕉叶扇》《飞虎梦》《五龙图》《瓦岗寨》《中西唐》《少西唐》《小西唐》《小西梁》《大金牌》《白鹿院》《红叶关》《锁牧羊》《宁夏关》《薛海征西》《铁丘坟》《缘牡丹》《镜花缘》《戏金蟾》《花果山》《蟠桃会》《闹地府》《闹龙宫》《二度梅》《回龙传》《双龙剑》《卧凤山》《五女兴唐传》《长寿山》《打关西》《大芦山》《对凌衿》《双锁山》
宋元明清时期故事影卷	《天汉山》《杀四门》《双失婚》《升仙传》《十粒金丹》《五峰会》《平西册》《全家福》《梅花亭》《五虎平西》《金鞭记》《镇冤塔》《双峰剑》《香锦帕》《六月雪》《分龙会》《千里驹》《珍珠塔》《落虎山》《闯王进京》《兴龙传》《彭公案》《施公案》《于公案》《小八义》《金藤玉桂》《文武元》《聚虎山》《火堂寨》《杨家将》《黄泥岗》
近现代故事影卷	《刘胡兰》《红嫂》《赵小兰》《小二黑结婚》《箭杆河边》《杨三姐告状》《白毛女》《血泪仇》《夺印》《南海长城》《李双双》《刘介梅》《红灯记》《林海雪原》《刘巧儿》等 30 多部
朝代不明故事影卷	《赫阳山》《五虎山》《九虎山》《卧虎山》《双金印》《镔铁剑》《鸳鸯剑》《金石缘》《降虎阵》《九件衣》

第三节　民间表演

一、秧歌

秧歌是敖汉地区群众最喜闻乐见又最易普及的文艺活动，自清代早期关内移民流入后，秧歌这种民间表演形式便开始流行。旧时，组织、筹办秧歌俗称办秧歌、办热闹、办会。办秧歌大多属公益性质，由会首牵头组织。过去由乡绅或富户捐资置备行头、鼓乐。现在一些农民企业家、在外经商返乡过年的老板出资赞助，为的是活跃父老乡亲春节文化生活。也有操办秧歌的几个会首先垫付资金，用打场所得赏钱自负盈亏。一般都是正月十四至十六这三天，结合灯会闹元宵。也有从正月初六出场，一直办到十六，后三天晚上办灯会。

1950—1965 年，全旗各地春节期间秧歌十分活跃。四家子、下洼等人口密集地区的高跷秧歌队伍达一两百人，其间有背歌、抬歌、小车子、旱船、狮子等各种杂耍，还有“英雄会”“五虎棍”队伍开路，浩浩荡荡，气势非凡。据当年各区文化站总结材料记载，四家子区政府曾经在春节期间，组织各村 10 多支秧歌队会演；每逢元宵节 3 天，下洼区民间秧歌队自发“大会师”，整个大街人声鼎沸；小河沿地区各村秧歌队会集到区政府所在地，举行春节秧歌大联欢。10 多年间，各地年年呈现出“秧歌汇聚闹阳春”的喜人景象。

“文化大革命”期间，跳忠字舞取代了传统秧歌。20 世纪 70 年代初，各级革委会组织学习东北大秧歌以配合“赶社会主义大集”，表演者为青年社员、学生，一律舞动红绿彩色绸绢表演，用《大寨红花遍地开》等歌曲曲谱伴奏。不许古装打扮，不许翻新花样，形式单一。1975 年，各公社均组织以大队为代表队的东北大秧歌会演，队伍庞大，场面壮观。春节时，民间只允许办地秧歌，扮工农兵等角色，其间穿插表演“学大寨”“抓阶级斗争”“批林批孔”等内容的曲艺节目。高跷秧歌被列为“四旧”禁办。

改革开放以后，秧歌这种文艺形式也获得解放。人们把春节期间的秧歌活动扩展到国庆、新年等重大节日，尽情地用扭秧歌来抒发喜悦心情。这时人们扭秧歌不分时间，不分扮相，不分形式，说扭就扭，愿怎么扭就怎么扭。几乎村村都有秧歌队，处处都闻锣鼓声。1985 年以来，旗政府每逢春节期间都要组织镇内大型秧歌队，活跃群众节日文化生活。2010—2016 年正月，金厂沟梁金矿、新惠镇高家窝铺村三四百人高跷秧歌队曾在新惠镇表演，让观众大饱眼福。2018 年正月，举办全旗秧歌队大赛，有几十支民间秧歌队沿着新惠城区主街道展演，万人空巷，人头攒动，争相观看，盛况空前。

新世纪新时期，秧歌又有新特点。现在，人们把秧歌不仅仅看成是一项文艺活动，还当作全民健身运动的一个日常项目。人们扭秧歌不仅是为喜庆，更多的是为健身。不是定时定日扭，而是天天坚持扭。

（一）传统秧歌队的组成

秧歌队由会首、伞头、鼓乐队、队员、杂耍等组成。

会首是秧歌队的核心，负责组织、筹划和管理人员、资金、演出等各类事务，民间有“宁管千军，不管一会”的说法。秧歌队视其规模，设人数不等分会首各管一摊。出会时各自负责拎锣领头、撒帖子、管后勤供给、拎包收钱收物等。会首的标志是一把绸子做的小红旗，巴掌大小。一般都插在后脖领子里，既省事又有派头。办秧歌讲究一办三年，不然会“妨”会首。

伞头是秧歌队的主力，其演唱水平直接关系着演出质量和观众评价。伞头讲究见景生情、合辙押韵，围绕发福生财、万事如意、人丁兴旺、幸福平安等主题，每到一处用吉利话把人们唱乐。

传统秧歌的伴奏，打击乐器常用的有大台鼓、大镲、小镲、锣等，吹奏为单、双唢呐，曲牌以《句句双》《柳青娘》《八条龙》为主。“文化大革命”后期兴极一时的社会主义大秧歌，伴奏曲调以“学大寨”和东北大秧歌调式为主。改革开放以后，唢呐艺人把各时期流行歌曲中的欢快曲牌运用到秧歌伴奏中。鼓乐队随在秧歌队后面，要求吹打配合默契，音量宏大，激发队员和观众情绪，烘托喜庆气氛。

队员有几十人或上百人不等，最少不能少于 48 人，因掏场子如少于 48 人便掏不圆，中间会出现断场和首尾不能相接的现象。

秧歌队还有些杂耍夹在其中。常见的有狮子、旱船、小车子、跑驴、二魁摔跤、背哥、抬哥、崩杆子等。办一场秧歌，所上杂耍仅是其中几项，并不一定全上。

（二）伞头

伞头是秧歌队中专唱伞头曲的人员，俗称“老伞”或“唱伞的”，是秧歌队表演的主要人物。伞头手持一把伞为道具。秧歌队打官场、个人小场和拜庙时，一番扭搭过后，就该伞头上场。一是把会首的旨意及时准确地唱出来，加之祝福词增添喜庆气氛；二是让扭秧歌、吹喇叭的歇息片刻。打官场时，伞头还要和要公子各领一队走秧歌场记。

1. 伞头词

旧时，打官场、个人小场和拜庙的唱词大多是固定的，有从古书上学来的，也有民间流传下来的。唱词四句为一段，第三句唱完伴有锣鼓点。如打官场时，伞头上场后先唱：“刹住锣鼓便开言，各位观众听周全。唱上几段秧歌帽，老少爷们笑开颜。”接下来唱一组小帽，如唱《我老迈》时，其中的一段词：“我老迈，好心焦，没有坠子戴辣椒。有心不把辣椒戴，戴上辣椒红绦绦。”唱哪组小帽，都有一两段词句引人发笑。唱一会儿后，用“二帮股下场表演一番”点出地秧歌队中的某一“付架”，上场唱二人转或小调。打个人小场时，为让主人高兴，唱些新年祝福的吉利话，还有劝人积德行善的词句，东家西家多有重复。在“十三道大辙”的运用方面，第一句常用“锣鼓一敲唱中东”或“唱完天仙唱江阳”等来定辙。主人给秧歌队赏钱或烟糖等东西，用唱词谢赏。谢赏讲究“双报”，赏钱一百元唱“赏钱双报二百元”，赏东西则有分寸地往多说。拜庙的唱词大同小异，根据庙中所供奉神位唱不同内容的词，拜龙王爷求风调雨顺，拜土地爷求保一方平安等。老伞头拜庙经验丰富，把庙堂所供奉的神仙逐一唱拜，唱得人神同乐，没受过“真传”的则“百位神仙同祭拜，全村老幼求平安”。

新中国成立初期，全旗各地正月里闹秧歌十分红火，秧歌形式也在逐年变化。伞头为适应秧歌表演和人们欣赏水平的需要，在传统唱词的基础上不断创新，不再唱那些千篇一律的传统唱词，取而代之的是具有时代感的自编新唱词。一些传统唱法的老伞头因年事高、嗓音低等原因，被能编新唱词的伞头取代。唱词的推陈出新给观众带来听觉上的享受，“听伞头唱喜歌”成为观众看秧歌的热点。秧歌队所到之处，伞头根据每场或每家的具体情况，见景生情即兴编词儿，既避免重复又切合实际，受到观众喜爱。唱伞头的人需要有一定的即兴编创能力，还要善于运用相声中的“抖包袱”，每段的头一句定辙，二、三句“裹包袱”，后一句“抖包袱”把人逗乐。尤其是打个人小场时，伞头要在秧歌队进院的同时，向会首了解好该户基本情况，抓住主人心理，随机应变唱其想听的话。唱打工者当老板发大财，种地户多打粮，养殖户六畜兴旺，老人寿比南山，学生金榜题名，乔迁新居，喜得贵子……伞头词编得好，主人听着顺耳给赏钱多，会首脸上增光，秧歌队员兴致倍增。一时间，秧歌队的喜庆表演达到一家一个小高潮。伞头的演出水平，直接关系到整个秧歌队的声誉。

2. 伞头曲

伞头曲调虽然略有区别，但大同小异。比较普遍的有高调和低调两类。高调曲调粗犷，适合于人声鼎沸的大场合；低调声音婉转动听，听众往往听不清唱词。

3. 伞头表演

伞头的上场时间必须和秧歌队表演配合默契，以免冷场。一般情况下，打官场待“卷白菜心”结束，秧歌拉圆场子便上场。打个人小场时，两队“别杖子”或一队“挂斗子”后，变为一队拉圆场则上场。举伞后喇叭停止吹奏，锣鼓镲敲打过门儿，伞头站在场中心位置，打官场时，面向观众，串院子则面向主人，祭神朝向庙门口“唱伞儿”。一段结束，绕场内转圈想词儿。转圈讲究逆时针转，待停下后再顺时针转身，举伞唱下一段。表演时唱词要合辙押韵，专拣吉利话说，动作表情要活泼、自然，营造喜庆吉祥之氛围。

过去，民间秧歌队的伞头大多是戏班、皮影班的艺人，有一定的演唱基础。改革开放以后，农村春节期间秧歌队增多，较有名气的伞头常被大型秧歌队争相聘请。许多人经过学习、借鉴和逐年习练，成为当地秧歌队的伞头。玛尼罕乡皮匠营子村教师孟庆和，40 多年来研究伞头唱词和表演艺术，曾在新惠镇、玛尼罕乡、木头营子、羊场、高家窝铺等地几十支秧歌队中唱伞头，名气很大。他善于用方言土语和俏皮话编唱词，语句通俗，引人发笑。在唱伞头曲的同时，用喇叭拍子曲牌伴奏，把鼓词运用到秧歌之中，唱拜年或祝福之类的喜歌，丰富秧歌队演唱内容。内蒙古电视台、赤峰电视台做过《伞头老孟》等专题。2015 年孟庆和被命名为赤峰市非物质文化遗产伞头项目传承人。

（三）表演形式

秧歌分地秧歌和高跷秧歌两类，表演形式不同，但内容基本一致。地秧歌俗称地出柳子，是相对高跷而言。演员不绑高跷腿，两脚着地踩锣鼓点表演。优点是安全、灵活、花样多，便于穿插演唱杂耍。缺点是观看不方便。高跷是表演者绑上木质假腿表演，称踩高跷腿子。表演难度大，要有基本功和表演技巧。其长处是高大醒目，便于观看，技艺精湛，动人心弦。

地秧歌刚兴起时由若干个一男一女为伍的“帮股”组成，可男扮女装。扮演的角色有渔樵耕读或传统的戏出子，如《白蛇传》《傻柱子接媳妇》等。秧歌出场时，由一人鸣锣开道，后随两面狼牙月白旗，旗上写有“会”字。伞头戴礼帽穿长衫，手持一把扎着红绸布的雨伞，和身穿公子衫、头戴生巾、手持彩扇的耍公子各领一队表演。打场后，伞头唱几段祝福词，点出某“帮股”表演二人转、小帽等，称唱秧歌。

后来，地秧歌和高跷秧歌都变为以扭为主，注重于手、眼、身、法、步相配合的表演技艺。表演者着装扮相，扮男装的称下角，扮女装的称上角。两队领头的都是下角，头戴公子帽，身穿公子长衫，称拉大衫的。后面两位扮成大小姐，称作贴衫子的。其他角色多是民间传说、戏曲、神话等里面的人物，如《唐僧取经》《桃园三结义》《梁山好汉》《八仙过海》等，所用道具因所扮角色而异。也有普通扮相的，一般扮相的下角用扇子，上角用手绢或彩带。秧歌队里的丑角，有傻柱子、小老妈、大傻丫头、猪八戒、小赃官，等等。压尾的是老迈婆子和客大爷两个丑角。

秧歌表演角色分明、风格独特，融诙谐、幽默、泼辣、文静、稳重于一体，突出欢乐、火爆的特点。

（四）表演场面

秧歌表演场面有拜庙、踩街、打场等。秧歌在本村或外村正式出场表演，起场时先要到该村的庙前拜庙。村里事中人和会首跪在庙前摆上供品，焚香烧纸，诚敬神灵。庙前鞭炮齐鸣。秧歌队或庙前打场，或围着庙转。之后，伞头代表秧歌队和村里人下场参拜神像或牌位。庙内所供神灵逐一祭拜，求龙王爷多降及时雨，保佑五谷丰登；求土地爷保佑全村老幼平安等。“五王”“四神”拜毕，村里人皆大欢喜，在庙台放上给秧歌队的赏钱。拜庙预示着全村新的一年人财两旺、老幼平安。秧歌祭神完毕，会首拉起秧歌，回村中踩街。

踩街是在大街上扭秧歌，一步不停地从街这头扭到街那头，有住户的大街小巷都要踩到，免得给个人拜年时因没到其门口踩街挑礼。踩街要求动作整齐，舞姿优美。地秧歌以慢步、快步和碎步为主，充分发挥个人技艺特长，舞出独特之处，还有人物之间的呼应动作，如搭身、对面、骨碌身等。高跷秧歌采用一字长蛇阵单列或双人并列队形，步子变换为走八字。表演时有小旋风、花膀子、鹞子翻身、大劈叉、扑蝴蝶、小叉步、大叉步等难险动作，技艺技巧性强。由于形式活泼多样，可看性比地秧歌好，引来众人追着观看。

打场是在一固定的场地内表演，在大场地长时间表演称打大场，也称打官场，多是集体或单位庆贺；在小场地短时间表演称打小场，多是给个人拜年。打场的程式是先扭秧歌。大场时，为追求整齐、和谐、优美的效果，伞头和耍公子领着队形变化出各种花样。常见有编杖子、龙摆尾、挂斗子、四面斗、八面风、车轱辘阵、卷白菜心、走盘肠、五角梅、倒卷帘、双桥、剪子股等。接着各种杂耍上场。一番表演后，伞头出场即兴编唱祝福词。地秧歌打场时，伞头唱罢还要点出秧歌队中能唱小曲的演员，二人一组上场唱小调或二人转小帽等。民间称这种表演形式为“秧歌镶边儿，莲花落打底”，故正月里扭秧歌又有“唱秧歌”的叫法。高跷秧歌打场时以扭为主，杂耍次之。除伞头唱祝词外，四家子地区有高跷秧歌扑蝴蝶表演，一位上角手持一前端安放着布扎蝴蝶的长杆，随着扭动，蝴蝶颤动，似飞腾之状。四位身穿长衫的公子，手持彩扇做出各种扑蝴蝶的动作，锣鼓伴随，忽紧忽慢。高潮时，公子们将彩扇斜插肩后，赤手扑蝶，当蝴蝶好像落地时，四位公子突然一个大劈叉，瞬间扑倒，做出搜寻蝴蝶之动作。然后再随着锣鼓点，来一个鹞子翻身，一跃而起，回归队前，扑蝴蝶表演结束。除此之外，一般不再演出其他节目。打小场时，秧歌队会旗必须立在打场人家大门口两侧，鼓乐队须在主人屋门东的“天地之位”处吹打。因为个人家的院子小，秧歌在四角各挂一个斗子或两队“编杖子”后，就踩着鼓点转大圈。伞头上场唱几段送福、送喜、送财、送平安的吉利话，祝福主人新的一年人财两旺。唱几段后，主人为图喜庆、求吉利，舍善喜钱或烟糖等，伞头还要“双报”谢赏。遇有好脸面或有身份人家，秧歌队里的丑角也蹦蹦跶跶地上场，伴着伞头的演唱进行滑稽表演。伞头让傻柱子给主人磕头，老迈婆子给主人作揖等，烘托欢乐气氛。主人拿出烟、糖、馃子，丑角纷纷抢拿做怪相，满院欢声笑语。

（五）杂耍

1. 舞狮子

一支秧歌队中通常有两头狮子。舞狮子一般由 5 人表演，每 2 人扮演一头狮子，另有一人短装打扮，在威风锣鼓的配合下，手持红色绣球，引逗两头狮子做各种舞蹈动作，民间称为“狮子滚绣球”。

2. 跑旱船

旱船为木质，上罩彩绘船顶，下幔流水图纹。表演者以肩挎布带提船，双脚踏地，船头放置一假腿，形似坐船状，人们戏称跑旱船是“坐了一天船，走了两脚泡”。旱船以传统戏曲《白蛇传》中“游湖借伞”为题材，扮演者“白蛇”和“小青”各乘一船，另有一人扮演白色胡髯的老艄公，手持木桨与两只旱船相互配合，做出水上行船的各种动作。主要舞蹈场记有引航、拨船、漂流、搁浅、背纤等。伴奏为打击乐和唢呐结合，不同场记有各自的打击乐节奏和唢呐曲牌。

跑旱船小车会表演题材有传统戏曲《保龙山救驾》、滑稽故事《傻柱子接媳妇》《浪荡公子娶新娘》《小赃官接妇人》等，随会首的喜好而定。用的车子用木架做成，分车身和车把两部分，通常长 2 米、宽 1 米左右。正方形车身上四角各用一立柱支起布棚顶，车身下四周围彩布，左右两块彩布上各画车轮状。表演时，坐车的旦角（又称“车瓤子”）用肩挎车，把前面的假腿系于腰间，看上去像是坐在小车子里。有一或两个拉车童扯彩布条前头拉纤，一老汉后面推车，左右有 2—4 名丫鬟随车伴舞，根据不同题材，有一不同扮相人物围车嬉戏。小车会一般夹在两列秧歌中间，也有时跟在后面，打场时单独下场表演。表演场记有跑车、陷车、上坡、下坡等，其中陷车表演欢快热闹，“车瓤子”跪在地上让车落地，丫鬟随之两腿一蹲一跪，车停止前行。一时间急坏拉车童、随车人物和推车老汉。随着打击乐和唢呐的快慢节奏，几个人时而交换位置蹦跳拉推，时而你争我抢抠车轮，表演极其夸张，做出许多引人发笑的动作。新中国成立前，与敖汉旗同属一县的今建平县七节梁办秧歌时，曾经有 40 余个小车子同场表演，秧歌办成小车子会，民国期间曾名噪一时。

3. 跑驴

跑驴以《傻柱子接媳妇》故事为题材，也称“骑跑驴”，各地扮演角色和表演内容略有不同。表演所用跑驴分驴头、驴身和驴尾三部分。驴头用纸壳糊成，头佩红缨，脖戴吵铃。驴身为木架、竹条制作，披黑缎布为皮，腹下以布为幔，遮住骑驴人下身。驴尾用黑色马鬃扎束而成。一表演者打扮成年轻农妇，腰挎毛驴扮作骑驴人。另一人或扮成傻柱子，或扮成赶驴人，手持鞭子配合骑驴人表演。表演场记、动作主要有奔跑、翻岭、陷驴、孩哭、驴尥蹶子、追驴等。表演时骑驴人和赶驴人边扭边逗，变换各种夸张的滑稽动作，达到形象生动、气氛热闹的喜庆效果。

4. 二魁摔跤

流传在南部乡镇，亦称“二鬼摔跤”，取材于寺庙活动。四家子镇的四节梁秧歌队一直保留此表演形式，近些年因无人传承而中断。表演由一人完成。表演者在青布帷帐里面四肢着地，背上背两个假人，清代蒙古族男性装束。表演中通过“你推我拉或一方把另一方摔倒在地”等动作，假人的滑稽扮相和夸张的摔跤动作，经常引发观众的高声喝彩。

5. 五虎棍

又称“棍子队”。新中国成立后在下洼河西一带兴起的一种武打表演艺术，由一位从外地迁入河西村西营子叫李振春的人传入。五虎棍队 16 人，分 4 组，每组 4 人。一组为单刀组，2 人手持单刀，2 人手拿棍；二组为双剑组，2 人手持双剑，2 人手拿棍；三组为两节鞭组，2 人手持两节鞭，2 人手拿棍；四组为三节鞭组，2 人手持三节鞭，2 人手拿棍。扮演者都是青短衣、青包头。手持单刀、双剑、两节鞭、三节鞭 8 人和手拿棍的 8 人对打。武打招数有“单刀进枪”“叉花盖顶”“双风贯耳”和“扫地风”等。

（六）皇会

皇会意为皇帝出会，是有如皇帝出行那样威严隆重的娱乐活动，仪式感非常强烈。皇会为每年的农历二月十八、十九、二十日三天。民间传说为庆贺观音菩萨二月十九生日而举办。皇会清末由朝阳大西营子传入今建平县七节梁、朱碌科和敖汉旗四家子一带，当时三地同属一县。由于这一带冬闲季赌博成风，人们为此用办皇会来改变赌博风气。皇会形式复杂多样，需三四百人扮演各种样式，一两个村子无力举办。附近的水泉、苇子沟、洼子店、杨树沟、梅家营子、喀喇沁等村子联合起来，每个村子办皇会中的一种形式。整个表演队伍分为几个表演段，每村一段精彩展示，并有各自的鼓乐队伴奏。浩浩荡荡，威武壮观，其规模之大，颇具皇家仪仗队气势。

皇会表演队伍传统的排列顺序如下。

1. 中幡

中幡有九层，每层似旧时黄罗伞状。两个表演者头戴英雄帽，身穿短打扮装，每人要一顶。既要有体力，又要有表演技巧，使中幡在身体的各个部位上来回舞动。

2. 狮子

一对狮子随中幡之后，由一手持绣球的人引领做各种动作。

3. 英雄会

英雄会由 40 人组成，前 4 人扮四大天王，后跟 36 人（寓意三十六天罡），每两人为一组，均扮演成传统戏曲人物，分成若干组，手持刀枪剑戟斧钺钩叉等十八般兵器，后面的耍三节鞭、七节棍、马叉等。表演者要熟练掌握所持兵器的武打套路，在表演中达到惊险逼真的效果。队伍威武雄壮，有驱邪避灾之意。

4. 高跷

高跷秧歌大多两帮，中间夹杂旱船、老头会、跑驴、小车子等杂耍。

5. 小抬哥

小抬哥 24 架。在两根木杆上架起 3—5 米木板平台，4 人各抬一角。平台上有男女两个小孩扮成一个戏出子，随行进表演各种动作。

6. 背哥

背哥 20 架。为木质独杆，高 4 米，背在一大人背上，上端缚一扮演角色的小孩。几个背哥并排走，让上面的小孩组成一个戏出子，边走边表演。

7. 抬哥

两架大抬哥在皇会队伍之后。抬哥形似小抬哥，规格较大。平台上有各种布景、道具，三四个小孩扮一出戏中的不同角色在上面表演，看上去是一个完整的戏曲场面。每架抬哥由三班人轮流抬，每班 8 人。

皇会上午出会，下午和晚上休息。背哥、抬哥上的小孩，多是因生病时家长许愿，为还愿而参加表演。为了锻炼小孩高处表演的胆量，办会前要反复进行训练。小孩在上面被绑得牢牢的，生怕表演时出现闪失。

皇会因规模大，不易组织，新中国成立初期已不多见。后来，四家子镇池家湾子村坤头火稍传统的高跷秧歌，常用皇会中的英雄会在前面开路或打场时表演。表演队由 20 人组成，其中有 4 名鼓乐手。常用的招数有戳腿、扫头、挂耳、压梁、挑龙门等。主要兵器有刀、枪、棍、鞭等，形成英雄会秧歌。

二、撒灯

撒灯在敖汉地区流行已久，在每年正月十四至十六三天晚上举办，连办三年。分撒黑灯、撒官灯两种形式。

（一）撒黑灯

撒黑灯也叫撒灯、送灯、撒路灯等，是相对旧时撒官灯而言，即不夹杂其他娱乐的单一的撒灯活动，以此祈求辟邪驱祟、人畜平安、风调雨顺、五谷丰登。民间把正月十四撒的灯叫人灯，十五撒的叫神灯，十六撒的叫鬼灯。撒黑灯之前，组织者要到各家敛棉花籽、大麻籽油（蓖麻油）、小麻子油（线麻子油）、火油等。把棉花籽用碾子压碎，放进大铁锅里掺上油浸泡，制成灯捻子。后来不种植棉花，棉花籽由碎棒子瓤、高粱帽或黍糠取代，改为用柴油浸泡。灯油钱由各户随便赏，没有标准，多少不一。

棉花籽、高粱帽碎屑类捻子，用纸包成若干小包备撒，碎棒子瓤则直接撒成小堆。到了正月十四天刚黑，人们抬着灯捻子，举着灯笼，敲锣打鼓来到村头，在离住户百步外点燃一堆，谓之“起灯”。民间有“鬼抱灯去托生”之说，故不在村中起灯。接着是到村边的庙前，放置三堆捻子点燃。祭神后，开始进村撒灯。几个人手拿铁锨从大铁锅里铲起捻子，点燃后拨撒，称“拨捻子的”。凡路过十字路口、井台、碾道、各家各户门口等处，都要撒捻子。撒灯队伍前面走，后面街道上布下一条蜿蜒的火龙。到了每家，还要在院中间、仓房圈棚门口、屋门口、天地之位、窗台、屋地等多处撒捻子，满院灯火通明。所到之家，要放鞭炮致谢。村子撒过之后，还要到周围的地里去撒灯，人们相信捻子撒到之处，庄稼免遭雹灾。如此撒灯，连续三天，到了正月十六晚撒完灯后，将所剩捻子全部送到庙前烧尽，俗称“扣灯”。

现在一些村子仍保留年年撒灯的习俗。集体组织挨家施舍油钱，常常撒三个晚上；各户则在正月十五晚上提前泡好捻子，把院子各个角落撒遍，然后从大门口出发，沿大街边走边撒，一直把捻子送到庙上为止。

（二）撒官灯

旧时撒灯有秧歌配合，称为撒官灯。秧歌队前面有两个人撒捻子布灯引路，一人鸣锣开道，四面书“会”字狼牙月白旗之后，秧歌队数十人各持一造型互不相同的灯笼，组成彩灯队，伴着鼓乐声来回起舞，令人眼花缭乱。

彩灯队后面是一大队撒官灯人马：前排两匹马并行，马上坐着官府内侍两人。一人举着红罗伞，一人腰挎宝剑，背着用大红布十字交叉包着的“官印”。接着又是两匹马并行，一个内侍背着用黄布裹着的“圣旨”，另一个是穿长袍、戴礼帽的贺礼先生。中间是灯官爷子（灯司老爷）和灯官娘子（灯司太太）。灯官爷子骑高头大马（也有坐轿的），灯官娘子（男扮女装）倒骑毛驴。两人取三花脸县官和官太太扮相。四名手持水火棍的差役在灯官爷子身边随时听传唤。四位丫鬟紧随灯官娘子，在身旁侍候。后面还有一个身穿皮袄、头戴毡帽的丑角，肩挑一副水罐。最后是鼓乐队和撒捻子的人。

撒官灯正月十四晚上从邻村开始。先由报马送帖子，接帖子的村要为灯官爷子备好几处“公馆”。各家各户张灯结彩，全村人抬着准备好的灯捻子，敲锣打鼓到村头接灯。

撒官灯进村前先拜庙。拜庙由贺礼先生主持，大声喊道：“灯司老爷落轿—上殿—鞠躬—下拜。一叩首风调雨顺，二叩首国泰民安，三叩首三阳开泰，四叩首四季平安。平身—礼毕—撤殿—上轿（马）！”

进村后来到一处公馆，灯官爷子要问：“此处是何人府上？”答某某宅院。“好个藏龙卧虎之地。”灯官爷子下马，和灯官娘子走进屋。差役守在门口，不让多人进入。由男女主人陪着入座用茶点。有的人为试试灯官爷子的口才，便问老爷撒的是什么灯？灯官爷子熟练地报出一串灯“一门五福灯，二意吉祥灯，三阳开泰灯，四季平安灯，五福临门灯，六合同春灯，七星高照灯，八方进财灯，九子十成灯，十十如意灯”等，发问者马上进茶点烟，以示敬意。邻村大多熟人，有的故意和灯官娘子开玩笑，趁人多拥挤时推打取闹，灯官娘子故作镇静不便失态。取闹者被差役或丫鬟抓住，要受惩罚，多是罚油或蜡。还有的人因说了一句“灯官娘子脚大”，被罚五尺裹脚布。

在供茶时，灯官爷子要查问村里点灯情况，人们都害怕查灯。凡是没有点灯人家皆定为黑户，要受惩罚，多为罚油、蜡之类。有的差役和村子某熟人开玩笑，诬告其没点灯，灯官爷子没工夫查验，结果受罚。灯官爷子还要审理民事，告状的多以笑话为由，谁偷了灯官娘子头上的花，谁家的男人不出来接灯，理由是得了产后风，等等。审理结果均是受罚。有的民事纠纷案也让其审理。灯官爷子公正严明，审理后该罚的当面交清，该押的扣押三天。如果办会结束忘记释放，视为下年灯会才出狱，被扣押人一年不顺利。传说敖汉中部一灯会去邻村撒灯，住在该村的小舅子见姐夫饰灯官爷子，上前抠了一把。姐夫觉得没面子，吩咐差役扣押起来。姐夫办完会忘记释放，结果小舅子一年中多有不顺。办会三天之内，灯官爷子有“代知县”之称。

灯官爷子要随灯会到别处去查灯。贺礼先生喊：“请灯司老爷上轿！班上的，伺候着！”公馆外鼓乐齐鸣，灯火通明。灯官爷子向主人说声“打搅府上了”，便前呼后拥离开。

撒灯走街串巷，处处受到热情接待，连官员和商贾也不敢怠慢。官府接待不周，灯官爷子会千方百计找碴儿刁难。当铺赏钱少，灯官娘子就取下耳朵上的红辣椒，当成宝石典当。到了烧锅，挑水罐子的小丑故意说：“种了二亩大高粱，不下雨快旱死了，和烧锅要点水。”东家心知肚明，给装满了两罐子酒。

撒官灯前两天到外村，后一天回到本村，表演结束由灯司老爷宣布扣灯。

三、跑黄河

跑黄河也叫黄河灯会、转九曲等，源于“三霄娘娘摆九曲黄河阵”之说，由清代移民从内地传入，流传在敖汉中南部。正月十四至正月十六举办，要办须连办三年，头一年称“跑龙头”，第二年称“跑龙身”，第三年称“跑龙尾”，中间不许停办或间断，否则视为不吉利。

（一）扎黄河

黄河分九连城、十二连城、二十四连城 3 种。在一块 10 亩左右平坦的地方，用秫秸、竹竿、木桩和麻绳等扎成。方法是先埋桩，有的用木桩，有的用秫秸绑成把子，数量根据连城多少而定。九连城有 324 个小方格，361 个交点。按黄河阵图案在每个方格交点处凿出洞，把木桩或秫秸把子埋入洞中加水冻牢。桩与桩之间上部用秫秸相连，下部绑两根交叉秫秸，形成篱笆墙状隔墙，俗称城墙。绑完后，连城里就形成一条五尺左右宽的弯曲跑道迷宫，俗称“马道”。

连城每个木桩或秫秸把子上都绑着灯盏。旧时将面捏成碗形，上屉蒸熟，称灯碗，用五色纸糊围灯裙，倒入麻油点燃。后来锯圆木块做底糊灯，用小玻璃瓶装煤油做燃料。灯裙上裱糊或彩绘各种图案，供人们进入黄河阵内欣赏。灯与灯之间插着直角形五色纸旗。

阵中心的出口处搭一灯棚，称为紫禁城、神棚，供奉三霄娘娘牌位。神位左右贴联“三霄智摆黄河阵，威震群仙显神通”，横批“神仙显圣”。有的专门为前来抱灯求子贴“抱红灯童男再现，捧绿盏玉女临凡”联，横批“有求必应”。灯棚敞开的一侧放着“功德箱”，方便善男信女施舍。

灯棚门楣及门框也都贴有对联。城中心竖一根高杆，叫老杆、天灯杆。杆顶挂一盏大灯笼，称“天灯”，插一面狼牙旗。下设方斗，四面插小旗。连城四角各竖一旗杆，比老杆略低，杆顶插一面狼牙旗，下悬八卦阴阳灯一串。黄河阵的进出口处设有牌楼，南部地区有的用松枝扎制成大门。顶端插大彩旗五面，下悬九盏宫灯，取东、南、西、北、中五方和九宫八卦之意。两侧悬挂巨幅对联，有“灯照月月照灯灯月相照，男观女女观男男女同观”，横批“灯月生辉”；“入此灯城满眼光明世界，来斯花市万物化雨春风”，横批“东进解厄”；“黄河无水能行船度化佛门众弟子，青狮有象步祥云引进世界众生灵”，横批“普度众生”；“三仙姑施大法点点莲花灯满市，众黎民学神术纷纷男女赴连城”，横批“同登仙界”等。让前来跑黄河的人们心中充满祈愿，带着祝福进门。

民间把办黄河灯会视为积功德的善事，所用的木桩、秫秸、麻绳、油、面等，均为村民自愿捐助。1991 年，旗政府投资，连续三年在原新惠中学广场办黄河灯会，吸引许多文化界知名人士前来观摩，四家子镇下房申村办黄河灯会有百年历史，近几年改用电灯、小布旗和铁管构架，从正月初二就组装成型，供打工族和学生短暂的过年假期娱乐。元宵节三天，来自旗内各乡镇和邻近的辽宁一带的人数以万计，自驾车排出两三千米。玛尼罕乡草绳营子村新中国成立前后几十次办黄河灯会，现今仍保留木桩、秫秸、纸糊灯等传统扎法。

（二）跑黄河

到了正月十四傍晚，黄河阵内大小灯全部点燃。阵内遍布灯火，遍插旗帜。夜幕降临后，就可以开黄河阵了。首先是锣鼓喧天的秧歌队伍入阵，其次狮子、旱船、跑驴、小车会鱼贯而入，最后是潮水般的民众。

跑黄河的人或全家出动，或结伴而来。身临其境，有神秘莫测、奥妙无穷之感。从入口进入黄河阵后，必须沿着马道一气跑出。不能半路返回走回头路，也不能走捷径穿秫秸空儿，钻隔墙戏称为“钻狗洞子”，视为不吉利。跑黄河讲究“跑单不跑双”，大人跑一圈，小孩子觉着不尽兴，一口气跑三圈。人们可乘机拔走小旗，回家后插在门窗上，意思是“太公姜子牙令旗在此，邪祟不得近前”。当来到阵中心的灯棚处，会有许多人驻足在三霄娘娘神位前焚香，默默祈祷，祈求新的一年美好愿望的实现，然后往“功德箱”里施舍香火钱。一些久婚不孕者，由家人陪着来三霄娘娘神位前焚香祈拜，即“抱灯”。这里备有糊红绿纸的麻油小面灯，求男孩的抱红灯，求女孩的抱绿灯。抱灯都要施舍，以示心诚。从离开神位到走出城门，不灭灯、不回头、不说话。到家后把灯点燃，放置灶王牌位前，升上三炷香。待有香灰脱落后，抱灯者推开屋门，让其男人躲到屋外，自己面朝里背朝外坐在门槛上，将所抱面灯吃下。倘若有孕得子，次年要到黄河灯会来添油、献蜡或捐款，谓之“还愿”。

跑黄河寄托着人们新一年的美好愿望，人们来跑黄河，到三霄娘娘神位前虔诚地焚香叩拜，都深信能够消灾免祸，一年顺当，故有“跑跑黄河腿不疼，看看天灯双眼明”“走走黄河阵，一年百事顺”“摸摸天灯杆，一年保平安”等祝福语。

四、蒙古族舞蹈

蒙古族舞蹈在敖汉旗流传比较广，尤其是祭祀活动中的查玛舞，舞台表演的顶碗舞、筷子舞、驯马舞、马刀舞、挤奶员舞、鹰舞、鼓舞，大型比赛的团体舞蹈安代舞等。蒙古族舞蹈产生于民间，其特点是节奏明快，热情奔放，语汇新颖，风格独特。动作多以抖肩、翻腕来表现蒙古族姑娘欢快优美，热情开朗的性格。男子的舞姿造型挺拔豪迈，步伐轻捷洒脱，表现出蒙古族男性彪悍英武、刚劲有力之美。

（一）安代舞

安代舞被称为蒙古族集体舞蹈的活化石，具有悠久的历史和渊源。它是蒙古民族舞蹈艺术殿堂里的一颗明珠，具有鲜明的民族风格，浓郁的生活气息，现已发展成为蒙古族的集体健身舞。传统安代以唱为主，伴以舞蹈动作，相传是一种用舞蹈来治病的神秘民间舞蹈，至今已有 400 多年的传承历史。

安代舞通常在节庆或闲暇时进行，一人领唱众人应和，成百上千的男女老少载歌载舞。安代舞有强烈的自娱性、鲜明的民族特色和浓郁的生活气息，轻松愉快，简单易学，唱词随编随唱，富有感染力。男女老少皆可入场欢跳，没有时间、地点的限制。只要依其音乐的节奏甩巾踏步，与领唱歌手相应和即可。

传统安代舞中常以歌相伴，歌唱是安代舞的主要特征。从艺术角度来看，安代舞是一种以唱为主，伴之以舞蹈动作的民间歌舞形式。其音乐曲调风格独特，有强烈的感染力，便于歌手根据不同情景表达不同的情感。安代的唱词除开场和收场部分因仪式需要基本确定不变之外，其他皆不固定。那些才思敏捷、善于辞令的歌手可以尽情地用诙谐幽默的唱词抒发情感，或赞美，或嘲讽，或嬉笑怒骂，不拘一格。近些年来，敖汉旗组织的大型广场舞比赛，安代舞都是一个必有的项目。

（二）顶碗舞

是鄂尔多斯蒙古人从元帝国承传下来的传统民间舞蹈。形式新颖，动作优美，气质高雅，风格独特，具有浓郁的民族特点。在整个蒙古族民间舞蹈发展史上占据重要的位置。能歌善舞的蒙古人在婚宴和喜庆佳节的聚会上 1 人或 2 人头顶茶杯或碗状小油灯或碗，碗里盛满清水或奶酒；双手各拿两个酒盅或一束竹筷在歌声和乐声中翩翩起舞。顶灯顶碗舞的动作没有固定的套数、掌握好基本动作和击盅、打筷子的规律之后，舞者现场即兴发挥，情绪越激昂，动作、舞姿的变化越丰富多彩，充分展现出舞者的技艺、智慧和民间舞蹈丰富、灵活、多变的特性。在许多专业或业余表演团队，都把顶碗舞作为保留节目，舞台上穿着蒙古族服饰的姑娘们头顶摞碗，翩翩起舞，动作优美，给人以美的享受。

（三）筷子舞

“筷子舞”因用筷子伴舞而得名，原是婚礼、喜庆节日欢宴时，在弦乐演奏及人声伴唱中，由男艺人表演的单人舞蹈，表演者右手握一把筷子，在跪、坐、立等姿态中，随着腿部的屈伸、身体的扭动，用它敲打手掌、肩部、腰部、腿部等处，击打的同时肩部环绕耸动，腕部灵活翻绕，敲打声清脆，节奏鲜明，场面热烈。

筷子舞作为舞台表演节目深受观众喜爱，男女演员两手各握一把筷子，手持筷子的细头，用筷子的粗头击打。动作有双手胸前交叉击打筷子，也可击打双肩；双手腹前交叉击打筷子；双手胸前击打筷子，一手打肩一手交叉打腿；一手打肩一手转圈打击地面蹲转；双手胸前打筷子接一手顺着打腿，再双手胸前打筷子接一手交叉打肩等。脚下舞步有平步行进与后退，亦有点地步行进后退，或各种转和跳跃动作随舞者即兴而做。慢舞稳重深沉，快舞则潇洒矫健。情绪高昂时筷子绕身飞舞，可在各种动作上击打身体的各部位，场面轻松热烈。筷子舞凝结着蒙古族人民热爱生活的情意和美化生活的智慧，也是蒙古族人民的精神生活组成部分。

五、放“火老虎”

放“火老虎”活动流传在敖汉旗南部的四家子镇一带，距今已有上百年的历史。

放“火老虎”多在正月十五的晚上，民间秧歌灯会等各种活动进入高潮阶段。“火老虎”

作为压轴表演，最后出场。

“火老虎”的扮演方法是取毛毡数条用水浸透，缝制成虎形，然后按照“虎”身的各个部位，互相搭配挂满各种烟花、鞭炮。挂得越多，搭配得越巧妙，效果就越好。

“火老虎”表演又称放“火老虎”。因为表演者危险性大，人们轻易不敢扮演，主办人只好贴出告示花大价钱雇用冒险者，且事先签订生死合同，完成表演才能领到银两。表演时扮演者钻进“虎”身之内，从主办人家或灯会“起灯”的地点开始“放”。如有撒灯的灯会，要按“火老虎”的行进路线，先在地上撒灯照明，然后点燃“火老虎”身上的烟花鞭炮。“火老虎”在激烈的锣鼓声和欢快的唢呐声中，伴随着烟花、鞭炮的爆响声，开始跳跃起舞。它由扮演者任意摆动，前蹿后跳，往返回旋。在元宵灯火的映照下，“火老虎”状如喷烟吐火，流光溢彩。经过一段表演后，蹦跳着跑到附近的寺庙前，直到浑身的烟花、鞭炮燃尽为止，方可解掉绑缚在表演者身上的绳索，扔掉毛毡片，谓之“卸虎皮”。

关于放“火老虎”的由来，据知情者回忆，当初，四家子本街“梅家烧锅”一梅姓财主在元宵夜观赏完秧歌灯会后，余兴未尽。为了显耀门庭，取悦一时，别出心裁地想出放“火老虎”这一危险且带有刺激性的活动。以后几家财主争相效仿，表演形式不断变化，并在这一带流传下来。

另一种说法是，距四家子村南 10 多里地的大河套西岸有一座山，名叫“老虎山”。山上常有猛虎出没，伤害人畜。有年长者说，虎怕响声和火光，人们便用鞭炮、火堆等方法驱赶老虎。真虎隐去了，人们在欢庆之际，便办起放“火老虎”这一民间活动。

放“火老虎”吸引许多人争相前来观看。由于“火老虎”跳跃施威和烟火燃爆，加之晚上人群拥挤，表演者或观众容易出事故。四家子街一刘姓扮演者因此丧生，至今流传着“放火老虎，烧死刘老五”的说法。这项危险的娱乐活动，到新中国成立前已不多见。

第四节　民间美术

一、漆画

漆画亦称彩绘，常见于墙体、木质建筑和实用器具上。敖汉地区最早的漆画可追溯到辽代。从敖汉旗博物馆清理的辽墓彩绘木门、棺椁和揭取的辽墓壁画中，可以看到早期的漆画，在画面上依稀可见斑驳的五颜六色，其工艺及所使用原料无从可考。清代关内移民迁入后，一些能工巧匠把漆画工艺广泛应用于敖汉部府邸及庙宇建筑上，在建筑物的檐、檩、椽头上绘画，使之富丽堂皇。清初至民国年间，各地寺庙大殿墙壁上都有“十八层地狱”等各式彩绘。此外，漆画在日常生活中被广泛应用，如民间箱、柜、梳妆匣、橱、门及棺木等木质用品上常绘有漆画，一来图美观，二来防虫蛀。

传统的漆画采用“堆金沥粉”法。事先在牛皮纸上按尺寸大小、图案需要画好“画谱”，用针把所画的线条均匀扎透，便于群青粉透过。接着对漆画部位进行画面处理，即打腻子扩缝隙、刮平、用砂纸磨光，然后把“画谱”放在上面，要求放正、放平，一人手持群青粉包在上面按顺序拍打一遍，取下“画谱”，图案便清晰地出现在墙面或建筑木梁上。

为突出仿古漆画的立体效果，接下来的工序是“沥粉子”。传统的原料是把响石（白矸子石）用碾子轧碎，再过一遍荞面箩，后来改用滑石粉，加入水胶、清油和成粥状黏稠粉浆，装入用猪尿脬或牛、羊睾丸皮做成的粉包内，前面绑一锥状铁粉钎子，顺着画谱图案用力挤压，使黏稠状粉浆从钎子头均匀地附在图案上，勾勒出画面。塑料袋出现后，用其做粉包方便许多。这种原料堆出的粉子能挺一二百年。还有一种方法是把香浸软，蘸水胶后拼在线条上。“沥粉子”需要技能技巧，不具备一定的基本功很难出色完成。待画谱上的图案立好晾干后，用金粉平涂，便进入着色工序。

过去大多用石色加鸡蛋清、胶或漆调色，按画面需要调出主、辅颜色，后改用水粉颜料。现在石色、水粉颜料被各色成品丙烯颜料所取代，加之粘贴金箔，漆画着色先进一大步。

新中国成立初期，贝子府镇口琴村南洼组人冯作坤，曾参加过原热河省承德避暑山庄“外八庙”古建筑漆画维修。克力代乡铁匠营子村小山湾子组人徐万德，画技精湛，为当时该地区绘画名人。文化馆张耀军、钱景龙、陈玉莲等在宣传板上绘制过许多大幅漆画。驿马吐人刘金廷擅长在家具、棺木上画彩，远近闻名。

二、雕塑

清初，关内移民迁入敖汉定居，讲究“先立庙后立村”，即建村子之前须修好供奉神灵的村庙，以求神灵保佑。那时敖汉部落蒙古族广建佛寺，每座寺院都供奉着名目繁多的雕塑佛像。“文化大革命”期间这些寺庙被当作“四旧”拆除，无一幸免。近10年来，全旗各地纷纷修建寺庙，中、小型庙堂内供奉瓷质神像，较大的庙宇仍然沿用供奉传统雕塑神像的习俗。如四家子镇牛夕河村青城寺、老虎山村祥云寺与河神庙、小古力吐村崇福寺、贝子府镇西查干哈达村万应寺等。

民间雕塑技艺大多是祖传，雕塑制作者需要具备天赋条件，有一定的美术基础，同时，要善于观察事物，有足够的耐心。做雕塑之前，首先要选上好的黏土作原料。黏土大多出自河边、沟底被水长期冲刷形成的沉积层，或红褐色，或黄色，必须黏度高方可使用。把选来的黏土敲碎，放入水中，滤出杂质、泥沙，再将选好的细沙土掺在黏土中和成泥。黏土和沙土经过充分搅拌、打砸，达到不黏手的程度为最佳，然后拍打成方块状，用纸包好，放到阴凉处备用。

雕塑之前要先扎木架。根据塑像的大小和站、坐姿势，将一根中柱在地面埋牢，柱子上用长短不一的木料钉出头、四肢。小型塑像可直接用草绳捆绑出骨架，大型塑像须视粗细程度，在主架上面钉些小块木板、木条，使其更有支撑力。

把事先和好的泥用水调和到适当程度，加入棉花或麻道后再充分搅拌，使其均匀融入泥里，用此方法和好的泥称为“大泥”。将“大泥”一块块附在木架上，拿一块 1 尺多长的木板用力拍打，让“大泥”牢牢贴紧木架，逐渐显现雏形，不需要刻意塑造细微之处。等塑像上的泥晾到七八分干时，再用细泥细致地刻画人物的五官、面部表情、四肢、手持的法器，甚至精细到眉毛、指甲。

泥塑刻画完毕，放置阴凉处晾干。干燥后容易出现裂缝，可用细泥或石膏腻好，再用砂纸打磨抛光，使之表面光洁。处理好的雕塑刷一遍胶后着色，一尊栩栩如生的塑像就诞生了。近几年，传统的土木结构雕塑改用钢筋、水泥结构，制作工艺基本相同。

四家子镇小古力吐村赵姓家族祖传雕塑手艺，其第四代传人赵振岩技艺精湛。“文化大革命”期间曾在本大队院内以忆苦思甜、批林批孔等为题材，制作“抓壮丁”“地主收租院”等 10 多组雕塑，四家子公社革委会组织全公社民兵、红卫兵参观。改革开放后，赵振岩先后为辽宁省的朝阳市、北票市和本旗各乡镇的几十座大型寺庙雕塑“五王”“四神”等大型神像百余尊。2016 年，被旗政府认定为旗级非物质文化遗产雕塑代表性项目传承人。文化馆刘玉云擅长雕塑，其作品构思精巧、形象逼真。旗电视台曾制作专题《匠人刘》，介绍其雕塑作品及成就。四家子人张中理以面塑技艺见长，通过有表情、动作的人或动物组合，表现一个故事情节或场面。

三、擀画艺术

苏才自幼酷爱绘画艺术，不懈追求道法自然、天人合一的艺术风格。十几年如一日孜孜不倦地摸索、提炼和升华，终于在 20 世纪 90 年代将擀画固定成型，形成在国内外艺术界卓尔不群的独门绝技。擀画技艺调墨是关键，在不同的纸张作画需要调出不同的墨汁，例如在铜版纸上作画要求浓淡相宜，宣纸作画调墨就难一些。作画前要静下来放松身心，首先要有一个整体布图构思，擀笔上墨要与心协调一致。概括说擀画共分四个步骤：一泼，二吹，三擀，四指。一泼是指将调好的墨用写意的方式泼在擀轴上，要有形得体；二吹是指画的好坏与吹的方法有一定的关系，吹的目的要让画活起来；三擀是指水墨山水画山体走向和机理是擀画的核心部分；四指是在结尾处用手指勾勒出山体最近的层次感，这就意味着进入收笔状态了。该项艺术于 2009 年获得国家专利。

擀画艺术形成后，迅即在大江南北产生轰动效应。内蒙古自治区、赤峰市的媒体对苏才及其擀画进行了全方位的报道。中央电视台也在黄金时间对苏才的擀画艺术进行了专题推介。由于他的擀画清新自然、方法独特，丰富了中国传统的作画艺术宝库，苏才于2014年10月26日被中国民间传世工程组委会、中国民间文物艺术品商会、中国古玩研究院联合授予“中国传统工艺大师”称号，他的擀画作品获得“云工奖”。

四、玻璃画

20世纪80年代开始，玻璃画在敖汉地区城乡盛行，主要用于镶嵌在家具上，也有做成玻璃画镜子悬挂室内的。玻璃画通常用胭脂加水胶或白漆涂白底色，国画颜料加油漆画主景，油画颜料画辅景，画面有国画之效果。这时期正值民间家具由传统的卧式柜、箱转为立式大衣柜、高低柜等组合家具阶段，玻璃画随之增多，被普遍使用在新式家具的橱门上。在机器制作玻璃画出现之前，许多民间画匠在用料、技法方面匠心独运，其手工创作的玻璃画各有千秋。

金厂沟梁镇官营子于哲擅长玻璃画，追求画面“疏能跑马、密不容针”、画梅“枯、干、瘦”、画人“神、形、意”的艺术效果。他经过多年的实践，总结出许多经验，作品深受当地百姓喜爱。本旗绘玻璃画的还有贝子府镇设立虎屯黄凤东、五官营子村张金、王家营子村北沟组王国清、金厂沟梁镇赵江、玛尼罕乡五十家子村韩瑞等人。

21世纪初，农村家具花样不断更新，手工玻璃画逐渐减少。

五、剪纸

剪纸又叫刻画，为民间传统手工技艺，剪纸作品在日常生活中随处可见，剪纸者以女性为主。

传统剪纸以普通的剪子为工具，后来在传承过程中加进刻刀。最初的剪纸材料为金箔、银箔、皮革和树叶之类，造纸术发明后，纸成为剪纸最实用的首选材料，故名“剪纸”。人们根据所表现的主题采用不同颜色、不同材质的纸张。通常情况下，装饰土屋子粘贴的窗花、门笺、墙花、炕围花、顶棚花和过年贴的挂钱儿、纸糊灯的灯花等，大多选用大红纸和五色纸；剪枕顶花儿、鞋花儿、袖口花儿、领口花儿、帽花儿、剪套花儿等底样，则使用牛皮纸、书报纸等较结实的厚纸；民间传统巫术类所用的拉手人人、护门娃娃、“扫天婆”等，采用黄表纸、黑纸、白纸不一；大幅艺术作品，视内容选用大红纸和各色的亮光纸等。此外，还要有铅笔、橡皮、订书器、格尺、颜色和染色工具等。

敖汉地区传统剪纸花样繁多、内容丰富，图案吉祥。有单一的人物、动物、山水、花鸟和各式纹样，也有由上述内容组合而成，表现某一特定场景或人物场面，构成一幅剪纸画。各种题材的剪纸都蕴含着不同的寓意，如纸剪“葫芦娃娃”，人们在春节时要张贴在家中最显眼的纸窗中间，表达全家对新的一年中福禄祯祥、人寿年丰的美好期望。“葫芦娃娃”剪纸正是古代葫芦崇拜文化观念在民俗剪纸中的宝贵遗存。此外，以各种动物纹样为主的剪纸，如马、牛、羊、猪、骆驼、虎、狮子、狼、龙、鹿等，反映古代所崇奉的以祥瑞动物图腾为主体的文化观念，是各民族民俗文化在敖汉地区发展过程中的典型融合，也是北方草原与农耕文化在剪纸民俗文化应用上的具体体现。

敖汉剪纸的技法通常以盲剪为主，剪纸人在不描不画的情况下，运用大剪刀直接以纸造像，以剪传情，所以，剪纸作品常常体现出一种以简约、粗放为特质的艺术气息，从不追求过多的对物象的琐碎的细节描写，反而使得剪纸所蕴含的独特的民俗特征、地域特征和美学特征被较为完整地保留下来，形成特有的原汁原味的个性风格。没有对称性的动物、鸟虫类可单剪，左右对称的蝴蝶、花瓶、白菜等要对折剪，同时表现许多对称性的团花、花边等则需要多折剪来完成。常用的表现手法有三种，即剪去线留住块面“剪剪相断”的阴剪、剪去块面留住线“剪剪相连”的阳剪和阴阳手法相结合的混合剪。

敖汉地区最具代表性的传统剪纸作品有“龙凤呈祥”“鱼卧莲花”“喜上眉梢”“鸳鸯戏水”等多种吉祥图案，大多应用在传统节日、婚嫁、祝寿等方面，早期剪纸只注重实用性，后来逐渐发展成为一门艺术，广泛运用于日常生活中，起到美化环境和艺术欣赏的作用。老一辈剪纸艺人创作的具有时代特色的传统作品几近失传。2008 年，敖汉旗成立了旨在抢救、保护这一宝贵文化遗产的学术组织——敖汉剪纸协会，挖掘、抢救阮淑芳、杨凤霞、薄彩芝、白音仓、徐景英、靳秀英、邢素珍、张桂英等一大批年逾古稀的老一辈民间剪纸传承人的技艺。敖汉地区剪纸队伍不断扩大，涌现出以田惠莲、刘金凤、韩海梅、其木格为代表的一大批剪纸传承人，她们在传统剪纸技艺的基础上不断创新，采用阳剪、阴剪、混合剪等各种手法，虚实得体，疏密有致，纤细柔媚，罗列有序，构图饱满充实，人物形神兼备，图案清晰雅致。许多优秀剪纸作品在国家、内蒙古自治区、市级展览中受到好评并获奖，产生广泛的社会影响。

2017 年，“敖汉剪纸”被认定为赤峰市非物质文化遗产剪纸传承项目。2018 年，田惠莲被认定为市级剪纸项目传承人，刘金凤为旗级项目传承人。田惠莲、刘金凤等多人加入内蒙古自治区、市级剪纸协会。这些剪纸传承人积极地把剪纸艺术引进课堂教学，受到孩子们的喜爱，使剪纸技艺在学校里得到新的传承和发展。很多学生的剪纸作品在全国、全区剪纸展览中获得金、银、铜奖。

六、刺绣

刺绣是用多种颜色的丝线在绸缎或其他质地面料上绣出图案，民间俗称“扎花”“描云子”，是敖汉地区各民族女性普遍喜爱的传统手工技艺。从清代至 20 世纪 80 年代，民间刺绣制品在家庭中随处可见，其种类繁多、内容丰富、手法精巧、图案美观，堪称敖汉旗民间女性“家庭手工技艺”之最。过去农村姑娘出嫁前夕，讲究做“包袱活”，其中绣花鞋、绣花枕头顶是“过门儿”时必不可少的随嫁物品。许多心灵手巧的刺绣高手被称为“巧媳妇”，受到女性们推崇。

民间穿着方面的刺绣制品有衣服、帽子、鞋子、袜子、鞋垫、肚兜等；日常用品中，门帘、缝纫机帘、柜围子、枕头顶、烟荷包、针扎、钱包等，大多用刺绣来装饰。刺绣选用各种吉祥图案，不同的图案表达各自的寓意。门帘上的图案有“八仙过海”“凤栖牡丹”“鸳鸯戏水”“四季平安”“鱼卧莲花”等，凸显室内幸福、吉祥、喜庆的意境。枕头顶常常以花鸟为题材，分别用迎春花、荷花、菊花、梅花组成，四季分明，寓意四季平安。也有用喜鹊、蝙蝠等鸟类和花卉组成的字画，如“及第连科”“长命百岁”“竹报平安”“花开富贵”等，期望家门兴旺，儿女日后有出息。小孩儿戴的帽子上面绣着老虎用来辟邪、蝙蝠用来祈福，身上的肚兜绣着九个石榴和一只手，寓意“久留”“抓住”，寓意孩子长命。针扎上绣有石榴、阴阳鱼等，有多子、辟邪之意。烟荷包上绣有水鸭卧莲、蝶恋花、万字纹、盘肠、方胜、回字纹等，使用者挂在腰间，既美观又可以随处展示刺绣者的手艺。卧柜围子上通常绣有狮子滚绣球、鱼戏莲、石榴花、佛手花、缠枝花纹等，起到装饰作用。

刺绣的主要材料是面料和丝线。面料以五色丝绸为上乘，大多用在枕头顶上，其他制品面料不一，选择结实耐用的材质。丝线柔软且略带弹性，颜色多样便于选择。使用的工具有针、线、画样、方花绷子、圆花绷子、顶针、尺子、镊子、烙铁、糨子、粉包、针线包等。先把面料紧紧固定在“花绷子”上，框架大小根据画面决定。圆形框架用细竹板条制作，里外两个套在一起，把面料绷紧。用糨子将画样的边缘粘在面料上，再用粉包轻轻拍打，使群青粉透过画样子上的针孔印在面料上（后来也有用复写纸描画在面料上）。取下画样，便可以按照图案一针一针地把五颜六色的丝线绣上去。做枕头顶和绣花鞋时，大多在画样上穿针引线，将图纸盖在线内，刺绣完毕剔除空白部位，突出图案的立体效果。民间讲究“扎花不扎全”，无论哪一幅刺绣，都必须在图案无关紧要的地方留出一小部分，或是一个花瓣，或是一片花叶，有图没线。

常用的刺绣针法有：

平针绣：平针绣是按照图案在绣面上用平针直接绣制，简便易学，是常用的大众化绣法，全旗各地普遍流行。平针绣要求针脚排列整齐均匀，不露底部即可。

拉锁绣：刺绣时用两根线同时进行，在第一针绣线上反绕向后钉一针，依次行针，起到固定第一条绣线的作用。这种绣法流行在敖音勿苏、敖吉一带。

盘金绣：先用金线或银线盘成图案，然后再用绣线将其固定于面料上，针法上有明线、暗线之分。盘金绣也称“盘银绣”。

打籽绣：绣到花卉的花蕊部位时，将绣线在针上绕一圈，打成小结。

网绣：也叫“编织绣”，流行于克力代、丰收、贝子府地区。网绣是用来回穿线的针法，排列出规律性的色块，形成特殊的纹理效果，常用来处理蔬菜或动物身上局部纹理的变化。

借线绣：先在面料上打出小方格，然后依格下针，不能错位，线要均匀。用十字针法和斜行排列法相结合组成图案。这种绣法主要流行在丰收、王家营子等中东部地区。

十字绣：用多种彩线一针针纳制，该刺绣方法最费精力和时间。

贴花绣：将所绣的图案先剪成一幅剪纸，贴于面料上，然后再用平针绣线覆盖，略带立体感，古朴浑然。四德堂、萨力巴、四道湾子一带流行此种方法，也多见于敖润苏莫苏木地区蒙古族烟荷包上。

挖补绣：该绣法主要应用在北部蒙古族地区的烟荷包上，当地老人称之为“拨”。在面料上用剪刀把设计好的图案剪成一幅剪纸，贴于布上，再把所绣部位挖空，下方衬一整块或多块不同颜色的绣布，按一定的技法层层缝上，制作这样的烟荷包一般需要一周左右时间。

破线绣：将多股丝线破开使用，但必须是两股以上。细线绣出的图案细腻、制品平整。

刺绣是一件精细活，耗时费力，需要足够的耐心，因此，民间常常用“扎花”“描云子”来比喻干活慢的人或耗时较长的活。刺绣需要技巧，丝线颜色的合理搭配、用线虚实饱满程度等直接影响到构图的鲜活和美观。一幅好的刺绣不仅具有实用性，而且具有艺术欣赏价值。

第四编

文化馆

第一章　文化馆发展历程

第一节　中华人民共和国成立初期的文化馆工作

1950年4月，敖汉旗文化馆建立，租借房舍6间，桌凳13套，乐器1件，图书397种、548册，报纸3份。业务工作有成人教育和文化宣传两项。在成人教育方面，组织成立4处民校，分成5个班，6个学习小组，学员有工人、市民、商人、干部共220名。同时在原有的民校学员中组织广播小组，每星期广播1次。成立由新惠镇内各机关单位30人组成的美术研究组。在文化宣传方面，每隔3天出刊一次黑板报，宣传内容包括保家卫国、消灭美帝国主义侵略者等时事宣传，农业生产、爱国卫生方面的新闻、漫画。

1951年9月，德力胡同区文化站建立。1952年，增建金厂沟梁区、下洼区文化站。文化站在所在区协助文化馆开展群众文化活动。

1952年，办公房舍增至20间。馆内设成人教育组和文化宣传组。在抓扫盲教育的同时，利用黑板报和广播，围绕“三反”“五反”“爱国丰产”三大运动及“中苏友好月”“整党”“冬季副业”等开展宣传。旗委宣传教育委员会成立黑板报专门委员会，下设编辑组、检查组、出刊组，28块黑板报均有专人出刊。馆内增添幻灯机5台，幻灯片10套，展览图片130张，黑板报4块，乐器3件，图书总册数1009册，订阅报纸4份、期刊31份。全年放映幻灯片6次，观众2200人。图片展览1次，观众5700人。举办广播、报告会18次，共有580人参加。平均阅读者65人次，此外还设流动阅读站6个，读书小组8个，读报小组11个。

1953年，文化馆、站工作扭转偏重扫盲教育的现象，进一步明确馆、站的性质和任务。馆内成人教育组取消，增农村辅导组。阵地宣传除幻灯片放映、出刊画窗、板报外，开展屋顶广播、图片展览、召开讲座会和报告会、组织收听等文化活动。宣传内容以贯彻经济建设时期的总路线和总任务为中心，配合宣传婚姻法、司法改革等。馆站人员携带幻灯机、图书下乡，到农村牧区辅导俱乐部，组织群众开展业余演出活动，向群众宣传科学、文化、卫生方面的知识。

1954年，围绕对农业进行社会主义改造为内容，宣传国家工业化和互助合作的政治意义。通过文艺演出和放映幻灯等方式，宣传宪法、统购统销、解放台湾等内容，文化馆工作实现面向工农、面向生产、为总路线服务的方针。

第四编表 1　1950—1956 年文化馆、站业务情况一览表

项目/时间	讲座报告会		展览会		文艺演出文艺晚会		黑板报宣传		组织收听		图书借阅	
	次数	观众人次	次数	观众人次	次数	观众人次	块数	出刊期数	次数	听众人次	阅览人次	借阅册次
1950 年	6	1800	2	7900	21	33700	4	23			2400	5096
1951 年	11	2650	6	11800	30	45740	4	76			2960	6837
1952 年	9	1920	7	14430	41	52100	4	124	41	9630	3075	7025
1953 年	10	2610	9	17600	47	60400	6	139	33	7410	3215	7410
1954 年	16	3700	8	10840	42	47800	6	141	37	8090	5109	8040
1955 年	29	4382	7	14200	61	55290	5	121	84	7962	9573	10775
1956 年	41	6815	4	39600	78	47450	8	170	16	2090	10704	12147

备注：1950—1956 年共出刊大字报 149 期，画报（不定期）59 期，画窗 186 期（半月刊）。

第四编表 2　1956 年各种业余文化艺术活动统计表

活动名称	数目	总人数			内部分工情况				种类			
		男	女	合计	团组长	演员	文武场	导演	农村	牧区	工矿	市民
农村业余剧团	90	1384	249	1633	129	1049	372	83	87	1	1	1
皮影班	26	113		113	26	72	41	20	24	2		
鼓乐班	14	42		42	14	42			10	4		
拉洋片	3	3		3	3				2	1		
书曲艺人	7	7		7					6	1		
幻术	3	3		3					3			
半职业落子班	3	47	9	56	4	41	13		3			
合计	146	1599	258	1857	176	1204	426	103	135	9	1	1

第二节　文化馆为社会主义建设服务

1956 年，全旗农村牧区群众文化活动十分活跃，为此，馆、站工作重点转向基层，紧紧围绕建立和发展农村牧区俱乐部、业余剧团、图书室等中心环节。共辅导和建立农村牧区俱乐部 40 个，培训俱乐部骨干 110 人。到年底，全旗农村俱乐部 40 处，业余剧团 113

个，图书室 5 处，学习研究小组 35 个，训练班 2 个，幻灯放映站 4 个。文化馆重点辅导 6 处俱乐部、8 支业余剧团、5 个学习研究小组。

1957 年，根据全旗群众文化的实际情况，文化馆重新规划和安排工作，采取划分辅导区、分工包片的方法，下乡巡回辅导农村牧区俱乐部。以俱乐部为群众文化活动的中心，开展文艺演出、幻灯放映、图书借阅等活动。馆、站人员下乡做到“三机一报”，即携带幻灯机、留声机、收音机，辅导黑板报出刊。为俱乐部出刊参考资料和编印板报宣传材料各 12 期。馆内活动有农牧业实物、模型展览会，内蒙古自治区成立 10 周年重大成就展览会和宣传农业合作化优越性的小型展览会。

第四编表 3　1957 年文化馆、站服务与辅导农村文化活动表

单位	放映幻灯		展览		文艺晚会		讲座报告		图书借阅		黑板报		宣传材料		出刊小报		农村俱乐部数量	业余剧团（个）	幻灯站	画刊	
	次数	观众	次数	观众	次数	观众	次数	听众	借书	阅览	块数	期数	次数	份数	期数	份数				期数	幅数
文化馆	30	1500	2	3150	14	18500	11	450	4460	3200	2	24	6	638	6	850	12	113	6	6	175
小河沿文化站	5	200		1200	4	5200	1	90	450	400	1	8					9		1		
四家子文化站	9	360		1400	9	12700	5	340	850	1050	2	17					7		4		
下洼文化站	10	410		1350	6	990	4	248	728	750	1	12					12		3		
合计	54	2470	2	7100	33	37390	21	1128	6488	5400	6	61	6	638	6	850	40	113	14	6	175

1958 年，全国各地以总路线、“大跃进”、人民公社“三面红旗”为中心的宣传工作轰轰烈烈，敖汉旗农村群众文化工作曾一度出现“空前大发展”的局面。4 月 8 日—11 日，旗文教局召开文化馆、站、剧团、扫盲等干部参加的文教系统跃进誓师大会，向文化大进军。10 月，旗文教局向内蒙古自治区党委宣传部、文化局和昭乌达盟党委宣传部、文化局报捷，“我旗广大人民群众在党的社会主义建设总路线的光辉照耀下，经过几个月的苦战，掀起了文化革命的高潮。到 9 月 30 日止，全旗已建成民办文化馆 12 处、民办文化站 18 处、农村俱乐部 189 个、业余剧团 127 个、歌咏队 629 个、图书室 40 处，读报组 500 个，农村电影队 20 个，书店 3 处，半职业剧团一个，广播站一处，文化队一个，已基本上实现乡乡有文化馆、站，社社有俱乐部、有剧团、有体协，队队有文化活动，改变了我旗文化落后面貌”。内蒙古自治区文化局为旗文教局发来贺电：“收到你局捷电，特对你旗在文化工作中所取得的巨大成绩表示热烈祝贺，希望你们再接再厉，把文化工作继续推向高潮。”《敖汉旗报》1958 年 10 月 17 日为此刊发《闻胜勿骄，继续前进》的社论，专题报道文化工作的成绩。年末，民办文化馆增加到 26 个，民办文化站增加到 34 个，其他民办文化组织均有所增

加。馆、站利用各种民办文化组织，积极响应内蒙古“百万首民歌”运动，广泛发动群众动手写民歌，歌颂“三面红旗”给社会主义新农村带来的新面貌。全旗群众业余创作活动随之兴起。馆、站业务增加组织群众业余创作队伍，辅导业余创作活动两项。年末，民歌作品达317962首。“大跃进”式的文化高潮未能持久，一年以后，民办文化机构相继自行撤销。

1959年，群众文化工作在总结经验的基础上，从本地具体情况和群众需要出发，坚持“因地制宜，业余为主”的方针，馆、站业务进入正常化。

1960年，文化馆有幻灯机7台，收音机1台，报纸9份，期刊42份，图书4560册，蒙古文图书170册。全旗文化活动组织有民办文化馆8处，民办文化站36处，俱乐部57处，业余剧团45个，图书室18处，小型展览室13处，业余创作组36个，幻灯放映站12处，业余美术组5处，教歌站13处，歌咏队15支，文艺骨干250名。全年放映幻灯143场，观众45950人次；举办展览8次，观众11300人次；举办讲座报告会116次，观众45700人次；举办文艺晚会31次，观众68480人次；办街头板报46期，刊登材料234篇；创办画窗23期，出宣传画报37幅；出街头壁画128幅，诗歌画69幅；书写街头标语96条，制作标语牌53块；印发宣传资料16种、1895份；图书借阅16320册（次），图书预览10720人次；采取集中与分片相结合的方法，培训文艺骨干100余名。

20世纪60年代初期，受三年国民经济暂时困难的影响，馆、站工作处于低潮。文化馆除阵地宣传外，活动仅限于组织镇内职工开展文艺演出，举办文艺晚会等。1963年，全旗农村业余剧团停演传统戏曲。馆、站举办训练班，辅导俱乐部、业余剧团排演现代戏，教唱革命歌曲等。1964年着手文化站恢复工作。到1965年，长胜、岗岗营子、四家子、金厂沟梁公社文化站相继成立。1965年，文化馆、站以农村俱乐部为阵地，采取读报、放幻灯电影、教唱革命歌曲、演现代戏、办广播、出板报、搞文学创作等形式，传播毛泽东思想，颂扬社会主义新思想、新风尚，占领和扩大社会主义思想文化阵地。

第三节 极“左”思潮下的文化馆

1966年开始，馆、站处于瘫痪状态，文化活动不能正常开展。

1968年10月—1969年6月，文化馆成为“四合一”单位，排演现代样板戏《沙家浜》，演出16场，在新惠镇内引起反响。

1970年，通过文艺演出、出橱窗和板报等形式，宣传活学活用毛泽东思想；认真搞好“斗、批、改”的典型经验；宣传“一不怕苦、二不怕死”“自力更生、艰苦奋斗”、打好农业翻身仗和工业“大跃进”等方面先进事例；宣传拥政爱民和拥军优属，搞好军民团结的典型事例；揭露美帝、苏修反动本质，教育人民仇视敌人，鼓舞战胜一切侵略者的斗志，坚定必胜信心。在教唱样板戏的同时，大唱革命歌曲，提出“学革命歌、革命戏、学英雄、做革命人”，努力改造世界观的口号。同年，全旗上下蓬勃开展“活学活用毛主席哲学著作”的群众运动，先后建立起工农兵学哲学小组12000个，有10多万人参加学习，涌现出学习积极分子和骨干2万多名，促进人们的思想革命化和科学化，推动生产斗争、阶级斗争和科学实验“三大革命”运动。

1971年，馆、站主要业务是配合“普及革命样板戏、普及革命歌曲”运动开展活动。全旗毛泽东思想业余文艺宣传队发展到90个，队员1275人。1970—1971年馆内演出样板戏选场34场，观众达27200人次，公社、生产大小队、学校级业余文艺宣传队，演出样板戏全场256场，观众达204800人次。馆、站利用培训班、汇报会和下乡辅导方式，举办“双普及”学习班46次，培训文艺骨干2576人，其中旗级3次培训710人，公社级25次培训1414人，生产大小队级18次培训452人。同年，文化馆对全旗业余创作文艺骨干、业余摄影爱好者、业余美术人员、照相设备、各级毛泽东思想文艺宣传队进行登记，布置向中国共产党建立50周年献礼任务。

1972—1976年，由于受“左”倾错误的影响，馆、站活动始终没有正常规律，这期间，小河沿、大甸子公社成立文化站，荷也勿苏、双井、古鲁板蒿、新惠公社建立民办文化站。馆、站业务有阵地宣传、游艺活动和举办文艺训练班、文艺会演等，这期间的宣传工作内容，包括以阶级斗争为纲，继续组织学习无产阶级专政理论；评《水浒传》；重温毛主席“文化大革命”的一系列指示，进行形势路线教育；支持发展新生事物；工业学大庆、农业学大寨的宣传；学习小靳庄先进经验，开展上层建筑领域的社会主义革命；“批林批孔”“阶级斗争”“学习无产阶级专政理论”等。截至1976年不完全统计，为推动各个运动的开展，全旗414支业余文艺宣传队（农村385支、街道25支、工矿4支）自编自演各种形式的文艺节目进行宣传；872处毛泽东思想政治夜校（农村832处、街道40处）通过举办学习班、组织读书、读报组进行宣传；6处民办文化站利用橱窗、黑板报、壁报及大字报形式进行宣传。

第四节　文化馆工作的新局面

以粉碎“四人帮”为标志，“文化大革命”运动宣告结束。全旗群众文化工作出现新局面。1977年10月，文化馆制定《文化馆（站）工作细则》，明确规定文化馆（站）服务对象、工作任务、文化工作的具体内容、工作方式方法，组织机构、干部作风、设备和经费使用、领导等方面的细则。经过整顿，馆、站活动日益丰富，围绕四个现代化建设的中心，开展丰富多样的群众性文化活动。全年举办各种展览 8 次。举办各种学习班 4 次，结业 108 人。图书借阅 2 万册次。编印各种演唱宣传材料 5 种、2000 份。全旗有业余文艺宣传队 89 支，政治夜校 2580 处，农村社办文化站 6 处，社办公助文化站 4 处，农村社办图书室 1100 处。

1978 年以后，农村业余群众文化组织和文化活动方式开始发生变化，大多数毛泽东思想政治夜校、业余文艺宣传队组织陆续停止学习、宣传、演出活动。被禁锢多年的传统戏曲艺术得到新生，农村业余剧团纷纷恢复成立。文化馆工作的重点随之转向辅导业余剧团等方面。农闲季节通过举行戏曲、曲艺培训班和下乡到各剧团辅导等方式，培养戏曲人才，扶持业余演出队伍。在自身建设方面，根据工作的需要，馆内按业务性质设立文艺辅导组、创作组、美术摄影组、图书组、文物组。在开展各项活动的过程中，不断增添文艺、美术、摄影等文化设施，工作进入正规化。在几年的时间里，各业务组工作不断取得好成绩。农村辅导方面，加强农牧区文艺演出队伍的管理与辅导，使传统的戏剧、舞蹈、曲艺等民间文化艺术获得新生。抓好群众文化队伍的组织工作，如文学创作、美术、摄影等，培养一批业余文化骨干，使群众文化活动更具有广泛性。馆办活动方面，利用橱窗报纸宣传党的方针政策，组织各种演出、游艺活动，举办展览和书报阅览，开展多种形式的阵地活动。1979 年，为交流文化馆、站工作经验，反映全旗各地文化动态，编印《群众文化工作通讯》7 期。

1980 年，全区文化馆长会议在旗文化馆召开，部分旗县的文化馆长前来观摩学习，敖汉旗文化馆被内蒙古自治区文化局评为全区先进文化馆，奖予电视机 1 台，奖金 4000 元。这期间编印《群众文化工作通讯》13 期，宣传推介全旗群众文化工作动态。

1982 年以后，随着农村联产承包责任制的实行，阵地活动成为农村文化工作的重点。文化馆和各文化站利用橱窗出刊、办油印小报等方式，宣传党的方针政策，普及科学文化知识。3 月，自治区文化局授予文化馆先进集体称号。同年，文化馆被赤峰市文化局评为群众文化工作成绩显著单位。

1983 年初，文化馆被昭乌达盟委、盟行政公署评为全市计划生育宣传工作先进单位。

1986 年，文化馆开设敖汉旗第一所少儿艺校，坚持 10 多年时间，培育少儿 1000 余名。添置桌椅等办公设备和电子琴，手风琴、收录机等音响器材。

1987 年冬，建立“老干部聊斋”活动室，组织离退休老干部开展“聊斋”活动，出刊《聊斋》油印报。1988 年，在文化馆游艺场经常举办歌舞、戏曲表演、书画展、灯谜灯展、露天舞会等群众文化活动，当年接待观众 10 万余人次。同年，挖掘整理民族民间舞蹈《好德歌沁》。1988—1989 年，开展“以文养文”“以文补文”项目，先后成立仿古建筑队、工艺美术服务部、少儿艺术学校、彩色扩印部、知青小卖部等。到1989年底，仿古建筑队解散。知青小卖部缺乏管理人才，加之经费不足停业。彩色扩印由于机器性能不佳停止营业。1989年，文化馆被市委、市人民政府评为市级文明单位。

1991年增添设备，投资1000多元，购置舞厅灯光音响，3000多元买电子琴2架，电吉他1把，600多元购买办公桌椅，1000多元订购报纸期刊。安排10名待业青年就业。

1994年实行双休日制后，开始举办"周末文化"活动。加强对活动内容、形式的研究，积极进行引导，通过举办各种游艺、露天舞会、迎春灯展、通俗歌曲大奖赛、与社会各界进行专题联谊等活动，形成独具特色的文化氛围，群众参与意识明显增强。

1995年，立足馆办活动，开展对外辅导，扩大社会影响力。组织专场演出、举办书画展、大型露天舞会及游艺活动，参加人数近4万人，极大地推动群众文化的发展。

1996年以后，重点组织春节秧歌会、元宵灯展活动。连续举办以赞美家乡、歌唱生活为主题，以自编自演节目为主的全旗农牧民文艺会演、百日广场消夏文化活动、送文化下乡、卡拉OK大奖赛等活动。经常深入基层辅导，抓好文化室、文化户建设，逐步形成以文化馆为龙头，以乡、镇、苏木文化站为纽带，以文化室、文化户为基础的三级群众文化网络。围绕打造"人文敖汉、绿色敖汉、金色敖汉"品牌，组织业余作者创作出大量的文学艺术作品。1997年，与旗电视台联合开办《文化乐园》节目，连续播放13期。由于旗财政紧张，从1998年，每年少划拨预算经费（含职工工资）的15%左右，给文化馆业务开展造成一定的困难。1999年，成立"小天鹅艺术团"，分舞蹈班、器乐班。

2000年，文化馆把工作重点放到基层文化建设上，突出抓牛古吐、四道湾子、南塔子3个文化站和坤头岭、木头营子等5个村级文化室，抽调业务人员多次深入乡村，进行业务指导和艺术培训，推动基层文化工作。还深入机关、企业、学校，培训文艺骨干，帮助解决文化工作中遇到的困难和问题，同时强化文艺创作工作，完善领导组织。成立敖汉旗艺术创作中心，制定文艺创作规划，发展骨干创作人员。本年度文化馆被赤峰市文化局推荐为全区农村牧区文化工作先进集体。

2002年6月份，在全市"铁通杯"艺术创新大赛中，文化馆代表队在决赛中通过主办方的综合评比，获优秀组织奖。

2003年，馆内工作人员深入社区、厂矿、机关、学校和农村，创作、辅导各类文学艺术作品228个，培训文艺骨干533名，举办各种培训班5个，培训学员120名。

2005年上半年，购买专业演出用的音响、灯光、舞台、彩虹门等设备，价值6万多元，还购买摄像机1台，以便于馆内开展户外大型活动和对外宣传。与旗电视台合办《新州采风》栏目，反映群众文化活动动态。同时，承办首届全旗农牧民文化艺术节、举办全旗第二届文艺创新大赛和书画摄影艺术作品展。

2007 年，在文化部举行的全国第二次县级以上文化馆评估定级中，文化馆被评为“三级馆”，由文化部颁发“三级馆”标牌和证书。

2008 年，在加强馆内基础设施建设和提高业务人员素质的同时，注重抓好四级文化网络的指导，使之规范化、科学化。年底，全旗有基层文化站 15 处，文化室 206 处，文化大院和文化户 320 多家，业余剧团、歌舞队和皮影队 22 支。同年，文化馆先后被市委、市政府评为继续教育组织活动先进单位、全市群众文化工作先进单位、百日消夏广场文化活动先进单位。

2009 年 5 月 5 日—7 日，全市群众文化工作经验交流会在敖汉召开，推广敖汉旗几年来开展群文工作的经验。11 月 18 日文化馆被内蒙古自治区文化厅表彰为 2007—2008 年度全区十佳文化馆。2010 年文化馆被自治区文化厅授予“2009—2010 年度全区十佳文化馆”。

2011 年，加强非物质文化遗产保护工作，通过普查方式，收集整理文字资料和影像资料。元宵节期间联合玛尼罕乡草绳营子村，承办华北地区最大规模的“黄河灯会”。在文化部开展的第三次全国文化馆评估中，文化馆被命名为二级馆，全市仅此一家。同时，文化馆被市文化局评为全市先进文化馆。

2012 年，馆内多功能排练厅、展厅、文化活动室、书画厅对外开放，为老年艺术团进行文艺辅导。与旗公安局联合拍摄 10 集情景剧《陷阱》、与旗司法局联合拍摄 10 集情景剧《和谐的司法之路》，在市旗电视台播出。与旗电视台共同创办《少儿故事会》栏目。在全市社区文艺会演中获得优秀组织奖、全市第二届评剧票友大赛获得优秀组织奖。

2013 年文化馆被文化部、自治区文化厅授予“2011—2012 年十佳文化馆”称号。

2014 年，配合市委宣传部、市文化局、市群艺馆、市电视台等有关部门，先后组织开展赤峰市第二届“群星大舞台”走进敖汉、“百姓大舞台”走进敖汉、“荣耀万达·放歌赤峰暨文化下乡公益演出”等大型群众文化活动，极大地丰富了城区居民的业余文化生活。

2015—2016 年，结合“十个全覆盖”工程，对非物质文化遗产、民间剧团所在村进行集中打造，辅导基层特色文化大院、文化室开展宣传、演出等活动。

2017 年开始，文化馆组织开展文化志愿者送文化下乡到“三区”活动，即向革命老区、少数民族地区和边远山区送文化、送服务、送温暖。2 年时间到 12 个乡镇敬老院、1 个光荣院、10 户老党员家庭、5 户老军人家庭进行慰问演出，累计下乡演出上百场，主要节目有歌舞、曲艺、戏剧选段等，观众人数达 12000 人（次），每到一地，志愿者们义务为敬老院老人理发、搞卫生，还为两名参加过解放战争的老军人送去音响、饮品等慰问品。

2018 年，承办“舞动全城”千人秧歌大赛、“家和万事兴”元宵晚会。组织代表队参加全区、全市广场舞大赛，获全区广场舞大赛三等奖、全市广场舞大赛金奖。承办第三届全旗农牧民文艺会演。在新州、惠州街道办开展文化馆分馆试点工作，做好数字文化馆前期档案整理。

第二章　馆办活动

第一节　宣传活动

一、屋顶广播

1950年，文化馆利用比较原始的宣传形式——屋顶广播，进行群众文化宣传，每星期广播1次，广播内容有时事新闻、生产和卫生方面的消息等。

1953年，广播330次。同年，热河省文化局发给文化馆收音机1台，是全旗当时唯一的1台收音机。馆内组织群众集中收听，全年收听41次，听众4870人次。

1954年，屋顶广播98次，收听97次，听众15250人（次）。1956年停止开展屋顶广播和组织收听两项业务，下乡搞农村文化辅导时，把收音机带到乡下，组织群众收听。

二、幻灯放映

1951年，馆内添置幻灯机，开展幻灯放映业务，幻灯放映15次，观众9500人次。1952年，放映幻灯6次，观众2200人次。1953年，幻灯机增至3台，除在馆内放映外，辅导人员下乡携带幻灯机到农村俱乐部放映。幻灯片有《苏联的今天就是咱们的明天》《工农间牢不可破的友谊》《农业生产合作社就是咱们的家》《不能走那一条道》《走大家富裕的道路》《二万五千里长征》《拖拉机从哪里来》《我要走互助合作的道路》《幸福的内蒙古牧民》《农业合作社给苏联人民带来的幸福生活》《文化村》《牛瘟》《母子平安》《组长和女婿》《猪怎么会生传染病的》等。馆、站共放映403次，到达84个村，观众45440人次。创作幻灯片3套，组织流动宣传小组，两次深入农村放映。

1954年，馆内下设幻灯放映点3个，特制放映桌3个，全年放幻灯109次，观众13332人次。1955年，馆、站共放映128场，观众13862人次。1956年，放映桌增至4个，放映64场，观众达5494人次。

1957年，农牧区俱乐部大部分添置幻灯机，幻灯放映桌增加到14个。馆内幻灯业务面向基层，放映64场，观众2770人次。1960年，有幻灯站12个，购幻灯片62部，放映

154 场，观众 45950 人次。

20 世纪 60 年代初，馆内停止幻灯业务，指导农村文化俱乐部开展幻灯宣传。1965 年，全旗 8 处幻灯放映站共放映 326 场，200 多部幻灯片，观众 15200 余人次。

三、讲座、报告会

1951 年，结合理论学习、反美拥苏、保家卫国等开展文化宣传，组织全旗文艺工作者举办报告会 16 次，听众 25000 人次；座谈会 2 次，参加人数 2875 名。

1952 年 12 月 26 日—28 日，旗政府组织全旗文艺团体负责人及零散大鼓、拉洋片、皮影艺人，在文化馆举办文艺座谈会，学习讨论有关文艺方针、任务等。

1953 年，配合宣传贯彻婚姻法、司法改革、农业生产、总路线等，举办讲座 60 次，听众 1670 人次。报告会 9 次，参加者 1100 人次。座谈会 33 次，参加 647 人。

1954 年，加强对国家工业化和互助合作的政治意义、抗美援朝、对农业进行社会主义改造的宣传，召开座谈会、报告会 155 次，参加者 7518 人。其中馆内 56 次，听众 4101 人。

1959 年，举办红旗歌谣、赛诗会两次。1960 年，举办贯彻党的文艺方针、整风整社、抗击自然灾害、宣传“三面红旗”等讲座报告会 81 次，听众 4750 人次。1963 年，举办“对《红岩》的评价和怎么阅读文学作品”的讲座会，新惠中学语文教师胡新主讲。

1994 年 3 月 23 日和 4 月 4 日，召开两次文学爱好者座谈会。11 月 15 日，召开编灯谜座谈会。

第二节 图书报刊阅览

1950 年，文化馆主要以扫盲类通俗读物和文学类的书籍为主，订阅《东北日报》《群众日报》《人民日报》3 份报纸，开设阅览室，采取“把读者让进屋来，把图书送上门去”的方式，发动干部职员、工人、农民、商人来馆内阅览，每天平均有读者 20 名。

1952 年，德力胡同、金厂沟梁、下洼 3 个区所在地文化站，开展图书借阅和报刊阅览业务。1953 年，文化馆下设图书流动借阅组，有专人负责。服务项目有书报阅览、书刊订购、图书流动站、读报组、读书组、图书外借、推荐通俗读物、配合识字教育等。

1958 年，图书室阅览桌增加到 12 张，椅子增加到 40 把，新添置报纸桌 6 张，书架 2 个，书橱 2 个。订报纸 7 份，期刊 34 份。馆内藏书达 3019 册，其中图书 2195 册，画册 824 册。基本读者 458 人，年开馆 236 天，借书 6098 册（次），阅读 2689 人（次）。建立图书借阅小组 14 个，基本读者 308 人。

1960 年，购书 1250 册。1966—1971 年，因“文化大革命”运动的冲击，图书借阅和报刊阅览业务未正常开展。

1972 年，从北京、天津、沈阳等地购进工具书、科技书 600 多册，有《四部丛刊》《辽海丛书》《奉天通志》《蒙古通史》《册府元龟》、“二十四史”等。10 月，馆内图书重新整顿、清理上架，开展图书借阅业务。图书组有专职工作人员 1 人，下设图书流动借阅组。

1975 年，新购书 3723 册，藏书数量达 15000 册。其中开放借阅 11000 册，图书借阅 12000 册次；1978 年，馆内修缮、扩建图书室，装订整理报纸期刊，把多年来下架的书籍清理上架，装订图书 200 余本，购置图书 17000 册，增加图书阅览业务。

1979 年 4 月，图书组分出，建立敖汉旗图书馆。1980 年，馆内停止图书借阅、报刊阅览业务。

1981 年，全旗有 12 个文化站开设阅览室。各文化站共订刊物 382 份，报纸 47 份，新购图书 400 余册。文化馆购买各种工具书 1000 册，价值 800 元，添置阅览桌 12 个，价值 360 元。

1985 年，馆内藏书 3000 册，有专职图书资料员 1 人。

第四编表 4　1950—1979 年图书阅览基本情况一览表

年份	藏书册数（册）	订阅报纸期刊		阅览、借阅情况		图书流动借阅组数（处）
		报纸（份）	期刊（种）	阅览人次	借阅册次	
1950	548	3		2400	5096	
1951				1800	1740	
1952	1279	4	31	3075	7025	6
1953				24180	5961	
1954				4575	11869	16
1955				5873	9700	
1956	2429	7	30	12369	9421	
1957	3000	7	32	12000	7850	24
1958				11500	13000	17
1959	3019	7	34	2689	6098	14
1960	4560	9	42	10720	16320	19
1961				8900	5700	15
1962						
1963				2000		
1964					4210	

续表

年份	藏书册数（册）	订阅报纸期刊		阅览、借阅情况		图书流动借阅组数（处）
		报纸（份）	期刊（种）	阅览人次	借阅册次	
1965	6870	15	48	9340	6298	21
1972						
1973	10600					
1974	12800	18	58		10200	7
1975	12822	17	75		120000	22
1976	13000				780000	22
1977	17000	14	71		15420	22
1978	25000			40000	20000	25
1979	29000	21	163	22000	30000	28

第三节 报窗宣传

1950年，馆内利用黑板报出刊，搞文化宣传，内容主要是时事新闻、生产和卫生消息。

1951年，增添画窗两个；1952年，增添画板8个。

1960年，出黑板报46期，刊出宣传材料234份。出画窗23期，出宣传画报37幅，街头壁画128幅，油彩画69幅。美术大字、街头标语96条，木质标语宣传牌53块。

第四编表5 黑板报、画板和画窗块数及出刊期（幅）数一览表

项目/年份	黑板报		画板		画窗	
	块数	出刊期数	幅数	出刊期数	块数	出刊期数
1950	2					
1951	2				2	12
1952	2		8		2	18
1953	2		8		2	
1954	2	62	8	6	2	8
1955	2		8		2	
1956	2	51	8	7	2	
1957	2	50	8	6	2	6

续表

年份 \ 项目	黑板报		画板		画窗	
	块数	出刊期数	幅数	出刊期数	块数	出刊期数
1958	2		8		2	
1959	2	45	8	5	2	5
1960	2	46		5	2	23
1961	2				2	
1964	2	16			2	5
1965	2	21			2	6
1966	2	23			2	6

1975年，板报、画窗宣传内容由过去的照抄资料改为以自行创作为主，全年出画窗17期，黑板报9期，专题专栏21期。1976年，出刊大批判专栏18期，画窗20期，黑板报11期。1977年，设宣传画窗2个，出刊13期；办时政宣传专栏1个，出刊14期；办文化专栏1个，出刊8期。利用这些宣传园地宣传国内重大政治事件，介绍科学文化知识和著名科学家，宣传本旗工业学大庆，农业学大寨中的新人新事和典型单位。

1978年，采取诗歌、快板、图表相结合的形式，版面内容丰富多样。全年出刊宣传专栏13期，文化专刊9期，橱窗图片展览10期，画大幅宣传画4幅，连环画53幅。1979年，利用文化橱窗、板报和新闻图窗3块宣传阵地，共出刊24期，展出画面273幅，本旗新闻照片104幅，外地新闻图片174幅，内容有歌颂老一辈革命家，宣传全旗各条战线的模范人物、科学文化的新成果、计划生育、时事政治等。

1980年，出刊群众文化窗6期，包括2期文物简介，1期儿童教育，3期敖汉民间故事连环画，共绘制画面60幅。科学知识窗8期，宣传本地的科研成果，传播农牧业生产知识，介绍本旗的部分劳动模范和典型厂矿的先进事迹。实事新闻窗11期，其中本馆拍摄的照片573幅。

1981年，出刊文化窗6期，科技窗8期，时事新闻窗12期。内容包括民间故事和连环画创作连载4期79幅，科学生活知识2期20幅，敖汉旗科技成果介绍1期45幅，1期书法展览24件，2期美术班和镇内美术骨干的习作展览共62幅，复制和创作漫画2期57幅，老一辈无产阶级革命家的素描像1期9幅，1981年全旗文物考古介绍照片1期24幅，文化馆、站艺术摄影习作展览1期60幅，当地新闻照片展览4期254幅，计划生育和“五讲四美”宣传各1期63幅，购置的新闻图片5期共250幅。

1982年，出刊宣传专栏8期，文化专栏6期。1983年，出刊画窗、宣传窗、图片窗共27期，出刊宣传画、漫画135幅，民间故事连环画84幅，照片462张。1984年，出刊文化窗5期，内容有民间故事，科学知识和连环画。时事政治窗11期，包括漫画、文字、连环画、政策法规、植树造林、计划生育和科学种田等，还有配合会议宣传的摄影窗。

1985年，出刊各种橱窗24期，包括民间故事，司法宣传，敖汉旗香油厂和敖汉旗制酒厂成就简介等。画面311幅，照片400幅。1986年，原临街宣传橱窗破旧拆除。投资2160元，新建混凝土结构宣传橱窗，建筑面积52.8平方米，画面面积26.4平方米。

1991年6月1日，举办“庆六一春芽橱窗画展”，展出各小学和幼儿园儿童绘画作品50幅，有蜡笔画、水彩画、铅笔画、剪纸、布贴、纸贴、水墨画等多种形式，反映孩子们富于想象的童话世界。全年出刊画窗11期、摄影专栏10期，版面20块。内容包括抗灾救灾、计划生育、民族工作、法制教育农田基本建设大会战等。8人协同旗武装部制作“民兵三落实”展板、门牌96块。为各企业单位画墙壁广告、路牌广告19幅。

1994年，出《国庆诗刊》、摄影等6个栏目橱窗12期。1995年，在大门两侧建门面房搞第三产业，宣传橱窗拆除。

第四节　演出、游艺活动

1951年，馆内游艺活动项目单纯，平均每月有180人来玩扑克、打球。1953年春节，文教科举办全旗文艺会演大会，由文化馆组织。1955年春节期间，举办小型文艺会演。

1957年春节期间，举办小型农村业余剧团会演。

1959年2月14日—18日，旗委宣传部，旗人委文教局举办全旗业余剧团首届文艺会演，由文化馆具体组织，有18个公社的17支业余剧团参加，演员176名，演出评剧、梆子戏、曲艺等17台剧目，一部分剧目是根据当地的真人真事自编，如《入社好》《牛郎织女入公社》等，评选出集体奖6个，剧本创作奖5个，个人表演奖35名，有5个代表队的45名演员被选拔参加昭乌达盟文艺会演。

1960年，馆、站组织文艺晚会216次，观众68480人次。

1964年春节期间，组织一支27人的业余文艺服务宣传队，巡回演出14个大队，21天演出32场，配合18次大、小型会议进行慰问演出，观众达两万多人次。1965年1月，举办有168人参加的群众业余文艺会演。5月，协助旗直机关举办250多人参加的业余文艺会演。

1971年1月，举办“双普及”会议汇报演出会，24个公社代表队参加，每队15—20人，演出节目182个，其中有26个自编节目。同年，两次举办旗直属机关“双普及”演唱会。1972年1月23日—27日，召开业余文艺宣传队调演会，旗文宣队和新惠公社、下洼公社、四家子公社3个业余文艺宣传队参加，共48人，演出节目51个，其中自编节目29个。

1974年1月6日，举办全旗业余文艺调演，全年组织文艺演出34场。1975年，组织文艺演出142次，共演出30场。1976年，组织各种文艺演出170次。

1979年1月4日—8日，举办全旗业余剧团、文艺宣传队会演，由克力代、贝子府、下洼、长胜、羊场、小河沿、双井、四家子、金厂沟梁、岗岗营子等11个剧团的249名代表参加。演出节目歌舞、曲艺节目40余个。大小型现代剧7个、传统戏7个。优秀节目公演了4场，评出3个先进单位、10个优秀节目、35名优秀演员、2个优秀作品。3月，结合举办的二人转训练班，排练二人转节目，公演6场。5月，举办“5·23”全旗职工业余文艺会演，历时5天，14支队伍参加，演出节目50余个，选出优秀节目公演3场。1979年1月和9月，分别举办纪念周总理、歌颂张志新诗歌朗诵会。国庆节期间举办灯谜晚会，展出挂灯10个，自编谜语90多条，活动时间3个晚上。

1980年1月，举办全旗业余文艺队伍调演，时间30天，选调3支业余队伍进行考核，合格后售票演出戏曲35场。举办“5·23”全旗职工业余文艺会演，时间3天，有22支业余队伍参加。并选出优秀节目进行了售票演出，收入3000元。两次调岗岗营子文宣队、丰收皮影队来镇内进行汇报演出，演出戏曲12场，皮影2场，幻灯3场。还调3名说书艺人来镇内说唱鼓词和评书。1980年元宵节，举办第六次灯谜晚会，自制彩灯16个，自编灯谜200条，连续活动4个晚上，每晚3个小时，4000余人参加。为全区文化检查评比团的领导举办灯谜汇报晚会，自编谜语50条，邀请全区与会代表参加游艺活动。协助团委举办两次游艺活动。国庆期间，举办旗直机关业余文艺会演。

1981年，举办新惠镇内职工业余文艺队伍会演1次，公演两次，有11支队伍参加，时间5个晚上。抽调岗岗营子文宣队两次到新惠镇进行售票演出15场。还抽调说书艺人和民歌手到镇里售票演出。馆内选拔五名皮影艺人组成文化馆临时皮影演出队，在新惠地区进行公演，秋季到各公社，大小队巡回演出25场。1981年元宵节和国庆节各举办灯谜晚会1次，共4个晚上，自编谜语200条。协助丰收、贝子府、敖吉、四家子、牛古吐公社和新惠镇文化站举办元宵节灯谜晚会。新惠镇文化站举办青少年游艺活动，长胜文化站举办克朗棋比赛活动。为配合游艺活动，文化馆添置录音机1台，价值400元，电视机天线配套价值1000元。

1982年，组织文艺演出3次，各文化站组织文艺演出130场次。1983年11月27日—30日，举办敖汉旗农牧区业余文艺队伍会（调）演。岗岗营子、贝子府、荷也勿苏、双井、新地、牛古吐、敖吉等公社的6支队伍参加，演员130名，观摩代表10人，特邀代表4人，文化站工作人员19人，公社宣传委员5人，共210人。演出剧目40余个，其中自编节目占五分之一，评出两支优秀队伍，16个优秀节目。

1984年，举办旗直属机关职工文艺会演，时间20天。结合益民活动开展教唱新歌活动，教歌21首，印发歌片1050页，3个月内共教唱14个周末晚上，有368人次参加。10月，“庆祝建国35周年灯谜晚会”在新落成的乌兰牧骑楼前举行，活动3天晚上，出示谜语300条。

1985年9月，组织庆祝“教师节”旗直属机关职工文艺演出1次。10月，举办“迎十一，庆国庆”歌唱比赛1次。

1987年，举办猜灯谜文化夜市3天，舞会43场，联欢会5次，台球等游艺活动34次。

1988年，举办“南腔北调”歌手比赛。1989年，与武警中队、旗消防大队举办军民大联欢活动。1990年，举办全旗中老年迪斯科舞比赛。

1991年，元宵节期间，在文化馆院里举办皮影演出、开办舞会，吸引不同年龄、不同文化层次的群众前来观看、娱乐。“五一”劳动节，文化馆联合旗总工会组织大型“工人之声”演唱会。旗直各企事业单位21个基层工会组织参加演出，共演出节目37个，观众达1000多人次。7月2日下午，全馆工作人员去旗光荣院慰问演出。“八一”建军节前夕，文化馆同旗民政局联合举办“庆八一军民联欢文艺晚会”。参加晚会的有旗武警中队、旗消防中队及旗直各行政、企事业单位、木头营子乡农民文艺演出队，共21个单位派代表队参加，演出文艺节目50个，观众达1500多人次，推动军政、军民团结和军民共建活动。国庆节期间，举办两个晚上的皮影演出和交谊舞会，有2万多人参加活动，活跃了节日气氛。1991—1993年，承办旗政府投资举办的“黄河灯会”。重点组织春节秧歌会、元宵灯展和节假日演出、联谊活动。

1994年，推出“周末文化”活动，充分利用场地、人员、设备优势，举办通俗歌曲大奖赛、舞会等各种形式的群众文化活动30余次。6月初，编排参加自治区、市级业务人员技能演展，4个参展节目获市级奖励。大鼓《一比三》、二人转《找书记》被推荐到自治区参展，在自治区首届群艺（文化）馆业务人员技能演展大赛中，一人获三等奖、二人获优秀奖。国庆节期间，举办全旗业余歌手大奖赛，40余人参加。“七一”期间，和乌兰牧骑联合举办以歌颂党旗为主要内容的两台大型歌舞晚会。

1995年，具体承办“华海杯”戏曲大奖赛和卡拉OK大奖赛。国庆节期间，举办现场伴奏大型露天舞会和猜灯谜活动，参加活动的群众近万人次。

1996年举行周末文化活动8次，常年开办舞会。

2000年，在旗委、旗政府组织的“百日广场消夏文化节”活动中，多次举办演出和游艺活动。2002年，负责“皇明杯”全旗农牧民文艺会演的策划、组织、辅导和评比工作。

2003年春节期间，举办秧歌会、文艺演出等文化活动，参与活动群众达10万人次。2004年，馆内人员参加全国评剧票友大赛，二人分别获铜奖。

2005年元宵节，完成42盏大中型花灯的制作、布展，与旗图书馆联合举办大型灯谜晚会，共出灯谜450条，有2万人参加活动。同时，还承办“中国移动之夜”“中石油之夜”“文体广电之夜”3场大型广场文艺演出，共演出节目42个，观众达4万多人。在首届全旗农牧民文化艺术节期间，演出文艺节目4台，组织镇内有关单位和社区文艺爱好者举办6场广场消夏文艺演出。与旗石油公司联合举办全旗文艺展演大赛，演出10场，观众5万人次。5月29日，举办庆“六一”专场文艺演出，小天鹅艺术团的孩子们表演歌曲、舞蹈、器乐节目18个。

2007年7月30日，与中石油敖汉经营部共同承办金陶公司“崇尚科学、反对邪教、打造平安企业”专场文艺晚会。在金陶公司礼堂演出歌曲、舞蹈、小品音乐快板等13个节目，金陶公司职工及附近居民2000余人观看这场历时两个小时的晚会。为庆祝中国人民解放军建军81周年和敖汉旗公安消防大队营房楼扩建工程竣工，旗公安消防大队与7月30日上午在消防大队门前举办“庆八一，迎奥运”军民联谊会，文化馆为本次联谊会组织排演精彩的文艺节日，受到官兵的称赞。

2010年，为庆祝建党89周年，由旗委组织部、旗委宣传部及旗文体广电局主办，文化馆承办的“创先争优谋发展，固本强基促和谐”大型文艺专场节目，于7月1日下午3点在新惠影剧院上演。

2011年5月，组织、筹备赤峰市第四届“人川杯”少儿音乐舞蹈大赛敖汉赛区的初赛和复赛。7月23日—29日，承办“青岛啤酒杯”全旗业余歌手大赛，共有68名选手报名参加，有49名选手进入复赛环节，30名选手进入决赛。

2012年，承办“庆六一专场文艺晚会”。来自实验小学、蓝天幼儿园等14所小学和幼儿园的师生200余人，在惠文广场演出歌舞、鼓乐舞、器乐演奏等不同形式的文艺节目25个，观众达5000余人。6月29日晚，承办庆祝建党91周年专场文艺晚会。12月16日，在赤峰市首届大型百姓选秀娱乐活动《群星大舞台》颁奖晚会上，文化馆选送的器乐合奏《牧马人》、川剧绝活《变脸》获三等奖，同时获优秀组织奖。

第五节　举办展览

1951年，举办展览会6次，观众25600人，其中街头展览4次，观众人数不计。1952年，配合乌兰召赛马大会举办展览。分畜牧、卫生、农林、土副产品4个展室，还有露天实物展览。展出连环画70余幅，图表60余幅。内容以畜牧业方面的知识为主。实物有新农具、树苗、皮革、消毒器、土副产品等，展出时间5天。

1953年馆、站展览22次，观众33400人次。1954年，馆、站展览27次，观众13497人次，其中馆内举办展览11次，观众8070人次。到五、七区展览党的总路线宣传图片。1955年，馆、站举办展览会16次，观众8920人次。

1956年，举办展览3次，观众39600人次。其中有全旗12年规划和配合“肃反”运动展览会。

1957年3月17日—25日，为配合全旗劳模会和三级干部会议交流经验，文化馆与旗农业科联合主办以农业为主体，包括林业、水利三部分的综合展览。在林、水部门的配合下，经过1个多月的筹备正式展出。内容有彩色画片、照片、农业实物、各种新式农具和少部分模型、标本，观众达2000人左右。“五一”国际劳动节期间，举办庆祝内蒙古自治区成立10周年展览，展出内蒙古自治区发给的展览照片和第二个五年计划图解，观众达3600人次。10月1日—6日，举办反右派斗争展览会，展出驳斥右派分子“今不如昔”等言论的照片和复制漫画等，分展室和街头展两种形式，观众3200人次。11月6日—12日，在街头举办庆祝苏联伟大的十月革命40周年展览会，展出图片和照片。

1959年10月1日—10日，旗委、旗人委举办“敖汉旗十年建设成就展览会”，由文化馆负责长达40天的筹备工作，通过展板、图片、标本、模型、图表、实物等形式，分综合馆、工业馆、文教馆、卫生馆、公安司法馆、农林馆、牧水馆、商业馆8个展览馆展出，充分展示1949—1959年敖汉旗工、农、林、牧、渔、副业及其他事业取得的成就。同年举办民歌展览会，搜集展出民歌15000余首。全年馆、站举办大、小型展览11次，观众达90000人次。

1960年，举办大小型展览4次，观众11300人次。1961年1月，举办社会主义教育展览1次，绘制大小图表、连环画13套，内容包括敖汉旗几年来生产发展情况和建设成就，社会主义建设中涌现出的先进典型、真人真事介绍。通过政治、经济、文化三方面新旧对比，教育和引导广大干部群众坚定走社会主义道路的决心，描绘敖汉旗发展的远景规划。除在新惠镇内展出外，还到新地、四家子、贝子府、宝国吐4个公社的10个展出点，巡回展出13场，观众8000余人次。

1962年“五一”国际劳动节，举办内蒙古自治区和敖汉旗15年来各条战线的辉煌成就大型图片展览。

1963年，举办农业集体化成就展览，在新惠镇内展出15天，下乡到新地、四家子、林家地等6个公社，巡回展出34天，观众达6100人次。

1964年，举办阶级教育展览4次，内容有地主剥削史、贫农血泪仇、阶级敌人新阴谋、白毛女、四川地主庄园等。

1965年，举办社会主义教育和学习毛泽东著作展览各1次，在馆内和乡下流动展出41天，观众达33500人次。

“文化大革命”10年，当时以所谓的“政治挂帅”“阶级斗争”严重冲击群众文化活动，馆内橱窗、展板被“无产阶级专政理论”“斗批改”“批林批孔”“学小靳庄”等一系列极左内容所充斥。其间举办的所谓“‘内人党’罪证实物展”“大字报展”“批林批孔漫画展”成为举办展览的主要内容。

1977年，配合大型会议和政治运动，搞街头展览8次，包括农业学大寨展览、工业学大庆展览、财贸战线先代会展览、教育战线先代会展览、上山下乡知识青年先代会展览、“八一”建军节展览、纪念毛主席诞辰84周年展览、山湾子水库工程展览。

1978年，搞大型街头展览3次，宣传社会主义革命和社会主义建设新时期总任务，在40块版面上展出各种图表100余幅，配以50余幅照片和文字说明，反映各行各业新时期大干快上的先进集体和先进个人。配合全旗劳模大会，举办题为《破浪前进》的展览。

1979年，国庆期间举办美术、摄影展览，展出美术习作43件，摄影作品40幅，书法作品13件。同时举办文物展览，展出出土文物430件，革命文物30件。12月举办刑法图解展览，展出画片149幅，新闻照片21幅。举办种草展览，展出照片30幅，宣传人工种草的好处。同年，荷也勿苏、长胜、丰收、四家子、贝子府文化站举办摄影展览9次，展出照片304幅，内容大多是反映本公社各条战线的先进典型。

1980年，举办“六一”儿童节美术习作展览1次，展出儿童画40幅。种草展览、植树造林、草原建设展览和文物展览各1次，共展出照片272幅，图表100条幅，其中文物展览利用当地资料反映敖汉考古发掘成果。

1981年，添置文物展橱10个，价值2500元，举办文化馆、站艺术摄影习作橱窗展览1次，展出摄影作品60幅。各文化站在当地举办新闻照片展览共4期、254幅。1982年，文化馆和林业局联合举办以《植树造林是改变敖汉自然面貌的根本》为题的大型造林绿化展览，制作画板40块，图片90幅，画面32幅，展线56米。美术班春、夏季作业展览各1次，展出习作72幅，同年文化馆在全盟第四次儿童画展获集体奖。1983年，举办《刘大为》画展，展出作品83幅。

1984年，举办国庆35周年敖汉旗建设成就展览，展线60米，展出面积170平方米，展板43块，内容包括敖汉旗在新中国成立35年来农、林、牧、水、电、工商、财贸、金融、文教、卫生、科技等方面所取得的成就。12月，在旗总工会游艺室举办美术、书法、摄影展览展，展出美术作品28幅，书法作品43幅，摄影作品50幅。1985年8月，受旗民政局委托，为内蒙古自治区“双扶”工作经验交流会举办大型“敖汉旗双扶成就展览”，通过美术、摄影、文字介绍等方式，反映敖汉旗“双扶”工作成就。

1987年，配合节日活动举办美术展3期，展出作品215幅（其中刘凤林个人画展65幅）；书法展览5期，参展作品256幅；摄影展览4期，展出作品160幅；1991年3月20日，在文化馆后院长廊举办“春风书画摄影展”，共展出书法作品53幅，摄影作品60幅，并为参加旗“两会”的代表和委员进行专场展出。

1991—1993年，连续组织元宵灯展活动。

1994年，举办为期3天的元宵节迎春灯展，展出60余盏各式彩灯。举办庆“六一”书画展、摄影作品展、杨枫书法作品展；1995年，举办抗日战争胜利50周年、反法西斯战争胜利50周年和敖汉旗解放50周年书画展；1996年，举办庆祝红军长征胜利60周年文艺演出和大型书画展；1997年以后，重点组织各部门、单位元宵集体灯展活动。

2004年，举办书画艺术作品展，共征集105位作者的283幅作品。2005年，举办全旗书画摄影艺术作品展。前后持续1个月时间，展出各类艺术作品287件，观众3万人次。

2007年8月25日—10月25日，在文化馆二楼展厅展出“共谋敖汉发展，同创美好家园”敖汉旗首届文化艺术节职工书画、摄影、艺术作品展。共展出书法、摄影、剪纸、绘画、手工、根雕、盆景等800余幅（件）。11月末，敖汉旗政府主办的全旗改革开放30周年建设成果展在文化馆展厅举办，通过文字图片、实物等形式，集中展示改革开放30年来全旗发生的翻天覆地的变化，展示各条战线所取得的工作业绩和辉煌成就。

2008年2月2日，敖汉旗举办2008年迎春书法笔会。旗内20多名书法、绘画、剪纸爱好者在新落成的文化馆书画厅现场创作书法作品30多幅，绘画作品11幅，剪纸作品30幅。作品以颂和谐、赞家乡、绘新春为主要内容。2月15日，“2008年迎春书画剪纸作品展”在文化馆三楼书画厅和民间工艺品展厅举办。共展出各类作品220多幅，展期1个月时间。6月上旬，由旗政法委、旗教育局、旗公安局、旗文体广电局主办，文化馆承办的全旗“崇尚科学，反对邪教”“遵守交通法规”中小学生书画艺术作品展在文化馆展厅开展。本次展览共展出全旗20多所学校、1000余名师生创作的简笔画、速写、油画、软硬笔书法以及剪纸、手工制品等各类艺术作品1000余幅。展出期间，有关部门组织镇内广大群众和中小学生免费观看。8月，在首届敖汉旗职工文化艺术节期间，举办“共谋敖汉发展，同创美好家园”全旗职工书画摄影艺术作品展，共展出书画摄影艺术作品800余幅（件），其中书法作品200余幅，摄影作品150余幅，剪纸作品120余幅，绘画作品140余幅，手工、根雕、盆景等其他工艺品160余件。

2009年1月，举办敖汉旗“与春天同行”书画摄影精品展，共展出书画、摄影、剪纸、根雕、民族民间工艺品等各类作品近800余幅。10月29日，由旗委宣传部、旗文体广电局主办，文化馆承办的“60年奋进，60年辉煌”庆祝建国60周年大型敖汉成就图片展暨书画摄影艺术作品、非遗成果展在文化馆展出，共展出图片365幅，分为物质文明、精神文明、社会文明、政治文明和领导关怀 5 个部分，同时还展出各类书画摄影艺术作品 1000 余幅（件）。

2010 年 1 月，在文化馆三楼展厅举办“靓丽新州”大型图片展和“与春天同行”民间艺术作品非遗成果展，共展出图片 360 余幅，集中展示敖汉旗的发展历程、建设成就和各族儿女团结进取、勇于创新的精神风貌。同时，还展出各类书画、摄影艺术作品 1000 余幅（件），以及“好德歌沁”“敖汉皮影”等非遗成果，前来观看的观众每天达 200 余人。10 月，举办敖汉旗农村牧区书画、摄影及民间工艺品展览，提升农民书画、摄影创作水平，展现新农村、新牧区建设成就和精神风貌。此次展览共收到各类作品 150 余件。11 月 10 日，旗政法委、旗委宣传部、旗文化体育广播电影电视局在文化馆联合举办全旗政法系统书画摄影展暨关显峰书法展，共展出各类艺术作品 200 余件。

2011 年 2 月，举办“多彩新州”迎春笔会暨书画摄影展。8 月 2 日，“敖汉旗庆祝建党 90 周年全旗书画摄影民间艺术作品展”开展仪式在旗文化馆举行，共展出书法、绘画、摄影、剪纸、民间艺术作品 193 幅（件）。国庆节期间，举办庆祝新中国成立 62 周年“苏才擀画艺术作品展”。10 月 18 日，由旗委、旗政府主办的“敖汉旗第三届农民文化艺术节”书画、摄影、剪纸展览评比在文化馆举行。本次展览共收到参赛作品 86 件，参赛人员中最大的 72 岁，最小的 8 岁。

2012 年 2 月，在文化馆展厅举办“亮丽新州”迎春笔会，迎春书画、摄影作品展，“神秘敖汉”非遗成果展，展出各类作品 800 余幅（件）。8 月，在首届兴隆洼文化艺术节期间，举办全旗书画、摄影、民间工艺品展览，展出作品 380 余件（幅）。

2013 年 1 月，在文化馆展厅举办“文化敖汉、绿色敖汉”书画摄影作品展以及“神奇敖汉”非遗成果展，展出各类书法摄影艺术作品 1000 余幅（件）。2 月 5 日，举办“牵牛情缘——庆元宵敖汉旗政协新州书画文学院院士齐广民摄影作品展”，展出以牵牛花为题材的摄影作品 50 幅。为活跃儿童的业余生活，“六一”期间，举办首届“雅都杯”儿童画比赛，共收集作品 100 幅。

2014 年 1 月，文化馆与旗图书馆联合举办“春舞梦想”迎春笔会及书画、剪纸、摄影展，展出各类作品 200 余幅（件）。同时还开展“幸福家庭”摄影大赛活动。

2018 年，与旗政协新州书画院联合举办“反腐倡廉”笔会，共有 16 名院士和书画爱好者参加，创作书画作品 45 幅。承办“廉政文化建设书画、剪纸作品展”，展出书法作品 60 幅，美术作品 12 幅，剪纸作品 12 幅，漫画作品 10 幅。

第六节　以文养文

1979 年 10 月开始，馆内开展有偿服务项目，主要以美术、洗照片为主，收成本费和工时费，到年底，“以文养文”收费共 300 余元。双井、新地、丰收、四家子 4 个文化站下乡收费照相，收业余文艺团体管理费，金额达 600 余元。1988 年，第三产业经济效益创收 6772 元，其中文艺辅导组收入 720 元，办工艺美术学习班收学费 735 元，美术辅导组服务收入 5058 元，其他收入 259 元。1989 年，创收 23300 元，其中，仿古建筑、展览门票收入 14000 元，舞会售票 2200 元，美术服务创收 2600 元，彩色照相、扩印收入 2200 元，少儿艺校学费 2300 元。1990 年，创收 15450 元，其中美术服务创收 5200 元，舞会售票 550 元，少儿艺校学费 2700 元，台球管理费 1000 元，其他收入 6000 元。1991 年，开办广告服务部、少儿艺校、少儿电子琴班、美术班、软硬笔书法班、舞会等多种形式的补文活动，创收 2 万余元。

第七节　民间艺术挖掘整理

1954 年，文教科发出挖掘民族民间艺术遗产的通知，文化馆对民间流传的要单刀、舞剑、耍马叉、三节鞭、打花棍、拳术的爱好者和擅长者进行调查。

1979 年开始，馆内工作人员通过下乡采访、组织文化站工作人员和民间文学爱好者座谈等多种方式，搜集整理敖汉地区民族民间故事 200 多篇。荷也勿苏文化站举办舞蹈培训班；并培训 3 名蒙古语说书艺人。

1981 年，馆内举办民歌手短训班 3 期，共 25 天，13 人（次）参加。乌兰召公社文化站于 11 月初举办蒙古族民间艺术“好德歌沁”训练班，为期 1 个月，2 个生产大队共 26 人参加。同年，指定文艺组苏日图等专人负责搜集民族民间艺术资料，深入牧区调查挖掘，录音、整理出民歌 40 首，编印《敖汉民歌集》《好德歌沁》歌曲 16 首，共印 350 份。

1982 年，馆内搜集、整理的 23 首民歌被编入《昭乌达盟民歌集》。5 名“好德歌沁”艺人应邀去内蒙古自治区民间舞蹈研究会制作表演录像。举办蒙语说书艺人学习班 1 次，培训 10 名说书艺人。收集民族民歌 26 首。

1983年，搜集、整理民歌26首，编印成《民歌集》油印本。

1987年10月，在全旗皮影调演期间，召集皮影艺人座谈，系统地挖掘、整理皮影戏唱腔等音乐资料。11月，召开民间音乐座谈会，抽调张殿阁、林子佩等6位皮影、唢呐老艺人来馆座谈3天时间，录音鼓乐曲牌近20首，记录敖汉民间戏曲、舞蹈等方面资料近万字。

2011年，非物质文化遗产法颁布后，对全旗非物质文化遗产项目进行系统的普查、搜集和整理。

第三章　文艺创作与辅导

第一节　文艺创作

文化馆、站文学艺术创作始于1952年，以曲艺和美术创作为主。曲艺创作包括快板、相声、歌曲、对口剧等，大都是为满足职业、半职业剧团和业余剧团的演出需要，由馆内工作人员和部分戏曲爱好者自编自演。美术作品主要由文化馆工作人员及社会上美术爱好者创作，供街头板报、标语牌、壁报出刊用。1952年，为培养业余文艺创作人才，旗文教科派小河沿剧团团长郝玉山参加热河省文联举办为期一个半月的业余文艺创作学习班，系统学习文艺创作知识。1954年，旗文化馆建立美术学习小组，为板报出刊自绘连环画、宣传画和漫画，教授美术绘画知识，培养绘画人才。

1972年3月20日—28日，敖汉旗毛泽东思想文艺宣传队（文化馆）首次举办工农兵业余文艺创作学习辅导班，来自各公社和厂矿单位的业余作者34人参加，其中工人作者3名，贫下中农作者3名，解放军战士作者1名，红卫兵作者2名，辅导班学员有广泛的代表性。更多强调的是坚持革命样板戏创作中的“三突出”原则，反映矛盾冲突，在文学作品中必须体现毛主席无产阶级革命路线和党的政策，把革命文艺创作变成经常性工作，并决定由旗毛泽东思想文艺宣传队主办油印刊物《革命文艺》。

1976年，全旗业余文艺创作队伍发展到50人，其中农村45人。旗委宣传部、旗文教科组建“敖汉文艺”评审组，制定业余作者奖励办法。1977年，文化馆在创作方面着重抓队伍建设和作品创作。在队伍建设方面，建立业余作者档案；加强巡回辅导和重点指导；举办1期15天的创作学习班，有15名业余作者参加；重点辅导四家子公社创作队伍。在作品创作方面，制订创作计划；重点扶持进步作者；开设作品发表园地《敖汉文艺》，每两个月出一期。

1979年，文化馆设立创作组。当年举办创作学习班2次，第一次是以茶话会形式的民间故事培训班，历时7天，12人参加，组织和发展了民间文学队伍骨干。第二次是文学与群众文艺综合创作班，历时20天，参加人数23人。10月，配合昭乌达盟文联在敖汉旗举办的种草题材创作班，推荐8名骨干作者参加，创作《双飞燕》等作品。编印《曲艺专集》

《种草演唱专集》《敖汉民间故事选》第一辑，《桃李芬芳》《孟克河》各一集，刊发全旗业余作者的习作。创作组1人下乡51天，到新地、金厂沟梁等七个公社体验生活，搜集创作素材，了解业余作者创作情况，组建创作队伍。

1980年，文化馆创作组齐成玉、张果彬二人下乡90多天，办小型创作学习班5次，辅导业余作者50余名。在新惠镇内举办文学讲座会、座谈会3次，70多人参加。修改稿件100多篇。编辑《谜语选》，选录自编谜语150条，《敖汉民间故事选》第二辑，选录敖汉民间故事37篇，印发400份。

1981年，举办业余文学创作班、谜语创作学习班、春联创作班。全旗业余文学创作骨干140余人，业余美术创作骨干17人。编印本旗业余作者创编的《谜语》《春联》《演唱集》《敖汉旗民间故事选》第三辑各1集，共印发800册。1982年，全旗业余作者在盟以上报刊发表文学艺术作品48篇，编辑《敖汉民间故事选》第四辑，《灯谜》和《春联集》各1期。接待金河、王栋、戴云卿讲学6次，被内蒙古自治区文学研究会评为民间文学工作先进集体。

1983年，全旗业余作者发展到140多人，在内蒙古自治区、昭乌达盟党报、党刊及各类刊物上发表各种体裁作品60余篇。创作组张果彬、张国辉编辑《敖汉民间故事选》第五辑。《灯谜》和《新春联》各1集。编辑铅印文学刊物《芳原》两期、印数2250册。从1984年开始，春节期间组织春联、灯谜爱好者开展创作活动，每年编印《灯谜》《新春联》各一辑。

1985年，全旗乡、镇、苏木文化站人员、业务改归旗文化局和所在地政府领导。馆内设文艺辅导组、美术组、摄影组、民族文化组、创作组。开办首届文化夜市。本年度摄影组高清河的摄影作品《郁郁葱葱》获辽西地区影展一等奖。美术组陈玉莲创作的组画《金囊宝籽》在第三届“辽西四地区美术作品展”中获三等奖。1987年，编印《芳原》第三期。

1991年，尚诗军负责创作组业务，开始创办小报《趣苑飞虹》双月刊。1993年，编辑出版综合文集《大漠之春》。1994年，编辑文学刊物《山花椒》一期。1995年，召开文学爱好者创作年会，为业余作者建档立卡。落实“两班、两报、两戏、两书”的创作重点。“两班”是抓一个诗歌、散文、小说培训班和一个戏剧、歌舞、曲艺研讨班；两报是《文体信息报》和《沃野》文学报，目的是提供发表园地，加强自身宣传和理论指导；“两戏”指抓一台大型农村现代评戏和一台曲艺小品；“两书”指《敖汉百人百品集》和《敖汉民间故事集》。

1996年，文化馆利用召开创作座谈会、研讨会等形式经常开展活动。这期间，刘泽民创作的散文，齐成玉创作反映“三五”普法的曲艺作品在报刊发表或被搬上舞台，收到良好的宣传效果；一年来，业余作者在全国报纸、期刊发表的文学艺术作品达到100多篇。

1997年，围绕精神文明建设“五个一”工程，文化馆、乌兰牧骑创作人员创作歌曲11首，舞蹈10个，其中歌曲《内蒙古赞歌》曲调悠扬、情真意切，抒发对家乡的热爱和赞美，在赤峰市音协组织的新歌试唱会上获得一等奖；舞蹈《出嫁之前》动作设计优美，内涵丰富，被推荐参加赤峰市“五个一”工程评选。1998年，创作方面以戏剧曲艺为主要内容，创作作品5个，其中两个被旗乌兰牧骑搬上舞台。

1999年，文化馆组织的百人创作队伍全年创作艺术作品150多个，市级获奖作品4个，歌曲5首，其中一些原创曲艺、戏剧、歌曲等作品在上级文艺会演中获奖。全旗业余作者创作各类作品90%在市级以上报刊发表，有部分作者的作品还被选收到各类文集之中。

2003年，文化馆制订“2003—2005年文艺创作规划”，加强百人业余文艺创作队伍建设，举办全旗专业、业余文艺创作座谈会，研究讨论文艺创作的思路。文化馆出版专业作者获奖作品集《果实》，集中展示近几年创作人员的文艺创作成果。

2006年，《敖汉民间故事集》一书由内蒙古人民出版社出版发行，本书共搜集流传在敖汉地区的民间故事200多篇，20余万字。

2008年，《敖汉民间故事集》在内蒙古民族民间文化作品评比最高奖——“阿尔丁”奖评比中获优秀成果奖。馆内创作人员创作的歌曲《绿色之光》《天下父母心》等获得国家和内蒙古自治区奖励。论文《浅谈如何搞好农牧区家庭文化》被全国家庭文化研究会评为一等奖。

2011年，文化馆王化作词、杨锋利作曲的歌曲《敖汉之歌》入选《百首艺术家演唱特辑》。

第四编表6 文化馆创办文艺刊物一览表

刊物名称	作品形式	印刷类型	作品篇数	印刷册数	出刊时间
晨曲	诗歌集	铅印			1972
敖汉文艺	诗歌、曲艺	铅印	14	200	1978
孟克河	小说、诗歌	铅印	36	200	1979
种草文艺演唱集	戏曲、曲艺、歌曲	铅印	7		1979
桃李芬芳	记叙文、议论文	铅印	20	1000	1979
演唱集	曲艺、歌曲	油印	14		1981
芳原（第一期）	戏曲、曲艺	铅印	13	100	1983
芳原（第二期）	六一儿童节专辑	铅印	80	100	1983
《敖汉民间故事选》（1—5辑）	民间故事、传说、笑话	油印	106	200	1979—1983
新春联（1—5集）	新春联	油印		200	1981—1985

续表

刊物名称	作品形式	印刷类型	作品篇数	印刷册数	出刊时间
灯谜选（1—8 集）	谜语	油印		200	1980—1987
芳原（第三期）	小说、散文、诗歌、曲艺	油印	60	360	1987
山花椒		铅印	24	300	1994
果实		铅印			2003
敖汉民间故事集	民间故事、传说、笑话	铅印	112	3000	2007
文艺作品选编（一）		铅印		400	2016.01

第二节　文艺辅导

一、馆内辅导

1955 年 1 月 14 日—18 日，文教科选调一批业余剧团骨干参加短期训练，由文化馆组织，选调人员大多是农村业余剧团负责人或剧团中积极分子，共 41 人。训练的目的是开展 1955 年春节文艺活动。训练期间，结合新惠镇业余剧团演出的《秦香莲》及参加培训人员排演的《镇关西》《杨八姐游春》，由文化馆老师讲解舞台表演艺术。

1959 年 12 月 21 日，文教科在文化馆召开文艺骨干分子会议，会期 3 天，以民办文化馆长、俱乐部主任和业余剧团会长为主。会议内容是汇报 1959 年文化工作开展情况和布置 1960 年工作计划。

1963 年 1 月，培训长胜、双庙等 6 个公社的 35 名业余文艺骨干。

1964 年 1 月，文教科在文化馆召开全旗文艺骨干和各公社文教助理会议，共 80 余人。会议内容是提倡演现代戏，停演传统戏。

1965 年 10 月，馆内 2 人和农村俱乐部骨干 3 人去通辽二人转剧团学习 12 天。11 月，举办二人转训练班，学员 27 名，时间 15 天，从学员中选拔出 14 人参加昭乌达盟群众业余文艺会演。

1966 年，举办 75 人参加的全旗俱乐部骨干训练班。

1970 年 9 月，举办样板戏学习班，由昭乌达盟样板戏学习班老师辅导，全旗文艺骨干 130 多人参加。

1974年，举办各种学习辅导班5次，培养学员近300余名；1975年，举办学习班25次，包括文学创作班2次，15人；美术班22次，40人；文艺班1次，53人；1976年，举办各类学习班11次，结业580人。

1977年，中国科学院考古研究所、辽宁省博物馆、昭乌达盟文物工作站和文化馆联合举办文物考古训练班，旗文化馆有7人参加培训。旗文化馆举办摄影学习班1期，时间半个月，15人参加学习。举办为期1个月的皮影学习班，巡回演出40场。

1979年，举办二人转训练班1次，参加人数22人，历时28天，讲授二人转唱腔、表演、乐队伴奏等专业知识。美术班2次，共20天，各25人参加，讲授美术创作的基本知识等。同年，举办文化站工作人员训练班，培训美术、摄影、乐器演奏、表演等业务知识，提高文化站工作人员的业务素质。

1980年，文艺组从全旗业余文艺队伍中抽调7名青年骨干队员，在乌兰牧骑的协助下，进行表演技艺培训。5月，美术组举办镇内儿童美术班一期。12月初，恢复业余美术学校，分青年、少年两个班，共招收学员49名，完成作业画130余幅。摄影组举办两次摄影学习班，培训12名摄影作者，在每期班结业后，均组织学员进行下乡实习，全年下乡91天。

1981年，敖汉旗群众文化事业进入繁荣期，表现在业余文艺演出和文学艺术创作两大方面。据统计，全旗有业余剧团54个，演员1300多人，全年演出2000余场；27支皮影队的140余名皮影艺人，全年演出1350余场；二人转队伍6支140余人，全年演出500场；蒙古语说书艺人5人，蒙古族歌手17人，汉语说书艺人29人；业余文学创作骨干14余人，业余美术骨干17人（不包括美术班学员）；城镇业余文艺队伍20支。业余演出队伍的演出和文学艺术界爱好者的活动，极大地活跃了全旗城乡群众的文化生活。文化馆、站抓住有利时机，举办各类培训班。美术班学员由60人缩减到17人，以城镇农村青年为主，全天上课或练习。购买石膏模型一套，价值700元。10月25日开始，举办城镇青年音乐班，学期半年，每周二、四、日三个课时，学员28人。举办了3期皮影艺人提高班，35人次参加，时间为45天。购买皮影箱一个，价值1000元。举办3期民歌手短训班，13人参加，共25天。举办两期戏曲短训班，26人参加，前后45天，学员多数为农村业余剧团青年演员。举办谜语创作学习班一期，11个人参加，共7天。举办春联创作班一期，镇内业余作者18人参加，历时7天。举办业余文学创作班一期，43名业余作者参加，共15天，并集体谈论作品21个晚上。举办13名文化站工作人员参加的摄影技术提高班一期，共15天。

第四编表 7　1981 年敖汉旗文化馆、站举办各类培训班统计一览表

文化馆				文化站				
办班内容	学期	参加人数	备注	办班内容	学期	参加人数	举办站	辅导人员
美术学习班	二年	60—17 人	已开班一年	农村业余文艺骨干培训班	一个月	53 人	四家子站、林家地站合办	文化馆 2 人
城镇青年音乐吧班	半年	28 人	每周二、四、日三个课时	皮影训练班	17 天	11 人	四家子站办	文化馆 2 人
皮影艺人提高班	一个半月	35 人次	共办三期	业余剧团戏剧骨干提高班	35 天	75 人	贝子府站办	文化馆 4 人、乌兰牧骑 3 人
民歌手短训班	25 天	13 人次	共办两期	戏剧学习班	28 天	31 人	四德堂站办	文化馆 3 人、四家子站 1 人
戏剧培训班	45 天	26 人	共办两期	戏剧训练班	一个月	28 人	乌兰召站办	文化馆 3 人
摄影作者提高班	15 天	13 人	均为文化站工作人员	春冬两期戏曲训练班	45 天	84 人	岗岗营子站办	文化馆 3 人
谜语创作学习班	7 天	11 人	谜语爱好者	业余文学创作三期座谈会	5 天	41 人	双井站、牛古吐站办	文化馆 2 人
春联创造班	7 天	18 人	镇内业余作者	书法学习班	春季	15 人	贝子府站办	退休老教师
业余文学创作班	15 天	43 人	讨论作品 21 个晚上	书法学习班	常年	31 人	宝国吐站办	退休老教师
文物普查短训班	5 天	7 人	文化站人员等	业余美术学习班	16 天	12 人	双井站办	文化馆 1 人

1982 年，馆内举办皮影艺人培训班 1 期，与乌兰牧骑联合举办戏剧学习班 7 期，共培养文艺骨干 240 多名。同年，协助计划生育办公室培训岗岗营子公社文宣队幻灯组，参加内蒙古和华北地区的计划生育幻灯演出，并获优秀节目奖。

1983 年，文艺组举办业余剧团骨干演员培训班，学期 20 天，参加人员 47 名；二人转训练班 10 天，参加人员 19 名；少年舞蹈学习班 7 天，参加人员 37 名；美术组举办美术短训班 90 天，学员 6 名；摄影班举办待业青年业余摄影学习班 41 天，23 名待业青年参加学习；创作组举办文学创作学习班、谜语和新春联编写班 8 期，共 209 人参加。

1984 年，举办城镇业余文艺辅导班 2 期。周末新歌曲教唱班 2 期，时间 4 个月，610 人参加，教歌 20 余首。办集体舞学习班 4 期，时间 19 天，1050 人参加。东北秧歌化装辅导 4 次，12 天，540 人参加。举办乐理知识和简谱视唱班 2 期，时间 66 天。

1985 年 4 月，举办集体舞学习班，时间 3 天，教第四套集体舞，共有 150 人参加。8

月 15 日—30 日，举办音乐学习班，学习内容有音乐理论、视唱练耳、民间舞蹈，共有 16 人参加。12 月，举办交谊舞学习班，教交谊舞，参加人数 180 人。8 月 11 日—17 日，举办美术辅导班，23 人参加，讲授基础素描知识训练。10 月 22 日—11 月 2 日，举办群众美术学习班，19 人参加，讲授美术字写法、色彩初步知识、图案报头的画法、水彩画绘画的方法与步骤。学员完成作业 104 幅。

1987 年 1 日—3 月，举办两期交谊舞培训班，每期学期 7 天，旗直各单位 200 多人参加培训。美术辅导班在原来的基础上，第一季度继续举办基层初级班与中级班、实用美术班两期辅导，学员 100 余人，完成作业 172 幅，其中 151 幅参加结业展览。

1991 年，举办两期小学生电子琴学习班，有 106 名小学生参加学习。1991—1993 年，举办少儿音乐、美术、书法班 50 余期，培养少儿 2500 余人次。

1994 年，举办交谊舞培训班 5 期，参加学员 120 余人。中国书画装裱学习班 1 期，时间 15 天，学员 23 人。初级素描学习班 1 期，时间 1 个月，学员 30 人。

1996 年 8 月，举办中小学美术学习班 1 期，参加学员 93 人。全年举办各类培训班 6 期。

2002 年，举办两期业余作者培训班，聘请专业老师授课。召开 4 次业余作者作品研讨会，集思广益，力争写出好的作品。全年共举办美术、英语、数学、写作、电子琴、舞蹈培训、辅导班 6 次。

2008 年，举办全旗广场舞培训班，培训广场舞爱好者 83 人。

二、编发宣传、演唱材料

1957 年，印发俱乐部宣传材料 7 份，俱乐部活动参考资料 12 期。

1960 年，印发宣传材料 16 种，共印 1895 份。

1963 年，印发农村演唱材料 385 份。

1964 年，为农村牧区印发现代内容的演唱材料。

1966 年，印发文艺演唱材料 20 种，共 3720 册。

1975 年，编印演唱宣传材料 12 种，印发 2250 余份。

1976 年，编印演唱宣传材料 5 种，印发 1200 册。

1978 年，印发 7 期皮影、戏曲、曲艺演唱材料。

1979 年，订阅《辽宁群众文艺》60 份，分发给农村业务文艺团体。编印《文艺演唱》5 期，转载各文艺刊物的优秀作品和本旗作者的作品，每期发 200 余份。翻印《评剧唱腔》《脸谱》《剧目订购单》5 期，发至各文化站、业余剧团。

1980 年，编印《文艺演唱》5 期，共印 750 份。翻印《节目单》5 期，发至农村业余剧团。

1981 年，编印《文艺演唱集》6 期，印发 12000 份。翻印拉场戏《会亲家》、二人转《猪八戒拱地》、单出头《洪月娥做梦》、评剧《桃花庵》共 650 份。

1982 年，编印宣传、演唱材料 2 期，印发 300 份。

1983 年，编印业余剧团文艺演唱材料 6 期，剧本《摔三弦》《碧玉簪》各 1 期，乐曲知识两期，锣鼓经和传统曲牌各 1 期。

1984 年，编印各种文艺演唱材料 700 余份（本）。小戏曲《云岭人家》、传统评剧《卷席筒》续集各 150 份。歌曲集《响水》3 期，共印 450 份。《谜语》和《新春联》各 1 本，印 200 份。

1991—2013 年，编印各种文艺报刊和综合文集 10 余种。

三、下乡辅导

1950 年，文化馆建立之初，农村文化辅导工作以扫盲为主，开办速成识字班，辅导民众学文化。

1953—1954 年，文化馆、站农村辅导工作基本扭转过去偏重扫盲的倾向，注重文艺宣传方面的辅导，组织半职业落子班座谈会，对业余剧团进行内部整顿，纠正混乱局面，贯彻文艺为工农兵服务和“百花齐放，推陈出新”的方针。一年中辅导业余剧团演出、举办晚会 134 次，观众达 63603 人次。1954 年，辅导 4 个农村业余剧团，演出 44 场，观众 25612 人次。

1956 年，根据上级指示，馆、站人员深入农村牧区，重点建立与辅导农村俱乐部。利用搞试点和训练俱乐部骨干的办法，共建立和辅导 40 个农村俱乐部，训练建部骨干 110 人。

1957 年，对所有俱乐部进行普遍检查，把全旗 43 个俱乐部进行分类排队，抓好重点俱乐部、指导一般俱乐部，馆、站直接负责的俱乐部 10 个。以俱乐部为阵地开展文化活动，推动生产发展。

1959 年，文化辅导工作以抓业余剧团为主。1959 年 12 月 28 日—1960 年 1 月 20 日，馆内人员深入乌兰召搞文化辅导试点，对乌兰召 6 个管理区的业余剧团进行辅导。一年中还辅导喇嘛蒿、白塔子、捣格朗、四家子、贝子府等 8 个业余剧团。1960 年上半年，分别在 6 个公社培训文艺骨干分子 100 余人。全年整顿业余剧团 45 个，培训文艺骨干 250 名，到 9 个公社辅导重点俱乐部 57 个。

1961 年，辅导业余剧团 45 个，培训文艺骨干 210 人。1961 年。辅导俱乐部 36 个，新建俱乐部 40 个。

1965 年，重点辅导南部的四家子、新地、金厂沟梁 3 个公社的 7 个业余剧团。馆内 4 人下乡 28 次，合计 990 天，到 19 个公社的 76 个生产大队做农村俱乐部辅导工作。全年发展俱乐部 572 个，参加活动的人数达 20000 多人。活动项目有学习毛主席著作、学习文化科技、读报、放幻灯、唱歌、演剧、广播、出版报、阅览图书报刊、搞文学创作等 10 多项。俱乐部有较健全的组织制度、活动制度、活动日程，成立工作委员会，有小组划分和人员分工，设立学习园地、光荣榜、活动记录、展览学习笔记和心得，形成“人人有事管、事事有人干”的局面。

1970 年，对旗直属各单位和新惠镇南、北大队、街道居民学唱样板戏和革命歌曲进行分片辅导，层层培养文艺骨干；1973 年，馆内人员到 9 个公社的 12 个大队辅导 40 多天，组建业余文艺宣传队 12 个。

1979 年，文艺组 2 人下乡 61 天，到贝子府、克力代、新惠、岗岗营子和新地公社，了解文艺活动情况并进行辅导。美术组 2 人下乡 87 天，到 23 个公社普查农村美术爱好者的基本情况，辅导 20 多名美术骨干。摄影组 1 人下乡 67 天。文物组 3 人下乡共 163 天，到 8 个公社，调查和发现 3000 余处遗址、墓地 5 处、清理辽墓 2 座，征集和采集文物 191 件，收购文物 300 余件，金额 1500 元。

1980 年，文艺组 3 人共下乡 116 天。辅导新惠镇内和 8 个公社的 30 多支业余文艺队伍。协助各队伍排演了 20 余台节目。馆内对 1 名蒙古族说书艺人、3 名汉族说书艺人、2 名杂技艺人、4 个皮影队、4 个业余剧团进行审核发证。美术组抽一人下乡 20 天，到两个公社，辅导业余美术作者 49 人。摄影组一人下乡 91 天，边采拍边辅导业余摄影爱好者。

1981 年 8 月，文艺组 2 人辅导四家子、林家地文化站联合举办了农村业余文艺骨干培训班，时间 30 天，培训 3 个公社的 53 名学员。11 月 25 日—12 月 30 日，4 人辅导贝子府文化站举办的 4 个业余剧团、5 个生产大队的戏剧骨干提高班，培训学员 75 名，分生、旦、文、武场 4 个组训练，并排练 3 出折子戏，一场大戏。3 人辅导四德堂文化站举办的戏剧学习班，31 人参加，28 天。3 人辅导乌兰召公社举办的戏剧训练班，共 28 人参加，时间 30 天。3 人辅导岗岗营子文化站春、冬天二期举办的戏剧训练，共 84 人参加，时间 45 天。同年，对 6 支二人转队伍分别进行辅导。全年，文艺组 4 人累计下乡 448 天。深入各公社进行对业余队伍的整顿、组建、调查、辅导工作，对镇内业余文艺队伍也分别进行了辅导。

同年，文化馆派员辅导牛古吐、双井文化站举办的业余文化创作座谈会，共 5 天时间，41 人参加。辅导双井文化站举办的业余美术学习班。全年文艺组 4 人累计下乡 448 天，创作组 2 人共下乡 154 天，美术摄影组 4 人下乡 134 天。行政组 3 人累计下乡 436 天，最多的下乡天数为 186 天。

1984 年，辅导旗直属文艺会演。辅导旗幼儿园小朋友排练节目 15 天，自治区拍摄录像播放。文化馆在双井、新窝铺，贝子府建立 3 个戏剧辅导点，定期下乡辅导。在新惠镇内建立食品公司、土产公司、旗社和新惠师范 4 个歌舞辅导点。新窝铺、四家子、贝子府等7个文化站，一年中分别举办戏剧、歌舞、曲艺、音乐、美术、书法、文学创作等不同形式的学习班、辅导班、提高班12期，培养艺术骨干人才193名。

1985年，深入8个单位进行文艺辅导400多人次，包括集体舞、教师节演出活动、歌咏赛等。1人两次到双井乡四棵树村，辅导业余剧团排练两个多月，排演20多个节目。

1991年1月，配合双井乡文化站举办为期10天的小学教师文艺学习班1期，有21人参加，为中小学培养文艺师资。6月，辅导文化系统交谊舞比赛，推动普及交谊舞活动，提高群众阵地文化活动层次。一年中，文艺辅导组先后到本旗运输公司、交通局、公路段、百货公司、针织厂、木材公司、物资局、燃料公司等单位进行辅导，帮助组建业余文艺演出队伍，活跃职工文化生活。

1997年，文化馆下力气抓好文艺辅导工作，先后到旗农电局、旗人民银行等11个机关、单位，辅导的节目在全市同行业会演中获得优秀奖。下乡15天时间，到敖吉、南塔等8个乡镇，培训文艺骨干500多人次，辅导节目20多个，部分节目被选送到敖汉旗电视台播出。

1999年，送文化下乡辅导11次，分别对四道湾子、南塔、克力代等25个乡镇举办的文艺活动进行辅导，排演节目163个，培养文艺骨干509人，同时，辅导典型文化室5个，典型文化户5个，协助四德堂乡文体站，组织该乡皮影艺人成立两支皮影队，开展演出活动。辅导牛古吐乡牛古吐村儿童文化乐园的节目排练，使之通过市里验收并命名。

2001年，以哈沙吐、林家地等5个乡镇文化站、室为重点，帮助完善站、室建设，培训文艺骨干，组织文化活动。全年为基层培训文化骨干500多人次。

2002年，先后到四道湾子、长胜、木头营子、哈沙吐、南塔子、林家地、王家营子辅导，下乡42人次，排练各种表演形式的文艺节目111个，培训文艺骨干278人。辅导乡、镇、苏木举办的各类文艺晚会11台。为旗地税局辅导的节目，在全市税务系统文艺大赛中获第3名。辅导旗电信局健身操表演，在全市“小灵通杯”健身操大赛中获三等奖。

2003年，深入社区、厂矿、机关、学校和农村，创作、辅导各类文学艺术作品228个，培训文艺骨干533名，举办各种培训班5个，培训学员120名。

2005年5月开始，馆内20多人次，下乡70多天，对参加敖汉旗首届农牧民艺术节各代表队的所有参赛的文艺节目进行辅导。同年7—8月，在做好保持共产党员先进性教育的同时，注重抓好社区文化建设，馆内部分党员下社区基层进行安代舞、健身操、大秧歌表演辅导。全年下乡50多人、次，辅导文艺节目86个，培训农村文艺骨干420人、次。由于工作成绩突出，被赤峰市文化局推荐参加全国服务基层文化先进单位评选。

到2015年，10年中，通过文化大讲堂和送文艺辅导下乡的方式，培训文艺骨干500余人次，辅导文艺节目300余个，被市文广局推荐参加2015年第三届全区“服务农民，服务基层”文化建设先进单位评选。

2018 年，辅导 13 支广场舞队伍，参加全区广场舞大赛获得三等奖；参加全市“唱赤峰的歌，跳家乡的舞”广场舞大赛获得金奖。

四、辅导文化站

1951—1985 年，文化站属于文化馆下设的业务单位，由文化馆具体指导其开展工作。

1960 年 3 日—4 月，抽馆、站干部 7 人，到长胜乡搞建立公社文化馆试点工作，其间到各村抓业余剧团、放幻灯片、教唱歌曲、排练节目。

1979 年 8 月 15 日—9 月 3 日，馆内举办文化站工作人员业务训练班，有 20 个文化站的工作人员参加，历时 20 天。分美术、书法、创作、图书、人物、摄影、文艺（乐理、乐器、唱腔、表演）进行了辅导和训练。

1980 年，举办摄影创作学习班。12 月，对文化站工作人员进行政治、文化和业务考核。

1981 年，举办 13 名文化站工作人员参加的摄影作者提高班，共 15 天。举办文物普查短训班 1 期，7 个文化站工作人员参加，历时 5 天。有 3 个文化站的工作人员在北京考古所主持的四道湾、周家地考古发掘现场培训 60 天。

第五编

图书

第一章 图书馆

第一节 图书借阅

中华人民共和国成立前，敖汉旗没有图书馆或图书阅览场所。1950年，文化馆建立后，开展图书借阅和图书报刊阅览业务。1952年开始，基层文化站和一些农村俱乐部建立，为读者开设图书阅览室和图书流动站，图书种类以配合扫盲的通俗读物为主。1953年，文化馆设立图书组，开展镇内居民图书借阅和报刊阅览业务。1979年10月，敖汉旗图书馆正式建立，全旗图书事业步入正规化。1982年8月，获赤峰市文化局颁发的“为科研和读者服务奖”。

1985年，为增加少年儿童读物，向各单位和整个社会发起募捐活动，得到广泛支持，共捐款975元，购买少儿读物284册。“六一”期间首次在镇内为儿童举办阅读专场，同时定期向学校轮换送书，每次送书100册。1986年4月，被赤峰市推荐为内蒙古自治区先进图书馆，馆长张果彬出席内蒙古自治区先进图书馆工作会议，在会上作《克服困难、创造条件、做好图书馆工作》的经验介绍，受到领导和同行们的好评，并受到自治区政府主席布赫的接见。本年，在送书下乡支援灾区和贫困地区脱贫致富工作中成绩显著，中央电视台、内蒙古电视台对送书下乡先进事迹进行报道。1990年8月，获市“文明图书馆”称号，在全市公共图书馆评比中获第一名。1991年，开展读书宣传周活动，内容有街头展览、开展预约服务等，发挥图书馆的知识辐射作用。1994年12月2日，被文化部评定为国家三级图书馆。1995年10月，被自治区文化厅评为全区农村牧区文化工作先进单位。

2000年，图书馆积极发挥公共图书馆的作用，全年接待读者4.7万人次，向外借阅读书17500册（次），报刊资料8300册（次），解答咨询280人次。由于加强业务宣传，拓宽服务范围，提高服务质量，因而扩大了读者群体。2002年，在没有办公场所和资金紧张的情况下，组织开展流动图书和街头阅览，为城镇学校开辟“图书角”，将新到的图书资料及时送到广大读者手中，年接待读者3万余人次。同时，在图书馆搬迁过程中，对原有图书进行清理注册，以避免图书流失。2003年，在国家实施的“送书工程（万家书库工程）”中，图书馆及四个乡镇图书室被列入其中。

从2009年起，敖汉旗启动“草原书屋”工程。“草原书屋”是广大农牧民开展各种群众文化活动的平台。全旗几年内先后建起 222 家“草原书屋”。图书馆经常组织工作人员到项目点检查指导“草原书屋”工作，协助进行分类登记，建立管理制度，使图书更好地为广大农牧民生产、生活服务。

2010 年，图书馆设立国家信息资源共享工程支中心，项目总投资 68 万元，其中电脑 25 台、笔记本电脑 1 台以及控制总机、投影机、照相机、幕布等设备，8 月通过国家有关部门验收。8 月 20 日正式开通，可接收转播节栏目近 40 个。节目内容丰富，以科普宣传、信息传播、农牧业技术讲座为主，电影、文化娱乐为辅，主要面向农村牧区群众。当年图书馆在第四次全国公共图书馆评估定级工作中，又被文化部评为三级图书馆。2012 年，新惠镇康家店村农家书屋被国家新闻出版总署授予“全国示范农家书屋”。

2013 年 1 月初，开展以“书香敖汉——阅读引领未来”为主题的图书馆服务宣传周活动，旨在倡导全民阅读，在全社会形成人人读书、多读书、读好书的良好氛围。通过媒体、网络、宣传专栏、宣传咨询台发放读者意见调查问卷等多种形式，向广大市民宣传推广图书馆的各项公益性服务项目，向读者广泛征询意见和建议；各业务室采取全开架服务，实行免证阅览；开展现场办证活动；评选“读书标兵”，颁发证书奖品。2014 年，图书馆在赤峰市图书馆、内蒙古新华发行集团赤峰分公司举办的赤峰市首届优秀藏书家评选活动中获优秀组织奖。2017 年，被内蒙古自治区文化厅评为“先进图书馆”。

一、藏书

（一）图书馆藏书

建馆初期，馆内藏书 32657 册，以文学艺术类为主。

1980 年，转交文化馆图书 223 册，主要是“二十四史”之类的工具书。下架各类图书 5033 册（其中包括 1977 年下架的图书 492 册，借到各文化站没收回来的图书 167 册，图书登记中出现的有误空号 416 册）。

1982 年，下架各类图书 2624 册，馆内藏各类图书 24777 册；1983 年，购进各类图书 360 册；1984 年，购进各类图书 2029 册，上级业务部门赠书 940 册，下架图书 2610 册；1985 年，购进各类图书 468 册，上级业务部门赠书 200 册。馆内藏书由单纯的文学艺术类逐渐向为工、农、牧、副、渔、科技等各行各业服务的方向转化，先后购进一些工具书，如《辽海丛书》《奉天通志》《蒙古秘史》《内蒙古游牧记》《册府元龟》《四部丛刊》以及各种年鉴、全唐诗、全宋词、辞海、辞源等，并收集了一些地方资料。到 1985 年末藏书总数达 27644 册，其中社会科学类 18445 册，自然科学类 9199 册，价值 19234 元。清理剔除 2600 余册复本图书，下架用于农牧区图书点的借阅、阅览活动。

1988 年，馆内共有藏书 38445 册，其中社会科学类 26851 册，自然科学类 11594 册，总价值30107元；1989年，购置500多册新书，把陈放多年的报纸、刊物整理装订，上架向读者开放。1995年，建立全旗工具书联合目录。1996年，购置图书486册，订阅报刊167种，投资1.6万元。

2001年，在经费不足、新报纸难以满足读者需求的情况下，有选择地将一些具有资料价值的旧报纸重新整理上架，搜集地方资料史20多册，为读者查阅资料提供方便。2003年，继国家“万村书库工程”和内蒙古自治区“彩虹文化计划工程”送书之后，文化部、财政部首批“送书下乡工程”为图书馆和长胜镇、木头营子乡、牛古吐乡、哈沙吐乡赠送图书2436册（套），总价值52045.70元。图书类别有政治理论、思想和道德建设、市场经济、法律知识、科普知识、农业科技、实用技术、医药卫生、生活百科、文学艺术、历史知识、体育娱乐等诸多方面。

2004年10月，图书馆在新馆开馆前，购进图书2000余册，价值5万余元，是建馆以来购书最多的一次；2005年，中宣部等10部委赠送5000多册图书，价值7.6万元；2006年，文化部、财政部“送书下乡工程”赠送图书2600册。同年，建起“青少年书屋”，接受社会各界捐赠图书2570余册；2008年6月，两部委赠送图书5000余册。自2003—2007年全国贫困地区实施“送书下乡工程”以来，文化部、财政部等部委共为图书馆送书2万余册，极大地丰富了馆内藏书，有效地解决了旗图书馆藏书贫乏、购书经费短缺等困难。

2017年5月24日，旗图书馆接受国家图书馆捐献的成人图书10000册、少儿图书5000册、期刊10000册，价值50多万元。2018年又得到国家图书馆捐赠图书10000册，极大地丰富了馆藏。

第五编表1　图书馆部分年份藏书一览表　　单位：册、元

项目 年份	总册数	其中		价值（元）
		社会科学类	自然科学类	
1982	24777	16157	8620	15440
1983	25137	16449	8688	15970
1984	27176	18070	9106	18458
1985	27644	18445	9199	19234
1988	38445	26851	11594	30107
1989	38945	27256	11689	32107

（二）阿友书屋

阿友书屋亦称许友书屋、阿友书乐园、益友俱乐部。2012年6月创建，位于惠州办事处城乡接合部的喇嘛蒿村。书屋面积190平方米，书架11套，阅览桌凳8套，配备电子阅览设备。藏书数量8300余册，分14类：马列主义、毛泽东思想、邓小平理论类；哲学、

宗教类；政治、法律类；经济类；文化、科学、教育类；语言、文字类；文学类；艺术类；历史、地理类；医药、卫生类；工业技术类；建筑科学类；安全科学类；综合类。有部分孤本、善本。还兼有集邮、根雕和古玩、票券、传统乐器收藏。

书屋主人许友，1955 年出生，敖汉旗丰收乡城兴太村人，民办教师。历任敖汉旗劳动局、人事劳动局、经贸局副局长，旗安监局局长。2006 年离岗。

许友书屋常年为读者免费开放，年平均接待读者 1800 人次。2017 年 7 月，赤峰市老干部局长拉练会议期间，与会人员参观书屋后给予好评。2014 年 4 月，在国家新闻出版广电总局主办的首届“书香之家”评选中，被评为全国“书香之家”。2014 年 4 月，被赤峰市图书馆、市新华书店授予全市首届十大“优秀藏书家”荣誉称号，奖励 2000 元购书卡。2017 年 4 月，在内蒙古图书馆、内蒙古自治区图书馆学会首届“诺敏沙图——引领读书风尚，点燃阅读激情”为主题的书香家庭评选活动中，获得全区“书香家庭”称号。2017 年入选内蒙古自治区新闻出版局“草原阅读季”评选优秀项目名单。2018 年在内蒙古草原阅读季中，获得优秀项目奖。

二、图书阅览

中华人民共和国成立后，全旗各级文化部门把组织人民群众读书提高文化素质作为一项重要工作始终紧抓不放。1956 年旗文化馆和 3 个文化站利用现有图书相对比较多的优势，为来馆、站阅读图书的读者努力创造必要的便利条件，一年接待各类读者 12369 人次，借出图书 9421 册。四家子区文化站为使图书阅读与扫盲工作结合起来，在各村开设流动图书室，方便干部群众阅读。当时阅读量相对较大的图书为小画报、小说占阅读量的 60% 左右，生产方面的通俗读物、党的八大文件、“肃反”运动的宣传材料等约占阅读量的 25%，其他就是配合扫盲的通俗书刊以及文艺演唱材料等。这期间，旗内一些行政、企事业单位根据形势教育的需要，分别建立图书室或资料室。

1957 年，全旗文化工作的着力点向农村倾斜，为庆祝内蒙古自治区成立 10 周年，旗人委文化科除抓好旗文化馆和 3 个文化站之外，对于 40 个农村俱乐部、17 个农村图书室加大领导力度。旗文化馆编印一部分庆祝内蒙古自治区成立 10 周年的宣传材料，发到各图书室和俱乐部，供广大读者阅读；同时旗文化科为 17 个农村图书室增添许多新书，指导广大干部群众读书增长知识。全年馆、站、室接待读者 15000 多人次，借出各类图书 13000 多册。

1958 年随着人民公社成立，旗委宣传部发出号召，所有公社都要建立文化站，全旗 8 个公社民办公助文化站建成，当年就为公社文化站配备一大批图书，重点图书类别为宣传“三面红旗”的读物和《毛泽东选集》一、二、三卷。与此同时，购置图书的机关单位增多，各图书室、资料室的书架除文学书籍外，还增加了马克思、恩格斯、列宁、斯大林、毛泽东的著作。

1979年5月，旗文化馆图书组分出，建立敖汉旗图书馆。尽管当时图书馆的房舍等硬件建设不尽如人意，但是一个专门的图书阅览、借阅场所的建成，大大方便了广大读者，有力地促进了新惠镇区群众读书活动的开展。图书馆利用馆内两间面积为180平方米的办公室作为场地，开办图书借阅和报刊阅览业务。图书借阅采取凭借书证的办法，有利于增加图书流动册数。馆内平均每年订阅各种刊物160多份，报纸34份，每周一、三、五、日晚6—9时为开馆阅览时间，读者凭阅览证阅览。本年至1985年，共订阅刊物1145份，订阅报纸238份，接待阅览读者171000人次，借阅读者57769人次，图书流动118000册次。全旗部分公社建立图书阅览点20个，有家庭图书室2个。

1984年，为方便读者阅读和借阅，旗图书馆编制一套有14个分册的书本式图书目录，使馆藏图书尽收于此，读者翻阅一目了然。旗农具厂设计公路围栏为缺少图案着急时，图书馆把《动物图案》《花草图案》两本书送上，解决生产难题。除旗图书馆不断增加藏书数量外，各机关单位和乡镇图书室也纷纷扩大上架图书规模和数量，一些文史书籍如《辽海丛书》《蒙古秘史》《中国通史》等出现在图书室的书架上，诸如年鉴、辞海、辞源等工具书更是必备。到1985年，全旗已有图书室100多个。

1986年，旗图书馆和乡镇苏木文化站，利用图书阅览和借阅，为广大读者提供多种服务。旗五金厂在搞技术攻关时，得益于旗图书馆提供的技术资料，帮助他们攻克技术难题；种植专业户在借阅的农业科技图书中，学到芝麻种植的关键技术，夺得芝麻高产；新惠镇几位缝纫个体户在图书馆借到有关图书，学会各种新式服装的剪裁缝纫技术；下洼、四家子、贝子府、牛古吐等14个乡镇图书室，在组织读者阅览图书工作中，都取得了很好的社会效益。

1987年，阅览室面积扩大到120平方米，座位由原来的20个增加到80个，固定读者由原来的400人增加到1400人。图书借阅由原来的5400人次增加到11000多人次。接待读者人数由原来的24000人次增加到72000人次。

1989年，全旗文化系统在组织广大读者读书阅览的同时，把读书与脱贫致富结合起来，利用图书资料品种多而全的优势，共办科技油印小报19种，科普培训班20期，培训各类技术经营人员700多人次。文化馆的《星火科技》，图书馆的《百业信息报》，长胜文化站的《科海浪花》等，刊登了许多有价值的指导人们生产生活的各类信息和科技知识，在指导帮助广大农牧民生产生活实践中发挥参谋作用。

1991年，旗图书馆在开办“国防教育阅览室”和“税法阅览室”的基础上，将近万册图书投放到农村牧区图书室轮流借阅，增强图书的辐射功能。木头营子乡图书文化户朱秀梅家庭藏书量大，上架图书多，内容丰富，村民阅览方便，被当地群众称之为“农民图书馆”。在城区，注重面向中小学生的图书阅览活动，为新惠中学、新惠二中、实验小学开展集体阅览16次。1993年，实行半开架借阅制度，增加读者的选择余地。4个阅览室之一的国防阅览室被评为“全民国防教育先进单位”，《内蒙古日报》给予专题报道。全旗基本形成两个图书馆、1个新华书店、31个图书室、33个图书销售点组成的图书网络，为更广泛地开展大众读书活动奠定基础。

1994年，加强农村牧区图书网点建设作为全旗群众文化工作重点之一。主要抓6个乡镇的文化站、文化室和文化户，向他们赠送农村牧区实用图书，并给予指导与帮助。当年在农村牧区流动借书4000多册，借阅人数超万人。在馆内广开服务渠道，增设预约订书、押金借书、电话借书等服务项目，为吸引中小学生读者进馆阅览，还专门开设“小红花读者阅览台”。

1995年，印发读者反馈情况登记表，加强与读者之间的联系，变被动服务为主动服务，接待读者33万人次，流动图书1.1万册。国家启动“万村书库工程”。旗新华书店积极行动，向全旗农村牧区送图书10200册，充实了基层图书室的书架，丰富了广大农牧民的阅读内容。这一年，联合国教科文组织把4月23日确定为“世界读书日”。其主要宗旨是希望散居在全球各地的人们，无论你是年老还是年轻，无论你是贫穷还是富有，无论你是患病还是健康，都能享受阅读带来的乐趣。

1996年，增设“流动借阅车”等服务项目，使图书馆管理服务与人民群众的需求紧密结合，方便读者，方便群众，在社会上产生较大影响。

1997年，在新惠镇内开展家庭读书“123”工程活动，抽调图书馆业务人员对11个图书点和个人藏书室进行业务指导，协助整理图书6450册。配合“彩虹文化计划”的实施，图书馆编写的《基层图书馆（室）工作办法》和绘制的20多幅设备图，对乡镇图书管理起到积极的指导作用。

2000年，全旗30个乡镇苏木为引导广大群众学习科学知识，全年累计办橱窗380多期，板报406期，各类简报、科技信息200余期。长胜镇17个文化室订阅报纸120份、杂志148份，平均每村有报刊15份以上，吸引大量的读者，文化室成为农民群众传播信息、学习知识、交流经验的重要场所。

2001年，加强图书阅览工作，组织“室外阅读”“少儿读书会”“读一本好书”等活动，使读者群体不断扩大。

从2003年开始，文化部、财政部在全国贫困地区全面实施“送书下乡工程”。采取专家选书、政府采购、统一装帧、直接配送的办法。所选图书内容涵盖政治理论、思想道德教育、市场经济、法律知识、科普知识、农业科技、实用技术、医药保健、生活百科、文学艺术、历史知识、体育娱乐等类目。内容健康，实用性和可读性强。“送书下乡工程”有效地解决了老少边穷地区图书馆（室）藏书贫乏、购书经费短缺，致使基层群众看书难的问题。2005 年 5 月 1 日开始，采取节假日轮休工作制，取消星期一、二休馆制，各阅览室实行全日制开放。投资 5 万元更新阅览设备，增加电教器材。全年接待读者 3.5 万人次。

2006 年，旗文体广电局组织纪念“4・23 世界读书日”活动，与旗农电局合办“职工图书阅览室”，在农电职工中引起积极反响。旗图书馆接受国家两部委 2004 年、2005 年两个年度捐赠的 5000 余册图书。到 2007 年两部委“送书下乡工程”最后一批 5000 余册图书送达旗图书馆，至此，旗图书馆共收到“送书下乡工程”图书 2 万余册，极大地丰富了馆藏，拓宽了广大读者的阅读面。

2009 年 5 月 21 日，“敖汉旗草原书屋工程启动仪式”在文化馆三楼会议室举行，各乡镇苏木分管领导、文化站长及有关村支部书记参加了启动仪式。启动仪式上，为经济基础相对较好，农牧民相对集中，人口数量较多的 18 个村“草原书屋”发放文化、科技、历史、法律、种植业、养殖业等各类别的图书 600 种，1700 册；报刊 31 种；音像制品、电子出版物 100 种，总价值 3 万余元，并配备书橱、阅览桌椅、电视机、录放机、电脑设备等基础设施。相关村选定责任心强、有一定文化基础的人员担当管理员，做好图书的管理工作。这批图书音像资料科学性、实用性、可读性极强，深受欢迎。农牧民们高兴地说：“过去看书、看报太难，现在有了书屋，看书看报方便多了。”牛古吐乡第一个“草原书屋”在大五家村落户，村里将每年的 12 月定为读书月。村民夸草原书屋是他们的第二课堂，前来借阅图书的每天都有 10 多人，草原书屋让农村有了书香气。贝子府镇大哈布齐拉村每天都有许多村民来草原书屋借阅图书，交流养殖、种植技术。村里放假的孩子们也把这里当成自己的乐园，经常借一些文学类、故事类的书籍回家阅读，“草原书屋”丰富了村民们的文化娱乐生活。

2010 年，“敖汉旗第二批草原书屋启动仪式”在旗邮政局三楼会议室举行。当年新建草原书屋 86 家。在启动仪式上，为每家草原书屋发放文化、科技、历史、法律、种植业、养殖业等各类别的图书 1228 种，计 1766 册；发放音像资料 100 种，计 259 盘；并配备“草原书屋”牌匾、图书管理图板、灭火器等设施，价值 3.7 万元，还配备书橱、阅览桌椅、电脑、电视机等辅助设备。第二批草原书屋在丰收乡房申村落户，房申村筹集资金，投资 400 多元购置 5 个书架和 20 多套桌椅，建起阅览室。农民们闲暇之余，三五成群地到书屋里读书看报，查阅科技资料。

2011 年，图书馆阅览室免费向读者开放，采取全日制开架服务，节假日期间不休息。本年 8 月 30 日，旗政府在会议中心举行第三批“农家书屋工程”（草原书屋）启动仪式。本年新建农家书屋共计 65 家。在启动仪式上，为每个草原书屋配送包括政经、科技、生活、文教、少儿、文艺、种植业、养殖业等各类别的图书 1254 种 1427 册、报纸 3 种，期刊 24 种，音像制品 100 盘。并配备“农家书屋”牌匾、图书管理图板、灭火器等设备设施，价值 3.7 万元。65 家总计 240.5 万元。至此全旗“草原书屋”（农家书屋）已达 169 家，累计投入资金 600 多万元，覆盖了全旗乡镇、苏木、办事处近 80% 的嘎查村。玛尼罕乡因地制宜，以草原书屋为平台，进一步整合农村普法教育资源。以“法律书籍进书屋、法治文化进农村、法律服务进农家”为目标，积极探索逐步完善和拓宽草原书屋的法治文化服务功能。乡文化站、司法所、综治办指导各书屋纷纷建立法制小讲堂，对农民进行实用法律知识培训，有效缓解农村群众获取法律信息难、外出维权难的问题。“如今农民跟时代，钢笔本子随身带。不打麻将不摸牌，有空就到书屋来。读书看报取真经，富了脑袋富口袋。”这首小诗真实地记录了“草原书屋”给农村牧区带来的新变化。

2012 年 4 月 23 日，由中共敖汉旗委宣传部、旗文明办、旗文体广电局、旗教育局联合主办，旗图书馆、新华书店承办的以“倡导全民读书，打造书香敖汉”为主题的敖汉旗纪念“4・23”第十七个世界读书日活动启动仪式在旗图书馆门前小广场举行。旗文体广电局发出“4・23”世界读书日倡议书，500 余名中小学生和社会群众参加启动仪式，活动旨在不断提高全旗广大群众的文化素质，在全社会形成人人读书、多读书、读好书的良好氛围。启动仪式上，共向广大社会读者和青少年学生发放宣传单 6000 余份、图书 2000 余册。举行“读一本好书、树远大理想、创精彩人生”签字仪式，组织广大社会读者和青少年学生到旗图书馆进行参观阅览。

2014 年，三级图书网络建设是本年文化工作一个重点。指导协助各乡镇苏木文化站和部分村级文化室建起图书室，全旗 15 个乡镇平均藏书达 1000 册以上，订阅报刊 10 种以上。在企业和街道建立流动图书馆 3 个，年流动图书 6000 多册。每年精选 5000 多册适合农村牧区生产生活的图书在乡镇流通，方便农牧民读者的阅读。在全旗乡镇苏木和街道图书馆（室）普及率 100%，草原书屋行政村全覆盖的基础上，敖汉旗文化信息资源共享工程支中心在图书馆建成，同时还在新惠、金厂沟梁、四家子、玛尼罕、木头营子、丰收、牛古吐、羊场 8 个乡镇（办事处）建立共享工程基层点。同年的全国“两会”上，“全民阅读”活动首次被写进国务院总理的《政府工作报告》，从此“全民阅读”作为建设书香社会的一个重要举措在城乡广泛开展起来。

2015 年，全旗结合社会主义新农村建设和“十个全覆盖工程”，下力量加强乡镇苏木办事处文体站、文化室、草原书屋等基层文化阵地建设，启动“书香敖汉”全民阅读读书月暨“国学大讲堂”。开展“走进草原书屋，圆人生梦想”读书知识竞赛，“讲精彩中国故事，寻找有魅力的中国声音”为主题的中央人民广播电台第四届“夏青杯”朗读大赛敖汉赛区预选赛等活动，有力地推动了全民读书月健康开展。到 2016 年，全旗乡镇、苏木、办事处都建成了文化信息资源共享工程基层服务点。

2017年，为迎接“六一”国际儿童节的到来，进一步弘扬中华传统文化，培养孩子从小阅读的习惯，5月26日，由旗妇联、旗图书馆联合举办了以“相伴共读，书香润德”为主题的“书香家庭、阅读小达人”表彰暨亲子阅读主题实践活动展演。表彰在全旗范围内推荐的23个“书香家庭”及23名“阅读小达人”，并为获奖家庭及小达人颁发证书、赠送图书。节目展演中说唱表演《唐诗新唱》、男群舞《红色英雄》是孩子们最喜欢的节目，诗朗诵《我们一起成长》《中华颂》赢来了现场家长的阵阵掌声，7名家教培训师为与会人员现场分享关于阅读的感悟。7月22日，“百城千群万里书香”敖汉站图书漂流活动在敖汉旗图书馆6楼少儿图书阅览室隆重启航。启动仪式上参加活动的领导，为前来参加图书漂流活动的读者举行漂流书包发放仪式，并合影留念。此次图书漂流活动的启动，使大家充分认识到，读书是一种有益于人类身心的活动，更是承载着人类美好愿望的风帆。敖汉旗新惠镇高家窝铺村农家书屋获得2017年“全国示范农家书屋”称号；下洼镇“志杰文化大院”图书管理员王志杰获得2017年全国“优秀农家书屋管理员”的荣誉，另外在2017年入选内蒙古自治区新闻出版局“草原阅读季”评选优秀项目名单。

2018年旗文直系统组织全旗222个草原书屋，开展形式多样的为农服务活动，针对春节返乡农民工、放假学生和农村留守儿童，开展歌唱比赛、讲身边的故事、科技知识讲座、法制学习辅导等形式多样的文体活动，并适当延长草原书屋的开放时间，满足当地农民群众休闲、娱乐、阅读等需求；在全国文化科技卫生“三下乡”集中示范活动中，活动现场送春联、图书、科技资料，共发放图书600多本，捐赠图书600多本，价值2万余元；为新惠镇内15个社区发放图书3万余册，书架30个，发放《习近平谈治国理政》(一、二卷）1110册；协助旗人武部、禾为贵公司建立图书室，为深入开展“全民阅读”活动打下基础。庆祝改革开放40周年，承办“书香伴我行共筑中国梦”中小学生朗读比赛暨全国“巅峰诵读”大赛，现场200余观众观看，2万余人次收看网络直播；新惠镇高家窝铺村农家书屋获得“全国示范农家书屋”称号，下洼镇图书管理员王志杰获得全国“优秀农家书屋管理员”的荣誉；内蒙古草原阅读季中，敖汉旗“阿友书乐园”获得优秀项目奖；全市阅读活动评比中，敖汉旗获奖数居全市第一位。

改革开放以来，全旗的民间藏书日渐丰富，不论是旗直机关、企事业单位职工，还是农村牧区爱好图书的农牧民，他们发挥自己的藏书爱好，精心打造自己的书屋，藏书门类多、内容涉猎广、收藏图书数量多是前所未有的。本志重点介绍全国“书香之家”“阿友书屋”。

第五编表 2　1979—2018 年图书阅览情况一览表

项目 年份	订阅报刊		图书阅览		图书借阅		图书流动（册、次）
	报纸（份）	刊物（份）	办阅览证（人、次）	阅览（人、次）	办借书证（人、次）	借阅（人、次）	
1979	18	161	—	21000	—	8657	16000
1980	23	136	450	27000	700	9720	18000
1981	23	195	—	30000	700	10229	20000
1982	26	198	—	22000	—	5634	12000
1983	62	224	—	20000	—	6731	13000
1984	49	230	—	30000	—	12098	24000
1985	37	181	—	21000	—	4700	15000
1986	—	—	—	—	—	—	—
1987	19	260	—	—	—	—	—
1988	65	283	720	23460	60	11176	34000
1989	68	180	275	14785	55	11080	25000
1990	54	158	364	18690	40	9650	38000
1991	54	145	282	15670	65	11860	27000
1992	50	141	207	126	58	10980	23000
1993	46	103	180	11934	70	12100	24000
1994	35	102	90	9772	61	11450	11000
1995	34	106	205	13449	58	10185	23000
1996	45	126	218	25930	40	8168	33000
1997	44	122	194	25294	90	11231	36000
1998	29	126	667	36731	80	10800	47000
1999	48	144	599	37742	40	8670	46000
2000	33	79	710	42601	60	10300	52000
2001	30	81	528	39440	70	9682	49000
2002	29	132	50	7681	—	—	—
2003	12	75	—	—	—	—	—
2004	16	102	62	7892	14	2268	10000
2005	28	179	130	31000	126	35000	40000
2006	30	70	500	10250	648	9370	30000
2007	30	72	660	10860	750	10575	40000
2008	35	75	800	15665	978	13880	45000
2009	35	75	890	20880	1590	19432	65000

续表

项目 / 年份	订阅报刊		图书阅览		图书借阅		图书流动（册、次）
	报纸（份）	刊物（份）	办阅览证（人、次）	阅览（人、次）	办借书证（人、次）	借阅（人、次）	
2010	38	80	1500	21980	1875	28900	70000
2011	40	85	1800	34120	2635	34300	75000
2012	40	85	2000	41690	2900	46750	76000
2013	45	88	2100	62100	3580	53100	80000
2014	46	90	3400	63106	4990	62800	80000
2015	45	95	5150	75123	6170	69000	85000
2016	46	110	6500	76148	7842	76450	90000
2017	45	120	8140	88324	9150	87430	95000
2018	46	140	11500	102436	12160	95000	100000

三、图书点

1979年开始，图书馆以各乡（苏木）、镇文化站和厂、矿、院图书室为单位，下设流动图书点，还支持两户农民办起家庭图书室。图书点（室）向图书馆押金借阅图书，同时，馆内还把积压时间过长的复本书剔除，送给图书流动点。1979年有图书点26处，1981年发展到28处，1984年整改后为15处，1986年有16处。图书馆6年时间无偿提供给各图书点11654册图书。

到1990年，全旗有图书点21个。图书馆采取重点扶持、加强指导、送书到门的方针。年末，各图书点共计藏书5万多册，许多村民组还建起图书室。1993年，支持、协助建立个体图书馆“云鹏书社”，《光明日报》予以报道。1994年，加强农村牧区图书网点建设，重点抓6个乡镇的文化站、文化室和文化户，向他们赠送图书，给予辅导和帮助。全年农村牧区流动借书4000册，借阅1万人次。1996年，在旗政府院内开办图书阅览室，为政府领导和工作人员借阅图书、查询资料提供方便，是图书馆业务上的有益尝试。1997年，抽调馆内业务骨干，对11个图书点和个人藏书进行指导，帮助整理图书6450册。配合“彩虹文化计划”的实施，编写《基层图书馆工作方法》，绘制20多幅设备图分发给11个乡镇的文体站，对各站图书管理起到积极作用。

2001年，对四德堂、牛古吐、旗建筑公司等图书室进行业务指导。2004年，协助新惠镇建立社区图书室1个，投入图书4600册。2005年8月，利用馆藏图书报刊和部分设备，在新惠镇北街社区建起面积为30平方米，可供30人同时阅读的图书报刊阅览室。移动书架1个，期刊展示架1个，读报台3个，同时提供图书1000多册，报纸12份，刊物

40 多种。2008 年 9 月，图书馆派工作人员到下洼镇文化站和王志杰文化大院，指导图书室工作，帮助制定《图书阅览规则》《图书借阅制度》《图书分类规则》，建立《图书财产登记簿》《图书借阅登记册》，使图书管理科学化、图书业务标准化，为读者提供良好的阅读环境。还为王志杰文化大院赠送近 300 册图书和部分阅览书桌。全年为四道湾子文体站、新中街社区和旗农电局图书室捐赠流动图书、报刊 3000 余册（份）。

2009 年 5 月—2011 年 8 月，全旗分三批启动“草原书屋工程”，村级“草原书屋”达到 169 家，累计投入资金近 600 多万元，覆盖全旗乡镇苏木（办事处）近 80% 的嘎查、村。2011 年，为敖汉旗农电局送去图书 1000 余册，报刊 30 多种，建成“流动图书室”。

2016 年，对草原书屋进行综合管理。利用农村牧区文化发展资金，为全旗 222 家草原书屋每家采购书架 8 组，图书 400 余册，电脑 1 台，使得草原书屋建设达到全市一流水平。在新北社区建立起图书馆分馆一处，提供图书 800 余册，价值 14000 余元。

2017—2018 年，为做好全旗草原书屋的服务与指导，旗图书馆对全旗的 222 个草原书屋进行普查，并对图书管理员进行业务培训。培训内容有图书分类、图书加工、整理上架、借阅管理及图书室管理员的职责等基础知识。

第二节　图书活动

一、油印小刊物

1979—1980 年，办《图书通讯》5 期。

1980—1981 年，办《书声》6 期。

1981—1982 年，办《敖汉旗图书馆图书目录》两辑，介绍有关农、林、牧、副和医药卫生方面的图书 300 多种。至 1985 年，办各种有关图书分类、借阅、新书上架等资料 6 期。

1990 年，办《百业信息报》，宣传党的富民政策，提供致富信息，介绍实用技术；1995 年，开辟《报刊要目》1 期，《时事报道》2 期，《读者园地》4 期，接待咨询 649 人次。

2005 年 3 月，在文化、卫生、科技“三下乡”活动中，编印《农业、牧业科技》《新书介绍》《庭院经济》《饮食文化》四个专辑 1000 多份，发放给农牧民群众。

二、送书、送报、赠书

1982—1984年，连续3年为热水汤疗养院送书600余册；1985年，到汽车站为旅途中的读者送报纸，并为镇内3所完小和幼儿园送少儿读物3000余册。同时向两个农民图书室赠书90多册。

1989年，为新惠二中、消防中队、妇联等单位送书20次，总计600多册。

1991年，为行动不便的老人和光荣院义务送书306册。

1997年开始，敖汉旗开展送文化下乡活动，图书馆每年随下乡小分队为农牧民送图书和科技资料。2015年1月25日，开展“春暖新州，文化基层行”送文化下乡活动，图书馆编写科技资料10期6000余份，分别发送到萨力巴乡城子山村、新惠镇新地村、四道湾子镇四德堂村的广大农牧民手中。

2017年，积极开展送图书进村、进文化室活动。为新惠镇红娘沟村仕伟文化大院送去图书300余册，价值5000余元；为新北街社区送去图书600余册，价值18000余元；为旗武装部送去书架9个，价值6000余元。

2018年1月19日，由司法部、全国普法办公室及内蒙古自治区党委、政府主办的2018年全国文化科技卫生“三下乡”集中示范活动在敖汉旗萨力巴乡举行，图书馆在活动现场开展了送春联、图书、科技资料活动。共发放图书600多本，捐赠图书600多本，价值2万余元。为新惠镇内的15个社区发放图书3万余册，书架30个。发放《习近平谈治国理政》（一、二卷）1110册，发放《习近平新时代中国特色社会主义思想三十讲》800多册。

三、读书讲座

1984年7月，举办《敖汉古代文化》《敖汉由来》《金丹道教起事始末》讲座，由齐成玉主讲，各界听众共230人次。

1985年5月，配合“五讲四美三热爱”活动的开展，举办《修辞——语言美的艺术》讲座，由胡新主讲，听众达120人。

1988年春，为帮助专业户掌握养殖技术，举办为期3天的“养鸡技术培训班”，由王贵东主讲，有40多人参加。

1989年，举办少儿故事会5次，读书报告会4次。

1995年，组织镇内小学生开展儿童知识讲座活动。

四、知识竞赛、游艺活动

1979 年建馆以来，每逢元宵节、国庆节期间，经常与旗文化馆、旗乌兰牧骑合作举办灯谜晚会。旗图书馆出示书刊谜、百科知识谜，吸引各界读者前来参加。

1982—1985 年，利用寒暑假期间举办中小学生参加的知识竞赛活动 5 次，每次参加人数 70 人左右。

1991 年，组织灯谜晚会、少儿故事会、智力竞赛、读者座谈会共 6 次。

1997 年在新惠镇内开展家庭读书“123”工程活动。

2000 年，学校开始减轻学生的课业负担，图书馆举办图书宣传周、读书征文和手抄报比赛等活动，少儿读者增加 510 多人。

2006 年元宵节期间，在宣传文化中心楼前举办 4 个晚上的“魅力敖汉”元宵灯谜有奖竞赛，共挂出 22 个大类的谜面 560 条。

2015 年，举行“书香敖汉”全民阅读读书月暨国学大讲堂启动仪式。举办“走进草原书屋，圆人生梦想”读书竞赛活动。4 月 3 日旗图书馆举办“走进草原书屋，圆人生梦想”读书知识竞赛活动并在政府网站发布答题卡，全旗广大干部职工、农牧民 300 余人参赛，并分别评出一、二、三奖，极大地调动了全旗广大干部职工农牧民的读书兴趣。

2016 年，举办农村牧区草原书屋知识竞赛读书活动 1 次，参加人员 30 人，其中 1 人获得二等奖，7 人获得三等奖，三家单位荣获优秀组织奖。

2018 年，为庆祝改革开放 40 周年，由旗委宣传部、文明办、团旗委、妇联、教育局、文化广电体育局、广播电视中心主办，图书馆、电视台、国语职业培训学校、北京超星公司承办“书香伴我行共筑中国梦”中小学生朗读比赛暨全国“巅峰诵读”大赛敖汉分赛区获奖选手颁奖晚会，200 余名观众在现场观看了晚会，场外网络直播收视率达 2 万余人次，收到良好的社会反响。与旗新华书店和政协书画院共同主办中小学生以“做堂堂正正中国人，写方方正正中国字”为主题的第一届“墨点杯”硬笔书法比赛。本届比赛分中学生组、小学低年级组（一至三年级）和小学高年级组（四至六年级），每组分别设立一等奖 1 名，二等奖 3 名，三等奖 6 名。吸引了 80 多名选手参赛。在 2018 年的全市阅读活动评比中高天宏获得“阅读之星”、石柏令获得“书香家庭”、敖汉旗实验小学获得“书香校园”、敖汉旗地方税务局获得“书香机关”、内蒙古禾为贵种业有限公司获得“书香企业”、敖汉旗新州街道办新中街社区获得“书香社区”、敖汉旗人民武装部获得“书香军营”等荣誉称号。

第二章　新华书店

第一节　图书发行

新华书店建店于民国37年（1948年）。1948—1951年，有工作人员3名，在两间面积为30平方米的店房内，开设售书门市，以经营图书为主，兼营纸张、笔墨等文化用品。经销图书500种左右，多为政治读物。

1952年，售书门市增加15平方米。1954年，下设图书代销点1处。1955年，增设图书代销点2处，全年批发总额7286元。超额完成全年计划5610元的任务。

建店初期主要以出售书刊为主。主要图书来源：

莫斯科版的苏联书刊，有《联共（布）党史》《列宁主义问题》《列宁文选》《马克思、恩格斯及马克思主义》《斯大林格勒》《丹娘》和《钢铁是怎样炼成的》等。进口苏联版图书，纸张好、价格低、销量大、发行面广，宣传马克思主义、列宁主义和以斯大林为首的苏联共产党。

解放区出版物，主要有《论联合政府》《新民主主义论》《将革命进行到底》《论持久战》《论解放区战场》《中国革命和中国共产党》《目前形势与任务》《中国社会各阶级的分析》《整党文献》《社会发展史》《无敌三勇士》《动荡十年》《开不败的花朵》《鲁迅杂文集》《暴风骤雨》《林家铺子》《高乾大》《兄妹开荒》《白毛女》《夫妻识字》《血泪仇》《吕梁英雄传》《小二黑结婚》《李家庄变迁》等。

此外，还兼营各种期刊和文具用品。

在服务方式上，严格执行基层书店工作守则，门市部实行开架售书，还开展主动服务、流动供应、送书上门等服务项目。

1955—1956年度，发行年画77355份，平均每户1.4份。

1956年，根据全国新华书店总店和供销合作总社联合通知精神，新华书店和供销社建立业务联系。书店不设专营代销处，开始办理图书批发业务，在各区供销社建立图书代销点。同时委托文化专业干部、团委妇联干部下乡工作时代销图书。书店工作人员把书籍直接送到机关、农村，边售书边和群众一起劳动。全旗有供销社代销处31个，其中规定发行任务的供销社 8 个，全旗图书发行网络初步形成。上半年销售图书 212415 册，销售码洋 34682 元。年末，销售金额达 77302 元，占计划的 89.88%；1958 年，发行 620284 册，金额 99024 元。各地纷纷建立民办书店，年末达 27 个，有图书经销处 32 处；1959 年，发行 776556 册，超过计划发行量的 31556 册，收入 115739 元，超过计划数 739 元。同年，民办书店撤销，全旗图书代销统归供销社销售网。

1960 年上半年，发行 371648 册，比 1959 年同时期增长 50%，收入 60018 元。其中社会科学书籍 42986 册，占发行册数的 11.6%。全年共发行 658561 册，收入 114847 元。1961 年发行 459706 册，收入 81966 元。1962 年发行 415735 册，收入 67845 元。1963 年发行 500000 册，收入 115000 元。实现利润 7000 元。其中：农村销售 30642 册，金额 11746 元，蒙古文书籍 9587 册，金额 1836.59 元。1964 年，发行 583725 册，收入 125503 元，实现利润 9000 元。其中农村销售 33370 册，蒙古文书籍销售 14400 册。

1965 年，发行 595325 册，收入 113159 元。其中毛主席著作 30000 多册，蒙古文书籍 7566 册，除政治类读物外，增加《西游记》《红楼梦》《三国演义》《水浒传》等古典文学名著，反映革命时期的战斗小说、革命回忆录、科普读物。发往农村 480577 册，收入 87163 元。

1966 年上半年，扩大代销点。销售到农村、牧区图书 270000 册，比 1965 年同时期增长 8.7%。销售毛主席著作（包括单行本）35000 册，比去年同期增长 15%。许多古籍和传统书画被视为“四旧”，1—10 月，共清理“黑书”3000 册，“黑画”5 种 600 多张。发行《毛泽东选集》和《毛泽东著作选读》680 部。甲种本 16568 本，乙种本 273102 本，毛主席语录 9800 本，毛主席像 12810 张，毛主席像和语录年画 7900 张，蒙古文毛主席著作 1078 册。

“文化大革命”开始后，大部分书籍封存停售，书店的主要任务是发行《毛主席语录》、毛主席像章和当时的宣传材料、八个样板戏等，其他类别出版物严重缺乏。1968—1969 年，在各级党委设立的“毛主席著作发行领导小组”直接领导下，书店送书和像章到公社、大队，群众张灯结彩，敲锣打鼓迎接“红宝书”，用这种“敬请”的办法，在全旗普及毛主席著作、语录本和像章。

1970—1976 年，书店发行马列主义、毛泽东著作、革命图书和科技书。1977 年，发行马列著作和毛主席著作 119707 册，科技书和革命图书 1605750 册（课本除外）。1978 年，为宣传社会主义革命和社会主义建设新时期的总任务，利用供销社、农村图书发行网，把 4560 张宣传画、5000 册图书发至各生产队。

1979 年，开架售书，加强征订。调整农村销售点，转变工作作风，出摊售书。全年销售 391000 元。提前 3 个月完成全年任务，超计划 34.8 万元的 12.6%；利润完成 41000 元，超计划 2.4 万元的 78%；发行费用 30000 元，占计划费用 3.3 万元的 90%，费用率为 7.7%，劳动生产率为 20.578%。库存由年初的 136000 元，下降为 98838 元。

1980 年以后经销图书种类增加到 3000 多种，包括政治、军事、经济、文学艺术等 17 类。发行 1820000 册，收入 462927 元，超计划的 12.9%；实现利润 49765 元，超计划的 27.6%；劳动生产率达 27231 元，费用 30453 元，比规定指标低 1.8%，费用率为 6.6%；库存金额 91000 元，超计划的 1.1%。各项经济指标均超过历史最高纪录。

1981 年，大力加强企业管理，实行岗位责任制和奖金制度。在图书流供方面，4 人下乡合计 800 多天，流动送书金额 6000 余元。指导供销社发行图书，使其发挥作用，农牧区图书发行金额 50000 元，旗店全年销售 477000 元，其中旗店门市部销售 76000 元，实现利润 37700 元，费用完成计划数的 108%，人均劳动生产率计划 23800 元，完成计划的 119%，损耗率千分之 1.1，低于上级规定的标准。同年发行党的十一届六中全会《决议》10000 册，是全自治区发行数量最多的旗县。新华书店门市部和丰收供销社门市部出席自治区图书发行工作先代会。

1982 年，调出存书 50000 元，全年销售 494000 元，超年计划 24000 元，实现利润 41700 元，超年计划 7200 元，劳动生产率 26000 元，农村发行 15000 元，供销社发行 171000 元。

1983 年发行《邓小平文选》10000 册，《中共中央关于整党的决定》700 余册，《陈云文稿》《十一届三中全会以来重要文件汇编》等 1000 余册。为本旗几个煤矿购进安全生产技术书 10 多种，还给农区送去农业生产技术书。11 月，召开了全旗各供销社主任会议，讨论研究农村牧区图书发行工作。以农牧区销售点为发行主体，设 23 个销售网点，共完成售书金额 181000 元，旗店处理财务不符、污损图书 20000 册，金额达 10000 余元。全年销售 1350000 册，金额 534000 元，超全年任务数 21000 元；实现利润 42700 元，超全年任务 2000 元；劳动生产率 26500 元，超全年任务 1500 元；库存 125000 元，比计划低 10000 元；费用 45000 元，比计划超 7000 元。

1984 年，负责全旗城乡图书、中小学课本和大中专教材的发行，并开始经营少量音像制品。销售、利润额都较上年有较大幅度提高，创下历史最高纪录。1985 年 1 月，赤峰市新华书店统一管理全市新华书店系统的人事、财务、物资，实行三权统一。敖汉旗新华书店门市部年销售额 60000 元，一般图书销售额 135000 元，占全店的 34%。供销社销售点 30 个，图书代销点 2 个。全年销售 739465 元，利润 79000 元，人均购书 1.4 元。

1985 年 4 月，旗新华书店业务工作归市新华书店统一管理。

第二节　图书专营门市、代销点

中华民国 37 年（1948 年），东北书店敖汉支店成立前，全旗没有图书发行单位和图书销售专营门市。新惠镇、贝子府、下洼、四家子、小河沿等交通方便、人口集中的地方，有一些劝学馆的小贩，来往贩卖书、笔墨等，还有几家私营文具店兼营图书。

一、燕永堂文具店

民国 34 年（1945 年），新惠镇内街北头，有一家店号为“燕永堂文具店”的私营商店，经营文具和图书。有店堂 2 间，从业人员 2 名。所经销的图书是当时私塾所用的《百家姓》《三字经》《千字文》和四书五经、古典小说、剧本等，春节期间还经销一些年画和祭祀用品。

1956 年，公私合营，燕永堂文具店停业。

二、刘春海杂货店

民国 26 年（1937 年），河北籍人刘春海在敖汉旗南部地区挑货郎担子，卖些零星日用品和小唱本、《三字经》《百家姓》之类的读物。1940 年，刘春海在贝子府街租赁一间房子，开办杂货店兼营图书业务。其中图书资金占 60%，纸墨笔砚占 20%，其余为杂货。书及文具均从承德、朝阳等地购进。

民国 36 年（1947 年），刘春海迁走，杂货店停业。

三、长胜图书门市

长胜图书门市建于 1970 年 6 月，属于旗新华书店下设门市，人、财、物三权归旗店管理。租赁私人土木结构房舍 4 间，约 60 平方米，另有 12 平方米简易书库一间。固定资产额 25000 元，经销图书、年画、课本等。工作人员刘国堂、王爱民。1971 年末，图书门市撤销，归长胜供销社经营。

四、贝子府图书门市

贝子府图书门市建于 1970 年 10 月，属于旗新华书店下设门市，人、财、物三权统归旗店管理。租赁私人土木结构房舍 3 间，约 50 平方米，另有 10 平方米简易书库一间。固定资产额20000元。经销图书、课本等。工作人员杨忠、鲁国昌。1971年年末，图书门市撤销，归贝子府供销社经营。

五、图书代销点

1956年，全旗12个区普遍开展供销社售书业务，新华书店为支持供销社售书，派专人下乡进行业务指导，实行经销包退，污损自负制度。全旗有各供销社及供销社所属分社图书代销点31个。1958年，全旗各地成立民办书店27个。

1956—1960年，民办书店先后撤销，归供销社售书网点。有供销社代销点32处。

1966—1984年有供销社代销点23处。旗新华书店加强代销点的发行供应工作，对代销点的原则是“巩固、发展、提高”“长期合作，负责到底”。

1985年，图书发行网点32个，其中供销社代销点28个，其他类代销点2个。

第五编表3　1985年图书代销点情况一览表

代销点名称	经营种类	年销售金额（元）	备注
下洼供销社图书门市部	图书、年画、医药	15000	
贝子府供销社图书门市部	图书、年画、医药、百货	38000	专营
金厂沟梁供销社图书门市部	图书、年画、医药、百货	12000	
宝国吐供销社图书门市部	图书、年画、医药、百货	10000	
长胜供销社图书门市部	图书、年画	55000	专营
牛古吐供销社图书门市部	图书、年画、医药、百货	4000	
四道湾子供销社图书门市部	图书、年画、医药、百货	8500	
四家子供销社图书门市部	图书、年画、医药	11000	
新地供销社图书门市部	图书、年画、医药、百货	3300	
四德堂供销社图书门市部	图书、年画、医药、文具	4000	
古鲁板蒿供销社图书门市部	图书、年画、医药、文具	5000	
大甸子供销社图书门市部	图书、年画、医药、百货	3500	
高家窝铺供销社图书门市部	图书、年画、医药、百货	2000	
敖音勿苏供销社图书门市部	图书、年画、医药、百货	800	
双井供销社图书门市部	图书、年画、医药、百货	5000	
敖润苏莫供销社图书门市部	图书、年画、医药、百货	3000	
克力代供销社图书门市部	图书、年画、百货	4000	
玛尼罕供销社图书门市部	图书、年画、医药、百货	4000	
南塔供销社图书门市部	图书、年画、医药、百货	1000	
康家营子供销社图书门市部	图书、年画、医药、百货	3000	

续表

代销点名称	经营种类	年销售金额（元）	备注
新窝铺供销社图书门市部	图书、年画、医药、百货	3000	
木头营子供销社图书门市部	图书、年画、医药、百货	4000	
王家营子供销社图书门市部	图书、年画、医药、百货	3000	
丰收供销社图书门市部	图书、年画、医药	35000	
萨力巴供销社图书门市部	图书、年画、医药、百货	4000	
敖吉供销社图书门市部	图书、年画、医药、百货	4000	
林家地供销社图书门市部	图书、年画、医药、百货	4000	
羊场供销社图书门市部	图书、年画、医药、百货	4000	

第五编表 4　新华书店历年来流供人员和定任务的图书销售网点一览表

年份	流供员人数	销售网点数	年份	流供员人数	销售网点数
1948			1967	4	50
1949	2	4	1968	4	50
1950	2	5	1969	4	50
1951	2	6	1970	4	50
1952	3	10	1971	4	50
1953	3	5	1972	4	50
1954	4	5	1973	4	30
1955	4	5	1974	4	30
1956	4	7	1975	4	30
1957	4	8	1976	4	30
1958	4	10	1977	4	23
1959	4	12	1978	4	23
1960	4	12	1979	4	23
1961	4	12	1980	4	23
1962	4	40	1981	4	23
1963	4	40	1982	3	23
1964	4	45	1983	3	29
1965	4	50	1984	3	29
1966	4	50	1985	3	29

第五编表 5　新华书店历年图书发行一览表

年度	调入		销售				库存	
	数量（册）	金额（元）	数量（册）	金额（元）	其中		数量（册）	金额（元）
					图片（份）	金额（元）		
1963			507777	114668			93862	
1964	586410	120788	583725	125504	193581	38545	369624	59642
1965	651344	132731	593325	113159	155098	24306	437743	69346
1966	948987	149996	923556	150387	156850	32786	395411	56868
1967	1127311	166932	642409	80165	21500	2925	982390	146442
1968	965360	147656	1366261	188149	197850	35278	866057	92392
1969	559032	179011	778550	131282	179600	37525	037331	128745
1970	497675	151891	783510	142187	189520	39642	625891	128304
1971	869707	171469	833192	137257	210571	41825	610897	115048
1972	1135273	206956	862847	151407	179335	20159	611341	115920
1973	1680761	197129	1422051	203160	138863	36707	788449	105674
1974	1251816	230123	1125915	211172	177727	19887	617974	122141
1975	1706632	336386	1419319	278390	230242	33869	855644	168228
1976	1527826	313290	1577178	316774	238189	35690	557001	110809
1977	1712714	344901	1470057	314787	258965	32572	658709	117284
1978	1801510	377086	1459130	332566	419663	54359	795200	136168
1979	1426839	400086	1503617	393150	290100	49576	409364	79963
1980	1642749	486970	1645705	462926	98680	33316	270788	91622
1981	2301781	617804	1867860	476862	396765	71566	651180	225334
1982	1739229	427898	1951064	494378	427224	73659	422868	152412
1983	2099664	576491	2040614	537565	368815	65482	580075	164692
1984	2139394	586910	2298349	606813	447241	76391	497990	143025
1985	2034157	838329	1897984	760918	297173	62211	486477	203543

第六编

专业演出团体

第一章　乌兰牧骑

第一节　“文化大革命”时期的乌兰牧骑

1967 年 1 月 4 日，周总理等中央领导在北京体育馆接见到北京串联的全国文艺界代表，敖汉旗乌兰牧骑全体队员参加。3 月开始，结合“抓革命、促生产”等党的方针政策，陆续排练 50 多个短小精悍的小节目，如歌舞《东方红》、表演唱《四老汉学毛选》《军民送粪》、快板书《老三篇万岁》、歌曲《学习十六条》《歌唱焦裕禄》《为女民兵题照》及蒙古语独唱、好来宝等，有许多自创节目。深入乌兰图格公社、羊场、李家营子、三棵树、沙敖等地，晚上演出，白天进行农村业余剧团辅导。

1968 年 8 月，“四合一”文艺宣传队与旗直机关联合排练演出京剧《沙家浜》。

1971 年 11 月，参加在锦州举办的辽宁省文艺会演。12 月，举办全旗文艺骨干培训班，130 多人参加学习。

1972 年 7 月，全体队员到天津学习相声、单弦联唱等曲艺节目。

1973 年 6 月，有 18 名队员抽调昭乌达盟联合队，参加辽宁省文艺会演。7 月，到元宝山为知识青年家长进行回访演出。11 月，全队去朝阳学习京剧《沙家浜》，并观摩辽宁演出队的节目。

1974 年 8 月，到鞍山为知识青年家属进行慰问演出。

1975 年 7 月 10 日—24 日，参加昭乌达盟 1975 年文艺会演。舞蹈《百花盛开春满园》获演出奖。8 月到山湾子水库工地慰问演出，自编了数来宝《赞水库》、合唱《我们是水库工地的愣小伙》、歌舞《山湾战歌》、评书《红花吐艳》、快板书《开山英雄赞》、小评剧《渠道畅通》、唱词《新风筝》等，还排演小话剧《审椅子》、表演唱《养猪阿奶》等。

1976 年 5 月 24 日—6 月 4 日，参加昭乌达盟文艺调演。6 月 13 日—21 日，去鞍山为“欢迎昭乌达盟敖汉旗下乡知识青年报告会”和鞍钢工人演出。8 月 15 日，为山湾子水库竣工庆祝大会演出。10 月 5 日—26 日，为赤峰地区夺煤大会战演出，先后到平庄局基建公司、机修厂、局医院、元宝山、东电一公司、红卫煤矿等 12 个单位，演出 32 场。根据煤矿实际，创作《矿井赞歌》等曲艺节目，深受工人欢迎。全年共创作、排演 4 台节目，包括小戏剧《俩木匠》、京东大鼓《新社员》、对口快板《历史车轮永向前》、舞蹈《护线兵》、独舞《我们也要献力量》、表演唱《飒爽英姿进山来》《俺们学唱样板戏》《四大妈送饭》《岷山春风》、歌舞《百花盛开春满园》《剪马鬃》《新牧民》和《快板舞》，二人转《女队长》《新苗茁壮》、单出头《常宝请战》、京东大鼓《娶女婿》、快板书《响箭擒敌》《铁牛隆隆》《刘大娘上任》《学大寨真学假学不一样》、相声《赞朝农》《游击小英雄》《挖宝》《移风易俗》、故事《天安门广场擒敌》、对唱《军民鱼水情》、独唱《大学毕业回山村》等。演出 124 场（次），下乡演出、劳动、辅导 140 多天。全年随队带培学员 18 人。3 次派队员分别下乡 40 多天，辅导农村业余文艺队伍 22 个，旗县机关业余文艺宣传队 17 个。举办文艺骨干、秧歌学习班各 1 次，办 8 次公社级文艺骨干训练班。

1977 年 1 月，由盟委书记周明带队，敖汉旗乌兰牧骑代表盟委，为赤峰地区驻军做慰问演出约 1 个月时间。先后到 3 个师级、8 个团级、14 个相当于团级的单位，边演出边创作，把部队的先进人物、典型事迹编成曲艺节目，深受指战员欢迎。5 月，参加昭乌达盟文艺会演，小评剧《俩木匠》（编剧齐成玉，作曲王树杰，导演王洪儒）获演出奖、创作奖。6 月，队员分别到遵化县宣传队、天津文工团、延边歌舞团、舒兰县文工团、吉林吉剧团、龙县文工团和铁岭地区文工团学习。全年排演《就是他》《夺印》《夺车》《夫妻排戏》《江姐》《双喜临门》等节目。

第二节　与时俱进的乌兰牧骑

“文化大革命”运动结束后，乌兰牧骑迎来百花齐放春色满园的新时期，在肃清“四人帮”文艺战线流毒的基础上，迸发出极大积极性和创作热情。1978 年 2 月，参加昭乌达盟文艺会演。编演的表演唱《春满饭店》获集体表演奖、导演奖和创作奖。歌舞《普天同庆》获创作奖。二人转《塞北歌声》获作词奖和表演奖。歌舞《红花献给华主席》获个人表演奖。自下半年开始，乌兰牧骑演出由曲艺、歌舞为主转为以传统戏曲为主。党的文艺政策得到落实，“四人帮”在文艺界设置的禁区被打破，传统戏曲的恢复演出，受到广大人民群众的热烈欢迎。6 月，评剧《小女婿》的排练成功，在全旗产生很大轰动。各公社干部群众纷纷要求乌兰牧骑下乡演出，旗文化局为满足群众的需求，针对评剧《小女婿》的演出，研究制定演出顺序和各地演出时间，以文件形式通知各公社。全年在 22 个公社和 8 个厂、矿等单位演出 94 场，每场观众 1 万人左右。同年还排演了传统评剧《茶瓶记》《打渔杀家》，更加活跃城乡文化生活。为解决化装等费用，经相关部门批准，文化局批复乌兰牧骑下乡演出可以少量收费。全年演出收入 3388.55 元，支出 2021.98 元。

第六编表 1　1978 年乌兰牧骑下乡巡回演出《小女婿》日程表

月	日	演出地点	月	日	演出地点
7	24	三官营建桥工地	8	11	克力代公社
7	25	新地公社	8	12	丰收公社
7	26	热水汤疗养院	8	13	新惠公社
7	27	林家地公社	8	14	荷也勿苏公社
7	28	四家子公社	8	15	机动
7	29	112 医疗队	8	16	长胜公社
7	30	金厂沟梁公社	8	17	双井公社
7	31	金厂沟梁金矿	8	18	木头营子公社
8	1	贝子府公社	8	19	羊场
8	2	王家营子公社	8	20	铁道兵
8	3	大甸子公社	8	21	古鲁板蒿公社
8	4	宝国吐公社	8	22	孤山子驻军
8	5	兴隆洼煤矿	8	23	撰山子金矿
8	6	下洼公社	8	24	四德堂公社
8	7	岗岗营子公社	8	25	小河沿公社
8	8	牛古吐公社	8	26	铁道兵
8	9	敖吉公社	8	27	乌兰公社
8	10	山湾子水库	8	28	双庙公社

1979 年，排练演出 21 个剧（节）目，其中 1978 年保留剧目 3 个。新排话剧《于无声处》、评剧《甜蜜蜜的事业》、喜剧《闹碾房》和古装戏曲《柜中缘》《小姑贤》《花为媒》《红娘》《汾河湾》《碧玉簪》《杨二舍化缘》《五家坡》，还有评剧清唱《献上一束花》、女生独唱《歌唱烈士张志新》，快板书《浩气长存》等 6 个小节目。全年下乡五次，时间为 62 天，所到公社级演出点 6 个，生产大队级演出点 11 个。演出 148 场，观众达 757300 人次，其中城镇 62 场，农村 86 场。全年在镇内售票收入 6614.33 元，创作排演话剧《关键时刻》、评剧《如何是好》。同年举办三期二人转等文艺培训班，辅导 2 支农村演出队伍，同时，对“纪念张志新诗歌音乐朗读会”、旗直文艺会演和“5・23”文艺会演进行辅导。

1980 年上演大、小剧（节）目 23 个，其中新排练传统戏曲《奇冤记》《秦香莲》《窦娥冤》《拾玉镯》和《青草闯堂》。“5・23”旗直文艺演出，排演 7 个节目。全年下乡 5 次，73 天，到达 9 个演出点。从本年开始，全旗各地传统戏曲活动开始兴盛，乌兰牧骑带培农村业余剧团骨干演员 15 名。3 次派人去岗岗营子宣传队，4 次派人去四家子业余剧团辅导。

1981年排演传统评剧《借妻》《墙头记》《刘云打母》《状元与乞丐》和话剧《孝顺儿子》。年内，抽出队员12名，下乡总计70多天，辅导岗岗营子、四家子、贝子府3个业余剧团。

1982年，下乡137天，在全旗9个公社的12个演出点和建平县喀喇沁公社、奈曼旗演出。排演评剧《三换新娘》《状元与乞丐》、吉剧《母与子》、京剧《青峰山》《巧县官》，创作排演吉剧《风雨之夜》、评剧《行车路上》（编剧齐成玉，作曲、导演徐国选）、评剧《一袋土豆》（编剧齐成玉，作曲李国文，导演王洪儒）。

1983年，下乡128天，行程3800公里，在13个公社的17个演出点演出。排演古装戏曲《郑小娇》《举案齐眉》、现代评剧《合家欢》《觉悟》《闺女大了》《哑女告状》，演出自创小评剧《特殊婚礼》（编剧丛培德，作曲李国文，导演高铁虹）、《云岭人家》（编剧张国辉，作曲李国文、导演王洪儒）、《没过门的媳妇》（编剧高铁虹，作曲李国文，导演李景林）和小吉剧《两亲家争宝》（编剧齐成玉，作曲、导演徐国选）。同年被赤峰市文化局评为全市先进乌兰牧骑。

1984年11月，参加全市乌兰牧骑文艺会演暨经验交流会，被评为全市乌兰牧骑先进集体。自编小评剧《桃园喜讯》（编剧高铁虹、刘玉柱，作曲李国文，导演高铁虹）获剧本创作二等奖，演出一等奖；小评剧《嘎二嫂撒鸡》（编剧孟庆和、孟庆华，作曲、导演徐国选）获创作鼓励奖、导演奖，冯黎明获个人表演奖。本年排演古装戏曲《凤还巢》《奇冤义胆》。

1985年5月中旬，由旗文化局总支书记沈绍文带队，20名队员到内蒙古电视台拍摄戏曲电视片《桃园喜讯》。7月1日晚8：30在内蒙古电视台播出。内蒙古自治区党委书记周惠看后给予肯定，并批示改编成二人台演出。内蒙古自治区文化厅高度重视，决定以该剧播放为契机，召开全区改革题材小戏调演大会。10月19日—11月3日，由文化局局长蔡春圃带队，剧组一行21人第二次赴呼市，参加全区改革题材小戏调演，《桃园喜讯》又获剧本创作奖和演出奖。敖汉旗乌兰牧骑被评为精神文明代表队。年末，排演古装戏《朱痕记》《举案齐眉》《母老虎上轿》《郑巧娇》。全年下乡46天，在9个演出点演出126场。

1986年3月，派6名队员去锦州评剧团学习。排演古装戏《李娃传》《马寡妇开店》《恩与仇》、现代戏《贴广告》和两台文艺节目。与文化馆联合举办全旗青年歌手大奖赛、南腔北调大奖赛。1986年7月，举办戏曲表演学习班，参加学员28人。

1987年6月，旗乌兰牧骑指导员高铁虹参加内蒙古文化厅召开的“乌兰牧骑建队30周年庆祝大会暨理论研讨会”，获得文化部、国家民委颁发的奖旗各1面，还有收录机、照相机、队徽及在乌兰牧骑工作10年以上的老队员荣誉证书。7月31日晚，在新惠中学广场为庆祝内蒙古自治区成立40周年做专场演出，大部分为新创作的歌舞、曲艺类节目。8月2日晚，演出自创大型民族神话剧《牧人与仙子》（编剧高铁虹，作曲李国文，导演褚国祥、徐国选）。同年排演古装戏《大劈棺》《凤落梧桐》《秦香莲后传》《包公赔情》《遇皇后》，现代戏《啼笑皆非》《男妇女主任》《骗子成婚》《走西口》。

1988 年，排演剧目有《花打朝》《五女兴唐》《断臂姻缘》《挡马》《断桥》《打焦赞》《黑风洞》《包公嫁女》《红罗衫》《白水滩》《探阴山》。

1989 年冬，举办全体队员冬训班，开设业务、政治和文化三门课程，培训结束进行考试，队员成绩记入个人业务档案。12 月，排演评剧《雷锋的童年》。在新惠镇内演出 9 场，8 所中小学的 4900 多名师生观看演出。演出在师生中反响强烈，学校纷纷举办座谈会，指导学生写读后感。12 月 24 日在赤峰昭乌达剧场为红山区各中小学演出 10 场，观众达 17000 余人次。市委、市政府、市文化局、市教育局等领导观看演出后给予好评，并接见全体队员,《内蒙古日报》《赤峰日报》和市电台、电视台给予报道。本年排演剧目有《狸猫换太子》《王华买父》《方冰卖妻》《香魂恨》《状元打更》。编排国庆献礼节目 1 台。

1990 年排演剧目 7 个，配合人口普查自编歌舞曲艺节目 1 台。11—12 月，在新惠镇内连续演出反映道路安全的现代评剧《亲人的呼喊》，对观众进行交通安全教育。

1991 年 11 月，参加赤峰市专业文艺团体会演，创作并演出歌舞《热土情》、小评剧《钥匙》《小题大做》（均为齐成玉编剧，彭民作曲，徐国选导演）。《小题大做》中马文波获表演一等奖、服装设计奖。一年中，辅导旗运输公司、旗土产公司、旗供销联社、旗生产资料公司等单位举办的文艺活动。全年新排古装戏 6 台，歌舞、曲艺类节目 2 台，共演出 265 场。

1992 年，排演《梅玉良缘》《御河桥》《天河配》等评剧，承办春节期间秧歌表演，多次参加政府服务型活动，全年共演出 310 场。

1993 年，传统评剧《十五贯》《香壶案》、现代评剧《死心眼插足记》等剧目经过精心排演，被搬上舞台。全年下乡演出共 324 场，观众 1147604 人次。

1994 年，排演传统评剧《狱卒平冤》《程咬金招亲》、吉剧《搬窑》等，排演歌舞、曲艺专场晚会 2 台。同年，李亚军作曲并表演的二人转《找书记》，在全区首届群艺馆业务人员技能大赛中获自治区文化厅颁发的创作表演三等奖；在第一届赤峰市群众文化艺术展演中获赤峰市文化局颁发的创作特别奖。

1995 年，参加赤峰市专业文艺团体会演。全年策划并排演专场晚会 2 台，新排传统评剧《闹严府》《凤冠梦》《秦英征西》等。

1996 年 5 月，配合计划生育宣传工作，排练计生内容专场晚会《希望之光》。5 月 21 日开始，在全旗 30 个乡、镇、苏木巡回演出 78 天。10 月，排演以思想道德教育为主题的话剧《托起明天的太阳》。10 月 29 日，在赤峰市铁路俱乐部举行该剧首映式。11 月初，《托起明天的太阳》在赤峰市公演 30 天，为新惠镇内学生演出达 14 场，在社会上引起强烈反响。全年新排节目 6 台，义务演出 18 场。李亚军作曲的二人转《巧搭桥》，在赤峰市文明企业文艺大赛中获赤峰市精神文明建设委员会办公室、赤峰市文化局联合颁发的作曲二等奖。

1997 年 1 月，在赤峰市举办的春节联欢晚会上，旗乌兰牧骑作为全市唯一一家旗级单位，有 8 名队员参加市电视台节目录制，3 个自创节目被评为优秀节目，8 人获优秀表演奖。4 月初，排练儿童评剧《少年英雄赖宁》(以下简称《赖宁》)。该剧由朱嘉庚、于春儒编剧，彭民作曲，张玉林导演。5 月 16 日，为新惠中学学生演出《赖宁》剧，旗委、旗政府、旗人大有关领导到场一同观看。5 月 19 日—23 日，参加赤峰市乌兰牧骑暨专业艺术表演团体文艺会演。《赖宁》剧组获得此次会演所设立的 17 项奖，共获奖牌 23 块，居参加会演的 15 支文艺团体之首。敖汉旗文体局获优秀组织奖；旗乌兰牧骑获先进集体称号；《赖宁》剧组获优秀集体创作、演出一等奖；乐队获优秀伴奏奖；马文波获先进工作者称号；于玲华、姜久成、孔德刚、于春华、马文波、冯黎明、李亚军、武俊光获优秀表演奖；彭民获优秀导演奖、音乐唱腔设计奖；李惠恩、周承富获优秀灯光设计奖；陈玉莲、邢柏新获舞美设计奖；冯黎明获服装设计奖；孟宪荣、王玉、党文江获道具制作奖；高玉兰获优秀字幕奖。同时获奖的演员还有张雅琴、周晓华、赵淑华、张振龙，乐队获优秀伴奏奖。6 月 3 日，旗五大班子领导一行参加“乌兰牧骑赴赤峰参加专业文艺团体会演汇报庆功会”，宣布旗政府“关于表彰乌兰牧骑的决定”，奖予 5000 元奖金。9 月，为配合全旗“三五”普法工作，排演以法制为题材的戏曲《山杠爷》及部分曲艺、歌舞专场文艺节目，在全旗各地巡回演出一个月，并应邀为全市司法工作会议、赤峰市交通技校做专场演出。10 月，旗乌兰牧骑获文化部等 10 部委“三下乡”活动先进集体表彰奖，是内蒙古自治区唯一一家。12 月，李亚军作曲的二人转《巧搭桥》，被赤峰市委宣传部评为 1996 年度精神文明建设“五个一工程”奖。12 月 28 日，《赖宁》剧获国家 4 部委“为农村儿童送戏超百场”表彰，奖金 2 万元。在人民大会堂举行的颁奖大会上，剧组代表马文波、冯黎明受到李岚清、李铁映等党和国家领导人的亲切接见，并且合影留念。

1998 年 1 月 30 日—2 月 2 日，在原旗武装部楼前公演古装戏《秦英征西》《桃李梅》《凤冠梦》。3 月 25 日开始，为中小学生演出《赖宁》多场，深受中小学生喜爱。8 月 28 日，为金厂沟梁金矿“庆祝建矿 40 周年”排演专场文艺节目，在矿庆期间演出。11 月，被内蒙古自治区文化厅评为全区文化、科技、卫生“三下乡”先进集体，马文波被评为先进个人。12 月 6 日，北京市崇文区教委赞助旗乌兰牧骑扶贫资金 10 万元，用来添置演出设施等。同年，乌兰牧骑被中宣部等 10 部委授予“全国文化工作先进集体”称号。

1999 年 3 月，《赖宁》剧被评为全市精神文明建设“五个一”工程奖。4 月，被市文化局确定为“全市专业艺术创作、演出及教学单位”。6 月 30 日，举办庆“七一”专场文艺演出。10 月 30 日，为自治区“双扶”工作检查团来敖汉检查工作作专场演出。10 月，参加赤峰市庆祝中华人民共和国成立 50 周年大型文艺展演，获优秀演出组织奖。评剧《乾坤带》参加庆祝赤峰市成立20周年文艺展演，获优秀演出奖。本年度举办“工行杯”和“拥军优属、拥政爱民”两个专场晚会。

2000年1月15日，为旗社会保险局演出专场文艺节目。5月26日，为全国体育先进县检查团来敖汉检查工作演出歌舞类节目专场。6月15日—29日，下乡演出话剧《一二三齐步走》，13天演出22场。7月10日开始“百日消夏广场文化演出”，共演出56场。7月22日，与金陶股份有限公司举办专场文艺晚会。12月初，排练话剧《孔繁森》。12月27日，为全旗党代会作专场演出。

第三节　新世纪的乌兰牧骑

进入21世纪，乌兰牧骑紧跟时代步伐，立足于“两为”方针，不断创造着新的辉煌。2001年3月10日，市文化局、旗五大班子领导观看《孔繁森》剧演出。该剧由冯再武编剧，彭民作曲、导演。3月17日起，经有关部门研究决定，烟草专卖类专场宣传节目在松山区、元宝山区、宁城县、红山区等10多个地点宣传、演出。5月18日，旗乌兰牧骑礼仪办公室开业，为集体、个人举办礼仪庆典提供服务。6月5日，为旗环保局作专场宣传演出。7月17日，环保演出专场节目在百日消夏文化广场重演。7月20日，参加内蒙古自治区小戏、小品、曲艺比赛，旗乌兰牧骑参赛作品《门》（小品，冯再武创作，李亚军、马文波获专业组导演二等奖；李亚军获专业组表演一等奖；于玲华获专业组表演二等奖）。11月8日，为全市杂粮展览会在敖汉召开演出文艺节目。12月，话剧《孔繁森》剧组先后到赤峰师专、元宝山等地演出多场。本年度除在全旗多个乡镇演出外，还到朝阳、松山区、红山区、宁城等地，演出评剧《拉郎配》《杨八姐游春》《朱痕记》和京剧《清风亭》等十几个传统剧目。同年，举办环保、庆祝“七一”两个专场文艺晚会。

2002年3月，旗政府常务会议决定，装修旗乌兰牧骑办公、演出场所，旗政府大礼堂的门厅、大门、礼堂门、礼堂墙面、幕布、地板和舞台都重新修缮，为召开全旗人代会服务。3月18日晚，在维修后的大礼堂为人代会代表演出。4月初，根据敖汉旗纪律检查委员会指示，排演话剧《汪洋湖》。6月28日，为镇内中、小学教师演出话剧《汪洋湖》。7月11日，《汪洋湖》剧组去赤峰市汇报演出，有关部门领导观看后给予充分肯定。10月22日—29日，《汪洋湖》剧在赤峰、通辽各旗县巡演。

2003年3月，话剧《孔繁森》获赤峰市“五个一”工程奖。5月，开始排练《建设绿色家园》专场节目。6月30日，旗委宣传部、组织部、文明办、文体局联合举办庆祝建党

82周年歌曲演唱会暨全旗“一先三优”表彰大会，乌兰牧骑做汇报演出。7月中旬，为新惠活畜市场开业演出3天。8月11日，在赤峰市建市20周年“人寿保险杯”乌兰牧骑展演中，敖汉旗乌兰牧骑作首场演出。旗文体广电局获优秀组织工作奖。相声《招聘》（作者褚国祥，导演李亚军、褚国祥）获优秀表演奖。影调表演唱《植树路上话绿化》（作者冯再武，作曲李亚军、徐国选，导演于春华、徐国选）获优秀节目奖。群口音乐快板《山清水秀好家园》（作者尚诗君、高玉兰，导演于春华）获优秀节目奖。李亚军表演的小品《相亲》（作者张玉林、李亚军）获优秀表演奖。韩东风表演的男声独唱《母亲》、姜久成和朱海霞表演的男女声二重唱《草原上有一座美丽的城》获演出奖。8月，以敖汉人民几十年治理生态环境、获得“全球500佳”荣誉为背景，创作、编排的大型歌舞曲艺专场《建设绿色家园》被搬上舞台。9月9日开始《建设绿色家园》环保专题节目在乌海、临河、包头、乌兰察布、东胜及旗内乡镇、厂矿巡回演出10多场。9月21日，该剧组赴自治区汇报演出。在呼和浩特市政府礼堂，为内蒙古自治区五大班子领导和各界群众演出《建设绿色家园》，受到内蒙古自治区政府副主席王凤岐等领导的好评，并接见全体演职人员。9月24日，该剧组在呼市为生态环境学院师生演出。10月4日在敖汉国宾馆为内蒙古自治区林业厅领导演出《建设绿色家园》专场节目，受到好评，根据有关部门指示，在全区巡演。

2004年，为配合《中华人民共和国道路交通安全法》正式实施，与公安交警大队联合排演“关爱生命、以人为本”警民共建文艺联欢晚会，4月5日下午举行首演，之后连续在镇内演出3场，观众15000多人次。5月初开始创作《大漠绿海》剧本。该剧由朱嘉庚、史宝珊、冯再武、高铁虹、马文波、杨亚宁编剧，王占胡、李亚军作曲，李仲鸣、吴国瑞、黄伟光导演。中旬进入排练阶段。6月28日下午，在旗电影院为自治区文化厅、市委宣传部、市文化局、旗五大班子领导和新惠师范学校学生作汇报演出。赤峰市民族歌舞团演员、乐队、舞台美术人员来旗乌兰牧骑协助演出。演出获得成功后，引起有关部门的重视。9月15日，该剧在昭乌达剧场为内蒙古自治区、赤峰市有关领导汇报演出。9月24日，《大漠绿海》作为选调剧目，赴唐山参加第四届中国评剧艺术节会演。人大常委会副委员长布赫为《大漠绿海》题写剧名。《大漠绿海》在文化部举办的第四届中国评剧艺术节上获得优秀演出金奖。两名演员获个人表演金奖。为此，内蒙古自治区文化厅下发《关于表彰赤峰市敖汉旗乌兰牧骑的通报》。11月，旗乌兰牧骑代表赤峰市参加全区专业文艺调演暨“五个一”工程作品评选，演出的《大漠绿海》获内蒙古自治区宣传部、文化厅、广播电影电视局、文学艺术联合会授予的银奖。2004年，旗乌兰牧骑被赤峰市文化局评为2004年度乌兰牧骑工作先进集体，队长马文波被评为2004年度乌兰牧骑工作先进个人。

2005年初开始春季送文化下乡活动，前后历时42天，共演出96场，创历史最高纪录。4月，筹备由旗国税局、旗地税局主办的税法宣传专场节目。4月25日，举办“税法之歌”宣传义演专场。4月28日，为青泉谷开业庆典演出。4月28日—30日，为配合《中华人民共和国道路交通安全法》实施一周年，做专场宣传演出3天，主题为“打造安全平台，构建和谐社会”。4月30日，旗政府作出关于表彰《大漠绿海》演职人员的决定（敖政字〔2005〕26号），奖励资金1万元。

附：敖汉旗人民政府关于表彰《大漠绿海》演职人员的决定

各乡镇苏木人民政府，旗政府各委办局：

2004年9月，由敖汉旗乌兰牧骑创作演出的、以反映敖汉人民几十年坚持不懈开展生态建设为主题的现代评剧《大漠绿海》，在第四届中国评剧艺术节上，凭借全体演职人员的辛勤努力和精湛演出，凭借感人至深、催人泪下的故事情节，带给全体评委和观众以极大的精神震撼和艺术享受，一举夺得了优秀演出奖（金奖）。

中国评剧艺术节是由文化部主办的、国内最高规格的评剧艺术盛会。在本届艺术节上，《大漠绿海》全体演职人员发挥团结协作，不畏强手，顽强拼搏，勇于争先的团队精神，以出色的演出和良好的精神风貌脱颖而出，赢得大奖，为我旗乃至赤峰市、自治区文化事业赢得了荣誉，为宣传我旗生态建设所取得的成绩作出了贡献，成绩来之不易。为弘扬他们这种对工作、对事业的执着与奉献精神，旗政府决定，对《大漠绿海》全体演职人员予以表彰，并奖励资金1万元。

旗政府希望，《大漠绿海》的全体演职人员以此为契机和动力，再接再厉，戒骄戒躁，继续发扬乌兰牧骑的光荣传统和优良作风，始终牢记为人民群众服务的宗旨，在今后的艺术创作和演出中取得更大的成绩。

同时号召全旗广大干部职工向他们学习，学习他们这种辛勤工作，拼搏进取，艰苦奋斗，争创一流的精神，努力在自己的工作岗位上创造出优异的工作业绩，为我旗经济社会发展作出新的贡献。

敖汉旗人民政府2005年4月30日

在7月22日—24日，为全旗农牧民运动会和文化艺术节演出。同月，在旗委组织部、旗委宣传部、旗精神文明建设委员会办公室、共青团敖汉旗委员会主办的“网通杯”“永远跟党走”庆七一演讲比赛中，朱海霞获二等奖。褚国祥、李亚军创作的小品《唠嗑》和《生日》，在全市警示教育群艺作品征集大赛中分别被评为二等奖；8月24日起，参加“赤峰市乌兰牧骑文艺会演暨赤峰新城区玉龙广场消夏文艺晚会”，敖汉旗乌兰牧骑获会演集体奖。彭蒙歌编舞、表演的舞蹈《喜雪》、于春华等人表演的戏曲小品《随礼》获表演金奖；由刘玉润编舞、高玉兰作词、宋汇霖作曲，旗乌兰牧骑舞蹈队表演的舞蹈《腾飞》、李亚军等人表演的戏曲小品《女陪客》、安娜演唱的歌曲《世纪春雨》、姜九成演唱的歌曲《蓝色的蒙古高原》等均获表演银奖；朱海霞演唱的歌曲《前门情思大碗茶》获表演铜奖。本年再次被市文化局评为全市乌兰牧骑工作先进单位。全年演出超300场，新排演古装戏《珍珠塔》《金玉奴》《临江驿》等。

2006年1月20日，为全旗劳动模范座谈会慰问演出。3月14日，为出席敖汉旗“两会”的代表专场演出。5月，评剧《大漠绿海》获内蒙古自治区党委宣传部“精神文明建设‘五个一’工程第七届入选作品奖”。7月10日，经内蒙古自治区乌兰牧骑评估团检查评估，敖汉旗乌兰牧骑被评为一类队。同月，在全旗“反腐倡廉”演讲比赛中，朱海霞获一等奖。7月3日—12日，《腾飞吧敖汉》专题文艺节目在全旗巡演。7月28日，为“博爱一日捐”活动义演。8月18日，参加赤峰市首届文化艺术节，敖汉旗乌兰牧骑作首场演出。9月5日，为赤峰市“两个文明建设经验交流会”在敖汉旗召开作专场演出。旗教育局从各总校抽调30多名教师伴舞。9月7日，为全旗农牧民文艺会演闭幕式演出。10月22日，为全市公安、交警拉练会在敖汉召开举办文艺专场。12月30日，与旗城建局共同举办城建系统元旦文艺联欢会。

2007年春，面向社会招收部分学员培训，充实演员队伍。经过3个多月的两期业务培训，5月上旬与录用学员签订劳动合同。同时与南方各大演艺公司合作，探索演出市场。6年时间曾先后与义乌、杭州、常州、台州、湖州、泰州、无锡、昆明、北京、南京、江苏华侨城等地合作。5月20日，为旗残疾人联合会作专场演出。5月下旬，根据演出需要和队员情况，全队分为两支演出队，即乌兰牧骑戏曲队和乌兰牧骑民族歌舞队，并开始分头演出。6月13日，为内蒙古自治区计生委领导和参加赤峰市计划生育工作会议的代表作专场演出。6月19日起赴克什克腾旗巡演。7月下旬，戏曲队参加全市计划生育文艺节目调演，歌舞队去奈曼旗演出。7月26日，录制“庆祝内蒙古自治区成立60周年”文艺专题节目。8月8日，由旗委、旗政府主办，旗文体局、新州办事处承办的“美丽的内蒙古，可爱的家乡”庆祝自治区成立60周年歌舞专题晚会，上演13个节目。旗五大班子领导参加观看，观众达2万余人。8月20日，参加赤峰市社区文艺调演，小品《幸福诊所》获表演金奖。本月中旬，歌舞队赴克什克腾旗参加世界地质公园开业庆典。旗乌兰牧骑再次被内蒙古自治区党委宣传部、文化厅、民族事务委员会、广播电影电视局评为一类乌兰牧骑，获奖金1万元。9月，评剧《大漠绿海》获全国政协人口资源环境委员会、全国绿化委员会、国家林业局、国家广播电影电视局、中华全国新闻工作者协会、中国绿化基金会联合授予的“关注森林文化艺术奖”二等奖。10月23日，歌舞队赴南京演出。11月16日，在旗大礼堂演出“欢庆十七大、建设新敖汉”专场文艺节目。12月3日—23日，该专场节目在全旗各地巡演。

2008年1月14日，为旗农业银行作专场演出。22日，举行旗乌兰牧骑民族歌舞团表彰联欢会。5月12日歌舞团去祥云寺、青城寺庙会演出。7月20日，在旗国宾馆为全国10省、区政协领导来敖汉旗考察演出。7月21日—9月1日，歌舞团赴克什克腾旗，为参加全国16城区政协考察团的政协委员演出。演出结束后，分别到克什克腾旗消防大队、武警部队、军区红山军马场等地为官兵慰问演出。8月18日—9月22日，为金陶公司矿庆排练专场节目，并派队员到金厂沟梁金矿进行文艺辅导，配合金陶公司举办大庆期间的文艺活动。9月3日，参加全市首届农村牧区文艺会演，取得两金、一银、一铜的好成绩，有5个节目被选为优秀节目。10月6日，开始编排以“30年改革开放、30年奋进辉煌”为主题的庆祝改革开放30周年歌舞晚会《永远的春天》，分绿色敖汉、魅力敖汉、和谐敖汉三个篇章。11月13日《永远的春天》上演。邀请国家一级演员马森（邓小平扮演者）出场助演。旗五大班子领导到场观看。11月13日—12月25日，应邀到北京演出财政专场文艺节目。本年度被赤峰市文化局评为全市乌兰牧骑先进单位，被中共赤峰市委员会评为2009年全市先进基层党组织，同时获“全市文化建设工作示范单位”称号。

2009年1月5日，部分队员赴赤峰市参加敖汉籍和在敖汉工作过的处级以上领导联谊会。农历正月十五晚，在惠文广场为大型元宵烟火晚会的几万名到场观众演出。3月20日，全国人大常委会副委员长布赫在北京市东四十二条66号官邸一楼接见旗乌兰牧骑部分队员，听取乌兰牧骑负责人汇报并观看简短的演出，临别时布赫及夫人同大家合影留念。4月9日—10日，为迎接内蒙古自治区社会治安综合治理现场会在赤峰召开，市政法委、综治委等七部门举办“平安之声”文艺演出，旗乌兰牧骑代表旗政法委参加演出。歌舞队演出的开场式《吉祥祝福》获演出一等奖，李亚军、朱海霞表演的小品《门》获表演一等奖，李亚军、孔德刚表演的相声《运行车队》获表演二等奖。为迎接全区“一事一议”财政奖补工作现场会在敖汉召开，创作编排一台大型专题文艺晚会《希望的田野》。5月18日下午，财政专题晚会《希望的田野》首演。内蒙古自治区财政厅、市财政局领导和旗五大班子领导、有关部门人员、市民族歌舞剧院有关人员、市文化局领导及中、小学生观看演出。9月5日，全区财政工作会议在敖汉旗召开，乌兰牧骑为会议演出大型财政专题晚会《希望的田野》。闫学晶、梅林组合、内蒙古京剧院及赤峰市专业剧团演员、著名主持人和旗乌兰牧骑全体演职人员参加。9月18日，部分队员参加全市财政会演。9月26日—30日，被推荐代表赤峰市赴内蒙古自治区，参加全区财政系统文艺调演。乐舞说唱《一事一议天地宽》为全市唯一选调的节目，获“最佳创意奖”。9月26日，在“辉煌的旋律”迎国庆60周年全市乌兰牧骑文艺会演中，全队获演出金奖。由李亚军、朱海霞表演的二人转《山里红》获创作、表演一等奖，乐舞说唱《惠民政策暖人心》获创作一等奖，现代舞《青春的旋律》获表演一等奖，男声独唱《欢聚一堂》获演唱一等奖，京剧选段《我们是工农子弟兵》获表演一等奖,《希望的田野》获表演二等奖，女群舞《葡萄熟了》获创作、表演二等奖。冯小丽、管其格获“一专多能”奖。10月21日，由市委宣传部、市广播电视局、市广播电视台、包商银行赤峰分行和旗委，旗人民政府共同主办“情系灾民、奉献爱心”抗灾减灾红歌演唱会，乌兰牧骑在绿珠广场演出，蒙古族歌手齐峰参加义演。12月26日，录制新年歌舞晚会《清琴皓月》、戏剧晚会《虎啸龙吟唱和谐》，元旦期间在敖汉旗电视台《百姓视界》栏目播出。

2010年1月19日，第三次被评为内蒙古自治区一类乌兰牧骑。1月22日，歌舞队13人一行到北京、沈阳等地慰问演出。1月29日，13名队员随旗政府慰问团赴赤峰，为敖汉籍在赤峰处级以上领导作慰问演出。2月28日，在惠文广场举行大型歌舞晚会。4月11日，有3名歌舞队员随赤峰市歌舞团赴南方演出两个多月时间。4月28日，歌舞队去赤峰为募捐义务演出。5月8日，与蒙古大营签订演出合同，进行商业演出。6月13日，8名女队员和5名男队员被抽调到赤峰市民族歌舞团，参加《追寻契丹》节目排练。6月19日，部分队员到克旗达里湖、石林等地演出。8月1日，参加全区第五届乌兰牧骑艺术节。8月10日，敖汉旗乌兰牧骑被内蒙古自治区党委宣传部、文化厅评为全区“服务基层、服务群众”先进集体，是全市唯一一家获此荣誉的单位。8月17日，参加赤峰市红山文化艺术节演出。有26名演员受邀参加全区两个文明建设经验交流会期间的精品剧目排练演出，受到主办方的高度评价，是全市唯一参与这次活动的旗县级专业文艺团体。11月，文化部中国文化管理学会、公共文化设施建设管理论坛组委会授予敖汉旗乌兰牧骑“公共文化设施管理先进单位”称号。12月23日，举办大型歌舞晚会《我从草原来》专场演出。12月30日，参加旗综治委、旗政法委、旗委宣传部、旗文体广电局联合主办的“唱响和谐旋律、建设平安敖汉”主题文艺晚会。本年度被赤峰市文化局评为全市乌兰牧骑先进集体，李海洋在首届全区乌兰牧骑“一专多能”大赛中获三等奖，安永新获优秀奖。

2011年1月13日，文化部领导观看《我从草原来》专场演出。1月18日起，随文化直属各单位送文化下乡演出，先后到金厂沟梁、四道湾子、四家子等地。2月23日—6月13日，民族歌舞队由褚国祥带队，14名队员赴杭州等地演出。3月，乌兰牧骑获市文化局“先进乌兰牧骑”奖牌。4月6日开始，有30多名队员参加由市民族歌舞团创作演出的全市重点精品剧目《红山之光》的排练、演出，历时4个月时间。6月8日，赴北京为出席“全球重要农业文化遗产国际论坛”的联合国粮农组织官员作专场演出。为庆祝中国共产党诞辰90周年排演的《永远的旗帜》专题节目，6月30日在赤峰市为党政领导和市民演出。7月8日，为内蒙古自治区有关部门领导演出《红山之光》。8月18日，在“第二届中国巴林石节暨第七届中国名石艺术展”开幕式上献艺。10月9日，在热水汤为财政会议人员专场演出。11月25日，为赤峰市第二届道德模范颁奖晚会奉上精彩节目。本年还联合赤峰市公安交警大队作公交法规专场宣传演出。当年，被内蒙古自治区文化厅评为全区一类乌兰牧骑。

2012 年 4 月 27 日—28 日，大型歌舞剧《我从草原来》在北京大学百年讲堂汇报演出，受到有关专家、领导的好评。4 月末，有 20 名歌舞队员去通辽大青沟合作演出，历时 3 个多月。5 月 17 日开始，为参加第三届辽宁省岫岩“玉都文化艺术节”开幕式排练《我从草原来》大型民族歌舞专场，聘请赤峰市文化局和群艺馆老师为本场晚会撰稿、导演。6 月 16 日，《我从草原来》在“玉都文化节”上演，整场节目以“问祖敖汉、寻玉岫岩、续写八千年友谊”为主题，以蒙古族特色为主旋律，探究敖汉旗八千年兴隆洼玉文化和岫岩玉的渊源。演出历时一个半小时，产生了强烈的艺术效果。7 月 7 日起，为“首届中国兴隆洼文化艺术节”开幕式排练大型广场综艺节目“神奇兴隆洼，魅力新敖汉”，8 月 15 日晚演出。蒋大为、梅林组合、黄华侨等国家级演员倾情助演。9 月 7 日，去林西参加“内蒙古野果采摘节”演出。10 月末，被自治区检查评定为一类乌兰牧骑。

2013 年 2 月，民族歌舞队去云南昆明演出，历时 5 个多月时间。3 月，在赤峰市文化工作会议上，敖汉旗乌兰牧骑受到赤峰市人民政府的表彰，敖汉旗被市政府授予 2012 年度专业文化艺术工作“先进地区”称号。6 月，再次被内蒙古自治区文化厅评为全区一类乌兰牧骑。全队戒骄戒躁，坚持创新，加大作品的创编力度。8 月 10 日—12 日，参加在赤峰国际会展中心举行的全市乌兰牧骑文艺会演，演出歌舞、评剧等 10 多个节目，获 12 个奖项。旗乌兰牧骑获赤峰市委宣传部、赤峰市文化局颁发的戏剧、综艺、歌舞团体演出金奖；李海洋、胡亚龙获队员“一专多能”奖；贺西格图获情景舞蹈《文明的曙光》、歌伴舞《神奇的兴隆洼》作曲一等奖；包小敏、王晓敏、刘玉润获《文明的曙光》《神奇的兴隆洼》舞蹈编导一等奖；舞蹈队表演的《文明的曙光》获表演一等奖；乐舞《古韵新声》、女群舞《飞鬃马》、李欣独舞《爱莲说》获表演二等奖；于玲华、姜久成表演的评剧选段《哑女告状·昭雪鸣冤》、韩东风表演的男声独唱《神奇的兴隆洼》获演出一等奖；周成富、朱海霞表演的评剧选段《哑女告状》获演出二等奖；赵欣欣、安永新、李海洋表演的三重奏《梦幻》获伴奏一等奖；评剧《哑女告状》乐队获乐队伴奏奖。12 月，有 20 名队员去吉林省参加世界华人春节联欢会大型文艺演出。同年，获内蒙古自治区文化厅全区“文化先进集体”称号。文化下乡工作被评为全区专业艺术团体先进单位，全市文化产业工作先进单位。

2014 年 3 月，被内蒙古自治区党委宣传部、文化厅评为全区 2013 年度“服务农民，服务基层”先进集体。本月举办“永远跟党走”专题歌舞晚会，为旗“两会”代表演出。7 月，在“首届敖汉温泉文化旅游节”开幕式上，演出“神奇热水、魅力敖汉”大型广场综艺类节目。8 月 1 日，为中国人民解放军 65657 部队演出《军民鱼水情》歌舞专场节目。9 月 17 日—26 日，参加文化部艺术司、河北省文化厅、唐山市人民政府举办的“第九届中国评剧艺术节”，演出评剧《打渔杀家》获优秀演出奖。11 月，被市文化局推荐为全区文化系统文化下乡“大地情深”志愿服务先进单位。12 月，歌舞队去福建晋江演出。2012—2014 年度，再次被评为全区一类乌兰牧骑。

2015 年 7 日—8 月，传统评剧《金水桥》参加赤峰市第十届红山文化旅游节优秀剧目展演，并在全市各旗县巡回演出。10 月，配合“十个全覆盖”工程，精心组织、排练了一台专题节目《阳光路上》，在各乡、镇、苏木巡回惠民演出。

2016 年，承办“新州春来早”敖汉首届春节联欢晚会。农历正月初八，参加四家子镇青城寺祭星活动。正月十五，演出“魅力新州、美丽敖汉”元宵晚会。5 月 19 日，纪念兴隆沟整身陶人出土 4 周年，庆祝演出 4 天。6 月 2 日，到乌兰统布大草原，为阅兵村首届那达慕开幕式作庆祝演出。8—9 月，配合全旗农牧民“十个全覆盖”文艺会演，做演出前期辅导、服务等准备工作。11 月，承办“大病救助募捐”晚会。

2017 年 6 月 20 日—22 日，参加“守望相助，亮丽北疆”——敖汉旗庆祝内蒙古自治区成立 70 周年群众性文化体育活动演出，央视《黄金 100 秒》走进敖汉海选和全市原创歌曲大赛敖汉选拔赛活动。8 月，参加赤峰市第二届农牧民文艺会演，获优秀演出奖、组织奖和创新奖。10 月，与旗公安交警大队联合举办庆祝建党 96 周年、自治区成立 70 周年“共筑中国梦”警民联谊会。本年度开展“精准扶贫、文化同行”——走进农村牧区惠民演出活动，深入全旗各村委会所在地演出 111 场，观众 16 万人次。李海洋参加第三届全区乌兰牧骑“一专多能”大赛，获三等奖。情景表演《诺恩吉雅的故事》，参加第四届蒙古族服装服饰大赛，获团体表演银奖。

2018 年 3 月 8 日，在敖汉温泉城蒙医院举办“关爱生命、关爱健康、关爱妇女”庆“三八”妇女节专题文艺晚会。4 月 28 日起，承办“中国梦、梨园情”首届评剧戏曲大赛，来自 3 省 10 县、区的 106 名选手参加。旗乌兰牧骑于玲华获专业组一等奖，朱海霞获专业组二等奖，姜九成获专业组三等奖，张亚琴、赵淑华、卢亚娟、杨红丹等分别获专业组优秀奖。

5 月，全队集中精力投入现代评剧《大漠绿魂》排练之中。于 6 月 12 日通过内蒙古自治区党委宣传部、优秀剧目专家评审组评审验收，入选第十五届“中国・内蒙古自治区草原文化节”五部优秀展演剧目。8 月 14 日—15 日在内蒙古自治区民族艺术剧院演出，获优秀剧目奖，宋国锋获优秀导演奖，于玲华获表演银奖，李亚军获表演铜奖。8 月 28 日—29 日，该剧组参加在包头市举办的第二届内蒙古地方戏优秀剧目调演暨第五届二人台艺术节，获优秀剧目奖、优秀组织奖；朱嘉庚获优秀编剧奖、于泽麑、王占胡获优秀作曲奖；赵立明、李亚军获优秀表演奖，张亚琴获新人新作奖。9 月 10 日，该戏在唐山举办的第十一届中国评剧艺术节上演出，获优秀剧目奖。

《大漠绿魂》是以敖汉旗 60 多年生态建设为题材而创作的现代评剧，分“沙暴”“搬迁”“会战”“山洪”“大犁”“宏图”“生命”“喜讯”八场，是一部展现敖汉精神的精品力作。该剧着力塑造以铁钢、宝文华、李大耙等人为代表的三代治沙人百折不挠的感人形象，艺术地再现了敖汉旗几十年如一日，治沙造林，改造环境的艰辛历程；从生态建设的独特视角，赞颂“建设亮丽内蒙古、共圆伟大中国梦”的时代主题；讴歌“不干不行，干就干好”的敖汉精神和历届旗委、旗政府“一届接着一届干，一张蓝图绘到底”的执政理念。对习近平总书记关于“绿水青山就是金山银山”的生态建设思想作出很好的诠释。

该剧已在内蒙古地区演出超过50场。国家及内蒙古自治区、赤峰市各家新闻媒体给予报道。被评为敖汉旗电视十大新闻之一，同时在CCTV 13套《文化十分》和北京电视台专栏节目播出。

第六编表2　乌兰牧骑历次调入队员花名表

时间	队员
1966.10—1967.03	黄秀英、李彩荣、林茂贤、张举、冯素兰、王玉芝、张素英、李淑亚、李亚新、姜宝昌、白秀莲、徐子清
1970—1972.01	王洪儒、顾国荣、丁志君、姜彩霞、陈艳秋、杨岩松、暴亚杰、马玉芝、王树杰、宗明明、李景林、艳廷芬、杨金英、毕民
1974.12—1975	王旭友、周承杰、李国文、张华、张秋燕、白丽英、陈华、尉建辉、邵尔力、王凤仪、丁启文、付殿军
1977	潘书学、司秀云、刘淑娟
1978	高铁虹、李淑霞、张桂云、张桂庭
1979	党树田、熊玉杰、赵艳君、马淑媛、胡文荣、侯国芝、方军
1981.08	徐秀峰、王文军、王显宗、尹广林、杨金梅、冯黎明、郑晓娟、党文君、刘亚春、郭晓光、李桂华、褚国祥
1982	张亚琴、于玲华、于跃君、姜余、程志华
1984.06	马文波、周成富、王功志、常江、田彦国、孟庆华、陈静文、李清江、张久琴
1985—1986	丁瑞红、贾香艳、苑国振、韩素芬、刘成立、郭素娥、刘淑霞、张廷武
1987	付童、杨有义、彭民、李亚军
1988—1999	贾柱、周小华、高玉曼、姜久成、于春华、李亚文、张洪海、韩玉英、陈亚凤、王亚东、滑永海、张贵州、马志、丁瑞红、于海燕、段小红、贾相艳、朱金艳、董秀珍、李璐、于虹、王景海、卢健敏、徐春英、孔德刚、赵淑华、张振龙、朱海霞、武俊光、刘利、王立华、王敏杰、赵欣欣、张素云、王怀志、韩东风、李继东、邢柏新、张焱、霍晓丽、安娜、孙淑静
2000	韩素云、其其格、韩艳鸣、刘玉翠、卢吉超、马兴东、达古拉、邹小艳
民族歌舞队（2007—2016）	包小敏、卢亚娟、叶志新、张铁娟、刘文玲、田丽、刘丹、王晶、于春燕、袁聪聪、刘小娟、宋阳、冯晓丽、王晓琴、孙晓慧、周文娜、尚丽梅、滕海娟、张静红、李树娟、金凤艳、刘美玲、门力楠、丁佳慧、赵雪梅、于小红、杨红丹、朱会斌、朱立超、宋莹雪、曹广秀、占布拉、张文超、管其格、胡亚新、乌拉、鞠小龙、安永新、王子彪、袁新新、李海洋、马利伟、李云龙
2018	武林、王利锋、沈宇阳、宋佳丽

第四节　演出剧目与演出统计

乌兰牧骑自从1978年恢复排演传统剧目以来，每年都积极排演新剧目，编排现代剧目，极大地丰富演出市场。共排演传统评剧近百部、京剧6部、现代评剧21部、话剧6部。从1967—2018年的50多年，共演出1万余场，观众总人数两千余万人次。其中农村牧区演出近万场，观众两千余万人次；城镇演出千余场，观众近八百万人次。

第六编表3　乌兰牧骑各年度演出戏剧剧目一览表

年份	传统戏剧		现代戏剧	
	评剧	京剧（含梆子戏）	评剧（含吉剧）	话剧
1978	《小女婿》《茶瓶记》《打渔杀家》			
1979	《花为媒》《柜中缘》《杨二舍化缘》《武家坡》《碧玉簪》《三节烈》《小姑贤》《红娘》	梆子戏《汾河湾》	《甜蜜的事业》、（吉剧）《闹碾房》	《于无声处》
1980	《秦香莲》《奇冤义胆》《春草闯堂》《卷席筒》			
1981	《借妻》《状元与乞丐》《墙头记》《窦娥冤》《刘云打母》《拾玉镯》			《孝顺儿子》
1982	《哑女告状》《绝户》	《巧县官》《青峰山》	《合家欢》《觉悟》《三换新郎》《闺女大了》（吉剧）、《母与子》	
1983	《郑巧娇》《举案齐眉》			
1984	《凤还巢》《奇冤义胆》《卷席筒》			
1985	《朱痕记》《母老虎上轿》			
1986	《李娃传》《马寡妇开店》《恩与仇》			
1987	《大劈棺》《凤落梧桐》《秦香莲后传》《包公赔情》《遇皇后》		《啼笑皆非》《男妇女主任》《骗子成婚》、二人台《走西口》	
1988	《花打朝》《五女新唐传》《断臂姻缘》《挡马》《断桥》《打焦赞》《黑风洞》《包公嫁女》《红罗衫》《白水滩》《探阴山》		《少女杀人案》	
1989	《狸猫换太子》四本《王华买父》（上、下集）《三看御妹》《方冰卖妻》《香魂恨》《状元打更》		《雷锋的童年》	

续表

年份	传统戏剧		现代戏剧	
	评剧	京剧（含梆子戏）	评剧（含吉剧）	话剧
1990	《卖妙郎》《舍妻审妻》《蝴蝶杯》《包公三勘蝴蝶梦》		《亲人的呼喊》	
1991	《调寇审潘》《花木兰》《画龙点睛》《三夫人》			
1992	《御河桥》《天河配》《梅玉良缘》			
1993	《十五贯》《香壶案》		《死心眼插足记》	
1994	《狱卒平冤》《程咬金招亲》		（吉剧）《搬窑》	
1995	《凤冠梦》《秦英征西》《闹严府》			
1996	《关公与貂蝉》《三姑闹婚》			《托起明天的太阳》
1997	《桃李梅》		《赖宁》《山杠爷》	
1998	《红丝错》《屠夫状元》《李慧娘》			
1999	《三打陶三春》《小包公》			
2000				《孔繁森》《一二三齐步走》
2001	《拉郎配》《杨八姐游春》	《清风亭》		
2002				《汪洋湖》
2004	《乾坤带》		《大漠绿海》	
2005	《珍珠塔》《金玉奴》			
2006	《临江驿》《花打朝》《天河配》《重圆记》			
2007	《双血衣》			
2008	《断魂灵堂》		《团圆之后》	
2009	《珍珠塔》			
2013	《哑女告状》			
2014	《打渔杀家》			
2015	《金水桥》			
2016	《打金枝》			
2018			《大漠绿魂》	

第六编表4　1967—2018年乌兰牧骑演出情况一览表

年份	演出场次（场）	观众人数（人）	农村牧区		城镇	
			演出场次（场）	观众人数（人）	演出场次（场）	观众人数（人）
1967	78	39000	46	23000	32	16000
1968	64	53400	22	7400	42	46000
1969	58	29000	19	25500	39	3500
1970	123	578100	114	570000	9	8100
1971	112	560000	84	420000	28	140000
1972	138	780000	100	500000	38	280000
1973	122	610000	89	445000	33	165000
1974	147	705000	98	460000	49	245000
1975	148	740000	96	480000	52	260000
1976	142	764000	112	660000	30	104000
1977	131	560700	92	287700	39	273000
1978	149	1499000	86	1456600	63	42400
1979	151	1630000	84	1565000	67	65000
1980	154	1142000	122	822000	32	320000
1981	121	616800	100	348800	21	268000
1982	233	1406200	140	1332100	83	74100
1983	270	1471000	215	1244000	55	227000
1984	237	169000	189	135400	48	33600
1985	127	889000	116	881630	11	7370
1986	152	713000	124	691550	28	21450
1987	160	948500	128	896000	32	52520
1988	222	1434700	207	1424200	15	10500
1989	280	1071900	210	1020000	70	51900
1990	302	302000	180	180000	36	35900
1991	265	26500	195	195000	43	42900
1992	310	310000	230	230000	39	38900
1993	324	1147604	101	101000	4	4920
1994	305	302000	210	210000	25	24900
1995	312	300000	180	180000	120	120000
1996	310	310000	256	256000	54	54000
1997	306	1730000	266	260000	50	50000

续表

年份	演出场次（场）	观众人数（人）	农村牧区		城镇	
			演出场次（场）	观众人数（人）	演出场次（场）	观众人数（人）
1998	314	314000	214	214000	100	100000
1999	306	306400	2016	206000	100	100000
2000	280	200000	190	190000	90	90000
2001	294	391400	161	161000	130	130000
2002	278	278400	188	188000	90	90000
2003	312	312400	212	212000	100	100000
2004	307	307000	182	182000	125	125400
2005	321	321400	250	250000	71	71400
2006	305	345000	225	225000	120	120000
2007	333	333400	230	230000	103	13000
2008	315	315000	265	265000	50	50000
2009	366	366000	206	100000	160	160000
2010	322	322000	202	202000	120	120000
2011	306	150000	156	109400	150	105400
2012	330	350000	230	184000	100	80000
2013	256	256000	153	153000	103	103400
2014	120	250000	102	81000	18	18000
2015	265	600000	165	165000	100	100000
2016	178	171000	140	140000	101	101400
2017	121	160000	111	111000	10	10000
2018	122	122400	102	102000	20	20000

第二章　敖汉剧团

第一节　沿革

敖汉剧团是在张宽、侯凤山组织成立的民间半职业性落子班基础上成立起来的。

第六编表 5　敖汉剧团名称变更及领导人更迭情况一览表

年度	名称	姓名	职务	籍贯	任职时间
1950—1953	敖汉旗中苏友好剧团	方　正	负责人		1950—1953
		巴　图	负责人		1950—1953
		张　宽	负责人	牛古吐乡	1950—1953
1953—1957	敖汉旗民间半职业剧团	张　宽	团长	牛古吐乡	1953—1957
		侯凤山	副团长	河北省吴桥县	1953—1957
1957.03—1961.02	敖汉旗评剧团	朱子林	团长	新窝铺乡	1957.03—1961
		付麟童	副团长	辽宁省朝阳市	1957.03—1961.02
1961.02—1967.07	敖汉剧团	朱子林	团长	新窝铺乡	1961.02—1967
		付麟童	副团长	辽宁省朝阳市	1961.02—1961.03
		于　庆	副团长	辽宁省朝阳市	1961.02—1967.07
		李桂华	指导员		1962.07—1964.05
		侯凤山	副团长	河北省吴桥县	1963.08—1967.07

第二节　剧团简介

张、侯落子戏班成立于 1935 年。成立之初由张宽为班主，以演“二人转”为主，兼唱拉场戏、落子戏，地方上称“张宽落子班”，主要演员有张宽、张平山、申春合等。每到农闲时，自发地组织到一起自行活动。1940 年 5 月，在奈曼旗西地王子凡戏班的侯凤山、孙凤仙夫妇加入该落子班。侯凤山、孙凤仙自幼在关内戏班坐科，会唱京、评、梆戏。从下洼戏班小科班培养出来的李福宽、郭明、郭亮等同时入班。演出的剧种由落子戏转为京剧、评剧、梆子戏为主。拥有众多实力派演员的小落子班一时名气大振，常年在本旗及邻近旗、县演出。

新中国成立后，敖汉旗委、旗政府为推动全旗戏曲事业的发展，决定对张、侯民间落子班进行管理，旗委书记李树忱、宣传部长李龙负责该戏班的改组重建。1950 年 1 月 27 日，经热河省批准归敖汉旗政府直属，以落子班为单位，成立"戏曲学校"和"戏曲研究会"，成立之日举行隆重的典礼。戏班组建之初，演出质量和整体水平较低，不能满足群众的需求。旗文教科派贾福祥、洪秀春、张平山到热河省文艺团体参加培训，学习提高、借鉴经验。4 月，戏班改名为"中苏友好剧团"，方正、巴图两名文化干部和张宽为负责人，剧团经过正规化管理后，名气逐渐提高。1951 年，为支援抗美援朝，剧团捐献五石五斗小米。8 月，全团演员参加东北局组织的音乐会，观看梅兰芳先生的演出，受到启发和鼓舞。归来后，开始排演《花木兰》等古装戏，受到观众好评。

1953 年，经过改选整顿，该剧团改称为"敖汉旗民间半职业剧团"，团址在旗委所在地新惠镇，常年到乡下为群众演出。

1956 年 4—6 月，先后从沈阳、朝阳聘请来付麟童等两批外地演员入班，扩大剧团的规模和影响。1957 年 1 月，遵照内蒙古自治区人民政府关于《民间半职业剧团登记管理暂行条例》的规定，向旗委宣传部、旗文教科提出申请，要求登记为职业剧团。旗有关部门根据群众的需要和半职业剧团的演员、服装、道具、演出质量、经济收入等基本情况，用了两个多月的时间，对其进行整编。有的演员转入其他行业，聘请的外地演员都被留在团内。1957 年 3 月 29 日，被正式批准为"敖汉评剧团"。

敖汉评剧团共有演员 38 人，为大集体性质的"民营共和班"，经济上自负盈亏，旗政府每年给予一定数额的补助。旗政府派文化专职干部朱子林任团长，付麟童任副团长，侯凤山任总务股长，赵延君任业务股长，赵云廷任导演。剧团制定了 6000 多字的《敖汉评剧团组织章程》，纪律严明，有章可循。评剧团归旗文教科领导，实行演员评级，学员评等，事务人员按工作评分的工资制。演出剧种有京剧、评剧、梆子戏等。

1957 年上半年，在敖汉旗、奈曼旗等地共演出 192 场，其中农牧区演出 98 场，剧场演出 94 场，观众达 124430 人次，收入 12396.64 元。同年，昭乌达盟文教卫生检查组对剧团进行了检查，评价为"从半职业变为职业的一个年轻的艺术团体"。11 月，17 名演员参加"内蒙古自治区首届戏曲观摩会演"，由赵云廷改编、导演的评剧《牡丹花》获得集体演出奖银盾 1 枚，个人表演奖奖章 5 枚。

1958 年，配合整风运动，创作、排演新剧目《天上人间》《谁是女婿》，宣传干部下乡要改变作风，扭转妇女中普遍存在的愿意嫁干部的观念，演出后反响很大。

1959年，除演出传统剧目外，排演现代戏《苦菜花》《林海雪原》等，还创作表演唱、快板之类的小节目。全年演出310场，观众达185000人次，收入实现25084元，除开支外，全年结余6840元。全年创作现代戏7个，历史剧1个，话剧1个，添置戏剧服装价值2000元。

1960年上半年演出151场，观众达294400人次，收入11265元。到红山水库会战工地演出45天，巡回慰问14个兵团。

1961年2月，根据中央对文艺“调整、巩固、充实、提高”的八字方针，旗委宣传部将剧团与敖汉宣传文化工作队合二为一，在合并过程中，剧团中的演员有10人调入各机关、农场、农村或支援兄弟旗县剧团。

合并后的团体名称为“敖汉剧团”，归文教局领导，地方政府在经济上给予适当补贴。全团演职员45名。魏振生任党支部书记，朱子林任团长，付麟童、于庆任副团长。1962年7月，李桂华任指导员。1963年，旗委任命侯凤山为副团长。演出剧种除京剧、评剧、梆子戏外，兼演歌舞、曲艺。

整顿后的剧团，半年时间深入全旗各地演出418场，收入42000元。当时剧团演员与文化队演员经常闹意见，一些文化队演员不愿演戏剧，剧团演员认为文化队队员吃闲饭，经过一段时间的思想整顿，这种倾向才得以扭转。

1962年，上半年下乡45天，演出120场，观众16800人次，收入2747元。半年内新排大型戏曲6台，其中时装戏1台。

1963年，演出617场，观众497500人次。排演现代戏《夺印》《红岩》等。由于盲目地接收一批流动演员，演出过一些不健康的戏，在群众中造成较坏影响。

1964年，演出683场，观众476000人次，收入22000元保证剧团的自给自足。6月10日，辞退全部流动演员。12月，9名不能演现代戏的老演员和没有发展前途的青年演员经动员回乡务农。同时，调整工资，改进财务制度。演员工资每月最高为60.50元，最低为34元。在戏曲改革中，停演全部古装戏，封存所有古装戏服装道具，增置现代戏行头，创作、排演现代戏27个。

1965年，剧团有演员23名，开始朝着“乌兰牧骑”方向发展。自制流动舞台，用一头毛驴拉着一台手推小胶车，上面有5根竹竿、一个布篷和一个自制的三用布景，用来下乡演出。剧团全年巡回7个公社34个演出点，演出174场，观众达185000人次，收入6160元。同年，剧团号召演员参加生产劳动，全年劳动日达626天，平均每人30天。

1966年，全体演员去宁城搞“四清”运动。8月回剧团后，在“破四旧”运动中，烧毁全部古装戏服装，价值2万多元。10月，12名演员被精减下放农村。

1967年7月中旬，遵照中央"文化大革命"发布的文艺六条指示，敖汉剧团解散。

第六编表6　敖汉评剧团演职员一览表

姓名	性别	民族	行当	职务	备注
朱子林	男	汉族		团长	文化干部
付麟童	男	汉族	武生	副团长	艺名筱麟童
赵延君	女	汉族	青衣彩	业务股长	辅导教师
侯凤山	男	汉族	老生	总务股长	后任副团长
赵云廷	男	汉族	武生	导演	辅导教师
付云贺	男	汉族	老生	演员	辅导教师
张平山	男	汉族	青衣旦	演员	
郭子英	男	汉族	花脸	演员	
孙凤仙	女	汉族	老生	演员	艺名瑞霞
郭　亮	男	汉族	武生	演员	
郭　明	男	汉族	武生	演员	辅导教师
马淑媛	女	汉族	青衣老旦	演员	
高桂英	女	汉族	老生小生	演员	后去阿旗
张振华	男	汉族	武生	演员	
李秀云	女	汉族	彩旦	演员	后退团
李　儒	男	汉族	司鼓	演奏员	
程德文	男	汉族	琴师	演奏员	
杨子胜	男	汉族		演员	
贾福祥	男	汉族		演员	
张桂廷	男	汉族		演奏员	
党树田	男	汉族		演奏员	
张桂云	女	汉族	青衣、彩旦	演员	
王永彬	男	汉族		演员	
侯玉林	男	汉族		演员	
宋庆宝	男	汉族		演员	
林博合	男	汉族		学员	
张国华	男	汉族		学员	
李柏瑞	男	汉族		事务人员	
何素英	女	汉族		学员	
马博印	男	汉族		学员	
郭永全	男	汉族		学员	

续表

姓名	性别	民族	行当	职务	备注
张连荣	女	汉族		学员	
鲍彩文	女	汉族		学员	后去阿旗
刘丽颖	女	汉族		学员	后去阿旗
韩立芝	女	汉族		学员	后去阿旗
苏　仁	男	汉族		事务会计	
薛桂琴	女	汉族	场务		
王子凡	男	汉族	场务		
李福宽	男	汉族	服装		
张　宽	男	汉族	外事联系		
宁广英	女	汉族		卖票员	
张国良	男	汉族		后勤	
张建华	男	汉族	生角	演员	
曹瑞兰	女	汉族	小生	演员	
刘明起	男	汉族	琴师	演奏员	
陈永平	女	汉族	旦角	演员	
马兴国	男	汉族	杂角	演员	
王文举	男	汉族	净角	演员	
杨永东	男	汉族	武场	演奏员	管理车队
张绍彬	男	汉族	小生	演员	流动演员
阮淑艳	女	汉族	青衣花旦	演员	流动演员
赵雨廷	男	汉族	文武小生	演员	流动演员
赵印廷	男	汉族	武生	演员	流动演员
石桂芬	男	汉族	花旦	演员	流动演员
董会章	男	汉族	生角	演员	流动演员
董会良	男	汉族	武生	演员	流动演员
韩淑舫	男	汉族	青衣花旦	演员	流动演员
张淑华	女	汉族	彩旦	演员	流动演员
筱云鹏	男	汉族	武生	演员	流动演员
筱云霞	女	汉族	刀马旦	演员	流动演员
曹云鹏	男	汉族	老生小生	演员	流动演员
李兰廷	男	汉族	老生	演员	流动演员

第三节　上演的剧目

在20世纪的50—60年代，敖汉评剧团一方面围绕党和政府中心任务开展文艺宣传，自编自演大量的各类体裁文艺节目；另一方面从人民群众的需求出发，排演传统戏剧。剧种有京剧、梆子戏、评剧等。其中，自编自演的评剧《牡丹花》在1957年11月的内蒙古自治区第一届戏曲观摩演出会上获得大奖。

《牡丹花》为敖汉评剧团演员赵云廷1957年创作的传统评剧。剧本以封建社会地主与农民两大对立阶级的矛盾为题材，运用现实和神话相结合的手法，通过勤劳善良的贫苦青年苏才和由牡丹花变成的美丽姑娘结成夫妻的故事，鞭笞恶霸地主魏永发及其走狗的丑恶嘴脸。

1957年10月，该剧由敖汉评剧团排演。高桂英饰演剧中的苏才，赵延君饰苏母，张桂云饰牡丹，何秀英、刘丽颖等扮演牡丹姐妹，张平山饰魏永发，赵云廷饰夏贵，张连荣饰小柱，参加演出的还有郭永全、张国华、宁广英、侯玉林、刘明起、张桂廷、党树田等。

第六编表7　敖汉评剧团上演剧目一览表

剧种	剧目
京剧	《九江口》《孙悟空大闹天宫》《高老庄》《断太后》《八杰寨》《两将军》《铁弓缘》《三岔口》《花蝴蝶》《浔阳楼》《广太庄》《扫松》《青峰山》《盘丝洞》《五行山》《郑州庙》《黄金台》《天水关》《牧虎关》《逼宫》《反西凉》《空城计》《黑李逵》《火烧连营》《卖马》《雁翅关》《火焰山》《宝莲灯》《徐策跑城》《古城会》《捉放曹》《黑山口》《白马坡》《丧巴丘》《溪皇庄》《失街亭》《剑峰山》《路安州》《砸銮驾》《南阳关》《华容道》《打龙袍》《美猴王》《过五关》《打渔杀家》《战长沙》《战冀州》《甘露寺》《战宛城》《举鼎观画》
梆子戏	《大报仇》《大登殿》《双官诰》《母女会》《杀庙》《打金枝》《江东记》《汾河湾》《辕门斩子》《忠孝碑》《清风亭》《牧羊圈》《金水桥》《十三府》《桑园会》《烧骨记》《三娘教子》《盘山》《铡美案》《醉写》
评剧	《十四王》《十三妹》《大英节烈》《小姑贤》《于公案》《三节烈》《三姐下凡》《十五贯》《人面桃花》《万里长城》《大赶船》《小赶船》《马寡妇开店》《马前泼水》《小放牛》《女起解》《三击掌》《小过年》《万花船》《小二黑结婚》《孔雀东南飞》《王老虎抢亲》《凤仪亭》《元宵谜》《王美蓉观花》《井台会》《凤还巢》《天仙配》《双婚配》《打狗劝夫》《龙女牧羊》《白蛇传》《玉堂春》《左连成告状》《蓝桥会》《打芦花》《打面缸》《百草坡》《丝绒记》《对莲珠》《红娘》《安安送米》《回杯记》《百花台》《红楼梦》《西施》《戏牡丹》《李十娘》《杜十娘》《牢狱产子》《杨三姐告状》《花木兰》《李香莲》《苏小篏》《陈妙常》《沉香扇》《夜审亲娘》《夜审张三》《夜审周子琴》《斩窦娥》《贫女泪》《画皮》《赵玉娥》《送京娘》《保龙山》《临江驿》《洞房认父》《茶瓶记》《柜中缘》《香罗帕》《珍珠衫》《香罗带》《珍珠塔》《相思树》《美人计》《娟娘》《借当》《刘翠屏哭井》《桃花庵》《莲花庵》《美凤楼》《唐知县审诰命》《秦香莲》《梁山伯与祝英台》《彩楼配》《乾坤带》《渔船花蝎》《情深》《庵堂认母》《乾坤福寿镜》《游西湖》《葛麻》《棒打薄情郎》《黑山孤影》《慈母泪》《碧玉簪》《翠屏山》《麻风女》《潘金莲》《蝴蝶杯》《劈山救母》

第三章　敖汉旗宣传文化工作队

第一节　沿革

1958 年 10 月，敖汉旗委责成文教科组建“敖汉旗宣传文化工作队”（简称文化队），为全民所有制单位，隶属旗文教科，队址设在当时旗政府所在地大门东侧的门房。

第六编表 8　敖汉旗文化工作队负责人更迭情况一览表

年度	名称	编制	姓名	职务	籍贯	任职时间
1958.10—1961.02	敖汉旗文化工作队	18	张国政	队长	辽宁省锦州市	1958.10—1960.07
			于　庆	政治指导员	辽宁省朝阳市	1958.10—1960.07
		23	于　庆	队长	辽宁省朝阳市	1960.07—1961.02
			魏振生	政治指导员	敖汉旗四家子镇	1960.07—1961.02
			修凤琴	导演	新惠镇	1958.10—1961.02

第二节　文化队的活动

文化队招收的 18 名演职员，都是从各机关学校或农村选拔出来的，这批人在表演或乐器等方面有较好的基础。文化队由张国政任队长，于庆任政治指导员，修凤琴任导演，付沛然任乐队指挥兼声乐教练。年末，经旗委批准购买了服装和乐器，排练表演唱、舞蹈、话剧、小戏曲、二人转、大鼓、琴书之类的节目，围绕党的中心工作和生产环节开展宣传活动，免费为群众演出。

1959 年 1 月，文化队迁至当时旗党校院内。

文化队成立后，坚持自编自演，大型与小型相结合，舞台与田间相结合的方针，除到街头、厂矿、机关和学校宣传外，还经常深入全旗各地，在参加农牧业生产劳动的同时，创作短小精悍的节目，随时随地为农牧民群众演出，还先后到红山、王子庙等 5 个水库工地去，和工人们一起劳动，结合工地上的先进典型编成小演唱就地演出，鼓舞干劲。

文化队是一支深受群众欢迎的队伍，队员们热爱工作，苦练基本功，每个人都是多面手，既能表演又能伴舞，解决演出时人员不足的困难。

1959 年 2 月，全队参加昭乌达盟文艺演出大会，演出琴书、大鼓等节目，获得集体奖。高玉凤编演的山东琴书《九女英雄》获创作二等奖、演出三等奖。会后，有 6 名队员被选入昭乌达盟文艺代表队，参加内蒙古自治区文艺会演。《九女英雄》又获得创作奖。其他的队员在昭乌达盟文工团培训一个月，学习了声乐、器乐、表演技巧等方面的知识。同年夏季，文化队分别为来敖汉鉴定细毛羊的苏联专家、蒙古人民共和国专家和参加在敖汉旗举行的全区足球比赛的代表作专场演出。全年演出 119 场，观众达 257000 人次，在全旗文教卫生检查评比中被评为先进集体。

1960 年 1 月，为准备春节期间文艺节目，队员们没放假回家过年。旗委、旗政府领导，多次到文化队看望队员。7 月，魏振生调入文化队任政治指导员，于庆改任队长，张国政调出。同年，调入新队员 5 名。

1960 年上半年演出 61 场，观众达 122000 人次。9 月，第二次搬迁到当时的旗文教科院内（原旗法院址）。

1961 年 1 月，文化队到红山水库慰问演出。时值春节，队员们在工地上和民工们共同欢度除夕之夜。2 月，根据中央对文艺工作“调整、巩固、充实、提高”的八字方针和上级有关部门指示精神，在全旗机构精简过程中，文化队 18 名队员合并到敖汉旗评剧团，其余的队员有的调入教育系统，有的回乡务农。

第六编表 9　1958 年文化队演职人员一览表

姓名	性别	民族	乐器	表演
张国政	男	汉族	拉管、三弦	话剧
于　庆	男	汉族	长笛	话剧、演唱
修凤琴	女	汉族		歌舞、戏曲、曲艺
高树平	男	汉族	长号、四胡	演唱
张富民	男	汉族	单簧管、二胡、黑管	
高玉凤	女	汉族		歌舞、曲艺、戏剧
熊玉洁	女	汉族		歌舞、曲艺、戏剧
李树霞	女	汉族		歌舞、曲艺
梁素香	女	汉族		舞蹈
范桂芝	女	蒙古族	扬琴	舞蹈
刘慧琴	女	汉族		歌舞、曲艺、戏剧

续表

姓名	性别	民族	乐器	表演
斯　琴	女	蒙古族	扬琴	舞蹈
王光亚	男	汉族	小号	演唱
王新莲	女	蒙古族		舞蹈
付沛然	男	汉族	小提琴、手风琴	
鲍菊荣	女	蒙古族		好来宝、蒙古语说唱
于海春	男	汉族	二胡	
哈斯巴图	男	达斡尔族		舞蹈

第六编表 10　1960 年文化队调入演职人员一览表

姓名	性别	民族	乐器	表演
蔡春圃	男	汉族	中提琴	创作、歌舞
赵希贤	男	汉族	二胡	作曲
高景一	女	汉族		报幕、戏剧
韩景荣	男	汉族	二胡	话剧
汪晓凤	女	汉族		歌舞

第六编表 11　文化队演出部分节目一览表

表演形式	节目
表演唱	《瞧情郎》《妈妈娘你好糊涂》《迎贵宾》《美丽的草原可爱的家乡》
舞蹈	《挤奶员》《鄂尔多斯舞》《筷子舞》《草原之春》《牛奶站》
歌舞	《茶花担》《春到茶山》《敖汉双季稻》
乐器演奏	《二泉映月》《病中吟》《花山鸟语》
独唱	《胡豆开花》《信天游唱给毛主席》《十唱共产党》《不见英雄不开花》
民族舞蹈	《红色妇女》《夸地瓜》《游击队之歌》《铁环舞》《盘子舞》《罐子舞》《乌孜别克》《手鼓舞》《铁鼓舞》
曲艺	《大小姐翻身》《拔牙》《偷石榴》《大方人》《九女英雄》
话剧	《良心》《邢燕子》《家务事》
评剧	《小姑贤》《茶瓶记》
歌剧	《刘三姐》

第七编

电影

第一章　电影发行

第一节　队伍建设与管理

电影公司（队、站）是敖汉旗电影事业的管理机构，负责全旗电影放映单位的影片发行、放映工作，负责电影院（影剧院）的人事、财务和业务管理。

1958年，敖汉旗人民委员会配备专职电影管理干部，负责昭乌达盟国办电影队在敖汉旗的放映工作，主要是安排各个放映点定点放映等。10月，旗文教科在小河沿区举办电影放映技术培训班，为民办电影队培养30名放映人员。

1970年，电影管理站依靠各公社、厂矿等集体经济力量，发展社（厂矿）办电影队。同时，通过举办培训班、随队学习等方式，培养社办队放映员、发电员，指导电影放映业务工作。1974年2月11日—3月11日，举办社办电影队幻灯宣传和放映技术普及班，各公社电影队30人参加。7月5日—20日，举办绘制幻灯片学习班。1975年5月10日—15日，举办社办电影队幻灯调试和放映技术培训班。8月，建立长胜公社电影管理分站。

1977年12月15日—1978年1月5日，在长胜公社举办全旗8.75毫米放映员放映技术冬训班。同年，贝子府管理分站建立。1978年3月27日，对全旗无放映证的放映人员进行技术考核，有放映证的换发放映证。1978年12月2日—1979年1月2日和1979年10月13日—11月14日，不到一年的时间，举办两期放映人员技术训练班，有79名放映员参加培训，对于迅速提高基层放映员业务素质起到至关重要的作用。

1979年，电影公司开始发展大队办电影队。在管理体制上实行各电影放映队年初定任务的办法，调动放映队的积极性。各放映队放映员、发电员刻苦学习放映业务，11月8日，在辽宁省电影技术人员业务考核中，全旗75名放映员考试成绩平均为90.23分。

1983年，电影公司派2名职工参加内蒙古自治区技检培训班，学期3个月，填补敖汉旗电影系统没有合格技检员的空白。1984年9月，对放映单位进行技术普查和光源技术指导，旗文化局成立全旗技术普查和光源改革领导小组，要求对“文化大革命”后期发展的8.75毫米放映机更新成南京长江F16–4型放映机，同时将有条件的16毫米放映机改成镝灯光源。

1985年1月3日—2月3日，举办无证放映员、个体放映员放映技术培训班。3月，旗文化局批复电影公司实行职务及岗位津贴的申请，每月职务津贴具体标准为正职 15 元，副职 12 元，班组长 9 元，岗位津贴每人每月 6 元。4 月 23 日，按照旗委宣传部通知，放映纪录片《同志，你要提高警惕》，配合进行防奸反特和保密工作教育，全旗厂矿、企事业单位、旗直单位、学校党组织组织观看。同年，利用短期集训和跟队相结合的方法，举办各种形式的学习班，培训放映员 80 名，发电技工 80 名。在参加全区放映员等级考核中，有 4 人被评为放映技师，3 人被评为一等放映员，4 人被评为二等放映员，16 人被评为三等放映员。由于电视机和录像业的迅速发展，电影观众相应减少。为解决这一难题，公司实行企业改革和承包责任制，农牧区实行电影规划放映，积极采取措施，多层次、多形式发展电影放映事业。同年，建立新窝铺乡电影管理分站。

1979—1985 年，电影公司恢复电影放映事业四项指标和各项业务制度。随着国家发行影片的增多，群众看电影的次数大大增加，一些 16 毫米电影放映队配备有宽银幕设备和铟灯、锡灯等新型光源，提高了放映质量。1986 年全旗电影放映场次、观众、放映收入、发行收入创历史最高纪录，居全市同行业之首。1987 年有放映队 63 支，放映员 66 名。

1988 年全区影片发行体制进行改革，电影公司自购拷贝发行 16 毫米影片，35 毫米影片与赤峰电影公司实行定额承包。全旗电影队 57 支，放映人员 62 名，电影普及率达 98%，人均每年看电影 30 场。本年起，电影公司实行经济承包制、岗位责任制、考核奖惩制“三位一体”的改革措施，连续 5 年受到市电影公司表彰。

1989 年，电影公司对旗电影院、录像队采取招聘承包，农村放映队实行定额管理。本年度演出场次、观众人数、放映收入、发行收入都超过市公司下达的各项指标。全旗每人年平均看电影 30 场，居全市首位。被评为内蒙古自治区和全国电影发行放映系统先进单位，受到内蒙古自治区文化厅和国家广播电影电视部的奖励。

1990 年对新惠影剧院采取定额承包、超额分成的方式，同时，对农村放映队进行调整，增加偏远山区和少数民族地区电影放映网点。4 月，旗委宣传部等四部门联合下发通知，要求旗直各单位组织全体党员和职工群众集中观看大型文献传记纪录片《周恩来》。

1991 年 1 月，根据敖汉旗人民政府《关于治理整顿文化市场的通知》精神，电影公司对全旗电影放映单位进行清理登记，并核发《文化经营许可证》。全旗有乡、镇电影院 14 个，农村电影放映队 48 支。8 月 1 日至 12 月底，旗农牧办等 12 个相关部门在全旗农村牧区联合举办“第二届农牧林科教影片汇映活动”，放映科教片 51 部。从 8 月初开始，旗委宣传部等部、委、办、局组织“庆祝建党 70 周年献礼影片展映”活动，献礼影片包括《大决战》《咱们领袖毛泽东》《周恩来》等，时间长达 5 个月。同年，被市文化局、市消防支队、市电影公司评为全市放映单位普查登记工作先进单位。

1992 年，电影公司实行定点规划放映，演出费用由乡、村统筹，电影普及率有很大提高，放映员工资有保证。本年度获市文化局、市电影公司“开发农村牧区电影市场”先进奖。在全市电影发行放映系统各类竞赛评比表彰活动中，四德堂电影放映队、长胜乡电影放映队被评为赤峰市第二届农牧林科教影片会演放映先进集体。新窝铺乡电影队放映员宋志新、四道湾子镇电影队放映员吴景树被评为先进个人。

第二节 电影工作重点转向农村

1993年，随着电视的普及，农村电影放映工作受到冲击，放映收入处于下滑趋势。10月，按上级指示精神，为减轻农民负担，全旗规划放映全部停止。电影队根据群众需求在各乡镇开展放映活动。1994年，面对全国同行业极度萧条的情况，电影公司以深化企业内部改革为动力，坚持经济承包和岗位责任制，提出“发展在集体、工资靠自己、风险人人担、压力人人有”的改革原则，大力加强电影宣传和农村牧区的电影发行工作。

1995年，电影公司把工作重点转向农村，利用近半年时间，深入全旗各地，积极争取乡、镇、苏木领导的支持，26个乡镇恢复电影放映队41支。同时，他们积极筹措农村题材电影和科教片拷贝，尽心尽力为广大农牧民服务，解决农牧民看电影难的问题。为实行行业管理，经文体局协调，旗委宣传部、旗文体局、旗财政局、旗农业局联合下发《关于改革和加强全旗农村牧区电影发行放映工作意见的通知》，各乡、镇、苏木农村电影队归所在乡、镇、苏木文体工作站管理。

1996年1月，旗委办、政府办联合发出《加强农村牧区电影发行放映工作》的通知，对电影放映队的体制、机制进一步放宽，可以由乡镇人民政府管理，也可以承包给放映员自行管理，还可以通过给予优惠政策，扶持一部分电影放映个体户，农村电影队恢复到52支。公司加大电影的宣传力度，组织有奖看电影活动，收到较好的社会效果，电影工作受到内蒙古自治区文化厅领导的肯定，并在全区电影工作会议上介绍经验。

1997年，电影公司从农村牧区群众文化生活需要出发，转变观念，不等不靠，到市场中去闯路子、要效益、求发展，使全旗53支电影放映队伍得到巩固，农村牧区电影市场基本恢复，实现乡乡有电影队，村村都能看上电影。有24个乡镇的电影队实行规划放映，每个放映点一年放映电影12场以上，全年实现电影放映10006场。11月，全市农村牧区电影工作经验交流会在敖汉旗召开，旗文体局被评为全市农村牧区电影工作先进集体，奖励一部拷贝；旗电影发行放映公司被评为先进集体，奖励一部拷贝；丰收乡、南塔乡、新地乡、林家地乡、敖吉乡、玛尼罕乡、大甸子乡、长胜乡、古鲁板蒿乡、下洼镇、金厂沟梁镇11

个乡镇电影放映队被市文化局评为电影工作先进集体。12 月，在全区农村牧区文化工作会议上，旗电影公司被内蒙古自治区宣传部、文化厅、科技协会、农业厅授予全区“科普之春”活动先进集体，奖给 16 毫米放映座机一台。

1998 年，电影公司在送电影下乡工作中，把购置的 29 部蒙古语译制片投放牧区循环上映，少数民族能够看上本民族语言译制的电影，收到良好的社会效果。3 月，在全市文化局长会议上，旗电影公司获“科普之春”成绩突出奖。

1999 年，“2131”工程启动（即 21 世纪初，实现全国农村一村一月放映一场电影）。全旗有乡办电影队 35 支，个体电影队 8 支，为落实“2131”工程，保证“科普之春”科教电影汇映活动的正常开展，旗政府要求每个乡、镇必须有一支乡办电影队。四家子、金厂沟梁、贝子府、下洼、宝国吐、长胜等乡镇有 2—3 支电影队，全旗电影放映单位布局基本合理。由于电视冲击，加上连年遭受旱灾，各级党委政府连续发出文件禁止向农民乱收费，乡、镇、苏木电影队全部面向市场，运用市场机制开展电影放映活动。

2000 年，电影公司努力巩固农村牧区电影放映队，开拓电影市场，在 27 个乡、镇、苏木实行规划放映。全年新购影片 16 部，其中科教影片 11 部，放映 10978 场，在农村牧区两个文明建设中发挥积极作用，被市文化局推荐为全区农村牧区文化工作先进集体和“科普之春”活动先进集体。

2001 年，电影市场得到进一步巩固。电影公司加强科教影片放映工作，组织电影放映队伍，结合农村牧区特点开展科教片放映，全年科教影片放映达 7000 多场次，电影公司连续 5 次获得全区“科普之春”汇映先进集体称号。同时，积极扶持农村电影放映队伍，免费业务培训和设备维修。在资金短缺的情况下，通过多种渠道引进拷贝 25 部，保证农村牧区的片源供应，全旗总计放映电影达 1 万场次。

2002 年，电影公司进一步落实“2131”工程，在全旗实行规划放映，同时公司抽调人员组成爱国主义教育和科教片放映队，常年活跃在农村牧区。由于工作成绩显著，本年度又被内蒙古自治区文化厅命名为全区“科普之春”先进集体。全年购买拷贝 10 部，年放映电影 6280 场。

2003 年，受“非典”影响，电影放映活动停止 9 个月之久。当年购买拷贝 6 部，全年送电影下乡 106 场，观众达 5 万人次。同年，中央广电总局落实“两新”工程，赠给敖汉旗电影公司放映车 1 台。内配 35 毫米提包式放映机 2 台，发电机 1 台，流动棚式影院 1 座，推动全旗送电影下乡、科普电影汇映活动的开展。

2005 年，全旗有 42 支 16 毫米电影放映队，4 支 35 毫米放映队，1 支数码电影放映队。全年放映科教片 7000 场次，故事片 3000 场次。电影公司实行集体经营，加强企业管理，全年创收经济效益自给自足。6 月 26 日—27 日，配合“6・26”国际禁毒日开展宣传教育活动，义务出动流动放映车在镇内进行广泛宣传，晚上在惠文广场放映反映禁毒题材的电影《缉毒少女》《黑色走廊》，营造强大的禁毒舆论氛围。7月30日至8月1日，电影公司分别为旗武警中队、消防大队义务放映电影，把节日的祝福送给广大子弟兵，密切军民关系。10月，为旗直机关党员干部放映由中组部、中纪委、中宣部共同推荐的保持共产党员先进性教育活动专题教育片《张思德》《暖秋》，唱响为人民服务的主旋律，敲响反腐倡廉的警钟，达到“看一部电影，上一次党课，过一次组织生活”的目的。本年度，电影公司被中宣部、文化部授予“全国送电影下乡先进集体”荣誉称号；被内蒙古自治区文化厅评为全区农村牧区电影工作先进集体；李弘彦被评为“全国送电影下乡先进个人”。

2006年2月13日（正月十六）晚，在惠文广场放映数码贺岁大片《无极》，吸引大批观众前来观看。同年，大力推进“科普之春”和“2131”电影放映工程。组织开展优秀电影进农村牧区公益性放映，千部优秀电影公益性下乡放映和百部爱国主义教育影片进校园活动。利用电影流动放映车和数码电影放映的方便条件，每村至少放映1次。

2008年，胶片电影处于技术改革时期，电影市场达到低迷状态。“三八”妇女节期间，公司举办女士节日免费看电影活动。放映《武装战线》《爱情呼叫转移》等影片。活动从上午10时开始，21点30分结束。5月1日开始启动敖汉旗“2131”公益性电影放映和“科普之春”电影汇映活动，6月，央视记者就农村电影放映情况对旗电影公司进行专题采访，节目在中央电视台电影频道《新视点》栏目播出。国庆期间，在影剧院门前广场举办“庆国庆公益性电影放映”专场，放映各种数码大片，观众达3000余人。全年深入各乡镇、学校、社区放映爱国主义教育影片和科教影片3000余场，观众50余万人次。同时发放宣传单1.2万张，实用科学知识手册1100多份。本年度被内蒙古自治区文化厅评为自治区农村牧区电影放映工作先进集体。

2009年4—10月，在全旗中小学范围内开展优秀国产影片《高考1977》的组织放映活动，共放映38场，观众总人数19271人。为迎接中华人民共和国成立60周年，组织优秀国产影片《铁人》万人观摩活动，放映12场，观众人数10130人次。6月，配合旗公安局开展“科普之春”禁毒影片放映周活动，放映《缉毒英雄》《泪血罂粟花》《毒品》等禁毒故事片和科教片。配合“创建七星级文明镇”活动，开展送电影到机关、社区活动，共放映64场，观众达16500人次。在农村公益性电影放映工程中，完成3500场放映任务，覆盖全旗80%的乡镇。

2010年，有固定资产房屋建筑面积1712平方米。

从1970—2010年的30年里，全旗共放映电影356361场，观众人数达到213591536人次，发行收入2826868.09元，放映收入5247512.4元，实现利润204963元。其中1970—1985年没有利润，1999—2003年亏损101523元。

第七编表 1 1970—2010 年电影公司(站)业务情况一览表

年份	放映场次(场)	观众(人次)	发行收入(元)	放映收入(元)	利润(元)
1970	—	—	—	—	—
1971	—	—	—	—	—
1972	5490	3216646	—	—	—
1973	—	—	—	—	—
1974	7875	4158589	19712.94	68042	—
1975	8532	4956173	25610.55	69976.66	—
1976	10453	5814091	29069.49	72984.80	—
1977	14268	8129941	46001.17	111986.55	—
1978	18380	11127046	73333.19	161121.85	—
1979	19832	12881729	98299	188376	—
1980	16567	10562129	95640	200648.09	—
1981	13049	9176430	89281	153580	—
1982	15143	9126000	96809	140826	—
1983	12718	7721760	85267	165955.45	—
1984	12489	7823780	89847.75	182378	—
1985	10270	5566314	110000	201778	—
1986	10440	6455424	118400	211439	12047
1987	12110	7563245	123000	230147	12138
1988	12200	7653650	122600	240009	12198
1989	12110	7735428	124030	260010	12314
1990	12160	6744668	120020	250000	11872
1991	12400	7844563	126040	250400	12436
1992	11000	6574868	114000	210288	10666
1993	12400	7856438	128020	250000	12375
1994	12600	8213816	130100	261000	7868
1995	12400	7683900	120000	243600	6859
1996	18840	11080000	218004	346804	178560
1997	10400	7432800	112103	213600	10537
1998	8700	6143000	77635	174800	3548
1999	7400	5022000	78965	127848	-39
2000	5500	3485160	—	—	-13470
2001	3780	2135470	7480	73456	-20438
2002	2800	2004800	—	—	-18740

续表

年份	放映场次(场)	观众(人次)	发行收入(元)	放映收入(元)	利润(元)
2003	400	231700	—	—	-48836
2004	3300	658700	127600	13678	1868
2005	10000	800000	120000	60000	1200
2006	87	2723		27230	—
2007	—	—	—	—	—
2008	—	—	—	—	—
2009	110	2130	—	21300	—
2010	158	6425	—	64250	—
合计	356361	213591536	2826868.09	5247512.4	204963

第七编表 2　敖汉旗电影放映设备发展情况一览表

年份	放映机台数(台)				发动发电机台数(台)		
	总计	35 毫米	16 毫米	8.75 毫米	总计	发动发电机	脚踏发电机
1963	6	—	6		7	6	1
1966	5	—	5	—	5	5	—
1971	27	—	9	18	29	19	10
1979	83	2	19	62	25	25	—
1982	70	1	26	43	—	—	—
1984	68	1	32	35	—	—	—
2005	51	4	42	—	—	—	—

第二章 电影放映

第一节 国办电影队

中华人民共和国成立前，敖汉旗没有电影放映单位。1947 年，新惠街中心曾放映过无声电影，放映单位和片名无从可考。

1951—1955 年，敖汉旗电影事业从无到有，电影队管理体制上由省直辖，属于事业单位企业管理。敖汉旗人民政府为电影队拨专项费用，利润不上缴，亏损部分由省拨款补偿。新惠街里票价成人每张 1 角，儿童 6 分；农村成人每张 6 分，儿童 4 分。由于每队分担区域过大，放映点主要建立在各行政区所在地和乌兰召、克力代等人口密集的村子，每年巡回不过一两次。

1954 年 8 月，热河省电影放映队第四小队分派到敖汉旗定点放映。全旗 12 个区设放映点 45 个。由于地域广，居住分散，大部分地区的群众仍然看不上电影。

1955 年，热河省电影放映队举办电影放映技术培训班，敖汉旗 3 名电影放映人员参加学习。8 月，省电影放映队第二十八小队增派敖汉旗定点放映，定名“敖汉二队”。旗文教科制订《敖汉旗建立农村电影放映计划》，每 2—3 个村设 1 个电影放映点，点距不超过 5 华里，固定、临时放映点增加到 64 个。

1956 年，昭乌达盟划归内蒙古自治区领导，电影事业的管理权下放到盟，由事业单位企业管理变为企业单位事业管理。电影放映工作担负着政治、经济双重任务，实现利润交旗财政部门。同年票价提高，新惠街内每张票价成人 1 角 5 分，儿童 1 角；农村成人每张 8 分，儿童 5 分。6 月，旗文教科派 6 名放映员参加内蒙古自治区举办的电影放映培训班。11 月，昭乌达盟派一实习队来敖汉放映，定名敖汉实习队。

1957 年 1 月，昭乌达盟把在敖汉旗定点放映的热河省第四小队、第二十八小队和敖汉实习队，重新统编为昭乌达盟电影放映队第十五队、第十六队、第十七队，昭乌达盟电影经理部在敖汉旗指定电影专职干部，负责电影放映事业。电影放映队利用旗政府院内的两间厢房作仓库，存放机器设备，常年活动在农村，放映点增加到 134 个，进行巡回放映，每个放映点一年能看上 3—4 次电影。当时，国家发行影片少，在敖汉旗上映的影片只有

《智取华山》《南征北战》《白毛女》等十几部。电影成为新生事物，深受群众的喜爱，在农村对其他艺术形式冲击很大，呈现出电影“一花独放”的局面。

1958 年，电影事业由盟统管下放给敖汉旗人民政府管理，归旗文教科领导。8—10 月，旗文教科在小河沿村举办敖汉旗首届电影放映技术培训班，为各乡培养了 30 名电影放映员和发电员。

1959 年，录用培训的放映员和发电员 11 人，成立电影队 3 个，设立电影放映中心总队。电影放映中心总队独立挂门牌，经济单独核算，性质基本上变为企业单位。同时把原有队和新发展队重新统编，定为敖汉旗电影放映队第一、二、三、四、五、六队，每队工作人员 3 名(其中队长 1 人)。总队负责 6 个队的放映管理工作，全旗放映点增加到 174 个。

第七编表 3　1951—1959 年国办电影放映队一览表

放映队名称		放映机型	发动发电机型	队长	发展时间
热河省电影放映队	北票、敖汉小队	国产 16 型		李久向	1951 年
	第四小队(敖汉一队)	国产 16 型		李久向 贾广仁	1954.08
	第二十八队(敖汉二队)	捷克产赛斯型	国产 110-1 型	周世民	1955.08
昭乌达盟电影放映队	第十五队	国产五四	国产 110-3 型	王声远	1957.01
	第十六队	国产五四	国产 110-3 型	李海峰	1957.01
	第十七队 (昭乌达盟实习队)	国产五四	国产 110-3 型	常　忠 郭锦明	1956.11
敖汉旗电影放映队	第一队	长江牌 5202 型	国产 110-3 型	郭锦明 李海峰 晓　今	1959 年
	第二队	国产五四	国产 110-1 型	吴凤朝 徐　义	1959 年
	第三队	国产五四	国产 110-1 型	冯　川 吴凤朝	1959 年
	第四队	国产五四	国产 110-1 型	郭锦明 晓　今	1959 年
	第五队	长江牌 5202 型	国产 110-3 型	王声远	1959 年
	第六队	长江牌 5202 型	国产 110-3 型	武永贵 李海峰	1959 年
	总队			郭锦明 李海峰	1959 年

备注：第十七队原为昭乌达盟实习队。1956 年 11 月成立，1957 年 1 月统编为第十七队。第六队 1959 年成立，1960 年撤销。

1961 年，新惠镇内有固定电影放映队 1 个。1962 年，全旗有放映点 360 个。6 月，由于机器破旧，撤销电影放映队 1 个。1963 年年初，内蒙古自治区各旗、县电影放映单位的管理体制重新变为“条条管理”，电影放映中心总队改为电影管理站。

1964 年，第五队派员参加全区幻灯调演会。1966 年，3 名电影放映员参加昭乌达盟幻灯放映培训班，时间 15 天。

1958—1966 年，电影放映工作的重点是普及放映，“村村挂银幕，消灭空白点”，全旗每人每年平均能看电影两次以上，同时提高宣传、服务质量，让群众普遍看上电影、看好电影、看懂电影，并配合党的中心工作，开展多种形式的社会宣传，向群众进行社会主义教育，传播科学知识。电影放映队学习红军作风，深入全旗每一个角落，采取缩短线、增加点的方法，形成电影放映网。一些山区、牧场不能通车，放映人员用人担、用骆驼驮机器去放映，上映的影片着重选映《老兵新传》《上甘岭》《红日》《红旗谱》等优秀影片，同时配映纪录片和科教片。多种映前宣传形式，丰富电影内容，还进行映前介绍，映中解说，映后总结座谈，使电影成为党的重要宣传工具。

13 年间，全旗放映电影 14505 场，观众人数达 7001639 人（次），放映收入 405109 元。

第七编表 4　1954—1966 年电影放映情况一览表

年度	放映点数（个）	放映场次（场）	观众人数（次）	收入金额（元）
1954	45	83	58109	3148.15
1955	64	278	148290	8752.11
1956	82	299	177204	11411.70
1957	134	619	270808	19579.14
1958	120	499	199178	17475.36
1959	174	1369	711614	31124.86
1960	—	1927	848582	39851.27
1961	290	1067	510772	40032.13
1962	360	1345	711010	50184.46
1963	—	1700	759000	49490.55
1964	—	1731	833402	50590.16
1965	—	1898	913868	49985.36
1966	—	1690	859802	33484
合计		14505	7001639	405109.25

第二节　基层电影放映机构

1966年，“文化大革命”开始，电影放映工作受到破坏，一大批影片被禁锢。电影事业的领导干部被打成“走资派”靠边站，放映人员在极左路线的影响下，到处串联闹革命，致使电影放映工作在1966—1969年处于瘫痪状态，全旗人民4年时间没能看上电影。

1970年，国办电影队开始恢复放映电影。同年，电影管理站在岗岗营子公社发展全旗第一个社办电影队。接着，又先后在长胜公社、小河沿公社、四家子公社、古鲁板蒿公社发展社办电影队，同时开始办理影片发行业务。

1971年，电影管理站依靠集体经济力量，发展社办电影队，撤销国办电影队，年末，全旗社办电影队达14个。1972年4月，电影管理站为新惠、红旗、双井、乌兰图格、丰收、光明、东方红、大甸子、东风、敖吉、新地、前进12个公社和羊场、三义井林场两个场部配备FL-8.75毫米放映机、FD-75发电机各1台。在金厂沟梁公社刘杖子大队进行8.75毫米大队级放映试点。社（厂、矿）办电影队达27个，放映人员53名。电影管理站发行“样板戏”“工业学大庆”“农业学大寨”等纪录片、科教片之类的节目47个，共102个拷贝。全旗放映点达864个，社（厂、矿）办电影队平均工作日158个，平均每队放映217场。

1973年，全旗各电影队普遍开展幻灯宣传活动，利用放映前的时间播放。幻灯片内容多为宣传党的方针政策和科普知识，还有根据本公社先进人物或典型事迹自绘、自编的幻灯片，放映员自拉自唱。因内容切合实际，深受群众喜爱。12月，旗电影管理站召开农村电影放映工作会议，总结交流农村电影队几年来的工作经验。

1975年，发展大队办8.75毫米电影队23个，其中长胜公社20个。8月，长胜公社建立电影管理分站，对全公社电影放映队的业务工作进行管理，加快了影片周转时间。同年，全旗5个社办电影队由8.75毫米放映机更换成16毫米放映机。

1977年，贝子府公社电影管理站建立，负责金厂沟梁、贝子府、王家营子、克力代等公社电影放映队的业务工作。

1978年，为宣传社会主义革命和社会主义建设新时期的总任务，电影管理站要求利用幻灯片搞好映前宣传。24个公社电影放映队共绘制幻灯片20套，节目24个，有快板书、二人转、影调戏等形式。站内先后从外地购买3100套幻灯片，发给有幻灯机的电影队，丰富宣传内容。全旗共放映幻灯360场，观众达252000人次。

1979 年，电影管理站改为电影发行放映公司，管理电影发行放映业务。在巩固社（厂、矿）办队的同时，大力发展村办队。全旗各类放映单位达 85 个，其中城镇 1 个，国营厂、矿 14 个，公社 26 个，大队 30 个，学校临时租片 14 个。公司年初定任务的放映单位 73 个，全旗放映人员 116 人。设备方面有 35 毫米放映机 2 台，16 毫米放映机 19 台，8.75 毫米放映机 62 台，发动发电机 25 台，有放映点 705 个。1981 年全旗有公社办电影队 25 个，大队办电影队 31 个，厂矿办电影队 8 个。1982 年，有放映单位 70 个，其中 35 毫米放映单位 1 个，16 毫米放映单位 26 个，8.75 毫米放映单位 43 个。1983 年，电影公司扩大放映队伍，支持农民办电影队。年末，有各类放映单位 68 个，其中 35 毫米放映单位 1 个，16 毫米放映单位 32 个，8.75 毫米放映单位 35 个，农民办电影队 5 个。放映点达 900 个。

1984 年开始，部分乡、镇电影队陆续由集体统管转为个人承包经营，归所在地政府管理，每年缴纳承包费，调动放映队的积极性。

1985 年，新窝铺乡成立电影管理分站。全旗有放映单位 62 个，其中国营电影院 1 个，工作人员 12 名；乡、镇、苏木、厂、矿电影队 39 个，放映人员 77 名；农民办电影队 22 个，放映人员 22 名。各电影队本着农闲多放、农忙少放的原则，利用各种机会多放多演，每年每支电影队均在本地放映电影 200 场以上。除晚上正常放映外，还利用节日、集日、喜庆活动等时机进行放映。同时，结合学校教育教学实际，白天为学生放映电影。1987 年有放映队 63 支，放映员 66 名。

1990 年有 14 家集镇电影院，52 支电影队，88 名放映人员。1991—1995 年，大部分乡、镇电影院、电影队先后停止放映。到 1999 年，全旗有乡办电影队 35 支，个体电影队 8 支，放映场次较少。为落实“2131”工程，保证“科普之春”科教电影汇映活动的正常开展，旗政府要求每个乡镇必须有一支乡办电影队，保证全旗电影布局合理稳定。根据文化部门具体安排，所在地文化体育工作站接管电影放映工作，主要以科教影片为主，故事片放映不过几场。1999 年以后，由于电视冲击，加上连年遭受旱灾，国家禁止向农民乱收费，放映费用无法解决，乡、镇、苏木电影队全部面向市场，电影放映事业进入低谷。

2005 年，全旗有 42 支 16 毫米电影放映队，4 支 35 毫米放映队。金厂沟梁镇、宝国吐乡等电影队坚持入村到组放映，其他个体电影队全部停止放映。此后，农村、牧区在电影公司统一组织“送电影下乡”电影放映活动时才能看上电影。

第七编表 5　电影管理分站一览表

站名	成立时间	站内人数	所辖范围	所辖放映队支数	站长		撤销时间
					姓名	技术级别	
贝子府电影管理分站	1977.12	5	贝子府乡、克力代乡、金厂沟梁镇、王家营子乡	21	李井先 查海恩		1982.01.16
长胜电影管理分站	1975.08	3	长胜乡	21	潘　福 陈廷凤	一等二级	1988.01
新窝铺电影管理分站	1985.07	1	新窝铺乡	9	王道生	三等五级	1988.01

第七编表 6　敖汉旗社、队办电影队分布情况一览表

公社名称	电影队名称	放映机型	发电机型	负责人（或队长）	发展时间
长胜公社	长胜公社电影队	F16–4	FD–75	周美娥 陈廷凤 王桂珍	1970.02
	长胜甸子大队电影队	FL–8.75 毫米	FD–75	刘凤鸣	1975.08
	马架子大队电影队	FL–8.75 毫米	FD–75	徐国禄 张爱会	1975.08
	陈家围子大队电影队	FL–8.75 毫米	FD–75	陈树广 任维信	1975.08
	长青大队电影队	FL–8.75 毫米	FD–75	欧喜哲 邹继龙	1975.08
	坤头岭大队电影队	FL–8.75 毫米	FD–75	韩玉琴	1975.08
	乌兰巴苏大队电影队	FL–8.75 毫米	FD–75	张振强 张学明	1975.08
	六顷地大队电影队	FL–8.75 毫米	FD–75	朱　瑞	1975.08
	西泡子大队电影队	FL–8.75 毫米	FD–75	佟桂霞	1975.08
	齐家窝铺大队电影队	FL–8.75 毫米	FD–75	潘玉凤 张亚东	1975.08
	六合号大队电影队	FL–8.75 毫米	FD–75	张荣云	1975.08
	榆树林子大队电影队	FL–8.75 毫米	FD–75	史瑞征 郑殿阁	1975.08
	烧锅地大队电影队	FL–8.75 毫米	FD–75	崔相国 田国林	1975.08
	清河大队电影队	FL–8.75 毫米	FD–75	刘兴奎	1975.08
	白土梁子大队电影队	FL–8.75 毫米	FD–75	张振强	1975.08
	染房大队电影队	FL–8.75 毫米	FD–75	陈子祥	1975.08
	平合大队电影队	FL–8.75 毫米	FD–75	韩　学 田志明	1975.08

续表

公社名称	电影队名称	放映机型	发电机型	负责人（或队长）	发展时间
长胜公社	长丰大队电影队	FL-8.75 毫米	FD-75	吴　凤	1975.08
	万发永大队电影队	FL-8.75 毫米	FD-75	刘万雨 邵文武	1975.08
	沙根大队电影队	FL-8.75 毫米	FD-75	翟占军 崔成国	1975.08
	马家围子大队电影队	FL-8.75 毫米	FD-75	邢术芹 勾　学	1975.08
岗岗营子公社（现木头营子乡）	岗岗营子公社电影队	长江 5202	FD-12	孔令义	1970
	岗岗营子公社电影队	FL-8.75 毫米（封闭式）	FD-12	王道生	1976.05
	岗岗营子公社电影队	F16-4	FD-12	王道生	1979.03
小河沿公社（现四道湾子镇）	小河沿公社电影队	长江 5202	110-1	刘廷会 王春富	1970.08
	小河沿公社电影队	五四	110-1	姜　民	1980.05
	小河沿公社电影队	F16-4	110-1	刘永贵	1982
	白斯朗营子大队电影队	F16-4	110-1	尹　凤	1983.05
	吴家营子大队电影队	F16-4	110-1	吴井树	1983.05
双庙公社（现玛尼罕乡）	双庙公社电影队	FL-8.75 毫米	FD-75	王国云	1972.02
	双庙公社电影队	F16-4	FD-75	孙国臣	1975.10
四家子公社（现四家子镇）	四家子公社电影队	F16-4	JD-75	冯　川	1970
	四家子公社电影队	F16-4A	JD-75	任振刚	1971.05
	老虎山大队电影队	FL-8.75 毫米	JD-75	刘　忠	1975.08
	长力哈达大队电影队	FL-8.75 毫米	JD-75	张守成	1975.08
	长力哈达大队电影队	F16-4A	JD-75	张守成	1978
古鲁板蒿公社	古鲁板蒿公社电影队	FL-8.75 毫米	FD-75	李　敏	1970.03
	古鲁板蒿公社电影队	F16-4	FD-75	李　敏 马云中	1972.01
	山嘴大队电影队	FL-8.75 毫米	FD-75	陈绍华	1971.02
	西湾子大队电影队	FL-8.75 毫米（封闭式）	FD-75	张　英	1977.01
	西湾子大队电影队	F16-4	FD-75	李凤义	
	新发大队电影队	FL-8.75 毫米（封闭式）	FD-75	王凤鸣	1978.04
	康家营子大队电影队	FL-8.75 毫米	FD-75	尚志财	1977.12
	周家地大队电影队	FL-8.75 毫米	FD-75	王凤鸣	1978.03

续表

公社名称	电影队名称	放映机型	发电机型	负责人（或队长）	发展时间
大甸子公社	大甸子公社电影队	FL–8.75 毫米	FD–75	雷桂英 宋　祥	1971.10
	大甸子公社电影队	F16–4	FD–75	宋　祥	1983
王家营子公社	王家营子公社电影队	FL–8.75 毫米	FD–75	李彦青	1971.10
	王家营子公社电影队	F16–4A	FD–75	李青才	1984
	刘家湾子大队电影队	FL–8.75 毫米（封闭式）	FD–75	刘凤花 周　恒	1978.01
宝国吐公社	宝国吐公社电影队	FL–8.75 毫米	FD–75	于洪成	1971.12
	宝国吐公社电影队	F16–4	FD–75	于洪成 刘凤有	1975.08
羊场（现哈沙吐乡）	羊场场部电影队	FL–8.75 毫米	FD–75	李中申	1972.02
	羊场场部电影队	F16–4	FD–75	王玉凤	1975.10
乌兰公社	乌兰公社电影队	F16–4	FD–75	刘　琪 王守文	1972
牛古吐公社	牛古吐公社电影队	FL–8.75 毫米	FD–75	张治龙	1972
	牛古吐公社电影队	F16–4	FD–75	崔丙成	1972
新惠公社	新惠公社电影队	FL–8.75 毫米	FD–75	赵　文	1972
	新惠公社电影队	F16–4	FD–75	赵　文	1972
下洼公社	下洼公社电影队	F16–4	FD–75	孟庆海	1972
	下洼公社电影队	FL–8.75 毫米（封闭式）	FD–75	李宗恕	1978.04
	丰源大队电影队	FL–8.75 毫米（封闭式）	FD–75	许兆合	1978.04
敖吉公社	敖吉公社电影队	F2–8.75 毫米	FD–75	刘　卓	1971.02
	敖吉公社电影队	FL–8.75 毫米	FD–75	岳乃成	1972.02
	敖吉公社电影队	F16–4	FD–75	岳乃成	1972.02
	车罗城大队电影队	FL–8.75 毫米（封闭式）	FD–75	姜治凡	1978.05
四德堂公社	四德堂公社电影一队	FL–8.75 毫米	FD–75	王子龙	1971.01
	四德堂公社电影一队	413–16	FD–75	王子龙 唐广全	1972.02
	四德堂公社电影二队	FL–8.75 毫米	FD–75	于海奎	1972.02
林家地公社	林家地公社电影队	FL–8.75 毫米	FD–75	李庆阳	1972.02
	林家地公社电影队	F16–4	FD–75	冯兆江	1982
丰收公社	丰收公社电影队	F2–8.75 毫米	FD–75	宋国忠	1972
	丰收公社电影队	F16–4	FD–75	宋国忠	1975

续表

公社名称	电影队名称	放映机型	发电机型	负责人（或队长）	发展时间
荷也勿苏公社	荷也勿苏公社电影队	FL–8.75 毫米	FD–75	常 再 金 桩	1971.10
	荷也勿苏公社电影队	F16–4	FD–75	高万国	1978.12
	李家营子大队电影队	F16–4	FD–75	赵 东	1978
克力代公社	克力代公社电影一队	FL–8.75 毫米	FD–75	姜俊庆	1971.10
	克力代公社电影一队	F16–4	FD–75	姜俊庆	1982
	克力代公社电影二队	FL–8.75 毫米（封闭式）	FD–75	孙 海	1978.01
金厂沟梁公社	金厂沟梁公社电影队	FL–8.75 毫米	LD–75	张中跃 查海恩	1972.04
	段木梁大队电影队	FL–8.75 毫米（封闭式）	LD–75	刘海燕	1978.01
	下长皋大队电影队	FL–8.75 毫米（封闭式）	LD–75	苏中阳	1978.01
	刘杖子大队电影队	FL–8.75 毫米	LD–75	申中义	1975.08
	余力虎大队电影队	FL–8.75 毫米	LD–75	杨广生	1976.12
双井公社	双井公社电影队	FL–8.75 毫米	FD–75	鲍景祥 刘汉生	1971.10
	双井公社电影队	F16–4	FD–75	李 祥	1977
	小洼大队电影队	F16–4	FD–75	周显春	1976
	四棵树大队电影队	FL–8.75 毫米	FD–75	韩亚东	1983
新地公社	新地公社电影队	FL–8.75 毫米	FD–75	周 信	1972
	新地公社电影队	F16–4	FD–75	周 信	1977
	大官营子大队电影队	FL–8.75 毫米	FD–75	王玉芬	1977.01
贝子府公社	贝子府公社电影队	F16–4	FD–75	王海森 史国云	1972
	贝子府公社电影一队	FL–8.75 毫米（封闭式）	FD–75	刁金华	1978.01
	贝子府公社电影二队	FL–8.75 毫米（封闭式）	FD–75	李艳民	1978.01
	贝子府公社电影三队	FL–8.75 毫米（封闭式）	FD–75	胡 江	1978.01
南塔乡	南塔乡电影队	FD–4	DF–75	李 成	1983
高家窝铺乡	高家窝铺乡电影队	L16–4	FD–75	宋庆柱	1983

续表

公社名称	电影队名称	放映机型	发电机型	负责人（或队长）	发展时间
木头营子乡	木头营子乡电影队	L16-4	FD-75	孔令仪	1983.03
	岗岗营子电影队	L16-4		田　贺	1982
	木头营子乡电影队	FL-8.75 毫米		王道生	1980
康家营子乡	康家营子乡电影队	L16-4	FD-75		1985
敖音勿苏乡	敖音勿苏乡电影队	L16-4	FD-75	张国祥	1983

第七编表 7　敖汉旗厂、矿办电影队分布情况一览表

电影队名称	所在地	放映机型	发电机型	放映员	发展时间
敖汉旗建筑工程公司电影队	新惠镇	FL-8.75 毫米	—	丛玉芝	1971.01
水泥厂电影队	贝子府	FL-8.75 毫米	—	迟广义	1971.01
钨矿电影队	哈力海吐	FL-8.75 毫米	—	陈　敏	1972
农村水利专业队电影队	山湾子	长江 5202	—	王新民　王　春	1958
三义井林场电影队	三义井	FL-8.75 毫米，F16-4	FD-75	王亚芹	1972.04
撰山子金矿电影队	撰山子	FL-8.75 毫米，F16-4	—	白铁刚	1972.07
热水汤疗养院电影队	热水汤	F16-4	—	刘　英	1976.05
112 医疗队电影队	四家子	F16-4	—	于兆水	1976.05
磷肥矿电影队	金厂沟梁	F16-4	—	经海燕	1978.10
金厂沟梁金矿电影队	金厂沟梁	F16-4	—	曲国忠	1972
大黑山林场电影队	大黑山	F16-4	—	朱　柏	1977.06
王家营子煤矿电影队	王家营子	F16-4	—	刘井全	1978.03
宝国吐煤矿电影队	宝国吐	F2-8.75 毫米（封闭式）	—	王红枝	1978.01

第七编表 8　农民办个体电影队分布情况一览表

电影队名称	所在地名称	放映机型	发电机型	发展时间
刘启电影队	萨力巴乡萨力巴村	FL16-4	—	1984
何天龙电影队	玛尼罕乡五十家子村	FL16-4	—	1985
王子龙电影队	四德堂乡	FL16-4	—	1984
杨明学电影队	四德堂乡	FL16-4	—	1984
刘树青电影队	宝国吐乡	FL16-4	—	1985
田中学电影队	宝国吐乡	FL-8.75 毫米	—	1985
杜国军电影队	新窝铺乡老西店村	FL-8.75 毫米	—	1985.12
迟景明电影队	新窝铺乡前景村	FL-8.75 毫米	—	1985.12
孙凤辉电影队	康家营子乡东他拉村	FL-8.75 毫米	—	1985.12

续表

电影队名称	所在地名称	放映机型	发电机型	发展时间
王学中电影队	四德堂乡	4B-16	—	1985.01
宋庆柱电影队	高家窝铺乡上巴尔当村	FL16-4	F—70 型	1985
杨才电影队	林家地乡	FL-8.75 毫米	Fw—75 型	1984.07
刘汉生电影队	双井乡	L-8.75 毫米	—	1983
郭恩恒电影队	大甸子乡莱草沟村	FL-8.75 毫米	FD—75 型	1985.10
高志中电影队	金厂沟梁乡下长皋村	FL16-4	—	1985.03
柴国华电影队	大甸子乡	FL16-4	—	1985
张洪来电影队	金厂沟梁镇	FL16-4	—	1983
王国朋电影队	金厂沟梁镇	FL16-4	—	1983
高志中电影队	金厂沟梁镇	FL16-4	—	1983
苏中清电影队	金厂沟梁镇	FL16-4	—	1983
刘玉春电影队	宝国吐乡	FL-8.75 毫米	—	1981
郭勇电影队	四家子镇	FL-8.75 毫米	—	1986
张国新电影队	敖音勿苏乡	FL16-4	—	1985
张殿忠电影队	玛尼罕乡	FL16-4	—	1986
盛继国电影队	玛尼罕乡	FL16-4	—	1986
李成华电影队	贝子府镇	FL16-4	—	1985
范海军电影队	贝子府镇	FL-8.75 毫米	—	1986
齐会春电影队	贝子府镇	FL16-4	—	1985
贾万福电影队	王家营子乡	FL-8.75 毫米	—	1986

第三节　电影放映场所

一、新惠电影院

新惠影剧院位于新惠镇新中街中段西侧，旗文化馆对过，始建于 1969 年，1970 年投入使用。建筑面积为 335 平方米。主体建筑为前楼后房，呈东西走向。影院正门在东侧临街一面，一楼中为一、二道门厅，两侧设服务室、售票室、吸烟室、休息室、小卖部等，二楼为放映机房。与小楼呈“T”字形的砖木结构瓦房为观众席。观众席为斜坡式地面，座席为折叠式排椅，有座位 614 个。

1969年，电影管理站利用内蒙古自治区电影发行放映公司拨给的3万元房屋维修费，拆除原公、检、法三机关的办公室，建成一座砖瓦结构的国办电影院。1970年投入使用，有座位614个。使用长江5202型16毫米提包式放映机，电影院内有放映员、售票员、场务、播音员、宣传员等。1972年，放映365场，观众168964人次。1973年，安装黑龙江产新曙光牌FG–35型座式放映机，南京产708–1型40瓦电影还音扩音机，上海产A80/42型碳晶整流器，并配有大连产T2.5型12千瓦交流柴油发电机组作为自备电源，从此新惠地区群众能看上宽银幕电影和立体电影。1980年，放映1372场，观众740419人次。

1982年，电影院因墙壁坍塌被拆掉，12月迁入敖汉旗人民政府大礼堂放映。1983年，昭乌达盟电影公司给配备一套松花江5502型放映座机。

1984年春，影院危房拆除，在原址重建新院。经有关部门设计，仿照北京崇文门影院式样，同年5月1日破土动工，总设计建筑面积1850平方米，投资95万元。格局为影剧演出兼用。采用框架式结构，设单层斜坡式座席968个。1989年8月，新惠影剧院竣工交付使用。

1985年，购置一块金属银幕和一套立体镜头，自此能够放映立体电影。1986年，电影院实行经营业务管理改革，以承包责任制为主要管理形式。

1987年，电影公司办公楼交付使用。1989年8月28日，新惠影剧院竣工交付使用。影剧院为阶梯式框架结构，建筑面积2038平方米，座位968个。内设候影厅、观众厅、放映厅、耳光室、舞台。

1991年12月，影剧院由承包责任制变为集体经营。

1996年，影剧院实行定额管理，年经营额14万元。有职工30人，其中在职22人、离退休8人。农历正月成功举办有奖看电影活动，每天连续放映电影5场，历时13天，共放映65场，观众6.4万人次，纯收入13万元。

1999—2003年连续亏损，亏损总额10万元。

2005年，全年放映电影600场，实现利润1200元。

2006年，经旗政府批准，拆除电影院及电影公司办公楼，在原址新建电影院。

2008年12月，新落成的“新惠影剧院”投入使用，安放座席600个。

二、公社电影院

（一）四家子电影院

1975年，四家子公社投资15000元，兴建砖瓦结构影剧院，任振刚任院长，开始使用木条凳座席。1983年，电影公司为四家子公社贷款1万元，更换固定折叠式座席，座位580个。有16毫米放映机1台，汽油发电机1台，每场票价0.2元。1993年8月停止放映。

（二）长胜电影院

1978年，长胜公社投资兴建砖瓦结构电影院，使用木条凳座席，座位500个，旗电影管理站贷款资助，总投资17000元，陈廷凤任站长。有16毫米放映机、8.75毫米放映机各1台，汽油发电机1台，每场票价0.2—0.4元不等。1990年，乡电影院由孙凤琴承包，当年放映电影达300余场次。1993年，孙凤琴调出后，电影院工作先后由马海田、吴广富负责。

（三）四道湾子电影院

1978年春，小河沿公社电影院建成，建筑面积310平方米，座位425个，刘廷会兼任院长。影院有发电机1台，电影放映机（苏联进口）1台。设专职放映员1人，售票员1人，场内秩序员1人。每天放映1—2场，票价1角。1984年建四道湾子镇，称四道湾子电影院。1986年，电影院由魏雨明承包，更换为35毫米电影放映机、宽银幕。有时按任务放映部分社教片、科教片、法制片等。1995年停止放映。

（四）贝子府电影院

1979年，贝子府公社投资兴建土木结构电影院，使用木条板凳座席，座位320个，电影管理站贷款资助。1983年，电影公司为贝子府公社贷款1万元，把电影院复修为半砖瓦结构，更换固定折叠式座席，座位345个。电影院先后由李景先、李艳民任院长。设备有12马力柴油发电机2台，16毫米电影放映机2台。每天晚上售票放映1场，星期日中午加映1场。1986年，电影院实行承包的方式，由集体统管转为个体经营。1994年停止放映。2006年，电影院拆除搞商业开发。

（五）下洼电影院

1983年，电影公司利用内蒙古自治区电影公司微息贷款，协助下洼公社投资7万元兴建砖瓦结构电影院，使用固定折叠式座席，座位441个。孟庆海任院长，发电员、放映员各1人。设备有12马力柴油发电机2台，16毫米电影放映机2台。每天晚上售票放映1场，星期日中午加映1场。1988年停止放映，变成镇政府的会议室和文艺演出的场所。2004年5月，电影院被拆除。

（六）金厂沟梁公社俱乐部

1983年，电影公司利用内蒙古自治区电影公司微息贷款，协助金厂沟梁公社投资20万元兴建砖瓦结构俱乐部，建筑面积1080平方米。使用固定折叠式座席，座位687个。为公社电影队固定放映点，查海恩、刘海燕任院长。设备有12马力柴油发电机1台，16毫米电影放映机1台。当年售票放映电影200余场，观众15万人次。1985年被刘海燕承包，每年放映电影160余场，观众达11.5万人次。1993年末，俱乐部停止放映。

1995年，乡、镇电影院全部停止放映。

第七编表 9　公社电影院基本情况一览表

名称	隶属单位	负责人姓名	工作人员数	座席		放映机型	发电机型	使用时间（年）
				结构	座位数			
四家子公社影剧院	四家子公社	任振刚	3	木凳、铸铁折叠椅	580	F16-4A	JD-75	1975
长胜公社电影院	长胜公社	陈廷凤	3	木凳	500	F16-4A	JD-75	1978
贝子府公社电影院	贝子府公社	李景先 李艳民	3	木凳 折叠椅	320 345	F16-4A	JD-75	1979 1983
下洼公社电影院	下洼公社	孟庆海	2	折叠椅	441	F16-4A	JD-75	1983—1988
金厂沟梁公社俱乐部	金厂沟梁公社	查海恩 刘海燕	3	折叠椅	687	F16-4A	J-D75	1983—1993
四道湾子公社电影院	四道湾子公社	刘廷会	4	折叠椅	425	F16-4A FG-35	J-D75	1978—1995

三、公社、厂、矿礼堂和俱乐部

1971 年开始，一些公社、厂、矿相继兴建礼堂和俱乐部，除举行会议外，兼作电影放映场所。礼堂和俱乐部均由所在地领导部门投资兴建，公社、厂、矿电影队负责放映。

第七编表 10　公社、厂、矿礼堂和俱乐部基本情况一览表

名称	使用时间（年）	座席		备注
		结构	座位数	
敖汉旗政府礼堂	1955	折叠椅	720	
新地乡礼堂	1976	木排椅	800	
古鲁板蒿乡礼堂	1972	木排椅	250	属电影院性质
萨力巴乡礼堂	1978	木排椅	400	
敖润苏莫苏木礼堂	1980	木排椅	150	属电影院性质
玛尼罕乡礼堂	1973	木排椅	200	
四道湾子镇礼堂	1979	折叠椅	309	属电影院性质
敖吉乡礼堂	1978	折叠椅	300	
克力代乡礼堂	1979	折叠椅	340	属电影院性质
羊场礼堂	1964	折叠椅	480	属电影院性质
金厂沟梁金矿俱乐部	1981	折叠椅	999	属电影院性质
南塔乡俱乐部	1985	折叠椅	268	属电影院性质
四德堂乡礼堂	1971	木排椅	500	
林家地乡礼堂	1971	木排椅	300	

续表

名称	使用时间（年）	座席		备注
		结构	座位数	
长胜乡礼堂	1973	木排椅	350	
牛古吐乡礼堂	1973	木排椅	300	
丰收乡礼堂	1973	木排椅	350	
新窝铺乡礼堂				
双井乡礼堂				
撰山子金矿俱乐部				
宝国吐公社礼堂			225	1983 年—1984 年 6 月为电影固定放映点

四、大队电影院

大队电影院由所在大队投资兴建，条件简陋，房舍为土木结构，座席为木质长条凳，由大队电影放映队负责放映，其建院目的是为改善群众看电影的条件。全旗有 4 个大队建了电影院，都是一院多用。分别是小河沿公社小河沿大队、小河沿公社七道湾子大队、羊场二分厂、长胜公社长胜甸子大队。1982 年左右，大队电影院陆续停止电影放映，有的改作他用或被拆除。

第八编

非遗工作

第一章　非遗工作沿革

第一节　非遗工作发展

“非遗”即“非物质文化遗产”的简称。敖汉旗早期的非遗工作，主要是挖掘整理民族民间艺术和编纂民族民间艺术集成。多年来，旗文化局对流传在敖汉地区的蒙古族民间艺术“好德歌沁”、蒙古族民歌、敖汉民间故事等许多珍贵的文化遗产，多次进行系统的搜集整理。

1984 年，文化部、国家民委和中国文联各协会联合发起组织编纂《中国戏曲志》《中国民族民间舞蹈集成》等 10 部“集成”“志”书。编纂省（自治区、直辖市）分卷需要县（旗）级提供地方第一手资料，根据市文化局的统一要求，旗文化局于 1985 年 5 月成立敖汉旗艺术集成工作领导小组，蔡春圃、吉日木图任正、副组长。下设编辑办公室，王玉珩任主编，徐国选任副主编，韩殿琮、苏日图、孟庆华任编辑。在各文化站协助下，经过一年多的普查、整理和编纂，《敖汉旗戏曲志资料汇编》《敖汉旗民族民间舞蹈集成》《好德歌沁》送审稿完成。1986 年 10 月，全区艺术集成工作现场会在赤峰市召开，敖汉旗文化局送审的三本油印集子受到专家学者的好评。韩殿琮、孟庆华获市文化局、市民委、市文联联合颁发的艺术集成先进工作者荣誉证书。《中国戏曲志·内蒙古卷》收录送审稿中《下洼大佛寺戏楼》等资料。1999 年 11 月，赤峰市文化局作出《关于对我市艺术集成编纂工作总结表彰的决定》，敖汉旗文化局被评为集成志书工作先进集体，韩殿琮、苏日图、孟庆华、李彩荣、陈玉莲获优秀编纂工作奖。

2006 年，《中华人民共和国非物质文化遗产法》颁布，非遗工作被列入旗文化馆主要业务。在开展非遗项目普查的过程中，多次组织专家对所挖掘、整理非遗代表性项目（简称项目）的价值和可行性进行论证，及时提交旗政府确定。2008—2018 年，旗政府下发通知，批准 4 批非遗名录予以公布，共确定旗级非遗项目 52 项。同时，将“好德歌沁”等项目作为重点代表性项目推荐，申报区、市级非遗名录项目。2017 年旗文体广电局成立非物质文化遗产保护中心，举办项目代表性传承人（简称传承人）培训班。为每个传承人发放项目铜牌，签订保护传承协议，传承人保护机制初步形成。

在非遗保护传承工作中，旗文体广电局充分发挥部门职能，每年坚持以春节、农牧民文化艺术节、荞麦花节、大型民俗活动、“文化和自然遗产日”为契机，先后组织“好德歌沁”“敖汉民歌、民俗、民舞文艺展演”“文化遗产摄影大赛”“追寻历史的记忆——敖汉首批非物质文化遗产项目展览”“敖汉民歌、皮影、剪纸、传统戏剧进校园”“黄河灯会”、青城寺祭星、二月二撒龙灯等非遗活动，打造地方非遗特色文化品牌。在乡、镇、苏木建立非遗传习所，扩大非遗工作的群众基础和社会影响。同时，利用媒体做好宣传报道。在旗电视台开辟《乡愁》栏目，介绍典型非遗项目。喜迎党的十九大剪纸作品展，在内蒙古电视台一套播出。赤峰电视台《赤峰记忆》栏目先后播出“好德歌沁”“敖汉皮影”“敖汉剪纸”专题片。十多个非遗项目在《内蒙古日报》《赤峰日报》等报刊和多家网站上发表。

2017 年 6 月，旗文化广电体育局在市文化新闻出版广电局举办的庆祝 2017 年度“文化和自然遗产日”系列活动中获优秀组织奖。

2018 年 2 月 27 日—3 月 1 日，在乌兰牧骑老剧场举办“不忘初心、留住乡愁”春节皮影戏展演。新惠皮影社、萨力巴皮影队、四道湾子镇皮影队、兴隆洼蒋春皮影队、文化馆皮影队、新惠镇康家店皮影队和四家子镇华乐皮影剧团、庆年皮影剧团、翠香皮影队、新乐皮影队 10 支代表队参加演出，参演人员 50 多人。演出《秦英征西》《五峰会》等 10 个影目，观众近万人。蒋春、张凤玲获表演一等奖，张海波、刘庆年、张翠香获表演二等奖。5 月 15 日—6 月 30 日，在文化馆非遗展厅举办剪纸展览，观众 1000 余人。6 月 4 日—9 日，在惠文广场举办皮影戏展演，观众 2000 余人。6 月 10 日，在旗国宾馆举办敖汉蒙古族服饰展演，观众 300 余人。“好德歌沁”表演队全年为小轮车比赛、首届农民丰收节等大型活动演出近 10 场。8 月，旗文化广电体育局在市文广局举办的《永远的牧歌》首届赤峰市非物质文化遗产昭乌达长短调民歌大赛中获优秀组织奖。在 2018 年市、区级非遗传承人评审中，又有 7 人被认定为第五批市级非遗传承人；1 人被认定为第六批自治区级非遗传承人。

截至 2018 年末，敖汉旗政府批准公布“敖汉非遗名录”共 52 项（其中 4 项因未能传承而失传）。其中自治区级认定的项目 3 项，市级 12 项，旗级 52 项。自治区级认定的传承人 6 名，市级 16 名，旗级 47 名。

第二节　非遗工作的开展

一、组建工作队伍

2007年，文化馆非遗工作主要由吴肃负责，在普查的同时，组织“好德歌沁”“敖汉民间故事”“青城寺蒙古族祭星”的市、区级立项申报工作。

2016年，文化馆成立非遗办公室，鲍云华任负责人。3月，成立敖汉旗非物质文化遗产评审专家组，为毕世才、齐成玉、张乃夫、吴肃等颁发专家聘书。组织市、旗两级专家对敖汉旗第三批旗级非遗项目进行论证。

2017年10月，旗文体广电局设立非遗保护中心，胡江任主任，全面负责非遗工作。

2018年1月，为进一步加强和规范全旗非遗保护，旗文体广电局在广泛征求各方意见的基础上，成立敖汉旗非物质文化遗产专家评审委员会，张红民任组长，马文波、梁国强任副组长。负责全旗非遗项目、传承人申报评审工作。

二、非遗项目普查

2007年，文化馆吴肃、罗彦武、胡江、姜士勋等人，利用半年多时间，对全旗各乡、镇、苏木进行全面细致的普查，掌握非遗项目线索500余条，调查项目200余个，以文字、图片和录音形式忠实记录。2016年，朱树清、冯黎明、王明珠等人，经常深入基层挖掘非遗线索、整理非遗项目资料。

三、培训项目传承人

2016年3月22日，旗群众文化艺术馆举办非遗项目论证会暨基础知识培训班，各乡镇有关领导、文化站长和非遗传承人参加培训。市非遗专家组专家毕世才就非遗的申报、传承、挖掘、整理和保护工作进行辅导、解析。

2018年1月8日—9日，旗文体广电局在群艺馆举办全旗非遗传承人培训班，邀请自治区文化厅非遗处处长张丽辉、市文化局文化科科长薛瑞、市非遗中心主任陈玉华为全旗非遗项目代表性传承人和非遗工作者授课。内容包括《内蒙古自治区非物质文化遗产保护条例》解读、如何做好传承人、非遗申报知识讲座等。参加培训班非遗工作者、传承人达80余名，培训结束经考核颁发结业证书。

四、建立传习所

第八编表 1　敖汉旗非遗传习所一览表

序号	传习所名称	所在地	备注
1	“好德歌沁”非遗传习所	萨力巴乡乌兰召村	
2	“敖汉皮影”非遗传习所	兴隆洼镇宝国吐村	
3	“诺恩吉雅”非遗传习所	敖润苏莫苏木嘎查	
4	“英雄会”非遗传习所	四家子镇池家湾子村	
5	“黄河灯会”非遗传习所	四家子镇下房申村	
6	“义勇军誓词歌”非遗传习所	四家子镇文化活动中心	
7	“敖汉拨面技艺”非遗传习所	黄羊洼镇荞麦种植合作社	
8	“青城寺蒙古族祭星”非遗传习所	四家子镇牛夕河村	
9	非遗保护中心综合传习所	敖汉旗文体广电局	

2016 年开始，在代表性项目传承地先后建立 9 个非遗传习所、展馆，展出区、市、旗级非遗项目 66 项，各项目实物达 100 多件，并配以图文并茂的板块，介绍该项目的历史渊源、传承区域、表现形态、文化价值、传承谱系以及目前的现状。

第三节　非遗工作现状

一、旗级非遗项目

第八编表 2　第一批非遗项目名录一览表

序号	项目代码	项目名称	项目所在乡镇或单位
一、民间文学（共 1 项）			
1	AHI–02	敖汉旗民间故事	玛尼罕乡、牛古吐乡
二、传统音乐（共 4 项）			
2	AHII–04	娜布其公主	敖润苏莫苏木
3	AHII–04	喜歌	新惠镇
4	AHII–04	伞头曲	玛尼罕乡、牛古吐乡
5	AHII–04	唢呐曲	牛古吐乡
三、传统戏剧（共 1 项）			
6	AHIV–066	好德歌沁	萨力巴乡乌兰召村

续表

序号	项目代码	项目名称	项目所在乡镇或单位
四、传统体育（共1项）			
7	AHVI-168	英雄会	四家子镇池家湾子村
五、传统戏剧（共1项）			
8	AHIV-063	敖汉皮影戏	兴隆洼镇
六、曲艺（共2项）			
9	AHV-045	敖汉大鼓	萨力巴、木头营子乡
10	AHV-045	乌力格尔	敖润苏莫苏木
七、传统美术（共1项）			
11	AHVII-03	敖汉剪纸	全旗各地
八、民俗（共1项）			
12	AHX-14	青城寺蒙古族祭星仪式	四家子镇牛夕河
九、传统技艺（共6项）			
13	AHV-093	仿古彩陶制作	兴隆洼镇
14	AHVI-093	天益泉传统酿酒技艺	华海酒业公司
15	AHVIII-09	传统花炮制作技艺	四家子镇
16	AHVIII-09	敖汉拨面制作技艺	全旗各地
17	AHVIII-096	黄柳编制	敖润苏莫苏木
18	AHVIII-097	敖汉小磨香油制作技艺	新惠镇

第八编表3　第一批非遗项目传承人名单

序号	项目代码	项目名称	传承人姓名	性别	民族	出生年份	项目所在乡镇或单位
一、民间文学（共1项）							
1	AHI-02	敖汉旗民间故事	孟庆华 张志龙	男 男	汉 汉	1964 1951	玛尼罕乡 牛古吐乡
二、传统音乐（共3项）							
2	AHII-04	娜布其公主	吉日木图	男	蒙古	1979	敖润苏莫苏木
3	AHII-04	喜歌	宋福	男	汉	1944	新惠镇
4	AHII-04	伞头曲	孟庆和	男	汉	1956	玛尼罕乡、牛古吐乡
三、传统戏剧（共1项）							
5	AHIV-066	好德歌沁	李福山 金永利 李海波	男 男 男	蒙古 蒙古 蒙古	1954 1970 1982	萨力巴乡
四、传统体育（共1项）							
6	AHVI-168	英雄会	李井宝	男	汉	1960	四家子镇

续表

序号	项目代码	项目名称	传承人姓名	性别	民族	出生年份	项目所在乡镇或单位
五、传统戏剧（共1项）							
7	AHVI–063	敖汉皮影戏	蒋　春 韩玉广	男 男	汉 汉	1950 1970	兴隆洼镇
六、曲艺（共2项）							
8	AHV–045	敖汉大鼓	刘淑娟	女	汉	1959	萨力巴乡、木头营子乡
9	AHV–045	乌力格尔	吉恩太	男	蒙古	1977	敖润苏莫苏木
七、传统美术（1项）							
10	AHVII–03	敖汉剪纸	田惠莲 刘金凤	女 女	汉 汉	1970 1964	全旗各地
八、民俗（共1项）							
11	AHX–14	青城寺蒙古族祭星仪式	洛桑·达瓦 白润玺	男 男	土 蒙古	1977 1953	四家子镇牛夕河村
九、传统技艺（共3项）							
12	AHVIII–093	天益泉传统酿酒技艺	吴春禄 闫向东	男 男	汉 汉	1963 1970	华海酒业公司
13	AHVIII–09	敖汉拨面制作技艺	李树发 孙国华	男 女	汉 汉	1970 1959	全旗各地
14	AHVIII–09	敖汉小磨香油传统制作技艺	孙　发	男	汉	1960	新惠镇

第八编表4　第二批非遗项目名录一览表

序号	项目代码	项目名称	项目所在乡镇或单位
一、民间文学（共2项）			
19	AHI–024	敖汉民谣	玛尼罕乡
20	AHI–027	敖汉民谚	玛尼罕乡
二、民间音乐（共2项）			
21	AHII–041	敖汉民歌	敖润苏莫苏木
22	AHII–042	中华古石琴演奏技巧	新惠镇
三、民俗（共5项）			
23	AHX–101	敖汉旗旱作农业习俗	全旗各地
24	AHX–126	敖汉婚俗	全旗各地
25	AHX–128	敖汉葬俗	四家子镇
26	AHX–124	敖汉生育习俗	全旗各地
27	AHX–143	齐家祭祖仪式	新惠镇

续表

序号	项目代码	项目名称	项目所在乡镇或单位
四、传统美术（共1项）			
28	HVII–097	木漆画	四家子镇
五、传统技艺（共6项）			
29	AHVIII–091	旱作农业农具制作	新惠镇高家窝铺村
30	AHVIII–157	敖汉民居营造技艺	
31	AHVIII–093	泥瓦盆烧制技艺	
32	AHVIII–096	草编技艺	
33	AHVIII–112	小米主食制作技艺	
34	AHVIII–094	敖汉民间刺绣	
六、民间美术（共1项）			
35	AHVIII–032	玉雕	新惠镇
七、传统医药（共1项）			
36	AHIX–151	接骨复臼中医疗法	

第八编表5　第二批非遗项目传承人名单

序号	项目代码	项目名称	传承人姓名	性别	民族	出生年份	项目所在乡镇或单位
一、民间文学（共2项）							
15	AHI–024	敖汉民谣	孟庆华	男	汉	1964	玛尼罕乡
16	AHI–027	敖汉民谚	孟庆华	男	汉	1964	玛尼罕乡
二、民间音乐（共2项）							
17	AHII–041	敖汉民歌	领小	女	蒙古	1987	敖润苏莫苏木
18	AHII–042	中华古石琴演奏技巧	贾洪斌	男	汉	1962	新惠镇
三、民俗（共1项）							
19	AHX–143	齐家祭祖仪式	齐树春	男	汉	1964	新惠镇
四、传统美术（共1项）							
20	AHVII–097	木漆画	赵振岩	男	汉	1961	四家子镇
五、传统技艺（共2项）							
21	AHVII–091	旱作农业农具制作	魏成友	男	汉	1972	新惠镇高家窝铺村
22	AHVII–094	刺绣	田惠芬	女	汉	1973	新惠镇
六、民间美术							
23	AHVII–032	玉雕	杨晓明 张建宏	男 男	汉 汉	1964 1974	新惠镇

续表

序号	项目代码	项目名称	传承人姓名	性别	民族	出生年份	项目所在乡镇或单位
七、传统医药							
24	AHIX-151	接骨复臼 中医疗法	张振东	男	汉	1967	新惠镇

第八编表 6　第三批非遗项目名录一览表

序号	项目代码	项目名称	项目所在乡镇或单位
一、传统戏剧（共 1 项）			
37	AHIV-062	敖汉评戏	全旗各地
二、传统体育、游艺与杂技（共 1 项）			
38	AHVI-16	敖汉传统体育项目	全旗各地
三、传统美术（共 1 项）			
39	AHVII-03	民间蛋壳彩绘	新惠镇
四、传统技艺（共 5 项）			
40	AHVIII-09	烘炉技艺	兴隆洼镇
41	AHVIII-09	石匠技艺	金厂沟梁镇
42	AHVIII-09	四家子传统粉条制作技艺	四家子镇
43	AHVIII-09	大黄米年糕制作技艺	全旗各地
44	AHVIII-09	赵家泥塑技艺	四家子镇
五、民俗（共 2 项）			
45	AHX-14	丰收传统祈雨	丰收乡
46	AHX-142	四家子镇小古力吐祖子庙 祭祀仪式	四家子镇小古力吐村

第八编表 7　第三批非遗项目传承人名单

序号	项目代码	项目名称	传承人姓名	性别	民族	出生年份	项目所在乡镇或单位
一、传统戏剧（共 1 项）							
25	AHIV-062	敖汉评戏	张桂云	女	汉	1939	全旗各地
二、传统体育、游艺与杂技（共 1 项）							
26	AHVI-16	敖汉传统体育 项目	白银富	男	蒙古	1965	敖润苏莫苏木
三、传统美术（共 1 项）							
27	AHVII-03	民间蛋壳彩绘	庄亚辉	女	汉	1970	新惠镇
四、传统技艺（共 4 项）							
28	AHVIII-09	烘炉技艺	张向兵	男	汉	1960	兴隆洼镇

续表

序号	项目代码	项目名称	传承人姓名	性别	民族	出生年份	项目所在乡镇或单位
29	AHVIII-09	四家子传统粉条制作技艺	王国柱	男	汉	1968	四家子镇
30	AHVIII-09	大黄米年糕制作技艺	魏　森	男	汉	1948	全旗各地
31	AHVIII-09	赵家泥塑技艺	赵振岩	男	汉	1958	四家子镇

第八编表 8　第四批非遗项目名录一览表

序号	项目代码	项目名称	项目所在乡镇或单位
一、传统美术			
47	AHVII-003	蒙古剪纸	敖润苏莫苏木
二、传统音乐			
48	AHII-059	义勇军誓词歌	四家子镇

第八编表 9　第四批非遗项目传承人名单

序号	项目代码	项目名称	传承人姓名	性别	民族	出生年份	项目所在乡镇或单位
一、传统美术（共 1 项）							
32	AHVII-003	蒙古剪纸	韩海梅	女	汉	1965	敖润苏莫苏木
二、传统音乐（共 1 项）							
33	AHII-059	义勇军誓词歌	四家子镇文体站				四家子镇
三、民间音乐（共 1 项）							
34	AHII-04	诺恩吉雅	沙　果	女	蒙古	1938	敖润苏莫苏木
四、传统技艺（共 1 项）							
35	AHVIII-94	蒙古服饰（敖汉部）	吴海英 李铁南	女 女	蒙古 蒙古	1980 1976	敖润苏莫苏木
五、民俗（共 3 项）							
36	AHX-14	黄河灯会	孟祥志	男	汉	1946	四家子镇、玛尼罕乡
37	AHX-14	二月二武安州祭塔	翟亚军	男	汉	1975	丰收乡南塔子村
38	AHVIII-94	小米主食传统技艺	邹存越	男	汉	1989	新惠镇

二、市级非遗项目

第八编表 10　市级非遗项目名录一览表

序号	项目代码	项目名称	认定批次	认定时间	备注
1	CFI–3	敖汉旗民间故事	第一批	2009.12	
2	CFI–4	伞头曲	第一批	2009.12	
3	CFI–5	喜歌	第一批	2009.12	
4	CFII–3	娜布其公主	第一批	2009.12	
5	CFIII–1	好德歌沁	第一批	2009.12	
6	CFIX–7	青城寺蒙古族祭星	第一批	2009.12	
7	CFVIII–11	敖汉拨面制作技艺	第四批	2016.04	
8	CFVII–14	敖汉剪纸	第五批	2017	
9	CFII–4	诺恩吉雅	第五批	2017	
10	CFX–33	敖汉蒙古族服饰	第五批	2017	
11	CFX–31	敖汉黄河灯会	第五批	2017	
12	CFX–14	二月二撒龙灯	第五批	2017	

第八编表 11　市级非遗项目传承人名单

序号	项目代码	项目名称	传承人姓名	性别	民族	出生年月	认定批次	认定时间
1	CFI–3	敖汉旗民间故事	鲍枫珊	男	蒙古	1927.10	第一批	2009.12
2			孟庆华	男	汉	1964.09	第五批	2018.05
3	CFI–4	伞头曲	孟庆和	男	汉	1956.02	第一批	2009.12
4	CFI–5	喜歌	宋　福	男	汉	1944.10	第一批	2009.12
5	CFII–3	娜布其公主	韩国春	男	蒙古	1958.07	第一批	2009.12
6	CFIII–1	好德歌沁	李福山	男	蒙古	1950.10	第一批	2009.12
7			金　生	男	蒙古	1945.04	第一批	2009.12
8			金永利	男	蒙古	1970.01	第五批	2018.05
9	CF1X–7	青城寺蒙古族祭星	洛桑・达瓦	男	土	1977.03	第一批	2009.12
10			辛跃贵	男	汉	1939.11	第一批	2009.12
11			白润玺	男	汉	1953.01	第五批	2018.05
12	CFVII–11	敖汉拨面制作技艺	孙国华	男	汉	1959.03	第四批	2016.04
13			李树发	男	汉	1970.07	第五批	2018.05
14	CFVII–14	敖汉剪纸	田惠莲	女	汉	1970.02	第五批	2018.05
15	CFX–33	敖汉蒙古族服饰	李铁南	女	蒙古	1975.07	第五批	2018.05
16	CFX–31	敖汉黄河灯会	孟祥志	男	汉	1946.08	第五批	2018.05

三、自治区级非遗项目

第八编表 12　自治区级非遗项目名录一览表

序号	项目代码	项目名称	认定批次	认定时间	备注
1	NMI-02	敖汉传说故事	第一批	2008	
2	NMIII-1	好德歌沁	第一批	2008	
3	NMX-7	青城寺蒙古族祭星	第二批	2008	

第八编表 13　自治区级非遗项目传承人名单

序号	项目代码	项目名称	传承人姓名	性别	民族	出生年月	认定批次	认定时间
1	NMI-02	敖汉传说故事	鲍枫珊	男	蒙古	1927.10	第一批	2008
2	NMI-19		孟庆华	男	汉	1964.09	第六批	2018.10
3	NMIII-1	好德歌沁	李福山	男	蒙古	1950.10	第一批	2008
4			金　生	男	蒙古	1945.04	第一批	2008
5	NMX-7	青城寺蒙古族祭星	洛桑·达瓦	男	土	1977.03	第二批	2008
6			辛跃贵	男	汉	1939.11	第二批	2008

第二章 主要非遗项目介绍

第一节 好德歌沁

一、概述

蒙古族传统民间艺术“好德歌沁”流传在敖汉旗萨力巴地区。表演时间为每年正月十三至十六日。演出地点在萨力巴一带蒙汉杂居村。

“好德歌沁”，汉语译为“丑角”，由于其带有喜剧色彩的滑稽表演而得名。因最初演出的目的是为求子女，这种由“求子”而产生的艺术形式又被称作“呼图格沁”，意为“孩子来”“求子”。“好德歌沁”形成后，演出内容扩展为祝福、求吉祥，其表演形式却一直未变，始终保持着喜剧风格。最初搜集整理者的记录和一些研究资料、专业志书均采用“好德歌沁”这一名称。

关于好德歌沁的起源，史无记载，在民间流传三种说法。

其一，好德歌沁源于嘎拉德恩葛根请佛驱灾传说。敖汉这个地方在300年前鲍格都仍、曹德木仍统治时期，风调雨顺，人畜两旺。但此后不久，便闹起荒灾，久旱不雨，瘟疫盛行，畜不产崽，人难生育。为救济众生，有个叫嘎拉德恩的葛根，便步行去西天找弥勒佛讨方。弥勒佛告诉他：“在阿尔泰山有一个白音查干巴塔老人能消除各种灾难。”于是，嘎拉德恩葛根便去阿尔泰山请来白音查干巴塔，并很快消除灾难。白音查干巴塔在消灾之后，临行时留下话说：“如果以后再有灾难，你们可以在正月十三至十六日，扮成我的模样，按照我此次消灾的做法，就可解除灾难。”因此便产生扮演白音查干巴塔驱邪祈福滑稽动作的“好德歌沁”。

其二，好德歌沁起源于布尔固德求仙消灾。据说，敖汉海力王府建府之后，在它附近有个道劳浩特的村子，发生了一场罕见的天灾，面对河水干涸、牛羊病倒、庄稼枯萎的惨景，全村人在一个叫布尔固德的台吉带领下，仰天祈祷，四方叩拜，请求仙佛下界消灾。忽然，一个白胡须、白眉毛、反穿白羊皮袄的老人飘然而至。此人来自阿尔泰山，人称阿林查干鄂布根（北方的白老头儿）。他一手捻着佛珠，一手拄着宝杖挨门逐户地祝福、驱邪，此后，当地人便于每年这个时候（正月十三至十六日）请人扮成他们的模样，模仿着他们的动作，表演一通他们所做的驱邪祝福活动，此活动即被称为“好德歌沁”。

其三，好德歌沁源于吉格扎布求子。敖汉海力王府所辖老哈河川牧地放垦之初，这一带出现很多千头畜万石粮的大富户。其中吉格扎布（一作吉格杰）巴彦最富。他的畜群先与王府畜群合牧，后来发展多了，就从王府畜群中拨出，迁到离王府二十来里处另设放牧点，逐渐形成艾里，人们便称这里为“萨力巴”（分离之意）。吉格扎布虽然有钱却无儿子。为了求子，他便按照一位文化人给他出的主意，办起好德歌沁这个活动。好德歌沁产生的直接原因就是求子，正因为如此，它才被人称为“呼图格沁”。

根据好德歌沁歌曲《西京》歌词“发展章嘉国师的教法，维护嘉庆皇帝的权威”来看，好德歌沁应产生于清嘉庆年间。地点是敖汉旗海力王府附近，具体产生地是萨力巴乡乌兰召村。

关于好德歌沁的艺术类属，有傩戏说，有查玛说，有布扎说，有蒙古秧歌说，有滑稽喜剧说，有蒙古族民间歌舞说，多年来学术界尚无明确定论。

二、扮演

表演队伍演员共 6 人，全为男性演员。人物及扮相如下：

阿林查干：称白老头儿，为圣洁的活佛。反穿白羊皮袄，一手拿玛尼、哈达，一手持神杖或龙口拐，戴慈祥的白胡子老头儿面具。

朋斯克：称黑老头儿，阿林查干的义子和助手。反穿黑羊皮袄，手持黑神杖，戴凶顽的黑老头儿面具。

曹门代：阿林查干妻子。穿传统的蒙古族女式服装，手拿红绿两色方巾，戴贵夫人面具。

花日：阿林查干女儿。穿传统的蒙古族女式服装，手拿两色绸巾，戴少女面具。

孙悟空：戏曲舞台上的服装和扮相。

猪悟能：戏曲舞台上的服装和扮相。

伴唱：献歌或说唱人员 15 人。

三、音乐

好德歌沁舞蹈用打击乐器伴奏，歌曲清唱，不用伴奏。

打经鼓人：以“咚咚咚嚓”的点子擂鼓。

打铙钹人：用铙钹声伴鼓点。

四、舞蹈

场记：好德歌沁从庙上起场。上路起舞时，演员的位置有严格规定，阿林查干始终位居中心。曹门代、花日位于右边，朋斯克位于左侧，孙悟空、猪悟能一直在头前开路，相互间不许越位。花日必须一直和曹门代在同一侧，不能和朋斯克并行。边走边唱，舞蹈动作和节拍不受歌曲限制。横排之间均保持相等的距离，在行进途中队形始终不变。

进入户主院中，其他人跳转圆形场舞蹈，阿林查干站在队形外，用手中法器指点四方，以示招来福禄，然后进入舞蹈队列中。在主人的院子正中，6 人跳盘肠形舞蹈。每两人为一组，共分三组，分别在 3 条平行直线的 6 个点上，由各自的起点跳起，与同一条直线上的对方交换位置。阿林查干和朋斯克不能对跳，若他俩交叉对面相遇，则必须转身举杖对背而过。到达交换点后，要改变方向，1、2 点同时向右移两位，3 点向左移一位；5、6 点同时向右移动两位，4 点向左移一位。变换中仍用舞蹈动作。接着在变换后的起点上与对方交换位置，到达对方位置后，5 点向右移动一位，3、6 点同时向左移动两位；2 点向右移动一位，1、4 点同时向左移动两位。反复循环，便形成重叠的盘肠形舞蹈。

跳完盘肠舞后，孙悟空、猪悟能在院内四处自由活动，其他人进到主人屋内。主人把进屋的四人送出来以后，鼓锣声响起，孙悟空、猪悟能又跳起舞蹈在前开路，其他人随后走出院里，到下一户去。

表演结束的晚上，要在“送神”烧面具的火堆旁跳吉祥舞。

动作：好德歌沁的 6 名表演者，有不同的程式化舞蹈动作。许多有关好德歌沁研究资料、专著上均有舞蹈动作示范图，影像资料更加逼真。限于篇幅不一一说明。

五、歌词

好德歌沁共有歌曲 17 首。这些歌曲在表演中不许随意乱唱，根据表演场合唱固定的歌。在庙上出发时唱《麦德尔葛根》《班禅圣主》《敖民罕》；在进村的路上唱《西京》《敖汉赞歌》《鸭鸡庙歌》；至请户门前唱《达拉拉嘎之歌》；进屋见佛像时唱《敖民罕》；坐在炕上之后唱《祝福歌》《幸福歌》《四季歌》；户主敬茶时唱《四泉水》；赞祝户主时唱《十相处》；辞行出屋时唱《青鸟歌》；寻找曹门代时唱《求情歌》；走出院门上路时唱《四个杭盖》；十六日晚烧面具时唱《祭火歌》。

六、演出过程

（一）邀请

正月初，艾里中打算请好德歌沁演出的户（称户主），在正月十三日之前，派一个吉祥的人，去和好德歌沁的表演者打招呼，表示聘请演出，好德歌沁的表演者们即迅速地组织起来，进行演出准备。

（二）复活

传统的好德歌沁演出之前，需按宗教礼仪进行复活：表演者在演出前要先将面具拿到寺庙里供奉。然后，由户主选一个吉利的日子，到庙上给表演者戴面具。表演者戴面具之前先沐浴净身。戴上面具之后，请喇嘛念经。诵经几遍，阿林查干神灵即附体，各表演者即随阿林查干分别进入角色，按顺序先后“复活”。上排四人：曹门代；阿林查干；花日；朋斯克。下排左前方猪悟能，右前方孙悟空。把阿林查干四人法具供奉上桌，把猪悟能、孙悟空用具供奉下边。

（三）上路

正月十三日，复活的好德歌沁表演队伍从庙上开始表演，载歌载舞走上通往艾里的大路。在“咚咚咚嚓”的鼓钹声中，阿林查干居中，朋斯克等横排左右，由朋斯克护卫着阿林查干，边走边唱。所唱的歌是《四个杭盖》《颂敖汉》《鸭鸡庙》《十相处》等，走进艾里请户门前所唱的歌是《达拉拉嘎之歌》。

（四）入院

如有几方表演队伍相逢时，叫“会好德歌沁”。这时相互比试高低，还有王公们奖赏好德歌沁来到请主（户）门前，户主请高龄的一男一女全命人（也称作胡达），手捧奶酒，急忙上前敬奉道：“北方阿林查干老活佛的到来，匆忙中用天当帐篷，大地作毡子，有失远迎了！”（过去每逢到王公府，由侍从们高举绵羊后腿骨，骑马绕王府三圈，迎进好德歌沁，让王公们欣赏。）这时阿林查干老活佛和朋斯克非常严肃地并肩举杖，盯着户主门口，高歌《达拉拉嘎之歌》。走到院中，主人敬奉奶酒时，阿林查干举酒上敬天、下敬地、中敬成吉思汗之后，阿林查干及朋斯克手挥神杖，向四面八方抖肩飞舞，以蒙古族古老的打猎、射箭舞姿，用“咚咚咚嚓”节奏之步伐跳跃，动作显得憨厚拙朴，以驱邪逐恶，赐福送祥。曹门代、花日手挥法巾降福数次。悟空、悟能亦以蒙古族古老的“布和”舞姿入场，驱逐恶魔。跳舞路线自然形成盘肠图样，在鼓钹声中，渐至高潮。阿林查干和朋斯克如在跳舞的过程中对面相遇，必转身举杖对背而过。如此跳了一阵之后，孙悟空、猪悟能在急促的鼓钹声中催众表演者聚集在户主门前。

（五）进屋

盘肠舞舞毕，众表演人员列队于户主屋门前，阿林查干指着屋门槛问朋斯克：“这是什么？”

朋斯克答：“叫门槛。”

阿林查干问：“这从哪儿过呀？”

朋斯克答："从正中间直接迈过去。"

阿林查干说："哎嘿，朋斯克，你看，这南方人吃了草籽，门槛多，猪鸡也多，鹅鸭成群。扎，扶着你爸，别弄倒，别磕倒，别滑倒啊！"

阿林查干说着，迈门槛进屋。一见户主，连忙问候：

"扎，户主赛汗？"（好啊）

户主忙答："赛汗，赛！"（好，好）

阿林查干问："孩子们好？"

户主答："好！"

阿林查干问："畜群好？"

户主答："好，好！"

阿林查干说："扎，那就好。"

阿林查干边问边带众人进里屋，只剩下孙悟空、猪悟能留在院子里在墙角、水沟、畜棚各处乱捅、乱搅，以示驱邪。

阿林查干看见了屋子里的佛像，打量一番对朋斯克说："啊，朋斯克，我们在北方天天与阿日亚布路（佛）相见，到南方来，见到的是这位吗？"说着仰面朝天拜佛，似乎自己比佛至尊。

阿林查干又看见户主早已摆放好茶点桌的炕，他又表示很稀奇，说道："朋斯克，我们在北方，把这样东西叫八仙桌，在南方它叫什么？"

朋斯克答："叫炕。"

阿问："叫啥呀？"

朋答："叫炕。"

阿问："炕？顺哪上去呀？"

朋用拐杖指点道："顺上面。"

阿问："顺天空呀？"

朋答："顺下面！"

阿问："顺地下龙宫？"

朋答："顺中间。"

阿问："顺中间，这不一下子又钻出去了吗？"

朋答："中间有雪白的哈达，你上去可以稳稳当当地坐下。"

阿林查干跳起了好德歌沁舞，边跳边说："噢，稳稳当当坐下！啊哈，朋斯克，你们往后退一下，前前后后别缠住我！啊哈，老伴，往后靠一下，别缠住我的大襟。"说着，猛跳起来。边跳边念："老人我，用出 15 岁的劲，使出花斑马的力；用出 25 岁的劲，使出黄花马的力！”这时，他右手拄着拐杖，左手叉着腰，以右脚为点，左脚往后踩，用正三拍的节奏跳着，至最后一个拍节时，右肩使劲游动，然后左肩也同右肩一样动作。他仍是边跳边说：“十五的年纪，花斑马的力；二十五的年纪，黄花马的力！”他急跳一阵，突然右转身上了炕，并稳稳当当地坐在了桌席的中间位子上，并轻声叨念着：“两半天，当一天，大麻籽那么大的活佛能捡一石五斗。”就坐下了。接着曹门代、花日分别从左边和右边上炕坐下。朋斯克也像阿林查干那样跳起舞来，边跳边说着：“十五的年纪，花斑马的力；二十五的年纪，黄花马的力！这儿稳，那也稳！”说着，坐在炕右边。

这时，户主事先请来接待好德歌沁的村中长者（称胡达），开始了与阿林查干的聊话（盘道）。

（六）盘道

老胡达问：“阿林查干老人从哪儿来呀？”

阿林查干答：“我从北杭盖而来。”

老胡达：“老人多大年纪了？”

阿林查干：“比天大一岁，比地小一岁。当须弥山像小土丘时，当苍海似小水泡大时，当土地爷还睡在摇篮里时，我已经一百二十岁了。啊哎，岁数已把我的腰压弯了。”

老胡达问：“那么，您的夫人咋这样年轻呢？”

阿林查干：“我的夫人曹门代常用圣泉水洗脸，用雉鸡羽毛当头饰，当然要年轻喽！”

老胡达：“阿林查干老人来到此处为的是啥呀？”

阿林查干：“是为了这里的风调雨顺、灭邪驱恶、人畜两旺而来。”

户主向阿林查干敬烟。曹门代接过去转递给阿林查干：“敬给远道而来的您，户主敬烟了！”

阿林查干故意问：“巴布？”

曹门代：“丹布（烟）。”

阿林查干：“元宝啊？”

曹门代：“叫丹布，丹布！”

阿林查干：“噢，丹布，这东西从哪头用啊？”

曹门代用手指烟嘴：“顺这用。”

阿林查干：“这不钻出去了吗？”

曹门代指点着：“来到这儿就停住了。”

阿林查干：“扎，感谢户主的盛情，用用这玩意儿看看。老伴你按住我的膝盖，叫着老头儿抓住了我！姑娘你往我胯骨上按，阿爸阿爸地叫住我！朋斯克你按住阿爸的婆罗门，你爸我用上这玩意儿看看！”仰面躺着吸烟，状甚滑稽。

阿林查干边吸边说道："这玩意儿真有劲！魂从头顶冒出去，灵从屁股蹦出来一样，或许把须弥山也能穿透。"

众人应和道："对，这玩意儿是厉害！"

阿林查干很奇怪地盯着烟圈自言自语道："近看胃套胃，远看肠盘肠。哈，这东西是可以用的！"又赞道："种在沙丘上，长出叶脉无数；用圣泉水栽的，在雨水中成长；用井水栽的，在露水中成长的东西。这玩意儿如同在我们北方，用火枪打一下，呼一声，从天上掉下来的那东西的脖子一样！"说罢，将烟袋还给户主。户主又向阿林查干敬茶。曹门代接过来，转递给阿林查干，并说："户主用清洁的碗给您敬茶啦！"

阿林查干接过茶祝福道："北京的茶！"

朋斯克等众人应和："蚌河的水！"

阿："南京的茶！"

众："叫来河的水！"

阿："卖商的茶！"

众："家乡的水！"

阿："是奶茶！"

众："敬给庙上的佛爷，阿弥陀佛！"

阿："奶皮茶！"

众："敬给老活佛，阿弥陀佛！"

阿："红茶！"

众："敬给上帝，阿弥陀佛！"

阿："花茶！"

众："敬给神仙，阿弥陀佛！"

阿："倾入北方来的白老头儿的喉里！十方佛尊，阿弥陀佛！倾入好德歌沁喉里！"

众："二十方的佛尊，阿弥陀佛！"

阿："四面八方的佛尊，阿弥陀佛！"

众："倾在您的喉里，令您称心如意！"

阿林查干喝完茶，还茶杯给户主，说："嘿！这个玩意儿啊，谁都能喝，哪个墙角都可扔！"

户主又敬上黏豆包，花日姑娘接过，递给朋斯克："给，户主献来馒头了！"

朋斯克："叫榔头？"

花日："叫馒头！"

朋斯克稀奇地欣赏着豆包："这玩意儿，没胯骨还尥蹶子，没尾巴还能甩；没有脖子还歪歪着，没有腿还能跑，还哗哗地响呢，是不是里面有带毒的东西？还呼呼地喘气呢，是不是有个蛤蟆在里边呀？又扑扑地响着，是有豆子在里边吧？这是新媳妇捏进去的还是用铁拳头砸进去的？”

阿林查干解释道：“这好像在我们的北方，挤我的花奶牛，十个手指做的阿如拉；挤那黄奶牛，两个手指做起来的额吉盖嗬！”

朋斯克说：“在我们北方，父亲的福禄赛过奔马10万匹。来到南方，能被阿如拉饽饽拿住吗？”

朋斯克把豆包放在盘子里，这时孙悟空从院子闯进屋来，要这要那，嬉戏一阵，继续出去驱邪。

户主拿出铜钱来递给曹门代，曹门代转递给阿林查干：“嘿，户主向老活佛敬献标有君主大名的钱呢！”

阿林查干接过铜钱，祝福道：“啊，户主，你因敬献了标有君主名字的钱，”

众人接着说：“要福禄无边！”

阿林查干：“敬献了与皇帝同名的钱，”

众人：“要福禄无挡！”

阿林查干：“住上青瓦房，”

众：“要比谁都富有！”

阿林查干：“斑白马上驮财富，”

众：“绸缎堆满仓！”

阿林查干：“雪白马上驮福禄，”

众：“金银财宝要满仓！”

阿林查干：“往年的粮食堆成山！”

众：“骑上黄马享福禄！”

阿林查干：“新年的粮食堆成山，”

众：“骑上斑马享福禄！”

阿林查干：“端上飘香的奶酒来，”

众：“同孝心的儿女共享福！”

阿林查干：“烧起飘香的奶酒，”

众：“与儿孙们共享受！”

阿林查干：“新娶的儿媳们，”

众：“个个聪明美丽！”

阿林查干：“摇篮里的孩子们，”

众："像钢铁一样结实！"

阿林查干："茁壮成长的孩儿，"

众："会有超众的才华！"

阿林查干："要像松柏一样结实！"

众："像王公一样扬名！"

阿林查干："银色的头发将象征您的长寿，"

众："牧养的畜群成千上万！"

阿林查干："牛羊成群撒满坡，"

众："金银财宝要满柜！"

阿林查干："村前流成清水河，"

众："饮上骏马良驹！"

阿林查干："屯后流过的圣泉水，"

众："饮上牛羊肥又壮！"

阿林查干："房顶上边格萨尔降落，"

众："全家老少平安享福！"

阿林查干："檀香树在你这里长！"

众："金银财宝要聚全！"

阿林查干："三布拉福仓留在你这儿，"

众："善良的祝词是天保佑！"

阿林查干摆弄着铜钱，说："嘿，这东西，饥饿时能当饭，睡觉时能给找到住处，劳累时能当马骑。"这时，户主家打算求子女的夫妇来到好德歌沁面前，开始祈求子女。

（七）求子女

求子女的夫妇，成对地跪在阿林查干面前，提出求子求女的要求。

曹门代对阿林查干说："这对虔诚的夫妇向您祈求子女福分呢！"

阿林查干："好，从北方来时，我身前身后跟随许多子孙魂灵。就在怀襟里装有最聪明美丽的一百一十八个。"说罢，拔下一根银白胡须，穿上铜钱抛向求子女夫妇的袍襟里，祝福道："别以为这是骏马的鬃，应珍惜成老佛爷的胡须；别当成山羊的胡须，要当成活佛的胡须！"

求子女者珍藏起胡须和铜钱，站立一边。阿林查干继续说道："结成吉祥结戴在身上，像佛一般虔诚地供奉。扎！你们一定能生一个胖儿子。来年这个时候，我再给他来起名字！"

说到这儿，阿林查干又念起吉祥祝词："将要娶的媳妇是聪明美丽，定能生个可爱的儿子！早过门的媳妇是个善良人，定会有神童在你家诞生！一切有佛爷保佑，定会长命百岁，永世富贵荣华！”

（八）稍息

好德歌沁自庙上出发，至此时已活动近半日，需要稍微休息一下。于是，户主端上茶饭，好德歌沁表演者开始打间，歇歇嗓子。

（九）献歌

稍息之后，阿林查干带领众人唱起祝福歌，所唱歌曲有《祭火歌》《四季歌》《四泉歌》《颂敖汉》《西京》《迈德尔颂歌》《鸭鸡庙歌》《幸福歌》《四个杭盖歌》《祝福歌》，等等。

（十）辞行

献歌毕，好德歌沁即向户主辞行。

在好德歌沁离开户主屋子时，观众中有可与表演者开玩笑的人，故意把阿林查干的夫人曹门代留在屋里。

阿林查干发现夫人不见了，欲进屋去找，却被观众挡住，阿林查干和朋斯克便唱起《求情歌》来，向户主求告，请求把老伴放出来。这时，站在院中的孙悟空和猪悟能，用金箍棒和钉耙，尽情地捅打挠搂，做出种种滑稽动作，和阿林查干的求情配合。

经过唱歌求情，曹门代被送了出来，阿林查干用拐杖轻轻地击打曹门代的下身，叨念道：“马圈里 10 个，羊圈里 20 个！”

曹门代说道：“白布做起来的白大褂，能挡住多大块儿地方。白蓝色的大褂呀，老头子啊，当什么人情啊嗬！青蓝布的大褂啊嗬，能挡住什么呀！白发苍苍的老头子，你当什么伴呀嗬！”

接着，众人共唱《四个杭盖歌》，离开户主家。

（十一）送面具

好德歌沁至正月十六日晚上表演结束，需将好德歌沁面具烧掉，称送好德歌沁面具。送面具的时间是在正月十六日夜间星星出齐的时刻。送行的队伍由好德歌沁表演者和部分户主、观众组成。各人用秫秸作火把，排成两行，唱着《敖汉赞歌》《迈德尔颂歌》《鸭鸡庙歌》，走向村外。在村外一适当地方（三年中，第一、二年在西南方向，第三年在西北方向），将手中火把相对交叉地架起点燃，在紧密的鼓铙伴奏声中，扮演者在火堆旁跳起吉祥舞，并唱《祭火歌》。火势略小时，把面具丢在火内烧化。阿林查干扮演者同时念道：“请了北方阿林查干，所向无敌要向前，请了好德歌沁老头，害人虫要灭亡，妖魔鬼怪被消灭，灾难祸殃被绝种。剩余的残渣，朋斯克你把它扔进老哈河吧！”

至此，好德歌沁表演结束。

七、传承谱系

好德歌沁由来已久，表演者不计其数。20 世纪 80 年代表演者有赵树廷、李维峰、李发等。2008 年认定为内蒙古自治区级非遗项目后，被认定的内蒙古自治区级传承人有李福山、金生；赤峰市级传承人有李福山、金生、金永利；敖汉旗级传承人有李福山、金永利、李海波。

八、价值

好德歌沁为敖汉旗萨力巴地区土生土长的蒙古族民间艺术，极具研究价值，多年来一直为学术界所重视，被称作“蒙古戏剧的雏形”。许多专家学者多次深入发祥地调查研究，以好德歌沁为内容的多篇论著，经常见诸国内各报纸、期刊。《中国民族民间舞蹈集成·内蒙古卷》将其收录。中央电视台在《走遍中国》栏目中播出好德歌沁专题。

几代好德歌沁表演队，早期多次为敖汉王府那达慕大会表演。新中国成立后，曾经先后赴呼市、海拉尔、赤峰等地汇报演出、参加各级各类调演，获得国家、内蒙古自治区有关部门多项奖励。近年来，旗政府举办大型活动，经常邀请表演队演出。

第二节　诺恩吉雅

一、诺恩吉雅其人

诺恩吉雅，1915 年出生于敖汉旗左翼札萨克多罗郡王旗王府，是敖汉左翼札萨克多罗郡王旗第十四次袭多罗郡王官宝扎布的独生女。

敖汉左翼札萨克多罗郡王府在札萨克多罗郡王扎木苏时代由敖汉古尔班图鲁噶山下（今敖汉旗木头营子乡木头营子村境内），迁到老哈河北岸阿拉坦少拉山之阳（今赤峰市翁牛特旗乌敦套海镇下府）。到敖汉旗左翼札萨克多罗郡王官宝扎布时代，因王府狭窄迁到老哈河北岸九道湾子毕其格乌兰哈达山之阳（今称老府，1958 年修建红山水库时，被库水淹没）。

乌敦套海，汉名为柳树湾子，为敖汉左翼札萨克旗辖境。1947 年 4 月，因老哈河河水大，河上无桥，人、车通行困难。加之，解放初期土匪猖獗，为了保卫新生的人民政权，消灭土匪，冀热辽分局决定成立翁敖联合旗。即老哈河北岸的敖汉旗所属的老府（乌敦套海）、五十家子、响水、召克图、玉田皋、那什罕、高日罕、小哈拉道口、高日罕、波罗和硕等地和翁牛特旗东部地域。1951 年，撤销翁敖联合旗，原翁敖联合旗的所有区屯全部划归翁牛特旗至今。

诺恩吉雅，蒙古语，汉译为“领子”“领小”“来小”之意。为官宝扎布福晋孟氏所生。其母孟氏是翁牛特旗大烧锅地（今松山区大烧锅地村）孟朝清的女儿。孟氏原生一子名勒扎勒仁钦旺宝，还企盼再生一子，故为独女起名为“诺恩吉雅”。

诺恩吉雅约 10 岁时在王府读专馆（私塾）学蒙文。到十六七岁时，已长成大姑娘，能读王府所存部分蒙文书籍，诸如《三合便览》《清史演义》以及“乌力格尔”（蒙古说书）等。有时还看着“乌力格尔”本子学唱民歌，特别喜欢姐姐诺恩高勒时唱的怀乡曲。

诺恩吉雅长得十分漂亮。到了婚嫁年龄时，因为王爷的格格不能下嫁本旗同姓男子和庶民，身为尊贵的格格，又无人敢来王府做媒。加上患有肺结核病，28 岁还没有出嫁。后经达力扎布的亲属、在敖汉札萨克王府当差的萨令嘎牵线搭桥，与远在巴林左旗的达力扎布成婚。

1942 年农历正月初六，达力扎布大队人马来到敖汉左翼札萨克多罗郡王府。达力扎布以 9 匹马、9 峰驼、9 匹绸缎、15 套各种衣服、鞋、靴等物，陪嫁女婢 6 人，梳头妈 1 人等丰厚的聘礼迎娶诺恩吉雅，于正月二十四举行婚礼。

农历二月初，达力扎布携爱妻诺恩吉雅返回巴林左旗林东镇。此时已雪化冰消，西拉木伦河已有凌汛，一辆马车掉进冰窟里，损失了一些嫁妆。诺恩吉雅一挥鞭马一纵身跨上了河岸。

诺恩吉雅回到巴林草原后，正是达力扎布在林东镇建面粉厂最忙的时节，他经常去奉天（沈阳）、天津等地采购机械等设备，有时一去就是一两个月，诺恩吉雅常常是一个人空守门庭。因怀乡之感时时涌上心头，也常常是以泪洗面。特别是当时左旗农耕面积较小，吃用以牧区生活习惯为主，和敖汉农区生活差距较大，加重了她思念家乡的情感，一有苦闷她便骑马到草原或闷在家里看书，用以打发时光。这种心态，促使她肺结核加重。达力扎布也敦促她去天津、北京看病，但她执意不去。

诺恩吉雅骑得一手好马，常常由奴仆陪着她到草甸子遛马。或走马牧场，或奔驰于山岭十分惬意。特别是嫁到巴林左旗去后，由于达力扎布经常出门经商，远嫁的诺恩吉雅孤寂难忍，时常唱姐姐诺恩高勒的怀乡曲，以此来慰藉自己怀念故土、想念父母家人的一颗心。一个人苦闷时，便呼奴仆备马到牧场，到山岭去放飞心情。就是病情严重时也呼奴仆扶她骑马到草场牧场去遛一趟，以排解心中的苦闷。

1942 年腊月，她的肺结核更加严重，一次达力扎布从外地回来，看到诺恩吉雅快不行了，便对长女结子说：“看来你三姨娘就是一两天的事了。”

一次，诺恩吉雅呼仆人扶她起来，喝了两口粥，把结子叫到床边说：“我怕不行了，等我死后把我放在你额吉身边好吗？”结子爽快地答应了。

1943年年初，诺恩吉雅怀着对家乡、对亲人的眷恋离开了人世。达力扎布厚葬了她，把她葬于林东镇东北一个叫“呼和哨郎”（青色尖山）的达力家族墓地。

诺恩吉雅出嫁时，留给她义父鲁鲁扎布一匹干草黄（胡拉）马，这匹马非常恋群，当诺恩吉雅死后的农历四月，青草发芽时，这匹马拖着缰绳，蹚过西拉木伦河，千里跋涉回到巴林草原。于是一匹黄马千里归群的故事很快在昭乌达草原、科尔沁草原传开了。

二、《诺恩吉雅》民歌的由来

民歌《诺恩吉雅》虽有诺恩吉雅之名，但其产生却早于诺恩吉雅的时代。这首歌最初的原型与诺恩吉雅的姐姐诺恩高勒有关。

诺恩高勒，汉意为“领根”，是敖汉左翼札萨克旗第十二次袭札萨克多罗郡王达木林达尔达克的女儿。根据史料记载，清光绪二十一年（1895年）正月，郭尔罗斯王爷杨赞巴拉来京值年班，当时委托三品（等）台吉索特那木，去拜会也在北京值年班的敖汉左旗多罗郡王达木林达尔达克，为杨王的儿子达木林扎布求婚。上元节时，达王与杨王会面，并同意了这门婚事。时诺恩高勒年15岁，3年后，18岁的高勒远嫁给郭尔罗斯王爷杨赞巴拉的儿子达木林扎布。那时郭尔罗斯后旗还过着原始游牧生活。从小在农区长大的诺恩高勒远嫁到千里之外的郭后旗，生活反差特别大，加上很少回到父母身边，思念故土、思念父母的心情十分强烈，常常哼着怀乡的小曲打发时间。

诺恩高勒远嫁到郭尔罗斯后旗的第二年，时任昭乌达盟盟长的父王，由于被多个蒙旗王爷告其“扰累属下，违例科派”之罪，被清廷革去昭盟盟长、敖汉札萨克多罗郡王等头衔，并开去御前行走，撤销三眼花翎、黄缰等恩赐。为了这些，其义父永日布千里迢迢到郭尔罗斯后旗告知诺恩高勒格格。高勒听后，如五雷轰顶，一下子瘫在床上，此后，因为肺病复发，一天不如一天，不久便离开了人世。

高勒的义父永日布根据高勒怀乡的思念曲，编唱浑厚而低沉的“诺恩高勒怀乡的歌”，这便是《诺恩吉雅》的雏形。曾在敖汉左旗王府中传唱，并逐渐在社会上流传。诺恩高勒死去之时，这一曲调已经流传甚广。

姐姐诺恩高勒的义父永日布传唱的怀念家乡、思念父母的这首曲子，诺恩吉雅自然也会时常吟唱。尤其是诺恩吉雅婚后病魔缠身，咳嗽不断，其夫达力扎布又经常在外，孤寂之下更会不断哼唱。

诺恩吉雅的义父鲁鲁扎布是永日布的徒弟，也是海力王府人。诺恩吉雅死后，鲁鲁扎布根据黄马归群和诺恩高勒、诺恩吉雅相同的遭遇故事，把永日布为诺恩高勒传唱的歌曲加以整理，编写成《诺恩吉雅》歌，在王府内传唱。《诺恩吉雅》以其优美、动听、忧伤的特点为人们喜爱。广泛流传在敖汉旗境内，特别是蒙古族集中的萨力巴乡、敖润苏莫苏木、木头营子乡、古鲁板蒿乡等地。

三、传播

据敖汉旗敖润苏莫苏木阳高庙民间艺人松迪回忆，民国34年（1945年）秋，他和鲁鲁扎布应邀参加奈曼旗大沁葛根坐床及大沁庙祈愿大会。鲁鲁扎布在大会晚宴上拉着四弦胡琴，动情地演唱这首经他改编的《诺恩吉雅》，一连唱了12段。曲调优美动听，嗓音洪亮，词句清楚，一下子感动了在场的所有人，由此引起轰动。第二天，松迪和鲁鲁扎布应奈曼王府的邀请，到王府大院又一次唱了《诺恩吉雅》这首歌，得到奈曼王的高度称赞。从此，这首民歌迅速在昭、卓、哲几盟传播开来，久唱不衰，影响越来越大。

到20世纪50年代，在内蒙古牧区、半农半牧区以及辽宁西部地区，河北北部地区均已普及。80年代后，唱遍大江南北及欧亚大陆。至今，在敖润苏莫苏木，民间大字不识的老妈妈，唱起《诺恩吉雅》来仍然十分流畅。台湾著名蒙古族诗人席慕蓉于2003年3月在《内蒙古日报》（汉文版）发文说《诺恩吉雅》："无论这首歌是从嫩江的岸边，还是老哈河的岸边开始唱出来，到了今天它已经唱进每一个蒙古族人的心里去了。"

民歌《诺恩吉雅》自从被音乐家安波、胡尔查等发现并传播至今，流传地域广，影响力巨大，是唯一一首被选入《中华56民族之歌》代表作的蒙古族民歌。许多《民歌选集》视为精品选用，并被选入《蒙古文学史》成为大学教材，受到专家学者的广泛重视。同时，它又成为各种文学艺术创作的题材，在中长篇小说、戏剧、歌乐、图画、雕塑等艺术门类中被采纳。

目前，《诺恩吉雅》在敖汉地区传承谱系为四代蒙古族民歌手宝玉，现年40岁。第一代为诺恩高勒义父永日布，第二代为永日布徒弟、诺恩吉雅义父鲁鲁扎布，第三代为沙果（女，现82岁）。

四、歌词

《诺恩吉雅》的歌词各地有多种版本。经整理而成的歌词共23段。以安波、许直、胡尔查的译配为主（未带括号的），以韩国春搜集的为辅，以张乃夫搜集的为补充。

（一）老哈河的岸上，脱了笼头的老马奔前方，性情贤淑的诺恩吉雅，出嫁到离家的远方。

（二）海青河的岸上，脱了笼头的老马奔前方，性情温柔的诺恩吉雅，出嫁到远方的边疆。

（三）纵然把大篷子车套上，永远也走不到的地方，纵然是蓝毛的凤凰，永远也飞不到的边疆。

（四）纵然把大轱辘车驾上，永远也跑不到的地方，纵然是花毛的凤凰，永远也飞不到的边疆。

（五）北地不种大垄田，要吃西瓜难上难，回想起嚼瓜的美味，好像妈妈的奶甜。

（六）北地不种大垄田，要吃香瓜吃不上，回想起嚼瓜的美味，好像妈妈的奶香。

（七）爸爸爱我不能忘，绫罗绸缎做新装，来到这贫穷的北地，粗毛兽皮做衣裳。

（八）妈妈爱我不能忘，绫罗绸缎做新装，来到这艰难的北地，粗毛兽皮做衣裳。

（九）谷子地呀离得远，谷子你就不割了吗？奈曼旗呀离得远，女儿你就不看了吗？

（十）糜子地呀离得远，糜子你就不割了吗？蒙古贞离得远，女儿你就不望了吗？

（十一）山岭虽然很高，有绕过去的路，虽为王公女儿，必须要嫁出去。（奈曼旗）

（十二）山崖虽然很高，有绕过去的路，虽为皇帝公主，必须出嫁异地。

（十三）喝足了人家盅子里的酒，看中了人家的走马，竟把长得端庄的诺恩吉雅，嫁到了没边没影的地方。

（十四）喝足了人家杯中的酒，看中了人家的枣红马，竟把娇小的诺恩吉雅，嫁到了没边没影的地方。

（十五）刚换到手的骟马，旅途上你骑过吗？把孩儿嫁得这样远，妈妈你就随心了吗？

（十六）换到手中的快骏马，在旅途中骑过吗？把女儿嫁到远方，难道不来把女儿看？

（十七）不种有垄的田地，不吃有盐的菜，就在这遥远的地方，嫁去了美丽的诺恩吉雅。

（十八）不种打垄的田地，不吃腌制咸菜，就在这遥远的地方，嫁去了漂亮的诺恩吉雅。

（十九）上坡上成长的，是榆树的缘分，出嫁到遥远的，是我的缘分不佳。

（二十）成长在下坡的，是柳树的缘分，远嫁他乡的，是姑娘我的苦恼。

（二十一）回想响水的轰鸣声呀，回想库尔启勒的轰鸣声呀，久久回味难以平静，独坐诵唱来解闷呀。

（二十二）回想毕其格哈达的摩崖，回想王府前面的柳林淀，久久回味难以平静，独坐诵唱来解闷呀。

（二十三）居住漏天毡房的地方，身穿羊皮长袍的地方，想起家乡一排排的瓦房，巴不得插翅回家探望。

第三节　青城寺蒙古族祭星

一、由来

青城寺祭星为蒙古族大型集中祭祀习俗，发源于四家子镇牛夕河村青城寺，每年的农历正月初八举行，流传至今已有240多年的历史。

祭星习俗可追溯到乾隆二十六年（1761年），青城寺在原址上被洪水冲毁后，乾隆皇帝的替身喇嘛扎西日布上奏朝廷，请求皇帝赏赐金银重修青城寺。时年正月初八，乾隆皇帝所赐的银两和魁星石运到这里，车陷石落。按皇帝口谕陷车落石之地乃为建寺之地。当时传说此魁星石原为天上的金星，人们认为天上三宝日月星，地上三宝佛法僧，佛天相通，这个魁星石就代表天上的金星。金星是吉祥之星，于是，青城寺住持扎西日布定下每年正月初八对魁星进行祭祀，求得佛祖驱灾辟邪，保佑天下太平。

二、祭祀过程

（一）祭祀准备

正月初五开始备祀，青城寺的住持和喇嘛用酥油和面制作十二生肖面塑，本村“屯达”（居士或会首）准备好旗子和斗等物品，村民自发组织起秧歌队。正月初六发请帖；正月初七备斋。正月初八为祭祀日，事先布置好祭星供台：在青城寺大雄宝殿前的高台中央摆上供桌，桌上放一个大斗，斗里面盛满高粱。把制好的各色星旗插在高粱上，供人祭拜。祭星用的星旗共九面，用纸做成，上面分别写着金星、木星、水星、火星、土星及太阳星、太阴星、罗睺星、嫉妒星，并用锡箔纸剪成小圆片，按不同的规则排列组合贴在旗上，代表不同的星象，每个星象都有各自的意义，另有青、黄、赤、白、黑五色布旗。插旗时，黄旗插在斗中间，青、赤、白、黑和九面星旗围着黄旗插满斗中。斗外供桌上摆放十二生肖面塑。

（二）祭祀仪式

正月初八下午三点半左右，秧歌队在青城寺山门前拜庙，锣鼓喧天的秧歌表演近两个小时。夜幕降临后，开始在山门外广场燃放烟花，持续约半个小时。

六点，祭祀活动正式开始，寺内所有的佛灯和蜡烛全部点燃。身穿蒙古袍的住持首先介绍前来参加活动的贵宾，其次由这些贵宾在大雄宝殿前上高香，祈祷国泰民安，风调雨顺，万事如意。上香后，由居士站在殿前的高台上抑扬顿挫地宣读祭文。祭文自祭星活动开始流传至今，句子和格式是固定的，只是根据年份不同，内容有所改动。清朝时祭文中用“天子吾皇，万寿无疆，大清江山，固若金汤”；后又用“云暗日浑，万物无神，佛光保佑，天兵降临，驱除鞑虏，光复乾坤”等语句。2018 年的祭文为：

浩浩宇宙，烁烁佛光，释迦牟尼，佛祖在上，三世诸佛，请听端详，今日祭星，恭请临降，寺上众僧，居士四方，云集青城，叩拜佛光，农历戊戌，平安吉祥，政通人和，治国有方，中华民族，更加富强，和谐团结，礼仪之邦，宗教政策，落实通畅，佛缘广结，佛法弘扬，塞外皇寺，青城佛堂，众佛鼎立，保佑家乡，欣逢盛世，敖汉兴旺，风调雨顺，万民安康，为谢佛祖，云集寺上，善男信女，为佛添香，祈求众佛，一如既往，福临八方，助我辉煌，五谷丰登，六畜兴旺，祛邪扶正，宏教兴邦，年年今日，祭祀不忘，阿弥陀佛，功德无量。

公元 2018 年 2 月 23 日戊戌年正月初八祭

宣读完毕后，便把这张用黄裱纸写成的祭文投入寺前香炉中焚化。接着住持指挥众居士、信徒面向魁星石、大雄宝殿、十二生肖塑像及星旗叩拜。

住持高喊：“跪——一叩首，平安吉祥！起——。跪——二叩首，百业兴旺！起——。跪——三叩首，万民安康！起——。”按照俗成的规定，每一拜必须站起再跪，如此三叩完毕。清朝时三叩毕，接下来是跳傩戏，也就是僧人头戴假面具跳打鬼的戏，意在驱邪，通常是八人。之后是乐舞，由身着少数民族服装的蒙古、满、汉族的女居士信众，伴着佛乐跳舞。跳傩戏和乐舞早年失传，正在挖掘。如今三叩毕，则由住持、经师、喇嘛入大雄宝殿奏佛乐，诵佛经。一时间，钟声、经声、鼓声、鞭炮声组成一首祭祀大乐，回响在青城寺的上空。

此刻，居士、信徒和众人一拥而上，里三层外三层地围在插满星旗的供桌四周，祈求佛祖让九个星中的罗睺星、嫉妒星两个灾星退位规避，这样就能避灾免祸，福星高照，这就是祭星的中心思想。每个人都向自己的面塑生肖属相磕头，并祈求这一年万事如意。

之后，开始观星象，也就是看佛灯，看一看自己这一年是否顺心如意。十二生肖面塑代表着天上的十二个星座，每个星座都是佛的化身。因为每个生肖面塑前都有一盏佛灯，所以大家一直等着看，哪个属相面塑前的佛灯燃得旺，燃的时间长，那就意味着这个属相今年最兴旺，这就是观星象。

这时，不管是什么属相的人，都要向这个燃得旺、燃的时间最长的佛灯磕头，心里默默祈祷，求得这个佛身星象保佑自己一年兴旺顺利。每个人根据自己这一年中最想实现的愿望来祈祷，祈祷自己升官、发财、平安、升学、娶亲、免灾、遇贵人、得子等。总之，希望什么便祈祷星神保佑自己得到什么。据说很灵验，但绝不能说与他人，因为天机不可泄露，说出去便不灵验了。大家心知肚明，自然也没有人去问。

活动一直持续到晚上九点前后，“屯达”看供桌上的佛灯即将燃尽，便将斗中所有的星旗拔出，抱到寺前山门外广场焚化，意味送各位佛祖归天。此时众人跪地磕头，恭送之后，祭星活动结束。

第四节　敖汉拨面制作技艺

敖汉拨面技艺是借鉴外地经验而形成的，有两种说法：一说是敖汉王府厨师在承德学习而来，一说是山西移民将拨面技艺带入敖汉。正宗的敖汉拨面讲究用牛力皋川产的荞麦面，该荞麦面味道纯正，是荞麦面中的上品，1999 年在国家工商局注册“牛力皋”牌商标。敖汉荞麦为农产品地理标志产品，全旗有 4 个乡、镇的 53 个村被划定为农产品“敖汉旗荞麦”地理标志区域保护范围。敖汉种植荞麦历史悠久，在该地区土壤和气候条件下种植的荞麦，以其“粒饱、皮薄、面多、粉白、筋高、品优”而驰名。

具体做法是：把荞麦面用凉水和好，揉成面团，面要和得硬一些，俗语“软面饺子硬面汤”指的就是拨面。必要的时候掺些白面，因为荞麦面缺乏面筋，没有韧性。在长 60 厘米、宽 30 厘米的面板上把面团擀薄，形成大约 1 厘米厚、20 厘米宽的长条。待锅水烧开后，把面板放到大锅边上，一端放在灶台上，略低于锅沿，面板一头顶在锅沿，一头顶在拨面人腹部，将擀好的长条置于板上，用拨面刀挤切出一根根面条，边挤切边拨入滚开的水中煮熟。拨面刀是两头带把、30 多厘米长的刀。拨面时只发出有节奏的咚咚声，声音小且匀，拨出的面条才好。拨面时两只手用力要均匀，双手紧握拨面刀，频繁抖动挤切。一刀切下去要有一个向外挑的动作，这样才能保证荞面不粘在刀上。面条下锅煮熟浮出水面后，捞到碗里，浇上卤子后即可食用。敖汉拨面作为地方特色食品，受到大众喜爱。2008 年，拨面制作技艺被认定为旗级非遗项目。2015 年，被认定为市级非遗项目。孙国华、李树发为该项目旗、市两级传承人。

第五节　敖汉部蒙古族服饰

敖汉部蒙古族服饰项目主要是以传承和发扬敖汉蒙古族手工制作工艺为主，旗内热心于敖汉部蒙古族传统民俗文化的有识之士共同努力，系统地对蒙古族头饰、配饰、服饰等民俗文化进行挖掘、保护和整理，将蒙古服饰等体现敖汉部蒙古族民族风情和地域特点的文化符号传承发展。

敖汉部蒙古族服饰受察哈尔蒙古族服饰影响，继承和发扬了传统蒙古族服饰的款式和风格。因为长期生活在塞北草原，蒙古族人不论男女都爱穿长袍。多采用元代皇宫的颜色，服装的领口、大襟不绣花。领边、领座、大襟、垂襟和开衩衣边用绸布进行镶边，体现出尊贵、华丽的宫廷色彩。

牧区冬装多为光板皮衣，也有绸缎、棉布衣面者。夏装多布类。长袍身端肥大，袖长，多红、黄、深蓝色。男女长袍下摆均不开衩。红、绿绸缎做腰带。男子腰带多挂刀子、烟荷包、鼻烟壶等饰物。喜穿软筒牛皮靴，长到膝盖。牧民多穿布衣，有开衩长袍、棉衣等，冬季多毡靴乌拉，高筒靴少见，保留扎腰习俗。男子多戴蓝、黑、褐色帽，也有的用绸子缠头。

男性蒙古袍多搭配马甲，袖口受清朝朝服影响，为马蹄袖。女性蒙古袍以绣工见长，贵族多通体绣植物花卉图案，多以牡丹花样式为主，有极强的层次感。平民则不开衩，绣工全无，但仍有严格规定。出生儿袍子颜色多用蓝色，禁忌黄色。如果用其他颜色，必须先画上图案再裁剪缝制。5 岁以下儿童衣服不上领，女孩 5 岁以上至婚嫁衣物不绣花，领口外翻。梳独辫封发，穿长袍扎腰带，脚穿绣花布靴，不穿长坎肩。出嫁女子通体绣花，多以植物花卉为主，无动物图案。比较常见的图案以牡丹花为主。盘高发髻，佩戴额带、银簪等头饰。戴耳坠，穿长袍，不扎腰带，配穿长坎肩。到婆家就可穿带有动物图案衣袍，如蝴蝶、鹿等，寓意多子多福，福禄绵长。到中年服装绣品图案便以荷花、牡丹为主，寓意品格高洁，尊贵典雅，直至老年。男性蒙古袍扎腰带时没有上提袍子的习惯，年轻男子在身后垂两个活接穗子。刺绣图案上云下水，即上身绣云纹，下身底边绣水纹。贵族绣龙、凤图案，但图案必须龙缺一爪、凤缺一尾，有别于皇族。

几种服饰的特点：

蒙古族摔跤服：是蒙古族服饰工艺中特色比较明显的服饰。摔跤比赛服装包括坎肩、长裤、套裤、彩绸腰带。坎肩袒露胸部，长裤宽大。套裤上图案丰富，一般为云朵纹、植物纹、寿纹等。图案粗犷有力，色彩对比强烈。长裤肥大，用10米大布特制而成。利于散热，避免汗湿贴于体表；也适应摔跤角力运动特点，使对手不易使用缠腿动作。套裤用坚韧结实的布或绒布缝制。膝盖处用各色布块拼接组合缝制图案，纹样大方庄重，表示吉祥如意。服装各部分配搭恰当，浑然一体，具有勇武的民族特色。

蒙古顾固冠：元代蒙古族已婚女子流行的高冠。在《蒙古秘史》中蒙古语称孛黑塔，汉文史籍称固姑冠、故姑冠或罟罟冠。是一种具有浓厚民族色彩的、艳丽的首饰，能显示出妇女的身份贵贱和社会地位。这种高冠，一般采用桦树皮围合缝制，呈长筒形，冠高约1尺，顶部为四边形，上面包裹着五颜六色的绸缎，缀有各种宝石、琥珀、串珠、玉片及孔雀羽毛、野鸡尾毛等装饰物，制作精美，绚丽多姿。

蒙古坎肩：蒙古民族服装的配套服饰之一。蒙古长袍的一种外套。蒙古妇女穿坎肩，一般不扎腰带。坎肩无领无袖，前面无衽，后身较长，正胸横列两排纽扣或缀以带子，四周镶边，对襟上绣着鲜艳花朵，并缀有五颜六色的电光片儿，光泽闪闪。蒙古坎肩始于元代。这种坎肩，初为世祖皇帝所服，后流行于民间。到明、清两代，逐渐成为普通蒙古妇女的一种服饰。

蒙古礼帽：蒙古族男子首服之一。一种椭圆形的、四周有一圈宽边檐的帽子。一般用精致呢料制作，多为黑色、棕色或灰色。帽筒前高后低，帽顶中央稍凹陷，帽筒与帽檐相接处，缀以花纹镶边。穿蒙古袍或西服，佩戴礼帽，显得文雅美观。

蒙古袍：蒙古族人民为适应牧业生产和自然环境而创制的一种古老传统服装。衣领、衣襟、袖口，皆有艳色的镶边。衣扣多用黑绦子绣制，或缀以特制的黄铜扣子。从右方开襟，左方多不开衩。男式长袍一般用深蓝色、海蓝色或天蓝色的衣料制作；女式长袍多用红色、绿色或黄色的绸缎类制成。蒙古袍按季节还分为单袍、夹袍、棉袍和皮袍。年轻的牧人穿上长袍和马靴，紧扎腰带，显得魁梧、彪悍；姑娘穿上蒙古袍，腰间系红绿绸带，能衬托出苗条身躯和青春之美。

蒙古靴子：蒙古民族服装的配套部件之一。分布靴、皮靴和毡靴3种。布靴用高级布料或大绒制作，靴头和靴筒上往往以金丝线绣花。图案新颖艳丽，具有浓厚的民族特色。皮靴通常用牛皮制作，有旧式和新式两种：旧式皮靴用涩面香牛皮制作，其样式古老，靴头粗笨，靴尖上翘，靴筒1尺多高，筒口宽大，呈马蹄形，靴底较厚，为多层底，状如船形；新式皮靴用光面牛皮制作，俗称马靴。毡靴用羊毛模压而成，俗称“毡疙瘩”。牧民在冰天雪地里劳动、行走或骑马，只有穿上“毡圪垯”，方可度过严寒。蒙古靴是蒙古族人民在长期的劳动生产和日常生活中创造出来的，非常适应牧区的自然环境。骑马时能护踝壮胆，勾踏马蹬；行路时能防沙，减小阻力，又能防寒防蛇。

蒙古族刺绣：刺绣，蒙古语叫“嗒塔戈玛拉”。草原上的蒙古族妇女，强健、丰腴，不但能牧羊，而且个个都是刺绣能手。刺绣是蒙古族人民在长期生产生活中形成的一种手工技艺。蒙古族刺绣不但在软面料上绣花，而且要用驼绒线、牛筋等在羊毛毡、皮靴等硬面料上刺绣。从刺绣的针法上看，蒙古族妇女刺绣时所用的顶针与农耕民族劳动妇女所用的顶针不同。蒙古族的刺绣艺术以凝重质朴取胜。其大面料的贴花方法，粗犷匀称的针法、鲜明的对比色彩，给人以饱满充实之感。

古代蒙古人在生活中就很注重刺绣艺术，并且应用范围很广。如耳套、各种帽子、衣服袖口、衣领、大襟、蒙古袍的边饰，花鞋、靴子以及生活中所用的荷包、碗袋、飘带、摔跤服、毡袜腰边、枕套、蒙古包等，在毡子和皮料底子上所做的贴绣如门帘、密缝毡子（绣花毡）、驼鞍、马鞍垫等都有精彩的刺绣。图案有犄纹、鸟兽、五畜、各种花卉、卷草纹，万形图案、蝴蝶、蝙蝠、寿字、龙凤、佛手、方胜、葫芦图案、哈木尔图案（如意或云头）、云纹以及各种几何形纹样等极为丰富，形成了具有独特风格的刺绣艺术。

敖汉旗境内的敖润苏莫苏木、萨力巴乡、木头营子乡等地的蒙古族集聚地，保留着本民族传统的生活方式和风俗习惯。几百年来，蒙古族服饰制作工艺是当地妇女人人掌握的一项技能。“文化大革命”期间，敖汉旗传统的蒙古族服饰全部消失。大部分被焚毁，小部分被个人收藏不知所踪，制作工艺也随之消失。2010 年，敖汉旗文化馆在进行非物质文化遗产普查时，发现了清代的敖汉蒙古族上层妇女所穿的蒙古袍及佩戴头饰。经过比对，与周边的部落服饰有明显的区别。该服饰做工讲究，用料精美，刺绣传形，反映了当时敖汉蒙古族部落高超的服饰制作技艺。

为了抢救、保护和传承敖汉部蒙古族服饰传统手工工艺，使之不至于失传，敖汉旗人民政府将其列入旗级非物质文化遗产项目，认定李铁南为该项目代表性传承人。传承谱系为：第一代琪琪格，第二代为琪琪格女儿阿拉塔，第三代为阿拉塔女儿达古拉，第四代为达古拉女儿李铁南。2018 年，李铁南被认定为该项目市级传承人。李铁南开设敖汉旗唯一一家民族服饰专营店，专门从事传统蒙古袍手工制作，年生产和销售各类蒙古服饰 150 余件（套）。敖汉旗文化馆现存敖汉部传统蒙古袍复原品 10 套。

第九编

体育

第一章　体育事业的发展

第一节　中华人民共和国成立前后的体育事业

中华人民共和国成立前，人民群众的体育活动没有官方组织，民间自发开展一些玩牌、游戏、游山玩水和逛庙会等传统的游戏活动。如汉族的扔坑、撞拐、打皇上，蒙古族的骑马、射箭、摔跤、欻嘎拉哈等。

中华人民共和国成立以后，敖汉旗人民政府设立文教科，主管全旗文化、教育、体育事业，群众体育活动被纳入人民政府的工作日程。1954 年 9 月 3 日，举行全旗体育运动大会，检阅全旗各界人民群众的运动水平。

1957 年，敖汉旗体育运动委员会（简称旗体委）成立，并配备专职干部具体负责全旗的体育工作。1963 年，全旗组织各种运动队 14 个，队员 1369 人，其中有等级运动员 785 人，专职教练 20 人。

1963 年，旗委、旗政府提出体育工作“高举三面红旗，鼓足干劲，力争上游，克服困难，加快发展”的工作思路，贯彻体育工作为生产劳动和国防建设服务、普及与提高相结合的方针。通过举办各类运动会，促进农村牧区和机关企事业单位的体育活动开展。重点抓金厂沟梁金矿篮球队和食品公司篮球队的组建与发展，带动提升企事业单位职工参加体育锻炼的热情。全年组织开展 7 次全旗性运动会，项目有篮球、乒乓球、田径、自行车、排球、中国象棋、国际象棋、围棋等。当年，举办全旗职工、学生田径、自行车体育检阅大会，有 5636 人参加。在 25 个项目中，11 项打破敖汉旗纪录。涌现出市级二级运动员 1 名，市级三级运动员 5 名。旗内各公社、学校利用节假日举办不同规模的运动会 53 次，参与竞赛的运动员达 15636 人次。

1964 年，体育事业在发展中注重“突出政治”，在全旗性的体育赛事中，开展评比“五好运动员”“四好裁判员”“四好运动队”，都把“政治思想好”放在第一条。1965 年，各基层单位均设专人分管体育工作。这年全旗有田径等级运动员 26 人，等级裁判员 6 人；足球等级运动员 24 人，等级裁判员 2 人；篮球等级运动员 90 人，等级裁判员 18 人；乒乓球等级运动员 18 人；自由式摔跤等级裁判员 1 人。

1974 年，敖汉旗业余体育学校（简称业余体育学校）创立。该校每年都招收一定数量的城乡中小学生入学，培养篮球、足球、排球、乒乓球、武术、射击、摔跤、田径方面的人才，并先后向盟体校输送优秀体育运动员 8 人。

1977 年，承办全盟武术比赛，参赛运动员和工作人员 300 余人。为推动全旗体育事业，组队走出去，参加赤峰县、朝阳市、赤峰市、奈曼旗等县市的篮球邀请赛，吸取外地的好经验，加快体育运动的发展步伐。各公社、大队、学校都组织业余篮球队，群众性的打篮球活动呈现常态化。当年恢复业余体育学校和短期体育培训班，主要在篮球、足球、乒乓球、武术、射击等项目进行重点训练，全年培训学员 300 多人。据统计，到本年全旗经常参加体育活动的总人数达到 112546 人，其中，中小学生 102752 人，职工 4325 人，农牧民 5469 人。

1979 年，敖汉旗成立体育学会，具体指导体育科研工作。体委的工作人员增到 9 人。这年，全旗共有体育教师 278 人。经考核，有 2 人被确认为国家二级篮球裁判员，36 人被确认为国家三级篮球裁判员。

第二节　改革开放时期的体育事业

党的十一届三中全会以后，全旗的体育事业迎来一个新的发展时期。1979 年，全旗坚持长跑的人数达 13000 多人，坚持常年群众性体育活动的单位 1100 多个，主要是中小学、旗直、社直各单位，运动项目主要是篮球、长跑、广播操、乒乓球、排球、摔跤等。本年度举办全旗性各类比赛 17 次，5000 多人参加。各公社、大队开展不同形式的体育比赛活动，30000 多农牧民、学生、社队干部参加比赛。加强业余体育学校工作，开办篮球、排球、乒乓球、足球、武术、射击、摔跤 7 个训练班，培训学员 150 人。全旗体育教师达到 278 名，其中专职体育教师 81 名。军事体育活动是旗群众体育运动的一个重要项目，体委和武装部联合组织各公社民兵打靶射击训练 60 多次，参加人数 21600 名，培训民兵连长 300 多人，培养出特等射手 120 名，一等射手 380 名，二等射手 410 名，三等射手 840 名。还训练旗语、司号、有线、无线电专业人员 36 人。

1980 年，旗内先后成立敖汉旗长跑协会、篮球协会。各公社建立体育指导小组，旗直属各系统相继建立行业体育协会。本年“五一”“五四”期间，旗里组织规模较大的旗直机关篮球等级赛、网球赛和田径单项比赛，历时 7 天。77 个代表队、826 名运动员参加三项球类比赛，经过 157 场比赛，分别有 12 个队进入甲级队和乙级队。其间穿插家庭队篮球赛，形式新颖。群众性体育活动积极开展，1 万多名中小学生常年坚持“两操”“两课”“两活动”，12000多名职工坚持长跑。全旗24个公社开展篮球、田径、摔跤等群众喜爱的运动会60多次，32000多农牧民、中小学生参加比赛。加强体育教师、体育裁判员、教练员的培训，体育教师303名，其中专职88名。各类裁判员、教练员91名。

1982年，旗政府调整体育运动委员会组成人员，分管副旗长任主任，体委负责人任副主任，总工会、教育局、武装部、卫生局、团委、妇联、机关党委等单位负责人为成员。10万多名中小学生普及第六套广播体操，上万名群众坚持长跑运动。本年度举办全旗体育竞赛7次，有86个代表队、1062名运动员参加。在对中小学学生体能检查中发现，存在着重智轻体的现象。由于学生在校时间长，体育活动少，学生体质下降，近视增多，引起学校和教育主管部门的重视。

1983年，体委举办两期第六套广播体操领操员培训班，使每个机关、企事业单位都有1—2名领操员。小河沿公社8月举办全公社农民运动会，设置比赛项目10个，参赛运动员350多人。荷也勿苏公社举行全公社“那达慕”大会，开展篮球、拔河、摔跤、射击等竞赛项目，231名运动员参加。学校体育活动方面，全旗各中小学全部开展“两课”“两操”“两活动”。当年全旗举办体育运动会13次，参加代表队124个，参赛运动员2117人。在全旗体育场地普查中，各类标准场地91处，包括篮球场69个，排球场4个，运动场1个，小运动场17个。

1984年2月，旗文化局与旗体育运动委员会合署办公，对外保留敖汉旗体育运动委员会的名称。1985年，全旗拥有体育教师497人，国家三级以上各项裁判员170人，各项体育代表队74个，运动员700人。体委配有专职工作人员12人。1986年，旗直属机关都成立了体育协会。体育比赛项目以球类、棋类、自行车、拔河等为主。有1000余人坚持长跑。1989年，全旗大部分机关、厂矿、企事业单位都能利用节假日开展多种多样的体育比赛。全旗开展体育比赛活动的单位有68个，参加活动人数12万人次。

1994年全旗机构改革，新组建的文化体育局抓住文化体育工作的特点和优势，注意提高人民群众的参与意识，走出一条多种经济成分共同发展，社会各界共同参与的群众体育路子。全年举办大型体育活动13次，有1560人次运动员参加比赛。“十一”期间举办“敖汉旗首届老年人运动会”，推动老年体育事业发展。1995年，制定“敖汉旗农村牧区达小康文化体育标准”，把体育事业的发展与小康建设联系在一起。各乡镇苏木党委政府相继组织一些规模较大的体育活动，提高广大农牧民的参与积极性。全旗350多个机关、企事业单位、各类学校中，80%能利用节假日和工余时间开展经常性的体育比赛，参加人数2.36万人左右。开展的体育活动项目较为广泛，有篮球、网球、排球、乒乓球、门球、棋类、香功等，深受人们的喜爱。同时，广泛进行《中华人民共和国体育法》和《全民健身纲要》的宣传教育，在25个乡镇和40个单位建立体育领导小组，成立体育协会。建立体育辅导站 30 个，审定社会体育指导员 65 名，专兼职体育工作人员 30 名，体育辅导员 30 名。

1996 年，加强“一纲一法”的宣传落实，下发《关于开展 1996 年全民健身宣传活动月的安排意见》，在全旗开展落实全民健身先进乡镇苏木评比竞赛活动。全旗机关、企事业单位举办各类体育活动 179 次，参加人数超万人。新建场地 16 片，投入健身资金 12.5 万元；全旗各乡镇苏木（包括村、嘎查）新修体育场地 24 片，举办体育活动 221 次，10 个乡镇组织规模不等的农民运动会。四道湾子镇投入资金 17 万元，举办的第五届农民运动会，29 个代表队，680 名运动员参加比赛，受到自治区体委的赞许。同年，经常参加体育活动的农牧民达 115135 人次，占总人口的 20.3%。

1997 年，成立全旗全民健身委员会和体育总会。在文体局成立社会体育指导员评审领导小组，推行《社会体育指导员技术等级制度》，审批三级社会体育指导员 129 名，使之成为社会化体育活动的指导骨干。旗直机关有 47 个单位成立体育协会，在全旗范围内成立 14 个单项体育协会，30 个乡镇都成立体育辅导站，并设有 1 名专兼职辅导员。成立成年人体质监测站，执行《中国成年人体质测定标准》，配备 8 名专兼职人员，采取先城镇后乡村，先机关企业，后农村牧区的办法，检测 5500 人，为指导全旗的全民健身活动提供科学依据。全年旗直有 160 个机关企事业单位投入资金 38.9 万元，举办 240 次各类体育活动，7830 多人次参加；30 个乡镇共投入资金 180 万元开展不同规模的体育活动，32640 多人参与活动。其中有 11 个乡镇举办全乡型农牧民运动会，投入资金都在 10 万元以上。敖润苏莫苏木举办那达慕大会，设置赛马、摔跤、篮球、拔河、打布鲁等具有浓郁民族特色的 12 个比赛项目，600 多名运动员参加比赛，旗内外观众 65000 多人。本年度四道湾子镇被国家体育总局授予“全国群众体育先进集体”称号。

1998 年，全旗体育人口超过 20 万人，组织开展各种体育活动 452 次。四道湾子镇被农业部、全国农牧民协会授予“全国亿万农民健身活动先进乡镇”称号。本年举办的全旗中小学生运动会，35 支代表队，512 名运动员参加比赛，规模之大，质量之高，影响之深超过历年。旗老年体育协会举办活动 52 次，吸引大批中老年人参加。30 个乡镇共举办体育活动 378 次，21 个乡镇召开全乡（镇）规模的运动会。旗体育活动中心分别与萨力巴中学、新惠乡初中、敖润苏莫苏木初中签订业余体育训练责任书和传统项目标记书，组建田径、柔道、举重三个项目训练队，初步形成以业余体育学校为龙头，以训练网点、传统项目学校为基础的三位一体训练体系。在当年全市青少年田径运动会上，敖汉运动员一举夺得男子团体总分第三名，结束了田径项目不能进入全市前六名的历史。

1999 年，旗文体局在体育工作中提出“全旗体育基础建设上层次，体育活动上规模”的目标，旗乡两级进一步加大体育基础建设的力度。全年投入建设资金 30 余万元，新修建体育活动场地 100 片，添置一定数量的体育器材。旗体育活动中心新建 8 片活动场地，增设健身器材。实施“石羊石虎山全民健身工程”，改善城区群众健身活动条件。四道湾子镇、康家营子乡、四家子镇等乡镇政府把改善体育设施当作为群众办实事的具体内容，筹集资金15万多元，新建场地7片，维修场地8片。本年度全旗体育事业费投入115万元，人均达到2元。体育经费在国民经济支出的比例得到增加，体育事业经费的投入机制逐步向政府投入和社会投入相结合的方向转变。康家营子、长胜、宝国吐等16个乡镇投资10余万元，举办全乡（镇）农牧民运动会或全乡（镇）单项体育比赛。到本年年末，全旗已建成标准化体育场地370片，体育活动室70处，体育活动器材8000件（套），体育人口比例35%以上。

2000年，全旗的体育工作总思路是“以农村牧区为重点，深入普及群众体育活动，创建全国体育先进旗”。针对体育硬件建设不足的具体情况，通过政府拨款和社会筹资相结合的方式，筹款60万元，对新惠田径运动场进行全面修整，改建主席台，建设规范的跑道，增加看台面积，使之成为承担全旗性体育运动会的大型场地，填补规范性田径运动场的空白。各乡镇也加强体育基础设施建设，筹资、集资修建网球、篮球等体育场地，改善活动条件。据统计当年全旗城乡共进行体育投资70.4万元。春节期间组织“百人网球赛”和“百人门球赛”，有210多人参加。5月初，举办“千人登山”活动，2000多人参加。国庆节期间，举办“敖汉旗第四届老年运动会”，2049名中老年人参加门球、网球、书法、太极剑等17个项目的比赛。11月，敖汉旗被国家体育总局正式命名为“全国体育先进旗”。在全市落实《全民健身计划纲要》表彰大会上，有2个先进集体，7名先进个人受到市政府表彰。四道湾子镇被命名为自治区级体育先进镇，牛古吐、木头营子等四个乡镇被命名为市级体育先进乡镇，有1人被评为全国体育先进工作者，受到国家体育总局的表彰。

2001年，在巩固获得“全国体育先进旗”荣誉的基础上，把体育基础设施建设作为一项主要工作抓住不放。除加强“一纲一法”宣传落实，旗政府责成文体局加大对重要场地的检查力度，建立台账，落实乡镇政府管理责任，严格防止在乡镇机构改革中出现挤占破坏体育场地、设施的现象发生，从而规范全旗体育设施管理，提高其利用率。本年度全旗体育场地达到700余片。当年，金厂沟梁镇文体站组织镇内中老年利用业余时间扭秧歌、跳交谊舞。哈沙吐乡组织的全乡自行车越野赛，500多人参加。本年，木头营子乡被国家体委授予“全国体育先进乡镇”称号。

2002年，敖汉旗各乡镇组织各种体育活动300余次，参加人数达20万人次。四道湾子镇举办“第六届农牧民运动会”，参赛运动员560人。在篮球、长跑、铅球、标枪、排球、乒乓球等传统体育项目的基层上，增加射击、摩托车方队表演、团体操表演、老年托球赛跑、女子穿针引线、中小学生武术表演、水稻插秧模拟比赛、自行车慢赛等新项目。历时5天，观众上万人次。

2003年，全旗的体育工作以深化全民健身活动内涵，丰富群众体育生活为主，在组织好旗内各种比赛和参加上级体育赛事的前提下，把学校、苏木乡镇、社区的全民健身活动作为工作重点。筹措资金5500元，组建敖汉旗乒乓球队、田径队进行重点训练，为参加赤峰市青少年田径运动会和乒乓球比赛作准备。通过强化训练，较好地完成本年全市竞技体育比赛任务。为培养教练员的一专多能综合业务素质，组织教练员开展多项目、多学科的业务培训，有7名教练员被赤峰市体育局分别授予不同项目的国家二级裁判员等级称号，全旗12名教练员达到职称化、专业化。为解决全民健身活动的场地需求，兴建了沥青网球场地1片，在惠文广场建成体育健身路径1片。2003年，获得全国全民健身宣传周活动先进单位。

2004年，把青少年体育训练作为一项重点工作突出抓好。业余体育学校通过与各项目教练员签订责任书的方式，落实青少年体育训练责任与目标。筹集资金1.2万元，在长胜初中建立敖汉旗第二所青少年竞技体育培训基地，向赤峰市体育中学输送学员6名。加大全民健身活动周的工作力度，印制全民健身倡议书和科学健身小常识，在群众中广为散发，组织网球、门球、三人篮球、登山寻宝、健身舞表演等多种群众喜闻乐见的体育健身活动，仅新惠镇内就有4万多人参与宣传周活动。本年度全旗各乡镇苏木开展体育活动285次，参加人数占总人口的35%。对2000名农牧民成人进行体质检测和跟踪监测，监测指标有明显提高。开展全旗中小学生体育达标工作，学生达标率为98.5%。共有中小学专兼职体育教师453名，其中专职体育教师196名。有传统体育项目学校2个。

2005年，敖汉旗继续全面推行《学生体质健康标准》，认真贯彻《学校体育工作条例》，全旗各中小学校结合达标活动，均举办一次综合性运动会。举办为期3天的“敖汉旗首届农牧民运动会”，29个乡镇苏木都派出代表队，参赛运动员500多名，设立比赛项目56个。

2006年，结合新的乡镇划分，重新调整组建乡镇体育工作组织。为改善新惠镇内不断增加的体育人口的活动条件，旗政府投资18万元，新建网球场地2片，维修旧场地1片，基本满足广大网球爱好者的需求。在新惠镇扎赛营子村规划建设体育广场，配备体育设备，为乡村体育基础设施建设进行有益的尝试，积累经验，推向全旗。加强体育后备人才培养，向市体育中学输送各类运动员20名。在自治区第十一届运动会上，敖汉运动员在健身功法和打布鲁两个项目中获得四金三银。在“全旗首届职工运动会”上，41个单位、2200名运动员参加比赛，全面检阅体育事业发展成果。当年，敖汉旗体育活动中心被国家体育总局第五次全国体育普查办公室授予“第五次全国体育场地普查先进单位”称号，赤峰市仅此一家。同时体育活动中心教练员杨金梅被内蒙古自治区体育局授予“第五次全国体育场地普查先进个人”。

2007年，突出“开展健身活动，构建文化大旗，创建文明城镇”的总体目标，以“全民健身与奥运同行”为主题，在全旗城乡同步开展“人人参与健身，人人关注奥运”全民健身月宣传活动。新惠城区以“群众体育与奥运同行”为主题的职工环城长跑活动，吸引2200余人参加。在绿珠广场举办的全民健身展演活动中，2600多人参加健身秧歌、健美操、安代舞、太极扇、太极剑、韵律操、大众广播体操、健身气功、柔力球、养生健身操等项目的展演。全旗各体育协会、行业体协和俱乐部都开展小型多样、丰富多彩的体育赛事。2000多名小学生参加韵律操比赛；133名运动员参加“敖强杯”乒乓球比赛；600多人参加了网球俱乐部组织的5场比赛。户外健身活动的参与人数大幅增长，全旗体育人口达到44%。

2008年，先后举办“庆五一·迎奥运”“庆七一·迎奥运”“理想家园杯——我与奥运同行”等系列活动，激发广大群众参与健身，关注奥运的热情。5万名市民参加了有奖登山活动。备战全市青少年篮球赛、田径赛、少儿乒乓球赛和公路越野赛，成立3个训练网点。在全国第三次群众体育现状调查及全国群众体育组织机构信息调查工作中，旗文体广电局成立调查工作组织机构，研究制订调查工作实施方案，并对具体工作人员进行培训。调查工作于2008年1月21日开始，历时半个月，共深入90个居民户，调查人口230人，超额完成市体育局下达的调查任务。2008年，旗党政领导先后三次到文体局调研工作，现场办公，落实体育基础设施建设等重大问题。

2009年，全旗建成各类体育场地852块，其中标准场地695块，实施8个乡镇39个农牧民健身工程。建立全旗性的体育组织和协会10个，社会体育指导员205人，其中一级社会体育指导员4人，二级71人，三级130人。中小学坚持“三操两课一活动”，学生每天参加体育锻炼达到1小时以上；广泛开展“全国亿万学生阳光体育运动”，形成青少年体育锻炼的热潮。全旗体育人口25.02万人，占总人口的41.7%。

2011年，旗政府调整完善体育总会领导机构，新组建羽毛球、乒乓球、健身秧歌、抖空竹等8个单项体育协会，强化对群众体育工作的领导。在学校体育工作中，开展青少年网球、乒乓球训练项目，50余人得到正规化培训。把体育比赛同全民健身结合在一起，实现月月有比赛，天天有活动，参与全民健身的群体大幅增长，运动形式呈现出多样化。旗委、旗政府成立全民健身活动领导小组，制定出台《敖汉旗公共体育设施规划》和《关于进一步加强全民健身工作的意见》，同时加大投入力度，将体育事业发展纳入全旗年度财政预算，促进各项群众性体育活动和全民健身运动，旗政府也多次被上级评为体育工作先进旗。5月，河北省保定市举办中国第四届空竹艺术节，来自全国26个省份、150多个城市的选手参加。敖汉旗空竹协会派8人代表赤峰市参加此次艺术节。艺术节组织开展空竹技艺展示、空竹论坛、空竹比赛、空竹文化长廊等系列活动。敖汉旗代表队的表演获得技艺展示集体二等奖，并参加艺术节上有4962人参与创造的“规模最大的抖空竹活动”，创上海大世界吉尼斯之最。空竹协会有会员32人，经常在新惠镇的惠文广场开展活动。

2012年6月16日，旗文体广电局在旗文化馆三楼会议室举办敖汉旗三级社会体育指导员培训班。邀请赤峰学院资深体育教师，以《三级社会体育指导员技术等级培训教材》为基础，系统讲解社会体育指导和体育健身基本知识，来自全旗各体育活动站点的负责人和体育骨干 50 余人参加此次培训。在 5 月 24 日—26 日举办的“三利杯”2012 年中国保定国际空竹艺术节上，由 11 人组成的敖汉旗空竹协会代表队，在艺术节上先后参加创造“参与国籍最多的抖空竹”上海大世界吉尼斯纪录活动，进行团体表演和“空竹达人秀”表演，并获得团体表演第一名，其中景海泉的“空竹花样”、宋惠的“高杆托塔”、张振全的“孔雀开屏”表演分别获得“空竹达人”称号，全体队员均获得荣誉证书，是艺术节上获奖最多的代表队，在全自治区所有参加活动的代表队中名列首位，被艺术节组委会和同行们誉为草原上的“空竹魂”。在敖润苏莫苏木举办的全旗第三届草原那达慕大会，设置速度赛马、走马、博克（蒙古族摔跤）、马上布鲁、马上拔旗、布鲁投准、射箭等项目。

第三节 新时代的体育事业

2013 年，举办全旗性大中型体育赛事活动 30 余次，建立健全群众体育组织。调整完善旗体育总会领导机构，新组建足球、健身秧歌等单项体育协会。举办三级社会体育指导员培训班 1 期，举办体育项目裁判员培训班 1 期。同时，成立敖汉旗青少年竞技体育俱乐部分部。协同教育部门抓好学校体育工作，青少年学生体育锻炼达标人数稳步增长。开展青少年网球、乒乓球、围棋等训练项目，受训达 200 多人次。

组织开展群众性体育活动，举办庆“五一”旗直机关职工网球、乒乓球比赛，敖汉旗网球协会换届大会暨“兴宝杯”全旗网球邀请赛，庆“七一”全旗乒乓球单打排名赛。与旗委宣传部共同承办第二届全市宣传文化系统职工运动会，举办庆祝全民健身日暨敖汉旗全民健身项目展演活动。组织敖汉旗第三届“雪花啤酒”杯全民健身万人有奖登山活动，4 万多镇区居民参加。组织网球、乒乓球、门球等各类赛事 32 次。实现月月有比赛，天天有活动，参与全民健身活动的群体比上年有大幅增长，运动形式更加多样化。

组队参加“赤峰市少儿围棋赛”、红山地区迎新春“状元杯”围棋邀请赛、赤峰市“通力杯”少年儿童围棋赛、全旗中小学生乒乓球赛、全市职工篮球赛和全市第六届智力运动会，均取得好成绩。建成玛尼罕、羊场、兴隆洼等 3 个乡镇（办事处）的小型体育广场。举办三级社会体育指导员培训班 1 期，110 余名社会体育指导员得到培训。

完成全国第六次体育场地普查，普查 124 个单位，场地从业人员 332 人。其中体育场 25 片，游泳馆 2 处，体育综合房 13 处，室外专项体育场地 175 片。2015 年全旗群众健身方式呈现多样化，体育人口不断增加。全年举办全旗性大中型体育赛事活动 36 次，调整完善网球、乒乓球协会，新组建足球、象棋协会，社会体育组织达 45 个，全民健身站点 320 个。办各类体育培训班 5 期，全旗社会体育指导员 450 人。建设篮球、排球、足球培训基地 2 处，体育俱乐部 5 个。

2016 年，制订敖汉旗足球改革发展总体实施方案和敖汉旗足球改革发展三年行动计划，成立敖汉旗足球改革领导小组。

加强群众体育组织和基地建设，新注册足球俱乐部 2 个（绿茵足球俱乐部、乐动足球俱乐部）、老年体育舞蹈协会 1 个、青少年拳击俱乐部 1 个，进一步强化对群众体育工作的领导。全旗性体育社会组织达 19 个，全民健身站点 239 个。建设篮球、排球、足球培训基地（项目学校）15 个。强化体育培训和训练。举办三级社会体育指导员培训班 1 期，培训社体指导员 100 名，全旗国家级、一级、二级和三级社会体育指导员达 550 人。举办健身操、广场舞各 1 期。积极开展青少年武术、跆拳道、拳击培训班，受训达 220 多人次。

举办第二届“旗长杯”暨“体彩杯”青少年足球比赛，庆“五一”网球、乒乓球、羽毛球比赛，敖汉旗羽毛球邀请赛，敖汉旗首届山地自行车越野赛。承办“2016 年赤峰市第三届青少年阳光体育大会”和“2016 年赤峰市青少年篮球锦标赛”。

完成敖汉旗体育公园建设项目的环评、规划、土地等立项的前期手续。落实农村牧区（村、嘎查）农牧民体育健身工程（健身路径）项目 25 个。内蒙古自治区体育局审批农民体育健身工程 1 个（金厂沟梁镇），项目投资 50 万元。申报苏木乡镇多功能全民健身馆项目 1 个。

2017 年，建设金厂沟梁独立工矿区居民搬迁安置配套体育场馆（简称体育公园），由北京中咨海外咨询有限公司编制完成 PPP 实施方案，开始进行 PPP 项目招投标。参加为期 3 天的赤峰市青少年排球锦标赛，本次比赛由新惠二中组队代表敖汉旗参加，取得男子甲组第三名；4 月在宁城举办的赤峰市青少年 U–12 足球锦标赛中，新惠六小代表出队，获赤峰市青少年 U–12 足球锦标赛男子组第五名；“2017 年赤峰市青少年篮球锦标赛”在新惠中学举行，全市共 13 个代表队参加，参与人数 200 余人，敖汉旗男子甲组获得第一名、女子甲组获得第二名；5 月参加赤峰市青少年武术套路锦标赛，敖汉旗代表队取得优异成绩；第三届“旗长杯”校园足球联赛暨“体彩竞彩杯”青少年足球 U 系列比赛，由 23 支代表队参加比赛，参与人数达到 300 人；在宁城承办的“赤峰市青少年乒乓球锦标赛”中，敖汉旗代表队参加男子乙（丙）组、女子乙（丙）组的比赛，男子乙组取得团体第四名、男子单打取得第五名、第六名；参加赤峰市首届休闲体育大会活动，获得沙漠登山女子组第十四名；举办“2017 年中国敖汉首届全国传统武术套路锦标赛”，3000 人次参加。举办第一届羽毛球培训班，培训人数达 100 余人；10 月末举办的“喜庆十九大，低碳敖汉行”自行车公路环城赛，为“千森杯”国际自行车越野赛提前预热。

2018 年，由大连千森集团与法国 PROTARC 公司联合设计建设施工的敖汉旗国际小轮车赛道建设项目，总投资 580 万元，赛场占地面积 76325.85 平方米，其中小轮车赛道占地约 15000 平方米，赛道建成后可承办国际、国内小轮车赛事。敖汉旗初步具备举办泥地小轮车、公路越野自行车、山地越野自行车、自由式小轮车、极限小轮车自行车拉力赛等自行车运动项目的能力。设计要求达到奥运职业小轮车赛道标准，赛场内，建设小轮车职业赛道 350 米，800 个席位户外看台及配套设施。该项目 4 月 6 日完工并投入使用。6 月 16 日，在此场地举办“中国 BMX 自行车联赛第四站”比赛，参与竞赛的 63 名运动员来自甘肃、辽宁、四川、浙江、山东、新疆、广东、山西、天津 9 个省（自治区、直辖市）代表队。比赛结束后，国家小轮车队在敖汉旗成立，并在敖汉旗小轮车国际赛场地展开训练，备战亚运会。6 月 14 日，在敖汉旗小轮车国际赛场举行敖汉旗第三届《舞动敖汉》“体彩杯”唱赤峰的歌、跳家乡的舞全旗广场舞大赛。来自全旗 33 支参赛队伍 1600 多人参赛，有 17 支队伍获得等次奖，16 支队伍获得优秀奖。同日，敖汉旗“体彩之夜”大型地摊活动启动仪式在敖汉万强客运站广场举行启动仪式。全旗共有网点 52 个，年销量达到 4800 多万元。

8 月 4 日下午，2018“千森杯”国际自盟公路越野职业一级赛敖汉旗站、2018“千森杯”国际自盟小轮车竞速职业一级赛敖汉旗站新闻发布会在北京市梅地亚中心召开。敖汉旗委、旗政府领导、赛事品牌方千森集团领导、众多体育产业嘉宾，还有体育、旅游、财经各类近 50 家媒体共同出席此次新闻发布会。这两场国际大赛经国际自行车运动联盟（UCI）和中国自行车运动协会批准，是仅次于世锦赛和世界杯的亚洲最高级别国际性职业赛事，同时此站小轮车竞速还入围该项目东京奥运会积分系列赛。两站大赛均由内蒙古自治区体育局、赤峰市人民政府主办，赤峰市体育局、敖汉旗人民政府承办，敖汉旗文化广电体育局和北京千森体育文化投资发展有限公司全程运营。9 月 2 日，举办 2018“千森杯”国际自盟公路越野职业一级赛敖汉分站赛。9 月 13 日，自治区体育局命名敖汉小轮车国际赛场为“自治区赤峰体育训练基地”。

9 月 15 日，举办“千森杯”国际自盟小轮车竞速职业一级赛敖汉旗分站赛，得到国家、内蒙古自治区、赤峰市体育部门的一致认可，并得到市政府分管领导的赞扬。为着力打造自行车骑行文化，发展敖汉地方特色体育活动，向全国推介敖汉，迈出坚实一步。同时，它也是中国目前与 2020 年东京奥运场地纬度相当、距离最近、技巧性最高的赛道，凭借此优势，敖汉旗小轮车国际赛场也将有机会作为中外各小轮车竞速国家队冲击东京奥运会的备战训练地。为促进全旗体育行业的安全生产，认真开展体育行业安全生产大检查行动。同年，集中对全旗 18 个乡镇苏木、办事处的 36 家体育健身场馆、32 家台球厅、48 家体育彩票销售网点的安全隐患进行全面排查。对文化站、文化室、村民健身广场健身器材进行抽查，对存在安全隐患和手续不完善的体育营业场所，提出限期整改意见。

第二章　群众体育活动

第一节　全民健身

1995年，《中华人民共和国体育法》《全民健身计划纲要》颁布实施后，旗政府成立以分管副旗长为主任的全民健身委员会。各乡镇也都相应成立组织，每年都开展全民健身宣传月（周）活动，不断变换宣传角度，扩大宣传范围，增强活动的知识性、趣味性。与此同时，旗委和政府两办下发《关于开展九五全民健身宣传活动月的通知》，制订《敖汉旗落实全民健身计划纲要实施方案》。当年6月，结合农村牧区达小康活动，又出台《敖汉旗农村牧区达小康文化体育事业专项标准》，在全旗迅速掀起全民健身热潮。

1996年，银鹰体协组织“第五届金融系统职工运动会”，设7个比赛项目，150人参赛，投入资金1.5万元；一年里，20个单位举办大型体育活动23次。参加网球、门球、气功等各种体育活动的人员越来越多，以强身健体为目的的群众性体育活动形成规模。

1998年，全旗体育人口超过20万人，组织各种体育活动452次。1999年，提出“以基础设施建设为基础，以群众体育活动为载体，以实现全国体育先进旗为目标”的全民健身工作思路。在5—10月的“全民健身宣传周”中，组织新惠城区越野、登山等大型活动10次。旗委、政府领导参加指挥，参与的各界群众人数众多，社会影响大。当年，四道湾子镇被评为全国亿万农民健身活动先进集体，还有4个乡镇被自治区表彰为体育先进乡镇。

2000年7月，长胜镇开展“宣传一纲一法篮球、乒乓球比赛”。新窝铺乡举办全乡女子自行车越野赛。全旗举办各类群众体育活动658次，推进“全民健身活动”的开展。

2002年，敖汉旗各乡镇组织各种体育活动300余次，参加人数达20万人次。四道湾子镇举办“第六届农牧民运动会”，参赛运动员560人，既有篮球、长跑、铅球、标枪、排球、乒乓球等传统体育项目，又增设了射击、摩托车方队表演、团体操表演、老年托球赛跑、女子穿针引线、中小学生武术表演、水稻插秧模拟比赛、自行车慢赛等新项目。历时5天，观众上万人次。

2003年，旗政府在孟克河西岸新建惠文广场，占地近3.6万平方米。四周建有草坪和花坛，还有各种建筑装饰和灯饰，广场中央矗立着一尊“播绿女神”塑像，北面建有一个大型喷泉。地面全部用大理石和地板砖铺砌而成，方便镇内居民在此开展各式各样的活动。

2004年，开展中小学生体育达标工作，学生达标率为98.5%。全旗有传统体育项目学校2个，中小学校专兼职体育教师453名，其中，专职体育教师196名。为把全民健身活动与健身气功新功法结合起来，由旗防范和处理邪教问题领导小组办公室与文体广电局联合举办全旗“健身气功新功法”辅导员培训班，25人参加此次培训，培训内容包括：易筋经、五禽戏、六字诀、八段锦等健身气功新功法。

2005年，举办首届农牧民文化艺术节暨农牧民运动会。设立1200米长跑、车轮滚滚、同舟共济等8个适合农牧民特点的体育竞技项目，两项活动共有800余人参加。开幕式上举行隆重的入场仪式，社区文化体育爱好者进行安代舞、大秧歌表演。2006年以全面落实《全民健身计划纲要》第二期工程为重点，积极推广健康有益的体育项目和锻炼方式。旗健身气功代表队代表赤峰市参加内蒙古自治区“第十一届运动会健身气功比赛”，获得六字诀优异奖、五禽戏、八段锦优秀奖、易筋经表演奖。把本年度的6月定为“全民健身宣传月”，举办“移动通信杯”有奖登山活动，进行大秧歌、健身操、健美操展演，吸引20万名群众参加。

2007年，在全民健身宣传月活动中，突出“群众体育与奥运同行”这一主题，加大宣传力度，拓宽宣传影响面，印发全民健身倡议书和1万份健身科普知识宣传单。3万人参加的“华海杯”有奖登山、2600多人参与表演的全民健身展演、1000多人参与的“婚育新风健身操大赛”以及全旗乒乓球、网球比赛活动。同时还筹集资金80万元，建设滨河路两侧的健身路径和3片高标准网球场、2片篮球场。同年，各乡镇重新调整全民健身领导机构。

第九编表1　2007年各乡镇全民健身领导组织一览表

单位	组长	副组长	成员
金厂沟梁镇	杨祥林	梁明远　王子奇	王军龙　刘玉芳　王淑莲　孙喜辉　崔　波　张　瑞
玛尼罕乡	陈志勇	刘金选	马淑英　任国荣　王跃宗　胥　礼　高　林
宝国吐乡	王宏	高景军	王学来　郭秀英　翟玉成　刘景平　王玉环　宫学岭　杨振明　刘柏林
长胜镇	刘玉祥	王吉祥　缪殿民	陈景城　杨永启　孟　飞　李国良　刘亚辉
古鲁板蒿乡	赵立军		王景海　鲍德玉　崔亚芳　杨云林
下洼镇	隋雨泉	王立林	张东学　王明珠　臧亚平　张绍臣　单志杰
丰收乡	杨威		王云峰　邢　旺　韩学廷　张　胤
萨力巴乡	王泽民	刘树春	鲍新颖　赵彩花　于洪业　宋文华　刘杰云　王凤虎　刘文宇　佟艳军

续表

单位	组长	副组长	成员
四道湾子镇	王荣义	经志明	姚海军　李海强　王明艳　孙显立　刘亚峰　谢巨华
四家子镇	任宝贵	孟祥娟	曹振华　曲凌伟　于海仙　李景刚　陈国良　高振平
新惠镇	张洪峰	孙光	孟庆宗　付景刚　韩殿琮　杨　富　仇志强
贝子府镇	温树龙	侯宝玉	张国民　付景芳　彭文良　徐　华　任国柱　王景华　高　义　刘建军
牛古吐乡	辛华	姜峰军	曹瑞雪　王旭光　李子义　纪学文　葛小军　王志栋
木头营子乡	刘振国	司国梅	潘虹彩　朱蕴哲　郭晓峰　李永贵　张洪学
敖润苏莫苏木	鲍云祥	胡国全	韩国春　肖爱国　金宝海　崔　成　吴巴图　鲍国军　刘景轩　张玉海　那木斯来
羊场	王文利	魏明军	车海军　王忠民　蒋伟才　梁国荣

2008年6月，“理想家园杯”我与奥运同行有奖登山暨全民健身月活动启动仪式在石羊石虎山公园举行。其中的体育谜语竞猜项目，吸引大批群众参加，在娱乐中了解和掌握体育健身知识。5万多名城区群众参与有奖登山活动。

2009年，国务院颁布《全民健身条例》，把每年的8月8日定为全民健身日，旗政府在惠文广场隆重举行“庆祝‘全民健身日’暨全民健身项目展演”活动。活动启动仪式上，向全旗人民发出《全民健身倡议书》。倡议广泛开展丰富多彩形式多样的体育健身活动，不断创新活动载体，努力在活动的趣味性、经常性上下功夫，引领广大干部群众“天天健身，天天快乐”。当天，共有12支队伍、800余名运动员参加健身秧歌、健身操、健美操、太极扇、太极拳、武术、八段锦7个健身项目的展演。其中年龄最小的只有10多岁，最长者已是89岁高龄。

2010年，全民健身活动以“提高全民健身工作水平，增强人民群众身体素质”为目标，全旗自上而下成立旗、乡、村三级组织体系。制定《关于进一步加强全民健身工作的意见》，建立健全各项工作制度，构建长效工作机制。社区健身队伍得到壮大，新惠镇城区有体育健身点15处，平均每处活动点有固定健身爱好者100人以上。社区健身秧歌队8支、健身操锻炼队3支、健身气功锻炼队2支、常年坚持慢跑和健步行的人群达4000余人。在8月25日举办的“全市2010年社区体育运动会”上，25人组成的敖汉代表队，参加4个项目的比赛。选手仇志强、邵晓光分别获得男子乒乓球单打冠、亚军；门球代表队获得团体第三名；庞日新、张凤艳获得羽毛球女子双打第五名。

2011年端午节，举办首届“雪花啤酒杯”全民健身万人有奖登山活动。全年新建各类体育场地582块，其中标准场地395块。落实8个乡镇39个农牧民全民健身工程项目。

2012年6月27日，在惠文广场组织举办“庆祝建党91周年全民健身展示活动”，来自新惠镇区各健身活动站点的 7 支队伍、600 余名体育爱好者参加。其中年龄最小的只有 10 多岁，最长者已达 80 岁高龄，表演健身秧歌、健身操、健美操、太极扇、太极拳、武术、气功、抖空竹、第九套广播体操等 10 余个健身项目。8 月 3 日，还举办敖汉旗全民健身活动项目展演暨警民健步走活动，旗公安局等 8 个单位、1000 余名干部职工参加警民健步走。新惠镇秧歌队等 21 支队伍、1500 余人进行了健身秧歌、健美操等 10 多个健身项目的展演。

2014 年，结合社会主义新农村建设，加强基层体育活动的指导与培训，旗体育中心协助乡镇苏木开展体育活动。新惠镇、四家子镇、金厂沟梁镇、兴隆洼镇、木头营子乡、羊场、新州办事处等地先后组织开展职工运动会、球类比赛等，组建以强身健体为目标的健身秧歌队。高家窝铺、扎赛营子、西湾子、五马沟、河西、新窝铺等村利用文化室开展村级体育赛事。敖汉旗第四届“雪花啤酒杯”全民健身万人有奖登山活动，吸引 4 万多名群众参加。8 月，旗文化体育广播电影电视局作出决定，对 25 名全民健身活动先进个人予以表彰。

2015 年，结合“十个全覆盖”工程的实施，推进各具特色的乡村文化广场建设，为全民健身创造较好的基础设施条件。在当年辽宁省首届国际武术比赛上，敖龙武道青少年健身俱乐部选手获得单项 9 块金牌、11 块银牌、6 块铜牌。

2016 年，召开敖汉旗群众体育大会。举办以“欢度端午佳节，掀起健身高潮”为主题的敖汉旗第五届“雪花啤酒杯”全民健身有奖登山等体育活动。

2017 年，健康敖汉系列活动暨“体彩杯”网球、乒乓球比赛，参与人数达到 300 人；进行旗、乡、镇、苏木、办事处、村健身广场有无健身路径调查，为加强全民健身基础设施建设摸清底数。当年 9 月，旗文化广电体育局投资 872880 元，统一采购健身路径 144 套，为全旗各乡、镇、行政村所在地健身广场配备健身器材。

2018 年，由旗政府主办，旗文化广电体育局、四道湾子镇党委、政府承办的“中国·敖汉 2018 杏花旅游节暨山地自行车挑战赛”，于 4 月 22 日在四道湾子镇庄头营子村十里杏花坡举办。活动以观赏杏花、品味文化、全民健身为载体。其间旗老年戏剧协会、旗内外摄影家、摄影爱好者、敖汉诗词协会慕名前来，现场演出、拍摄、采风。来自赤峰、平庄、敖汉等地的 4 支代表队，196 名运动员参加山地自行车挑战赛。6 月 18 日，在石羊石虎山公园举行的万人有奖登山和千人广场舞大赛、全旗农民运动会吸引数万名市民参与或观看。

第九编表 2　2018 年全旗各乡镇苏木全民健身活动领导小组一览表

乡镇	组长	副组长	成员
新惠镇	张永福	鲍海军	姚明珠　赵景丽　孟庆宗　吴　浩　褚广明　滕　飞
金厂沟梁镇	邓相奇	盖兴峰　吴永才	刘建军　韩　会　刘孔龙　车永红　张德华
四家子镇	李青松	徐海波	张　振　蒋赛秋　白迪锐　宋文高　蒋　志　叶永辉　贺吉海　李洪军　李景刚

续表

乡镇	组长	副组长	成员
四道湾子镇	杨梦显	张长龙　付景芳	赵洪国　王玉华　王晓薇　史国柱　孟宪玉　孟祥宇　于洪业
下洼镇	张海学　孙东屹	王云峰	张兴军　谢玉壮　张东学　刘亚林　刘广福
长胜镇	杨立光		鲍雪明　陈艳美　王柏华
贝子府镇	董　华	吴亚娟	纪浩宇　王景华　张桂敏　史晓娟　徐景辉　刘长春　冯仲德
兴隆洼镇	刘树春	苏英武	王学来　范玉芬　宋宏达　高景军　燕振宇
牛古吐镇	姜峰君	李国峰	周曙乐　高宗奎　宫殿启　王旭光　王志超　魏宪忠
黄羊洼镇	陈向民	时登友	王利华　杨延军　蒋伟才
古鲁板蒿镇	梁百旺		周艳华　王小军　薛志甫
丰收乡	杨　威	王景泉	崔慧颖　赵树人　张聪慧　温建军　周雅丽
萨力巴乡	邓伟光	袁海波　刘利利	刘春雨　刘文宇　赵欣楠　赵艳华　翟景伦　麻桂华　赵国顺　张小川　王章元　暴亚光　姚子芳　王彦明　刘金和　张国强
玛尼罕乡	韩少军	孙伟业	范丽琴　谢小雪　刘玉庆　刘杰云　林玉兴
木头营子乡	胥　礼		郭晓峰　刘永东　陈　洋　刘一鸣　田　悦　徐继刚　张百富
敖润苏莫苏木	马树东	宋文华	平永宽　翟珊珊　图　雅　薛忠生　王双印　李远航　杜景峰
新州街道办	祁英飞	孙光	钱义波　李　民　刘全利　刘志成　鲍宏伟　陈栢学　陈会明　谭铁民　王瑞红　祝铁成　李春波　李　强　欧文生　杨　富　佟志梅　纪晓辉　赵树林
惠州街道办	王景树	齐延明	孔祥利　王明艳　胡林春　崔淑华　肖景春　吕　强　张国玲　贾艳青　袁东飞　张玉华　刘文兴　邢柏伟

第二节　老年体育

一、沿革

1984 年 5 月，敖汉旗老年人体育协会成立。孙良玉为名誉主席，鲍凤祥任主席，沈绍文、刘万云、常景祥为副主席。下设网球、门球、导引功、迪斯科、鹤翔庄 5 个协会，从此敖汉旗老年人体育事业走上规范、健康的发展轨道。1994 年，随着参加活动的老年人不断增加，活动项目也越来越多，换届后的老年体协，下设门球、网球、台球、乒乓球、象棋、旗牌、书法、体育科研、体育基金 9 个协会。1999 年，老体协下设的各协会改为专项活动委员会，同时增加文艺、秧歌、拳剑操等专项活动委员会达到 11 个。

21 世纪初，敖汉旗老年体协在上级老年体协指导下，开始把工作重心移向农村牧区和城镇社区，协助基层建设老年体协。到 2007 年，全旗 15 个乡镇，223 个行政村（嘎查）及 6 个社区，旗直 17 个基层党委，11 个党总支全部建起老年人体育协会，并且有组织、有场地、有设备、有活动，达到“四有”标准。2011—2013 年，根据活动情况，对各专项活动委员会组成人员进行调整充实，17 个活动委员会均配备主任、副主任和秘书长。2011 年 11 月，旗委、旗政府办公室下发《关于进一步加强老年人体育文化工作的意见》，强调在新形势下加强老年人体育文化工作的重要意义。2013 年末，敖汉旗老年体协 17 个专项活动委员会包括：门球（含地掷球）、网球、体育科研、乒乓球、台球、棋类、旗牌、书画、拳剑操、钓鱼、桥牌、柔力球、抖空竹、文艺、夕阳红健身、京剧爱好者及信鸽活动委员会。旗直机关、乡镇（苏木）办事处，村（嘎查）老年体协组织达 300 多个，形成三级联动的老年体协工作网络。到 2015 年，城镇老年体育人口达到 80% 以上，农村牧区达到 50% 以上。

2016 年，落实老年体育活动“五有五好”“一乡带五村”工作要求，夯实城乡老年体育文化阵地建设。乡镇以文化室、文化广场建设为抓手，落实老年人体育基础设施。旗老体协筹资 37 万元，改造整修门球馆，使其成为文艺、体育综合活动场馆。2017 年，推进“三项基本建设”，建设老年人体育工程示范单位 5 个，并通过市里的验收。通过办培训班和以赛代训的形式，举办柔力球、太极拳、健身气功等专项培训班，培训学员 160 人。2018 年，继续抓好农村牧区、城镇社区老年体育示范工程，确定高家窝铺村委会、双庙村委会、五马沟村委会、萨力巴村委会、敖润苏莫嘎查、羊场居委会、新北街居委会和新西街居委会 8 个单位，经 10 月 30 日市老体协验收组验收全部达到合格标准。为办好第 24 届全市乡镇门球赛的承办工作，投入资金 40 万元，精心组织三片场地 1250 平方米的人工草坪、门球馆的外墙保温和内外墙粉刷等工程施工，确保赛事圆满举行。

二、活动

敖汉旗老年人体育协会成立前，老年人的体育活动主要是跑步、散步和一些室内活动，即打扑克、看纸牌、玩麻将等。1984 年 5 月，敖汉旗老年人体育协会成立后，老年人体育活动才走上科学、规范、多样、和谐的轨道。20 世纪 80 年代中期，旗老年人体育协会在市老年体协的支持下，在老年人中推广门球、地掷球、台球、太极拳、扇、剑、操、导引养生功等活动。以赛促训，吸引更多的老年人参加活动。惠文广场建成后，太极拳、扇、剑有固定的活动场所，人员由原来的 20 余人发展到 40—50 人，经常参加旗内重大体育赛事、全民健身活动及节日展演。

1990年后，旗老年体协重点推广“健身气功”，先后有百余人学习国家体育总局推广的“八段锦”“易筋经”“五禽戏”“六字诀”等。2005年，敖汉旗健身气功队参加内蒙古自治区在通辽市举办的健身气功“八段锦”等多个项目比赛。2009年，由敖汉气功队6人参加的赤峰市健身气功比赛，获得第一名。此后的2010—2013年，旗气功队先后3次参加全市老年人健康气功比赛，曾先后获得二、三名。

嘴和（旗牌、条牌）活动是老年人最为喜爱的活动之一，全旗有逾千人经常参与此活动。1996年9月，敖汉旗第二届老年人运动会，把嘴和列为竞赛项目。同时，敖汉旗首先创办赤峰市（南片）三区（元宝山区、松山区、红山区）、一市（赤峰市直属机关）、一旗（敖汉）的嘴和比赛，一般都是50—60人参加，取前12名。敖汉旗每次比赛都成绩出色，因此，多次代表赤峰市参加内蒙古自治区在呼市、呼伦贝尔、通辽举办的旗牌（嘴和）比赛。特别是2012—2013年两年间，旗老年体协每年都举办10次以上的嘴和赛，参加人数都在600—700人，成为敖汉地区重点的专项活动。

门球活动1986年在全市推广，老年体协派人参加市里举办的教练员、裁判员学习班，当时只有12人组成的门球队。1990年后，发展到5支门球队，40—50人参加活动。1992年，赤峰市老年体协举办“益寿杯”比赛，并分3个赛区举办。旗老体协首办赤峰市（南片）2区（元宝山区、松山区）、1县（宁城县）、2旗（敖汉旗、喀喇沁旗）、2公司（平煤公司、东电一公司）门球邀请赛。共8支男队，7支女队，120人参赛。这一举措促进南片各旗县区、企业年年有交流，岁岁有比赛。赤峰市第一届至第十届老运会，敖汉旗第一届至第六届老运会，赤峰市第十四届“益寿杯”“盈泰杯”都设有老年人门球比赛，敖汉旗门球队都取得较好名次。在敖汉，门球运动迅速向基层推广，15个乡镇3个办事处均建有“门球队”，每队10人左右。还有一些村级门球队相继成立，门球活动在全旗城乡有着广泛的群众性。

网球、乒乓球在老年体协成立后就被列入竞技比赛项目，由于活动强度大，竞争激烈不适合老年人参与，多为中青年人参加活动。所以这两项球类活动的人数比较少，仅为30—40人。

1998—2009年，旗老年体协将钓鱼、柔力球、抖空竹以及麻将、扑克等活动纳入老年人体育活动项目，扩大老年人活动范围，增添活动乐趣。到2013年，全旗老年人口为8.1万人，其中城区1.3万人，农村牧区6.8万人；参加体育锻炼的老年人口，城区为1.04万人，占老年人口的80%；农村牧区参加锻炼的老年人2.56万人，占40%。2015年，加强基层老体协组织建设，对全旗18个乡镇苏木办事处，228个村嘎查、12个居委会老年体协进行调查登记。对部分乡镇因人事变动所造成的老体协领导人员缺位进行及时调整，对旗老体协所辖的活动委员会进行精简、压缩，调整后的15个专项委员会，实现组织、人员健全配套。拳剑操活动委员会，历时两个月举办有45人参加的陈式太极拳（38式）培训班。桥牌活动委员会通过以赛代训的方式，对24名中老年桥牌爱好者进行3天的培训。2017年，旗老体协承办、主办各项体育赛事15次，涉及台球、乒乓球、门球、麻将、嘴和、桥牌、扑克、象棋、跳棋、空竹、柔力球、太极拳、广场舞等，3000多人次参与其中。2018年还举办各类联谊活动7次，即赤峰南片旗县区老年人书法、摄影联谊会、南片旗县区门球邀请赛、市京剧名家展演培训、朝阳空竹队前来献技。敖汉七星空竹队赴朝阳、通辽、葫芦岛等地学习交流等，参与交流活动人数达到220余人次。七星空竹俱乐部在新惠镇第二小学举办空竹培训班，利用暑假半个月时间，有50多名小学生接受培训，初步掌握抖空竹的技巧。活动课或放学后，许多小学生纷纷玩起空竹，新惠二小已形成空竹热。

三、老年人体育运动会

1994年10月5日，敖汉旗首届老年人体育运动会在新惠中学广场举行。设有门球、网球、台球、乒乓球、象棋、书法、4×100米吊瓶接力、4×100米托球接力、4×100米赶门球走接力、4×100米推轮胎接力、吊瓶、托球、爷孙抱气球、夫妻托球、自行车慢赛、摸鼻子、转圈扔筷子、夹球、套圈、抢椅子等项比赛，历时3天，一、二、三等奖各有所属。

1996年9月，旗第二届老年人体育运动会举行。设门球、跳棋、五虎、嘴和、书法、象棋、乒乓球、网球、台球、秧歌等12个体育竞技项目，旗直42个代表队，乡镇苏木5个代表队，共660名运动员参加比赛，183人分别获得一、二、三等奖。

1998年9月，旗第三届老年人体育运动会在新惠举行，12个比赛项目，麻将、十二连、扑克等项目也列入其中。全旗50个代表队694人参加，其中运动员488人。经过4天比赛，最终评出一、二、三等奖。

2000年10月，旗四届老年人体育运动会在新惠举行。开幕式结束，1526人参加登山运动，从街中心开始，至石羊石虎山第二个山头（即烈士塔），共3000米。登山运动结束后，16个比赛项目开赛，共1019人参加比赛。经过半个月的争夺，共决出一等奖46人、二等奖41人、三等奖197人。

2007年9月，旗五届老年人体育运动会在新城绿珠广场举行。开幕式举行隆重的入场式，以国旗、会旗、会徽为先导，紧接着是110人的鼓乐队、200人的彩旗队、裁判队，最后是运动员队。运动员队的顺序是党政四大机关、农村牧区代表团、旗直机关代表团。运动员入场后，由1800人的表演队分别进行健身秧歌、健身操、太极拳、太极剑表演。参加本次运动会共有代表团38个，700余名运动员，其中15个乡镇苏木均派出队伍，有队员 212 人，在 11 个项目中角逐；旗直有 23 个代表团，有运动员 357 人，在 12 个项目中参赛。经过两天多的比赛，农村牧区组前 6 名是：第一名为四家子镇代表团，第二名为新惠镇代表团，第三名为四道湾子镇代表团，第四至第六名依次是木头营子乡代表团、敖润苏莫苏木代表团、玛尼罕乡代表团；旗直属（城区、社区）前六名是：第一名旗政府机关代表团，第二名旗社会保险局代表团，第三名新惠中学代表团，第四至第六名依次为新中街社区代表团、旗卫生局代表团、旗委机关代表团。获道德风尚奖的是：贝子府镇代表团、金厂沟梁镇代表团、牛古吐乡代表团、旗建设局代表团、旗教育局代表团、旗农电局代表团。获优秀组织奖的是：下洼镇代表团、长胜镇代表团、宝国吐乡代表团、古鲁板蒿乡代表团、旗公安局代表团、旗水利局代表团、旗网通公司代表团、人寿保险公司代表团、新兴街社区代表团、新南街社区代表团、新北街社区代表团、蒙中街社区代表团。获得单项比赛前 6 名的个人获奖者 76 人。

2010 年 9 月 27 日—29 日，第六届老年人体育运动会在旗政府门前绿珠广场举行。本次运动会由旗委、旗人民政府主办，文体广电局、旗老年人体育协会、旗老干部局、旗社会保险局承办。大赛设有 10 个项目，经过 3 天的角逐，农村牧区组获得团体前 6 名的依次是木头营子乡、新惠镇、下洼镇、贝子府镇、宝国吐乡、四家子镇；城镇社区组获得前 6 名的依次是旗社保局、旗委机关、旗政府机关、旗公安局、旗文体广电局、旗农电局代表团。获得优秀组织奖的是旗交通局、新州办事处、丰收乡、四道湾子镇等代表团。荣获体育道德风尚奖是旗交通局、丰收乡代表团。获得单项个人奖的城镇社区组 65 人，农村牧区组 40 人。

2011 年 10 月 20 日，元宝山区老年体协举办嘴和邀请赛，敖汉旗以宋士清为领队，李爱华、鲍永安、马焕、陈江、鲁学谦、林殿贤、高廷镒 8 人参赛。敖汉旗参赛人员进入前 12 名的有 6 人：李爱华、陈江、林殿贤、鲍永安、鲁学谦和马焕。11 月 20 日，旗老年体协在新惠镇举办嘴和联谊赛，邀请赤峰市直机关和红山区、松山区、元宝山区及邻近的奈曼旗，敖汉参赛的 16 人。敖汉旗获一等奖的 1 人、二等奖的 2 人、三等奖的 4 人。

2012 年 9 月 14 日，呼伦贝尔市主办全区直机关及东部 4 盟市第六届老干部嘴和联谊赛。4 盟市参赛队员各为 16 人，区直 9 人。敖汉旗选派鲍永安、陈江、高廷镒、徐纪文 4 人参加赤峰市代表队。比赛历时三天，赤峰市代表队的徐纪文、陈江进入前 12 名。

2012 年 5 月 26 日，由敖汉旗老年体协曹林、韩殿琮、刘国志、张振全、张文志、宋惠、景海泉、李春明等组成的空竹代表队，参加“2012 中国·保定国际空竹艺术节”并参加“创国籍最多的抖空竹活动”即“吉尼斯纪录活动”，获集体“一等奖”。

2013 年 7 月 28 日，敖汉旗以黄维杰为领队，由周哲明、郑国新、张秀珍（女）、邹德珍（女）、齐丽书（女）为队员组成乒乓球代表队参加全市第十届老年运动会，获得团体第六名。周哲明、黄维杰分获中年组、老年组第一名。

2018 年，第十一届全旗老年人体育运动会于 5 月 8 日开幕，9 月 21 日闭幕，用近 5 个月时间，完成了 12 个项目的比赛。共有 110 余名老同志参与赛事，共获各类奖牌 13 块，其中体育道德风尚奖 8 块。本年老体协各专项活动协会承办的赛事达 25 次，竞赛项目有台球、乒乓球、门球、麻将、嘴和、桥牌、扑克、象棋、跳棋、空竹、柔力球、健身球、太极等，参与人数达 4000 余人。

第三节 校园体育

一、发展历程

民国 18 年（1929 年），旗内小河沿等国立初级小学校始设体育课，当时的体育项目只有软体操和篮球。其他学校则在课间休息时由学生自发地搞些游戏活动，如踢毽子、丢手绢、捉迷藏、老鹰叼小鸡、跳格、跳绳、杀马战等活动。教师不对学生进行有目的的体育训练，各类私塾不准学生开展体育活动，所以当时的学生体质普遍较弱。

新中国成立以后，各类学校以毛泽东于 1952 年 6 月“发展体育运动，增强人民体质”的题词和“身体好、学习好、工作好”为宗旨开展体育工作，学校体育课以体操、体育的基本动作、队列训练为主，其次是赛跑、游戏等。1954 年，教育部编定全国通用体育教学大纲和体育教材，旗内中小学体育教学走上正轨，配备专兼职体育教师，开始抓系统的体育课堂数学，建立体育教学常规。但部分学校因师资缺乏、场地器材不足，只搞一些基本训练或做些有益于健康的游戏。全旗中小学共有篮球架 43 副、双杠 2 副、单杠 6 个、跳箱 1 个、垫子 2 块、手榴弹 16 个、钉子鞋 3 双、铅球 1 个、排球 12 个、网球拍 1 副、足球 1 个、乒乓球台 10 个。1955 年，在全旗中小学生中组建篮球队 149 个、排球队 10 个，坚持做广播体操的 13237 人，做少年广播体操的 9494 人。同年，学校按《劳动卫生体育锻炼标准》称“劳卫制”进行训练。1956 年，旗文教局对一些重点学校下拨体育器材购置费，购置部分体育器材，旗内各中小学又自制一批体育器材。1958 年，全旗学校有运动场 367 个。1959 年，全旗修建简易运动场 5 个，篮球场 345 个。到 1959 年末，全旗中学生全部通过劳卫制一级标准；482 名中学生通过二级标准，占中学生总数的 15%；小学生通过劳卫制少年组和一级组标准的有 1388 人，占小学生总数的 30%。

20 世纪 60 年代初，全旗中小学体育课主要有基本训练、广播体操、田径、球类等项内容，小学还增加游戏活动。1963 年，全旗中小学体育课外活动项目有：篮球、排球、足球、乒乓球、器械操（单杠、双杠、跳箱等）、滑冰、徒手体操（广播体操一、二、三、四套和少年广播体操），第四套广播体操已在各中学、部分小学开展起来，参加锻炼的学生近两万人。从 1965 年起，学校开展早操、间操、眼保健操活动。全旗各完小都有简易篮球架和自制的单杠、跳高架、手榴弹等，同时对中学再次下拨体育器材购置费，旗直属各中学都有篮球架、单（双）杠、垫子、木马、小山羊、跳箱、平衡木等。1966—1967 年，因“文化大革命”运动，学校的正常教学秩序被打乱，学校体育器材大部分被毁，体育课也无法正常开展。1968 年复课后，学校体育课改称军体课，同时以大量的学工、学农、学军活动代替体育教学。1972 年 3 月，新惠“五七”中专组建学生篮球队 4 个，队员 48 人（其中女生 24 人）；排球队 2 个，队员 24 人（其中女队员 12 人）；足球队 2 个，队员 30 人；乒乓球队 2 个，队员 16 人（女队员 8 人）；田径队 30 人（其中女队员 15 人）；体操队 30 人（其中女队员 15 人），每周星期四为各运动队集中训练时间。1973 年，在全旗中、小学开展小篮球、小足球、小排球活动。1975 年执行《国家体育锻炼标准》，学生每天保证 1 个小时的体育锻炼时间，各校普遍建立起学生健康卡和国家体育锻炼标准登记卡，并作为“三好”学生的评比依据。1978 年起，对中小学生进行达标测验，当年各校学生的达标率在 10%—15%。

1980 年，全旗中小学自制大型体育器材 642 件，中型 1280 件。1982 年，全旗自制体育器材 1978 件。体育课的教学方式由 50 年代的“分组转换法”改为“循环教学法”，增加“天天练”活动。这年，中学生达标率为 23%，小学生达标率为 19%。1983 年，新惠中学有体育器材 139 件，其中鞍马 1 个，拔河绳 2 根，足球门 1 副，跳箱、山羊各 2 个，排球架、哑铃各 2 个，跳高架、双杠各 3 副，铁饼、铅球各 4 个，单杠 4 个、标枪 5 支、篮球架 5 副、垫子 7 块，排球、实心球各 10 个，足球 13 个，篮球、手榴弹各 30 个，是体育器材配备比较完善的。旗教育局先后派 10 名体育教师分别参加内蒙古自治区举办的小学体育教学大纲学习会和昭盟教育局举办的体育教师学习班，同年，敖汉旗教育局举办全旗高中、地区初中和各总校的体育教师培训班，参加学习的计 84 人，学习《中、小学体育卫生暂行规定》和体育理论知识。表扬、奖励在体育教学工作中作出显著成绩的教师。对体育教师进行专业考核，要求体育教师在理论上要讲清要领，技巧上要作出示范，并制订出切合本校实际的教学计划。1985 年，全旗中小学 475 所，有体育教师 497 人，其中中学 82 所，体育教师 90 人；小学 393 所，体育教师 407 人。体育教师人数比 1979 年增加 219 人，为 1979 年体育教师人数的 1.79 倍，和 50 年代初相比增加 453 人，为 50 年代初期的体育教师人数的 11.3 倍。各学校全部按《体育教学大纲》的要求教学，全旗中小学生的平均达标率上升到 53.85%。

第九编表 3 1985 年敖汉旗中小学运动场地器材统计表

项目	类别	合计	中学	小学	其中			
					直属		乡镇	
					中学	小学	中学	小学
基本情况	学校数（所）	475	82	393	12	3	70	390
	教学班数（个）	3305	596	2709	97	37	499	2672
场地设施	400 米田径场（个）	3	2	1	2			1
	300 米田径场（个）	5	5		3		2	
	200 米田径场（个）	25	21	4	14	1	7	3
	不规格场地（个）	180	49	131	1	2	48	129
	50 米以下场地（个）	299	12	287			12	287
	篮球场（个）	85	48	37	17	4	31	33
	排球场（个）	19	19		8		11	
	足球场（个）	5	3	2	2	2	1	
器材	有部分器材的（所）	25	18	7	10	2	8	5

1986 年，敖汉旗中小学 89569 名学生，都能坚持“两操”（课间操、眼保健操）活动。有计划地推广《国家体育锻炼标准》，开展达标活动，达标学生数为 33589 名。其中，及格 21280 名、良好 10210 名、优秀 2099 名。有传统体育项目学校 11 个，组建篮球队、足球队、田径队、排球队、摔跤队等。有队员 166 名，教练员 12 名，坚持长年训练。1989 年，在全旗各个学校推行第五套和第七套“韵律操”。当年，全旗各中小学校均举办一次秋季校运会。

1996 年，敖汉旗各类学校共举办体育竞赛活动 384 次。投资 19 万元，新修体育场地 24 片，购置体育设施器材 308 件。1995—1997 年，全旗中小学开展九年义务教育达标，体育设备、运动器材配齐率是其中一项重要内容，全旗义务教育学校体育器材达标率达到 85% 以上，通过了内蒙古自治区验收。

2000 年，敖汉旗中小学生体育合格率为 98%。年内，各中小学校举办田径运动会和体育比赛 300 余次。全市“中师、中专、中学生田径运动会”在敖汉旗举办，参赛运动员 500 多名，设立比赛项目 56 个。

2004 年，举办全旗中小学生田径运动会，开展体育达标工作，学生达标率为 98.5%。全旗中小学校共有专兼职体育教师 453 名，其中，专职体育教师 196 名。有传统体育项目学校 2 个。在全旗实施“33211 工程”，即坚持上好“三课”（体育与健康课、音乐课、美术课）、“三操”（早操、间操、眼操）、“两活动”（体育锻炼活动、科技文体活动），常年坚持一会（运动会）、一节（艺术节），此项工程通过自治区政府的评估验收，被评定为优秀。

2005年，敖汉旗继续全面推行《学生体质健康标准》，认真贯彻《学校体育工作条例》。旗教育局转发《教育部关于落实保证中小学生每天体育活动时间的意见》，要求各中小学体育课设置早操、课间操、课外体育活动必须纳入课程表。各校积极探索，结合开展集体竞赛项目，启动“体育、艺术‘2+1’项目工程”，丰富课外体育活动的组织形式和活动内容，逐步形成本校特色。着眼于学生特长发展，培养和提高学生的素质。落实新的学生体质健康标准，开展间操课评比活动，推广快乐体育。

2006年，全旗6631名初中毕业生接受初升高体育考试暨学生体质健康标准测试。举办全旗第12届中学生田径运动会，有7人次打破5项高中男子纪录，有2人次打破2项高中女子纪录。

2007年，对参加初升高考试的6031名学生进行体育成绩测试。举办全旗中小学生篮球比赛和中小学生乒乓球比赛，组织参加全市中华少年大赛、初中生排球赛、中小学生篮球赛，共获奖杯11个；小学、初中健康教育开课率达100%；高一年级新生军训开展面达100%。

2009年，敖汉旗教育局出台《关于减轻中小学过重课业负担深入推进素质教育的意见》，对5771名初升高毕业生进行体育和实验操作技能的测试，体育以40分计入初升高考试总分，实验操作以30分进入总分。组织78名中小学校长参加全国素质教育暨校长管理培训班、观摩盘锦中小学间操课，各学校全年共举办运动会67次，展示才艺特长活动103次，艺术节64场，参加活动的学生达98%以上。11月份举办全旗中小学生跳绳、踢毽球比赛，中学组和小学组各取前8名优胜单位进行表彰，获奖名单是：

小学组：四道湾子中心校、新惠第四小学、古鲁板蒿中心校、金厂沟梁中心校、宝国吐中心校、贝子府中心校、新惠实验小学、木头营子中心校。

中学组：古鲁板蒿中学、新惠四中、玛尼罕中学、林家地中学、丰收中学、康家营子中学、金厂沟梁中学、四道湾子中学。

2010年，举办第14届全旗中学生田径运动会，组织中小学生踢毽球、师生跳绳比赛，中小学校园歌手比赛。年内全旗各级各类学校共举办各类体育竞赛460场，举办艺术节、展长节670场。11月，旗教育局被教育部评为“全国亿万学生阳光体育运动冬季长跑活动先进集体”。

2014年，举办全旗第十六届中学生田径运动会，将中断17年的小学生运动会纳入本届运动会，共有195人次打破旗级小学田径纪录；参加全市中小学生乒乓球比赛和初中生毽球比赛，获团体奖7个，个人单项奖2个。

2015—2017年，全旗中小学结合体育、艺术“2+1”项目，因地制宜开展以班级、年级或学校为单位，丰富多彩，形式多样的学生体育活动和竞赛，不断完善体艺“2+1”项目的实施方案，并认真做好评定考核工作，摸索规律、积累经验。重视学生体育兴趣和特长的培养，全旗各学校利用本校或本区域资源，认真规划，加强学校运动队、学生社团、兴趣小组和体育俱乐部的建设，开展适合学生发展的各种体育竞赛活动，努力形成人人有体育项目、班班有体育活动、校校有体育特色的校园体育氛围。成功举办三届（第15—17届）敖汉旗中小学生田径运动会。承办赤峰市第十三届中学生田径运动会，取得运动成绩和精神文明的双丰收。

2018年，全面推进自治区学校体育“两节双提高工程”，即每天一节体育课，每周一节特色课，提高体育教学质量水平，提高体育教师专业素质。50%以上的学校形成“一校一品”和“一人一项”学校体育特色发展态势，校园足球特色学校每周至少保证两节足球特色课；通过政府采购，小学采购体育器材43765件，金额2697469元，初中采购体育器材11166件，金额631281元。为加强全旗中小学体育场地建设，旗政府投资1.08亿元为全旗53所中小学建设塑胶操场、篮排球场地327650平方米。

二、竞技比赛

1949年5月4日—5日，全旗举行田径运动会，每个完小有20名学生参加。

1952年10月中旬，由30名运动员组成的敖汉旗学生代表队参加热河省第一届体育运动会。1953年9月30日至10月8日，举行全旗体育检阅大会，各完小、中心总校（包括高级班）各派20—25人组成体育代表队参加。同年10月20日，旗政府在乌兰召草原召开赛马比畜大会，另有球类、田径等比赛项目，每个学校都由教师带领20—30名学生参加。1954年9月，召开全旗体育运动大会，18所中小学组成代表队参加。初中学生赵聪以5.14米的成绩创全旗跳远最高纪录。1955年8月1日，在热河省田径比赛大会上，敖汉旗教师刘佐相被评为省级优秀运动员；同年9月举行全旗体育运动会，旗初中代表队和12个小学代表队参加了运动会。11月20日，由教师刘佐相、郑起、王子新组成代表队，参加全省体育运动大会。1959年5月，由教师和学生各15人组成的敖汉旗代表队参加了全盟田径、举重选拔赛。

1961年，全旗中小学举办运动会及小型比赛33次。1963年，新惠中学学生范春英、王玉华、曹国权等人参加昭乌达盟举办的男女少年乒乓球比赛，范春英获少年女子单打亚军，范春英与王玉华、范春英与曹国权分别获得女子双打和男女混合双打第三名。同年，范春英代表昭盟参加内蒙古自治区举办的少年乒乓球比赛，获少年女子单打第七名。她还与盟内另一名女运动员配合，获女子双打第三名；同年，新惠中学学生侯玉琴参加全盟中学生田径比赛，获女子三项全能第五名。1963年7月，在全旗田径、自行车运动会上新惠中学学生莫化新以24秒的成绩破男子200米的全旗纪录，新惠完小高淑云以14.2秒的成绩破少年女子组 100 米全旗纪录。

第九编表 4　1963 年全旗中小学田径、自行车比赛创旗纪录一览表

项目	姓　名	性别	单位	成绩
200 米	莫化新	男	新惠中学	24″
400 米	杨占龙	男	新惠师范	1′1″
800 米	杨占龙	男	新惠师范	2′30″
1500 米	王奎文	男	新惠师范	5′3″6
铅球	侯秉庸	男	新惠师范	10.66 米
跳高	潘　志	男	新惠完小	1.48 米
三级跳	王景和	男	新惠中学	11.27 米
800 米竞走	侯秉庸	男	新惠师范	4′30″6
60 米	高淑云	女	新惠完小	10″02
200 米	高淑云	女	新惠完小	30″05
400 米	王金凤	女	新惠师范	1′24″
800 米	王金凤	女	新惠完小	3′24″
跳高	邓春云	女	新惠中学	1.13 米
跳远	邓春云	女	新惠中学	3.61 米
铅球	张　敏	女	新惠师范	6.30 米
手榴弹	张　敏	女	新惠师范	28.70 米
铁饼	张　敏	女	新惠师范	10.05 米
1000 米混合接力	代表队		新惠师范	2′16″2
自行车 5000 米	高天祥	男	新惠完小	15′5″6
自行车 500 米	张介宾	女	新惠师范	1′40″5

1979 年 4 月，分南北两片举行全旗 12 所高中篮球调赛；同年 6 月 25 日至 7 月 2 日，旗体委、教育局、团旗委联合举办全旗中小学田径运动会，参加本次运动会的中小学运动员 782 人。

1981 年，新惠第一小学获全国足球通讯比赛第一名，受到团中央、教育部、国家体委的嘉奖；1982 年 4 月，新惠镇内中小学全体学生开展第六套广播体操比赛。同年 10 月，团旗委、旗教育局、旗体委联合举办新惠镇内 4 所小学足球赛；1983 年 5 月，举办全旗中小学生运动会，有 326 名运动员参加。新惠第一小学谭春梅打破旗少年女子组铅球最高纪录，成绩为 6.15 米。同年，教育足球代表队在盟参加比赛获得第二名。新惠第一小学获全国足球通讯赛第一名；1984 年 6 月 6 日—8 日，召开全旗中小学生田径运动会，有 43 个代表队、508 名运动员参加。有 61 人次打破 27 项全旗中小学运动会纪录。获高中组前三名的分别是：新惠中学、荷也勿苏中学，下洼中学；获初中组前三名的分别为：新惠中学、小河沿中学、乌兰中学；获小学组前六名的总校分别为：古鲁板蒿、康家营子、小河沿、哈沙吐、四家子、双井。

2003 年 7 月，在旗体育活动中心乒乓球馆举行新惠地区教育系统乒乓球赛，教育系统镇内学校的 60 多名运动员参加了角逐。通过比赛选拔具有较高水平的乒乓球选手，组成敖汉旗教育系统代表队赴赤峰参加全市教育系统乒乓球比赛。

2004 年，赤峰市第五届“玉龙杯”中小学生乒乓球锦标赛，历时 3 天。敖汉旗代表队获得少年男子组团体第四名，同时被本次组委会授予体育道德风尚奖。

2010 年 9 月，全旗首届青年运动会暨全旗第十四届中学生田径运动会在东博学校运动场举行。来自全旗各中学的 30 支代表队、410 名运动员参加，进行短跑、长跑、跳远、铅球等 24 个田径项目的比赛。

2013 年 5 月 4 日，旗教育局在新惠中学体育馆举办全旗中小学生乒乓球赛。旗体育活动中心从近年来培训的少年儿童乒乓球小队员中，选出 12 人组成 4 支小学生乒乓球代表队参加比赛。经过两天的比赛，旗体育活动中心小学生女子代表队获得团体冠军，小选手刘莹璐获得小学生女子组单打冠军。三支小学生男子代表队分别获得团体第五名、第七名和第八名。

2014 年，参加全市中小学生乒乓球比赛和初中生毽球比赛。四道湾子中学获初中女子团体第六名，并获体育道德风尚奖；乒乓球获小学男、女团体第七名，李维佳获小学女子单打第八名；初中男子获团体第七名、初中女子获团体第五名；高中男子获团体第五名，李宇航获高中男子单打第五名。

2015 年，参加“市长杯”全市中小学生足球联赛，获得小学组男子第三名、初中女子第七名、初中男子第八名。四家子第二小学获“体育道德风尚奖”。

2016 年，在全市第二届“市长杯”校园足球联赛中，新惠六小、下洼小学分获小学男子第三名和第七名，取得“一带一路”内蒙古青少年足球海南冬令营机会。四家子中学获得初中男子第八名，箭桥中学男、女队均获高中组第八名，同时在 5 人制足球比赛和全市八强赛中分获亚军和第七名。新惠六中、新惠四小在全市中小学足球啦啦操、街舞比赛中，分别取得初中组第三名、小学组第四名的好成绩。

2017 年，举办敖汉旗第十七届中小学生田径运动会。本届运动会共有 41 个代表队参加，737 名运动员参加。开幕式上由新惠第二中学、敖汉旗实验小学、新惠第三中学、新惠第六小学、箭桥中学的学生组成的表演团队进行“中华魂”“古诗操”“民族舞”“足球梦”“炫舞青春”精彩的大型艺术展演。本届运动会共打破 15 项旗级纪录，评选出 41 名优秀运动员，8 名优秀教练员，12 名优秀裁判员。参加 2017 年赤峰市第二届中小学体育教师教学技能比赛，获得团体总分第二名，高中组第三名，初中组第三名，同时获得优秀组织奖；个人获得一等奖 1 人次，二等奖 5 人次，三等奖 8 人次，创历史新高。

2018 年，全旗中小学校集中建设体育场地，小型体育活动正常开展，大型体育运动会举办次数较少。

三、军训

1963 年，国务院、教育部下发《关于高级中学民兵训练试点大纲》。1964 年敖汉旗人武部、文教局在新惠中学组织高中年级组 6 个班的学生进行为期 7 天的军事训练，主要科目是队列、步枪射击、手榴弹投掷和步兵战术动作等。1967 年初，开始“三支两军”。3 月，旗人武部军官大部进驻新惠中学，重点班级每班 1 人，整顿学校秩序，组织“复课闹革命”，并进行长达 1 个多月的军训活动。6 月初，受上海“一月风暴”影响，群众组织发生分裂，学校再度陷入混乱，军训干部撤回。1985 年底，教育部、劳动人事部、财政部、总参部、总政治部、总后勤部联合发出《关于高等院校、高级中学进行军事训练试点的通知》，从此，学生军训在敖汉旗又开展起来。

1987 年，敖汉旗举行庆祝内蒙古自治区成立 40 周年大型庆祝活动，旗人武部组织新惠中学和新惠师范学生 2000 多人，组成 20 个持枪方队在大会开幕式上举行表演。之前，对参加方队的学生进行一个月的军事训练，训练的主要科目是分列式和阅兵式。从此开始，按照上级的要求和学校的请求，旗人武部每年对镇内高一和高二年级的学生进行 10 天左右的军事训练。大都安排在每年的 9 月学校开学时进行。

2003 年 1 月 30 日，教育部、总参谋部、总政治部联合下发《高级中学学生军事训练教学大纲》。旗内各学校学生军训的内容有：国防法规、国防知识讲座、现代国防、国际战略环境以及高科技战争。让学生了解人民军队的性质、宗旨、光荣传统，了解和掌握、轻武器射击、单兵技术、战场救护等基本常识。集训期间，利用早晚进行内务整理、班会及军队歌曲的教唱。旗人武部和教育局成立军事训练办公室，负责学生军训的有关事宜。每年初一新生入学、高一新生入学，各学校都要进行 7—14 天的军训。1987 年以来，共训练初、高中学生 18000 多名。自此高中一年级学生入学必参加军训，成为制度，一直坚持到现在。

第四节 体育彩票

体育彩票是为体育事业发展而服务的官办博彩事业，体彩公益金属于国家专项基金之一。2011 年敖汉旗体育彩票站成立。2015 年更名为体育彩票管理办公室，是敖汉旗文化广电体育局下属的事业单位，负责敖汉旗内体育彩票的销售、管理、指导、监督、检查等职责。

敖汉体育彩票事业自 2011 年起至今，由于管理方式的不断创新，年销售量逐年攀升，销售网点不断发展，城乡布局趋于合理，已经成为全旗体育事业发展的重要一环。

第九编表 5 全旗体育彩票事业发展一览表

体彩年度	发展网点（个）	销售业绩（万元）
2011	12	150
2012	15	200
2013	28	400
2014	30	700
2015	30	1400
2016	38	2700
2017	56	4800
2018	52	4700
合计	—	15050

自彩票事业在敖汉旗开展以来，短短的 8 年时间，销售网点遍及全旗城乡，累计实现销售收入 15050 万元。2016 年获“赤峰市体彩系统技能大赛团体优秀组织奖”；2017 年获体育彩票“旗县体彩销售突出贡献奖”和“销量增幅奖”；2018 年获“赤峰市体育彩票系统第二届技能大赛优秀组织奖”。

敖汉旗体育彩票秉持“来之于民，用之于民”的原则，8 年共筹集体彩公益金 301 万元，助推全旗社会体育事业和其他公益事业的发展，为每年举办的全民健身活动“广场舞大赛”“旗长杯”系列体育赛事、全民健身路径的购买、其他体育设施的配备和其他体育赛事的举办等提供资金上的支持。

第五节 培训机构

改革开放以来，以民间为主的体育项目社会培训机构发展比较快，下面简介几家基本情况。

一、敖汉弘武教育

弘武教育成立于2012年，是一所集传统武术散打、自由搏击训练教学及赛事推广为一体的专业机构，在发扬和推广传统武术的同时，更致力于现代化的专业教学，是内蒙古自治区专业散打培训机构之一。现有学员70多名。机构成立以来，以其优异的教育培训成绩在社会上产生较好反响。2013年，为高考体育生进行武术专项培训，以优异成绩全部通过；为2014年成立的赤峰市体育中学散打专业队训练基地输送多名运动员；2015年，武馆受敖汉旗公安局特警大队委托，机构主教练担任特警培训教练员。并在当年参加赤峰市特警五项比赛，散打项目获得赤峰市优秀团队奖；2016年，武馆代表赤峰市参加内蒙古自治区武术散打锦标赛，出队7人，斩获金牌一枚，铜牌一枚，5人获得前8名，同时被授予国家二级运动员；2017年，受敖汉旗武警中队特聘，主教练担任武警教练员，进行长期培训。

二、敖汉青少年拳击俱乐部

敖汉青少年拳击俱乐部位于老干部胡同片区41号，俱乐部成立于2012年10月，现有教练员3名。俱乐部成立后已向赤峰市体育中学、内蒙古自治区拳击专业队等输送拳击运动员150余人。训练运动员达到国家一级运动员40余人；其余均已达到国家二级运动员标准。

2012年以来在全区国家级拳击比赛中，共有69人次运动员夺得第一名12次；第二名15次；第三名19次；第五名17次。成为敖汉地区拳击运动比较有名气的训练基地，也是广大青少年运动锻炼，强身健体的理想场所。

三、敖汉翼龙体育俱乐部

敖汉翼龙体育俱乐部是经敖汉旗文体局、敖汉旗民政局批准成立的一家具有培训资质的青少年篮球俱乐部。一方面，俱乐部在敖汉新城、老城区设立多个训练基地，为各大学校篮球专业人才输送提供了保证；另一方面，俱乐部重视青少年篮球运动的普及，注重运动创新，提倡“快乐篮球”。让不同篮球基础的青少年在轻松愉快的环境中，逐渐养成独立、积极、乐观向上、善于展现自我、坚忍不拔的精神。

翼龙体育俱乐部已成为敖汉旗著名的篮球俱乐部之一。招收的学员来自旗内各个学校，也有不少旗外的青少年慕名而来。

2014 年至今成立 5 周年之际，开设训练点 3 个，遍布新惠城区各个区域，招收人员年龄在 6—18 岁，男女不限，历届学员累计达 200 余人。并开设“篮球 + 户外”特色的篮球训练班，以户外教学的方式，寓教于乐，深受家长及营员欢迎。

俱乐部教练员有国家一级裁判员职称，拥有多年的篮球教学及训练经验，长期从事青少年篮球技战术的培训，拥有丰富的篮球理论知识与实践经验，多次荣获“优秀教练员”称号。

四、敖汉五洲嘉华体育俱乐部

五洲嘉华体育俱乐部是 2016 年经文体局批准注册的，它的前身是敖汉雏鹰体育俱乐部。服务宗旨是娱乐为主，增强和促进青少年身心健康发展，以培养体育人才为己任。俱乐部拥有专业的室内教学场馆 600 平方米，室外教学场地 200 平方米。开设篮球、足球、乒乓球班，聘请具有多年教学经验的优秀教练员、裁判员、体能师 8 名。目前接受训练的队员 80 人。

五洲嘉华体育俱乐部自创办以来共有 400 多名青少年在这里接受培训，举办了 6 届成人联赛。目前已成为新惠镇内青少年和成人朋友运动的理想场地，深受学员和家长的支持与鼓励。不断改善教学条件，为学员更好地服务，为敖汉培养更优秀的体育人才是五洲嘉华体育俱乐部的奋斗目标。

五、敖龙武道青少年健身俱乐部

敖龙武道青少年健身俱乐部成立于 2013 年 3 月，是敖汉旗文体局批准的一家以青少年健身运动为主的专业运动场所，俱乐部拥有一流的教学环境、过硬的教师队伍。主要项目有：跆拳道、武术套路、散打、防身术、拳击、特技等，在全旗有场馆 5 家：敖龙武道东博总部、敖龙武道贝子府分馆、敖龙武道羊场分馆、敖龙武道长胜分馆、敖龙武道金厂沟梁分馆，现有学员 500 余人。从 2013 年至今已有近千人在敖龙武道俱乐部参加过训练、学习。敖龙武道俱乐部参与的大小活动达 30 余次，《红山晚报》和《赤峰体育》多次发表敖龙武道俱乐部参加的各项比赛成果。

自 2013 年以来，该俱乐部在国家和内蒙古自治区大型赛事中，多次代表敖汉旗或赤峰市参加比赛并获得优异成绩。2018 年，敖龙武道青少年健身俱乐部已转型为敖汉旗敖龙武道体艺培训学校。

第三章　体育运动会

第一节　全旗体育比赛

自1949年起，敖汉旗历年都组织体育运动会和单项比赛。比赛时间一般都选在3月8日、5月1日、5月4日、6月1日、7月1日、8月1日、10月1日、元旦等节日的前后。比赛项目一般是球类、棋类、田径、环城接力、自行车越野等。1964年9月5日—22日，全旗体育锦标赛分新惠镇、贝子府、下洼、长胜、乌兰召、新惠公社6个赛区，参加单位有各公社、羊场、金矿、三义井林场、旗直各单位。当年的11月中旬，又举办全旗乒乓球个人锦标赛，除了以上单位参加外，还有各中学、中心校、乌兰召附中、贝子府附中等。

1986—2005年，敖汉旗每年都举办全旗性体育运动会或单项比赛，旗直单位和各乡镇苏木每年都举办1—2次体育比赛或大型运动会，时间一般都选在节假日期间。“六一”期间，举办全旗中小学生田径运动会；秋季开学，全旗各中小学校每年都举办一次运动会。竞技体育项目由篮球、排球、足球、乒乓球、田径，拓展到武术、柔道、举重、摔跤、马拉松、滑冰、拳击等众多体育项目。敖汉旗从事竞技体育的运动员多次代表赤峰市、内蒙古自治区，以及国家队参加比赛，并取得较好的成绩。

第九编表6　1963—1983年敖汉旗田径运动员最佳成绩表

项目	组别	纪录	创纪录时间	运动员	运动单位
100米	少年男子	14″3	1983年	宋文廷	—
	少年女子	14″2	1963年	高淑云	新惠完小
	青年男子	11″2	1978年	—	—
	青年女子	11″8	1978年	—	—
200米	少年男子	29″2	1983年	吴　军	—
	少年女子	30″05	1963年	高淑云	新惠完小
	青年男子	24″	1963年	莫化新	新惠中学
	青年女子	30″5	1978年	—	—

续表

项目	组别	纪录	创纪录时间	运动员	运动单位
400 米	少年男子	1′8″4	1983 年	王永辉	—
	青年男子	58″3	1980 年	刘志才	新惠师范
	青年女子	1′13″2	1980 年	王桂琴	新惠中学
800 米	少年男子	2′29″	1983 年	刘成友	—
	少年女子	2′49″	1983 年	鲁玉才	—
	青年男子	2′2″8	1978 年	—	—
	青年女子	2′41″9	1980 年	王淑琴	新惠中学
1500 米	少年男子	5′6″	1980 年	鲍钟伟	荷也勿苏中学
	少年女子	5′25″6	1980 年	鲁子玉	—
	青年男子	4′38″5	1980 年	王占清	—
	青年女子	5′45″	1980 年	崔玉琴	—
3000 米	青年男子	11′56″	1963 年	李　祥	医药公司
	青年女子	13′56″	1981 年	鲍秀芝	教育
	成年男子	15′10″	1983 年	杨宏图	基建局
5000 米	青年男子	17′21″	1981 年	邓保民	旗工商支行
	青年女子	29′23″	1983 年	李子瑞	新惠师范
	成年男子	25′22″	1983 年	旋东方	新惠师范
8000 米	青年男子	29′4″	1983 年	成文海	—
10000 米	青年男子	38′25″	1981 年	邓宝民	旗工商支行
800 米竞走	青年男子	4′30″6	1963 年	侯秉庸	新惠师范
4×100 米接力	青年男子	50″4	1980 年		新惠师范
	青年女子	1′1″9	1980 年		贝子府总校
	少年男子	59″4	1983 年		—
	少年女子	1′43″	1983 年		—
4×400 米接力	青年男子	4′4″8	1980 年		新惠师范
	青年女子	4′59″5	1980 年		古鲁板蒿总校
	少年男子	4′40″5	1983 年		—
	少年女子	5′41″	1983 年		长胜总校
1000 米混合接力		2′16″2	1963 年		新惠师范
跳高	少年男子	1.35 米	1980 年	黄　富	—
	少年女子	1.22 米	1980 年	王凤英	—
	青年男子	1.58 米	1981 年	郑晓东	体委
	青年女子	1.22 米	1980 年	陶俊荣	新惠中学

续表

项目		组别	纪录	创纪录时间	运动员	运动单位
跳远		少年男子	4.19 米	1980 年	李　勤	—
		少年女子	3.80 米	1980 年	王亚珍	—
		青年男子	5.95 米	1978 年	—	—
		青年女子	4.04 米	1978 年	—	—
三级跳远		青年男子	11.27 米	1963 年	李文廷	医药公司
					王景和	新惠中学
手榴弹（700 克）		青年男子	55.8 米	1963 年	沈玉希	农林局
		青年女子	33.15 米	1978 年	—	—
铅球 4 公斤		少年男子	9.16 米	1980 年	董　文	—
		少年女子	6.15 米	1983 年	谭春梅	新惠一小
铅球 7.25 公斤		青年男子	10.75 米	1981 年	于亚忠	运输公司
		青年女子	7.55 米	1980 年	徐翠云	新惠中学
铁饼 2 公斤		青年男子	25.4 米	1963 年	沈玉希	农林局
铁饼 1 公斤		青年女子	21.97 米	1980 年	李小兵	新惠中学
标枪		青年男子	39.35 米	1978 年	—	—
		青年女子	20.17 米	1980 年	李淑霞	新惠中学
自行车场地	500 米	青年女子	1′40″5	1963 年	张介宾	新惠师范
	1500 米	青年男子	4′24″7	1963 年	吴凤朝	电影队
		青年女子	6′48″	1963 年	张秀英	邮电局
	3000 米	青年男子	10′4″	1963 年	吴凤朝	电影队
	5000 米	青年男子	15′5″6	1963 年	高天祥	新惠二小
公路自行车	20 公里	成年女子	68′20″	1983 年	李素霞	皮毛厂
	30 公里	青年女子	77′10″	1983 年	赵小花	服务公司
		成年男子	76′18″	1983 年	郭明文	广播局
	40 公里	青年男子	90′20″	1983 年	李福春	广播局

2003 年 6 月 27 日，为了庆祝世界奥林匹克日，旗门球协会举办老年人门球比赛，这是“非典”疫情得到有效控制以来，规模较大的一次体育比赛。参赛运动员 68 名，经过 6 轮 21 场的角逐，旗邮政联队、通信联队、工业队获前三名。8 月 1 日，由敖汉旗人民武装部主办，旗网球协会与体育活动中心承办的“建军杯”旗直网球邀请赛开始。比赛分甲、乙、丙三个组，来自 15 个单位的 120 多名运动员和工作人员参加。本次比赛是当年规模较大的一次网球赛。人民银行一队、信用联社和体育活动中心代表队分获甲、乙、丙组第一名；财政一队、人行二队、网通分获第二名；教育、农行、老体协二队分获第三名。

2004 年 10 月 17 日，首届敖汉旗网球俱乐部“工行杯”网球锦标赛举行，历时两天。本次比赛是网球俱乐部成立以来举办的首次赛事，为了防止选手之间实力悬殊，比赛呈现一边倒的现象，组委会根据俱乐部会员的实际情况，把会员按不同的水平分成三个级别，然后在每个级别会员中随机抽出两人组成一个六人团体队，使各队实力基本均衡，从而增加比赛的激烈程度和精彩度。有 14 支代表队，近 100 名运动员参加比赛。比赛采取分组循环，出组同名次对抗的形式角逐出六个优胜队。10 月 22 日由旗总工会、文体广电局联合举办旗直属机关职工篮球锦标赛，篮球赛得到旗委、旗政府的高度重视和各单位的积极响应。共有男女 23 支代表队参加本次比赛，是近年来直属机关规模较大的一次体育活动，历时 4 天。新惠中学、赤峰实验中学和教师进修校代表队获得男子组前三名；金陶、教育代表队获得女子组前 2 名；金陶、财政、旗宾馆、个体 4 个代表队被评为精神文明队。

2005 年 5 月 4 日，为庆祝“五四”青年节，文体广电局与团旗委、教育局、交警大队和赛克自行车敖汉经销部联合举办青少年自行车公路赛，比赛地点设在新惠镇火箭桥至扎赛营子段，全程共 15 公里（往返）。这次比赛，引起广大自行车爱好者的热切关注，有 70 多人报名，64 人正式参加比赛。比赛按高中、初中两个级别分四组进行，每组取前 10 名，其中高中男子组第一名 15 公里往返仅用时 22 分钟。10 月，由敖汉旗网球俱乐部主办的首届男子单打排名赛在体育活动中心网球场举行。这次排名赛共有 100 余名网球爱好者参加，是敖汉旗网球运动史上单打排名规模最大的一次，比赛全部利用早、晚等业余时间进行。比赛采取淘汰制，每场三战二胜，经过近一个月紧张激烈的竞技，李志坚获得第一名，郭志勇、王小军、马俊民等人获得第二、三名。

2008 年 2 月，由旗文体广电局主办，旗体育活动中心、乒乓球协会、网球俱乐部承办的“迎奥运、迎新春”全旗网球、乒乓球、门球比赛设门球团体、网球团体、乒乓球男女团体、男女个人等 3 个大项、6 个小项，共有 500 多名体育爱好者参加。4 月 25 日，由旗总工会、旗文体广电局联合主办，旗体育活动中心承办的全旗职工“庆五一、迎奥运”乒乓球大赛，历时 3 天，完成各项赛事。本次乒乓球赛设有城镇男、女团体组，乡镇苏木（办事处）男、女团体组，副科级以上领导团体组（不分男女）；城镇组男、女单打，乡镇苏木（办事处）组男、女单打，副科级以上领导组男、女单打等 6 个比赛项目，共有来自各乡镇苏木（办事处）和旗直单位的 27 支代表队 120 余名乒乓球爱好者参加，是近年来规模较大的一次乒乓球比赛。由敖汉旗兴宝建筑公司主办，敖汉旗网球协会承办的 2008 年“庆五一·兴宝杯”网球邀请赛，共有来自社会各界的 18 支代表队、120 余名网球爱好者参加比赛。本次活动分甲、乙、丙、丁 4 个组别，历时两天，政法代表队、审计代表队、城建代表队、法院一队分别夺得甲、乙、丙、丁 4 个组别的冠军。6 月 25 日，为庆祝建党 87 周年，迎接 2008 年北京奥运会，敖汉旗妇女联合会、旗文体局、旗委机关党委、政府机关党委在英克莱健身馆联合举办“庆七一·迎奥运”旗直女子乒乓球赛。本次比赛设女子团体和女子单打两个项目，共有11支代表队的70余名运动员参加。经过两天六轮400多场比赛，旗社保局、政府机关、国土资源局代表队分别夺得团体第三名。常亚萍获单打第一名，李弘彦获第二名，周子华、邱德艳并列第三名。9月10日，由金陶股份有限公司主办，旗文体局、总工会协办的“金陶公司篮球邀请赛”，共有14支代表队、168名运动员参加本次比赛。经过3天、32场的激烈争夺，最后敖汉旗政府、二道沟金矿、农电局、教育局、平煤矿山救护大队、公安局代表队分获前六名。

2009年2月，由旗文体局主办、体育活动中心承办的全旗“迎春健康杯”球类比赛在新惠举行，共有来自不同行业的300余名爱好者参加比赛。4月25日，由敖汉旗总工会、旗文体局联合主办的全旗职工庆“五一”乒乓球比赛在旗体育活动中心乒乓球馆和英克莱健身馆开赛。本次比赛设副处级以上领导单打、副科级以上领导男女团体组、副科级以上领导男女单打、城镇职工男女团体组（包括企业）、城镇职工男女单打（包括企业）、乡镇苏木（办事处）男女团体组，乡镇苏木（办事处）男女单打等7个项目，共有49支代表队，300余名运动员、教练员、裁判员参加，历时两天。其中，副科级以上男女团体第一名分别被旗人大和政府办夺得，副科级以上男女单打分别被蔡广军和李弘彦夺得。6月27日，由旗网球协会主办的“庆七一”网球团体赛在旗体育活动中心举办。本次比赛设甲、乙、丙、丁4个组别，共有17个代表队、120名网球爱好者参加。最后4个组别的第一名分别被人民银行代表队、新惠镇代表队、老干部代表队和联合一队夺得。8月1日，由旗文体广电局、水利局主办，旗体育活动中心承办的“庆八一·水保杯”乒乓球友谊赛在旗体育活动中心体育场举行，本次比赛设男团、女团、男单、女单4个项目，共有29支代表队、110名运动员参赛。男子团体冠军由敖强代表队获得，女子团体冠军由联一队获得；男子单打冠军被仇志强获得，女子单打冠军被白桂芳获得。9月26日，敖汉旗乒乓球协会成立仪式暨“吉隆杯”乒乓球邀请赛开幕式在旗体育活动中心举行。本次比赛设置了男女团体、男女单打两个项目，共有130余人报名参赛。经过两天的比赛，李全运、徐林峰、魏先彪组成的联十七队获得男子团体冠军，白杰、陈延菲、隋玉兰组成的联七队获得女子团体冠军。仇志强获得男子单打第一名，白杰获得女子单打第一名。

2010年2月19日，旗文体广电局主办，旗体育活动中心承办“迎春杯”敖汉旗青少年围棋赛。本次比赛共有26名小棋手参加，年龄最小的只有6周岁。陈俊非获得少儿组第一名，刘大微获得第二名，马耕新、张莹获得第三名；李文博、曹新园、宋园、苏涵分别取得少年组前三名。3月1日，由文体广电局主办的“迎春杯”乒乓球赛在体育活动中心举行，共有60余人参加。男子前三名分别被关显儒、仇志强、邵晓光获得；女子前三名分别被季冬梅、邹德珍、白桂芳获得。3月6日，旗文体广电局举办的“迎春杯”网球赛，在旗体育活动中心举行。共有 18 支队伍、200 余人参加活动，最终甲、乙、丙、丁 4 组冠军分别被政法队、审计队、工商队、老年队获得。4 月 17 日由旗总工会、旗文体广电局联合举办的全旗“庆五一、谋发展”职工网球赛在敖汉旗体育活动中心网球场隆重开幕，本次网球赛按照网球技战水平高低分甲、乙、丙、丁 4 个组别进行。共有 19 支代表队、160 余人参加。经过比赛，最后旗人行代表队、旗农行代表队、旗老年代表队、旗联合 3 队分别获得 4 个组别的冠军。4 月 24 日，旗总工会、旗文体广电局联合组织举办的全旗“庆五一、谋发展”职工乒乓球赛在敖汉旗体育活动中心开幕。本次乒乓球赛设置副处级以上领导单打组、副科级以上男女团体组、副科级以上领导男女单打组、城镇职工男女单打组、城镇职工男女团体组、乡镇苏木男女团体组、乡镇苏木男女单打组等 13 个组别，共有 63 支代表队、300 余名运动员参加比赛，历时两天。薛德凯夺得副处级以上领导单打冠军，旗老干部局代表队夺得副科级以上男子团体冠军，副科级以上男女单打金牌得主分别是关显儒（男）、张亚杰（女）。旗教育局代表队获得城镇女子团体冠军；乡镇苏木男子团体冠军为四家子镇代表队、女子团体冠军为新惠镇代表队；城镇女单冠军罗东艳、城镇组男单冠军周明哲。4 月 26 日，旗团委、旗文体广电局、中国电信敖汉分公司联合举办的“庆五四・中国电信杯”敖汉旗首届象棋大赛圆满举行，3 天 7 轮的场上拼杀，旗建设局的青年选手辛向军和新惠中学的少年选手王镜民在淘汰赛中，分别夺得青年组和少年组冠军。6 月 19 日，全旗“庆七一・中兴杯”职工乒乓球排位赛在旗体育活动中心开赛。本次乒乓球赛设置副处级以上领导单打组、副科级以上男女单打组、城乡职工男女单打组，共有 168 人参赛，历时两天。刘柱夺得副处级以上领导单打冠军，亚军薛德凯、季军张希生；周英姿获得副科级女子组第一名，张亚杰获得第二名，刘伟华获得第三名；蔡广军获得副科级以上男子组第一名，李全运获得第二名，彭三良获得第三名；齐丽书获得城乡职工女子组第一名，罗东艳获得第二名，季冬梅获得第三名；仇志强获得城乡职工男子组第一名，邵晓光获得第二名，魏宪彪获得第三名。8 月 1 日，由旗文体广电局主办、非凡象棋社承办的“庆八一金融杯”全旗中国象棋个人锦标赛经过 3 天 7 轮的激烈争夺，产生八强。来自非凡象棋社的丁力宏获得冠军；非凡象棋社王晓民获得亚军，非凡象棋社辛向军第三名。获第 4—8 名的分别是：非凡象棋社杨俊武、非凡象棋社张廷华、四家子卫生院朱国武、旗委办公室曹鲁、劳动局丁文术，各获名次奖。本次比赛云集全旗各乡镇、各直属单位的 40 余名象棋高手，并第一次采用积分编排赛制，保证棋手充分展示自己的真实水平。9 月 27 日—29 日，由旗委、旗政府主办，旗老年体协、文体广电局、老干部局、社保局承办的敖汉旗第六届老年运动会举办。来自乡镇苏木和旗直部门的 35 支代表队、680 余名老年运动员参与球类、棋类、沙包投准等 10 个体育项目的比赛，历时 3 天。木头营子乡、新惠镇、下洼镇、贝子府镇、宝国吐乡、四家子镇 6 个代表团荣获乡镇苏木团体奖；社保局、旗委机关、公安局、邮政局、旗政府机关、广电中心6个代表团荣获城镇社区团体奖；四道湾子镇、新州办事处荣获优秀组织奖；丰收乡代表团、旗交通局代表团荣获体育道德风尚奖。郑宪芳、宋仕清、曹鲁等80名运动员分别荣获10个竞赛项目的名次奖。9月18日—21日，全旗首届青年运动会暨全旗第十四届中学生田径运动会在东博学校运动场举行。全旗各地中学的30支代表队，410名运动员参加短跑、长跑、跳远、铅球等24个田径项目的比赛。

2011年2月，“北方广告杯”全旗羽毛球比赛暨敖汉旗羽毛球协会成立仪式在新惠中学体育馆举行，本次比赛共设男子单打、女子单打、男子双打、女子双打4个项目，有60余名羽毛球爱好者参加比赛。2月19日，全旗“迎春杯”乒乓球赛在体育活动中心乒乓球馆举行，此次比赛共设男子单打和女子单打两个项目，80余人参加比赛。郭继贤获得男子单打冠军、陈杰获得第二名；王晓影获得女子单打冠军、宋春光获得第二名。2月23日，有25名少儿参加在体育活动中心举行的全旗“迎春杯”少儿围棋赛。杨程帆获得第一名，宋元获得第二名，曹新元、刘东娜并列第三名。3月28日，“北方广告杯”全旗首届羽毛球比赛，经过2天的比赛，庞日欣夺得女子单打第一名，樊文霞获得女子单打第二名；王东华、王东玲夺得女子双打第一名，庞日欣、樊文霞获得第二名；姚永刚夺得男子单打第一名，贾宏恩获得第二名；丁力宏、李志坚夺得男子双打第一名，杨峰、樊文龙获得第二名。4月12日，由旗文体广电局主办，旗体育活动中心、旗门球协会承办的“中老年门球赛”在体育活动中心举行。本次比赛共有5支代表队49名运动员参加，邮政联队、城建联队、商贸联队分别夺得前三名。4月26日，敖汉旗乒乓球协会成立仪式暨“庆五一、展风采”全旗职工乒乓球比赛在敖汉旗乒乓球馆举行。本次比赛设11个比赛项目，来自全旗各部门、各地区的44支代表队，300余名乒乓球爱好者参赛，是敖汉旗有史以来规模较大的一次乒乓球运动。4月30日，在旗体育活动中心网球场举行全旗“庆五一・红豆杯”网球邀请赛。本次比赛实行级别升降制，共有19支代表队，146名网球爱好者参加。获得4个级别的冠军队分别是：甲级组冠军教育局代表队、乙级组冠军联通公司代表队、丙级组冠军工商局代表队、丁级组冠军老年代表队。6月24日，由旗文体广电局、旗乒乓球协会联合举办的庆祝中国共产党建党90周年敖汉旗“乒协杯”乒乓球男女单打排名赛在乒乓球训练馆开幕。本次比赛设男子单打、女子单打两个项目，共有297名乒乓球爱好者参加，经过两天的比赛，男女组分别产生甲、乙、丙三级赛的个人排行榜。9月30日，敖汉旗庆国庆旗直机关职工网球赛在旗体育活动中心网球场举行。本次比赛设甲、乙、丙、丁4个组别，共有19支代表队、140余名运动员参加。

2012年3月3日，在旗体育活动中心棋牌室举行由敖汉旗围棋协会主办的“围协杯”围棋比赛，全旗50余名围棋爱好者参加。新惠中学的刘凤民夺得本次比赛第一名，欧文波、张福良获第二名，郑立民、王晓良、尚诗君获得第三名。3月21日“喜庆春天”老年人门球赛在新惠镇门球场开赛，此次赛事共有 5 支代表队、近 50 余人参赛。城建局代表队荣获冠军，商业总公司代表队获得亚军。5 月 12 日，旗文体广电局、旗羽毛球协会联合举办“燕京啤酒杯”全旗羽毛球公开赛。历时两天，来自全旗各条战线的 50 余名羽毛球运动爱好者，参加男子双打、女子双打、男女混双等项目的比赛。

2013 年 4 月 28 日，敖汉旗文体广电局、旗总工会在新落成的全民健身活动中心，联合举办庆“五一”旗直机关职工网球、乒乓球比赛。本次比赛共有 11 支网球代表队、32 支乒乓球代表队角逐团体和单项奖。6 月 29 日，旗文体广电局、旗乒乓球运动协会主办的庆“七一”全旗乒乓球单打排名赛，在敖汉旗全民健身活动中心举行。本次赛事设男子单打和女子单打两个项目，共有 220 余名乒乓球运动爱好者参加本次比赛。仇志强获得男子单打冠军，仇威、陈杰、李海江、邵晓光、曹金龙、韩海涛、田野分别获得第二、三、四、五、六、七、八名；尹广艳获得女子单打冠军，白桂芳、齐立书分别获得第二、三名。

2014 年 2 月 26 日，由旗文体广电局主办、旗老年体协承办的“2014 年新州杯中老年门球赛”在新惠镇门球场开赛。此次比赛共有 6 支代表队、50 余人参加，采取分组抽签单循环赛制。冠军为张素珍代表队，魏再德代表队、姚喜代表队分获第二、三名。2 月 22 日，由旗文体广电局主办、旗乒乓球协会承办的“新州杯乒乓球单打比赛”在全民健身中心进行，本次比赛设男子单打和女子单打两个组别，共有 209 人参加。

第九编表 7　2015—2018 年全旗性体育赛事一览表

年度	比赛时间	运动比赛项目	主办单位	运动类型	比赛地点
2015 年	5 月 22 日—24 日	首届职工足球联赛	文体局、总工会、团旗委	单项	新惠六中、箭桥中学
	9 月 15 日—18 日	第二届职工运动会	文体局	多项	六中、健身馆、羽动俱乐部、广场
	12 月 27 日—28 日	庆新春智力运动会	文体局	多项	全民健身活动中心
2016 年	4 月 18 日—20 日	庆“五一”职工球类比赛	文体局	多项	健身馆、羽动俱乐部
	8 月 14 日	首届“捷安特杯”山地自行车赛	文体局	单项	新惠镇
	8 月 16 日	社区乒乓球比赛	文体局	单项	老干部活动中心
	9 月 6 日	“万和家园杯”羽毛球邀请赛	文体局	单项	羽动俱乐部
	9 月 19 日	“玉龙杯”五人制足球邀请赛	文体局	单项	旗职教中心
	9 月 25 日	群众体育大会	文体局	多项	政府广场
	9 月 26 日	全旗广场舞大赛	文体局	单项	政府广场

续表

年度	比赛时间	运动比赛项目	主办单位	运动类型	比赛地点
2017 年	5 月 30 日	“华润雪花啤酒节”全民健身万人登山	文体局	单项	
	6 月 29 日	庆“七一”沙漠之花杯篮球邀请赛	文体局	单项	新惠中学
	9 月 18 日	“旗长杯”足球联赛	文体局	单项	新惠中学
	10 月 27 日	“职工杯”五人制足球邀请赛	文体局	单项	职教中心
2018 年	4 月 18 日	“杏花节”自行车越野赛	文体局	单项	四道湾子镇庄头营子村
	4 月 25 日	全旗“旗长杯”足球联赛	教育局 文体局	单项	三中、二中、六中、箭桥
	5 月 30 日	全民健身万人登山	文体局	单项	石羊石虎山
	6 月 18 日	全旗电子竞技比赛	文体局	单项	同创电子俱乐部
	7 月 5 日	全旗羽毛球邀请赛	文体局 羽动俱乐部	单项	羽动俱乐部
	8 月 6 日	全旗中小学排球联赛	教育局 文体局	单项	七中体育馆
	10 月 8 日	五人制足球邀请赛	文体局	单项	职教中心

第二节　参加上级体育竞赛

1988 年，敖汉旗举重队在全市青少年举重锦标赛上荣获团体冠军；柔道队获得赤峰市青少年柔道锦标赛团体总分第一名。

2003 年 8 月 6 日，赤峰市青少年“英才杯”田径运动会在英才学校拉开帷幕，全市共有 12 个旗县区代表队参加，由男子甲组 6 名和女子甲组 4 名共 10 名运动员组成的敖汉旗代表队参加此次比赛。经过两天的比赛，刘美男获得男子甲组跳远第一名，赵丽丽获得 400 米女子甲组第二名，孙宏波获男子甲组 100 米第二名，同时获男子甲组 4×100 米接力银牌，还有多人次获第四、五、六名。最后男子组以 57 分的总成绩获团体第六名，女子甲组总分 27 分的总成绩获团体第五名。

2005 年，根据赤峰市体育局年初下达的竞赛计划，敖汉旗组队参加全市青少年乒乓球锦标赛、青少年田径运动会、青少年冬季长跑、“维尔胜杯”全市女子团体赛、全市体育系统职工运动会、全市民运会等多项赛事，取得 2 个团体第 1 名、1 个第 5 名的成绩。在全市民运会上获得金牌 1 块、银牌 2 块、铜牌 1 块，获得青少年冬季长跑体育道德风尚奖。由赤峰市团委、市网球协会联合举办的“藏龙山”杯首届青年网球赛，共有 30 支队伍参加，经过 3 天的比赛，敖汉女队获团体第六名，男队获团体第八名。

第九编表 8　敖汉旗运动员参加市（盟）级以上运动会成绩表（1963—2003 年）

项目	运动会名称	成绩	运动员	时间
乒乓球	昭乌达盟少年乒乓球赛	女子单打亚军	范春英	1963 年
		女双第三名	范春英　王玉华	1963 年
		混双第三名	范春英　曹国权	1963 年
		男单第二名	冯　波	1980 年
	内蒙古自治区少年乒乓球赛	女单第七名	范春英	1963 年
		女双第三名	范春英旗外 1 人	1963 年
	昭乌达盟运动会	女子团体第四名	—	1965 年
		男子团体第五名	—	1965 年
摔跤	昭乌达盟运动会	67 公斤级第三名	巴　丹	1979 年
		46 公斤级第一名	春　青	1983 年
		56 公斤级第一名	那达那	1983 年
		45 公斤级第二名	齐永林	1983 年
		57 公斤级第二名	蔡　喜	1983 年
		58 公斤级第三名	于爱民	1983 年
足球	昭乌达盟足球运动会	少年组第二名	教育系统	1978 年 1983 年
		少年组第三名	旗业余体育学校	1981 年
	赤峰市中学生足球运动会	第三名	—	1965 年
		第五名	新惠中学	1984 年
篮球	昭乌达盟运动会	女子组第四名	—	1980 年
射击	昭乌达盟运动会	团体第四名	—	1980 年
马拉松	昭乌达盟运动会	第三名	邓宝民	1980 年
		第四名	张　俊	1980 年
三项全能	昭乌达盟中学生田径运动会	第五名	侯玉琴	1963 年
田径	内蒙古第二届青运会	女子 100 米栏冠军、女子 200 米第四名	张维娟	1988 年
	内蒙古少年田径分龄赛	男子 100 米栏第二名	杨金波	1989 年
	内蒙古少年田径分龄赛	女子 100 米冠军	任明泽	1989 年
	内蒙古体校分龄赛	跳远第三名	张维娟	1990 年

续表

项目	运动会名称	成绩	运动员	时间
田径	内蒙古第七届全运会	女子三项全能冠军，打破自治区纪录	任明泽	1991 年
		女子 100 米栏冠军	隋艳华	
	内蒙古田径公路赛	五项全能第一名	杨金波	1992 年
	全区中学生运动会	五项全能第一名、跳高第二名	任明泽	
	内蒙古第八届全运会	女子 800 米冠军	柳桂华	1994 年
	内蒙古少年田径赛	女子 800 米冠军、女子 1500 米亚军	柳桂华	1996 年
	全市青少年公路越野赛	男子甲组团体第三名、男子乙组团体第三名	敖汉旗代表队	
	全市少年田径运动会	男子甲组团体第三名	敖汉旗代表队	1998 年
	赤峰市“人寿保险杯”少年田径锦标赛	体育道德风尚奖	敖汉旗代表队	1999 年
	全市青少年公路越野赛	女子 3000 米冠军	刘小红	2003 年
举重	内蒙古第二届青运会	男子 52 公斤级举重冠军	苏　广	1988 年
		男子 90 公斤级抓、挺举总成绩冠军	艾志民	
		男子 67.5 公斤级第四名	张亚飞	
		男子 90 公斤级第四名	张颂东	
	赤峰市少年举重锦标赛	男子抓举 100.5 公斤，打破自治区 100 公斤纪录	张颂东	
		男子 67.5 公斤级冠军	吴旭东	
		男子 60 公斤级冠军	艾志民	
	全市青少年举重锦标赛	团体冠军	敖汉旗代表队	1989 年
		男子 90 公斤级亚军	林建华	1991 年
		女子 56 公斤级第三名	王海燕	1992 年
	全区青少年举重比赛	女子 48 公斤级冠军	朱丽敏	
		男子 67.5 公斤级冠军	李维龙	
	全区青少年举重锦标赛	女子 54 公斤级冠军	朱丽敏	1993 年
		女子 70 公斤级冠军	王海燕	
		男子 50 公斤级冠军	崔学武	1993 年
	内蒙古第八届全运会	女子 59 公斤级冠军	朱丽敏	1994 年
		女子 70 公斤级冠军	王海燕	
		男子 54 公斤级冠军	崔学武	

续表

项目	运动会名称	成绩	运动员	时间
举重	内蒙古少年举重锦标赛	女子 54 公斤级抓、挺举总成绩冠军	孟祥飞	1995 年
		男子 70 公斤抓、挺举总成绩冠军	崔学武	
	全国体育运动学校举重赛	男子 54 公斤级第三名	崔学武	1996 年
	内蒙古少年举重比赛	女子 59 公斤级抓、挺举总成绩冠军	孟祥飞	
		男子 59 公斤级抓、挺举总成绩冠军	崔学武	
		男子 70 公斤级亚军	彭海波	
	内蒙古青少年举重比赛	男子 64 公斤级冠军	彭海波	1997 年
		女子 50 公斤级抓、挺举冠军	徐　磊	
	内蒙古第九届全运会	女子 59 公斤级冠军、以挺举 89 公斤打破自治区女子 78.5 公斤级纪录	徐　磊	1998 年
		女子 54 公斤级冠军，以抓、挺举总成绩 166 公斤打破自治区纪录	陈国萍	
	内蒙古少年举重比赛	女子 48 公斤级冠军	郭亚梅	2000 年
		女子 53 公斤级亚军	齐　研	
		女子举重第三名	崔丽娟	
	全国青年举重锦标赛	女子 65 公斤级冠军	陈国萍	2001 年
		女子 48 公斤级冠军	崔丽娟	
	内蒙古青少年举重锦标赛	女子 53 公斤级冠军	郭亚梅	
		女子 65 公斤级冠军	陈国萍	2002 年
	亚洲青年举重锦标赛	女子 65 公斤级冠军	陈国萍	
	内蒙古第十届全运会	女子 48 公斤级冠军	崔丽娟	
		女子 58 公斤级冠军	郭亚梅	
	世界青年举重锦标赛	女子 65 公斤级冠军	陈国萍	2003 年
	内蒙古青少年举重锦标赛	女子 58 公斤级冠军	陈国萍	
		女子 48 公斤级冠军	孟庆超	
		女子 75 公斤级第三名	韩然然	
		男子 62 公斤级第三名	周宝宇	
		女子 48 公斤级冠军	崔丽艳	2004 年

续表

项目	运动会名称	成绩	运动员	时间
举重	内蒙古青少年举重锦标赛	女子 48 公斤级亚军	杨芳芳	2005 年
		女子 58 公斤级冠军	冯　薇	
		女子 58 公斤级第三名	韩然然	
		女子 56 公斤级第三名	王国丽	
		男子 62 公斤级第三名	周宝宇	
		男子 69 公斤级冠军	刘志刚	
柔道	赤峰市柔道锦标赛	女子 65 公斤级冠军	赵秀娴	1987 年
	赤峰市青少年柔道锦标赛	男子团体第一名	敖汉旗代表队	
	赤峰市柔道锦标赛	男子团体第一名	敖汉旗代表队	1988 年
	内蒙古第二届青运会	女子 65 公斤级柔道第八名	赵秀娴	
		女子 65 公斤级柔道第四名	徐丽娟	
	赤峰市女子柔道锦标赛	68 公斤级冠军	徐丽娟	
		62 公斤级冠军	赵秀娴	
		48 公斤级冠军	席晓蓉	
	赤峰市柔道锦标赛	男子 52 公斤级冠军	王金宝	
	全区少年柔道锦标赛	女子 56 公斤级第一名	张静波	1990 年
	内蒙古第七届全运会	女子 61 公斤级第三名	张静波	1991 年
	内蒙古柔道比赛	女子 66 公斤级第四名	李宝书	
		女子 61 公斤级第四名	娜　仁	
	全区少年柔道比赛	女子 65 公斤级亚军、无差别级第一名	李宝书	1993 年
		女子 44 公斤级冠军	罗冬艳	
	内蒙古第八届全运会	女子 44 公斤级亚军	李宝书	1994 年
		女子 66 公斤级冠军	罗冬艳	
	内蒙古少年柔道比赛	女子 48 公斤级亚军	罗冬艳	1995 年
		无差别级第五名	罗冬艳	
	内蒙古少年柔道比赛	女子 66+ 公斤级亚军	李宝书	1996 年
		女子 48 公斤级第一名	罗冬艳	
	内蒙古第九届全运会	女子 48 公斤级第一名	罗冬艳	1998 年

续表

项目	运动会名称	成绩	运动员	时间
摔跤	赤峰市中国式摔跤锦标赛	团体第一名	敖汉旗代表队	1986 年
	赤峰市中国式摔跤锦标赛	团体第一名	敖汉旗代表队	1987 年
	赤峰市那达慕大会	男子成年组 47 公斤级冠军	毕文军	
		男子少年组 48 公斤级冠军	斯琴马图	
	全国首届女子自由式摔跤邀请赛	女子 70 公斤级第三名	赵秀娴	1988 年
	全国女子自由式摔跤“南北杯”锦标赛	女子 70 公斤级第三名	赵秀娴	1989 年
	赤峰市成年组、青少年组中国式摔跤锦标赛	成年组 57 公斤级冠军	那达那	
		少年组 49 公斤级冠军	布　仁	
		少年组 63 公斤级冠军	赛　童	
		少年组 45 公斤级冠军	额日德	
		少年组 58 公斤级冠军	巴雅勒	
		少年组 53 公斤级冠军	庆格勒图	
	全国女子自由式摔跤锦标赛	70 公斤级第四名	赵秀娴	1990 年
棋类	赤峰市少年围棋邀请赛	第一名	李万博	2005 年
乒乓球	赤峰市首届小学生“玉龙杯”乒乓球锦标赛	团体第四名	敖汉旗代表队	2001 年
	赤峰市首届小学生“玉龙杯”乒乓球锦标赛	男子团体第八名	敖汉旗代表队	2003 年
武术	内蒙古少年武术表演锦标赛	少年女子乙组长拳套路第三名	敖汉旗代表队	
		儿童男子组团体第四名	敖汉旗代表队	

2005 年 5 月 5 日，由赤峰市体育局主办，红山区文体局、赤峰市“英才青少年体育俱乐部”承办的第五届“玉龙杯中小学生乒乓球锦标赛”，敖汉旗代表队在 3 天的比赛中，获得少年男子组团体第四名，同时被本次组委会授予体育道德风尚奖。

2008 年 10 月，由 16 名运动员组成的敖汉代表队参加赤峰市青少年冬季长跑锦标赛，并参与男子甲组 10000 米、女子甲组 5000 米、男子乙组 5000 米、女子乙组 3000 米等所有组别的比赛。最后分别以 68 分和 65 分获得男子团体第五名、女子团体第五名。

2009 年 7 月 4 日，敖汉网球运动员吴大维、罗东艳作为赤峰市代表队成员参加在松山区体育馆举办的五盟市网球友谊赛，并分别为团体总成绩夺得 3 分。7 月 11 日—12 日，举办的赤峰市网球排名赛喀喇沁旗站比赛中，罗东艳获得女子单打第一名、李志坚获得男子单打第二名、张丽雪获得女子单打第五名。8 月 22 日—23 日，由旗网球协会和旗文体局组织的“敖汉旗网球联谊活动”在旗体育活动中心举办。市委组织部、市政法委、市财政局、市网球协会、阿旗、敖汉一队、敖汉二队7支代表队的60余人参加比赛。经过两天的比赛，敖汉二队获得第一名。9月22日，由赤峰市体育局和敖汉旗人民政府主办，敖汉旗文体广电局和赤峰市篮球协会承办的庆祝中华人民共和国成立60周年“金陶杯”全市职工篮球赛，在敖汉旗新惠中学体育馆开赛。来自全市各旗县（区）的12支代表队，近200名运动员参加本次比赛。经过4天的比赛，敖汉旗代表队获得第二名。10月3日—6日，由赤峰市体育局主办的“2009年度全市青少年体育锦标赛”在市体育中学举行，此次赛事设田径、乒乓球、跆拳道、中国式摔跤4个竞赛项目。由30余名运动员、教练员组成的敖汉旗代表队参加比赛，选手孙远鸿获得跆拳道2000—2002级男子儿童组个人赛第一名，袁靖峰获得1997—1999级男子少年组个人赛第二名；乒乓球队获得团体第六名，同时仇威获得个人赛第四名；田径赛中，张晓雪获得女子100米第四名，王文璐获得女子200米第一名，姚明静获得女子200米第四名，吕梦语获得男子少年乙组100米第六名，鲍金娜获得女子跳远第三名。

2010年，在赤峰市“红山杯”围棋选拔赛上，敖汉旗代表队的李万博获得少年组银牌，宋元获儿童组第六名，团体总分名列第一。在少儿乒乓球年度积分排名赛中，运动员仇威获少儿一组乒乓球年度积分排名赛上半年第四名，跻身赤峰市少儿乒乓球一流选手行列。全国残疾人举重锦标赛在中国残疾人体育运动管理中心举行，敖汉籍运动员徐丽丽在女子75公斤比赛中，不畏强手、敢于挑战，一场场地拼搏，最终击败对手，为内蒙古自治区夺得一枚宝贵的金牌，也成为敖汉旗历史上第一个拿到全国冠军的运动员。8月25日，赤峰市社区体育运动会共设乒乓球、羽毛球、门球、国象棋、对调5个体育比赛项目，由25人组成的敖汉旗代表队，参加4个项目的比赛。仇志强、邵晓光分别获得男子乒乓球单打冠、亚军；门球代表队获得团体第三名；庞日新、张凤艳获得羽毛球女子双打第五名。8月28日，赤峰市中国网球级别联赛在克旗体育馆开幕。本次联赛分5.0——大师级、4.0——精英级、3.0——同乐级三个级别，设男子单打、女子单打、男子双打、混合双打4个项目。敖汉选手罗东艳获3.0级女单第二名，罗东艳、吴大维获3.0级混双第二名。8月29日—9月2日，由市体育局、喀喇沁旗人民政府主办的赤峰市“亿正地产杯”篮球赛在喀旗中心体育馆举行。15人组成的敖汉代表队参加本次篮球赛，荣获亚军。10月23日，由赤峰市体育局主办的全市青少年体育锦标赛在市体育中学开幕。此次赛事共设乒乓球、中国式摔跤、田径、篮球4个比赛项目。敖汉旗11名队员参加2个单项比赛。3名摔跤选手打入决赛，乒乓球选手仇威打入16强。

2011年2月13日，由赤峰市体育局和赤峰棋院主办的2011年第三届“红山杯”少儿围棋大奖赛，有5个旗县（区）的100余名少儿围棋选手参加。敖汉旗博元围棋教室的17名选手代表敖汉旗参加4个组别的比赛。其中，12岁的杨程帆、7岁的李梁浩分别摘得少年乙组和儿童乙组的金牌，10 岁的宋元获少年乙组银牌，7 岁的刘云凤获儿童乙组铜牌，还有 5 名小选手获得不同名次的奖励。5 月 6 日，9 名教练员和运动员组成的敖汉旗代表队参加由赤峰市体育局主办的 2011 年全市青少年长跑锦标赛，武晓楠、格西图分别获得男子 10 公里第 11 名和第 13 名，田春杰获得女子 5000 米第 10 名。5 月 28 日，由赤峰市体育局主办的 2011 年赤峰市青少年田径锦标赛，在赤峰市田径场举行，全市 12 个旗县区代表队参加此次赛事。敖汉代表队在这次比赛中获得了男子 200 米第 2 名；男 100 米、400 米第 3 名；男子 2800 米、2500 米第 4 名；男子 2800 米第 6 名；女子跳远第 8 名。5 月 21 日，在市体育馆举办赤峰市“龙信杯”第二届残疾人运动会即首届特奥会，共有 14 支代表队，230 多名运动员参加了 6 个大项的比赛。12 名敖汉运动员参加 4 个大项的比赛。师永祥在男子举重 82.5+ 公斤级比赛中获得第一名；鲍俊卿、赵青满分别获得铅球、标枪、铁饼第二名；王海朋获得男子 100 米第五名；李秀成、伍金库分别获得男子 800 米第五名、第六名；崔广凤获得了女子 400 米第五名；刘茸成、刘佩祥、宋海峰获得象棋团体第五名，同时还获得体育道德风尚奖。6 月 26 日，由赤峰市老干部局、老年体协主办的 2011 年全市老年人乒乓球锦标赛，旗老体协派出郑国新、黄维杰、周哲明 3 位老运动员参加，获团体第一名。

2012 年 4 月 21 日，6 名敖汉小选手参加由赤峰市体育局主办的全市少儿乒乓球排名赛，来自新惠三中的仇威杀入前八强，获全市甲级级别的第三名，这是仇威同学连续 4 年打入赤峰市前八强。

2013 年 4 月 5 日，由赤峰市体育局主办的 2013 年赤峰市“通力杯”少年儿童围棋赛上，由 15 名小棋手组成的敖汉旗代表队参加男子甲、乙组团体赛和女子甲组团体赛及个人男女甲、乙组竞赛。经过两天七轮次的比赛，获得少年儿童男子甲组团体赛第三名、男子乙组团体第二名、女子甲组团体第一名；个人赛女子甲组冠、亚军分别由小选手刘东娜、李梁昊获得；女子乙组第一名被连佳欣获得；男子乙组的焦雨润获得第三名、男子甲组宋元获得第六名。在本年度，先后有 23 名小棋手参加由赤峰市体育局、围棋协会、赤峰棋院举办的“赤峰市少儿围棋赛”和由红山区体育局、红山区教育局、红山区围棋协会举办的红山地区迎新春“状元杯”围棋邀请赛，在总共 15 枚奖牌中，敖汉旗获得 7 枚。9 月 23 日，第二届全市宣传文化系统职工运动会在旗全民健身中心开幕，全市 16 支代表队，375 名宣传文化系统的职工参加本次运动会。历时 3 天，敖汉代表队获优秀组织奖。

2014 年 10 月 11 日—13 日，赤峰市第十六届网球年会暨网球邀请赛在敖汉旗隆重举行，全市各旗县区 18 支球队 150 人受邀参加比赛，敖汉旗代表队获得第三名。10 月 14 日，由赤峰市老年人体育协会主办，敖汉旗老年人体育协会和敖汉旗双宝水泥制品有限公司承办的赤峰市第二十五届“益寿杯”暨敖汉旗“双宝杯”老年人门球赛在敖汉旗门球馆举行。来自全市各旗县区和平煤公司、元宝山发电厂、赤峰学院、市直属机关老年体协共 17 支代表队，136名老年门球爱好者参加比赛。10月17日，由敖汉旗第二中学学生组成的敖汉旗青少年足球队出征赤峰市“体彩杯”青少年足球锦标赛暨“谁是球王”中国足球民间争霸赛赤峰赛区海选赛。经过4天的比赛，青少年男子代表队杀入决赛并取得第五名的优异成绩，女子代表队获得第七名。

2017年7月10日，在全区少数民族运动会上，代表赤峰市参加的敖汉布鲁队，宝音获得男子布鲁队投远金牌。2018年在全区第十四届全运会网球比赛中，敖汉网球选手取得青年组团体第一名；参加“酣客杯”比赛取得团体第一名。尤其是2018年“千森杯”国际自行车联盟职业竞赛在新落成的小轮车国际赛场举行，更加提升了敖汉旗“全国体育先进旗”的知名度，也为进一步推动自行车竞技运动和全民健身运动奠定坚实基础。

第九编表9　2015—2018年敖汉旗参加市级以上运动会一览表

年份	比赛时间	竞赛项目名称	主办单位	比赛地点
2015	9月7日—8日	我爱足球中国民间争霸赛	赤峰市体育局 足球管理中心	赤峰市区
	11月27日—29日	赤峰市第八届智力运动会	市体育局	赤峰市体育馆
2016	5月6日—8日	全市青少年排球锦标赛	市体育局、教育局	元宝山
	5月13日—15日	全市青少年UII足球比赛	市体育局、教育局	宁城县体校
	7月7日—10日	青少年篮球锦标赛	市体育局、教育局	敖汉旗新惠中学
	8月2日—6日	全市青少年阳光体育大会	市体育局、教育局	敖汉塞外神汤 青少年健康城
	9月26日—30日	全市篮球比赛	市体育局	元宝山区篮球馆
	10月17日—21日	“体彩杯”内蒙古自治区青少年排球比赛	市体育局组织	包头市第一中学
2017	4月7日—9日	全市青少年U12—U10足球锦标赛	市体育局	宁城县
	4月21日—24日	全市青少年篮球锦标赛	市体育局、教育局	敖汉旗
	5月5日—8日	青少年武术套路锦标赛	市体育局、教育局	红山区
	5月19日—22日	全市青少年乒乓球锦标赛	市体育局、教育局	宁城县
	6月22日	全市体育休闲大会	市体育局	翁旗玉龙沙湖
	9月15日—18日	全市青少年网球锦标赛	市体育局、教育局	阿鲁科尔沁旗
	10月25日—29日	全区“体彩杯”青少年校园排球赛	市体育局组织	锡林浩特市 锡林郭勒职业学校

第三节　承办举办大型赛事

从 2018 年开始，旗政府开始以举办大型赛事为抓手，繁荣体育运动和体育产业，为经济发展搭台，2017 年 8 月，旗政府与北京千森体育有限公司签约，承办以自行车为主的大型体育赛事。围绕史前文化研学为核心的会展经济，以举办大型赛事提高敖汉知名度。

一、2018 年的国际自盟公路越野敖汉旗站比赛的基本情况

（一）组织架构

批准单位：国际自行车运动联盟（UCI）

中国自行车运动协会（CCA，隶属国家体育总局）

主办单位：赤峰市人民政府

承办单位：赤峰市体育局、赤峰市敖汉旗人民政府

协办单位：赤峰市敖汉旗文体局

运营单位：北京千森体育文化投资发展有限公司

（二）时间地点

比赛地点：赤峰市敖汉旗小东山西侧（旱作农业公园）

比赛时间：2018 年 9 月 2 日（需注册后与国际自盟确认）；公路越野每年赛季始于 9 月，终于次年 2 月，为冬季唯一的自行车国际赛程。

（三）赛事战况

届时将有来自比利时、荷兰、美国、澳大利亚、英国、拉脱维亚等 20 多个运动强国、40 支 UCI 职业车队，近百名优秀职业运动员参赛，并且有来自全国各地的百余名业余选手参加全国公路越野公开赛，现场几千名观众观赛，嘉年华活动热闹非凡。由于该赛事危险性低、技巧性高，整个比赛高程落差 10 余米就能满足，因此除职业赛外，非常适合全民健身和参与。

明星车手包括：

公路越野赛世界杯冠军 Thijs Joris AL

瑞典国家排名最高、两次国家冠军获得者 Asa Maria Erlandsson

美国山地车锦标赛亚军、大学生锦标赛冠军 Casey Hildebrandt

世界排名第二、比利时选手 VAN LOY Ellen

世界排名第十、比利时选手 Katrien Thijs

瑞典国家冠军 Magnus Darvell

丹麦国家锦标赛冠军 Kloppenburg Margriet

以及众多国家及地区冠军车手

（四）公路越野自行车运动简介

公路越野自行车赛起源于19世纪90年代的欧洲，始于百余年前选手们私下的竞赛，参赛者们会比赛谁可以先骑到下一个村庄，而且不拘路线，因此选手们通常是以最短的直线距离冲往目的地，通过农地、河川与草原，并跨过围栏、石阶等障碍。由于其具有趣味性，实习竞赛自此慢慢演变成了广泛的、具有技巧性和挑战性的，同时能够保持竞技状态的知名运动。

自从1910年的环法冠军 Octave Lapize 将其胜利归于平时冬季公路越野的训练后，这项单车活动从法国一路野火般烧到欧洲各地，尤其是今日公路越野赛实力最强的荷兰与比利时。现今，公路越野已成为国际自盟（UCI）在世界上最受欢迎的职业赛之一。

目前，UCI 管理以下8大类自行车项目：公路自行车、山地自行车、场地自行车、公路越野、小轮车（竞速及自由式公园）、室内自行车表演、自行车攀爬赛、残疾人自行车比赛。

2013年 Cyclo-cross 即公路越野项目首次引入中国的北京延庆，为职业二级赛（C2）；2014年成功升级为C1级别，是亚洲最高级别；2015年北京延庆、海南琼中南北两站C1级赛事盛况空前；2016年北京延庆、北京丰台C1级别双战北京；2017年北京延庆、北京丰台持续最高级别，掀起公路越野高潮；2018年赤峰敖汉旗、邯郸峰峰矿区首次落地最高级别赛事。

2018年赤峰敖汉旗公路越野国际赛和2018年赤峰敖汉旗小轮车国际赛均为国际职业一级比赛，其级别仅次于世界杯和世锦赛，而世界杯和世锦赛的举办资历要求落地地区具备举办国际一级赛多年以上的成功经验。

二、敖汉旗国际自盟小轮车竞速职业一级赛项目

（一）组织架构

批准单位：国际自行车运动联盟（UCI），中国自行车运动协会

主办单位：赤峰市人民政府

承办单位：赤峰市体育局、赤峰市敖汉旗人民政府

协办单位：赤峰市敖汉旗文体局

运营单位：北京千森体育文化投资发展有限公司

比赛地点：赤峰市敖汉旗小东山北侧（旱作农业公园）

比赛时间：2018 年 9 月 15 日

（二）赛道建设

敖汉旗小轮车职业赛赛道位于敖汉旗新惠镇旱作农业主题公园西北部，原旗武装部打靶场，项目总投资为 580 万元（不含其他配套投资）。本项目场地占地面积 76325.85 平方米，范围为 100 米长，60 米宽。建设内容包括出发坡（钢结构平台）、出发门、直道、弯道、终点、计时记分系统等，在直道上设有符合 UCI 标准的各种障碍。

由直线赛道和沥青弯道组成的封闭小轮车赛道总长度 450 米，其中直线赛道含各型障碍包，第一直道长度 60 米，宽度为 10 米，其余直道宽度为 7.5 米；赛道最低处比场地周围部分高出 0.15 米。赛道设计两种可选择路线，其中一条是精英赛道，设计在第二直道，该赛道是为高水平的运动员选择使用的。

赛道障碍包采用优质土壤碾压成型，面层覆盖优质红土；弯道高度在 3.8—4.8 米不等；终点线后设长度为 100 米，宽度 8 米的沥青缓冲区。建设座席数 800 席的户外看台。出发门及计时记分系统采用美国进口的符合 UCI 标准的专业产品。场地中设有颁奖台、升旗杆。

弯道处铺设沥青混凝土，外侧砌筑挡土墙，非赛道区域种植草坪采用人工灌溉方式，赛道外设有排水设施。

该赛道由法国设计师设计，该设计师也是 2020 年东京奥运会赛道的赛道设计者，因此，该赛道与东京奥运会有高度的相似性，对外国运动员极有吸引力。

由于该赛道的复杂性和专业性，其核心施工内容由国际自盟委派 4 名法国工程技术人员来实施，4 人在敖汉施工近 2 个月，完成全部施工。这也是有史以来，在敖汉境内第一次有外国人来敖汉“打工”。

（三）赛道注册

2017 年 12 月 4 日—5 日，国际自盟最高技术官员比亚特先生（Beat Wabel）赴赤峰敖汉旗就公路越野及小轮车场地选址及赛道选型设计给出了实地指导，并进行了座谈，表达国际自盟对赤峰敖汉旗申办国际比赛的支持。

比亚特先生在确定了赤峰敖汉旗国际比赛的落地许可后，代表国际自盟邀请当地组委会领导赴国际自盟世界杯、世锦赛进行实地考察，确实接触国际办赛的条件及水准，为今后国际自盟赛事长期落地赤峰作准备。在确定考察名单后，国际自盟将出具官方邀请函。

该赛道在 2018 年 7 月注册成功，注册费用 110 万元。

（四）赛事注册

根据国际自盟与中国自协的注册程序，赛事已经从敖汉旗文体局向赤峰体育局进行申报；后由赤峰体育局向内蒙古自治区体育局进行申报；目前等待内蒙古自治区体育局向中国自行车运动协会进行申报。中国自协接申报后报备国家体育总局并向国际自盟发送官方申报表。申报成功后，赛事进入国际自盟正式赛程，可在国际自盟官网查询（www.uci.ch）。

（五）小轮车简介

小轮车赛是一项新兴的运动比赛项目，20 世纪 60 年代在美国加利福尼亚兴起的一种新型小轮自行车运动。1993 年，小轮车正式成为国际自行车联盟的新成员。2003 年 6 月，国际奥委会正式批准小轮车列为 2008 年北京奥运会的比赛项目，下设男子竞速和女子竞速两个小项。

小轮车赛场由直道、弯道和多个障碍组成。沿赛道中心线测量，跑道的长度不少于 300 米，不得超过 400 米。赛道的起点出发段宽度不少于 10 米，在整个赛道的任一地段宽度不少于 5 米。

小轮车赛车车轮直径应为 20 英寸和 24 英寸两种，奥运会为 20 英寸。参赛车辆必须使用有效的后闸。运动员要根据赛事的规定使用脚踏和专项鞋。在车把（横管）、车把立管（连接把和前叉）和车架应配有防护垫。

小轮车竞速比赛有计时排位赛、淘汰赛（1/4 决赛、半决赛）和决赛 3 个阶段。

计时排位赛：运动员单发，骑完赛道全程计取时间，比 2 次，取最好成绩；

淘汰赛：每组运动员同时出发，以到达终点先后顺序排定名次，比 3 轮，名次和较小的前 4 名晋级；

决赛：运动员同时出发，以到达终点先后顺序排定名次（只比 1 轮）。

三、其他赛事

2015 年 8 月 24 日—28 日，在敖汉塞外神汤青少年户外活动中心承办了赤峰市青少年阳光体育夏令营大赛。

2017 年 8 月 11 日—14 日，中国敖汉旗首届全国传统武术套路锦标赛，李连杰的刀术师傅、有“少林追风刀王”之称的徐其成担任总裁判长。

2018 年 6 月 16 日，受中国自行车协会指派，在敖汉旗小轮车国际赛场，承办了中国 BMX 自行车联赛第四站敖汉站比赛。

四、赛事效应

这些赛事的举办，提高了敖汉在国际的知名度。赛事期间，CCTV5《体育新闻》《巅峰时刻》每场比赛两个栏目约 3 分钟专题报道；赛事的全程直播经爱奇艺、优酷、网易体育、新华广播、章鱼 TV 等众多平台全程播出。全球总点击量在 500 万人次以上。

新华社、新华网、新华广播、《北京日报》《北京晚报》《北京晨报》、新浪体育、《京郊日报》《北青报》《新京报》、网易体育、《中国体育报》等近 30 家媒体报道。同时全覆盖了业内骑行家、美骑网、单车志、中国自行车网、骑行风尚、骑盟网、风云单车网、东方红运动网等媒体和各大地方俱乐部等。

在国际上，因国际顶尖选手多数参赛，因此吸引了来自世界各地的媒体争相报道，如 *Cycling News*、*UCI.ch*、*Cyclo-cross Magazine*、*Japanese Cycle Sports Web*、*Australia CX Magazine*、*Cibola News*、*cx-sport.de*、*Buzzy*、*Prowomen Cycling*、*Berigram*、*The-Sports.org* 等世界范围著名的自行车国际媒体全程关注。短时内高度凝聚媒体指向，吸引全球公众眼球。

赛事影响大，人群覆盖面宽广，增加了敖汉旗人民与国际的交流互动，其长远效益更大。推动全民健身活动的广泛开展，逐步构建体育公共服务体系，满足群众个性化、多样化的体育需求，为“体育 + 旅游”开出了一条新路。尤其是 2018 年“千森杯”国际自行车联盟职业竞赛在新落成的小轮车国际赛场举行，更加提升了敖汉旗“全国体育先进旗”的知名度，也为进一步推动自行车竞技运动和全民健身运动奠定坚实基础。

第九编表 10　2015—2018 年敖汉旗举办的大型赛事一览表

<table>
<tr><th>年份</th><th>比赛时间</th><th>竞赛项目名称</th><th>主办单位</th><th>比赛地点</th></tr>
<tr><td>2015</td><td>8 月 24 日—28 日</td><td>赤峰市青少年阳光体育夏令营</td><td>市体育局</td><td>敖汉塞外神汤青少年户外活动中心</td></tr>
<tr><td rowspan="3">2018</td><td>6 月 16 日</td><td>中国 BMX 自行车联赛第四站敖汉站</td><td>中国自行车协会
自治区体育局
赤峰市政府</td><td>敖汉旗小轮车国际赛场</td></tr>
<tr><td>9 月 2 日</td><td>“千森杯”国际自盟公路越野职业一级赛</td><td>中国自行车协会
自治区体育局
赤峰市政府</td><td>敖汉旗公路越野场地</td></tr>
<tr><td>9 月 15 日</td><td>“千森杯”国际自盟小轮车竞速职业一级赛</td><td>中国自行车协会
自治区体育局
赤峰市政府</td><td>敖汉旗小轮车国际赛场</td></tr>
</table>

第四章　民间体育游戏

民间游戏在敖汉大地有着比较悠久的历史，有些游戏的玩法至今在一些地区还有流传。在新中国成立前后一段时间，文化体育生活相对贫乏，不论老幼，凭借流传久远的体育游戏，自娱自乐，强身健体，消磨时光。敖汉地区的游戏活动，有一些是蒙古族游戏，如“欻嘎拉哈”、摔跤等；大部分都是关内移民带过来的，蒙古族汉族游戏互相交流，在全旗南北流传开来，形成有着很强生命力的民间体育游戏活动。直到20世纪90年代，电子游戏、电视、手机、网络游戏等广为普及，这些传统的民间体育游戏，渐渐淡出了城乡人们的生活。

第一节　儿童游戏

老鹞子叼小鸡

是少年儿童游戏项目。玩法：1人扮老鹞子，其余多人在一身强力壮者带领下手牵衣服后襟，组成长队，打头者为“老抱子”。游戏开始，老鹞子千方百计从队伍中捉住小鸡，“老抱子”带领队伍通过躲、闪、跑等动作，想办法保护身后的小鸡们。打头的可以与老鹞子搏斗，以掩护身后的小鸡躲开老鹞子。队伍自始至终不能散，必须保持链条形状，谁松开手脱离队伍，视为被捉住。整个游戏还有许多充满乡土气息的对话，非常风趣和幽默，简直就是一幕情景剧，充满活力，欢声笑语不断。

踢毽子

俗称“踢欠儿”，这是女孩子常玩儿的游戏。最早是鸡毛毽儿，用两枚带眼的铜钱将一撮鸡毛绑缚在铜钱之上，毽子就做成了。后来铜钱不好找，就用花布块对成圆形或六面体形、八面体形，内装少量沙子或豆粒等。玩时用手将毽子一团弄，即成球状可踢之。踢毽子方法，分里踢、外踢、里外连踢、毽子过头、毽子跃背等玩法。主要看玩者的熟练程度和双脚的灵活性，有时一面踢一面唱儿歌计数。

一个毽，踢八踢，马兰开花二十一，

二五六，二五七，二八二九三十一。

三五六，三五七，三八三九四十一

四五六，四五七，四八四九五十一。

五五六，五五七，五八五九六十一。

六五六，六五七，六八六九七十一。

七五六，七五七，七八七九八十一

八五六，八五七，八八八九九十一。

九五六，九五七，九八九九一百一。

这首歌谣不仅在踢毽子时唱，还可以在其他一些运动游戏中唱。以一口气踢的次数多者或花样多者为胜。如今在城市已发展成为成人游戏，在体育器材商店可买到制作精美的毽子，并可以分组搞对抗赛。

跳绳

男女孩子都可以玩的游戏，一根绳子（粗细适中）为道具。可以单人跳，分正跳、反跳、连续跳、交叉跳、跑步跳、双脚并立跳；双人跳，两人面对面，一人持绳摇动，另一人与之配合，做着各种跳绳动作；多人跳，由两人专门摇一根长绳，多人同时在绳中进行跳跃，也可以依次跳入。

打片子

习惯叫法为“打 Piàji”。玩者各自拥有若干张用硬纸板剪成圆形或方形的纸片，也有从商店买的印着人物、动物图案的纸片。在细土地上用脚掘个窝儿，一方先将纸片放在窝中，称作“续牌”，另一方用自己手中的纸片击打窝中纸片，打翻或钻到纸片之下为赢，如果盖在纸片之上叫作“趴了”为输，赢纸片多者为胜家。

砸杏核

地上掘一小坑，玩者各手持一把杏核，并选出一粒成实、个大、皮厚的杏核为“保家核”。可以两人玩，也可以三人玩。玩法：用“石头、剪子、布”（敖汉南部也叫“钉杠锤”“要三锤”）决定先后顺序，每人向坑中投一粒杏核，按顺序依次使用手中的“保家核”砸坑里的杏核，蹦出坑外的就是赢的，一轮只能砸一次。如果“保家核”落入坑中没蹦出来，算淹死。玩者只能再换一个“保家核”。假如一次将坑中杏核全部砸出，再重新投入杏核，由胜者再砸。赢杏核多者为胜。

弹杏核

儿童几人各准备杏核若干，约定每人每次投多少，猜拳后，甲将每人投入的杏核掷向地面（或炕上，或桌上），用杏核弹杏核，撞上即可选其一归己，如撞上第三者，或未撞上，都为失败，后者按顺序弹剩余的杏核，赢杏核多者为胜。

玩“嘎拉哈”

“嘎拉哈”是满语，即猪、羊腿膝盖骨中的一个块状环节骨。骨的四周起名“背儿、坑儿、包儿、鱼儿”，玩法有弹、欻两种。弹“嘎拉哈”，人数不限，每人各出同等数的“嘎拉哈”，通过“钉杠锤”排出先后，由“大家”（第一人）开始，将每人出的“嘎拉哈”集中一起，撒在炕上（或桌上），同类相弹，如两者相撞，选其一归己，如弹时碰上第三者，即算坏了，由“二家”弹剩余的“嘎拉哈”。以此类推，最后以手中的“嘎拉哈”多少论胜负；欻“嘎拉哈”，用穿成串的小铜钱串或一个小布口袋（小皮球）作码，先将“嘎拉哈”撒在炕（或地）上，看准预抓的同类，两个、三个或多个，然后把码抛向空中，瞬间抓起“嘎拉哈”，又接住码，抓起的“嘎拉哈”归己。如抓错或没接住码，都算失败，别人再抓剩余的，以抓到“嘎拉哈”多者为胜。农村20世纪90年代仍有小孩子玩“嘎拉哈”，并且有一些商店、玩具店出售五颜六色的塑料制品“嘎拉哈”。

跳格

这是女孩子喜欢的一款游戏。在地面上画一长方形，内分8个格，每格长宽60—80厘米，人数不限，用“钉杠锤”手心、手背分组或决出“大家”“二家”，每人准备一个用碎布块缝制的小布口袋，内装豆粒或沙子，这就是沙包，“大家”先将沙包扔入第一格，然后单脚跳入第一格，将格中沙包踢入二格、三格，到第四格后，拐入第五格踢回，如此跳完8格次，即为胜利，如中途踢出格或脚踩了线，都算失败。除此之外，还有“背子儿”“闭眼跳”等花样。

跳圈

与跳格游戏相近似，在地上画上“二一二一二”顺序排列的8个圈，也有跳9个圈的，谓“跳九连环”。每个圈的直径60—80厘米，单数圈单脚跳入，双数圈双脚分开跳入。玩法是将小布口袋投入第一圈，依次跳、踢，最先跳完一轮者为胜。同跳格一样，在敖汉旗农村中、小学生课间体育活动，有部分女学生热衷于此类体育游戏。

推手掌

二人对面并脚而立，手臂前平举，手指向上，手心相合，以手掌推对方手掌，当谁把对方推得站立不稳而移位，移位者为负。此为技巧活动，可略施小计，用假动作，形似用力，实为虚推，待对方用力过猛，失去重心，急收双手，引对方前冲移位而失败。

翻绳

也叫“挑花线”“翻股子”。将一段长约70厘米的线绳的两端系在一起成圈套，甲先将圆套套在双手上，手掌相对，手指向上，向外拉紧，然后把线在两手掌上各绕一圈，左手中指向右手中指处挑线，右手中指向左手中指处挑线，在两手掌之间形成两条平行线和两条交叉线（呈马槽形）。乙用双手大拇指伸入两条交叉线中，向下拉再往上翻，展开后即成另一种形状。甲乙轮流翻动，能变出多种形状。这种游戏在 20 世纪 90 年代，一些书店仍有出售教授翻绳技巧的书籍，有一些个体“幼儿园”，以教授此类游戏达到开发幼儿智力的目的。

摔泥娃娃

也叫摔泥炮，把揉好的泥巴捏成碗状，口朝上托在手掌上，然后使劲让泥碗口朝下扣在一块平整的石板或平坦的硬地上，口中还要喊出“嗨”的用力声，泥碗的碗底就会被气流鼓开一个大洞。一同玩游戏的同伴就要从自己的泥巴里揪下一块泥给补上。一般来说，力气大、速度快、摔得响，鼓开的洞就大，赢的泥就多，直到把对方的泥巴赢光。摔泥娃娃一定要有好泥，泥要反复揉搓，使其具有一定的韧性，泥碗的底儿做得越薄越好。这个游戏不能仅凭力气赢，还要掌握好摔泥碗的角度和力度，对动作进行适当控制等技巧。否则，泥碗在向下摔的过程中，就可能发生变形，不能倒扣着摔在地上，摔在地上也不响，而是变成一摊烂泥，引得小伙伴哄笑。

挤悠悠

是一项直接用身体相对抗的游戏，大多在冬季人们晒太阳时进行。人靠在墙根下，从两端向中间挤，直到把某人挤出，被挤出的人还可以返回来到边上继续参加挤悠悠。参加挤悠悠的无须人为分组，自发地就分成了两部分，总之，是从两端往中间挤。游戏时，尽量保持在一条直线上，一只脚立稳，另一只脚蹬地，把全部的力量用在肩上，用肩部挤压对方或者用肩部抵住前面的己方。这项游戏人数不限，气氛热烈。但由于挤悠悠必须靠在墙面上，对衣服的损伤很大，所以，家庭主妇大多都持反对态度，坚决不允许孩子玩儿，以免磨坏衣服。

跑马城

也叫“走马换将”。参加者用手心对手背的方式平均分成两队，每一队手牵着手排成一排，站在自己一方的界线前，两方相距 10 多米。这时候，挑战方要向另一方挑战，并唱道：“干草垛、抡铡刀，你的兵马任我挑！”对方回答：“挑哪个？”挑战方就开始向对方点将，指着被点中的那个人说：“就要这个黑老鸹。”被点中的人就会鼓足力气冲向挑战方，如果能够冲破挑战方的阵脚，就可以“俘虏”挑战方一个人回来。如果没有把对方的阵脚冲破，就要被对方扣留，接着换另一人挑战。这样重复进行，游戏的最后，以人多的一方为胜。

还有另一种方式，人员依然要分成两队，并且人数相当，只是在游戏开始之后，由一方向另一方挑战，变成两方互相挑战。甲队说：“急急令！”乙队答：“扛大刀！”甲队说：“我的兵马任你挑！”乙队接着问：“挑几个？”甲队答道：“要三个！”这时候，乙队便挑选出强壮精干的人到甲队中拉人，而此时甲队则极力阻拦，不让把人拉走。如果拉过界线，被拉者就要归降拉者的这一队。然后两队更换角色，接着进行下一轮的跑马城游戏。游戏结束时依然要以人多的一方为胜。

背趟趟

是男孩子们最喜欢玩的游戏。参加游戏的人分为两组，也称为“两国”。画一条起跑线、一条终点线。从起跑线开始，组内一人背起另一人叫作一副架，向终点线跑，一个来回，哪组先到，哪组为胜，以最后一副架的结果确定胜负。败者一方听从胜利一方发出的指令，做出相应的乖动作，比如“学三声狗叫”等。

玩打仗

也叫杀仗，是孩子们最喜欢的游戏。参加的孩子通过手心对手背的方式分成两“国”。分好后，商定打仗的方式，有拳脚战、坷垃战等。头头俗称司令，由个头大、心眼儿多的人充当，也有的由有玩具枪的人充当，因为有枪显得威风。拳脚战是敌我双方均赤手空拳，领队的头儿喊一声“打！”双方很快就互相拳打脚踢起来，直到对方告饶为止。坷垃战也叫阵地战，就是双方各自埋伏在阵地掩体中，头儿一声令下，就向对方扔土坷垃。因为土坷垃松软，一打在人身上就磕碎了，所以造不成什么伤害。

编花篮儿

女孩儿常玩的表演游戏，人数最好 4 人，具体玩儿法是：A 向后抬起右腿，把脚架在 B 的手上，C 也抬起右腿，把脚架在 A 的膝弯处，D 则将脚架在 C 的膝弯处，B 再把自己的脚腕架在 D 的膝弯处，并把 A 的脚架到自己的膝弯上，然后把各自的右手搭在前一人的右肩上，左手叉在腰间，这样，一个错落有致的花篮就编好了。

表演时，四人唱着歌谣：“编，编，编花篮儿，花篮里面有小孩儿，小孩的名字叫花篮儿。一五六、一五七，一八一九、二十一……”按节奏一起跳着转圈。唱完儿歌，游戏便结束。有的为了增加难度，在游戏中还会加入蹲下、站起来等动作，此游戏不讲输赢，最重要的是热闹，表演性强。

猫抓老鼠

习称“老猫抓耗子”。几个人手拉手围成一圈，象征老鼠（耗子）的窝，一个人待在圈里，充当老鼠。两人两手拉紧后形成的空隙，俗称洞。一圈一般要留出几个这样的洞，人多圈大，洞留的就要多一些。在距每个洞口三四米处，放一块石头或木块等物，象征粮食。扮演猫的人站在圈外，始终处于活动状态，伺机抓住出洞偷粮食的老鼠。老鼠总是想出来偷粮食，偷到粮食就要马上溜回窝里，防止被猫抓住；猫则严密监视着老鼠，防止老鼠偷粮食，只要老鼠出洞，就要想办法抓到。在规定的时间内，如果老鼠被猫捉到，算老鼠输。如果老鼠偷到的粮食超过了最初设置的一半，则猫输。否则，如果偷到的粮食少的话，即使没被捉到，也算老鼠输。

丢手绢

多人围坐一圈，另有一小朋友拿着个手绢，在圈外不慌不忙地转悠。坐着的孩子们一边拍手，一边呼叫。丢手绢的小朋友走着走着，乘人不备，悄悄把手绢丢在其中一个孩子的身后，然后，仍装作没事人似的继续转，当转到了这个孩子的位置上，抓住这个孩子，这个孩子就得起身，替人家丢手绢去了。如果丢下的手绢被这个孩子发现了，这个孩子就迅速拿起手绢赶紧去追，追上了，丢手绢的小朋友就只好继续在外圈转着重新丢，若追不上，这个孩子就得自己丢手绢去了。学校在体育课时也组织这个活动，谁被抓住，就要唱一首歌或表演一个怪相。

锔大缸

甲、乙、丙三人（可以更多）相对站立，各自双手在自己的胸前交叉，甲的左手握住乙的右手，乙的左手握住丙的右手，丙的左手握住甲的右手，然后互相来回拉送，并唱“锔锅锔碗锔大缸，小盆小碗不漏汤……”的歌谣。

弹玻璃球

玩者两人以上，人手一玻璃球儿。没有玻璃球者，可用砖头、软石块磨成球。玩法：在地上等距离剜 3 个小坑，坑距一般 2—3 米远。选定一侧坑为首发坑，在坑的前沿画一条线为发球线。用“石头、剪子、布”排定次序，发球者首先向中坑弹去，如球进中坑则继续从中坑向末坑再弹球进末坑，则为“皇上”。可以弹球击打任意一家，被击中者即为败。首发未进中坑者，不许再弹，等待下家，以 3 坑都进球者为胜，如果出现并列，再加赛一把决定胜负，也有用“石头、剪子、布”裁决的。输者背胜者沿 3 个坑的距离走一个来回，也有用拳头打 10 下以示惩罚。

欻石子

玩者双方捡拾外形均匀、大小适中的石子若干（当然越多越好），堆放在自己一侧。通过“钉杠锤”的方式决定先后顺序，由排第一的人先开始。一种方法是：约定好每次每人各出多少石子，比如各 5 枚或 10 枚，把这些石子合在一起放在手里，有时甚至要用双手捧。把手中的石子向上抛起，使其落在手背上，用手背再把石子儿抛起，翻过手掌抓住落下的石子儿，抓住的石子就归自己所有了。注意，翻过手掌抓住落下的石子时，不能有石子落到地上，哪怕有一个落下，就算输，就要让给下一家。所以，石子在手背上停留时，玩者会把没把握收回的石子通过摆动手指的方式弄掉一些，以确保反掌时能把手背上的石子全部收回。

另一种方法是：先决定是玩抓单还是抓双，如果是玩抓单，玩家把 5 枚石子儿撒在地上（或桌上、炕上等），取 1 枚石子为码，把码抛起，趁码在空中升起、下降之际，用手抓起单个石子，再接住落下的码。如未接住码或抓上来的石子数目不对，都为失败。如确定为抓双，就是把码抛起时，要用手抓双数石子，谁先完成这个程序，谁就是胜者。

倒立

也叫拿大顶，多为男孩子喜欢。做起来极为简单，在一个平坦且靠墙的地方，头朝下，两腿直立朝上，双手支撑全身，两腿伸直并拢，保持身体直立。谁立的时间长为赢，短者为输。落地时，双脚或单脚落地，不可屈膝放松或身体僵直倒下。技术好的，不用靠墙，在平地即可做这个动作，甚至可以在地上用双手走几步。

打把式

先两腿并拢，双臂向上伸直，开始做时，左腿向前迈出一大步，双手顺势向前伸出，身体侧着向下落，左右手要先后着地，双腿带着身子向前侧翻，左右脚随后着地站稳，技艺高超的，可以连续做很多次，按做的次数多少确定输赢。

拍对子

两个人玩的游戏，游戏时，两人面对面坐着，两只手先在自己胸前拍一下，然后拍对方的手。右手拍右手，左手拍左手，动作要协调有节奏，不断重复，游戏者同时唱歌谣，歌谣大致如下：

你拍一我拍一，家雀落在树当西；
你拍二我拍二，喜鹊落在树当间儿；
你拍三我拍三，三三见九九连环；
你拍四我拍四，四个小孩儿写大字；
你拍五我拍五，五个小孩儿打老虎；
你拍六我拍六，六碗包子六碗肉；
你拍七我拍七，七个小孩儿撵野鸡；
你拍八我拍八，八个小孩儿吹喇叭；
你拍九我拍九，九只胳膊九只手；
你拍十我拍十，张果老，倒骑驴，
你骑着，我赶着，你丢了，我捡着，
你哭了，我给你，你骂我，我捶你！

藏猫猫儿

即捉迷藏，是中国传统的民间游戏，不同地区有不同的称谓，但玩法一样。都是一个或几个参加者在一定范围内藏匿，让另外的参加者把他找出来。用约定俗成的方法，如手心对手背，把参加者分成两部分。一部分先藏，另一部分找，找齐后，找的部分藏，先藏的部分找。要提前划定藏匿的范围，比如固定的院子、房子、场院等，多数在晚饭后进行。藏者在找寻遮蔽点时，找人者要保证他们不会看见这个过程。通常他会被蒙着双眼，或背对其他参加者，片刻后，找人者会通知藏起来的人说："开始找了！"或藏者说："藏好了，找吧！"便开始寻找藏者。在找寻的过程中，藏者可乘找的人不注意随时转换位置，躲得最久的，便算是赢家。有的人藏得太隐秘，别人久久找不到，有的藏在草垛或粮仓里睡着的，也有的依靠在树身上歇会儿，树后就忽然钻出个人来，吓你个半死，很有乐趣。

滚铁环

这是男孩子喜爱玩的游戏，人数不限，既可以多人玩，也可以一人单独玩。玩具是一个铁环，一根木棍前端插一个铁丝做成的弯钩。玩时轻轻将铁环向前滚动，然后用铁钩推动铁环前行。一般在较宽敞的空地摆放一些石块、砖头等障碍物，玩者能推动铁环绕过障碍，继续前行而不倒。每到黄昏，村中孩子们三五成群，在街巷里滚动着铁环，铁环摩擦地面和铁钩发出沙沙沙金属般的响声，伴随着孩子们天真的笑声，城乡街巷充满欢乐。

打弹弓

弹弓是民间非常流行的游戏器具，历史十分久远。利用树杈的"Y"形，两角处各系一长短相等的牛皮筋，后来用自行车内胎，俗称胶皮，现在则用废旧输液管。皮筋另一端各连在同一长方形的兽皮两端，一个弹弓就做成了。玩的时候，一手握弓柄，一手捏着夹着小石子的兽皮，瞄准目标，向后一拉再松手，把小石子射出。玩弹弓也有许多讲究，一要技术，二要耐心。现在打弹弓成为青年人的玩具，商店里面卖的弹弓做工精细，考究。

捻捻转儿

类似陀螺，在铜钱中间穿入一根一寸多长的秫秸棒，在秫秸棒里再穿入一根火柴棍儿，火柴帽朝下，一个捻捻转儿就做成了。用手捻动露在上端的火柴棍儿，它就可以转动起来。以转的时间长短定输赢，也可以一个人消遣玩儿。

拉拉尾儿

七八个儿童排成一列，依次扯着前一个的后衣襟，边走边唱："拉拉、拉拉尾儿，一升豆，一升米，不吃大哥饭，不喝大哥水，单在大哥门口走一走。"经过的一人问："大哥、大哥，你干啥呢？"众答："找针呀！""找针干啥呀？""缝口袋呀！""缝口袋干啥呀？""装你家大羊羔、小羊羔呀！""大羊羔咋招你了？""吃我大麦了！""小羊羔咋招你了？""吃我小麦了！"说到这里，双方便开始装作赶羊、捕羊游戏的动作。此游戏如果组织得认真，完全可以编排成一个短小的情景剧。

卖锁

游戏者平分成两伙，各排成一横排，对面相距数十米远而立，两伙一问一答式对歌："卖锁来！""什么锁？""金刚大把琉璃锁。""什么开？""钥匙开。""开不开。""铁棍打。""打不开。""三把钥匙带过来。""几丈高？""万丈高。""骑黑马，挎腰刀。""腰刀长，宰牛羊。""牛羊血，喂老鳖。""老鳖不下蛋，嘀里嘟噜一大串。""要哪个？""要红英。""红英不在家。”“要你们亲哥仨！”要谁喊谁的名字，谁就冲向对方去。这时，对方连手组成一道人墙，如果被要者撞过人墙，仍归本列；否则被人俘虏则加入另一方成为一名新成员。如此反复，最后哪一伙人多为胜。

青官打板

也叫“抓小偷”。用木板块或厚纸壳，分别写上“青官”“打板”“衙役”“小偷”。4人先玩，其他人后补。由一人将4块木板抛向空中，散落时，四人快抢，拿到“小偷”的人快跑，拿到“衙役”的人快追，其余的人数数，如果数到100时仍未追上，便撤职衙役，由他人接替，继续追赶。如追上“小偷”就要“逮捕”（以拍击身体为证），交给“打板”者打手板，边打边唱：“打一打，挠一挠，不知青官老爷饶不饶？”持“青官”者如说“饶了”，就停止打手，由“青官”抛掷玩具，重新游戏；如说“不饶”，还要象征性打几下，有时边打边唱：“打一打，骂一骂，不知青官老爷打几下？”“青官”说出数，按数打完，重新开始。

滑冰车

先用木条钉一个2尺见方的架子，上面钉上木板，前面的一端略翘起，底部纵向两根木条前后两端要略高，纵向木条上面安装铁把锔子，称为冰刀。冰车做好之后，还需支撑冰车滑动的两根铁棒，称冰锥。一般采用手指粗细的铁棍做一对冰锥，下端打磨成尖利的锥状，上端弯回便于手握，以利于扎在光滑的冰面上，推动冰车向前滑行。有的干脆用两根木棍，前端安上砸掉钉帽的铁钉充当冰锥。游戏时，玩者坐在冰车上，双手握住两根冰锥向前撑，滑动冰车前行或一个人坐在冰车上另一两个人在前方用绳子拉动冰车。玩冰车主要是在野外的河滩上。

打行头

玩具为一个用布条或绒线等废物缠绕而成的球状即“行头”，还有一个长条木板为刀。游戏规则是：伙伴们先分成两队人马，可采取捉“石头、剪子、布”的方式，分成两队。然后，两队各选出一位首领，两位首领再通过“石头、剪子、布”决出先打行头的权利。地面画一条界线，甲队的第一位选手走到界线之内，其他成员给他加油助威，而乙队人员则全部跑到较远的地方，用帽子、衣服之类物品准备接住甲队选手打来的“行头”。甲队的第一位选手站在界线之内，先喊一声“要不！”对方回答“要着！”甲队选手左手抛起“行头”，右手挥刀猛地向外一击，“行头”在空中滑一道弧线飞驰而去，乙队的人员就要努力接住这个“行头”，若接住了，就胜利了，甲队下势。乙队则到界线之内去击打“行头”，而甲队就要去远处接“行头”。若乙队接不住这个“行头”，就要将“行头”掷回去，掷回去的“行头”如果被甲队刚刚击出“行头”的第一位选手接住，这位选手就继续击打“行头”，若接不住，就换上甲队的第二位选手击打“行头”。哪队的全体队员先全部打完行头为胜，惩罚败方的方式方法双方事先约定。

敖汉南部的玩法还有另外的方式，即乙队接不住“行头”，要将“行头”贴地皮掷回，甲队人马上撇出手中的刀击打“行头”，“行头”被打出很远，然后以刀为尺，从“行头”停住的地方，向发“行头”的界线量，多少尺，由甲方人打乙方人多少拳。

第二节　青少年游戏

搁碌碡

这是一个角力气的游戏。夏季，碌碡一般是随意放在场院上的，为了防止雨淋，碌碡框子被人们卸下来存放到库房里，剩下一个光溜溜的碌碡。久而久之，人们就对碌碡产生了兴趣，也就产生了搁碌碡这个游戏。把它用双手立起来，转动几下，再放倒，再立起，次数最多算赢。

打水漂

用大致呈扁圆形的石片，在手上呈水平方向用力甩出，石片碰到水面后弹起来向前飞，在水面上不断向前弹跳，直至惯力用尽后沉入水里。这游戏的规则：一是看石片漂飞出去的距离，二是看石片点击水面的次数。

掰腕子

民间十分常见的角力项目，比赛时，两人各伸出一只手互相握住，双方的手肘不能离开支撑手肘的桌面。摆正后，各自用力，把对方的手压下去为胜。开始后，要快速向自己中心方向倾身，调动腿部、腰部、肩胸背等共同发力，手腕其实只起到支撑的作用。这项运动，谁能更好地调动全身力量，谁就能胜利。

打尜

这是男孩子玩的一种游戏。道具：尜刀，一个用木板削制而成的，一面厚，一面薄的刀形工具；尜，一个用短木棍两头削尖的玩具。玩法：找一块石头或土台作为打尜的平台。用“石头、剪子、布”确定次序，打尜者将尜放在平台上，前面探空一块，手持尜刀，对准尜尖部一刀打下去，即飞出。尜落地后，马上用尜刀丈量尺寸。所有玩者都打完后，打得最远者胜，最近者输。输者要背赢者从发尜处到尜落地处走一个来回，算惩罚。

骑马杀仗

玩法：分成甲乙双方。一对一或一对二、二对二、三对三，视参与者人数多少而定。形式：两人组成一个骑马组合，一人骑在另一人脖子上或单肩斜跨。杀仗是全靠骑在上面之人对打，以把对方打下马为胜。下面当马之人，只是用力负重，并不断变换步伐以配合上面的动作。

撞拐

可以二人相对，也可以三人以上群撞。玩法：参加者，将一条腿弯曲把脚搬到膝盖部，用一只手扳住脚用弯起的腿膝盖处与人对撞。战法：直撞、向上挑、向外别、向下压。由于是单腿着地，游戏者始终处于蹦跳状态，谁能坚持时间长，将对方撞倒或将对方搬着的腿撞开，算胜。多人参与时，容易出现混战，有时会发生摔倒或砸人等情景。

支大炮

为多人游戏，可分“敌”“我”双方，每一方都有若干门大炮。玩法：游戏者两人组成一门炮，一人在下，双臂前伸，双手重握在一起，另一人爬上其双肩，将两手与下面人的双手重合在一起，为大炮。对阵双方炮的数量必须相等，以炮与炮相撞击。一旦被对方撞倒或将炮架撞散（双手被撞开）为败，最后以炮架完好多的一方为胜。

扔坑

地上相隔 3—5 米远凿两个碗口大小的坑，确定一个坑为首发坑，坑的前沿画一直线。玩者手持石板，站在首发坑直线里。玩法：手持石板（石板大小以单手拿得动为宜），跨步，向前面的目标坑将石板掷出，以石板能盖上坑口为最佳。第二人能用自己手中的石板将前者石板磕出，然后量各自石板距坑沿的距离，近者赢，远者输，输者背赢者沿两坑间走一个来回。

打阎王

游戏时，找一块空旷平坦的地方，脚下画一条横线，类似于起跑线。挑选一块厚薄适度、略呈长方形的石块，竖立在七八米外的地方，这就是阎王。如果参加的人多，名称也就多了，如阎王、判官、小鬼等，前面摆的石块也就多。每一职位都用一个石块来代表，中间位置的是阎王，象征他的石块较小。左右拥戴阎王的是两名判官，个头稍大于阎王，呈保护之势，周围是若干小鬼，个数要跟参加游戏的人数相符。投掷者手持一块小石头，瞄准远处的阎王击打，谁把阎王击倒，谁就可以当阎王。如果打不中阎王，而是打中了小鬼，那就只能当小鬼，总之，打中什么当什么，什么也打不中的，就当冤魂。由于代表阎王的石块较小，不易打中，而代表小鬼的石块较大，很容易打中，所以游戏趣味性很强。“阎王”产生后，“冤魂”由两个“小鬼”架到阎王跟前，阎王吩咐一声：“押上来！”两个小鬼就用拳头打着冤魂的后背，向阎王请示：“打金鼓，上金桥，问问阎王饶不饶？”阎王说：“不饶！”小鬼就继续打，然后再接着问：“打金鼓，撞金钟，问问阎王中不中？”阎王说：“不中！”小鬼就得继续打，第三遍接着问：“打金鼓，闯金殿，问问阎王见不见？”经过了三打三问，事不过三，再把冤魂押上金殿来的时候，阎王方准予放过，这番游戏即告结束。也有的提前讲好一些恶作剧惩罚条件，如有的拧鼻子、拧耳朵等。凡是输者，就要被别人拧耳朵、拧鼻子。抓住输者的两肩往前行走，后边的人再重新把石块摆好。阎王大喊一声："放了！"摆石头的人都立即往回跑，如果跑慢了，让输者逮住，就得把输者背回来。如此游戏完全可以编导成独幕情景剧。

摔跤

这里的摔跤是汉族地区的摔跤游戏，不同于蒙古族地区的摔跤运动。敖汉地区的摔跤分支架子和一掐一搂两种。支架子，就是双方伸出两臂，互抓住对方胳膊腕，施展动作技巧，直到把对方摔倒。一掐一搂，就是双方先双臂抱好，准备好后，由第三人喊口令"开始！"才开始各种摔跤动作。摔跤的技巧很多，有捉、拉、扯、推、压、绊、抡等多种基本技巧。可互抓对方肩膀，也可互相搂腰，还可以钻入对方的腋下进攻。但不准打脸，不准突然从后背把人拉倒，不准触及眼睛和耳朵，不许抓头发、踢肚子或膝部以上的任何部位，等等。

拔大葱

两人弯腰用双手搂住对方的腰，双方同时用力，努力把对方抱起，同时防止对方把自己抱起，有的甚至能把对方倒立着抱起来，被对方抱起的为输。是一项角力的游戏。

刨茬子

两人背对背站立，两只胳膊互相勾住对方胳膊，一人弯腰用力把另一人背起，然后直立放下。由另一人再背起对方。一背一放，形如舞动镐头刨茬子。如此反复，直到彼此疲惫为止。也有边做游戏边唱令子："刨呀刨，刨茬子，一刨刨到夹信子。阳坡的粗，阴坡的细，一刨刨出二里地。天黑了，要吃饭，谁不吃饭是王八蛋！"这是一项既风趣幽默又能锻炼人的体力和协调能力的游戏。

跳山羊

是模仿山羊跳跃动作的一种游戏，具体玩法是，一个人弯腰双手撑住膝盖当山羊，其他人助跑一段后，撑住山羊的背或双肩，双腿分开从山羊身上跃过。也可以多人跳一个山羊，一人做山羊，大家从其背上跳过，跳一轮，山羊高度由低向上升一次，跳不过者与山羊交换位置。

跳山羊是一种将冲刺跑与跳跃相结合的全身运动，以跑、跳动作为主，结合了蹬腿、收腹等动作，跑、跳、臂力以及落地时的平衡，也都能得到很好的锻炼。从冲刺跑到腾空而起的瞬间都是对爆发力和胆量的锻炼。这种游戏就是体育运动"跳木马"的前身。

打冰出溜

冬季，在河道结冰时选定一条冰道，长 10—20 米或者更长，也可以在溜冰场划定冰道。玩者多人在 10 米以外急跑，用身体的惯性在冰道上滑行，也叫"打冰驰溜"。有的单脚滑行，双臂侧展，称作“燕飞”；有的用后肢有节奏地踱步，称作“切面条”；有的单腿跪下滑行，称作“羊羔吃奶”；有的故意摔倒，仰面滑行，称作“老太太钻被窝”。

第三节　中老年游戏

五福棋

棋盘由横竖各五条直线连成的正方形，可以随时在田间地头上画出。双方对弈时，各用不同颜色的石子或木棍作为棋子。共计 25 子，谁先下谁就多一子，后者少一子，但要先走。先是双方轮流在棋盘两线的交叉点上下子，直到棋子下满棋盘。下子时，要努力让自己一方成棋，还要努力使对方的子形不成棋。成棋，包括大棍、通天、大斜、小斜、方子。大棍，完整的一条直线上的五个棋子都是己方的，可吃掉对方三枚棋子；通天，完整的对角线上的五个棋子都是己方的，可吃对方三枚棋子；大斜，完整地与通天平行的四个斜线点的棋子都是己方的，可吃掉对方两枚棋子；小斜，完整地与大斜平行的三个斜线点的棋子都是己方的，可吃掉对方一枚棋子；方子，就是一个小方格四角的棋子都是己方的，可吃掉对方一枚棋子。棋盘下满子后，先计算各自拿掉的对方棋子数，并拿掉相应数量的对方棋子，然后走棋。拿子时，不能拿掉对方已经形成的大棍、通天、大斜、小斜、方子中的棋子。走棋时，每步只能沿直线走一步。走棋过程中，如果又进一步成棋，还要继续拿掉对方相应数目的棋子，直至一方剩下的棋子再也形不成最小的棋（即三个）就算输了。

憋死牛

在地上随意画一方形，有一个边敞开，对角线交叉于中间，敞口处画一圆圈为井。两人对棋，一人持两子，布阵如图。开始轮流各走一步，先走者，第一步不得走上方之子，即不能让对方第一步就无路可走。此后，双方轮流走棋，如果判断失误，一步走错，被逼得无路可走，就是被憋死了，算输。憋死牛是一种非常简单的棋类游戏，主要看双方反应的快慢。

十二连

俗称下连，学名成三棋，据说，在公元前 500 多年就出现这种棋了，是一种老少皆宜的棋类活动。棋盘由三个互相嵌套的矩形以及矩形各边中心连线和对角线组成。棋盘上面共有 36 个点可以落子，可以在地上随时画出。下棋时，双方各自把自己的棋子下在线段交叉处，双方棋子要能分辨出来。下满棋子后，双方各拿走对方一子，但不能拿已经成三的棋子，然后开始走棋。当任何一方再有三颗棋子连续排列成一条直线时，即为成连，俗称

“成上”，就可以吃掉对方的一个棋子，但不能吃对方已经成连的棋子。被吃掉棋子的位置将不能再下棋子，该位置会用特殊的棋子代替。直到棋子被对方吃得再也不能成连时为输。

挑夹

俗称挑一挑，夹一夹。棋盘图案如五服，两人对弈，双方各10子，分别摆在本方后两行的交叉点上，随后轮流走子，每次只能走一步。吃法有两种，一是挑法：直线两端是甲方棋子，中间有一个空位，被乙方占据，就可以挑走甲方两端棋子，即被对方吃掉。

二是夹法：直线中部是甲方棋子，且没有空位，一端为乙方棋子，另一端被乙方走入，就可以夹走中间的甲方棋子。先把对方的棋子吃光或对方剩余棋子少于2个者获胜，双方都无法胜对方是和棋。

喝三大碗

敖汉南部也叫“赶羊入栏”，俗称“赶羊栏”。两人对垒的游戏，棋盘为三个圆圈下面延伸三条支线，三条线底部直线相连，中间再连一条线，共有九个点。每人三颗棋子，各在己方一侧的三个点上落子。通过“钉杠锤”等来确定谁先走棋，以后，则轮流走每一局的第一步棋，把对方赶入三个圆圈里为胜。每次只能走一步，不能跳子，也不能走斜线，圈与圈之间不能直接走棋。若对方无路可走，三个棋子又未全部在圈里，则己方必须退让一步，让对方棋子有步可走。

老虎吃绵羊

玩棋时，一方执小子，代表绵羊，一方执大子，代表老虎。共有小子20颗，大子2颗。在棋盘中每个画圈处放5个小子，共20个。另一方执2个大子，在图中除了画圈处以外的地方随意摆放，代表老虎。羊的主要目标是围住老虎，老虎的主要目标是吃掉绵羊。走棋时，羊方先走，羊不能吃掉虎，但可以围攻虎。虎每次遇到羊时，可沿直线方向跳过去，但只能跳过一点，被跳过去的羊就算被吃掉了，便拿掉这个小子。虎不能同时迈过两个以上的小子，如果行走或跳吃的落脚处有子，就不能前行。如果不能跳过，虎也只能与羊一样，每次只能走一步。经过反复相争、较量，如羊把虎围住了则羊胜；如虎把羊方吃净了，则虎胜。围的程度可双方提前商定，如两只老虎可以围在一处，也可以围在不同角落，同时，羊在未疏散前，老虎不能吃孤羊（即单个子）。

破闷儿

闷儿即谜语。破闷儿，就是猜谜语，是人们喜闻乐见的一种文艺形式和游艺活动。猜谜语有以下几种形式：师长和儿童进行的猜谜活动，成人和儿童休闲的游艺活动，节庆时的游艺活动，文人酒桌上的酒令。成人常在家庭中的茶余饭后、田间地头、纳凉的当街等处出谜和猜谜。这些谜语也多是民间事物谜，多取材于日常生活中的事物，让孩子们猜，以提高孩子们认识事物和思维、表达能力。如天亮时，父亲或母亲看着窗户对孩子说：“四四方方一座城，公鸡一叫它就明。”引导孩子猜窗户。又如见到算盘，就说：“长长方方一座城，里边驻有百万兵，光见兵打仗，不见兵出城。”引导孩子猜到算盘。看到火柴，就说：“四四方方一座城，里头兵马乱了营，个个都戴红毡帽，看不出哪个是打头的。”引导孩子猜到是火柴。还有“大头大，大头大，人人大头都朝下，你要不信问你妈，你妈大头也朝下”，谜底是鼻子。“张嘴张，抿嘴抿，水上漂漂落底沉。”谜底是花椒、大料（八角瓣）、香油滴、盐。“三块瓦，盖个庙，里面住个白老道。”谜底是荞麦等。有的谜语就是教儿童认知，并能连贯说出有关事物的歌谣。有直接说事物名称的，有只说事物特征、让儿童们猜的，这便是谜谣。直接说出名称的，如“村边有个獾，尾巴翘上天，麦秸吃两垛，井水喝个干”。猜者说：“窑。”出谜者说：“你说窑，咱就窑，有个东西水上漂。”猜者说：“船。”就这样可以一直连续出和猜下去。在念唱这些歌谣时，儿童不仅说出认识的事物名称，而且锻炼了门齿、韵脚、节奏等方面的感知能力。

拉大锯

这是一个中老年人哄孩子的游戏，由一个大人和一个儿童（大多是幼儿）一起玩。两个人对坐，两腿伸直、脚掌相抵、手指互勾，或者大人与孩子对坐，把孩子两脚夹在大人的小腿间，手互拉，然后甲俯乙仰。俯仰尽可能低，仰卧起来时，脚不能离地面。这样，一俯一仰，一来一往即为两人对拉大锯。在“拉锯”的过程中，大人嘴里还不断地念着童谣：“拉大锯，扯大锯，姥家门口看大戏。接闺女，叫女婿，小外甥，也要去。”等。

嘴和（亦称旗牌、条牌、纸牌）

这种活动项目历史较远，据传是清朝宫廷中的游乐活动，后来流传到民间。可以说嘴和是祖国文化宝库中的重要内容之一，是内蒙古东部地区非物质文化遗产。它是集体育锻炼和文化娱乐兼有的活动项目，在敖汉旗流传较广，老、中年皆宜的群众活动，也是一项牌技水平较高的游戏。牌花多、抓牌多、组织牌型变化多，计算需要一定的概率分析，动作有一定的技巧，所以深受群众尤其是老年人们的钟爱。嘴和活动益处很多，以牌会友、加深感情、交流技艺、增进友谊。四人坐定，三人行牌，总有一人轮流歇庄，称为“接剑”，有劳有逸；是一项文明规范、礼让有序的游戏。抓牌公开，用牌有序，无异无争，团结和谐。玩牌时用心思维，周密分析，准确判断，利于提高智力，强心健脑。嘴和这种斗智斗勇的竞赛过程，就是技艺和智力的较量过程，既促进记忆力的增强和大脑的锻炼，又延缓大脑细胞的衰老和退化，实为一项具有浓郁的娱乐性和游艺性为一体的康乐活动。

第十编

旅游

第一章　旅游资源

第一节　自然景观

敖汉旗的自然景观得益于大自然的恩赐。全旗的地理构成是南山、中丘、北沙，南部山区和中部丘陵区均占全旗总面积的34%。北部沙质坨甸区占32%；地处努鲁尔虎山北麓、燕山山地向松辽平原过渡地带，科尔沁沙地南缘。境内最高山峰为四道营子大山，海拔1255米；最低点为大青山村大房申屯东海拔312米。南部努鲁尔虎山石质低山丘陵区，总面积2800平方公里，为旗内河流发源地。海拔多在500—1000米，海拔700米以上山峰37座。

中部黄土丘陵台地区，以黄土覆盖的丘陵、台地为主。流水切割强烈，发育着树枝状沟谷。海拔高度在500—850米。总面积2820平方公里。

北部沙质坨甸区，主要地貌类型有沙丘、甸子地以及少数剥蚀残山。是科尔沁沙地南缘，属西辽河上游平原，多沙丘灌丘草原。海拔350—450米，总面积2670平方公里。

旗境内主要河流分为两大水系，其中老哈河、叫来河、孟克河属西辽河水系，流域面积7140.5平方公里，占86.1%；牤牛河、老虎山河属大凌河水系，流域面积1153.5平方公里，占13.9%。境内最大河流为老哈河，为西辽河主要支流。源出河北省平泉县七老图山脉的光头山，自宁城、赤峰松山区入敖汉旗境。从四道湾子镇沿西境东北流，经萨力巴乡、古鲁板蒿镇西境，自古鲁板蒿镇北境折东，经敖润苏莫苏木北境于巴彦宝力高出境入通辽市奈曼旗。在本旗境内有蚌河、饮马河注入。中游建有内蒙古自治区最大的红山水库，库容25.6亿立方米。

得益于这些秀丽的自然景观，全旗的自然风光游囊括了奇峰峻岭登临赏景、河流水面划船避暑、沙漠瀚海探险通幽等各类旅游元素。

特殊的地理结构，组合成一幅特殊的自然风景画，以南山北水为大框架的自然风光旅游区，四时风光迥异，各具特色。本志重点介绍旗境内主要风光旅游区，以飨读者。

一、山

敖汉旗中南部的山区，属于内蒙古自治区和辽宁省交界处的努鲁尔虎山区。古时称努禄拉呼山，又名努若勒亥乌拉，汉语意为脊梁山，即主干之意。

努鲁尔虎山属燕山山脉，燕山山脉自西南向东北延伸，到河北省东北端的平泉县，生出两条支脉。一支是七老图山，伸向西北，与大兴安岭尾部相接；一支即是努鲁尔虎山，伸向东北，与医巫闾山山脉毗连。其最西端与七老图山交会的山峰叫饽饽山。其最东端与医巫闾山山脉交会。努鲁尔虎山脉从西南端至东北端，全长 220 公里，平均海拔 1000 米左右，千米以上的山峰百余座，最高山峰海拔 1153.7 米。

努鲁尔虎山是大凌河与老哈河的分水岭，老哈河沿着努鲁尔虎山北麓流向东北，与西拉木伦河交汇，形成西辽河，再东北行与东辽河相汇，并接纳浑河，汇集成为辽河，经营口入渤海。大凌河沿着努鲁尔虎山南麓东行，依次接纳牤牛河、凉水河和细细河，入锦州湾，直接注入渤海。大凌河与老哈河为两个不同的水系，是努鲁尔虎山使它们各有所属，自成体系。

努鲁尔虎山还是大兴安岭和燕山山脉连接地带，其聚集华北、内蒙古自治区及大兴安岭植物特点，植被主要是野生天然林，林草茂盛，松柏常青，是科尔沁沙地南侵的天然屏障。

努鲁尔虎山是内蒙古自治区与辽宁省的分界线。努鲁尔虎山自燕山山脉伸出，绵延于辽西地区，从辽宁省建平县进入内蒙古敖汉旗，它横亘于敖汉旗东西，成为敖汉旗以及内蒙古自治区与辽宁省的天然分界线。山脊为界，南面为辽宁省辖地，北面是内蒙古自治区管区。在青沟梁隧道口，立有敖汉旗与朝阳县界碑；在大黑山隘口，立有敖汉旗与北票市的界碑。努鲁尔虎山自古以来就是两地区的界山。敖汉旗所有的以山形成的景区都在努鲁尔虎山山区里。

（一）大黑山国家级自然保护区

地处敖汉旗的东南部，努鲁尔虎山山区东段，其核心区位于敖汉旗贝子府镇，因保护区以大黑山核心区域为主要保护对象，故得名。1996 年 8 月被旗政府批准建立为旗级自然保护区，1998 年 2 月，内蒙古自治区人民政府批准建立了自治区级自然保护区，2001 年，被批准为国家级自然保护区。主峰平顶山海拔高度 1074.4 米。草原、森林多种生态系统及西辽河水源涵养地、地质遗迹景观等为重点保护对象。大黑山自然保护区地处西辽河与大凌河两大水系的分水岭；是西辽河二级支流叫来河水系的发源地，是科尔沁沙地南侵的天然生态屏障，也是蒙古高原与松辽平原毗邻的自然环境转换带，更是环境演化的敏感区。天然锅穴地质遗迹景观、阎王道、石河、森林、草原、湿地、人工林自然景点为保护区平添了神秘与壮美。

大黑山的动植物资源十分丰富。目前已发现植物 99 科 836 种，其中有国家二级保护野生植物 8 种、国家珍贵树木 2 种。大黑山的森林覆盖率达 93%，拥有内蒙古自治区辽宁省交界地区面积最大的天然次生林，有“抵御科尔沁沙漠南侵的最后一道屏障”之称。

大黑山还发现有鸟类 86 种，兽类 30 多种，有国家二级重点保护野生动物 41 种，内蒙古自治区重点保护动物 12 种。

大黑山属花岗岩山体，景区内悬崖绝壁高耸入云。山中怪石林立，溪水潺潺，有一线天、平顶山、卧虎峰、仙人洞等 50 余个景点，气候宜人，温和湿润，冬暖夏凉，环境优雅。既有常青之树，又有四时不谢之花，且有奇山怪石相伴，外旷内幽。奇松悬生于山岩之侧，珍禽翱翔于林海之间，游人可以在这里春看花、夏观鸟、秋品叶、冬赏雪。

国内外名人题词赋诗者众多，摩崖石刻随处可见。大黑山不仅是自然风光俊美的山，更是一处文化名山。这里流传着薛仁贵生擒契丹王阿卜固、乾隆东巡至此观看铁树开花、北燕文帝冯跋兄弟逃避追杀遁迹于此的故事和传说。大黑山核心景区占地 30 平方公里，以“清幽”“野趣”为特色，集“雄、奇、险、秀、幽、旷”六种自然现象于一体。其中巍峨奇特的山石、漫山遍野的山花、常年不绝的山溪乃至冬季形成的冰川，被誉为大黑山的“三奇”。

（二）南大青山

位于敖汉旗南部四家子镇境内，努鲁尔虎山的主要山峰之一。以山顶为分水岭，北坡为赤峰市管辖，南坡为朝阳市所属，系内蒙古自治区与辽宁省的界山。方圆 500 多平方公里，是敖汉与朝阳之间的一道天然屏障，被称为敖汉东南门户。原名叫大青山，为与宝国吐大青山区分，故名南大青山。其主峰大青山，海拔 1153.7 米，登临其上可远眺渤海，又因峰顶四周是悬崖峭壁，故当地人称之为“望海楼”。南大青山古称“青峦岭”，因其山色青翠，民国初改称“大青山”。解放前，南大青山常有盗贼出没，拦路抢劫，山两侧的朝阳和敖汉人民深受其害，称它为“断亲山”。南大青山脚下的青沟梁，战略地位非常重要。现在，已有省级公路穿过 510 米隧道连接两省区。大青山青翠苍郁，多有古迹。在其主峰南侧地势平坦的山坳上，有两座南北排列的被当地群众称为“南城”“北城”的辽代遗址。山北坡的公路一侧，有元代元统三年“兴中州达鲁花赤也先公平治道途碑”一处（今仅存碑座，其碑文已收录在《塔子沟纪略》中）。大青山西麓还有辽代韩瑜墓、石片子辽墓等。

（三）佛爷山

佛爷山位于兴隆洼镇境内，努鲁尔虎山东端。据民间相传，此山大雾天远看似佛像轮廓，且海拔较高，故得名。1949 年归宝国吐区新地人民政府管理，1961 年 12 月归大甸子人民公社新地大队管理，1985 年归更名后的东新地村管理，2006 年大甸子乡并入宝国吐乡，本山自 2006 年至今归兴隆洼镇（原宝国吐乡）东新地村管理。佛爷山，为燕山山脉努鲁尔虎山东部余脉，海拔 871.6 米，是兴隆洼镇最高峰。

（四）敖包山

敖汉旗境内有三座较有名气的敖包山。

一是位于牛古吐乡元宝洼村、北台子村、敖包村三个行政村交界处，面积为 45 平方公里。敖包系蒙古语，意为石头堆或土堆。山上长满黄花，亦称“黄花敖包”。通辽等地的蒙古族人每年都来此祭奠，故名为敖包山，命名时间很久远。山势坡度平缓，游人步行或者开车均可到达山腰或山顶。山底为杨树，山腰为山杏或油松。有甘草、远志、黄芩等野生中草药在山脚或山坡生长。山顶有一大片平地，有人类居住的痕迹，并存有人类生活的石碾以及种植蔬菜的田地。通辽以北的蒙古族人群中，对此山留有较深的民族感情，每年都有大量的蒙古族同胞来此祭奠。每年的五月节、中秋节都有附近的居民及远方的客人大量涌入黄花敖包山进行旅游，成为远近游人来此踏青赏景的好去处。

二是位于四道湾子镇四德堂村民委员会西北 1.5 公里处，海拔 728.7 米，长 2.1 公里，宽 1.01 公里。此山下居住蒙古人，在山上用石头和柴草堆成大堆，是用来祭祀山神的活动场地。清代有蒙古人始居，发现此山取名，沿用至今。

三是坐落于黄羊洼镇黄羊洼村境内。自清乾隆年间，有人来此始居，此山取名为敖包山，沿用至今。逐步演变成祭山神、路神和祈祷丰收、家人幸福平安的重要祭祀场所。此山长 1.75 公里，宽 1.25 公里，海拔 588 米。

（五）碾盘沟

碾盘沟（青泉谷）自然风景区位于敖汉旗四家子镇长力哈达村境内。西距镇政府所在地 15 公里，东南与辽宁省北票、朝阳接壤，是一个两省三县交界地带。青泉谷南北长 3 公里，东西宽 2.5 公里，面积达 600 公顷。沟内景色奇绝，美不胜收；两侧山峦耸峙，似虎踞龙盘，连绵不绝；植物林草茂盛翠绿，蓊蓊郁郁。天然植物群落与动物资源保存完好，碾盘沟风景区是燕山山脉最东段末端的天然次生林区，这里生长着五角枫、蒙古栎、黑桦、山杏、核桃、柞树等 30 多种乔灌树种，对研究次生林生态植被具有重要意义，野兔、狐狸、野鸡、王干哥等 10 多种飞禽走兽在山间溪边穿梭嬉戏，带来勃勃生机。

因景区多花岗岩，过去附近的石匠大多在此采石头制作碾盘，故名碾盘沟，又名青泉谷。景区素以真林、奇水、怪石为胜，更以神奇、优美的传说而远近闻名。沟内林木葱茏、溪水潺潺、怪石层叠。石被水雕琢成一件件艺术品，水被石激荡出万种风情，点缀穿越在绿树红花之中，别有一番情趣。景点杏花溪内，更有蘑菇石、陷马石、状元砚、十里杏花坡、叠泉、溅玉潭、飞龙瀑布、阎王鼻子一幅幅巧夺天工的山水画，可谓“青山石上走，人在画中游”。

碾盘沟西约 18 公里，是有“中国北方金字塔”之称的草帽山遗址，向南约 20 公里，有香火旺盛的佛教寺院青城寺；神态各异、惟妙惟肖的十二生肖山，山山相连，绵延在方圆几十公里内，各景点形态逼真，与青泉谷遥相呼应，浑然一体。

（六）石砬子山

也称红门寺山。红门寺，建成于隋末唐初，此山也以寺名称之。红门寺山，坐落在努鲁尔虎山脉北麓，位于金厂沟梁镇境内罗洛营子村西南 2.5 里处。相传早在隋唐之前，一位得道高僧云游四方，来到这里，慧眼扫视，眼前一亮，发现这里是一方风水宝地，一条巨龙盘踞在山巅之上，山脚下突起的巨石左看是一头雄狮把关，右看是一个巨大的鳄鱼伏身凛然守卫入口，各种神兽灵物自然落成，固守这片神奇的土地。于是高僧四处化缘修建庙寺，各路僧侣纷纷来到此处修行，方圆几百里的善男信女顶礼膜拜，香火旺盛，通过不断地修建，到了隋末唐初达到了鼎盛时期，建成了颇具规模的大寺庙——红门寺。

（七）四道营子大山

位于敖汉旗新惠镇与丰收乡交界处。海拔 1256 米，是敖汉旗境内最高的山峰。登临其上，雨雾天淡淡云烟脚下飘动；晴空万里时，远山近水尽收眼底，一望之内，风光迥异，大有“一览众山小”之气魄。20 世纪 90 年代中期，当地人民实施小流域综合治理，遍植树木，广种牧草，生态改善，万木葱茏。风过处林涛阵阵，春来时杏花飘飘。蜂舞花间拨芯蕊，蝶飞姹紫弄落英。

二、水

（一）叫来河

元明时称遥拉河，清代称那拉特河、巴奚里河。清咸丰十一年（1861 年）所绘“辽河水道图”中的那拉特河尚属内陆河。民间传说康熙皇帝亲征噶尔丹，经奈曼遇到饥渴，令人四处找水，三日后群臣禀报说从西南处叫来一条河，康熙皇帝初见时，果然有一河滚滚而来，故称教（叫）来河。另有传说为清朝乾隆皇帝呼叫而来，因此名为“叫来河”。

叫来河源自金厂沟梁镇四六地村老道梁，向东流过金厂沟梁镇转东北流，经贝子府镇、牛古吐镇，从下洼镇出敖汉境，于通辽市奈曼旗王家窝铺注入西辽河。境内有白塔子河、克力代河、腾克力河、干沟子河注入。在上游段贝子府镇、牛古吐镇干流上建有山湾子水库（中型）。叫来河是敖汉旗境内三大河流之一，是一条外流河、季节河、断流河，属西辽河水系。

在叫来河上游，赤峰鑫泰旅游开发有限责任公司已开始在敖汉旗金厂沟梁镇上长皋村小四家投资叫来河源风景区建设项目，总建筑面积 16700 平方米。

山湾子水库系中型防洪蓄水工程，位于现在的喇嘛板村所辖的上台子自然村，该村原名为山湾子村，故得名。1974 年开工建设，1976 年建成，沿用至今。该水库位于牛古吐乡喇嘛板村和贝子府镇太吉和窑村境内，西距旗政府所在地新惠镇约 50 公里，坝址以上流域面积 690 平方公里，河流长度为 80 公里，河道平均比降 1/300。总容量 0.9171 亿立方米。

乌兰勿苏水库系集防洪蓄水，灌溉抗旱于一体的中小型水利工程，坐落在乌兰勿苏村附近，故得名。1959 年建成沿用至今。水库位于敖汉旗腾克力河下游，距旗政府所在地 62 公里，水库坝址以上流域面积 400 平方公里，河道长 70 公里，河道平均比降 1/300，总容量 0.2683 亿立方米。

（二）老哈河

“老哈”系契丹语，意为“铁”，老哈河寓意为“奔流不息的铁河”，取契丹语意，故得名。此前被称为乌侯泰水、托纥臣水、土护真河、土河、涂河、老哈母林河，后更名为老哈河，沿用至今。发源于河北省平泉县七老图山脉的光头山，自赤峰市松山区入敖汉境内，沿敖汉西郊、北部边界，流经四道湾子镇、萨力巴乡、古鲁板蒿镇、敖润苏莫苏木等乡镇苏木出境入通辽市奈曼旗。河流全长 426 公里，在敖汉境内为 149 公里。该河流域面积 3.3076 万平方公里，在本旗境内为 1900 平方公里。

沿河有红山水库、石门湾、老哈河谷、敖汉玉瀑、敖汉摩崖石刻等景观。

红山水库坐落在老哈河中游，地处赤峰市翁牛特旗、敖汉旗、松山区交界处，位于古鲁板蒿镇境内。1958 年开始由苏联人设计，中国人施工，因中途苏联专家撤离，工程并未完全按设计完工。

库区总面积 214 平方公里，总库容 25.6 亿立方米，水面 94 平方公里，控制流域面积 24486 平方公里，占老哈河总流域面积的 74%。是内蒙古自治区最大的一座人工湖，成为三旗区共同的参观、游览、消夏避暑的旅游胜地。

水库大坝横卧南北将老哈河拦腰截断，放眼望去，五百里哈河奔来眼底，天水相连。夏日，湖区内碧水微波，沙软湖平，滩宽水清；岸边上林带苍翠，绿树成荫，亭台点点；湖堤下稻田片片，水路弯弯，鸭鹅戏水，渔船悠悠，一幅典型的塞北江南风光，它的自然环境，完全具备了当今湖滨旅游的六大要素：碧水、沙滩、阳光、空气、绿色、美味。是游人回归自然，进行湖水浴、日光浴、沙浴、空气浴等健身休闲和观赏田园风光的理想天然场所。

红山水库旅游区有“天台鸟瞰”“红亭望碧”“白玉引水”“泄洪观瀑”“明代石刻”“北滩公园”“绿春湾垂钓”“塞北江南风光”“南苑景区”“北滩浴场”等自然景观和人文景观 10 余处。

石门湾旅游区，位于敖汉旗北部古鲁板蒿镇李家营子村境内，距敖汉旗新惠镇 80 公里，地处老哈河河谷。包括老哈河水域（石门水库）及湿地景观、沙漠景观（老哈河西岸）、孟家铺子田园村落景观、缓丘低矮林地景观。其中，老哈河两岸的石门崖壁上有康熙皇帝手书“石门”遗迹，是康熙三十七年，康熙皇帝东巡路过的地方。还有废弃的石门子水利工程，村头建有一处古树公园。

此地是蒙汉杂居地区，蒙古族的传统服饰文化（包括男女长袍、坎肩、皮帽、皮靴、刺绣饰品等），体育节庆文化（摔跤、射箭、骑乘表演，篝火歌舞晚会等）和汉民族传统民俗文化（黄河灯会、九曲黄河阵、民歌戏曲等）交相辉映。

敖汉玉瀑位于敖汉旗与翁牛特旗交界的老哈河上。老哈河流经此地时遇上科尔沁沙地，沙地东侧较低，河水本应朝东北方向流去，但不知为什么却转头南行，爬上比北岸高出20多米的山崖。力劈坚硬的山石，豁出长700米、宽50多米、深30多米的深涧，以每秒几十米的速度飞泄而下，形成了雄伟、壮丽的瀑水，通常人们称之为“响水”。

玉瀑所在地域地形复杂，桀骜不驯的老哈河水在此受阻，开始形成一个方圆500多平方米的湖泊，突然一巨流将石山“劈”开，跌入深谷（人称头道井子），于是万浪涌出，形成万马奔腾之势。这条放荡不羁的“巨蟒”从不屈服于对手，仰头长啸，旋即而出。但是行不到20米又跌入第二道深涧（人称二道井子），再流180米，又一头栽进第三个深涧（称三道井子）。三次受缚，三次博出，并发出接连不断的巨响。两岸石壁陡峭，回音雄壮，震天撼宇，“高江急峡雷霆斗，古木苍藤日月昏”。河水三迭三起形成一条宛如银帘般的瀑布，飞溅的浪花四散跳落如同晶莹的珠玑从空中飞洒，景色十分壮观。正如《新惠现况》一书所描写的那样，“气势汹涌，声如万马奔腾，水珠飞溅，洵称奇观。每至三冬，尤为特赏，飞沫成冰遍于两岸，霜花流水夹杂其间，真奇观也。”爬上老哈河东岸鸟瞰瀑布，山上凉风习习，视野宽阔，十分惬意。站在崖后，如同站在瀑布的前沿，瀑布的鸣响与山涧的回音交织在一起，震耳欲聋。整个河谷白雾茫茫，洁白轻柔的雾气随着河谷徐徐刮来的熏风慢慢升腾，恰似绢帕飘舞。瀑布上空飞溅的水雾，在太阳的照射下呈现出七彩炫光，如同道彩桥架在老哈河谷。鸬鹚、打鱼郎、水鸭等众水族一会儿盘旋在瀑水上空，试与“巨蟒”争高下；一会儿又成群结队地嬉戏于下游的河水中，不争不斗，悠然自得。岸边的绿草野卉高树长藤，把老哈河谷装扮成一条硕长无比的翡翠沟。

攀着悬崖的树枝藤蔓，迤逦进入谷底，这里的空气极为湿润。瀑布倾泻时引起的气流所挟带的水沫，形成了大面积的毛毛雨洒落在周围数十米。即使是流火七月，在这里也会得到细雨洗面，凉风沁脾的享乐。

离瀑布半里之遥的北岸有一座刀削斧斫的石壁，当地人称“摩诃迦罗石崖”。据《钦定热河志》载：乾隆八年（1743年）仲夏，乾隆皇帝东巡拜谒祖陵途经敖汉，特意去观赏老哈河瀑布之奇观并赐名“玉瀑”。写下《观敖汉瀑布水》的长诗，令工匠用满、蒙古、汉3种文字镌刻“摩诃迦罗石崖”上，诗前序为：朕恭谒祖陵至敖汉，见此崖悬水，跳珠琮琤，蒙古游牧地少见也，因名此水为玉瀑，而系以诗。

我闻奥区天所秘，疑信向半今信然。
浩浩万里沙漠塞，乃有瀑水崇冈悬。
车尘方古纷埸壒，豁开壶里别有天。
侵寻峰岫罗嘉树，渐润涧谷无埃烟。
是时仲秋曝晶日，忽闻雷声般前川。
坐令林峦失轻籁，朗吟清眺万虑蠲。
大者明珠小者玑，如倾栲栳投深渊。
虎狼骇走不敢饮，下疑千载苍龙眠。
巨石横断无土壤，粤生美箭奇而坚。
山叶红绿如错绣，无名野卉相新鲜。
鹳鹄徘徊不忍去，鼪鼯时向虬枝穿。
禹凿龙门未至此，胡乃三级限鳙鲢。
吁嘻泉石诚观止，赏咏自我羌谁先。
匡庐香炉无足喻，山灵占此永不迁。
设置飞觞搦管地，混沌窍凿应难全。

摩崖诗离地面10多米高，上眉长7米，下底长8米，全长26米，总面积182平方米。汉、蒙古、满文字均为阴文，汉字居右为19行，满文居中，蒙古文居左，蒙古文、满文为51行。摩崖诗距今已230多年，字迹仍清晰可见。在摩诃迦罗岩崖附近的石壁上，刻有众多的岩画，有的似威武不屈的斗士，有的像风姿潇洒的仙翁，有的似丹凤飞舞，有的如云龙腾空，这些图案多以杏黄、橘红、藕荷显现，造物主的神功巧饰令世人叫绝。

在河水南岸有一块面积为50多平方米的光滑卧石，石为棕褐色，石上有十几个碗大酷似马蹄印的石坑，据传是康熙帝骑马渡河留下的。离这组蹄印不远便是一个被称为“温格热”（悬崖）的地方，来到这里似乎来到兵器林立的古战场。随处可见有如长矛、短棍投枪、利戟的石林。石林的下侧有一个岩石太师椅，太师椅高10余米，宽2米，长19米，背高17米，两边扶手十分对称。石椅结构如此匀称叫人不敢相信这是天然斧成。石椅西18米处，有一个高22米、直径11米的石桩子，形似宝塔，人称拴马桩。据传康熙帝就是将马拴在这个石桩上坐在石椅上看瀑布水的，这也确实是一个最佳的观瀑位置。

（三）孟克河

孟克河源自新惠镇丰盛店村赖毛沟山，北流经玛尼罕乡、木头营子乡、长胜镇、折东流，自木头营子乡万发永村出境，入通辽市奈曼旗设力虎水库。境内有北扎兰营子河注入。中游木头营子乡青山村建有青山水库（中型）。

孟克河旧名“穆克河”，蒙古名“齐老台池”。“孟克”在蒙古语中的意思是“银”“永久”，一条永久的银河，故得名。民国6年孟克河自然改道，1949年孟克河下游河道宽处达5公里，河岸高不足1米。1962年河道已高出两侧地面3米多，形成地上河。同年10月进行二次人工改道，孟克河又改回民国6年前的故道。1966年汛前第三次改道，1968年孟克河入设力虎水库，1973年建成青山水库，下游一直无大洪水。孟克河，属西辽河水系，发源地为海拔965米的新惠镇赖毛沟山。干流经新惠镇、玛尼罕乡、木头营子乡、长胜镇等乡镇。在木头营子乡万发永村入通辽奈曼旗设力虎水库。

青山水库系防洪、蓄水、灌溉综合水利枢纽工程，坐落在木头营子乡青山村附近，故得名。其前身是1959年1月开工建设的王子庙青年水库，因处于三年经济困难时期，1960年停建。1970年11月1日，该水库第二次动工兴建，由青山、木头营子、新民三个大队联建，1973年10月竣工，命名为青山水库。

（四）蚌河

蚌河，古称哈尔纪河。清朝末年出版的《直隶省地图》，仍把这条河标称为哈尔纪河。哈尔纪，蒙古语黑心形山，哈尔纪河可以译成“黑心形山下的河”。从今四道湾子镇维县营子村附近沿蚌河上溯13公里左右，在河的左岸，今四道湾子镇黑土营子村境内有一片大山，名大黑山，在山的四周，现在仍然有“黑山沟”“黑山后”“黑土营子”等村名，著名的赤峰吉隆黄金矿业股份有限公司（原撰山子金矿）就坐落在大黑山地区心形山地的“心窝”里。

实际上，蚌河在清代又称作伯尔克河。在清代，随着关内移民的不断涌入，蚌河两岸生态遭到严重破坏，山洪裹着泥沙奔流而下，淤塞下游老哈河右岸河床，岸边常有人畜陷进泥沼，所以人们称该河为“泊尔黑阿玛”。“泊尔黑（正音泊尔和）”指艰难，“阿玛”指口子，这里指河口，泊尔黑阿玛就是指行走艰难的河口。来此地的移民将其演绎成“蚌河”。早在清乾隆四十六年（1781年），由和珅等编纂的《热河志》就将这条河标注为伯尔克河。民国初期编纂的《清史稿》中也称这条河为伯尔克河（《清史稿·志二十九·地理一》，中华书局1977年版第1911页）。但《敖汉旗游牧图》直到清朝末年仍将此河标注为哈尔纪河。

发源于辽宁省建平县境内，从四道湾子镇庄头营子入境，在小河沿村汇入老哈河，在敖汉旗境内河长36公里，是著名蒙古族民歌《诺恩吉雅》诞生的地方。

沿途有十里杏花坡等景观。

（五）牤牛河

又名“牛儿河”。属大凌河支流，发源于贝子府镇的十二连山。流经兴隆洼镇出境进入辽宁省北票市，注入大凌河。该河在本旗境内长25公里，流域面积860.56平方公里。

牤牛河源自贝子府镇十二连山，东流入兴隆洼镇转东南流，在宝兴隆洼镇大青山村出敖汉境，进入辽宁省朝阳市北票市，汇入大凌河。境内有王家营子河、高家店河注入。高家店河上建有高家店水库（中型）。老虎山河源自金厂沟梁镇上查干高勒村，由北向西南流入四家子镇，在四家子镇池家湾子村出敖汉境，进入辽宁省朝阳市之土门川，注入大凌河。

（六）老虎山河

古时称“波甸台根河”。属于小凌河上游的一个支流，流经四家子镇老虎山村时，河道较宽，河流最大，故得名。该河发源地为金厂沟梁镇石片山。海拔 832 米，流经金厂沟梁镇、四家子镇。在四家子镇池家湾子村出境入辽宁省朝阳市。

三、沙漠

横亘于敖润苏莫苏木东 28 公里处的道兰图沙地，是旅游的又一道美景。道兰图，系蒙古语，意为有七棵树的地方。因此地最早有七棵树，周围全部是沙漠，故得名。清光绪六年（1880 年）发现此沙地，命名并沿用至今。长约 1.2 万米，宽 5000 米，平均温度 7.6 摄氏度，平均温差 18 摄氏度。位于荷也勿苏嘎查与巴彦宝力高嘎查交界处，面积 60 平方公里。白沙茫茫点点绿，峰驼慢慢悠悠行。

第二节　现代革命遗址

敖汉旗是有着光辉历史的革命老区。从 1925 年起，中共热河工作委员会、内蒙古特别支部、内蒙古特委、热河特别支部在赤峰地区的早期活动，为敖汉地区播下了革命火种。自此，敖汉各族人民迅速觉悟起来，团结奋斗，争取民族解放，追求民主自由。特别是第二次国内革命战争、抗日战争和解放战争时期，敖汉各族人民进行了不屈不挠、可歌可泣的革命斗争，用鲜血和生命，为中华民族的独立和解放事业，谱写出感天动地的英雄壮歌。现代革命斗争历史遗迹遍布全旗各地，由于多种因素，至今保存完好的仅剩烈士陵园。

一、新惠革命烈士陵园

战争时期，敖汉旗共有 1912 位革命烈士为国捐躯。其中，抗日战争中牺牲 4 人；解放战争牺牲 1712 人；抗美援朝战争牺牲 196 人。

新惠镇革命烈士陵园原址建于敖汉旗新惠镇北石羊石虎山上，距新惠镇 1 公里处。陵园始建于 1984 年 10 月，总占地面积 34.9 万平方米，建筑面积 2505 平方米。2013 年 6 月新惠镇革命烈士陵园开始维修改造，搬迁至石羊石虎山。

2018 年，烈士陵园又搬迁至新惠公墓西侧的小西山。此地距新惠城区 5 公里，山顶环境优美，地势较为开阔。新烈士陵园占地 73.5 亩，投资 1450 万元。入口广场 4200 平方米，安放着开放式大门，显得大气开阔；100 延长米的人民英雄浮雕墙，英雄的群像栩栩如生；726 平方米的军魂广场，无不彰显英雄气魄；19.49 米高的烈士纪念碑，坐北朝南，位于陵园中心。碑身正面镌刻着“革命烈士永垂不朽”八个大字，碑身背面由敖汉旗委和政府题词：“在反对侵略及人民解放战争中，在社会主义革命和建设中壮烈牺牲的烈士们的不朽业绩同山河永在，与日月同辉”；41 座烈士安葬墓，安放着烈士们的遗骨；68 延长米的烈士英明录墙镌刻着 1891 位烈士的英名；4500 平方米的纪念活动场地，可以举行各种纪念活动；整个烈士陵园绿化面积百分之百，四周由松树、山杏树环绕，一年四季绿树葱葱，使陵园更显庄严肃穆。

新建成的烈士陵园，整体建筑庄严肃穆，美观大方，场地整洁宽敞，被确定为旗级“双拥主题教育公园”。

二、金厂沟梁云英山烈士陵园

位于金厂沟梁镇人民政府驻地金厂沟梁村南山上，陵园内安放高云英等 10 位烈士的骨灰，并建立纪念碑，故得名。高云英是中国人民解放军二十一军分区独立营通讯员，在解放战争中壮烈牺牲。为缅怀先烈，教育后代，2003 年 8 月，金厂沟梁镇人民政府在驻地南山为高云英等 10 位烈士修建纪念碑，并将该山命名为“云英山”。陵园于 2003 年 8 月始建，2006 年对纪念碑周边 2000 余平方米土地进行硬化；2013 年对烈士陵园进行改建，沿用至今。占地 9600 平方米，墓地全部用防渗砖进行了硬化，四周修建了长城墙，墓穴用砖混结构建成。既是开展爱国主义教育的基地，也是人民休闲的场所，由金厂沟梁镇人民政府对其进行管理。

三、四家子烈士陵园

四家子烈士陵园于 1965 年 8 月 1 日建成，原址在四家子街里东侧路南。1994 年，四家子镇政府将烈士陵园搬迁至四家子镇政府所在地东，草帽山半山腰处，占地面积 2700 平方米，2013 年 7 月重建。陵园内安葬着 28 位烈士。陵园的纪念碑、牌楼、烈士墓、台阶、地面和部分围墙等分别采用汉白玉、大理石、花岗岩等材料建筑铺设而成，陵园内外进行了美化、绿化、硬化。烈士陵园活动场地宽敞，为当地群众入园瞻仰革命烈士墓和开展爱国主义教育提供了便利。

陵园内的墓志和碑文分别记载着安葬在这里的 28 位烈士的革命生平。这里安眠着在老虎山阻击战中牺牲的烈士，他们用血肉之躯击溃国民党九十三军一个连的兵力，最终取得伏击战的胜利；在南大城平顶山那场与国民党土匪武装的生死较量中，13 位英雄长眠在南大青山的青松百花之中；在保卫新生的革命政权，与反动土匪武装的那场反包围战斗中，四家子区长黄展等烈士流尽最后一滴血；还有 20 世纪 60 年代，在建设国防工程中献出年轻生命的解放军 3262 部队的 3 名干部、战士。2013 年 7 月，四家子镇人民政府按照民政部门的要求，重修草帽山烈士陵园。如今，这座烈士陵园已经成为爱国主义教育基地。

四、克力代烈士陵园

克力代烈士陵园（旧址）位于贝子府镇大哈布齐拉村。1947—1948 年，热辽军分区敌后医院驻地在大哈布齐拉村，解放锦州、北票等战役的部分伤员在此救治，未治愈牺牲的烈士以及当时就工作在此敌后医院，并为抢救解放军战士而以身殉职的日本籍女医生四本葬于该村的村北——现陵园旧址，旧址占地 400 平方米，共葬无名烈士 23 人。为缅怀先烈、教育后人，1970 年 9 月，原大哈布齐拉大队革委会为无名烈士陵园建纪念碑一座，碑正面书“人民英雄永垂不朽”。1995 年 4 月 5 日，被敖汉旗委、旗政府批准为“爱国主义教育基地”。其中，日本籍女护士四本烈士也安葬于此。

新建的克力代烈士陵园位于贝子府镇克力代村西山，总占地面积 3360 平方米。新陵园建于 2013 年 7 月。陵园依山而建，坐北朝南，正门为仿古式砖石结构碑楼，碑楼前脸上刻“克力代烈士陵园”，四周为水泥柱护栏，园内拾阶而上，建有三大平台，三大平台全用水泥方砖硬化，第一平台为集会广场，为祭奠教育活动场所；第二平台中央建砖石结构纪念碑一座，正面书“人民英雄永垂不朽”碑文；第三平台为革命烈士墓地，建砖石结构墓 81 座，上盖大理石，共安葬 81 位无名烈士，立石质无名烈士纪念碑 81 块，碑间种植松树，象征革命烈士精神永驻，万古长青。整个陵园在青山绿树环抱之中，肃穆、庄重。2015 年 12 月被命名为市级爱国主义教育基地。

五、贝子府烈士陵园

贝子府烈士陵园（旧址）始建于 1947 年，由原新东县政治处和新东县政府主持建立。陵园旧址位于贝子府镇贝子府村，陵园长 110 米，宽 100 米，总面积 1.1 万平方米。陵园四周建砖围墙，正门用钢筋、铁管焊制。陵园中央建砖石结构纪念碑（塔）一座，水泥抹面，纪念碑（塔）正面刻“爱国自卫战争烈士纪念塔”十一个大字，背面刻“人民英雄永垂不朽”碑文。陵园共安葬新东县农会主任刘自明烈士、热辽军分区二团参谋长梁清环烈士和董枫烈士、孟显池烈士及 8 名无名烈士，立石质墓碑 12 座，其中刘自明等 4 名烈士墓碑正面刻烈士姓名，背面刻烈士生平简介；8 名无名烈士墓碑正面刻“革命烈士永垂不朽”碑文。1992 年 6 月，贝子府烈士陵园（旧址）被自治区文物考古研究所确定为“县市级重点文物保护单位（三级）”；1995 年 4 月 5 日，被敖汉旗委、旗政府批准为“爱国主义教育基地”。

新贝子府烈士陵园（现址）位于贝子府镇贝子府村，总占地面积2208平方米，2013年7—8月底，历时2个月时间，投资20余万元进行维修。主要维修项目有：新建正门碑楼、加高四周砖围墙、园内空场铺水泥方砖硬化等。维修后，此陵园结构更加严谨，整体形象更加庄重、肃穆，青松有意佑忠骨，翠柏含情伴英灵。

六、下洼烈士陵园

原下洼烈士陵园位于下洼镇政府所在地西北，占地面积6700平方米。下洼镇原有烈士安葬点3处，共安葬烈士34名。为1948年辽沈战役时驻扎在万增号村的医疗分队和高力板村的解放军某部后勤供给处的战士，牺牲后分别就近安葬。安葬在下洼村的强振平烈士是1947年在解放黑城子时牺牲的。

新的下洼烈士陵园2014年8月开始选址筹建，当年10月竣工。陵园大门为三孔牌楼式，上书：“下洼烈士陵园”六个大字，广场中央建纪念碑一座，主体碑高8米，碑上篆刻“革命烈士永垂不朽”，碑体底部为花岗岩浮雕围栏；陵园四周均为仿古琉璃瓦围墙。修建烈士墓穴34座，集中安葬了万增号村的29具烈士遗骨，高力板村安葬的4具烈士遗骨和下洼村安葬的1位烈士。该陵园硬化、绿化纪念广场3000平方米，为旗内规模较大、档次较高的烈士纪念场所。2018年10月，烈士陵园统一迁到新惠革命烈士陵园。

第三节　人工生态建设景观

敖汉旗不仅历史悠久，文化积淀厚重，而且山川壮美，风景秀丽，以生态建设为主造就的自然景观将这里装扮得更加美丽。几十年的生态治理，先后造就黄羊洼农田牧场防护林规模之巨，铸就大青山小流域治理气魄雄浑，编织荷也勿苏“沙地伏魔的天网”，谱出三十二连山的惊人壮歌，写就令人振奋的六道岭精神。当人们在品味悠久的古文化遗址和欣赏独特的自然风光之后，可同时领略到“一张蓝图画到底，干就干好”的伟大敖汉精神。敖汉旗先后被评为“全国造林绿化先进单位”“全国科技兴林示范县”。2002年被联合国授予生态环境“全球500佳”，殊荣名传海内外。

敖汉旗地处科尔沁沙地南缘，由于历史和自然的原因，这里是赤峰市沙漠化最严重的地区之一。“一年刮两次黄风，一次刮六个月。”这句诙谐的顺口溜生动地反映出了当时的情形和人们无奈的心理。中华人民共和国成立后，敖汉旗人民就开始治山治水，改善生态。

进入20世纪80年代中期，敖汉的生态建设进入快车道。90年代以后，大规模的生态建设以前所未有的决心和勇气，以前所未有的胆识和智慧，以前所未有的大兵团作战，奋战几十年，终于换来敖汉大地山清水秀，生机盎然。全旗各族人民在党和政府的领导下，连续三代人坚持不懈植树种草，防风固沙，治理荒漠，取得了生态建设的可喜成就，成为全国生态建设的典型，两次全国治沙造林现场经验交流会都在敖汉旗召开。2002年，又被联合国环境规划署授予生态环境“全球500佳”荣誉称号。

现在的敖汉，昔日的秃山都披上绿装，黄沙滚滚的荒漠之地变为满目苍翠的林地草海。“绿色敖汉”的建设成就写在8300平方公里的山川大地，“绿色敖汉”的交响乐奏响在塞外草原，“绿色敖汉”的成果为敖汉人民带来沉甸甸的收获。当年的生态建设主战场，正以生态旅游特色景点的面貌展现在世人面前。国内外游客进入一个个景区，看到一座座秀美的山川，一条条迷人的沟谷，无不齐声点赞。本志选取几个有代表性的生态旅游景区展示。

一、黄羊洼万亩林网景观

黄羊洼名字的由来是因为古代这里松柳浩瀚，草木丛生，常有成群的黄羊出没。但过度的开垦和自然的原因，使这里成为赤峰市沙漠化最严重的地区之一。治理前，黄羊洼地区土地沙化退化严重，生态环境恶劣，风沙吞噬农田，农牧业发展缓慢，群众生活困难。正如民谣所说的：“种一坡，收一车，打一簸箕，煮一锅。”

黄羊洼生态建设工程始建于1989年，建设范围涉及康家营子乡、古鲁板蒿乡、双井乡、种羊场、双井林场、古鲁板蒿林场三乡三场，沙化草场面积45万亩。建设工程实行统一规划，综合治理，3年共营造草牧场防护林5.08万亩，形成50米宽的主副林带294条，总长度726公里。构成500米 ×500米和500米 ×400米的网格877个，保护草牧场43.3万亩，占沙化面积的96.2%。

从1997年开始实施二期工程，在原网格内穿加“十”字带，营造接班林，营建灌木饲料林。共建成小网格1204个，开沟造林总长度为1885公里，新增造林面积4万亩。黄羊洼草牧场防护林体系的建成，实现人进沙退，极大地改善了当地生态环境和生产生活条件，发挥显著的生态效益。三乡三场粮食总产量达5000万公斤，平均亩产在600公斤以上，是治理前的10倍，人均占有粮食达1250公斤，成为敖汉旗主要产粮区。工程区年产饲草1.27亿公斤，可饲养草食牲畜16.93万个羊单位，现有大小畜折合10.09万个羊单位。

现在，这里林带纵横、阵列整齐，大地织锦、草海无垠，目力所及，翠绿接天，气势恢宏，令人叹为观止。

1996年6月，联合国防治沙漠化公约秘书处官员卡尔·波马顿先生考察了黄羊洼治沙工程后感叹地说："这里像法国的庄园。"

二、三十二连山生态建设工程景观

敖汉旗黄花甸子三十二连山生态建设工程位于敖汉旗萨力巴乡黄花甸子村三十二连山流域，由32座山峰相连而成，总面积3.2万亩，属于沙地向山地过渡类型区，是敖汉旗以水平梯田建设为主，山、水、田、林、路综合治理的典型工程，被誉为"黄花甸子"模式。

该流域风沙大、水土流失严重，从1992年开始进行生态环境治理，到1997年已累计完成治理面积7500亩。在此基础上，1997年对该流域进行了全面规划，并抽调10名技术人员现场进行技术测量、设计，组织全乡劳力展开施工，坚持高标准、严把质量关，一举完成治理面积5550亩。其中夏季小流域治理中，挖水平沟1500亩，鱼鳞坑500亩，果树台田200亩，投入劳务积累工近万个，共动用土石方5.2万立方米。当年秋季，全乡集中7500余名劳动力，集中会战20天，修筑高标准水平梯田3350亩，布设农田防护林带5条，投入劳务积累工8.6万个，完成土石方34.65万立方米。全流域累计治理面积达到12850亩，治理程度达到82.2%。

1998年春季，全流域完成营造路边林1200株，农田防护林17000株，山杏50000株，油松、落叶松、沙棘、大枣等树种76000株，总计完成造林面积2550亩，同时在12万延长米梯田埂栽植条桑15万株。

1999年，中共中央政治局原常委宋平同志登上了三十二连山，看到鬼斧神工般的小流域综合治理工程，看到山顶的松、山坡的杏、山下的梯田，连声夸赞："敖汉人把山建设得这样，真是奇迹！"

2017年，以"打造旅游胜地、传承精神文明"为导向，统一规划，形成以绿色谷子为种植主体的"五彩梯田"，粮食亩产由治理前的不足100公斤提高到现在的250公斤以上，亩均增收1000元，受益农牧民440户，受益人口1100人，诠释了"不等不靠、干就干好"的"敖汉精神"。

空中俯瞰三十二连山，一道道梯田，一道道美景，南有云贵高原"多彩梯田"，北有黄花甸子"五彩梯田"，南北相映，美轮美奂。

三、六道岭上的丰碑

在贝子府镇六道岭村的山峰上，蓝天白云映衬着一座昂首云天的石碑。上面镌刻着一段厚重的碑文：不等不靠，山硬石硬也敢碰；干就干好，不让子孙骂祖宗；不骄不躁，老牛拉车一股劲；行动一致，心中装着六道岭。这就是鼓舞敖汉人民改造山河，治理生态环境，改变家乡面貌的六道岭精神。

六道岭位于燕山山脉东端，属大凌河流域，系国家二期二阶段重点治理区，治理前长期受水土流失危害，土层较薄，有机质含量低，侵蚀亩数高达 1.2 万吨 / 平方公里 · 年，辖区 6 个村民组共 912 口人的生活水平较低。

1993 年，在全市轰轰烈烈生态经济沟建设大气候影响下，六道岭人认识到改善环境条件的重要性，在得到上级党委政府和业务部门的支持后，六道岭人发扬不干不行，“干就干好，不让子孙骂祖宗”的顽强精神，依靠科学严谨的规划、设计，利用近 4 年的时间，完成 1 万亩两条生态经济沟的治理任务。其中结合挖水平沟营造山杏林 5500 亩，油松 3500 亩，沙棘 400 亩，通过修果树台田栽植果树 300 亩，大扁杏 50 亩，同时在沟道内栽植树苗 2000 株。在造林地内通过复垦套种农经作物 2300 亩，使万亩不毛之地产出效益达 35 万元，人均增收 360 元。

1998 年秋季，坚持“认识上要有大战略，政策上要有大举措，治理上要有大规模，进程上要有高速度，质量上要有高标准，产出上要有高效益”的指导思想，王家营子乡党委政府组织全乡会战六道岭，从 10 月 6 日至 11 月 12 日，历时 37 天，建设高标准水平梯田 3500 亩，修作业路（宽 4 米）5440 延长米，挖路林坑及水平沟 12500 个，整个工程共投入劳动积累工 11.1 万个，出动拖拉机 335 台班，动用土石方 59 万立方米，在施工过程中严格坚持国家标准，真正实现工程建设高起点、高标准、高效益。

现在六道岭小流域的荒山、荒坡已基本治理完毕，水平梯田建设占总坡耕地面积的 91.7%，在全旗率先实现了全旗“梯田示范村”。

1999 年，内蒙古自治区水利厅为六道岭小流域立碑，水利厅厅长云峰题写了“六道岭小流域生态建设示范村”碑铭。

蓝天、白云、丰碑、绿树、鲜花映衬着六道岭，如今这里已经是生态旅游的主要景点之一。

四、奇峰峻岭大青山

大青山流域位于兴隆洼镇大青山、嘎查、兴隆洼、双山 4 个村，属大凌河水系牤牛河流域的一条支流域，由大青山、平顶山、水泉沟、火石山 4 个分流域组成，总面积 6 万余亩。有大大小小的山头 144 座，山势险峻，主峰大青山海拔 556 米，其中大青山分流域有山头 32 座，鸡爪沟 250 多条。全流域水土流失面积达 5.47 万亩，占总面积的 91.2%，其中荒山荒坡面积为 3.09 万亩，植被稀疏，80% 为砂石质地。

从第一个五年计划开始，大青山流域水土保持治理工程就一直没有停止，但是收效甚微。进入 20 世纪 90 年代，宝国吐乡党委、政府组织以村为施工单位对大青山流域开始大规模的山、水、田、林、路综合治理。到 1996 年，共治理 2.46 万亩，挖水平沟 185 万个，闸谷坊 589 座，修作业路 7000 延长米，动用土石方 100 万立方米，用苗木 200 万株。

1997 年，大青山流域被列为国家重点水土保持治理区二期二阶段大凌河流域项目。同年春，乡党委、政府组织群众担水 200 万担，拉营养土 100 多立方米，做营养袋 8 万个，在土层较厚的向阳坡种植核桃树 300 亩。夏，大青山流域出现了联村会战、合力攻坚场面，成为全旗首个联村会战的典型。乡党委书记、乡长任指挥部正副总指挥，组织发动大青山、双山、嘎查、兴隆洼、宝力格 5 个村 2000 多人参加会战。本流域一春植树造林 8800 亩，其中在已修完工程的山坡上造林 6200 亩，现整地现造林 1500 亩，补植造林 915 亩，投入人工 25 万个工日，配置树种 11 个。工程苗木投资 52 万元，使用各类苗木 79.19 万株，其中经济林苗木 6 万株，树木成活率达 90% 以上。

1990 年夏，转入二期工程的沟道治理。5 个村联村会战日出动劳力 2000 人，历时 50 多天，完成治理面积 1700 亩，修纵向作业路长 4210 米，筑拦水坝 464 道，闸谷坊 520 座，削坡填土厚 50 厘米，造台田、条田 450 亩，共动用土石方 52 万立方米。本经济沟的治理，成为全旗生态经济示范沟。大青山第一生态经济沟工程获敖汉旗 1998 年夏季农田草原水利基本建设特别奖。

1998 年秋，全乡集中 12 个村劳力在大青山会战，建设农田工程和沟道工程，完成治理面积 4037 亩，其中修水平梯田 3930 亩。动用土方量 34.3 万立方米，完成投资 200 万元。大青山是全旗治山的一座丰碑，被誉为“大青山气魄”。如今的大青山满山青翠，果甜花香，山风吹过，林涛阵阵，游人到此，流连忘返。

五、田园风光刘杖子

金厂沟梁镇刘杖子村是内蒙古自治区的生态建设典型。刘杖子人围绕着刘杖子河（嘎力嘎河）流域开展集中治理，如今打造成山清水秀一派田园风光的美丽山村。刘杖子河（嘎力嘎河）属西辽河水系叫来河流域的一条支流域，全流域长 9 公里，宽 2.5 公里，总面积 21.6 平方公里（3.24 万亩）。有大大小小的山头 97 座，大沟深沟 45 条，海拔在 633—1007 米。20 世纪 50 年代，水土流失面积 2.86 万亩，占总面积 88.4%。

1956 年，刘杖子高级社制订了“先治山，后治河，山上挖鱼鳞坑、栽松树，河沟砸塘坝、河滩栽杨柳。绿化荒山，保水保土”的战略性规划。社主任江云汉率领群众，开始前无古人的治山治水大会战。一春，四楞山从山顶到山脚，密密实实地挖遍鱼鳞坑。

对 5—10 度的坡面，采取切断径流线，拦蓄径流水，修筑水平梯田和坡式梯田的措施，

10—25 度较为整齐的坡面布设水平沟。过去已种植的山杏林和松林也增设水平沟等骨干工程，并采取阴坡造松林，阳坡造山杏，埂堰压棉槐、沙棘等植物措施，对 3 度以上的荒山坡，采用品字形工程设防开掘鱼鳞坑。

沟道治理是刘杖子人水土保持的一道重要防线。他们采用先上、后下，先毛支沟，后主沟，修筑土石谷坊和淤地坝，并配以沟内营造速生林，坝顶、坝侧压沙棘、棉槐的防护措施。同时开始了治河造田，把 98 公里长、10 米宽的主河道裁弯取直，向河争地 1100 亩。

1980—1990 年，刘杖子村（大队）10 年奋斗，挖鱼鳞坑 1.33 万亩，挖水平沟 0.77 万亩，闸谷坊 1.7 万座，修河堤 1.6 万米，截河弯 5 处，装铅丝石笼坝 246 座，河滩垫地造田 210 亩，修村级公路 8.5 公里，乡间作业路 3 条 15 公里，修水平梯田 2000 亩，总土方量 210 万立方米。营造黑松 1 万亩，混交山杏 4700 亩，杨柳 1250 亩。全村人均有林 13 亩，户均有林 75 亩。10 年苦战，治理程度 84%，森林覆被率 63%。

如今的刘杖子村，2.26 万亩各种树木为全村人民储蓄着巨大的财富，其中重点生态公益林 19586 亩，地方公益林 1293 亩。森林覆被率 70%。几万亩大山每年都为村民奉献着松籽 10 万斤，山杏核 30 万斤，沙棘果 10 万斤，各类蘑菇 2 万斤，柴胡、远志、黄芪等十几种中草药材可供采集出售。绿色银行鼓起了老百姓的钱袋子。

六、安家大山锦绣图

安家大山地处十二连山北麓，在贝子府镇设力虎屯村境内，因其山下有安姓人家而得名。其海拔高度 900 多米，山势险要，著名的燕长城遗址如龙盘蛇绕，横亘东西。新石器、青铜以及辽金文化遗址遍布整个流域，在古代，这里曾是一处关塞要地。东侧山峰之巅，三块巨大的青石，相拥而立，遥看好似三个躬揖结拜的义士，当地人起了一个非常好听的名字叫“桃园三结义”。这样一块好山水，却因严重的水土流失，给当地带来的只能是灾难。

安家大山脚下的设力虎屯村，1800 多口人分散住在几条山沟里，每逢夏季，暴雨过后，山洪像一头发疯的野兽，夹着山石泥沙，把山下的一条本来不宽的小河撞击得七扭八歪。两岸的平台地被剜去，河边的人家被撵上了山坡，一条条红眼沙子沟把本来就不肥沃的土地分割得七零八落。水土流失、生态恶化给设力虎屯人造就了贫困，历史进入 20 世纪 90 年代，这里偏僻山沟的居民还用纸糊的窗户板打的墙。1997 年冬，这里有 6 个村民组才告别点煤油灯的历史通上电。治理安家大山，改善生态环境，改善生存环境，对于改变设力虎屯村的贫困面貌至关重要。这也是镇党委、政府作出集中全镇兵力，突击会战安家大山决策的直接动因。

1998年7月10日，全镇13个村5200多名劳动力集中在安家大山1.5万亩坡面上。为了高标准完成会战任务，镇党委、政府把办公室搬到安家大山，49名镇干部带领村组干部全部吃住在山上。有8个偏远村的3000多名劳动力吃住在设力虎屯村，有3个村的群众在山上搭起30多顶帐篷。会战的声势之大、人们的干劲之高前所未有。

仅用半个月时间，治理面积15000亩，挖标准水平沟11800亩，65万个；砸谷坊8万个，开通山间作业路16公里，完成土石方量76万立方米。新修水平梯田845亩，成为全旗精品工程，按全镇劳动力平均，每个劳动力完成土石方108立方米。

1999年春季，镇政府又组织全镇劳动力二次进军安家大山。按照整地、造林一包到底的原则，用7天的时间栽植各类树种70万株，成活率均达到85%以上。如今的安家大山，山上青松片片，山风吹，松涛响，山腰杏树成行，山下梯田层层，科学种田使这一片山水成为聚宝盆。

七、马鞍雄魂铸就金山银山

位于兴隆洼镇的马鞍山流域地处石头井子村，属大凌河水系的支流，由马鞍山、杈树沟、卜家山三个分流域组成，总面积1.1万亩。流域内有大小山头52座，平均海拔500米以上，主峰卜家山海拔602米。马鞍山流域各山峰艰险陡峭，沟壑纵横。因为植被稀疏，岩石裸露，水土流失非常严重。

1998年夏季，当时的宝国吐乡党委政府提出“重展青山气魄，再铸马鞍雄魂”和“让青山披翠，叫河谷淌金”的口号，成立以乡党委书记、政府乡长为总指挥的马鞍山流域会战指挥部，组织群众进行联村大会战。全乡集中9个村5000多名劳力，450多台机动车参加会战。整个流域到处红旗、彩旗飘扬，坡面上到处都是挥汗如雨大干苦干的人民群众，工具的碰撞声、人们的欢笑声、工地大喇叭的歌唱声交织成一曲动人心魄的会战交响曲。7月1日至8月25日，历时56天，1.1万亩的小流域治理工程全部完成。共挖树坑124.8万个，闸谷坊8620座，修6米宽山间作业路12公里，动土石方91.43万立方米。

1999年春，乡党委、政府又调动全乡干部群众继续会战15天，植树5.6万株，在2000多亩的纯石质山上，使用营养袋12万个，客湿土500多立方米。科学规划，因地制宜，适地适树，采用带状混交的配比模式，成为全旗山地综合治理的示范工程。

如今的马鞍山，水土不流失，山林见效益，大大改善了大凌河上游的水源涵养条件和当地生态环境。当年栽植的上万亩经济树种，如今成了绿色银行，真的是坡面流金，沟谷淌银，向世人生动诠释着“绿水青山就是金山银山”的生态发展理念。

八、马场梁景观

原来山梁上长满野生草药麻黄草亦称麻场梁。由于地表野草茂盛，是牧马的理想牧场，所以习称马场梁。原名三家小山，系科尔沁沙地末端。自新惠镇小河子林场开始至牛古吐镇浩雅日哈达村境内，均为马场梁山梁。马场梁生态建设工程涉及木头营子乡、下洼镇、牛古吐镇和小河子林场、陈家洼子林场“一乡两镇两场”，总面积258万亩，现有林面积121万亩，其中防护林面积62万亩。1989年，旗委、旗政府启动马场梁生态建设工程，坚持“因地制宜、因害设防”原则，对“一乡两镇两场”进行统一规划，以带、网、片内种植草、灌、乔等多种植物相结合的方式进行综合治理。至2000年，共营造防护林60万亩，基本建成比较完整的防护林体系。21世纪以来，旗委、旗政府适时启动马场梁退化防护林改造工程，加快低产低效林改造，共造林22万亩，其中樟子松混交林5万亩，工程范围内耕地面积达到53万亩。马场梁生态建设工程有效改善了当地生态环境和生产生活条件，发挥重要的防护作用、产生显著的经济效益，成为敖汉旗生态建设“三效合一”的样板工程。现在该区域内粮食平均亩产由治理前不足100公斤增加到400公斤以上，草食家畜存栏达17.9万头（只），受益人口67630人，农民年人均纯收入稳定在万元以上。

2009年8月，国务院总理温家宝到敖汉旗视察，在马场梁生态建设工程现场，对敖汉旗生态建设给予充分肯定。2011年8月28日，国务院总理温家宝第二次来此山梁视察。2015年9月，内蒙古自治区党委书记王君登临此山，视察牛古吐及周边乡镇的“十个全覆盖”工作情况，马场梁从此成为闻名远近的山梁。山梁总占地面积约为60平方公里。地势高耸，坡度平缓。海拔高度大，相对高度小。历经多年的治理和绿化，现山梁绿树成荫，到处是油松、白杨、山杏、沙棘等。生长茂盛的麻黄、甘草、远志等野生中草药，是当地宝贵的资源。

九、连长山

连长山位于新惠镇扎赛营子村，因民兵连连长吕振生而得名。20世纪50—60年代，这里水土流失严重，森林覆盖率仅11.7%，人均收入仅43元。

1955年，退伍还乡的吕振生，放弃安置待遇，毅然返乡担任村民兵连连长，带领当地群众挖山植树，改善生态环境，累计绿化造林2万余亩。1977年3月22日，终因积劳成疾，病倒在未完的绿化事业上，乡亲们把他安葬在曾经战斗过的上煤窑沟前山，并报请旗政府批准，将此山命名为“连长山”。

如今这里油松茂密成林，有林面积2.8万亩，森林覆被率56%，耕地面积1.3万亩，生态环境极大改善。扎赛营子村民发扬吕振生同志不畏艰辛、扎实苦干的精神，继往开来，植树造林，修建梯田，扩大有机杂粮种植规模，广开致富门路，2018 年人均收入超过 11500 元。

吕振生同志几十年如一日，矢志不移、毫不利己、一心为公的高尚情怀和“久久为功、功成不必在我”的务实奉献精神，永远值得后人铭记和传承。

十、长胜治沙林场

国有敖汉旗治沙林场始建于 1962 年，地处敖汉旗北部的长胜镇、木头营子乡、敖润苏莫苏木境内，位于长胜镇榆树林子村东南部，是敖汉旗实施大规模治沙工程的典型。所经营的 4.2 万亩土地中，80% 以上为起伏不平的沙丘群，最大沙丘高达 30 米，孤立的沙丘每年向东南方向移动 3—4 米，不断吞噬着农田和村庄，给农牧民的生产、生活带来严重威胁。

建场以来，林场充分发挥示范和骨干作用，采用一系列先进的治沙造林技术，通过工程治沙与生物固沙相结合、封沙育林相结合、草灌乔相结合的办法治理流动沙丘，新增造林面积 3.9 万亩，林草覆盖率达 98% 以上。林场依托丰富的牧草资源发展养殖业和设施农业，每年多种经营收入达 30 多万元，职工家庭人均收入达 8000 元以上。

长胜治沙林场紧紧依托国有林场和地方群众的团结协作、多种工程措施综合治理，实现了由沙黄到沙绿，再到沙富，最后达到沙美的至高境界。这一大规模治沙工程的成功典范，全面展现敖汉“沙退人进”的治沙成就及感天动地的英雄壮举，展现敖汉人民一代接着一代干，誓将沙漠变绿洲的艰难历程。坚定治沙绿化扶贫的信心，坚定把“绿水青山就是金山银山”作为永远价值追求的理想信念。

第四节　历史遗迹

敖汉旗史前文化悠久厚重，有“人文敖汉”之称。境内已经发现各个不同时代的古文化遗址和墓葬 4000 余处，居全国之冠。境内发现有小河西、兴隆洼、赵宝沟、红山、小河沿、夏家店下层、夏家店上层七种史前考古学文化，其中小河西文化、兴隆洼文化、赵宝沟文化、小河沿文化四种史前考古学文化首次发现并以敖汉地名命名。有兴隆洼原始聚落遗址、城子山山城遗址、大甸子遗址、赵宝沟遗址、战国燕长城遗址等 9 处国家级重点文物保护单位。城子山遗址是中国北方最大的夏家店下层文化中心性祭祀址，兴隆洼原始聚落遗址被誉为“华夏第一村”，大甸子遗址被誉为“海内外孤篇”。敖汉旗有“龙祖玉源，圣地敖汉”的美誉，在兴隆沟遗址出土的红山文化整身陶人被誉为“中华祖神”，境内出土世界最早的玉器——玉玦，发现了中国最早龙的雏形。中国现代考古学家苏秉琦先生把敖汉赞誉为“文明太阳升起的地方”。敖汉旗农耕历史悠久，有“全球旱作之源，世界粟黍之乡”之称。兴隆沟遗址出土的碳化粟和碳化黍，经世界早期农耕文明专家鉴定后认为这些谷物距今 8000 年，比中欧地区发现的谷子早 2700 年，敖汉地区是中国古代旱作农业起源地，也是横跨欧亚大陆旱作农业的发源地。2012 年，敖汉旱作农业系统被联合国粮农组织列为全球重要农业文化遗产。这些沐浴着几千年历史风雨的珍贵遗产，是文化旅游的重要资源，也是吸引国内外有识之士纷至沓来的重要因素之一。国家级、自治区级、市级文物保护单位在《文物与考古篇》记述，这里不再赘述。

一、敖汉札萨克王府

在敖汉旗木头营子乡青山水库南侧有一座山，蒙古语叫固班图勒嘎，汉语译为鼎足山，因山顶由三座圆滑的山峰组成，就像三个倒立的鼎足而得名，山南坡好似一把椅子，两侧的山脊就像扶手，后面的山峰就像靠背，孟克河绕山而过，敖汉旗第一个札萨克王府就建在这里。

乾隆年间，敖汉札萨克王府挪移到今翁牛特旗乌敦套海镇玉田皋一带（当时乌敦套海玉田皋属敖汉辖内），而今木头营子鼎足山上的王府成为只管兵务的王府。道光二年（1822 年），达尔玛吉尔底王以王府地址窄而不畅为由，请高僧喇嘛打卦问卜，选择老哈河北岸毕其格乌兰哈达山阳建造了新王府并迁入，原王府邸给喇嘛诵经用。新王府于光绪十七年（1891 年）十月间，金丹道教起事，敖汉札萨克管旗务王府被金丹道教徒焚毁。事件平息后，时任札萨克多罗郡王的达木林达尔达克另选府址于今翁牛特旗乌敦套海镇的哈拉乌拉山的前怀，仿照承德避暑山庄，将一座小山包围在王府院内，建筑群依照紫禁城古建筑格式，南北以子午线成轴构成三进院落，共占地 500 亩，此府称“新府”，即今乌敦套海镇新府村，尚有遗迹可循。

二、敖汉多罗郡王府

敖汉部首领之一的索诺木杜棱投降后金后，皇太极晋封其“济农”爵（亲王品级），开府于开原，获罪后被夺开原牧地，回归敖汉故地驻于哈力海图（今牛古吐镇境）。顺治五年（1648 年），清政府叙其征明之功，追封为多罗郡王，由其长子玛济克袭爵并世袭罔替。设海力王府于济农城（今牛古吐镇榆树林子地方）。并在布古日勒苏巴尔罕（今敖汉旗丰收乡白塔子村）建了海力王府庙，清圣祖皇帝赐名“永寿寺”，后人称旧永寿寺。嘉庆二十二年

（1817年）由于永寿寺济农城一带变成了农耕地，只好重新择地建府第。经与札萨克王府协商，北移到老哈河第六个拐弯处建设新王府府邸（今六道湾子火车站西1公里处）。道光二十三年（1843年），在布彦德勒格玛固鲁克齐王爷在位时期，在太平格热（今乌兰召村）建造海力王府新府第。王府从内地请来工匠，仿紫禁城建筑样式始建，并于道光二十五年（1845年）十一月建成使用。蒙古人称此府名“好饶沁”，意为“王府大院”。又因王府西侧太敞，认为不吉利，于咸丰元年（1851年），在王府西3里处建了新“永寿寺”，称“西庙”。王府马群转场于哈沙吐，牛羊放养于苏日格营子、敖木嘎沟，苏日克图（今牛力皋川四棵树屯）3处。1948年初土地改革后，王府所在地“好饶沁”改称“乌兰召”（红色之川），王府第邸改为小学校。“文化大革命”中王府大院被夷为平地，现仅存遗迹。

三、固山贝子府

敖汉札萨克旗第二任郡王墨尔根巴图鲁温布次子衮布（顾穆布）及衮布三子罗卜藏府邸，全称为“固山贝子府”。

衮布子罗卜藏于康熙五十年（1711年）尚郡君，授固山额驸。雍正七年（1729年），晋辅国公。十年晋固山贝子，并世袭罔替，准其建固山贝子府。府址选在大播羊山之阳（今后坟村）。康熙六十年（1721年）六月公主卒，根据其“尸不离寸地”的遗愿，把原府第变成公主陵园，于东南三箭之地重建贝子府（今贝子府镇粮站地），清廷拨银万两为贝子府修葺府第和公主陵寝。新修建的贝子府第占地120亩，整个建筑群四角修建了炮台，府第大门改建为楼式建筑。上设有垛口炮眼，门口两侧建有配房，专为府兵居住。建筑群设计在一条轴线上（即为甬道），甬道端部为正门，门额高悬“忠孝节义”牌匾。甬道中前方为占堂寺，寺内雕塑释迦牟尼像。占堂寺东西各有一处跨院，称东西马号，配有管理用房。道尽头为大堂（俗称厅房），大堂为整个建筑中最为宏伟的建筑，青砖木架结构，坐落在五级石阶的基台上，前廊后厦，红柱擎檐。大堂东侧为恩寿堂，是王爷的居室。大堂西侧是书房。

清光绪十七年（1891年）十月，金丹道教将贝子府攻破，部分建筑被毁坏，清廷拨款修葺。1893年，由清廷拨银1万两，在原府址重建贝子府。

1946年2月，共产党领导的人民政权建立。1948年5月，热辽地委所属新东县、贝子府区均驻贝子府街。如今在贝子府仅存旧址的一口水井和一座大钟。

四、镇国公府

敖汉多罗郡王府（海力王府）八次袭多罗郡王鄂勒斋图三子罗卜藏锡喇布初授二品台吉，雍正六年（1728年）二月，清努尔哈赤弟舒尔哈赤曾孙锡锦第三女嫁给罗卜藏锡喇布。

此女死后，乾隆六年（1741 年）十二月，乾隆帝将其堂妹县郡（贝勒允祎女）指嫁给罗卜藏锡喇布，授固山额驸。乾隆二十四年（1759 年）晋封为辅国公。乾隆三十三年（1768 年），晋封镇国公，准其在敖汉建镇国公府。

府邸初建在孟克河西岸二级台地上的石羊石虎山南麓（今新惠镇新西街北段处），因地处风口，受风沙危害，后另选西北 7 公里处建府第，原为公爷府，今称三宝山村。

民国元年，该府被火烧毁。今尚存遗迹。

五、张履谦宅第

宝善堂位于金厂沟梁镇下查干高勒村（现村委会西侧），建于清咸丰初年（约 1851 年）。府宅院内建房屋 300 多间，房屋为古典式砖瓦建造，一色青砖瓦房。主房和厢房为前出廊檐后出厦，四梁八柱，硬山式，滚龙脊，布筒瓦。飞檐耸脊，双边吐鳌，雕梁画栋，回廊曲折，亭台水榭，伟丽辉映，庄院广阔，占地数百亩。围墙高 4 丈，宽（厚度）1 丈，围墙四角各筑炮台一座如城堡式。拱形大门楼，内镶铁质大门两扇，门楼两侧分别镌刻着“为善最乐”“读书最佳”对联一副，横批四字为“凝庥钟瑞”。庄院前后有通道一条以利车马进出，门外左方有一面大水池，可供群鸭戏水。门内左侧建有钟楼一座，除储备各庆典用的仪器旗牌伞盖、管弦锣鼓外，并悬挂桑木巨型梆一具，备有梆木槌多支，每日晨午晚各发（敲）梆一通，一为报时，二为告诉佣工们到大餐厅用餐或上工。

宝善堂院落分为六进，整个院落坐北面南。第一进院子前广场左右为护院人员住房，内有武器储藏室，正面有高大月台一座。南面正房与东西厢房以回廊连接，廊内分格竖立明柱，上悬匾额。登月台过回廊进正面大厅内，当中高悬张母樊氏老太太 70 岁生日时，民国大总统所赠的“封君寿母”匾额。另有各省市官员赠给张履谦、张季丰、张君陶的多块匾额，如“国之干城”“社会冠冕”“公正廉明”“望重法曹”“桃李满门”“造福桑梓”等匾额，都悬挂于回廊之中。过大厅后的屏门为第二进，正面是祠堂，右厢房为大小客厅，左厢房为账房。第三进院子为书塾，并有图画储藏阅览室等。第四进院子为内宅，正房 14 间，两侧的厢房各 14 间。第五进院子为小厨房、小餐厅、储藏室、女佣住房。第六进院子为男工住房、大厨房、男女佣工大餐厅。其后为打谷场、碾米厂、粮仓。再其后为饲养牲畜家禽的处所，最后为桑园，植有桑树 100 多株。当时“宝善堂”——张家大宅门，在热河及东北地区很有名，土地改革时，宅门内的房子都分给佣户居住。到 21 世纪初，各户自行改建，原房屋基本上被扒掉，现存有宝善堂残破的大门楼仍在栉风沐雨。为了开发旅游业，2016 年 5 月，金厂沟梁镇政府本着修旧如旧的原则在原址上进行修缮，同时，敖汉旗人民政府在宝善堂宅门外、玉泉盛烧锅门外、玉泉盛酿酒的古井及老墙处建立了标志性石碑，在宝善堂大宅门外复建影壁墙，并在大理石上刻述《宝善堂记》。

六、贝子府的东老坟与后坟

贝子府衙门在后坟时，东老坟建在府东6华里的北山坡平坦地上，即现在的驿马吐村北梁岗上，距新府2华里。墓地从敖汉始祖岱青杜棱的五世孙、敖汉旗首任札萨克班弟的三世孙衮布夫妇葬在这里开始，以后埋葬的还有达克沁、爱新觉罗氏、长子色丹那木济尔、次子色丹鄂其尔、三子色丹巴拉珠尔（三喇嘛）、四子色丹阿旺吉拉（四喇嘛）和在“金丹道教”起事中遇害的其他人等，墓地前后栽有松柏。后靠大羊山，前对大黑山，东西有清泉，靠北山根建有家堂庙，前后共有300余年的历史。

后坟是从公主死后，把府衙由阳宅变为阴宅的。墓地下设有石门，地面上有银安殿（原来的寝室）。殿内有公主的肖像、供桌、壁画，一年四季香火不断，逢年过节还要举行大祭奠，并规定不是王府的人不准入内，墓前不准种地、放牧、砍柴等。

七、敖汉旗札萨克王府祖陵

位于牛古吐镇腾克力村西南端孟克河边腾克力山下。腾克力系蒙古语，意为“天”。敖汉札萨克王府历代王爷均葬于此处。自这里有了敖汉王的坟墓之后，敖汉札萨克王府便陆续派吴、金等十几姓蒙古人来这里守坟，这些敖汉王的陵丁便形成这个村落，因本村在腾克力山下，便得名腾克力村。此村名系由王坟而得，札萨克王府祖陵现有遗迹。

八、敖汉旗海力王府祖陵

位于新惠镇北部的格格召村，这里是海力王府历代王爷的墓地，确系王府的根基之地。而这里又曾建有一公主陵园，考其遗址，当是敖汉海力王府始祖索诺木杜棱之妻，努尔哈赤三女莽古济格格之庙。在此处埋葬公主及王爷之后，海力王府即派来娄、赵等姓陵丁，长年居此守坟，于是便形成如今的村落，得名格格召。如今公主陵及王坟遗迹尚在。

九、下洼大佛寺

下洼大佛寺是清代敖汉有名的大地主王家出资修建的。这里土地肥沃，物产丰富，沟通四方，商贾云集，旧时有“一京二卫三下洼”之称。下洼大佛寺位于叫来河西岸，福兴当街。

据传，清咸丰年间，人到中年的王福成（即王三老虎，因乳名叫三虎。晚年人们又给他加了个“老”字），已在波罗素塔拉上小有名气。因自幼学得一身棍棒武艺，村里人都惧怕他三分。由山西人到波罗素塔拉开办的咸益广商铺虽然在老哈河南北名噪一时，但因犯了国号而被迫倒闭。王三虎借机霸占了咸益广商铺，加上其长子王臣因事入狱被释放回家，王家认为这是佛祖的保佑，决心修庙供佛。当时，在波罗素塔拉上，刘家是占山户，刘家的日子极盛。风水先生说：刘家之所以人丁兴旺，财厚粮丰是由一条“龙”的气脉所成。这条龙头在叫来河尾波罗素淖尔（今西泡子），要想压住这条“龙”，必须是在头、身、尾建庙，才可压住。风水先生的话正合王家之意，坚定了王家修庙的决心。正因这种种原因，王家才肯出巨资修建娘娘庙（头）、大佛寺（身）和波罗素淖尔北岸望海楼（尾）（遗址在今新窝铺乡乌兰勿苏村马莲井子，距下洼街 12 华里）。其中，仅大佛寺就花费白银 4 万两。前后历时 8 年时间，到同治十二年（1873 年）完工。次年又在大佛寺前修建了戏楼。

大佛寺有钟鼓楼、财神殿、大雄宝殿（大佛殿）等，还供奉有火神、药神等，据传，面积仅次于承德大佛寺。戏楼坐落在原大佛寺三星阁对面，坐南朝北，建筑面积近 200 平方米。分前台、后台和供艺人们休息喝茶的戏房三进格局。戏楼高约 6 米。基座台高 1.5 米左右。楼顶为单檐飞角歇山式，檐角上悬有铜钟，称“惊雀灵”。后台与戏房之间两侧各有台阶，供艺人们上下通行。前台左右两侧各由合抱粗四根石柱支撑，柱头采用如意斗拱。河西大佛寺及戏楼 1963 年被拆毁，神道、石狮子、石鼓等遗迹尚存。目前，仅有大佛寺的两个石狮子因重量原因仍留在原地，没有被破坏。

附：大佛寺三通碑文（原碑已毁，系根据手抄件整理）

大佛殿乐成碑记

业闻即类认推六宗制明禋之典自望而降群神遗编祭之文惟德为馨羞是莺宜昭明潔有功则祀齊认交信，切祇，承顧神之当敬人，所咸知而佛之，可尊世仅多脢抑術流湛、寂未識旨歸义入，真空莫窥，蕴奥耳原夫佛也者戒七情之境除六欲之根，定一禅之界開五乘之門佛、止於慈慈心普照佛成，认慧慧眼常明佛动，无形法攝三千之内佛空有相智周四八之中，有圓觉认超四塵，教垂永古无灭生而歷千刧道镇长。况乎佛生西域知始於周，佛至东華入，由於漢言，佛國香稱认眾乘幽者並御十方阅佛经名计认千宗统者独推三世察来彰往徵顯證微知人最哲奚殊明镜之悬悟我其神弗異傅灯之錄而安得不形方桂院高建梵宫像肖連臺端居法殿也哉於是求大木，於遐方取磐石，於他邑窮工师，之巧极匠氏之能樽櫨节棁致其華塼值领增其美鏤礎雕墭，彰其彩層樓峻榭，炫其辉功酬覆，载尊造化於乾坤德被照臨仰晦明於日月，门非閶闔之门，增居此，可参教主府是清虚之府，民来斯亦拜法王然而連年修造累月经营，盡情華飾竭力捐貲，用虽极认，给繁未劳，托钵输每勤於求取，詎惜倾囊何其壯也，独自虔修可谓焕乎，眾皆创见名高雁塞引游悦四境，观色壯龙堆，营作树一乡之望夫是认宝益高排佛因得接金絕远引佛果可徵为善者，昌将百祥之必将修德者盛亦万福之是曆而且慈雲廣布 法雨齊霑除孽海於群生，迷津普渡积福田於一世，觉路宏开当不仅曇花侖彩法証九天具葉傅真慧通十地矣。一廟既成，三碑並建，庶足慰诸尊神阿佛法恩共濟之靈，亦堪徵總施主王臣功德兼修之盛是为记。

大佛寺叙事碑记

舊贯因仍踵增猶易新功肇造营理實难，作室且然，立廟尤甚，故施捨尋资眾士每见有之而捐轮悉出一人，已云鲜矣。矧工程浩大辉映競奇者乎，建县波力东它拉河西自光绪元年建立财神庙正殿三楹前有两座钟鼓两楼以及山门中门独高，复修三星阁与其他，上具内掖，左右正室側旁各有偏房，区分小院五年东便门续修，龙王殿三间与西便门内已修之忠孝祠外迎相稱從横错落高下判馬其外捐一切碑刻於前播諸遡 俱以美传巧门外宽平每际做暦四境之人少長咸集，廟宇有章而席雍，演剧如不尽善何八年士午不事托钵造戲楼一座焜耀外观詹飞柱峙，廈廣堂宽，采振遥空辉通内院即崛起以考工及夙期而已就矣，秋又構買餘墟营大佛殿於后圃，捄削未畢，时已恆寒，而小息馬九年春，召工募匠，宏用取材，可肋述哉，越十年石工木工土工二集成而划工，始至於是，築土为臺，抟泥为像，内塑释迦、然灯、弥勒三大佛暨弟子阿难迦葉並天地日月诸敬神圖圖，划壁描抹，各宜形肖影堂华飾曲尽，至弍年弍月，而事方告竣，戏楼佛殿共费钱餘万有奇，独力之成视前此所修为尤伟焉，布翼纷飞，列棼榱也，高驤 挺举，荷楝桴也，皓耀鲜潔，清铅华也，懸掇琅珰，裁金飾也，聚精萃巧尽態，極 远瞻，近视巍然，焕然顺时，竭作者实有四年，於戲辉聨，修造篤力，经营始终弗懈，先后相成不吝财而塞责，惟勇义以圖功，人咸稱此慷慨，彼独出於從执事者谁，本寺僧源深也，監工者谁，总施主王臣也，易日積善之家必有餘慶，其王臣之谓乎者累万億以樂施大哉，施主或三二，以好善允矣，善人因勒諸贞珉諱其事，美其事，美其人，永垂於不朽云。

承德府朝阳县增生梁维崘
蓝翎五品銜総施主王隆铭
敬立
大清光绪拾叁年歲次丁亥九月卜吉

第三碑（失碑名）

夫信士之焚香致礼，必能处心人子於继志承先尤当竭力，盖先人有敬神之心而弗克僨其志，而人子能体先人敬神之心以继成其曰志，则其敬神也乃诚，而其冬尽孝也乃至矣，溯我先大父於乾隆二十八年自顺天府顺義縣遷至承德府建昌縣敖汉旗波罗素他拉河北北山根居住，鑿井耕田，自食其力，我父雖稍事贸易，克勤克俭不忘务农，迨今百有餘年，惟自移居来此，先二世皆心向善，拳拳自守，而家渐以裕，苦有然佑之者久欲修财神庙一座，配以诸位導神朔望焚香，春秋祈报，万民得所依一方蒙其保護，以事刱舉，興建颇独力成费志以殁父遗言在耳，刺不忘懷，恰值连年蒙稔民椐肆幸於村西卜得吉地六畆，遂鸠之庀材建正殿三间，塑财神藥神火神造君酒仙各聖像外，而斜山抱厦则参神者拜跪之地也，厦之左正房三间则住持修真之所也，厦之右正房三间则会董辦公之处也，又东厢三间，僧人齋廚，西厢三间，婦女事三间也，左右廊房各三间，则进香者群馬休息之區也，外墙垣，四週环然，鐘鼓二楼矗之，然山门重楼，三星又阁，聖像焕然怡然，又於光绪三十神像前铸宝鼎一座，五年修龙王殿三间，而廟於在成功予心始可稍慰矣，緬自乙亥春興造至已酉冬竣，事阅日年馀，约费万两，除众善士所施外，不敷款项悉（？）子自倫至各善士芳銜並所施钱数另載，碑碣慈慈不具贅呜呼，赏砚前人刱一善舉殚厥财力僅能就倏而代远年湮，踵事無人宣歸，尠坍今予遵先人之遗训，赖众善之樂施，当落成伊始，覩廟貌仰棟，宇固辉湮，壮麗够足以至虔诚而迓神床但恐數十百年后风雨剥蚀安渐就损坏同而葺之实有望於仁人君子焉

谨将善士方街同登於左

御前行走昭乌达大盟长敖汉旗固山贝子府加三级紀錄六次固山领驸施舍一顷，地租差钱永作香资，钱数另有文契

钦命午门上行走赏戴三眼花翎副盟长十一旗阅兵大臣敖汉旗扎萨克加一级哆囉郡主施舍于财神庙忠义孝弟祠一顷二十亩，地租差钱永作香资钱数另有文契

御前侍卫敖汗旗加一级二品台吉色旦王德施舍二十亩地租钱永作香资，钱数另有文契

四品台吉加一级官运转同长子鲍成祥，次子鲍成瑞施舍地租粮二十石永作香资，钱数另有文契

二品台吉加一级阿瓦你马施舍地租钱伍吊永作香资，四品台吉加一级丹木林色冷施舍地租粮三斗永作香资

钦加佈政使理同（？）銜知县用特授建昌县四家子分县裘履谦施纹銀二十两

钦赐花翎儘先即補守府署波罗素他拉汎（？）部厅汉军厢黄旗潘禄施东钱一百吊

头品台吉白音嘎四品台吉根德力吉施舍地租钱三十五吊，永作香资另有文契

敖汉旗四品台吉加一级丹三你马施舍土五亩地租钱永作香资另有文契

诰授武德佐骑尉王琳恩、赏兰翎五品衔王臣　施舍修庙吉地六亩又施舍熟地一顷二十亩永作香资不准倒卖

大清光绪六年歲次庚辰桂月上浣

第五节 人文景观

一、文冠庄园

内蒙古自治区文冠庄园建设项目位于敖汉旗种羊场六分厂境内，这里是著名的黄羊洼草牧场防护林区域，是创造“全球环境500佳”殊荣的典型生态建设工程，得到上级领导的充分肯定和国际友人的一致好评。国务院总理温家宝在视察黄羊洼时高度评价敖汉旗走了一条“林多—草多—畜多—肥多—粮多—钱多”之路。三北局领导称黄羊洼草牧场防护林工程是“三北地区造林绿化的大样板”。联合国防治荒漠化公约秘书处官员卡尔·波马顿先生考察后，盛赞黄羊洼草牧场防护林工程像法国的庄园。

内蒙古自治区文冠庄园由内蒙古自治区文冠庄园农业科技发展有限公司于2014年投资建设。按照设计，分三期建设。现在已经完成从红山水库岸边打深井往黄羊洼的11公里跨境二级引水，日供水可达10000立方米，大口径供水管路（400毫米）覆盖园区全部土地，从根本上解决了园区发展的瓶颈问题。投资350万元建设500亩苗圃一个，园中树种有文冠果等30种之多。

4000余亩文冠果，1000余亩蒙古野果，成活率均在95%以上。郁郁葱葱，枝繁叶茂。3000亩紫花苜蓿，姹紫嫣红，招蜂引蝶，为塞北大地平添一片花海。能控制3500亩的指针式喷灌机，傲骨迎风，为脚下土地提供抗旱保证。按照一流标准建设的3000平方米储草大棚，2000平方米车库（棚），10000平方米场院，800米村庄道路大大改善了庄园的生产生活条件。

设计独特新颖的文冠庄园梦想之窗、生态文化与生态产业展示中心、两座AAA级旅游厕所使庄园显得大气超然，凸显文化气息。

二、佛祖寺

佛祖寺位于内蒙古自治区敖汉旗新惠镇西偏南40公里，是小河沿文化旅游区的核心内容。

佛祖寺宗教文化区位于内蒙古自治区赤峰市敖汉旗四道湾子镇的白斯朗营子村，总规划面积27.32平方公里，主要由佛祖寺核心区和露天大佛区两部分组成。始建于2005年5月，计划到2015年全部完工时，建成集宗教朝觐、佛教养生于一体的宗教文化圣地。

佛祖寺是宗教文化建设的核心区，总占地面积达1000亩，分佛教区和道教区两个部分，其中佛祖寺是经上级主管部门批准的汉传净土宗佛教寺院。

佛祖寺由大雄宝殿、东西配殿、天王殿、钟鼓楼、藏经阁、济公活佛殿和护法亭公园等景观组成。

大雄宝殿由山西五台山文殊院知名法师和资深方位专家选定殿址，大殿高 23 米，建筑面积 1496 平方米，为典型的重檐歇山回廊式建筑。整个建筑采用中国皇家建筑的琉璃瓦盖顶，鎏金宝顶，飞檐斗拱，雕梁画栋，金碧辉煌。大雄宝殿由 60 根巨型立柱举架，前廊为 10 根雕龙立柱支撑，龙头昂首，呈气若凌空之势，其建筑规格为中国北方木质结构佛寺之最；大殿内供奉的释迦牟尼、药师佛、阿弥陀佛皆为高 8.08 米、单体重 8 吨的大型铜铸贴金塑像，堪称北方佛殿内铜质佛像之最。

东西配殿分别高 18 米，总建筑为 1426 平方米，分别供奉文殊、普贤、观音、地藏四大菩萨，每尊铜像高 5.68 米，重 5 吨，亦为国内寺庙罕见。

天王殿殿高 16 米，建筑面积 890.6 平方米，殿内供奉弥勒佛和四大天王，其中弥勒佛像为整块汉白玉雕成，重 37.4 吨，同样是国内天王殿玉雕弥勒佛之最。

济公活佛殿供奉济公活佛，展现济公和尚行善的传奇故事。济公活佛殿位于大雄宝殿东侧，大殿高 11.5 米，建筑面积 450 平方米，面阔 7 间。宏伟的建筑和精美的雕刻艺术在国内实属罕见。

钟楼、鼓楼位于天王殿东西两侧，钟、鼓已经就位。

藏经阁是保存佛教经书、道具及陈列佛教文物的地方。藏经阁为三重檐式的大型仿古建筑，其高 32 米，建筑面积达 2000 平方米，是佛祖寺建筑群落中建筑规模最大、艺术水平最高的标志性建筑之一。

护法亭公园在佛祖寺西侧，以存有辽塔遗址的小山丘为核心，分布建有五座仿古凉亭，园内遍植奇花异草，形成园林式生态景观。这样既是对千年古塔遗址加以保护，又为佛祖寺平添了几分仙山琼阁的魅力 。

八角财神殿为典型的八角重檐式建筑，殿内供奉有文武财神赵公明、文财神比干、武财神关羽及十二位偏财神。整个建筑多有北京天坛的神韵，是宗教文化区一个别致的亮点。

九神殿坐落在八角财神殿以南，殿内供奉着龙王爷、龙王奶奶、土地爷、土地奶奶、山神、药王、虫王、苗王、马王，是当地信众祈愿的地方。

这里的旅游季节为每年的 5—10 月，由于背靠“老哈河”广阔的水域，形成自己独特的自然气候，在旅游季节中绝大部分时间气候凉爽宜人，湿润的清风拂面，而且方圆几十公里内无污染，水质符合国家标准，非常适宜避暑度假。

度假村交通方便，距赤峰 70 公里，距旗政府所在地新惠镇 35 公里，赤峰至敖汉客车每 20 分钟一次，也可乘坐京 – 通、呼 – 海线火车到四道湾子站下车。

三、敖汉温泉城旅游度假村

敖汉温泉城度假村位于赤峰市敖汉旗四家子镇热水汤村境内，北距旗所在地新惠镇 45 公里，南距辽宁省朝阳市 65 公里，西距赤峰市 150 公里。

敖汉温泉城度假村围温泉依山而建，占地面积 2.4 万平方米，建筑面积 5000 平方米，设有高、中、低档床位 180 余张，房间内设有浴池，天然温泉热水直供洗浴。大小会议室两个，可分别容纳 150 人及 50 人。配有大小餐厅多个，可供 200 人同时就餐。同时，为了配合度假疗养，这里还建有蒙中医综合医疗门诊，游人可随时进行医疗咨询和保健就医。

据辽海丛书《塔子沟纪略》记载："热水汤山……山峰嵯峨，岩石错落，山南坡下有泉水涌出，四时沸腾……"。早在乾隆三十八年（1773 年）以前，温泉就已被当地农牧民利用，那时只是在温泉涌出口处挖一个大坑，人们就在坑里洗浴，曰为"坐汤"。因其有祛病之功效，故被誉为"神汤"。后来，贝子府王爷主持对温泉露天洗浴大坑进行了修整，在温泉出水处开凿一眼井，用石条砌成八角形，井底出水处盖一五孔石板，从此，人们又到井下洗浴。民国 22 年（1933 年），有道士王大侃化缘募捐，在井旁建了浴房三间，分男女浴池，到新中国成立前倒塌。

新中国成立以后，温泉才得以被真正开发利用。1958 年敖汉旗人民政府在此建立"荣复军人疗养院"，后易名为"敖汉旗温泉疗养院"，1995 年又更名为"敖汉旗热水汤疗养院"，1998 年命名为"敖汉温泉度假村"。

敖汉温泉属中矿化度，含硅酸、硫酸、碳酸氢钠型矿泉水。水温为 66℃，矿范围为 0.11 平方公里，开采量为每天 480 立方米，泉水中含 20 多种化学元素，其中氡含量为 232.47Bq/L，是目前全国温泉水中含氡最高者。据内蒙古自治区第十地质矿产勘查开发院的《热水汤地下热水普查报告》，敖汉温泉内含丰富的氡、硅、小苏打、芒硝、镭等，温泉可浴可饮，具有较高的医疗作用。它对风湿、类风湿、皮肤病有特效；对脉管炎、神经炎、肢体麻木、前列腺炎、心血管疾病、妇科病有显著疗效；对消化系统慢性疾病，饮浴并用更有特效。

四、青城寺

青城寺位于内蒙古自治区赤峰市敖汉旗四家子镇南部，是内蒙古自治区东部保留较好的藏传佛教圣地之一，距今已有 300 年历史。现寺住持洛桑·达瓦。青城寺是内蒙古自治区旅游的重要景点。

史料记载，青城寺是由乾隆皇帝替身喇嘛扎西日布于乾隆三年（1738 年）始建，1761 年毁于水灾，1762 年乾隆皇帝拨银重建并派户部官员将皇宫太和殿的魁星陨石运往青城寺，并下旨新寺在车陷石落处重建，正月初八运送魁星陨石的银车陷落于敖汉牛夕河，遵旨青城寺在此重建，并确定建寺后每年的正月初八举行祭星仪式。

清光绪十七年（1891 年）被毁。民国 13 年（1924 年）在原地重建，重建后的寺庙分前、中、后三重院落，均为五间滚龙脊式的砖木结构房屋。新中国成立前，后殿因年久失修自然倒塌。1967 年前殿被扒掉，1994 年中殿毁于火灾。后经赤峰市宗教局审核登记，允许保留下来。1998 年，敖汉旗人民政府同意修复。同年牛夕河村信教群众自发集资修复了前殿。1999 年在社会各界的大力支持下将中殿修复一新。2002 年又修复后殿。修复后的青城寺前中后三殿建筑面积 200 多平方米，前后两殿属歇山式砖木结构建筑，中殿属歇山楼阁式建筑。

青城寺院内松柏青翠，分生活区和殿堂区两部分。前殿有三世佛和观世音菩萨，中殿有千手千眼佛，后殿有藏传佛教格鲁派创始人宗喀巴等 21 尊金身佛像。殿堂装饰一新，亮丽堂皇，香烟缭绕，钟鼓声、念佛声缕缕入耳，是旅游观光、敬佛求福的好去处。

寺中殿前百块魁星石传说甚多。相传，青城寺存放的陨石是乾隆皇帝亲赐的。由此，寓宗教与民风为一体的祭星活动开始兴旺发达起来。后经时世变迁，祭星活动却从未中断过。每年正月初八，附近地区信众自发来到青城寺进行祭祀星宿、超度亡灵等诸多佛事活动，祈求风调雨顺、国泰民安。目前，青城寺“蒙古族祭星”仪式已有 300 余年历史。2009 年被列入内蒙古自治区级非物质文化遗产名录。

五、石羊石虎山公园

位于敖汉旗政府所在地新惠镇内北端，因山脚有辽代墓，墓之神道两侧曾置瑞兽石羊石虎，故得名石羊石虎山。占地 50.3 公顷，按西南 – 东北向分布着西、中、东三座山峰。1983 年，在中间的主峰上建有烈士纪念碑，碑高 10 米，正面刻着“革命烈士永垂不朽”8 个大字，纪念碑北侧设有烈士灵堂，安放着烈士的骨灰，故该山又称“新惠烈士陵园”。1994 年，辟为石羊石虎山公园。东山建有迎曦亭，西山建有夕照亭，修建了夕照亭连接新兴街北段通向山下的公园路。山上广植松柏、山杏等树种，每到春季，一山杏花开，引来蜂蝶舞。微风吹拂，满城飘香。夏季来临，绿草茵茵，漫山葱茏，凉风习习，沁人心脾。市民闲暇之余，登临此山，赏景游玩。尤其是每年五月端阳，踏青游园活动，可谓盛大壮观，真是老少妇孺，结伴登山，欢声笑语满山岗，万人空巷游园忙。此园实乃游憩、娱乐之绝妙去处。

六、敖汉旗国际小轮车赛场

位于敖汉旗新惠镇旱作农业公园内的国际小轮车赛场，始建于 2018 年 4 月。

有着悠久历史的敖汉旗因史前文化厚重，被中国考古界泰斗苏秉琦先生誉为“文明太阳升起的地方”，素有“人文敖汉”之称，距今8000年的兴隆洼文化遗址被考古界誉为“华夏第一村”，这里是闻名世界的红山文化的故乡，是中华五千年文明的起源地之一，这里有山川、河流、草原等多种地貌。正是这样独特的大自然环境，让国际自行车联盟选中了中国敖汉旗。

敖汉旗小轮车国际赛场是中国现今唯一一个达到奥运级别的小轮车竞速赛道，获得了国际自盟的官方赛道认证。该赛道设立了用于青年级别、业余级别的5米出发台和用于职业级别的8米出发台，两个出发台均采用奥运会电子出发系统，既满足了奥运标准，同时也迎合了小轮车竞速运动项目人才的梯队建设需求。

与此同时，2018年6月16日在这个赛场举行中国BMX自行车比赛，赛后小轮车竞速中国国家队在敖汉旗小轮车国际赛场正式成立，此赛场也已成为国家队的训练地。同时，它是中国目前与2020年东京奥运场地纬度相当、距离最近、技巧性最高的赛道，凭借此优势，敖汉旗小轮车国际赛场也有机会作为中外各小轮车竞速国家队冲击东京奥运会的备战训练地。

第二章　旅游事业发展

第一节　自发阶段

早在清朝，敖汉的自然风光便吸引了南来北往的客商。尤其是清康熙、乾隆两位皇帝，去沈阳拜谒祖陵和东巡，有三次路过敖汉，一是驾临抚慰设在这里的几个王府，二是欣赏这里的自然风光。清朝皇帝游响水，石壁题诗，成为一段美谈；逛大黑山，欣然命笔，一首五言诗，留下一段佳话。敖汉旗南有努鲁尔虎山、大黑山、叫来河等山水风光；北有响水“玉瀑”、浩瀚沙海、老哈河等自然美景；中有孟克河、燕秦长城、遍布各地的古文化遗址，可谓风光无限美。在旅游的自发阶段，全旗民众山水游有如下几种形式。

一、逛庙会

在新中国成立前后的一段时间里，敖汉境内有很多规模较大的寺庙。这些寺庙都有固定的庙会日期，比如四家子镇的青城寺，农历正月初八祭星是一个数百年不变的固定宗教仪规，每到这一天的夜晚，寺院信众云集，热闹空前，诵经读祭文，祭星祈求平安吉祥，可谓盛况空前；老虎山的祥云寺，每年的农历四月初八是庙会日，庙院搭台唱戏，锣鼓喧天唢呐伴奏的秧歌，轻敲木鱼伴着佛乐的喇嘛诵经，点燃高香祭天拜地。庙会往往要持续三天，不但吸引四面八方的人们前来“看热闹”，更是货物贸易，叫买叫卖，平添兴隆；下洼大佛寺的庙会更是敖汉地区最具规模的大庙会，每逢庙会，必请大的戏班在庙前搭台唱大戏，台上出将入相，台下观众叫好连连。庙会引来的商贸经济，使塞外小镇下洼日渐繁华，有“一京、二卫、三下洼”之称，庙会带来的繁荣使下洼名声在外；而建于乾隆初年的长胜镇老烧锅村老爷庙屯的老爷庙，庙会规模也比较大，农历四月二十八是庙会日，周边千八百里的商贾、游人来此观光、交易，香火极盛。为使庙会秩序井然，庙会的组织者提前划好各活动区域。庙院前两华里处搭台唱戏，可供万人观戏。戏台西侧小吃一条街、宝棚子一条街，游人来此，可看戏，可品当地美食，也可押宝取乐；戏台东侧设有停车场，再往东就是摔跤、赛马的场地，那时的庙会就已经把文艺和体育联系在一起；老爷庙院西设百货、布匹一条街，供游人购物。到 20 世纪 60 年代初，逛庙会的习俗渐渐淡化，“文化大革命”期间彻底消失。直到进入21世纪以来，一些在历史上比较有名气的寺庙得到修复，庙会活动渐渐兴盛起来。近些年，把庙会经济同文化旅游结合在一起，已经成为经济社会发展的一个新亮点。

二、节日游山

敖汉南部和中部地区多山，并且山势险峻，风光旖旎。人们游山赏景多在节日期间，利用节日休息，三五好友或是一家人就近登临山峰沟谷，领略大自然的万紫千红。百姓于节日期间登山赏景是一方面，还有一个目的是到山上的洞穴或寺庙上香祈愿。如四家子镇的青龙山有一个天然洞穴，称之为“青龙洞”，每年的正月初二到初五，远近百里的人们扶老携幼逶迤而来，人们在崎岖险峻的山道上，小心翼翼地进洞烧香。不太深的洞穴，每天香烟缭绕，游人不绝，堪称一景。位于萨力巴乡和古鲁板蒿乡交界处的莲花山，被称为“小罕山”，节日祭莲花山的习俗流传了几百年，尤其是蒙古族群众，把莲花山视为心中的神山，祭祀活动规范，仪式庄重。位于新惠镇和丰收乡交界处的四道营子大山，海拔1256米，是敖汉旗境内最高的山峰，登临其上，远山近水尽收眼底，大有“一览众山小”之气魄。

矗立在全旗境内的大小山峰，为发展旅游业提供了得天独厚的自然风光资源。

新惠镇每年的端午节清晨，都会有几万人自发地到石羊石虎山或附近的山登山。

三、假期逛水玩沙

敖汉旗境内的主要河流有叫来河、孟克河、老哈河、牤牛河、老虎山河等。它们分属于西辽河水系和大凌河水系。而这些主要河流的支流则遍布全旗，境内大小河流有几十条之多。新中国成立后，围绕这些河流修建了许多中小型水库，拦洪蓄水，造福人民。假期逛水则是人们休闲娱乐的一种好去处，每到假期，特别是中小学的寒暑假，留给人们的休闲时间充裕，人们自发地结伴而行，或游览于水库坝堤，或嬉戏于河水之中，或陶醉于响水的气势如虹，或沉迷于热水温泉的雾霭蒸腾。玩沙更具趣味性，浩瀚沙海，曲径通幽，带着神秘和刺激，是人们游玩的好去处。

第二节　发展阶段

1994年，四家子镇在规划全镇生态建设工程时，发现秋杖子村境内的碾盘沟这一奇特的景观，人们被眼前的如诗如画的美景陶醉了。碾盘沟的外面就是朝阳县大庙乡的劈山沟村，该村在沟外的平坦之地设立售票点，办起原始的山水旅游，游人在朝阳境内买票，拾级而上尽赏敖汉之美景，让敖汉人深受启发。

1995 年，旗文化局结合乡镇文化站建设，在全旗提出文化工作的“五个一”，即抓出一个文化村、打造一件艺术精品、创办一个“补文”产业、建成或发现一处地方名胜、搞一项有规模的文体活动。简称之：一村一品一业一景一会。这一景就是后来的旅游景点。当年的全旗“两会”上，四家子代表团提出“开发碾盘沟旅游区的建议”，得到旗委、旗政府的高度重视。由于财力的限制，大规模深度开发显然条件不成熟，四家子镇政府责成四家子林业工作站加强对碾盘沟旅游资源的管理。这一年，旗委主要领导带领相关部门进京到国家旅游局汇报旅游开发的方案，得到国家旅游局的重视。年末，中国旅行社致电敖汉旗人民政府，为促进我国北方旅游事业的开展，把兴隆洼遗址纳入中国北方旅游热线之内。

1995 年 9 月，敖汉旗旅游局正式组建，与敖汉旗经济贸易委员会合署办公。内设专门负责旅游的工作机构，对外行使旅游局的职能。

1997 年，四道湾子镇政府向旗政府呈报“开发小河沿水乡风光旅游区”，旗政府批复了该镇请求，并指定旗旅游局拨付 1 万元资金用于前期工作和部分基础设施建设。为尽快实现该项目的开发，赤峰市旅游局劲牛旅游商品有限公司租赁开发小河沿水乡风光旅游区，旗旅游局于 8 月给予批复。自此，投资 40 多万元的小河沿水乡风光旅游正式启动。为积极探索旅游事业的开发，旗经贸委、旅游局组织人员走出去参观学习，在开拓思路的基础上，制订出敖汉旗第一个《旅游开发总体规划》。

1998 年，敖汉旗经济贸易委员会为加快全旗旅游事业的开发步伐，经过调查研究，成立“敖汉旗旅游开发服务中心”。其主要职能是为本旗旅游开发规划、设计、建设服务，为旅游者来本旗或到外地旅游打造旅游产业，做好产前产后服务。与此同时，敖汉旗旅游局又成立“旅游服务社”，性质为旅游局下设的集体企业，职责是规范全旗旅游服务事业，把外地游客带进来，把旗内旅游者领出去，搞好旅游服务，促进旅游事业发展。当年旗旅游局组织力量对全旗旅游资源进行普查，在掌握第一手材料的前提下，进一步完善全旗旅游开发规划。筹集资金 80 万元，实施四道湾子水乡风光旅游区和高家窝铺乡龙泉山庄两个旅游区的建设，并相继建成开始接待游客，填补旅游业的空白。

1999 年，在赤峰市旅游局专家的帮助下，经过认真细致的旅游资源考察，《敖汉旗旅游资源规划书》在年初完成初稿，同时送交旗人大审议。时长 30 分钟的“敖汉旗旅游资源”宣传片完成制作，为对外宣传推介敖汉旗的旅游资源打下很好的基础。结合全旗招商引资战略的实施，旅游工作与招商引资工作结合在一起，招商局内设旅游管理股。对外招商宣传的同时，宣传推介敖汉旗的旅游资源也是一项重要的工作内容。

2002 年，根据机构改革的要求，旅游业务正式落实到旗文体广电局，对外挂旅游局的牌子。当年10月12日，旗委第七次常委会决定组建“敖汉旗旅游管理服务中心”，隶属于旗文体广电局，中心主任由旗文体广电局副局长兼任。10月21日，敖汉旗机构编制委员会拟定“旅游管理服务中心”的职能。这一年，全旗的旅游工作以西部大开发和经济结构调整为契机，以资源转换、资源开发为重点，坚持“适度超前，加快发展”的方针，积极促进旅游工作。为推动旅游宣传，《赤峰日报》开设专版，以“塞外旅游胜地——敖汉旗”为题，宣传推介敖汉的旅游资源。

2003年1月，国家旅游局下拨20万元，作为编制《敖汉旗旅游规划》的启动资金。当年4月编制《敖汉旗温泉旅游度假村开发建设项目可行性研究报告》，开启温泉旅游项目。7月，国家旅游局派出专家组对全旗旅游资源进行实地勘察，确定打造“人文敖汉”“绿色敖汉”两个品牌，建设“两廊一区”的旅游发展格局。“两廊”即以老哈河为轴线的人工生态建设走廊和以博物馆、兴隆洼原始聚落遗址为轴线的文化建设走廊；“一区”即热水汤温泉休闲度假区。敖汉旗旅游局牵头编写《内蒙古敖汉旗旅游规划大纲》，为制订科学、合理的旅游发展规划，开始前期工作。

2004年6月，旗委办公室、旗政府办公室印发《加快我旗旅游业发展实施方案》。提出“以我旗丰富的旅游资源和厚重的人文资源为依托，以项目规划和基础建设为重点，强化旅游宣传，整合旅游资源，打造优势品牌，培育旅游市场，取得我旗旅游业的突破性进展，全面完成我旗在赤峰市创建中国优秀旅游城市中承担的各项任务”之总体目标，并成立以旗政府主要负责人为组长的“敖汉旗旅游工作领导小组”。编写《敖汉旗旅游区开发项目可行性研究报告》，对大黑山、碾盘沟、热水汤等7个具有开发潜力的项目，重新进行修改论证。重点编制《大黑山旅游区规划书》，拟规划3个景区：民俗文化区、景观旅游区、森林探秘区。

2005年，在对全旗的景点进行摸底调查的基础上，确定全旗南、东、北三个旅游线路。把南线即碾盘沟（青泉谷）、青城寺、青龙山、热水汤、博物馆开发启动作为突破点，努力打造精品线路，为旗内其他线路开通积累经验。在南线旅游线路启动上投入资金110万元，其中建立景区牌3块，修建山门两处，动用土石方120立方米，新修四家子至碾盘沟的旅游公路10公里，修建旅游厕所两个，建立垃圾箱10处，命名与书写景点13处。提高碾盘沟景区的接待能力，游人络绎不绝，当年景区接待游人2万多人次。

加大旅游宣传，设计印制南线旅游彩页手册10000册，“五一”黄金周期间举办“首届敖汉旗杏花节”，开展一系列诗文大赛、摄影大赛、自然风光展播大赛，有效地提升敖汉旅游的宣传品位。随着全旗旅游业的快速发展，旅游宾馆、饭店等餐饮服务业在得到发展的同时，也存在着管理服务不规范、水平低、标准掌握不够、品牌形象差等问题。这些现象，在很大程度上影响了旅游业的对外形象。鉴于此，2005年6月，旗旅游局根据赤峰市旅游局的部署，开展旅游宾馆、饭店等服务业从业人员培训。本年11月，制订《敖汉旗“十一五”期间旅游业发展规划》，从概况、旅游资源现状及特点、旅游发展规划的指导思想及原则、旅游发展规划及建设内容等方面作出规划与安排。

2006年，完成《敖汉旗温泉旅游度假区总体规划》，把温泉开发项目的招商引资和投资建设作为全年旅游工作的重点。旗政府制定和发布《敖汉旗温泉旅游资源经营管理办法》，为科学利用地下热水（温泉），发挥地下热水资源的效益，提供法规上的遵循。加强旅游基础设施建设，是当年全旗旅游投入的一个特点。打造敖汉史前博物馆，以现代化的展出形式展示敖汉8000年光辉灿烂文明；投资修建长胜至敖润苏莫苏木柏油路，使北线景区响水的交通状况实现黑色路面的要求；又进一步投资整修碾盘沟景区的旅游公路，极大地方便了游人的出入。

2008年，热水汤温泉的开发建设成为全旗旅游工作一个重点。旗政府成立以分管副旗长为组长的“敖汉旗热水汤温泉开发建设专项推进工作领导小组”，根据工作需要开办《敖汉旗热水汤温泉开发建设周讯》，每周一期，为领导和有关部门及时反映开发建设情况。编印《魅力敖汉》旅游宣传册，更全面、系统地宣传全旗丰富的旅游资源，集中展示敖汉古老的文明、迷人的风光和生态的奇迹。为切实加强特许旅游行业精神文明建设和旅游服务体系建设，旗旅游局和旗精神文明建设委员会办公室组织开展“全旗旅游行业文明诚信经营评比竞赛活动”，制订方案，提出活动目标要求，63家旅游行业单位参加竞赛。

2009年，旅游工作又上新台阶。热水汤温泉旅游开发建设项目于6月16日正式开工，当年完成投资4000万元。12301旅游服务热线信息采集工作的顺利开展，通过网络扩展旅游宣传营销与服务形式，推进旅游信息化。旅游资源宣传图片，从吃、住、行、游、购、娱6个方面被收录于《塞外赤峰自驾游》画册。继续在全旗旅游行业中开展文明诚信经营单位评比竞赛活动，评选“十佳旅行社”和“特色餐馆”活动，提升旅游行业质量和整体形象。

2010年，为进一步提高文化软实力和核心竞争力，做大文化旅游产业，旗政府成立发展文化旅游产业领导小组，聘请浙江旅游设计研究院编制《2010年至2025年敖汉旗文化旅游产业总体规划》。探索一条文化产业与旅游产业优化整合的战略思路，奠定文化旅游产业发展的基础。全年重点抓四个旅游开发建设项目，一是热水汤温泉旅游度假区完成建设投资9000万元；二是四道湾子佛祖寺生态文化旅游区完成投资8000万元；三是兴隆洼遗址第一期保护展示工作全面完成；四是新州文苑建设项目完成立项。建立健全《重特大旅游安全事故应急救援预案》，落实责任，建立制度，把旅游安全提上重要日程。当年7月，澳大利亚客商前来考察文化旅游产业投资环境，通过实地考察，澳方代表对敖汉旗深厚的文化底蕴和良好的文化旅游投资环境表现出浓厚的兴趣，愿意继续加深沟通和了解，加强产业合作与开发。

2011年4月，为加速推进全旗文化旅游产业开发工作，根据敖汉旗文化旅游产业发展总体规划和近期行动计划，旗政府决定对部分重点项目实施专项推进，明确责任单位和责任人，牵头负责各自项目的招商洽谈、申报立项和开发建设等有关工作。一共分解为15项重点文化旅游产业开发建设项目。通过招商引资，文化旅游产业项目实现新突破。天津国际文化产业集团投资建设兴隆洼"龙文化产业园"项目签约，北京森泰艺林投资有限公司签订合作开发红门寺生态文化旅游区项目协议，澳大利亚投资商完成响水旅游投资公司的注册。

2012年6月12日，旗政府与赤峰龙源文化发展有限公司就位于四家子镇热水汤村的龙源文化旅游区开发项目正式签约。该项目投资金额为1.6亿元，分三期建设完成。

2013年，全旗推出9个投资1000万元以上的文化旅游建设项目，其中包括：佛祖寺宗教文化旅游区项目，已完成投资2亿元，佛祖寺主体建筑基本完成，完成西侧护法亭公园建设；热水汤温泉旅游度假区项目，已完成投资3亿元；黄羊洼生态文化产业园项目，投资8000万元，完成"引红入黄"工程，对敖包山山体进行生态修复；新州文苑项目，已完成投资3000万元，完成新州博物馆四层主体工程建设；蒙中药文化产业园建设项目，完成投资2亿元，园区主体工程建设基本完成；内蒙古史前文化博物馆项目总投资1.18亿元，已完成主体建筑设计规划；大漠响水民族文化旅游区项目，已完成投资1000万元，进行水库水面建设和局部征地；红门寺生态文化旅游区项目，投资1000万元完成前期各项工作；龙源文化旅游区项目，已投资1亿元，完成龙源博物馆和玉石加工体验区主体工程建设前期工作。

2014年，完善全旗旅游规划，着力构建"一心三线"的旅游格局：重点打造以内蒙古自治区史前文化博物馆、新州文苑、敖汉第一村民俗博物馆、体育休闲公园、新州园等为载体的新惠旅游集散中心；以大黑山、武安州辽文化园和兴隆洼遗址公园等为载体的旅游东线；以敖汉温泉城、热水农家民俗、龙源文化产业园、青城寺、红门寺、碾盘沟（青泉谷）等为载体的旅游南线；以城子山遗址、小河沿文化旅游区、黄羊洼生态文化产业园、响水等为载体的旅游北线。将敖汉旗建设成国际知名的史前文化旅游目的地、中国龙玉文化源头展示地、生态农业文化休闲地，成为内蒙古自治区东部旅游环线上的重要节点和休闲度假旅游目的地。已经确定的文化旅游产业项目进展顺利，旗政府与新华社合作编写的《中国名牌·美丽敖汉》专刊，发行后从更广阔的领域宣传敖汉旗的经济社会发展，为加快文化旅游产业开发起到推动作用。敖汉史前文化产业园、小河沿文化旅游区、龙源文化旅游区等10余个文化旅游产业项目开工建设，累计完成投资近14亿元。

2016年7月5日—8月10日，以"健康温泉幸福之源"为主题的中国·敖汉第三届温泉文化旅游节，开展九大主题活动，扩大敖汉文化旅游品牌的影响力，进一步推动文化旅游产业的发展。修改完善《敖汉旗旅游业发展规划（2016—2020）》；制定敖汉旗“十三五”旅游规划图、敖汉旗“十三五”旅游发展目标。出台《敖汉旗休闲农牧业与乡村旅游发展工作实施方案》，确定首批发展的格斗营子等33个重点村。推进小米饭农家院、清泉山庄、敖苇庄园、溢满源生态农庄、恒瑞泰农牧业、亿亩地水上乐园等乡村旅游景点建设。制订《敖汉旗重特大旅游安全事故应急预案》和《敖汉旗旅游纪念品市场专项整治工作方案》，突出抓好黄金周假日旅游安全工作。

2017年，编制印刷文化旅游宣传册《文明之光》，赤峰电视台制作播出敖汉乡村旅游专题宣传片。积极发展乡村旅游点，大力发展“农家乐”“牧家乐”。本年末，全旗已有自治区四星级乡村旅游接待户（圣达山庄）一家，四家子镇清泉山庄成功晋升为自治区三星级乡村旅游接待企业；敖苇庄园和溢满源生态农庄被评为赤峰市休闲农牧业与乡村旅游示范点；岭南农家院、黍粟人家、大丽花园农家院等申报三星级乡村旅游接待户；更多采摘园、垂钓园等乡村旅游点相继开发，如鑫泰水上乐园、鸡冠山采摘园等，极大地丰富了敖汉旅游产品。当年，举办敖汉旗旅游美食服务大赛，进一步提升旅游接待水平。新建旅游公路9条，总里程99.5公里，估算投资7144万元。抓住“旅游厕所革命”最后一年的机遇，全力推进旅游厕所建设，2017年，新建旅游移动厕所10座，固定旅游厕所24座。

2018年，各乡镇苏木调整充实文化旅游工作领导小组，由党委政府主要负责人挂帅，加强文化旅游的领导。加快推进重点项目建设，统筹规划史前文化产业园；借助史前文化之根、旱作农业之源、中国小米之乡的旅游符号，着力打造“史前文化研学游基地”；发展乡村旅游。乡村旅游接待人数10万人次，占旅游总接待人数比重的20%，带来旅游收入5000余万元，占旅游总收入比重的10%；引进专业团队对敖汉文化旅游创意产品进行整体包装策划，经过与各大专业院校和相关专业机构合作，初步形成敖汉系列文创产品（第一批），切实提升敖汉旅游知名度和吸引力；注重发挥主流媒体的宣传，积极利用微博、微信、手机客户端等新媒体的线上宣传优势，编制“文化敖汉”微信公众号，制作敖汉旅游专题片等；成功承办“2018年敖汉首届杏花旅游节”“2018年敖汉首届民俗文化节”“敖汉旗国际小轮车赛事”等系列活动，几次节会累计观光旅游的游客已突破20万余人次，多家主流媒体争相报道，提升了敖汉旅游知名度。本年旅游重点项目落地实施9个，完成投资14230万元；接待游客85万人次，同比增长13.3%，实现旅游收入1.52亿元，同比增长3.27%。内蒙古自治区新州博物馆被评为3A级景区，敖汉旗古河畔庄园在赤峰市第二届乡村旅游节暨“金秋十月”旅游产品发布会上获得“第一批赤峰市旅游休闲园区”的荣誉称号。

第十编表 1　2018 年全旗各乡镇苏木文化旅游领导小组一览表

乡镇	组长	副组长	成员
新惠镇	张永福	鲍海军	姚明珠　赵景丽　孟庆宗　吴　浩　褚广明　滕　飞
金厂沟梁镇	邓相奇	盖兴峰 吴永才	刘建军　韩　会　刘孔龙　车永红　张德华
四家子镇	张彦民	徐海波	张　振　宋文高　蒋　志　刘建民　孙海军　王志新　李洪军　李井刚　车宝玉
四道湾子镇	杨梦显	王洪杰 丁立福	孙世杰　赵洪国　王玉华　王晓薇　史国柱　孟宪玉　李贵军　王佩龙　李国勋　王金栋　孟祥宇　于洪业
下洼镇	张海学	王云峰	张兴军　谢玉壮　张东学　刘亚林　刘广福
长胜镇	杨立光	尹亚楠	赵志宏　吕海明　王柏华
贝子府镇	董　华	吴雅娟	纪浩宇　王景华　张桂敏　张明雅　史晓娟　徐景辉　刘长春　冯仲德
兴隆洼镇	刘树春	苏英武	王学来　范玉芬　宋宏达　高景军　燕振宇　宫子恒　田治国
黄羊洼镇	陈向民	时登友	孙海川　杨延军　蒋伟才
古鲁板蒿镇	梁百旺	赵洪文	马　忠　张振波　薛志甫
牛古吐镇	姜峰君	李国峰	周曙乐　高宗奎　宫殿启　王旭光　王志超　魏宪忠
丰收乡	杨　威	王景泉	崔慧颖　赵树人　张聪颖　温建军　周雅丽
萨力巴乡	张启航	邓伟光	褚海军　王树文　袁海波　孙宝东　邹吉武　黄学东　褚安迪　刘利利　刘春雨　刘文宇　麻桂华　翟景仓　王柏枫
玛尼罕乡	宁　春	孙伟业	范丽琴　谢小雪　刘玉庆　刘杰云　林玉兴
木头营子乡	崔晨辉	胥　礼	郭晓峰　刘永东　陈　洋　刘一鸣　田　岳　徐继刚　张百富
敖润苏莫苏木	马树东	鲍亚利	宋文华　张庆峰　王国利　王宗文　平永宽　张　帆　薛忠生　翟珊珊　图　雅　柴小燕　吴振军　鲍桂林
新州街道办	祁英飞	孙　光	钱义波　李　民　刘全利　刘志成　鲍宏伟　陈栢学　陈会明　谭铁民　王瑞红　张晓梅　姚铁梅
惠州街道办	隋雨泉	齐延明	孔祥利　王明艳　胡林春　吴继峰　谭玉华　肖景春　吕　强　张国玲　贾艳青　袁东飞　张玉华　刘文兴　邢柏伟

第十编表 2　2006—2018 年敖汉旗旅游情况一览表

年份	接待游客人数（万人次）	我国港澳台及外国人（人次）	旅游收入（万元）
2006	8	4	6800
2007	10	5	8800
2008	14	8	12600
2009	20	9	19000
2010	26	10	25220
2011	31	13	30380
2012	35	20	35035

续表

年份	接待游客人数（万人次）	我国港澳台及外国人（人次）	旅游收入（万元）
2013	40	32	43200
2014	48	71	52800
2015	57	79	68400
2016	68	80	90000
2017	87	100	106000
2018	97	500	115000

第三节　完善规划

敖汉旗旅游局于 1995 年 12 月成立后，在一无经验，二无开发资金的情况下，旅游局在旗委、旗政府的领导下，开始旅游开发工作前期调研。1997 年旅游局领导班子带领一个考察组，赴天津、白洋淀、承德、喀喇沁旗、宁城县等地，学习旅游开发与建设经验，更主要的是解放思想，开拓思路，提高对旅游事业发展的认识，谋划本旗旅游事业。当时的规划思路是先抓小河沿水上公园旅游项目，积累经验，再规划大黑山森林公园和四家子青城寺的建设项目。

1998 年旗委、旗政府把旅游业作为发展第三产业的龙头项目进行部署，决心经过几年的努力，使敖汉旅游发展为全旗主导产业之一。旗财政拨出 5000 元专项资金，作为旅游事业费，着手开展全旗旅游资源的初步普查，筹备制订总体规划。当年，本着先试点取得经验，再全面推开的原则，规划了四道湾子水上风光旅游项目和高家窝铺乡龙泉山庄旅游项目，当年规划，当年实施。同时开始大黑山、青城寺、碾盘沟、响水等旅游项目的前期工作。

2002 年，旅游开发工作职能合并到旗文体广电局，并成立“敖汉旗旅游管理服务中心”，研究拟定敖汉旗旅游业发展计划和旅游业管理办法成为中心的一项重要职能，并设立规划发展股。

2004 年，依据国家旅游局编制的《敖汉旗旅游发展规划》，对大黑山、碾盘沟、热水汤等 7 个具有开发潜力的项目，重新修改论证，编写《敖汉旗旅游区开发项目可行性研究报告》，在项目的开发方向上、产品的设计定位上，具有可操作性。与此同时对全旗旅游资源重新梳理排队，把 7 个旅游项目列入项目储备库。当年，旗旅游局发出《关于全旗旅游资源开发调查的通知》，根据这次调查，又发现具有开发价值的旅游景区20个。

2005年，在全旗旅游资源调查的基础上，规划出全旗南、东、北三条旅游线路。同时把热水汤温泉建成旅游精品城作为当年旅游规划的重点，旅游局两次赴外地考察，学习先进经验。当年10月与巅峰旅游规划设计院达成协议，签订《敖汉旗林家地温泉旅游精品城总体规划设计合同》。

2006年5月，召开《敖汉温泉旅游度假区总体规划》专家评审会。邀请北京师范大学、赤峰市艺术旅游学校、旗有关部门单位的专家组成评审组，就规划成果进行研究讨论，并一致通过评审，敖汉温泉项目开发建设驶上快车道。

在制订《敖汉旗经济社会发展“十一五”发展规划》的同时，制订《敖汉旗“十一五”旅游专项建设规划》。包括敖汉旗旅游资源概况、旅游业发展现状、全旗旅游开发总体思路、规划重点项目等内容，规划明确了把敖汉旗温泉旅游度假区项目和碾盘沟（青泉谷）风景区建设项目作为规划的重点。

2009年8月，根据上级关于着手制定“‘十二五’规划”的工作部署，旗旅游局组织力量编制《敖汉旗“十二五”期间旅游业发展规划》。规划分前言、概况、旅游资源现状及特点、旅游发展规划的指导思想及原则、旅游发展规划及建设内容、采取的保护措施等。这个规划明确开发建设名山大川游、水上风光游、休闲疗养游、休闲度假游、民族风情游、历史文化游、人工生态游七大旅游产品；开发三大旅游区即新惠至响水间北线旅游区、新惠至碾盘沟（青泉谷）间南线旅游区、新惠至兴隆洼间东线旅游区；开辟新惠至敖润苏莫苏木、新惠至四家子、新惠至宝国吐三条旅游交通专线。

2011年，为进一步推进全旗文化旅游产业发展，建设文化强旗、旅游大旗，旗委、旗政府作出《关于进一步加快发展全旗文化旅游产业的意见》。明确提出总体思路是“以‘华夏第一村’和‘全球500佳’为主打品牌，塑造‘龙祖玉源’主题形象，坚持政府主导、部门联动、社会参与、市场运作、规划引领、项目支撑，着力构建‘一心三区’（即敖汉旗文化旅游发展中心，史前文化旅游发展区、生态休闲度假旅游发展区、蒙古族沙漠风情旅游发展区）的文化旅游格局”。遵循的基本原则是坚持政府主导与市场化运作相结合的原则，坚持整体推进、重点突破的原则，坚持策划创意与规划建设相结合的原则。规划近期目标是到2015年，文化旅游品牌初步形成，产品初步成熟，文化旅游产业成为新兴支柱产业。

2014年，结合学习贯彻《中共中央关于深化文化体制改革推动社会主义文化大发展大繁荣若干重大问题的决定》和党的十八大关于“扎实推进社会主义文化强国建设”的要求。旗委、旗政府作出《关于加强文化旅游工作的决定》，提出打造“一心三线”文化旅游产业格局的新思路。即以内蒙古自治区史前文化博物馆、新州文苑、世界农业文化遗产博物馆、敖汉第一村民俗博物馆、体育休闲公园、新州园等为载体的新惠文化旅游集散中心，以大黑山、武安州辽文化产业园和兴隆洼遗址公园等为载体的文化旅游东线，以敖汉温泉城、热水农家民俗、龙源文化产业园、青城寺、红门寺、碾盘沟（青泉谷）等为载体的文化旅游南线，以城子山遗址、小河沿文化旅游区、黄羊洼生态文化产业园、响水生态文化旅游区等为载体的文化旅游北线，将敖汉建设成为史前文化旅游目的地、中国龙玉文化源头展示地、生态农业文化休闲地。

2018 年，在全面普查旅游资源的基础上，本着“突出乡土特色、保护与开发并重、自然美与人工美相协调”的原则，对 2011 年制订的《敖汉旗旅游总体规划》进行修编，制订敖汉旗全域旅游规划，着力打造“五区、七镇、二十三园”文化旅游格局。大力招商，打造精品旅游项目。一是打好“文化”牌，以史招商。二是打好“生态”牌，用绿招商。三是打好“区位”牌，借势招商。同时，为丰富文化旅游产品、推动文化旅游产业快速发展，经过与各大专业院校和相关专业机构合作，初步形成敖汉系列文创产品。包括：世界旱作农业系统公园吉祥物、敖汉旅游纪念品设计形象、敖汉旅游地图、敖汉小米包装、礼品包装、摆件、玉器等。

第四节　乡村旅游

2016 年，为扩大敖汉文化旅游品牌的影响力，进一步推动文化旅游产业的发展。旗委、旗政府修改完善《敖汉旗旅游业发展规划（2016—2020）》；制订敖汉旗“十三五”旅游规划图、敖汉旗“十三五”旅游发展目标。出台《敖汉旗休闲农牧业与乡村旅游发展工作实施方案》，确定了首批发展的格斗营子等 33 个重点村。推进小米饭农家院、清泉山庄、敖苇庄园、溢满源生态农庄、恒瑞泰农牧业、亿亩地水上乐园等乡村旅游景点建设。

2017 年，赤峰电视台制作播出敖汉旗乡村旅游宣传片，乡村旅游点发展步伐加快，具有敖汉特色的“农家乐”“牧家乐”吸引大批游客，当年，四家子镇清泉山庄晋升为自治区三星级乡村旅游接待企业；敖苇庄园和溢满源生态农庄挂上赤峰市乡村游示范点的牌匾；还有如岭南农家院、黍粟人家等旅游接待企业筹备申报三星级旅游接待户；全旗各地涌现出更多的采摘园、垂钓园等乡村游景点，极大丰富了敖汉旗旅游产品。

2018 年，在赤峰市第二届乡村旅游节暨“金秋十月”旅游产品发布会上，敖汉旗古河畔庄园获得“第一批赤峰市旅游休闲园区”称号。本志介绍几家重点乡村游景区。

一、清泉山庄

清泉山庄位于四家子镇碾盘沟景区路北侧金龟湾，山庄交通便利，地理位置优越，空气清新，环境宜人，形成一种难得的山居人文风景，新奇而壮观。依山而建，灰墙黛瓦，鱼塘、树林掩映，小桥流水，炊烟袅袅，鸣啼声声。山上可见第四季冰川遗迹——冰臼群，落脚可观赏人工瀑布一泄直下 30 米。在这里可以体味到融入自然、天人合一的境界，真正让人忘却都市的喧嚣，体会这里的淳朴与热情。有长达 300 年之久的金龟庙在山庄之畔，为山庄增添神秘色彩。

清泉山庄总投资 600 万元，餐饮建筑面积 800 平方米，垂钓水面面积 2000 平方米，总占地面积 80 多亩，建设内容包括餐饮、住宿、垂钓、休闲广场、人工瀑布、采摘园、特色养殖等。山庄里备有农家住宿的火炕，设有餐饮包厢。入庄可体验垂钓、采摘无污染的农家菜（拥有自己家里的菜园子）与绿色高山蔬菜、纯朴的农家饭菜、价廉物美特色菜：土鸡炖野蘑菇、食草羊手把肉、山野菜素炒、农家豆腐、粉条等鲜美的农家菜肴，让人吃得放心，吃得爽心！可以说，清泉山庄是一个不可多得的生态旅游驿站。

清泉山庄年接待顾客 10 万余人次，营业额 200 万元，平均实现利润 85 万元，带动周边农户 450 户，户均增收 3000 元。山庄完好的设备，干净整洁的餐厅、客房及热情周到的服务赢得了众多回头客的光顾。

二、岭南农家院

位于四家子镇热水汤村的岭南农家院，是敖汉旗旅游企业之一，这是内蒙古自治区立峰文化旅游有限公司于 2016 年斥资建设的文化旅游项目。2017 年 5 月一期工程竣工，并投入运营。

敖汉旗岭南农家院距新惠城区 45 公里，距朝阳市 60 公里，公路交通极其便利，这里有距今 3200 年前的古遗址和全旗最大的落叶松林，景色优美，资源丰富。得天独厚的热水资源，为广大游客创造良好的休闲度假环境。2018 年被内蒙古自治区评为乡村旅游星级接待户，对农家院的建设和发展是一个极大的促进。

岭南农家院总占地面积约 19 公顷，一期工程已完成投资 560 万元，其中建设 200 平方米游客服务中心一处，600 平方米农家特色餐厅，占地 1600 平方米民宿特色住宿小院 10 处，1800 平方米停车场全部硬化美化，还配套修建星级旅游厕所 2 处。50 亩地的采摘园，新鲜水果、时令菜蔬枝繁叶茂、生机盎然，游客入园即享受采摘的乐趣。建生态养殖区饲养本地鸡、山羊、黑猪，为游客提供原生态、绿色餐桌食品。这里的一切都是原生态，是休闲度假、旅游观光的好去处。

三、古河畔庄园

古河畔庄园旅游区位于古鲁板蒿乡周家地村，坐落于老哈河中下游南岸，红山水库和小山水库的中间地带。旅游区全长 8.2 公里，总面积 2018 亩。其中旅游区占地 528 亩，有水面积 520 亩，种植区面积 944 亩，生活区占地 26 亩。河边水草丛生，多以芦苇和香蒲为主，形成了天然绿色水乡景观。

旅游区总投资 1000 万元，购置画舫游船 1 艘、水上自行车 20 辆、圆形烧烤船 10 只。胭脂稻种源培育地 200 亩，建设观赏荷花塘 100 亩。建设游客接待中心 300 平方米，建设 1000 平方米农业观光大棚。建设荷花池内行人木栈道 2000 米，建设停车场 1500 平方米。建设旅游道路及亮化工程 1500 米，建设园区路边绿化带，绿化面积 6666.67 平方米。建设水蛭养殖场 500 平方米。

四、龙泽湖

龙泽湖即原山湾子水库，位于敖汉旗牛古吐镇（2018 年由乡改镇）境内，是一座以灌溉为主，兼防洪、养鱼等综合利用的中型水库，至今已有 40 多年的历史。

2015 年以来，敖汉旗龙泽湖旅游产业开发有限公司依据《敖汉旗人民政府关于牛古吐乡龙泽湖景区总体规划的批复》文件，开始对龙泽湖景区实施开发建设，计划总投资 2.4 亿元。

根据龙泽湖的资源禀赋及人文地脉等特征，经过统筹规划和精心布局，现已初步形成“一环两带六区”的总体布局框架。“一环”即龙泽湖周边景观环；“两带”即生态防护景观带和叫来河湿地带；“六区”即综合服务区、中心水景区、滨水主题休闲度假区、田园牧场观光区、山体运动及文化体验区、乡村民俗风景区。

其中包括餐饮住宿、购物休闲、水上巴士观光游览；体验长廊垂钓、传统冬捕、滑冰赛、龙舟赛；接受红色传统教育、探索史前文化奥秘、参与娱乐演艺和书画影展；可到龙湾船家感受民俗风情，品尝乡间美食，体验九曲黄河阵；还可到禹王台和龙王庙祭祀祈福等。

目前，龙泽湖蓄水量已达到 6000 万立方米，水面面积 7000 余亩，环湖四周峰峦环抱，十里湖面烟波浩渺，雁舞当空，鱼跃清波。登高远眺，湖光潋滟，山色空蒙。蓝天白云下黛色逶迤；绿树山花间波光粼粼。拦湖大坝如长虹卧波，一湖景色尽收眼底。

第五节　旅游基础设施建设

一、旅游公路

从 2005 年开始，敖汉旗不断加大农村基础设施建设力度，公路建设实现跨越式发展。截至 2018 年年末，全旗各等级公路总里程 3079 公里，其中高速公路 2 条 93 公里，途经四道湾子镇、萨力巴乡、玛尼罕乡、牛古吐镇、下洼镇和四家子镇；国道 2 条 252 公里，其中 G111 线途经中部 5 个乡镇，G305 途经中南部 5 个乡镇；省道 S205 在敖汉境内 133 公里；县级公路 7 条 634 公里；建成乡级公路 34 条 808 公里，村级路 139 条 1159 公里，行政村通畅率达到 100%。沙通铁路途经旗境北部 5 个乡镇，有三个经停站，极大方便游客出行。距离辽宁省朝阳市七道泉子高铁站 110 公里，为发展旅游奠定良好的交通基础。2017 年，为了加快旅游事业发展，敖汉旗规划建设杜力营子至山湾子段旅游公路全长 7.5 公里，小古力吐至清泉谷段旅游公路全长 20 公里，两条公路均采用三级公路标准进行建设，当年 5 月初开始施工，10 月底建成通车。旗内几条主要国省干线简介如下。

（一）北京—加格达奇

即 111 国道（或“国道 111 线”“G111 线”），是北京连接东北地区的一条重要国道，起点为北京市东城区东直门桥，终点为黑龙江省加格达奇，故得名。国道 111 线始建年限 1971 年，2001 年完成了 K665+000—K684+662 段二级路改建工程；由于使用年限较长，局部出现网裂、龟裂等路面病害，于 2014 年完成了 K665+000—K684+662 段二级路改建工程。

敖汉旗境内自西向东经过四道湾子镇、萨力巴乡、新惠镇、牛古吐镇、下洼镇，境内全长 107.91 公里，宽度 24.5 米，道路等级为一级、二级。

（二）庄河—林东

即 305 国道（或“国道 305 线”“G305 线”），是连接辽宁省和内蒙古自治区的一条国道，起点为辽宁省庄河，终点为内蒙古自治区巴林左旗林东镇，故得名。国道 305 线始建于 1971 年，2003 年完成了对 K467+875—K470+491 段二级路改建工程；其余路段于 2006 年改建完成。2013 年完成了 K461+300—K471+200 段二级路改建工程，全长 815 公里。敖汉旗境内自东向西经过贝子府镇、丰收乡、新惠镇、萨力巴乡、四道湾子镇，境内全长 72.82 公里。道路等级为一级、二级。

（三）大板—朝阳

即省级公路205线，自赤峰市巴林右旗大板镇经过翁牛特旗、赤峰市到达辽宁省界与辽宁省朝阳市相接，是贯穿赤峰中部的一条大通道，也是区内重要的出口路线，故得名。省道205线始建于1969年，2011年完成了K306+060—K315+198.695段二级路改建工程。敖汉旗境内经过四家子镇，境内全长9.665公里。道路等级二级。

（四）突泉—朝阳

省级公路210线，即突泉—朝阳段，2013年由内蒙古自治区批准为省道，该省道由S205线、县道、乡道的部分路段组成。省道210线于2018年开始修建，起点是内蒙古自治区突泉县，止点是辽宁省朝阳市。敖汉旗境内经过敖润苏莫苏木、长胜镇、新惠镇、四家子镇，境内全长177.6公里。起点敖汉旗与翁牛特旗交界处的高日罕至四家子镇的青沟梁，道路等级为二级、三级、四级。

全旗乡级公路四通八达，全部实现黑色路面或水泥路面，为旅游提供便捷舒适的交通环境。

第十编表3　乡级旅游公路一览表

公路名称	起点	终点	全长（公里）	公路等级	建成时间	途经乡镇
哈东线	牛古吐镇哈里海吐村	贝子府镇东洼	16.75	四级以下	1994年	贝子府、牛古吐
西大线	贝子府镇西查干哈达	大黑山林场	3.09	四级以下	1994年	贝子府镇
口平线	贝子府镇口琴村	贝子府镇平房村	7.73	四级以下	1994年	贝子府镇
金潭线	金厂沟梁镇回族村	北票市龙潭乡	4.23	四级以下	1994年	金厂沟梁镇
金秋线	金厂沟梁镇回族村	四家子镇秋杖子	10.57	四级以下	1994年	金厂沟梁、四家子
七椴线	金厂沟梁镇七协营子村	金厂沟梁镇椴木梁村	12.29	四级以下	1994年	金厂沟梁镇
设上线	金厂沟梁镇设力虎村	金厂沟梁镇上查干高勒	8.19	四级以下	1994年	金厂沟梁镇
陈宝线	兴隆洼镇陈家窝铺	兴隆洼镇宝国吐	7.94	四级以下	1994年	兴隆洼镇
赖东线	兴隆洼镇赖草沟	兴隆洼镇东新地	20.71	四级以下	1994年	兴隆洼镇
庄王线	四道湾子镇庄头营子	四道湾子镇王先地	5.39	四级以下	1994年	四道湾子镇
四瓦线	四道湾子镇四德堂村	四道湾子镇瓦房村	1.31	四级以下	1994年	四道湾子镇
康白线	四道湾子镇康家营子	四道湾子镇白斯朗营子	14.8	四级以下	1994年	四道湾子镇
古敖线	下洼镇东古鲁板蒿村	下洼镇敖音勿苏村	6.05	四级以下	1994年	下洼镇
谭丰线	下洼镇谭家窝铺村	下洼镇丰水山村	1.8	四级以下	1994年	下洼镇
敖东线	下洼镇敖音勿苏村	下洼镇东亮村	10.82	四级以下	1994年	下洼镇
下八线	下洼镇下沟村	下洼镇八旗村	13.98	四级以下	1994年	下洼镇

续表

公路名称	起点	终点	全长（公里）	公路等级	建成时间	途经乡镇
上苇线	下洼镇上台子村	下洼镇苇子沟村	10.73	四级以下	1994 年	下洼镇
东四线	敖润苏莫苏木东荷也勿苏	长胜镇四道海村	18.9	三级以下	1994 年	敖润苏莫、长胜
新陈线	木头营子乡新窝铺村	下洼镇陈家洼子林场	18.83	四级以下	1994 年	木头营子、下洼
榆东线	长胜镇榆树林子	古鲁板蒿镇东他拉	34.8	四级以下	1994 年	长胜、木头营子、古鲁板蒿
双新线	长胜镇双井村	古鲁板蒿镇东新地	24.8	四级以下	1994 年	长胜、古鲁板蒿
古萨线	古鲁板蒿镇	萨力巴乡	36	四级以下	1994 年	古鲁板蒿、萨力巴
玛萨线	玛尼罕乡玛尼罕村	萨力巴乡高速路入口	25.9	四级以下	1994 年	玛尼罕、萨力巴
古玛线	古鲁板蒿镇	玛尼罕乡	26	四级以下	1994 年	古鲁板蒿、玛尼罕
扣后线	牛古吐乡扣宝营子林场	玛尼罕乡后河	26.1	四级以下	1994 年	牛古吐、玛尼罕
玛七线	玛尼罕乡玛尼罕村	新惠镇七家	17.8	四级以下	1994 年	玛尼罕、新惠镇
北高线	牛古吐镇北台子村	新惠镇高家窝铺村	26.9	四级以下	1994 年	牛古吐、新惠镇
河大线	下洼镇河西村	牛古吐镇大门德营子	30.42	四级以下	1994 年	下洼镇、牛古吐镇
青刘线	兴隆洼镇青山村	兴隆洼镇刘家屯	6.53	四级以下	1994 年	兴隆洼镇
嘎水线	兴隆洼镇嘎岔村	兴隆洼镇水泉村	6.51	四级以下	1994 年	兴隆洼镇
石永线	兴隆洼镇石头井子	兴隆洼镇永和号村	5.3	四级以下	1994 年	兴隆洼镇
敖岔线	牛古吐镇敖吉村	牛古吐镇岔北沟村	7.96	四级以下	1994 年	牛古吐镇
兴敖线	牛古吐镇兴隆洼村	牛古吐镇敖包村	8.19	四级以下	1994 年	牛古吐镇
木东线	木头营子乡木头营子村	木头营子乡东大沟村	8.87	四级以下	1994 年	木头营子乡

二、旅游设施

自 2016 年以来，全旗旅游基础设施除建设各等级公路外，还在重点景区附近的主要交通道口竖立旅游标识牌 12 块，制作展示板 3 个，修建 A 级旅游厕所 53 个。

第六节　旅游服务

一、旅馆

敖汉旗的旅游宾馆随着全旗文化旅游事业的发展，建设步伐不断加快，接待标准和规模不断提高。

（一）敖汉旗国宾馆

于2006年10月开工建设，占地面积22000平方米，总投资5000万元。主楼面积11000平方米，整体框架结构，双侧电梯，中央空调，内设总统套房。该宾馆是餐饮、娱乐、洗浴、住宿为一体的国家三星级宾馆，该项目于2007年12月正式竣工投入使用，目前可容纳500多人同时就餐。主要有川、鲁、粤、湘、东北五大菜系，可以满足来自全国各地旅客的用餐需求。会议室两间，可以为200多人的大型会议服务。宾馆的建成，安置了200人就业，一流的设施，一流的服务，为旗内外客商投资提供了一流的服务平台。

（二）敖汉旗诚远宾馆

位于内蒙古自治区赤峰市敖汉旗新惠镇教育小区新西街对过，2007年10月注册资本500万元，成立并开业。准三星级标准设计建造，营业面积3600余平方米，集餐饮、住宿为一体的综合高档商务酒店。酒店内部装修一新，环境时尚温馨，高雅韵致，尽显雍容华贵，宴会厅营业面积600平方米，可承办大型婚宴、生日宴等。共有6个楼层，餐饮位于1、2层，客房位于3—6层。中餐厅7个包房，蒙古餐厅共有4个包房、一个正厅、一个小宴会厅可同时容纳160人用餐。蒙古族歌手拉着马头琴，唱着悠扬豪放的草原牧歌；蒙古族姑娘翩翩起舞，敬上洁白的哈达；三至六楼为客房部，共有44间客用房间。

（三）敖汉金陶宾馆

是由内蒙古金陶股份有限公司投资兴建的集餐饮、娱乐、住宿、会议为一体的综合性商务酒店。金陶宾馆地处敖汉旗新惠路，位于繁华的商业地段，购物、出行交通便利。酒店设计新颖、装潢典雅、设备先进、设施完善，是敖汉旗首家以现代派设计风格为主的酒店。宾馆建筑面积4800多平方米，拥有豪华套房、豪华单间、标准间等，可以接待100余名旅客同时入住，房间舒适、安全、温馨。酒店备有空调、闭路电视、商务影院、快捷方便的宽频网络服务及长途电话服务。餐厅名厨料理，配有粤、川、湘等风味菜肴供宾客品尝，室内装修风格独特，设有多功能厅一个，大小餐厅13个，可接待高中档宴会，婚礼宴席，可容纳400位宾客同时就餐。会议室设施齐全，高档、豪华、舒适安全，有容纳130人的大会议室一个，容纳10人的小会议室一个。宾馆配有快捷方便的商务中心。金陶宾馆是各界人士旅游、商务洽谈及大中小型会议宴会的理想场所。

（四）敖汉温泉度假村

位于赤峰市敖汉旗四家子镇热水汤村境内，北距旗政府所在地新惠镇45公里，南距辽宁省朝阳市65公里，西距赤峰市150公里。

敖汉温泉度假村依山而建，是4A级景区，四星级宾馆。占地面积2.4万平方米，建筑面积5000平方米，设有高、中、低档床位180余张，房间内设有浴池，天然温泉热水直供洗浴。大小会议室两个，配有大小餐厅多个，可供200人同时就餐。同时，为了配合度假疗养，这里还设有综合医疗机构，游人可随时进行医疗咨询和保健就医。

敖汉温泉属中矿化度，含硅酸、硫酸、碳酸氢钠型矿泉水。水温为66摄氏度，矿范围为0.11平方公里，开采量为每天480立方米，泉水中含20多种化学元素，其中氡含量为232.47Bq/L，是目前全国温泉水中含氡最高者。据内蒙古自治区第十地质矿产勘查开发院的《热水汤地下热水普查报告》，敖汉温泉内含丰富的氡、硅、小苏打、芒硝、镭等，温泉可浴可饮，具有较高的医疗作用。它对风湿、类风湿、皮肤病有特效；对脉管炎、神经炎、肢体麻木、前列腺炎、心血管疾病、妇科病有显著疗效；对消化系统慢性疾病，饮浴并用更有特效。

（五）嘉阳假日酒店

嘉阳假日酒店是敖汉旗嘉阳旅游产业开发有限公司开发建设的集旅游度假、商务休闲、大型接待于一体的综合旅游酒店，建成于2019年，是敖汉旗唯一一家四星级酒店。酒店位于新惠新城区新化路南侧，紧邻万强汽车站、旗医院、新惠三中、第六小学等地标性建筑。总建筑面积16000平方米，共有员工150人。酒店设有高、中档客房106间、餐饮包房13间、900平方米无障碍多功能大厅2间、洗浴中心2000平方米、游泳馆1500平方米，并设有休闲茶吧、娱乐室等配套服务设施。可同时接待200—300人餐饮住宿，是敖汉地区规模较大的旅游接待企业。

（六）海岳宾馆

海岳宾馆坐落于敖汉旗新惠镇新惠路北，喇嘛蒿加油站西北侧。建筑面积3626平方米，宾馆功能完善，就餐区、阅读区、休闲吧等各类设施齐备，消防报警系统与酒店管理网络系统均比较完善。

海岳宾馆现拥有客房76间，其中，总统套房2间，豪华套房4间，商务大床22间，标准间48间。客房均由名家设计，布置完备细致，风格典雅温馨，客房均设有空调、宽带、数字电视、电话、24小时热水淋浴、Wi-Fi覆盖。

海岳宾馆是敖汉地区一座旅游饭店，以“成就至尊服务，打造行业品牌”为服务宗旨，视宾客为上帝，真诚地为宾客提供“热情、周到、文明、礼貌、快捷、安全、规范”的服务，真正地做到“宾至如归”。这是酒店不懈努力追求的目标，更是对所有客人的郑重承诺。

二、旅游路线

敖汉旗文化旅游突出四大优势，打造具有敖汉地方特色的旅游产业。一是史前文化优势，将厚重的史前文化，作为发展文化旅游产业的依托；二是生态建设优势，将独特的生态成果，作为发展文化旅游产业的品牌；三是旱作农业优势，将珍贵的旱作农业，作为发展文化旅游产业的基础；四是自然景观优势，将宜人的自然景观，作为发展文化旅游产业的载体。

根据全旗资源禀赋，以建设“五区、七镇、二十三园”为骨架［五区：以佛祖寺为核心的小河沿文化旅游区，以敖润苏莫苏木为核心的大漠响水体验区，大黑山国家自然保护区，牛古吐乡龙泽湖旅游区，金厂沟梁镇红门寺景区；七镇：沙棘小镇，毛驴小镇，黄金小镇，文冠小镇，小米/地瓜小镇，热水小镇，果蔬小镇；二十三园：毛驴乐园，沙棘茶园，文冠庄园，黄金矿山遗址园，热水疗养休闲园，考古公园，史前文化产业园，百粟园，河畔庄园，和牛观光园，龙源文化创意园，自行车主题公园，旱作农业主题公园，在新惠镇东山以旱作农业为核心建设多功能主题公园，碾盘沟（青泉谷）游览园，城子山遗址祭祀文化园，苗圃观光园，光伏产业观光园，现代农业观光美食园，细毛羊产业园，大漠天堂体验园，航空产业园，五色农庄休闲体验园］，以乡村景观和主导产业为依托，构建全域、全季、全业旅游发展格局。一是突出史前文化探秘。主推史前文化之根，立足自身文化特色，把敖汉文化旅游作为全市万年历史文化长廊的东南部起点，打造世界级的人文游目的地。二是突出旱作农业观光。主推旱作农业之源，彰显旱作农业系统在敖汉文化旅游产业中的统领性、融合性，使敖汉地区成为东北游客南下、京津唐和环渤海地区以及南方游客北上的重要驿站。三是突出生态运动休闲。主打生态建设之牌，大力发展乡村游，依托方圆200公里半径内的中小城市游客市场，量身定做生态游、乡村游产品，打造周末游、假日游、家庭游、体验游等短、平、快旅游项目，突出敖汉地方特色，推出精品旅游线路。

当然，随着旅游事业的发展要求和上级政策的变化，这些设想也在随时随地地发生变化。

（一）城子山遗址、佛祖寺文化旅游区宗教祭祀一日游

早晨从新惠镇出发，下午返回，一天时间。第一站为“中国北方最大的中心祭祀遗址”——城子山遗址。城子山遗址位于敖汉北部萨力巴乡哈拉沟东山与玛尼罕乡交界处的大山顶部，这是一处4000年以前以祭祀为主，并有防御、居住、守卫、瞭望等多种功能的超大规模山城，属夏家店下层文化。遗址主体分布范围6.6平方公里。由于其保存好，面积大，遗迹清晰，场面壮观，被誉为20世纪最后一次重大考古发现。由国务院2001年公布为第五批全国重点文物保护单位。

第二站是内蒙古佛祖寺，为汉传佛教寺院，净土宗。位于内蒙古自治区赤峰市敖汉旗四道湾子镇白斯朗村境内，由当地民营企业家荀思云个人投资兴建。

佛祖寺所在地址由五台山知名法师和资深方位专家选定，其北临西辽河主要支流之一——老哈河，沿岸是自治区级湿地鸟类保护区。东有突兀高耸的福寿山，南有待建的圣灵湖和仿古一条街。西靠花草繁茂亭阁映辉的生态园，更兼这里民俗风情浓郁，是中国北方独具特色的旅游胜地。

（二）敖润苏莫苏木、响水一日游

早 7 点从宾馆出发，赴敖润苏莫苏木草原。这里碧草联翩、野花点点；牛羊肥壮、牧歌悠扬。这片原野用最美的图景，迎接着四面八方的宾朋。从不缺少热情的蒙古族同胞，以草原人特有的方式向来这里的每一位游客，讲述着草原人知难而进、奋勇争先、科学发展、共谱和谐的新草原传奇。敖润苏莫苏木地处旗境最北端，老哈河南岸，科尔沁沙地南部边缘地带，是敖汉唯一的蒙古族聚居区。

（三）黄羊洼、敖润苏莫苏木、响水自然生态一日游

从新惠出发途经古鲁板蒿镇，它位于敖汉旗西北部，科尔沁沙地南缘，属半丘陵半沙地地区，是一个典型的农牧结合经济类型乡镇。种草是主导产业之一。也种水稻，被誉为鱼米之乡。第一站是黄羊洼，名字的由来是因为古代这里松柳浩瀚，草木丛生，常有成群的黄羊出没。这里林带纵横、阵列整齐、大地如锦、草海无垠，目力所及，绿带连天，气势恢宏，昔日的黄沙滚滚，变成了今日的绿洲，令人叹为观止。

第二站为敖润苏莫苏木草原，这片原野用最美的图景，迎接着四面八方的宾朋，哈达、美酒、歌舞，尽显草原人民的豪放与好客。

进入响水玉瀑景区，主要浏览大自然的鬼斧神工，万般变化造就响水奇观和神奇的胜迹。在敖润苏莫苏木与翁牛特旗高日罕苏木接壤的老哈河上，河水三跃三叠，声若雷轰，遂称响水。赏摩崖石刻，看“太师椅”“马蹄印”，会引起人们无限遐想。

（四）青龙山、青城寺、碾盘沟休闲度假一日游

第一站从敖汉出发赴青龙山，青龙山位于四家子镇老虎山村，传说青龙触犯天条，被压在山下，一日口渴，出来到小凌河喝水，被雷公劈死，化作石山。山上有千年古洞，洞内供奉多尊佛像，每年都有国内各地信众来此拜佛。

第二站是碾盘沟（青泉谷）自然风景区，位于敖汉旗四家子镇长力哈达村境内，西距镇政府所在地 15 公里，东南与辽宁省北票、朝阳接壤，是一个两省三县交界地带。

第三站为青城寺，位于敖汉旗四家子镇牛夕河村，是内蒙古自治区保留较好的佛教圣地之一。殿堂装饰一新，富丽堂皇，香烟缭绕，晨钟暮鼓、缕缕入耳，是旅游观光、敬佛求福的好去处。

（五）温泉、红石山、红门寺、兴隆洼遗址怀古一日游

第一站敖汉旗热水汤“温泉度假村”，位于四家子镇热水汤村，坐落于群山环绕、峰峦叠翠之中。北距新惠镇 45 公里，南距锦州港 150 公里，西离赤峰 110 公里，交通十分便利。

第二站车到金厂沟梁“红石砬”，下车步行，溯沟而上。首先看到的是一尊兀然独立的红褐色巨大石狮，高数丈，长数米，宽二三米。凸出的眼球，微张的狮口，蜷曲的狮毛，惟妙惟肖、栩栩如生；横卧山门，泰然自若，不怒而威，俨然狮神。前行几百米，便进入红石砬山腹地。而所谓的“红门寺”，实际上已名存实亡。寺庙遗址东西北三面环山，独开南面。虽不见香烟缭绕，不闻晨钟暮鼓，却仍给人一种庄严肃穆的感觉。沿山梁上行，观宰牛窟，看猴头石，爬神仙洞，赏月牙山……

第三站兴隆洼文化遗址，位于内蒙古自治区赤峰市敖汉旗宝国吐乡兴隆洼村。全国第四批重点文物保护单位，被专家学者誉为“华夏第一村”的敖汉旗宝国吐乡的兴隆洼遗址保护规划项目日前正式启动。兴隆洼文化以大型聚落建筑、最早使用玉器、居室墓出现以及独特的陶器等为特征。它是中国北方发现最早的新石器时代文化之一，距今约 8000 年。它的最大意义是把中国的用玉历史和崇龙历史上推到 8000 年以前。

（六）大黑山景区一日游

国家级自然保护区大黑山，又是东北地区著名的风光旅游区。驱车向东南方向行驶 70 公里，进入大黑山旅游区腹地。目前从辽宁省北票市开发的旅游路线沿山路而上，抵达后游览西游仙境，全国首条 1200 米高山无障碍环山游览栈道，5000 米防腐木栈道，提供游览方便，轻松观赏奇峰，品味怪石，饱览绝佳美景。

大黑山旅游观光索道，采用单线循环脱挂抱索器，8 人吊箱共 58 个，设计运量每小时 2000 人，单程 7 分钟。索道全长 2200 米，上下高差 310 米，沿途设支架 13 座。随着吊厢的徐徐抬升，游人如漂浮在海洋的绿岛，清风拂面，“蝉鸣林愈静，鸟啼山更幽”的意境，让人有耳目一新的感觉。而由腾龙观景台乘索道下行，居高临下，一边鸟瞰大黑山全景，一边俯视奇峰怪石，别样风采，则令人心旷神怡，妙不可言。

（七）碾盘沟一日游

从敖汉出发，车行两个小时，即到久负盛名的碾盘沟，走进景区，放眼望去，群山环绕，树木郁郁葱葱，绿意盎然，仿佛置身于绿色的海洋之中。走进山门，巨石上写着“情山梦水”四个大字，又仿佛置身于超凡脱俗的仙境。一簇簇光如卵石的巨石，像一只只绵羊蜷伏于山花烂漫的绿草坪上，有如风吹草低见牛羊的草原古韵，一块形如蘑菇的巨石在山坡上向阳矗立。进得山谷，鲜花点缀，杏林相伴，杏花溪水染的绯红让人浑身透着甜意。

三、旅游宣传品

匠心独具的旅游文创产品

（一）世界旱作农业系统公园吉祥物设计作品

《敖宝与旱妹》

《敖汉米仔》

《旱作农业主题宝宝——安达》

《旱地精灵》

《汉汉哥带你逛公园》

《敖汉小米　世界之宝》

（二）敖汉旅游标志

旅游 logo 设计结合敖汉玉器、龙纹、陶纹等元素，形成首尾相接的圆环，既象征美玉，也如同俯视的陶纹，同时弯曲的走势也象征着敖汉重要的地域文化。圆环中间辅以篆体“敖汉”，整体标志大气，装饰感强，延展性高，具有浓厚的文化内涵。

第三章　旅游活动

第一节　品美食

到敖汉旗旅游，必须品尝具有鲜明敖汉特色的地方小吃。由于这方土地承载着游牧文明和农耕文明的相互融合，所以长期以来形成了敖汉旗独特的饮食文化。本志介绍几种敖汉地方美食，以飨读者。

一、敖汉拨面

拨面是敖汉旗的特色美食，已经被命名为市级非物质文化遗产（非遗篇已有介绍，本章简介）。用敖汉产的荞麦为原料（以牛力皋川所产荞麦面为最佳），经轧碾后，加工成荞面。把荞面和成稍硬的面团，放在长条形面案上。拨面刀是制作拨面的主要工具，是一把两头带把，30多厘米长的厚刃平刀。用拨面刀在面板上挤出一根根面条，边挤边拨入滚开的水中煮熟。拨面时只发出匀而微的“咚咚”声，其音越小、越匀，拨出的面越好。面条下锅煮熟后漂浮在锅的表面，捞到碗里，浇上卤子即可食用。口感润滑而富有筋性，味道甚美。卤子大概有这样几种：红咸菜卤子，即用自家酱缸里腌的芥菜疙瘩配上肉丁；还有羊肉沫、酸菜＋猪肉、豆腐丁、鸡蛋＋韭菜、茄子＋羊肉、芹菜＋羊肉都是做卤的好食材。

二、敖汉小米粥

敖汉小米香天下，来到敖汉喝一碗小米粥，是每一位游客的首选。敖汉小米粥的熬煮过程比较讲究，首先要选择新鲜的小米作为主要食材，因为敖汉小米比其他地方的小米“出饭”，所以要掌握好用量。首先是用温水进行淘米，不抛光的米要仔细多淘几次，锅中加水烧至快开时，将米下锅（如果是用砂锅熬制，那是再好不过的了）。先用勺子顺时针搅动，防止米黏锅，待开锅一会儿后，停止搅动，盖上锅盖，调至温火慢慢熬制；看自己的喜好，时间总体控制在15—30分钟就可以。

敖汉小米粥的特点是米香油厚，口味甘甜，健胃消食，补血养气。敖汉小米含有多种维生素、氨基酸、脂肪和碳水化合物，营养价值较高，能开肠胃、补虚损、益丹田，可用于气血亏损、体质虚弱、胃纳欠佳者进补，适于产妇乳少、产后虚损而引起的乏力倦怠、饮食不香。在北方许多妇女生育后，都有用小米粥加红糖来调养身体的传统。在南方，各种保健粥品中，也属上乘。小米熬粥营养价值丰富，有“代参汤”之美称，它还是一种非常养胃的食材。游览一天，喝一碗敖汉小米粥，缓解一下疲劳，真的是一种不错的选择。

三、敖汉甜沫子粥

这是独具特色的敖汉旗农家小吃之一，也是敖汉特产，其他地方无。不加一粒糖，却甘甜如饴。制作方法是：小米和黄豆按一定比例混合，充分浸泡。用手推小石磨磨成米浆备用。铁锅烧开水，加入小米黄豆浆，调到稀稠合适，慢火煮沸，冷却即食。味道香甜可口，因以小米与黄豆为主要食材，其营养自然丰富，便于消化吸收，是养生之上品。

四、敖汉杏核粥

敖汉旗是人工造林大旗，山杏核的产量非常大，并且敖汉山杏核品质好，营养上乘。流传于敖汉南部乡镇的杏核粥，更是敖汉独有、远近闻名的小吃，也是敖汉南部唯一的地方特色美食。其做法是：将小米或玉米楂搭配适量去皮的山杏仁，充分浸泡后用石磨推成磨浆备用。铁锅加水烧至欢开，倒入磨浆，小火煮沸，边煮边用水瓢扬动粥浆，随着热气蒸腾，杏仁的苦味随之飘散，直至苦味渐消，香味扑鼻。稍降温度，即可食用，凉食更佳。其特点是清香可口，回味悠长，并且有清咽润肺、保健养生之功效。

五、四家子切糕

以大黄米为主要食材，近些年大黄米产量少，人们便使用江米做切糕。其寓意象征吉祥幸福的生活、生意、事业、学业、家庭一年更比一年高，年糕里包含一切美好的祝福。四家子的大黄米面以水淘面粉为主。做法是：大芸豆入锅煮熟备用；清水拌黄米面，用双手合十的办法搓开面疙瘩，这步比较慢要仔细地搓，大约要搓半个小时，使黄米面手握成团一触即散为最好；铁锅加水，放好笼屉，铺上屉布、免得米粉漏到锅里，用红枣豆子铺底（按照个人的喜好放），烧开锅。水开了，开始撒黄米面，撒均匀一些，不要太急，撒完一层等到面色发黄时再撒第二层，分几次将面撒匀，再把煮熟的豆子（也有加入红枣或葡萄干的）均匀地撒在表面。如果感觉面有些干，可以用炊帚掸点水，视具体情况而定。盖上锅大火蒸 40 分钟，金黄色的大黄米切糕即可出锅端上餐桌。这样做出来的年糕口感好。黏性特别大，米香味很浓郁，“大黄米年糕蘸红糖，一拽二里长”，听着这民谣，就让人垂涎欲滴。

六、宝国吐地瓜

敖汉旗兴隆洼镇的前身是宝国吐乡，地处敖汉旗东南部丘陵山区，独特的气候、适宜的土壤和良好的生态环境非常适宜地瓜生长，加之这里的农民多少年来就有栽植地瓜的历史和经验，一直沿用传统的人工育苗和栽植方式，普遍施用优质农家肥，不施或少施化肥，病虫害危害较小，不用任何农药，因此，“宝国吐地瓜”以其品质纯正、营养丰富、甘甜可口、绿色有机的特点不但在敖汉地区畅销，现在已经打入国内大中城市市场，进入千家万户，备受广大消费者青睐，成为各地市场的抢手货。地瓜又名红薯、番薯等，被国际誉为“近乎完美的食品”，富有氨基酸，膳食纤维，B 族维生素，维生素 A、C、E，胡萝卜素，钙，果胶，生物类黄酮等 20 多种微量元素，属生理碱性食物，能对米、面、肉等生理酸性起调节作用，是老少皆宜的天然健康食品，具有较高的营养价值、食疗价值、药用价值和保健作用，有抗癌、保护心脏、益肺生津、健脾开胃、预防糖尿病、美容、减肥等功效，有“长寿食品”“小人参”之称。

2012 年，宝国吐商标在国家工商总局商标局注册，因此“宝国吐地瓜”的知名度大幅提升。从 2017 年开始，建设“地瓜小镇”成为该镇经济发展一大战略，全镇每年栽植上万亩地瓜，已经成为一个主要产业。2000 亩地瓜观光园区，成为人文旅游的一道亮丽风景。

七、四家子干豆腐

干豆腐的制作方法前期和制作大豆腐一样。首先要洗豆腐包，所不同的是，做干豆腐的是那种长长的粗纱白布，大约半米宽、几十米长。把豆腐包洗净后，晾干，备用。

黄豆经过浸泡，上磨磨成豆浆，放在很大的锅里熬煮，直到熬开，停火。这时，要过包，使豆腐渣和豆浆分离。将豆浆放在大缸里稍微凉一下以后，就开始点卤水。这是做豆腐的最关键的手艺，不是一般人都可以做的。每一个豆腐匠都有自己的诀窍，秘不传人。这时候，把缸的盖子盖上，等一会儿，看到豆浆已经成脑，里边有一朵一朵的豆腐花与清水相伴的时候，也就是豆浆分离为豆腐花和清水的时候，就可以压干豆腐。压干豆腐的木框宽要与干豆腐包的宽度一样，长大约一米，高半米或者一米，先把卷好的干豆腐包放在木框里一层，用豆腐瓢将豆腐花搅碎，很均匀的样子，用瓢将豆腐花舀起一些，轻轻地、均匀地泼在豆腐包上，这个环节称之为“泼豆腐”，一定要匀，厚度要薄厚适中。泼豆腐是一门技术活，全凭眼力和手劲。之后，把豆腐包再续上一层，正好盖住刚才泼的豆腐花上面，又为泼下一层豆腐花做好准备。再重复刚才的程序，泼好第二层豆腐花，再用豆腐包盖住。以此类推，重复进行，直到将干豆腐的木框弄满。

这时候，就要开始压了。上面先盖好厚厚的木板，压上一些大石头，然后，上面再用一根很粗的大木梁横压在木板上，一头固定，另一头用绳子绕在另一边下面的横梁上，用一根小木棒穿在绳子中间，不断地上劲，使上面的木梁不断地向下压。木框的下边哗哗地淌着清水，豆腐花就在豆腐包里承受着重压，逐渐地变成干豆腐。压上几个小时，打开豆腐包，一层当中就是一张干豆腐，一张一张地取出来，放好，干豆腐就做成了。

干豆腐的食用方法很多。除可以直接凉拌外，还可以与其他食品一起食用，如“京酱肉丝”用干豆腐包裹味道最佳。此外，还可以用作炒菜的原料，煎炒烹炸，几乎无所不能，最著名的是那道尖椒炒干豆腐。在熟食制作中，还有一道用干豆腐熏制的五香豆腐卷儿，味道也不错。

八、敖汉煎饼

敖汉煎饼的主要食材以小米为主，也有用杂粮或大米的。先把适量的小米或杂粮、大米淘洗干净，爱吃甜口的可加入适量黄豆，用水浸泡。用人工小石磨加水磨成米糊，盛入盆内使其稍微发酵。煎饼鏊子烧热，抹一遍油，左手盛一勺米糊倒在鏊子中央，右手用煎饼筢子将米糊沿顺时针方向摊开成圆饼形，摊匀后即熟，约用 1 分钟，然后再用铲刀顺边刮起煎饼的边缘，两手提边揭起。摊第二张的时候，将前一张翻过来覆盖在上面，使其软化。需要注意的是，米糊稀稠适当，摊饼速度要匀，火候要缓。其特点是厚薄如纸，色泽棕黄，松软筋道，微有酸甜香味，是敖汉地区民间粗粮细做的传统小吃。一张煎饼卷大葱，胜过多少珍馐美味。

九、敖汉打瓜

打瓜是西瓜的一种品种，果实小，吃时多用手打开，所以叫打瓜。瓜籽比较大，形如西瓜子，两侧边缘为黑色，中间为黄色和白色，多半可以做成瓜子食用。敖汉旗北部是主产地。这里是沙质土壤，有适宜的温度，充足的阳光，有质量上乘的良种。所产瓜子，黑边白心，颗粒饱满，片形较大，籽瓜成熟后，将瓜用拳头打破，食肉取籽，用水洗净，晒干，即可应市。黑瓜子含有丰富的蛋白质、脂肪、维生素 B、维生素 D 等营养物质，多做日常食用，是人们普遍喜爱的美味食品。其营养价值每 100 克打瓜含蛋白质 4.3 克，脂肪 44.8 克，碳水化合物 9.7 克，维生素 B_1 0.04 毫克，维生素 B_2 0.08 毫克，钙 28 毫克，铁 8.2 毫克，锌 6.7 毫克等。打瓜含不饱和脂肪酸很高，特别适合高血压和心脑血管疾病的病人食用。并含有植物固醇这类物质，可以降低血液里低密度胆固醇含量。夏季来敖汉旅游，赏着美景，随手打开一个熟透的打瓜，仔细品尝，那种凉爽可口、沁人心脾的感觉真是千金难买。

十、敖汉菜包

敖汉是小米的故乡，小米饭包菜包（亦称打菜包）是敖汉一道风味独特的小吃。外地游客到敖汉的农家乐，农家菜包成为首选，绿色的菜叶，金黄色的小米饭，大葱、香菜、黄酱调味，真是美食美味，沁人心脾。菜包的做法很简单，一年四季都有白菜叶，夏秋两季的大地白菜叶为上乘。铁锅焖好小米饭，盖顶上铺好双层白菜叶，上面均匀撒上大葱段、香菜段、少量的尖椒小块（不吃辣的不放），黄豆酱调制稀稠合适，均匀地涂抹在上面。然后将小米饭适量放到菜叶之上，用手掀起左右下三面菜叶，包起来，双手拿菜包，从上往下吃，连菜带饭，小米香、葱酱香，组合成一个独特的香味，令人垂涎欲滴，爱不释口。

十一、敖汉驴肉

驴肉，它的不饱和脂肪酸含量，尤其是生物价值特高的亚油酸、亚麻酸的含量都远远高于猪肉、牛肉。“天上龙肉，地上驴肉”是人们对驴肉的最高褒扬。驴肉具有“两高两低”的特点：高蛋白，低脂肪；高氨基酸，低胆固醇，对动脉硬化、冠心病、高血压患者有着良好的保健作用。另外还含有动物胶、骨胶原和钙等成分，能为人提供良好的营养补充。

敖汉旗是肉驴养殖大旗，驴肉系列制品是当地最具特色的美食之一。其中最常见的有五香驴肉、香菜拌驴肉、酱驴肉、辣炒卤驴、驴肉火烧、干锅驴肉、锅仔驴肉、驴肉蒸饺、驴肉水饺等。游览敖汉美景，品尝敖汉驴肉食品，美景加美食，那才是一种美的享受。

第二节 购物

敖汉旗的旅游购物环境比较优越。这里是黄金生产大旗，年产黄金一直保持在 6 万两左右，在内蒙古自治区名列榜首。以黄金、白银为主的珍贵旅游纪念品，是来敖汉旅游的首选。全旗城乡有各种贵金属加工销售厂店 40 多家，其中六桂福珠宝、周大生珠宝、中国黄金等国内知名贵金属企业纷纷入驻敖汉旗。围绕金厂沟梁金矿、撰山子金矿两大黄金生产企业而形成的金银首饰加工制作、销售企业达几十家。敖汉旗的地方特色商品也是旅游购物的不二选择。

一、敖汉小米

敖汉地区种植和食用小米，自 8000 年前延续至今，是世界范围内种植和食用小米延续时间最长的地区，被称为“世界小米之乡”。

被称为“全球环境500佳”的敖汉旗，地处燕山山脉努鲁尔虎山北麓，科尔沁沙地南缘，山坡地较多，四季分明，日照丰富，昼夜温差大，雨热同期，积温有效性高，是典型的旱作农业区，独特的地理位置和气候条件使敖汉地区成为闻名天下的谷子主产区。敖汉大地土壤中富含硼、锌、铜、硒等微量元素，谷子等杂粮杂豆大部分种植在山坡地和旱坡地上，农户世代传承着施农家肥、轮作、套种、人工除草等古老的耕作方式，有效减少了化肥和农药污染，这里的谷子不但颗粒饱满，适口性好，而且营养丰富。由此加工出来的敖汉小米富含人体所需的氨基酸和钙、磷、铁等微量元素，营养丰富，质纯味正，香软可口，是平衡膳食、调节口味的理想食品，也非常适合怀孕期妇女及产后进补食用。

据科学测定敖汉小米蛋白质含量丰富，与小麦相当，可高达10.66—10.92克/100克，不仅高于其他小米，而且还高于稻米和玉米。小米蛋白质中氨基酸种类齐全，含有人体必需的8种氨基酸，且必需氨基酸的（模式）比例较合适；而敖汉小米中的氨基酸总量要高于其他地区小米，其中谷氨酸、亮氨酸、丙氨酸和脯氨酸含量最高，必需氨基酸含量更是占到蛋白质总量的45.39%—45.82%，并且必需氨基酸评分高于FAO/WHO模式标准值，必需氨基酸指数EAAI为57.91—59.83，高于其他粮食（小麦51.54，稻米37.45，玉米45.30）。敖汉小米敖汉旗特产，是中国国家地理标志产品。远方客人到敖汉，敖汉小米伴你行。

二、四家子粉条

敖汉旗四家子镇盛产马铃薯，是全旗优质马铃薯生产基地之一，又是传统美食之一土豆粉条的盛产地。全镇马铃薯种植面积为2万多亩，年产量达3500万公斤以上。主要品种有克新一号、克新四号、奉玉2号、奉玉16号。该地区生产出的马铃薯具有个大、淀粉含量高等特点，很适合粉条加工。

四家子粉条以当地优质马铃薯为原料，采用新工艺、新技术加工而成，是天然、无污染的绿色食品，年加工马铃薯1000万公斤，生产粉条100万公斤，实现产值350万元。四家子粉条具有营养丰富、韧性强、口感好等特点，深受广大客户的欢迎，已远销到北京、河北、辽宁等地。在东北地区（大连）国际农业博览会上，该地区粉条，特别受到国内外客商的青睐。优良的品质，良好的服务，四家子粉条是上好的旅游纪念品之一。

三、敖汉北虫草

北虫草是北冬虫夏草的简称，也叫蛹虫草或蛹草，是草菌结合的药用真菌，敖汉旗是主产地之一。很多人都误以为北虫草就是冬虫夏草，其实不然，两者有本质的区别，冬虫夏草是极为珍稀的野生中药材（冬虫夏草尚不能人工培育）。北虫草属于真菌门，子囊菌纲，肉座菌目，麦角菌科，虫草属。它主要生长在中国的北方地区。北虫草不仅含有丰富的蛋白质和氨基酸，而且含有 30 多种人体所需的微量元素，是上等的滋补佳品。新惠镇康家店村的北虫草农民专业合作社注册“康典”牌北虫草，作为时尚礼品，已经打入国内高端市场。与此同时，敖汉北虫草获得了国家地理标志商标。

四、“老河”大米

敖汉旗古鲁板蒿镇康家营子村位于红山水库下游老哈河右岸，是敖汉旗著名的稻米之乡。天然河水自流灌溉，使其种植水稻有着得天独厚的条件。全镇稻田面积 3 万亩，年产优质稻米 1200 万公斤，主要品种有丰优 301、丰优 516、丰优 307 等，同时还生产黏稻米、黑香米、白香米等特色米。2002 年古鲁板蒿镇引进稻田养蟹技术获得成功，由于稻田养蟹减少了化肥用量和农药的使用，产出的大米无污染，故当地人称“生态蟹米”。“老河”品牌是古鲁板蒿镇 2000 年在国家工商总局注册的商标。该品牌大米采用天然、绿色、无污染稻谷加工而成，品质优良，与其他同类稻米相比，“老河”大米米粒细长，晶莹剔透，米饭油亮清香，口感极佳。该大米已远销北京、上海、河北、辽宁等地，也深受国内外广大游客的欢迎。

五、敖汉荞麦

敖汉旗长胜镇双井有“荞麦之乡”的美称，这里种植荞麦有得天独厚的自然地理条件，昼夜温差大，光照充足，比较适宜荞麦的生长，因此，荞麦在该地区种植面积大、产量高，年产量在 200 万公斤左右，因其无农药、无化肥污染而被称为“绿色食品”。1999 年，在国家工商总局注册“牛力皋”牌荞面，该品牌荞麦面已畅销北京、辽宁等各大中城市，并远销日本、韩国等国家和地区，深受国内外人士的赞誉。

牛力皋川位于长胜镇境内（原双井乡），因种植荞麦历史悠久，品质优良而闻名，特别是在日本、韩国的客商中有一定的知名度，在该地区土壤和气候条件下种植的荞麦，以其“粒饱、皮薄、面多、粉白、筋高、品优”而驰名中外，牛力皋川荞面更是香甜可口，味道纯正，色香味俱佳，是荞麦面中的上品。有降血糖血脂、保护视力、防治冠心病和癌症等特殊保健功效，被人们誉为“益寿保健食品”。在 2008 年就被农业部批准为国家地理标志保护产品，用荞面制作的“敖汉拨面”也是赤峰地区的特色美食。

六、榛子

是敖汉旗南部山区的一种野生坚果树种，努鲁尔虎山脉盛产。是木本油料树种，为榛科榛属植物，在大山里与柴草混杂生长，株高 2.5—3 米，果形似栗，圆卵形，有黄褐色外壳。种仁气香、味甜、具油性，秋季成熟采收。当地人采集来作为山货出售。

榛子营养丰富，果仁中除含有蛋白质、脂肪、糖类外，胡萝卜素、维生素 B_1、维生素 B_2、维生素 E 含量也很丰富；人体所需的 8 种氨基酸在榛子中样样俱全，其含量远远高过核桃；榛子中各种微量元素如钙、磷、铁含量也高于其他坚果。榛子富含油脂（大多为不饱和脂肪酸）、蛋白质、碳水化合物、维生素、矿物质、糖纤维、β－谷甾醇和抗氧剂石炭酸等特殊成分。可以软化血管，促进胆固醇代谢。强壮体魄，促进生长发育。明目健脑，增强记忆，防止衰老等功能。游山赏景之余，或采集，或购买一些榛子，作为旅游纪念品更显得时尚与高雅。

七、坡地有机杂粮

敖汉杂粮绝大部分种植在山地或沙地，土质和空气都是无污染区，施用自制的农家肥，再现杂粮的天然特性，因此敖汉杂粮赢得“中国杂粮出赤峰，优质杂粮在敖汉”“敖汉杂粮，悉出天然”的美誉。敖汉旗中南部山区出产的有机杂粮品种有：黄米、白米、黑米、绿米、高粱米、大黄米、荞麦米、玉米楂、豇豆、绿豆、芸豆、红小豆等。

悠久的农耕条件，良好的生态环境，传统的种植方式，朴实的乡土人情铸就了敖汉坡地有机杂粮独有的品质。经过中国农业大学有机农业技术研究中心的专家指导，北京东方嘉禾认证中心的有机认证，中国有机农业产业联盟的推广，敖汉有机杂粮以其独有的品质和精美的真空包装进入全国各大中心城市，并且成为赤峰及周边地区主要旅游商品之一。

八、天然野生红蘑

敖汉旗南部山区遍植油松，立秋之后，只要雨水适当，只要有松树的山峰，便会生长出一种野生的红色的蘑菇，这就是素有“中国纯天然高等野山珍”之美誉的野生红蘑。这是一种闻名世界的食用菌，它的产量极低，非常稀有，每年就是立秋之后才能采到。南部山区得益于 20 世纪治山治水，大量栽植松树，松树的腐枝败叶是红蘑生长的天然培养基，在适宜的初秋气候条件下方可生长。秋天的早晨，人们踏着漫山露水，拿着各种盛具，手拨草丛，在松树根部一颗又一颗地采摘红蘑。晾干后，即成珍品。外观通体呈肉红色，故称之为红蘑、肉蘑。广受国内外消费者青睐，一市斤干品可卖到近百元。红蘑炖鸡是敖汉一道独具特色的美食。

九、沙棘系列饮品

沙棘（俗称醋柳、酸不溜），是地球上最古老的植物之一，经历了两亿多年的沧桑岁月。沙棘果实含有极高的维生素，每 100 克鲜果含有维生素 C 80—1500 毫克。天然沙棘系列饮料具有高原特点，它浓缩了沙棘精华，属饮料珍品，人们不去高原就可以品尝领略到高原植物的独特风味。沙棘汁含有极丰富的维生素 C，有助于增强人体免疫功能，饮之能活血降压、降低胆固醇、缓解心绞痛发作，对防治冠状动脉样硬化性心脏病有明显效果。常饮此汁，减少疾病，强健身体，益寿延年。

敖汉旗是全国沙棘生态建设示范县，在中南部山区栽植面积大，沙棘果产量高，有“中国沙棘之都”之美称。以沙漠之花饮料有限公司、内蒙古蒙鑫农林产业科技有限公司为代表的沙棘系列产品开发企业，研发的“尔东牌”沙棘籽油、沙棘黄酮、葡萄籽油软胶囊，“沙漠之花”牌沙棘果汁、沙棘养生茶等产品，都是沙棘系列产品中的上品，在全国饮品市场中占有相当份额。在敖汉旅游，游山玩水的同时，喝上一瓶液体金黄的沙棘汁，是大多数游客的不二之选。

十、杏仁乳

敖汉旗是全国人工造林大县，几十年的生态建设，中南部山丘地区和北部林场大面积栽植山杏。现在全旗山杏林面积已经达到 69.5 万亩，其中盛果期面积 55.9 万亩，每年可产山杏核 100 万公斤，为以山杏仁为主要原料的饮品企业提供充足的原料。敖汉境内有多家以杏仁加工为主打产品的企业，赤波牌、尔东牌、沙漠之花、绿波等品牌杏仁乳成为敖汉旗旅游商品的主推品牌。杏仁乳的制造采用传统的湿磨工艺，将原始的杏仁原料净化后，缓慢投入研磨设备，长时间多层湿磨，使汁液更加细腻纯净，营养价值得到充分保留。经国家权威机构检验，敖汉杏仁饮品的植物蛋白含量为 1.1—1.6，是国家标准（≥ 0.5%）的 2.4 倍。以其入口甘醇、香而不腻、爽口清冽、沁人心脾的独特口味，领先于国内同类产品。游山玩水之际，一瓶杏仁乳可消去旅途的疲劳，带来美的享受。

十一、文冠果系列产品

成立于 2010 年的内蒙古文冠庄园农业科技发展有限公司，位于敖汉旗黄羊洼镇，是中国最大的文冠果农业科技企业之一。公司研发的文冠果系列产品以其时尚高档、包装精美而成为旅游商品的首选。游客们徜徉于锦绣如云的文冠花海之中，赏花观景之余，带上几款精美的文冠果产品，真的是不虚此行。

（一）文冠果籽仁油

文冠果籽仁油是高级药食兼用油，更是天然保健品，俗称“长生不老药”。文冠果油不饱和脂肪酸含量高达 94%，堪称为不饱和油之王。富含神经酸，神经酸是促使神经细胞再生的双效神奇物质。亚油酸含量很高，亚油酸对高血压、高血脂、心绞痛、冠心病、动脉粥样硬化、老年性肥胖症等的防治极为有利，有“血管清道夫”的美誉。富含亚麻酸，亚麻酸是组成大脑的材料之一，在体内可衍生为 DHA（脑黄金）。富含人体内不能合成而不可缺少的二十碳六烯酸。文冠果油酸值低、碘值高、抗氧化性非常强、凝固点为 -37℃，符合国家Ⅰ级食用油标准，属于极品食用油，利于贮藏和运输，在常温下贮存 30 个月以上而不酸败变质。

（二）文冠果茯砖茶——“和亲冠茯”

文冠果茯砖茶是采用具有特殊功能的文冠果叶子为主要原材料，将安化一级冰碛岩黑茶经科学配比压制而成的一款功能性茯茶，是传统茯茶的转型升级产品，百分之百传统工艺制作，是一款经得起 21 泡的传奇好茶。独创“拼配萃香工艺”，将安化黑茶的高山茶香与文冠果叶的草原气息完美地融于一身，改变了新茶口感的涩与苦和需要存放一段时间才能饮用等缺陷，使制作出来的新茶口感可媲美存放 3 年的老茶；其成分低氟、低铝、富硒、富锗、富锶、高锌；富含国家二级保密配方“冠突散囊菌”；富含特种氨基酸——y- 氨基丁酸；富含维生素 A、C、E、F、K；富含茶多糖、茶多酚（茶褐素）；富含黄酮类、皂苷类化合物。对预防“三高”、助消化、解油腻、调理肠胃、保肝护肝、哮喘和心脑血管疾病有独特功效。

（三）文冠花蕾保健茶

文冠花蕾保健茶是一款针对男性的膳食营养补充型饮品，文冠庄园采用挑选干燥的有机文冠果花蕾经过特殊工艺加工而成，不添加任何色素、香料和防腐剂。文冠果花中含有茯苓苷、白蜡树皮干、七叶苷、黄酮类（10 余种）、香豆素类（8 种）等主要药用成分。适宜前列腺炎、前列腺增生、前列腺肥大等人群；长期久坐办公的男性、汽车司机等人群；经常饮酒和吃刺激性食物的人群。具有解热、安眠、抗痉挛、抗风湿、抗糖尿、保肝护肝、抗凝血、降血糖、解轻乙醇中毒、治疗前列腺等作用。

十二、敖汉牛肉干

牛肉干一般是用黄牛肉和其他调料一起腌制而成的肉干。牛肉干中的风干牛肉源于蒙古铁骑的战粮，携带方便，并且有丰富的营养，被誉为“成吉思汗的行军粮”。敖汉“惠牛·傻子旺”系列火烤牛肉干，其选料精良，配方传统，采用传统工艺，将牛肉秘料腌制风干后手工火烤而成，其牛肉干产品，烧烤味浓、色泽鲜嫩，深受区内外顾客青睐，并远销到北京、上海、天津、河北、辽宁、吉林、黑龙江、山东、浙江、广东以及内蒙古自治区的呼和浩特、通辽等地。

敖汉牛肉干对原料要求极高，只能选用牛后腿肉，因为这个部位的肉条长，而且没有筋没有油，可以阴干挂晒。把肉的小部分筋块和油脂都去掉，切成条状；腌制大约 20 个小时；然后放在超大吹风机的阴干房间里，挂在事先做好的架子上，风干大约 30 个小时，此时牛肉干的外皮已经是干的了。接下来放在电烤炉里烤干，干净卫生，不会烤煳，大约新鲜牛肉 5 斤出 1 斤风干牛肉，虽然不添加任何作料，但是肉香味美。

牛肉干不仅含有丰富的营养和滋养脾胃，强健筋骨等效果，而且还便于携带，不管是在家里、办公室，还是在外面，随时可吃，补充能量，既能品美食又能饱口福，一举两得。

第三节 旅游企业

一、赤峰敖之源旅游产业有限公司

成立于 2007 年 11 月，位于敖汉旗新惠镇新惠路大桥东侧，主要经营项目：温泉旅游项目开发经营、住宿、中餐制售、洗浴。一般经营项目：日用百货、副食烟酒、工艺品、农副产品加工销售；房屋租赁；汽车租赁；旅游信息咨询服务；旅游项目投资等。公司首先投资 4000 万元建成目前旗内标准最高的敖汉国宾馆后，又于 2008 年规划开发占地 370 亩，固定资产计划投资 3 亿元的华夏第一村温泉旅游度假村。2009 年开工建设，主要包括主题酒店区（含游泳馆）、大众温泉区、温泉理疗区、温泉欢乐谷、温泉公寓、老年公寓以及绿化美化文化景观工程。2009—2012 年，分三期施工，完成 17000 平方米温泉酒店主体工程和 40000 平方米温泉公寓楼。打热水井 3 眼，冷水井 8 眼并完成地下管网铺设和地面道路硬化美化。在有着百年以上历史的温泉，建成景观优美、设施齐全、项目丰富、功能多样、具有文化内涵的特色温泉，具备会议接待、商务洽谈、温泉理疗、运动健身、观光体验、休闲游憩、旅游房产等综合功能，在赤峰三大温泉中独具特色，成为区域知名的 4A 级温泉旅游度假区。

二、内蒙古自治区文冠庄园农业科技发展有限公司

内蒙古自治区文冠庄园农业科技发展有限公司位于敖汉旗黄羊洼镇黄羊洼村，成立于 2010 年，注册资金 1.4 亿元。公司营建的文冠果主题生态庄园占地 20000 余亩，是赤峰市农业产业化龙头企业，是内蒙古自治区评定的科技型企业，现已成为中国最大的文冠果农业科技企业之一。

2016 年 3 月 5 日，国家林业局文冠果工程技术研究中心正式落户赤峰市，公司承载着国家工程中心所有项目的基地试验示范和产品中试。对于整合全国科技资源、开展协同创

新、促进成果转化、引领产业发展、增加林农收入、带动北方区域经济和社会发展具有重要意义。搭载天宫2号、神舟11号的文冠果种子是由内蒙古文冠庄园农业科技发展有限公司提供的观赏性品种，在太空遨游了33天，种子共11克，为公司和农户进一步创新和创收提供了优种保障。

以“生态产业、生态人居和生态文化”有机结合的“生态庄园经济”为发展模式，致力于发展与环境友好共生与同业协同共赢，实现产业发展，促进旅游开发，打造中国北方最大的文冠果产学研基地。

三、鑫泰旅游开发有限公司

位于敖汉旗金厂沟梁镇上长皋村小四家的“叫来河源风景区”项目是赤峰鑫泰旅游开发有限公司的主要建设工程。

旅游开发建设“叫来河源风景区”，总建筑面积16700平方米。坚持“高起点设计、高标准建设、高效能管理”的原则，以塑造人与自然和谐共存的生态旅游环境为目标，完善景区配套设施。满足不同消费群体的个性化需求，努力将金厂沟梁镇旅游文化打造成面向大众，不分民族、不分年龄、不分行业，人人向往的旅游目的地。建成自然风光、地质景观、民俗风情与佛教文化完美结合的设施先进、功能完备、有较强聚集力和竞争力的旅游开发区。

“叫来河源风景区”总占地面积为1000亩，主要建设内容包括：经成寺8000平方米；垂钓园200平方米；汽车营地300平方米；冰雪主题公园1000平方米；特色餐饮住宿5000平方米；游客中心1200平方米；古法酿酒基地1000平方米。

四、赤峰市新五洲旅行社

2009年，邹存超在家乡敖汉旗，创办了敖汉第一家旅行社——赤峰新五洲旅行社有限责任公司。几年来公司规模不断壮大，旗下有宁城门市部、敖汉门市部（一部、二部）、阿旗门市部以及诚远宾馆、内蒙古汇德文化传媒有限责任公司、五洲嘉华海鲜烤涮自助城、五洲福兴隆大酒店、五洲农庄百果采摘园、农副产品种植基地及敖汉旗中小学生旅游研学基地。五洲旅行社有限责任公司有职工283人，营业场所总面积15650平方米，是目前赤峰市唯一一家规模最大、功能最全、职工最多、业绩最佳，集餐饮、住宿、会议、旅游、研学、采摘、农副产品种植等于一体的综合旅游服务体系。

2014年，公司总部搬迁到赤峰后，加入中国最大旅行社国企集团公司——北京神舟国旅集团，成为该公司在赤峰地区的出境总代理，主打“赤峰五洲”品牌。

五、内蒙古小河沿文化旅游发展有限公司

内蒙古小河沿文化旅游公司，位于内蒙古自治区赤峰市敖汉旗四道湾子镇，2012 年成立，公司注册资金 1 亿元。公司主推项目为小河沿文化创意产业园，坐落于赤峰市敖汉旗四道湾子镇白斯朗营子村。园区内佛教文化厚重，在中国北方享有盛名。小河沿是“小河沿文化”的命名地，历史悠久，文化底蕴深厚。赤峰市小河沿文化创意产业园项目以小河沿史前文化为主线，以小河沿文化的保护和持续利用为核心，形成一个文化资源独特、产业衔接合理、服务功能完善的文化创意产业园区。

小河沿文化创意产业园项目分为两个建设区，即民族宗教文化建设区和文化创意产业区。由宗教文化交流中心、宗教文化佛学院、宗教文化博物馆、小河沿文化展示馆、小河沿文化遗址展示区、小河沿文化工艺美术加工制作、展销中心、小河沿文化艺术工艺园、古玩鉴赏交易中心、娱乐城、音乐广场、史前文化雕塑群等景观构成。佛祖寺是宗教文化建设的核心区，总占地面积达 1000 亩，分佛教区和道教区两个部分，其中佛祖寺是经上级主管部门批准的汉传净土宗佛教寺院。该寺始建于 2005 年 5 月，到 2015 年年底完成，已投资总计 3.5 亿元，由内蒙古自治区劳动模范、白斯朗营子村委会主任、小河沿文化旅游有限公司总经理荀思云独资创建。

佛祖寺现已建成了大雄宝殿、东西配殿、天王殿、钟鼓楼、藏经阁、济公活佛殿和护法亭公园。坐落在铁路以南的道教区，主要建筑有八角财神殿、九神殿。

第十编表 4　全旗旅游景点一览表

乡镇名称	景区景点名称
新惠镇	旱作农业系统公园
	内蒙古史前文化博物馆
	内蒙古新州博物馆
	第一村民俗博物馆
四家子镇	敖汉温泉健康城
	岭南农家院
	龙源博物馆
	五洲农庄
	清泉山庄
	青泉谷
金厂沟梁镇	叫来河源自驾车营地
	范家沟景区
	红石砬旅游区

续表

乡镇名称	景区景点名称
贝子府镇	大黑山自然保护区
兴隆洼镇	大甸子遗址
	兴隆洼遗址
	兴隆沟遗址
	地瓜小镇
下洼镇	金沟生态观光农业及休闲旅游区
牛古吐镇	龙泽湖旅游区
黄羊洼镇	文冠庄园
	乌它山牧场旅游区
古鲁板蒿镇	古河畔庄园
	敖苇庄园
长胜镇	溢满源有机农场
敖润苏莫苏木	响水大漠旅游区
萨力巴乡	城子山遗址
玛尼罕乡	宁昌路遗址
四道湾子镇	小河沿文化旅游区（佛祖寺）
	和为贵生态健康产业农业观光园
丰收乡	宋杖子乡村生态旅游区

第十编表 5　敖汉旗著名景区一览表

旅游级别	景区名称
国家 4A 级景区	敖汉旗温泉健康城
国家 3A 级景区	新州博物馆
自治区四星级乡村旅游接待户	圣达山庄
自治区三星级农家乐	清泉山庄
第二批全国特色小镇	敖汉旗下洼镇
第三批全国特色景观旅游名村示范	敖汉旗白斯朗营子村
第四批中国传统村落名录、赤峰市乡村旅游重点村	丰收乡宋杖子自然村
第一批赤峰市旅游休闲园区	古河畔庄园

第十一编

文物与考古

第一章　文物工作历史沿革

第一节　中华人民共和国成立前的文物事件

据史料记载，明朝万历二十九年（1601 年），敖汉部建立之初，就“从明大都那里请来四位塔匠”“统帅三百人夫用三年多的工夫”“维修了八面金塔”，即玛尼罕乡五十家子“万寿白塔”，这是文献所记最早维修文物古迹的事件。

清乾隆二十八年（1763 年），由理事通判哈达清格所著的《塔子沟纪略》，记述了敖汉境内青鸾岭元代碑文、金源县城址、武安州城址、降圣州城址及佛塔等。这是最早见著于志书的敖汉南部文物古迹的调查记录。

民国 19 年（1930 年），《建平县志》编修田万生调查位于敖汉旗四家子镇境内辽金源县城址，记录民国 14 年（1925 年）因大雨而坍塌的一座辽塔，出土的一块木板上所书辽咸雍七年（1071 年）金源县大横帐汉儿都部署李移孝修塔的塔铭和金源县城界碑的碑文。

民国 20 年（1931 年），热河军阀汤玉麟之子汤佐荣带领军队到新惠西山小柳条沟盗掘辽、金时代墓葬数座，出土文物全部运往承德。

民国 33 年（1944 年），在赤峰任教的佟柱臣先生到小河沿战国城址调查，采集陶片等标本和秦半两钱 1 枚。

第二节　中华人民共和国成立后的文物工作

1960 年 6 月，昭乌达盟文物工作站王兆军和旗文教科的邢振林等人，调查孟克河流域和叫来河流域部分古遗址。同年，因修公路，在石羊石虎山西侧发现新石器时代墓葬 1 座，出土陶器、石器等随葬品 31 件。

1967 年 5 月，牛古吐公社腾克力村民王某盗掘敖汉札萨克墓地中一座陵墓，墓中大部分文物散失。当年 7 月，位于木头营子乡境内的王子庙最后一栋建筑被拆毁。

1968 年 8 月，全旗境内最大的庙宇——下洼大佛寺，在“破四旧，立四新，横扫一切牛鬼蛇神”的口号声中被拆毁。

1972 年 11 月，金厂沟梁公社四六地大队在修梯田时，发现金代窖藏，出土瓷瓮和刑具等。

1973 年 5 月，古鲁板蒿公社吴家营子大队社员盗掘北魏时期鲜卑墓一座，出土的近千克金饰件全部卖到银行，仅有陶器和鎏金饰件征集入馆。7 月，旗文化馆在调查中发现大甸子、石匠沟、范杖子等夏家店下层文化墓地。9 月，在京通铁路沿线调查中发现小河沿文化聚落遗址。当年 11 月，位于玛尼罕公社五十家子大队西的降圣州遗址在农田基本建设中被夷为平地。出土一些元代银器等文物，文化馆征集到遗址出土文物若干件。

1974 年 5 月，旗革委会公布第一批文物保护单位共 4 处。6—8 月，为配合京通铁路建设，旗文化馆在铁路沿线分两个组进行考古发掘。一是发掘白斯朗营子村的小河沿文化遗址；二是发掘古鲁板蒿公社境内渗金吐夏家店下层文化遗址。9—10 月，由中国社科院考古研究所内蒙古工作队、辽宁省博物馆、昭乌达盟文物工作站和敖汉旗文化馆共同组成大甸子墓地发掘队，清理墓葬 45 座。同年末，四家子公社老虎山大队在平整土地时出土秦权、战国铁器、燕刀币等文物。

1975 年 6 月，由 5 名考古工作者组成的燕长城调查组，从四德堂出发至宝国吐结束，实地踏察南道长城及北道长城部分地段。7 月，辽宁省博物馆在大甸子公社礼堂举办文物图片展览。11 月，由辽宁省博物馆和旗文化馆工作人员共同调查宝国吐公社范杖子、大甸子公社石匠沟两处夏家店下层文化墓地和佛爷岭夏家店下层文化山城遗址。当年在建设山湾子水库溢洪道时，出土一批夏家店下层文化陶器和夏家店上层文化陶器、青铜兵器等，同时出土的还有铸造青铜短剑的石范一件。

1976 年 5 月，丰收公社南塔大队在春耕地时发现辽代壁画墓一座，旗文化馆派工作人员清理，内蒙古考古工作队的专家现场指导。出土陶、瓷器 10 余件及 150 余枚摆放于棋盘之上的围棋子。6 月，旗文化馆在荷也勿苏李家营子征集到粟特银壶等 4 件唐代域外银器及金饰带 90 余件。当年 6—8 月，大甸子墓地进行第二次发掘，中国社科院考古所、辽宁省博物馆、辽宁大学历史系的师生以及全旗 22 个公社选派参加“亦工亦农”考古培训班的文物保护员参加发掘。

1977 年 6—10 月，大甸子墓地进行第三次考古发掘，中国社科院考古所 3 位专家主持发掘，并在工地举办为期一个月、全盟各旗县文物干部参加的文物考古短训班。

1978 年 6 月，丰收公社北三家大队农民侯某在自家院内浇园子时，发现辽代壁画墓，旗文化馆派工作人员赶往现场，并清理两座辽代墓葬。1979 年 8 月，北三家 3 号辽代壁画墓被发现，文化馆组成工作组进行现场清理。

1980 年 6 月，下洼公社朝阳沟大队发现元末明初蒙古上层人物墓葬一座，文化馆征集出土文物有金盒、金冠、水晶棺及大批银器。

1981 年 6—8 月，由中国社科院考古所专家主持，先后发掘小河沿公社四道湾、五道湾、七道湾境内的红山文化遗址、墓葬和窑址。随后又在古鲁板蒿公社周家地境内发掘夏家店上层文化墓地一处，共清理墓葬 54 座。同年 10—12 月，旗文化馆组织全旗第一次文物普查，范围是金厂沟梁、贝子府、克力代 3 个公社，共发现各类文化遗址 468 处。

第三节　文物依法保护与考古发掘

以《中华人民共和国文物保护法》于 1982 年颁布为标志，文物保护与考古发掘进入有法可依的新时期，敖汉旗的文物保护工作与时俱进迎来崭新的发展局面。

1982 年 3 月，昭乌达盟文化局在旗文化馆召开全盟文物工作现场会，推广敖汉旗文物普查工作经验，旗文化馆长邵国田汇报敖汉旗文物工作，得到与会领导和全体人员的高度重视。

6—8 月，由内蒙古自治区文物考古所副所长李逸友主持发掘宝国吐公社范杖子夏家店下层文化墓地共 80 余座，参加发掘的还有塔拉和乔晓光及东部盟市的部分文物干部。10—12 月，旗文化馆组织开展了第二期文物普查，范围在宝国吐、大甸子、王家营子、丰收共 4 个公社。人员除第一期的骨干以外，又增加 5 名文化站和文化馆工作人员。这期普查的面积最大，发现文物点 1000 处，首次在宝国吐公社的兴隆洼、兴隆沟、高家窝铺公社的赵宝沟等地发现兴隆洼文化和赵宝沟文化聚落遗址。

第十一编表 1　敖汉旗第二期文物普查工作队名单

姓名	工作单位	年龄	备注
刘爱民	林家地文化站	32	参加过第一次文物普查
韩殿琮	丰收文化站	27	参加过第一次文物普查
刁金华	贝子府文化站	26	参加过第一次文物普查
鲁喜清	克力代文化站	32	参加过第一次文物普查
徐桂林	金厂沟梁文化站	37	参加过第一次文物普查
宋柏令	金厂沟梁文化站	22	参加过第一次文物普查
耿守良	新惠镇文化站	27	参加过第一次文物普查
宫　悦	大甸子文化站	35	参加过第一次文物普查

续表

姓名	工作单位	年龄	备注
马桂昌	宝国吐文化站	27	参加过第一次文物普查
杨国权	小河沿文化站	22	参加过第一次文物普查
徐孝兴	王家营子文化站	39	参加过第一次文物普查
钱常有	考古所临时工	39	参加过第一次文物普查
张果彬	旗文化馆	46	参加过第一次文物普查
高清河	旗文化馆	26	参加过第一次文物普查
邵国田	旗文化馆	34	参加过第一次文物普查
单志军	敖吉文化站	23	参加过第一次文物普查

第十一编表 2　敖汉旗第二期文物普查各时代文化分类一览表

公社	编号	新石器时代	夏家店下层文化	夏家店上层文化	战国	辽金元	调查人员
王家营子	1201—1235	4	22	4		6	钱常友、鲁喜清、刁金华、宋柏令
	1301—1340	1	37	5	1		刁金华、徐孝兴、韩殿琮
	1401—1429	3	25	1		1	单志军、耿守良、杨国权
	1501—1574	14	47	14		11	杨虎、邵国田、刘爱民
大甸子	1601—1642	3	29	14		11	钱常有、宋柏令、鲁喜清
	1701—1740	5	28	5	1	5	韩殿琮、张果彬
	1801—1867	14	38	13	2	5	邵国田、单志军、耿守良
	1901—1960	6	35	4		15	杨虎、刘爱民、徐桂林
	2001—2033		32	2	2	35	刁金华、宫悦、杨国权
宝国吐	2101—2126	4	10			12	钱常有、鲁喜清、宋柏令
	2201—2265	5	42	2		16	韩殿琮、刁金华、徐孝兴
	2301—2340	6	29			6	刘爱民、耿守良、单志军、马桂昌
	2401—2437	5	21	1	3	10	邵国田、宫悦、徐桂林、杨国权
丰收	2501—2572	13	39	8	4	26	高清河、钱常有、杨国权
	2601—2661	6	27		1	34	韩殿琮、徐孝兴、耿守良
	2701—2798	12	64	25	1	16	刁金华、鲁喜清、宋柏令
	2801—2895	7	77	2	7	10	刘爱民、宫悦、单志军
	2901—2911	19	73	1	6	17	邵国田、马桂昌、徐桂林

1983年3月—6月，第三期文物普查在下洼、敖吉两公社范围内进行。参加人员除第一、二期普查中的骨干外，又有三个文化站人员参与普查。在敖吉公社南台地赵宝沟文化遗址上，采集到鹿纹、鸟纹陶尊、陶豆等动物纹陶器10余件。6—7月，大甸子墓地进行补充发掘，参加人员有刘观民、刘晋祥、郭大顺、邵国田等，清理墓葬100余座。同时进行发掘的还有王家营子公社柳南墓地，由杨虎主持，3个文化站工作人员协助工作。当年8月，旗文化馆邵国田应邀参加在贵阳举行的全国文物普查工作会议，介绍敖汉旗文物普查工作的经验，引起与会代表的强烈反响。10—12月，开展第四期文物普查。队员新增加四家子、新地文化站工作人员，普查范围是新地、林家地、四家子三个公社境内，共发现文化遗址点558处，并首次在四家子草帽山发现红山文化积石冢。

1984年3月，旗政府发出《关于开展第五期文物普查的通知》，这次普查分两次进行，夏季普查范围是四道湾子镇、乌兰召乡、四德堂乡、新惠乡，秋季普查范围是牛古吐乡、双庙乡、双井乡，并且成立由旗政府分管副旗长为组长的领导组织。4月，内蒙古自治区文化厅在敖汉旗召开全区文物工作会议。会议由文化厅文物处处长苏俊主持，各盟市文博单位负责人出席会议，杨虎、邵国田分别在会上介绍有关敖汉旗文物普查情况；6—10月，杨虎主持兴隆洼文化遗址第二、三次发掘，揭露房址40余座。7月，国家文物局副局长庄敏，文物处李季、周明在赤峰市委宣传部负责同志、旗委书记蒋风鸣和旗长白振高的陪同下，来敖汉检查验收文物普查工作。听取旗文化馆负责人工作汇报后，一致认为敖汉旗文物普查的质量符合国家文物局制定的普查标准。同月，敖汉旗文物事业管理所成立，编制5人，所长邵国田，工作人员有邱国彬、陶俊华、刘丽华。

8—12月，由旗文物管理所组织开展第五期文物普查，范围是牛古吐乡、玛尼罕乡和双井乡，普查到中途因大雪而停止。首次在牛古吐乡千斤营子、木头营子乡小河西、玛尼罕乡的榆树山等地发现小河西文化聚落址。当年，旗文化局会同人民银行敖汉旗支行、旗供销社两次发出抢救和接收古钱币的通知。年末，旗政府发出108号文件，要求全旗在造林、整地工作中保护古代文化遗址。

1985年3月—5月，第六期文物普查展开。范围是萨力巴乡6个村，四德堂乡6个村，四道湾子镇及康家营子乡。发现的古文化遗址234处。这一阶段普查全由文管所所内人员完成。5月，萨力巴乡党委书记魏国民向文管所通报该乡章京营子村农民在筑墙时发现辽墓一座，文管所派人进行清理。7月20日，旗文管所向文化局报告第五期文物普查的成果，历时130余天，普查6个乡镇，面积1100平方公里，发现各个不同时代古遗址601处，采集陶片标本20余箱，石器、骨器、装饰品480件。7—11月，中国社会科学院考古研究所杨虎主持兴隆洼遗址的第四次考古发掘，并相继发掘赵宝沟文化遗址，出土了被专家誉为“中华第一艺术神器”的陶尊。

1986 年 2 月，敖汉旗文物管理所被评为全国文博系统先进集体，所长邵国田出席了在北京举行的表彰会。同月，由旗人大常委会副主任鲁文生、科教文办公室主任吴广俭、旗文化局局长蔡春圃、旗文管所所长邵国田组成的核查组，对旗文管所提出的涉及 15 个乡镇 50 处第二批旗级文物保护单位进行实地核查。4 月，文管所工作人员在新窝铺乡进行文物普查时，发现红山文化遗址——份子地遗址。6—7 月，敖汉旗文物管理所被评为全区文博战线先进集体，邵国田被评为全区文博战线先进工作者。同时，由中国社科院考古所内蒙古工作队队长刘晋祥主持，进行了高家窝铺乡赵宝沟遗址的发掘，共清理房址 17 座。从此，赵宝沟文化正式确立。同期，中国社科院考古所副研究员杨虎来敖汉旗主持王家营子乡西台红山文化遗址和木头营子乡小河西、玛尼罕乡榆树山遗址发掘，并确立又一新的考古学文化——“小河西文化”。7—8 月，由旗文管所在敖润苏莫苏木主持的第七期文物普查，发现遗址 100 余处。10 月，牛古吐镇司法、文化站负责人将牛古吐镇小坑子出土的 4 件定窑瓷器送交旗文管所，其中有一件完整的紫定碗。

1987 年 1 月，为庆祝内蒙古自治区成立 40 周年，内蒙古自治区博物馆举办全区文物展览。为此，内蒙古自治区博物馆派工作人员来旗文管所借文物 5 件，其中有新复原的南台地遗址出土的神兽纹陶尊和红山文化彩瓮等。7 月，由旗政府副旗长鲍凤祥带领由旗人大、旗委宣传部、旗文化局、旗文管所等单位的负责同志组成的考察组，对武安州白塔的损坏及其倾斜等情况进行实地考察。同月，旗政府下文公布由旗九届人大第九次常委会审定的第二批旗级文物保护单位名单。

第十一编表 3　1987 年旗政府公布旗级文物保护单位一览表

总编号	分种号	名称	时代	地点	备注
一、革命文物（6 处）					
5	1	贝子府烈士陵园	解放初	贝子府街里	陵园内全保护
6	2	四家子烈士陵园	解放初	四家子镇东	陵园内全保护
7	3	新惠烈士陵园	1984 年	石羊石虎山	烈士纪念塔、相关建筑、风景区
8	4	克力代烈士塔	1975 年	克力代大哈布齐拉村	
9	5	下洼烈士纪念碑	1947 年	下洼镇内	碑所在地 20 米内
10	6	牛古吐烈士陵园	1970 年	牛古吐乡政府所在地	
二、古建筑（1 处）					
11	1	牛夕河庙	清代	四家子镇 牛夕河村所在地	
三、石刻等（6 处）					
12	1	石羊石虎	辽代	高家窝铺乡巴尔当村	

续表

总编号	分种号	名称	时代	地点	备注
13	2	石刻棋盘	辽代	四德堂乡 黑土营村棋盘山	三处棋盘及两侧的石座和遗址
14	3	界碑	清代	贝子府乡 大围子村石头梁	
15	4	下洼大佛寺石刻	清代	下洼镇河西村	石狮子和石碑
16	5	白塔子永寿寺的铁锅	清道光年	南塔子乡所在地西口、敖润苏莫苏木西口	
17	6	凌云寺石刻	清代	丰收乡 所在地及翟家杖子	石碑两通及石刻
四、古遗址（31 处）					
18	4	锅腔地遗址	新石器时代早期	宝国吐乡丰田村兴隆沟西南梁	锅腔地至松树坡前
19	5	兴隆洼遗址	新石器时代早期	宝国吐乡 兴隆洼村东南梁	喇嘛洞山至山坡树地
20	6	小范杖子遗址	新石器时代早期	白塔子小范杖子南台	包括早期青铜器时代遗址
21	7	小坑子遗址	新石器时代早期	牛古吐乡小坑子村西	兴隆洼文化遗址
22	8	赵宝沟北大地遗址	新石器时代晚期	高家窝铺乡	与其相近的石器时代遗址
23	9	烧锅地遗址	新石器时代晚期	敖音勿苏乡烧锅地南梁	包括红山文化遗址群
24	10	南台地遗址	新石器时代晚期	敖吉乡南台地西梁	
25	11	黑土营子西梁遗址	新石器时代晚期	四德堂乡	包括兴隆洼文化遗址
26	12	庙梁遗址	新石器时代晚期	金厂沟梁老庙沟村	红山文化遗址
27	13	永元号遗址群	新石器时代晚期	大甸子乡永元号村	架子山西坡等六处
28	14	西台子遗址	新石器时代晚期	王家营子乡水泉村	柳树行子后梁、西台子、水泉后山
29	15	水泉遗址	新石器时代晚期	萨力巴乡张家营子村	
30	16	千斤营子遗址	新石器时代晚期	牛古吐乡千斤营子村	调查发现千斤营子类型地点
31	17	赵宝沟遗址群	青铜时代	高家窝铺乡赵宝沟村	赵宝沟、白壕沟 33 处遗址
32	18	佛爷山山城	青铜时代	大甸子乡	以佛爷岭为主山城遗址群 14 处
33	19	酒局子遗址	青铜时代	敖音勿苏乡下坎村	包括夏家店上层文化
34	20	十八里台遗址	青铜时代	敖吉乡	
35	21	城子山遗址	青铜时代	萨力巴乡哈拉沟村	
36	22	岱王山遗址群	青铜时代	宝国吐乡丰田村	山上的城寨、山下遗址
37	23	平顶山遗址	青铜时代	贝子府乡西杳干村	

续表

总编号	分种号	名称	时代	地点	备注
38	24	石砬山遗址	春秋	王家营子乡石砬山南坡	
39	25	七道窝铺古城	战国	萨力巴乡老牛槽沟村	
40	26	大敖吉古城	战国	敖吉乡大敖吉村	包括城外战国遗址
41	27	刁家营子古城	战国	敖吉乡车罗成村	包括城外战国遗址
42	28	七道湾子至果园一段长城	战国	萨力巴与新惠乡	
43	29	三官营子至白杖子段长城	战国	新地与丰收乡	包括长城经过的清朝时代山城
44	30	镠金沟至古鲁板蒿段长城	战国	下洼八旗与敖音勿苏乡	
45	31	贝子府后山至十二连山	战国	贝子府乡、王家营子乡	
46	32	老虎山遗址	战国秦汉	四家子镇	
47	33	四平台遗址	辽代	大甸子乡	城内及四个土坛
48	34	北台子遗址	辽代	牛古吐乡	
五、古墓葬（5处）					
49	1	水泉积石冢	新石器时代	四家子马架子村	1—3号古冢及山上的青铜时代城址
50	2	上石匠沟古墓群	青铜时代	大甸子乡	包括南北城子地
51	3	北三家古墓群	辽代	白塔子三家村	
52	4	驿马吐墓地	清代	贝子府乡驿马吐村	包括松树林
53	5	腾克力墓地	清代	牛古吐乡大王家村	

当年5月，旗文物管理所建筑工程在施工中擅自使用不合格屋面盖板，被群众举报，旗政府责成旗城乡建设环境保护局严肃查处，纠正错误，处罚行为当事人，奖励举报人。11月，结合贯彻《国务院关于打击盗掘走私文物活动的通知》，旗委宣传部、旗司法局、旗公安局、旗文化局等联合发出《关于学习、宣传和执行〈文物保护法〉的通知》，要求凡是旗级的文物保护单位所在的乡镇村，都要建立和健全群众性的文物保护组织，依靠群众与违法活动作斗争。

1988年3月，经旗政府批准，敖汉旗博物馆建立，该馆负责全旗文物的收藏、宣传、科研等任务，原文管所对全旗文物保护管理等工作暂由旗博物馆承担。5月，萨力巴乡老牛槽沟村村民报告，新惠乡野马沟辽墓群被盗掘。旗公安局和博物馆立即派人赶赴现场及周边的赵家窑子等村调查，并于当日晚在新惠镇内将盗掘者抓获。这是敖汉旗第一个大规模盗墓案件。5—6月，第八期文物普查在哈沙吐乡和古鲁板蒿乡4个村进行，发现古遗址

60余个，参加队员均由博物馆的人员组成。至此，历时8年的全旗文物普查宣告结束，先后共发现各个不同历史时期的古文化遗址（墓地）3800余处。为加大贯彻文物保护法工作力度，旗政府发出94号文件《关于进一步执行文物法，加强文物工作的补充规定》，要求各乡镇、苏木、村（嘎查）都要建立文物保护工作领导小组和设专兼职文物保护员，强调"出土文物概归国有"。8月中旬，旗政府成立由分管副旗长任主任的敖汉旗文物保护工作委员会，以公安、司法、财政、工商、银行、水利、供销社、广播、文化和文物部门、政府办、科协及在文物保护工作作出成绩的乡镇苏木负责人为委员，在文化局设文管会办公室。8—9月，经内蒙古自治区文化厅批准，由旗博物馆馆长邵国田主持，抢救发掘英凤沟第6、7号辽墓，出土文物160余件，其中刻有契丹字的银盘、碗各1件。9月16日，旗文化局向旗政府提交《关于文物工作的报告》，除报告取得成绩外，指出存在的"文物走私日趋严重；盗掘古墓越来越多；文物保护法没达到普及；出土文物难于征集；文物保护组织不健全；馆藏文物管理制度不健全"6个问题，提出6个方面的改进意见。当年10月，旗博物馆文物展厅和文物标本库竣工，建筑面积近300平方米。12月，敖汉旗公安局、敖汉旗博物馆在打击盗掘走私文物犯罪活动中成绩突出，被评为先进集体，受到内蒙古自治区公安厅和文化厅的奖励。

第十一编表4　1988年全旗乡镇、苏木文物保护组织一览表

乡镇名称	负责人姓名	成员名单	备注
哈沙吐	王国军、李士新	谭俊学、侯文阁、李永贵	
木头营子	季连俊、刘贵祥	朱树清、宗林、王信、祁凤海	
高家窝铺	翟春、单志军	傅明森、陈殿洲、魏丙军、孙喜亚	
古鲁板蒿	宋士清、李林	刘国军、白志显、冯会	
敖润苏莫	通拉嘎、韩国恩	姜悦生、林殿义、鲍国臣、肖爱国	
四道湾子	毕民	金慧凤、杨国权、李淑花、吴玉东	
大甸子	徐孝奎、宫悦	蔡云祥、杨银、李明军	
敖音勿苏	张红民、张秀斌	杨志仁、范景祥、孙占文	
敖吉	张振虎	魏殿会、索纪富、韩跃杰、董树清	
四家子	丁文福、王振业	刘国忠、陈国富、刘振云	
南塔子	郭景奎	贾成、朱子峰、韩殿文	
牛古吐	王玉生	肖洪友、赵连国、刘凤兰、张国军	
新地	梁世杰、王荣	王泽、宋宝廷、宣振东、刘景阳、刘海坤、任国林	
克力代	李斌	高俭、刘启民、鲁喜清、于清秀、陆国军、张佩仕	
丰收	郭志民、张胤	郭子田、李向阳、徐子清、刘文华、赵俊峰、孙建学、邢子学、王希忠	

续表

乡镇名称	负责人姓名	成员名单	备注
下洼	车山	宋海江、吴艳飞、李振川、吴刚	
四德堂	孟宪利、张海东	邢艳军、李朝玉	
长胜	崔向岭	王吉宽、张凤岐	
王家营子	陈连发、许海申	陈柏辉、徐孝兴	
贝子府	王品堂、陈树川	张福贵、王振兴、刘凤林	
康家营子	王永奇、雷信	许景龙、李敏	
林家地	辛维峰、毕正学	王克、宋显	
萨力巴	迟燕飞、张富	赵宗斌、程彪、王清、韩秀勋	
玛尼罕	王兴舟、王国云	任国荣、孟庆和、刘启	
双井	孙占彪、吴广义	杨秀玲	
宝国吐	陈宝成、翟玉成	张玉军、马桂昌、刘国春、程玉环	

1989 年 9 月，为庆祝新中国成立 40 周年，旗博物馆举办基本陈列和英凤沟第 6、7 号辽墓出土文物专题展，展品 800 余件，制作展板 25 块，撰写文字说明 1 万多字。10 月，旗博物馆被评为全区和全市文物普查工作先进集体，受到文化厅表奖。是年，旗博物馆编制出《敖汉文物地图集》和《敖汉文物概况一览表》，为全旗文物建立起简明档案。当年收购、征集、收藏 182 件（套），修复文物 20 件。在清理太平营子唐墓和驿马吐辽墓时，第一次出土唐代中期的陶器，第一次得到有官字款辽瓷执壶，其科学和艺术价值十分重大。

1990 年 6 月，金厂沟梁镇姚家沟辽代耶律元宁家族墓地被盗掘。博物馆工作人员前往清理，共清理被盗辽墓 6 座。相继在附近的七协营子清理被盗辽墓 3 座，出土耶律元宁墓志一盒，四神纹石棺一具。9 月，宝国吐乡皮匠沟辽墓被盗掘。博物馆派员立即赶赴现场并进行清理，第一次发现辽代契丹人《马球图》壁画，并清理出搅胎瓷盒等文物，为研究敖汉历史、文化、风俗习尚及体育运动提供了难得的图像资料。

1991 年 4 月，金厂沟梁镇娘娘庙辽壁画墓被发现，旗博物馆负责清理，首见辽墓壁画中的《契丹角觝图》。5 月，新惠乡房申村党支部书记与村民将一批战国早期的青铜器送交旗博物馆。8—9 月，南塔乡下湾子村之北坡发现 1—6 号辽墓，其中 3 座墓中有壁画。首见《西瓜图》《胡瓶煮茶图》等辽墓壁画中精品。旗博物馆首次揭取 1、5 号墓的壁画 10 余幅。当年，完成《1982—1991 年敖汉旗文博事业发展大事记》《敖汉旗博物馆简史》两份文字资料的整理。

第十一编表 5　1990—1991 年全旗被盗掘古墓统计一览表

地点	时代	座数	调查时间	备注
宝国吐乡皮匠沟	辽代	6	1990.08	清理 2 座
南塔乡韩家窝铺	辽代	2	1990 年秋	
南塔乡白塔子	辽代	2	1990 年秋	
高家窝铺乡白壕沟	辽代	5	1990 年秋	
克力代乡	辽代	2	1990 年秋	
新惠乡	辽代	3	1990 年秋	
敖润苏莫苏木乌兰章古	辽代	1	1991.02	
新惠火箭桥西	辽代	1	1991.03	
新惠乡大各各召	清代	8	1991.05	海力王府墓地
下洼镇丰源	辽代	30	1991.04	
南塔乡孙家窝铺	辽代	3	1991.05	
南塔乡朝吐沟	辽代	4	1991.05	
四家子镇扣河林	辽代	2	1991.06	
金厂沟梁镇娘娘庙	辽代	3	1991.07	清理 1 座
南塔乡下湾子	辽代	4	1991.08	
南塔乡杜力营子	辽代	1	1991.08	
牛古吐乡北台子	辽代	10	1991.08	
克力代乡哈布齐拉	辽、元	2	1991.08	元墓已经清理
合计		89		

1992 年 6 月—10 月，杨虎主持的兴隆洼文化遗址第五次考古发掘首见居室墓。兴隆洼遗址的考古发掘成果被评为本年度的全国十大考古发现之一。当年举办的“敖汉文物展览”，共接待参观者 4000 多人。

1993 年 6 月—10 月，兴隆洼遗址进行第六次考古发掘，该发掘被评为当年全国优秀考古发掘工地。9 月，为加强对兴隆洼遗址的保护，进一步明确保护范围。一般保护范围：以兴隆洼聚落遗址为中心，北至喇嘛洞山后沟下，南至喇嘛洞山前沟南西沿，东至小松树山顶，西至老矿申。重点保护范围是以兴隆洼聚落遗址为中心，方圆 250 米以内。10 月，新地乡老虎沟金代墓地被盗掘，有两人在盗掘中被砸死。博物馆在清理中获契丹小字墓志一方。11 月，四家子镇乌兰宝村在修筑梯田时，发现青铜短剑一把，镇党委书记魏洪宇征集后亲送旗博物馆收藏。随即博物馆工作人员在出土地附近清理两座残墓，采集和出土部分陶器及铜带钩等文物。12 月，赤峰市人民政府召开全市文物保护工作表彰大会，宝国吐乡、新地乡及魏洪宇、钱常友等受市政府褒奖。

1994 年 5 月—7 月，旗博物馆对 1991 年揭取的辽墓壁画全部修复，摹本也裱成轴画，于“七一”期间在旗文化馆三楼举办了“敖汉地区辽金绘画艺术展”。当年征、缴、出土文物 550 余件，基本完成馆藏文物定级任务。

1995 年 5 月，内蒙古自治区文物考古研究所副所长塔拉、副研究员郭治忠在四家子镇水泉村发掘战国墓葬 100 余座。7—9 月，玛尼罕乡七家、四家子镇羊山两处辽代墓群被发现，博物馆派人进行清理，揭取保存较好的壁画，获刘祜墓志 1 方，并又见《西瓜图》。10 月，在李逸友的指导下，抢救清理五十家子辽塔地宫，出土一批珍贵的文物资料，并对塔铭进行拓片。是年，旗博物馆下力量抓好文物陈列和展览工作，增加抗日战争和解放战争实物标本 100 件，开展爱国主义教育活动。在城市街头、乡镇集市举办“敖汉古文化之光”“敖汉八处历史文化教育基地”大型图片展览。制作 220 幅幻灯片，以爱国主义教育基地和馆藏文物、考古发掘现场为基本内容，图文并茂在全旗中小学巡回播放演讲，在中小学生中引起很大反响。年末，旗政府决定在旗博物馆建立文物保卫稽查队，其职责为打击全旗范围内的文物走私、盗掘古墓等文物犯罪活动；负责博物馆内部安全保卫工作。

1996 年 1 月，国家文物局授予敖汉旗博物馆为“全国优秀爱国主义教育基地”称号。7 月，敖汉旗出土的 31 幅辽代壁画和 60 余件文物珍品在北京市辽金城垣博物馆展出，参观展览的各国驻京大使和文化参赞交口称赞。8 月，旗文化局向旗政府递交《关于对全旗境内散落在地上文物情况的调查报告》，已经查明由于多种因素，有数十件文物散落在乡下，亟须采取措施收缴。12 月，大甸子遗址和兴隆洼遗址被正式公布为第四批国家重点文物保护单位。城子山夏家店下层文化遗址，辽代武安州遗址，元代宁昌路遗址被公布为自治区第三批文物保护单位。同年，旗政府为落实国家关于“文物应当移交文化行政部门统一管理”的指示和市政府办公室《关于切实做好文物归口管理的通知》精神，发出通知要求加强对文物的统一保存管理，凡是涉及文物的案件，收缴的文物要一案一交，要保证这项工作的严肃性。旗公安局于 6 月 10 日作出规定，凡是涉及文物的案件，必须有两名以上民警才能办理，对收缴的文物要登记造册，一案一交，一案一结，一案一清，要保证这项工作的严肃性。

第十一编表 6　1996 年各乡镇（苏木）流散文物情况一览表

乡镇（苏木）	文物名称	时代	保存地点	件数
贝子府镇	大铁锅	清	后坟村个体空院内	1
贝子府镇	大铁钟	清	贝子府小学	1
贝子府镇	石槽	清	贝子府村院内	1
贝子府镇	大井口	清	贝子府村院内	1
贝子府镇	石碑	清	大杖子村石头梁井沿	1

续表

乡镇（苏木）	文物名称	时代	保存地点	件数
王家营子乡	大铁钟	清	烧锅沟学校	1
大甸子乡	石碑	清	大甸子村井沿	1
敖润苏莫苏木	大铁锅	清	供销社	1
敖润苏莫苏木	大铁锅	清	个人家院内	1
敖润苏莫苏木	马鞍子	解放战争	苏木政府	1
四德堂乡	大钟	清	庄头营子学校	1
四德堂乡	香炉	清	庄头营子村碾房	1
四德堂乡	石碑	民国	在个人家	1
下洼镇	石狮子	清	河西村	1
南塔子乡	大铁锅	辽	南塔子村	1
金厂沟梁镇	大铁钟	辽	七协营子村	1
林家地乡	大铁钟	清	东井村	1
四家子镇	大铁钟	清	小古力吐	1

1997 年 5 月，敖汉文物精品在宁城县辽中京博物馆展出；12 月，旗博物馆征集到辽代木板画一组，首次见有《鹰军图》。当年，旗博物馆对 16 个乡镇进行文物补查工作，补查面积 200 多平方公里，新发现古文化遗址 50 多处。旗博物馆全年接待观众 20 万人次，并接待外国专家学者 15 人。

1998 年 5 月—6 月，中国社科院考古所刘国祥、王东风与旗博物馆联合复查兴隆洼文化遗址，发现北城子、兴隆沟两处大型史前聚落遗址。7—8 月，旗博物馆举办“文物基本陈列”“文物精品展”“辽画真迹室”3 个展览。8 月，在赤峰召开的中国北方文化第二届学术研讨会在敖汉举行闭幕式，来自美国等国家和我国台湾的专家学者出席。

1999 年 6 月，为制订兴隆洼、大甸子遗址保护方案，旗博物馆在测绘两处遗址时，发现兴隆洼的史前聚落群。7 月，中国社科院考古所副所长王巍与日本文部省冈村道雄、日本青森县教育委员会冈田康博、日本东北学院佐川正敏等组成的联合考察团来敖汉对兴隆沟遗址进行考察。

2000 年 4 月，敖汉旗博物馆征集到文物百余件，其中有红山区政协副主席高云华捐献的文物 20 余件。这批文物以辽代文物为主，其中的木筝、雕花木弓囊、独木棺等均为罕见的珍品。同月，敖汉旗辽墓壁画及文物珍品展在包头博物馆展出。6 月，以东奥日报社社长佐佐木高雄为团长的日本青森县观光考察团 130 余人专程到兴隆沟遗址参观考察，旗政府代旗长于建设以及旗文体局、旗博物馆负责人陪同考察，中央人民广播电台对此进行了报道。7 月，国家文物局局长张文彬、文物司副司长宋新潮等在赤峰市市长高延青，内蒙古自治区文化厅文物处处长苏俊、副处长王大方等领导陪同下，视察敖汉旗博物馆。张文彬给旗博物馆的题词是“加强文物保护，创造一流业绩”。7月下旬至8月上旬，旗博物馆组织人员清理萨力巴乡章京营子水泉1号辽墓。该墓于7月中旬被当地村民于 ×、于 ×× 等人盗掘，旗公安局抓获两犯后被人民法院依法重判，收缴文物200余件。旗博物馆紧急部署抢救清理工作。出土玉带、玉髓骨朵、水晶珠等文物40余件，出土文物为旗公安局深入侦破此案提供了依据。同时也为研究辽与西域的经济往来获得珍贵史料。10月，中国社会科学院考古研究所内蒙古工作队与旗博物馆对城子山、鸭鸡山两处夏家店下层文化遗址进行复查和测绘，并认定该遗址为距今4000年前的中国北方祭祀中心。12月，中央电视台《中华文明》摄制组一行30余人和中央电视台新闻部记者齐聚城子山遗址，拍摄这一被誉为“中国20世纪末最后一个考古重大发现”。

2001年1月，兴隆洼、大甸子两处遗址的考古发掘分别被评为“20世纪中国百年考古大发现之一”。同月，敖汉旗辽墓壁画在内蒙古展览馆展出。6月，旗博物馆对四家子镇草帽山红山文化遗址第二地点——祭坛与墓葬进行抢救清理，收缴方形玉璧等文物。清理工作聘请中国考古学会常务理事郭大顺先生现场指导，旗博物馆派员参加。清理面积600平方米，发现层层叠筑、轮廓清晰的石砌建筑址，清理墓葬7座，出土石刻神像、玉环、骨笛等重要文物。7月，敖汉旗人民政府旗长于建设邀请国内外部分考古专家学者，就敖汉旗文物考古中几项重大发现召开“敖汉考古新发现”学术座谈会。参加座谈会的专家学者及旗政府有关部门的领导、业务人员20余人。与会人员先后参观城子山、草帽山和正在发掘中的兴隆沟遗址，参观敖汉旗博物馆馆藏文物，听取旗博物馆的工作汇报，对敖汉旗的文物考古工作给予了较高的评价。8月，城子山遗址被国务院公布为第五批全国重点文物保护单位，旗博物馆对兴隆洼、大甸子、城子山等国保单位立碑保护。

2002年4月，由旗博物馆组成的工作队，分别在萨力巴乡水泉、古鲁板蒿乡小官家地和山嘴村等地复查兴隆洼文化遗址，并新发现毡家地大型红山文化遗址和方形祭坛。6—7月，旗博物馆抢救清理高家窝铺乡韩家窝铺的6座被盗辽墓，其中4座为壁画墓，揭取其中的3座共22幅壁画，并首次发现《礼佛图》。6月，由刘国祥主持，兴隆沟遗址进行第二次考古发掘。这次发掘主要集中在第一地点的中区，发掘面积约1500平方米，揭露房址12座，其中第18号、22号房址均发现被火烧焦的人骨架，22号房址有4具，成年男女各1具，2—6岁儿童2具，出土现象反映8000年前社会最基层的一个单位组合，对了解当时的家庭结构提供重要依据。当年，旗博物馆征集文物150余件，其中辽代的白釉鸡冠壶、莲花纹执壶、元代八思巴文铜印等7件文物被自治区文物鉴定专家委员会的专家组鉴定为一级文物。

2003年4月—5月，克力代乡太吉和窑和敖音勿苏乡出土的7件元代金器在美国洛杉矶郡立艺术博物馆参展，旗博物馆馆长邵国田于4月4日—14日应邀去洛杉矶参加该展览的开幕式及学术交流活动。6月，兴隆洼遗址被大窝铺村承包给个人栽种沙棘和杏树，遗址遭到破坏，经报告后，旗政府有关领导前往调查处理，将新栽的树全部拔掉，将树坑填平，恢复原貌。7—10月，兴隆沟遗址进行第三次考古发掘。发掘总面积4000余平方米，其中第一地点为2200平方米，第二地点为1200平方米，第三地点为750平方米。首次发现兴隆洼文化的合葬墓，并在一座灰坑中发现以猪头为首配以石块摆放成的龙形堆塑，这是迄今所知中华龙最早的形象之一。

2004年3月，旗公安局连续破获新惠乡蒙古营子村王家湾子和玛尼罕乡北双庙村台吉营子的两处辽墓被盗案，抓获主要的盗掘分子，收缴了一批出土文物。同月，旗博物馆集中所有工作人员，对王家湾子和喇嘛洞梁两处辽代墓地的各一座墓葬进行抢救性清理，出土刻花骨簪1件，红玛瑙管1件，服饰残片1组，其中的丝织捍腰、绣鞋、素绢手套、乳罩等保存较完整，十分珍贵。反映出契丹贵族女人着装已受到西方文化因素的影响，属首次发现。还发现绘有三匹马和芭蕉树、兰草、丛花的《群马图》绢画残件，进一步印证契丹族其富以马、车马为家的史实。4月17日—5月12日，旗文物部门抢救清理玛尼罕乡北双庙村台吉营子和黄羊洼被盗辽墓两座。其中1号墓深达9米，墓道长12米，墓坑直径7米，是近年动土量最大的一座辽墓。墓中木质小帐内的随葬品被盗劫一空，仍存于墓室周围的瓷器17件，铜镜1件，陶器1件，铁器1组，2号墓出土瓷器1件。这次清理出土的印花方碟、双凤纹执壶、薄胎瓷碗被自治区专家组鉴定为一级文物。5月，《敖汉文物精华》一书由北方文化出版社出版发行。全书共282页，8万字，印数3000册。该书涉及重要遗址和墓地15处，馆藏文物302件（套），辽墓壁画37幅。是全旗30余年文物考古工作的归纳和总结，是全区旗县级文物部门第一本大型文图综合类图书。6月，由内蒙古自治区文物鉴定专家委员会组成专家鉴定组，对馆藏文物进行鉴定，其中一级品111件。9月，旗博物馆由旧馆迁至新馆，6000件文物安全入库。11月，为加强全旗文物保护研究工作，旗文物事业管理所成立，编制5人。设所长1人，副所长2人。

2005年4月，反映敖汉旗近万年悠久历史和灿烂文化的通史陈列在博物馆新馆展厅完成布展，于“五一”国际劳动节同广大群众见面。展览共分6章32节，第一章是“远古生命”，第二章是“史前文明”，第三章是“青铜光辉”，第四章是“帝国风姿”，第五章是“大辽风采”，第六章是“大漠风云”。共筛选文物400余件，其中100余件文物属首次展出，为突出地方特色，博物馆技术人员制作全旗地形地貌、行政区划及遗址分布沙盘，对古文化的分布规律、聚落形态、人地关系等诸多方面的研究提供科学直观的资料。此外，又开辟一个文物精品厅，将各时期极为罕见的文物珍品向观众展示，有世界最早的玉器，国宝级瓷器，最大的铜镜，首次发现的石雕神像，一套完整的“五代”时期胡人乐舞纹玉带等文物精品40余件。6月上旬，旗博物馆专业人员应北京市文物局邀请，进京揭取北京市朝阳区望京科技园和东方家园保存的两座清代庙宇内面积达80平方米的壁画，壁画揭取技术是旗博物馆的强项；为进一步贯彻落实《中华人民共和国文物保护法》，落实重点遗址的“四有”工作，6月下旬，为南塔武安州州城、赵宝沟聚落遗址树立保护标志碑，建立乡村保护领导组织，设立监护员，落实监护责任。本年内，为防止突发事件来临对古遗址的破坏，兴隆洼遗址、大甸子遗址、城子山遗址3处国家级文物保护单位建立了应急预案，预案中涉及3处国保单位的乡镇成立遗址应急保护领导小组、日常监视小组，在处理突发事件中，这些组织将按分类管理、分级负责、条块结合、属地为主的原则处理突发事件。为有效实施文物执法权，旗文体广电局委托文物管理所代行文物执法权，具体负责全旗古遗址的保护管理工作。

2006年5月初至6月末，旗博物馆选定叫来河流域作为史前调查的基点，田野工作60余天，在叫来河主流域发现兴隆洼、赵宝沟、红山、小河沿文化遗址160余处，并进行全部的资料整理、标图工作，为中国史前聚落形态的研究提供第一手资料。当年，由科技部立项、国家文物局负责组织实施、诸多专家学者参加的国家级重大科研工程——“中华文明探源工程”在敖汉旗落地。“中华文明探源工程——中国文明形成与早期发展阶段的技术和经济研究”课题中的子课题“红山玉器工艺”和“史前聚落形态”正式启动。7月开始，旗政府投入资金100万元，进行博物馆改扩建，新增辽墓壁画、辽金元精品文物和兴隆洼原始聚落复原3个特色展厅。到年末，接待国内外参观者6000多人次。年内，开展第三次文物普查，春秋两个季节，普查组下乡80多天，行程400多公里，普查遗址点260个，发现新遗址24个。

2008年2月18日，韩国忠南大学考古学科文学博士朴洋震、汉城大学国史学科教授宋基豪、木浦大学文学博士李准坤、体育大学教授李载元等16人来考察城子山遗址。考察团研究的课题主要是西辽河的古代文明，遍及全旗的古代遗址和史前文物对他们的研究极为重要。3月28日—4月1日，应我国香港中文大学中国考古艺术研究中心的邀请，旗博物馆馆长田彦国赴港参加“中国东北史前玉器的源流研讨会”，并在会上作典型发言。5月17日，由中国社会科学院考古研究所、民族研究所，香港中文大学，北京大学考古文博学院，吉林大学考古系等联合组织的“中原与北方早期青铜文化的互动”学术考察团在敖汉进行为期两天的学术考察。专家们认为，名扬海内外的大甸子遗址和城子山遗址是代表中国北方青铜时代早期国家形态的实证，为中华文明一统论提供较为翔实的实物依据。10月份，旗博物馆和中国社会科学院考古研究所在中华文明探源工程联合开展的叫来河流域史前遗址调查中，发现170余处兴隆洼文化、赵宝沟文化、红山文化、小河沿文化古代遗址点，采集各个时期大量的文物标本。共登记卡片400余张，填写登记表500余份，绘图

800余幅，为聚落形态的研究提供翔实的资料。当年，完成《兴隆洼》《兴隆沟》两部考古专著的文物绘图工作，编辑《敖汉辽墓壁画》一书。全年接待进入博物馆参观的中外学者、青年学生和社会各界群众5万余人。

2009年3月，在开展文物普查工作的同时，旗文管所同时调查和整理少数民族文物点资料，其中包括蒙古王陵、王府、寺庙等，完成24处少数民族文物点的登录和整理工作。4月8日，中国文化遗产研究院的专家们接受国家文物局专家组推荐，到兴隆洼遗址实地进行考察，整理文字资料、考古资料及地质、水文、气候、环境等相关数据，为制订兴隆洼遗址保护规划打下坚实基础。本月中旬，中央电视台十套《探索·发现》栏目组编导陈利、摄影师李州在中国社会科学院考古研究所专家的陪同下，专程来敖汉录制《兴隆洼纪事》文物专题片。自5月16日开始，旗文物管理所配合内蒙古考古所，在巴新铁路敖汉段的敖润苏莫苏木僧格营子遗址和韩家窝铺遗址进行专项考古发掘。这是两处青铜时代遗址，位于老哈河南岸，两处遗址共揭露500余平方米。获得大量出土标本，有石器、骨器、陶器和房屋建筑形制。7月，中央电视台十套《探索·发现》栏目拟拍摄30集大型纪录片《新中国文物六十年》，摄制组以敖汉旗文物普查、研究和考古新发现以及文物执法、宣传为重点，以纪录片为表现形式，以人文、历史资料为传播内容。拍摄两集文物专题片，每集42分钟，当年10月播出。11月，由中国社会科学院考古研究所和旗博物馆联合对刘家屯遗址历时5年的考古发掘项目获国家文物局批准，该遗址的发掘被列入“中华文明探源工程”的重点科研项目。

2010年4月26日，赤峰市在敖汉召开第三次全国文物普查实地调查阶段验收会议，全旗第三次全国文物普查实地调查阶段工作顺利通过自治专家组验收。为做好兴隆洼遗址前期保护、展示工作，5月初，旗政府分管领导带领相关部门负责人前往国家文物局和中国社会科学院考古研究所，听取专家们对该遗址的保护和展示意见。同时又参观、考察新建的海拉尔区哈克遗址博物馆和要塞博物馆，为兴隆洼遗址的保护规划和展示提供借鉴经验和新的思路。6月23日，由旗政府主要领导带队，相关部门负责人组成的考察申遗团前往北京拟将兴隆沟遗址发掘出土并经过浮选出来的碳化粟和黍申报为联合国粮农组织全球重要文化遗产。11月下旬，经过文物考古工作者们6个多月的紧张工作，将1992年第一期发掘的104座古代房址全部找出来进行加高显示。在遗址外围设置了2300延长米、1.2米高围栏，闻名中外的“华夏第一村”兴隆洼聚落遗址保护展示工程一期工作全部完成。当年，全国第三次文物普查历经4年艰苦工作正式结束，总计普查文物点3535处，新发现126处，灭失429处，采集标本近3吨，4月份通过自治区文物普查领导小组验收，9月通过国家级验收，荣获自治区第三次文物普查工作先进集体。

2011年6月14日—15日，由旗人大常委会副主任刘亚琴、旗人大常委会专职委员张玉文及部分人大常委会委员组成的执法检查组，对贯彻执行《中华人民共和国文物保护法》情况进行执法检查。执法检查组实地查看兴隆洼遗址、兴隆沟遗址、旗博物馆和新博物馆选址。检查组在听取旗政府关于贯彻执行《中华人民共和国文物保护法》情况的汇报后，对文物保护工作取得的成绩给予充分肯定，同时要求各级文物保护部门要进一步加大文物保护力度，加强文物保护宣传工作，把文物保护好、利用好。7 月 11 日，中央电视台十套《探索·发现》栏目组一行 4 人，来敖汉拍摄大型历史文物专题片《契丹王朝》。这部大型专题片共拍摄 5 集，整个剧目再现大辽国契丹王朝从兴起、繁荣至衰落的整个过程。其中第三集《澶渊之盟》整个画面和采访均在旗内选景拍摄完成。年内，经过两个多月的资料收集整理、数据核对及详细撰写,《敖汉旗第三次全国文物普查工作报告》编辑完成，并报送内蒙古自治区普查办和赤峰市普查办。报告由七部分文字和附件、彩页、插图组成，分普查背景、普查工作情况、普查成果、文物保护工作、宣传工作、表彰奖励、体会和建议等章节。报告书共 2.5 万字，彩图 27 幅。完成国家“十二五”抢救性文物保护项目的编制，将兴隆洼遗址、赵宝沟遗址、城子山遗址、大甸子遗址 4 处国保单位的保护项目，上报内蒙古自治区文物局，纳入“十二五”期间国家重点投资项目库。11 月，内蒙古自治区文物局将敖汉旗博物馆批准更名为“内蒙古史前文化博物馆”，代表全区重点打造史前文化这一亮点，进一步宣传和展示中国北方独具特色的历史文化。

2012 年 3 月，旗博物馆在复查西庙北山岩画中发现辽代佛教岩画。在位于喇嘛板村西庙自然村西约 500 米的大山顶上一处呈环形椅子状的山崖里，中央凸起的一块天然形成的巨石上刻着岩画，画的中心部位是莲卧观音，观音菩萨坐于莲花之中，双手合掌，莲花的下面为菩提树，在观音菩萨的两侧还画有对称的佛龛神像，画法为阴刻，线条流畅，层次分明，画技较高。辽代岩画的发现填补了赤峰地区辽代岩画的空白，对于研究辽代佛教艺术是极为难得的实物佐证。5 月，旗博物馆在境内孟克河流域进行田野调查中发现一处辽代粮仓遗址。该遗址位于新惠镇蒙古营子村东仓子自然村南 500 米，孟克河支流——干沟子河右岸的缓坡地上。遗址总面积约 1 万平方米，地势为西高东低，在遗址的南侧发现呈东西向分布的三个较大的仓窖。从河水冲刷的剖面观察，仓窖为圆弧形，深约 3 米，直径约 2.5 米，每处仓窖均修筑得非常规整，在地表还发现大量辽代布纹瓦等陶瓷残片。辽代仓窖遗址在赤峰地区发现甚少，它的发现为研究辽代社会的生产、生活、建筑形式等提供了珍贵资料。

5 月末，在对兴隆沟遗址第二地点的考古调查中，发现并成功修复一尊高约 58 厘米的红山文化陶人。这是中国目前发现的最大的整身红山文化陶塑人像，被有关专家誉为“中华祖神”，是中国史前考古的重大发现，是中华文明起源研究当中重要的新成果，对红山文化乃至辽河流域的文明演进过程，包括当时的宗教信仰等方面的研究提供难得的第一手资料。陶人的发现，再次证明敖汉旗是红山文化时期的中心区域之一，为赤峰市红山文化申报世界文化遗产作出重大贡献。6月27日，中国社会科学院考古研究所边疆考古研究中心主任刘国祥和赤峰市文物局副局长陶建英专程为这件神像来到敖汉旗博物馆进行参观、拍照。刘国祥认为，这是中华民族的祖神，是一件极为重要的国宝级文物。7月6日，市委、市政府在敖汉旗召开“内蒙古敖汉旗兴隆沟遗址发现红山文化最大整身陶塑人像新闻发布会”，向媒体记者介绍了考古发掘情况。《内蒙古日报》、内蒙古电视台、内蒙古人民广播电台、《内蒙古商报》《北方新报》等区市旗10余家新闻媒体30多名记者出席新闻发布会。

9月5日，敖汉旱作农业系统被联合国粮农组织列为“全球重要农业文化遗产”，为推动谷、黍的种植及相关产业的发展起到积极的推动作用。11月，敖汉旗政府决定开展“契丹祖源地——敖汉”考古调查和研究论证工作。成立由敖汉旗人民政府旗长为组长的“契丹祖源地——敖汉”考古调查和研究论证工作领导小组，制定印发《“契丹祖源地——敖汉”考古调查和研究论证工作实施方案》。目的是通过全面、认真、科学的考古调查和研究论证，深入挖掘敖汉旗厚重的辽文化，证实敖汉旗是大契丹遥辇氏的发祥地即契丹祖源地。从而厘清契丹发展历史，弘扬敖汉地区契丹文化，打造敖汉辽文化品牌，提高敖汉知名度，促进文化强旗建设，推动敖汉旗经济社会各项事业快速发展。12月初，旗政府正式公布不可移动文物名录。通过第三次全国文物普查，全旗调查登记不可移动文物3043处（古遗址2942处、古墓93处、古建筑1处、石窟寺及石刻2处、近现代重要史迹及代表性建筑5处）。

2013年4月23日，中国社会科学院考古研究所与旗史前文化博物馆共建“敖汉史前考古研究基地”合作签约仪式在北京中国社会科学院考古研究所举行。6月10日开始，旗文物管理所开展文物遗址安全巡查工作，巡查的重点是9处全国重点文物保护单位。同时，对国务院新公布的旗境内的4处第七批全国重点文物保护单位的保护范围进行重新确认和GPS定位打点，并录入档案。8月6日，世界小米起源报告会在旗会议中心大礼堂举行。会议的主要目的是进一步证明敖汉旗是世界小米的发源地，向全世界宣传敖汉小米，让更多的人了解敖汉小米。6月14日至8月中旬，由市博物馆和旗博物馆联合对位于玛尼罕乡皮匠营子村七家自然村西南约1.5公里处“杏树山”东南坡地上的七家遗址进行抢救性考古发掘，首次发现红山文化前后双室房址，为红山文化的深入研究提供新的考古资料。9月23日—24日，由赤峰学院历史文化学院承办的内蒙古契丹辽文化研究会常务理事会暨研究成果转化、开发研讨会在四家子镇温泉旅游度假区召开。境内发现的辽代遗址达1000余处，旗博物馆馆藏辽代文物精品800余件，其中被专家们称为千年录像带的“敖汉辽墓壁画”真实地反映和记载了辽代社会政治、经济、生产生活、风俗民情、体育服饰等各个方面的情况。敖汉旗不但史前文化光辉灿烂，也是大辽国契丹王朝的腹地，是契丹辽文化研究和考察的重要基地。年内，旗文物管理所对全旗28家古玩旧货市场从事文物旧货经营的商户进行调查登记，调查内容包括经营资质、文物经营许可及从业人员基本情况，完成档案整理和上报，为古玩旧货市场的规范管理奠定良好的基础。兴隆沟、草帽山、武安州、宁昌路等4处古遗址被国务院公布为第七批全国重点文物保护单位。是年，对各级重点文物保护单位和重点遗址进行安全巡查12次，勘查经济建设项目用地10起。依法打击文物犯罪，出现场处理文物破坏案件3起。聘任义务文物保护员14名，对所有重点文物保护单位的文保员进行业务知识培训，并发放文物法宣传单和巡查日记。

2014年，成功举行“敖汉史前考古研究基地”揭牌暨央视《探索·发现》栏目考古纪录片《敖汉旱作农业探源》首播式。9月，由中国社会科学院考古研究所主办、敖汉旗人民政府承办的首届“世界小米起源与发展国际会议”在旗会议中心召开，来自28个国家和地区的专家学者云集敖汉进行研讨，最后将敖汉旗确立为“世界小米之乡”。12月27日—28日，纪念红山文化60周年座谈会在敖汉旗召开，敖汉旗博物馆举办“五千年文明见证——敖汉红山文化专题展”，获得专家和公众的好评。会议期间由中国考古学会公共考古专业指导委员会评选出“红山文化十大精品文物”，兴隆沟红山文化整身陶人名列榜首。年内，还完成史前农业考古与重要农业文化遗产保护座谈会、第二届契丹学国际学术研讨会、敖汉玉料新发现与玉文化起源座谈会、中国敖汉龙源玉石文化论坛等国家级大型学术研讨活动。完成内蒙古史前文化博物馆新馆展厅的文物布展大纲、文字达3万字，并通过自治区专家的论证。

2015年1月26日，为助推红山文化申报世界文化遗产，内蒙古自治区文物局正式批准并报国家文物局备案，在旗内蒙古史前文化博物馆成立“内蒙古红山文化博物院”。代表内蒙古全区打造中华文明起源地，五千年红山古国的核心区这一亮点。5月23日，为纪念兴隆沟陶人（中华祖神）出土3周年，中国社会科学院、考古研究所和旗政府联合举办“纪念兴隆沟红山文化整身陶人发现3周年”学术座谈会，来自中国社科院考古所、北京大学、辽宁师范大学、安徽文物考古所、内蒙古文物考古所在内的20多家学术研究机构的知名专家学者进行学术座谈。此次会议不仅是对3年中红山文化整身陶人像研究的回顾与总结，更是对于敖汉史前文化的进一步研究和探索。8月22日在旗博物馆举行“内蒙古红山文化博物院”隆重的挂牌、揭牌仪式。中国社会科学院考古研究所、内蒙古文物局、内蒙古博物院、赤峰市文物局的领导和专家，及旗四大班子党政领导出席揭牌仪式。内蒙古红山文化博物院的成立，标志着敖汉旗将代表内蒙古全区研究、宣传、展示红山文化，为传承和弘扬中华五千年文明发挥积极作用。当年，还开展孟克河流域的遗址调查，沿孟克河两岸对史前聚落进行测绘、航拍、采集标本。完成120处遗址的测绘任务，按科学调查程序进行记录、绘图、拍照、撰写调查简报，及时对外向学术界和公众公布。初选10个古文化遗址点进行植物浮选，包括小河西文化遗址1处、兴隆洼文化遗址1处、赵宝沟文化遗址1处、红山文化遗址2处、小河沿文化遗址1处、夏家店下层文化遗址1处、夏家店上层文化遗址1处、战国遗址2处，获取一些重要成果。

2016年4月初，旗博物馆组织文博专业人员组成4个田野调查组，从全旗4000处古遗址中，筛选出保存较好的900余处不同时期的古文化遗址进行实地踏察。同时对保存较好、遗迹清晰、面积较大、学术价值较高的小河西、兴隆洼、赵宝沟、红山、小河沿、夏家店下层文化等重要遗址进行调查、测绘、航拍，划出保护范围和建设控制地带，列入旗政府保护名录。此次调查还发现4处超大规模夏家店下层文化遗址和2处超大规模红山文化遗址。当年，完成第一次全国可移动文物普查专家组实地踏察、论证、验收、进入国家数据库等工作，入选馆藏文物3.2万余件（套）。先后对兴隆洼镇、大甸子村、五十家子村、铁匠营子村、凤凰岭村、白塔子村、白土梁子村等拥有重点文物古迹的乡镇、村文物展厅布置任务，打造文物陈列室，营造古文化氛围。年内，与中国社会科学院考古研究所共同编著《兴隆沟遗址考古报告》一书，全书350万字，图文并茂，论述严谨，交由文物出版社出版发行。完成7处自治区级重点文物保护单位保护标志碑的制作和竖立工作；对旗内的不可移动文物和各级重点文物保护单位进行春、秋两季安全巡查，并聘用15名专职文物保护员；配合内蒙古自治区长城保护规划工作，对全旗长城遗址进行了全面调查，聘请义务长城保护员对长城遗址进行看护；联合公安部门打击文物犯罪，出示现场4次。完成“全国重点文物保护单位综合管理系统”“国家重点文物保护专项补助资金申报系统”和“全区文物保护项目网络报审系统”的填报和应用工作。

2017年4月9日，中国邮政总公司将旗博物馆馆藏文物红山文化黄玉龙入选为特种纪念邮票，隆重举行首发式，向全国发行3000万张，运用新的载体宣传敖汉考古和史前文化成果，扩大在全国的知名度；5月18日，结合国际博物馆日宣传活动，由博物馆主办的“玉出东方——敖汉红山文化玉器精品展”，在浙江省余姚市河姆渡遗址博物馆举行开幕式。史前文物走出内蒙古，在长江流域展出，宣传独具特色的敖汉史前文明，促进长江流域和辽河流域文明互鉴。当年，举办“兴隆沟红山文化整身陶人发现五周年学术座谈会暨红山文化比较研究学术报告会”，编辑出版“敖汉红山文化典型遗址”专业丛书，为红山文化申报世界文化遗产提供新的资料。重新调整配备长城和国保单位文物保护员，完善“四有”保护档案，对长城界桩进行细致统计和划分，为科学保护奠定基础。

2018年1—3月，“玉出东方——敖汉红山文化玉器精品展”在福州昙石山遗址博物馆展览结束，完美收官。3月14日—16日，举办全旗文物保护员、长城看护员培训班，进行任务分解，落实监管责任和当事人责任。同时完成燕长城遗址110余块界桩和市级、旗级27块文物保护单位标志碑的政府采购，完成保护员长城界别划定。6月22日—24日，召开敖汉（大甸子）河南（二里头）“中原与北方早期青铜文化互动”学术研讨会。同时对大甸子遗址进行考古发掘、保护、展示规划工作作出安排部署。7月中旬开始，完成大甸子周边夏家店下层文化大型遗址的调查，为下一步发掘大甸子遗址做好基础工作。年内，抢救性清理下洼镇六间房辽墓，揭取辽代墓穴壁画6幅，其中3幅属于国家二级文物。旗博物馆全年接待各级领导5000余人次，接待广大群众和青年学生20万余人次，接待包括美国、日本、以色列、韩国、英国、蒙古等国外学者3000余人次。

第二章　古文化遗址

第一节　冠以敖汉地名的考古学文化

敖汉旗古文化遗址众多，其中以敖汉地名命名的考古学文化有 4 处，国家级文物保护单位 8 处，内蒙古自治区级文物保护单位 9 处，市级文物保护单位 8 处，旗级文物保护单位百余处。本志选取国家级文物保护单位、自治区级文物保护单位和市级文物保护单位简介。

一、小河西文化

因位于敖汉旗木头营子乡小河西遗址而得名。考古发现表明，当时的原始村落规模偏小，房屋呈半地穴建筑——即房子一半在地下，原始人已掌握打磨石器的技术，小河西文物最典型的石器之一包括中间钻有圆孔的大石器和中间有凹痕的小石器，造型奇特罕见，具体功能尚待破解。这是迄今发现最早的东北地区新石器时代考古文化。出席首届红山文化国际学术研讨会的学者认为，1987 年发现的内蒙古小河西文化遗址距今约 8500 年，比已发现的中国东北地区最早的史前文化向前推进了 3000 年。

小河西遗址出土的陶器的陶胎和底部都很厚，且为“素陶”，即表面没有任何装饰花纹，这说明它的陶艺比较原始粗糙，而在考古学中，陶器相比石器和骨器更容易反映出年代的变化，在随后文化年代中的陶器就出现了纹饰等工艺上的变化。中国东北地区是东北亚地区史前文化的重要发祥地之一，小河西遗址的发现将为东北亚地区史前文化交流提供新的线索。小河西文化被认为是继著名的红山文化及其前后时期的兴隆洼文化、赵宝沟文化后的重要发现，有望更加完善中国东北地区的史前年代图谱，细化并向前推进该地区史前年代图谱。

二、兴隆洼文化

因首次发现于兴隆洼镇兴隆洼村而得名，距今约 8000 年，经济形态除农耕外兼狩猎、采集。兴隆洼遗址是内蒙古及东北地区时代较早、保存最好的新石器时代聚落遗址，总面积 3.5 万平方米，遗址周围有人工围沟，围沟内有成排平行排列的房屋，房址最大的 140

平方米。出土陶器均为夹砂陶，深筒直腹罐和钵为其典型器物，并有玉玦、玉斧、玉锛等玉器出土。

经放射性碳素测定，兴隆洼文化的年代为距今 8200—7400 年，由此认定兴隆洼文化玉器是迄今所知中国年代最早的玉器，开创中国史前用玉之先河。中国北方地区的新石器文化，因内蒙古自治区敖汉旗兴隆洼遗址而得名。主要分布在内蒙古自治区西拉木伦河南岸和辽宁省辽西地区。年代为公元前 6000—前 5000 年。居民以从事农业生产为主。石质工具多是打制的，石器种类包括有肩锄、斧、锛、磨盘、磨棒等。陶器较厚重，烧制火候较低，陶质疏松，以装饰压印的网格纹和“之”字形纹为特征，多罐、钵类陶器。住房为半地穴式的方形或长方形建筑，排列有序。在兴隆洼发现聚落遗迹，有 10 多排房屋，每排 10 座左右，屋内有圆形灶坑，环绕聚落有一条防御用的沟壕。从该文化中发现了中国最早的玉器——精美的玉玦。

兴隆洼文化位于牤牛河上游的缓坡台地上，地势平坦，视野开阔，加之近有泉水至今长流不断，故很适宜古代人居住，是一处不可多得的原始社会“聚落”遗址。发掘清理的氏族居住营地是经过周密规划、精心安排的。房址的布局排列整齐，井然有序，都是西北-东南走向，每间 50—80 平方米，最大的房间达 140 余平方米，比黄河流域的同时期氏族居址高大宽敞。营地的周围有宽约 2 米、尚存深度 1 米左右的壕沟，是这个氏族营地的界线，也是一种防御设施。这是目前中国大陆远古居民最早的防御设施，是目前国内保存最好、规模最大、时代最早的新石器时代遗址，被考古界赞誉为“中华远古第一村”。

兴隆洼氏族先民使用的生产工具以石器为主，其中主要是用于掘土打制的有肩石锄。很多房址中都放置着这种先进的生产工具，还有石铲、石斧、石锛、石磨盘、石磨棒和圆饼形石器等。由石片嵌入骨柄凹槽的刮刀很有特色，是北方细石器工艺传统的产品，加工兽皮用的石刀和渔猎工具也比较多。骨器有锥、镖、针等，磨制都比较精良。在房址的居住面上，常常发现琢制的石磨盘和磨棒，有的房间里还出土了石杵。这些谷物加工工具，既可以加工农作物去壳脱粒，也可以用于加工采集的植物籽实。房址中发现较多的鹿角、狍骨和胡桃楸的果实硬壳，说明氏族营地附近广布森林，狩猎和采集经济仍占一定的比重。农业经济的发展水平与黄河流域的诸新石器时代文化大体相当。

兴隆洼文化是中国社会科学院考古研究所、敖汉旗博物馆于 1982 年联合进行文物普查时发现的，1996 年被国务院确定为国家级文物保护单位，并被列入“八五”期间中国十大考古发现、20 世纪中国百项考古大发现。

三、赵宝沟文化

因首先发现于新惠镇的赵宝沟村而得名，已知有数十座遗址点，是继兴隆洼文化之后，在西辽河流域取得支配地位，并对红山文化发展产生过重大影响的又一支重要远古文化。其主要经济形式为原始农业，狩猎经济占有一定比重。这一时期先民已存在等级高低之分，社会分工已趋明显，表现出发达的原始宗教信仰和浓重的生殖崇拜。

赵宝沟文化（今敖汉旗境内）距今 7200—6400 年，首次出现由猪首、鹿首和神鸟组合的“灵物图像”，考古界称之为“中国第一神图和最早的透视画”，在意识形态和绘画艺术上具有划时代意义。神兽纹陶尊出土于敖吉乡喇嘛板村的一个山坡台地上，地名南台地。此台地三面环山，西高东低，东望视野开阔，叫来河由南向北流去，适宜于古人类的居住，也适宜于原始农业与原始畜牧业的发展。在此遗址上有房屋遗迹 40 余个，出土神兽纹陶尊的房址编号为 F1，位于整个遗址的西部高台上。据原报告介绍，此处可能系先民们“举行某些宗教活动”之处，“或者是崇拜祭祀的场所”，也就是祭天、祀地、祭祖的庙堂。房基内出土陶尊 14 件，其中 5 件刻画有神兽纹天象图案，再加上残片上的神兽纹天象图案，原报告说包括有“四灵”，即包含了四时天象的内容在内。现据已发表的四件——神兽太阳纹一件，神兽月相纹两件，神兽星辰纹一件，构成四灵。

赵宝沟遗址面积约 9 万平方米。先民居住的房屋均为半地穴式草木混合建筑，地穴均挖筑在生土层中，地穴保存深度一般在 0.3—1 米，成排分布。房址平面呈圆角方形或长方形，有的为梯形。居住面积一般为 20 平方米，个别大房子达 100 平方米。居住面上设有方形灶坑，以供煮饭和取暖之用。有的房址发现有柱洞，并发现有烧土块堆积，土内掺有草茎，表面有木棍印痕，说明房屋原有木质构架，并抹有草拌泥。

与兴隆洼文化相比，赵宝沟文化的聚落规模明显增大，但二者在社区布局方面有很强的共性，如房址均成排分布，面积有大小之分等。这些共性与地域相同、技术水平相近、文化之间具有直接性传承关系等多种因素有关，但更主要的应归结为相近的经济模式。赵宝沟文化石器的主要特点是磨制器与丰富的细石器共存。石质的生产工具主要有尖弧刃石耜、扁平体石斧、弧刃石刀、磨盘和磨棒等。可以看出赵宝沟文化在生产工具方面较兴隆洼文化有一定改进。地表遗物丰富，有陶器、石器、骨器、蚌器等，并出土椭圆底罐、尊形器、石刀斧等代表性器物。以后又陆续发现烧锅地遗址、南台地遗址、小山遗址，特别是在小山遗址的尊形器上，发现猪首龙、鹿首龙和高冠神鸟图绘。

赵宝沟文化与兴隆洼文化前后衔接，其原型形成于兴隆洼文化中晚期。赵宝沟文化的发现，明晰了这个地区考古学上的文化区系，反映出 7000 年前赤峰地区先民社会结构，为探讨北方农业起源提供资料。赵宝沟文化遗址 2006 年被列为第六批全国重点文物保护单位。

四、小河沿文化

是以敖汉旗四道湾子镇白斯朗营子南台地遗址命名的。因其以前属小河沿公社，故称小河沿文化。它晚于红山文化而早于夏家店文化，时代大体与中原庙底沟二期文化相当，年代距今 5000—4500 年，属新石器时代晚期。属于该文化的遗址还有林西锅撑子山、敖汉旗石羊石虎山墓地、喀喇沁旗楼子店西山、赤峰市三座店、辽宁朝阳庙前地。小河沿文化不是对红山文化的简单承袭，它与红山文化既有联系又有区别。小河沿文化经过发掘的除南台地外还有翁牛特旗的石棚山墓地。

文化遗迹有房址、灰坑、墓葬等。生产工具以石器为主，石器基本都是磨制，器形有斧、锛、带孔石铲和石球，并有少数琢制的石铲和石斧。加工精细的细石片，应是镶嵌在骨器上的复合工具的部件。小河沿文化中的陶器以夹砂陶居多，泥质陶较少，一般掺砂，也有用云母和贝壳掺和。陶色有黑、红、灰色，器形主要有罐、尊、豆、盆、钵等，还有造型别致的鸭形壶、鸟形壶等器物。陶器均为手制，器形中钵较少，而豆形器很发达。彩陶多为夹砂陶，有红底黑彩、灰底黑彩和红底红彩，也有兼饰内外彩和黑、白、红三彩的。纹饰有附加堆纹、细绳纹、划刻纹、锥刺纹、网纹、方格纹、和篦纹。主要饰于器物的肩部或腹部。未见“Z”字形压印纹，器座上还出现镂空的做法，有些陶器上还发现原始的图画和文字符号（陶塑猪、狗头像）。小河沿文化符号共有 12 个，比半坡或大汶口文字符号的结构更为先进和复杂，体现小河沿文化的先民们为中华文字创造的重大贡献，同时也说明小河沿文化进入一个更为文明的历史阶段。

小河沿文化的先民们过着定居生活，从事农业而兼营狩猎业。掘土工具的改进也说明农业生产力有所提高。彩陶上的原始图画和文字符号以及镂空技术表明，这里的先民们生活稳定，并开始进入追求和丰富精神生活的时期，人类文明正在不断发展。

第二节　国家级文物保护单位

一、中国北方最大的中心祭祀址——城子山山城遗址

城子山山城位于敖汉旗萨力巴乡哈拉沟村东南 4 公里的东山上与玛尼罕乡交界处。因山顶部有石砌围墙如城，故名“城子山”。城子山山城为椭圆长方形，平面呈不规则的“亚”字形。城北、东、西三面略呈圆形，南侧略呈长方形，城顶地势较平，西北略高，东南略

低，主梁总长2.2公里，呈西北－东南走向。西侧有7道山梁，东侧有3道山梁均与主梁相接，最宽约3公里。山顶主峰的中心城址总面积达15万平方米，山城的四周砌筑着石围墙，并有石砌护坡，全城设有9门，石墙周长1310米，宽2米，残高0.5—1米不等。从城内平面布局和地表石砌遗迹看，可分为6个区，即中心区、东区、北区、西区、南区、东南区，区与区之间又有石墙相隔，以门道相通出入，其中主墙内侧6个区共有圆形石砌建筑228个，主墙外侧分布4个，共计232个。在城北、东均发现砺石群、磨光圆窝石块。城西南发现一巨型石雕猪首，雕凿简洁流畅，棱线分明，吻部噘起，大嘴张开，双目圆睁，神态逼真，朝向正南方7公里之遥的鸭鸡山。

城子山山城经中国社会科学院考古研究所和敖汉旗联合调查、测绘，认为此类山城是中国北方地区迄今为止面积最大、保存最完整、暴露遗迹最为清晰、结构最为复杂的一处，也是目前首次发现的东北地区夏家店下层文化超大规模山城，只有国家的力量才可完成这一恢宏工程。城内石圈、方院密布的场面，学者们认为是夏家店下层文化中心性祭祀址。对于研究古代社会的演进，国家和城市的形成，宗教信仰，社会变革均提供了重要资料。2001年由国务院公布为全国第五批重点文物保护单位。

二、“海内外孤篇”大甸子遗址

大甸子遗址位于敖汉旗兴隆洼镇大甸子村东1公里的二级台地上。面积为7万平方米，属于4000年前夏家店下层文化城址，城内有居住房址和宫殿遗址，墙外有围壕，围壕北侧外为墓葬区。1974—1983年社科院、考古所进行4次考古发掘，清理墓葬804座，出土1200件精美无比的陶器、玉器、漆器、骨器、铜器、金器等，倒映出这座城址昔日的繁荣。专家们说大甸子城址是夏家店下层文化的枢纽和中心地区之一，就赤峰乃至东北地区范围内的同类文化遗存，尚未有超过大甸子者，这里既有生居的城址，又有死葬的茔区，被称为“海内外孤篇”。

死人的墓地反映出活人的社会，大甸子所发掘的各类人物墓葬，复原了三四千年前的这座城内所住居民的生活情景和他们的社会地位。13座随葬有鬶爵墓的主人便是不同阶段的首领，他们的墓规模大，随葬的器物多，表明墓主人生前地位之高。大甸子遗址以其无与伦比的考古价值于1996年被国务院公布为全国第四批重点文物保护单位，并被评为20世纪中国百项考古大发现之一。反映其考古成果的大型报告《大甸子》一书已于1996年由科学出版社向国内外发行，并荣获中国社会科学基金三等奖。

三、“华夏第一村”兴隆洼原始聚落遗址

兴隆洼原始聚落遗址位于敖汉旗兴隆洼镇兴隆洼村东南约1.3公里的丘陵西缘，南为

连亘群山，北向视野开阔，东有牤牛河上游的一条主流，遗址坐落在东西走向的山梁向北伸出的两道漫岗的坡地上，总面积达6万平方米。这里在2平方公里的范围之内分布有兴隆洼遗址2处、红山文化遗址4处、赵宝沟遗址3处、夏家店下层文化遗址3处，即这里在距今8200—3600年，均有先民居住，是敖汉旗乃至中国北方地区古文化的一个纵断面。

1983—1994年，中国社会科学院考古研究所对兴隆洼遗址进行7次大规模的考古发掘，总发掘面积4万平方米，共清理古代房址153座。房址均为圆角方形，有的略作长方形，均为半地穴式建筑，其中最大的房址140平方米，尚未发现门道，可能以梯出入。中间为灶址，环灶有4个或6个较大的柱洞，沿穴壁边的四边各有5—6个较小的柱洞，房址之周围和东北侧有窖藏坑。居室墓位于居住墓之北临穴壁或四角，均土坑竖穴墓，其中一座为人猪合葬墓，有身着蚌裙的墓主人。

经发掘出土世界上最早的玉器——“玉玦”，发现最为奇特的葬俗——居室墓、人猪合葬，发现中国最早的服饰——蚌裙，并获得了数千件珍贵的文物标本，有陶、石、玉、骨、蚌器，充分展示了当时社会生产、生活方式和习俗。还发现鹿、狼、猪、鱼、鸟等动物标本，胡桃楸、松、柏、艾、豆科、水龙骨、卷柏等植物标本，这对于研究当时的自然植被和人与自然的关系提供了科学依据。

兴隆洼遗址于1986年被国务院公布为全国第四批重点文物保护单位，1996年被评为“八五”期间“中国十大考古新发现”和“20世纪百项考古大发现之一”。由于发掘面积大，保存最为完整，时代早，并获取数项考古之最，被专家定为“华夏第一村”“中华始祖聚落”。

四、宁昌路遗址

该遗址位于敖汉旗玛尼罕乡五十家子村西侧，孟克河西岸一级台地上。1996年被公布为第三批内蒙古自治区文物保护单位。现存土筑城垣为长方形，南北长约250米，东西宽225米，墙残高2米左右，其外还有一道城墙，边长约600米，但因土地耕作平整只见灰土带，城内外还有多处建筑基址。

城内中轴线偏北耸立一座砖砌佛塔，为八角形密檐空心式，塔檐十三级，高34米，底边宽6米，塔刹部分为元代维修时另加的，其余为辽代建筑，但在维修时一些建筑构件进行过替换增补，有些是元代维修增补的，有的为明代维修时增补。塔座分为四层，下数第一层为仿木结构的铺作砖雕；第二层刻有塔、佛等半浮雕图案；第三层为仿木结构的铺作砖雕；第四层为砖雕栏杆，分上下格，上格为万字形图案，下格为飞龙和花草纹相间；第四层之上为一朵盛开的大莲花将塔托起，但多已残损。明代维修也只是抹一下裂缝，未作大的修补。塔身各角为转角柱上承门拱，每面正中为佛龛，各龛内泥塑佛像多毁不存，龛上为华盖，两上角为对称的飞天，龛两侧为半浮雕式立佛。飞天半裸体，姿态轻盈飘逸，下有祥云相托。这些半浮雕原本彩绘多已脱落，只有飞天尚依稀见有局部彩色。近檐处为仿木结构的门拱，转角处为陶质螭首，尚存有瓦当和滴水。

1995年秋，塔地宫被盗，敖汉旗博物馆进行清理，从塔座北门而下均是清代堆积，出土有唐卡、泥塑佛像、铜镜、铜钱。在清理时发现这座塔自地宫至第十一层檐处全为空心，并间隔出层面，其间有砌出的台阶相通，其上下两个卷顶门道，是在建塔时所设，地宫底部发现元代遗物，正中还发现一圆形石柱础，并有松木柱子被火烧掉仅存柱孔的一截，这些遗迹说明这座塔在元代也曾维修过一次。塔身正面的佛龛下和第二层各嵌入一枚蒙古文汉文的石刻塔铭，记载明万历二十八年（1600年）至三十一年（1603年）维修塔的过程。

近年城址内出土的文物，元代居多，如琉璃建筑构件和装饰件，“至大元宝”金币，元代银器等，最重要的发现是元代至正二年（1342年）加封孔子制诏碑，碑阴所刻均为“宁昌路”“宁昌县”的一些官员，由此可以证明，元代宁昌路即是五十家子城址。

该城址及辽塔已被收入《中国名胜词典》，近年又确定这里属元代宁昌路即亦乞列思郁部长幸秃的封地，遂引起学术界的关注。已于2013年由国务院公布为全国第七批重点文物保护单位。

五、兴隆沟遗址

该遗址位于敖汉旗宝国吐乡大窝铺村西南约1公里的山坡上。于1982年文物普查时发现。1998年中国社会科学院考古研究所和敖汉旗博物馆组成联合调查组对这处遗址进行测绘和评估，认为这处遗址距今8000年，其年代和兴隆洼遗址大体相当。遗址保存如此完好，在敖汉旗境内已不多见，在中国整个北方地区的史前遗址中也十分难得。2001—2003年，由中国社会科学院考古研究所和敖汉旗博物馆及日本青森县的学者对其进行考古发掘，获取重要考古资料。

遗址总面积48万平方米，共发现古代房址145座，自东向西分成三区。其中东区可见房址52座，共有11排；中区可见房址67座，共分12排；西区因大部分房址已被林地所占，地表可见房址26座，共分10排。考古发掘共清理古代房址38座、居室墓28座、灰坑50多个，发掘总面积4000平方米。房址最大的面积为87平方米，最小的面积为27.5平方米，大部分房址的面积在35—55平方米。发掘出土的近百件珍贵文物有陶器、石器、骨器、角器、蚌器及玉器，同时还出土大量的动、植物标本。比较重要的考古发现是出土用人头盖骨做成的人面形圆形牌饰，应是举行原始宗教活动中的一种法器，在新石器时代房址中均首次发现。还出土成组兽头（猪、鹿）摆放于房址两侧，具有明显的原始宗教性质。还发现中国目前所知最早的猪首龙形态，用野猪头为首，身躯以石块陶片拢塑成“S”形如龙躯。在对植物标本浮选中，发现碳化的粟和黍，经世界早期农耕文明的专家鉴定后认为这些谷物距今8000年，这比中欧地区发现的谷物早2700年，由此证明敖汉是横跨欧亚大陆旱作农业的起源地。兴隆沟遗址的发掘对研究内蒙古东南部、辽宁西部地区新石器时代考古学文化年代序列及谱系关系，以及确立敖汉旗在中华文明起源中的地位和作用等方面具有重要的意义。

兴隆沟遗址于2013年被国务院公布为第七批国家级重点文物保护单位。

六、武安州遗址

该遗址位于敖汉旗丰收乡白塔子村，南临叫来河支流——饮马河，由于河水冲刷和耕种所致，城垣保存较差，只有北城墙尚依稀可辨，其余为断断续续的灰土带。可见有三道城垣，最外一道保存最差，略呈方形，边长近800米；第二道城垣呈方形，边长约650米；第三道城垣保存稍好，向北回收，略呈方形，边长约270米。城门遗迹已辨别不清。现地表可见的建筑基址多在第二、第三道城址内。在饮马河北岸隔河的山岗上现存佛塔一座。塔为八角形密檐空心砖塔，塔刹部分已倒塌，现塔檐残存十一级，残高36米。塔座每边长62米，塔身南、北、东、西四面为佛龛。正南面佛龛已残破无存，露出圆形空腹，为早期辽塔形制。塔外壁抹白灰，俗称“白塔”。近年来，在城址附近的下湾子、西南荒均发现一批火葬墓，说明这些墓的主人崇信佛教，如下湾子辽墓群有百余座火葬墓，是与寺院有关的僧人墓葬，反映当时崇信佛教之盛。

武安州是辽太祖耶律阿保机最早建置的头下州之一，并由此开创了头下军州制。《辽史》载：“武安州，观察。唐沃州之地，太祖俘汉民居本叶山上，因建城以迁之，号杏埚新城。复以辽西户益之，更日新州。统和八年改今名。初刺史，后升。有黄柏岭，枭罗水。”这一记载说明武安州的形成过程和在辽朝建国前的重要位置。

武安州遗址于2013年由国务院公布为全国第七批重点文物保护单位。

七、草帽山遗址

1983年春，在文物普查中发现，位于四家子镇驻地东1公里的草帽山的山梁上。北依老王山，南临大凌河支流——老虎山河，高出河床约40米。南为努鲁尔虎山之最高峰——南大青山，山峦叠嶂，奇峰兀立。遗址分东中西三处，最东的第一地点在突起的山岗上，经发掘证明是一处祭坛，四周有近长方形的石砌围墙；第二地点位于第一地点之西隔沟的山梁北部，两者东西相距约500米，遗址高出地表约3米；第三地点位于第二地点之西南，两者相距200米，并在同一梁岗之上，遗址高出周围地表约2米。

2001年7月，敖汉旗博物馆对其中的第二地点600余平方米的祭祀遗址进行抢救性清理发掘，发现十分重要的遗迹和遗物，其遗迹保存十分清晰和完整，为坛、冢合一的结构。

祭坛用琢成正方形的巨石建筑，层层叠起，有方有圆，匀称有序地筑成三层台阶，被学术界誉为“中国现存时代最早的地上建筑之一”“中国最早的金字塔式建筑”。原生土下为黑土，内含有陶片、石器，应为一处早于积石冢和祭坛的遗存，但遗迹不明显。出土有夹砂灰陶之字纹陶罐残片等，还出土有半月形双孔石刀 2 件。在南部的两坛之间为墓葬区，共清理墓葬 7 座，均为石板墓。其中有两座墓为二次葬，一座位于南部坛之东侧为小孩墓，其余 4 座均为头西脚东的单人葬。有两座墓中出土了随葬品，其中 1 号墓出土方形玉璧和石环各 1 件；7 号墓出土玉环 1 件，骨笛 1 件，所出土的玉璧是红山文化玉器中迄今所知最明确的方形玉璧。陶器上的“米”字“十”字刻画符号在红山文化中尚属首例。最重要的考古发现是在祭坛的西北出土一件戴冠的石雕神像，雕法独特，特征鲜明，逼真而神化，是史前艺术宝库的珍品。对于研究红山文化葬制、宗教祭祀、社会结构以及中华文明起源都具有重要的学术研究价值。草帽山遗址于 2013 年由国务院公布为全国第七批重点文物保护单位。

八、赵宝沟遗址

该遗址位于敖汉旗新惠镇赵宝沟村大北地。这里为丘陵地带，南北为山梁，中间沟岔有一条小溪，现仍涓涓细流终年不息。遗址所在处为一处向阳缓坡地，东西向成排分布古代房址百余座，面积达 5 万平方米。1986 年由中国社会科学院考古研究所和敖汉旗博物馆对其进行考古发掘，尽管只挖了 17 座房址却出土一大批珍贵器物，有石器、陶器、骨器、蚌器。出土的泥塑人物被视为崇拜的女神。在遗址之东南的山岗上发现用石块搭建的圆形祭坛，这是 7000 年前赵宝沟人祭天的场所。

更为可观的是赵宝沟文化遗址出土的 10 余件陶尊，从尊形器刻画出现的以鹿、猪、鹰等为题材的图案中，使人们看到这里早在 7000 年前先民们高超的工艺水平和原始崇拜，被学术界认知为“中国第一艺术神器”“中国画坛之祖”“七千年的一幅透视画”。

中华民族是龙的传人，而赵宝沟文化龙纹图案的刻画技术其熟练程度则证明这里是中华龙的源头之一。已故的中国考古界泰斗苏秉琦先生说：“在距今 7000 年的赵宝沟文化遗址发现刻有猪龙、凤鸟和以鹿为原型的麒麟陶尊充分证明社会分化已很明显，而在中原这类最早的艺术神器是距今 6000 年的河南濮阳西水坡的龙虎堆塑，要比内蒙古地区晚 1000 多年。”

赵宝沟遗址以其独特的文物考古价值，被命名为“赵宝沟文化”。2009 年被国务院公布为全国第六批重点文物保护单位，《敖汉赵宝沟》一书由中国大百科全书出版社出版发行于海内外。

第三节　自治区级文物保护单位

一、刁家营子城址

城址位于赤峰市敖汉旗牛古吐乡河南村刁营子西300米荒地中，北临叫来河，燕秦长城从城址南100米处穿过，长城在当地被俗称“黑土龙”，遗迹十分清晰明显，城址呈正方形，长宽各180米，四周筑有围墙，现残高3—4米，围墙宽约5米，内侧暴露有房址，南侧和北侧各有一门道，门道宽约7米，在城址的西侧有半圆形灰土带1条，宽约3米。

城址外围有大量陶片。遗物散布于东西100米，南北200米的范围内。采集有泥质灰陶绳纹罐腹片等遗物，属战国遗存。该城址是全国重点文物保护单位“燕北外长城——敖汉段”的一处障址。2006年被内蒙古自治区人民政府公布为文物保护单位。

二、齐大窝铺城址

遗址位于赤峰市敖汉旗萨力巴乡老牛槽沟村齐大窝铺村民组南约300米的耕地上，北有水冲沟，东北有一信号塔。遗址现为耕地，是燕北外长城的一座保存完整的障址，立有一长城和区级保护碑。遗址东西长200米，南北宽100米，面积20000平方米。采集有泥质陶罐腹片，属战国遗存。2006年被内蒙古自治区人民政府公布为文物保护单位。

三、马架子南房申遗址

马架子南房申遗址位于敖汉旗四道湾子镇四德堂村马架子村民组西南2.5公里，当地人称“房申地”中。地势呈低洼坡状，北侧南侧均为冲沟，遗址中有一山水冲沟将遗址冲毁一小部分。

遗址南北长300米，东西宽150米，面积45000平方米。整个遗址分南北两个区。南区在一高平台上，地势平坦，呈方形，高出四周2—3米，四周有围墙，东侧和北侧为土筑围墙，墙宽3—4米，残高1—2米，外侧有围沟，宽4—6米，土色为黑土；西侧和南侧为石围墙，残高0.5—1米，墙宽2—2.5米，西南面有一大石堆；西侧和东侧有门道，门道宽4米，门道两侧均有高出围墙的土包。遗址内有成排的灰土圈，直径3—4米不等，呈东北－西南向排列，文化堆积4—7米。北区在一平缓的坡地上，地表有多处石堆和少量直径2—3米的灰土圈。

在遗址内采集的标本有新石器时代（红山文化）两面挂彩的泥质红陶钵口沿、细夹砂红褐陶“之”字纹直筒形罐腹片、残磨棒、石斧；青铜时代（夏家店下层文化）打制亚腰石铲、石杵、绳纹夹砂灰陶罐口沿、腹片、鬲足；战国红褐夹砂绳纹陶器口沿、陶豆；辽代陶器片、口沿、瓷片等。属新石器时代（红山文化）、青铜时代（夏家店下层文化）、战国、辽代多种文化类型相互叠压的文化遗存。2014 年被内蒙古自治区人民政府公布为文物保护单位。

四、北城子遗址

遗址位于敖汉旗下洼镇敖音勿苏村北城子村民组北约 50 米的叫来河东岸台地上，东侧有一条南北向山水冲沟，西临叫来河床，隔河 1 公里为围子村，南约 200 米为乡级砂石路。该遗址含有兴隆洼文化和夏家店下层文化。兴隆洼文化遗物散布于南北约 600 米，东西约 100 米的范围内，地表暴露有“灰土圈”；夏家店下层文化位于西侧，周围可见断续的近圆形围壕，直径约 100 米，内暴露有“灰土圈”，从河岸的断面看文化层厚约 2 米。采集有兴隆洼文化锄形残石器，夹砂灰褐圆点坑纹筒形陶腹、底片；夏家店下层文化打制亚腰石斧、泥质磨光陶鬲足等遗物，属兴隆洼文化和夏家店下层文化遗存。2006 年被内蒙古自治区人民政府公布为文物保护单位。

五、酒局子遗址

该遗址位于下洼镇敖音勿苏村酒局子村民组西约 1 公里叫来河支流——干沟子河西岸高台地上，西北、西南为冲沟，北为沟门村民组。遗址平面近长方形，遗物散布于南北 450 米、东西 150 米的范围内，四周有土筑（有较多石块）墙遗迹，北、西墙外侧可见围沟；遗址南半部略高，中部有两道南北向隔墙，除夏家店下层文化遗迹、遗物外，地表还散布有红山文化陶片；遗址北半部分五级台阶，宽 10—55 米，高差 1.5—3 米，台阶间有“门”相通。地表暴露有数十个“灰土圈”，遗物丰富，从断崖看，文化层厚 3—10 米。采集有红山文化泥质红陶黑彩折腹钵口沿、砾石，夏家店下层文化夹砂红褐磨光陶蛋形器（残）、泥质磨光灰陶鬲足、夹砂灰褐陶绳纹罐腹片等遗物。属红山文化和夏家店下层文化相叠压的遗存，以夏家店下层文化为主。2014 年被内蒙古自治区人民政府公布为文物保护单位。

六、牛夕河遗址

该遗址位于敖汉旗四家子镇牛夕河村北牛夕河西南 300 米，东临河，北为冲沟，位于山坡地上，现为杏树地，土质为砂石。地表有较多陶片，文化层不详。遗物散布于东西 100 米、南北 50 米的范围内。采集有豆柄、夹砂绳纹陶罐腹片、夹砂口沿等遗物，属夏家店下层文化遗存。2006 年被内蒙古自治区人民政府公布为文物保护单位。

七、燕北长城——敖汉段

燕北长城——敖汉段位于敖汉中南部山地，呈东－西走向，北距秦汉长城——敖汉段9—34公里不等。西自辽宁省建平县进入敖汉旗新惠镇的扎赛营子村赵管沟村民组西北梁，向东依次经过新惠镇三官营子村北沟村民组北山，丰收乡的格斗营子村南、白杖子村陈杖子村民组东、房申村兰家窝铺村民组南，贝子府镇的太吉合窑村红山嘴村民组南、黄杖子村刁杖子沟里村民组北，宝国吐乡的王家营子村牛家场村民组西南、青山村大范杖子村民组内，从宝国吐乡青山村大范杖子村民组向东南进入辽宁省北票市境内。敖汉境内全长82公里。该道长城有石筑和土筑两种，建筑材料就地取材，山地为石筑，宽约1.5米；坡地或台地为土筑，地表可见一条“灰土带”，宽约4米。2014年被内蒙古自治区人民政府公布为文物保护单位。

八、秦汉长城——敖汉段

秦汉长城——敖汉段位于敖汉旗中部，呈东－西走向，南距燕北长城——敖汉段9—34公里。西自赤峰市松山区跨过老哈河进入敖汉旗，向东依次经过四道湾子镇的白斯朗营子村土城子村民组北，萨力巴乡老牛槽沟村齐大窝铺村民组南，新惠镇的三宝山村西北，下房申村南、龙凤沟村烧锅地村民组北，四间房村大龙凤沟村民组南，丰收乡的白塔子村东河北村民组东北，牛古吐镇的大敖吉村南、河南村刁家营子村民组西，下洼镇的八旗村东城子村民组北、东古鲁板蒿村西南、贺也村上水泉村民组北和下水泉村民组北，向东南进入奈曼旗境内。敖汉旗境内全长120公里。该道长城多为土筑，可见有两条“灰土带”，间距10—12米，“灰土带”宽约4米。2014年被内蒙古自治区人民政府公布为文物保护单位。

九、小古力吐遗址

该遗址位于敖汉旗四家子镇小古力吐村第二小学东北300米处低丘顶部，该低丘位于老虎山河西岸的山前平缓坡地上，西侧逐渐高起，连接海拔678米的小古力吐后山，遗址周围环绕赤红色碎石堆积而成的低矮围墙，近似正方形，东西长36米，南北宽22米，西墙中部突出面呈圆弧形，北墙突出呈偏长的等腰梯形，东墙和南墙大致呈直线，但南墙外连接与北墙对称的偏长梯形外墙，整体略似龟腹甲状，坛墙顶墙为弧形，底部宽约1米，残存高度30—40厘米，西墙突出的圆弧形部分和南外接墙的中部已遭严重破坏，其余墙体保存基本完好。坛西略偏北处有一遭严重破坏的积石遗迹，由赤红色堆积而成，残存围成扇形，半径约5米，中部略突起，高于20厘米，在遗址中采集红山文化祭祀遗址的标志物——无底形陶器残片，在祭坛顶部随处可见，未见其他时代遗物，因此这些遗迹应属红山文化时期遗存。2006年被内蒙古自治区人民政府公布为文物保护单位。

第四节　市级文物保护单位

一、西台遗址

位于贝子府镇额驸营子西台村西约200米的梁岗上。南临牤牛河，高出河床约20米。1982年文物普查时发现，其后又进行发掘。该遗址存在有兴隆洼文化、红山文化、夏家店下层文化、夏家店上层文化等诸文化并存的特征。

发掘的重要成果是在发掘中清理出红山文化类型的两个相连的极为完整的圆角方形围壕，它们南北排列。南围壕在梁岗之南坡，东西长210米，南北宽158米。南壕设三门，中间门道6.5米，两侧设对称的侧门。北围壕的南侧壕与南围壕的北侧壕相结合。东、西、北三面跨过梁顶。东侧壕一段是山石，修壕时被凿开，东西长126米，南北宽90米。围壕较规整，横断面呈上大底小的梯形，底部还另开一小沟。

在发掘的17间房址和围壕中，发现一批很珍贵的标本资料。除出土陶器和石器等器物外，还出土一小型陶塑裸体女人像，具有划时代的发现是铸造有鼻的鸟头状青铜饰件的陶范，该范是现阶段中所发现最早的铸造青铜器的模具。过去一直把红山文化划为新石器时代，此范的出土有力地证明了红山文化也已进入青铜时期，加之北方规整的围壕（壕和墙是统一的），这就从学术研究上将中国北方的古代文明社会向前推进1000年，这对于探讨古城古国的产生过程有着重要的学术价值。2004年被赤峰市人民政府公布为文物保护单位。

二、老虎山城址

位于四家子镇老虎山村东约1公里的台地上，南距老虎山河0.5公里，高出河床约10米。遗址面积为南北300米，东西500米。文化层厚3—5米。文化层底层发现有陶片、石器等遗物和火烧白灰居住面、土坯、石垒等遗迹，属于夏家店下层文化。上层及地表分布有大量的战国和秦汉遗物，如板瓦、筒瓦、陶片及鱼骨盆残片等。

过去，这里曾出土过一批文物，1950年该遗址曾出土两件馒头状铁权和其他文物。1970年在遗址西侧出土过上百件铁铲等生产工具，均当废铁被卖掉。1974年春出土70余枚方足币，也被卖掉了。1974年冬出土铁权1件，半月形掐刀20余件，铁箭杆600余枚和镰、锄、镬等，还出土大量燕刀币。1975年出土铁镬及汉半两钱20余斤。

这些文物一部分被征集上来，其余亦被卖给当地废品收购部门。1979 年又在四家子镇综合厂征集到 50 年前出土的铁权一件，两件铁权均有镶嵌诏版的地方，但诏版均脱落不存。

老虎山遗址屡次出土战国秦汉时代的铁权、铁器和货币等重要文物，说明这是一处较重要的遗址。在该遗址东侧有一段城墙遗迹，地面上可明显看出是南北方向约 250 米，北端向西拐后不甚清楚，南端临小凌河畔，为战国、秦汉时代的古城址。根据出土的各类文物，说明秦统一度量衡在此处实施过，成批出土铁器说明这里存在着冶炼作坊和相应的政权机构。2003 年 3 月，被赤峰市政府公布为文物保护单位。

三、敖包梁遗址

遗址位于敖汉旗牛古吐镇大杖子村西 500 米的敖包梁上，有较丰富的红山彩陶片和石器，有“之”字纹陶片，北隔沟，文化层约 30 厘米，北有冲沟，顶部有数个石头堆。遗物散布于南北长 200 米、东西宽 100 米的范围内。采集有泥质彩陶罐腹片、红褐夹砂“之”字纹陶罐腹片、石核等，属新石器时代（红山文化）遗存。整个山梁的南坡均为遗址保护范围，保护范围外延 20 米为建设控制地带。2012 年 7 月 5 日，被赤峰市人民政府公布为第五批文物保护单位。

四、大砚台山遗址

位于敖汉旗丰收乡马架子村新丘村民组东北大砚台山顶部，遗址东、南、西面为水库库地，遗址整体呈六级台阶状直至山顶，每级台阶都由石头砌筑，呈不规则椭圆形，最高护坡约有 15 米。在遗址北端有三道南北向平行排列的石墙，残高 0.3—1.2 米，长 70—100 米，数个大石堆遗迹十分清晰。遗址南北长约 240 米，东西宽约 100 米，面积约 20000 平方米。采集有红夹砂陶片、鬲足和灰夹砂陶片等遗物，属青铜时代（夏家店下层文化）遗存。整个山体均在保护范围内，保护范围外延 20 米为建设控制地带。2012 年 7 月 5 日，被赤峰市人民政府公布为第五批文物保护单位。

五、喇嘛庙山梁遗址

位于敖汉旗新惠镇蒙古营子村东南 300 米的喇嘛庙梁上，西侧是石头场子（已停工），地势西高东低，呈不规则方形，可见文化层约 1.2 米，遗物散布于东西长 150 米，南北宽 200 米的范围内。2006 年第三次全国文物普查时在遗址上采集到一件骨质箍形器，专家认为是红山文化器物中首次发现，还采集有灰黑色夹砂“之”字纹陶器腹部和红褐色陶罐口沿、灰色夹砂绳纹鬲足和器物腹部、红褐色素面夹砂陶片、磨光残石器等，属新石器时代（红山文化）和青铜时代（夏家店下层文化）遗存。2012 年 7 月 5 日，被赤峰市人民政府公布为第五批文物保护单位。

六、龙泉山庄遗址

位于敖汉旗新惠镇呼仁宝和村平房村民组龙泉山庄北侧 200 米，遗址位于梁坡上，地表为现代梯田，地势北高南低，三面环沟，整体呈梯形，北边东西长 350 米，南边东西长 500 米，中间南北宽 300 米，面积约 130000 平方米，遗址地表可见成排灰土圈和房址，从断面可见文化层 30 厘米，整个山梁的阳坡均有遗迹和遗物分布。采集有红褐夹砂“之”字纹陶罐腹片、口沿、器底，泥质彩陶钵口沿，磨光残石斧，灰褐夹砂绳纹陶片等，属新石器时代（红山文化）和青铜时代（夏家店下层文化）遗存，整个山梁的阳坡为保护范围。2012 年 7 月 5 日，被赤峰市人民政府公布为第五批文物保护单位。

七、小河西遗址

位于敖汉旗木头营子乡木头营子小河西村民组以北的耕地中，东距孟克河 100 米，东南距铁路 500 米，在孟克河西岸三级台地上，是一个黄土岗地，地势西高东低，遗址现为耕地，遗物较少，遗址可见灰土，遗物散布于东西 100 米，南北 100 米的范围内，面积 10000 平方米。采集有灰褐夹砂“之”字纹陶罐腹片、灰褐夹砂陶罐口沿、腹片遗物。1987—1988 年中国社会科学院考古所进行发掘，房址均为圆角方形或方形半地穴式，出土器物特征十分明显，陶器均为红褐夹细砂陶，尚未见泥质陶。多为素面，有很少器物刻有三角形叶脉纹、连弧纹或附加斜向泥条纹。器形以筒形罐为主，方唇直口，直壁近底斜收，小底较厚，制作较粗糙，火候较低。石器有打制、琢制和磨制三种，细石器十分发达，骨器较多。小河西文化的相对年代尚未确定，依据其他地点发掘出的地层关系，应是早于兴隆洼文化的一种类型，被命名为“小河西文化”。保护范围外延 20 米为建设控制地带。2012 年 7 月 5 日，被赤峰市人民政府公布为第五批文物保护单位。

八、毡家地遗址

遗址位于敖汉旗古鲁板蒿镇山嘴村小官家地村民组（原毡家地村民组西北 500 米）西北 6 公里，老哈河南岸、红山水库南、草帽山上，现为耕地，土质砂石化，植被较好，西北临红山水库，东为高山，南有一条冲沟。山顶地势平坦，有一石头包，遗址内已被开沟，破坏严重，遗址上遗物较多，东西 1000 米，南北 200 米，遗址面积 20 万平方米。采集有红山文化、战国遗物，以红山文化为主，属新石器时代（红山文化）和战国遗存。现因红山水库基础建设，遗址已被严重破坏。占地 20 万平方米的遗址均属于保护范围之内。遗址西侧的圆形石砌祭坛和祭坛外围发现的双重围壕及围壕外东侧的居住址为重点保护区。以毡家地遗址为中心，其邻近的夏家店下层文化、夏家店上层文化及战国遗址为一般保护区。2003 年 3 月，被赤峰市人民政府公布为文物保护单位。

第五节　旗级文物保护单位

遍及全旗城乡的旗级文物保护单位，证明古文化遗址的丰富。由于篇幅所限，旗级文物保护单位用列表的形式表述。

第十一编表 7　旗级遗址保护单位一览表

序号	遗址名称	时代	面积（平方米）	位置
1	中水泉北遗址	夏家店下层文化	30000	下洼镇贺也村中水泉村民组北侧的坡地上
2	春玉河遗址	夏家店下层文化	47697	下洼镇贺也村春玉河村民组西 100 米的坡地上
3	水泉西山遗址	夏家店下层文化	64372	下洼镇贺也村中水泉方位约 800 米城子山上
4	干沟坝外遗址	夏家店下层文化	25519	下洼镇八旗村曹家窝铺村民组南 1000 米处的灰土梁上
5	东敖包吐南遗址	夏家店下层文化	101778	下洼镇丰源村杨家店村民组南约 200 米的南山
6	南新地北地遗址	小河西文化	13498	下洼镇东古鲁板蒿村南新地西边村北侧 20 米的山包耕地上
7	大洼遗址	红山文化、 夏家店下层文化	70000	下洼镇敖音勿苏村围子村民组西南 300 米的火绒梁
8	中水泉北地遗址	红山文化	60000	下洼镇贺也村中水泉村民组西北约 1000 米漫坡地上
9	元宝山积石冢	红山文化	2791	下洼镇八旗村东八旗村民组东北 1.5 公里的杨树林地中
10	双庙西北梁遗址	赵宝沟文化、 红山文化、 夏家店下层文化	119292	下洼镇贺也村双庙村民组西北约 500 米的榆树梁上
11	柳树沟遗址	赵宝沟文化、 红山文化、 夏家店下层文化	8000	下洼镇贺也村风水山村民组西南 1000 米的小山丘上
12	九头山遗址	红山文化	44398	下洼镇八旗村西八旗村民组南九头山北约 200 米
13	风水山遗址	兴隆洼文化、 红山文化、 夏家店下层文化	100000	下洼镇贺也村风水山村民组西约 500 米的柳树沟北坡

续表

序号	遗址名称	时代	面积（平方米）	位置
14	风水山西梁顶遗址	红山文化	40000	下洼镇贺也村风水山村民组西 1 公里
15	卜金沟遗址	红山文化	48704	下洼镇八旗村东山村民组东山南坡地
16	何家窝铺凉兵台遗址	夏家店下层文化	34545	兴隆洼镇何家窝铺村民组南 500 米的凉兵台上
17	石头堆遗址	红山文化、夏家店下层文化	50519	兴隆洼镇宝国吐乡范杖子村民组北 800 米的石头堆
18	上石匠沟北城子遗址	夏家店下层文化	10759	兴隆洼镇永元号村上石匠沟村民组北 50 米的台地上
19	上石匠沟南城子遗址	夏家店下层文化	7458	兴隆洼镇永元号村上石匠沟村民组南 50 米的台地上
20	菜园子遗址	夏家店下层文化	4242	兴隆洼镇嘎岔村菜园子村民组南 100 米的隔沟的平地上
21	南荒东山遗址	夏家店下层文化	5000	兴隆洼镇沟门子村南荒村民组东南 2 公里东山
22	毛菠萝西遗址	夏家店下层文化	8927	兴隆洼镇大窝铺村毛菠萝村民组西南隔土路的缓坡地上
23	永元号房框子地遗址	夏家店下层文化	5121	兴隆洼镇永元号村民组东北 1 公里的房框子地
24	上宋四台北梁遗址	夏家店下层文化	20000	兴隆洼镇永元号村民上宋四台村民组北 300 米的山坡上
25	毛菠萝村遗址	夏家店下层文化	22000	兴隆洼镇大窝铺村毛菠萝村民组西南 100 米隔沟的坡地上
26	上洞子村遗址	夏家店下层文化	3936	兴隆洼镇石头井子村上洞子村民组西炮台山
27	西山坡西遗址	夏家店下层文化	10949	兴隆洼镇岗岗村西山坡村民组西北 200 米的山上
28	岔树沟西遗址	夏家店下层文化	8000	兴隆洼镇石头井子村前岔树沟村民组西 300 米高台地上
29	杨家杖子村遗址	夏家店下层文化	15893	兴隆洼镇岗岗村杨家杖村民组西北 70 米的山顶上
30	崔家窝铺遗址	夏家店上层、夏家店下层文化	42464	兴隆洼镇大窝铺村崔家窝铺村民组北约 700 米耕地内
31	新窝铺西遗址	夏家店下层文化	19608	兴隆洼镇永远号村新窝铺村民组西 500 米的山坡地上
32	下宋四台沟里东北梁遗址	红山文化	12669	兴隆洼镇永远号村下宋四台村民组东北梁 200 米耕地内
33	上宋四台南遗址	兴隆洼文化、红山文化	25472	兴隆洼镇永远号村上宋四台村民组西南 1000 米的坡地上

续表

序号	遗址名称	时代	面积（平方米）	位置
34	刘家屯北遗址	红山文化	57700	兴隆洼镇嘎岔村东刘家屯村民组北约300米的山南坡上
35	大北山坡遗址	红山文化	45489	兴隆洼镇嘎岔村东刘家屯村民组西北1000米的大北山南坡
36	份子地遗址	红山文化、小河沿文化	150000	木头营子乡份子地村内
37	董家营子遗址	兴隆洼文化、红山文化、辽代	70000	长胜镇荷也勿苏村董家营子村民组北200米的台地上
38	石龙马山遗址	夏家店下层文化	40000	四道湾子镇四德堂村西山村西北大山顶部
39	石灰窑地遗址	夏家店下层文化	41276	四道湾子镇艮兑营子村后敖包村民组北侧耕地中
40	小山石门遗址	红山文化	100000	四道湾子镇吴家营子村小山村民组西侧漫梁上
41	太平营遗址	兴隆洼文化、红山文化、夏家店下层文化、战国	62351	四道湾镇吴家营子村太平营村民组南梁耕地中
42	土城子炮台山遗址	夏家店下层文化	2500	四道湾子镇白斯朗营子村土城子村民组南500米炮台山上
43	黑土营子城子山遗址	夏家店下层文化	89376	四道湾子镇黑土营子村后
44	庙上遗址	兴隆洼文化、红山文化	20000	古鲁板蒿乡东哈拉勿苏村庙上村北100米
45	小宫地南台坡遗址	红山文化	11000	古鲁板蒿乡山嘴村小宫地村民组后营子西约500米的坡地上
46	王现沟南地遗址	夏家店下层文化	25708	新惠镇大官营子村王现沟村民组东南300米的耕地中
47	二台子遗址	夏家店下层文化	22735	新惠镇呼仁宝和村窑子沟村民组二台子地
48	上煤窑沟城子山遗址	夏家店下层文化	25180	新惠镇扎赛营子村上煤窑沟村民组西约300米的耕地中
49	三节梁村东遗址	夏家店下层文化	51522	新惠镇三节梁村东约1500米
50	张富营子村后遗址	红山文化	15000	新惠镇高家窝铺村张富营子村民组北20米的坡地上
51	腰营子遗址	红山文化	40000	新惠镇高家窝铺村腰营子村民组西山坡上
52	柴火沟遗址	红山文化、夏家店下层文化、战国	12000	新惠镇蒙古营子村柴火沟村民组西北50米炮台地上
53	小马莲沟西北遗址	夏家店下层、上层文化	12064	新惠镇蒙古营子村小马莲沟村民组西北1公里的坡地中

续表

序号	遗址名称	时代	面积（平方米）	位置
54	磨房遗址	夏家店下层文化、战国	6000	新惠镇原呼仁宝和村磨房村民组西南300米炮台地
55	大黄胡同北遗址	夏家店下层文化	31912	新惠镇大吉恒地村大黄胡同村民组北400米小阳坡地中
56	八十亩地遗址	夏家店下层文化	100000	玛尼罕乡玛尼罕村西山村民组西北300米八十亩地上
57	安家沟南遗址	夏家店下层文化、辽代	10000	玛尼罕乡皮匠营子村安家沟组南约1公里
58	五十家子河东遗址	夏家店下层文化	34171	玛尼罕乡五十家子村东北1公里孟克河岸边台地上
59	道力板北山遗址	红山文化、夏家店下层文化、辽代	20000	玛尼罕乡五十家子村道力板村民组西北400米
60	房申沟遗址	夏家店下层文化	161620	萨力巴乡萨力巴村黄花甸子村民组一组南100米房申沟南岸
61	七道湾子遗址	红山文化	34790	萨力巴乡七道湾子村波赤营子村民组东南300米的台地上
62	绳子地遗址	夏家店下层文化	27067	萨力巴乡萨力巴村黄花甸子村民组一组西300米
63	陈家水泉遗址	夏家店下层文化	11053	萨力巴乡城子山村陈家水泉村民组北500米山坡上
64	西沟门北遗址	夏家店下层文化	60000	丰收乡白杖子村西沟门村民组北
65	于杖子南遗址	夏家店下层文化	10000	丰收乡白杖子村于杖子村民组南
66	大台子地遗址	夏家店下层文化	12000	丰收乡白杖子村大来沟村民组东北
67	三家东台遗址	红山文化、夏家店下层文化	3000	丰收乡三家村东的东台子地
68	大东沟西遗址	红山文化、夏家店下层文化	10000	丰收乡白塔子村西南
69	西沟里南遗址	夏家店下层文化、辽代	11000	丰收乡白杖子村西沟里村民组西南
70	黄土梁遗址	红山文化、夏家店下层文化	12000	丰收乡三家村范杖子村民组西
71	孙家窝铺南遗址	夏家店下层文化	12500	丰收乡三家村孙家窝铺村民组东南
72	杜力营子西山坡遗址	夏家店下层文化、辽代	70000	丰收乡八家村杜力营子村民组西
73	马架西山遗址	夏家店下层文化、战国	25000	丰收乡南马架子村西
74	扣河林遗址	夏家店下层文化、辽代	60000	四家子镇扣河林村西
75	娘娘庙村东北遗址	夏家店下层文化	10000	四家子镇娘娘庙村民组东北

续表

序号	遗址名称	时代	面积（平方米）	位置
76	半截沟遗址	夏家店下层文化	20000	四家子镇热水汤村下半截沟村民组北
77	南营子西山遗址	夏家店下层文化	20000	四家子镇扣河林村南营子西南
78	牛夕河遗址	红山文化	5000	四家子镇牛夕河村村西
79	街北沟遗址	夏家店下层文化	10000	金厂沟梁镇官协营子村街北沟村民组
80	石匠沟遗址	红山文化、夏家店下层	2000	金厂沟梁镇石匠沟村沟里村民组西南
81	小窑沟遗址	夏家店下层文化	30000	金厂沟梁镇段木梁村房申村民组东南
82	大营子遗址	夏家店下层文化	10000	金厂沟梁镇四六地村大营子村民组
83	长皋西遗址	夏家店下层文化	30000	金厂沟梁镇查干高勒村北沟村民组
84	罗洛沟团子山遗址	夏家店下层文化	15000	金厂沟梁镇石匠沟村罗洛沟村民组
85	上烧锅沟南遗址	夏家店下层文化	4090	贝子府镇月明沟村上烧锅沟西南 50 米
86	将台山遗址	夏家店下层文化	16657	贝子府镇黄杖子村将台山村民组北 50 米的耕地中
87	段家店遗址	夏家店下层文化	13744	贝子府镇刘家湾子村段家店村民组北侧耕地中
88	炮手营东遗址	夏家店下层文化	5000	贝子府镇二龙台村炮手营村民组东南 400 米河南岸边
89	义和城西遗址	夏家店下层文化	7958	牛古吐镇北台子村义和城村民组西南 1 公里小山顶上
90	河南北地遗址	夏家店下层文化	18167	牛古吐镇大五家村腾克力河南村民组西北约 100 米台地上
91	大坑子遗址	夏家店下层文化	18914	牛古吐镇大五家村大坑子村民组北 80 米
92	公主坟南遗址	夏家店下层文化	42064	牛古吐镇敖吉村公主坟村民组南 100 米耕地中
93	曲家窝铺北梁遗址	夏家店下层文化、辽代	94748	牛古吐镇千斤营子村曲家窝铺村民组北 400 米
94	南新窝铺遗址	夏家店下层文化	77064	牛古吐镇沈家窝铺村新窝铺河南村民组东北 200 米
95	七家南遗址	夏家店下层文化	15746	牛古吐镇大五家村七家村民组南 800 米
96	后坤头沟西南遗址	赵宝沟文化、辽代	11075	牛古吐镇河南村后坤头沟村民组西南 2 公里
97	刁家营西遗址	红山文化、辽代	27120	牛古吐镇河南村刁营子村民组西 400 米
98	西河村大西遗址	红山文化	20000	牛古吐镇大五家村西河村民组西 2 公里耕地中
99	古榆树遗址	夏家店下层文化	10679	牛古吐镇河南村古榆树村民组东南 1000 米坡地上
100	石灰窑子东北遗址	夏家店下层文化	18334	牛古吐镇大杖子村石灰窑子村民组北 500 米

第三章　古墓葬

一、周家地墓地

位于古鲁板蒿镇周家地村西800米的老哈河南岸丘岗的北坡上，坐落着此墓地。其西约700米的东白家地存有一处与此墓地相对应的同类文化居住址。墓地东、西、南三面均为卫沟断崖，部分墓葬在发掘前已被山水冲毁。现存墓地南北长77米，东西宽18米，墓葬分布密集，排列有序，是一处聚族茔地。

墓葬均为土坑竖穴，有单人葬、二次葬以及合葬墓三种。墓葬西北－东南向，且西南－东北成行排列。墓穴长1.25—3.10米，宽0.60—1.50米，深0.52—2.05米。大多数墓穴中残存木质葬具，系下葬时先在墓底垫两根木条，其上铺板为底，四周立板为壁，上口搭板作盖。葬式大多为仰身直肢，个别侧身直肢。大多数墓主头部放置一件陶罐，随身佩戴铜泡、铜牌、石珠等，腰带铜刀、铜锥和骨针，有的尚见残衣服、覆面。男性多在腿部放置一束骨簇，女性多随葬纺轮。此外，还随葬狗、牛、马头及马蹄等。

墓地出土的陶器皆为夹砂陶，表面颜色有红色和褐色两种，陶器颜色均不纯正，常见灰黑色斑痕。全部为手制，分段制作后再黏接成器，最后经修整和刮磨。陶器均为素面，器形不匀称，表面常见刮痕，加工粗糙者尤为明显，成为制陶工艺的一个特点。器类以罐为主，还有壶、鬲。

铜器多为工具、武器和饰件。工具及武器有镞、刀、锥、匕，饰件有耳环、耳坠、泡、牌饰、联珠形饰、双尾形饰、鸟形饰等，还出土有骨器、蚌器及革带、麻布覆面等。其中革带保存较完整，结构别致，是中国北方所见出土最早的成套服饰实物。

此墓地于1981年8月由中国社会科学院考古研究所及内蒙古考古工作队发掘，所清理的54座墓保存完整。该墓地的清理发掘，为夏家店上层文化研究增添新的考古材料，也对探索其他北方民族相关问题有所启示。

二、乌兰宝和韩家水泉墓地

1994年，四家子镇乌兰宝农民在村东南侧修水平梯田时，发现一批墓葬，并出土一批陶器和青铜器，旗博物馆随即调查乌兰宝墓地并清理两座墓。1995年，内蒙古自治区文物考古研究所对该处以及与其文化性质相同的韩家水泉墓地进行考古发掘。其中韩家水泉墓地发掘墓葬109座，乌兰宝清理墓葬12座。

乌兰宝村位于老虎山河上游一个支流的南岸台地上，墓地位于村之西南约 0.5 公里的向阳缓坡地上，当地称之为“小阳坡”。在修梯田时，将一部分较浅的墓葬破坏掉，均为土坑竖穴墓。旗博物馆清理的两座，其中一座为东西向，出土有曲刃青铜短剑，填土中有牛和狗的骨头；另一座为南北向，有木质葬具，出土陶罐 5 件，还出土有铜带钩、玛瑙环等。陶器分两类：一类是轮制的泥质灰陶网格纹罐、灰陶豆；另一类是手制的夹砂灰陶素面罐、豆等。

韩家水泉墓地位于村西约 0.5 公里的坡地上，南临老虎山河，东距乌兰宝村约 6 公里，1994 年当地搞农田基本建设时破坏一部分墓葬。发掘的墓葬均为土坑竖穴墓，单人葬。葬具为木质棺椁，填土中殉牛、猪、狗的骨头或蹄骨。仅一座墓中出土“T”字形柄曲刃青铜短剑，另一座墓中出土属于燕文化的铜戈。所出土的陶器可分为三类，一类是手制的夹粗砂褐陶罐，外叠厚圆唇，肩部附双耳或单耳；一类是轮制的泥质灰陶罐、壶等；一类是仿铜的燕式陶礼器，即鼎、豆、盘、匜等。

1996 年，又在韩家水泉村西北侧发掘同类文化遗址。房址均为半地穴式建筑，应是墓地主人们生居之地，出土的陶器尤其是手制夹砂陶器与墓地的相似。乌兰宝和韩家水泉两处墓地相近，文化面貌基本统一，但年代略有差别。韩家水泉墓地约起自春秋晚期到战国中期，乌兰宝墓地可延至战国中晚期。属于这样一类的遗存，特别是陶器很具地方土著文化的特征，说明其性质仍属东北部族，但受燕文化影响又较深，畜牧不是很发达。据此可证明，在燕的势力范围之内仍然生息着当地的土著民族，除比较强大的东胡之外，尚有如貊等其他民族所居。

三、四家子积石冢

1985 年，四家子镇之东北 1 公里的草帽山后梁，及其东侧隔沟的山岗上，发现了 3 处红山文化的积石冢。

积石冢北依高山，南临开阔的河川，冢地表为石块堆积穹起的封石包，直径 10 余米。由于耕种等原因，冢之周围暴露出一些红山文化的彩陶片和红陶片，器形以祭祀所用的筒形无底器为主。

这 3 处积石冢保存较好，它的发现对于探索中国北方五千年文明史，提供很有意义的依据。

四、石羊石虎山墓葬

位于新惠镇北 1 公里，现博物馆院内。长方形土坑墓，墓口长 1.5 米、宽 0.65 米、残深 0.5 米、底宽 0.5 米。葬式为仰身，头向为 20 度，女性墓。

这座墓共出土随葬品 31 件。包括陶器 8 件，器形有双口壶、罐、尊、锛、豆等，石器有23件，包括斧、刀、锹、环、珠等，环全套在双臂上。

该墓在当时为东北地区第一次发掘到的新石器时代的古墓葬。材料曾发表于1963年《考古》第9期上。据考证年代早于夏家店下层文化而晚于红山文化，属于小河沿文化类型。

五、范杖子墓群

位于兴隆洼镇丰山村范杖子北1公里的坡地上，北依山，西和南为冲沟，墓地所在地自西向东倾斜，西端被一条由岱王山西北而下的季节性溪涧切割为数米高的陡壁，由于水毁大部分墓被破坏。

1982年，内蒙古文物考古研究所对该墓进行考古发掘，清理墓葬88座。该墓葬按3个茔区排列，均系土坑竖穴，其中A区发掘41座，B区19座，C区28座，出土的随葬品陶器有鬲、尊、罐、壶、鼎等；石器有石斧、钺等；骨器有匕、锹、卜骨尺等。

根据三个茔区出土的器物和排列，说明它们之间存在着早晚关系，即A区较早，极少见足龛，多是土洞墓和小石棺墓。其他两区的随葬品多在足龛内，B、C两区也存在着差别，在一处墓地中可以划分出3组墓，其各具特点。在夏家店下层文化墓葬中还属首次发现，因此很有研究价值。

六、柳南墓群

该墓群是1982年秋文物普查时发现的，位于贝子府镇柳树行子河南1公里的南山中，这里是牤牛河上游，沟壑纵横，水土流失比较严重，墓地所在的山地较陡又很隐蔽，整个墓地中心区已被洪水冲去，残存21座墓葬。其中4座残墓在调查中进行清理，另17座于1983年夏由中国社会科学院考古研究所发掘。

墓的东西方向，分土圹墓和石板墓两种。头均向西，属烧后葬，葬后和埋葬前用火烧过，随葬品均在骨架四周，有陶器、纺轮、石钺、石锹等，陶器中未见三足器，陶质分黑灰和红褐两种，多系夹砂，器形以叠唇柳肩罐为主，其次是钵等，纹饰以斜线粗绳纹为其特点。

该墓群从葬式和出土的器物看，均有别于赤峰地区已知的青铜文化，从出土的石钺等材料看，它已进入青铜时代，距今4000年以上，基于学术界暂可称之为“柳南类型”，它的发现，对于认识这一地区的青铜文明提供了十分珍贵的资料。

七、李家营子唐代墓

位于古鲁板蒿镇李家营子村东北的老哈河右岸的第一台地上，北距河床0.5公里。墓地所处为缓坡地带，第二台地以此形成倚圈山环。1975年春修“爱民渠”时，在此发现两座土坑墓。两墓相距1.5米。当时因修渠人多，又哄抢出土文物，故墓葬形制不明，后将文物征集上来。

1 号墓地出土的 5 件银器除 1 件银匕未能征集，其余 4 件全部征集上来，有壶、鎏金银盘、椭圆银环、小壶，其中银执壶属于粟特的品物。2 号墓出土一组金带饰。征集到 90 余件，有 1 件带饰头底托面錾有“匠郭俱造”四字。两座墓出土的部分文物曾于 1979 年在伊朗召开的国际考古年会上展出。据考证，这两座墓属于晚唐时期墓葬。

八、北三家辽代墓葬群

位于丰收乡北三家村中，村东西各有一座小山，两山相距约 1 公里，向北为半环形山怀；东边的山脚下有一片辽代遗址。南距叫来河支流——饮马河约 1 公里。1978—1979 年调查发现这一墓群，共有墓葬 20 余座，并对已破坏的 3 座墓进行了清理。这 3 座墓均系早期被盗，出土器物很少，在 1 号和 3 号墓中发现了壁画资料。其中 1 号墓的壁画面积达 40 余平方米。绘于墓道两壁，天井四壁，甬道及耳室内壁各种人物 24 人，保存较好，内容丰富，是目前所知辽墓壁画中画技较高的一座。在一鼓上绘有狮子和雄鸡，它记录了契丹的一种习俗，这在辽墓中尤为少见。东耳室内壁画所绘的宴饮场面，七人皆卷袖，再现了仆人们紧张劳动的情景。在甬道、天井和墓道所绘的侍卫、蔽乐、出行等图，对研究契丹人的劳动、习俗、服饰和发式提供了宝贵资料。

九、白塔子辽墓群

位于丰收乡所在地东南 1 公里的南山北坡脚下。1977 年春发现浇地冲出一座六角形砖券室木椁墓，墓门前为长 6 米，宽 1 米，方向为 100 度的斜坡墓道，墓室东西长 3 米，南北宽 2.8 米，高 2.3 米。内尚存松木枋子交搭而就的椁。墓道北为天井，再向北为甬道，木门上砖砌仿木屋檐，券门上为普柏枋，枋上有彩绘斗拱，均为单抄四铺作，再上为替木上承橑檐枋，枋上出椽。

在清理中出土的随葬品有瓷器 16 件，陶器 3 件，铜镜 1 件，骨刷及漆箸、勺等，这些随葬品均放在供桌上，供桌和漆器、骨器已朽，瓷器除了 2 件辽瓷外，其余均系景德镇出产影青瓷，影青瓷钵口镶银扣，壁厚 1.2—1.25 毫米，重 68.8 克。其薄如纸，明如镜，声如磬，是罕见的珍品。墓内棋桌上（桌已朽）摆放着白黑棋子的围棋，共 155 枚黑白棋子。甬道和天井绘有驼车、引马、武士等壁画。

十、沙子沟辽墓群

位于金厂沟梁镇四六地村沙子沟东北 0.5 公里的回棱山南坡丰环形缓坡地上，这里水土流失严重，新中国成立前后曾有几座辽墓冲毁，断崖上现还存有墓圹遗迹。可知这是一处辽代墓群。

1976年春，这处墓群的1号墓已被当地牧工破坏。1982年5月，旗文化部门对1号墓进行清理。这是一座由主室、前室、东西耳室、前后甬道、天井、斜坡墓道六个部分组成的多室墓。主室为圆形，直径4.3米，墓门为砖砌枋木结构的斗拱，虽早期被盗，但仍出土陶器、瓷器、铁器、铜器、金耳环等文物280余件。其中，成组出土的鎏金银、铜带饰，花纹精美。如带饰的翼鸟腾空飞奔，可以看出这是契丹族在早期将马当作崇拜的“神灵”。

十一、小柳条沟辽金墓群

位于新惠镇西的小柳条沟村东北山谷村中及村西南的山洼中，分成三处墓地，早在20世纪30年代初，墓被军阀盗掘数座。据老人回忆和现状调查，所盗掘的墓在村东北的山谷里，他们雇佣当地农民挖掘，将出土文物用担子挑到新惠镇街里运走，出土文物10余担。

1982年冬，小柳条沟萤石矿在开矿时，发现一座八角形砖室券顶墓。发现后即由赤峰文物工作站和旗文化馆组成文化部门发掘组进行清理发掘，墓内各角有转角柱，正面为砖砌棺床，墓底距顶高约4米。对边宽3.5米，有甬道和墓道。墓门方向为118度，在棺床上放置一尸棺，棺内有桌一个、铜匣、铜盘、铜钵各一件。此外，棺有随葬的纺织品及墓主人的骨灰等，棺外侧出土有白釉瓷碗、瓷盘、铜顶台、铜洗和三彩瓷瓶等，墓顶部悬挂一面大铜镜。

据墓葬的形制和出土器物的特征，该墓为金代早期。但在柳条沟墓群的其他墓地曾出土辽代文物，说明这里属辽金文化并存的墓地，该墓出土的彩瓷瓶等属罕见的文物珍品。

十二、英凤沟辽墓群

位于新惠镇三家村英凤沟之北3公里的鹰窝山脚下。征集到刻有四神的石棺一具，金代墓碑一块。碑阳刻：“镇国上将军侍卫亲军马军都指使宗室完颜之墓明昌三年壬子岁拾贰庚申日志”。碑阴刻与前基本相同，署：“明昌七年丙辰水次已　贰拾壹日重刊”。镇国上将军是从三品的武散官，说明墓主人是有一定地位的皇族人物。

在以后清理的三座墓中，又获取一批十分珍贵的资料，其中第5号墓出土刻有契丹大字的银盘、银碗和辽代鸡冠壶。从墓葬形制和出土的器物证明，5号墓属辽代中期的契丹贵族墓。这块墓地的使用跨越两个朝代，这在已经发现的材料中较少见。

在调查中，发现除新中国成立前后被破坏的和清理发掘的10余座墓外，已经明显暴露的尚有4座。这片墓地距新惠镇只有10余华里。新惠中学前后有一座金时代的古城址，当属辽代惠和县，因此推测墓地与惠和县有一定的联系。

第四章　石刻壁画

第一节　石刻

一、耶律元宁墓志（拓本）

金厂沟梁镇姚家沟墓葬出土的耶律元宁墓志（拓本），刻于辽统和二十六年（1008年），长64.5厘米，宽63.5厘米，厚9厘米。

青灰色砂岩琢制而成，1盒。志盖为覆门形，盖顶刻出边框，内为一朵荷花，四角各刻云朵；四斜面均刻卷草花纹。盖及墓志均刻有志文，阴刻汉文楷书，共48行，满行33字，共1247字。字体遒劲有力，记载元宁一生所参加的三次大战役，先打高丽，次抗西夏，再抗击宋军，即著名的高梁河之战。因此，当为学术价值很高的一方墓志。

二、刘祜墓志（拓本）

此墓志于四家子镇阎家杖子村羊山墓葬出土，刻制年代为辽代。出土于墓葬底部中轴线近墓门一侧，墓志边长87.5厘米左右，厚12.5厘米，志盖通长88—90厘米，厚5厘米。墓志和盖均为绿色砂岩刻制而成。由于墓顶塌陷，志与盖均被砸裂。盖为覆门形，四斜面阴刻出盘坐的十二生肖像，顶面边缘阴刻双线边框，内刻缠枝花纹，志面阴刻汉文楷书计35行，满行36字，共1167字，记载刘祜一生的生平事迹。该墓志虽被砸裂，但缺字很少，字体遒劲有力，通篇流畅易懂，具有一定的学术价值。

三、移剌斡里朵契丹小字墓志（拓本）

此墓志刻于金大定十年（1170年）。长109.5厘米，宽96厘米，厚10厘米。灰色大理石质，墓志有盖，盖为打出的毛坯未磨光。属残石，竖刻54行，顶格为40余字，残存2000余字。经刘凤翥先生译出墓主人为降金的契丹人，生前曾任沁州刺史和博州防御使。后经考证此人便是《金史》记载的移剌斡里朵。志文还多次提到“女真国”的内容，说明金初尚未称其国号为金。另外，此墓志是迄今为止全国发现最晚的一件契丹文墓志，说明在金建国后长达70年之久仍使用前朝契丹文字。字体为行草，清秀而端庄，有王羲之书法之遗风，是一篇优美的契丹书法艺术作品。

第二节　壁画

一、烹饪图

绘于四家子镇羊山3号墓天井西壁。画中4人，均为契丹人装束，在一个由五根（其中右后角一根漏画）红柱支起的白色尖顶下活动。由左至右第一人袖手端坐在圆凳上，身着黑色长袍，浓眉，双目前视，面孔严肃；圆凳红色，上加浅绿色厚垫。第二人立于高锅之后，嘴衔一横刀，髡发，两发辫尖交叉于头顶，右手挽着左袖，左手五指张开欲向锅中取肉。第三人手指前二人似有所语。第四人半蹲坐，正用力撅断一木棍，身着白色长袍，足蹬黑靴，靴筒前侧从膝盖以下与后侧形成“V”字形，露出上腿部分。整幅画面具有浓厚的生活气息，为研究契丹人的生活方式提供了宝贵资料。

二、备饮图

绘于四家子镇羊山3号墓天井东壁。图中一年长者身着黑色长袍，腰束蓝带，袖手端坐于圆凳之上。其右侧为两女仆，右者倚在凉棚正中的红柱前，左手端白盘，右手持一勺欲向盘内取食，低眉颔首，目左视；左者双手举扶住头顶上的红色大盘，其上身着浅蓝色宽袖短衣，内有交领蓝色中单，下身着粉红色长裙，裙上口与胸齐，腰系宽带并下垂，足穿黑色鞋。画面通过对墓主人的生活饮食和服饰的描绘，反映契丹社会的风俗人情。

三、宴饮图

绘于四家子镇羊山1号墓墓室东壁。墓主人半侧身坐于砖砌仿木半浮雕的黑色椅子上，身着红色长袍，腰束蹀躞带，面前置一方桌，桌上摆满西瓜、石榴、桃、枣等果品。墓主人身后立一双手捧盂的契丹人，髡发。主人近前的侍者托一海棠盘躬身向主人，态度谦和；其身后立一侍者手捧带盖大罐，长袍下角掖于腰间，神态谦恭，画面生动地再现了墓主人生前宴饮的场面。

四、备饮图

此图绘于南塔下湾子 5 号墓墓室东南壁，画中四男子均头戴交角幞头。右数第一人面含微笑，双手捧碗；第二人回首向内，双手捧一黄色圆盘；第三人立于第二人背后，低头回首；第四人双手抱修瓶扛于左肩，足穿草鞋。四人前置一方桌，云状板腿，桌下放置一修瓶，桌上放着温碗、执壶、盏及西瓜、石榴、桃等水果。西瓜、石榴出现在辽代绘画中尚属首次。

五、宴饮图

绘于丰收乡下湾子 5 号墓墓室西南壁。画中共绘 4 人。左数第一人为契丹男子，袖手正面而立，髡发，头顶用红布带扎立辫，身着圆领长袍，腰系蓝色丝带，双目前视，神态严肃。其余三人均汉装，头戴交角幞头，腰系红色蹀躞带，均半侧身而立，手捧杯、碗等茶具，神态恭敬端庄。四人前右置一摞食盒，左放一浅腹火盆，盆内放两个黄色执壶，其中一壶为鹰首，当为“胡瓶”。

六、备饮图

绘于玛尼罕乡七家 2 号墓墓室东南壁。画中仅存三人。前排二人为女仆，左者半侧身向内而立，双手托圆盘，上放一盏，身着浅蓝色长袍，红色中单，头扎黑色软角巾，额前至脑后系绿色宽带；右者躬身低首而立，双手抬起，似执一物向外递与他人，身着黄色长袍，红色中单，头戴深蓝色软角巾，亦从头前至脑后系浅蓝色带，面目俊俏，眉清目秀。两人后立一男仆，髡发，蓄短胡须，双目一睁一微闭，面带愁容。

七、茶道图

绘于四家子镇羊山 1 号墓墓室西南壁。共绘 7 人。其中五个成年男子立于一高桌周围，正忙于准备杯、盏、茶、果，相互间似有所语。桌上摆放有杯、盏、碗、罐及果品。桌前左侧一髡发男童正袖手压扶于竹笥之上，下颌抵于腕处闭目鼾睡，睡态甜美。右侧女童蹲坐于一个三足火盆之后，头扎双髻，正烧煮茶。画面生动自然，富有情趣。

八、契丹人引马图（局部）

绘于丰收乡北三家 1 号墓墓道西壁。画面中心为一匹配鞍的枣红马。马前引马者为一契丹男子，髡发，浓眉，双目圆睁，短胡须，面庞圆润，目视前方，表情谦恭自然；身着蓝色长袍，红色内衫，腰束蓝带，足蹬黑色长靴，腰左配长剑，右手执杖，左手引马，马后为一击长鼓的奏乐者。该画为研究辽代契丹风俗、服饰、马具提供了珍贵的资料。

九、引马图（局部）

绘于丰收乡北三家1号墓墓道东壁。画中绘一黄色公马，灰色鬃尾，全鞍辔，绛色辔勒，白色带饰，淡红色鞍桥，颈下垂挂一黄色花状铃，头向前扬起，目前视，嘴张开，四蹄呈奔跑状。

十、出行图

绘于贝子府镇喇嘛沟辽墓墓室东壁。画中绘六人一马一犬。人均半侧身右向而立，分内外两组。内组四人均为女侍，分前后两排。前排左数第一人双手捧红色圆盒，梳高髻，双目前视；第二人双手执一团扇。后排二人均袖手，头扎蓝色条带，面露微笑，双目前视。外一组为两个契丹男子，半侧身立于马前。右数第一人为引马的壮年，右手握缰，左手执策，蓄八字胡，髡发，一辫飘于脑后；第二人为一青年，头扎黑蓝色软角巾，双手相合作插手礼。马全鞍辔。其左后腿处跟随一条猎犬。画面反映出墓主人出行前的场面。

十一、驼车出行图

绘于新惠镇韩家窝铺3号墓墓道西壁。画面主体为一驼车，辕旁卧双驼；车前立一契丹男子，面向内双手握杖；车辕外侧立女侍二人，其中一人抱包裹；车尾处立一持骨朵的侍卫。据史载，华贵的驼车为契丹族上层贵妇人所乘坐。其长辕高轮，驾以驼，利于在沙漠和草原上行走，史称“青幰车”，在辽墓壁画中发现这种“青幰车”已有多乘，反映出契丹族以车马为家。

十二、门吏图

绘于四家子镇羊山3号墓墓门两侧。东、西两侧各画一契丹门吏，双手执竹柄瓜状骨朵，腰佩长刃；身着蓝色圆领长袍，黄色中单，腰系黄色带，足蹬黑靴，髡发，只留鬓上两绺结成辫从耳后下飘；两人面含微笑，嘴微张启，似在对语。

十三、门吏图（征集）

绘于一木门之上，两扇木斗正面各画一契丹门吏立像。两人均半侧身而立，左者右手执斧形长柄兵器，左手擎一小海东青，髡发，额前留短齐发，鬓角处下垂一发辫，眉细长，面含微笑，身着橘黄色小团花长袍，足蹬黑靴；右者右手擎一较大的海东青，左手握鹰链，头戴黑色毡帽，从鬓角处下垂一发辫，细弯眉，面含微笑，身着卷云纹圆领长袍，腰系革带，足蹬黑靴。该图采用工笔技法，描绘细腻，人物表情生动传神，衣纹自然流畅，两只海东青被刻画得惟妙惟肖，是辽代绘画中不可多得的艺术珍品。

十四、出行图（局部）

绘于四家子镇羊山1号墓墓道东壁。画中二人相向而立，均双手把持曲柄大伞，身着宽袖长袍，袖之下端各打一花节，头戴交角幞头，足穿草鞋。

十五、五鼓图

绘于四家子镇羊山1号墓墓道西壁。画中五鼓分前后两排，前排3个，后排2个。鼓身为红色，并画有圆形装饰图案。

十六、备猎图

绘于贝子府镇喇嘛沟辽墓墓室西南壁。画中绘五个契丹男子，均半侧身左向而立。分前后两排，前排三人。右数第一人袖手，腰挎一扁鼓，髡发，身后飘一发辫，面含微笑；第二人为一长者，右手戴手套，擎一淡红色海东青；第三人为一青年，捧一白面蓝里高筒靴。后排两人，右者双手抱一红色木琴，脑后一发辫打结成团状；左者蓄八字胡，右手握一红色弓，左手执箭两支。画面表现春猎时即将出发的场面。

十七、猎虎图（局部）

绘于玛尼罕乡七家1号墓墓室穹隆顶。画中人物五人，各乘马做飞奔状，有射猎者，有围猎者，分工明确，在围猎一只猛虎。马周围祥云数朵。整个画面反映的是契丹民族秋猎老虎的场面。

十八、鹰军图（征集）

绘于一副木棺板上，采用透视技法，远处画一座钟鼓楼，近景画一队人马。其中七人骑马，一人徒步，马披铠甲，扎鬃束尾。画面的中心人物列于马队之前，头戴羽状冠，冠顶有“山”字形三叉式突尖，前有一引马的契丹男子。其后有六骑，骑者身披铠甲，头戴盔，腰挎箭囊。分前后两列各三骑。前列左者执一面鹰旗，旗上绘一展翅飞翔的雄鹰，右者执骨朵状兵器；后列三人各执旗，旗上绘有日、月图案。旗帜上下有飘带，旗帜舒展，随风飘扬。

十九、奏乐图

绘于丰收乡北三家1号墓天井西侧南壁。画中绘两人，均汉人装束。左者正面立，平眉大眼，有短胡须。头戴展角幞头，头微低，目稍下视，身着浅蓝色宽袖长袍，红色圆领，腰系黄色带，双手握齐篥，十指有按孔者有扬起者，双腮鼓起，正在全神贯注地吹奏。右者躬身侧向吹奏者，头戴卷角幞头，长眉大眼，口微张开，两绺胡须，面含微笑，身穿浅蓝色圆领宽袖长袍，白色内衣，腰系黄色带，足蹬黑靴，双手持红色鼓槌，左槌击在鼓面上，右槌扬起。

二十、马球图（摹本）

绘于兴隆洼镇皮匠沟1号墓墓室西南壁。共绘五骑，五人均手持月杖，头戴胡帽，身着窄袖圆领长袍，束腰，足蹬长靴。所乘之马均奔驰腾跃，中间二人挥动月杖，两杖交叉争抢红球，整个画面极富动感，生动地描绘出辽代马球比赛的激烈场面。反映辽代打马球场面在绘画中尚属首次发现，是研究北方民族马球运动及我国体育发展史的珍贵资料。

二十一、荷花图

绘于丰收乡下湾子5号墓墓室西北壁。画中前为两片大荷叶，中间为四朵盛开的荷花，交错分布，疏密有致；后为芦苇，下为波浪粼粼，水草成排，两侧为两株菱角；荷花、芦苇等随风摇曳，一幅水乡景象。

二十二、牡丹图

绘于丰收乡下湾子5号墓墓室北壁。画周围施黑色边框。画中绘盛开的牡丹花，蓝叶红花，枝繁叶茂，花间蝴蝶飞舞。花、叶、枝、蝶用笔直接晕染上去，采用国画中所谓的“无骨画法”。地上散落几片花叶，老枝赭色，弯曲枯折，新枝深绿色，挺拔舒展。花朵有的盛开，有的含苞欲放，交错分布，疏密有致。

第五章　史前博物馆馆藏文物

旗博物馆现存各类文物3.2万件，这些大多是文物普查中所采集、征集、清理出土的或捐献的，其中有一部分珍贵文物。本志选录石器、陶器、瓷器、青铜器、玉器等文物精品作简单介绍。

第一节　石器

馆藏石器主要是新石器时代至青铜时代各类生产工具及生活用品，大量的是石斧、石铲及赵宝沟文化遗址上出土的石碗等，现馆藏石器标本可达数吨，这些标本都是采集于全旗3000多个遗址点上。

骨梗石刃刀　小河西文化

通长7.3厘米，柄宽3.3厘米。1984年在牛古吐镇千斤营子西梁遗址采集。扁平长条体，柄端留有骨节。前端起刃，一侧刻有细槽，内镶嵌石叶，石叶大部分已脱落，只保留一小部分。这是迄今为止发现较早的骨石复合工具，显示出早在8200年前先民的聪明才智。

亚腰形砍砸器　小河西文化

长20.5厘米，刃宽16厘米，体厚5厘米。1998年在牛古吐镇千斤营子遗址采集。由暗红色凝灰岩打制而成，体较厚，亚腰，刃部略加打制。小河西文化的石器中红色石料占有一定的比例，此件砍砸器便是代表该文化的一件典型器物。

石人像　兴隆洼文化

底最大径5.3厘米，最小3.2厘米，高8.8厘米。兴隆沟遗址出土。由黄褐色细砂岩刻磨而成，椭圆体，顶端圆钝，下端平。上部磨出倒桃形面部轮廓，顶部刻细网格表示头发，圆眼，蒜头形鼻，嘴不甚明显，两手捧于腹部，双腿盘坐。头后部亦刻出网格纹头发。这是最早发现的兴隆洼文化的石刻人像。其采取造型和线刻相结合的高度抽象的艺术手法，显示出兴隆洼人的艺术水平。

几何纹石臼形器　赵宝沟文化

口径 7 厘米，底径 4.8—55 厘米，高 51—5.5 厘米。1986 年在新惠镇赵宝沟遗址出土。黑色石，刻磨而成，内壁磨光存錾痕。偏斜口沿外侈，壁略外鼓，椭圆底。口沿磨出不等距的沟槽，呈花口状，口沿下磨出一匝凹槽，腹中部及近底部亦横磨凹槽，底部周边如口部磨出小槽呈花边状，腹部又斜向磨出数道凹槽。这是一件有明确出土地点的赵宝沟文化的容器，对研究赵宝沟文化石质容器提供了实物资料。

石筒形器　赵宝沟文化

口最大径 6.5 厘米，最小径 4.2 厘米，高 10.6 厘米。从贝子府镇小东梁遗址出土。椭圆体，直壁，小口磨平，近口处起宽突棱，两侧小面各出一半圆状鼻，底部平，出宽棱。宽棱上刻上下交错的竖槽。两大面饰突起的细纹，由“十”字隔出四个部分，每部分出一“目”形纹饰。两侧小面上下近棱处各出一三角形的突起，上刻网格纹。

石耜　赵宝沟文化

长 39 厘米，刃宽 23.6 厘米，柄端宽 16 厘米，厚 1.2 厘米。丰收乡杜力管子村西遗址出土，灰质板岩，扁宽体，通体边缘打制，两面磨光。柄部平直，两侧边斜直至刃部，两刃角外展，刃部呈圆弧状，作正锋，有纵向使用痕。这是该文化石耜中较大且保存较完整的一件。

石钺　红山文化

高 14.3 厘米，宽 15.6 厘米。从木头营子乡份子地遗址采集。扁宽体，通体磨光，灰白色石带黑斑点，石质细腻。弧刃较钝，有明显的使用痕。纳端较厚，并在纳部的两侧边有明显的粗糙面，且刻有细槽。近两侧各穿一小孔，两面穿，孔壁存钻痕。体正中偏上两面穿一大孔，孔壁磨光。孔缘至纳端之两侧由于酸蚀而形成黑色的缚柄物的痕迹。

石棒头　红山文化

直径 5.1 厘米，厚 2.9 厘米，孔径 1.2—1.5 厘米。古鲁板蒿镇东沙窝出土，灰白色石质，整体呈算盘珠状，通体磨光，中钻一孔。周边较均匀地刻出 16 道齿轮状凹槽。其中一大面利用自然黑斑磨出两圈同心圆。

石耜　红山文化

长 33 厘米，体宽 13.3 厘米，柄宽 7.4 厘米，厚 2 厘米。下洼镇烧锅地东南遗址采集。灰白石质，有橘红色斜向纹理。扁体柳叶形，通体磨光。柄端留有粗糙面，锋部两面起棱，有明显的使用磨痕。

斧石范　商末周初

长 19.6 厘米，上宽 10.3 厘米，下宽 7 厘米，一扇厚 0.8—2 厘米。古鲁板蒿镇李家营子南山遗址出土。青灰石质，磨制。双扇合范。呈梯形，两外面圆鼓，两侧平直，一侧上下各刻两道合范标记；上端平直，近一侧刻两道合范标记；下端略外弧，内一面微凹，一面微凸。斧腔上端有两道凹槽，至两侧连接半圆形凹槽，应为斧双耳。

曲刃短剑石范　夏家店上层文化

范长37厘米，宽7.5—8.5厘米；剑腔长36厘米，叶长30.5厘米，最宽5.9厘米。牛古吐镇山湾子墓地出土。滑石刻制而成，双扇合范，现存1扇。长方形，两侧略外弧，锋端平直，并在锋端两侧各刻一道合范标记，茎端一侧刻一道合范标记。外侧漫圆。内面刻一剑范腔，起尖节，节前后弧曲，节后叶较宽呈椭圆形。中刻脊槽，槽至刃的尖节处下凹，并起棱至锋部。尖节后部的棱槽渐逝并外弧，至茎端呈扁圆状。茎部槽至端孔两侧微收，锋端刻有气槽。

石刻契丹人头像　辽代

面宽4.5厘米，残高7.9厘米。金厂沟梁镇沙子沟出土。只存颈以上部分，为一石刻上的残件。高浮雕式刻出一髡发男子，两绺发辫飘于脑后，大耳，双目圆睁，肩披巾。人物刻画生动，面带威武之气，显示出契丹人的彪悍性格。

瓜形石砚　辽代

大径20.5厘米，小径16.5厘米，厚2厘米。兴隆洼镇设青沟出土。灰白色页岩，有淡红、青灰色纹理。呈瓜形，正面磨光，底面粗糙并有双足。顶部雕刻瓜蒂，蒂中部刻圆形小墨池。

马纹石棺（侧壁）　元代（征集）

高48厘米，长71厘米，厚6厘米。青灰砂岩，磨制。外壁边缘刻出双重长方形委角边框，内半浮雕式图案，下部刻出波浪纹，正中一马奔驰于波浪之上，四蹄踏出如云的水花；马背有半圆鞍状物，其正中升起一缕烟云，飘至空中，形成数朵祥云，托起光芒四射的太阳；马之前后刻出石崖为岸，岸上各刻出一棵半露并向内倾斜的松树。这幅石刻当是一则神话故事，对马如此刻画描绘，所反映的是对神马的崇拜。

第二节　陶器

陶器中有完整器物也有复原器物。新石器时代陶器主要有兴隆洼文化的陶碗，赵宝沟文化的陶罐、尊、豆、碗等。红山文化比较典型的主要有敖音勿苏乡烧锅地东梁遗址采集的“之”字纹提梁壶，敖吉乡刁家营子村那珍沟出土的盘形器座，均为出土文物中罕见器类。青铜时代陶器，主要是夏家店下层文化的彩绘陶器和夏家店上层文化的器物。

夹砂灰陶筒形罐　兴隆洼文化

口径19.9厘米，底径10.9厘米，高23.8厘米。从长胜镇坤头岭村征集。内壁黑灰色磨光，外壁浅灰色，器壁较厚。侈口方唇，斜直壁，平底微内凹。腹部偏上有折棱，折棱至口沿处压出“人”字形纹，折棱至底部压出较短粗且细密的弧形“之”字纹。此罐从器形、纹饰观察具有兴隆洼文化的特征，保存完整，对研究兴隆洼文化晚期的陶器有参考价值。

鹿纹尊形器　赵宝沟文化

口径19.1厘米，底径10.5厘米，高20.2厘米。1983年牛古吐镇南台地遗址出土。夹细砂灰褐陶。腹部压划两个鹿首神兽纹，鹿纹压出外形轮廓线，内压划细网格纹，网格均匀细密，间距只有1毫米左右。两鹿一长一短，有远近的透视效果。身躯弯曲，生翼，目为柳叶形，尾部出半环加长三角形射线式纹。长体鹿身起鳞。这是目前所见同类纹饰刻画最精美的一件。该器物制作精细，造型美观，绝非一般的生活用具，它很可能是某种“神器”。

鹿、鸟纹尊形器　赵宝沟文化

口径24.6厘米，底径13厘米，高28.2厘米。1983年在牛古吐镇南台地遗址出土。夹细砂灰褐陶。腹部压划一鹿一鸟纹，由云雷纹组成的蜷曲身躯，鹿尾部有放射线式三角纹，鸟喙似鹰。画技略显粗糙，但造型很美。纹饰由鹰鹿组合，当有特殊含义。

彩陶瓮　红山文化

口径11厘米，底径15厘米，高64厘米。萨力巴乡上喇嘛沟遗址出土。泥质红陶，小口直沿，溜肩，圆腹近底斜收，扁桥状双耳。器表涂橘红色陶衣，打磨光亮。口沿至腹下部绘有黑彩花纹，近口沿处为三角纹，耳下部为三组涡纹，组间以细线相隔。曲线流畅，造型优美，形体较大，是红山文化中难得的珍品。

彩陶鼎　红山文化

口径8厘米，残高12.4厘米。牛古吐镇车罗城出土。夹砂红陶，挂红衣施黑彩。敛口，圆肩，肩腹界起两道附加堆纹，桥形三足均脱落。肩部三道黑彩，附加堆纹间填黑彩，腹至底部三排相对的三角纹。三足彩陶器且三足为桥形，在红山文化中实属罕见。

双耳红陶瓮　红山文化

口径13厘米，底径9.5厘米，高39厘米。木头营子乡新窝铺村西遗址出土。泥质磨光红陶，挂红衣。侈口圆唇，矮领，圆肩，斜腹，小平底，腹中部对称桥形双耳，器表有较清晰的打磨痕。保存完整。

三角纹筒形罐　红山文化

口径28.5厘米，底径10厘米，高29.5厘米。牛古吐镇喇嘛板遗址出土。夹砂灰褐陶，大口微敛，圆唇，直壁稍外弧，小平底，内壁磨光。外表口沿下饰一匝指甲纹，并等距离附加四组乳钉纹，每组 2 个；腹部划出细密的斜缨纹，纹饰呈一正一倒的等腰三角形；近底部有横压竖排的“之”字纹 2 匝。此件陶器制作精细，火候较高，保存完好，是红山文化陶器中难得的精品。

陶塑鹰首　红山文化

长 5.5 厘米，宽 2.8 厘米，残高 3.3 厘米。下洼镇干沟子遗址采集。泥质红陶，表面磨光。残存头部，钩喙，两眼为较深的小圆坑。

双耳彩陶尊　小河沿文化

口径 14.5 厘米，底径 7.4 厘米，高 12.1 厘米。1994 年在新惠镇西山墓地出土。泥质灰陶。直壁折腹，口微敛，尖唇，腹部对称桥形双耳，平底。口沿内壁不等距施双连半圆形纹饰。外壁纹饰共 5 组，每组为 4 条竖线和上下相对的双线等腰三角形。

第三节　瓷器

现馆藏 200 余件瓷器中，以辽宋瓷为主，金元瓷次之。多属零星的征集品。

黑釉暗花葫芦瓶　辽代

新惠镇呼仁宝和村南山墓葬出土。口径 3 厘米，底径 9.4 厘米，高 35.7 厘米。亚腰葫芦形，灰褐色瓷胎，黑釉光亮。从口至下腹部绘暗花：上腹部为几何形装饰图案，下腹部绘一幅水乡景色画，有盛开的荷花、摇曳的芦苇，水鸟飞翔其间，近底部露胎。造型古朴庄重，匀称流畅，显示出辽代高超的制瓷工艺，为辽瓷中罕见之精品。

“官”字款白釉莲花纹执壶、盏　辽代

壶口径 4.8 厘米，底径 8.6 厘米，通高 22.5 厘米；盏口径 8.8 厘米，底径 4.6 厘米，高 6 厘米。盏托口径 152 厘米，底径 8.3 厘米，高 3.8 厘米。贝子府镇驿马吐出土。灰白色胎，白釉略泛青。盖顶部刻出双层覆莲花瓣，正顶出火珠形纽，宽檐一侧有双孔，系绳与壶身连接之用。执柄扁平边缘起棱，并压出五朵突起的卷云纹。短流呈竹节状。平肩折腹，肩部刻出双层花瓣的半浮雕式覆莲纹，与其相对应的腹部刻三层花瓣的仰莲。圈足底部靠一侧刻一“官”字款。同墓还出土莲花纹白瓷盏和盏托，当与执壶为一套饮具。这种成组的酒具在辽墓壁画中也多有出现，说明契丹贵族饮酒之风的兴盛。1990 年金厂沟梁镇姚家沟耶律元宁墓出土。

蕉叶纹瓷温碗、执壶　辽代

1990 年从金厂沟梁镇姚家沟耶律元宁墓出土。壶口径 2.8 厘米，底径 8.3 厘米，通高

19 厘米。碗口径 11.9 厘米，底径 9.8 厘米，高 13.5 厘米。二者为一组。白色瓷胎，白釉略泛青。温碗口为椭圆形八曲花口，深腹弧壁近底折收，圈足外撇；外壁压出双层芭蕉叶纹。执壶为直口高领，平肩，小流，柄之上下端均加铆钉纹；肩部为四朵缠枝牡丹花纹，肩与腹交界处压出一道宽槽，内刻卷草纹；腹部为双层芭蕉叶纹。纹饰采用刻压、剔等工艺，极为精细，是辽瓷中的精品。

三彩双凤纹扁执壶　辽代

长胜镇出土。口径 5.6 厘米，腹大面直径 13.1 厘米，底径 6.5 厘米，通高 18 厘米。浅红色陶胎。腹部呈扁鼓状，两大面外弧，菊花瓣状喇叭口，直流较短，执柄残，流和柄的下侧均附加一铆钉状圆饼，假圈足。腹两大面各模压出半浮雕式展翅飞翔的双凤，上下排列，首尾相交，凤尾和翅的羽毛部分施绿釉，其余施橘黄釉，地施白釉，有小梅花补空；边缘为双线内填梅花的条带花边，均施绿釉。

绿釉鸳鸯纹执壶　辽代

四家子镇西沟墓葬出土。口径 3.6 厘米，底径 6.5 厘米，通高 14.2 厘米。灰胎，绿釉全占，反银色。带盖，盖直纽；壶整体如鸳鸯，腹为瓜棱，上刻羽毛状纹，小直流在肩部，扁柄外侧为五道凹弦纹如尾翎，圈足较厚。这是一件简化的鸳鸯壶，腹部纹饰刻画细腻，釉色明亮，是辽瓷执壶中独具特色的一类。

橘黄釉执壶　辽代

口径 3 厘米，底径 6.6 厘米，高 17.5 厘米。灰胎，橘黄釉半占，有细开片。壶身呈亚腰葫芦形，小直流，圈足底。扁柄外侧压印连续“十”字形花瓣纹，内填由联珠组成的小团花纹，上、下腹部均有两道弦纹。民间征集。

白釉黑花执壶　辽—元

口径 3.2 厘米，底径 4.7 厘米，高 11 厘米。灰白色胎，挂白衣，半占乳白釉，有细开片。小直口略外侈，平肩大腹，圈足较厚，六棱小短流，流口平并施黑釉，釉色较亮。在平肩处等距画三朵黑色四瓣小花。新惠镇康家店出土。

白釉葫芦瓶　辽代

木头营子乡野猪山墓葬出土。口径 4.8 厘米，底径 8.7 厘米，高 29.4 厘米。灰白胎，半占乳白釉。五瓣花口，葫芦形瓶身，圈足。瓶身下部有旋削痕。

白釉带流长颈瓶　辽代

木头营子乡野猪山墓葬出土。口径 10 厘米，底径 8.2 厘米，高 32.3 厘米。灰白胎，半占乳白釉。五瓣杯式花口，下部饰两匝凹弦纹；长颈，饰六匝凹弦纹；折肩，上下各饰一匝凹弦纹；圈足外撇。

绿釉凤首瓶　辽代

贝子府镇克力代村东大山墓葬出土。口径 8.8 厘米，底径 8.5 厘米，高 39 厘米。同式 2 件。灰白胎，半占绿釉，釉色光亮。六瓣花状盘口，细颈，圆肩，斜直腹，圈足略外撇。颈部五道凹弦纹。凤首，眼、眉、耳粘塑，其下部刻画两层羽毛。肩部雨道凹弦纹，近足处有三道凹弦纹。

黄釉凤首瓶　辽代

口径 13.1 厘米，底径 9.3 厘米，高 46.6 厘米。同式 2 件。红褐胎，挂白衣，半占橘黄釉，近底部露胎，腹部有绿斑，釉色光亮。六瓣花边盘式口，细颈，圆肩收腹，圈足底外撇。在口下为凤首，喙较大，冠上翘，贴塑冠耳和凤眼，并刻画羽毛。颈部为七道凹弦纹，近底处压印三道凹弦纹。1994 年四家子镇解放屯墓葬出土。

白釉提梁式鸡冠壶　辽代

民间征集。口径 4.7 厘米，底径 14 厘米，通高 30.2 厘米。灰白瓷胎，挂白衣，全占牙白釉，泛红，有小开片。细提梁，管状直口，口下附加箍，上压印联珠纹，阔腹，平底内凹。两侧饰三道仿皮革缝线的泥条。此壶釉色光亮，为辽早期鸡冠壶的珍品。

墨绿釉单孔式鸡冠壶　辽代

新惠镇小王爷地墓葬出土。口径 3.5—4.1 厘米，底径 8.8 厘米，通高 22.4 厘米。红陶胎，墨绿色釉，圈足不挂釉。扁体，侧面呈三角形，鸡冠状扁柄上 1 孔，直口略向内侧斜，有三道仿皮革缝线的突棱。釉色光亮，积釉处显大开片。此壶不仅釉色在同类鸡冠壶中少见，且造型精美，是辽瓷中的精品。

黄釉缠枝荷花纹修瓶　辽—金

下洼镇牛家窝铺出土。口径 6.3 厘米，底径 11 厘米，高 42.3 厘米。褐色胎，橘黄釉全占，有细开片。小口圆唇矮颈，圆肩，深腹近足外撇，肩部有两道凹弦纹将纹饰分成上下两部分，肩部为覆莲纹，腹部为两朵缠枝荷花花纹，近底有两道凸弦纹。花纹均刻制，线条流畅，艺术价值较高。

橘红釉瓷盂　辽代

口径 17.8 厘米，底径 6.8 厘米，高 11.2 厘米。黄褐胎，挂白衣，半占橘红釉，有细小开片，并有纵向纹理似窑变。盘口，唇部上折，小腹，折肩，肩部起凸棱，圈足底略外撇。盘口内留有三个支钉痕。由民间征集所得。

绿釉刻花仓式罐　辽代

四家子镇林家地西沟墓葬出土。口径 14.2 厘米，底径 9.4 厘米，通高 24.8 厘米。红褐陶胎，挂白衣，占半绿釉。直口，圆唇，鼓腹，小圈足底，子母口盖，盖顶有圆纽。腹部刻两朵相对称的葵花。腹局部有黑斑，并有旋削的凹弦纹。

三彩海棠盘　辽代

玛尼罕乡西沟墓葬出土。长 29 厘米，宽 16.6 厘米，高 2.2 厘米。灰白陶胎，盘内挂白衣并施黄、白、绿三色釉，外壁未施釉。曲口长条盘，壁较直。内底压印水波纹作衬托，正中排列三朵莲花，两侧衬以四片绿叶，口沿压印卷草纹。外底墨书两个契丹字。

三彩印花洗　辽代

口径 31.7 厘米，底径 21.7 厘米，高 10 厘米。灰白胎，半占乳白釉。外卷唇，浅腹，腹壁内折，圈足底。外壁存有旋削痕。内底及折壁印有纹饰并施黄、绿色釉；底中部为一轮橘黄色太阳，两侧各一朵绿色祥云；折壁有四只绕日展翅飞翔的鸟，两只绿色，两只黄色，头向相同，黄、绿相间，对称分布。贝子府镇驿马吐墓葬出土。

白瓷盒　辽代

口径 11.3 厘米，底径 5.4 厘米，通高 6.6 厘米。白瓷胎，乳白釉全占。子母口，平顶，折壁，底内凹，底缘有四个支钉痕，并显见旋削痕。此件瓷盒为仿定瓷，胎质细腻，釉色光亮。1990 年从金厂沟梁镇姚家沟 4 号墓出土。

第四节　青铜器

铜器中主要以春秋时代的青铜兵器为主，有曲刃青铜短剑、小铜刀等。王家营子乡水泉出土的铃首曲柄短剑，被学术界认为是活动在北方“鬼方”的遗物。还有在牛古吐、贝子府等地发现的弧背青铜刀等。铜镜馆藏 40 余块，最早的是东汉朝镜两枚。

乐器纹铜镜　辽代

直径 8.4 厘米，缘厚 0.3 厘米。兴隆洼镇新地出土。圆形，一侧有方鼻。背面饰半浮雕式乐器计 11 种：正中为拍板，四周为筝、大鼓、觱篥、答腊鼓、方响、箜篌、笙、曲项琵琶、长笛、排箫，每件乐器均系绶带。这 11 种乐器代表辽代散乐的乐器组合，是研究辽代音乐史的重要资料。

胡人乐舞纹铜镜　辽代

直径 7.4 厘米，缘厚 0.4 厘米。1990 年从玛尼罕乡西沟墓葬出土。除背面正中有一半圆纽外，一侧的缘部又出一方鼻。纽基座为一朵盛开的菊花，区内上、下、左、右各一半浮雕式人物。上为坐者，面向外，右手执一角杯做欲饮状，其右侧放置一件带盖的高足罐，口部有气体飘逸。左右两侧各站立一乐舞人，右为吹长笛者，左为击拍板者，二人边奏边舞。下方为坐者，背朝外，双手托盘做献宝珠状。四人均着胡服，蓄大胡须，深目高鼻，雕塑十分精美，是目前仅见的一枚胡人乐舞纹铜镜，对研究中西文化交流提供了新的资料。

四蝶纹铜镜　辽代

直径 20.1 厘米，缘厚 0.1 厘米。新惠镇三官营子出土。半圆纽，联珠纹纽基，其外为钱地纹，再外由联珠纹组成方框，四角各一蝶，至缘处为一匝联珠纹，其与方框间为龟背纹。宽缘较薄。四蝶和外联珠纹与缘间刷一层黑漆，其余部分较亮。这是一面典型的辽代中期铜镜。背面的纹饰十分精彩。

双狮纹铜镜　辽代

长 10.8 厘米，缘厚 0.1 厘米。牛古吐镇新丘墓葬出土。方形，宽缘，体薄，半圆纽。区内为细密的鱼籽地，半浮雕两只狮子，头均向纽如戏球，腾空舞动，二者头尾间各有一朵卷云纹，如生风。狮体上的肌肉块突起，各有四朵小三角排列的小圈，极富生气。这是一件仿唐镜，但比起唐代同类镜中的纹饰更为精彩。

松鹿亭琴纹铜镜　辽代

直径 38.5 厘米，缘宽 1.5 厘米，缘厚 0.7 厘米。兴隆洼镇新地窖藏出土。圆形，宽平缘，方纽。纽外围饰八个火珠纹，其外一周饰两种共四组圆形图案，相间对称排列。一种为奏乐图案，外有联珠纹边框，中为一亭，挂帷幔，内坐一人，双手抚琴，琴前一灯；亭前有台阶、花草，亭后有松树和竹子，云气缭绕其间。另一种为山林图案，无边框，两棵参天古柏位于中部，树间及两旁有四只鹿，树冠上方有两只大雁飞翔，远处有三座山。近缘处有八个火珠纹，并以祥云相托。

双鱼纹铜镜　金代

直径 23.8 厘米，缘厚 0.6 厘米，纽高 1.1 厘米。征集。圆形，半圆纽，宽缘。以波浪纹作底衬，纽两侧两条鱼旋转追逐，首尾相接。

铃首曲柄铜短剑　商周

通长 31.2 厘米，剑身长 19 厘米，最宽 4.5 厘米，格宽 6 厘米。贝子府镇水泉村出土。剑身中部起圆脊，柄身交界处起齿状格，扁圆柄向一侧稍弯曲。柄两面均饰三排双联珠纹，近格与柄下端各横饰竖排三联珠纹，镂空四瓣花形铃首。

鹰首铜刀　商周

残长 18.7 厘米。玛尼罕乡五十家子遗址出土。柄端为鹰首，尖喙，圆目内凹，内原应有镶嵌物，现已不存，嘴微张开。弧背，刀尖上翘。

青铜双联剑鞘和短剑　西周晚期至春秋早期

短剑通长 38 厘米，柄长 11.5 厘米，格宽 5.3 厘米，剑鞘长 39.8 厘米。两鞘通宽 9 厘米。剑为蘑菇形柄首；柄一面饰绸格纹，另一面出槽；剑格较短；直刃，剖面呈菱形；剑柄与剑身不在一条直线上，略有斜角。长短不一的两剑鞘作双体并连铸，正面为镂空菱形花纹图案，背面之两侧各有两小孔，并存皮革带，为系挂于腰间所设；鞘内各插入大小不同的两把短剑，现只存较大的 1 把。同类双联剑鞘曾在宁城南山根 101 号墓中出土。这是西周晚期活动于中国东北方的山戎族所独有的短兵器，是在马上搏杀时挥舞使用。这套剑鞘与短剑的再次发现对研究古山戎文化具有一定的学术价值。

直刃青铜短剑　夏家店上层文化

通长 35.3 厘米，柄长 9.2 厘米。萨力巴乡黄花甸子出土。合范铸造，体、柄及加重器连铸。加重器铸出四个突瘤。扁体长方形柄，柄与身之间有椭圆形格。剑身呈柳叶状，两侧刃较锋利，锥状剑脊，断面呈椭圆形。

銎柄直刃青铜短剑　夏家店上层文化

通长 39.7 厘米，銎长 8 厘米，格宽 5.5 厘米。兴隆洼镇新地墓地出土。合范铸造，直刃，尖锋，中起圆脊，剑格前斜；銎端椭圆，呈喇叭口状，銎中部至剑格残留有黑色捆绑痕。两侧刃十分锋利。

铜戈　战国

阑长 11.3 厘米，胡长 13 厘米，内长 7.6 厘米。1981 年从金厂沟梁镇供销社拣选。三角形锋，上刃和下刃均略弧，内尾起刃，并有多边形穿，阑有三穿。此戈出土地点不甚明确，当在金厂沟梁一带，与四家子镇韩家水泉墓地出土的铜戈相似。

“T”形柄曲刃青铜短剑　战国

通长 38.2 厘米，剑身长 29 厘米，柄长 10.8 厘米。1993 年从四家子镇乌兰宝墓葬出土。由加重器、剑柄、剑身三部分组成。加重器为黑灰色陨石质，磨制光亮，顶端有四个突瘤，突瘤间存交叉的两道绑缚痕；“T”形柄上端为椭圆形盘状托，中部突起一棱并对穿一孔，棱前部两面各饰双虬纠结纹；剑身曲刃，尖节靠近尾端，脊部横截面呈突棱形，与尖节对应的脊部未出突节。双虬纠结纹首次见于柄部，故增加了此剑的学术价值和艺术观赏价值。

猪形青铜牌饰　战国

长 5.2—6.1 厘米，高 3.2—3.8 厘米。1991 年新惠镇铁匠沟 1 号墓出土。一组 7 件，范铸半浮雕。其中一件为双猪交媾。野猪嘴细长前伸，有獠牙，阴刻双眼、鬃毛。背面有双纽，残存穿带痕。以野猪形象作为青铜饰品，反映出狩猎业仍是燕境土著民族的生产方式之一。

虎形青铜牌饰　战国

长 3.6 厘米，最宽 2 厘米，厚 0.6 厘米。1991 年从新惠镇铁匠沟墓葬出土。范铸，同式 3 件。虎之脊部与四足站立处为相通的銎孔，整体镂空十分抽象的虎纹圆雕。虎低首，似在慢行，眼及身上花纹各以三个同心圆代替。造型虽很抽象，却高度概括出虎的特点，表现出较高的艺术水平。

铜玺　战国

边长 1.3 厘米，通高 0.8 厘米。四道湾子镇四道湾子墓地出土。铜铸，桥状纽。方形印面，有边框，内刻一字，不识。这是方私人印玺，对研究燕国北疆的经济文化有一定的学术价值。该墓地北侧是一处战国城址，调查时采集有“狗泽都”陶片，据此可推测此城址便是燕国北疆的“狗泽都”。

铜带钩　战国

146 厘米，尾宽 1.7—2.1 厘米，环径 5.3 厘米。1976 年从四道湾子镇四道湾子墓地出土。范铸。钩首如马面形，钩尾和钩身与钩首连接处各为一虎形兽面。螭首衡壤，螭首两侧各为对称的数条龙纹。龙的头向不一，有相对者，有相背者。整个螭首花纹细若发丝，具有燕国铜器的特征。在燕国的北疆戍边的将士中，使用此带钩者，定会是具有一定身份的将领。

圆形方孔铜牌饰　东汉—魏晋

最大者直径 4.6 厘米，高 1 厘米。最小者直径 4.2 厘米，高 1.1 厘米。1973 年从古鲁板蒿镇康家营子墓葬出土。铸成，鎏金，同式共 4 件。半球形，顶部为方孔，绕孔等距离有四个涡纹镂孔，空间为两细孔，缘为一排斜向放射式凹槽。

鎏金凤纹铜铃　辽代

通高 68 厘米。萨力巴乡水泉墓葬出土。上、下两半分铸焊接，上出一扁鼻。焊接处起圆棱，圆棱之上、下各錾刻双凤，凤喙较大，如意形冠，有冠毛，翼较短，长羽翎尾。四凤均头向左展翅飞翔，纹饰刻画细腻。铜铃饰凤纹尚属少见，不仅说明契丹人对马具的重视，也说明墓主人生前社会地位较高。

第五节　玉器

红山文化玉器主要在下洼河西、萨力巴乡干饭营子、牛古吐乡大五家征集的 3 件小玉龙以及在敖音勿苏乡烧锅地出土的马蹄形玉筒、双井乡荷也勿苏遗址所采集的玉料。兴隆洼文化出土的玉玦，可谓中华第一玉。

菊花纹玉牌饰　清代

民间征集所得。大径 8.1 厘米，小径 5.4 厘米，厚 0.7 厘米。青白玉。椭圆形，正面刻菊花纹，背面为粗糙面。此牌饰应为如意之上的镶嵌物。

碧玉璧　清代

直径 5.4 厘米，孔径 1.1 厘米，厚 0.6 厘米。玛尼罕乡回子地出土。碧玉有白斑，中心穿孔，磨制较细腻。

瓜形玉坠　清代

高 5 厘米，宽 5.4 厘米。雕出双瓜，一飞蝶落于其上，叶蔓为透雕。玉质晶莹剔透，造型美观，是清代玉雕件的上品。民间征集所得。

鱼形鼻烟壶　清代

通长 7.7 厘米。1966 年从牛古吐镇腾克力王陵出土。青玉，有褐色沁。鱼卷尾，荷叶和花蕾覆于其上。构思奇巧，造型生动。

玛瑙鼻烟壶　清代

通高 8.7 厘米。扁体，有肩。灰地有红、白相间的纹理，一面有绿斑。民间征集所得。

青玉葡萄　清代

民间征集所得。长 10 厘米，宽 4.1 厘米。青玉有红褐斑，顶部镂空出葡萄枝叶，下部刻出串葡萄，两侧附有叶和蔓，当为俏作。

双龙纹玉佩　清代

长 9.6 厘米，宽 4.6 厘米，厚 0.5 厘米。青玉透雕。上为头相对的双龙纹，下为一对蝙蝠纹。民间征集所得。

扇形玉坠　清代

长 8.3 厘米，宽 3 厘米。青玉有褐斑，柄部系绶带，下角一蝙蝠。民间征集所得。

蝶纹玉带扣　清代

民间征集所得。长 7.8 厘米，宽 5 厘米，厚 0.6 厘米。青白色，玉质较坚硬。长方形透雕，四角各一蝶，中为盘肠，两侧各饰菊花纹。钩为兽面纹，柱为菊花纹。

墨玉带扣　清代

长 7.2 厘米，宽 54 厘米，厚 1.8 厘米。萨力巴乡七道湾子征集。正面为透雕盘肠，背面一端为桥形鼻端带钩。玉质光亮并有灰斑。

白玉屏　清代

民间征集所得。直径 16.5 厘米，厚 0.8 厘米。白玉，正面半浮雕高山、松柏和亭榭，榭前 4 人，两年长者在左，相对如有所语；两童子在右，举灯笼玩要。背面浅刻出湖石牡丹。纹饰刻制精细，玉质纯净无瑕，近似羊脂，是清代玉屏中的上品。

匕形玉佩饰　兴隆洼文化

长 6.5 厘米，下端宽 1.2 厘米。1976 年从兴隆洼镇旺兴沟出土。黄玉，有红色沁，玉质较好，通体磨光。呈匕形，上孔一面穿，下端有弧刃，上端扁平。当为项饰。

玉玦　兴隆洼文化

直径 3.6 厘米，内宽 2.6 厘米。1986 年贝子府镇水泉出土。黄玉有白斑，玉质较好，通体磨光。缺口处略外鼓，并存切割痕，中孔两面穿。

碧玉锛　兴隆洼文化

残长 3.3 厘米，上宽 2.4 厘米，刃宽 2.8 厘米。2001 年兴隆洼镇兴隆沟遗址采集。上端残断不存。碧玉有黑斑，磨制。单面刃较钝，并向一侧斜，侧边起棱，一面存有钻孔残痕。器表光滑，造型讲究，表明兴隆洼文化时期玉器制作技术已达到一定水平。

墨玉斧　赵宝沟文化

长 13.5 厘米，宽 6.3 厘米。敖润苏莫苏木羊羔庙出土。墨绿色，有白色斑，质地较硬。纳端较尖，两侧边磨平，且一边外弧；弧刃较锋利，有使用的摩擦残痕；斧身的一面存有一道纵向的槽状切割痕；两面均显露表皮，在磨制时，凡表皮处均磨出凹面。

碧玉龙　红山文化

高 7.5 厘米，宽 5.8 厘米，大孔径 1.9—2.7 厘米，小孔径 0.3—0.8 厘米，厚 2.4—2.7 厘米。萨力巴乡干饭营子出土。墨绿色，玉质较好。兽首，两立耳残，圆睛突起，嘴部较短，嘴与鼻前突，圆鼻孔，额角前突。中部大孔管钻，两面穿，磨光但仍存钻孔的旋转痕，并残存管钻的一块内芯。颈部小孔两面穿，嘴与尾间的缺口处有切割痕。

黄玉鹰　红山文化征集

长 5.3 厘米，宽 4.5 厘米，头厚 1.9 厘米。黄色玉有橘红斑沁，玉质较好，通体磨光。圆目凸突，钩喙较短，双翅展开，双爪做下扑状，尾展开，略呈扇面状并向前卷。后头部穿象鼻孔。

马蹄形碧玉箍　红山文化

最大径 9.4 厘米，高 15.2 厘米。下洼镇烧锅地出土。黄色玉有红沁，通体磨光，质地较好。椭圆扁体，两侧略内弧，口部有残缺，壁较薄呈半透明状，内壁存留有绳状物切割的弧形痕迹。从玉箍内芯掏空残留的痕迹看，玉箍中空部分为从一个纵向面开始切割，环绕一周，最后箍芯整体保存。由此可见红山文化玉器加工制作的高超技艺。

勾云形玉佩　红山文化

民间征集所得。长 12 厘米，宽 45 厘米。灰白色玉，整体呈梳状。外缘及三个尖齿部分为黑色，是利用天然玉色俏作而成。脊边正中穿一小孔，下边为三个突尖齿，每一尖齿的两面均起棱向脊部延伸，两端为勾云状，形体匀称，天人合一，充分反映出红山文化高超的制玉技艺和审美观。

碧玉斧　红山文化

长 19 厘米，宽 7 厘米。长胜镇北泡子沿出土。浅绿色有黄、白斑，通体磨光，质地较好。扁平体，弧刃较纯，刃之一侧磨平，近刃部两侧有斜向使用痕，两侧边略外弧，纳端较薄。

墨玉斧　红山文化

长 25 厘米，最宽 8 厘米，刃宽 7.1 厘米，纳宽 4 厘米。牛古吐镇千斤营子遗址出土。墨玉，通体磨光，质地较好，并有灰白相间的纹理。弧刃向一侧斜，近刃之上两面均见有清晰的斜向使用痕。两侧边外弧，纳端扁平且有粗糙面。体态修长，抛磨光亮，是红山文化玉斧中的精品。

玛瑙玦　夏家店下层文化

外径 10.5 厘米，内径 8 厘米，肉厚 0.8 厘米。兴隆洼镇兴隆洼墓葬出土。灰白色。局部有浅棕色纹理。内、外缘磨成楔形两面起棱，横截面呈六棱形。缺口处两端均切成楔状，可见切割痕。这是迄今所见最大的一件玛瑙玦。

多棱体玉骨朵　辽代

直径 8.4 厘米，高 8.8 厘米。萨力巴乡水泉墓葬出土。青玉，扁球体上磨出菱形棱角面，通体共 8 组，近孔处三角形棱面，上下为多棱形面，中穿一孔为五角形，内加木柄，顶端加一铜帽钉。骨朵为辽代帝王、官吏或衙役随身携带的武器，除用于作战外，还用于杖击类刑具、卤簿仪仗类器具及作某种身份地位的标志。此骨朵为玉质，当为契丹贵族游猎出行时的仪仗用具。

第六节　金银器

馆藏金银器多为辽墓和元代出土为主。另有木头营子乡东大沟出土的明末清初金银饰件，敖润苏莫苏木安家出土的萨珊王朝和晚唐银器及金饰件等。

金耳坠　辽代

高 3 厘米。上为细钩，坠端呈方钧状，中空，底中部为桃形棱。外侧为一突瘤。同墓出土 2 件。金厂沟梁镇沙子沟墓葬出土。

葫芦纹金耳坠　辽代

萨力巴乡老牛槽沟出土。高 2.4 厘米，为合范铸成。平面近椭圆形，为枝叶蜷曲而成，上部枝杈中结出一亚腰形葫芦。钱条流畅，造型生动，制作精细，是辽代金耳坠中具有独特风格的一件。

狮纹银带扣　元代

长 5 厘米，宽 4.8 厘米，长方形委角，边框较宽，内锤錾出高浮雕式的狮子衔绶带纹。狮做奔跑状，侧扬首嘴衔绶带，绶带下端有一彩球在滚动。颈系一饰有花纹的宽带并悬挂一铃。背板中圆孔，一侧焊一竖长鼻，另一侧焊斜排的三个小横鼻。此带扣上的狮纹图案是受西方文化影响的结果，反映了元代融汇各种文化的史实。1976 年从四家子镇南大城窖藏出土。

迦陵频伽纹银带扣　元代

1983 年木头营子乡盛家窝铺窖藏出土。长 5.9 厘米，宽 5.4 厘米，厚 2.3 厘米。锤焊錾刻而成。方形委角，双勾边框，内凸起一人格化的迦陵频伽图像，其像裸体，双手合于胸前，高乳圆腹，喙嘴与鼻相连，头戴羽冠，额头飘勾云状绶带，展开宽大的双翅，双爪欲捕捉爬行在两朵灵芝仙草间一条曲动的长蛇。背焊银板，一侧带头与之相互扣合。此带扣的纹饰有佛教的内容，人格化的仙禽——迦陵频伽；又类似雄鹰，钩喙利爪，显示出草原民族的特征，整个画面极富动感，是一件艺术精品。

龙纹银带扣　元代

贝子府镇太吉合窑窖藏出土。最大径 7 厘米，最小径 6 厘米，厚 1.2 厘米。锤揲錾刻而成。椭圆形，排列出卷云状边框。分三层，上层为镂空出一条龙行于牡丹丛中，第二层錾刻出海涛纹，背层中部一孔，孔前后焊桥状鼻。龙行于花丛间，形容龙可大可小，大可行空，小可在花丛间飞行。刻制极为精细，反映出元代对带具的重视和金银工匠高超的工艺水平。

圭形银带头　元代

通长 5.4 厘米，底宽 4.7 厘米。花纹为镂空錾刻而成，分两层。上层为浮雕式，底部为卷波纹，一丛荷花出水盛开，荷叶上为三朵荷花，两侧又斜出两朵，荷叶下一对鸳鸯在游戏。下层平刻水波纹，上出一枝牡丹花。背焊接背板。构图精巧，刻工细腻。贝子府镇太吉合窑窖藏出土。

嵌宝石金花饰　元代

长胜镇四棵树村出土。长 6.2 厘米，宽 5.9 厘米，厚 0.3 厘米。中部起高圆托，环绕圆托基部出四朵桃花形花瓣，每瓣上各起一圆托和两个对称的花叶。每个托之边沿为细丝扭成的索状线，沿线为小珍珠一匝又出等距离的小珠，花瓣及中部为金丝做成的缠枝花地，并接焊出六个小珍珠组成的小团花，外缘为小联珠纹的边框，正面与背板之间也以金丝焊出的上下相对的三角形图案。金背板按花瓣分别焊接，与正面以金片相托，并分焊出双索形的桥状鼻，当为钉缀之用。此金饰制作精良，是金花丝制品的上乘之作。

龙纹金钗　元代

贝子府镇太吉合窑出土。长 13.6 厘米，上宽 2.4 厘米。同式 2 件。双龙蜷曲身躯，首托一朵盛开的牡丹花，龙身间有云朵。钗铤的两尖端刻有“交南”字。

圆饼纹金钗　元代

贝子府镇太吉合窑出土。长 167 厘米。扁茎，上端焊扁饼状饰共 9 个。

金丝珍珠耳坠　元代

四家子镇南大城窖藏出土。一件通高 3.2 厘米，另一件通高 3.7 厘米。同式 2 件，下端以金丝穿珍珠的环状饰，向上一花形托以镶嵌饰物，镶嵌物脱落不存。上端为“S”形弯钩。

“至大元宝”金币　元代

直径 2 厘米，重 1.4 克。用金箔模压而成。正面有“至大元宝”四字，其中“宝”字俗写简化。有专家考证，此金币为元代贵妇人所戴饰件中的“春钱”。玛尼罕乡五十家子元宁昌路遗址出土。

“蒙山课银”银锭　元代

牛古吐镇南新丘出土。长 16.2 厘米，腰宽 6.8 厘米，两端宽 11.8 厘米。平面呈亚腰形，正面曲波纹，背面有细密的小坑。正面錾刻 46 字：上端第一行横刻“蒙山课银”，第二行横刻“元字号”，其下从右至左竖刻“瑞州路总管府提调官收银库官胡文辅库子刘惟善炉户雷兴吾销银匠易志周至正八年月日造”，这是迄今为止所发现的元代银锭中刻字最多的一件，对研究元代课税制度提供了宝贵材料。

云柄银杯　元代

口径 8 厘米，底径 4.5 厘米，高 3.3 厘米。锤压而成。敛口外卷唇，弧壁，一侧加焊云状柄，圈足底。底外壁出一“圆钱”纹格，每格内凸出一云朵，口沿下是由小圆圈组成的一匝勾云纹。牛古吐镇新丘窖藏出土。同式杯出土 2 件。

龙首柄银杯　元代

牛古吐镇新丘窖藏出土。口径 7.7 厘米，底径 5.2 厘米，高 2.9 厘米。四曲花瓣口，龙首衔环柄，外壁口沿下錾出卷云纹。内底錾刻一枝牡丹花纹。这是饮酒用具，反映出元代上层人物饮酒之盛和生活的奢侈。同式出土 2 件。

金盒　元代

直径 6.5 厘米，高 1.8 厘米。扁圆体，底为银片捶打而成。金盒表面捶打出十字宝杵图间以小花卉图案，周边为联珠纹和绳索纹。制作精巧，为随身佩戴的实用具。下洼镇朝阳沟墓葬出土。

嵌宝石金冠饰　元代

下洼镇朝阳沟墓葬出土。分别由金佛像、龙纹叶状饰、金龙和金饰组成。杵状饰整体似花瓣，茎等饰呈宝杵状；中心饰宝相花，周边饰花瓣纹。长形饰金片锤揲出长条花形，中饰一个四瓣花形，两侧饰花茎及叶脉纹；方胜形饰，边有穿眼。这是一套元代蒙古贵族佩戴的精花冠饰。

金冠饰　元代

冠顶长 9 厘米，宽 4.2 厘米。略呈叶状，上端以浮雕手法在金片上锤揲出龙纹及花叶纹，其中嵌宝石均已脱落，下端饰花瓣及叶脉，宝石亦失。下洼镇朝阳沟墓葬出土。

金龙饰　元代

下洼镇朝阳沟墓葬出土。长 26 厘米，高 9 厘米。以金片锤揲成细长龙形，四足。为元代蒙古贵族装饰物。

第七节　杂项

一、钱币

敖汉旗出土古钱币有以下几类：①贝类：1986 年，在大甸子墓地发现大量的仿贝、真贝，其中有彩绘贝。最重要的是发现一枚青铜贝，这是我国发现最早的金属贝。②燕刀币和秦半两：1973 年，四道湾子出土 8.5 公斤燕刀币和一化钱（发现后卖给供销社）。其后又在头道湾子村东台地上出土 170 余枚燕刀币。1974 年，四家子镇老虎山村东农田基本建设中又出土一窖藏，有燕刀币、秦半两和汉半两钱计 5 公斤左右。1976 年，在新惠镇小格格召村出土 10 公斤刀币等。还征集到秦半两 26 枚、燕刀币 800 余枚、安阳布币 13 枚、元宁昌路出土“至大元宝”金钱 1 枚。

1984 年，在土产公司征集的一批古钱币中均以唐宋代铜钱、辽钱为主，两枚“乾统元宝”是新发现的版类。在杜力营子发现的一批钱币窖藏中有“寿昌”钱 1 枚。另有牛古吐镇新丘村出土刻有纪年、产地 46 字的元代银锭，为江西行省瑞州路蒙山课银。有宁昌路及木头营子乡万发永出土的清代 3.8 公斤重的特大元宝。较为少见。

二、印章

馆内现藏印章 10 余枚，多为辽金元时代的铜印。其中有辽代契丹字印 3 枚，金代印 2

枚，均刻有年款，一枚刻有天赐二年的“万户之印”系口军印，另一枚是贞祐二年的“天字号行军户所印”为金代末年官印。元代铜印中有丰收乡南塔村出土的“付都伉之印”，在母子山征集到的“勾当公事唱字号之印”边款有“泰和元年”的纪年。还发现“合同记号”的八思巴文印等。

三、化石

馆藏最早的化石为古生代奥陶纪的角化石（真角化石），属于无脊椎的海生动物，距今5亿年至2.5亿年。中生代三叠纪的鱼化石较多，现存的属狼鳍鱼，距今为2.5亿年到7000万年。其中披毛犀下肢骨、披毛犀上颌骨则属于新生代第三纪中新纪。第四纪的化石主要是野牛角化石、大角鹿化石、鸵鸟蛋化石以及树本化石等。

四、铁器

铁器主要有战国时期的铁镢、铁铲、铁锹、秦权等，出土在几座战国城址中。辽金时期的铁质生产工具锄、犁，生活用品锅、铲、叉、辖和刑具等。

五、民族民俗文物

现馆藏的民族文物，主要有金银铜头饰、带饰、臂镯、玉质的手镯、玉牌和鼻烟壶等以及还有部分清代瓷器。多属文物收购中发现的。另藏有三块砚台，一块出土于腾克力敖汉札萨克墓中，一块相传是土默特旗的二龙戏珠的桥头石砚，另一块是民间所献端砚。玛尼罕乡上回子地出土的金丝织鱼也是难得的珍品。民俗文物中有雕龙橱、大佛寺供案、雕花梳妆台以及敖汉旗札萨克王的雕龙印盒等。

六、古塔

武安州白塔

位于丰收乡南塔村所在地，武安州城址北隔河对岸的高岗上，其北侧为一古寺院遗址。遗址南侧临河处即白塔，塔身为八角密檐式，现存11层塔檐，残高30余米，角边长8米，塔身每面为砖雕竖棂窗。塔自下而上的第一、第二层檐为砖砌仿木结构的斗拱，每转角斗拱间各有两朵斗拱，均单抄四铺作，塔檐向上斜状较大。据有关资料考证，该塔约造于辽代早期。塔外抹白灰，故俗称“白塔”。现因此塔年久失修，残破不堪，据文物部门掌握，近年向西北倾斜约3度。

万寿白塔

位于玛尼罕乡五十家子村元宁昌路城址内的中轴线上，偏北向。始建于辽代晚期。为砖砌八角空腹十三层密檐式，高31.2米，基座每边宽4.47米。塔座上半部有砖雕，分三层，下层为仿木结构的斗拱，单抄五铺作一跳出花拱，两转角斗拱间两朵补间铺作。花拱单砖高出，中间为杆栏式，每面隔成上下两层格，上层为“万”字。上为仰莲，均残破。塔身每面两侧为圆柱，正中一小佛龛塑佛像，龛两侧为砖雕胁侍，胁侍顶及龛上侧均为华盖。上两角各一飞天。上为横额，额上为仿木结构的斗拱，两转角斗拱间为三朵补间铺作。十三层檐依次叠状，最上第二层亦砌出仿木结构斗拱。塔刹为仰莲式，只剩刹杆，铜宝珠已无存。

正面塔龛下面及第二、三檐间镶嵌两块蒙古文汉文的石碑。上一块汉文“万寿白塔”为大明万历二十八年秋立，第二块为万历三十一年立。

第六章　博物馆

敖汉的史前文化引领东北亚4000年，是中西交流、草原文明通向亚欧大陆的重要枢纽和中心。中华文明探源工程专家组将敖汉旗确立为“中华文明的重要起源地”“五千年祖先崇拜的发端地”“八千年‘龙’文化的发现地”“红山古国的核心区域”“中国‘玉’文化的源头”“世界旱作农业的发源地”。以内蒙古史前文化博物馆为龙头，境内几家民办博物馆为补充的博物馆业，风生水起，收藏着各个时期的文物精品，记录着敖汉从远古到近现代的风雨变迁。本志简介博物馆基本情况。

第一节　内蒙古史前文化博物馆

内蒙古史前文化博物馆现有馆藏文物32000余件（套），文物标本重达10余吨，其中国家一级文物128件（套），二级文物348件（套），三级文物466件（套），是国家文物局命名的全国优秀爱国主义教育基地。博物馆设有4个展厅，举办的展览分别是：“辽河源的文明曙光，史前文物展”；“五千年文明见证，红山文化专题展”；“画笔下的大辽风情，辽墓壁画精品展”；“马背上的帝国风云，辽、金、元、明、清文物精品展”。共展出文物680余件（套）。每年接待各界人士和广大群众、青年学生10万余人，接待日本、韩国、美国、英国等中外学者5000余人，是敖汉旗对外宣传的重要“窗口”单位。鉴于敖汉旗在中国考古界的特殊位置和学术界公认的影响，2011年11月，内蒙古自治区文物局批准并报国家文物局备案在敖汉旗成立“内蒙古史前文化博物馆”，重点展示内蒙古全区独具特色的史前文化和敖汉地区重要历史文化。内蒙古东部和中南部的史前考古学文化是两大文化体系，虽相互影响，但又有自身的发展演变序列，故分成两条展线来分别展示。内蒙古东部史前文化以敖汉最具代表性，作为重点进行细致的展示；内蒙古中南部史前文化作粗线条展示。通过大量文物与辅助展品相结合，并运用现代高科技手段的展陈方式，将内蒙古新石器时代到青铜时代的几次高峰以通史的形式进行陈列展示，敖汉旗辽到清代以专题的形式展示。从而达到突出敖汉地区史前文化、历史文化特色，充分展示内蒙古全区史前考古学文化研究成果，形成独具特色的内蒙古史前文化博物馆。

正在建设中的新馆，建筑面积 2.8 万平方米，展厅面积 1.2 万平方米，共分六个展厅：内蒙古东部新石器时代至青铜时代诸考古学文化；内蒙古中南部新石器时代至青铜时代诸考古学文化；战国、秦汉文物精品展；辽、金、元文物珍品展；辽墓壁画展；明清文物精品展。共展出不同时期的文物 2500 余件（套）。

第十一编表 8　敖汉旗馆藏国家一级文物统计表

序号	文物名称
1	八千年的碳化粟籽粒
2	大甸子彩绘陶鬲
3	大甸子彩绘陶罐
4	大甸子彩绘陶器
5	大甸子彩绘陶鬲
6	大甸子墓地彩绘
7	大甸子墓地彩绘
8	大甸子陶鬶
9	大甸子陶爵
10	红山文化彩陶瓮，彩陶钵
11	红山文化方形玉璧
12	红山文化青玉龙
13	红山文化石雕人像
14	红山文化陶塑三人拥抱像
15	红山文化玉箍形器
16	红山文化玉龙
17	红山文化玉枭
18	红山文化猪首龙
19	辽代黑釉葫芦瓶
20	辽代鸡冠壶
21	辽代摩羯纹耳坠
22	辽代三彩香熏
23	辽代赃官罐
24	清代骨象
25	清代人物天球瓷瓶
26	清代象牙观音
27	清代玉屏

续表

序号	文物名称
28	宋代紫定印花碗
29	唐代波斯银壶
30	唐代猞猁纹银盘
31	唐粟特银壶
32	小河沿文化彩陶尊
33	小河沿文化鸟形壶
34	兴隆沟陶人
35	兴隆洼文化匕形器
36	兴隆洼文化骨笛
37	兴隆洼文化玉玦
38	兴隆洼文化玉玦
39	影青瓷钵
40	玉带
41	元代春水玉牌
42	元代金龙金冠
43	元代龙凤纹瓷罐
44	元代龙神
45	元代龙首银杯
46	元代铁锈花大罐
47	战国青铜猪
48	赵宝沟文化鹿纹陶豆
49	赵宝沟文化鹿纹陶尊
50	赵宝沟文化尊形器
51	猪鹿鸟图案
52	辽代鎏金银面具

第十一编表 9　敖汉旗馆藏国家二、三级文物统计表

序号	文物名称
1	T 形柄曲刃青铜短剑，铜戈
2	八瓣菱花形铜镜，四蝶纹铜镜
3	八思巴文铜印，八思巴文记号合同铜印，勾当公事唱字号之印，宗仁蒙古侍卫亲军都指挥使司百户印
4	巴林石杯，玛瑙玦，石钺

续表

序号	文物名称
5	白塔子文物
6	白釉黑花罐，白釉双系罐
7	白釉黑花双系罐
8	白釉葫芦瓶，白釉带六长颈瓶
9	白釉莲花纹执壶（2）
10	白釉莲花纹执壶
11	白釉梅瓶，白釉折肩罐，青釉折肩罐
12	白釉牡丹花纹罐
13	白釉牡丹花纹枕，白釉荷花纹枕
14	白釉扭锁式提梁鸡冠壶，白釉提梁式鸡冠壶
15	白釉提梁式鸡冠壶，青釉执壶
16	白釉毡帐纹鸡冠壶，绿釉单孔式鸡冠壶
17	白釉执壶，白釉黑花执壶
18	白玉屏
19	包银铁马镫，铜剑鞘
20	备饮图（2）
21	备饮图（3）
22	匕形玉佩饰，玉玦，碧玉锛
23	碧玉斧，墨玉斧
24	碧玉龙
25	篦点“之”字纹斜口器
26	彩陶钵，彩陶瓮
27	彩陶壶，“之”字纹红陶壶，双耳彩陶罐
28	彩陶器盖，双耳彩陶尊
29	茶绿釉单孔式鸡冠壶，墨绿釉单孔式鸡冠壶
30	茶绿釉鸡腿坛，黄釉缠枝荷花纹修瓶
31	出行图
32	春水玉牌，玉香炉
33	雕瓷鼻烟壶，青花小瓶，五彩将军罐
34	蝶纹玉带扣，墨玉带扣，龙纹玉带钩
35	动物纹铜牌饰，羊首铜刀
36	豆青六棱瓷掸瓶，流云百蝠天球瓷瓶
37	豆青釉瓷碗（2）

续表

序号	文物名称
38	豆青釉瓷碗
39	端砚，双龙纹石砚
40	多棱体玉骨朵
41	飞鸟纹彩色锦，团花纹袍服残片
42	骨梗石刃刀，亚腰形砍砸器
43	骨象
44	瓜形玉坠，鱼形鼻烟壶
45	官字款白釉莲花纹执壶、盏
46	规矩纹铜镜，圆形方孔铜牌饰
47	黑花瓷瓮
48	黑釉暗花葫芦瓶
49	黑釉三系罐，黑釉花口瓶
50	红陶壶，高领黑陶壶，磨光黑陶罐
51	弧线纹筒形罐，三角纹筒形罐
52	胡人吹觱篥纹玉带銙
53	胡人吹笙玉带銙，胡人击毛员鼓纹玉带銙
54	胡人吹长笛纹玉带銙，胡人弹琵琶纹玉带銙
55	胡人打拍板纹玉带銙，胡人击鸡娄鼓纹玉带銙
56	胡人弹琵琶纹玉带銙
57	胡人击鸡娄鼓纹玉带銙
58	胡人击毛员鼓纹玉带銙
59	胡人乐舞纹铜镜
60	胡人训狮瓷俑，白釉瓷猴
61	胡人饮酒纹玉带銙，胡人吹觱篥纹玉带銙
62	琥珀菊花饰件，琥珀管，琥珀人像
63	黄地雁纹锦，荷花纹锦
64	黄玛瑙碗，玛瑙项饰
65	黄釉刻花埙，黄釉碗
66	黄玉龙
67	黄玉鹰，玉鹰
68	几何纹石臼形器，墨玉斧，石筒形器
69	夹砂褐陶罐，石钺
70	酱红釉执壶，橘红釉执壶，橘黄釉执壶

续表

序号	文物名称
71	酱釉钵，酱釉罐，酱釉梅瓶
72	蕉叶纹瓷温碗、执壶
73	金带具，夹砂灰陶罐
74	金带具
75	金耳坠，葫芦纹耳坠，金耳坠
76	金冠饰，金龙饰
77	金盒，水晶盒
78	菊花纹玉牌饰，碧玉璧
79	橘黄釉长颈瓶，白釉长颈瓶
80	绢书群马图
81	刻花长颈瓷瓶，青瓷碗
82	乐器纹铜镜
83	乐舞团龙纹铜镜
84	粟特式银执壶
85	联珠纹三彩香熏
86	联珠纹铜镜，钱纹铜镜
87	刘祜墓志
88	鎏金凤纹、鱼纹铜马具，鎏金铜马具带饰
89	鎏金凤纹铜铃
90	鎏金凤纹银冠
91	鎏金凤纹银蛇尾，鎏金凤纹银带铐，鎏金银带铐，鎏金银带饰
92	鎏金猞猁银盘
93	鎏金双凤纹铜牌饰，鎏金龙纹铜带饰
94	鎏金双凤纹银鞍饰
95	鎏金双凤纹银带，胡人乐舞纹玉带
96	鎏金铜剑鞘配饰
97	鎏金铜马具
98	鎏金舞人铜像，胡人训狮铜像，童子乐舞纹铜牌饰
99	鎏金银覆面
100	龙凤纹铜镜，铜印
101	龙纹瓷盘
102	龙纹金钗，圆饼纹金钗，金系珍珠耳坠
103	龙纹银带扣，圭形银带头

续表

序号	文物名称
104	鹿、鸟纹尊形器
105	鹿纹陶豆
106	鹿纹尊形器
107	绿釉凤首瓶，黄釉凤首瓶
108	绿釉鸡冠壶，青瓷碗
109	绿釉绞胎瓷瓶，绿釉刻花仓式罐
110	绿釉长颈瓶，橘红釉瓷盂
111	绿釉执壶（2）
112	绿釉执壶
113	马蹄形碧玉箍
114	马蹄形玉箍坯料
115	玛瑙、玉带扣件，花鸟纹玉牌饰，玛瑙臂钩
116	玛瑙鼻烟壶
117	玛瑙蝶，青玉葡萄，玛瑙蛙
118	摩羯纹金耳坠
119	牌饰石范，刀石范
120	皮革纹陶壶，鹿纹陶罐
121	契丹文铜印，契丹大字铜印
122	千秋万岁阳燧铜镜
123	铃首曲柄铜短剑，鹰首铜刀
124	嵌宝石金冠饰
125	嵌宝石金花饰
126	青花印泥瓷盒
127	青铜双联剑鞘和短剑
128	青釉八卦瓶，绿釉八卦瓶
129	青釉高足杯
130	曲刃短剑石范，曲刃青铜短剑
131	忍冬花纹金带饰
132	乳白釉牡丹花纹罐，黄釉双系罐
133	三彩海棠盘，三彩印花洗
134	三彩双凤纹扁执壶，绿釉鸳鸯纹执壶
135	三鹿纹铜牌饰，网格纹铜牌饰，龙首铜带钩
136	神马纹陶壶，压印几何纹陶壶

续表

序号	文物名称
137	狮纹石棺，马纹石棺
138	狮纹银带扣，迦陵频伽纹银带扣
139	石棒头，石耜
140	石钺，碧玉多头器
141	石刻契丹人头像，瓜形石砚
142	石人像，“之”字纹筒形罐，夹砂灰陶筒形罐
143	石耜
144	兽面纹瓦当陶范
145	双狮纹铜镜，八卦纹铜镜
146	双耳弦纹陶罐，双耳红陶瓮
147	双龙纹玉佩，圭形玉佩，扇形玉坠
148	四童子纹铜镜，双鱼纹铜镜
149	松鹿亭琴纹铜镜
150	天球瓷瓶
151	铁权，半两铜钱
152	铁锈花龙凤纹瓷罐，铁锈花双凤纹瓷罐
153	铜立佛，铜药师佛
154	铜玺，铜带钩
155	铜烛台，鎏金熊文铜节约
156	兔毫斑黑釉罐，酱红釉罐
157	椭圆形水晶珠，璜形水晶珠，扁圆形水晶珠
158	椭圆银杯，椭圆口垫指折肩银杯
159	万户之印，行军都统之印，天字号行军万户所印
160	舞蹈纹陶豆柄，陶塑鹰首
161	象牙观音像
162	宴饮图
163	移剌斡里朵契丹小字墓志
164	银文房四宝
165	银元宝
166	印花绢残片，印花罗残片
167	印花紫定瓷碗
168	影青瓷粉盒，影青瓷香熏
169	玉箍内芯

续表

序号	文物名称
170	玉管，勾云形玉佩
171	玉弥勒佛像，青玉卧马
172	云柄银杯，龙首柄银杯
173	折口白瓷钵，白瓷盒，白瓷钵
174	“之”字纹陶鼎，彩陶鼎
175	直刃青铜短剑，銎柄直刃青铜短剑
176	至大元宝金币，蒙山课银银锭
177	志盖，耶律元宁墓志
178	猪形青铜牌饰，涡纹和羊首纹青铜牌饰
179	猪形青铜牌饰
180	锥、饰石范，斧石范

第二节　民间博物馆

一、内蒙古龙源博物馆

内蒙古龙源博物馆位于内蒙古赤峰市敖汉旗四家子镇热水温泉城东，于2013年7月24日经内蒙古自治区文物局批准注册。

博物馆总建筑面积5000平方米。其中展厅面积2138平方米，文物库房面积502平方米；另外还有学术报告厅、会议室、贵宾室等。

目前有馆藏文物6213件（套），其中一级文物38件（套）、二级文物96件（套）、三级文物136件（套）。举办的展览共分四部分：生命之源——古生物化石展，展出有兽类、禽类、鱼虾类、昆虫类、植物类化石48件（套）；文明之光——史前文物展，展出有新石器时代兴隆洼文化、赵宝沟文化、红山文化、小河沿文化的陶器、石器、玉器、骨器等文物182件；青铜光辉——青铜时代、战国、汉代文物展，展出青铜时代夏家店下层文化、夏家店上层文化和战国、汉代的陶器、石器、玉器、青铜器、漆器等文物97件（套）；帝国寻踪——辽、金、元、明、清文物精品展，展出辽代至清代的陶器、瓷器、玉器、石器、金银器、铜器、丝织品、壁画等文物196件（套）。

二、敖汉第一村民俗博物馆

敖汉第一村民俗博物馆于 2013 年 10 月经内蒙古自治区文物局批准成立，馆址位于新惠镇新城区文博园区内，博物馆总体建筑面积 12000 余平方米。其中展厅面积 4000 平方米。目前有馆藏文物 6050 件（套），其中一级文物 35 件（套）、二级文物 86 件（套）、三级文物 140 件（套）。举办的展览共分五大陈列："华夏古今八千年"，展出兴隆洼文化至辽代陶器、玉器 150 件；"太阳升起皆圣地"，展出宋、辽时期的瓷器 160 件；"古今王朝地留金"，展出距今 8000 年至明清各个时期的木器、铜器、金器、银器、墓志、佛像等 190 件；"敖汉民俗文物展"，展出近现代民族民俗文物 60 件；"名人、名家字画展"，展出名家字画 40 幅。共展出文物 600 余件（套）。

三、敖汉新州博物馆

新州博物馆成立于 2010 年 8 月，是内蒙古自治区文物局批准的敖汉旗第一家非国有博物馆。博物馆建筑面积 9360 平方米，展厅面积 5120 平方米。馆藏文物 5460 件（套），其中一级文物 45 件（套）、二级文物 98 件（套）、三级文物 149 件（套）。举办的展览共分六大部分：石破天惊，重点展示各个时期的石雕艺术；圣土神辉，重点展示新石器时代陶器，彩绘陶器；岁月留金，重点展示从宋辽至元明清时期的金银器制作艺术；天地之灵，重点展示距今 8000 年至明清时期的玉器；敖汉部落，展示敖汉王府遗物；红山玉源，重点展示红山玉料。共展出文物 800 余件（套）。

第七章　文博事业

第一节　文物保护

全旗的文物保护工作始于考古发掘工作之后。1974年7月，旗革命委员会决定成立敖汉旗文物保护领导小组，常务副主任任组长。旗人民政府建立后，旗委副书记任组长，旗政府分管文化的副旗长任副组长，文化、公安、广播、宣传、交通、财政等单位为成员单位，小组负责领导全旗文物保护工作。1974年10月，旗革委会公布了第一批旗级重点文物保护单位，有大甸子、白塔子、五十家子、康家营子壁画墓四处。

1981年10月，为搞好全旗文物普查工作，旗政府决定成立敖汉旗文物普查领导小组，负责全旗文物保护和文物普查工作。聘请中国社会科学院考古研究所助理研究员杨虎为顾问。

1984年，旗政府发出108号文件，号召全旗在秋季造林、整地生产中，要认真保护古遗址，对新发现的古遗址或出土文物除严加保护外要及时向旗文化部门报告。

1985年，建立敖汉旗文物工作领导小组，其职责为宣传文物保护的政策法规，协调相关部门打击文物盗掘、走私等犯罪。

1986年12月，为加强《中华人民共和国文物保护法》的宣传、贯彻、落实，旗文化局制定《乡镇苏木文化站文物保护管理条例》。共10条，其中包括文物保护、文物保护法的宣传、文物征集、打击非法收购文物和文物走私等。1987年4月，旗政府下文公布由旗九届人大第九次常委会提出的第二批旗级文物保护单位50处。本年成立敖汉旗文物保护委员会，同时各乡镇（苏木）都建立文物保护领导小组，全旗上下共有成员138人。

1988年12月，旗政府发出《关于加强对古代文化遗址保护的通知》，明确提出“在遗址范围内不得深耕机耕、不得施工建设、不得植树造林、不得开山采石”。当年，旗公安局、博物馆分别被内蒙古文化厅和公安厅授予“打击盗掘走私先进单位”。

1991年9月，为加强学习、宣传、贯彻第七届全国人大第二十次常委会审议通过的《关于修改〈中华人民共和国文物保护法〉第三十条、第三十一条的决定》和《关于惩治盗掘古文化遗址、古墓葬犯罪的补充规定》。旗委、旗政府作出了《关于认真学习、宣传、贯彻全国人大常委会关于文物保护法和刑法的两个决定的安排意见》。1995 年 12 月，旗政府批复成立“文物保护稽查队”，设在博物馆，不增加编制。其职责是打击全旗范围内文物走私、盗掘古墓等文物犯罪活动。

2006 年 10 月 10 日，敖汉旗博物馆突发事件应急预案出台，并成立以旗政府分管副旗长为组长的“敖汉旗博物馆紧急事件防范处理领导小组”。2011 年 3 月，敖汉旗文物巡查队成立，对全旗各级文物保护单位进行安全巡查和文物法规宣传。同年 6 月，敖汉旗人大常委会对贯彻落实《中华人民共和国文物保护法》情况进行执法检查，并下发执法检查实施方案。2013 年，建立健全旗乡村三级文物保护组织，在重点文物所在地聘请 14 名兼职文物保护员。

2018 年 8 月，为切实加强全旗文物保护利用和文化遗产保护传承工作，旗政府对旗内各级文物保护单位进行实地勘察，分别划定各级重点文物保护单位的保护范围和建设控制地带。旗文物局根据《中华人民共和国文物保护法》《中华人民共和国文物保护法实施条例》《长城保护条例》等法规，制定《遗址保护员制度》《长城保护员管理办法》《燕北、秦汉长城保护员巡查管理办法》《长城保护员制度》等，进一步强化文物保护工作，全旗的文物保护进入有法可依、有章可循、有专门队伍、有工作机制的最好时期。

第十一编表 10　全旗国家级、自治区级重点文物保护单位文物保护员一览表

序号	姓名	性别	民族	年龄	住址	文保单位名称	级别
1	李　明	男	汉	65	兴隆洼镇兴隆洼村	兴隆洼遗址	国保
2	滕振东	男	汉	60	兴隆洼镇兴隆沟村	兴隆沟遗址	国保
3	魏成友	男	汉	46	新惠镇腰营子村	赵宝沟遗址	国保
4	计明江	男	汉	62	兴隆洼镇大甸子村	大甸子遗址	国保
5	唐海生	男	汉	47	萨力巴乡城子山村	城子山遗址	国保
6	白玉龙	男	汉	42	四家子镇四家子村	草帽山遗址	国保
7	何天龙	男	蒙古	69	玛尼罕乡五十家子村	宁昌路遗址	国保
8	翟亚军	男	汉	40	丰收乡白塔子村	武安州遗址	国保
9	张玉玲	女	汉	57	新惠镇齐大窝铺村	齐大窝铺战国城址	区保
10	郭启忠	男	汉	52	牛古吐乡河南村	刁营子战国城址	区保
11	白鹤兴	男	汉	67	四家子镇牛夕河村	牛夕河遗址	区保
12	叶树岭	男	汉	47	四家子镇小古力吐村	小古力吐遗址	区保
13	张彩云	女	汉	55	四道湾子镇马架子村	马架子南房申遗址	区保
14	王贵勇	男	汉	45	下洼镇酒局子村	酒局子遗址	区保
15	张秀春	男	汉	47	下洼镇北城子村	北城子遗址	区保

第十一编表 11　敖汉旗长城遗址树立界桩一览表

长城遗址名称	界桩数	界桩详细准确的位置
燕北长城（内长城）房申堡	4	贝子府镇房申村南 1.5 公里明显位置处
燕北长城（内长城）李家杖子堡	4	贝子府镇李家杖子村南 2 公里明显位置处
燕北长城（内长城）邢家窝铺长城	1	兴隆洼镇邢家窝铺村东 0.4 公里处（东与北票市北塔乡勿苏吐噜村隔沟）
燕北长城（内长城）东刘家屯长城	1	兴隆洼镇刘家屯村东北 0.78 公里—西北 1.4 公里明显位置处（消失段）
燕北长城（内长城）后石头井子长城	1	兴隆洼镇刘家屯村西北 1.4 公里—兴隆洼镇后石头井子村 2.1 公里处
燕北长城（内长城）五间房长城	1	贝子府镇五间房村东北 0.2 公里—西南 0.24 公里明显位置处
燕北长城（内长城）小瓦房沟长城	1	贝子府镇小瓦房沟村西南 2 公里—西北 2 公里明显位置处
燕北长城（内长城）化匠沟长城	1	贝子府镇化匠沟村西北 2 公里—西北 2.1 公里明显位置处
燕北长城（内长城）北新地长城 2 段	1	贝子府镇北新地村西南 1.4 公里—西北 1.45 公里明显位置处
燕北长城（内长城）田家沟长城	1	贝子府镇田家沟村西北 1.45 公里—西 2 公里明显位置处
燕北长城（内长城）荀家沟长城 1 段	1	贝子府镇荀家沟村东北 0.75 公里—北 0.43 公里明显位置处
燕北长城（内长城）荀家沟长城 3 段	1	贝子府镇荀家沟村西北 0.64 公里—西北 1.173 公里明显位置处
燕北长城（内长城）李家杖子长城	1	贝子府镇李家杖子村南 2.2 公里—西南 2.93 公里明显位置处
燕北长城（内长城）瓦盆窑长城	1	贝子府镇瓦盆窑村西南 2.93 公里—西南 1.72 公里明显位置处
燕北长城（内长城）东沟长城 1 段	1	贝子府镇东沟村东北 1.47 公里—东北 1.11 公里明显位置处
燕北长城（内长城）东沟长城 3 段	1	贝子府镇东沟村北 1.16 公里—东北 1.77 公里明显位置处
燕北长城（内长城）克力代长城	1	贝子府镇克力代村东北 2 公里—北 2.06 公里明显位置处
燕北长城（内长城）克力代北山长城	1	贝子府镇克力代村西北 0.9 公里—西 1.34 公里明显位置处
燕北长城（内长城）兰家窝铺长城 1 段	1	丰收乡兰家窝铺村东北 1.88 公里—东南 0.66 公里明显位置处
燕北长城（内长城）兰家窝铺长城 3 段	1	丰收乡兰家窝铺村南 0.22 公里—西 1.1 公里明显位置处
燕北长城（内长城）陈家杖子长城 1 段	1	丰收乡陈家杖子村东 0.52 公里—西 1.4 公里明显位置处
燕北长城（内长城）陈家杖子长城 3 段	1	丰收乡陈家杖子村西 1.93 公里—东 0.93 公里明显位置处
燕北长城（内长城）格德营子长城 1 段	1	丰收乡格德营子村西南 2.42 公里—东南 0.54 公里明显位置处
燕北长城（内长城）格德营子长城 3 段	1	丰收乡格德营子村西南 0.78 公里—北 0.33 公里明显位置处
燕北长城（内长城）水泉长城	1	新惠镇水泉村西北 0.3 公里—西北 1.72 公里明显位置处
燕北长城（内长城）小马连沟长城 1 段	1	新惠镇小马连沟村西北 1.72 公里—南 1.59 公里明显位置处
燕北长城（内长城）小马连沟长城 2 段	1	新惠镇小马连沟村南 1.59 公里—西南 1.45 公里明显位置处
燕北长城（内长城）北沟长城	1	新惠镇北沟村东北 1.2 公里—北 1 公里明显位置处
燕北长城（内长城）赵管沟长城	1	新惠镇赵管沟村西 1.48 公里处（与辽宁省朝阳市二十家子镇上朝阳沟村相邻）

续表

长城遗址名称	界桩数	界桩详细准确的位置
秦汉长城（燕北外长城）贺也长城	1	下洼镇贺也村东 1.1 公里处（与通辽市奈曼旗沙日浩来镇奈曼庙相邻）
秦汉长城（燕北外长城）上水泉长城	1	下洼镇上水泉村东 0.37 公里—西北 1.5 公里明显位置处
秦汉长城（燕北外长城）下水泉长城 1 段	1	下洼镇上水泉村西北 1.5 公里—西北 2.8 公里明显位置处
秦汉长城（燕北外长城）古鲁板蒿长城 1 段	1	下洼镇古鲁板蒿村东南 0.82 公里—西南 1.2 公里明显位置处
秦汉长城（燕北外长城）西接良灌长城 1 段	1	下洼镇西接良灌村西北 0.5 公里—西北 1.4 公里明显位置处
秦汉长城（燕北外长城）西接良灌长城 2 段	1	下洼镇西接良灌村西北 1.4 公里—西北 2.8 公里明显位置处
秦汉长城（燕北外长城）东山长城 1 段	1	下洼镇西接良灌村西北 1.4 公里—东山村东北 0.38 公里明显位置处
秦汉长城（燕北外长城）东城子长城	1	下洼镇东城子村西北 0.35 公里—西南 0.45 公里明显位置处
秦汉长城（燕北外长城）刁家营子长城 1 段	1	牛古吐乡刁家营子村西南 0.45 公里—西南 0.88 公里明显位置处
秦汉长城（燕北外长城）大敖吉长城	1	牛古吐乡大敖吉村东南 0.55 公里—东南 0.37 公里明显位置处
秦汉长城（燕北外长城）东河北长城	1	丰收乡白塔子村东北 0.92 公里—西北 0.3 公里明显位置处
秦汉长城（燕北外长城）大龙凤沟长城	1	丰收乡大龙凤沟村西北 2.3 公里—西南 1.5 公里明显位置处
秦汉长城（燕北外长城）元宝山长城	1	丰收乡元宝山村西南 1.5 公里—西北 0.56 公里明显位置处
秦汉长城（燕北外长城）烧锅地长城	1	新惠镇簸箕沟村西南 2 公里—西南 4.5 公里明显位置处
秦汉长城（燕北外长城）	1	新惠镇簸箕沟村西南 4.5 公里—新惠镇下房申村东南 0.37 公里明显位置处（消失段）
秦汉长城（燕北外长城）下房申长城 1 段	1	新惠镇下房申村东南 0.37 公里—西北 0.21 公里明显位置处
秦汉长城（燕北外长城）三宝山长城 1 段	1	新惠镇三宝山村西南 0.02 公里—西北 1.3 公里明显位置处
秦汉长城（燕北外长城）齐大窝铺长城	1	新惠镇齐大窝铺村东南 0.23 公里—东南 0.77 公里明显位置处
秦汉长城（燕北外长城）老牛槽沟长城 1 段	1	萨力巴乡老牛槽沟村东南 0.77 公里—西南 0.91 公里明显位置处
秦汉长城（燕北外长城）老牛槽沟长城 2 段	1	萨力巴乡老牛槽沟村西南 0.91 公里—西南 2.6 公里明显位置处
秦汉长城（燕北外长城）陈家窝铺长城	1	萨力巴乡陈家窝铺村东北 0.5 公里—西北 1.1 公里明显位置处
秦汉长城（燕北外长城）关东沟长城 1 段	1	四道湾子镇关东沟村西北 1.1 公里—北 0.53 公里明显位置处

续表

长城遗址名称	界桩数	界桩详细准确的位置
秦汉长城（燕北外长城）关东沟长城 2 段	1	四道湾子镇关东沟村北 0.53 公里—西北 2.8 公里明显位置处
秦汉长城（燕北外长城）夹信梁长城 1 段	1	四道湾子镇夹信梁村东北 0.33 公里—西北 1.3 公里明显位置处
秦汉长城（燕北外长城）夹信梁长城 2 段	1	四道湾子镇夹信梁村西北 1.3 公里—东北 0.95 公里明显位置处
秦汉长城（燕北外长城）小山长城 1 段	1	四道湾子镇小山村西北 2.7 公里—西 1.6 公里明显位置处
秦汉长城（燕北外长城）小山长城 2 段	1	四道湾子镇小山村西 1.6 公里—西南 3.1 公里明显位置处
秦汉长城（燕北外长城）土城子长城	1	四道湾子镇土城子村西北 0.6 公里—西北 1.7 公里明显位置处
秦汉长城（燕北外长城）兴隆屯长城 1 段	1	四道湾子镇兴隆屯村西北 1.7 公里—南 0.25 公里明显位置处
秦汉长城（燕北外长城）上水泉堡	4	下洼镇上水泉村西北 0.28 公里明显位置处
秦汉长城（燕北外长城）东城子堡	4	下洼镇东城子村西 0.28 公里明显位置处
秦汉长城（燕北外长城）刁家营子堡	4	牛古吐乡刁家营子村西南 0.67 公里明显位置处
秦汉长城（燕北外长城）大敖吉堡	4	牛古吐乡大敖吉村东南 0.51 公里明显位置处
秦汉长城（燕北外长城）白塔子东城子堡	4	丰收乡东河北村东北 0.8 公里明显位置处
秦汉长城（燕北外长城）齐大窝铺堡	4	萨力巴乡齐大窝铺村南 0.18 公里明显位置处
秦汉长城（燕北外长城）土城子堡	4	萨力巴乡土城子村北 0.41 公里明显位置处

第十一编表 12　敖汉旗长城保护员一览表

序号	姓名	性别	常住地址	管辖地段	工作单位
1	蒋世军	男	下洼镇贺也村	贺也段、上水泉段、下水泉 1 段长城	贺也村村民
2	姜海龙	男	下洼镇东古鲁板蒿村	东古鲁板蒿 1 段、西接良灌 1—2 段长城	东古鲁板蒿村民
3	张宇兴	男	下洼镇丰源村	东山 1 段、东城子段长城	丰源村村民
4	郭启忠	男	牛古吐乡河南村	刁家营子 1 段长城	河南村支部书记
5	端合	男	牛古吐乡大敖吉村	大敖吉段长城	敖吉村村民
6	翟亚军	男	丰收乡白塔子村	东河北段长城	白塔子村书记
7	潘永利	男	新惠镇龙凤沟村	大龙凤沟段、元宝山段、烧锅地段长城	龙凤沟村村民
8	张宝文	男	新惠镇三宝山村	下房申 1 段、三宝山 1 段、齐大窝铺段长城	三宝山村村民
9	王　臣	男	萨力巴乡张家营子村	老牛槽沟 1—2 段、陈家窝铺段长城	张家营子村村民

续表

序号	姓名	性别	常住地址	管辖地段	工作单位
10	刘子路	男	四道湾子镇吴家营子村	关东沟1—2段、夹信梁1—2段长城	吴家营子村村民
11	刘国臣	男	四道湾子镇白斯朗营子村	小山1—2段、土城子段、兴隆屯1段长城	白斯朗营子村村民
12	唐占国	男	兴隆洼镇嘎查村	东刘家屯段长城	嘎查村村民
13	乔宪武	男	兴隆洼镇石头井子村	石头井子段长城	石头井子村村民
14	宋振强	男	贝子府镇大平房村	五间房段长城	大平房村村民
15	白永生	男	贝子府镇口琴村	小瓦房沟段、画匠沟段、北新地2段、田家沟段长城	口琴村村民
16	庄景才	男	贝子府镇口琴村	苟家沟1、3段、李家杖子段、瓦盆窑长城	口琴村村民
17	姜国申	男	贝子府镇克力代村	东沟1、3段、克力代段、红山嘴段、克力代北山长城	克力代村村民
18	张树凤	男	丰收乡房申村	兰家窝铺1/3段长城	房申村村民
19	刘瑞清	男	丰收乡白杖子村	陈杖子1、3段长城	白杖子村村民
20	李　和	男	丰收乡格德营子村	格德营子1、3段长城	格德营子村村民
21	王　平	男	新惠镇三家村	水泉段长城	三家村村民
22	张殿发	男	新惠镇蒙古营子村	小马连沟1—2段长城	蒙古营子村村民
23	王国军	男	新惠镇扎赛营子村	北沟段、赵管沟段长城	扎赛营子村村民

第二节　文物管理和利用

1986年，旗文物管理所对于全旗十几个乡镇发现的遗址点进行实地考察，将其中有重要文物保护价值的革命纪念建筑物、古文化遗址、古建筑、石刻等，核定公布第二批旗级文物保护单位40个。为加大《中华人民共和国文物保护法》的宣传，把文物保护内容制成幻灯片，与青少年活动中心面向新惠地区中小学生联合进行宣传教育。

1987年，旗委宣传部、司法局、公安局、文化局等单位联合发出《关于学习、宣传和执行〈中华人民共和国文物保护法〉的通知》，要求把宣传贯彻《中华人民共和国文物保护法》纳入当前普法教育计划，作为社会主义精神文明建设的重要内容，提出利用文物展览向广大中小学生进行爱国主义教育的要求。1988年旗博物馆建成之后，把博物馆建设成爱国主义教育基地，成为博物馆的工作目标之一。

1992年，旗博物馆充分利用馆藏文物的特有属性，向社会公众进行爱国主义教育和历史唯物主义教育，当年接待各方面参观人员4000多人次。为进一步加深中小学生对敖汉地区历史文化的了解，博物馆采取走出去与请进来相结合的办法，在新惠镇内的11所中小学校举办流动文物展，使3000多名学生领略到敖汉文物的精彩，感受到敖汉人文历史的厚重。

1995年，博物馆在利用文物进行爱国主义教育发挥文物的潜在作用方面进行积极探索。在举办文物基本陈列和专题文物展的基础上，增加抗日战争和解放战争实物标本100件。将65幅辽代壁画摹本和辽金石刻拓片集中到一起开展专项展览。在城区街头和部分乡镇集市举办“敖汉古文化之光”“敖汉八处历史文化教育基地”等大型图片展。当年，还自办《敖汉文博》，以宣传文物与考古知识为主。在《敖汉报》上开辟《可爱的敖汉——文物篇》专栏，并把发表的专栏文章，由教育局印制成30000册宣传册发放到中小学生手中。本年末，旗博物馆被国家文物局评为“全国优秀爱国主义教育基地”。

1997年，博物馆坚持“保护为主，抢救第一”的方针和“有效保护、有效利用、加强管理”的指导思想，加强阵地陈列展出，全年接待观众20万人次，其中接待日、美、韩、以色列等国专家学者15人。结合“文化下乡”活动，制作《敖汉八千年》图片和幻灯片，到南塔子等7个乡镇巡回宣传，收到很好的社会效果。

2003年7月28日—8月4日，北京大学环境与地理研究中心考察组来旗内进行环境考古和地貌研究。考察组主要研究我国东北地区史前文化从距今8000年至辽金元时期千余年的环境变化和地貌变迁，敖汉丰富的古代文化遗址和发掘命名的考古学文化序列正是理想的考察基地。在博物馆业务人员的配合下，从叫来河两岸和各个不同时期的重要古代遗址提取土样标本，运回北京，为进一步深入研究这一地区的地质形成、沙化成因、土壤植被、环境变化提供珍贵的标本。

2004年，以图录形式系统介绍敖汉文物与考古丛书《敖汉文物精华》于同年6月正式出版发行。收录文物图片400幅，文字万余字，印制3000册。此书集实用性、观赏性、学术性、资料性于一册，是文物管理与利用的最好方式之一。

2005年9月23日，英国剑桥大学考古系教授、专攻欧亚大陆早期农业的学者马丁·琼斯来考察农业起源，他重点考察旗博物馆陈列的“小河西文化”“赵宝沟文化”“兴隆洼文化”“红山文化”出土的反映早期新石器时代人使用的生产、生活器物，接着又前往兴隆沟遗址对其环境和地貌进行考察。琼斯先生临行时用英文为博物馆题词“神奇的地方，伟大的展览，多文化研究的中心”。

2008年，北京奥运会期间，首都博物馆举办“中国记忆·5000年文明瑰宝展”，旗博物馆馆藏文物“辽代鎏金银覆面”作为珍贵文物展出。这件文物是1988年在清理英凤沟辽墓中出土的，宽 18.4 厘米，高 21 厘米，厚 0.1 厘米，用银片锤錾而成，正面鎏金，面目慈祥，神态自如，是一典型的契丹贵族女人形象，被国家文物局专家鉴定组鉴定为国家一级文物。10 月 13 日，中国社会科学院研究生院考古系上海教学部主任张遵道带领 15 名师生来敖汉旗考察史前文化玉器。在考察华夏第一村“兴隆洼遗址”时，对这一规模宏大的聚落布局感到惊讶，称赞说是一次难得的观摩机遇。在博物馆参观史前文化的玉器精品及各个时期的文物珍品后，一致认为“中华文明一统论”在这里找到最翔实的答案。同年，美国科学院院士、哈佛大学资深教授奥佛·巴约塞夫在中国社科院考古所专家刘国祥的陪同下，参观考察旗博物馆。他对敖汉旗的馆藏文物非常感兴趣，参观后欣然为敖汉旗博物馆题词：“我深深被敖汉旗境内的古遗址和博物馆的精品文物所打动，在敖汉旗境内的考古发现对于研究中国的历史具有非常重要的价值。”

2009 年 8 月 16 日，中国社会科学院研究生院 30 余名考古系师生来敖汉参观博物馆并考察兴隆洼遗址。由于中国北方乃至东北亚地区历史文化研究中心的历史地位，中国社会科学院研究生院考古系上海教育部，将敖汉作为他们史前文化研究的教学实践基地。他们先后参观兴隆洼文化、赵宝沟文化、红山文化等史前文化玉器，并就古人制玉、琢玉的工艺进行深入的研究探讨。10 月 21 日，我国台湾建芳师生古玉研究会会长，众志美术出版社社长陈启贤先生来考察新石器时代、青铜时代和辽代玉器。兴隆洼遗址出土的玉玦，距今 8000 年，被学术界确认为目前世界上最早的玉器，并定位敖汉旗为中国玉文化的源头。陈启贤先生利用高科技光谱、热释光设备对兴隆洼文化、红山文化、小河沿文化和辽代的玉器进行检测，并对其微痕用高倍显微镜观察，认为这些玉器是不可多得的文物瑰宝。

2010 年 8 月，旗博物馆馆藏文物数据库管理系统正式建立，经自治区文物鉴定委员会实地鉴定，馆藏国家一至三级文物近 600 件，珍贵文物数量列全区旗县级博物馆第二名。兴隆沟文化遗址复选的碳化粟和黍申报世界农业文化遗产，进一步确立全国文物大旗的地位。同年，旗博物馆启动展厅语音导览系统，观众只要戴上耳机，系统便跟随观众自动讲解。目前，旗博物馆共有 5 个展厅，分别是“辽河源的文明曙光”“画笔下的大辽风情”“辽墓壁画专题展”“八千年的原始聚落兴隆洼人生活场景复原”“马背上的帝国风云”。根据展览布局及参观路线，1 万余字的展览说明词被录入语音导览系统，观众可根据自己的兴趣爱好和研究方向自行调整，使用不受时间限制。全年接待社会各界群众 5 万余人次，其中，接待中外学者专家 3000 多人次。厚重的人文资源已经成为敖汉旗经济和社会发展的独特优势之一，博物馆也成为对外交流展示的重要窗口。

2011 年，配合中华文明探源工程，完成草帽山红山文化祭祀遗址的清理简报，完成馆藏文物辽墓壁画的保护方案，上报国家文物局。结合文物保护法的宣传，与公安机关联合打击破坏文物案件 4 起，抓获犯罪嫌疑人 9 人，以案说法，收到积极的宣传效果。

2012 年，旗博物馆与韩国首尔大学合作，对城子山夏家店下层文化山城遗址进行了 3D 扫描；对战国时期（燕）刀币材质的组合成分进行透视和研究，搞清其材质组成的比例关系。全年接待各级领导 2000 余人，接待前来投资考察的企业界人士 200 余人，接待日本和韩国等国外学者 3000 余人，接待社会各界群众 8 万余人。

2013 年，由中央电视台《探索·发现》栏目组拍摄的反映敖汉 8000 年史前文化的大型纪录片《敖汉问祖》（上、下集）和央视七套栏目组拍摄制作的 2 集反映敖汉旱作农业的专题片《旱作之源》在央视播出。旗博物馆展厅年接待各级领导 3000 余人次，中外学者 5000 余人次，社会各界群众和青少年学生 10 万余人次。

2014 年，召开史前农业考古与重要农业文化遗产保护座谈会，开展境内部分史前文化遗址植物复选工作，编写完成“农业文化遗产丛书”敖汉旱作农业历史部分，丰富这一领域的研究成果。“五千年文明见证——红山文化专题展”和“中华祖神出土圣地陈列”成功布展，使博物馆文物展览更加灿烂多彩。全年接待社会各界群众和中小学生 10 万人次，接待中外学者及观光人士 5000 余人。

2016 年，为避免在春耕等生态建设过程中发生破坏古遗址事件，对旗域内 1000 余处各个不同时期的古文化遗址进行田野调查，并举办“田野考古调查成果展”。年内，举办《红山文化研究》首发式暨红山文化遗址调查与保护工作座谈会；与中国社会科学院考古研究所共同编著《兴隆沟遗址考古报告》；出版《敖汉红山文化》专业丛书。内蒙古史前文化博物馆实现免费开放，全年接待社会各界群众和青年学生 20 余万人次，接待各级领导 3000 余人次，接待国内外学者 2000 余人次。

2017 年，完成“中国小米博物馆”展陈大纲撰写和陈列布展设计；与中国社会科学院考古研究所共同编著《兴隆沟遗址考古发掘报告》的资料整理工作，由文物出版社向全国出版发行。博物馆全年接待观众 20 万余人次，接待各级领导 2000 余人次，中外学者 3000 余人次。

2018 年，《敖汉辽墓壁画》学术专辑出版发行，其学术价值和美学价值在国内考古界都是屈指可数的。博物馆与中国社会科学院考古研究所联合编著的 350 万字的大型考古学术专著《兴隆沟遗址考古发掘报告》完成编辑，交付出版发行。11 月，全区文物保护工作现场会在敖汉召开，在兴隆洼遗址保护所举办“神奇兴隆洼”文物图片展，与会领导和学者参观兴隆洼遗址、兴隆沟遗址和城子山遗址，对文物保护工作给予充分肯定。

为更好地促进文物保护与合理利用，为 8 个国家级、8 个自治区级、8 个市级、20 个旗级文物保护单位明确管理机构和使用机构。文物局负责人为管理机构责任人，相关部门以及各乡镇政府负责人为使用机构责任人。

第十一编表 13　敖汉旗四级文物保护单位管理机构、使用机构一览表

保护单位名称	管理机构	责任人	使用单位	责任人
一、国家级保护单位 8 个				
草帽山遗址	旗文物局	田彦国	旗文物局	田彦国
城子山遗址	旗文物局	田彦国	旗文物局	田彦国
大甸子遗址	旗文物局	田彦国	旗文物局	田彦国
宁昌路遗址	旗文物局	田彦国	旗文物局	田彦国
武安州遗址	旗文物局	田彦国	旗文物局	田彦国
兴隆沟遗址	旗文物局	田彦国	旗文物局	田彦国
兴隆洼遗址	旗文物局	田彦国	旗文物局	田彦国
赵宝沟遗址	旗文物局	田彦国	旗文物局	田彦国
二、自治区级保护单位				
北城子遗址	旗文物局	田彦国	下洼镇政府	孙东屹
刁营子遗址	旗文物局	田彦国	牛古吐镇政府	姜峰君
酒局子遗址	旗文物局	田彦国	下洼镇政府	孙东屹
牛夕河遗址	旗文物局	田彦国	四家子镇政府	李青松
齐大窝铺城址	旗文物局	田彦国	萨力巴乡政府	邓伟光
小古力吐遗址	旗文物局	田彦国	四家子镇政府	李青松
马架子南房申遗址	旗文物局	田彦国	四道湾子镇政府	杨梦显
燕、秦汉长城	旗文物局	田彦国	敖汉旗政府	叶秀丽
三、市级保护单位				
西台遗址	旗文物局	田彦国	贝子府镇政府	董　华
毡家地遗址	旗文物局	田彦国	古鲁板蒿镇政府	高洪飞
小河西遗址	旗文物局	田彦国	木头营子乡政府	黄秋丽
老虎山遗址	旗文物局	田彦国	四家子镇政府	李青松
敖包梁遗址	旗文物局	田彦国	牛古吐镇政府	姜峰君
大砚台山遗址	旗文物局	田彦国	丰收乡政府	刘明志
喇嘛庙山梁遗址	旗文物局	田彦国	新惠镇政府	张永福
龙泉山庄遗址	旗文物局	田彦国	新惠镇政府	张永福
四、旗级保护单位				
白狐洞遗址	旗文物局	田彦国	兴隆洼镇政府	张洪峰
北牛夕河庙遗址	旗文物局	田彦国	四家子镇政府	李青松
北台子遗址	旗文物局	田彦国	牛古吐镇政府	姜峰君
大佛寺遗址	旗文物局	田彦国	下洼镇政府	孙东屹
岱王山遗址	旗文物局	田彦国	兴隆洼镇政府	张洪峰

续表

保护单位名称	管理机构	责任人	使用单位	责任人
范杖子遗址	旗文物局	田彦国	丰收乡政府	刘明志
佛爷岭遗址	旗文物局	田彦国	兴隆洼镇政府	张洪峰
庙梁遗址	旗文物局	田彦国	兴隆洼镇政府	张洪峰
南台地遗址	旗文物局	田彦国	牛古吐镇政府	姜峰君
平顶山遗址	旗文物局	田彦国	贝子府镇政府	董　华
烧锅地村遗址	旗文物局	田彦国	下洼镇政府	孙东屹
十八里台遗址	旗文物局	田彦国	牛古吐镇政府	姜峰君
石砬子山遗址	旗文物局	田彦国	贝子府镇政府	董　华
水泉遗址	旗文物局	田彦国	萨力巴乡政府	邓伟光
四平台遗址	旗文物局	田彦国	兴隆洼镇政府	张洪峰
小坑子遗址	旗文物局	田彦国	牛古吐镇政府	姜峰君
驿马吐遗址	旗文物局	田彦国	贝子府镇政府	董　华
榆树山遗址	旗文物局	田彦国	玛尼罕乡政府	韩少军
新惠烈士陵园	旗民政局	任　伟	旗民政局	任　伟
凌云寺石刻	旗文物局	田彦国	丰收乡政府	刘明志

第十一编表 14　内蒙古史前文化博物馆在境内外展览情况一览表

展览时间	展览名称	举办地点
2003 年	蒙古宫廷艺术展	美国洛杉矶郡立艺术博物馆
2008 年	辽、契丹文物精品展	日本东京国力博物馆
2009 年	兴隆洼文化玉器展	中国香港中文大学
2010 年	黄金帝国，元代文物展	中国台湾“故宫博物院”
2011 年	辽河寻根，中华文明起源展	辽宁省博物馆
2011 年	红山文化玉器精品展	上海博物馆
2014 年	草原丝绸之路文物精华展	内蒙古博物院
2017 年	玉出东方，敖汉红山文化玉器展	河姆渡遗址博物馆
2017 年	玉出东方，敖汉红山文化玉器展	杭州跨湖桥博物馆
2018 年	大元三都展，大辽五京展	首都博物馆
2018 年	玉出东方，敖汉红山文化玉器展	福建省昙石山博物馆

第十二编

文化市场

第一章　文化产业的形成

第一节　文化产业的发展历程

1979年开始，文化馆、站根据群众需要，利用业务专长开展有偿服务项目。文化馆主要以美术服务、照相为主，收成本费和工时费，到年底共收入300余元。双井、新地、丰收、四家子4个文化站下乡照相、印背心、写牌匾、收业余文艺团体演出管理费，收入金额合计达600余元。全旗文化产业从无到有，初具雏形，逐渐促进和带动文化消费。

1985年，上级文化部门提倡“以文补文”，通过发展文化产业项目，即第三产业创收方式，解决制约文化工作开展的经费困难问题。乌兰牧骑成立镇内第一个录像放映队，售票放映录像片。文化馆各业务组规定创收指标，还组建仿古建筑队、开办美术服务部、彩色照相部等，4年时间各项创收近7万元。电影公司知青小卖店、录像厅先后营业。有17个乡镇苏木文化站在开展文化工作的同时，增加了12类不同形式的服务创收项目。

从1987年开始，镇内街头兴起台球等体育活动。1988年，汽车站等地出现个体书摊、音像制品销售。1991年，营业性舞厅、印刷、复印、图书经销、录像厅、电子游艺等文化产业项目陆续增加。1992年，美术装潢业兴起。随着人们物质生活的提高，对文化生活的需求范围不断扩大，一些精神产品以商品形式进入流通领域，各种属于文化消费范围的营业性文化、娱乐和服务等文化产业项目相应而生，全旗文化市场框架基本形成。

第二节　文化产业现状

改革开放以来，全旗文化体育旅游产业从无到有，从小到大，经过40年的发展，文化产业门类比较齐全，经营主体遍及全旗各地，涵盖文化体育旅游等各方面。2018年，全旗文化产业项目有演出、娱乐、互联网上网服务、电子游戏、美术品销售、美术装潢、文物经营、图书、报纸、期刊、音像制品、电子出版、网络出版、计算机软件、印刷、复制、出版物发行等。其中印刷企业 21 家，网吧 50 家，游艺歌厅 34 家，图书音像 58 家，体育健身场所 19 家。

第十二编表 1　2018 年敖汉旗体育健身场所一览表

序号	单位名称	详细地址	负责人
1	新惠跃飞健身会馆	东辉商场后	于小飞
2	新惠华宇健身会馆	万强广场四楼	王晓飞
3	惠州沐沐瑜伽馆	新惠路南理想家园临街商厅	徐　慧
4	新惠永青瑜伽馆	银河金座 21 号楼	李永清
5	天德跆拳道	新中街燎原商场二楼	李红涛
6	新州傲天台球吧	武安小区热力一站胡同	邢百涛
7	新州精英台球厅	新中街新化小区北商厅	孙万利
8	新惠星辰台球厅	新中街南段双马农机综合楼	徐　欣
9	新惠李波台球室	新惠镇大格格召村三组	李　波
10	新惠徐氏台球室	电影公司四楼	徐建伟
11	新惠金尊桌球会馆	万强广场四楼	王晓川
12	新州翠霞台球室	新惠镇社保局东侧	张翠霞
13	惠州动杆地带乔氏台球馆	新州街东新园路南（新州国际）	刘志文
14	哇欧台球休闲馆	国宾馆临街三楼	张晓磊
15	一杆亮台球室	武安小区	陈利军
16	弗兰德台球室	原百货南二楼	刘智方
17	超越台球厅	武安小区西门北 20 米	董柏秋
18	尊皇台球室	新中街六中对过三楼	谷瑞安
19	新惠星奥台球厅	国宾馆二楼	魏淑丽

第十二编表 2　2018 年全旗娱乐场所登记注册一览表

业户名称	经营地址	负责人	行业
敖汉旗新视界网吧	新惠镇新化小区 9 号楼 3 号厅	尉洪秀	互联网上网服务营业场所
敖汉旗长胜强盛网吧	长胜镇长胜医院南 10 米	朱向国	互联网上网服务营业场所
敖汉旗惊雷网吧	新惠镇社保局东侧	盛　有	互联网上网服务营业场所
敖汉旗一泓网吧	新惠镇东一巷强盛花园东一巷	吴广玲	互联网上网服务营业场所
敖汉旗劲风网吧	新惠镇新中街气象局东侧	刘建辉	互联网上网服务营业场所
敖汉旗贝子府新大陆网吧	贝子府镇贝子府村 4 组	杜笑天	互联网上网服务营业场所
敖汉旗宏元网络竞技	新惠镇新惠路北新州街东（锦绣花园 1 号楼）	尉兴广	互联网上网服务营业场所
敖汉旗四家子长胜网吧	四家子镇政府对面	崔海南	互联网上网服务营业场所

续表

业户名称	经营地址	负责人	行业
敖汉旗蓝网电脑网吧	新惠镇新化路新宁大厦二楼	张海军	互联网上网服务营业场所
敖汉旗四道湾子创业网吧	四道湾子镇医院西 100 米	邢奋奇	互联网上网服务营业场所
敖汉旗震龙网吧	新化小区一楼	孙远红	互联网上网服务营业场所
敖汉旗新起点网吧	新中街气象局前	焦大伟	互联网上网服务营业场所
敖汉旗爱尚网络会所	新惠镇光荣院北胡同	朱晓波	互联网上网服务营业场所
敖汉旗耕海网吧	新惠镇光荣院北胡同	殷孟珍	互联网上网服务营业场所
敖汉旗浩瀚网吧	新惠镇老财政局家属楼对过	刘会军	互联网上网服务营业场所
敖汉旗新惠世泰网络广场	新惠镇幼儿园胡同南	许吉龙	互联网上网服务营业场所
敖汉旗永盛网吧	新惠镇西一巷旗幼儿园南胡同	陈国信	互联网上网服务营业场所
敖汉旗金厂沟梁环球网吧	金厂沟梁镇原粮店对过	陈旭红	互联网上网服务营业场所
敖汉旗长胜开心网吧	长胜镇农贸市场内	杨志新	互联网上网服务营业场所
敖汉旗世纪情缘网吧	新惠镇惠宁路金街 C172 号	欧阳欣	互联网上网服务营业场所
敖汉旗彤宇网吧	新惠镇新中街原光原建筑公司二楼	于海萍	互联网上网服务营业场所
敖汉旗通州网吧	新惠镇新化路新宁大厦一楼	陈　伟	互联网上网服务营业场所
敖汉旗日鑫网吧	新惠镇新化小区 5 号楼 101 号 102 号	程　莉	互联网上网服务营业场所
敖汉旗幸运星网吧	新惠镇光荣院北胡同	焦国龙	互联网上网服务营业场所
敖汉旗恒新网吧	新惠镇新中街原就业局二楼	魏春亮	互联网上网服务营业场所
敖汉旗虹网网吧	新惠镇新中街广源建筑公司对过	鲁志刚	互联网上网服务营业场所
敖汉旗广通网吧	新惠镇旗直幼儿园南	焦凤华	互联网上网服务营业场所
敖汉旗莱银河网络联盟	新惠镇惠宁路南惠州街西（银河金座 20 号楼）	李大萌	互联网上网服务营业场所
敖汉旗慧熙缘网络休闲会所	新惠镇惠州街银河花城 A111 号商厅	贾学良	互联网上网服务营业场所
敖汉旗奥英网络会馆	新惠镇西一巷旗直幼儿园南胡同	乔素荣	互联网上网服务营业场所
敖汉旗心仪网吧	新惠镇东一巷社保局南 50 米	曲凌浩	互联网上网服务营业场所
敖汉旗兴元网吧	新惠镇新中街农行南胡同南侧	齐腾飞	互联网上网服务营业场所
敖汉旗第一战线网络竞技会所	新惠镇丽水河畔 1 号楼 3 号商厅	侯维娜	互联网上网服务营业场所
敖汉旗时光网吧	新惠镇东一巷	马海波	互联网上网服务营业场所
敖汉旗星河网吧	新惠镇新化路永安小区 13 号楼	梁淑华	互联网上网服务营业场所
敖汉旗臻鸿网吧	新惠镇河东新区远古文化创意产业城	崔懿丹	互联网上网服务营业场所
敖汉旗逍遥网吧	新惠镇新州街东新园路北二楼 2—35 号	朱　艳	互联网上网服务营业场所
敖汉旗一九八八网络会所	新惠镇新惠路南惠州街西（银河花城 18 号楼）	安永新	互联网上网服务营业场所

续表

业户名称	经营地址	负责人	行业
敖汉旗古鲁板蒿东晟网吧	古鲁板蒿乡医院楼下	柳文东	互联网上网服务营业场所
敖汉旗小时代网络会所	新惠镇振兴路南东一巷东	王晓军	互联网上网服务营业场所
敖汉旗奇奇网络会所	新惠镇新中街西新化路北（新化小区5号楼）	吴宪华	互联网上网服务营业场所
敖汉旗宇彤网吧	新惠镇新州街东新园路北（万强商业楼）	曲凌浩	互联网上网服务营业场所
敖汉旗森耀网咖	新惠镇丽水河畔19号楼下东侧1—2楼	贾学良	互联网上网服务营业场所
敖汉旗航宇网吧	新惠镇新中街东新华路北（原石油公司院内）	腾学利	互联网上网服务营业场所
敖汉旗超神网游俱乐部	新惠镇路南兴隆街东（绿珠花园3—5商住楼）	唐金钊	互联网上网服务营业场所
敖汉旗八零九零网络会所	新惠镇路北市场西	张伯特	互联网上网服务营业场所
敖汉旗绿荫网络竞技	新惠镇新中街西新化路北（新化小区4号）	刘良缘	互联网上网服务营业场所
敖汉旗新州英才九号网络会所	敖汉旗新中街东巷惠宁路南老干局片区54号	秦　川	互联网上网服务营业场所
敖汉旗新州经纬度歌厅	新惠镇新中街中段原石油公司综合楼	高海波	歌舞娱乐场所
敖汉旗钱柜歌厅	敖汉旗新惠镇新西街原万强公司客运站	乔素芝	歌舞娱乐场所
敖汉旗雅乐迪歌厅	敖汉旗新惠镇新惠路国宾馆南侧	张洪波	歌舞娱乐场所
敖汉旗新州嘉年华歌厅	敖汉旗新惠镇新中街原就业局二楼	宋鹏程	歌舞娱乐场所
敖汉旗夜色歌厅	敖汉旗新惠镇新西街喜庆宾馆三楼	高贺然	歌舞娱乐场所
敖敖汉旗四家子大红太阳歌舞厅	敖汉旗四家子老虎山村	吴玉艳	歌舞娱乐场所
敖汉旗下洼维度歌厅	敖汉旗下洼镇加油站对过	陈小平	歌舞娱乐场所
敖汉旗新州唱享时光歌厅	敖汉旗新惠镇新惠路大坑市场西300米	闫海柱	歌舞娱乐场所
敖汉旗四家子好运来歌舞厅	敖汉旗四家子镇电管所北100米	谭敬丽	歌舞娱乐场所
敖汉旗新州风暴慢摇吧	敖汉旗新惠镇原民族商场地下室	李文达	歌舞娱乐场所
敖汉旗新州乐梦想歌厅	敖汉旗新惠镇新中街电影公司商业楼三楼	白新新	歌舞娱乐场所
敖汉旗新州盛世欢歌歌厅	敖汉旗新惠镇新会路金陶宾馆对过	鲁树源	歌舞娱乐场所
敖汉旗贝子府月半湾歌厅	敖汉旗贝子府镇政府东200米	张中阳	歌舞娱乐场所
敖汉旗广场歌厅	敖汉旗贝子府广场	丁　昆	歌舞娱乐场所
敖汉旗贝子府动感音乐茶座	敖汉旗贝子府镇	高云飞	歌舞娱乐场所
敖汉旗羊场岁月如歌歌厅	敖汉旗羊场	朱大伟	歌舞娱乐场所

续表

业户名称	经营地址	负责人	行业
敖汉旗新州糖果量贩式歌厅	敖汉旗新惠镇新中街工商银行对过	佟新磊	歌舞娱乐场所
敖汉旗新州圣乐嘉华歌厅	敖汉旗新惠镇新西街信用社综合楼	于宏才	歌舞娱乐场所
敖汉旗兴隆洼利国歌厅	敖汉旗兴隆洼镇加油站南	闫志红	歌舞娱乐场所
敖汉旗新惠万强音乐广场	新州街新园路万强商业楼四楼	王玉达	歌舞娱乐场所
敖汉旗长胜欢乐谷量贩歌厅	敖汉旗长胜镇长胜村老政府东 300 米	韩庆春	歌舞娱乐场所
敖汉旗长胜好乐迪歌厅	敖汉旗长胜镇本街粮站对过	王　春	歌舞娱乐场所
敖汉旗惠州兰戈电玩城	敖汉旗新惠镇新中街南段气象局胡同 193 号	田朋云	游艺娱乐场所
敖汉旗新惠超达电子游戏厅	敖汉旗新惠镇新中街东辉商场二楼	孙立新	游艺娱乐场所
敖汉旗新惠中宝游戏厅	敖汉旗新惠镇新化小区北门	刘宝忠	游艺娱乐场所
敖汉旗新州乐酷游戏厅	敖汉旗新惠镇新中街电影院二楼	张俊宇	游艺娱乐场所
敖汉旗星力电玩城	敖汉旗新惠镇新中街水利局对过二楼	李庆华	游艺娱乐场所
敖汉旗影院游戏厅	敖汉旗新惠镇新中街电影公司后院一楼	金　虹	游艺娱乐场所
敖汉旗敖强游戏厅	敖汉旗新惠镇原白酒厂东侧	仇志强	游艺娱乐场所
敖汉旗新州合泰游戏厅	敖汉旗新惠镇新化小区一号楼	朱孟嘉	游艺娱乐场所
敖汉旗新惠天亮电子游戏厅	敖汉旗新惠镇新西街新宁大厦二楼	王　坤	游艺娱乐场所
敖汉旗飞鱼动漫城	敖汉旗新惠镇新中街中蒙医院南侧	崔洪海	游艺娱乐场所
敖汉旗新州幻城电玩城	敖汉旗新惠镇原就业局二楼	刘智多	游艺娱乐场所
敖汉旗新惠格斗士电子游戏厅	新州新中街西新化路北	陈艳昌	游艺娱乐场所
敖汉旗兴隆洼演艺有限责任公司	新惠镇新中街	叶志新	文艺表演团体
敖汉旗梨园评剧团	新惠镇武安小区南门路北东侧 3 号大厅	鲍淑敏	文艺表演团体
敖汉旗民族歌舞剧团	新惠镇河东党校商业楼	张洪海	文艺表演团体
赤峰艺海文化传媒有限公司	新惠镇新中街西（电影院综合楼）	林百艳	文艺表演团体
敖汉旗贝子府后坟老窑评剧团	贝子府镇后坟村窑南组	杜国春	文艺表演团体
敖汉旗下洼红丝带剧团	敖汉旗下洼镇市场斜对过	王志杰	文艺表演团体
敖汉旗好德歌沁蒙古族剧团	敖汉旗惠宁路南滨河路西	褚　彦	文艺表演团体
敖汉旗志华歌舞剧团	木头营子乡乌兰乌苏村二组	程志华	文艺表演团体
敖汉旗美之缘歌舞剧团	敖汉旗木头营子乡岗岗营子村	张亚琴	文艺表演团体

第十二编表3　2018年全旗图书、音像店基本情况一览表

序号	店档名称	详细地址	负责人
1	博会书店	新惠镇新惠中学门北	张丽艳
2	博文书店	新惠镇新惠中学门北	鲁惠军
3	特价书店	新惠镇新惠中学门北	王晓光
4	娜仁书社	新惠镇新惠中学门北	刘淑芹
5	校麟书店	新惠镇新惠中学门北	刘永杰
6	树人书店	新惠镇新惠中学门北	吕岳敬
7	育人书店	新惠镇新惠实验小学门西	李英杰
8	盛春图书音像	新惠镇车站对面	冯盛春
9	利校书店	新惠镇新惠三中门北	张力效
10	方圆书店	新惠镇第二小学门北	王立群
11	教辅书店	新惠镇新惠中学对面	李学民
12	超感音像行	新惠镇旗防疫站一楼	陆宇光
13	百盛书店	新惠镇新惠中学门北	葛云春
14	华语书店	新惠镇新惠中学门北	鲁晓东
15	继梅音像家电城	新惠镇小商品街南	梁继梅
16	黄金书屋	长胜镇本街	刘亚辉
17	新明珠图书音像	明珠购物广场二楼	张　雷
18	新乡福客隆超市音像	新乡福客隆超市音像专柜超市二楼	张淑梅
19	新惠黄鹤书屋	新惠黄鹤书屋	罗艳芝
20	艺海书店	新惠镇光荣院东侧	张晓燕
21	利校书店	新惠镇新惠二中门南	张力效
22	新惠橘红影音	新华路教育小区一楼	陈兴杰
23	小邹音像店	四家子镇林家地本街	邹德胜
24	博友图书店	新惠镇教育局一楼	杨永慧
25	求知圆书屋	长胜镇本街	吕瑞梅
26	淑荣图书店	四家子镇本街	陈淑荣
27	小小书屋	长胜镇本街	张玉良
28	书香阁书店	四道湾子镇本街	李晓华
29	新华书店	新中街	肖庆华
30	三味书屋	贝子府镇本街	胡志芬
31	一中图书门市	四家子镇本街	罗艳玲
32	盛隆文具百货图书商店	六小对过	张　全
33	古鲁板蒿随缘书店	古鲁板蒿本街	赵素兰

续表

序号	店档名称	详细地址	负责人
34	下洼镇胡海军书店	下洼镇本街	胡海军
35	古鲁板蒿通鑫书店	古鲁板蒿本街	杨嘉宝
36	玛尼罕桂环书店	玛尼罕中学家属院	齐俊环
37	新州利校书店三分店	实验小学西门口北侧	张利校
38	新惠绿园书店	西山路小学东	王丽娜
39	敖汉旗宝国吐隆鑫书店	宝国吐本街	张宗全
40	下洼慧海书店	下洼镇本街	马秀华
41	敖汉旗新惠海英书店	新惠中学门北	姜海英
42	金厂沟梁镇崔玉琴书店	金厂沟梁镇小学门口	崔玉琴
43	长胜刘海玲音像店	长胜镇市场门口东 20 米	姜悦乾
44	新惠心放百货图书店	新惠镇步行街西 7 号	于亚萍
45	金厂沟梁景辉图书一二元店	金厂沟梁镇市场门口	孙景辉
46	玛尼罕来福音像电器门市	玛尼罕村二组	陈　学
47	四道湾子国兴图书综合商店	四道湾子镇第二小学东侧	王国兴
48	群峰图书文具门市	金厂沟梁中心小学对面	张桂玲
49	新惠术娥书店	新惠镇第四小学东	郑清龙
50	古鲁板蒿王亚杰文体百货书店	古鲁板蒿总校一楼	王亚杰
51	金厂沟梁锦绣爱书店	金厂沟梁镇中心小学东	杨智灵
52	新惠声声音像店	新西街原白酒厂对过	孙秀艳
53	敖汉旗四家子海金波书店	四家子邮局对过	赵金华
54	敖汉旗兴隆洼阳阳学生用品店	兴隆洼加油站西 200 米	孙占国
55	敖汉旗惠州秋山书店	新惠镇万强广场三楼东南侧	张保刚
56	敖汉旗惠州雪昊图书文具店	新惠镇新化路北银河花城东侧 31 号	李志双
57	敖汉旗爱智书屋	敖汉旗新惠镇盛新家园	史向晴

第十二编表 4　2018 年全旗印刷企业登记一览表

序号	企业名称	企业地址	负责人	业务范围
1	敖汉天营印刷厂	敖汉旗新惠镇喇嘛蒿村	吕　学	其他印刷
2	敖汉旗博源印刷厂	新惠镇河东新区党校门北大厅	王　焕	其他印刷
3	敖汉旗新惠中学印刷厂	敖汉旗新惠中学院内	齐振军	其他印刷
4	敖汉旗新惠牛光华印刷厂	敖汉旗新惠镇喇嘛蒿小东山	牛光华	其他印刷
5	敖汉旗新惠宏飞印刷厂	敖汉旗新惠镇南街六中对过	李　和	其他印刷
6	敖汉旗新东印刷厂	武安小区西门	田志琴	其他印刷

续表

序号	企业名称	企业地址	负责人	业务范围
7	敖汉旗冠华印刷厂	敖汉旗新惠镇武安小区	李亚芹	其他印刷
8	敖汉旗新惠四通印刷厂	新惠镇新兴街新惠镇政府西侧	王亚均	其他印刷
9	敖汉旗新惠惠文印刷厂	新惠镇喇嘛蒿村	杜　江	其他印刷
10	新惠理想彩色印刷厂	新中街南新州花园一楼	赵亚军	其他印刷
11	敖汉旗新惠万峰印刷厂	敖汉旗老法院胡同	李万明	其他印刷
12	敖汉旗新惠卓美图文印刷厂	敖汉旗新惠镇卫校院内	刘　杰	其他印刷
13	敖汉旗奔腾印刷社	新惠镇新中街旗联社北侧	王亚林	其他印刷
14	敖汉旗新惠绘影印刷厂	新惠镇兴隆街西理想家园 10 号楼	徐立娟	其他印刷
15	敖汉旗新州金美印刷厂	敖汉旗新惠镇新中街教育局楼下	臧亚娟	其他印刷
16	敖汉旗鑫樾印刷有限公司	敖汉旗长胜镇农贸市场院内	孙宏丽	其他印刷
17	敖汉方正纸品有限公司	敖汉旗新惠镇喇嘛蒿村	高淑兰	包装装潢
18	敖汉旗鼎顺印刷有限公司	敖汉旗新惠镇新西街	张艳匣	包装装潢
19	赤峰敖汉旗春晖传奇印刷有限公司	敖汉旗新惠镇新中街西惠宁路南	杨兆娟	包装装潢
20	敖汉旗新惠万发纸箱厂	敖汉旗新兴街	张艳辉	包装装潢
21	敖汉旗乌兰特印刷厂	敖汉旗新惠镇新西街防疫站西	通拉嘎	其他印刷

第二章 文化市场管理与执法

第一节 文化行政管理

中华人民共和国成立后，敖汉旗文化行政部门对文化市场管理工作从未间断。中华人民共和国成立初期，敖汉旗文教科对落子班、皮影队和农村业余剧团等演出团体多次进行普查登记、演出剧目审核等管理，禁演封建迷信和黄色剧目，宣传新思想，净化演出市场。1962 年 8 月，文教科印发《敖汉旗人民委员会关于农村业余剧团活动的几点意见》，对业余剧团活动和存在问题提出检查、整改意见。“文化大革命”期间受各种政治运动影响，文化市场的传统演出被当成“三黄四旧”“牛鬼蛇神”禁演，全旗文化市场活动处于全面停止状态。

党的十一届三中全会以后，敖汉旗文化市场逐渐呈现复苏态势。1978 年，农村业余剧团、皮影班纷纷恢复演出。1979 年 9 月，敖汉旗文化局制定《农村业余剧团（宣传队）管理办法（试行）》，1980 年下发《关于给民间艺术团体和民间艺人发演出证的通知》，通过审核、发证，加强对演出活动的管理。

1986 年 8 月，敖汉旗文化局下发《关于外地文艺团体来我旗巡回演出需执行有关规定的通知》，对来本旗演出的外地艺术团体、计划外艺术团体和私自盲目流入的艺术团体、个人演出作出规定。旗文化局和各乡镇文化站有关人员持旗文化局颁发的“检查证”，有权检查、制止其演出活动和吊销“营业演出许可证”。

1989 年 3 月，为加强文化市场管理，保护文化经营者的合法权益，促进文化市场的发展和繁荣，成立敖汉旗文化市场管理办公室，隶属于旗文化局。8 月 20 日，旗文化局下发《关于加强敖汉地区演出市场经营管理工作的通知》，对营业性演出所需演出证件、节目审核、演出手续、广告宣传等作出严格规定。8—9 月，旗文化局组织宣传、文化、广播、工商、公安、物价等部门，对全旗文化市场进行两次检查整顿。镇内全面检查，抽查四道湾、长胜、贝子府、金厂沟梁、四家子 5 个乡镇，共检查文化经营企业 64 家，检查出违禁书刊 5 种 48 册，收缴非法出版录音磁带 8 盘，取缔新惠镇 17 家个体营业性台球厅。9 月，旗政府下发《关于清理整顿文化市场的通知》，明确清理整顿的范围和原则。

1990年3月，成立文化市场管理股，由专职人员负责全旗文化市场管理工作。文化市场管理股的工作职能职责是在旗文体广电局的直接领导下开展各项工作，完成工作目标；宣传、贯彻执行文化旅游市场管理法律法规及相关的政策规章，组织实施各类培训，提高经营人员的守法意识和服务意识；把握市场动态和发展规律，提出市场发展规划和工作创新意见，完善管理运行机制，开展文明经营活动，发展繁荣文化体育旅游市场；依据行政审批权限和法定程序，审核并办理文化体育“经营许可证”，负责年度验审、换发许可证及停、歇业的审批工作；接纳和审批演出团体或艺人在旗内从事演出活动；根据市场管理的特点，做好各项服务工作；负责档案管理和统计工作，接待群众来信来访。

1991年4月，根据中办发〔1991〕2号文件精神和赤峰市《关于压缩整顿录像单位的通知》，旗文化局发出《关于整顿文化市场、压缩音像单位的通知》。要求凡是进行录像、演出、游艺、书刊等文化经营服务活动的单位必须重新注册登记，办理“文化经营许可证”，无证者不准营业；无文化局发“准映证”的录像带一律不准公开放映，每部录像带收审片费0.5元。7月，旗政府办公室下发《关于加强文化市场管理的通知》，明确本着“归口管理、协调行动”的原则，全旗文化市场管理除广播电视系统的文化活动由本系统负责管理外，其他文化活动统由文化局负责管理。在文化市场管理工作中，“一手抓管理，一手抓繁荣”。收缴非法出版录音磁带、图书、审查录像带等。全旗有印刷复印企业4家、录像放映3家、营业性舞厅1家、书店、售书点36家，台球8家、电子游艺3家。

1992年5月，敖汉旗文化市场管理委员会制定下发《敖汉地区文化市场管理暂行规定》。一手抓“扫黄”，一手抓繁荣。全年查处非法书刊5种14册，审查83部录像带，加强台球、游艺厅的管理。全旗有台球9家，美术装潢3家，复印打字9家，录像放映点7处，旱冰场1处，营业性舞厅2处，电子游戏厅11家，业余剧团8家，图书销售点5家。

1993年3月，敖汉旗人民政府下发《关于印发〈敖汉旗文化市场管理暂行办法〉的通知》，进一步明确文化市场的管理方针、管理范围、管理要求和组织领导，全旗文化市场管理进入正规化。

1995年，敖汉旗文体局组建文化市场稽查队，配备工作人员6名。全年收缴非法书刊42册，光盘2盘，对4户录像放映厅进行停业整顿，向社会公布《关于严禁中小学生在非节假日期间进入电子游艺厅的通告》。全旗文化经营户达227户。

第二节 文化行政执法

1996年3月，旗编委批准成立敖汉旗文化市场稽查队，定事业编制2人。其主要工作职责为：依据文化市场管理法规，对文化市场实行监督、检查，保障文化市场的健康发展。宣传贯彻落实党和国家的有关政策法律、法规和条例；负责规定权限内的歌舞娱乐、互联网上网营业场所、电子游戏、图书、音像、印刷业、摄像、工艺美术、包装装潢等经营项目的登记、年审、发证工作；依法管理文化市场及印刷出版市场，查处市场及印刷出版市场，查处违法经营活动，保护合法经营，做好文化市场管理稽查工作，指导文化产业发展。6月，旗公安局批复，稽查队着旗内部单位保安队服装。文化市场经过近10年的发展，已经初具规模，表现在经营项目增多、门路拓宽、消费人数增多、消费观念增强等方面。

1997年，会同有关部门对文化市场进行大规模整顿6次，取缔无证经营户5家，吊销“文化经营许可证”2家，收缴非法光盘、录像带143盘（盒）；没收非法出版物、黄色书刊53册；对40家违规经营场所予以重罚。对全旗游艺厅清理整顿，长期停业整顿18家，封存游戏机106台，收缴赌币机1台，有效地规范、净化文化市场。本年度稽查队被赤峰市文化局表彰为全市文化市场管理先进集体，王久芳被评为文化市场管理先进个人。

1998年，整顿文化市场经营户210家。旗文体局印发《敖汉旗农村牧区文化市场管理办法（试行）》。1999年，结合“新惠镇创建自治区级文明镇暨卫生城镇”的要求，旗文体局制定《关于加强文化市场管理的实施方案》，采取抓住管理重点，集中力量进行清理整顿的办法，不断增加执法透明度，扶持文化经营户，促进文化市场的繁荣与发展。全旗有文化经营户316家。本年度旗文体局被赤峰市文化局评为文化市场管理先进集体，王久芳被评为文化市场管理先进个人。

2001年6月，旗文体局、旗公安局、旗工商局、旗电信局联合发出《关于印发〈敖汉旗整顿和规范文化市场〉的通知》，严厉打击各种违法违规经营活动，切实解决文化市场在发展过程中存在的突出问题，为改革开放和经济建设提供良好的文化环境，通知对工作重点和责任分配等事项作出明确规定。年底，全旗有文化经营户308家，体育经营户3家。

2002年，开展“扫黄打非”集中行动中，收缴盗版音像制品1144盘（盒），收缴禁售光盘4盘，查处2起出售淫秽光盘案件，查缴非法书刊286册，不健康图片49张，吊销“文化经营许可证”1家，取缔非法经营户8家，限期整改14家。

2003年1月11日—30日，联合城管、工商部门，对年画、春联市场进行综合治理。3

月，出动宣传车宣传新“网吧”条例。5月26日，制订《关于开展音像、书刊市场治理整顿的方案》，按照方案要求，对全旗音像书刊市场进行40天的专项整治，共出动126人次，车辆32台次，依法收缴“二合一”盗版光盘2828盘，“口袋本”511本，政治性非法书刊8册，磁带86盒。查封非法经营户6户，处罚游动商户5户。7月1日—8月4日，对全旗印刷市场进行专项治理，出动车辆21台次，检查人员80多人次，对9家有证印刷厂和5家无证经营的印刷厂进行检查，依法查封3家非法经营的印刷厂，收缴盗印教材900册，盗版教辅资料300册。处罚2家印刷厂，4家印刷厂被限期整改。8月4日，旗委办、政府办联合下发《关于2003年扫黄打非工作实施方案》。按方案要求，用3个月时间，进行大规模的“扫黄打非”专项行动，重点对音像、书刊、印刷市场进行清理检查。本年度对网吧、游戏厅、录像放映厅业主进行4次培训、3次集中检查。针对镇内歌舞厅经营混乱现象，对镇内65家餐伴舞厅、卡拉OK厅进行检查规范，制定“十不准”警示牌。拆除反锁装置20套，清理无透明包厢6个，整改不合格灯光54家。在对体育市场专项治理中，镇内的9家台球室有4家被封闭，2个旱冰场进行停业整顿。

2004年，经过多年的发展和规范，全旗文化市场已形成互联网上网服务业、音像业、图书报刊业、印刷业、歌舞娱乐业以及营业性演出等市场格局。一年中，重点抓网吧管理工作，举办网吧业主培训班3次。4月，旗政府组织有关部门负责人，举行关于在“五一”长假期间开展网吧专项治理统一行动周活动启动仪式。7月，旗文体广电局与团旗委共同举办“优化未成年人成长环境，禁止未成年人进入网吧”座谈会，同时开展争创“安全放心网吧”活动，聘请15名文化市场监管员进行社会监督。全年对网吧检查共出动车辆90台次，出动检查人员210人次，取缔黑网吧10家，查处违规经营网吧20余家次。根据旗委旗政府《敖汉旗2004年“扫黄打非”活动实施方案的通知》精神，对全旗音像制品、书刊报业以及印刷企业进行集中治理整顿，特别是把学校周边、销售摊点、车站及附近列为重点。在专项行动中共收缴盗版音像制品5220张（盒）、盗版书刊1000册、政治性非法出版物78册。加强对电子游戏和录像放映厅的监控，防止非法经营反弹。共收缴赌博性质的电路板16块，对4家录像厅进行停业整顿。年底，全旗共有文化经营户214家，体育经营户25家。

2005年5月，根据文化部《关于开展第七届全国音像制品法制宣传活动周的通知》精神，开展多种形式的宣传活动。在新惠中学门口设立音像市场法制宣传咨询点，向群众发放音像市场宣传资料，开展音像制品经营鉴别咨询，在镇内重点活动场所悬挂条幅，利用新闻媒体进行跟踪宣传报道，此次活动历时7天，对镇内的28家音像制品经营网点进行突击性检查。共查缴盗版及色情淫秽音像制品8103盘，立案2起，并对盗版制品进行了集中销毁，收到良好效果。5月22日，组织全旗网吧经营业主28人进行法规培训，讲解《互联网上网服务营业场所管理条例》，学习行政处罚等法律知识，同时，与各“网吧”经营场所法人代表签订《2005 年度互联网上网营业场所管理责任状》。本年度以网吧和“扫黄打非”为重点，进行 4 次规模较大的集中整治，出动车辆 60 台次，人员 260 人次，取缔黑网吧 3 个，查处从事盗版印刷活动的印刷厂 5 家，查处非法出版物 790 册。本年度旗文化市场稽查队被中宣部、文化部评为“全国服务农民、服务基层文化工作基层文化市场管理”先进集体，是内蒙古自治区唯一一家受中宣部、文化部表彰的文化市场稽查单位。时任中共中央政治局委员、书记处书记、中宣部部长刘云山称赞：“内蒙古自治区敖汉旗文化市场稽查队转变执法观念，坚持交流与帮扶、执法与服务相结合，既严格完善了执法手段，又帮助经营户解决了实际困难，走出了一条以规范管理促进农村农牧区文化发展的新路子。这些成功的做法和可贵经验，缘于广大基层文化工作者的积极探索和刻苦实践，凝聚着创造的智慧和辛勤的汗水，值得认真总结和推广。”同年，旗文化市场稽查队被评为赤峰市文化工作先进集体。

2006 年 8 月 1 日—9 月 30 日，开展文化市场集中执法季活动。对新惠镇内及部分乡镇音像制品、网吧、电子游戏厅等营业场所进行集中清理整顿。本年度被赤峰市和内蒙古自治区评为全市和全区“扫黄打非”工作先进集体。

2007 年 1 月 27 日—12 月 23 日，开展“保护知识产权，反对盗版天天行动”集中整治行动，进一步规范音像、书刊、印刷行业经营秩序，查处违法违规行为。重点清理淫秽、色情、含有政治性非法音像制品书刊，严厉查缴煽动民族分裂、封建迷信的音像制品、书刊，凡是属于盗版的一律收缴。规范教材教辅读物市场秩序，坚决打击印刷、销售盗版教材、教辅读物行为。检查印刷企业是否印刷违规出版物等问题。7 月 30 日—9 月 30 日，对镇内及部分乡镇网吧营业点进行专项治理。本年度被内蒙古自治区文化厅表彰为文化执法先进集体。

2008 年 3 月，旗文体广电局会同公安、工商等部门，在全旗范围内开展“保护知识产权、打击盗版”专项行动。此次行动共查缴盗版音像制品“贺岁片”15 部、中小学盗版教辅资料 3500 余套（册），有效地打击了非法经营行为。为确保“五一”期间文化市场的健康稳定，加大市场监管力度和对违规经营的查处力度。针对双休日、学校放学后的重要时段加大检查，确保各时段监管到位。重点打击网吧违规接纳未成年人和超时间营业等违规经营行为，将处罚和宣传有机结合，对消费者和经营者进行文化市场法律法规宣传，加强守法经营教育。此次行动共检查网吧 20 家，音像制品、书刊 42 家。其中有 17 家网吧因违法经营被处罚，收缴非法出版音像制品、书刊 1496 盘（册）。8 月，采取措施促进全旗网吧业规范经营和有序发展。一是组织成立敖汉旗网吧协会，制定《敖汉旗网吧协会章程》和《敖汉旗网吧协会行业自律规则》，组织协会成员认真学习，提高认识，统一思想。二是统一上网费，禁止恶性竞争。三是实行实名会员制管理。四是改善环境，更新设备，完善上网内容。引进先进管理系统，提高服务质量。9 月 24 日，旗政府召开全旗文化市场安全工作会议，全面部署国庆期间文化市场安全工作。旗文体局、工商局、公安局、消防大队领导及全旗网吧、歌舞厅、音像、书刊、印刷等 100 多家企业的业主参加会议。9 月 25 日—28 日，旗文体局、工商局、公安局、消防大队抽调 11 人组成敖汉旗文化市场安全管理集中整治联合检查组，深入全旗各地文化市场经营户进行拉网式检查。其中，检查游戏厅 7 家，消防设施不全，限期整改 4 家；检查歌舞厅 6 家，关闭安全通道、缺少消防设施 2 家，取缔无证经营 1 家；检查网吧 29 家，缺少消防设施、下达整改通知书 8 家，限期整改 1 家，取缔黑网吧 1 家；检查印刷厂 3 家，消防设施不合格，限期整改 1 家。10 月 13 日—14 日又进行全面复查，取缔两家整改不合格的歌舞厅，本年度被内蒙古自治区文化厅、赤峰市文化局分别表彰为文化市场行政执法先进集体。

2009 年 2 月，旗文体局会同公安、消防、工商、新闻等部门，在全旗范围内开展“文化市场安全工作专项整治”行动，确保“两节”“两会”期间文化市场的安全。在完成大型文艺演出安全保卫工作的同时，还对辖区内的歌舞厅等文化场所进行全面的安全检查。关闭 2 家安全通道堵塞的歌舞厅；取缔 2 家无证经营的歌舞厅；限时整改 4 家缺少消防设施的游戏厅；停业整顿 8 家无应急照明指示灯的网吧，取缔两家黑网吧；限制整改 1 家有火灾隐患的印刷厂。收缴非法书刊 75 册，盗版音像制品 230 张(盘)。3 月 24 日—6 月 23 日，旗文体局对全旗网吧开展专项集中整治行动。25 日召开敖汉旗网吧专项整治行动暨网吧业主培训会议，学习讲解有关法律法规和网吧经营管理知识，下发《敖汉旗网吧专项整治实施方案》，同网吧经营业主签订《2009 年度互联网上网服务营业场所管理责任状》。会后，文体局分管领导带领执法队员按照方案要求，对全旗网吧展开全方位检查。4 月 17 日—6 月 16 日，对全旗文化市场进行集中清理整顿。17 日召开敖汉旗扫黄打非集中清理整顿暨文化市场经营业务培训会议，学习讲解有关法律法规和文化市场经营管理知识，宣读《敖汉旗扫黄打非集中清理整顿实施方案》，同文化市场经营业主签订《2009 年度娱乐场所管理责任状》《2009 年度印刷行业管理责任状》《2009 年度书刊音像制品管理责任状》。会后，在全旗范围内开展以“扫黄打非”、净化校园周边环境、规范文化市场秩序为主要内容的集中清理整顿行动。6 月 3 日，旗文体广电局、旗教育局联合举办“净化环境、远离网吧、共同关注未成年人健康成长”宣传活动启动仪式。各网吧经营业主、学生家长代表、网吧义务监督员代表及新惠镇内各个学校的负责人、社会各界群众 1000 余人参加启动仪式。在启动仪式上，出动两台宣传车沿镇内主要街道进行宣传，在重要地段和场所悬挂宣传标语，在学校门口播放录音，散发宣传单，当天向镇内 10 所中、小学校和社会各界群众发放《致全旗中、小学生家长，社会各界人士及网吧经营者的公开信》和宣传单 7 万余份，引起社会各界的广泛关注，收到良好的社会效果。9月，旗文体广电局印发《国庆期间敖汉旗文化市场清理整顿实施方案》。23日举办100余家文化市场经营业主参加的培训班，重点培训依法依规经营等方面的法律知识。由文化、工商、公安、消防等部门组成联合检查组，对全旗文化市场进行全面检查，共出动人员135人次，出动车辆34台次，查处违规经营网吧2家，取缔无证歌舞厅1家，停业整顿歌舞厅3家，限期整改1家，查缴非法印刷厂1家。本年度，旗文化市场稽查队被内蒙古自治区文化厅评为“2009年度全区文化市场稽查工作先进单位”，行政执法案卷《超感电子音响行销售非法音像出版单位出版的音像制品》，被内蒙古自治区文化厅评为优秀执法案卷，赤峰市文化局授予“文化市场管理先进单位”称号。王成江被内蒙古自治区文化厅评为先进个人。

2010年3月1日—30日，精心组织开展“净化校园周边环境”活动，通过检查，收缴盗版书刊、教辅资料和音像制品3200余盘（册）。严查网吧接纳未成年人现象，向社会公示举报电话，有8家接纳未成年人上网的网吧被严厉处罚。4月7日召开由全体网吧业主和网管等60多人参加的“敖汉旗网吧专项整治动员会”。旗委宣传部、政法委、公安、工商、教育等有关部门的负责人出席会议。会上，宣读《敖汉旗文化体育广播电视局关于加强网吧管理工作的实施意见》，同网吧业主签订《2010年互联网上网服务营业场所管理责任状》。会后，按实施意见对全旗网吧展开全方位检查。6月23日—24日，敖汉旗文体广电局和旗网吧协会提出“网吧服务社会、爱心奉献考生”免费查阅分数倡议。全旗33家网吧通过媒体通告、发放宣传单张贴启事等方式，告知家长和考生。两天内一律免费向广大考生开放，共接待查阅分数的高考学生4300余人次，受到考生家长和社会各界的好评。11月19日，举办“敖汉旗网吧业主暨网络管理人员培训班”。全旗33家网吧业主及管理人员全部参加培训，同年度被赤峰市文化局评为全市文化市场管理先进集体。王成江被内蒙古自治区文化厅评为全区文化市场管理先进个人。

2011年春节期间，为有效规范节日期间文化市场经营秩序，防止各类生产安全事故发生，努力做到“九个到位”。一是认识到位；二是隐患检查、排查到位；三是措施到位；四是整改到位；五是制订消防安全预案到位；六是节日安全负责到位；七是督查到位；八是责任追究到位；九是信息上报到位。4月20日，旗文体广电局举办“全旗文化体育市场经营业主培训班”。全旗160余名文化体育市场经营业主参加了培训。会上宣读了《敖汉旗文化市场治理整顿方案》和《敖汉旗体育市场治理整顿方案》。赤峰市体育局、赤峰市体彩中心、赤峰市文化市场稽查队主要领导分别讲课。培训班上，还印发《内蒙古自治区文化市场管理条例》《内蒙古自治区体育市场管理条例》《互联网上网服务营业场所管理条例》《中华人民共和国彩票管理条例》等十几个文化、体育市场管理法律法规。8月，在全旗范围内开展暑假文化市场集中整治，重点是网络文化市场、娱乐场所、营业性演出市场、出版物市场及动漫市场。共出动检查车辆 58 台次，出动检查人数 232 人次，取缔黑网吧 4 家，查处违规接纳未成年人网吧 25 家，停业整顿 6 家。查缴淫秽色情盗版书刊和音像制品 3865 盘（本）。立案 5 起。9 月 2 日，旗文体广电局组织敖汉旗网吧协会捐款 1 万元，到羊场学校救助 50 名贫困中、小学生。本年度开展集中整治行动 11 次，出动各种车辆 268 台次，人员 296 人次，立案查处违规经营网吧 35 家，查缴盗版、淫秽、色情、非法政治性出版物并进行公开销毁。12 月，旗文化市场稽查队获内蒙古自治区文化厅全区文化市场管理与综合执法工作先进集体称号。被赤峰市文化局评为全市文化市场管理先进单位、“优秀文化行政执法案卷制作”先进单位。本年度，在赤峰市文化市场综合执法考评中获第一名。

2012 年 4 月，在旗文化市场稽查队的基础上，组建敖汉旗文化市场综合执法大队。其主要职能职责是贯彻党和国家有关文化、广播影视、出版物市场管理的法律、法规和方针、政策；依据相关法律、法规、规章和政策规定，行使对文化市场管理的行政处罚权；负责查处演出、娱乐、网吧及互联网上网服务、电子游戏、美术品销售、文物经营、图书、报纸、期刊、音像制品、电子出版、网络出版、计算机软件、印刷、复制、出版物发行等经营活动中的违法违规行为和非法安装、擅自使用卫星电视广播地面接收设施的行为；负责查处侵权盗版行为；负责受理文化市场违法行为的投诉举报；承担旗“扫黄打非”工作领导小组办公室的日常工作；依法查处文物市场以及盗掘古墓、文物走私等违法经营活动；承办旗委、旗政府交办的其他事项。4 月 20 日—5 月 20 日，旗文体局制订《敖汉旗文化市场清理整顿实施方案》，重点对新惠镇内和部分乡镇文化经营网点，包括音像制品、书刊市场、网吧、电子游戏、印刷、复印打字、工艺美术、照相、文物经营店、美术装潢、台球、歌舞厅等娱乐场所进行集中清理整顿。7 月 26 日—9 月 25 日，制订《敖汉旗网吧专项整治设施方案》，对新惠镇内和部分乡镇的网吧营业点开展专项整治行动，进一步规范网吧经营秩序，查处违法违规行为，正确引导经营和消费，保证网吧经营活动健康有序。本年度旗文化市场执法大队被自治区文化厅评为“文化市场综合执法工作先进单位”，被内蒙古自治区党委宣传部、区文化厅、区广播电影电视、区新闻出版局授予“2011—2012 年度全区基层文化市场管理和综合执法先进集体”，被赤峰市“扫黄打非”工作领导小组办公室评为“全市扫黄打非工作先进集体”，同时，被赤峰市文化局评为全市市场信息工作先进集体，获得全市文化市场综合执法考评第一名。

2013 年，旗文化市场综合执法大队积极探索净化网吧市场的新途径、新举措，坚持重在建设，疏堵结合，标本兼治，突出抓好“四度”（即巡查密度、执法力度、政策适度、社会满意度），推进依法行政工作再上新台阶。同时，通过开展文化执法岗位大练兵，技能大比武活动，打造政治强、业务精、作风正、纪律严、形象好的执法队伍。2 月 12 日开始，开展音乐作品侵权盗版专项执法检查，对 5 家侵权使用音乐作品的经营单位进行处罚处置。在对全旗美术品市场开展全面执法检查时，本着“依法监管、规划发展”的原则，开展人性化执法，推进美术品市场执法监管工作。3月11日起，文化部《娱乐场所管理办法》发布施行。15日，召集辖区内电子游艺厅经营业主进行《娱乐场所管理办法》专题培训。同时，通过出动宣传车、印发宣传单等形式进行宣传，使社会各界对《娱乐场所管理办法》有全面的了解和认识，3月27日—28日，对辖区内5家电子游艺厅进行执法检查。针对这些场所未认真落实办法规定所存在的问题，视情节处以5000—6000元罚款。此案的查办在自治区尚属首例，4月23日，“中国文化市场网”综合执法频道为此做专题报道。

4月8日，旗文体广电局在旗政府会议中心举办“全旗文体广电市场经营业主培训班”。市文化市场综合执法局、旗委宣传部及旗文体广电局、公安局、工商局、教育局、文化市场综合执法大队等有关部门的领导和负责人出席开班仪式。全旗300多名文体广电市场经营业主参加培训。会上发布《敖汉旗文艺广电市场清理整顿实施方案》，同经营业主签订2013年1月—2014年12月《敖汉旗互联网上网服务营业场所管理责任书》18家，《敖汉旗印刷行业管理责任书》14家，《敖汉旗娱乐场所管理责任书》13家，《敖汉旗音像制品、书刊市场管理责任书》7家。开班仪式结束后，市文化市场综合执法局领导就文化市场和出版物市场相关的法律法规以及经营管理知识进行专题讲座。培训班上，还印发《文体广电市场法律法规汇编》等相关材料。5月13日，敖汉旗“扫黄打非”工作会议召开。旗“扫黄打非”工作领导小组各成员单位负责人出席会议。会上宣读《敖汉旗2013年“扫黄打非”方案》，分析“扫黄打非”工作所面临的形势，安排部署2013年“扫黄打非”工作。5月4日开始，利用媒体宣传、悬挂标语、主动宣传车、散发传单、张贴《关于清理整顿非法销售、安装、使用卫星电视广播地面接收设施》的通告等方式，进行15天的宣传，对擅自使用和非法销售窝点进行暗访摸底。5月20日起，联合旗工商局、公安局开展了为期两周的卫星地面接收设施专项整治行动。共出动车辆26台次，出动检查人员130人次。查处非法销售卫星地面接收设施的商户7家，取消非法销售窝点4家，收缴卫星地面接收设施573套。6月14日，召开网吧义务监督员座谈会，广泛听取监督员对网吧管理和执法大队工作的意见和建议。6月4日—6日晚，开展零点夜查行动，共出动执法人员15人次，分两个检查组，检查文化经营单位28家，填写执法文书13份，发现火灾隐患3处，当场责令整改3家。6月3日，在新惠中学举办“远离网吧、绿色上网”报告会。

7月，在“全市文化市场综合执法技能大比武”活动中，旗执法大队代表夺得团体第二名的好成绩。本月，为全体执法人员购买人身意外伤害保险。7月上旬开始，在全旗开展严查非法报刊、非法报刊机构、假记者、假新闻“四假”行动。重点检查出版物经营单位、印刷复印企业和集贸市场有无销售和印刷非法出版物、淫秽色情出版物、法轮功、封建迷信出版物、侵权盗版出版物及辖区内有无“四假”、新闻敲诈等现象。共出动执法检查人员46人次，检查出版物经营单位27家，印刷、复印企业12家，学校周边、车站、广场等书摊点40多处。收缴盗用书号书70多册，清理无证违规书摊点1个。对几家新闻单位的19名记者身份进行了检查。10月，按照自治区和市“扫黄打非”工作的统一部署，认真组织开展扫黄打非“清源”行动，严查各类非法出版物。共出动执法人员45人次，检查出版物经营单位108家次，取缔无证照游动摊点5个，查缴各类非法出版物1090册，立案查办案件1起。同时，为进一步规范营业性演出活动，旗文体广电局发布《关于进一步加强营业性演出活动管理工作的通知》，明确营业性演出活动之前各方应尽的义务，即主办方的事前申请义务，场所经营单位的查验告知义务和媒体的审验义务。11月15日，旗“扫黄打非”工作领导小组在旗博物馆门前广场隆重举行保护知识产权暨集中销毁非法出版物宣传活动大会，市、旗有关领导及相关部门负责人、旗内各新闻媒体记者、镇内部分文化市场经营业主、社会各界群众1000余人参加本次宣传销毁活动。会场上，对敖汉旗今年以来查获的4195张盗版、淫秽色情光盘，18946册盗版、非法图书和573套非法卫星电视广播地面接收设施进行公开销毁，是历年来规模最大、一次性销毁非法出版物最多和非法接收设施数量最多的一次。活动仪式上，还举行“拒绝盗版、从我做起”签名活动，现场发放“知识产权基本知识”宣传单5000余份。年底，全旗有文化经营户368家。本年度，敖汉旗文化市场综合执法大队获多项荣誉。在赤峰市文化局组织的全市文化市场综合执法技能比武大赛中获团体第二名；被赤峰市社会管理综合治理委员会办公室、共青团赤峰市委员会联合授予全市“优秀青少年维权岗”称号；被赤峰市文化局评为全市文化市场信息工作先进单位；在全市文化市场管理与综合执法考评中获第一名；获文化部2012—2013年度全国文化市场综合执法优秀案卷制作三等奖。王成江被内蒙古自治区“扫黄打非”工作领导小组评为先进个人。

2014年9月18日—30日，按照市“扫黄打非”工作领导小组的统一部署，开展“扫黄打非·净网”2014专项行动。分全面清查、集中查处、完善机制、督导检查四个阶段进行。同时，对全旗中小学校周边的网吧、游戏厅、书报刊、音像、电子出版物、歌舞娱乐等文化市场经营场所进行专项清查。据统计整治期间共收缴非法出版物2400余件，其中非法书报刊1000册、非法电子出版物56册（份）、非法音像制品1394余盒，对24家违规接纳未成年人的网吧进行行政处罚。2014年度，获内蒙古自治区优秀执法案卷奖；被内蒙古自治区团委等十二家单位表彰授予“优秀青少年维权岗”称号；赤峰市文化市场综合执法考评第一名。

2015年年初，旗文体广电局与11家娱乐场所、9家印刷行业、20家互联网上网服务营业场所、5家音像制品和书刊市场签订管理责任书。2月2日—18日，开展敖汉旗文化市场安全大检查，对辖区内歌舞厅、电子游戏厅、网吧、音像、书店、印刷、复印等文化场所进行检查。3月，旗文体广电局作出《关于委托敖汉旗文化市场综合执法大队行使行政执法和行政处罚权力的决定》。一年中，开展网吧整治行动、“扫黄打非”工作、开展卫星地面接收设施专项治理行动、营业性演出市场专项治理行动、文化旅游市场安全隐患排查整治行动、校园周边文化环境集中整治行动、消防安全讲座、安全生产大检查等工作。2013—2015年，连续3年获赤峰市文广局市级文化市场管理和综合执法考评第一名。2014—2015年，连续两年被内蒙古自治区“扫黄打非”工作领导小组评为先进集体。

2016年4月26日—30日，开展以“数字创新、重塑文化”为主题的知识产权系列宣传活动。本次活动共悬挂横幅41条，展出各类展板13块，出动人员57人次，发放各类法律法规小册子及各类知识产权宣传资料9900余份，参加现场咨询人数3500多人。同时，联合工商局、食药监局等部门开展知识产权专项联合执法活动，收缴盗版光盘1000余张。7月，旗文化市场管理工作领导小组办公室组织文化、工商、公安、广电、教育等成员单位，召开专题研究净化社会文化环境工作协调会。9月，再次召开专题协调会，研究部署开展国庆期间文化市场安全生产大检查工作。11月17日，敖汉旗“扫黄打非”办公室在旗惠文广场举办2016年“扫黄打非”侵权盗版及非法物品集中销毁活动。旗“扫黄打非”办公室有关单位成员、文化经营业主户代表和社会各界群众共计200多人参加活动。全年共出动检查943人次，查处网吧违规行为35家次，查处歌舞厅违规播放未经著作权人许可行为14家次，检查图书出版物市场160家次，印刷企业104家次，责令整改违规场所17家，责令停业整顿违规场所3家，警告19家，没收淫秽色情、盗版、盗印音像制品非法图书3648盘本。联合公安查处非法安装广播设施的1家，收缴卫星地面接收设施325套。

在全旗组织开展了中小学生远离网吧活动，以杜绝未成年人进入网吧、沉迷网络为重点，组织实施了在法定节假日期间开展了10余次网吧市场大检查，通过开展这些活动，全旗网吧违规接纳未成年人等违规行为得到了有效遏制，市场经营秩序明显改观。

组织开展打击侵权盗版专项行动。根据自治区、市、旗“扫黄打非”工作领导小组的安排，坚持不懈地开展打击侵权盗版专项行动，以打击网络侵权、制售盗版侵权图书、音像制品、网络出版物等为重点，紧紧抓住印刷复制和物流运输这两大源头，通过突击检查、暗访巡查等形式，文化产品的制假售假之风，得到明显遏制。

开展整治手机、互联网低俗之风专项行动，加强对网络游戏、网络音乐、手机音乐等网络文化产品内容管理。6月，文化执法机构联合公安等部门，对全旗手机下载店进行了集中清查整治，重点对手机下载店下载淫秽色情内容的情况进行了清理整顿，收到良好的效果。为充分展示一年来全旗“扫黄打非”专项行动的工作成果，11月17日，敖汉旗“扫黄打非”办公室在惠文广场举办2016年“扫黄打非”侵权盗版及非法物品集中销毁活动。本年度获赤峰市文化市场综合执法考评第二名。2014—2016年，王成江连续3年被赤峰市文化市场管理办公室评为先进个人，尚诗军被内蒙古自治区文化厅评为信息先进个人，孙德志被赤峰市文化局评为文明执法标兵。

2017年，敖汉旗编制机构委员会下发《关于成立敖汉旗文化旅游综合行政执法大队的通知》，正式组建敖汉旗文化旅游综合行政执法大队，编制19名，隶属于旗综合行政执法局，主要承担全旗文化、新闻出版、广电、体育、文物、旅游市场以及“扫黄打非”的综合行政执法工作。同时，在四道湾子镇设立文化旅游综合行政执法协管办公室（工作试点），增加执法职能，扩大执法队伍，延伸执法触角。新成立的综合执法大队高度重视文化旅游市场行政执法案卷的制作和管理工作，把行政执法案卷制作作为行政执法行为的切入点，通过案卷互查、集中培训、案件剖析、外地考察学习等途径，不断完善行政执法案卷的办理运作机制，规范使用行政处罚权，建立并执行行政执法自由裁量权制度、执法人员办案质量监督与责任追究制度、执法案件档案管理制度等配套管理制度，切实提高办案人员的行政执法水平和案件办理质量。

为确保全旗文化市场安全，为党的十九大胜利召开和内蒙古自治区成立70周年大庆创造良好的社会文化旅游环境，在全旗范围内全面开展文化旅游市场安全大检查，印发《集中开展文化旅游市场安全隐患排查整治工作实施方案》及各项集中整治行动实施方案。共检查文化旅游经营场所402家次，出动执法人员356人次，车辆92台次；排查处置安全隐患22处，查处违规网吧9家，违规歌厅5家。围绕“保护知识产权”这个主题，全面开展“净网”“清源”“秋风”“固边”“护苗”以及“北疆稳定工程”“长白山工程”“剑网”等集中整治行动和大规模宣传活动，出动宣传车，发放宣传单，组织召开“保护知识产权，反盗版集中行动”动员大会，以“扫黄打非”为重点，加大整治力度，对全旗78家音像制品、书刊、印刷业经营网点进行多次检查，共出动车辆94台次，查缴盗版色情淫秽违法音像制品和书刊1299本（盘），取缔无证经营书店3家，立案处罚1家。全年共出动车辆152台次，检查人数608人次，查处违规经营“网吧”32家次，使网吧违规经营现象得到有效治理，未成年人进入网吧现象得到有效遏制；在全旗范围内集中开展卫星电视广播地面接收设施专项清理整治工作。按照“统一行动、集中整治、依法查处、严厉打击”的原则，共出动检查车辆128台次，出动检查人员640人次，拆除收缴卫星地面接收设施326套。本年度获赤峰市文化市场考评第二名。

2018年，敖汉旗文化旅游综合行政执法大队内部设置综合股和一、二、三中队，职责明确，责任到人，工作效率明显提高。积极推行“双随机、一公开”监管模式，建立“两库一清单”，充分发挥“双随机”抽查机制在事中事后监管中的作用。取消对游戏游艺场所总量和布局规划的行政性规定，降低游艺娱乐场所设立的准入门槛，依法严厉打击利用游戏机赌博等违法犯罪活动以及游戏游艺场所违法违规经营行为，建立文化、公安部门信息互通机制，促进游戏游艺行业健康有序发展。

在全旗范围内全面开展文化旅游市场安全大检查，排除隐患，规范秩序，营造良好氛围。印发《集中开展文化旅游市场安全隐患排查整治工作实施方案》。共检查歌舞娱乐场所、网吧、旅行社、旅游景点、印刷复制企业、书店、健身场馆、游泳馆、民营博物馆、艺术品市场、营业性演出、农村集贸市场等文化旅游经营场所408家次，出动执法人员380人次，车辆94台次；排查安全隐患22处，现场整改20处，限期整改2处；查处违规网吧5家，其中警告3家；查处违规歌厅2家；取缔无证经营书店1家；收缴非法书刊815册。以“扫黄打非”为重点，加大整治力度，对音像制品、书刊、印刷业经营网点及网络游戏进行多次检查，共出动检查人员371人次，出动车辆94台次，检查986家次。查缴盗版色情淫秽违法音像制品和书刊1299本（盘），取缔无证经营书店3家，立案处罚1家。组织网上巡查，8人（次）40余小时，查缴封建迷信类卦书48册。加大力度整治校园周边文化环境，创建“平安校园”。共出动车辆80台次，出动检查人数210人次，检查书店45家次，检查文具店、手机店28家次，收缴非法出版物54册。

制定印发《开展营业性演出市场专项整治行动实施方案》，在全旗范围开展演出市场专项整治行动。重点整治民营剧团、旅游景点等经常性开展文艺演出活动的单位和场所，加大对商场、超市、公园、广场、店面庆典活动等临时搭台及搭棚演出的监管力度，注重节假日和夜间重点时段的监管。共出动车辆58台次，出动检查执法人员290人次，依法取缔擅自从事营业性演出经营单位1家，规范管理营业性演出单位6家，进一步推动演出市场健康、规范、有序发展；制订印发《敖汉旗重点文物保护单位安全执法检查实施方案》，对全旗市级以上重点文物保护单位进行安全执法检查。及时处理解决执法检查中发现的安全问题和安全隐患，积极探索建立文物安全长效机制，加大文物保护法的宣传力度，努力形成全社会齐抓共管的良好局面。完成了25处市级以上重点文物保护单位的执法检查。

同年，开展全旗文化市场政策落实和行政审批规范化建设“回头看”，进一步深化文化市场领域“放管服”工作，规范行政审批行为、提升行政审批服务、改进行政审批工作，确保行政审批工作规范化建设。本年度获赤峰市综合执法考评第二名。

第十二编表5 1997—2018年敖汉旗文化体育旅游市场综合行政执法一览表

年度	执法内容	出动车（次）	出动人（次）	检查单位数	查处违法违规事项
1997年	文化市场整顿	25	112	65	212（盘、册、台）
1998年	文化市场整顿	32	115	210	
1999年	文化市场整顿	33	110	316	
2001年	整顿规范文化市场	24	108	311	
2002年	扫黄打非行动	33	132	311	1163盘、286册
2003年	音像书刊市场整顿	32	126		3433（盘、册、套）
	印刷市场治理	21	80	14	1200册、处罚6家
	歌舞娱乐专项治理			65	清理包厢6个
2004年	网吧专项整顿	90	210	30	取缔10家
	音像书刊印刷市场治理	80	186	239	6980（盘、册）收缴电路板16块
2005年	音像制品法制宣传			28	8103盘、立案2家
	网吧印刷治理	60	260		296册、取缔3家、处罚5家
2006年	文化市场集中执法季	40	242	124	
2007年	下洼文化市场重点检查	2	8	1	1378（盘、部）、罚款1000元
	网吧治理	68	128		立案查处22家
2008年	保护知识产权打击盗版			全旗所有音像书刊	盗版贺岁片5部、中小学教辅3500册
	五一重点检查			62	1496（盘、册）、处罚17家
	文化市场全年联合检查	153	430	全旗所有	8400（盘、张）、查处违法45起、取缔4家、限期整改5家、收缴赌博电路板7块
2009年	“两会”期间文化市场安全检查	18	85	68	关闭2家、取缔2家、限期整改5家、停业整顿8家
	文化市场全面检查	34	135	全旗所有文化经营户	查处网吧2家、取缔1家、限期整改3家
2010年	净化校园周边环境	16	88	重点检查	3200（盘、册）、处罚8家网吧
2011年	暑期文化市场集中整治	58	232	全旗所有文化经营户	3865（盘、本）、取缔4家、停业6家、立案5家
2012年	全年文化市场检查	320	596	457	7460（盘、册）、处罚违规43家、收缴赌博电路板12块
2013年	全年重点检查网吧	252	395	全旗	取缔2家、查处违规27家
	全年音像、书刊检查	94	240	126	18946（盘、本）、立案1家、收缴卫星接收设施573套

续表

年度	执法内容	出动车（次）	出动人（次）	检查单位数	查处违法违规事项
2014年	全年网吧整顿	152	456	全旗	查处违规24家
	“扫黄打非”专项行动	94	240	全旗	4896（盘、本）
	取缔卫星接收设施	26	130	全旗	取缔4家、收缴接收设施563套
2015年	全年网吧治理	152	458	全旗	查处36家
	“扫黄打非”专项行动	96	268	98	2456（盘、本）、立案1家
2016年	全年文化市场执法检查	240	943	全旗	3648（盘、本）、查处收缴卫星接收设施325套、查处违规网吧35家、违规歌厅14家、责令整改17家
2017年	全年文化旅游安全检查	92	356	402家次	排查隐患22家、查处违规网吧9家、违规歌厅5家
	保护知识产权、反盗版	94	302	78	1299（盘、本）、取缔无证3家、立案1家
	卫星接收设施整顿	128	640	全旗	拆除收缴非法设施326套
2018年	文化旅游市场安全隐患排查	94	308	408家次	排查隐患22家、查处违规网吧5家、违规歌厅2家、收缴非法出版物815册
	反盗版集中行动	94	371	986家次	1299（盘、本）
	整治校园周边文化环境	80	210	73	收缴非法出版物54册
	经营性演出市场整顿	58	290	全旗	取缔非法1家、规范6家

第十三编

人物

第一章　人物传略

一、王燃

王燃，笔名沐沦，男，汉族，1954年10月1日出生于敖汉旗玛尼罕乡平顶庙村，后随父母迁居赤峰。中共党员，大学文化。内蒙古著名诗人、作家。

1968年，赤峰二中毕业。同年，响应知识青年上山下乡号召，到昭乌达盟（赤峰市原称）阿鲁科尔沁旗插队。1971年，到赤峰县糠醛厂务工。1973年，入沈阳市财会学校学习，毕业后到昭乌达盟粮运车队做会计工作。1976年7月，加入中国共产党；12月，到共青团昭乌达盟委员会工作。1981年，任共青团昭乌达盟委员会宣传部长。1983年，入内蒙古师范大学中文系学习。1985年，任赤峰市人大常委会科教文卫委员会副主任。1991年，任赤峰市委宣传部副部长。1994年，兼任赤峰市文联党组书记。2001年，任赤峰市委宣传部副部长，赤峰日报社社长、总编辑。2004年，兼任赤峰日报社党委副书记。2005年1月24日因病逝世，享年51岁。

他在担任赤峰市委宣传部副部长期间分管社会宣传、文化艺术、对外宣传、新闻宣传等项工作，使赤峰市的精神产品生产一直保持繁荣的局面，一大批作品在内蒙古自治区第一至第七届“五个一工程”作品评选活动中获奖，赤峰市委宣传部连续7次荣获“五个一工程”建设组织工作奖。他领导对外宣传工作，赤峰市在中央和内蒙古自治区媒体的发稿数量逐年攀升，质量不断提高。外宣作品制作精品迭出，对外文化交流不断深入，有效地提高了赤峰的知名度。他领导和指挥的全市新闻宣传工作，连续多年名列内蒙古自治区各盟市前茅。

他在担任赤峰日报社社长、总编辑期间，常常抱病工作，且夙兴夜寐，宵衣旰食，殚精竭虑，为全市报业的整合和发展壮大倾注了全部的心血和聪明才智。他勇于改革创新，对《赤峰日报》《红山晚报》进行全面改版，使报纸更加贴近实际，贴近生活，贴近群众，面貌焕然一新。他先后两次实施赤峰日报社历史上从未有过的全员竞争上岗制，极大调动了报社编辑、校印人员和后勤保障人员的积极性和创造性。他领导创办的赤峰日报社记者读者俱乐部在内蒙古自治区新闻界独树一帜，受到有关方面的好评。他倡导创办的《赤峰日报百姓周刊》成为独具特色的品牌报纸。他在担任赤峰日报社社长、总编辑的同时，还担任赤峰市新城区规划建设指挥部副总指挥，为赤峰市城市建设描绘着精美的蓝图。他主持制定了主题公园、主题广场、主题绿带、景观桥梁、主题灯具、主题铺装等城市建设框架，赋予一大批普通工程以文化内涵。在他的建议下，“老区做减法，新区做加法”的城市建设思想付诸实施。

他自幼酷爱文学艺术。1975 年，开始从事业余文学创作，陆续在省市级以上报刊发表文学作品 300 余万字。他创作有诗歌、散文、小说、歌词、纪实文学、随笔、杂文、戏曲、曲艺、文艺评论、电视片等，不仅尝试了几乎所有的文学体裁，而且各有成就。他与人合写的诗歌《艾里春早》被《中国文学》译成英文。他作词的歌曲《草原上有一座美丽的城》，被确定为赤峰市市歌。他出版有散文集《故乡情》，杂文集《三味泉》，随笔集《新潮语汇》《闲品录》《说话乱弹》《说话乱炖》等；主编《赤峰文物大观》《可爱的赤峰》《今日赤峰》；为《赤峰情韵》《走近赤峰》《捍卫家园》等外宣作品撰稿，均饱含浓重的艺术色彩和丰富的审美价值。

二、王玉珩

王玉珩（1926 年 3 月—2008 年 2 月），1926 年 3 月出生于敖汉旗林家地乡双庙村，汉族，中共党员，高中文化。生前曾任敖汉旗文化馆馆长、文化局局长。1948 年参加革命，1987 年 3 月离休，2008 年 2 月因病逝世。

王玉珩同志青年时期在家乡双庙村当教师，因为爱好文艺，旗文教科成立之时，就被选中调入文教科，从此与文化事业结下了不解之缘，成为他为之奋斗一生的事业。新中国成立后，旗文化馆成立，他被派往文化馆工作，成为一名专业文化干部。1958 年 3 月，任旗文化馆馆长。1968 年 10 月，任旗毛泽东思想宣传队革委会副主任。1969 年 6 月—1972 年 11 月，历任旗毛泽东思想文艺宣传队革委会副主任、政治指导员、主任。1975 年 6 月，任旗文化馆馆长；1975 年 9 月，任文化馆党支部书记。1980 年 1 月，任旗革委会文化局副局长。1981 年 6 月，任旗政府文化局局长。1984 年 2 月，任文化局党支部书记、调研员至离休。

在从事文化工作 30 多年的时间里，他历经“大跃进”“文化大革命”和改革开放三个历史阶段的发展历程。凭着对文化事业的满腔热情，把近半生的心血倾注在文化事业上，为活跃城镇和农村牧区群众文化生活作出了重大贡献。

王玉珩同志到文化馆工作初期，正值敖汉旗农村牧区群众文化活动的兴盛阶段。文化馆仅仅5名工作人员，除开展幻灯放映、展览、文艺晚会、讲座报告会、图书借阅、出刊黑板报和画刊等馆办活动外，还担负着全旗3个公办文化站、6处重点农村俱乐部、8支业余剧团、5处图书室、4个幻灯放映站和10多个学习小组训练班的业务指导工作。王玉珩同志常常白天下乡，晚上和同事在馆内加班，刻印宣传时事政治和文艺演唱材料，为群众文化辅导工作尽心竭力。

1958年，王玉珩同志担任旗文化馆馆长。在“文化大跃进”的背景下，根据旗委宣传部、旗文教科指示精神，加强阵地宣传和培训文艺骨干工作。为了提高自身业务素质，王玉珩同志苦练摄影、书法等基本功，以适应宣传工作的需要，丰富宣传内容，提高橱窗、街头标语和展览等各项文化宣传水平。由于馆内工作人员少，许多基层群众文化活动组织得不到全面辅导，他采取馆内集体办班和分片集中辅导相结合的办法，培训业余美术、创作人才100多人，培训业余剧团、歌咏队等文艺团体骨干200多人，成为全旗农牧区群众文化活动的生力军。

在担任文化馆馆长期间，王玉珩同志工作尽心尽力，事必躬亲，和同事一起动手筹备各项馆办活动，下乡搞文化辅导。20世纪80年代前，文化系统的老同志中曾流传着一个“王官僚”的笑话，说他一次下乡去新地某村俱乐部辅导，当时毛主席提出“反对官僚主义”，生产队长没啥文化，不知道“官僚”的意思，把“馆长”和“官僚”混为一谈。晚上活动开始前，队长说道：“社员同志们，今天晚上旗文化馆‘王官僚’来我们生产队辅导……”王馆长急忙纠正：“不是官僚……”“客气啥呀？官僚就是官僚嘛。对领导不能提名道姓，必须用称呼。”队长以为他谦虚，抢过话题，弄得王馆长哭笑不得。这则逸事虽属笑谈，却让人们眼前浮现出王玉珩同志当年下乡辅导的情景。

王玉珩同志勤奋敬业，对工作认真负责。在多年的工作中刻苦钻研文化艺术，孜孜不倦，练就了一身过硬的业务本领。他酷爱摄影，颇有研究，经常为旗委、旗政府大型会议或各行各业举行有意义的活动拍照。一台普通的120相机和简陋的冲洗设备，在他的手中诞生了一幅幅绝美的黑白摄影作品，真实地记录下敖汉旗不同历史时期政治、经济、文化等大事件的场景。每逢出宣传橱窗，引来许多观众驻足，同时成为不可多得的图片资料。《敖汉文史资料选辑》“老照片专辑”中收录的老照片，有很大部分出自他手。他的书法独成体系，造诣很深，宣传橱窗、板报的文字内容，大都是他书写。“文化大革命”期间，他被错误地打成“内人党”，身心受到严重摧残。但他忍辱负重，始终怀着一颗对文化事业的赤诚之心，把工作放在第一位，竭尽全力做好毛泽东思想文艺宣传队的领导工作。

王玉珩同志为人谦和，团结同志，关心职工利益，重视培养人才。为了提高文化馆各业务组工作水平，他千方百计地培养专业人才，以利于开展高质量的业务活动。在担任馆长期间，涌现出以创作组齐成玉和张果彬、文物组邵国田、岗岗营子文化站贾立新、摄影组高清河、美术组钱景龙等为代表的许多文化事业骨干，后来成为学术界知名的专家、学者和文化名人，他们的成就与王玉珩同志当年的关心和培养有很大关系。

担任敖汉旗文化局局长后，王玉珩同志从敖汉旗文化事业的全局出发，在旗委、旗政府的领导下，对新时期敖汉旗文化事业进行总体规划。首先，增设专业文化机构，图书馆、文物管理所两个单位相继建立，推动图书、文物事业的发展；采取“社办公助”的办法，全旗普遍建立文化站，活跃基层文化生活；改善文化基础设施建设，多方争取，乌兰牧骑、文化馆办公楼拔地而起；研究制定《文化馆（站）工作条例》，使文直单位有章可循，业务工作步入正规化。

1984 年，王玉珩同志任调研员后，担任《敖汉旗民族民间艺术集成》主编。为了挖掘整理敖汉地区民族民间艺术，他不顾年老多病，多方调查资料，和编辑人员一起多次召开老艺人、知情者座谈会，深入萨力巴乡乌兰召村，组织“好德歌沁”传承人表演，通过拍照、录音和座谈等方式系统搜集，为蒙古族民间艺术“好德歌沁”保留下珍贵的原始资料。

王玉珩同志是一位优秀的文化工作领导者。他热爱文化，献身文化，几十年如一日，严于律己，以身作则，用朴实厚道的为人和严谨认真的工作态度，为文化系统的干部职工作出了榜样，受到了大家的普遍尊重。他是敖汉旗文化艺术界的名人，其书法、摄影等艺术作品为人所称道。他为敖汉旗文化事业发展倾注的全部心血和精力，将永远为全旗人民所铭记。

三、冯川

冯川（1934 年 11 月—2007 年 12 月），字凌源。男，汉族。1934 年 11 月 4 日生，2007 年 12 月 16 日逝世。初中文化，敖汉旗四家子镇池家湾子村人。曾是敖汉旗电影事业的创始人之一。历任敖汉旗电影队发电员、放映员、电影三队队长等职务。

1956 年 3 月，在四家子区老虎山完小教师岗位上参加敖汉旗师资训练班学习；6 月，被抽调参加内蒙古电影放映训练班学习，完成培训后，被敖汉旗政府选派到刚刚成立的敖汉旗电影队工作。

1956 年末，数九寒天。那一年雪很多，数九天的积雪很厚，大地一片白茫茫。那时的交通条件非常不好，多远的路只能靠两只脚踏雪而行。一天，冯川在离新惠 5 公里的山沟里给乡亲们放映电影，片子放映完了，他去新惠换取新影片。没有交通工具，他只能穿着毡鞋步行踏雪往返。山路上的积雪很厚，他深一脚浅一脚地前行。不一会儿毡鞋就灌满雪，打滑，穿不住。为不耽误乡亲们及时看上新影片，他索性脱掉毡鞋，把影片和毡鞋往背上一背，光着脚蹚着雪赶路。数九寒天，每走一步，脚都被冻得钻心疼痛。凭着对事业的挚爱和责任心，一步一步地在雪地里赤脚前行，按时取回影片，及时为群众放映了电影。当乡亲们知道冯川是光着脚取回的影片时，都被他感动得不知道说什么好，既敬佩他，又心疼他。

爱惜机器设备，是冯川的一贯作风。他把在内蒙古电影训练班学习时老师讲的一句话写在工作日记上："一个好的放映员，必须像爱护生命那样爱护机器。"工作中，他把这句话当作座右铭，并时刻落实在行动上。不管多忙、多累，都按时保养完设备再休息，从没有一次马虎。在当时的环境下，冯川硬是把设备保养得连续使用一年没出现过一次技术故障，被同行们称之为"神手""冯川创造了一个奇迹"。

那个年代，放电影的发电机是消耗油料的设备。冯川深知，如果能使设备节约燃油，必须精心养护。他使用的是一台1103型汽油发电机，按规定，每演一场电影消耗3公斤汽油是正常的技术指标。但是，他在认真维护机器中挖掘潜力，研究省油方法。在保证发电机各项指标的基础上，硬是创造出每场电影节约油料1.2公斤，全年节约汽油554.4公斤的新纪录。此举受到了内蒙古电影公司的奖励。1957年年末，他被内蒙古电影公司评为先进生产者，奖励现金36元；1959年，他被任命为敖汉旗电影三队队长，肩上的责任更重了。

20世纪70年代，敖汉旗各公社陆续建立电影队，培训公社电影放映员的任务又落在冯川的肩上。他精心备课，结合自己的经验传道授业解惑。把自己平生所积累的电影放映技术和经验传授给了他的弟子们。为全旗培训出了一大批业务精熟、技术过硬、服务到位的电影放映员，使全旗很快实现了电影普及，丰富了城乡人民的文化生活。至今，当年那些接受过冯川培训的老放映员，还念念不忘他的谆谆教诲，深深缅怀他们的恩师。

据冯川当年的同事和后辈们称，冯川是一个老实厚道、忠诚友善的人。自己虽然是电影放映的技术权威，但他从不训斥徒弟，总是循循善诱，耐心讲解。他技术全面，好学钻研，工作勤奋，任劳任怨，为敖汉旗电影事业的发展作出了突出的贡献。

四、张宽

张宽（1902年6月—1973年2月），字平宽，祖籍辽宁省朝阳市召都巴乡。其父8岁随祖父逃荒来到敖汉，在贝子府西荒村落脚，后迁址巨林营子、老窑、哈力海吐居住。新中国成立前移居牛古吐村，后在牛古吐乡德力板胡同村定居。清光绪二十八年（1902年）农历五月十八日他出生在贝子府巨林营子村。民国2年（1913年）入私塾念书4年。从民国6年（1917年）到民国24年（1935年）的18年里，经历了给地主耪青扛活、办事、学木匠等艰难的生活。民国 24 年（1935 年），他凭着自学的二人转艺术，组建小戏班，农闲时唱地方落子戏。1947 年任牛古吐村文教委员。1948 年经解放军十七旅程处长、韩股长介绍，加入十七旅军事股，为部队做手枪盒子。1949 年给敖汉旗委赶大马车，帮助搞生产。1950 年，以张宽和侯凤山为班主的民间落子班改归旗政府领导，他从此成为大集体性质的半职业剧团中的外事联络人员。1964 年，被精减回牛古吐老家务农。

张宽幼年丧父，家境贫寒，自幼喜好秧歌小调。当时，二人转、莲花落艺术在地方上较流行，他常常与一些外来民间艺人接触。黑山县艺人“大金条”（艺名）领女儿王义兰在贝子府一带演唱二人转，他经常与其往来，受其影响渐渐地迷上了二人转艺术，拜“大金条”为师，在耍手艺维持全家人生计的同时，潜心向师傅学艺。几年后，对二人转、落子戏艺术的曲牌、演技悉数掌握。当时二弟张平川、三弟张平山 10 多岁，受其影响随兄学艺。三弟张平山有较好的艺术天赋，贝子府某地办灯会，下场演出观众无不叫好，人们称赞说：“张宽小兄弟，唱曲儿比洋戏匣子都好听。”二弟张平川能拉能唱，人送外号“小金钟”。兄弟三人开始卖艺为生，逐渐在敖汉旗南部地区远近闻名。

1935 年，张宽看到三兄弟的表演深受人们喜爱，便联合附近流动艺人张万财（艺名“万人迷”）、申春合、王喜发、陈球子、常三、常五、“一千二”（艺名）等人结成团体，购置部分戏装、乐器，形成初具雏形的小戏班，常年活动在全旗各地演出。至此，敖汉地区开始有了一支土生土长的以表演二人转和拉场戏为主的民间戏班，即后来人们谈戏必称的“张宽班”。

1940 年 5 月，在奈曼旗西地王子新戏班的侯凤山、孙凤仙夫妇来到敖汉，两人自幼坐科，曾在多地驻班，会唱京剧、梆子戏、评剧。此时正值张宽扩大戏班规模、招贤纳士时期。他连夜登门造访，一番诚意让侯、孙夫妇感动，入驻其戏班，同时进入戏班的还有当年下洼戏班小科班培养出的李福宽、郭明、郭亮等。一时间，“张宽班”演员实力增强，名气大振。

张宽带班行艺，事事率先，与人为善，深受演员钦佩。演出时尤其注重声誉。戏班演出剧种由二人转、落子戏转为京、评、梆后，他从此很少登台，把全部精力放在戏班的管理和写台口等事务方面。数年之中，“张宽班”辗转敖汉南北及邻近旗县演出，谈及张宽和他的戏班，地方上妇孺皆知。领戏班“闯荡江湖”，张宽身为班主，饱尝了写台、演出过程中的甜酸苦辣，凭着较强的外事能力和演员实力，每一次演出都能赢得当地群众的赞誉。有一次，戏班来到古鲁板蒿杨杖子唱戏，几个会首都是戏曲行内的老戏迷，点戏时十分苛刻，张宽一见所点的几出戏十分难唱，便求会首“手下留情”。晚饭时，他再三叮嘱班里演员："杨杖子是敖汉北部'圣人府'，懂戏的人多。这5天的戏咋唱，伙计们可得掂量着点。"大家心里默默地憋足了劲，几出大戏演出非常成功，一炮打响。事后会首评价说："能在杨杖子打出把式，张宽班在敖汉北半部就可以脚面子水——平蹚啦。"果然，戏班在长胜、双井、岗岗营子一带着实红火了多年。为了戏班的发展壮大，他心无旁骛，以戏班为家养家糊口，俗话说"拴车领戏，有名无利"，戏班倒是出名了，可他房无一间，地无一垄，全家老少十几口随戏班四处奔波。

1947年，解放军十七旅部进驻敖汉，张宽带戏班去敖吉慰问演出，受到部队的表扬和奖励。戏班随部队驻地转移随时献戏，演出长达数月。1948年，部队程处长、韩股长介绍张宽入伍，在军事股组织文艺活动，兼做手枪盒子。一年后部队南下，首长劝他重归故里，为地方戏曲事业再立新功。

1947年，解放军某部在奈曼旗境内歼匪"小白龙"队，特请张宽戏班去演戏庆功。

新中国成立以后，敖汉旗人民政府十分重视地方戏曲事业发展，对"张宽班"进行管理，以该戏班为单位，成立"戏曲学校"和"戏曲研究会"。张宽积极响应政府号召，在戏班整顿的过程中，组织演员通过政治学习，改变传统的"江湖"作风，使戏班向正规化发展。1951年，戏班积极为抗美援朝做义务宣传演出，并向国家捐献小米900公斤。1953年，定居新惠镇，常年到乡下为群众演出。

1957年，根据上级指示精神，"张宽班"经过整编、登记，由民间半职业戏班转为旗政府直属大集体单位"敖汉评剧团"。张宽备受鼓舞，把戏班所有物资归公使用，对戏曲事业的发展更加充满信心。1964年，旗政府在"敖汉剧团"整编过程中，动员不能演现代戏的老演员回乡务农。时年62岁的剧团创始人张宽，积极响应政府号召，回到老家牛古吐公社德力胡同大队。"文化大革命"开始后，传统戏曲艺术被禁锢，剧团里服装、道具全部被当成"四旧"烧毁。张宽闻讯后痛心疾首，数日饮食不安。在回乡务农的10年里，他终日劳作，生活艰难，饱受失业之苦。

张宽从少年学艺到中年领班，直至晚年，大半生以戏曲为业，为敖汉地区戏曲事业的发展作出了很大贡献。他倾尽毕生心血的"张宽班"，30年间不知给人们送去多少欢乐。党的十一届三中全会后，其戏班培养出的张宽之女张桂云、掌鼓板的张贵廷等，成为敖汉旗乌兰牧骑恢复上演古装戏的骨干，对敖汉旗戏曲事业的传承和发展发挥了很大作用。这位一生钟爱戏曲艺术的"张宽班"领班人，没能等来传统戏曲舞台的春天。1973年农历春节前夕，张宽外出归家，不幸在牛古吐街上遇到车祸，不治而卒，享年71岁。

五、张滋大

张滋大，字季丰，金厂沟梁镇下查干高勒村人。光绪年间曾任清咨议局议员、众议院议员，简任职任，用二等大授嘉禾章，二等文虎章，廪善生。

1930年冬，应聘主修《建平县志》，翌年冬修成。张滋大为修《建平县志》率人咨访旧官及地方耆旧，足迹几遍岩谷、咨取及于遐荒，表彰潜德，有闻必录；社会状况，纤细必载；乡镇山川，备记现实。全书1函6册9卷约18万字，依次编有编年、舆地、建置、政事、秩官、选举、人物、艺文和阙访等，详细记述了1903—1931年建平县（时辖敖汉旗）政治、经济、文化、教育、山川、民俗等社会变革和社会活动，尤其是重点突出了工业、农业、矿业、商业、交通等经济部分，这在旧志中均属少见。《建平县志》是一部透视建平县、敖汉旗文明历史的窗口。此书因日本帝国主义鲸吞东北，社会动荡，未能出版。1932年病逝，卒年74岁。

六、杨枫

杨枫（1934年9月—1997年10月），笔名石孟，男，汉族，1934年9月出生于敖汉旗新惠乡（今新惠镇）公爷府村。中共党员，大专文化。退休前为政协敖汉旗委员会副主席，对敖汉旗的书法事业作出较大贡献。

1956年8月—1957年8月，在昭乌达盟（赤峰市原称）速成师范学校任教员。1957年9月，加入中国共产党。1957年9月—1962年6月，在昭乌达盟干部文化补习学校任教员。1962年7月—1964年6月，在敖汉旗干部业余学校任教员。1964年7月—1977年7月，任敖汉旗委宣传部、旗革委会办公室、旗革委会宣传组、旗革委会组织组、旗委组织部干事。1977年8月—1990年1月，任敖汉旗委组织部副部长、旗委常委、组织部部长。1990年1月，任政协敖汉旗第四届委员会党组副书记、政协敖汉旗第四届委员会副主席。

杨枫自幼受家庭熏陶，酷爱书法艺术，始从练习唐楷入手，曾临习颜、柳、欧体及王羲之、于右任行草等。曾任敖汉旗书法协会主席，是赤峰市书法协会会员、北京华夏书画艺术人才研究会会员。

1992年，他的书法作品荣获中国长江杯书法大展赛优秀奖。1993年，他的作品先后在赤峰市首届老干部书法赛、深圳银海杯全国书画印大展赛获奖；并且参加中日“破体书法国际展”和东方书画篆刻艺术国际交流展，此后多次在书法大赛中屡屡获奖。1997 年 10 月，因病逝世，享年 63 岁。

七、侯凤山

侯凤山（1915 年 4 月—1985 年 1 月），男，汉族，1915 年 4 月出生在河北省吴桥县一贫苦农民家庭。1921 年 3 月，6 岁的侯凤山被父亲以 12 块银元卖给吉林省张家湾王金山戏班，开始坐科学戏，6 年期满出科。

1927 年年初，侯凤山回到老家河北省吴桥县，见父母均已故去，家中无亲人可依，便开始以唱戏为业谋生。3 月，到河北省滦平县红旗小爷汤玉德戏班当演员；1933 年 2 月，驻隆化县鹰首营子东沟尹秀山班唱戏，这期间与河北省雄县艺人孙凤仙相识，后结为夫妇。孙凤仙 14 岁开始在北山城子张连起戏班坐科 5 年，年长侯三岁。二人婚后辗转各地驻班唱戏。1936 年 5 月，驻围场县王家店王臣班；1937 年 1 月，驻平泉县袁广庆班；1938 年 2 月，驻建平县张久香班；1939 年 2 月在敖汉旗与奈曼旗交界的西地村落脚，与王子新、杨清泉合伙成立戏班；1940 年 5 月，加入“共合班”，即张宽落子戏班，后来民间又称该班为“张宽、侯凤山戏班”；1950 年，成为敖汉评剧团人员，直到 1967 年敖汉剧团解散。1970 年，全家被下放到长胜公社六合号大队当农民；1979 年，落实政策后随儿子去赤峰；1985 年 1 月去世，终年 70 岁。

侯凤山自幼坐科，初学旦行，以饰青衣为主，后改演小生，中年后改攻老生。驻班以来一直以唱河北梆子戏和京剧为主，尤其擅长唱京剧，喜欢“杨（宝森）派”唱腔，悉心模仿，领悟唱腔韵味，运用到演唱之中。加入“张宽班”不久，时值而立之年的侯凤山与妻子孙凤仙通力合作，把多年同台演出的唱腔、表演技艺发挥得淋漓尽致。二人同台主演的河北梆子戏《调寇》、京剧《汾河湾》《大登殿》等剧目，成为“张宽班”的拿手好戏，观众无不叫好。1950 年左右，侯凤山表演艺术进入成熟期，是敖汉剧团的主力演员。由他扮演的老生，举止稳健，气质超凡，行腔吐字浑厚流畅，民间有“家离戏台二里地，炕上能听老侯戏”的说法。

侯凤山业务素质高，工作中处处起表率作用，尤其注重演出质量。他爱团如家，忠厚正直，深得同事称赞，先后曾担任剧团总务股长、副团长等职务。由于自己不识字，带学员时虚心向他们学习文化知识，努力改进对排演新剧目不适应的缺点。10 多年里，他一直兢兢业业地负责剧团业务工作，表现出较强的管理能力。

1968 年，敖汉剧团到宁城县搞“四清”，侯凤山被派到头道营子分团三家大队工作队，在参加生产劳动的同时，辅导社员排演文艺节目，成为活跃农村文化生活的典型。相邻的几个工作队，纷纷请他帮助开展所在大队群众文艺工作。

1970 年，侯凤山举家被下放到长胜公社六合号大队定居，从此弃艺从农，利用多年掌握的蔬菜种植技术给生产队莳弄园田。传统戏曲恢复上演后，侯凤山欣喜异常。怎奈年事已高，没有能力再登台表演。他一面支持从小在敖汉剧团唱戏的儿子侯玉林报考赤峰市京剧团，一面和老伴孙凤仙一起，到长胜、双井等刚刚恢复成立的业余剧团辅导，为培养戏曲演员尽力。从这位年近 70 岁的老戏曲艺人的一招一式和行腔韵调上，人们依稀可以追寻到侯凤山当年舞台表演的身影。

八、贾立新

贾立新（1939 年 2 月—1991 年 4 月），曾用名贾云龙，1939 年 2 月出生，敖汉旗岗岗营子公社岗岗营子大队第一生产队人，初中文化。1961 年加入共青团。1966 年在岗岗营子公社文化站参加工作，1971 年 7 月，转为国家正式职工。退休前一直任岗岗营子乡（新窝铺乡）文化站站长。

贾立新到文化站工作后，组建起岗岗营子公社文艺宣传队。20 世纪 80 年代，这支“庄户剧团”闻名全区乃至全国，贾立新因此成为人们耳熟能详的“传奇”人物。一个名不见经传的文化站站长，一支没受过专业训练的农村孩子组成的业余文艺队伍，居然获得一系列令人难以置信的荣誉。1978 年、1979 年在敖汉旗、赤峰市文艺会演中连续荣获一等奖；参加辽宁省幻灯会演，荣获自编自演节目一等奖；1981 年 5 月 1 日，“庄户剧团”应邀去呼市为全区文化工作会议汇报演出，所演的皮影、幻灯等文艺节目得到内蒙古自治区文化厅领导较高评价，同时受到与会的各盟市文化主管部门负责同志好评。同年 6 月，赴北京向文化部领导做汇报演出，得到文化部领导的赞扬，当时还接受《红旗》杂志、《群众文化》等国家媒体记者的专访，他们的做法和经验被编印成册，在全国各地基层文艺演出单位推广。由于成绩突出，当年 12 月，他被文化部授予“全国农村文化艺术先进工作者”荣誉称号，受到乌兰夫、万里、杨静仁等党和国家领导人的接见。

1983 年，岗岗营子幻灯队参加国家计生委在秦皇岛市举办的计划生育专场会演，一举荣获三项奖励和三面锦旗。1987 年 5 月，参加内蒙古第二届全区幻灯会演，两个自编节目分别荣获一等奖和三等奖。不仅如此，贾立新在 20 多年文化工作中，率团行程 5500 多公里，接待观众 580 多万人次；先后为国家文艺团体和相关单位输送有用人才 89 名。1986 年 12 月和 1989 年 9 月，又分别被内蒙古自治区和赤峰市人民政府授予劳动模范和农村文化艺术先进工作者荣誉称号，受到表彰和奖励。

一个个骄人成绩和荣誉的取得，无不浸透着贾立新辛勤劳动的心血和汗水。贾立新在平凡的岗位上作出不平凡的业绩，人生道路上留下一个个闪光的足迹。

岗岗营子乡是一个地处偏僻、经济贫困、文化生活比较落后的地方。过去由于交通不便，这里广大农牧民多少年来都看不上一场电影。乡文化站建站初期，面对着一无所有的局面，贾立新反复思考着文化工作如何开展。决定以文化站为阵地，培养一支能够贴近百姓生活的业余文艺演出队，宣传党的路线、方针和政策，满足人民群众对文化生活的需要，从而达到使人民群众在娱乐中受到教育的目的。他的想法得到公社党委的支持和鼓励。不久，他从小学、初中毕业生中招收12名男女队员，建立起一支庄户人的业余文艺演出队。队伍建立起来后，第一个困难就是没有房子。总不能让这十几个人在露天地里排练吧？于是，贾立新便把自家的三间房子倒出一间半，供宣传队排练、住宿使用。宣传队在自家“安营扎寨”后，头一段日子里，爱人还挺支持，时间一长，她就烦了，加上贾家本来就不富裕，宣传队10多人吃喝，一年下来，粮食吃净，柴火烧光，咸菜吃没，就连炕也塌了。这样下去的确也不是个法子。

贾立新认识到，只有走自力更生、艰苦奋斗的创业路，这支队伍才能巩固，否则非散不可。他又跟公社请求，要了几十亩地、两匹马，自己和队员们一起在附近挖了13间地窨子做宿舍。一边劳动，一边排练演出。宣传队的队员们都是半大小子、姑娘，正是能吃饭的时候，再加上练功又非常累，吃起饭来几大碗，队里常常发生断顿情况。贾立新有时从家里拿来点，有时向大、小队去借，还经常让队里的女孩子上山挖野菜。虽然日子有点苦，可没有一个队员退却，一干就是4年。当时，农村群众文化生活相当匮乏，虽然他们演出水平很低，却很受群众欢迎。每当看到演出时群众乐不可支的情景，贾立新就暗下决心，一定要尽自己的一切力量，把这支队伍巩固、发展下去。

随着群众物质、文化生活水平的逐渐提高，他们对宣传队的演出形式和内容也提出更高的要求。贾立新感觉到，靠自己仅有的这点儿文化水平是不行的，怎么办？就决定走出去，求师学艺。有一次去沈阳，他听说前进歌舞团在人民旅社四楼演出，就赶忙跑上去，但是来晚一步——票卖完了。他想，既然来了，就不能白跑，便厚着脸皮求“把门儿的”放他进去看看，可他好话说了三千六，就是不让进。无奈，他只好帮助检票、维持秩序。不知是被他的帮忙感动，还是看他土里土气太可怜，演出好大半天，“把门儿的”终于放他进去了。这次，贾立新虽然只看了大半场节目，收获却很大。回来后反复琢磨，模仿人家导演的思路和手法，和队员一起排演一台有单弦、快板和相声等各种形式的新节目，演出后深受群众欢迎。从此以后，只要听到哪里有大型文艺团体演出，他总是千方百计地跑去观摩学习。当时公社穷没有钱，他就自费去学，曾经先后去北京、烟台、大连、营口、朝阳、通辽、赤峰等地，仅这一项，20多年来，连他自己也记不清楚搭进多少钱，用他的话说，这笔钱花得值。

演艺界有句行话说“穿破不穿错”。唱戏、演节目没有服装、道具是不行的。没钱购买怎么办？贾立新前后去沈阳京剧院、内蒙古京剧团、内蒙古歌舞团、内蒙古二人台演出队、赤峰京剧团等大型专业文艺团体，廉价买来人家“退役”的服装、乐器、灯光、道具等，进行拆洗、翻新、修理，绝大多数都能用。这对他们宣传队来说，如同猛虎添翼，队员们的劲头就更足了。

为了让文艺宣传队深深地扎根在农牧民当中，成为一支群众喜爱的“庄户剧团”，贾立新始终把为农牧民服务的方向放在首位。群众愿意看什么，宣传队就演什么。除排演曲艺、歌舞、吉剧、拉场戏等小型多样的文艺节目外，为了满足少数民族兄弟的需要，还排演蒙古族歌舞、蒙古语说书、好来宝等节目。有的老年观众愿意看驴皮影，贾立新就从奈曼地区买来一个影箱子，邀请两位老艺人教三个新队员学唱影，不到几个月工夫，就把《逼上梁山》《杨家将》《五峰会》等皮影唱给观众听。

当年，计划生育是农村工作中的“硬骨头”，为宣传党的计划生育政策，增加演出效果，贾立新到河北买回一台幻灯机，弄来一本幻灯资料，一遍遍改编、摸索，根据岗岗营子公社发生的真人真事，创编幻灯节目《俩大嫂》。对于没有美术基础的贾立新来说，画幻灯片真可谓“赶鸭子上架”。他找来小人书，来个“小人书搬家”。东描一个头，西剔一只手，幻灯片就这样制成了。演出以后，群众纷纷叫好：“咱们公社这下可有土电影啦！”公社书记带着幻灯组，在全公社巡回演出。后来，幻灯组参加辽宁省举办的幻灯会演，一下子引起轰动。盖县、阜县、铁岭等6个幻灯队，纷纷抢着复制他们的幻灯片。就在这个时候，贾立新被累倒了。因为搞这个幻灯片的时候，他坚持了22天，饿了啃两口干粮，困了趴在桌子上打个盹，一直坐着不活动，压迫下部血管，造成大肠失血。他跑到许多医院就诊，医生说非得手术治疗。害怕家里人知道为他担心，他就悄悄地在沈阳做了手术，住了半个月医院。当他听说这部幻灯片获得操作、表演一等奖的时候，脸上露出欣慰的笑容。《俩大嫂》先后9次参加辽宁省幻灯会演。1983年，幻灯队参加国家计生委在秦皇岛举办的计划生育专题幻灯会演。“三北鲁豫”15个省市、30多个代表队中，岗岗营子幻灯队条件最差，但凭借成功的演出，荣获三项奖励和三面锦旗。

1986年，在乡党委的支持下，贾立新带领着队员苦战一年，翻盖三间旧房，新盖六间新房，打了两眼土井，种了一亩四分园田，为队员们吃饭、住宿、学习和接受专业训练改善了条件。在艰苦创业的日子里，贾立新演出时吃在后面，睡在后面，常常为联系下一个演出点而日夜兼程，不知吃了多少苦，受了多少累。每当看到队员们信任的眼神，那一颗颗赤诚的心让贾立新感动。他不止一次暗下决心，一定要尽最大的努力，把这些队员培养成才。为了培养出对国家、对社会有用的人才，从建队之初，贾立新就坚持“严格选拔、严格训练、严格要求、严格教育”的原则，育人先育德育心。可是有个别的队员却不理解他的心，有时还故意给他出难题。有的不好好演出；有的学会点东西就不听话，“拿把”撂挑子；还有的因为工资和他闹意见。他从来不记恨眼里的这些“孩子”，总是从思想上耐心地开导他们。当队员艺术水平提高的时候，他就和专业团体联系送出去深造，赢得家长的信任。20 多年来，他先后招收队员 200 多名，培养、输送出的人才 89 名。这些队员有的进入赤峰评剧队、京剧团、松山区乌兰牧骑、巴林右旗乌兰牧骑、敖汉旗乌兰牧骑、奈曼乌兰牧骑、赤峰服装厂剧团、金厂沟梁金矿及其他厂矿俱乐部等艺术团体，有的担任乡党政主要领导、妇联主任、文化站站长和从事教育工作。

贾立新二十多年如一日，不图名，不图利，为岗岗营子文艺宣传队倾注了全部心血。这位不知疲倦全身心投入文艺宣传工作的无私奉献者，却英年早逝。1991 年 4 月 30 日，在去辽宁朝阳市巡回演出中，因劳累过度，突发脑结核病，不幸昏倒在地。去世时年仅 52 岁。

第二章　领导人物

于子阳

（生卒时间不详）男，汉族，敖汉旗萨力巴乡人。1946 年 3 月—1947 年 11 月任敖汉旗政府民教科科长。

于庆

（1936 年 12 月—　）朝阳市双塔区于家窝铺村人。中共党员，大专文化。1954 年 7 月—1958 年 11 月，先后在朝阳中学、敖汉初中任教。1958 年 12 月—1973 年 6 月，曾任敖汉旗文化队副队长、旗文教科科员、团旗委副书记、旗文艺宣传队长、旗文教局副局长。1975 年 1 月，任旗直属机关党委书记。1976 年 4 月—1977 年 8 月，任宝国吐公社党委副书记、党委书记、革委会主任、旗教育局副局长兼新惠中学党支部书记、校革委会主任。1979 年 6 月—1984 年 2 月，任旗文化局局长，旗委宣传部副部长、部长，旗调研室主任。7 月，调赤峰市元宝山区工作，先后任教育局局长、元宝山区人大常委会办公室主任。

于清涌

（1956 年 10 月—　）男，蒙古族，出生于敖汉旗四家子镇牛夕河村。中共党员，硕士研究生学历。辽宁省著名电视制作人、文艺导演、词作家，全国第七届“德艺双馨”电视艺术工作者，中国电视家协会、电视文艺委员会理事，辽宁省曲艺家协会副主席，辽宁省音乐文学协会副秘书长，辽宁省电视艺术家协会理事，辽宁广播电视台文艺中心艺术总监。2017 年 11 月退休。1975—1990 年，先后在敖汉旗四家子卫生院、赤峰卫校、铁岭市卫校、铁岭市中心医院等单位工作。1990 年在中央电视台《综艺大观》等栏目做自由撰稿人。1996 年，调入辽宁电视台，先后担任导演、制片人和大型节目中心副总监、辽宁电视台影视娱乐频道副总监、于清涌工作室主任等。1997 年以后，参与策划辽宁电视台娱乐栏目，为众多国内知名歌手创作歌词作品。1999年以后，连续7届担任辽宁电视台春节联欢晚会的主创、总导演或艺术指导及撰稿人。

王化民

（生卒时间不详）男，汉族，1946年3月至1947年8月任敖汉旗政府民教科副科长。

王清秀

（1927年5月—1994年8月）男，敖汉旗四道湾子镇白庙子村人。初中文化，中共党员。病逝前为政协喀喇沁旗委员会主席。

1945年6月参加革命工作，同年12月加入中国共产党，先后担任敖汉旗小河沿区白庙子村建联会主任、村支部书记、区政府公安干事、四家子区委会副书记、官家地区委会书记。1968年任敖汉旗革委会政工组组长，主管文化工作。此后历任敖汉旗委党校副主任、旗委组织部部长、昭乌达盟盟委组织部干部科科长、盟直属机关党委副书记；敖汉旗旗委副书记、代理旗委书记；喀喇沁旗革委会副主任、喀喇沁旗人大常委会副主任，政协喀喇沁旗委员会主席等职。1987年7月离职休养，1994年8月病逝。

白俊卿

（1925年11月—？）蒙古名额尔德木图，蒙古族。男，辽宁省朝阳县人，初中文化，中共党员，离休前为内蒙古自治区人大常委会副主任。1946年1月于敖汉旗公爷府区公所参加工作，同年3月加入中国共产党。先后任旗人民政府民教科副科长、第九区政府区长、旗政府秘书。1952年至1957年2月任敖汉旗政府副旗长、旗长、旗委书记等职。1959年8月调任昭乌达盟委宣传部副部长、部长。“文化大革命”中受迫害。1971年11月任克什克腾旗革委会副主任、主任、旗委书记。1972年12月任昭乌达盟委副书记、书记。1983年3月任内蒙古自治区人民政府副主席。1988年6月任内蒙古自治区人大常委会副主任。1993年5月离岗休养。

任景平

（1928 年—　）敖汉旗新惠镇人，大学本科文化，中共党员。离休前为湖北人民广播电台副台长，高级编辑，音乐活动家、音乐评论家、音乐编辑家。1948 年毕业于冀察热辽联合大学鲁迅文艺学院音乐戏剧系。1949—1956 年先后在天津市第一文工团、中南文工团、武汉人民艺术剧院、歌舞剧团工作。1957—1973 年任武汉市、湖北省音协副秘书长、中国音协会员。1978—1993 年任湖北省音协副主席。1973—1993 年任湖北人民广播电台文艺部负责人、副台长、高级编辑。1993 年离休后被聘为湖北省音乐家协会顾问、湖北文艺广播电台顾问。

刘佳

（1982 年 4 月—　）女，汉族，大学本科学历，敖汉旗人。2004 年 7 月内蒙古科技大学毕业，同年参加工作。曾任职内蒙古自治区文化厅文化产业处，现任内蒙古自治区文化和旅游厅非物质文化遗产处副处长。从 2008 年起连续 11 年，按计划组织近千家文化企业先后参加中国深圳国际文化产业博览交易会、中国西部（西安）文化产业博览会、北京国际文化创意产业博览会，学习先进地区文化产业发展先进经验，开展对外宣传和项目推介，招商引资取得实效。

刘柏仁

（生卒时间不详）男，汉族，初中文化，辽宁省绥中县人。1947 年 9—10 月任新惠县文教科副科长；1948 年 6 月—1949 年 9 月任敖汉旗新惠县联合政府文教科长；1949 年 10 月—1950 年 10 月任敖汉旗人民政府文教科长，其间领导筹建敖汉旗文联。

刘树义

（1934 年 8 月—？）男，生于敖汉旗牛古吐乡，大专文化，中共党员，离休前为敖汉旗人大常委会副主任。

1952 年 3 月—1956 年 4 月先后在四家子完全小学、宝国吐乡中心校工作。1956 年 1 月，任敖汉旗文教科副科长。1966 年 4 月—1969 年 3 月，任新惠师范学校书记、革委会主任等职。1977 年 8 月，任敖汉旗卫生局副局长。1979 年 3 月—1988 年，任敖汉旗教育局副局长、局长、党委书记；是中共敖汉旗第五、第

六、第七届代表大会代表。1991 年 3 月任敖汉旗人大常委会常务副主任、党组副书记。

孙国英

（1934 年 4 月—？）辽宁省朝阳市龙城区边杖子乡马营子村人。初中文化，中共党员，退休前任中共敖汉旗委调研员。

1953 年 9 月，在热河省工程公司工作。1955 年 10 月—1963 年 11 月在旗粮食局、旗委组织部工作。1968 年 10 月—1990 年 11 月担任旗革委会政工组副组长，下洼镇党委书记，旗委常委，旗委办公室主任，旗人大常委会党组副书记、副主任等职。1992 年当选为旗政协主席。1994 年 4 月任旗委调研员。1996 年 6 月退职休养。

苏星

原名王振寰，今敖汉旗下洼镇人。1948 年华北联合大学政治系毕业，1956 年在中国人民大学晋升为副教授。1959—1961 年在中共北京市委《前线》杂志社任编辑部副主任。1961 年调《红旗》杂志社任经济组副组长、组长，1982 年任该社副总编。1988 年任中共中央党校副校长，兼任《求是》杂志社总编辑。1989 年开始专做党校博士研究生导师。兼任过国家经济体制改革委员会委员，中国社会科学院经济研究所研究员，是全国政协第五、第六、第七届委员。

李世民

（生卒时间不详）男，汉族，河北省人。1946 年 9 月—1947 年 2 月任新惠县政府民教科、教育科、文教科科长等职。

谷合

（生卒时间不详）男，汉族，河北省丰润县人。1947 年 2 月—1948 年 11 月任新惠县政府民教科、教育科、文教科科长等职。

张志

（1926 年 7 月—1968 年）敖汉旗四道湾子镇小河沿村人。中共党员，高中文化。新惠中学党支部原副书记。1945 年 12 月参加工作，先后任学校校长，旗文化科副科长，旗广播站副站长、站长，广播管理科副科长，旗文教局副局长等职务。1968 年 8 月，在“文化大革命”中被迫害自杀。1978 年 12 月，中共敖汉旗委对其作了结论，政治上恢复名誉，经济上给予了补偿。

张振祥

（1921 年 3 月—？）敖汉旗四道湾子村人，男，中共党员，初中文化。离休前为敖汉旗教育局党委书记。1940 年毕业于承德师范学校，1942 年回敖汉旗从事教育工作。历任贝子府完小、小河沿完小、新惠完小校长。1952 年 11 月任敖汉旗文教科副科长；1957 年 7 月—1960 年 6 月任新惠中学副校长，新惠师范副校长、党支部书记。1962 年 6 月任旗文教科科长。1973 年 6 月任教育局副局长、局长、局党委书记。1983 年离职休养。

陈文庭

（1928 年 12 月—　）敖汉旗新惠街人。中共党员。离休前任河北省承德话剧团艺术委员会主任。中国戏剧家协会会员，国家一级导演。1953 年 3 月毕业分配到热河省话剧团工作，历任导演、业务科长、艺术委员会主任等职。几十年来导演话剧《红色风暴》《八一风暴》等几十部剧目。多次获得国家级大奖。1988 年 8 月离休。

金河

（1943 年—　）原名徐鸿章，国家一级作家。出生在敖汉旗四家子镇五马沟村，毕业于内蒙古大学，毕业后被分配到赤峰市从事新闻报道工作。1975 年，任赤峰市医院党支部书记兼院长，后调到中国作家协会辽宁省分会工作。1983 年任辽宁省作协党组副书记。1985 年后，先后任中国作家协会理事、辽宁省作家协会主席及党组书记、中共辽宁省委委员，并当选为辽宁省劳动模范、中共十二大代表。1972 年，他用笔名金河发表了小说《交鞭记》之后，一发而不可收。发表的小说、散文、报告文学等作品已达数百万字，出版《金河小说选》《白色诱惑》等中短篇小说集以及《于谦传》等长篇小说10余部。

金德华

（1970年12月— ）男，蒙古族，敖汉旗下洼镇敖音勿苏村人，1989年3月入伍，1991年12月加入中国共产党，毕业于石家庄陆军参谋学院军事理论专业，本科学历。1989年3月—2009年9月，在部队服役。2009年10月，转业至内蒙古自治区文化厅办公室工作。2010年3月，任自治区文化厅机关党委副书记（副处级）兼系统工会主席。2013年被中国教科文卫体工会全国委员会授予“全国教科文卫体系统优秀工会工作者”称号。2014年5月—2018年12月，任自治区文化厅（文化和旅游厅）机关党委专职副书记（正处级）兼系统工会主席。

赵宪堂

（生卒时间不详）男，汉族，辽宁省人。1939—1942年任新惠县公署教育科长。

胡栋梁

男，福建省安溪县蓬莱镇上智村人。大学本科文化，无党派人士。离休前为政协敖汉旗委员会副主席。1948年2月参加闽南游击队，后到福建安溪县人民委员会工作。1951年考入中央体育学院，毕业后分配到宁城县八里罕中学任教。1956年5月—1987年先后在昭盟人委、赤峰蒙中、赤峰师范、盟蒙古族师专、新惠中学、长胜中学任教，敖汉旗教育局教研室工作。1987年6月任政协敖汉旗委员会副主席。其间曾兼任政协文史委员会主任。1993年10月离职休养，易地到厦门安度晚年。

哈旺加卜

（生卒时间不详）男，吉林省辽源市人。1943—1945年任敖汉旗公署教育科长。

侯泽民

（生卒时间不详）男，汉族，辽宁省锦县人。1947 年 7 月—1948 年 3 月任新东县教育科长。

高长山

（生卒时间不详）男，汉族，辽宁省绥中县人。1946 年 3 月—1947 年 3 月任新东县政府民教科长。

崔一凡

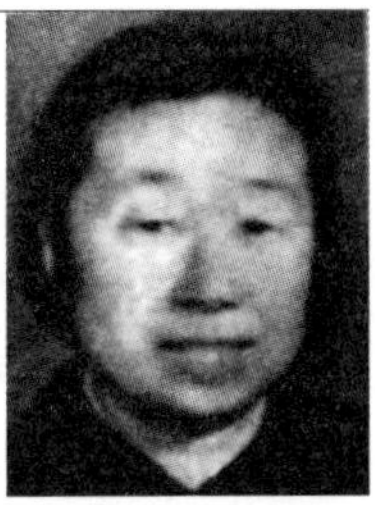

（1927 年 12 月—1994 年 3 月）女，辽宁省黑山县新立屯人，初中文化，中共党员。离休前为敖汉旗人大常委会副主任。

1949 年 9 月参加工作，先后任下洼完小教师、牛古吐完小教导主任。1957 年 9 月—1973 年，先后任敖汉旗妇联副主任、旗幼儿园副主任、旗保健所副所长、旗妇联主任、旗印刷厂革委会副主任。1974 年—1981 年 8 月任旗文教局副局长、教育局副局长、妇联主任、人大常委会副主任。1983 年 7 月离职休养，1994 年 3 月病逝。

阎锡笙

（生卒时间不详）男，汉族，山东省历城县人。1947 年 3 月至 11 月任新东县教育科长。

鲍廷章

（1924 年 11 月—？）蒙古族，敖汉旗萨力巴乡乌兰召村人。中共党员，中师文化。离休前为敖汉旗民委主任。

1946 年 2 月在敖汉旗政府参加工作任财粮科助理，后到海力王府苏木任财粮助理。1947 年 11 月在小河沿区政府参加土改运动，后到公安派出所工作。1948 年 12 月任海力王府小学教导主任、校长。1956 年任旗文教科副科长。1957 年 6 月任旗教育局副局长。1958 年 8 月复任文教科副科长。1961 年任文教局副局长。1984 年末在敖汉旗民委主任岗位上离休。

赫蒂

（1924 年 2 月—？）原名王福祥，男，蒙古族，敖汉旗贝子府镇人。中共党员。离休前为辽宁省农业区划研究所党委书记兼所长。

1946 年 1 月任贝子府苏木支会秘书。1947 年 3 月任敖汉旗贝子府努图克达。1947 年 6 月—1947 年 12 月任敖汉旗政府民教科长、旗政府副旗长兼秘书。1948 年 1 月离开家乡到辽宁省工作。1985 年 6 月在辽宁省农业区划研究所党委书记兼所长任上离休。

魏国民

（1949 年 12 月—　）男，敖汉旗贝子府镇下河套村人，大专文化，中共党员。1968 年 5 月参加工作，退休前任政协敖汉旗委员会助理调研员。曾当选为中共敖汉旗第十届、十二届党代会代表，敖汉旗第十三届人民代表大会代表。1968 年 5 月—1993 年 12 月先后任小学教师、小学校长、公社文教办主任、中学校长、总校副校长、旗委宣传部干事、萨力巴乡党委书记、旗乡镇企业局局长、旗财政局局长等职。2002 年 3 月任政协敖汉旗委员会副主席。2005 年任政协敖汉旗委员会助理调研员。现任敖汉旗新州文学院理事长。

魏振鹏

（1913 年 10 月—？)男，敖汉旗四家子镇人。大专文化，中共党员，离休前为新惠师范学校校长。

1935 年热河省建平师范学校毕业后在县立下洼小学任教，后来曾任新惠、四家子、下洼等完小校长。敖汉解放后，继续从事教育工作。1947 年到冀察热辽联合大学鲁艺学院美术系学习，结业后回敖汉。1956 年任敖汉旗文教科长，主管全旗文化工作。1960 年 9 月任新惠师范副校长，后任新惠中学、新惠耕读师范副校长。“文化大革命”期间受迫害。1977 年 7 月恢复工作，先后任新惠中学、新惠师范副校长、校长职务。1980 年 2 月加入中国共产党。1982 年离职休养。

第三章　文化工作者

一、副科级以上人员

于海永

（1965年11月—　）男，汉族，出生于敖汉旗玛尼罕乡玛尼罕村，大学学历。现任敖汉旗文化广电体育局副局长。1987年8月参加工作，先后任乡科教文助理、土地所长，镇行政、党委秘书、宣传部干事、文明办综合室主任。2004年6月，任现职。喜爱书法、摄影、散文、诗歌，作品多次在国家、省、市级刊物及媒体发表。现为美国摄影家学会（中国）会员，中国艺术摄影家协会会员，内蒙古摄影家协会会员，赤峰市摄影家协会副秘书长（兼职），赤峰市艺术摄影家协会副主席（兼职），敖汉旗艺术摄影家协会主席（兼职）。个人摄影作品多次在国内大赛中获奖和在媒体上发表。

马文波

（1965年8月—　）男，汉族，中共党员，大学文化，敖汉旗新惠镇新地村人。国家二级演员，赤峰市戏剧、曲艺家协会副主席。现任敖汉旗文化广电体育局副局长。1981年11月—1984年7月，在岗岗营子宣传队和旗乌兰牧骑担任主要演员。1991年4月—2002年7月，任敖汉旗乌兰牧骑副队长（主持工作）、队长、党支部书记。2004年6月—2018年12月，任现职并兼任乌兰牧骑党支部书记、队长，敖汉旗群众文化艺术馆馆长。赤峰市政协委员、敖汉旗政协常委、兼任政协敖汉旗文史委员会副主任。1981—2006年，先后主演80余部传统戏和现代戏。在全市乌兰牧骑会演中，获得两次“个人表演一等奖”和一次“服装设计奖”。1991年，被敖汉旗人民政府评为“先进工作者”。1998年，被内蒙古自治区文化厅评为“三下乡”先进个人。2003—2005年，先后被评为“全旗优秀共产党员”“旗级劳动模范”“全市文化工作先进个人”，旗人民政府授予“记三等功”奖励。

王久芳

（1963 年 7 月— ）男，汉族，四家子镇人，大专学历，中共党员。1983 年 12 月参加工作，历任敖汉旗体育运动委员会干事、旗文化体育局文化市场管理股股长、文化市场稽查队队长、文化市场管理办公室副主任。2001 年，任旗文化体育广播电视局副局长。2009 年，任旗商务局副局长至退休。1998 年以来，多次被评为内蒙古自治区、市级文体系统先进工作者。2006 年，被内蒙古自治区体育局授予“全区优秀社会体育指导员”称号。2008 年，被第 29 届奥林匹克运动会组委会选为火炬手，代表敖汉旗参加北京 2008 奥林匹克火炬接力。

王成江

（1973 年— ）男，汉族，敖汉旗新惠镇人。中共党员，法律专业本科学历。1989 年参加工作。2004 年任敖汉旗文化市场稽查队队长。2012 年 4 月任敖汉旗文化市场综合执法大队大队长（副科级）、文化广电体育局党委成员。2017 年 7 月任敖汉旗文化旅游综合行政执法大队大队长（副科级）。由于工作实绩突出，先后荣获国家、自治区、市和旗级奖励 20 余项。

王国疆

（1959 年 3 月— ）原名王国江，笔名玉工、玉水，网名辽阔江天。出生于长胜镇马架子村，中共党员，大学文化。敖汉旗第十三、十四届人大常委会委员，政协敖汉旗第九届委员会委员，中华诗词协会、内蒙古诗词协会、赤峰市诗词协会会员，赤峰市作家协会会员。1978 年 7 月参加工作，先后任中小学教师，《敖汉旗志》编辑，《敖汉报》编辑、记者、副总编辑，敖汉旗委宣传部副部长，旗文联主席，敖汉旗委党校校长、书记。20 世纪 80 年代开始发表新闻和文艺作品。先后在各级各类媒体上发表新闻作品 2800 多篇（次）、文艺作品 1000 多篇（首）。主编旗文联机关刊物《银河》创刊号，参与主编诗集《紫塞吟坛》、散文集《三河纪行》。出版的著作有报告文学散文集《八千里路》、电视专题片脚本集《家园》、散文集《辽阔江天》和《旅德散记》。

白延桂

男，辽宁省建平县人。新中国成立前曾任建平县教育局局长，其他资料不详。

田彦国

（1963 年 9 月—　）男，汉族，敖汉旗新惠镇人。大专学历，副研究员，中共党员。1980 年 12 月参加工作。1994 年 8 月任敖汉旗博物馆副馆长。2004 年 11 月任敖汉旗博物馆馆长。2016 年 1 月任内蒙古史前文化博物馆馆长，文体广电局副局长。为中国古都学会会员，内蒙古文物鉴定委员会专家组成员。受聘为赤峰学院历史文化学院硕士研究生指导教师，赤峰学院历史文化学院客座教授。由于在文物工作领域成绩突出，多次受到自治区文化厅的奖励。

冯兆宇

男，汉族，四家子镇人。1995—1999 年，任敖汉旗旅游局副局长，主管旅游开发工作。

付景辉

男，汉族，巴林左旗人，高中文化，中共党员。1978—1979 年任敖汉旗革命委员会文化局局长，其他资料不详。

孙亮

男，汉族，新惠镇新地村人，高中文化，中共党员。1961—1962 年任敖汉旗人民委员会文教局副局长，其他资料不详。

毕民

（1945 年 7 月—　）敖汉旗四家子镇老虎山村人，中共党员，中专文化。离岗前为新惠镇人大主席。1966 年 7 月，于赤峰师范毕业并在金厂沟梁公社中心小学任教。1970 年 6 月—1980 年 3 月先后任旗毛泽东思想文艺宣传队队员、旗革委会宣传组干事、旗乌兰牧骑队长兼党支部书记、小河沿公社组织干事。1983 年 10 月—1996 年 7 月任小河沿公社党委副书记、四道湾子镇党委副书记、新惠乡党委副书记、新惠镇党委副书记、新惠镇人大主席。2002 年 7 月离岗。

乔化文

（1955 年 5 月—　）男，汉族，敖汉旗玛尼罕乡人。大学文化，中共党员，退休前任旗委宣传部副部长、文明办主任。1972 年 9 月参加工作，历任双庙公社团委书记、组织委员，新惠镇党委副书记等职。1991 年任旗文体局局长兼党总支书记。2004 年 3 月任旗委宣传部副部长、文明办主任。

李国青

男，汉族，新惠镇人。1999—2002 年任敖汉旗招商局局长，主管旅游开发工作。

李政

男，汉族，新惠镇人，大学文化，中共党员。2002—2004 年任敖汉旗文体广播电视局副局长。

刘中兴

（1938 年 3 月—　）曾用名刘宗兴。敖汉旗贝子府镇平房村瓦房沟组人。中专文化，中共党员。曾任王家营子乡党委书记。退休前任敖汉旗民政局党总支书记。1958 年，承德农专毕业后，先后担任公社科委干部、行政秘书、贫协干部；旗电影管理站站长、革命领导小组组长，宝国吐煤矿副总指挥、矿长、支部书记，农机研究所所长，木工厂厂长、支部书记，乡党委书记、广播局局长，民政局党总支书记等职务。1990 年 4 月退休。

刘文宗

（1946 年 5 月—　）男，汉族，中共党员，大专文化。玛尼罕乡皮匠营子村人。1968 年 9 月参加教育工作。1984 年调旗总工会。1990 年任旗体委副主任。2006 年退休。1991 年 4 月赤峰市政府给予记功奖励。2000 年 5 月被市委、市政府授予“赤峰市先进体育工作者”称号。

齐成玉

（1948 年—　）男，汉族，敖汉旗四家子镇五马沟村人，中共党员，大专文化。1969 年参加工作，历任教师，旗文化馆文学创作辅导员、副馆长、馆长。兼任《敖汉旗志》办公室主任、总编；旗文化局副局长、文联副主席；旗政协党组成员、文史委主任。曾任旗第八、九两届人大代表、第八届人大常委会委员；政协敖汉旗第三、四、五、六届委员会委员，第六届政协常委；内蒙古自治区第三次文代会代表、中国曲艺家协会内蒙古分会理事、中国民间文艺家协会内蒙古分会常务理事、中国戏剧家协会内蒙古分会理事、赤峰市文联委员、中国近代史史料学会理事。

许景泉

（1961 年 3 月—　）男，汉族，敖汉旗四道湾子镇人，大学文化，中共党员。曾任敖汉旗文体广电局局长。1983 年 7 月—1992 年 10 月在新惠中学任教。1992 年 10 月—2004 年 3 月任旗委宣传部理论股长、办公室主任、文明办主任、副部长。2004 年 3 月—2015 年 3 月任旗文体广电局局长、党总支书记。工作期间多次被内蒙古自治区、赤峰市评为全区精神文明精神先进工作者、全区先进文化工作者、全区思想文化先进工作者、全市思想政治工作先进个人。

杨君雅

（1962 年 9 月—　）女，汉族，玛尼罕乡五十家子人，大学文化，中共党员。1979 年 9 月参加工作，历任玛尼罕乡小学、中学教师，该乡妇联主席、宣传委员、组织干事、副乡长、副书记，敖汉旗文体局副书记、副局长。2017 年退休。

杨向东

（1964 年 10 月—　）男，汉族，敖汉旗古鲁板蒿镇山嘴村人，中共党员，大学文化。现任敖汉旗文化广电体育局纪检组长。1983 年 8 月至 2015 年 4 月，先后在旗农机修造厂、旗啤酒厂财务股、旗监察局、旗纪委工作，曾任纪委办公室秘书、副科级检查员、执法监察室主任、信访室主任、纪委监察局派驻第二纪检组组长、正科级检查员、旗发展和改革局纪检组长；

2015 年 5 月任现职。

杨承恩

男，辽宁省建平县人，朝阳中学毕业，优级师范肄业。新中国成立前曾任建平县教育局局长，其他资料不详。

苏和巴特尔

男，蒙古族。1971—1973 年任敖汉旗革命委员会政工组副组长。其他资料不详。

余昭

男，汉族，中师文化，河北省人。1973 年 5 月—1978 年 6 月任敖汉旗革委会文教局负责人、文化局局长。

何龙江

男，汉族，辽宁省人，中共党员。1975—1976 年任敖汉旗革命委员会文教局局长。其他资料不详。

沈绍文

（193？年 4 月—　）男，汉族，辽宁省锦西县部集屯乡人。1948 年 8 月参加工作，中共党员。1994 年 4 月离休。1948 年 8 月—1975 年 9 月服现役，历任通讯员、技术员、助理员、指导员等职。1975 年 10 月—1981 年 3 月任敖汉旗委组织部干事。1981 年 4 月至 1994 年 4 月，历任旗司法局、旗体委、旗文化局副局长、副主任等职，其间 1984 年 3 月至 1985 年 5 月任文化局党总支书记。

张云祥

男，前清举人，师范专业毕业。新中国成立前曾任建平县劝学所所长。其他资料不详。

张红民

（1964 年 8 月— ）男，汉族，出生于敖汉旗兴隆洼镇大甸子村，大学本科文化，中共党员。现任敖汉旗文化旅游体育局局长。1983 年 7 月，在敖汉旗糖厂筹备处参加工作，任技术员；曾任乡团委书记、宣传委员，镇长助理、党委副书记、政府镇长；乡党委书记、政府办公室副主任兼政府采购中心主任、残疾人联合会理事长。2016 年 11 月任敖汉旗文化广电体育局局长。1990 年撰写的《适应新的历史环境，努力加强和改善党的领导》一文，被赤峰市委宣传部、赤峰市社会科学联合会评为优秀论文。2003 年，撰写的《现行〈村民委员会组织法〉的缺陷浅析》一文，在民政部 2003 年牵头组织的"村级直选和村民自治"有奖征文活动中，被评为优秀论文，并被全国人大新闻网、中国村民自治信息网等相关网站发表，收入民政部主编的《当代中国乡村治理与选举观察研究丛书》。2005 年，《浅谈免征农业税后乡镇体制的定位》一文，在首届中国农村发展论坛、《南方日报》等单位举办的"农村面临的问题与对策"征文活动中，被评为"三农研究创新奖获奖论文"。2009 年出版专著《明清时期的敖汉蒙古》，2010 年该书获内蒙古自治区第三届哲学社会科学优秀成果政府奖三等奖。2012 年 5 月出版专著《敖汉方言例释》，获赤峰市政府哲学社会科学优秀成果政府奖二等奖。2016 年 8 月，出版专著《敖汉老民俗》，2018 年该书获得内蒙古自治区第七届哲学社会科学优秀成果政府奖二等奖。

张金山

男，汉族，木头营子乡岗岗营子村人，初中文化，中共党员。1969—1973 年任敖汉旗革命委员会政工组副组长。其他资料不详。

宋国功

（1973 年 10 月— ）男，汉族，兴隆洼镇新地村人，中共党员，大学学历。1994 年 7 月参加工作，历任贝子府镇总校主任、副校长，牛古吐乡中学校长，旗教育局人事股副股长，旗安监局职业安全健康股股长，四家子镇林家地村第一书记。2018 年 6 月，任旗文化旅游综合行政执法大队副大队长。

孟宪和

（1960 年 3 月— ）男，汉族，下洼镇下洼村人。大学文化，中共党员。曾任敖汉旗文化广电体育局副局长、旗广播电视中心主任，政协敖汉旗第六届、第七届委员。1981 年 7 月参加工作，先后任新惠师范教师，旗统计局综合统计股长、副局长；1993 年 11 月，任克力代乡党委书记；1995 年 10 月，任旗委办督查科长、督查室主任、办公室副主任；2001 年 9 月，任敖汉旗广播电视中心主任。

姚四新

（1946 年 12 月— ）曾用名姚福星，笔名老四、落寞寒鸦。下洼镇下洼村人。本科学历，中共党员。退休前任敖汉旗委宣传部副部长、文联主席。赤峰市文联委员、市作家协会会员。1960 年 7 月参加工作。先后在下洼公社、牛古吐公社、敖吉公社、新惠乡等地担任干事、团委书记、党委书记等职务。1993 年 8 月，任旗广播电视局党总支书记；12 月调任旗委宣传部副部长兼任《敖汉报》社社长、文联主席、机关党支部书记。2001 年 9 月离岗。从 20 世纪 70 年代开始陆续发表小说、散文、报告文学、诗词等作品，并结集出版《蒿草集》《抹不掉的记忆》。1994 年被《人民文学》社邀请参加全国文学创作笔会。

洪英

女，汉族，新惠镇人，大专文化，中共党员。1990—1993 年任敖汉旗文化局副局长。

高守忠

（出生时间不详）男，汉族，高中文化，敖汉旗新惠镇人。1950 年 10 月—1957 年 6 月任敖汉旗人民政府文教科副科长、敖汉旗人委文教科长。

高建国

（1948 年 12 月— ）男，汉族，大专文化，中共党员。退休前任旗政协提案委员会主任。1967 年 9 月—1969 年 11 月教学。1969 年 11

月—1975年3月在部队服役。1975年4月—1982年3月供职于旗委、机关党委、组织部。1982年3月—1995年9月先后任乡党委副书记、党委书记，旗纪委副书记、旗体委主任、旗人大专委会主任。1995年9月—1997年4月任旗旅游局局长。1997年4月—2000年2月任旗经贸委副主任、人大专委会主任。2001年，提前离岗。

郭兴志

（1969年4月— ）男，汉族，敖汉旗丰收乡人。大学文化，中共党员，现任敖汉旗文化旅游体育局副局长兼任局党委副书记。1987年9月—1989年7月在昭乌达蒙古族师范专科学校中文系读书。1989年7月—1992年4月在新惠中学任教。1992年5月—1996年10月在敖汉旗工商与物价局任科员；1996年10月—2001年9月在敖汉旗政府办公室任秘书。2001年9月任现职（其中2004年3月—2015年11月和2017年4月至今兼任旅游管理服务中心主任。2016年6月兼任局党委副书记）。2005年被评为全市创建优秀旅游城市先进个人；2013年市政府给予旅游工作先进个人奖励。

郭晓光

（1958年11月— ）男，蒙古族，中共党员。国家三级伴奏员，二胡十级演奏员。1977年3月参加工作，1982年5月调入敖汉旗乌兰牧骑工作。1982年12月至1991年2月任敖汉旗乌兰牧骑队长。1991年3月调至敖汉旗政法委员会工作，历任政法委员会干事、科员、副主任科员、政工室主任，敖汉旗社会治安综合治理办公室副主任，敖汉旗政法委员会副书记兼610办公室主任。2006年任敖汉旗民族事务委员会主任、旗委统战部副部长，至2013年1月离岗改任非领导职务，2018年11月退休。在乌兰牧骑任职期间，团结带领一班人积极进取，努力工作。团队的社会影响力和认知度不断提高，多次被评为区、市文化工作先进集体，本人也多次获得市、旗先进工作者奖励。在敖汉旗民族事务委员会工作期间，由于工作成绩突出，获得内蒙古自治区劳动模范称号。

顾国荣

（1953年7月— ）女，汉族，内蒙古赤峰市人。中共党员，大专学历。1968年12月下乡到敖汉旗；1970年12月调敖汉旗乌兰牧骑工作，任演员、副队长；1978 年 1 月调赤峰市博物馆工作，任助理馆员，其间入昭乌达蒙古族师专历史系读书 3 年；1988 年 12 月调中共辽宁省铁岭市委党史研究室工作，先后任助理研究员、科长、副主任、调研员等职务。2013 年 8 月退休。

梁国强

（1966 年 1 月—　）网名梁山好汉，笔名报童，内蒙古敖汉旗丰收乡人。男，汉族，中共党员。中专学历，编辑。先后在敖汉旗计划委员会、旗档案馆、旗史志办（党史办）、敖汉报社、旗委宣传部、敖汉信息社、旗广播电影电视中心工作，现任敖汉旗委宣传部副部长、敖汉信息通讯社社长。敖汉旗第十四次党代会代表，政协敖汉旗第九届委员会委员，敖汉旗第十七届人民代表大会代表、常务委员会委员。获内蒙古自治区“最美基层公务员”称号。兼任旗政协文史委副主任，政协新州书画文学院院士，敖汉史前文化研究会常务理事，敖汉旗诗词学会会员、常务理事，内蒙古诗词学会会员，内蒙古自治区散曲社特约点评专家，中华诗词学会会员，在多家国家级和行业媒体发表新闻作品若干。2014 年开始诗词曲创作。几年间在各级媒体等发表诗词曲及相关诗论文章 700 多首（篇），被 2018 年全国诗书画家创作年会组委会授予“2018 年全国诗书画先进人物”荣誉称号。

梁鹏

（1942 年 4 月—　）男，汉族，生于敖汉旗丰收乡门斗营子村，大专文化，中共党员。参加工作以来历任教师、教育局干部、旗委宣传部干事、秘书等职务。1984 年任文化局副局长、党总支副书记。1990 年任党总支书记。爱好摄影和业余文艺创作，多有作品见诸报刊。

葛学文

（1968 年 11 月—　）男，汉族，敖汉旗古鲁板蒿镇人，本科学历，中共党员。1989 年 7 月参加工作。现任敖汉旗教育局局长。内蒙古作家协会会员。1989 年 7 月—2003 年 5 月先后任木头营子高中教师、旗教育局秘书、旗委办秘书、保密局局长、旗委宣传部副部长、旗委办副主任。2003 年 5 月—2015 年 3 月先后任丰收乡、长胜镇、新州街道办乡长、党委书记、党工委书记，旗人大办主任。2015 年 3 月—2016 年 10 月任旗文化广电体育局局长。2016 年 10 月任现职。曾获市政府二等功奖励。爱好文学，著有散文集《窗棂上的阳光》、诗集《时间的物证》，反映敖汉旗几十年生态建设伟大成就和执着精神的长诗《大地的传奇》获国家林业局“美丽沙区”征文三等奖。

蔡春圃

（1937 年 3 月— ）男，汉族，大专文化，中共党员，敖汉旗新惠镇人。参加工作以来，担任过教师和专业文艺团体创作员、演奏员，历任敖汉旗“五七”干校政工干事，旗党委党校副校长、副书记，旗人大常委会办公室主任，旗文化局局长兼总支书记职务。擅长书法、摄影和文艺创作，其作品多次在报刊上发表。由其主编的《敖汉旗民族民间舞蹈集成》《敖汉旗戏曲志》里面的部分资料收录于《中国民族民间舞蹈集成·内蒙古卷》《中国戏曲总志·内蒙古卷》。

二、股级人员

于玲华

（1963 年 1 月— ）女，中共党员，敖汉旗乌兰牧骑党支部宣传委员，国家二级演员。1983 年参加敖汉旗乌兰牧骑工作，从事表演艺术。2004—2010 年任工会主席。2010—2016 年任副队长。2018 年任支部宣传委员。

马晨光

（1973 年 9 月— ）男，汉族，本科学历，中共党员。1992—2009 年在敖汉旗古鲁板蒿中学任教师、德育处主任。2009 年在敖汉旗教育局普教股工作。2012 年 10 月任敖汉旗教育局普教股副股长。2016 年 12 月任敖汉旗教育局体卫艺股股长，主管全旗中小学体育工作。

王久云

（1955 年 10 月— ）女，汉族，四家子人，本科学历，中共党员。1973 年 6 月参加工作，历任敖汉旗支铁民兵团副政委，四家子公社团委书记，旗体育运动委员会办公室政工干事，旗文化体育局文体股股长、文化市场管理股股长等职。2011年，被赤峰市人民政府评为体育先进工作者。

王化

（1949年10月— ）男，汉族，出生于敖汉旗萨力巴乡，中专文化，编辑职称。1975年在敖汉旗文化馆参加工作，任文艺辅导和创编人员。后调入敖汉旗电影公司任放管员、副经理（主持工作）。2009年11月退休。

王守贵

（1948年10月— ）男，汉族，木头营子乡人，中共党员，大专文化。1968年12月在敖汉旗电影公司参加工作，一等二级放映技师，国家电影家协会会员。1984—1988年任敖汉旗电影公司副经理兼任电影院经理，后调敖汉旗政协工作。2008年10月退休。

王旭中

男，汉族，宝国吐镇人。1961—1968年任敖汉旗文化馆馆长。其他资料不详。

王旭友

（1956年7月— ）男，汉族，敖汉旗四家子镇四家子村人。1973年5月加入共青团。1974年12月参加工作，先后担任乌兰牧骑演员、高家窝铺乡副乡长、旗文体局文化市场管理股股长等职务。

王廷玉

男，汉族，辽宁省北票县人。1955—1958年任敖汉旗文化馆副馆长。其他资料不详。

王声远

男，汉族，吉林省延吉市人。1957年1月—1959年12月，任昭盟电影放映队十六队队长、敖汉电影放映队一队队长。

王明珠

（1978年8月—　）男，满族，出生于敖汉旗贝子府镇。中共党员，大学本科学历，1999年7月参加工作，副高级经济师。现任敖汉旗乌兰牧骑队长。1999—2004年先后在敖汉旗下洼镇地税所、国税所工作。2004—2018年11月任下洼镇政府办秘书，下洼镇文化广电体育服务中心副主任、主任，下洼镇综合文化站站长，群艺馆支部书记兼任副馆长。2018年12月任现职。

王泽

（1964年11月—　）男，汉族，敖汉旗萨力巴乡张家营子村赵把胡同人。中共党员，大专学历。1983年3月参加工作，2015年3月任内蒙古史前文化博物馆副馆长。全程参加第二、三次全国文物普查及遗址复查工作；成功揭取辽金古墓壁画百余幅；在2012年5月的文物测绘工作中，发现轰动整个考古界的被誉为“中华祖神”的红山文化整身陶塑人像。

王洪儒

（1951年1月—　）男，汉族，新惠镇大吉恒地村人。大专学历，中共党员。1970年11月在毛泽东思想文艺宣传队工作。1972年10月任乌兰牧骑副队长、队长，市京剧团评剧队副队长等职。

王晓梅

（1979年9月—　）女，汉族，本科学历，中共党员。2005年9月—2008年1月在牙克石免渡河镇党委工作。2008年1月—2014年7月在长胜镇政府工作。2014年7月至今在文体局工作，现任文化市场管理股股长。

王敏杰

（1974 年 9 月—　）女，汉族，中共党员。出生于敖汉旗四道湾子镇，本科学历。国家二级舞美设计师。1995 年 8 月—2013 年 3 月在乌兰牧骑从事服装设计、管理和财务工作。2013 年 4 月调入文化体育广播电影电视局党办工作，2014 年 1 月负责文体系统人事工作，2016 年 3 月任三区志愿服务管理办公室主任，2017 年 3 月任党办主任兼管人事工作。

王清

（1966 年 10 月—　）男，汉族，大专文化，中共党员。敖汉旗新惠镇人。1989 年 4 月—2015 年 6 月在古鲁板蒿乡政府工作。2015 年调入敖汉体育活动中心工作，主抓体育竞赛工作。2017 年任敖汉旗体育活动中心主任。

乌力吉

男，蒙古族，四家子镇人。1968—1969 年任敖汉旗毛泽东思想宣传队革命委员会主任，其他资料不详。

王瑞红

（1964 年—　）女，蒙古族，出生于敖汉旗贝子府镇后坟村。中共党员，大专学历。现任敖汉旗文化馆馆长，副研究员职称。自 2015 年至今任敖汉旗舞蹈协会主席，赤峰市摄影协会会员。

方正

（出生时间不详）男，汉族，敖汉旗小河沿区（四道湾子镇）人。1950 年 3—12 月，先后任敖汉旗文联筹委会秘书、文联副主席等职。

冯黎明

（1963年12月—　）女，满族，中共党员，本科学历。国家二级演员。2016年9月被聘任为副高职称岗位。1978年7月下乡在林家地农科站知青点。1979年1月—1980年12月在敖汉旗饮食服务公司待业。1981年1月—2002年7月在敖汉旗乌兰牧骑工作。2002年7月—2018年12月先后任旗旅游管理服务中心副主任，旗文化馆党支部书记、副馆长，旗旅游管理服务中心党支部书记。“诗意赤峰”敖汉旗朗诵协会会长；内蒙古戏曲家协会理事，赤峰市戏剧家协会副秘书长，赤峰市舞蹈家协会会员。

付殿军

（1954年12月—　）男，汉族，祖籍山东省，出生于辽宁省朝阳市。大专文化，中共党员。1970年参军。1976年在敖汉旗文化系统参加工作，先后任旗乌兰牧骑演员、旗电影公司放映员、旗文化馆文艺辅导员。1991年以后，历任文化馆党支部副书记、书记，副馆长、馆长，图书馆党支部书记。1991年获赤峰市文化系统先进工作者称号。2014年退休。

吕东国

（1955年12月—　）男，出生于敖汉旗四家子镇四家子村，汉族。大专文化，中共党员。1974年参加工作，历任敖汉旗体委、体育活动中心助理教练、教练、高级教练；赤峰乒乓球协会理事，敖汉旗乒乓球协会、中国象棋协会、围棋协会、钓鱼协会秘书长。退休前任体育活动中心支部书记、副主任，工会主席。

朱子林

（1924年12月—？）男，汉族，敖汉旗岗岗营子公社人。1946年4月—1953年末从事教学工作。1954年—1956年任下洼区文化站站长。1957—1967年任敖汉剧团专职干部。1968—1972年敖汉五七干校学员。1973年任旗新华书店会计。1980年任旗图书馆馆长。

朱志民

男，汉族，敖汉旗木头营子乡人。1991 年 6 月—1995 年 3 月任旗博物馆副馆长。1997 年 4 月—2004 年 11 月任旗图书馆副馆长。2006 年 4 月—2007 年 6 月任旗文管所副所长。

朱海霞

（1971 年—　）女，汉族。大专学历。乌兰牧骑副队长（业务队长），国家二级演员，优秀节目主持人，敖汉旗“金话筒”之一。1990 年参加工作，从事表演艺术，是乌兰牧骑主要演员，主攻花旦、青衣、闺门旦；在各大晚会中担任主持人、节目策划人、撰稿人、文字统筹、舞台监督等。

朱树清

（1959 年 2 月—　）男，汉族。中共党员，大专文化。1979—2004 年先后任牛古吐公社文化站长、新窝铺乡文化站长、木头营子乡文化站长、电视站长、宣传委员、党委秘书。2004—2007 年任旗文物管理所副所长、党支部书记。2007—2017 年任旗文物管理所所长、旗群众文化艺术馆馆长。2017 年 4 月调入旗综合行政执法局。赤峰市摄影协会会员，旗文联戏曲协会主席，旗老年人文化体育协会、戏剧协会主席。

刘玉柱

（1942 年 8 月—　）男，汉族，出生于阿鲁科尔沁旗天山镇。1961 年 9 月在新惠公社中心校从事教学工作。1966 年 4 月入党。1963 年 5 月历任新华书店图书发行员、农村图书发行员、书店经理等职。

刘宝珠

（1941 年 9 月—　）男，汉族，初中文化，出生于敖汉旗新惠镇红娘沟村。1958 年 9 月参加工作，1963 年 6 月加入共青团，1973 年 12 月入党。历任电影管理站放映员、电影公司负责人、新华书店经理等职务。

刘海洋

（1966 年 5 月—　）男，汉族。大专，中共党员。现任敖汉旗体育彩票管理办公室主任。1982 年 10 月—1996 年 10 月在中国人民解放军 24 集团军 72 师服兵役。1996 年 10 月—2012 年 10 月在旗博物馆工作。2011 年被评为年度文化体育先进个人。2012 年 10 月在旗文化广电体育局体育彩票管理办公室工作，任现职。2015—2016 年连续两年被评为自治区体育彩票先进工作者。

刘海翔

（1974 年 10 月—　）男，汉族，敖汉旗玛尼罕乡人。中共党员，大专学历。2013—2018 年 10 月任全民健身中心负责人、文化广电体育局核算中心负责人，负责旗文化广电体育局现金工作。赤峰市第五届、六届、七届党代表。2009 年被评为一级教练员，2015 年被选为国家级社会体育指导员。

安瑞

男，汉族，敖汉旗萨力巴乡人。1990 年 3 月—1991 年 5 月，任旗博物馆副馆长。

邢柏东

（1963 年 2 月—　）男，汉族，新惠镇人，大专文化。1981 年 11 月参军。1984 年 11 月在敖汉旗文化馆美术组、摄影组工作。1994—1995 年，任敖汉旗文化馆副馆长，兼任敖汉旗书法协会秘书长。1996 年调敖汉旗工商局工作。

许晓杰

（1981 年 9 月—　）女，汉族，生于丰收乡南塔村。大学文化。2000 年 8 月参加工作，2016 年任文化体育旅游产业办公室副主任。被赤峰市旅游局评为先进个人。

许谔

（1928年6月—？）男，汉族，原名许永田，辽宁省义县商家屯人。高中文化。1952年7月任新惠完小教师。1952年8月调入旗文化馆，1958年任文化馆副馆长。1961年11月下放长胜公社长胜甸子大队务农。1987年11月平反复职退休。

阮红梅

（1970年2月— ）女，满族。中共党员。内蒙古师范大学汉语言文学专业毕业。1989年3月参加工作任内蒙古史前文化博物馆文物保管和展厅讲解员。2013年7月任博物馆党支部副书记。2018年8月任小米博物馆馆长。

孙淑静

（1976年3月— ）汉族，本科学历。现为文博馆员，内蒙古史前文化博物馆副馆长。1995年8月—1998年11月，在敖汉旗原宝国吐中心小学和中心中学任教。1998年12月调入敖汉旗乌兰牧骑工作。2011年6月任博物馆讲解员兼文物保管。2018年8月任现职。

孙德志

（1970年12月— ）男，汉族。本科学历，中共党员。现任敖汉旗文化旅游综合执法大队副大队长。1987年9月—1990年10月任新地乡教师。1990年10月—1993年12月服兵役，上士班长。1993年12月—2004年11月任敖汉旗博物馆中级馆员。2004年11月—2016年3月先后担任旗文化市场稽查队副队长、旗文化市场综合行政执法大队副大队长。2016年4月任现职。

苏日图

（1936年3月—？）曾用名陈志杰，男，蒙古族。中共党员。辽宁省建平县西营子大队人。初师文化。1954年9月在金厂沟梁公社上长皋学校教学。1956年3月任金厂沟梁文化站站长。1957年1月任小河沿区文化站站长。1957年11月在旗文化馆工作。1962年在敖汉剧团工作。1965年调旗文化馆工作，历任文艺组组长、副馆长、党支部书记等职务。

李久向

男，汉族。1951—1955年，任热河省电影放映队北票敖汉小队放映员、敖汉一队队长。

李弘彦

（1966年10月—　）女，汉族。大学本科学历，新闻编辑中级职称。曾任旗电影公司副经理、经理兼党支部书记、经理职务。2005年被中宣部、文化部授予“全国送电影下乡先进个人”。

李亚军

（1960年2月—　）男，蒙古族。本科学历，中共党员。国家一级演员，敖汉旗“十佳文艺之星”。1981年任庄户剧团团长。1987年7月—1991年2月，任敖汉旗乌兰牧骑乐队队长。1991年3月—1995年7月，被聘任计划生育文艺宣传队队长。1995年8月—2018年11月，任旗乌兰牧骑副队长、文化馆副馆长、群众文化艺术馆副馆长。2018年12月，任乌兰牧骑党支部书记。

李秀才

（1939年8月—　）男，贝子府镇驿马吐村人。高中文化，中共党员。1958年任敖汉旗电影管理站放映员、公司发行员、调度员。1979—1990年先后任敖汉旗电影公司副经理、经理、党支部书记等职。

李国文

（1959年5月—　）男，汉族，敖汉旗贝子府镇人。大专学历，中共党员。土地登记师，现任敖汉旗国土资源局土地资源股股长。1974

年12月参加乌兰牧骑工作，先后担任演员、演奏员，旗乌兰牧骑副队长、队长。

李桂华

（1962年10月— ）女，汉族，内蒙古敖汉旗人。大专文化，中共党员。1978年1月参加工作，退休前任敖汉旗综合行政执法局文化行政综合执法大队主任科员。1978年1月—2017年10月，先后在岗岗营子公社文艺宣传队、旗乌兰牧骑、旗文化馆工作。曾任敖汉旗文化体育局市场股稽查员、馆员、市场股副股长、股长、副主任科员、综合行政执法局主任科员。

李海峰

（1923年9月— ）汉族，出生于贝子府镇口琴村。国高六年级文化，中共党员。1947年9月参加工作，在月明沟学校任教。1956年任昭乌达盟电影放映队第十六队队长兼放映员。1959年12月任敖汉旗电影放映总队副队长。1963年7月任敖汉旗电影管理站站长。1969年5月任电影管理站革命委员会主任、副主任。1980年4月任敖汉旗电影发行放映公司经理。1981年7月离休。

李海娟

（1985年11月— ）女，蒙古族。赤峰市喀喇沁旗人。大学文化，中共党员。2008年11月参加工作，现任敖汉旗小米博物馆副馆长。赤峰市青年联合会第六届委员会委员，赤峰市优秀科普志愿者，曾获赤峰市“草原文化遗产保护宣传讲解”大赛优秀奖。

李景林

（1949年12月— ）男，汉族。出生于天津市红桥区。中专文化，中共党员。1970—1985年任旗乌兰牧骑副队长、团支部书记、队长；1986年调旗委宣传部；1992年调入敖汉旗广播电视局；2009年12月退休。

杨仪田

男，汉族，中共党员，中师文化，敖汉旗四家子镇人。历任教师、公社组织委员、政府副乡长等职，1991 年 12 月—1994 年 5 月任旗博物馆馆长。

杨亚华

（1962 年 5 月—　）女，苗族，中共党员，本科学历。1979 年参加工作，历任四德堂乡水管站、新惠镇水利技术员兼会计。1985 年以后，历任旗体育运动委员会现金出纳、会计，旗文化体育局会计。2020 年任旗文化广播电影电视局体育股长兼主管会计。2016 年任旗文化体育局财务股长。曾任赤峰市第三、四、五、六届人大代表。多次获得赤峰市体育工作、民族团结先进个人和优秀工会工作者等荣誉。

杨金英

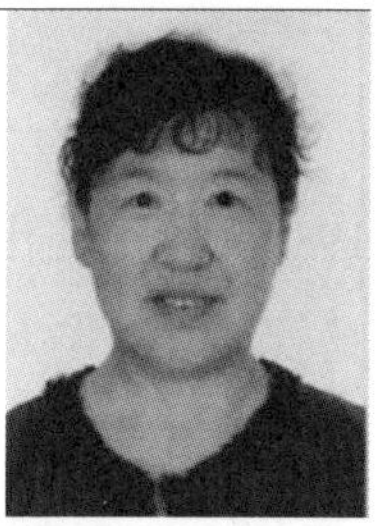

（1952 年 5 月—　）女，汉族。中共党员，大专文化。退休前任旗总工会女工部部长，主任科员。1968—1970 年下乡知青。1971—1991 年先后在乌兰牧骑工作、任旗文化馆馆长、文化局股长。1991—2007 年 5 月任旗总工会女工部、组宣部部长。2007 年 5 月退休。

杨延光

（1976 年 3 月—　）男，汉族，丰收乡人。本科学历。1997 年参加教育工作。2015 年以来，先后在旗文化馆、旗文化旅游体育局文化产业办公室工作。2018 年 9 月，任旗文化馆副馆长。

杨国权

（1958 年 10 月—　）男，汉族。本科学历。退休前为敖汉旗内蒙古史前文化博物馆文物保护研究副研究馆员。1977 年 3 月—2018 年 10 月先后在四德堂乡学校、乡文化站、四道湾子镇文化站、旗博物馆、旗文物管理所、内蒙古史前文化博物馆工作，2018 年 11 月退休。

杨惠春

（生卒时间不详）蒙古名乌力吉，男，敖汉旗四家子镇扣和林村人。1950 年参军入伍；1957 年转业，先后在昭乌达盟公署工业处、工业局、赤峰工业学校、赤峰三中、赤峰师专、新惠中学、旗委社教队工作。1968 年 8 月在文化系统“四合一”革委会任主任，1969 年任新华书店党支部书记。1972 年在贝子府公社任宣传委员。1976 年因病编外休养。

肖向军

（1981 年 2 月—　）男，汉族。党员，大学本科学历。2000 年 8 月在敖汉旗丰收乡中心校从事教育教学工作。2016 年 3 月被调入旗文化广电体育局体育股工作。现任体育股股长。

吴玉洁

（1963 年 4 月—　）女，满族，奈曼旗人。本科学历，中共党员。1980 年参加工作，先后任旗文化局财务组现金出纳、办公室和文化市场管理股工作人员等职。2011 年 7 月任旗文体广电局广播影视旅游股股长。2018 年 4 月退休。

吴旭光

男，汉族，新惠镇下井村人。1976—1979 年任敖汉旗电影管理站站长。其他资料不详。

吴肃

（1968 年 10 月—　）男，汉族。大学文化。中共党员。敖汉旗人，现任旗图书馆馆长，群文专业副研究馆员；历任旗文化馆馆长、旗政协委员；中国群文学会会员、内蒙古群文学会理事；赤峰市民间文艺家协会理事、敖汉旗民间文艺协会副主席，敖汉旗文学协会副主席。内蒙古残联代表大会代表、赤峰市肢残人协会副主席。在《光明日报》《农民日报》《中国文化报》《内蒙古日报》《赤峰日报》《百柳》等报刊发表诗歌、散文、小说等 80 余篇。有 20 多篇论文获得国家及自治区一、二、三等奖励。获敖汉旗十大爱岗敬业模范称号。

邱国斌

（1957 年 1 月— ）男，汉族。1976 年 6 月参加工作，2017 年 1 月退休。曾任敖汉旗博物馆副馆长、内蒙古史前文化博物馆副馆长、文博副研究馆员。曾任政协赤峰市第二届委员会委员，政协敖汉旗第八届委员会委员、常委，政协敖汉旗第九届委员会委员。

宋建东

（1965 年 12 月— ）男，汉族，敖汉旗新惠镇人。大专文化，中共党员。1987 年 12 月由旗档案局调入旗文化局博物馆工作。2006 年获得旗政府三等功奖励。2009 年 6 月调入旗体育活动中心任副主任（主持工作）、主任。2017 年 4 月任旗文化广电体育局工会主席。2018 年 4 月由旗组织部抽调下派黄羊洼镇牛力皋村担任驻村第一书记，工作队长。

张民

（1972 年 9 月— ）男，蒙古族，新惠镇人。大专学历，中共党员。1993 年参加工作。1998 年以来，先后在敖汉旗博物馆、敖汉旗文化市场综合执法大队工作。2014 年，任文化市场综合执法大队党支部副书记。

张印

（1964 年 12— ）曾用名张胤，汉族，网名中秋，敖汉旗丰收乡人。大专学历。1987 年 7 月至 2018 年 10 月先后任丰收乡文化站站长、旗文体局信息中心主任、旗文化馆副馆长等职。自治区摄影家协会会员，赤峰市艺术摄影家协会副秘书长，赤峰市摄影家协会会员，敖汉旗艺术摄影家协会秘书长。

张英伟

（1976年7月— ）男，汉族，敖汉旗新惠镇人。中共党员，本科学历。1994年12月参加工作，文博馆员。2013年5月任内蒙古史前文化博物馆工会主席。

张果彬

（1934年— ）笔名长山、张果，曾用名张国彬。敖汉旗大甸子人。大专文化。中共党员。退休前历任小学教师、中学教师，文化馆创作员，旗图书馆党支部书记、馆长和文化馆党支部书记、馆长等职。旗政协常委。曾在《人民日报》《体育报》《内蒙古日报》《赤峰日报》《地理知识》《内蒙古妇女》《华北民兵》《新疆青年》《鸿雁》《生活与健康》《峥嵘岁月》《百柳》《大连日报》《大连晚报》等十几家报刊上发表小说、散文、诗歌、曲艺作品100余篇（首）。散文集《大漠黄柳》、书法专著《草书新学》于1994年出版发行。

张国桔

（1965年3月— ）男，汉族，敖汉旗玛尼罕乡人。大专文化，中共党员。1983年入伍，1996年退伍。1997年至今在敖汉旗体育活动中心工作，2015年任敖汉旗体育活动中心党支部书记，主抓党建工作。

张国辉

（1949年7月—2011年5月）男，汉族，中共党员，高中文化。敖汉旗金厂沟梁镇四六地村人。1967年参军入伍，1971年退伍，先后在敖汉旗岗岗营子中学、敖汉旗农机局、敖汉旗公安局、敖汉旗文化馆创作组、敖汉旗工业总公司武装部工作。中国民间文艺家协会内蒙古分会会员、《百柳》杂志社特邀记者。百余篇各类体裁文学作品发表在国内各大报刊。

张明东

（1969年11月—　）女，汉族，敖汉旗人。大专文化，中共党员。图书馆馆员。现任敖汉旗图书馆副馆长。1987年3月参加图书馆工作。1994年8月—1999年10月任敖汉旗图书馆外借处组长。1999年10月—2010年2月任敖汉旗图书馆报刊资料室组长。2010年3月任现职。

张晓东

（1957年7月—　）男，汉族。中共党员，大专学历，工程师。1974年8月参加工作，历任敖汉旗大甸子公社小学教师，敖汉旗商业系统会计、人秘股长，敖汉旗经贸委工作人员，敖汉旗啤酒厂党支部书记、监事长，敖汉旗工业总公司工作人员。1999年5月任敖汉旗招商局旅游股股长。2002年2月，任敖汉旗旅游管理服务中心副主任 、主任。2016年12月退休。

张焱

（1973年10月—　）男，满族。中共党员，本科学历。1989年7月参加工作，先后在敖汉旗文化馆、乌兰牧骑、文物管理所、文化市场综合执法大队工作。2015年9月—2017年3月任旗文管所所长。现任旗文化旅游综合行政执法大队副大队长。

邵国田

（1947年6月—　）敖汉旗贝子府镇北洼村人。大专文化，中共党员。退休前任敖汉旗博物馆馆长。副研究员。旗政协第二、三届委员，赤峰市政协第三届委员，文史委员会委员。赤峰市首届考古学会副理事长，中国辽金史研究学会理事，内蒙古自治区考古博物馆学会理事。1968年参加教育工作。1970年调旗总工会工作。1972年以后先后任旗文化馆干事、副馆长、馆长等职。多次受到旗人民政府的奖励，并分别于1986年、1989年、1996年3次被评为“全区先进文物工作者”。先后发表考古调查报告和论文30余篇。曾任《中国文物地图集·内蒙古分卷》编委、副主编，《赤峰文物大观》编委。

武永贵

（1938 年 12 月— ）蒙古族，双井乡牛力皋川人，初中文化。1956 年入内蒙古电影训练班培训半年，结业后任昭乌达盟电影放映队第十七队（敖汉三支电影队之一）放映员。1959 年任敖汉旗电影放映队第六队队长。1969 年任电影管理站会计。1983 年 8 月任敖汉旗电影发行放映公司副经理。1995 年 12 月退休。

武连中

（1970 年 12 月— ）男，蒙古族。中共党员，中专文化。1988 年参加工作。2006 年 9 月任电影公司副经理。获得全市电影工作先进工作者等荣誉称号。

尚诗军

（1966 年— ）男，汉族。大学文化，中共党员，古鲁板蒿乡人。内蒙古群众文化学会会员、赤峰市作家协会会员，群文专业副研究馆员。现任敖汉旗文化市场综合执法大队副大队长。1990 年 5 月调入敖汉旗文化馆工作。2007 年 6 月任局办公室副主任。2015 年 11 月兼任文化旅游体育产业办公室主任。2016 年 12 月任现职。

罗彦武

（1969 年 9 月— ）男，汉族。本科学历，中共党员。1990 年 10 月参加工作，历任文化市场管理科员，市场稽查大队副队长，文物管理所副所长，文化股副股长、股长，办公室主任。

罗滋恒

（1936 年 10 月—？）男，汉族。大专文化，四家子镇扣河林村人。1953 年 8 月参加工作。1956 年 9 月入党。1953—1969 年在中小学任教师。1969—1972 年在公社革委会任职。1972 年担任旗文化局会计、办公室副主任等职务。

金涛

（1983 年 10 月—　）男，满族，出生于赤峰市阿鲁科尔沁旗双胜镇。大学本科，中共党员。2008 年 9 月—2012 年 5 月任敖汉旗广播电影电视局电视台记者。2012 年 5 月—2017 年 4 月任敖汉旗文化旅游体育局党办主任。2017 年 4 月—2018 年 12 月任敖汉旗综合行政执法局法规股股长。

罗金儒

男，汉族。1949—1959 年，先后担任东北书店敖汉支店、东北新华书店敖汉分店经理；新华书店热河省支店敖汉分店副经理。

金虹

（1962 年 10 月—　），女，蒙古族，敖汉旗新惠镇人。1980 年 1 月参加工作，曾任电影公司副经理（主持工作）、经理。2007 年被内蒙古自治区文化厅授予送电影下乡先进个人，2011 年被赤峰市广电局评为全市推进年先进个人，2012 年被赤峰市广电局评为电影管理工作先进个人。2013 年 11 月退休。

周世民

男，汉族，辽宁省建平县人。1955 年 8 月—1959 年 12 月，任热河省电影放映队敖汉二队队长、电影专职干部。

周金禄

男，汉族，高中文化，中共党员。1966 年 10 月—1967 年 6 月任旗乌兰牧骑负责人。

周晓成

（1968 年 9 月—　）男，汉族。中共党员，大专文化。敖汉旗下洼镇人。1990 年 5 月—2018 年 12 月任旗文化馆美术部主任。2018 年 12

月任旗文化馆党支部书记。

周晓华

（1969 年 3 月— ）女，汉族。本科毕业。1988 年 12 月参加工作，国家二级演员。政协赤峰市第六届、第七届委员，赤峰市海外联谊会第三届理事会理事。1988 年 12 月—2010 年 10 月在乌兰牧骑工作，先后担任乌兰牧骑副队长兼会计工作，其间承包乌兰牧骑戏剧队。2010 年 10 月—2017 年 3 月任文化市场综合执法大队副队长兼会计。2017 年 3 月任综合行政执法局副大队长。

周美娥

（1950 年 2 月— ），女，汉族，长胜镇人。中共党员，本科学历。电影经济师，高级经济师，高级职业指导师。1965 年 5 月参加工作，历任长胜公社小学教师，电影放映员，宣传委员，妇联副主任，团委书记，革委会副主任，知青办副主任，敖汉旗电影管理站副站长，敖汉旗劳动服务公司经理，敖汉旗就业局副局长、局长，赤峰市就业局科长、助理调研员。多年来，先后在各类刊物上发表论文 10 余篇，获得国家级、自治区级、市级科技奖励 9 次，并多次受到各级人民政府表彰奖励。

郑庆禄

男，汉族。1950 年 3 月任敖汉旗文学艺术联合会筹备委员会主任。

孟广辉

男，汉族，1950 年 12 月任敖汉旗文联主席。

胡江

（1961 年 1 月— ）男，满族。大专文化。群文馆员，原籍河北省承德市，出生于敖汉旗。现任敖汉旗非物质文化遗产保护中心主任。

1971 年参加工作，历任贝子府公社电影放映员，敖汉旗科委、科协工作人员，新惠实验小学、新惠三中教师，敖汉旗文化馆工作人员。2017年10月任现职。赤峰市摄影家协会会员，敖汉新州书画院院士。

侯敬东

（1971年1月— ）女，汉族。大专文化，中共党员。1989年在旗体委参加工作。1993年至今在旗文体局工作。2016年3月—2018年9月任广播影视旅游股股长。

姜仕勋

（1971年10月— ）男，汉族，敖汉旗四家子镇人。中共党员，大学本科学历。现任敖汉旗文物管理所副所长。1990年3月—1993年11月服兵役，为上士班长。1994年12月到敖汉旗博物馆工作。2004年11月到敖汉旗文物管理所工作。2009年9月任现职。曾为《内蒙古自治区长城资源调查报告》编纂委员会成员，参与多部考古文献的编辑工作。2009年被赤峰市文化局评为先进工作者。

姜成云

（1953年10月— ）男，汉族，出生于辽宁省朝阳市。中共党员，大专学历。2013年10月退休。1974年7月—1977年12月，先后在敖汉旗大黑山林场、双井公社下乡插队。1977年12月—1981年10月，在金厂沟梁金矿工作。1981年10月—1991年4月，先后担任旗新华书店保管员、现金出纳、会计、副经理等职务。1991年4月—1993年11月，任旗文化局业务股股长。1993年11月—2002年4月，任旗文化体育局人秘股股长。2002年4月—2013年9月，任敖汉旗文化体育广播电视局办公室主任。1993年11月—2013年10月，任局党总支委员。

姜彩霞

（1956年2月— ）女，蒙古族，金厂沟梁镇人。1970年参加工作。1995—2004年，任敖汉旗文化馆副馆长、工会主席。2004年11月，任图书馆党支部书记、副馆长。

顾国荣

1976—1977年任敖汉旗乌兰牧骑副队长。其他资料不详。

洪建欣

（1969年11月—　）女，蒙古族。大学学历。敖汉旗政协第九、十届委员，敖汉旗第一届党外知识分子联谊会理事。现任图书馆副馆长，副研究馆员职称。

洪秀春

（1913年1月—？）男，汉族。中师学历。辽宁省义县人。1948年10月参加工作，1951年任旗政府文教科科员。1956年6月—1959年，任内蒙古自治区新华书店昭盟店敖汉分店副经理。

贾广仁

男，汉族，敖汉旗金厂沟梁镇人。1955—1956年，任热河省电影放映队敖汉一队队长。

贾洪国

男，汉族，牛古吐镇敖吉村人，本科学历。1999—2003年任敖汉旗文体局文化股副股长。

贾福文

（1924年1月—？）男，汉族，敖汉旗四家子镇五马沟村人。1948年3月加入中国共产党。1948年8月—1960年7月先后担任教师、中心总校校长，旗委中苏友好协会秘书，下洼区宣传委员，新地区宣传委员，旗委宣传部干事、秘书；1960年8月至1983年9月任旗文卫总支副书记，旗医院党支部书记，旗新华书店革委会主任，四家子二医院党支部书记，电影公司经理、党支部书记。1985年6月离休。

徐广兴

男，汉族，河北省丰宁县人。1981 年 10 月—1984 年 3 月，任敖汉旗图书馆馆长。

徐国选

（1935 年 1 月—　）敖汉旗金厂沟梁镇七协营子村人。大专文化，中共党员。退休前任敖汉旗乌兰牧骑党支部书记兼队长。国家二级演员。1957 年任旗文化馆群众文化辅导员；1966 年调乌兰牧骑工作，先后任编导、业务队长、书记、队长等职，1996 年退休。几十年编导剧（节）目 100 余部，参加演出的剧（节）目五六十部，组建辅导 20 多个业余剧团。1982 年被评为全市“先进文艺工作者”。2018 年，多年收藏及编写的 10 多部（100 多卷）影卷、100 多本戏剧曲艺脚本和个人收藏的 300 多套清代皮影影人，被内蒙古自治区艺术研究院收为馆藏并列为专题展陈内容。

徐秀峰

男，汉族，四道湾子镇人，大专学历。1975 年 3 月参加工作。1981 年以后，历任敖汉旗乌兰牧骑演员、演奏员、副队长兼副书记，敖汉旗文化馆馆长，敖汉旗旅游管理服务中心副主任。2016 年 2 月退休。

曾任全国群文学会会员，内蒙古自治区群文学会理事，内蒙古自治区音乐家协会会员，赤峰市戏剧曲艺家协会会员。其创作的歌曲曾分别获全国优秀作品奖、赤峰市“五个一工程”作品奖，其中《叮铃铃》被收录入全国优秀校园歌曲文集中。撰写的多篇论文，先后获得国家、内蒙古自治区级奖。1999 年 4 月，获赤峰市优秀文化馆馆长称号。

徐洪山

男，汉族，初中文化。1967 年 7 月至 1968 年 7 月任旗乌兰牧骑负责人。

高铁虹

（1938年7月— ）原名高玉凤，敖汉旗贝子府镇贝子府村人。中共党员，初中文化。国家三级编剧。1958年9月参加敖汉旗文化工作队（简称文化队）。1961年2月到敖汉旗职业剧团工作。1967年8月从事教育工作。1978年5月，先后任旗乌兰牧骑副队长、指导员兼党支部书记。1993年退休。出版《绿野情歌》《戏墨春秋》两部戏剧专集。

高景星

男，汉族，敖汉旗新惠镇新地村人。1950年8月—1953年11月任敖汉旗人民文化馆馆长。

郭汉武

（1930年6月— ）男，汉族。中师学历，中共党员。敖汉旗新惠镇人。1951年7月参加工作，任十二区教师、总校长。1954年7月任四家子文化站站长，1958—1963年任四家子乡、克力代乡宣传委员。1963年4月—1979年4月任旗委宣传部副部长。1979年4月—1984年任新惠乡党委副书记、新惠镇镇长。1984年3月—1990年6月任电影公司、文化馆党支部书记。1990年6月退休。

郭晓光

男，汉，大学文化，中共党员。1986年1月至1988年2月任旗乌兰牧骑副队长（主持工作），1988年2月至1991年3月任队长。

郭锦明

男，汉族，敖汉旗贝子府镇克力代村人。1958—1963年任敖汉电影三队队长、敖汉电影放映总队队长。

黄玉生

男，汉族，敖汉旗小河沿区（四道湾子镇）人。1953 年 12 月—1955 年 4 月，先后任敖汉旗人民文化馆、旗文化馆馆长。

曹桂英

（1937 年 8 月— ）女，蒙古族，敖汉旗贝子府镇贝子府村人。大学学历，1965 年 12 月 21 日加入中国共产党。1958 年 8 月参加工作。在昭乌达盟干部文化学校、敖汉旗干部业余学校、旗文教科、文化局等单位先后做政工、办公室主任等工作。

常忠

男，汉族，乌兰察布市人。1956 年 11 月—1958 年 8 月，任昭盟电影放映队敖汉实习队队长、电影放映队十七队队长。

彭民

（1956 年 11 月— ）男，汉族，河北省迁安市人。高中文化，中共党员。1987 年在敖汉旗乌兰牧骑参加工作。1987—1992 年任业务副队长，后任导演至退休。2004 年，在评剧《大漠绿海》中，主要担任音乐唱腔设计和主弦伴奏。

隋秀梅

（1980 年 9 月— ）女，汉族。中共党员，大学本科学历。2001—2013 年 8 月在下洼镇人民政府先后担任妇联主席、统计助理职务；2013 年 9 月调入旗文化旅游体育局。2017 年 5 月任财务审计股股长。

董宝军

（1964 年 10 月—　）男，汉族。大学文化，中共党员。1985 年 8 月—2013 年 7 月先后在玛尼罕乡和高家窝铺乡政府工作。历任团委书记、宣传、纪检、组织委员、副乡长、人大副主席。1998 年被旗政府授予记三等功奖励。2013 年 7 月—2018 年 12 月任文化旅游体育局文化股长、主任科员。

韩东风

（1978 年 3 月—　）男，汉族，敖汉旗四家子镇人。现任敖汉旗乌兰牧骑副队长，国家二级演员。1998 年 9 月—2001 年 12 月在金厂沟梁镇第三中学任教师。2002 年 1 月—2018 年，在敖汉旗乌兰牧骑工作。本人酷爱音乐和戏剧艺术，从 1999 年开始，在旗级以上各类文艺大赛中多次获奖。

韩殿琮

（1955 年 9 月—　）男，汉族，敖汉旗新惠镇人。大专学历，中共党员。1976 年任丰收公社（乡）文化站长，1985 年以来历任敖汉旗《民族民间艺术集成》《文化志》副主编、旗文化馆馆长、旗图书馆馆长、旗委宣传部干事、《敖汉报》副总编、政协敖汉旗文史资料委员会主任等。兼任敖汉旗摄影协会主席，敖汉旗书画协会副主席。系中国书法家协会会员，内蒙古摄影家协会会员，内蒙古艺术摄影家协会会员，江西滕王阁文社社员，赤峰市书画、摄影家协会理事。

谢建国

（1955 年 5 月—　）男，汉族，生于敖汉旗四家子镇。中共党员。1979 年毕业于沈阳体育学院。先后在敖汉旗体育运动委员会任教师、业余体育学校校长、体育活动中心主任和一级教练等职务。1998 年被赤峰市人民政府授予全民健身活动先进个人，2000 年被国家体育总局授予国家级裁判员等级称号。

路明

男，汉族。1950 年 4—8 月任敖汉旗人民文化馆负责人。

鲍全喜

（1960 年 9 月— ）男，蒙古族，萨力巴乡乌兰召村人。大专文化。1978 年参加工作，先后在敖润苏莫苏木中学、旗法院、高家窝铺乡政府、旗图书馆工作。1999 年调旗博物馆工作，历任工会主席、副馆长职务。1992 年被旗政府授予“先进工作者”。1994 年，被旗政府授予记功奖励。

靖国光

（1966 年— ）男，汉族。中共党员，本科学历。出生于敖汉旗新惠镇。现任敖汉旗旅游管理服务中心副主任，副研究馆员职称。1983 年 7 月—1984 年 10 月在敖汉旗知青旅社待业。1984 年 10 月—1988 年 1 月在 51305 部队服兵役。1988 年 1 月—2015 年 11 月在敖汉旗图书馆工作，先后任助理馆员、馆员、党支部副书记、副馆长、馆长。2015 年 11 月—2017 年 12 月任旅游管理服务中心支部书记。2017 年 12 月任现职。

褚国祥

（1960 年 8 月— ）男，汉族，敖汉旗乌兰牧骑队员。创编人员，国家二级演奏员，中共党员。1980 年 1—12 月在敖汉旗岗岗营子庄户剧团工作，担任主要演员。1981—2018 年在敖汉旗乌兰牧骑工作，担任演奏员、演员；其间 2009—2017 年担任敖汉旗乌兰牧骑副队长职务。

静桂荣

（1954 年 2 月— ）女，汉族，敖汉旗新惠镇人。中专文化，中共党员。1976 年在敖汉旗电影公司参加工作，任副经理、党支部副书记等职。2001 年退休。

端勤民

（1960 年 1 月—　），男，汉族。中专学历，中共党员。敖汉旗牛古吐镇敖吉村人。现任敖汉旗政务服务中心办公室主任。1981 年参加工作，历任丰收公社农业助理、计生专干、高家窝铺乡秘书、丰收乡组织委员、宣传委员、旗委宣传部干事、办公室主任、旗电影公司经理等职。2004 年 4 月任现职。

魏春国

（1951—　）男，汉族，新惠镇新地乡人。中专学历，中共党员。1968 年入伍。1973 年 1 月在旗武装部参加工作。1975 年以后，历任旗文化馆、图书馆馆员。1987 年以后，先后任旗图书馆副馆长、馆长。2011 年 11 月退休。

魏泽德

（1939 年 4 月—　）男，汉族。中师文化。出生于北票县上园乡上园村，1956 年 8 月—1960 年 12 月任新惠中学教师。1961—1983 年，在文化馆、电影院、乌兰牧骑从事美工工作。1983—1988 年在元宝山水泥厂工作。1988 年 7 月调入敖汉乌兰牧骑，曾任文化馆副馆长、馆长等职务。

三、副高以上人员

王功志

（1959 年 10 月—　）男，汉族。敖汉旗乌兰牧骑队员，国家二级演奏员。1984 年 1 月，参加敖汉旗乌兰牧骑工作，一直担任演奏员。参加工作以来，多次获得演奏专项奖励。

孔德刚

（1974 年—　）男，汉族。敖汉旗乌兰牧骑主要演员，国家三级演员。1986 年在岗岗营子文艺宣传队学习，后考入赤峰京剧团。1993—

2018年在旗乌兰牧骑工作，曾先后出演几十个古装及现代剧目，并获得多个奖项。

朱丽敏

（1975年11月— ）女，汉族。中专文化，敖汉旗古鲁板蒿镇康家营子村人。1990年在赤峰市体育中学举重队训练，1992—1995年在内蒙古体工三大队举重队训练，同年在内蒙古体育运动学校中专班就读，1995年至今在旗体育活动中心工作，现任举重副高级教练员。

任明泽

（1975年6月— ）女，汉族。大专学历。高级教练员。1994年7月毕业后被分配到敖汉旗体育活动中心工作，从事教练员工作。

杨锋利

（1960年4月— ）男，汉族，敖汉旗人。中共党员，音乐专科学历。现任敖汉旗文化馆文艺创编部主任，副研究馆员职称。中国音乐家协会会员、中国音乐著作权协会会员、内蒙古音乐家协会会员、赤峰市音乐家协会理事，敖汉旗文联音乐协会副主席兼秘书长。创作大量的歌曲、论文，并多次获得国家级奖项。是我国4000年前古石琴的发现、研究者，也是成功演奏古石琴的第一人。

邱艳丽

（1968年9月— ）女，蒙古族。大学文化。内蒙古史前文化博物馆副研究馆员。1988年9月参加工作，任敖汉旗博物馆文物展览讲解员。1989年10月，任敖汉旗文化馆美术设计。1992年5月，历任内蒙古史前博物馆文物保管、讲解员、陈列设计等职。

张静波

（1974年10月— ）女，汉族。大学文化。出生于敖汉旗羊场乡。旗体育活动中心中级教练员。1990年获得内蒙古自治区柔道锦标赛女子52公斤级第一名，1991年获得全区第七届运动会女子61公斤级第三名，1994 年参加工作，在敖汉旗体育活动中心任现职。

罗冬艳

（1980 年—　），女，汉族。现任敖汉旗体育活动中心网球教练员，国家一级教练员。从 2008 年开始从事网球培训及教学工作，培训学员近百人次，向内蒙古自治区及其他省市专业网球运动队输送青少年队员 3 名。

周承富

（1964 年 6 月—　）男，汉族。敖汉旗乌兰牧骑队员，国家三级演员。1984 年参加乌兰牧骑工作，戏剧主攻小生、老生，获得市、内蒙古自治区乃至国家级奖励。

赵淑华

（1968 年 3 月—　）女，蒙古族。戏剧、舞蹈演员，大专学历，国家二级演员。1993 年参加乌兰牧骑工作，从事表演艺术，戏剧主攻花旦、彩旦、娃娃生。并多次获得市级以上奖励。

姜九成

（1968 年 10 月—　）男，蒙古族。国家二级演员，著名花脸演员。1985 年在岗岗营子文艺宣传队担任演员。1986 年 1 月在赤峰市站前评剧团担任演员。1988 年 1 月以来在敖汉旗乌兰牧骑工作，担任演员。

洪建华

（1973 年 12 月—　）女，蒙古族。大学学历。1992 年任图书馆外借处主任，职称副研究馆员。多次参加赤峰市、敖汉旗组织的业务、文明礼仪等知识竞赛，并获得奖励。

第四章　文化人物

第一节　民间艺人

永日布

生卒年不详，巴约特氏。光绪年间敖汉海力王府著名民歌艺人。少年时喜欢说书、唱歌，年长后云游昭乌达、哲里木、卓索图盟等地说唱，练就一副好嗓子，尤其善于创作歌曲。其创作的《诺恩吉雅》为典型优秀歌曲，蒙古族民歌有《留柱的歌》《德力格尔》《四季歌》《罕山》等，至今传唱不衰。

田德林

（1892—1976年）下洼镇朱家窝铺村人。16岁拜当地山东籍人杨大吴为师，学唱皮影戏。主攻唱髯，兼拿线、拉大弦、吹唢呐，多才多艺。20岁出徒后，常驻下洼河西张六影班，在敖汉皮影界逐渐有了名气。其所驻影班常年在敖汉中东部乡镇及奈曼旗、开鲁县等地演出，成为名“影匠”。

李凤鸣

（1920年—？）原籍下洼镇，后移居长胜乡长胜甸子村。自幼随父亲李生学吹唢呐，13岁开始，在敖汉北部乡镇及奈曼、八仙筒、翁牛特等地活动，吹奏多为婚丧嫁娶常用曲牌，因技法独特、音调甜润为人称道，名气很大。

孙永年

（1940年—？）男，蒙古族，出生于乌兰召公社白土营子大队，后迁址敖润苏莫苏木三十家子。蒙古族说书艺人。1960年开始行艺，用三弦自奏自说唱。演唱的传统曲目有《大八义》《小八义》《五女兴唐传》《紫金镯》《十五贯》及现代曲目《平原枪声》选段等。几十年中，在敖汉旗、翁牛特旗、奈曼旗、阿旗、巴林右旗、通辽和吉林省海布力嘎等地说书，曾于1962年参加内蒙古自治区“三独”会演获得奖励。1978年、1982年两次参加昭乌达盟蒙古语说书经验交流会，分别获得表演一、二等奖。1990年，哲里木盟文化部门编纂《乌力格尔沁300人名录》，孙永年被收录其中。

曲海峰

（1921—2004年）古鲁板蒿乡山嘴村曲家湾子人。读过私塾。15岁拜皮影戏艺人贾成芝为师学唱皮影，出徒后驻姜德友影班，成为该影班的主演。后来购置影箱，成立影班。潜心研究皮影艺术，拉、打、贴、拿样样精通，特别是“线”上功夫堪称一绝，在敖汉皮影界享有盛名。

张子林

（1896—1972年）祖籍山东，四德堂乡庄头营子人。祖上以唱落子戏、皮影戏和吹唢呐为业。他从小受家庭的熏陶，喜欢吹唢呐。13岁就学会了家传的全部唢呐曲牌。后来，曾先后拜陈家沟的冯氏三兄弟、建平县的袁久忠和下洼南梁的许双等五位唢呐艺人为师。他生来记性强，再加上勤学苦练，到17岁时，便集各家技艺于一身、出徒单独行艺了。

他在吹唢呐方面潜心钻研，把所掌握的曲牌不断进行加工，摸索出了一套吹奏技巧和独特手法。40多岁时，能够演奏200多个曲牌，且吹出的曲子像鸟叫、像说话。“咯戏”是他的主要拿手绝活。能用唢呐吹奏戏曲唱段，把戏中高亢、呜咽、缠绵的唱腔，连同文武场伴奏，用唢呐表现得惟妙惟肖、淋漓尽致。他的另一手功夫是用鼻子吹唢呐。

新中国成立后，他移居新惠乡公爷府村。他多次参加旗里举办的艺人座谈会、学习班，进行艺术交流。旗委、旗政府举行各类大型庆祝活动时，也请他带徒弟去吹奏。1972年，因病去世。

张平山

（1924年—？）牛古吐乡德力板胡同村人，原敖汉剧团演员。自幼家贫，颇具演唱天赋，喜爱二人转艺术，后与其兄张宽共同组建落子班。1950年“张宽班”登记为职业剧团后，被派到热河省培训学习，成为剧团主要演员之一。1957年敖汉剧团参加内蒙古自治区文艺会演，他在会演中获得个人表演奖，受到自治区政府主席乌兰夫的接见。1963 年，旗文化馆抽调张平山等民间艺人组成代表队，参加昭乌达盟文艺会演。他在会演中获优秀导演奖和三项个人表演奖。

张瑞申

（1921—1982 年）艺名“老沾包”，民间著名唢呐艺人张子林之子。八九岁随其父鼓乐班打下手，在其父的严格训练下，练就了一手吹唢呐绝活，在敖汉和邻近的赤峰、建平、翁牛特地区名气很大。

张殿阁

（1923—2010 年）丰收乡格斗营子村人。祖籍山东，系张氏家族皮影戏第五代传人。他影艺娴熟，功底深厚，影棚里拉、打、贴、拿样样精通，主攻唱“小”兼唱生、髯、丑。因其唱功精湛，唱法讲究，在敖汉皮影界中远近闻名。

松迪

（1910—1988 年）合母楚德氏，汉字“韩”姓，敖润苏莫苏木庙东营子人。其父色勒扎布有三个儿子，松迪为老大，因满脸络腮胡子，人称“大胡子艺人”。文化不高，博闻强识，20 世纪 30 年代就熟练说唱《隋唐演义》《响马传》《水浒传》等汉语故事。民国 32 年（1943 年），松迪和海力王府著名民间说书艺人鲁鲁扎布参加奈曼旗大沁庙庙会，他说唱《隋唐演义》，轰动了大沁他拉镇。第二天，奈曼王府特请他俩进王府说书，每人赏赐一头带犊乳牛。由于历史的原因，他从艺几十年创作的“好来宝”“乌力格尔”作品没有文字记载，没有录音唱片，流传在民间的只有口耳相传的只言片语。他的说唱艺术一直活跃到“文化大革命”时才停止。

蒋凤岐

（1911—1965 年）宝国吐镇宝国吐村人。国高文化。祖上来敖汉定居后即以唱影为业。受家庭熏陶，他自幼喜爱皮影戏艺术，14 岁便随影班唱影。他天生一副好嗓子，唱腔甜润，吐字清晰，感情充沛，手活全面，主攻旦、生行。在影台里以拿线为主，兼拉弦打鼓，样样能为，可谓影班中的“底包”演员，深受观众和皮影界同行的赞誉。

跑不了

（1903—1973 年）艺名，蒙古族说书艺人，敖汉旗人。出生于贫苦牧民家庭，自幼酷爱听书，且记忆力超人，过耳不忘。他先后拜永日布、布尔固德为师，演唱具有浓郁的抒情风格，注重音乐的表现力，擅长说唱悲剧故事。20 世纪 50 年代早期，应邀赴乌兰浩特，在蒙古语说书厅说书，深受听众欢迎。

付麟童

（1915—1961 年），辽宁省西丰县石人沟人。父母农民，少时家贫。9 岁在西丰县维新茶园当学徒，后进某戏班坐科 4 年，颇用心计，师傅为其起艺名“小麟童”。13 岁登台，首演京剧《诸葛亮招亲》，饰小生崭露头角，受人称赞。随着演技的不断长进，在西丰一带梨园同辈中小有名气。日本帝国主义入侵后，他所在的戏班曾经为日本人演出。他为此感到耻辱，一怒之下弃行出班。1951 年，他被朝阳县剧团招收为演员，后任业务股长职务。1956 年 5 月，与该剧团 13 名演员来敖汉剧团，初期负责业务工作，后任业务副团长。他对工作满腔热忱，尽职尽责，以“人当吃苦在前，享受在后，公众事屈己从人”为自律准则，一心扑在戏曲事业上，成为敖汉剧团主演。由他主演的京、评、梆剧目有《十五贯》《四杰村》《铡包勉》《徐策跑城》等，深受观众赞誉。由于自幼受颠沛流离之苦，早年积劳成疾。1961 年 3 月，在新惠大礼堂演出《打龙袍》时，一场大戏未完，他心脏病复发，大汗淋漓，被人搀扶回到后台。次日卒于旗医院，享年 46 岁。

鲁鲁扎布

生年不详。蒙古族，萨力巴乡人，著名歌手和“乌力格尔沁”（说书人）。出生于贫苦牧民家庭，其父母是民间歌手。鲁鲁扎布自幼天资过人，喜欢唱歌，经常跟随父母参加婚礼、节日聚会，聆听民间歌手的歌唱，学会了许多蒙古族民歌。长大后成为海力王府著名说书艺人永日布的入门弟子，经过刻苦努力，能说唱《封神演义》《三国演义》《西游记》《隋唐演义》等 30 余部传统曲目。农闲时，他背起四胡走村串户，说唱好来宝、乌力格尔，过着半职业化的艺人生活。尽管从艺大半生，说唱艺术却没能改变他多舛的命运。1947 年土改运动，鲁鲁扎布因与王府的关联而受到牵连，再加上贫病交加、中年丧子，精神和肉体几近崩溃，于 1960 年早逝。

第二节　非遗传承人

田惠莲

（1970年2月—　）女，汉族，大学学历。于新惠第三小学任教，旗级教学能手，学科带头人，市级优秀美术教师。敖汉民间文艺协会副主席、赤峰民间文艺家协会理事、内蒙古民间文艺家协会会员、中国民间文艺家协会会员。敖汉剪纸协会会长、赤峰剪纸协会副会长、内蒙古剪纸协会常务理事。赤峰市非物质文化遗产“敖汉剪纸”项目传承人。

白润玺

（1953年1月—　）男，汉族，出生于四家子镇牛夕河屯。2018年5月被认定为市级第五批非遗项目“青城寺蒙古族祭星”代表性传承人。

刘金凤

（1966年—　）女，敖汉旗人，大专学历，小学高级教师，中共党员。酷爱剪纸，敖汉旗第一批非遗项目剪纸传承人。现为敖汉剪纸协会、赤峰剪纸协会、内蒙古剪纸协会会员；中国民间文艺家协会会员。

孙国华

（1959年3月—　），女，汉族，出生于牛古吐镇大五家村。2018年5月被认定为市级第五批非遗项目“敖汉拨面制作技艺”代表性传承人。

李树发

（1970 年 7 月—　）男，汉族，出生于黄羊洼镇牛力皋川。2018 年 5 月被认定为市级第五批非遗项目“敖汉拨面制作技艺”代表性传承人。

李铁南

女，蒙古族，敖润苏莫苏木人。2018 年 5 月被认定为市级第五批非遗项目“敖汉蒙古族服饰”代表性传承人。

李福山

（1950 年 10 月—　）男，蒙古族，出生于萨力巴乡乌兰召村，著名“好德歌沁”民间艺人李发之子。自幼随父亲等老艺人学习表演传统“好德歌沁”艺术，两次去通辽、呼市汇报演出。2008 年被认定为内蒙古自治区级第一批非遗项目“好德歌沁”代表性传承人；2009 年 12 月被认定为市级第一批该项目代表性传承人。

辛跃贵

（1939 年 11 月—2015 年）男，汉族，四家子镇牛夕河屯人。2008 年被内蒙古自治区认定为自治区级第二批非遗项目“青城寺蒙古族祭星”代表性传承人。

宋福

（1944 年 10 月—　）男，汉族，出生于新惠镇哈达吐村。2009 年 12 月被认定为市级第一批非遗项目“喜歌”代表性传承人。

金生

（1945 年 4 月—2016 年）男，蒙古族，萨力巴乡乌兰召村人，2008 年被认定为内蒙古自治区级第一批非遗项目“好德歌沁”代表性传承人。

金永利

（1970 年 1 月—　）男，蒙古族，出生于萨力巴乡乌兰召村，金生之子。2018 年 5 月被认定为市级第五批非遗项目“好德歌沁”代表性传承人。

孟庆华

（1964 年 9 月—　）男，汉族，高中文化，农民，敖汉旗玛尼罕乡皮匠营子村人。内蒙古自治区级第六批非物质文化遗产代表性项目“敖汉传说故事”代表性传承人。

孟庆和

（1956 年 2 月—　）男，汉族，中师学历，中共党员，1978 年 9 月至 2016 年 9 月在玛尼罕小学教学。1980 年开始从事业余文艺创作。2009 年被认定为市级第一批非遗项目“伞头”代表性传承人。旗、市、区三级媒体为“伞头”传承人制作专题节目。

孟祥志

（1946 年 8 月—　）男，汉族，出生于四家子镇下房申村。2018 年 5 月被认定为市级第五批非遗项目“黄河灯会”代表性传承人。

洛桑·达瓦

（1977 年 3 月—　）男，土族，出生于青海省。2008 年被认定为内蒙古自治区级第二批非遗项目“青城寺蒙古族祭星”代表性传承人。

蒋春

（1950 年 4 月—　）男，汉族，出生于兴隆洼镇宝国吐村。敖汉旗第一批非遗项目“敖汉皮影”代表性传承人。

韩海梅

（1987 年 7 月—　）女，蒙古族，敖润苏莫苏木人。敖汉旗第四批非遗项目“蒙古剪纸”代表性传承人。

鲍凤珊

男，笔名铁峰，蒙古族，敖汉旗贝子府镇人。高中文化，中共党员。离休前为政协敖汉旗委员会副主席。2008 年被认定为内蒙古自治区级第一批非遗项目“敖汉旗传说故事”代表性传承人。

魏成友

（1969 年 12 月—　）男，汉族，新惠镇高家窝铺村人。敖汉旗第二批非遗项目“旱作农业农具制作”代表性传承人。

第三节　文化名人

刁金华

（1956 年 3 月—　）男，蒙古族。大学文化，中共党员，敖汉旗贝子府镇黄家杖子村人。1973—1979 年历任农业技术员、电影放映员。1979—1987 年在贝子府文化站工作。1987—2016 年先后担任乡党委秘书、副书记、镇长、乡镇党委书记，法院党总支书记、副院长等职务。2016 年 3 月退休。酷爱摄影，精研书法。退休后用小楷抄写四大名著。《西游记》已抄完，2018 年底抄完《红楼梦》，2023 年将全部完成《三国演义》《水浒传》的抄写。

孔二狗

（1981 年 1 月— ）原名孔祥照，敖汉旗兴隆洼镇人。作家、编剧、电影人。毕业于内蒙古民族大学。2008 年起，他以“孔二狗”为笔名开始创作《东北往事：黑道风云 20 年》系列小说，引起巨大轰动，出版以后连续 18 周排名各大图书畅销榜，被誉为“黑道小说第一人”。《黑道风云》被改编成网络电视剧后，刷新了全国所有网剧的纪录。开创黑道小说风潮。主要作品有《东北往事——黑道风云 20 年》（1—5）、《别样的江湖》《黑道悲情》（1—2）、《赌球记》等。

自 2003 年起，他开始在慧聪国际行业研究院上海研究所从事商业咨询顾问工作，历任研究员、高级研究员、项目经理、研究经理等职务。2009 年 8 月 14 日，他成为《南方人物周刊》封面人物。2009 年 9 月 10 日，他受邀录制凤凰卫视节目《锵锵三人行》，与文化名人窦文涛、许子东共话中国“黑道风云 20 年”。该节目于 2009 年 9 月 14 日播出。2009 年 11 月 10 日，《别样的江湖》获得首届“商小说”原创文学大赛一等奖。2011 年，他加入小马奔腾，任董事长特别助理。2012 年 2 月 14 日他所著《东北往事之黑道风云》改编成 50 集电视剧登录知名视频网站。2013 年 11 月 8 日张元导演、孔二狗编剧的影片《有种》在全国各大院线上映。2014 年 6 月 14 日他的原著改编舞台剧《东北往事》举办剧本朗读。2014 年 7 月，他加盟游族影业担任 CEO，并以总投资 12 亿元拍摄科幻电影《三体》。同年 11 月，宣布公司将投拍一系列大制作，包括根据中国科幻小说《三体》改编的同名电影、由香港著名电影人吴思远任监制的动画片《恐龙大赛车》、中国著名导演高群书执导的以大禹传说为蓝本的《华夏之王》这三部电影和根据中国悬疑小说第一人蔡骏畅销小说《地狱变》等五部作品改编的系列悬疑电影等。

王相东

（1970 年 1 月— ）女。中共党员，大学学历。曾就职于敖汉旗史志办、政府办、文明办，现任敖汉旗委宣传部副部长。系中国音乐文学学会会员，中华诗词学会会员，内蒙古作家协会会员。作品发表于《笔友网诗词精选》《中国散文诗》《伶仃洋》《词刊》《儿童音乐》《新歌诗》等。歌曲代表作《最美乡村》《晚霞》《捉蝈蝈》，《老家的黏豆包》荣获全国微刊好歌词第三名，抗“疫”歌曲《我在草原想武汉》被推送“学习强国”平台，国家广电智库，湖北卫视、综合、影视等多家省级电视频道及赤峰市广播电视台循环播放。著有《月亮之上》。

王春晖

（1968 年 1 月— ）女，回族，金厂沟梁镇回族村人。大专文化。退休前在旗市场监督管理局工作。赤峰市作家协会会员。赤峰市第五届政协委员。参加工作以来，她写作大量新闻和文学作品，先后发表在三级报刊上。2007 年出版了长篇小说《淘金人》。

王晖

（1960 年 12 月— ）笔名晓晖，女，敖汉旗玛尼罕乡平顶庙村人。1979 年考入辽宁师范大学中文系，1983 年毕业，任赤峰市文联创办的《百柳》杂志编辑，后来担任编辑部副主任，副编审职称。从 1983 年开始发表作品，至今共发表诗歌、散文、报告文学、文学评论多篇，计 50 多万字。1991 年被收入《中国当代青年作家名典》。

王爱学

（1972 年—），敖汉旗新惠镇人，自幼喜爱绘画，现为敖汉旗政协新州书画文学院院士，曾多次参加各种美展，2001 年独立创办“志成书画苑”多年来潜心研究中国画。2014 年在“美丽敖汉，可爱家乡”“海岳杯”书画摄影大赛中，其作品《清泉谷神韵》荣获一等奖。2017 年在“不忘初心，牢记使命”赤峰市廉洁文化书画摄影作品展中荣获优秀作品奖。2019 年被评为政协新州书画文学院优秀工作者。其作品风格在传统的基础上进行大胆创新，用笔泼辣，凝练厚重，大气磅礴，质朴中不失秀美，古拙中含有灵气，具有极高的欣赏和收藏价值，在敖汉旗各大机关单位都能见到他的书画佳作。在游于笔墨之间的同时，他还利用业余时间进行印章篆刻和玉石的雕刻，“金石华彩”“知白守黑”“方寸之间”“刀走凌云志”“字形流云姿”，其印章和雕件被国内外人士收藏。作家刘泽民曾写诗赞曰：钟情翰墨爱自然，满带稚气创画苑，笔下百花香飘蕊，窗外千山壁上悬，小篆镂刻今人印，隶书常法古先贤，已绘人间三春景，再泼环宇山外山。

王景林

（1965 年 11 月— ）男，汉族。大专文化。丰收乡白杖子村人。敖汉旗公安局警察，

书法家。公安部文联书法家协会会员，北京西城区书法家协会会员，首都书画院赤峰分院理事，赤峰作家协会会员。曾出版《王景林书法作品集》，其行书巨幅作品《与朱元思书》悬挂北京市通州区人民检察院贵宾厅，部分书作被乌克兰、新加坡等国际友人收藏。1998 年被九三学社赤峰市委、首都书画院赤峰分院授予“爱心大使”称号。书法作品在内蒙古、北京、辽宁、黑龙江等地有广泛影响，历次大赛中获奖项若干，题写的书名、牌匾、墓碑、楹联、门楣、报头若干。

王景龙

（1967 年—　）男，汉族，笔名墨童，生于内蒙古敖汉旗。书法家。华夏惠众国际书画院执行院长，中国书画院副秘书长、常务理事，艺委会委员，北京汉文盛唐书画院副院长兼秘书长，中韩书画院常务理事，北京艺术创作中心会员，中国书法家协会内蒙古协会会员，北京市西城区书法家协会会员，中国书画研究会会员，中国华人书法家协会常务理事。

扎戈米

（1937 年—　）汉姓金，蒙古族。中共党员，经济师，中国少数民族戏剧学会会员。敖汉旗敖润苏莫苏木人，20 世纪 30 年代左右迁居巴林左旗。1998 年 12 月牵头注册组建了赤峰市昭乌达蒙古戏民间研究会；1959 年与人合作首次发现并整理敖汉旗乌兰召一带民间流传的蒙古族艺术“好德歌沁”。2004 年 12 月，《昭乌达蒙古戏剧研究文集》出版发行。把“好德歌沁”收录其中。

石柏令

（1958 年 3 月—　）满族。笔名程久、石韩、闻世伟。敖汉旗人。中共党员，大学本科学历。现任政协敖汉旗委员会文史委主任，兼任箭桥中学副校长、政协新州书画文学院秘书长兼文学部部长，《新州文学》主编，内蒙古作家协会会员，内蒙古摄影家协会会员，赤峰微电影联盟常务理事。1985 年开始在各级报刊发表小说、散文、报告文学近百篇。自 2014 年以来，主持编剧并导演微电影，并多次获奖。

付强

（1993年—　）男，汉族。大学文化。新惠镇人。内蒙古美协会员，师从内蒙古美协主席孟显波教授，2013年到瑞士苏黎世大学艺术学院交流学习。2014年到蒙古国文化艺术大学交流学习。2015年毕业于内蒙古大学并获艺术学学士学位。绘画作品多次获奖并被名家收藏。2016年被聘为内蒙古艺考评委，陕西当代水彩粉画研究院创作员，全国中小学水彩粉画普及教育专业导师，画廊签约画家。

白国香

（1934年8月—　）曾用名白果香。金厂沟梁镇下查干高勒村人。中共党员，研究生学历。曾任元宝山区政协秘书长。内蒙古文学艺术联合会会员，内蒙古作家协会会员，昭乌达盟戏剧协会理事。1995年8月退休。酷爱文学艺术，创作了大量小说、报告文学、戏剧、曲艺、散文、文艺评论达500多万字。40多年来，发表诗歌300余首，先后结集出版有《果汁飘香》和《桃花水》两部诗集。

白焕然

（1955年12月—　）男，汉族，下洼镇河西村人。大学文化，中共党员。内蒙古作家协会会员、河北省修辞学会会员、中国监狱协会会员、外国文学东方文学学会会员。退休前任中央司法警官学院警察管理系主任，教授。潜心研究教学理论，发表论文60余篇。同时，出版《折狱龟鉴译析》《修辞故事谈》《巧体、杂体、怪体——诗词曲》《俳谐诗撷趣》等8部专著。

包力高

（1938年12月—　）曾用名白音鲍力高、鲍洪斌，男，蒙古族。出生于敖汉旗萨力巴乡西水泉屯，蒙古医生家庭。研究生毕业，硕士学位。中共党员。曾任内蒙古社会科学院研究员、教授。主要研究领域为蒙古文字学、蒙古语语音学、蒙古语方言学、蒙古族语言学和蒙古语文献学。

冯再武

（1956 年 9 月—　）男，汉族。中共党员，大学本科学历。内蒙古自治区音乐文学协会理事、内蒙古自治区戏剧曲艺家协会会员、内蒙古音乐文学学会会员，赤峰市作家协会会员、赤峰市音乐家协会理事、赤峰市舞蹈家协会副秘书长。赤峰市文艺演出活动、电视文艺晚会及其他社会文艺活动知名策划人、撰稿人。曾担任辽宁电视台《共度好时光》《乡村大看台》两个栏目的特约撰稿人。创作小品作品 50 多部、曲艺作品十几部，出版爱情诗集《彩蝶和杏花雨》。

冯春光

（1957 年 12 月—　）女，网名春水如蓝、峨嵋。大学文化。曾供职敖汉旗纪委监察局，历任办公室副主任、信访室主任、宣教调研室主任，纪委常委。现为中华诗词学会、内蒙古诗词学会会员，内蒙古作家协会会员。内蒙古诗词学会草原散曲社副社长，中华诗词学会散曲工委版主，中华诗词论坛内蒙古《塞北诗潮》常务管理员，赤峰市诗词学会副会长、副主编。著有诗词集《枕着诗绪的温婉》《蓝梦春歌》。

朱国文

（1966 年 7 月—　）敖汉旗金厂沟梁镇人。中共党员，大专文化。现任敖汉信息社副总编辑，副社长。1985 年，开始发表文学作品，并以诗词见长，其诗词歌赋等文学作品逾百万字，结集出版《梦里花落》。

任悦军

（1958 年 6 月—　）男，汉族，敖汉旗四家子镇老虎山村人。中共党员，大专文化。离岗前任萨力巴乡中心校党支部书记，中学高级教师。赤峰市诗词学会会员、敖汉旗作家协会理事、敖汉旗摄影家协会会员。先后任《金厂沟梁镇志》《宝国吐乡志》《敖汉旗发展和改革局实录》《敖汉旗总工会志》《敖汉旗人大常委会志》《敖汉旗人口与计划生育志》《中国地名大辞典（敖汉旗部分）》《赤峰市商务局志》《敖汉旗地名志》《赤峰市林科院志》《敖汉旗政法志》《元宝山政法志》编辑，《敖汉地名典故》副主编。

刘才

（1958 年 2 月—　）男，满族。大专文化，中共党员。曾任长胜文化站站长、文化局业务股长、广播电视局党办主任，现为中国书画家协会理事，主任编辑职称。2005 年起研习书法艺术并不断取得进步。先后 6 次获得国家级大奖。被授予“当代德艺双馨书法家”“实力派优秀书画家”“全国百位优秀人民书画家”等荣誉称号。

刘万祥

（1961 年—　）男，汉族，喀喇沁旗西桥乡人。1981 年毕业于赤峰师专中文系，1987 年毕业于内蒙古师范大学汉语言文学系。曾在新惠师范学校教书 14 年，后被调入敖汉旗委宣传部工作，现任敖汉旗教师进修学校副校长。内蒙古作家协会会员，中等职业学校高级讲师。1987 年以来，相继发表诗歌 300 余首，散文、小说、报告文学等 50 余篇，近百万字。

刘凤山

（1955 年—　）男，敖汉旗新惠镇人。1972 年肄业于新惠“五七”中专。1972 年 12 月参军，1981 年转业到《吉林日报》社工作，退休前任《城市晚报》主任美术编辑。吉林省美术家协会会员、长春美术家协会理事、中国出版工作者协会装帧艺术委员会会员、吉林省出版工作者协会常务理事。

刘凤林

（1959 年 6 月—　）男，汉族，敖汉旗人。毕业于哈尔滨师范大学。中国民主建国会会员，民建内蒙古文化委员会委员。2009 年就读于中国国家画院。2014 年就读于中国传媒大学艺术学院。现为中国美术家协会会员、人民书画院艺术创作院副院长、民建中央画院画家。在国家级画展中多次获奖。

刘泽民

（1940年1月—　）男，汉族，敖汉旗四家子镇双庙村人。中共党员，大学文化，作家。1962年任四家子中学语文教师。1963—1966年，在内蒙古师范大学中文系插班学习。1966—2000年先后在四家子中学、下洼中学、小河沿高中、新惠二中任教。2000年退休。从1992年开始文学创作，相继出版散文集《山趣》《山梦》《山韵》《山魂》，长篇小说《青山恋》改编成同名电视连续剧，获得较好反响。

刘素侠

（1950年10月—　）女，敖汉旗四家子镇南大城村人。大学本科文化，中共党员。退休前为赤峰市博物馆研究室主任、副研究员。1971年参加工作，1978年毕业于辽宁大学历史系考古专业，同年8月分配到昭乌达盟文物工作站从事文物考古工作。昭乌达盟文物站改为赤峰市博物馆，她先后任博物馆考古工作队队长、研究室主任等职。是多部中国文物出版社出版著作的主要撰稿人之一，并担任《赤峰文物古迹博览》责任编辑。

刘晓林

（1965年10月—　）笔名耕砚，又名耕砚斋主。四道湾子镇小河沿村人，大学本科文化。现任赤峰市老干部活动中心主任，赤峰市老年大学副校长。中国艺术研究院一级书法家，中国楹联学会会员、中华诗词学会会员、内蒙古书法家协会会员，赤峰诗词学会常务理事，赤峰市书画院特聘画师。先后被编入《中国楹联学会会员大典》《中国著名书画家大辞典》等10余部辞书。

刘萍

（1931年1月—　）曾用名刘永富，笔名流萍。敖汉旗新惠镇人。初中文化，中共党员。离休前为空军87403部队副政委、顾问，少校军衔。空军老干部书画研究会理事，中国老年书画研究会会员。他创作的反映空军部队生活的速写、文章、插图、组画、连环画等作品，多次获得军队大奖。

刘淑娟

（1959 年 1 月— ）女，汉族。大专学历，中共党员。1976 年 3 月—1987 年 10 月先后在岗岗营子公社文艺宣传队、旗乌兰牧骑担任演员兼伴奏员。1987 年 11 月—2014 年在敖汉旗文化馆工作，任文艺辅导部部长、群文馆员。中国民族管弦乐学会会员，赤峰市戏剧、曲艺家协会会员；2012 年晋升为群文辅导副研究员。2014 年 1 月退休。

刘毅然

（1971 年 2 月— ）曾用名阿然，男，敖汉旗古鲁板蒿镇东他拉村人。喜欢文学，1991 年 9 月创办了影响全国的《中专生文苑》报，任总编辑。1997 年，涉足图书行业至今，已出版图书近千种，首推彩图辞书概念，并使这一概念风行全国。1998 年，任《内蒙古青年报 · 青春周末》主编。2000 年 6 月，创办北京宏达一甲教育科技有限公司、北京皮皮旸传媒科技有限公司，任董事长。

齐广民

（1954 年 5 月— ）男，汉族。大专文化，中共党员，经济师。1977 年参加银行工作，创办农行、信用联社内部业务指导小报，喜欢书法和新闻写作。喜欢录像与摄影，现为敖汉旗、赤峰市、内蒙古自治区三级摄影协会会员。

关显锋

（1959 年 1 月— ）男，满族，出生于敖汉旗四家子镇小古力吐村。中共党员，硕士研究生学历，赤峰市著名书法家。自幼热爱书法艺术，从政之余，勤于翰墨，临池不怠，各类书体技巧日臻成熟，尤以隶书功底见长，受到中国书法界名家高度评价。作品先后入编《中国学者墨迹选》《读书画报》《中国医药书画名家作品选集》《情系奥运中华书画艺术展世界行作品选集》等国家乃至国际书法典籍之中。

许友

（1955年1月—　）男，汉族，敖汉旗人。大专文化，中共党员。工程师。退休前任敖汉旗安全生产监督管理局主任科员。1975年参加工作，先后在丰收乡学校、旗劳动局、经贸局工作。2004年6月任敖汉旗安监局局长。2006年1月改任非领导职务，2005年1月退休。酷爱藏书，2014年4月，被评为全国“书香之家”、全市首届十大“优秀藏书家”。2017年4月，获得全区“书香家庭”称号。

孙中轩

笔名，青格里。男，蒙古族，敖汉旗哈拉勿苏人。中共党员，退休前任锡盟文联党组副书记。1959年毕业后，分配到锡盟西乌旗中学任教，历任教师、编辑、主编，盟党委办公室主任等职。业余时间从事文学创作，著有《游牧人的追求》等组诗300余首。系中国作家协会内蒙古分会会员，中国少数民族作家学会理事。

孙振华

（1956年—　）男，汉族，出生于内蒙古呼和浩特市。大专文化，中共党员，退休前任政协敖汉旗经科教文卫委员会主任。1972年12月应征入伍，历任班长、文书、技师。1978年转业后，历任敖汉旗商业局政工干事，敖汉旗人民法院书记员、助理审判员，敖汉旗人事局干事、任免调配股股长，敖汉旗纪律检查委员会专职常委。1995年任政协经科委员会主任。热爱书法艺术，1996年，兼任敖汉旗书法协会主席，敖汉旗摄影协会秘书长。

苏才

（1960年—　）字青石，汉族，敖汉旗人，擀画艺术创始人。现为中国艺术家协会书画研究会理事。擀画是苏才于20世纪90年代独创的一门作画艺术，2009年获得国家专利。2014年10月被中国民间传世工程组委会、中国全联民间文物艺术品商会、中国古玩研究院联合授予“中国传统工艺大师”称号，他的擀画作品获“云工奖”。

李万方

（1963年12月— ）男，汉族，敖汉旗牛古吐镇兴隆沟村人。本科学历，中共党员，国家级农业经济师（中级）。现任敖汉旗人大常委会农牧业委员会主任。1987年参加工作，先后就职于新惠中学、旗民委、旗人大办公室、人大财经委。2018年11月任现职。在各类报纸杂志发表文字近百万字，获国家级征文一、二等奖多次。出版长篇小说《一片苍茫》，文集《惯看秋月春风》。

李秀军

（1960年— ）网名大漠红柳，男，蒙古族，内蒙古赤峰市敖汉旗人。《敖汉信息》原社长、总编辑。网络原创音乐人、业余词作者。从2012年开始歌词创作。现已创作原创歌词200余首，在各级媒体发表歌词50多首，在中国原创音乐基地发表原创歌曲近百首。歌曲在网络得到广泛传唱，在赤峰电视台、内蒙古电视台多次播出。

杨庆发

（1954年1月— ）笔名冬杨，男，汉族。中共党员，大专学历。内蒙古作家协会会员，中国散文学会会员。1974年参加工作，1979年调入旗检察院，其间历任检察院审查起诉科科长、审查批捕科科长、政研室主任、办公室主任等职务，系检察委员会委员，国家高（四）级检察官。现已退休。自1989年以来在各级报刊上发表小说、散文、诗歌等文学作品百余篇（首）。创作出版长篇小说《鹿鸣岭下》《血色的清晨》《寻你到天边》。

杨富

（1975年1月— ）笔名墨耕，号木易斋主，男，汉族，新惠镇人。大专学历，中共党员，1998年8月参加工作，历任新惠镇政府文化站长、新兴街社区党总支书记、新北街社区党总支书记。现任赤峰市书法家协会理事。1995 年以来，其书法作品多次在全国书法、书画主题大赛中获奖。1996 年，文化部编辑出版的《中国硬笔书法大观》中，曾收录其作品并获优秀奖。

吴春宇

（1956 年 6 月—　）笔名新宇，男，汉族。大学文化，中共党员，敖汉旗四家子镇人。原敖汉旗粮食局局长，粮食集团董事长。赤峰市劳动模范，内蒙古自治区国有企业改革先进个人。现为内蒙古作家协会会员，赤峰市作家协会会员。敖汉新州书画院院士，敖汉旗作家协会副主席，《银河》杂志副主编。从 20 世纪 70 年代初开始发表作品，主要出版作品有《新宇诗词选》4 部，小说《泪洗尘缘》，史话《鲜卑·慕容那些事》《东北方言》《世界各地华夏族人》等。

张乃夫

（1942 年 12 月—　）曾用名张俊，敖汉旗下洼镇河西村人。中共党员，大专文化。退休前任政协敖汉旗委员会文史工作委员会主任。副编审。中华诗词学会会员，中国散文学会会员，赤峰市作家协会会员，赤峰市诗词学会会员，赤峰市音乐家协会会员，赤峰市首届“十佳”健康才艺老人，赤峰市“十佳读书之星”。1982 年，被任命为敖汉旗史志办主任、《敖汉旗志》主编。130 万字的《敖汉旗志》（上、下册），荣获国家和内蒙古新编地方志奖励。退休后，2002 年，组成张乃夫修志小组，到 2017 年 15 年间，完成 9 部乡镇志和 30 部村志以及近 30 部专业志。由他主编出版“敖汉历史文化丛书”16 卷 500 万字，《敖汉部落史》上、下册 80 万字产生较大影响。

张国星

（1955 年 7 月—　）金厂沟梁镇四六地村人。中共党员，大专文化。中国散文学会会员，内蒙古作家协会会员，赤峰市作家协会会员。1986 年 4 月，调旗卫生局地方志办公室任《敖汉旗卫生志》副主编。曾当选为敖汉旗政协第七届、第八届委员，政协文史委委员。业余时间曾创作多篇短篇小说和散文、诗歌等见于报端。2001 年出版长篇小说《马兰花》。

张晓光

（1945 年 11 月—　）四道湾子镇人。中共党员，大专文化。退休前为平庄煤业集团公司矿区工会常务副主席，高级政工师。多年从事文学、音乐、舞蹈、美术、摄影以及影视创作，部分作品在国家、省、市级报刊上发表并获奖。2004 年以来，应南方几家报刊之邀，担任业余专栏作者和自由撰稿人。

张琪

（1945 年 7 月—　）曾用名张阿媛，女，金厂沟梁镇查干高勒村人。中师文化，中国民主同盟盟员。退休前为民盟中央委员会学习委员会办公室副主任。自幼酷受民族艺术，近 10 年从事民族服饰艺术研究，成果颇丰。1985 年后，系统地研究了 56 个民族的服饰，制作了 56 个民族近 200 个形象各异的娃娃，在北京展出获特别奖。

邹吉利

（1969—）男，汉族，敖汉旗人。多年来苦练书法，主要作品入展范围包括：赤峰市纪检监察书画摄影展，赤峰市老干部书画摄影展，赤峰市妇联书画摄影展，内蒙古自治区政法机关书画摄影展，“纪念人民检察制度创立 80 周年”全国检察机关书画摄影展览，最高人民检察院“迎新春、送文化”春联创作活动，最高人民检察院“廉洁从检”书画摄影展，全国水库移民系统“喜迎十八大展示新成就”书画摄影展等。

陈玉莲

（1943 年 6 月—　）女，汉族，出生于辽宁省清原满族自治县清原镇。1965 年 8 月毕业于辽宁省沈阳市鲁迅美术学院附中。1965—1968 年在沈河区文化馆任美工。1968—1970 年 12 月在沈河区毛泽东思想宣传站任美工；1971 年在敖汉旗文化馆任美工。

武永善

（1939年11月—　）蒙古名阿思拉图，笔名乌尼恩和，敖汉旗双井乡下庙村人。中共党员，大学本科文化。退休前任林西县人大常委会副主任，农艺师。自20世纪60年代开始，苦读经、史、子、集等书籍，研究天文、地质、历法、医学和五行学，有专著出版；80年代以来，发表若干文史资料作品，见诸赤峰市、敖汉旗两级文史资料专辑。

周成杰

（1958年10月—　）男，汉族，出生于丰收乡杏核营子村。1974年12月在敖汉旗乌兰牧骑参加工作，1986年调辽宁省锦州市评剧团，国家二级演员。

周鹏江

（1956年1月—　）男，汉族。大学学历，中共党员，在银行系统工作，高级经济师。中华诗词学会会员，中国金融作协会员，中国农业银行作协会员，内蒙古诗词学会会员，内蒙古作家协会会员，内蒙古诗词学会培训部长，草原散曲社副社长兼秘书长。创作近体诗和词、曲9000多首。已出版诗文13集。

郝军

（1960年9月—　）男，汉族，新惠镇人。大专文化。1987年7月参加工作，在敖汉旗建设银行任职。现任赤峰市信泰盟财务咨询有限公司经理。为内蒙古、赤峰市、敖汉旗三级摄影家协会会员，酷爱摄影、文学、影视表演，2016年摄影作品《金色瀑布》入选“中国梦·劳动美”第三届全国职工摄影展。

赵桂云

（1965—）女，汉族，赤峰市宁城县人。大学学历，中共党员。中华诗词学会会员，中楹对联文化研究院研究员，中华诗词研习会理事，内蒙古诗词学会会员，内蒙古作家协会会员，赤峰诗词学会常务理事，敖汉诗词学会常务理事。许多散文、诗词、楹联作品在国家级等各类比赛中获奖。现供职于敖汉旗政法委员会。

贾云学

（1953 年 2 月— ）男，汉族，金厂沟梁镇刘杖子村人。中共党员，大学本科文化。退休前任《赤峰日报》总编室主任、主任编辑。1972 年 12 月—1984 年 6 月，任林西县五十家子公社知青、中学教师。1984 年 7 月任红山区广播站、电视台编辑。1988 年 5 月任《红山晚报》总编室主任。1992 年 12 月，调入赤峰日报社，先后任汉编部、工商部副主任、新闻研究室主任、总编室主任，主任编辑。结集出版报告文学集《商企之星》（上、下集）、散文集《出行实录》，并作为执行主编编辑出版了《百村纪事》。

贾国志

（1943 年 10 月— ）男，汉族，敖汉旗牛古吐乡岗岗村人。大学本科文化，中共党员。退休前任赤峰市广播电视局党组书记、局长，主任编辑。1968 年任《赤峰日报》编辑、政文部主任。1975 年以后任赤峰市广播电视局副局长、局党委书记、局长，兼任赤峰人民广播电台台长、赤峰电视台台长等职。内蒙古广播电视学会常务事理，赤峰市广播电视学会会长，赤峰市新闻学会、赤峰市记者协会副主席，中国广播电视学会会员。

贾柱

（1967 年 9 月— ）男，汉族，敖汉旗木头营子乡人。国家三级演奏员。1985 年参加工作，至今一直从事二胡演奏、伴奏工作，担任敖汉旗乌兰牧骑主要伴奏员，先后伴奏有 80 多个剧目。

贾铭

（1964 年 9 月— ）男，汉族，敖汉旗木头营子乡人。中共党员，国家二级演奏员。1986 年 8 月参加敖汉旗乌兰牧骑工作，从事表演艺术，担任演奏员（司鼓），兼 LED 设计制作。2010 年 10 月任乌兰牧骑副队长。2016 年借调敖汉旗文化广电体育局工作。2017 年借调敖汉旗群众文化艺术馆工作。2018 年任敖汉旗网球运动中心主任。

顾春雨

（1979 年 11 月—　）笔名顾大才子，男，汉族，古鲁板蒿镇新兴村人，现居北京。作品散见《青年文学》《三联生活周刊》《十月·少年文学》《青年文摘》《演讲与口才》《辽宁青年》《黄金时代》《深圳青年》《桂林日报》《西藏日报》《蚌埠日报》《红山晚报》等报刊。著有散文集《母亲希望你会跑》。

徐亚光

（1965 年 2 月—　）男，汉族，出生于四家子镇。中共党员，哲学博士。内蒙古赤峰市作家协会会员，内蒙古作家协会会员，中国散文学会会员，世界华人作家艺术家协会一级作家、终身研究员。获得“中国当代散文奖”等 30 余项文学创作和学术奖励。敖汉旗第十四届、十五届、十六届和十七届人民代表大会代表。现任敖汉旗人大常委会委员、财政经济委员会主任委员。

徐耀

（1956 年 10 月—　）毕业于中国书画函授大学，曾在中央美院、鲁迅美术学院进修深造。现为中国国艺人民书画院理事、中国美术家协会内蒙古分会会员、中国书法家协会内蒙古分会会员、河南名家书画艺术研究会客座教授、赤峰市书法家协会理事、赤峰美术家协会会员，敖汉旗书画协会副主席，第九届政协委员、文史委委员，敖汉旗文联《银河》杂志编委。从事书画创作 30 余年，2007 年被授予“当代优秀书画艺术家”荣誉称号。

高天宏

（1959 年 10 月—　）汉族，中共党员，大学文化。历任敖汉旗康家营子卫生院院长、长胜中心卫生院院长、旗爱国卫生运动委员会办公室主任（兼）、旗卫生局药品管理办公室主任（兼），旗卫生局副局长兼新型农村牧区合作医疗管理委员会办公室（合管局）主任，旗政协委员，旗政协文史委兼职副主任。中华诗词学会会员、内蒙古作家协会会员、新州书画文学院院士、《新州文学》副主编。现任敖汉诗词学会会长、敖汉旗新联会副会长兼秘书长、新州中医院院长、《华夏第一村诗词》杂志社主编。出版文学作品 130 余万字。

高玉兰

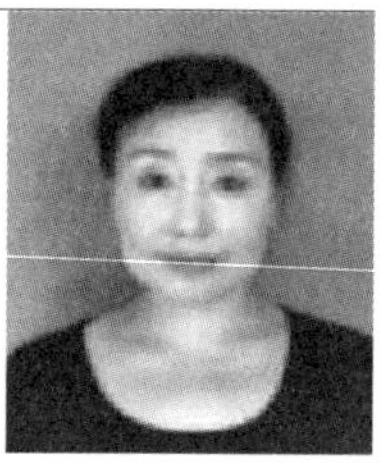

（1958 年 10 月—　）女，汉族。大专学历，中共党员。退休前为乌兰牧骑党支部委员，国家三级演员。曾任大队团支部书记、妇女主任、民兵连长。1977 年 4 月，先后在旗制帽厂、旗印刷厂、古鲁板蒿供销社、旗建筑公司、旗乌兰牧骑工作。2002 年 9 月被评聘为中级职称。2009 年 3 月退休。

高鸣

（1942 年 8 月—　）敖汉旗丰收乡杜力营子村人。中共党员，大专文化。退休前任赤峰市人民政府接待处书记，兼赤峰宾馆商贸总公司总经理。高级政工师。1958 年参加工作。先后担任过农村放映员、新惠影院经理、敖汉旗委宣传部干事、赤峰日报社记者、赤峰市精神文明建设办公室主任、《东北经济报》内蒙古分社副社长、市政府接待处书记。

高岳宇

（1953 年 10 月—　）曾用名高若宇，笔名若愚、孟克。敖汉旗新惠镇人。大学文化，中共党员。退休前任赤峰市政协文史委副主任。

20 世纪 80 年代中期，筹建市委党史办并任主任，在从事党史征研工作的 10 余年中，编著《中国共产党赤峰市党史大事记》，主编《中共赤峰市组织史资料》《六家党报在赤峰》《红柳——赤峰市英烈人物》《昭卓星火》《大风暴——赤峰市土地改革运动》等论文、传记、专题文章、史话、故事近百篇。

高恒

（1930 年—　）敖汉旗新惠镇人。大专文化，中共党员。离休前为中共河北省委党史资料征集编审委员，党史研究室主任（正厅级），编审职称。1946年2月参加革命，先后在新惠县城厢区政府、新惠县政府、热辽地委群声报社、《民声报》《群众日报》、《民俗学习》杂志、《中国农民报》工作。1980—1991年任河北省政府办公厅秘书、秘书长兼办公厅主任、省委党史资料征集编辑委员会、省委党史研究室任主任。1991年6月退居二线。1994年离休。

高晓天

（1935年11月—　）男，汉族。大学本科文化，中共党员。贝子府镇贝子府村人。退休前任赤峰科技报社社长、总编辑。1968年调入敖汉旗直属机关工作，曾为旗文化馆创作员，其间编辑了敖汉第一部诗集《晨曲），后调入旗委报道组、政工组；又调入昭乌达报社驻敖汉旗记者站工作。1972年4月加入中国共产党。1977年调回昭乌达报社当编辑，遂调入（盟）市委宣传部当干事，后任宣传科副科长、新闻科长。退休后从事古体诗词研究，为赤峰诗词学会副会长、《赤峰诗词》编委。

黄维生

（1946年—　），笔名石孟、石叟，原籍辽宁省义县。1949年随父赴边到内蒙古敖汉旗。1968年高中毕业后作为知青下乡到贝子府公社（当时叫向阳公社）插队。1977年恢复高考，考入沈阳师院中文系，后又读完内蒙古师院函授本科，一直在中学教师的岗位上退休。酷爱文学，在省市级文学杂志发表文学评论多篇，2013年出版散文集《文苑杂谈》。现为内蒙古作家协会会员、赤峰市作家协会会员。

黄维杰

（1949年—　），满族，辽宁义县人。大学本科毕业，敖汉旗新惠中学高级语文教师，赤峰市中学语文学科带头人。内蒙古诗词学会会员，赤峰市诗词学会会员，敖汉旗诗词学会会员。1968年开始在国内各级报纸杂志上发表诗歌、散文和文艺评论。自幼酷爱乒乓球，2008年退休后参加各级乒乓球赛，成为市、旗两级老年乒乓球队的主力队员。

崔振爽

（1957 年—　）笔名姗佳、山佳水丽、佳丽，女，汉族。大学文化，中共党员。现任敖汉旗作协副主席、诗词学会副会长。2013 年 1 月在敖汉旗扶贫办退休。1981—2012 年末，先后在学校、旗直属机关党委、敖汉报社、旗扶贫办工作。热爱文学，出版 3 本文集和 1 本诗集，先后 5 次获全国性奖励。被收入《中国当代女诗人名录》。

博彦

（1945 年 3 月—　）蒙古族，敖汉旗贝子府镇人。中共党员，大学文化。退休前任哲里木盟公安处处长兼党委书记。爱好文学、翻译，曾在《哲里木报》《哲里木文艺》《内蒙古日报》等报刊上发表诗词、小说 20 余篇。现为内蒙古自治区蒙古语文翻译研究会会员，哲里木盟作家协会会员。

韩海涛

（1963 年 3 月—　）男，蒙古族，出生于敖汉旗敖润苏莫苏木古日班毛都嘎查，本科学历，中学高级教师。赤峰市蒙古文书法家协会会员，内蒙古自治区蒙古文书法家协会会员。其作品多次获奖并被上级展览馆收藏。

韩国春

（1958 年 7 月—？）男，蒙古族。中共党员，大专学历。1977 年参加工作，历任中小学教师、中学教导主任、小学副校长、中学校长、总校校长职务。中学高级教师。爱好写作、唱歌、摄影、考古等。在各级报刊上发表诗歌、散文、考古文章以及摄影作品 100 余篇。政协敖汉旗第五届、六届、七届委员。赤峰作家协会会员，北京崇文区特邀“摄影教室”辅导教师，2004 年 8 月赴蒙古人民共和国参加蒙语教学研讨会。2005 年率 15 名学生赴加拿大戴尔特国际商学院做访问学者。搜集整理出版了《敖汉旗蒙古族民歌》，搜集整理了敖汉旗蒙古族叙事长诗《娜布其公主》，著有《敖润苏莫蒙古族史话》。

景海泉

（1958 年 5 月—　）男。中共党员，大专文化。1975 年为敖汉旗乌兰勿苏青年点知青。1978 年 7 月—2018 年 3 月在敖汉旗农电局工作。1991 年电大汉语言文学专业毕业。1996 年开始漫画创作，先后在国内各级报刊发表作品百余幅。2000—2010 年获各级各类大赛多项优秀奖。

程远

（1965 年 10 月—　）笔名济源，男，汉族，出生于敖汉旗古鲁板蒿镇。博士学位，教授。历任西藏大学美术教育志愿者、助教，中国电视剧制作中心美术编辑，石油工业出版社《油化纵横》杂志美编、美术总编，现为香港特别行政区文学艺术界联合会副主席，中国楹联学会会员，中国书法家协会石油集体会员，中国美术家协会石油集体会员，中国海峡两岸艺术家协会会员，中国硬笔书法家协会会员，中央国家机关书法家协会会员，中央国家机关美术家协会会员，中国书法家协会考级高级注册教师，中国美术学院考级教师；中国石油大学国际政治研究中心教授，北京红山人美术院教授。

焦云峰

（1966 年 11 月—　）男，汉族。中共党员。生于敖汉旗丰收乡白杖子村，16 岁入伍服役。1988 年在河北省保定市《群众艺术》编辑部脱产学习一年，发表过大量新闻、散文、诗歌、小小说等作品。现为敖汉旗公安局交警大队党支部委员、工会主席、政工办主任，一级警督。系全国公安文学艺术界联合会会员、中国公安作家协会会员、赤峰市作家协会会员。

蓝冰

（1960 年 2 月—　）原名张国民，敖汉旗牛古吐乡德力板胡同村人，无党派人士。现为内蒙古大学汉语言文学系教员，古典文学硕士，内蒙古作家协会会员。自幼酷爱文学，在诗歌、小说创作方面取得令人瞩目的成绩，结集出版了中短篇小说集《断竹续竹》和诗集《乘着远方夜梦的帆船》。

潘喜龙

（1955 年 7 月—　）敖汉旗长胜乡齐家窝铺村人。大专文化，中共党员。1973 年 3 月参加工作，历任教师、组织干事、旗委办公室秘书、旗委政法委秘书、旗委政法委副书记；1994 年任敖汉旗人民法院院长、党组书记。系敖汉旗第十一、十二届人民代表大会代表。酷爱文艺创作，是一位高产的歌词作者，有许多歌颂家乡的歌曲广为传唱。

穆海东

（1963 年 4 月—　）笔名野旷，男，汉族。中共党员，大学本科文化，新闻专业主任编辑。长胜镇坤头岭村人。先后从事中学语文教学、《敖汉报》编辑和记者、《敖汉旗志》续志主编等工作。著有文学作品集《穆克河》。

第四节　旅游企业创办人

丁起义

（1961 年 5 月—　）男，汉族。现任敖汉民俗博物馆馆长。1979—2010 年先后任敖汉土产公司质检员、朝阳办事处土产经理、土产科科长、市场部经理等职；2010—2017 年任敖汉古文化收藏协会会长。其间 2013 年创办敖汉民俗博物馆，任馆长。2010 年在文物捐赠活动中获旗政府嘉奖。2014 年所在的敖汉古文化收藏协会被国家文物传世工程组织委员会、全国民间文物艺术品商会、中国古玩研究会授予全国百强文物收藏协会。

王立军

（1966 年 4 月—　）男，生于辽宁省朝阳市凌源市。现任赤峰鑫泰旅游开发有限责任公司董事长。1989—1992 年在凌源市铁矿工作。1993—1995 年任凌源市第二铁矿矿长。1995—2000 年任贝子府铁矿总经理。2000—2017 年任泰瑞冶金工业和科技公司董事长。2017 年任现职。主持开发建设敖汉旗叫来河源风景区，填补金厂沟梁地区风景旅游项目空白。

刘立峰

（1980 年 1 月—　）女，汉族，敖汉旗下洼镇高力板村人。中专文化，现任内蒙古立峰文化旅游有限公司、岭南农家院总经理。2001 年赤峰市农牧校毕业后经营敖汉旗四家子鑫源综合商店和四家子秋实超市；2013 年创办内蒙古立峰文化旅游有限公司，兴建经营岭南农家院。

李树强

辽宁省人。从 1998 年开始，先后在浙江、山西、河北等地投资建厂，创办民营企业。2004 年，到敖汉旗投资兴业；2007 年，成立了赤峰敖之源旅游产业有限公司，开发建设敖汉国宾馆，成为星级旅游酒店；2009 年，兴建了敖汉温泉城、塞外神汤度假酒店，使敖汉温泉资源得到有效开发。2011 年，获得市旅游局颁发的“旅游发展贡献奖”；2012 年，被旗政府评为“先进纳税人”；2013 年，被赤峰市总工会授予“五一劳动奖章”，当选为内蒙古自治区第十二届人大代表；2014 年，被评为“赤峰市劳动模范”；2015 年 4 月被评为“内蒙古自治区劳动模范”。

杨晓明

（1964 年 10 月—　）男，蒙古族，出生在一个医学世家。1980 年 12 月供职于敖汉旗医院，现为旗医院四门诊部主任。2010 年 10 月成立内蒙古新州博物馆，任馆长；2012 年 2 月成立赤峰远古文化发展有限公司，任董事长；2014 年 6 月成立内蒙古红山玉研究开发有限公司，任总经理；2016 年 6 月成立赤峰远古蒙中医药咨询有限公司，任董事长。是政协敖汉旗第九届委员会常务委员。

邹德会

（1964 年 3 月—　）男，满族，敖汉旗长胜镇长青村人。大专文化，小学高级教师。赤峰市五洲文化旅游公司董事长。1981—1996 年先后在长胜农中、长胜总校、敖润苏莫总校工作。2005 年创建敖汉旗第一家旅行社，目前已发展成为集 4 家大型餐饮酒店、一家旅游宾馆、一个农庄加教研学小镇的五洲文化旅游公司。

荀思云

（1964 年 6 月—　）男，汉族，初中文化。中共党员。现任内蒙古小河沿文化旅游有限公司总经理。1993 年至今先后创办思云石材加工厂、思云矿业。2000 年担任四道湾子镇白斯朗营子村村委会主任。2014 年创办内蒙古小河沿文化旅游有限公司，任总经理。1996 年 3 月荣获赤峰市乡镇企业家称号；1997 年被评为自治区人民政府光彩事业先进个人；1999—2001 年，连续荣获赤峰市委市政府优秀企业家称号；2013 年 5 月，荣获赤峰市总工会“五一”劳动奖章；2014 年，被评为赤峰市劳动模范；2015 年被评为自治区劳动模范。

郭庆

（1956 年 2 月—　）男，汉族。中共党员。生于山西省临汾市蒲县。内蒙古文冠庄园农业科技发展有限公司董事长。1974—2009 年，先后任山西省临汾市蒲县山中公社白家庄大队革委会副主任、主任，山中公社办公室干事，山中公社煤矿副矿长、矿长，蒲县东胜煤炭集团董事长，蒲县元兴煤业公司董事长。2010 年至今任现职。山西省蒲县第十届、十二届人大代表；赤峰市第七届人大代表。

第十四编

附录

第一章　艺文撷英

第一节　剧本

一、《大漠绿魂》(现代评剧)

(一)《大漠绿魂》创编

总 监 制：邱文博　于宝君

监　　制：傅晓林　叶秀丽

策　　划：张红民　马文波

编　　剧：朱嘉庚　马文波

总 导 演：宋国锋

导　　演：谷奎林

副 导 演：何桂芳　赵立明　杨亚宁

艺术顾问：张树德

艺术指导：杨红村　腾　冰　吴国辉

舞美设计：赵文戈

灯光设计：褚　旭

舞蹈设计：刘玉润　王瑞红　于春华　胡学辉　梁文宝　杨晓红

音乐设计：于泽魔　王占胡

唱腔设计：彭　民　赵立明　姜　余　李亚军　朱海霞

配　　器：于泽魔

音乐合成：张旭东　宋汇霖

文字统筹：姚井东　王振平　薛致甫

服装设计：张亚琴　赵淑华

人物造型：马　源

LED 制作：贾　铭

视　　频：佟瑞学

艺术总监：马文波

（二）演职员表

铁　钢——赵立明　孔德刚

宝文华——于玲华　朱海霞

白　云——冯黎明　周晓华

宝　力——姜九成

李大耙——李亚军

铁　母——张亚琴

石　玉——朱海霞

敖日布——韩东风

巴　图——周承富

小　苗——赵淑华　王美琪

大　苗——卢亚娟

哑　妹——杨红丹

小　李——王立华

群众演员：王瑞红　于春华　卢建敏　赵淑华　卢亚娟　叶志新
王　晶　张敬红　霍晓丽　杨艳军　包淑敏　冯晓丽
马艳红　贾心茹　刘晓静　赵春红　王伟冰　程丽娟
李云龙　何有富　吴思成　刘　洋　鲍洪斌　孙仕鹏
宋佳丽　徐金英　李胜南　卢艳北　李　娜　杨静丽
霍晓杰　王雪梅　董亚会　周晓硕　刘佳丽　杨仕洁
付文娜　宋雪晴

伴唱演员：李亚军　朱海霞　韩东风　姜九成　冯黎明　安　娜
张洪海　安永新

乐队伴奏：司鼓——马同礼
板胡——姜　余
评二——贾　柱
二胡——李海洋　贾继信
二胡——朱德斌　张会军
中胡——王功志　党文海
中胡——张景武

扬琴——王海波

琵琶——赵欣欣

中阮——康　婧

三弦——安　娜

合成器——解舒群

笙——马毓超

竹笛——郭锦成

唢呐——王功志

马头琴——安永新

大提琴——刘士杰

低音提琴—金乃加

大锣——王怀志

铙钹——贾　铭

小锣——党文江　牛继生

职 员 表：服装——张亚琴　赵淑华　王敏杰　王春梅

道具——刘　利　李亚东　崔耀武　宋春梅　李清江　刘玉云

灯光——褚　旭　李会恩　王利锋

音响——安亚军　林　子　沈宇阳

音效——陈静文　陈　丽

视频——张　焱　周晓成　武　林

字幕——孔德刚　罗燕英

剧务——王明珠　姜九成　刘吉烨　张红颖　鲍文华

郭淑杰　杨峰利　贾鸿迦　董　策　宁玉刚

胡　江　杨延光　刘春雨　周署乐

舞台监督——李亚军　朱海霞　于春华

（三）剧情简介

本剧艺术地再现“全球环境500佳”“全国人工造林第一县”“全国生态建设示范区”“全国再造秀美山川先进旗”的敖汉旗，几十年如一日，坚持治沙造林、大搞生态治理的艰辛历程，塑造了以铁钢、宝文华、宝力、李大耙为代表的三代治沙人的感人形象，讴歌“不干不行、干就干好”的敖汉精神和历届旗委、旗政府秉承“一张蓝图绘到底，一届接着一届干”的执政理念，从县级政府大搞生态建设这一视角，诠释习近平总书记“绿水青山就是金山银山”的绿色发展理念和“建设亮丽内蒙古、共圆伟大中国梦”的时代主题。

（四）人物表

铁钢：男，蒙古族，32岁，初为玉龙公社主任、乡长，后任敖汉旗林业局局长，因积劳成疾病逝。

宝文华：女，汉族，26岁，宝力的女儿，林学院毕业生，玉龙公社、玉龙乡林业技术员，后为林业专家。

宝力：男，汉族，50多岁，玉龙大队主任，后为村党支部书记兼村委会主任。

李大耙：男，汉族，40多岁，玉龙村农民，后为护林员。

铁母：女，蒙古族，50多岁，铁钢母亲。

石玉：女，汉族，30岁，铁钢妻子，后离婚。

敖日布：男，蒙古族，20多岁，玉龙村铁匠。

巴图：男，蒙古族，30多岁，初为玉龙公社、玉龙乡党委书记，旗政府办公室主任，后任副旗长。

哑妹：女，汉族，18岁，李大耙的女儿，敖日布女友。

小苗：女，蒙古族，铁钢女儿，初时10岁，长大后为林业局工程师。

小李：男，汉族，20岁，李大耙儿子，青年造林突击队队长，后因遇山洪抢救群众牺牲。

各族群众若干。

（五）正文

时　间：20世纪70年代末至今

地　点：内蒙古自治区敖汉旗

【音乐声中，LED屏幕上绿色青山迎面而来，屏幕上推出蒙古文汉文剧名：《大漠绿魂》】

序　沙暴

时　间：20世纪80年代初

地　点：玉龙公社玉龙大队沙地造林现场

【开幕主题音乐之后，进入旁白】

旁　白：内蒙古自治区东部的敖汉旗，地处科尔沁沙地南缘，以前，这里风沙侵吞了农田、牧场，危害四方百姓。从20世纪70年代起，为了生存发展，全旗干部群众，与风沙展开了不屈不挠的抗争，开启了长达几十年的治沙造林、大搞生态建设的艰辛历程。

众　人：【呐喊】保护树苗，保护树苗！

【起风声，伴唱】

【幕后合唱】狂风刮得天昏暗，飞沙走石人遭难。

牧场农田沙中埋，沙进人退何日完。

【场景提示：沙尘滚滚，铺天盖地，狂风大作，宝力主任带领村民们奋不顾身，呼叫呐喊，抢护树苗，与风沙坚韧不拔地抗争。】

【灯光渐暗，转入第一场，起幕间音乐】

第一场　搬迁

时　间：与上一场相同

地　点：玉龙公社，京通铁路小站旁。

【宝力踉跄上场，玉龙大队全体社员陆续上场，宝文华、小李等匆匆追来】

宝文华：爸，你站住，爸！您是大队主任，领着乡亲举家搬迁，我是公社的林业技术员，你这么闹，让你闺女的脸往哪搁呀！

宝　力：你光想着你的脸，你不想想，老爸我，这心里多苦多难哪！

宝文华：爸！

宝　力：丫头！

【唱】避风沙闹搬迁我不想走，

为乡亲谋出路令人担忧。

人挪活树挪死大伙商定，

全村走我也走故土难留。

【白】这，这都是风沙逼的呀！我是主任，不能带着乡亲们闯出条活路来，我心里有愧呀！

小　李：爹【欲夺大耙子】

李大耙：你小子抢我耙子干啥？！

小　李：爹，咱不能走！

李大耙：【夺过大耙子】这大耙子可是宝物，我全靠它搂柴火呢，要不然，拿啥给你烧炕做饭？

小　李：还想着搂哪？就是这些大耙子，把草给搂绝根子了！

李大耙：你说啥？

宝文华：李大叔，小李说得没错，咱们就是用这样的大耙子，把草根都搂出来了，破坏了植被，锁不住沙子，咱才被风沙撵得四处搬家呀！

李大耙：照你这么说，我还成了行风扬沙的罪魁祸首啦？

宝文华：大叔，您别急眼，您听我说——

李大耙：还是你听我说吧！我李大耙是谁？啊？我是功臣。知道我这条腿是咋瘸的吗？那是我这哑巴女儿6岁那年，我去黑山后挖坑植树，让大石头砸的，为这，我还受过表彰呢！我这腿叫光荣腿！不信你问问大伙，是不是这么个事儿？

群　众：是这么回事！

李大耙：咋样？啊？

宝文华：所以啊，我们得以您为榜样，就得要苦干实干，跟风沙搏斗！

【唱】玉龙大队要治理风大沙狂，

绝不再沙撵人背井离乡。

靠科学搞工程植树种草，

草上绿林上富日子也风光！

【白】李大叔，您这个造林模范不能走！大家都不能走！

小　李：反正我不走！

李大耙：你先别管我走不走，先问你阿爸去！他是头，他走到哪我们就跟到哪儿！

群　众：对！我们跟到哪！

宝文华：阿爸你呢？

宝　力：说啥不好使！谁说也没用！走！

群　众：【应和】对，走！

铁　钢：【幕后喊】乡亲们！【起音乐】乡亲们！

众　人：【一惊】铁社长？

铁　钢：【白】乡亲们！赛拜努！

群　众：赛！

宝　力：铁社长，你怎么来了？

铁　钢：宝力阿爸，您这是领着乡亲们干啥去呀？

宝　力：铁社长，我们这也是让风沙逼得没办法，只能搬家啊！

群　众：对！

铁　钢：又搬家？宝力阿爸，听说你这已经是第三次了吧？还想往哪儿搬哪？

宝　力：往北，搬到水草肥美的地方去！

李大耙：搬到青山绿水的好地方去！

群　众：对！

铁　钢：宝力阿爸，您是大队主任，带领全大队人搬迁，又没经旗里批准，难行！

宝　力：难行也得行！搬迁报告打上去了，上级来人又调查又论证，半年多没个准信！你这社长刚上任，不知道情况。咱玉龙大队去年遭遇大旱，牧场没草，地里没庄稼。

冬春老是刮大风，沙子堆到了后房檐，羊上墙，牛犊子都上了房。这地方，实在待不下去了！不走咋办？！

群　众：咋办？咋办？

铁　钢：有办法！

【唱】我当兵驻守荒漠屯，
营房四周多造林。
红柳白杨满山坡，
黄沙也怕治沙人！

宝　力：【唱】治沙人，治沙人！
干旱少雨难成林。
剩下几棵小老树，
牛羊啃得断了根！

宝文华：【唱】科学植树是根本，
造林不成有原因。
深沟大坑栽湿苗，
保墒保土要精心！

宝　力：【唱】大学毕业出校门，
别拿科学教训人。
老爸吃盐比你多，
少给我念经讲诗文！

铁　钢：【唱】非是文华讲诗文，
有凭有据又有根。
科学植树是关键，
您老应该换脑筋！

宝　力：【唱】换脑筋，换脑筋！
难道我不如你年轻人？

铁　钢：【唱】年轻人，年迈人，
科学之上可不分。
年纪阅历数您老，
科学之上要虚心。
不懂科学不讲理，
主任只能换他人！

敖日布：【震惊】啥？换人？宝力主任干得好好的，不能换！

群　众：对，不能换！

宝　力：都说新官上任三把火，你头把火就烧到我头上？换我？没门！

小　李：有困难就躲就搬家，不是好办法！一搬三穷啊！

宝文华：【劝解】爸，你作为大队主任带头闹搬迁、当盲流，给咱玉龙公社抹了黑，把铁社长的脸都丢尽了！

宝　力：丢脸？要是怕丢脸，你就让他带着我们闯出一条活路来！

群　众：对！

铁　钢：乡亲们，乡亲们，雄鹰喜欢蓝天，骏马喜欢草场，我和你们一样，【起音乐】也喜欢水草肥美、青山绿水，可是这水草肥美、青山绿水，得靠我们自己的双手去打造！需要我们老老实实地苦干实干！占别人的地盘，夺别人的饭碗，这不是咱玉龙人的活法！大家留下来，给我 10 年时间，我铁钢对天发誓，就是豁出这条命，也要带领大家把风沙治住，让全乡变绿，让乡亲们过上好日子！

【唱】敖汉旗地处科尔沁沙地，
风沙大灾害多干旱少雨。
人缺粮畜缺草生态恶化，
这些年靠国家没少吃救济，
贫困旗要致富就得长志气。
三中全会党指引改革开放路，
解放思想实事求是开辟新天地。
科学规划科学治理蓝图多壮丽，
干群团结上下一心就能创奇迹。
到那时林网如画山川秀美，
到那时粮多畜多钱多果多乡亲都富裕。
再把那离家离村离乡离旗的乡亲们请回去，
共建那新家新村新乡新旗迈向新世纪！

【公社党委书记巴图上】

巴　图：好！

众　人：巴图书记？

巴　图：乡亲们！铁社长说得对！他说的，就是咱们旗委、旗政府的决定！

铁　钢：巴图书记，旗里的会开完了？

巴　图：开完了！

宝　力：巴图书记！

巴　图：宝力大叔！

宝　力：巴图，铁社长说的这些都能实现？

巴　图：能实现！咱们旗委、旗政府已经作出决定，实行山水林田路综合治理，全旗上下总动员，一张蓝图绘到底，一届接着一届干，干 10 年 20 年，一定能建成山川秀美、百姓富裕的新敖汉！

李大耙：巴图书记，那我们这些人咋办？

众　人：是呀，我们咋办？

宝文华、小李：那能咋办？不搬了！

【众人不理，看着铁钢】

铁　钢：【铁钢看看大家】乡亲们，你们看这样好不好？要走的自愿，愿留的，咱们一起治沙造林，建设新家园！

宝　力：好！那咱就不走了！

众　人：不走了！不走了！

【音乐大作，定格，切光。起二场幕间音乐】

第二场　会战

时　间：上一场的第二年春天

地　点：玉龙公社植树造林现场

【现场指挥部帐篷，远处沙海茫茫，近处沟壑纵横】

【玉龙公社造林现场，社员们忙着植树，会战场面热火朝天，非常壮观】

铁　钢：【兴奋地唱】铁路两旁摆战场，

全公社植树造林忙。

大动脉畅通有保障，

敖汉旗要建成绿海洋。

【拿起广播话筒】各大队请注意！各大队请注意！现在发布植树造林大会战指挥部第六号通告，全公社造林任务已完成一半，红石大队已接近完成，玉龙大队才完成五分之二，要加快进度，争取早日完成造林任务。

【宝文华手拿几棵干枯的树苗，与宝力边争论边上】

宝文华：阿爸，你看，这没浸水的树苗不能栽，栽了也活不了。要想保证造林成活率，那得讲究科学！

宝　力：你没看铁社长这儿催进度吗？说咱玉龙大队落后了一大截儿，小李子他们几个小青年着急上火，就把没浸水的树苗栽上了。你说我刚当上大队书记，造林进度就这么慢，我能不着急吗？我这就回工地返工重栽！

铁　钢：宝力阿爸，您也别太着急了，这事也怪我，光催进度，没强调质量。文华这个技术员哪，说话嘴不饶人，明里批评老爸，暗里敲打我这个社长呢！阿爸，有您闺女抓造林质量，我可就放心喽！

宝文华：铁社长，阿爸，要想造林成活率达到 90% 以上，必须要：黄柳夹风障，深坑借湿土，坐水栽湿苗……

宝　力：好！就着中午吃饭工夫，你到我们工地，给大伙好好讲讲。铁社长，你那个通告啊，以后得让技术员好好把把关，也强调强调质量，你说对不？

铁　钢：阿爸！您提醒得对！百年大计，质量第一！

宝　力：好，质量第一，那我先忙去了！质量第一！质量第一！

【宝力下】

铁　钢：文华！咱们把通告再修改一下！

【铁钢与宝文华修改通告】

【石玉抱女儿上，看见铁钢和宝文华】

石　玉：【对铁钢】铁钢！

铁　钢：【惊喜地】媳妇，你怎么来了？哎哟，我闺女也来了，快让爸稀罕稀罕！【亲女儿，女儿大哭】

石　玉：【嗔怪地】看见了吧？丫头都不认你这个爸了！

【宝文华急忙上前】

宝文华：来来来，让我抱抱。【说着去抱孩子】

石　玉：【问铁钢】铁钢，她是谁呀？

铁　钢：宝文华，公社里的林业技术员，我的助手。

【此时，孩子在宝文华怀里止住哭声】

宝文华：【兴奋地】看看？看看？不哭了，这孩子就像跟我有缘似的！

石　玉：【醋意十足地低语】怕是他爸跟你有缘吧？

【铁钢、宝文华听出了弦外之音，很是尴尬】

石　玉：哼！我说这咋一头扎在沙窝子里不回家呢，敢情在这有恋头！

铁　钢：【很不乐意地】对！媳妇儿，你说得对，我在这确实有恋头，我恋这里的山水草木，我恋这里的乡亲父老，我恋这里的治沙蓝图！我恋这里的——

石　玉：行啦！别跟我萨满跳神儿——整那虚玄套了！我看你是恋上了别的女人吧？！【眼睛瞥向宝文华】

铁　钢：【一愣，气愤地】你！你胡说什么！

宝文华：【急忙把孩子交给石玉，尴尬地】嫂子，你先歇会儿，我给你熬奶茶去。【下】

铁　钢：嗨！你说说你，胡咧咧啥？看？让人家文华技术员不得劲了吧！

石　玉：我也没点她名，她有啥不得劲儿的？要不，就是她做贼心虚！

铁　钢：【气愤地】行啦！越说越下道！

石　玉：嗬！你跟谁来劲哪？啊？好儿个月你都不回家一趟，我在家经营着孩子，伺候着老人，没有功劳也有苦劳吧？到这里来找你，你又没有好话，这日子没法过了！

铁　钢：媳妇你别生气呀，媳妇，媳妇！【石玉不理】石玉！

【唱】叫石玉你别发火且听我说，
做丈夫做父亲我真不够格。
更对不起的是我那高堂母，
莫说是尽孝就是连影儿她都难摸。
这个家全靠你操持张罗，
里里外外一把手功不可没！

石　玉：行了，铁钢，铁社长！我不是 3 岁孩子，不用拿话圈拢我！实话跟你说吧，我今儿个来就是跟你要个真章儿！

铁　钢：还真章儿，那你想干啥？

石　玉：我就问你，这家你还要不要？

铁　钢：要！

石　玉：那这日子，你还过不过？

铁　钢：过！还得好好过！

石　玉：呸！还好好过！就你？当个虮子大的破官，挣的那点儿一脚踢不着的屁钱儿，还想过好日子，西北风都要喝不上了！

铁　钢：那，那你想咋样？

石　玉：【唱】半年前就有人把信儿传，
单干风在咱那越刮越欢。
乡亲们都攒着一口气，
显身手要好好大干一番。
本打算把你劝调回故里，
你上班我种地致富不难。
为此事婆媳们争执红了脸，
她说我财迷心窍一心只为了钱。

丢下了老人孩子谁照管，
今天来要找你当面仔细谈。
这件事还要你早作决断，
是回是留，是回是留，是离是散，你要想周全！

铁 钢：【唱】我这里大会战热火朝天，
没想到家里边乱成一团。
也曾想回老家夫妻相伴，
也曾想奉老母安度晚年。
玉龙公社当社长肩负重任，
我曾给乡亲们发下誓言。
豁出命治风沙脱贫致富，
山不青水不绿绝不回还！

石 玉：铁钢，你真想在这儿干一辈子吗？

铁 钢：一辈子也干不完！

石 玉：好！好！真是知子莫过母，跟你妈说的一个样！既然你不调回去，那就让你妈到这来陪你干一辈子吧！

铁 钢：你想怎么样？

石 玉：不调回去就离婚！

铁 钢：离婚？【音乐大作】

石 玉：离婚！

铁 钢：石玉？你？【呆住，木然】

石 玉：铁钢，你想怎么活我管不了，我也不想管了！咱们好说好散！

铁 钢：【停顿片刻，一字一顿】好，石玉，既然我给不了你帮助，我也不耽误你，我同意离婚！

石 玉：铁钢，铁钢！我还想出去闯一闯，又不能带着小苗四处闯荡，孩子就交给你了。【把苗苗塞到铁钢怀里】苗苗，不是妈心狠，妈实在是——【哭下】

【襁褓婴儿猛地大哭不止，让人撕心裂肺，铁钢赶紧抱起，热泪双流，心在滴血呐喊。宝文华扶铁母急上】

铁 母：【边跑边喊】孩子，孩子，孩子！

宝文华：大娘！

铁 钢：妈！你怎么也来了？

铁 母：前些天她就跟我闹，非要把你调回来，我说了她几句，她就连个招呼都没打，抱着孩子就来找你了，我怕出啥事儿，就追来了！孩子，她真的走了？

铁　钢：【难过地】走了！

【铁母忙接过婴儿亲哄，哭声渐停】

铁　母：咳，天底下还有这么狠心的娘？

铁　钢：娘，这不怪她，人各有志，让她出去闯闯也好。

铁　母：唉！既然这样，娘就过来看孙女，陪你一起治沙造林！

铁　钢：娘，只是苦了您老了……

铁　母：谁让我是你娘啊！

宝文华：大娘您真好！

铁　母：【逗婴儿】孙女孙女快长大，跟你爸爸学治沙！听见没？

铁　钢：娘！

【婴儿咯咯笑起来，笑声温暖着人们的心，切光。起幕间音乐】

第三场　山洪

时　间：上一场的3年后

地　点：玉龙乡造林会战现场

【远方沙海茫茫，近处山岩陡峭】

幕后合唱：队伍挺进石砬山，

头顶骄阳背朝天。

铁锤钢钎裂虎口，

造林进入攻坚战！

【宝文华扛树苗上】

宝文华：铁乡长！铁乡长！

铁　钢：这公社改成了乡政府，社长改成了乡长，刚一听见有人叫乡长，还不习惯呢！文华，什么事呀？

宝文华：旗气象局发布紧急通知，今明两天咱们这地方可能有大雨！

铁　钢：今明两天有大雨？

宝文华：是呀！

铁　钢：太好了！这可真是天助会战！

【唱】全乡会战正攻坚，

担水保苗上山难，

忽报天降甘露雨，

借雨抢栽莫迟延！

【白】文华，通知各村村民，借雨抢栽，连续作战，人不下山！

宝文华：铁乡长！

【唱】大雨将临要变天，

冒雨抢栽有风险。

坡陡沟深发山洪，

切莫大意忘安全！

铁　钢：【唱】会战原定半月完，

攻坚就在这两三天。

错过雨天误大事，

拼命也要闯难关！

宝文华：【白】铁乡长，我知道你心急，我也一样，可我又担心，万一要是……

铁　钢：文华，通知各村要灵活机动，雨大猫起来，雨小接着干，山沟不留人，都往高处站，全员都坚守，绝不下火线。

宝文华：这——铁乡长，这能行吗？

铁　钢：行！哎呀，你就快去吧！

【宝文华下】

【片刻，李大耙和敖日布争执上】

李大耙：【拿铁镐比画】铁乡长，铁乡长！你给我分的这是啥地段啊！？挖了半天才挖一个坑，铁镐也磨秃了！我说铁乡长啊，你看看，你看看！两手血泡两手茧，谁也挖不了这石砬子山！

铁　钢：真是够呛！大叔，要不给您换个好地段？

敖日布：不能换！抓阄抓的啥地段，就完成啥地段，咱们得讲信用！

李大耙：这哪个臭手抓的阄？

敖日布：我！

李大耙：啊？

敖日布：抓的。

李大耙：你抓的？

敖日布：抓的！

李大耙：【气急】你个臭手！

敖日布：大叔，你再发脾气骂人，我就跟哑妹私奔！

李大耙：呀嗬！？你小子长能耐了，还敢要挟我？我告诉你敖日布，你要真敢跟我女儿私奔，我就告你拐骗良家妇女，你奔吧！

【敖日布憨厚地笑着】

敖日布：嘿嘿，不奔，不奔！

李大耙：我量你小子也没这个胆！

【小李领着巴图和旗直机关突击队上】

小　李：铁乡长，巴图主任来了。

巴　图：铁乡长！

铁　钢：老书记，你这堂堂的旗政府办公室主任咋还来了呢？

巴　图：旗直机关组织了青年造林突击队，还带来了大锤和钢钎，专门帮助你们开挖石砬子山！

铁　钢：好！好啊！

众　人：好！

铁　钢：李大叔，快领突击队上山！

李大耙：上山，上山！有你们的支援，别说石砬子山，就是铁山、钢山，我们也要啃下来。走！

【李大耙领巴图和突击队下】

铁　钢：小李，这造林地段不能一分了之，咱们也得组织一个突击队，帮助那些分到难啃地段的群众攻克难关！

小　李：好！铁乡长，我这就去组织！【下】

敖日布：铁乡长，那我干啥？

铁　钢：【领敖日布来到帐篷外铁匠炉旁】石砬子山挖树坑需要钢钎，咱俩把这磨秃的钢钎回回炉，给山上挖坑用！

敖日布：【拿过旧钢钎】铁乡长，你会铁匠活儿？

铁　钢：我家祖辈都是铁匠，参军前我就学过打铁！

敖日布：【欣喜地】太好了，太好了！铁乡长，你收不收徒弟？

铁　钢：【微笑着】收！

敖日布：【跪下】铁乡长，那我就拜你为师！师傅你是千里马，徒弟给你当马鞍！

铁　钢：快起来，快起来！敖日布，还是抓紧干活要紧！

【定格，切光。音乐起后升光】

【群众大会战治山砸钢钎】

幕后伴唱：铁锤叮当打起来，
　　钢钎回炉干起来，

造林为的治风沙，

老百姓日子就好起来！

咱们敖汉人哪，嘿哟！

治沙又造林哪，嘿哟！

干就要干好呀，嘿哟！

不干就不行啊，嘿哟！嘿哟！嘿哟……

【一阵雷鸣电闪，暴雨倾盆而下。】

【巴图身披雨衣冲上】

巴　图：铁乡长，下大雨了！应该马上通知各村民工，火速转移到安全地方！

铁　钢：好，【命令大家】大家转移到安全地方。【众下】

巴　图：铁乡长，走，咱们到现场去看看！

铁　钢：你在这里替我指挥，我去现场！

【铁钢奔下】【狂风大作，暴雨滂沱】

【敖日布奔上】

敖日布：【盲目地哭喊】铁乡长！铁乡长！【见巴图主任】巴图主任，山洪暴发，冲走了9个人！

【起音乐】……

巴　图：什么？【惊诧地】冲走了9个人？

敖日布：已经救上来7个，小李和文华为了抢救群众，也被洪水冲走了，正在寻找！

巴　图：赶紧救人，赶紧救人！【欲下】

【风雨声中，一突击队员背宝文华上，宝力和众突击队员随上】

宝　力：【见巴图主任，悲痛地】巴图主任！

巴　图：【急切地】小李子呢？小李子呢？

【铁钢奔上】

宝　力：小李他——

铁　钢：小李子他怎么了？

宝　力：抢救无效，他……

众　人：【惊呼】啊？……

宝文华：【醒来，撕心裂肺喊】小李子！

【风雨中，群众扶李大耙、哑妹哭奔上，敖日布急忙上前扶哑妹】

李大耙：【喊着】巴图主任！巴图主任！你可得给我们做主哇！【突然冲向铁钢】铁钢！你，你还我儿子！

铁　钢：你听我说！

李大耙：你还我儿子！【众解劝开，李大耙倒地哭诉】我的儿呀……！

巴　图：【含泪给李大耙披上雨衣】李大叔，乡亲们，请大家节哀！这是一个突发事件，旗委、旗政府一定会拿出解决办法的！请相信我们！

铁　钢：小李兄弟！都怪我，都怪我呀！我，【跑上平台】我对不起你呀！

【扑通跪下，一声炸雷响过，暴雨如注】

【幕急落。起幕间音乐】

第四场　大犁

时　间：距上一场半年后。

地　点：玉龙村铁匠铺。

【场上摆放铁匠炉，幕启】

铁　钢：【唱】遇山洪小李他不幸身亡，

都怪我忙中错悔恨交加痛断肝肠。

我愧对李大叔一家老小，

我愧对老村长无私相帮。

我愧对宝文华她安全警示柔弱目光，

我愧对党对我无限的希望和培养。

从今后这血的教训记心上，

我要重振雄风再战风沙矢志如钢。

辞乡长操旧业我当了铁匠，

铁匠铺是工地也是课堂。

为造林我把这深沟犁研制，

绘图纸做模型日夜奔忙。

【腹痛差点晕倒】

【敖日布拿打好的钢钎上，见铁钢腹痛赶紧上前去扶】

敖日布：铁乡长？！

铁　钢：我没事！

敖日布：啥没事呀，你都……铁乡长！

铁　钢：敖日布，我已经辞职半年多了，别再叫乡长了，还是叫我师傅吧！

敖日布：嘿嘿！叫顺嘴了，一时半会儿改不过来！师傅，是不是老毛病又犯了，我给您倒点水，吃点药。

铁　钢：【在敖日布倒水时，从衣兜里拿出药，吃药】这几天绘制开沟大犁设计图，熬了几个通宵，把老毛病勾起来了，喝点水、吃点药就没事了！

敖日布：师傅，你身边也没个家，还是和石玉嫂子复婚吧！我一个老爷们儿也不会伺候人。我大娘那么大岁数了，还得照看小苗，多不容易啊！

铁　钢：唉！不可能了，听说，人家下海上南方了！

【宝文华端铝锅上】

宝文华：铁钢！

铁　钢：文华，这是……？

宝文华：鸡汤。

敖日布：谁熬的？

宝文华：【欲说自己，又转念】大娘！

敖日布：嘿嘿，大娘好，大娘好！

宝文华：【对敖日布】来！你也跟着沾点光！【给二人盛鸡汤】

敖日布：【喝汤咂嘴】哎呀！

宝文华：怎么了？

敖日布：香，真香！

宝文华：【掏出农机厂评审报告】铁钢，告诉你个好消息！

铁　钢：什么好消息？

宝文华：你绘制的开沟大犁设计图，旗农机厂经过评审，认为可行，是造林机械的一个新突破！农机厂正在按图制作呢！

铁　钢：要是能制成开沟犁，就能实现荒漠造林机械化，提高造林成活率，加快生态建设步伐！

敖日布：好！好！

【哑妹哭上，李大耙追来】

李大耙：死丫头，你站住，你给我站住！看你往哪儿跑！

【抡起拐杖吓唬】

敖日布：【护住哑妹】大叔，你再打哑妹，我这铁锤可不认人！

李大耙：【心虚地】我说铁乡长，铁钢啊，你这徒弟是咋教的啊？

铁　钢：敖日布，不许这样和大叔说话！大叔再不对，毕竟是你未来的老丈人不是？

李大耙：就是！

铁　钢：大叔，我批评的对吗？

李大耙：对，太对了，【对敖日布】我再不对，我也是你未来的……【上前一步，敖日布也上前一步，李大耙以为敖日布要打他，赶紧躲】老丈人！

【敖日布扛起铁锤，李大耙以为要打他】

李大耙：干啥呀？

【敖日布把铁锤扛到铁炉旁放下，拿起长凳】

李大耙：干啥呀？

【敖日布放到他跟前，想让他坐下】

李大耙：干啥呀？

铁　钢：不干啥，坐！

【李大耙明白了敖日布的善意，会心地笑了，铁钢示意哑妹坐在父亲身旁，哑妹要坐，吓得退了回去，低声哭泣】

铁　钢：大叔，哑妹是怎么哑的？天生就这样吗？

李大耙：不是，原先会说话。10岁那年，她妈病重去世，她老想她妈，不知咋弄的，就病了，后来就不会说话了，大夫说，是神经性疾病引起的。

铁　钢：哦，那应该能治好啊！

李大耙：这不是没钱嘛！

铁　钢：唉！哑妹，别哭了，有啥委屈和我说，我给你做主！

敖日布：哑妹说的啥，你不懂，我给你翻译！

李大耙：还是我先说吧。我这几天赶集去卖柳条筐，让她在房后山坡上挖坑栽果树。这丫头倒好，挖了一米多宽的三道大深沟哇，这哪是挖树坑哪，简直是在挖战壕哇！

【哑女啊啊比画】

敖日布：哑妹说这是水平沟，是造林新技术，成活率高，适合咱这荒山秃岭的，您老没见过！

李大耙：我都没见过，她咋知道的？

【哑妹再啊啊比画】

敖日布：哑妹说，是文华姐教的！

李大耙：啊？哎呀！我说文华，这挖深沟大坑真是你教的？

宝文华：是呀！【拉过哑妹手给李大耙看】大叔，你看！这几天，哑妹挖坑挖得两手全是血泡，多辛苦啊！等铁钢研制的开沟大犁组装好，链轨拖拉机挂上大犁，就能顶几百人挖坑呢，那时，咱们的绿化就能提前实现了！

铁　钢：是呀！大叔，哑妹多可怜，以后可不许再打她了！

李大耙：铁钢啊，我这不是穷急眼了嘛！哑妹她妈死得早，这些年我是又当爹又当妈呀！本来指望儿子长大支撑门户，可儿子又死了，断了指望。【哑妹急忙跑到父亲身后，扶着父亲低声哭泣】我这一瘸一拐的，又干不了重活，将来，哑妹再一出嫁，就剩我这孤老头子了！现在我、我就想她妈呀，她要活着，我能受这份罪吗？

【抹泪】

铁　钢：【深情地】大叔！您别难过，我铁钢一定帮你家脱贫致富！

李大耙：铁钢！

宝文华：大叔！乡林业站想聘请您当护林小组长，年底还有补助呢！

敖日布：对，再到这铁匠铺帮忙打打铁，每月也能有点进项啊！

李大耙：【喜出望外】照这么说，我家能脱贫？

众　人：能脱贫！

李大耙：我家能致富？！

众　人：能致富！

李大耙：那往后，我那哑女的病也能治好？！

众　人：能治好！

李大耙：【情不自禁】哎呀妈呀，这可太好啦！

【唱】又穷又困的李大耙，

脱贫致富我也发家。

铁　钢：【唱】房后建个果树园，

房前谷地风水洼。

敖日布：【唱】苹果赶上打瓜大，

谷穗就像狼尾巴！

宝文华：【唱】小妹大叔病治好，

唱歌骑马人人夸。

众　人：【唱】艰苦奋斗奇迹创，

铁树也能开新花！

【众欢笑】【宝力高兴地上】

宝　力：铁钢，拉来了，拉来了！

铁　钢：拉来什么了？

宝　力：我从农机厂拉来了你研制的深沟大犁！

铁　钢：太好了！有了开沟大犁，就解决了荒地造林的大问题啊！

宝　力：就是！敖日布，赶紧让链轨拖拉机挂上大犁，咱这就开沟实验！

众　人：对，开沟实验！

众　人：【唱】深沟犁发明在敖汉，

一米二大垄美名传。

千道犁沟林带起，

绿色梦想早实现！

【拖拉机声响起，实验成功】【欢呼声四起】

众　人：成功了，成功了！

【幕落切光，起幕间音乐】

第五场　宏图

时　间：上一场五年后的春季

地　点：玉龙村杨树坡

【幕启：铁钢、宝文华、巴图、宝力四人坐车上】

巴　图：铁钢局长，这次旗委重新起用你，并让你当了林业局局长，就是想让你发挥在玉龙乡大搞生态治理的经验，把全旗的生态建设再向前推进一步啊。我这个管农牧林水的副旗长可就全靠你了！

铁　钢：我干治沙造林快 10 年了，有经验，也有教训啊！

巴　图：是啊，这 10 来年，你在玉龙乡可是大显身手，成绩显著，就是小李牺牲，免了你的职，让你待了一年，你也没闲着，发明了开沟大犁，为全旗绿化作出了巨大贡献啊！

四　人：【合唱】五年来深沟大犁建功绩，

立山坡，举目望。

喜看我敖汉旗荒漠治理，

抗旱造林系列技术已普及。

巴　图：【唱】联乡联村大会战高潮迭起，

宝　力：【唱】生态建设面临着新的课题。

宝文华：【唱】中南部小流域山山披绿，

铁　钢：【唱】北部乡防沙治沙林草绣出新格局。

宝　力：【唱】农牧林产业化又见经济效益，

巴　图：【唱】修订规划一路考察一路学习。

四　人：【唱】誓把这生态蓝图绘到底——

【李大耙带敖日布、哑女、村民追上】

李大耙：巴图旗长！巴图旗长！我要揭发！

巴　图：李大叔！要揭发谁啊？

李大耙：巴图旗长，我要揭发宝力这个倔老头子，他要毁咱们的生态林！

巴　图：他怎么毁坏生态林了？

李大耙：巴图旗长啊！

【唱】宝力主任他把敖日布教唆，
杨柳树砍倒半山坡。
我阻拦他们反把我数落，
不然就把我这护林小组长的职务撤！

铁　钢：李大叔！宝力阿爸提交的把已经成材的生态林更新成经济林的报告，我们林业局已经批准了，允许他们砍伐！

李大耙：什么？允许他们砍伐？哎哟哟！铁钢，我的林业局长啊，我看护的那些防风固沙生态林，千万不能砍啊！

铁　钢：李大叔！

【唱】大叔你消消气来压压火，
听我把更新品种好处说。
绿化荒漠栽的是杨柳树，
更新成杏树、桃树、沙棘野果。
果树多能固沙能把外汇赚，
能出口东南亚日本和美国。
到那时有钱盖楼有钱把飞机坐，
玉龙乡脱贫致富都竖大拇哥。

李大耙：原来是这么回事呀，那我还错怪这个倔老头子了！【对宝力】宝力大哥，我给你赔不是了！

宝　力：【亲切地对李大耙】大耙兄弟，欢迎你们多监督啊！

李大耙：这么一说我不就明白了吗，我说巴图旗长，以后再有这事是不是得让他们先跟我汇报汇报，免得我这护林小组长犯官僚、出差错不是？

铁钢、宝文华：【乐】好！好好！

李大耙：巴图旗长，都到家门口了，歇歇脚，吃点儿饭再走吧？

巴　图：李大叔！饿倒是不饿，就是我们的水壶空了，傍晚还要赶到铁局长的老家骆驼乡呢！

李大耙：这好办，敖日布，给他们灌水去！

【敖日布拿水壶下】

巴　图：这些天，我们沿途考察各地的生态建设，各地都取得了很大的成绩，荒沙荒山面积大大减少成绩确实很显著，现在，植树造林到了由重数量，转变到量与质并重的时候了！

铁　钢：当初造林，就是为了绿化，“有毛不算秃”忽略了树种之间的搭配，也没考虑从林业上如何致富。现在看，得让农民从林业上也能致富，这才能调动群众的造林积极性啊！

巴　图：是啊！所以旗委、旗政府才让我们对全旗进行深入的调查研究，重新修订规划，既让山川变绿，又要让百姓致富。

宝　力：说得对，不能让老百姓干付出，得让老百姓见到回头钱才行！

李大耙：就是嘛！

敖日布：【拿着水壶和汇款单上】水来了！

【放下水壶，举着汇款单】文华！

宝文华：啥呀？

敖日布：邮递员送来的，汇款单！【宝文华刚要去拿，敖日布却对铁钢说】说是给小苗寄来的学费！

宝文华：学费？我看看！

【敖日布把汇款单递给宝文华】

宝文华：【念汇款单留言】“祝你们幸福！南飞雁！”是她？

铁　钢：石玉！？

【宝文华把汇款单递给铁钢，铁钢低头思索】

宝文华：铁钢，给她回封信吧！

铁　钢：先不用，等考察完了再说吧！

巴　图：【若有所思地】宝力阿爸，我倒是想起个事儿来！

宝　力：巴图旗长，啥事？

巴　图：啥事？【嬉笑着】我看，把铁局长和文华的事说定了得了！

宝　力：哈哈！【略微迟疑】我倒是没意见，得看孩子啥想法了！【微笑着看着巴图，瞄一瞄宝文华】

巴　图：【看着铁钢、宝文华低头不语，微笑着】孩子的想法我知道，大家也知道，就看你的了！

宝　力：哈哈！好！今年九九重阳节，让大伙喝上铁钢和文华的喜酒。

【铁钢宝文华羞涩地对视一眼】【众欢笑】

铁　钢：【微笑着转向李大耙】大叔，天色不早了，我们该走了！

李大耙：【突然地】等等，铁局长，我看你的脸色不对呀，在我这住一宿歇歇吧！

铁　钢：不行啊，我们还得接着考察，留不下呀！巴图旗长，咱们走吧！

巴　图：好，上车！

【刚要上车，铁钢突然晕倒】

宝文华：铁钢，铁钢！

【众人急忙上前扶住铁钢】

【定格，切光，起幕间音乐】

第六场　生命

时　间：距上一场的第二年的秋天

地　点：玉龙乡敖包山

【治理后的玉龙乡，远处林网纵横，牛羊成群，近处敖包山上，红枫如霞，果树如云】

【音乐起，铁钢端坐轮椅上，被宝文华推到山前】

铁　钢：文华，快看，你看哪，这山杏的叶都红了。

【唱】杏叶红病危重方知人生短，

气血尽有预感我思绪万千，

病床上山水林魂牵梦绕，

玉龙乡遂心愿重登敖包山。

【白】文华，你看那果树都是会战那时栽的。桃三杏四梨五年，只要好好经营，乡亲们就不愁吃和穿哪！

宝文华：嗯！就是！【拿出望远镜给铁钢】

铁　钢：这是……

宝文华：这是杨书记让我给你捎来的。他说，铁钢一天看不到这山和树，心里就不踏实啊！

铁　钢：【真情难忘】谢谢，谢谢杨书记！自打他调到市里工作，已经两三年没见到他了！【拿着望远镜，边看远处边回忆】10 年前，我从部队转业回来，分配到咱们旗玉龙乡，杨书记和我坐同一趟火车，同一排硬座，他在车上老是在琢磨一张图，还给我讲解，原来，那是咱们敖汉旗的治沙造林规划图。下车后，他又帮我扛着行李，一直扛到乡政府。后来我才知道，他就是咱们的旗委书记！那时，我就下了决心，跟着他，干一辈子植树造林！

宝文华：【同样激动地】铁钢！

铁　钢：可我现在这样……【拿出图纸】文华，这是咱们敖汉旗最后一片沙地的生态治理方案，我刚把它写完，你替我把它交给杨书记吧！

宝文华:【心疼地】铁钢，还是等杨书记从北京开会回来，你亲手交给他吧！

铁　钢:【感慨万千】文华，我恐怕是等不到那一天了……

【唱】10 年前复员后我往基层奔，
杨书记扛行李把我指引。
玉龙乡扎下根砥砺奋进，
多少人流血汗治沙造林。
深沟犁开拓出造林新局面，
奋斗中换新颜千里铺绿茵。
风也轻雨也顺农牧得丰收，
家也兴业也旺振奋敖汉人。
谁料想壮志未酬身将死，
还有那骆驼乡治理未入门，
我死后骨灰埋在骆驼山，
山上栽片云杉林，
我要看骆驼乡变绿传喜讯。
我要看敖汉旗致富沙变金。
活是植树造林人，
死是绿海守护神，
这林网如画果树如云就是我的新生命。
那绿遍敖汉绿遍中华就是我的梦与魂！

宝文华:【含泪】铁钢，来，快坐下歇会儿。铁钢哥，你放心，我一定亲手在山上栽一片树，那就是咱俩的夫妻林！

【唱】暗恋着铁钢哥未曾言明。
同治沙共造林形影难分。
白日里我随他风雨奔波，
到夜晚他的病牵动我的心。
本打算重阳节结婚办喜事，
哪知道他病危重我暗下决心。

【拿出结婚介绍信】铁钢，你看！

【唱】林业局要来了结婚介绍信。
咱们两个人签字领证就结婚，
它把咱两个人结成连理树。

它把咱两颗心生死不离分，不离分！

【铁钢含泪接过结婚介绍信，沉思良久，缓缓撕掉】

宝文华：【震惊】铁钢哥，你……

【幕后小苗呼喊】爸爸，爸爸……

宝文华：小苗？

铁　钢：闺女，文华，快！【让快点推车】闺女……

【悲壮的音乐声中，小苗奔上】

小　苗：【扑向轮椅】爸爸，爸爸，你怎么啦？你这是怎么啦？

【铁母颤抖着扑到儿子身边，铁钢从轮椅上下来，跪在母亲面前。】

铁　母：【搂住铁钢】儿呀，你病成这样，咋不告诉娘啊……

铁　钢：【热泪双流】娘，儿是怕您老担心哪……

铁　母：【强忍悲痛】娘能不担心吗？！

【唱】儿怕娘遭磨难把病情相瞒，

娘疼儿独生子 30 多年，

你 10 岁没阿爸剩我孤儿寡母，

父累死骆驼山造林树坑前。

长大后继承父志你呕心沥血，

战风沙勤造林苦干多少年。

白旗长去接娘说儿病重，

带孙女到这里当面细谈。

儿呀儿呀你若去娘也活不长，

抛下这小孙女谁来照看？！

【铁母凄苦落泪】

铁　钢：【紧抓母亲手，愧疚难言】娘，儿我最放心不下的就是您和小苗啊！

小　苗：【哭喊着扑向奶奶】奶奶！奶奶！你别哭，你别哭！爸爸的病会好的！爸爸的病会好的！

宝文华：【走到铁母身边哭喊】大娘啊，大娘，您老一家我照看，我照看！！

【唱】铁钢他治沙造林把青春献，

敬老娘养后代理所当然。

今天我要当着铁钢大哥的面，

认母认女把赡养终身来承担。

大娘啊亲娘啊，

今天起我就是您的亲女儿，

定为您养老送终到百年！

宝文华：【跪哭】娘，从今后您就是我的亲娘！

铁　母：【扶起宝文华】闺女！

【唱】我儿治沙10年整，

蒙汉一家骨肉亲，

民族团结创大业，

根连根来心连心！

巴　图：铁局长！【上】

众　人：巴图旗长！

巴　图：铁局长，这是您获得的国家绿化奖章，是杨书记从北京给您领回来的。【交给铁钢】来，我受杨书记的委托，把这枚奖章给您戴上！【给铁钢佩戴奖章】

【铁钢看着奖章，看看母亲，看看女儿，深情地握住宝文华的手，然后取下奖章轻轻地给女儿戴上，小苗手捧奖章，跑到奶奶身边依偎在一起】

铁　母：【颤声唱】小苗，小苗快长大，青枝绿叶像爸爸……

【余音萦绕沁入人心，铁钢欣慰地闭上了双眼】

宝文华：【感觉到了什么，回身喊到】铁钢！铁钢！

小　苗：【惊呼】爸爸……

铁　母：儿呀？！

【发现铁钢去世，四人齐声喊】

小　苗：爸爸！

铁　母：儿呀！

宝文华：铁钢！

巴　图：铁局长！

【呼喊声在林海青山间回荡】

众　人：【深情悲壮地合唱】啊——啊——

生是治沙造林人，

死是绿海守护神，

天长地久护绿海，

绿色是我梦与魂，梦与魂！

【幕落，起幕间欢快音乐】

尾声 喜讯

时 间：21 世纪初

地 点：玉龙乡敖包山下

【远方蓝天白云，林网纵横，近处鲜花盛开、红柳白杨，一派美丽山乡景象】

【在欢快的音乐声中，玉龙乡蒙古族汉族群众欢聚在这里。已经是旗林业局工程师的小苗兴奋地走上，和已经退休的巴图副旗长，年迈的宝力阿爸和李大耙，敖日布和哑妹以及乡亲们等热情地打招呼】

小 苗：巴图大爷！李爷爷！宝力爷爷，你们好！

众 人：好！好！

小 苗：【见到敖日布和哑妹夫妻】真为你高兴，能说话了！

哑 妹：【兴奋地】嗯！嗯！小苗好！小苗好！

小 苗：嫂子，还小苗哪，快成老苗啦！

宝 力：【感慨地】成才啦！成才啦！

巴 图：是啊，咱们的小苗已经是林业专家喽！

小 苗：【激动地走上高坡】乡亲们！这里是我父亲生前和你们共同奋战过的地方。他虽然走了，但是，是你们培养了我，教育了我！

众 人：【欢呼】赛！赛！

小 苗：【拿出当年父亲给她戴上的那枚奖章走到巴图身旁】巴图大爷，这枚奖章是属于全体敖汉人民的，拜托您把它转交给旗档案馆收藏吧！

【众人热烈鼓掌】

巴 图：【巴图接过奖章，激动地】铁局长虽然走了，但他的奋斗精神始终与我们同在。咱们敖汉旗这么些年来，坚持治沙造林，大搞生态建设的脚步从未停歇。还荣获了“全国人工造林第一县”“全国生态建设示范区”“全国再造秀美山川先进旗”等光荣称号！联合国环境规划署也授给了咱们“全球 500 佳”环境大奖！

众 人：【欢呼】依荷赛！依荷赛！依荷赛！

【音乐起，男女青年载歌载舞】

【音乐声中幕徐落】

（全剧终）

二、《牡丹花》(传统评剧)

(一)主创

编　剧：赵云亭

改　编：敖汉评剧团

(二)剧情简介

苏才是一个勤劳朴实的好青年，自幼喜爱牡丹花。他家中贫困，父亲给地主魏堂扛活，魏堂去世后，其子魏永发继承父业。苏才父亲因积劳成疾而死，母亲过度悲伤，两眼几乎失明。苏才家住魏家花园旁的小屋，魏永发自苏才父亲下世后，命苏才每日浇花，方可继续留住。苏在浇花时，对牡丹花特别精心，日复一日，年复一年，从未间断过。这番诚意感动了牡丹花，她变成一位美丽的姑娘，愿与苏才结为百年之好。牡丹花用间接隐形的办法直接现身，与苏才结为连理。地主魏永发心怀叵测，见牡丹花长得美丽，动起歪心，想纳牡丹花为妾。于是让其走狗夏桂从中狐假虎威，假装以索账为由故意刁难苏才，扬言如果无力还债，就以牡丹花抵押，最后硬将牡丹花抢到魏府拜堂成亲。这时，牡丹花请来几位牡丹姐妹，一同施展法术，将魏永发活活烧死，家财全部烧光，牡丹花与苏才重归家园，恩爱夫妻奉养着高堂老母，过着幸福生活。

(三)人物表

苏　才：年二十几岁，勤劳朴素。

苏　母：年50岁，艰苦持家。

小　柱：年12岁，放羊小孩。

牡　丹：知恩知情牡丹花变成。

小牡丹2人。

魏永发：阴险毒辣，外号“喂不饱”。

夏　桂：狡猾，地主狗腿子。

群众2人。

魏永发家丁2人。

地主丫鬟1人。

(四)正文

第一场　浇花

苏　才：【内唱】牡丹花开盛群芳，

　　　　丰艳宜人不寻常，

天上人间，人间天上，
可情可配，蝴蝶双双，
云霞现彩桃花面，
月映屋梁玉人霜，
风花雪月，快乐时光，
垂青于我，天长地久，地久天长。

【开幕，小生上演浇花爱惜的动作】

绿叶映光红似火，
花衬绿叶似娇娥。
香飞色舞醉人意，
我浇我爱待如何?
他人园，我浇田，
看花爱花不一般。
放蕊牡丹无厚彼，
徒作芬芳问谁言。

【白】日已东出，收拾绳斧，我得往北山砍柴去。【下】

第二场　思情

牡　丹:【上唱】草如茵，花似锦莺声燕语，
男于耕女于织，到处歌音。
日暖风和玲珑世界，
望人情恋人意，美景良辰。
寂静的天空，
怎敢比人间乐，
恩似海惠如山怎敢负人。

【白】我乃牡丹是也，终日闷住魏家花园，积年累月，实感无聊，我看人间美乐，不愿久在花园，更叫我时刻难忘的苏才，对我每日培植之恩，真是天高地厚，叫我感激实深呀!

【唱】牡丹花开人人爱，
最爱我的是苏才，
可怜他孤苦伶仃多不幸，
父亲死母亲病他可咋安排?

可佩他诚朴勤劳心情好，
奉养慈母终日打柴。
我爱他他爱我双双敬爱，
能做个比翼鸿雁可心怀。
贫穷的家庭我要让他来变样，
十载的辛苦我也想起来。
恩爱两全我要报恩报爱，
苏家的事情我要去安排。【下】

第三场　打柴

苏　才:【上唱】浇完牡丹辞别娘，
日出日没打柴忙，
路远山高长跋涉，
度日如年又何妨。

【白】我父在世与魏家扛活，因劳成疾，不幸长眠不起。家中无钱埋葬，苦苦哀求魏家，暂借银两，好歹料理了丧事。那时我尚年幼，跟随老母苦度岁月，魏家欠债无法偿还，硬逼我母子二人看守花园。家中糊口无粮，只得我早晚浇花，日间打柴，长街卖钱得以度日。老母年迈力衰，贫苦交加，愁得双目失明，凄凉家境，忧人特甚。只喜得魏家花园，这棵待枯牡丹，经我亲手的日夜培植，时时浇水遮风。现已叶茂花开，鲜艳无比，可作我劳后慰心之物。天气不早，急速登山要紧。

【唱】山路崎岖上坡又下岭，
野藤倒垂野山峰。
枯木长枝这边堆来那边长，
真叫我手忙脚乱不消停。【歌子】
一把斧，一把柴，
把把柴火捆起来。
打柴的人儿心常乐，
开怀乐、乐开怀!

【小柱拿鞭子上，二人合唱】
日东出，日西没，
早起晚归好安排。
打柴的人儿心长乐，

开怀乐、乐开怀。

青山绿水万紫千红，

宝贵的山峰，宝贵的山峰。

母子度日，生活安宁。

可爱的家庭，可爱的家庭。

小 柱：欸！苏大哥、苏大哥。【苏才下山】

苏 才：小柱叫我何事？

小 柱：大羊下羔啦，大羊下羔啦。

苏 才：好呀，抱回家去好好喂养，你看天气不早，快回家去吧。回去晚了，恐怕你母亲又要唤你。

小 柱：啊！苏大哥我知道啦！【跑着下】

苏 才：日已西沉，柴已打足，我得赶快回家了。【挑柴介】

【唱】松树枝儿叶常绿，

柳树枝叶儿扁长，

香柏片片花似锦，

山花簇簇密叶芳，

日出而作日入止，

戴月披星浇花忙，

家慈年迈风中烛，

终日奔波度日光。【下】

第四场 送饭

苏 母：【上】咳！【唱】我儿深山去打柴，

日已沉西没回来。

母子度日生活苦，

缺吃少穿实难挨。

儿父下世十数载，

抛下老身和幼儿。

黄连的日子怎么过，

越思越想痛心怀。

埋葬儿父欠下魏家债，

就怕人家要上门来。

人穷志短实情话，
晚饭无米咋安排？
饿坏我儿是我身上肉，
出去借米我口难开，
万般出于无其奈，
为儿舍脸也应该，
拿起口袋往外走，
两眼昏黑看不清白。

【摸口袋介，锁门介】【下】

牡　丹：【上唱】轻移莲步奔这边，
挪影避形好喜欢，
本想得会苏才面，
可惜他上山打柴不在家园，
他母也不在家内，
出去借米没回还。
家徒四壁清如洗，
满屋灰尘起土烟，
不免我动手来打扫。

【轻弦做扫地介】

扫完屋子我要清洗碗筷和菜盘，
邀请妹妹们帮我来做饭。

【使毛扇开展】呀呸！

小牡丹：【上唱】姐姐唤我哪般？

牡　丹：【唱】苏才对我情如山，
他们晚饭无米实可怜，
打柴的借米的都没回转，
我把饭菜预备全。
劳烦妹妹们帮把手，
叫他母子二人充一充饥寒。

小牡丹：【唱】姐姐你放心别为难，
妹妹们一定办周全。
常听你说苏才好，

勤劳诚实美少年。

郎才女貌双飞蝶，

牛郎织女天河边。

姐姐有事只管讲，

希望你们早日配良缘。

姐姐你在此等一等，

饭菜我们来承担。【二人下】

牡　丹：【眉头若有所思带羞涩】

【唱】佳期不远面前迎，

可心可意苏相公，

你爱牡丹想必更爱我，

鸳鸯并浮中不中。

小牡丹：【上】饭菜现已做好，请姐姐看看行不行？

牡　丹：实在太好了，多谢二位妹妹，你们受累了，请回去休息吧！【接过饭菜往桌上摆】

小牡丹：我们就此告别，有何事情，请多吩咐。

【二人隐下】【互相会意】

【外边有脚步声，牡丹到窗前一望，见苏才母回，躲在一旁】

苏　母：【上唱】没借米来转回家，

真叫我心如刀扎，

我儿打柴把山下，

饿一天肚子吃什么，

摸摸索索我把屋来进。

【一摸门】哼，门开啦？

啊！莫非我儿打柴回了家。

【大声喊】苏才，苏才！【仔细听了半天】

我听了半天没人回答【奇怪】

【白】我记得清清楚楚，走时已把门锁好。不对呀！莫非有贼来偷！来偷唉？

【急急风】【急扑进抓贼介】

【唱】骂一声胆大的贼人狠心肠，

偷我这苦命之人理不当，

雪上加霜你是来要命，

抓住你咬你肉，

剥你皮穿你个透心凉。

【东一扑西一抓介】【一下抓到饭菜上，热，汤烫手，当时，牡丹也同样东躲西躲】

【白】嘿！好烫手【把手拿到嘴边哈，哈，表示烫痛】【复又摸一下慢慢地继续抓一点菜闻了闻】好香的菜！【又抓一把饭闻了闻】饭，好香的饭！真是让人纳闷，哪里来的这样的好饭好菜？【停一会儿有所悟】

【白】咳！人不该死总有救，想必是有好心肠的人，看我母子今晚无饭送来的。谢天谢地，苏才儿！苏才儿！你快回来咱娘俩吃顿饱饭吧！【用手捂着饭菜，等待着】【牡丹下场】

苏　才：【上，唱】放下柴担我忙进屋，

腹中饥饿力气无。

母亲正在等着我，

又似喜来又似哭。

【边四下一望，边往前走】屋内这样干净，是何人与我们打扫的？【面向外言】【回首大声叫】母亲！母亲！

苏　母：苏才儿回来了？母亲等你多时，快来吃饭吧。

【苏才坐下一看饭菜】

苏　才：母亲，哪里来的这样好饭菜？

苏　母：【唱】说起来，真奇怪，

谁送的饭菜不明白。

天快黑，我急坏，

刷刷空锅扫锅台。

家无米难做饭，

东邻西舍跑个遍。

你大娘你二婶，

问到谁家都白搭。

万般无奈往回走，

那时我心如刀扎。

来到门口摸一把，

两扇屋门都开啦。

想必是你回家转，

喊了两声没人答。

一定是贼人来偷盗，

急忙进屋把贼抓。

东扑西扑没人影，

扑着饭菜香巴巴。

又是惊，又是喜，叫人纳闷，

谁可怜咱母子送饭菜到咱家。

苏　才：今天是魏家庆贺他母亲60寿辰，剩下的饭菜送到咱家一些？【一想一思介】不能不能，万万不能。他家的饭菜宁肯扔了，也从来没给过穷人。

苏　母：咳！傻孩子，昨天因浇牡丹花，人家还踢你好几脚，骂你老半天，你想有这样的饭菜，能给咱们吗？管他谁家送的，我儿想必饿了快快吃饭吧，天无绝人之路啊！

苏　才：母亲也饿了，请母亲也快用饭吧！【闭幕】

第五场　爱花受欺

夏　桂：【上场诗】我夏桂生来时气好，魏少爷家中我里外跑，外人送号叫我“吓一跳”，跳不跳的我干到老！

【边走边四外望，一见牡丹花池满水，其他花池中，有的有水，有的不满，有的没水】

【白】苏才，好你小子，胆子真不小，昨天早晨少爷因你尽浇牡丹揍你一顿，你还没改。

苏　才：【挑水上】夏大叔来啦？【夏回头，傲慢样】

夏　桂：咋的？来啦！我看你纯粹是老道的木啦鱼子——挨打的木头，穷得都掉底啦，还有闲心爱牡丹花呢，屎壳郎逛花园，你是这里的虫鸟吗？你也不想想：要饭花子蹲佛龛——看看你那活穷相。呸，王羲之爱鹅，武大郎玩夜猫子，孟浩然踏雪寻梅，你爱牡丹算什么名堂？呸，不害臊的东西！

【拿扇子指点着苏才回身骄傲无人样走了】

苏　才：【看夏桂走远，用水浇花，边浇边白】牡丹！牡丹！我为你挨打挨骂不知有多少次了。可惜你长在人家的园地上，我自己连栽一棵牡丹花的土地都没有啊！【挑水桶边走边唱】

【唱】人穷到处受欺压，

狐假虎威夏桂他，

牡丹花我永远心里爱，

至死我爱牡丹花。

【抬头望天】

【白】天气不早，我得赶快长街卖柴，好换回早饭的粮米。【下】

第六场　会面拜堂

苏　母：【上唱】昨天的饭和菜真叫奇怪，

问到东问到西没人送来。

苏才儿换回米吃了早饭，

早晨去，晚晌回，照旧打柴。

眼看着日偏西，要做晚饭，

忽听得似有人正扫锅台。

我寻思有贼人来偷碗筷，

摸一摸啥也不缺才放心怀。

一转身又闻到饭菜香味，

果然是饭和菜照样摆起来。

莫不是有神仙救我母子，

左也想右也猜叫我解不开？

苏　才：【上白】母亲，母亲！儿我回来了，您老又在想什么？

苏　母：苏才儿，事情出得越发奇怪了，今天又和昨天一样，有饭有菜在那饭桌上，不信儿你去看。

【苏才进屋复又出来，惊喜的样子】

苏　才：果然真有饭菜，这是怎么回事？

苏　母：我儿不必多问了，想必苍天睁开龙眼，可怜我母子二人，那我们就感谢老天救我这苦命之人吧！【跪下做扣头介】【苏才站呆，苏母一手拉着跪下】

苏　母：【唱】老天救我苦命人，

叩头谢恩表我心。

保佑母子不挨饿，

保佑我儿能成婚。

一年二载生贵子，

全家快乐过百春。

苏　才：母亲想必也饿了，咱们快去用饭吧！【母子进门当时乐队作风雨声】【苏才急走出，急急风上】

【唱】饭正吃完起大风，

急走出门看天空。

【向台口望天】【白】呀不好，黑云密布，想必要有暴风骤雨，待我赶快遮好牡丹。

【下场】

苏　母：【上】苏才儿天气要变，我儿又去遮盖牡丹咳！真正年轻人好胜，总忘不了他那棵牡丹花。【天黑风雨渐停】

苏　才：【端灯上，唱】遮好牡丹心里安，

天黑点灯好安眠。

【白】天气不早，请母亲安歇了吧！

苏　母：我儿也快睡觉！明日早起，好上山打柴。

苏　才：儿我知道了。【苏母下】

【苏才坐下，低头若有所思，自言自语】这两次的饭菜，是哪里来的？真叫奇怪的很呀！真把人闷坏了。【起二更】天交二更也该安歇了，母亲是否睡着，待我去看。

【进母屋后退回】

【白】年迈的母亲，睡得很好啊【欣然笑意】【脱外衣挂上，睡在床上】【起三更】

牡　丹：【上唱】三更起，夜静深星辉月亮，

人入睡，鸟卧巢万籁悠扬。

并蒂莲常在水面荡漾，

梁上燕慢藏头对对双双。

屯南户屯北家才貌男女，

今夜晚乞巧会奔走慌张。

【白】【扇背后略近苏才】看他睡得多香啊。【作戏】

苏　才：【先慢起】【自言自语】谁说话，谁在唱？【忽见有人，牡丹急用扇盖】

苏　才：【奇怪样】奇怪！明明看见一美貌女子，怎么又不见了？【四下寻视】想必我眼花耳聋了吗？【复又入卧睡】

牡　丹：【唱】苏才他能勤劳终日打柴，

苏才他心情好早晚浇花。

他老母眼哭坏衣无人补。

【望墙上衣】趁此刻补衣服别惊动他。【上前取衣缝衣】【四更起】【苏才又醒】【慢起身】【牡丹急扇盖不见了】【苏才四下看了半天；似有悟】【又卧】【牡丹继续补衣】【五更起】

牡　丹：【唱】天交五更补好衣，

一刻千金不宜迟。

衣服依然墙上挂。

【扇搁苏才旁向前挂衣】【苏才猛起抢手扇】

苏　才：【唱】苏才醒来把话提。

【牡丹惊喜羞涩样】【后退，苏才前走几步】

苏　才：这位大姐，寅夜之间，来我这贫苦之家，为小生缝补破衣，真使我感恩匪浅，但不知大姐从何而来，有何见教？

牡　丹：我常年居住在魏家花园，是你每日到我面前，想起来已七年有余，你还不晓得吗？

【小柱上，站旁偷听】

苏　才：【惊介】你住花园，园中尽是奇花异草，我每日浇花必往，哪见有你这样的美貌大姐，莫非你是神仙？

牡　丹：是呀！

【唱】我就是你最爱的那棵红牡丹，

你为我受过屈来受过冤。

你为我受过劳累长浇水，

你怕我受风受雨受冰寒。

七年多的恩爱无可报，

甘愿变个姑娘到人间。

侍奉你母我情愿，

我与你愿作美良缘。

双双对对百年好合，

不知心意如何对我言。

小　柱：【狂喜】愿意愿意！我苏才哥打心眼里愿意。【大声喊】苏才哥娶媳妇啦！我告诉我妈去。【跑着下场】

苏　母：【从里走出来】儿呀！不知何人到咱家与你讲话？

苏　才：母亲，母亲，天大的喜事呀【走到母旁附耳私语】母亲你也大喜了。

苏　母：儿呀！说得哪里话来？

牡　丹：婆母，你还不信，这两日的饭菜，是我亲自送来的。婆母，你不要怀疑！

苏　母：【惊喜】啊？此话当真吗？

牡　丹：此话当真！

苏　母：好呀！真是天遂人愿了！

苏　母：【唱】苦去甜来免悲伤，

只可惜看不清儿媳女红妆。

【母擦眼睛牡丹用扇一指】

牡　丹：婆母你看一看儿媳我在这里呀。

苏　母：【唱】我擦擦眼睛亮堂堂，

【看看苏才，看看牡丹，一笑，用手指夹白】莫非是做梦？【往外看接唱】

看见了蓝天和太阳。

儿父下世十数载，

又贫又苦度时光。

想不到今日有此事，

天降儿媳降吉祥。

你既然不嫌我母子苦，

今日叫你们拜花堂。

【小柱带群众上】

群　众：嫂嫂婶婶大喜。

苏　母：啊，实在是把我喜坏了，娶了这样好媳妇，我眼睛也好啦，真是双喜进门，大家同喜。

【唱】人逢喜事精神爽，

尊一声诸位听端详。

十几年的眼睛看不见，

多亏儿妻见太阳。

群众甲：【唱】方才小柱对我们讲，

群众乙：【唱】他言说你家来了牡丹女红妆。

群　众：【唱】今天我们大家来道喜，

小　柱：【唱】哥哥嫂嫂你们配成双。

苏　母：【唱】今天本是大喜日，

儿妻见过你的叔叔和婶娘。

【牡丹跪介叩拜】

群　众：【唱】走上前来忙扶起，叫他们夫妻拜花堂。

群众甲：【唱】我做媒，

小　柱：【唱】我当傧相。【板头加紧】

一拜天地，二拜高堂，

夫妻交拜，同入洞房。

群　众：【唱】你慢着点地讲，

你着的什么慌？

小　柱：【唱】啊，快啦！

一拜天地，二拜高堂，

夫妻交拜，同入洞房。

牡丹、苏才：【唱】今天的喜事不寻常，

苏　母：【唱】多谢大家来帮忙。

群众、小柱：【唱】全家团圆多快乐，

一年要比一年强。

【下场、幕落】

第七场　主仆定计

魏永发：【上】【念对】家有土地无数，

不欺穷人不富。【坐】

花花绿绿锦乾坤，

荣华富贵人上人。

左妻右妾夸艳福，

一世快乐百年春。

【白】少爷魏永发，人送称号“喂不饱”。我父在世做过二品皇堂，天遭不幸，老父下世去了，龙归沧海。家中只有高堂老母，年已花甲，适才做过寿诞。家财万贯，良田千顷，自幼也略读诗书，粗通文墨。子承父业，家世豪大，每日使奴唤婢，一呼百诺，可说是富贵荣华不小。此地知县是我的干父，我有什么为难之事，给我干父去上一封书信，我干父就给我做主啦。

【唱】今日里二姨太太不在家，

我心中闷闷不乐乱如麻。

不免我到城外游山望景，

管家夏桂我要带着他。

【白】夏桂在哪里，快来！

夏　桂：少爷府中当总管，要账打人我在前，参见少爷！

魏永发：罢了。

夏　桂：唤小人有事吗？

魏永发：夏桂你有所不知，只因你二姨太太不在府中，少爷我家财万贯，总想……

夏　桂：少爷总想再娶一房三姨太太吗？

魏永发：夏桂，我心中之事你怎知道呢？

夏　桂：我不是少爷跟前的一个保驾的诸葛亮吗？

魏永发：今日我心头闷，有心前去游山逛景。

夏　桂：好啦，少爷你去游山逛景，要是看见谁家的女子长得美貌，我能用三寸不烂之舌说进府来，做一个三姨太太，叫少爷称心如意，你看怎样？

魏永发：好，咱们就走。

夏　桂：少爷乘马而去还是步行去？

魏永发：步行而去。

夏　桂：天气不早，少爷咱们走吧。

魏永发：【唱】夏桂说话随我心，
你是少爷化食虫。
今日咱二人游山逛景，
但愿看见美貌钗裙。

夏　桂：【唱】倘若是二姨太太她不应允，

魏永发：【唱】这个事情你不用操心。
夏桂你赶快头前走，
只求鸳鸯配成婚。

【手锣声中下场、落幕】

第八场　调情

苏　才：【唱】夫妻俩出门喜洋洋，

牡　丹：【唱】我随丈夫打柴到山岗。

苏　才：【唱】家中的事情母亲照看，

牡　丹：【唱】从今后你不要发愁肠。

苏　才：【唱】衣服破了你给我补，

牡　丹：【唱】这些事情我应当。

苏　才：【唱】正行走来我用目望——

牡　丹：丈夫你看，百鸟乱叫，这是为何？

苏　才：娘子你懂得鸟语吗？

牡　丹：我懂得鸟语。

苏　才：它们说些什么？

牡　丹：丈夫你猜猜？

苏　才：你叫丈夫猜上一猜，是呀！我要猜上一猜，

【唱】那日我把山来上，
百鸟也是大叫一场。
它们那是给我把喜报，
咱们夫妻配成双。
今日百鸟又叫起，
莫非叫娘子给我生个小儿郎？
【白】娘子，你说我说的对也不对呀？【牡丹羞涩的样子】
牡　丹：别说啦，天气不早，你我打柴要紧。【二人做打柴介】【山歌起】
牡丹、苏才：【唱】石柱子开花满地红，
山上山下啊数也数不清。
朵朵笑面迎风站，
枝枝叶叶百花丛。
苏　才：【唱】美景留人，
牡　丹：【唱】累也轻松。
苏　才：【唱】我割一捆，
牡　丹：【唱】我也不停。
牡丹、苏才：【唱】夫妻打柴啊满脸笑容。
苏　才：【唱】我在前走，
牡　丹：【唱】我随后行。
苏　才：【唱】一刻不停，
牡　丹：【唱】一刻不停，
日沉昆仑转回家中。
苏　才：娘子，我到山那边砍柴，你自己在这边，害怕不害怕？
牡　丹：丈夫只管前去，我自己在这也不害怕，【苏才走出】【牡丹一人做割柴介】
魏永发：【上，唱】闷来无事到处逛，
瞧见山上女红妆。
这个女子长得好，
却怎么打柴到这旁？
要把她娶在我的府，
欢欢乐乐入洞房。
夏桂快来把话讲。
夏　桂：【唱】少爷唤我为哪桩？

魏永发：夏桂你看。【手指牡丹】

夏　桂：少爷莫非爱上那位女子，待小人上前提亲！【走前念】我夏桂不非凡，好事办坏，坏事办完，到那边问周全，夸少爷美少年，地千顷，又有钱。她不干，我不烦，甜言蜜语说几番，再不干，妙计一生，抢上前。【回首大声向魏永发喊】少爷你等我的吧！这位女子请来见礼，贵姓高名？家住何处？为何深山打柴？

牡　丹：小女名唤牡丹，因家贫难以度日，故而深山打柴。

夏　桂：哈哈，牡丹。

【拉牡丹，牡丹一甩袖子】

夏　桂：小人名唤夏桂，在此魏府当名总管，你看那是我府少爷，长得美貌，他家富豪，使奴唤婢，小人有心将你二人撮合，岂不是富贵荣华不小。

牡　丹：我牡丹是有夫之人。

夏　桂：许配哪家为妻？

牡　丹：许配苏才为妻。

夏　桂：苏才这小子，多咱娶了这样一个好媳妇？

【走在魏永发面前说】她名牡丹，许配苏才为妻。

魏永发：苏才离我，近在咫尺，我怎一字不知，真若如此，岂不是一朵鲜花插在狗粪上？

夏　桂：依小人看来，四处无人，咱把女子抢回府去，苏才他本是一个穷小子，叫他有口难分诉，少爷你看怎样？

魏永发：夏桂，你说好便好！

夏　桂：好！那咱们就抢。【二人刚要上前抢】

牡　丹：【见事不好、急喊】丈夫快回来呀！【二人吓跑】

苏　才：【从内来手执斧头】娘子，因何喊嚷？

牡　丹：【悲哀介】丈夫，你看方才有两个坏人，横行霸道，看为妻长得美丽，他就要……

苏　才：朗朗乾坤，敢行此事，真无好人活路也。

【唱】娘子不必心发慌，
　　我来给你做主张。
　　你在此处等一等，
　　我叫他们丧无常。
　　说到这里我就走，

牡　丹：【唱】我劝丈夫先别忙。
　　人命关天非小可，
　　打死人命得抵偿。

人家有钱又有势，
贼官准给做主张。
劝你压住心头火，
这点小事别发慌。
我看天气也不早，
挑起柴火下山岗。
回家千万莫对母讲，
免得母亲她心伤。
今日再要出大事，
自有为妻来承当。

苏　才：好，我信娘子的话，咱们就去捆柴！【二人来回做捆柴介】【做背柴介】

牡　丹：到山那边你挑我背，可别叫我空手回家呀！

苏　才：【才回头，看牡丹，笑】是啊！【下场】

【魏永发、夏桂同上】

魏永发：【唱】方才女子一声喊，
叫我心里着了忙。
这样的美女抢不到手，
实在叫我透心凉。
夏桂你说怎办好？
少爷和你在商量。【甩腔】

夏　桂：【唱】少爷你老别着急，
有两件事我先提一提。

【锁板】

【白】第一件，苏才这小子穷得要命，家无有隔宿之粮，谁家美女能聘与他？想必是拐的良家妇女，也是有的。第二件，他父早先为咱府扛活，死去十有余年，死时借咱府五两纹银，这些年来，只叫他母子二人看守后花园，他是一文未还，我明日到他家要账。有了银钱，还则罢了；如要无有，拿美女押当。岂不是出师有名，一举两得吗？

魏永发：此计甚妙。事成之后，必有重赏！

夏　桂：岂敢，岂敢，只等着喝少爷的喜酒啦。

【唱】今日回府造一本假账，
要来美女多相当。

魏永发：【唱】这个打算不是空想，
　　　　倒是一个妙计好主张。
　　　　从今后我的家业你掌管，
　　　　跟着少爷把福享。
　　【二人下场】

第九场　要债

牡　丹：【唱】【洗衣介】
　　　　天气晴朗太阳毒，
　　　　我在家中洗衣服。
　　　　丈夫打柴多辛苦，
　　　　婆母年迈力气无。
　　　　洗一件我晒一件，【做晒衣介】
　　　　想起来昨天事我心不舒。
　　　　欺良民抢美女多厉害，
　　　　这样人不可留必把根除。
　　【魏永发、夏桂齐上】
魏永发：【唱】要账进院用目观，
　　　　瞧见美女晒衣衫。
　　　　叫声夏桂上前讲，
夏　桂：【唱】紧走几步忙开言。【锁板】
　　　　【白】那日在山上，和你说的婚事，你应允否？
牡　丹：我便不应，你还不给我快快走开！【小柱偷看】
夏　桂：好，你不应允？
魏永发：不应允就抢！【二人挣扎去抢，追牡丹】
牡　丹：哎呀，婆母你快来呀！【苏母上】
苏　母：儿妻你嚷什么？【二人站介】
牡　丹：婆母你看【用手指二人】
苏　母：魏少爷，来到我家，为何不到房中讲话？莫非有什么事情不成吗？
夏　桂：有事情！
牡　丹：他们没揣好意，要抢儿妻。
夏　桂：哪一个抢你？我们前来讨债。

牡　丹：那日我与丈夫上山打柴，他们不该调戏于我，是我不应此事，他们今日到咱家，又要抢人，又要讨债。婆母啊！但不知，咱家欠他们什么债？

苏　母：是呀！我家欠你什么债呢？

夏　桂：你越老越糊涂了。十几年前，你丈夫下世，你家无法葬埋，是我家老爷，可怜你们贫穷，借给你家银两，买来棺木，欠下债款，事到如今，分文还没还，我们前来讨债，哪一个抢你家儿妻？

苏　母：你要不说，我倒忘了。我夫在世，与你家扛活，多少年来，没给工钱，仅供我们全家糊口之粮。我夫下世，借给我家纹银五两，当时硬逼着我母子二人，看守花园，直至今天，十几年来，也是分文没给。细算这笔清账，早应向你们讨债！

魏永发：真是老不识抬举，反来倒咬一口。住着我的房屋，要给房租，欠我银两，本利还清。

夏　桂：有了银两，还则罢了，如没银两，拿你儿妻押当。【母惊怕，牡丹怒】

群众、小柱：魏少爷，不要这样鲁莽，拿人还账，岂有此理！

魏永发：你们哪知道，他家欠我银两，今天不但不还，反说倒欠他的，能有这回事情？

群众甲：你们两家的事情，因为是多年邻居，我们是明明白白的。

夏　桂：明白什么！吃人家嘴短，拿人家手短，子承父业，父债子还。今日没有银两，就拿他儿妻押当。

牡　丹：但不知道我家欠你多少银两？

魏永发：就此把账拿出，给他算个明白！

夏　桂：好，当众算清，看你们还怎抵赖？

【唱】打开账本从头观，
怀中取出小算盘。
一五一十仔细打，
借银五两十几年。
钱三粮五不多算，
一本常行二十三。
利上加利更合理，
五十三两正相连。
房租十两没多要，
加在一起才算完。
共合就是这些个，
有情有意快还钱。

魏永发：【面向苏母】听明白没有？钱倒是不多，还钱无事。【苏母低头悲哀】

苏　母：我们的工钱，多少不给点吗？

夏　桂：工钱？这不就便宜透啦！少算你们多少。

魏永发：别再啰唆，没钱赶紧说一个痛快。对不起，【面向苏母】让你儿妻委屈几天，跟我们走吧！【向牡丹欲拉】【苏才紧上】

苏　才：好你们狗头！【一拳将魏打倒】青天白日，朗朗乾坤，欺压我穷百姓。吃人肉、喝人血的东西，非打死你们不可！【群众拉住】【夏桂躲一旁】

群众甲：侄儿慢来。【夏桂往后退】

夏　桂：你们不用张牙舞爪地打我家少爷。你们可知道，此地知县，是我少爷干父。打人，你们不晓得王法吗？

魏永发：这……

夏　桂：少爷不必说话。苏才，我告诉你！三天以里，还钱罢了，如要没有，定拿你妻抵押。少爷走！【二人害怕样子下场】

苏　才：你仗着官府的势力，欺压我们太甚，乡亲们不要拦挡，待我去追赶于他！

群　众：你这一去，岂不是羊入虎口？

群众甲：苏才侄儿！你且息怒，这些恶狗，定不干休。叔叔倒有个主意，今晚三更，你们全家逃走吧。

苏　才：逃走？岂不是便宜了他们？

苏　母：儿呀，咱们不走，还有什么良策？【欲哭】

【唱】这个世界无法生，
刚好两天又不消停。
穷人总也是苦命，
有钱的抢男霸女也能行。
说什么王法不王法，
许人家放火不许咱点灯。
有钱能买鬼推磨，
没钱的有理也不中。
官衙就是老虎口，
活活就把穷人坑。
儿呀！
你要不信为娘的话，
凶多吉少有灾星。

苏门就你一条后，

有一个好歹娘心疼。

群　众：【唱】你娘说的真不错，

莫要胡闹把话听。

【白】苏才！你想既无银两，又不逃跑，他们岂肯干休？

小　柱：那又该我嫂子遭瘟啦！【苏才望牡丹悲哀不语】

牡　丹：众位乡亲们！是我牡丹与苏家惹下这样大祸，叫大家也跟着受惊。

群　众：说什么大祸，若其不然，咱们大家去找这个狗子讲理？

牡　丹：慢来！和这样不懂人情的牲口，还讲出什么真理，不是徒劳无益吗？一切事情由我牡丹一人承担，请乡亲们回去吧！

群　众：这……

牡　丹：大家放心！我自有办法，对付这些狼心狗肺的东西。

第十场　计划复仇

【轻弦，二更，牡丹上】

牡　丹：天交二更，母亲和丈夫也已经睡熟，只因我心中有事如坐针毡，独自一人到院中走走，想一个对付狗贼的良策才是。

【唱】弯月当空星满天，

万家灯火熄炊烟。

北斗紧靠七星角，

银河斜挂天一边。

青蛙乱叫池边水，

飞蛾投火靠灯前。

微风吹动树枝响，

风逼树响理当然。

狗急跳墙人急反，

仇报仇来冤报冤。

思想起昨天事让人难忍，

坏良心抢美女两次三番。

魏永发和夏桂吃肉野兽，

害得我全家人多么可怜。

邻居们劝我和他抵抗，

灭一个少一个为民除奸。

为难事请姐妹同心合力，

出主意想办法做得周全。

【用羽毛扇】呀！呸！【小牡丹上】【圆场】

小牡丹：【上，唱】姐姐唤我为什么？说出来别为难！

牡　丹：【唱】魏永发本是恶霸财主，

见姐姐生得美特来纠缠。

想抢我纳为妾不怀好意，

三番两次来为难。

做假账说是欠他银两，

三天内还不清指明抢咱。

他这样横行霸道不讲理，

逼得我全家老少多可怜。

小牡丹：【唱】姐姐你放心别悲伤，

就去把他消灭光，

杀他个鸡犬不留把仇报，

这点事我们一定办妥当。

【说着要走，牡丹拦住】

牡　丹：妹妹们先不要这样慌张，做事需要慎重，听姐姐再说一个道理。

【唱】魏贼子抢人心不甘，

他们诡计又多端。

三天一到心不死，

借故抢人来要钱。

容忍三次仍不改，

自找苦恼别怨咱。

那时候必定来抢我，

我假装愿意他新欢。

回府准要拜天地，

趁这时烧他后院化灰烟。

前后都给他烧个净，

打死狗贼报仇怨。

妹妹们我这办法怎么样？

小牡丹：【唱】姐姐这主意挺周全。
欺压良民罪该死，
我们一定要除奸。【走圆场】
牡丹、小牡丹：【合唱】红男绿女满乾坤，
不平凡的事情难死人。
要想满足心头愿，
姐妹仙术用几分。
除暴安良，爱情婚姻。
胜利而归，欢度良辰。
胜利而归，欢度良辰。
【落幕】

第十一场　抢亲

夏　桂：今天三日已到，不见苏才送来银两，没有别的，我们少爷就等拜天地啦。即刻写下喜帖，叫种地户每户拿上四两纹银，前来给少爷贺喜。谁要是不来，将地抽回，把这帮穷光蛋赶走，哪个不遵。来人呀！【家丁甲上】

家丁甲：总管，唤小人有事吗？

夏　桂：今天少爷娶三姨太太啦！叫种地户每户带来四两纹银，给少爷贺喜。谁要不来，将土地抽回，将他们赶走，快去！

家丁甲：是。【下场】

夏　桂：来人呀！【家丁乙上】

家丁乙：总管大人有什么事？

夏　桂：准备花轿，与我一同前去，抬娶美人。

家丁乙：是。【夏桂与家丁乙同时下场】

【二幕开】【牡丹安慰苏母，苏母在床上哭，群众甲乙也在场】

牡　丹：婆母不必悲痛，儿妻一定侍母终身，至死也不能给魏家做妾做小。我自有办法，请母亲放心！

苏　母：儿妻说的哪里话来，咱家没有银两，叫你走你不走，贼子今天一定来，岂肯干休。你不是要被他们……【哭介】

群　众：嫂嫂不必涕哭。事到如今，走也走不脱了，魏家狗子真要来抢亲，我们大家一同和他讲理。

牡　丹：乡亲们也不必着急，这些禽兽，是不肯讲理的。我自有安排，请大家放心！【外

面鼓乐起】

夏　桂：【带家丁上】苏才在家吗？【走进屋】今天大喜之日，何必哭哭啼啼。我问你们有银两了吗？有银两我们就抬银两回去；没有银两，我们就抬人了！【大家惊恐】来人呀！还不与我动手。【家丁拉牡丹】

苏　母：【边哭边追】总管大人，你行好积德吧！儿妻！儿妻！【紧追，被夏桂踹一脚倒在地上】

夏　桂：你这老不识抬举的东西！这门亲事，打着灯笼你上哪找去？【急下】

群　众：夏桂你这狗头，早晚你不得好死！【苏母坐地哭介】

苏　母：【唱】贤惠的儿妻遭了难，

苏才我儿没回还。

乡亲们我算没有再活路，

不如一死染黄泉！

【白】我豁出去我这老命不要，找狗子碰死！【挣扎要走群众拉住】【苏才紧上手拉母亲】

苏　才：母亲！母亲！千万不要着急，我已和你儿媳安排好了，她今天早晚，是一定能回来的。

群　众：怎么能够回？

苏　才：昨天我妻和我言道，她要被人抢去之后，叫我随后把她的采匣送去，自有对付狗贼的办法。定能消灭贼子，太平地回来。

群　众：好！那我们和你一同去，大家豁出死来，也要和这狗子碰一碰。

苏　才：乡亲们！为我苏才，这样担惊，请转上受我一拜。【做拜介】

群　众：不必拜了！快快请起。这样饿狼，若不消灭，大家无法生活，说走就走。

【落幕】

第十二场　烧府报仇

魏永发：【上念诗】清晨起来心中乐，

少爷我的亲事犯六合。

一妻二妾三房好，

再娶几个不算多。

【白】夏桂去已多时，为何这般时候不见回来？真叫少爷我等得着急呀！

家丁甲：【上】启禀少爷！亲戚朋友现已到齐。

魏永发：亲朋到齐，为何不见美人到来？不是……

家丁甲：少爷，方才我打听苏家，没有银两，少爷你就等着拜天地吧！【外面锣鼓响】

家丁甲：少爷，你听，花轿来了吧！我外面去看！【下场】

夏　桂：【笑哈哈上】少爷，大喜啦，美人现已到府。

魏永发：好！吩咐丫鬟，扶三姨太太下轿。赶紧换上新衣，好与少爷拜堂。

夏　桂：丫鬟们听真，快扶三姨太太下轿，换上新衣好与少爷拜堂。

【幕内答】是呀！

家丁甲：【上】启禀少爷！知县大人，送来一幅贺幛，是麒麟贵子。

魏永发：好！挂在喜堂。

夏　桂：时刻已到，请少爷拜堂吧！

魏永发：吩咐家丁，赞礼上来。

夏　桂：家丁赞礼上来。

家丁乙：【上】参见少爷。

魏永发：赞礼上来。

【丫鬟扶牡丹进喜堂】

家丁乙：一拜天地、二拜高堂、夫妻交拜、同入洞房。

家丁甲：【急上】启禀少爷，大事不好！

魏永发：何事？今日大喜之日，你这样大惊小怪。

家丁甲：后客厅失火，亲戚朋友都吓跑啦！

魏永发：【大惊】万贯家财俱在后面，夏桂！赶快叫家丁跟少爷去救火。【急跑下】【只剩牡丹一人】

牡　丹：【唱】【惊喜】见后边起火光，
想必妹妹来帮忙，
狠心贼子空妄想，
这回叫你一命亡。

【白】丈夫这时为何不见到来？【正急】

群众、苏才：【持斧镰上】

【唱】大家齐动手，叫这狗子见阎王。

苏　才：娘子受惊了，采匣在这，请你使用！

牡　丹：【匣取羽毛扇】呀呸，乡亲们跟我走！

【急急下场】

【小牡丹过场，要有放火战斗表情】

【内喊救火，乐队奏风火声】

魏永发:【持短刀狼狈不堪大声喊】家丁们，这些混账东西，怎么不上前救火，谁再不上前，我要他的狗命！【来回喊】救火呀！救火呀！

夏　桂:【抱头害怕样】少爷、少爷！大事不好，无数百姓杀进府来，你快想办法吧！

魏永发：你赶快领着家丁去抵挡。

夏　桂：少爷呀，家丁都跑啦，我也抵挡不住呀！

魏永发:【大怒】要你这狗东西还有什么用！【一刀将夏桂刺死】【回头刚想逃走，正碰着牡丹执扇上，群众、苏才也持斧镰上来】

牡　丹：呀呸！

【一提毛扇，魏永发惊坐地上，刀扔一旁，瞪眼直视牡丹，一言不发】

牡　丹:【唱】魏永发你贼心肠，

抢男霸女似虎狼。

大家合唱：你吃人肉，喝人血，

今天要算账。

欠血债，要你狗头来抵偿。

你仗着有财有势欺压百姓，

穷人的力量，

今天也叫你尝一尝！

群众甲：不必累赘，赶紧让他结果！

【用斧砍魏永发头，魏永发立死】

牡丹、苏才:【并肩站立】多谢大家帮忙。

群　众：咱们赶快回家，怕你母亲着急。

群众合唱：三人合力土变金，

天下穷人心连心，

贼官恶霸对头虎，

不消火他们我们难生存，

从今以后我们携起手，

打倒恶虎再不叫他们来害人。

【落幕 * 剧终】

第二节 叙事民歌《娜布其公主》

《娜布其公主》是流传在敖汉境内一带的长篇叙事蒙古族民歌，本书收录的是根据敖汉旗民族文化的传播者韩国春翻译的《娜布其公主》整理的。

要说她的出生地，
蒙古首部敖汉旗。
要说她的出嫁的人，
两千里外阿拉善王。
要说她的喝过的水，
前边流淌的老哈河。
要说她的许配的人，
三千里外阿拉善王。

清朝乾隆皇帝自小失去母亲，敖汉札萨克王的福晋给乾隆当奶妈，将其抚养成人。乾隆当皇帝后，为了报答养育之恩，封敖汉王福晋为满金太太（满洲夫人）。满金太太有个女儿，叫娜布其，乾隆封她为固伦公主。在娜布其出嫁这一天，满金太太给在达日苏衙门做事的两个儿子捎信曰：

四海嘉宾下请帖，
速请儿臣回王宫。
公主喜日子今已到，
明日驱车去送亲。
八方贵客下请帖，
敬请孩儿回家门。
妹妹喜日子今已到，
来日纵马去送亲。

两个儿子接到满金太太的信后，把情况告诉了自己的夫人。两个儿媳平时与婆婆不和，便托词有病没有到场，两个儿子只好自己来见太太。满金太太见儿媳妇没有来十分生气，说："长病难道也成对成双？"便派人强行把儿媳妇接进府上。两个儿媳妇见了婆婆说道：

母后身体可安康？
公主玉叶可吉祥？

昨日有病没前来，

还请母亲多宽容。

婆婆身子骨可硬朗？

妹妹心情可舒畅？

昨天有病动作慢，

敬请母亲多体谅。

满金太太听了儿媳妇的话，唱：

王公贵族多若星，

自家嫂子冷如冰。

公主嫁期今已到，

装聋卖傻何自轻。

亲朋好友鼓瑟笙，

自家嫂子阴似风。

公主嫁期今已到，

拖前辞后哪能行？

两个媳妇听了婆母的话，唱：

公主喜事早知闻，

远嫁阿王心也明。

千针万线嫁妆多，

紧赶慢赶差时辰。

妹妹婚事早记清，

远嫁阿王心也明。

穿针引线活计多，

起早赶晚表真情。

满金太太听了这话十分高兴，说，这才是正理儿，快把你们赶制的衣服拿出来给大家看看。结果两个儿媳妇什么也没拿出来，说是逗婆婆玩儿的。满金太太十分恼火，便动手打了两个儿媳妇几个耳光，撵出宫门，责令她们找来一名替自己送亲的老太太。大儿媳妇叫金吉，小儿媳妇叫博贝，她们一路委屈，一路商量如何报仇，唱道：

刁蛮婆母瞎自强，

忍气吞声莫声张。

待到公主出嫁日，

自有好戏解心肠。

骄狂婆母胡搅缠，

从长计议莫着慌。

待到公主出嫁日，

自有妙计看遭殃。

两个儿媳妇说着骂着来到一户穷人家门口，见一老妇人坐在大门口补鞋，便走上前去说，满金太太叫你去一趟。老妇人心里想，我怎么得罪了满金太后？就赶紧收拾东西跟着金吉、博贝来到满金太太的家。满金太太见老妇人老实厚道的样子，十分高兴，托老妇人送娜布其公主去阿拉善，唱道：

不像他人多子分，

掌上明珠系我心。

即将远嫁阿拉善，

送女一程替我身。

没有姊妹多长兄，

心上花朵独一根。

即将远嫁阿拉善，

送女一程替我身。

听了满金太太的话老妇人心里才有了底，便同意了满金太太的请求，满金太太向老妇人交代送亲有关事项，把一双筷子交给老妇人，说如果路上遭人陷害，这双筷子便能解围。之后满金太太把两个儿子叫到屋内向他们一一交代了陪送公主的人员及嫁妆：九个女奴，四个笔帖式，五个马倌、五百匹马。

一天之后，公主送亲队伍来到两个嫂子居住的衙门。两个嫂子异常热情，备酒备菜，非要挽留一宿不可。娜布其公主抵不住嫂子的挽留，答应住下。两个嫂子唱：

妹嫁阿王万水间，

嫂子难舍意绵绵。

安得今后团圆日，

略备薄酒表心田。

妹嫁阿王去天边，

嫂子难离泪涟涟。

安得今后相见日，

粗茶淡饭送飞仙。

娜布其公主听了嫂子的话心中特别温暖，便留下接受嫂子的款待。晚上金吉、博贝妯娌二人把“八步断肠”药放进饭菜里端了上来。吃饭时，陪伴娜布其公主的老妇人就把满金太太送给她的筷子递给公主，并教她把桌子上的饭菜全都点了一遍，结果筷子截为两断，老妇人知道饭菜里有毒，大吼一声“有毒！”娜布其公主知道后唱：

前世无怨今世缘，
嫂子害命为哪般。
可怜公主本无过，
天地良心在当前。
嫂子恩德记心间，
同室何故起风烟。
可怜公主不懂事，
善恶报应在眼前。

这时，金吉、博贝气急败坏，把坐在娜布其公主身边的老妇人拖下地。“所有坏事都是你！”便劈头盖脸痛打一顿。

生来受穷你命苦，
高攀太后应知足。
胆敢与公主同席坐，
挑拨离间是何故？
命里注定蹲墙根，
结识公主是福分。
不自量力一起坐，
惹是生非是何故？

听了金吉、博贝这话，娜布其公主愤然站起来喝道：有什么怨气朝我来，你们为什么欺负一个孤苦伶仃的老人。一边说着，一边把老妇人扶到炕上。

陪伴娜布其公主的女婢中有两个姑娘，一个叫火梅，聪明伶俐；一个叫席梅，美丽善良。两个姑娘见状急忙跑出去找人。娜布其公主的两个哥哥跑过来一看，锅碗瓢盆，杯盘狼藉。娜布其把事情的原委从头到尾告诉了两个哥哥，两个哥哥却一点也不相信。娜布其气急之下把拴在院里的两只狼狗牵来。两只狼狗吃了撒在一地的饭菜，结果没等跑出去就倒地气绝。看到这个情景娜布其的两个哥哥脸色开始难看起来，便动手要杀要砍金吉、博贝，这时，衙门里的众人七手八脚把他们拉开了。

经过一天的家庭暴乱后，娜布其和老妇人都睡着了。这时，金吉、博贝二人悄悄进入公主的房间，试探着踢了火梅姑娘一脚，便溜了出去。聪明的火梅姑娘心想这里必有隐情，随后跟着她们走出房间，只听金吉、博贝二人唱：

天生丽质小火梅，

娜布其公主没法比。

如果陪嫁一同去，

谁人见了不动心。

天资聪明小火梅，

娜布其公主没法比。

如果陪嫁一同去，

哪个王爷不动心。

火梅听到了这些话心中为之一震。

第二天送亲队伍日夜兼程继续西行，经过几个月的颠簸终于来到了阿拉善旗。娜布其与王爷拜了天地入洞房。3天后，送亲的人马返回了故乡敖汉旗。人们把送亲路上的一切都告诉了满金太太。满金太太听了众人的话，心中又气又恨，说：我早晚收拾这两个小妖精。满金太太又向儿子问了公主有关探亲事宜，儿子说，根据约定，家里三个月写一封信，一年探三次亲。这时，来自各个旗的王爷都拿出银两作探亲礼物，满金太太共收得黄金五百两、白银五百两。满金太太把这些银两交给了两个儿子保管，要他们定期给公主。

两个儿子回家后就把银两交给了自己的媳妇。金吉、博贝见到丈夫给的这么多银两乐得合不上嘴，唱道：

路途遥遥车马颠，

娜布其公主可平安？

牛羊驼马想必多，

阿王仪表赛哪般？

风吹雨打雪地寒，

娜布其公主可平安？

金银财宝想必多，

阿王性情可柔软？

娜布其公主的两个哥哥说了一通阿拉善的情况。

金吉、博贝的父亲都在达拉苏衙门做官。金吉的父亲为混都杜萨拉克奇，博贝的父亲为呼其呼·贝子。这两个老头一个是贪财不要命，一个是图利命都不要的守财人。

有一天，金吉、博贝二人拿着丈夫交给的五百两金银去看望杜萨拉克奇和贝子。“这是我们俩的心意。”说着，把金银的来历和用途神秘兮兮地说了一遍，两个贪财老头心领神会地接受了金银便说道：一切由我们撑着，便把金银藏了起来。

娜布其公主嫁到阿拉善已经过了四个年头，可是四年来没有收到娘家的一封书信，更没有收到一两金银，心中十分郁闷，无奈之下，有一天与阿拉善王请假，想到城里放松放松心情，阿王很痛快地答应了她，便嘱咐“除火梅外，把所有的丫鬟都领着去吧，火梅留下侍候我。”娜布其很高兴，领着丫鬟就进了城。

娜布其走后，阿拉善王把火梅姑娘领到内宫，问起娜布其在家时是个什么样的人。火梅姑娘回答道：“我知道是知道，奴才只是不敢讲。”阿拉善王说道：“你虽为婢女，可是论相貌、论心计你都强于娜布其公主，如果你对我说真话，我封你为我的侧福晋。”

火梅一听，高兴得心都跳出来了，于是火梅道：

敖汉王族本自清，
公主不轨语纷纷。
丢人现眼母无奈，
远嫁大王隐真情。
王府白玉本无瑕，
娜布其不是省油灯。
满城风雨遮不住，
远嫁阿王隐真情。

阿拉善王听了火梅的话，怒道：“难怪都生下两个孩子了，家里还没人来看望，原来如此，吾必严惩。”娜布其回到王宫见王爷脸色有愠怒，说：“大王，是否身体欠安？”阿王回道：“吾身欠安与否，和你有什么关系，今天你说说你过去的所作所为，不然的话我剥你的皮！”傍晚阿拉善王下了一道旨意：把娜布其公主及其奴婢、两个孩子统统关进黑屋，娜布其被打入黑屋后，唱：

兄妹三人父母生，
远嫁阿王独我身。
身陷牢狱受苦难，
命运不济恨不争。
手足兄妹父母心，
远嫁阿王独我身。
受尽凌辱受苦难，
命运何苦问我心。

娜布其公主气恨交加，得了重病，病痛难耐，便叫其陪嫁女席梅：“我死了倒无所谓，可又连累了你和两个幼小的孩子，你说怎么办？”席梅说：“姑姑莫急，我去见见姑夫就来。”说完大声敲起门来，见其没人开门，席梅破窗而出，直奔阿王的寝室。此时在阿王寝室里，阿王正和火梅对桌饮茶，火梅见席梅厉声问：“你来干什么？”席梅直言：“我来请姑夫，姑姑已生了病，我来不行吗？”阿王听后慌忙从炕上跳到地下，火梅见王爷状，满眼泪水。唱：

忽闻姑姑有病情，
大王腿脚步态轻。
火梅卑微小命苦，
我自消失化东风。
乍听姑姑有病情，
大王失色心儿惊。
如果嫌弃火梅丑，
我自让步跨云青。

阿王见火梅泪眼伤心状，心中便起怜悯之心，哄火梅说：“心肝宝贝莫哭，我不去看娜布其公主，我不能没有你，我不离开你！”席梅看到这些情况，大骂火梅：

初始陪嫁九人行，
谁知内贼刮妖风。
阳春白雪公主怨，
恶有恶报天不容。
当年陪嫁九人从，
妖魔鬼怪藏其中。
不白之冤公主恨，
恶鬼敲门必有终。

火梅被骂得狗血喷头，扯着席梅的头发一顿痛打，阿王也帮火梅把席梅推出大门，席梅仍骂道：

物华之首当金铜，
公主之弟乃乾隆。
天若有知断此事，
定叫你断骨罪千重。
山岳之首当昆仑，
公主之母乃皇娘。
皇上圣明知此事，
五马分尸点天灯。

听席梅如此大骂，阿王心中一阵惊慌，想到日后若要出事便是大罪，急忙到公主的黑屋看望娜布其，公主见了阿王曰：

自从我俩拜天地，
白头到老求终身。
大胆小人弄是非，
你怎鬼迷心窍不知情。
自从我俩敬佛神，
情投意合日月恩。
妄为小人坐怀乱，
你有眼无珠不知情。

阿王对娜布其公主说："生老病死，上天注定，你自己做的事你自己知道。有话就说，若没有事，我还有公事。"娜布其问阿王：

天有不测云和风，
世人哪有命永恒。
娜布其就此长归去，
你亲生的儿女可有情？
生老病死天做东，
福禄安康人促成。
娜布其就此长归去，
亲生骨肉可关情。

娜布其一边抚摸孩子的头，接着唱：

魂归长天吾将行，
孤儿寡女牵我心。
跟你父王回家后，
莫想母亲涕涟涟。
既往日月举步艰，
唯命是从莫多言。
为了活命多忍耐，
莫计火梅有前嫌。
从今走路多沛颠，
长大成人屈求全。
紧睁眼来慢张嘴，
莫计火梅有前嫌。

阿王言："少说废话，儿女我领走了！"这时娜布其接着对着两个孩子说：

黄金家族生有根，
阿王天性少人伦。
待到见上太后面，
何去何从定乾坤。
王室家族出有因，
阿王天性少温存。
只等见上太后面，
可怜儿女有靠身。

火梅见阿王把孩子领来，顿起怒色：

要把儿子领进门，
另择贤妻找她人。
谅我奴婢少担待，
远走他乡回家门。
要把女儿领进门，
另选良女贴身边。
恕我奴婢实无奈，
远走他乡回家门。

阿拉善王听到火梅的反对话后，只好说："我把该子送回去便是了，请夫人不要生气。"于是，把两个不懂事的孩子又撵到娜布其公主的牢房。两个小孩年幼无知进牢房后就趴在病重母亲身上找奶吃。跟随娜布其公主九人中有一名叫吉日嘎拉图的马倌，他听说娜布其公主被打入大牢中，便前来看望。其时，娜布其公主已病入膏肓，不省人事。吉日嘎拉图见公主状，悲痛地说：

公主高贵把眼睁，
卑职无奈泪无声。
关进牢房我才知，
吾将东归报真情。
公主本是豪门生，
屈尊受辱理何公。
姑姑坐牢我才知，
睁开双眼说说真情。
娜布其本出公王庭，
莫须罪名天不容。

奴才才知姑姑事，
九死一生弄真情。
吉日嘎拉图心如焚，
快马加鞭策东风。
我将东归禀太后，
留得公主万世清。

这时，娜布其公主醒来，把阿王和火梅诬陷自己的经过详细告诉了吉日嘎拉图，吉日嘎拉图表示一定要把事情的真相告诉给满金太后。娜布其公主当即撕下衣服上的一块布条，咬破手指，写了一封血书，曰：

血泪修书听我言，
历尽凌辱气奄奄。
速把实情报母后，
灵兮缥缈哭长天。
风作消息雨当眠，
受尽冤屈泪涟涟。
速把细底报母后，
魂系清白道人间。

娜布其公主写完血书，千叮咛万嘱咐，要吉日嘎拉图绝对不能把信落入海拉苏图衙门的两个嫂子手里，所有不幸事情的发生根源都在她俩，要千方百计亲自交给德日苏图衙门的母后。吉日嘎拉图找到其他三位笔帖式嘱咐道："阿王如果问我的去向，就告诉找马去了，不可多言。半个月后我火速赶来。"说完骑上高大的铁青马向故乡敖汉旗的德日苏图衙门方向奔去。

这一天，娜布其的两位嫂子金吉、博贝妯娌俩在门前的大树底下乘凉，见一骑快马人一溜烟急驰而来，欲从门前经过。妯娌二人便直奔骑马的吉日嘎拉图而去，问个究竟。见了吉日嘎拉图，金吉冷嘲热讽说："阿拉善王府待了几年都不认人了，怎么不到府上歇一歇就走呢？"说完拉拉扯扯把吉日嘎拉图领到府内。

进了海拉苏图府后，金吉、博贝二人又沏茶又备酒，热情无比。吉日嘎拉图深知有要事在身，借卸马鞍为由走出衙门府外，解下铁青马飞似的向德日苏图衙门跑去。

金吉、博贝只顾准备饭菜，没想到吉日嘎拉图不辞而别。出去一看，见吉日嘎拉图人去马走，便紧张起来，把一种不吉之兆告诉了衙门里杜萨拉克奇父亲和贝子父亲。两个父亲听后说："莫急，不要紧！"说完解开两只狼狗的铁链子，让狼狗追吉日嘎拉图而去。吉日嘎拉图见衙门的狼狗尾随逼近，唱：

公主性命连我心，
老天有眼请开恩。
快马加鞭传急讯，
恶狗拦路奈我身？
娜布其性命危在今，
上天有灵去灾星。
马不停蹄送急信，
豺狼挡车奈我身？

吉日嘎拉图刚说完，衙门里两只恶狗已追到跟前，一只狗咬住了马尾，另一只狗紧随左右。铁青马遭恶狗袭击，两耳竖立，目光炯炯，一声长啸，猛踢后腿，一狗立刻命绝。另一狗见状远远逃去。站在墙头远远观战的杜萨拉克奇和贝子见其狼狗一死一逃，气从心来："吉日嘎拉图太无礼了，竟然打死我传世良狗，既然这样我们一命抵一命，看剑！"便骑上快马急驰而来，追上吉日嘎拉图，气急败坏的贝子左一剑右一剑一阵猛刺，吉日嘎拉图左闪右闪，机敏躲过，趁空当用鞭子猛抽贝子坐骑，那马一惊，贝子腾空摔下马，经过一阵惊险，吉日嘎拉图甩掉了杜萨拉克奇和贝子，已来到了德日苏图衙门，顺利地把娜布其公主的血书交给了满金太后。满金太后看到了公主的血书，又气又悔又恨，她立即给乾隆写信要求皇帝派遣几万兵马，由她亲自挂帅讨伐阿拉善王。接着满金太后传信告诉两个儿子，传令大军不得在海拉苏图衙门宿营，以防两个儿媳投毒。之后，留下两万兵马将海拉苏图衙门团团包围。

这一天，已成为阿拉善王福晋的火梅，正在王宫楼台上往外打量，只见得东南方向一股冲天的尘埃升起。"王爷，不好了，可能是德日苏图衙门找人来了。"听了火梅一声，阿拉善王吓得已不知所措，慌忙吩咐火梅，如果娜布其公主没有死的话速速抬进王宫，梳妆打扮，与老太后见上一面就是了。火梅立即跑到牢屋看望娜布其公主曰：

启禀公主喜盈门，
太后人马降龙神。
梳妆打扮跟我行，
久别重逢道亲情。
报告姑姑福临门，
圣母旌旗蔽日空。
乔装打扮随我来，
久别重逢说真情。

听火梅讲满金太后已到，娜布其公主从昏迷中苏醒强忍病痛和愤恨，哀求火梅：

太后亲驾本相迎，
欲将起立力不从。
有劳火梅出王殿，
东城门外接东风。
额娘挂帅本出宫，
生死茫然命朦胧。
有劳火梅出宫外，
东城门外沐东风。

满金太后的人马已来到阿王府门前，火梅见太后果真亲驾，一看大势不好，便进入楼里躲了起来。满金太后手持龙头拐杖从大门进来，席梅第一眼看见太后道："奶奶来了！"扶着娜布其公主在门口迎候。

娜布其公主见到母亲百感交集，叫了一声："阿妈！"便昏死过去。太后紧紧搂住女儿脖子连连叫着女儿的名字，放声大哭：

冥冥世界天有应，
救我公主地显灵。
自古冤屈多磨难，
魑魅魍魉总现形。
茫茫宇宙照福星，
赐我公主保安宁。
向来是非多歧路，
鬼怪妖魔终毕凶。

听母亲恸哭，娜布其渐渐苏醒，握着母亲的手泣诉：

花草兴衰五秋冬，
音信杳无万世空。
纵有女儿怠慢处，
阿母无情理不公。
燕雀穿梭思旧宫，
故人冷漠冰海中。
即使妹妹不是处，
哥哥绝情为哪宗？

母亲听了女儿的抱怨，顿生蹊跷："母亲年老体迈，曾定下过一个月三封信，一年省三次亲的规矩，交代于你两个哥哥呀！""一封信未曾收到！"娜布其曰：

阿王骄横已变心，
续娶火梅便成亲。
身陷大牢受苦难，
婢女火梅是祸根。
阿王淫奢已无情，
鬼迷心窍绝人伦。
他为火梅侧福晋，
奴婢火梅是原因。
吉日嘎拉图意忠诚，
舍生忘死传真情。
娘心若有女儿在，
吉日嘎拉图记功名。
小女席梅最纯真，
尽善尽美待我身。
娘心若有女儿在，
小女席梅树德功。
娜布其公主求母言：
幼小儿女有一双，
人间悲苦多凄凉。
托拜阿母扶摇去，
随车逐马回故乡。
无知儿女有一双，
风霜雨雪路凄惶。
托拜阿母扶摇去，
魂兮归来向东方。

说完，娜布其公主已不省人事。老太后一声声地叫着公主的名字，可是公主再也没有醒来。此时满金太太也昏死过去。过了很长时间，太后醒来，便立即审问阿王，阿王忏悔道：

当初火梅进我言，
风流公主莫等闲。
不识庐山真面目，
颠倒黑白错万千。

那时火梅耳语绵，
水性公主非圣贤。
怪把珍珠当粪土，
混淆是非罪滔天。

满金太后又审火梅，火梅唱道：

骄奢王爷本性偏，
久有负心梦难全。
公主坐牢他旨意，
太后高德断夕烟。
淫奢王爷行不端，
寻花问柳月难圆。
公主受刑他旨意，
太后高风鉴人间。

听完阿王和火梅的交代，满金太太下令：速将阿拉善王和火梅的心肝掏出来给娜布其公主做祭祀品。并根据娜布其公主的遗嘱封马倌吉日嘎拉图为阿拉善王，封席梅为阿拉善王的正福晋。之后，满金太太将娜布其公主的两个孤儿扶上战马，直奔两千里以外的德日苏图衙门，在海拉苏图衙门抓住昏官杜萨拉克奇和贝子以“贪财鬼”之罪灌铅处死。同时，将凶狠毒辣的两个儿媳身缠棉花涂上黄油，点了“天灯”，把海拉苏图衙门纵火烧毁。

满金太太自作主张惩治一切罪魁祸首之后，就到皇城向乾隆皇帝谢罪。乾隆皇帝听了满金太太的禀报，十分同情娜布其公主的不幸遭遇，完全同意满金太太的惩治措施。之后，乾隆皇帝亲自到娜布其公主陵墓前题词立碑并竖起一座高高的白塔，乾隆题词曰：

虽然不是一母生，
一奶同胞手足情。
长哭阿姐随天去，
竖立宝塔祭英灵。
纵然不是一根藤，
藤上瓜儿悉相同。
长歌一曲随鹤去，
金碑永垂话亲情。

第二章　敖汉文化史料

在编纂《敖汉旗文化志》的过程中，按照修志体例要求，有许多历史资料很难详细入志。为保存和传承文化史料，我们以附录的形式，收录一部分有价值的资料记录。这部分内容分为三大块，一是史料类，二是文艺类，三是逸闻类，分类未必准确，仅供有兴趣的人阅读。

第一节　史料类

一、"张宽班"与敖汉剧团

（一）小哥仨卖唱求生

民国年间，辽宁朝阳召都巴乡的一户张姓人家，逃荒来到敖汉旗贝子府西荒村落脚，后又迁至巨林营子居住。光绪二十八年（1902 年）五月十八，张宽出生在巨林营子村。家门得子本是喜事，穷困的张家人却喜忧参半。喜的是有后人传宗接代，忧的是家里穷得揭不开锅，又添了一张嘴。父亲不分昼夜地给地主扛活作月，仍不能维持全家老少的温饱。张宽的大妹妹和二弟出生后，靠父亲一人养活 5 口之家，日子越来越困难，常常断顿挨饿。

民国 2 年（1913 年），张宽入私塾念书。为了求生，父亲领着家人四处给地主榜青，先后搬到克力代、后坟老窑居住。张宽念了 4 年私塾便离开校门，和父亲一同干活养家糊口。民国 6 年（1917 年）开始，15 岁的张宽开始了给大户人家榜青作月的生活。这期间家中又有了两个妹妹，7 口人靠父子俩榜青扛活勉强度日。

民国 12 年（1923 年），父亲把张宽送到太吉和窑，拜一姓孙的木匠为师学手艺。两年出徒后，便以耍木匠手艺为业。两年后的八月二十日，三弟张平山出生。张宽对小兄弟倍加疼爱，在外面干活回家，常常跑到店铺给他买点好吃的。

张宽自幼喜好哼唱秧歌小调，干木匠活时嘴从来不闲着。当时，敖汉地区二人转、莲花落等民间艺术比较流行，经常有流动艺人来贝子府、克力代一带演出。他常常与一些外来民间艺人接触。黑山县艺人“大金条”（艺名）领女儿王义兰在贝子府一带演唱二人转，他经常与其往来，受其影响渐渐地迷上了二人转艺术，于是，拜“大金条”为师，在要手艺维持全家人生计的同时，潜心向师傅学艺。几年后，对二人转、落子戏艺术的曲牌、演技悉数掌握。

民国19年（1930年）左右，张宽的父亲因积劳成疾去世。眼看着全家人即将饿死，张宽只好放弃手艺，领起两个弟弟去乞讨。天无绝人之路，二弟张平川、三弟张平山颇具艺术天赋，从小随兄学艺，在乞讨时派上了用场。尤其是三弟张平山，刚满9多岁就能登台演出。贝子府某地一财主办灯会，张平山一下场演出，观众无不叫好，人们称赞说：“张宽小兄弟，唱曲儿比洋戏匣子都好听。”一位外号“周扒皮”的大地主过来点个曲，张平山把他唱乐了，竟然挣了“周扒皮”两块大洋，令围观的人感到吃惊。二弟张平川能拉能唱，人送外号“小金钟”。兄弟三人唱曲儿要饭，四处流浪。

民国23年（1934年），张宽兄弟不再以“要饭花子”的身份去乞讨，开始靠卖艺维持生活。一些大户人家每逢喜事，常常来找他们去唱二人转，渐渐地，哥三个在敖汉南部地区小有名气。

（二）落子班的成立

民国24年（1935年），张宽看到三兄弟的表演深受当地人们喜爱，便联合附近张万财（艺名“万人迷”）、王喜发（又叫“王起发”）、陈球子、常三、常五、“一千二”（艺名）、贾福祥等零散流动艺人，组成一个落子戏班，增添部分表演服装、乐器。落子班农忙季节干活，农闲时自发组织到一起，在敖汉南部地区活动。从此，敖汉地区开始有了一支土生土长的以表演二人转和拉场戏为主的民间戏班，敖汉人称之为“张宽班”。

过了两三年，二弟张平川在给一家大地主扒死骡子时，不小心把手割破，得了破伤风。因家里无钱医治，不幸身亡。张宽万分悲痛，不久举家搬到哈力海吐居住。

小戏班的演出给人们带来了无尽的欢乐。附近十里八村的男女老少，每逢唱戏时都纷纷前来。唱“包头”（女角）的王喜发长得英俊，化好装上台一开嗓，简直是一个活脱脱的“大姑娘”。由于他扮相俊俏，嗓音动听，演技绝佳，所到之处演出，无不吸引台下观众。敖汉南部曾经留下一句“看着王喜发，一辈子不想家”的俗语，并流传着几则关于王喜发的逸事。

一年秋季，“张宽班”到贝子府某地演出。时近中午，李家的媳妇王氏被丈夫催促回家做饭，招待东村来听戏的七八个亲戚。王氏大不情愿地回到家生火，把黄米面盆端到锅台上烙黏饼子。她家的大门口正对着不远处的戏台，远远地能看见台上王喜发的演唱。王氏计上心来，敞开屋门，来个烙黏饼子和听戏两不误。她全神贯注地盯着戏台，不知不觉地把一个个黏饼子贴到了门上，等缓过神来才发觉。

无独有偶。张家的媳妇收拾完碗筷，听见戏台上响起了锣鼓声。她急忙抱起不满周岁的孩子，抄近路顺菜园子往戏台下跑。“啪叽”一下，娘两个被倭瓜秧绊倒在地。她眼睛只顾盯着戏台，抱起一个倭瓜就往前跑。没跑几步听见孩子哭声，这才缓过神来扔掉倭瓜，反身回来抱孩子。传说的真实性无从可考，王喜发的迷人演技和观众对戏曲的痴迷程度可窥一斑。

（三）难吃的“张口饭”

旧社会称唱戏为“下九流”，艺人们四处游荡，靠吃“张口饭”活着。张宽身为“班主”，领戏班“闯荡江湖”，饱尝了从艺过程中的甜酸苦辣。

民国30年（1941年），落子班从张家营子招收一名16岁的女学员，名叫康金喜。冬季在贝子府演出时，当地警察署有一个姓何的署长，人称“何警卜”，辽宁省建平县朱碌科人，手下有许、于两名警察。3人来到戏班，要求康金喜晚上去陪他们“抽大烟”，喝令不去不行。无奈，戏班的几个人只好陪着她去，一直折腾到大半夜。第二天，何警卜又来找康金喜，让她晚上一个人去。张宽没答应。这下子惹怒了几位警察，第二天晚上来到戏班住处，在窗外听动静。恰巧房东李福臣老两口抽大烟，被警察们发觉，便破门而入，直奔戏班住的西屋，质问为何抽大烟？张宽连忙说：“我们都是些穷唱戏的，哪里来的大烟啊。”“怎么有大烟味？”警察问。戏班中的一个人怕受连累，供出是房东那屋传过来的味道。警察到东屋从柜子里翻出大烟和大烟灯，诬赖康金喜也抽了。戏班人都说，这个坤角身怀有孕，不会用大烟。哪承想警察破口大骂：“不打你们是不承认呀。”何警卜不由分说，吩咐于、许二人手持木棍便打，把康打得满地翻滚。艺人们百般求饶，好话说了九千六，怎么讲情解释都无济于事。张宽上前去拉，被姓于的警察当头一棒，满脸是血。艺人们谁也不敢再劝阻，就这样连打带骂一个来点。临走时骂道：“明天出街滚蛋，不走还打你们。”警察署的人走后，康金喜浑身伤痛难忍，戏班的几个人陪着她抱头痛哭，一夜未睡。

第二天，一名警察来找张宽，让他去给何警卜“赔不是”，不然戏班想走都难。张宽心里委屈难过，为了免去麻烦，只好去警察署，说了一大堆好话，这才给戏班放行。他急忙返回住处，和班里人匆匆收拾起行头，不敢走大街，绕道河套沿儿离开。

康金喜说啥也不唱戏了，闹吵着要回家。张宽觉得心中愧疚，把人家一名女角领出来唱戏，又让她受了这么大的委屈，只好硬着头皮把康金喜送了回去。康金喜到家后便小产，病了两个多月。这件事让张宽心中埋下了仇恨的种子。1958年“肃反”运动时，他曾经写了一份“要求严惩何警卜等人”的材料，详细地介绍了这件事情的经过。

（四）“侯达子”夫妇入“张宽班”

民国29年（1940年）5月，张宽结识了在奈曼旗西地和王子新、杨清泉共同成立戏班的侯凤山、孙凤仙夫妇。两人自幼坐科，曾在多地驻班，会唱京剧、梆子戏、评剧。此时正值张宽扩大戏班规模、招贤纳士时期。他连夜登门造访，一番诚意让侯、孙夫妇感动，入驻其戏班。当时张、侯商议，戏班为“共合班”，由二人共同管理，名称为“张宽、侯凤山戏班”。然而，民间仍习惯地称之为“张宽班”。当年下洼戏班的申春合、李福宽、郭明、郭亮等艺人，随侯氏夫妇一起进入“张宽班”。从此，“张宽班”的命运发生了重大转折。

先来看看新入戏班的几个伙计。侯凤山，民国 4 年（1915 年）4 月出生在河北省吴桥县一贫苦农民家庭。民国 10 年（1921 年）3 月，6 岁的侯凤山被父亲以 12 块银元卖给吉林省张家湾王金山戏班，开始坐科学戏，六年期满出科。

民国 16 年（1927 年）初，侯凤山回到老家吴桥县，见父母均已故去，家中无亲人可依，便开始以唱戏为业谋生。3 月，到河北省滦平县红旗小爷汤玉德戏班当演员；民国 22 年（1933 年）2 月，驻隆化县鹰首营子东沟尹秀山班唱戏，这期间与河北省雄县艺人孙凤仙相识，后结为夫妇。二人婚后辗转各地驻班唱戏，围场县王家店王臣班、平泉县袁广庆班、建平县张久香班都留下他们夫妇的舞台表演；民国 28 年（1939 年）2 月在敖汉旗与奈曼旗交界的西地村落脚，与王子新、杨清泉合伙成立戏班。

孙凤仙，又名“孙凤婷”，艺名“小达子”。嫁给侯凤山后，随夫姓改名“侯凤仙”，真可谓“夫唱妇随”。侯凤山被人们称为“侯达子”以后，又演变成“妇唱夫随”。实际上，敖汉地区的老百姓只是喜爱侯凤山饰演的老生、孙凤仙饰演的胡子生，并没有人去刻意关注“侯达子”艺名的所属。

孙凤仙出生于民国元年（1912 年）9 月 13 日，河北省雄县高庄人，出身贫农。13 岁那年母亲去世，抛下 19 岁的哥哥、9 岁的妹妹、6 岁的弟弟。父亲无力抚养，领起 4 个孩子下关东。14 岁那年，父亲把她送进关东北山城子张连起、葛明轩戏班，跟师傅朱富有学唱戏，坐科 5 年。民国 19 年（1930 年）出科后，在辉南驻孙景春戏班，后来又到关东阳线镇冯占国戏班、忻城县“瞎嘎达”共合班、邱县石木桥魏玉珍（一说“魏福臣”）戏班、滦平县红旗小爷汤玉德戏班等地登台唱戏。民国 23 年（1934 年），在驻隆化县鹰首营子东沟尹秀山班时与侯凤山结婚，自此，夫妻二人夫唱妇随，一直没分开。

郭明、郭亮，孪生兄弟，民国 6 年（1917 年）9 月 21 日出生，宁城县（后归喀喇沁旗）西桥二道营子人。哥俩 13 岁那年，被父亲送到凌源县赵荣戏班，拜师傅李才学艺；3 年出科，驻宁城县铁匠营子张子玉戏班，后来辗转于朝阳祁荣戏班、建平县禹来福戏班、平泉县张久香班、平泉县蔡春昌戏班，直到民国 29 年（1940 年），在奈曼旗西地村落户，进入西地王子新戏班。兄弟二人以武戏表演见长，配合默契，舞台功夫较深。

李福宽，民国元年（1912 年）出生，辽宁省朝阳县他拉皋人。9 岁在敖汉旗下洼李凤芝戏班小科班学戏，拜付连贺为师，因小科班名为“福”字班，故学员都以“福”字为名，同班的学员还有福增、福魁等；14 岁那年出徒，在池津水戏班（地址不详）唱戏。15 岁以后的 13 年里，先后驻建平县禹来福戏班、阜新戏班、锦州戏班、下洼戏班、平泉县张久香班、四家子韩虎臣戏班等。

一时间，“张宽班”规模扩大，演员实力增强，演出剧种由二人转、落子戏转为京、评、梆“三大块”，剧目增多，名气大振。此后，只会唱“小戏”的张宽很少登台，把全部精力放在戏班的管理和写台口等事务方面。数年之中，“张宽班”辗转敖汉南北及邻近旗县演出，谈及张宽和他的戏班，地方上妇孺皆知。

1945 年，国内形势瞬息万变。“张宽班”中的主要演员郭明、郭亮去东北当劳工修铁路，其他艺人由于种种原因，携家带眷四处寻找谋生之地，“张宽班”基本上停止演出。这期间，张宽举家迁到牛古吐村，和“小兄弟”张平山以种田为业。1947 年，张宽曾在牛古吐村担任村文教委员，组织操办春节扭秧歌、灯会活动。

（五）“张宽班”走上革命路

1947 年，敖汉地区解放，张宽搬到牛古吐德力板胡同居住，分到了土地。看到翻身后的老百姓过上了好日子，人民当家做主，再也不受剥削压迫，他打心里往外高兴。他又想到了自己的戏班，但是不了解新建立的人民政权有关文艺政策，便决定去问问。初冬时节，张宽徒步近百里，来到敖汉旗人民政府所在地新惠镇，找到敖汉旗委书记李树忱，表示要搞好文艺事业，请求旗政府支持恢复“张宽班”。

十多年来，“张宽班”在敖汉民间影响很大，李树忱书记早有耳闻，听完汇报后当即批准。张宽回来后决定重组戏班，去下洼找到了老伙计侯凤山夫妇。两个人来到奈曼，恰巧，郭明、郭亮兄弟从东北劳工工地刚刚偷逃回来，还带回苏联红军给的布匹、衣服。仅仅几天，戏班的主要伙计悉数被召回，中断了近两年的“张宽班”又重出江湖。不久，解放军某部在奈曼旗境内歼匪“小白龙”队，特请“张宽班”去唱戏庆功。

解放军十七旅部进驻敖汉后，张宽带戏班去敖吉慰问演出，受到部队的表扬和奖励。戏班跟随部队转移随时唱戏慰问，几个月时间演出多场。1948 年，部队程处长、韩股长介绍张宽入伍，利用他的木匠手艺，在军事股为部队做手枪盒子。同时，协助部队开展文艺活动，根据需要随时组织戏班唱戏。一年后，部队南下，临行前首长和他进行了一番长谈，决定让他离开部队留下，鼓励他投身敖汉解放区建设和地方戏曲事业，部队首长的一番话使张宽受到很大鼓舞。

在旗政府的大力支持下，“张宽班”的性质有了变化，由一支民间落子戏班成为活跃在敖汉旗群众文化生活的半职业剧团，走上了革命文艺事业的道路。当年打把式卖艺时受歧视的历史一去不复返，艺人成为演员，个个振奋精神，每一次演出都能赢得当地群众的赞誉。

新中国成立前后，“张宽班”来到有“二朝阳”之称的古鲁板蒿杨杖子唱戏，几个会首都是行内老戏迷，点戏时十分苛刻，张宽一见所点的几出戏十分难唱，便求会首“手下留情”，结果没有答应。晚饭时，他再三叮嘱班里演员：“杨杖子是圣人府，懂戏的人多。这五天的戏咋唱，伙计们可得掂量着点。”大家心里默默地憋足了劲，几出大戏演得非常成功，一炮打响。事后会首赵永清评价说：“能在杨杖子打出把式，张宽班在敖汉北半部就可以脚面子水——平蹚啦。”果然，戏班在长胜、双井、岗岗营子一带着实红火了多年。为了戏班的发展壮大，他心无旁骛。俗话说“拴车领戏，有名无利”，戏班倒是出名了，可他房无一间，地无一垄，全家老少十几口随戏班四处奔波。

1948 年，张贵庭、马淑媛、党树田等人加入剧团，“张宽班”演员增至 17 人。张贵庭，玛尼罕双庙人，回族，在剧团虚心向老师傅学习，不久便可上台执掌鼓板，后来以这手绝活赢得观众赞誉，“掌鼓板张回子”人人皆知，远近闻名。他和唱老旦的马淑媛结婚后，同台演出数年。两个人恩恩爱爱，风雨同舟，走过了“张宽班”“敖汉剧团”“下放农村”“重返乌兰牧骑”等工作和生活的不同历程。党树田，新地人。加入剧团后不久，成为“班主”的“高门贵婿”，和张宽爱女、剧团的女主角张桂云结为秦晋之好。二人的人生经历和张贵庭夫妇相似，落实政策后一同回到旗乌兰牧骑。所不同的是 1978 年恢复上演古装戏后不久，马淑媛便退休了。张桂云虽然年逾不惑，却宝刀未老，仍然活跃在戏曲舞台上，并多次下乡，深入古鲁板蒿、双井等公社的农村业余剧团辅导，为敖汉旗戏曲事业作出了很大贡献。

1949 年，旗委为了生产的需要，添置了一辆大马车，用于交通运输。经旗委宣传部部长李龙推荐，张宽在组织剧团的同时，兼给敖汉旗委赶大车，帮助搞生产。旗委大马车往返朝阳、北票、赤峰等地，张宽日夜兼程，不知疲倦，身负“班主”和“掌包的”双重责任。

（六）“张宽班”成为半职业剧团

新中国成立后，旗委、旗政府为推动全旗戏曲事业的发展，决定对“张宽班”进行改组重建。旗委书记李树忱、宣传部长李龙亲自负责，向热河省申请成立敖汉旗半职业演出团体。经热河省批准，“张宽班”归敖汉旗政府直属。由旗委宣传部、旗文联领导，以落子班为单位，成立敖汉旗“戏曲学校”和“戏曲研究委员会”。

1950 年 1 月 27 日，这一天是敖汉旗文化事业暨戏曲史上值得纪念的日子。旗委、旗政府举行“敖汉旗半职业演出团体成立”典礼。旗委、旗政府、旗文教科、旗文联有关领导和“张宽班”的演员欢聚一堂，畅谈敖汉旗戏曲事业发展的远景规划，对提高剧团演出水平、满足群众需求充满信心。

剧团组建之初，自负盈亏，名称也不明确。为了满足群众的文化需求，提高剧团的整体水平，旗文教科选派贾福祥、洪秀春、张平山到热河省文艺团体进行为期一个月的培训，学习表演艺术。4月，剧团定名为“中苏友好剧团”，旗政府任命方正、巴图两名文化干部和张宽为负责人。剧团经过正规化管理后，经常组织演员学习党的文艺方针政策，逐渐改变传统的“江湖作风”。同时，借鉴其他文艺团体先进经验，结合剧团实际情况加以改进，演出质量有所提高，名气渐大。1951年，剧团为“抗美援朝”积极做义务宣传演出，并向国家捐献5石5斗小米。1952年8月，敖汉旗人民政府和翁牛特旗人民政府联合，在乌兰召村召开“爱国主义畜牧业丰产评比赛马大会”，剧团为此演出6天，给大会增光添彩。

当时，张平山是剧团的主演。他具有良好的艺术天赋，舞台经验丰富，饰演老生、反串。每逢有机会，旗文教科都派他去学习。1951年8月，东北局组织的戏曲工作会议和音乐会在沈阳召开，张平山在东北剧院观看了梅兰芳先生演出的京剧《霸王别姬》，受到启发和鼓舞。会议期间，他代表热河省演出二人转《母女顶嘴》获奖。归来后，开始指导排演《花木兰》等古装戏，受到观众好评。1953年，热河省文教厅召开首届人民文艺检阅大会，张平山代表敖汉旗表演了二人转《要手绢》。

1953年，剧团改选。张宽由于年龄偏大、业务水平等原因，自动退出领导职务，负责剧团的后勤事务。这位“张宽班”的创始人，从剧团的长远利益出发，顾全大局，高风亮节，舍不得撒手他花费半生心血培育出来的剧团，继续发挥着力所能及的余热。

整顿后的剧团改称为“敖汉旗民间半职业戏曲剧团”，侯凤山、张平山任正、副团长。定居在旗委所在地新惠镇，常年到乡下为群众演出。剧团认真贯彻执行党的文艺政策，为满足全旗各族群众的文艺需求发挥了积极作用。

（七）“大集体”性质的“敖汉评剧团”

1956年年初，为了扩大半职业剧团的规模，旗委、旗政府决定招收演员，指示旗文教科贾福文和朝阳县文教科联系。朝阳剧团正在为精减人员“卸包袱”为难，4月，借机以“援助敖汉”为名，把付麟童、高桂英、马博印（马宝印）、林宝合（林博合）、宋宝庆（宋博庆）等13名演员调入敖汉半职业剧团。6月，又调来赵云廷、赵艳君夫妇。

1957年1月，遵照内蒙古自治区人民政府《关于民间半职业剧团登记管理暂行条例》的规定，剧团向旗委宣传部、旗文教科提出申请，要求登记为职业剧团。旗有关部门根据群众的需要和半职业剧团的演员、服装、道具、演出质量、经济收入等基本情况，用了两个多月的时间，对其进行整编。有的演员转入其他行业，聘请的外地演员都被留在团内。1957年3月29日，被正式批准为“敖汉评剧团”，归旗文教科领导。

敖汉评剧团共有演员38人，为大集体性质的“民营共和班”，经济上自负盈亏，旗政府每年给予一定数额的补助。旗政府派文化专职干部朱子林任团长，付麟童任副团长，侯凤山任总务股长，赵延君任业务股长，赵云廷任导演。演员有张平山、郭子英、孙凤仙、郭明、郭亮、马淑媛、高桂英、李秀云（后退团）、张桂云、张建华、曹瑞兰、陈永平，学员有侯玉林、宋宝庆、林宝合、张国华、何秀英、郭永金、张连荣、丽影。乐队有鼓师李儒、琴师程德文和杨子圣（后退团）、琴师刘明起、武场贾福祥和张贵庭、文场党树田、武场学员马博印、文场学员王永彬。事务方面分工为日常事务李百瑞、会计苏仁、收票薛桂芹、舞台王子凡、衣箱李福宽、联络张宽、卖票宁广英、工友张国良。

剧团制定了6000多字的《敖汉评剧团组织章程》，纪律严明，有章可循。实行演员评级、学员评等、事务人员按工作评分的工资制。演出剧种有京剧、评剧、梆子戏等。

1957年上半年，在敖汉旗、奈曼旗等地共演出192场，其中农牧区演出98场，剧场演出94场，观众达124430人次，收入12396.64元。同年，昭乌达盟文教卫生检查组对剧团进行了检查，评价为“从半职业变为职业的一个年轻的艺术团体”。11月，17名演员参加“内蒙古自治区首届戏曲观摩会演”，由赵云廷改编、导演的评剧《牡丹花》获得集体演出奖银盾1枚，个人表演奖章5枚。全体演员与乌兰夫合影留念。

1958年，配合“整风运动”，创作、排演新剧目《天上人间》《谁是女婿》，演出后反响很大。1959年，除演出传统剧目外，排演现代戏《苦菜花》《林海雪原》等，还创作表演唱、快板之类的小节目。全年演出310场，观众达185000人次，收入实现25084.00元，除开支外，全年结余6840元。全年创作现代戏7个，历史剧1个，话剧1个，添置戏剧服装价值2000元。

1960年，李桂华到剧团担任指导员。上半年演出151场，观众达294400人次，收入11265.00元。到红山水库会战工地演出45天，巡回慰问14个兵团。这期间，剧团内部出现“三足鼎立”的局面。以张家（张宽）、侯家（侯凤山）、赵家（赵云廷）为代表的三大派，常常互相闹意见，甚至打架，严重影响业务工作。

1961年2月，根据中央对文艺“调整、巩固、充实、提高”的八字方针，旗委宣传部将剧团与敖汉宣传文化工作队合二为一，在合并过程中，剧团中的演员有10人调入各机关、农场、下放农村或支援兄弟旗县剧团。其中，宋宝庆、张平山下放后的坎坷经历，就是先后三批被精减下放的多名演员坎坷命运的真实写照。

（八）宋宝庆上演了一场现实版的“苏武牧羊”

1956年4月，朝阳剧团的13名演员来到敖汉剧团，宋宝庆（宋博庆）、林宝合（林博合）和马博印3位是出身于朝阳孤儿院的孤儿。3人自幼被朝阳孤儿院收养，四年级时，朝阳县文教科与民政科协商后达成协议，挑选16名孤儿办科班培养演员，日后到朝阳县剧团当演员。

1953年，16名孤儿来到朝阳县剧团（也称剧院）。任教的师傅有打人的习惯，稍不听话便严加打骂。一名叫王儒业的孤儿不堪忍受，在一个大雨天出走。跑到朝阳街外西大营子一带，正巧遇到一辆马车。赶车人拦住王儒业，问他大雨滂沱跑什么？王说师傅打我，我才跑出来的。问他往哪里去？王回答不上来。于是，好心的赶车人把他抱上车，送到县民政科去了。民政科负责人听说孤儿在朝阳剧院受虐待一事，第二天出动 4 台马车来到剧院，要把 16 名孤儿全部接回去。剧院人员强拉硬拽，留下的 6 名孤儿之中便有上述 3 人。后来在敖汉剧团期间，林宝合投靠其姐夫去了庄河，在花纱厂当了一名工人。马博印回到故乡朝阳，1978 年左右被安排到朝阳火葬场工作，不久当上了场长。

1961 年，宋宝庆被调到敖汉旗人委办的农场工作。不久农场撤销，又下放到阳高庙公社阳高庙大队好木图生产队务农。宋宝庆没有一丝抱怨，希望在生产队当一名好社员，以后安家立业，过一辈子田园生活。他身强体壮，在生产劳动中积极肯干，受到队长和社员的好评。修建红山水库时，曾获劳动模范得到奖励。他根正苗红，一心向党，虽然是生产队里公认的好社员，但是因为举目无亲、生活困难，30 多岁还没说上媳妇。在生产队劳动散工后，回到家只能自己做饭吃。

阳高庙公社以牧业生产为主。距离好木图生产队 10 多公里远，有一个水草丰美的地方，离阳高庙公社牧场五六里地，周围几十里没有人居住，非常适合发展牧业。好木图生产队在那里建了一处牧场，宋宝庆被生产队长分配到牧场去放羊。

“一颗红心永向党，党叫干啥就干啥。”宋宝庆来到牧场，开始了长达 10 多年的牧羊生活。他无依无靠，孤身一人，在牧场里和生产队的 100 多只羊相依为命。一年之中，除了队长派人送口粮和工分款外，只有剪羊毛的几天能见到人影。他手中的牧羊叉子就像当年苏武出使时持的“节”，一握就是 10 多年。

天苍苍，野茫茫。在牧羊的漫长时间里，随着年龄一天天增大，无情的现实打破了他年轻时的梦。他恪尽职守，兢兢业业，一门心思琢磨着把羊放好，从未丢失过一只羊。10 多年的甜酸苦辣他坚强地往肚子里咽，几多希望，几多幻想，偶尔在心头升腾。

1978 年年底，宋宝庆无意间听到一个好消息，中共十一届三中全会后，敖汉旗人民政府已经着手给当年剧团的老艺人落实政策。他又兴奋又无奈，兴奋的是自己也符合条件，落实政策后重返朝阳或敖汉剧团工作，命运发生转折；无奈的是牧场的一群羊撒不开手，不能亲自到旗文化局找领导申请。他日思夜想好几天，想到了自己当年的老领导、旗文化局局长付景辉。

1979 年 1 月 2 日，宋宝庆把羊赶到阳高庙公社牧场附近，跑到场部找熟人要了几页大白纸，拿出他离开敖汉评剧团时买的自来水钢笔，在办公桌的墨水瓶里饱饱地吸了一管。晚上，在如豆的煤油灯下，宋宝庆开始给付景辉局长写信。尽管错别字很多，字里行间却倾诉了心中压抑多年的恩恩怨怨。

信中介绍说，他在剧团工作时，剧团的炊事员后来到戏台上去拉幕布，就把某演员的小舅子李某雇来做饭。宋宝庆兼任剧团伙房管理员，不久便发现李某趁剧团下乡演出，偷偷地把食堂的粮食和物品往其姐夫和自己家里拿。宋宝庆察觉后追问过几次，这一追问惹了祸，得罪了剧团支部委员、李某的姐夫。

宋宝庆最不该得罪的人是剧团的两名主要演员。整风运动开始后，宋宝庆是旗文教局培养的积极分子，他紧跟党的战略部署，响应党的号召，敢于当闯将。在一次开会时，对两名主要演员破坏团结的言论进行了严肃的批评与帮助，没想到又一颗个人恩怨的种子，埋在了同为剧团支部委员的两名主要演员心中。

1961 年，在敖汉评剧团整顿时，3 名剧团支部委员一致同意，把宋宝庆辞退下放农村。他据理力争说，拉幕布的、做饭的师傅都留在剧团，不下放支援农牧业生产，为何让我下放？个人服从组织，剧团作出决定后，旗文教局考虑再三，最后和旗人委商量，把他调到旗人委农场。

信的最后，宋宝庆提出了给自己落实政策的几点理由，请求付景辉局长百忙之中给他回信，并注明“回信寄阳高庙公社、公社牧场、树海、杨根柱收，转交好木图生产队羊场宋宝庆收”。可见他放牧的好木图生产队羊场是多么偏远。

信写好后，宋宝庆念一遍，长长地舒了一口气。这封信就像一根救命的稻草，能否让他重新回到朝阳剧团或敖汉旗乌兰牧骑工作，他心中充满了希望。他想，连那个“先做饭后拉幕布”的下放演员，落实政策都给安排到中学干老本行去做饭了，我身为大集体性质的敖汉剧团演员，总该有个合适的安排。第二天，宋宝庆托公社牧场的熟人帮助，把信投进了阳高庙公社邮电所的邮箱。

付景辉收到来信，马上转给敖汉旗落实政策领导小组办公室，经领导批示转交敖汉旗文化局调查核实。由于查无档案等原因，宋宝庆迟迟未能落实政策。一直到 1984 年 4 月，宋宝庆从朝阳市京剧团开回“宋宝庆同志原系朝阳剧团正式演员”“加入朝阳剧团之前，都属于朝阳孤儿院孤儿。参加剧团工作属于国家分配”的证明之后，他在敖汉评剧团下放农村的问题才得到解决。

和宋宝庆比起来，张平山没有他幸运。1961 年，张平山积极响应党的“精兵简政”和“压缩城市人口”的号召，向组织申请离开剧团，被批准后举家到农村去生活。1963 年，旗文化馆抽调张平山等民间艺人组成代表队，参加昭乌达盟文艺会演。张平山在会演中获优秀导演奖和三项个人表演奖。

1978—1988 年的 10 年间，张平山多次以口头或书面申请形式，要求为他落实政策恢复公职。旗文化局两次向“落实办”报送“关于恢复张平山同志公职的呈报”，因为不属于“三案”，始终未能落实，答复是“旗文化局自行解决”。

在农村的20多年时间里，他一边从事农业生产劳动，一边组织开展农村文化活动，辅导业余剧团，培养艺术人才，为宣传党的方针政策，活跃群众文化生活作出很大贡献。晚年的张平山身体多病，生活困难。

（九）“合二为一”的敖汉剧团

合并后的团体名称为“敖汉剧团”，归文教局领导，地方政府在经济上给予适当补贴。全团演职员45名。魏振生任党支部书记，朱子林任团长，付麟童、于庆任副团长。1963年，旗委任命侯凤山为副团长。演出剧种除京剧、评剧、梆子戏外，兼演歌舞、曲艺。

整顿后的剧团，半年时间深入全旗各地演出418场，收入42000元。当时剧团演员与文化队演员经常闹意见，一些文化队演员不愿演戏剧，剧团演员认为文化队队员吃闲饭，经过一段时间的思想整顿，这种倾向才得以扭转。

1962年上半年，下乡45天，演出120场，观众16800人次，收入2747元。半年内新排大型戏曲6台，其中时装戏1台。

1963年，排演现代戏《夺印》《红岩》等，下乡演出617场，观众497500人次，演出收入能保证剧团的自给自足。由于盲目地接收一批流动演员，演出一些不健康的戏，在群众中造成的影响不太好。同年，赵云廷、赵艳君夫妇以在剧团不搞团结、投机倒把、打私架、演出时“拿把”等理由，被勒令退团。前后持续3个多月，最后离团搬回朝阳。1979年落实政策，夫妇二人从旗乌兰牧骑退休。

1964年，根据上级“戏曲改革”的指示，剧团一年中有四件大事发生。①6月10日，辞退全部流动演员。②11月，在戏曲改革中，停演全部古装戏，封闭所有古装戏服装道具，增置现代戏行头，创作、排演现代戏27个。③12月，9名不能演现代戏的老演员和没有发展前途的青年演员经动员回乡务农，其中有张宽、郭明、郭亮、孙凤仙、马淑媛等老演员。④调整工资，改进财务制度。演员工资每月最高为60.5元，最低为34元。

1965年，剧团有演员23名，开始朝着“乌兰牧骑”方向发展。自制流动舞台，用一头毛驴拉着一台手推小胶车，上面有5根竹竿、一个布篷和一个自制的三用布景，用来下乡演出。剧团全年巡回7个公社34个演出点，演出174场，观众达185000人次，收入6160元。全团演职员24人，保留现代剧目22个。同年，剧团号召演员参加生产劳动，全年劳动日达626天，平均每人30天。

1966年，全体演员去宁城搞“四清”运动。8月回剧团后，敖汉旗开展“破四旧”运动，烧毁价值两万多元的全部古装戏服装。10月，11名演员被精减下放农村。侯凤山到长胜公社榆树林子大队；张贵庭到双庙公社双庙大队；党树田、张桂云夫妇到双井公社帮差地大队；郭子英到长胜公社清河大队；马兴国到四家子公社老虎山大队。同时下放的还有薛桂芹、彭丽艳、何秀英、曹瑞兰、张振华。

1967年7月中旬，敖汉剧团解散。

二、敖汉足球队和一位国家足球少年运动员

1963年，敖汉旗新惠中学分配了一位北京体育学院的毕业生，叫胡栋梁，是福建籍人。在他担任体育教师的第四周，新惠中学举办了一次田径比赛。胡老师酷爱足球项目，决定在这次田径赛上选拔足球运动员，成立业余足球队。足球运动员的基本素质是短跑速度快，他从60米、100米短跑中挑选出张健、李志文、宫计才、庞玉等几名学生，组成新惠中学足球队，敖汉旗第一支足球队从此诞生。

足球队由庞玉担任队长，有张健等足球队员18名。20岁出头的胡栋梁身穿印有“北京体育学院”的运动衣，课余时间和队员不离足球场，对这些体育特长生精心培养，从踢足球的基本功开始严格训练，逐渐提高队员的足球技巧。队员们进步很快，新惠中学足球队初具雏形。

1964年5月，昭乌达盟举办全盟中小学足球锦标赛，要求各旗县派代表队参赛。旗委、旗政府研究决定，新惠中学足球队加强训练，以“敖汉足球代表队”的名义参加比赛。比赛期间，旗委书记才吉尔呼、旗长鲍森等领导专程去赤峰，看望慰问参赛队员。1965年8月，昭盟中学生篮球、足球锦标赛在赤峰举行，敖汉足球代表队由新惠中学团委书记张凤辉和教练胡栋梁带队参加，比赛期间取得第二名的好成绩，与赤峰队、翁牛特队并称“昭盟三硬队”，从此名扬盟内外。

1973年11月，昭盟第三届全运会在新惠中学体育场举行。为重振敖汉足球之雄风，旗体委挑选以下乡知识青年为主力的运动员，组成足球代表队，参加足球比赛项目。足球队员有天津知青张俊江、郭留声，北京知青李文明、李本昌，沈阳知青高凡、彭彦，原敖汉足球队队员张健等。敖汉足球代表队不负众望，比赛中取得第二名，给敖汉旗体育事业增光添彩。旗体委、旗文教科的领导对足球队取得的优异成绩给予表扬，并与队员合影留念。

足球队队员张健，1948年4月出生，玛尼罕乡苇子沟村人。1963年考入新惠中学，入学后凭借百米短跑第一名的体育成绩，被胡栋梁老师看中选入中学足球队。他踢足球先天素质好，双脚踢球，动作机敏。1964年5月，在参加昭乌达盟足球锦标赛期间，张健表现出色，被昭乌达盟足球队教练赵培芳看中，选入昭乌达盟足球队。该队从8个旗县参赛足球队中挑选优秀队员，在赤峰二中边学习文化课边集训。7月，准备代表昭乌达盟参加内蒙古自治区在集宁市举办的全区足球锦标赛。

当时，呼、包二市代表队是全区各盟市参赛足球队伍中的“王牌军”，队员实力较强。在与包头队的一场比赛中，昭盟足球队队长、赤峰二中魏轩踢中锋，其弟魏宁左边锋，张

健右边锋。双方势均力敌，难分胜负。下半场比赛刚过10多分钟，眼看着空中的球要飞出界，张健敏捷地一脚钩了回来。因为用力过快过猛，运动鞋随之被甩到场外。为了比赛，他顾不上捡鞋，硬是光着脚丫坚持踢了30多分钟，引起全场人的关注和喝彩，比赛最终以两队平局结束。

比赛刚刚结束，内蒙古足球赛组委会的领导走上前来，祝贺昭乌达盟足球队取得的好成绩，特别表扬了穿着一只鞋踢球且表现出色的7号运动员张健。足球赛期间，“昭盟7号光脚踢球”成为各代表队的新闻。内蒙古自治区体委领导为表扬他的坚强毅力和勇敢精神，授予他“特殊运动员奖”，并向国家体育运动委员会推荐为国家级少年运动员。1964年12月11日，中华人民共和国体育运动委员会为张健颁发少年级运动员证书，上面写着“张健同志于一九六四年七月代表昭盟参加内蒙古足球运动会，经审查合乎少年级运动员的标准和条件，授予中华人民共和国足球少年级运动员称号（第0405134号）”。从此，敖汉旗足球史上诞生了唯一一位国家级少年足球运动员。

1966年，张健从新惠中学毕业，回到家乡苇子沟小学教学。1970年被双庙公社革委会推荐到新惠五七中专理科班学习，其间经常在敖汉足球队训练。这位本来应该前途无量的国家级足球运动员，可惜的是两次好机会都失之交臂。1973年昭盟第三届全运会结束后，昭乌达盟体委派足球教练高春林来敖汉，由旗体委负责人陪同到双庙公社革委会，商议录用张健为市足球队教练。经过电话联系后，大队革委会以“外出不在家”的谎言搪塞过去，根本没告诉在家参加生产劳动的张健。1974年，大连体育学院足球队给敖汉旗体委来信，特招张健为大连足球队队员。体委把来信转给双庙公社和苇子沟大队革委会，两级革委会均以“留用”为由没允许他去，张健的足球生涯从此结束。40多年里，他精心保留着当年参加比赛的两张队员合影照和一个“少年级运动员”证书，常常为自己“在足球方面没踢出个名堂”而遗憾。

三、修建新惠电影院的伤人事件

1969年，敖汉旗革命委员会决定在新惠镇修建一座电影院，旗委副书记刘仕余负责电影院的筹建工作。经过多次申请，昭乌达盟委拨付资金，选址后开工。电影院的建立成为镇内居民关注的焦点，影院建成后，人们可以坐在温暖舒适的屋子里看电影了，大家都热情地期待着。

深秋下了一场小雪，气温骤降。电影院主体工程基本完成，只差房顶铺水泥瓦了。为了不影响工程进度，施工队不顾寒冷加班加点。站在人字房顶上的一位瓦工师傅担心自己的布鞋被弄湿，就喊住路过此处的电影放映员小金师傅，去给他借双运动鞋。半年以来，工程队的工人和电影管理站的人员经常打交道，彼此非常熟悉。小金到电影管理站办公室寻找了好半天，不见有合适的鞋子。正巧站长李海峰走过来，听小金说给师傅借鞋，就到办公室把自己的运动鞋拿给了小金。

小金嫌天冷，戴上手套去送鞋。他把运动鞋往房顶上用力扔去，哪承想一只鞋挂在脚手架上。小金登上脚手架去取鞋，因为戴着手套没抓牢木杆，脚下一滑，从七八米高的脚手架上头朝下掉了下来，撞到地上的石头上，满头是血。

人们吓得惊叫起来。站长李海峰叫来几位放映员，以最快的速度推起小金直奔旗医院。路上，小金师傅吐了几口血，坚强地对李站长和同事说："不用害怕，我没有事。"到了医院便陷入昏迷状态，见病情严重，医院立即与朝阳医院取得联系，请求派外科医生速来为小金师傅做开颅手术。遗憾的是，由于病情严重，没等医生来到，小金师傅停止了呼吸。

95 岁高龄的原电影管理站站长李海峰在为《敖汉旗文化志》提供资料时，回忆起当年的往事，百感交集，老泪纵横，深深地怀念同事小金师傅。

四、新凤霞接见岗岗营子文艺宣传队队员代表

1981 年 5 月，全区群众艺术馆、文化馆长会议在呼和浩特召开，文化部一姓戴的领导（姓名、职务不详）出席。时任敖汉旗文化馆副馆长的齐成玉在各旗县馆长代表发言时，把岗岗营子文艺宣传队成长的经历作为敖汉旗群众文化工作的典型事迹汇报，引起了与会人员的极大兴趣。许多盟市、旗县的馆长对此持怀疑态度，不相信一个小小的公社级文艺宣传队能有如此大的名气。

内蒙古自治区文化厅领导当场问齐成玉，能否把文宣队调来为会议演出，让同志们学习交流一下经验。齐成玉胸有成竹地回答当然可以。文化厅领导当即表态，调岗岗营子文艺宣传队来呼市汇报演出，所有费用由文化厅开支。

齐成玉按照文化厅领导的指示，立即通过电话向敖汉旗文化局局长王玉珩、文化馆馆长邵国田汇报。经过研究，决定由文化局业务人员刘玉柱，文化馆辅导组苏日图、杨金英，岗岗营子文艺宣传队队长贾立新带队，由王会、李亚军、褚国祥、李桂华、冯宪儒、毕福民、姜余、程志华、李振阳、吴长春、崔成芝、张雅琴、姜秀英、刁春玲、李亚春 15 名队员组成演出队，去呼和浩特为会议做汇报演出。

5 月 24 日，经过一天一夜的长途旅行，宣传队一行人抵达呼市。一个个穿着朴素、土里土气的队员，抬着道具箱、身背服装袋、手提乐器盒、肩扛布景捆，出现在内蒙古自治区文化厅领导和与会人员面前。在场的人似乎见到了新中国成立初期的流动小戏班，禁不住惊叹"当年的落子戏班"来了。

5 月 25 日—31 日，自治区文化厅安排文宣队做了 5 场演出，包括幻灯、皮影、歌舞、戏曲、曲艺等形式，给会议增添了新的内容，观看演出的观众达 9000 多人。与会人员给予

高度评价，内蒙古自治区文化厅颁发奖状一张，奖给黑白电视机一台，队员每人纪念册一本。当时电视机是紧俏商品，全旗上下没有几台。那台黑白电视机后来一直摆放在岗岗营子公社会议室里，供公社院内职工干部观看。

会议结束后，与会的戴姓领导向文化部有关领导汇报了文宣队情况，经研究决定，由内蒙古自治区文化厅艺术处处长刘化非带队，文宣队到北京向文化部做汇报演出。6 月 2 日上午，在文化部小礼堂演出了二人转《摔子劝妻》等节目。文化部群文局、艺术局、民族司、《红旗》杂志社等部门的 97 人观看演出。演出结束后，群文局召开座谈会，听取了文宣队的工作汇报，对文宣队多年来坚持为活跃农牧区群众文化生活而作出的成绩给予充分肯定。座谈会结束时，文化部群众文化局局长刘沛关切地询问队长贾立新，文宣队还有什么困难和要求。一个名不见经传的公社级文宣队，在文化部汇报演出获得成功，引起文化部领导的重视和支持，已经是对文宣队的最大鼓励，出乎所有人意料。大家都表示回去后不辜负期望，加倍努力，把岗岗营子文艺宣传队越办越好。大家把目光投向贾立新，希望他提出具体要求，为文宣队申请点经费或服装、道具之类的演出用品。哪知道贾立新不肯给领导添麻烦，恳切提出“让队员长长见识，开开眼界。到首都专业剧团学习，请教新凤霞老师给予指导”的请求。于是，文化部由专人负责，安排队员到中国评剧院一、二团，中国京剧院四团，北京实验京剧团观摩学习。求教新凤霞之事，文化部派社会文化处胡老师（女，姓名不详）前去联系。胡老师与新凤霞当年共患难，两人感情很深。胡老师回来后，令人大失所望。新凤霞一口回绝，不接见任何人，没有任何商量余地。人们都能理解，一场轰轰烈烈的“文化大革命”运动，致使她身心遭受了不可弥补的严重伤害。刚刚平反出狱不久的新凤霞，从那场阴霾里还没有完全走出来。

吃罢晚饭，赤峰市群众文化艺术馆馆长池汉中和齐成玉、杨金英、苏日图、刘玉柱、贾立新几人聚集在招待所屋内，对新凤霞不予接见感到非常失望，研究安排返程计划。大家还有些不甘心，后来又找到熟人介绍，新凤霞答应接见岗岗营子文艺宣传队队员。消息传来，在场的人一阵欢呼雀跃。新凤霞接见的条件是只限于 4 个人，且时间不能超过 1 个小时。她平反后一直在家里养病，居住的屋子太狭小，不方便有多人来访。

4 名代表选谁呢？大家珍惜这次难得的学习机会，都希望成为幸运代表。经过一番商议，决定派市群众艺术馆馆长池汉中，文宣队队长贾立新，队员李桂华、李亚军为代表，在社会文化处胡老师陪同下，去新凤霞家里拜访。贾立新安慰其他队员说，名额有限，大家别有想法。李亚军带上文宣队的小录音机，把拜访新凤霞的经过全程录音，回来后放给全体队员听。

在新凤霞家中，坐在轮椅上的新凤霞对文宣队的 4 名代表十分热情。李亚军进屋后立即按下录音键，贾立新十分谦虚地自我介绍说，我们文宣队来自最基层的农村，非常渴望得到新老师的指导，请新老师给讲讲评剧表演知识。新凤霞耐心地讲解了评剧的道白、行腔韵调等方面的表演技巧，如讲到“上韵咬字不能倒，在普通话的基础上上韵”时，用“儿与爹爹拜寿”的“拜”字举例说明，不能念成“白”字，等等。

新凤霞不顾身体残疾，坚持给4名代表讲了40多分钟课。临别时，她激动地拉着李桂华和李亚军的手说，你们这么年轻，学习评剧艺术大有前途。可惜我身体有病，不能教你们了。这位老评剧艺术家似乎从眼前两名年轻人身上看到了自己当年的影子，说着说着眼角挂满泪花。

回来后，等待多时的文化馆老师和文宣队队员们围拢过来。李亚军打开录音机，大家聚精会神地听了起来。李桂华、李亚军谈到学习体会时说，新凤霞老师不愧为评剧艺术大师，短短的一番指导，让他们受益匪浅，立竿见影，一下子化解了好多困惑。后来，贾立新和队员们把新凤霞传授的知识应用到演唱之中，演出水平有所提高。新凤霞的接见，令他们终生难忘，至今仍然保存着当年的录音磁带和合影照片。

2000年，《敖汉旗文史资料》第五辑（老照片专集）上，刊登当年新凤霞接见岗岗营子文艺宣传队代表的老照片。读者可以看到新凤霞与代表合影的情景，照片背后的故事却鲜为人知。

五、《桃园喜讯》创作及演出

1984年8月，赤峰市文化局在市群众艺术馆举办戏剧创作培训班，要求各旗县选派业余作者带作品参加，集体讨论修改。举办此次培训班有两个目的，一是选出优秀作品结集出版《戏剧创作》，向中华人民共和国成立35周年献礼；二是11月召开全市乌兰牧骑文艺会演暨经验交流会，要求各旗县乌兰牧骑演出新创作的剧目。敖汉旗业余作者高铁虹参加，其间把和刘玉柱共同创作的小评剧《桃园喜讯》修改定稿。剧中塑造了一对有理想、有追求的未婚青年，他们不畏世俗偏见，在城乡之间传递农副产品销售信息。通过帮助农户销售桃子的故事，反映新形势下农民应该如何冲破传统观念的束缚，靠信息致富建设新农村的主题。

9月，经旗文化局和旗乌兰牧骑共同研究，小评剧《桃园喜讯》被确定为参加全市会演剧目，进入紧锣密鼓的排练之中。该剧导演高铁虹、周成杰，唱腔设计李国文。剧中的人物双喜、郑大叔、桃花、田婶分别由周成杰、王旭友、李桂华、高铁虹饰演。市文化局对此次会演十分重视，市京剧团、评剧队大力支持，先后派郭韵荣、马玉柱、曲宝华、王学力等人来敖汉旗乌兰牧骑，从音乐、表演等方面给予指导。10月17日，市文化局副局长乌国政、剧目科科长丛培德、文化科科长刘凤祥等，来乌兰牧骑检查参加会演准备情况，观看了《桃园喜讯》的彩排，提出修改意见。

11月，由旗委宣传部部长宝泉、文化局副局长沈绍文带队，《桃园喜讯》剧组参加全市乌兰牧骑文艺会演暨经验交流会。会演期间，10支旗、县代表队分别上演一台自创剧（节）目，内容分歌舞、戏曲两大类，展示各自风采。开幕式后，《桃园喜讯》做首场演出。当时以信息为内容的戏曲在舞台上并不多见，题材新颖，令人耳目一新，《桃园喜讯》演出引起反响。会演期间，敖汉旗乌兰牧骑接受了自治区广播电台、内蒙古自治区电视台和市广播电台、市电视台、《赤峰日报》等媒体的采访。内蒙古自治区电视台汉语专题部文艺部导演陆阳，建议把该剧拍摄成戏曲电视片在全区播放。闭幕式上，《桃园喜讯》获集体演出一等奖，剧本创作二等奖，并被评为“全市先进乌兰牧骑”。旗委、旗政府对乌兰牧骑会演中取得的成绩给予表扬，从全旗自然减员中划出3个转正指标，以示奖励。合同制队员李桂华、刘淑娟、王文军转为国家干部。

12月，乌兰牧骑队长李景林在呼市参加全区乌兰牧骑队长会议期间，去内蒙古自治区电视台，同导演陆阳联系《桃园喜讯》戏曲电视片拍摄事宜。几天后陆阳打来电话，经电视台研究，同意将《桃园喜讯》纳入下年度拍摄计划。建议把剧本进一步修改完善，做好拍摄前的准备工作。

1985年3月8日，宣传部、文化局在旗委二楼会议室组织剧本《桃园喜讯》讨论会。参加人员有分管文化的副旗长鲍凤祥，宣传部副部长姜国柱，政协文史委主任张俊，文化局党总支书记沈绍文和副局长王玉珩、梁鹏，乌兰牧骑高铁虹、李景林、王旭友、周成杰，文化馆苏日图、杨金英。会上听取了高铁虹剧本修改过程的汇报和修改稿，征求大家意见。

4月14日，内蒙古电视台汉语专题部主任郑克恭和导演陆阳来到敖汉，从舞台演出和拍摄电视片演出的区别，二者之间的不同要求，全方位、多角度对《桃园喜讯》的排练细节进行了专业指导，并商定拍摄时间等具体事宜。4月15日晚，旗五大班子领导陪二人观看彩排。

5月11日，旗委、旗政府举行送行仪式。旗委书记张立华、副旗长孙家理、人大常委会副主任曹金生、宣传部长宝泉、文化局党总支书记沈绍文、副局长梁鹏到乌兰牧骑接见了全体队员。有关领导分别在仪式上讲话，一致强调，《桃园喜讯》凝聚着大家的心血，能够拍摄电视片机会难得，一定要倍加珍惜，努力把片子拍好。队员们代表着敖汉50万人民的心愿，责任重大。要发扬乌兰牧骑的光荣传统，不辜负期望，为敖汉争光。

5月12日，文化局党总支书记沈绍文带队，剧组高铁虹、李景林、李桂华、冯黎明、王旭友、周成杰、张贵庭、李国文、褚国祥、党树田、姜余、王功志、司秀云、刘淑娟、王文君、徐秀锋、郭小光、于玲华、张亚琴、杨金梅一行21人去呼市，拍摄戏曲电视片《桃园喜讯》。

7月1日晚8：30，内蒙古电视台播放《桃园喜讯》，内蒙古自治区党委书记周惠看到后给予充分肯定，指示内蒙古自治区文化厅把该剧改编成二人台演出（1986年5月，由内蒙古二人台剧团移植的二人台《桃园喜讯》，第二次在内蒙古电视台播放）。内蒙古自治区文化厅立即召开会议，传达周惠书记的指示精神，研究决定以敖汉旗乌兰牧骑小评剧《桃园喜讯》播放为契机，举办全区改革题材小戏调演。

8月28日，市文化局长李凤阁、文化科毕世才来乌兰牧骑，帮助修改《桃园喜讯》剧本，完善情节，精练唱词，确保在调演期间取得好成绩。9月7日，李凤阁局长再次来到敖汉，在乌兰牧骑全体队员动员会上讲话。他指出，敖汉旗乌兰牧骑是一支信得过的队伍。1983年，演出达270多场，获得"全市乌兰牧骑先进集体"奖杯。小戏曲《桃园喜讯》搬上屏幕后，得到内蒙古自治区党委书记周惠的好评。内蒙古自治区文化厅已经列入11月份全区改革题材小戏调演剧目，并准备移植成二人台。这是大家共同努力的成果，要继续发扬下去。周惠书记批示全区小戏调演，要求用新内容、新形式搞好文艺宣传，推动全区文化工作的改革和发展。

9月15日下午，内蒙古自治区文化厅、市文化局联合组成小戏审查组，成员有《北国影剧》主编查洪武、编导吴新秦，文化厅朱春来，市文化局局长李凤阁、剧目室主任丛培德等。在乌兰牧骑观看修改后的《桃园喜讯》彩排，提出最后的修改意见。

10月8日晚，副旗长鲍凤祥，政协副主席鲍凤珊，旗机关党委书记梁树金，文化局局长蔡春圃、副局长梁鹏观看《桃园喜讯》参加会演前最后一场彩排。鲍副旗长指示，全体队员要保持成绩，紧密团结，通力合作，再创佳绩。在会演中努力把戏演好，全旗50万人民等待乌兰牧骑凯旋。

10月19日—11月3日，文化局局长蔡春圃带队，剧组高铁虹、李景林、李桂华、冯黎明、王旭友、周成杰、张贵庭、李国文、褚国祥、党树田、姜余、王功志、司秀云、刘淑娟、王文君、徐秀锋、郭小光、于玲华、张亚琴、杨金梅、陈静文一行21人，第二次去呼市参加全区改革题材小戏调演。他们不负众望，获集体演出奖、剧本创作奖和精神文明奖。11月4日，内蒙古自治区政府主席布赫接见参加调演的演出队代表并召开座谈会，蔡春圃、高铁虹参加。

11月15日，旗乌兰牧骑载誉归来。"报捷"会上，旗五大班子及有关领导张立华、孙家理、许兆峰、薄文志、宝泉等出席，祝贺乌兰牧骑取得的优异成绩，要求全体队员戒骄戒躁，加倍努力，百尺竿头，再进一步。乌兰牧骑牢记嘱托，多年来不断取得令人瞩目的好成绩。

六、《敖汉文化》报

1985年9月，经旗文化局局长蔡春圃倡议，旗文化局创办了《敖汉文化》油印小报。

办报的宗旨是坚持实事求是的原则，及时而准确地传达贯彻党对文化工作的方针、政策，客观反映全旗文化工作的新动态、新情况，宣传和推介全旗文化工作者开展群众文化工作取得的新成果、新经验和涌现出的文化事业骨干和先进典型，以此推动全旗文化事业的不断发展。

《敖汉文化》小报主编由从长胜文化站调来的文秘刘才兼任，负责征稿、组稿、撰稿、编稿、刻写、发行等一系列工作。小报开始为八开四版，后随着内容的增加，扩为八开八版、八开十版。不定期出刊，每期印发150—200份，发至旗各部委办局、文直单位、各乡镇苏木政府、文化站，还寄送赤峰市文化局、部分旗县区文化部门及周边兄弟省市基层文化单位，以此进行业务交流。

《敖汉文化》陆续开辟了“在文化战线上”“文化简讯”“短评”“文化人物志”“经验交流”“文物天地”“影视信息”“戏曲、摄影考古知识”“购物指南”“养生之道”“生活之友”“商品选购”“流行歌曲”“书法荟萃”“故事传说”“科普大观”等50多个栏目，内容力求丰富多彩，时尚实用，具有指导性、资料性和可读性。

1987年起，根据工作需要，刘才开始负责业务股工作。尽管工作量明显增加，但他对办好办活《敖汉文化》小报，仍然倾注了满腔热情和充沛精力。他时刻注重查找不足，不断研究、改进和提高小报质量，虚心征求、听取读者的意见和建议，力求小报版面文图并茂，内容丰富多彩，具有可读性和指导性，起到上传下达、内引外联、督促鼓励的作用。文化局领导充分肯定了业务股的办报方向和工作思路，专门购置了誊影机及附属设备，对办报工作给予大力支持。

1988年，《敖汉文化》小报改为每月一期，全年12期，不仅在旗内拥有了一定范围的读者，在旗外兄弟文化单位也产生了积极影响，许多素不相识的热心读者多次来信联系索取。河北省昌黎县龙家店乡文化站康德宏来信说：“寄来的《敖汉文化》我们收到了，看后获益匪浅，简直是精美的艺术品，稿件的内容选取、版面设计以及文字刻写，都使我们惊叹不已。我们觉得《敖汉文化》具有容量大、篇幅短、版面活、短小精悍、文图并茂等明显特点。”甘肃省武山县中学韩廷秀来信说：“刘才同志，看了你一人主办的《敖汉文化》深有感触。小报图文并茂，内涵极丰，无论从政治标准和艺术水平上衡量都具有较高质量。你一个人既要搞正常业务，又要主办如此内容庞杂、知识广泛、篇幅繁多的20页报刊，可见付出的心血不少。没有对文化事业执着的爱，没有浓厚的文学爱好，不可能取得这样的成绩，实在令人敬佩。”还有一些读者如翁牛特旗教育局宁一凡、奈曼旗文化局王占山、宁城县忙农营子乡文化站陆殿文、四川省永川景圣中学蔡昒等同志来信来函，对《敖汉文化》小报都给予高度评价。

1990年年初，刘才调旗广播电视台任责任编辑，《敖汉文化》小报停刊。

七、碧玉龙的出土地

敖汉旗博物馆馆藏的碧玉龙，在《敖汉文物精华》一书中，标注的出土地为“牛古吐乡大五家西河”，另一个版本上为“牛古吐乡大五家西”。西河是大五家村所辖的一个村民组，而“大五家西”则指的是大五家村西侧。因为这件碧玉龙是1988年杨某捐献文物，捐献者当初没说明具体出土地点，声称自己是从“山上挖甜草挖出来的”，所以，关于碧玉龙的出土地，人们一直认为是在大五家、西河一带。这件珍贵文物的出土地值得进一步明确，以便对出土地周边的红山遗址、墓葬进行考古研究，增加其可信度和学术价值。

时隔30年后，当初的捐献人杨某早已过世，其儿子介绍了碧玉龙的来龙去脉。

1973年左右，家住牛古吐公社大五家大队西河生产队的杨某，步行去30多里外的丰收公社赵宝沟大队，给一户人家的姑娘保媒。因为要彩礼多出了差错，眼看着“十成保八成”的婚事散了，杨某心里那个不痛快就别提啦，勉强在女方家吃了顿饭，饭后喝了两碗茶，连晌都没歇便往回返。

赵宝沟大队的几个生产队零星分布在一条狭长的大沟里，东三家，西五家，上梁下沟全是羊肠小道。40多岁的杨某虽说身板硬朗，庄稼人一天走个百八十里地不算个啥，但大晌午天热，道又不好走，加上保媒不成心里不痛快，越走越累得慌。走出营子四五里地便是一条深沟，沟底有20多米宽，布满山洪冲下来的大小石头。杨某走下大沟，双腿酸软，一赌气，找个阴凉地方坐下来，掏出烟口袋卷了根旱烟。

火辣辣的太阳照着开阔的沟底，经过沟岂子和石块反射，阴凉处也有点闷热。“喜酒愁烟”，人要是遇上不高兴的事情，总想着抽棵烟解解烦心。保媒事儿没办成，杨某心里总觉得不得劲。白跑一趟腿不说，前几天把男方家的“当媒人”酒都喝了，回去和人家咋交代？杨某狠命地吸了两口烟，陷入了沉思。不知不觉地，烟根儿已经燃到两个手指缝儿啦，杨某全然不知。当烟火燎疼手的一刹那才醒悟过来，急忙随手扔掉，烟头落在跟前的一碎石头堆上。

哪曾想这个烟头竟然扔出个奇迹。杨某眼前一亮，烟头落地处有一块绿莹莹的光亮石头。他起身捡到手里，“呵呵，还带个眼儿，好一个烟荷包掖带”，杨某兴奋地自言自语。他喜好抽烟，大烟荷包上正好缺个装饰品——烟荷包掖带，这玩意溜光锃亮，还有绿色，拴到大烟荷包上，比别人的冬青疙瘩、瓷亚腰葫芦强百套。杨某擦擦土，翻过来掉过去仔细端详。这个弯曲的玩意像个大虾米，还有个豁儿，最满意的是顶端那个小眼儿，好像就是用来穿绳的。他想，管他谁丢的呢，反正是捡的，便塞进了烟荷包。心里盘算着，到家后找根皮鞭梢儿拴到大烟荷包上，这玩意儿沉，怕麻绳、线绳不结实磨断丢掉。

杨某做梦也没想到，他捡到的绿玩意儿竟然是一件红山文化时期的典型器物——玉猪龙，被学术界称为“红山神器”，后来成为敖汉旗博物馆重量级“镇馆文物”之一。5000多年前，这件碧玉龙被红山先民随葬在部族首领的积石冢里，曾几何时，在大自然漫长的环境变化过程中，阴差阳错地重见天日，静静地躺在大沟底的沙堆里，等待着过路人无意间发现，寻找它最终的归宿。

杨某不知道那东西是宝贝，回来后直接去男方家办正事。晚上拿出来给家人看，谁也没在意。去左邻右舍串门儿，常常拿出烟荷包，让人们看看他的“掖带”。人们都说虽然好看，但是拴烟荷包上有点大，没有人当回事。生产队会计想用一个上好的玛瑙烟袋嘴、五花铜烟袋锅的大烟袋和他换，杨某愣是没舍得。

时间一长，杨某不再把它当作稀罕玩意儿，解下来丢在柜上的木匣子里。10多岁的儿子经常拿出来，拴根绳拖着满大街跑，有时和小伙伴去前面大沟的小河里来回拽着玩儿。今天扔到这儿，明天撇到那儿。说来奇怪，在杨某家不经意间保存了10多年，竟然没丢。

西河离腾克力生产队不远，那里的海里王府“王坟”被许多人盗挖，大量的珍珠玛瑙、翡翠玉石饰品被挖墓人拿到外地卖掉。1981年左右，听说敖汉旗文化馆在腾克力的一户人家有偿征集王坟出土的“古物”，杨某心里想到了自己捡的“烟荷包掖带”。他琢磨着，这玩意儿是不是古物，值不值钱呢？问过好多人，都说“不懂”“不知道”。

接下来的几年里，杨某经常听到附近有盗取古墓“宝贝”卖大钱的传闻，本村几个人因挖出的古物分赃时打架，被牛古吐乡司法所没收交到旗文化馆去了。他几次犹豫，最后决定拿东西去文化馆问个究竟。

1981年8月的一天，杨某步行10多里地，到大五家坐上通往新惠的班车，来到敖汉旗文化馆。经人介绍，在文化馆二楼旗文物管理所（旗博物馆前身）办公室见到所长邵国田。杨某拿出脏兮兮的小手绢包裹的“烟荷包掖带”，打开一看，邵国田一眼断定是玉猪龙。杨某当场将碧玉龙捐献，文物管理所对其进行了奖励。

碧玉龙的出土地不在牛古吐乡大五家村境内，而应该在新惠镇高家窝铺村赵宝沟一带的山坡上，理由是：一是大五家、西河周围有几处夏家店下层文化遗址，目前尚未发现红山文化遗址和墓葬，出土碧玉龙的可能性不大。二是赵宝沟一带多山，地势符合红山先民选择居住或墓葬的地形特征。三是即使人为丢弃，也应该是当地人捡到后丢弃，被洪水冲入大沟。由于半埋于路旁石头堆，不符合过路人遗失的特征。综上所述，碧玉龙出土地当在赵宝沟周围的山坡或山顶上，且易被雨水冲刷地带。或许有一天能在赵宝沟附近有红山文化考古发现，根据出土的同类相关器物，研究确定碧玉龙确切的出土地。

八、《敖汉旗文化志》修编的一波三折

《敖汉旗文化志》修编历时30年，其间历经存废，可谓一波三折。1985年，敖汉旗人

民政府主编的《敖汉旗志》正在征集各方面资料，进入编纂实质性阶段。《敖汉旗志》办公室要求旗直相关部委办局积极配合，提供各部门和所辖企事业单位有关入志资料，成立各专业志编写办公室，在协助工作的同时，根据具体情况编纂各专业志。

敖汉旗文化局在“艺术集成办公室”的基础上，于1988年4月1日下发通知，成立《敖汉旗文化志》编纂领导小组，落实编辑人员。领导小组由文化局主要领导任正副组长，文直系统各部门负责人为成员。下设由文化局正副局长为主编的编辑室，办公室设在敖汉旗文化馆一楼原艺术集成办公室。当年9月，专职编辑因故辞职，《敖汉旗文化志》编纂工作由此停止。

1989年1月10日，敖汉旗文化局又一次下发通知，调整《敖汉旗文化志》编纂领导小组，重新组建编辑室。工作近一年，1990年1月，又因专职编辑调离，无人做专门工作，《敖汉旗文化志》编纂工作第二次中断。

2018年5月，敖汉旗文体广电局党组研究决定，重启《敖汉旗文化志》编纂工作。为保证这项工作顺利进行，文体局党组制订了《敖汉旗文化志编纂工作方案》，确定了指导思想、工作目标、基本原则、具体要求、工作机构、时间安排和保障工作。编纂委员会名誉主任傅晓林、叶秀丽。编委会主任张红民，副主任杨向东、郭兴志、于海永、马文波、田彦国。委员有各乡镇苏木文化站站长、文直各单位负责人及文体广电局各股室负责人41名。下设编委会协调办公室，郭兴志兼任主任。编辑办公室主编张红民，编辑梁久学、孟庆华。本月28日，编辑人员开始查阅档案资料，《敖汉旗文化志》编纂工作正式开始。

九、兴隆洼文化节

2012年8月初，中共敖汉旗委员会、敖汉旗人民政府主办首届中国兴隆洼文化节，历时1个月，9月2日圆满结束。文化节以“神奇兴隆洼，魅力新敖汉”为主题，组织开展了文化、体育、旅游招商、展览等4大类40多项活动，内容丰富，形式多样，参与面广，影响力大，氛围浓郁，亮点纷呈，是敖汉旗有史以来规模最大的一次全国性文化节庆活动。

——文艺演出活动阵容强大。8月15日晚举办的文化节开幕式演出，以敖汉远古文明为主题背景，集声、光、电、冷烟花等舞台设计效果于一体，场面宏大，气势磅礴，穿越古今，美轮美奂，充分展示出了敖汉八千年厚重的文化底蕴和改革开放以来各项建设所取得的辉煌成就。开幕式上，国家特一级演员蒋大为、馨妃、黄华侨，内蒙古“梅林组合”等倾情献艺。万人体育场内嘉宾云集，掌声雷动。8月16日—9月2日，连续十几个晚上，在惠文广场举行奈曼旗乌兰牧骑专场、非物质文化遗产专场、国旅敖汉经营部专场、少儿专场、家乡大学生专场、赤峰京剧团专场、老年大学专场、教育系统专场、家庭才艺比赛专场、业余剧团曲艺专场等十几个专场文艺演出。同时，还组织焰火晚会、敖汉皮影展演、电影大片展映等活动，每天晚上都吸引近万名观众观看。

——宣传研讨活动盛况空前。精心组织兴隆洼文化宣传月活动，通过报纸、广播、电视、网络以及宣传标语、广告牌匾等各种媒体，大张旗鼓地宣传兴隆洼文化和兴隆洼文化节。营造浓郁的节日氛围，提高文化节的知名度和影响力。邀请中国社科院考古所专家就兴隆洼文化做专题讲座，加深对兴隆洼文化的了解和认知。举办“寻宝走进敖汉”活动，完成两场节目录制，每场50分钟，于9月份在央视《寻宝》栏目中播出。8月20日，同中国社科院考古所公共考古中心联合举办“兴隆沟红山文化整身陶人专家座谈会”。中国社科院考古所、北京大学、东北师大、山东大学、辽宁大学、浙江文物考古所、安徽文物考古所、内蒙古文物考古所等20多家学术研究机构的知名专家学者，会聚敖汉参加座谈。新华社、《人民日报》《光明日报》、中央电视台、《中国文物报》《中国社会科学报》、内蒙古电视台、赤峰电视台等中央和地方主流新闻媒体的30余名记者，对兴隆沟红山文化陶人专家座谈会进行采访，新华网对此次专家座谈会进行现场直播。央视科教频道《探索·发现》栏目完成两集大型电视纪录片《敖汉问祖》的拍摄工作，在该栏目播出。

——群众体育活动参与广泛。8月3日，举办敖汉旗全民健身活动项目展演暨警民健步走活动，公安局等8个单位的1000余名干部职工参加。同时，新惠镇秧歌队等21支队伍的1500余人，进行了健身秧歌、健美操等10多个健身项目的表演。8月18日，敖汉旗“天威紫晨杯”首届运动会在旗政府广场盛大开幕。开幕式上，3800余名社会各界干部群众和学生进行健身舞、第九套广播体操、韵律操、奥运五环、健身秧歌等大型健身项目展演，气势恢宏，场面壮观。运动会历时7天，设立篮球、排球、网球、乒乓球、门球、羽毛球、棋牌、趣味运动等13个比赛项目。共有来自各乡、镇、苏木、办事处和旗直机关各有关单位的47支代表队、1200名运动员参加比赛。8月19日，敖汉旗第三届那达慕大会在敖润苏莫苏木政府所在地隆重开幕。开幕式上表演了蒙古族摔跤和自治区级非物质文化遗产项目“好德歌沁”，那达慕历时3天，进行速度赛马、走马、博克（蒙古式摔跤）、马上布鲁、马上拔旗、布鲁投准、射箭等蒙古族传统体育项目的比赛。场面古朴、庄重、热烈，吸引5万余名各地群众前来观看。

——旅游招商活动成果显著。来自北京、上海、辽宁、安徽、福建、四川、山东、山西、河北、云南等10个省市的75家企业、100余名嘉宾应邀参加首届中国兴隆洼文化节。8月16日，旗政府举行兴隆洼文化节招商经贸洽谈暨项目签约仪式，与达成投资意向的9家企业签约，总签约金额为9.75亿元。企业家们还到旗博物馆、天成文化园、工业园区、物流园区、兴隆洼遗址、大黑山自然保护区及温泉城等地进行实地参观考察。在首届中国兴隆洼文化节名小吃展览会上，天津狗不理包子、大连火爆鱿鱼、长沙臭豆腐、台湾地区香蟹酥、新疆羊肉烤串等名小吃齐聚敖汉，广受青睐，一个个展台前挤满前来品味美食的人们。8 月 16 日，新州文苑暨敖汉文博园开工奠基。敖汉旗文博产业园总占地面积 155.9 亩，建设项目包括内蒙古史前文化博物馆、新州文苑和世界农业文化遗产博物馆等文化事业及产业项目，计划总投资 6.5 亿元。

——各项展览活动异彩纷呈。8 月 16 日，与联合国粮农组织中国项目办联合举办的“全球重要农业文化遗产地摄影作品展”在敖汉开展。本次展览共收集摄影作品 320 多幅，从中精选 97 幅作品参展，交流国内外各遗产地保护与发展的经验和做法，宣传了各遗产地的项目特色。华海酒业、沙漠之花、远古农业、中草药合作社等旗内 14 家知名企业、协会参加“全旗地工农业产品展”。“全级精品书画摄影艺术作品展”展出书画作品 120 余件、摄影作品 100 余幅。“敖汉旗非物质文化遗产成果”展出非物质文化遗产实物和手工艺品 130 多件。这些展览主题突出，特色鲜明，通过艺术语言和实物展览，多角度、多层次地集中展示了敖汉旗经济社会发展取得的重大成果，热情讴歌各项事业大发展的辉煌成就。

十、兴隆沟祈雨活动

兴隆洼镇兴隆沟村的祈雨活动源于明、清、民国时期，据记载，该地曾建有各类庙宇、神位，设有祈雨坛所。祈雨之时，随当地风俗，或登坛祈祷，或抬请崇拜之神许愿，祈雨活动，多种多样，热闹非凡。清末至民国时期，全村设总社，总社头掌管祈雨之事。“山上有搭神棚，祭坛占地近一亩，黄土铺地。神棚方三丈，高二丈，坐南朝北。棚内置九椅，为神座，椅前摆供桌。棚外插红旗两杆，由专人护棚，香火昼夜不断，禁戴孝者与不吉利者入内。”此为搭神棚。

随后，选请马庇（神的替身）。旧志曰：“遇旱时，马庇降坛使神语，决年岁丰歉，验歌舞报赛，所在敬奉，特为诚虔。”请神三日前，斋戒。总社头及各分社头衣履齐整，率求雨队伍排成长队，前鸣锣开道，后锦旗排列，鼓乐喧天，三眼铳声震云霄，浩浩荡荡，巡游大街小巷，向神庙行进。各道口设专人手持柳木棒，严禁妇女观看。请神长队到达雪花山老奶奶庙后，总社头烧香上供，三跪九拜，念祈雨祭文：“干旱无雨禾苗不生，祈求神灵，普降甘霖，保秋后好收成。特许愿唱大戏，时敬奉。”接着，按次序抬出白脸大嘴开路爷、花脸武爷、老黑爷、焦芝爷、老奶奶等九尊神像。村民们手捧香火随后沿街巡游，凡本村妇女必紧关门窗，并不可上房观看，否则马庇就将手中铁环杀伤其身。此为请神。

祈雨活动，热闹非凡，周围村庄人们云集，人山人海。抬神游街时，只见马庇赤双脚，光上身，手持双刀、铁环，手舞足蹈，奔跑上场，在老黑爷神像前跳上四人抬的座架，两鬓插雉，耳挂铁环，时而刀砍自身，时而挥刀飞舞，口念咒语。不时有人问马庇：“何时下雨？能不能下雨？”答曰：“小人嘴杂，不与凡人回话。”到达坛口将众神抬入棚内，马庇坐黑爷神像前，这时，社头跪地问："何时下雨？"马庇曰："几天内大雨一场，数十天内还有大雨。"此时，鼓乐声、鞭炮声、掌声、呼声连成一片，震耳欲聋。随后，3 天内香火不断，有人定时敲击铜锣，求雨者，每听到锣声一响叩头一次，直到 3 天后送诸神回庙，此为送神。

兴隆沟村此祈雨活动已传承百年，只要遇到久旱不雨，旱荒之季，饱受旱灾之苦的人们就会祈求神灵降雨。通过虔诚的祈祷仪式，渴望神灵降甘霖洒雨露，祈盼风调雨顺，五谷丰登。但是，大自然是不以人的意志为转移的，祈雨应只有偶然性而没有必然性。这只是一种独特的民俗现象，又确属一种迷信活动。新中国成立后，这一迷信活动被禁止，农村祈雨社也随之匿迹。

近年来，兴隆洼镇兴隆沟村将原来的祈雨活动演变成为祈雨祭祖活动，成为民间自发的民俗活动。自 2013 年起，每年的 5 月 23 日，也就是红山文化陶塑人像出土纪念日，都会在兴隆沟遗址举办祈雨祭祖民俗活动，百姓通过朝拜祭祀活动，祈祷"一季风雨顺，百里粟黍香"。祝福敖汉人民万事如意，幸福安康。祈雨祭祖活动独具民族特色，每年都有成千上万的人自发前来参加活动，场面甚为壮观。这项民俗活动被农业农村部入选为全国 100 个乡村文化活动。

早上 9 点钟，在兴隆沟广场，一排排整齐的队伍已经摆好了阵形。队首是锣鼓队，中间是红山文化陶塑人像。9 点 10 分，锣鼓队奏乐声响起，主持人一声令下，祈雨祭祖队伍便在鼓声中有序地向红山文化陶塑人像馆出发。到达红山文化陶塑人像馆，锣鼓队在场地边站好，供桌、供品、中华祖神像摆在场地中间，祈雨祭祖队伍分六队站在供桌前，在鼓乐声中开始宣读祭文、上香叩拜等祭祀仪式。

祈雨祭祖活动持续 3 天时间，吸引了来自赤峰本地以及辽宁、通辽等地区的游客参观，对兴隆洼镇文化旅游产业的发展也产生了深远的影响。每年由祈雨祭祖活动带来的几天旅游高峰时间里，不少当地村民也会拿出他们的特色物品销售给前来参观的游客。祈雨祭祖活动期间，当地戏剧、皮影戏等文艺活动也配套轮番上演。

附：祈雨表文

诚惶诚恐

上天关帝并雷公、电母、风伯、雨师四大雨神：

兹为中华人民共和国内蒙古赤峰市敖汉旗兴隆洼镇信众祈求甘霖缓解旱情而文。

雨神居上阙而管下界之水，黎民居下界而仰上界之神，上神赐福于黎民，则黎民敬仰上神，上神无视于黎民，则黎民不信上神。上下相关，神民相依也。

尝曰：民以食为天，食以粮为主，粮以水为本。无粮则人不存，无水则粮不生。

今春以来，上苍惜雨，下界无流，大河缩萎，小河干涸，田地豁裂，庄稼枯黄，牤牛河流域尤为其甚。粟黍因无水而未播，旱田因无水而少插。时下已是五谷播种旺季，斯地依然干旱少雨，无水整田。百姓惶惶，仕宦忧忧。

今兴隆洼信众奏明上天关帝，获准向天廷求雨，以解斯地旱情，保五谷之播种，解燃眉之急，润十方之农田，更润百姓之心田。恳望关帝并四大雨神，三日之内，为上述旱区普降甘霖。则百姓感之大恩，三界记之大功。

兴隆洼镇信众顿首叩拜

十一、敖汉·牛力皋荞麦节

敖汉旗黄羊洼镇连续举办四届“牛力皋荞麦节”，宣传牛力皋荞麦这个国家地理标志保护产品，有效地促进以荞麦节为媒介的文化旅游。节日搭台，旅游拉动，经济唱戏，是敖汉旗近年来兴办最为成功的地方性节庆活动之一。

黄羊洼镇位于旗政府北 42 公里，辖区耕地 27.2 万亩。荞麦主产地牛力皋村位于黄羊洼镇政府北部，距政府所在地 10 公里，交通便利。全村耕地面积 4.98 万亩（水浇地面积 6000 亩），种植业以荞麦为主。牛力皋川流域东西长 18 公里，该流域昼夜温差大，光照充足，比较适宜荞麦的生长。40% 耕地面积种植荞麦，面积达 2 万亩，年产量在 300 万公斤左右。以其无农药、无化肥污染而被称为“绿色食品”。因种植历史悠久，品质优良而闻名，早在 2008 年就被农业部批准为国家地理标志保护产品。

由于“牛力皋荞麦”含有丰富的维生素，具有降血脂，治疗高血压、糖尿病，营养价值高等优点，荞麦泡面远销日、韩等国以及北京、长春、威海、赤峰等全国大中城市和周边地区，备受消费者的青睐。

敖汉·牛力皋荞麦节以“打造绿色产业，助推乡村振兴”为主题。活动包括开幕式、黄羊洼镇成果展、摄影作品展、诗词和书法作品展、荞麦产品及农副特色产品展、观光 1000 亩荞麦大垄双行轻简化种植高产创建试验示范园、参观四棵树荞麦种植合作社产品加工基地、文艺会演等系列活动。

举办敖汉·牛力皋荞麦节，把活动打造成敖汉旗一、二、三产业融合发展的交流展示平台，大力宣传敖汉旗“南小米、北荞麦”两大优势产业，推介敖汉旗农业品牌，努力提高敖汉旗农产品的知名度、美誉度。提升品质，带动农民就业增收，做大做强敖汉旗优势产业。采取“公司 + 支部 + 合作社 + 基地 + 农户 + 贫困户”农牧业产业化融合发展模式，带动农户和贫困户进行专业化、标准化、集约化生产，精心打造“牛力皋川”荞麦品牌，荞麦花开千里雪，荞面食品四季香。让牛力皋荞麦产品香飘全国，走向世界。

十二、敖汉旗戏曲普查经过

（一）

1984年9月，国家民委、中国文联和文化部联合下发通知，落实国家“七五”计划期间重点科研项目“十大艺术集成”的编纂工程。该项目涉及面广、工作量大，各级民委、文联和文化部门共同承担此项工作。根据市文化局文件精神，10月4日，敖汉旗民委、文联、文化局联合下发《关于成立旗〈舞蹈集成〉〈音乐集成〉〈戏曲志〉编纂机构的通知》，领导小组组长沈绍文，副组长姜凤兰、王玉珩、吉日木图、梁鹏、燕国珍，成员高铁虹、杨金英、苏日图、李景林、张国辉、张俊。编辑组主编王玉珩，副主编苏日图、张国辉、徐国选、杨金英、梁素香、李景林。

10月8日—14日，市文化局召开全市民族民间舞蹈、音乐、戏曲志编纂工作会议，部署开展旗县级具体工作，为编纂《内蒙古卷》提供有价值的地方性资料，敖汉旗张俊、李景林、孟庆华参加。会后，市文化局下发通知，要求各旗县文化局成立编辑办公室，配备专职人员进行戏曲普查，编写旗县级民族民间舞蹈、音乐、戏曲志资料汇编。

1985年4月，旗文化局召开会议，专题研究《戏曲志》《民族民间舞蹈集成》编纂工作，确定专职编辑人员。由于编辑组7人都有各自的业务，没有合适人选。梁鹏副局长建议借用乌兰牧骑孟庆华担任专职编辑，与会人员研究同意后，成立《戏曲志》编纂办公室，主编由文化局调研员王玉珩担任，乌兰牧骑徐国选和文化馆苏日图从事农村戏曲辅导几十年，是解放后敖汉旗戏曲事业的亲历者，编写《戏曲志》得心应手。于是，确定编辑为徐国选、苏日图、孟庆华，办公地点设在旗乌兰牧骑。

（二）

敖汉地区民间戏曲活动由来已久。清乾隆年间，敖汉札萨克王府戏班作为“漠南四十九旗十八班”之一，每年都去避暑山庄为皇帝献戏。皮影戏传入二三百年，经久不衰。梆子戏、京剧自关内流入后，几大财主曾经成立过家庭戏班。不同时期的民间皮影班、落子戏班、业余剧团和宣传队等大小演出队伍累计达几百个，从业各类艺人数不胜数，诸多以表演和演唱为代表的民间文艺资料丰富且有价值，有待于挖掘整理。旗文化局十分重视戏曲普查工作，会计罗滋恒从旗广播电视服务部买回一台价值90元的书本大小录音机、4盘磁带，以备录音用。

5月20日，徐国选、孟庆华下乡普查，来到林家地乡热水汤村，找到落子戏艺人史国清。

史国清时年73岁，20多岁时跟四家子韩家水泉韩威学艺，唱二人转《小拜年》等，后入四家子杨永秀戏班。他和众多的老艺人一样，大半生一门儿心思放在唱戏上，有名无利，因此家境都不太富裕，应徐国选请求唱了二十来句《西厢记》：

“小红娘正在屋内刷锅燎灶，

我忽听姑娘唤红娘。

来吧来吧快来吧

姑娘我有事要和你商量……”

唱毕，他介绍说，这就是早期唱的“落子戏”，后来评剧传入，与之融合。同期较出名的艺人为“石榴花”（邹振清），邹立章之父，唱青衣，后改唱坐。孙子邹本善也唱戏，艺名“小贵子”，曾驻过韩家戏班、宫家戏班。接着，又回忆了早期唱二人转的演员、演唱曲目和活动情况。

清光绪末年，四家子后马架子韩姓财主成立家庭戏班，两代人三任领班，唱戏近30年，先后有200多名流动演员驻班，到过朝阳、北票、锦州、通辽等地，演出梆子戏《战宛城》《金钱豹》、京剧《打金枝》等大型剧目六七十个。徐国选早年知道这一线索，21日两人去往四家子。韩家戏班解散将近50年，别说演员，就连知情者都寥寥无几。文化站站长刘恩广协助四处打听知情人，找到镇上72岁的王富海老人。他介绍了七节梁皇会、梅家烧锅放“火老虎”等，对韩家戏班的详情了解甚少，回忆说戏班有“黑丫头”、李百川、牟才几位演员，拉弦的四家子人刘汉章十八九岁对文武场痴迷，看戏专看怎样拉弦，记住三个曲牌就往回跑，到家忘了俩，只学会一个。慢慢地学会拉弦，进入韩家戏班伴奏，后来又在羊圈子高布云戏班、宫家戏班拉大弦，名气很大。韩家首任班主韩青英，人称“韩二爷”，为人仗义讲义气。有一年，朝阳一带过来几个“贼头”，探听到韩家是大户人家，上门借钱。尽管素不相识，韩青英二话没说，拿出银两打发他们满意离去。几年后，韩家戏班去朝阳一带演出，恰巧遇见了这几个“贼头”，才知道他们在地方上很有势力。几个“贼头”念韩青英行侠仗义，大力帮助联系台口，一唱就是几个月，年年如是，戏班因此红火了几年。

下午来到扣河林村，见到旗文化局会计罗滋恒的父亲、85岁的老中医罗喜田。老人身体硬朗，精神矍铄，讲述了他十几岁时亲历的韩家戏班情况。戏班经常去辽宁黑水一带，顺老哈河在两岸村镇演出，直至响水。最有名的花脸演员是“铜帽”，姓名不详，牟才的师傅。关里人张连起饰演红脸老生，是戏班主角，拿手戏《夜审》《李陵碑》，后卒于赤峰。还有饰大武生的锦州人爱月楼，饰胡子生的“盖天红”，姓贺的“麻子红”等。韩家戏班打过两次小班，培养演员，四家子后马架子王姓哥俩出科后，饰青衣走红。著名演员裴云霆（艺名“金娃娃”）曾经在该班驻足唱戏，罗喜田看过他的表演。

有关韩家戏班的口碑资料虽然林林总总，但是足可以证明该戏班真实存在，普查人员决定进一步详细调查。又找到同村61岁的皮影艺人薛荣廷，他不了解戏班情况，讲述了四家子一带办黄河、唱皮影的旧事。

22日上午，普查人员去邻近的建平县喀喇沁乡七节梁，找到牟才的女婿、67岁的知情人宗凤阳。据他介绍，祖父宗广给韩家戏班打过下手，岳父驻过该戏班。牟才是“铜帽”的徒弟，同期演员有“一身汗（饰老生）”“盖天红”“阴天乐（饰三花脸）”、罗凤仙（饰胡子生）、“十二红（饰老生）”、傅连贺（饰老生）。宗凤阳开始回想起来很吃力，后来慢慢地找到点头绪，想到哪说到哪。爱月楼从锦州来时，带来李小楼（饰武生）、李小霞（饰青衣）、李小莲（饰旦）、李小芬（饰老旦）四个女徒弟，一班人马进驻。爱月楼饰大武生，演出时有刘德云（“毛英子”）、郭明、郭亮三个武戏高手配合，颇有阵势。还有“尤秃子”（饰胡子生）和女儿尤花芳（饰胡子生）、尤花芬（饰小生），在朝阳嘎岔被淹死的“小荣子”李子荣（饰青衣），后来演唱评剧的凌源一带人窦宝霞、金玉霞，在韩家戏班没落阶段也驻过该班。他还讲到老虎山宫家戏班“耍武卖艺”的逸闻，七节梁与邻近四家子几个村联合办皇会的情形，一直说到中午吃饭。

下午到老虎山大队王振兴书记家，经他介绍去鸽子山沟村西头一张姓人家，其先人给宫家戏班做过饭。71岁的老张头对该戏班详细情况不太了解，只是听说宫家是大财主，官私两面，地方势力大。有一年农历四月初八，老虎山在娘娘庙前搭台唱戏，不料戏班刚刚接来，被朝阳某地派一个叫常彦善的带人挟持去。正巧，贝子府贝爷去承德回来路过此地，住在老虎山赵家。宫森闻听前去告状，一进门“扑通”跪下。贝爷问：“搭台为何不唱戏？”宫森把情况说了一遍，求贝爷做主。贝爷立刻写了一封信，派人送往朝阳，让对方马上给送回来。送信人到达后，戏唱得正热闹，转悠一圈不知道交给谁，只好往台上扔石头，被看管戏台的人抓住。刚要喊人开打，他急忙掏出信来。几位会首看罢信怕惹麻烦，不敢怠慢，决定立即往回送。“请神容易送神难”，演员听到往回折腾十分生气，为赚回面子，硬是逼着朝阳方面给每人配一台大马车。初七开台唱戏，贝爷特批上午唱戏，下午在台下开赌局，收入用作戏班开支。后来，宫家戏班不知何故得罪了“黑马队”，被其遣散。

梁鹏副局长在下乡前布置工作，要求普查时对庙宇文化进行挖掘搜集。23日上午，两人来到牛夕河屯青城寺，采访了寺内唯一的住持李顺。李顺75岁，身体和精神气色不错。他10岁入庙，人称“二当家的”“二喇嘛”。青城寺始建时间他说不上来，只知道民国13年（1924年）维修，包大夫主持，众人捐资施舍，前为老爷殿，中为佛殿，后面是一个小殿。寺内共9名喇嘛，每个月农历初一、初五、十五、二十九上殿念经，诵经时大号、小号、锣、鼓各种法器齐鸣。因为是喇嘛庙，不办庙会。“文化大革命”后仅存中殿，立于庙台之上，前面有几棵百年老树。李顺用拴在裤带上的钥匙打开庙门，供桌上供奉一尊六七十厘米高的鎏金铜佛，香炉满是香灰。这尊佛像是“文化大革命”破四旧时李顺冒死偷埋于地下的，时隔10多年，佛像重见天日。每逢正月初八，当地善男信女携老扶幼来庙堂烧香拜佛，听李顺诵经，还要举行“祭星”仪式，祭祀星神，求得新的一年风调雨顺、平安吉祥。

来到李顺的住处，屋子干净，陈设简陋。土炕上摆着行李卷，外屋是灶台、炊具，让人感觉到出家人清心寡欲，超凡脱俗的生存境界。他给普查人员念了一段吉祥经，还讲解了祭星时小旗上画的 9 个星谱图，听起来好不新奇。

24 日，金厂沟梁文化站站长徐桂林和普查人员一行，采访了 60 多岁的知情人王臣，问及该地区戏曲活动，他不太掌握，只讲了些金厂沟梁老君庙的情况。又找到两位知情人座谈，近 70 岁的宋国存提供了一些当地办秧歌、灯会的资料。80 岁的李春元回忆，早年“禹来福”戏班来过金厂沟梁地区演出。

徐国选对父亲徐才民国年间唱“蹦蹦戏”的经历念念不忘，想了解与父亲同期老艺人的资料。来到贝子府文化站，站长刁金华介绍说，二人转老艺人常三、常五的侄子常老七现住在乡敬老院，西营子常忠明也是其后人，徐国选一听很兴奋。25 日，先后找二人座谈，打听前辈行艺经历。大概是对文艺不爱好抑或是不上心，谁也没说出什么，只知道前辈唱过“蹦蹦戏”，令徐国选大失所望。

和徐国选下乡有个优越条件，走到哪儿人们都认识他，原因是二三十年来，他深入农村文艺辅导和下乡演出，较有名望，“徐老师”其人妇孺皆知。出门在外，人熟为宝，大凡认识徐老师的人都给行个方便。26 日到克力代后，见路旁一马车，徐老师上前搭讪几句，得知回铁匠营子村，同意捎脚，二人便上了车。

铁匠营子村传统文化底蕴丰厚，戏曲活动由来已久，戏班三起三落。清末，敖汉旗四大戏班之一的“于家戏班”在此成立。民国年间，该戏班小科班演员组织“铁匠营子落子班”，一直唱到 20 世纪五六十年代。1978 年，落子班演员老当益壮，组织起村里青年戏曲爱好者，恢复成立“铁匠营子业余剧团”，农闲季节到全旗各地演出。村里人受百年浓厚的戏曲氛围熏陶，几乎人人喜爱唱戏、听戏和扭秧歌，文化活动异常活跃。一听说徐老师来了，村业余剧团负责人李明山、71 岁的落子班老艺人刘振和等人不约而同地来到徐广家，小屋子挤满了人。皮影艺人徐广因从事民间演唱艺术与徐国选结缘，志趣相投，认成本家，一直以来彼此称兄道弟。

对“于家戏班”的往事，刘振和略知一二。据他讲，清末时一个叫徐老表的艺人，唱老旦，带着戏箱子出关，到铁匠营子认识了于德永。于德永人称“于六”，是个财主，家况殷实。此人天生喜好乐呵，两人商议由于六出资，用徐老表的戏箱子行头，招收本地和流动艺人成立了戏班，估计十六七个人，以唱梆子戏为主。主要演员有金刚（饰老生）、刘荣（饰青衣）、李德喜（饰花旦）、杨国山（饰小生）、金玉贵（饰花脸）、谭栓子（饰胡子生）、于汉（饰花旦）、于彬（饰胡子生）、常三瞎子（拉弦）等。戏班还办过小科班，请关里来的艺人傅青山教戏，培养出金玉喜、郭子玉、李长春、刘振和等艺人。听说金玉喜是老艺人金刚的儿子，普查人员决定明天去拜访金玉喜。在徐广家吃过晚饭，已近9点。春困秋乏，本以为该休息了，哪知道老哥俩来了兴致，徐国选拉“大车子”，徐广拉“小六子”，翻开影卷尽情地唱了起来，一直到深夜。

27日早刚到金玉喜家，碰巧有两个人来串门，一介绍都是村剧团的演员。金玉喜受父辈耳濡目染，会唱二人转、落子戏、梆子戏，后来拜玛尼罕平顶庙王殿喜为师学唱影，跟贝子府常三、常五、常老大、毕占廷合班唱皮影戏。一屋子人南朝北国地神聊起来，普查人员不好意思打搅大伙儿的兴致。几位老艺人由皮影戏的来历讲到黄河灯会的传说，再从秧歌、灯会讲到清明“寒食节”，好不容易转到“于家戏班”的话题。除了刘振和介绍的演员外，他们又补充了张大麻子（饰二花脸）、于龙（饰武生）、罗凤仙（饰胡子生、青衣）、乔富有（饰胡子生）、闫士发（鼓板）等，还介绍了戏班的许多逸事。当谈到铁匠营子地区最早流行的二人转时，他们回忆说，当地流行的二人转叫“西口二人转”，到20世纪30年代末逐渐衰退，50年代初基本少见。梆子戏、京剧等戏曲艺术流入后，受其影响，艺人把二人转曲目拆开唱，称为“拆出子”。曲目中有多少角色就用多少演员，取消了走场、说口等形式，逐渐由地摊搬上舞台，唱腔也脱离了原曲牌，成为民间所说的“大口落子”。

西口二人转唱腔简单，演员走完场后先说编穗，唱小帽，然后唱《胡胡腔》《主调》，最后用《快板》结尾。金玉喜和另一位老艺人说着说着，竟情不自禁地唱了起来。

前四句唱头板胡胡腔，五、六句唱二板（也叫快板）胡胡腔，七八句唱蛤蟆韵（最初把“哼、哎”二字唱成“圭、呱”），是受东北二人转的影响而形成。唱完以上几句后进入主调。主调比较简单，基本是上下两句，加个甩腔、主调。

主旋律基本一样，为了不唱倒字，音符可以变化。叙述部分一般都是上、下妆各一句抬着唱，进入人物后就分包赶角，但主调不变。在段子结尾时唱快板时，伴奏乐器托着走，上下妆相互交替时都要加个“哎哎咳呀”。

结尾两句都是这个格式，有时辙韵不同改一下韵脚。不知不觉地天近中午，大伙儿意犹未尽地各自回家去。

下午，老艺人于勤提供了传统大秧歌场记，有车轱辘阵、双桥、五角梅、双人圆场龙摆尾、剪子股、四面斗、卷白菜心等10多个，还介绍了二人转传统小帽，把《十三个月》背诵一遍，其间每月一辙六句，含五个历史人物，结尾两句为“这本是言不尽的一年十三个月，这本是六十五个人名十三道大辙”，语句合辙押韵，朗朗上口。

在铁匠营子村的两天，接触到多位老艺人，普查人员深深体会到几百年来民间文化传承的丰厚积淀，每一位老艺人、知情者提供的资料都是不可多得的文化财富。挖掘、整理和保护传统民间文化、使之不失传，是一件迫在眉睫的大事。

（三）

1985 年 5 月，旗文化局、旗民委重新调整《戏曲志》编纂机构。领导小组由蔡春圃任组长，吉日木图任副组长，组员有王玉珩、姜凤兰、梁鹏、张俊、张果彬、邵国田、李景林、徐国选、苏日图。《戏曲志》编辑室主编王玉珩，副主编徐国选，编辑韩殿琮、苏日图、孟庆华。

一连 9 天的普查，由于缺乏经验，没有普查计划，两人眉毛胡子一把抓，剜到篮子就是菜，连记录带录音弄到手一堆资料，可谓收获很大，出师告捷。下乡回来后，两人马上去文化局汇报。推开门，见梁鹏副局长正和办公室的一位陌生人谈着什么。梁副局长介绍说："这是新到任的蔡春圃局长。正巧你俩回来了，我正在和蔡局长研究，决定派丰收乡文化站韩殿琮和你们俩去市文化局参加戏曲志编写培训班，明天报到。"

6 月 1 日—13 日，市艺术集成工作领导小组在市群众艺术馆举办专业知识培训班，敖汉旗徐国选、韩殿琮、孟庆华参加培训。其间由褚广森、何宝昌等 10 余位专家学者系统地讲授了《中国戏曲史》《方志学》、普查方法、旗县戏曲志和音乐、舞蹈集成资料汇编编写体例等，以此提高各旗县编写人员的业务素质。

培训班结束后，全旗戏曲普查工作正式开始。旗文化局为此印发《关于在全旗进行戏曲普查的通知》，并附戏班、业余剧团、宣传队、各类艺人等调查表，发至 30 个乡镇苏木文化站，要求工作人员走乡串户调查填写，配合编辑人员做好全旗戏曲普查工作。徐国选、苏日图由于单位业务忙，只能兼职。局里安排韩殿琮、孟庆华下乡，按照搜集资料"宁滥勿缺"的原则，在相关文化站人员协助下采访老艺人和知情者，开始《戏曲志》资料普查。

自 1978 年恢复传统戏曲以来，农村业余剧团、皮影班等兴盛达七八年之久。一些老艺人因年纪大逐渐不能登台，演员青黄不接，大部分演出队伍相继解散，到戏曲普查时已经所剩无几。好在普查工作以搜集口碑资料为主，每一位老艺人都是一个珍贵的小资料库。眼看着他们一个个年届高龄，调查走访带有抢救性，机不可失，普查人员深感任务迫切。

敖汉地区"四大戏班"首推下洼戏班。据赤峰市、通辽市等文化部门提供的资料，该戏班是内蒙古东部地区历史久远、活动范围较广、影响较大的戏班之一。成立时间、戏班归属、历任班主和演员等历史沿革，众说纷纭，莫衷一是。下洼戏班从清乾隆年间一直办到 20 世纪 40 年代中期，共 170 余年。其间戏班时分时合，故有咸益广班、程芝班、王文显班、李凤芝班、崔家班、福家班、沈家班等诸多称谓，均打过"王三老虎"班的旗号，借此壮其声色。

6 月 27 日，下洼文化站彭乃军陪同普查队员来到河西村，访问了 64 岁的知情者杨永财。下洼戏班成立时间久远，早期情况鲜为人知，杨永财只能回忆自己所知道的点滴往事。下洼戏班民国 17 年（1928 年）左右叫"福家班"，与大财主王家"福兴当"有关。主要演员有“十八红”（饰胡子生）、“二十哥”（饰武生）、“大秃丑子”（饰武丑）、“玻璃翠”（饰青衣）、“小老幺子”（饰武丑）、“任二秧子”（二胡）、小琢（女，饰彩旦）。戏班招收小孩办“小科班”，早晚练基本功，晚上吊嗓，出科后艺名均占“福”字，如福魁（饰青衣）、福增（饰刀马旦）、福宽（饰胡子生）、福顺（饰花脸）等。戏班为王家供养的家庭戏班，一切开销由王家出资，演员挣“满洲票”或小米。一到冬季“打冻”时，王家不给演员开支，单设伙房自己做饭吃。演员有扎大烟“扎抱窝”的，有在王家赌局要钱的，有出去要饭的，戏班没有规矩，乱了套。难怪过去唱戏人被人瞧不起，有“鹌鹑戏子猴，兵丁衙役头”之蔑说。

后来经过多方调查核实，没发现王家有哪个东家领戏班的线索，下洼戏班不是王家家庭戏班，杨永财提供的资料有误。当时戏班应该是王家的内亲程芝领班，打着王家旗号，或程芝受王家委托领班唱戏，因此得到王家的资助。因为经常在下洼戏楼唱戏，后人误传为王家家庭戏班。

韩家戏班在下洼戏楼演过戏，还与下洼戏班插过班子。杨永财详细地描述了大佛寺戏楼，从占地面积、建筑规模到结构样式，方方面面，细致入微，活脱脱的一座戏楼好像浮现在眼前。

28 日，来到下洼镇丰源村杨家店 64 岁老艺人邵荣家。邵荣早年唱过二人转、落子戏，以说大鼓词见长。1978 年以来，每到冬季和弹弦的大儿子一起到各地说书。几年后不再出外说唱，儿子去给村部看门做饭。听说要采访，邵荣便打发人步行 5 里地把儿子找回。

儿子端坐木板凳上，拨正三弦。邵荣站在屋中央，身前摆一个三条腿圆面小木凳，上放一底鼓。他把青夹袄的蒜瓣疙瘩系上，掸掸褶皱，习惯地用双手抿抿背头，然后进入了说书状态。只见他右手持键击鼓，左手拿“手玉子”。“手玉子”为两块小板，约 10 厘米长、5 厘米宽，不打眼儿，不系绳，掌心一块，手指处一块。爷儿俩一弹一打和好弦，演唱开始。

说的是八月十五雁往南飞，
出外人都有三不归。
一不归二老堂前难行孝，
二不归家有贤妻无人作陪。
三不归病在了道上客店，
煎汤熬药依靠着谁。
病情轻了店家养，
病得重了往外推。
留得皮肉喂了犬，

剩下骨头一大堆。

来到清明寒食节，

何人上坟化纸灰。

上场来三言两语说书小帽，

拨正三弦另说一回。

邵荣边唱边左手张合舞动，右手击鼓，随着三弦弹奏，“手玉子”发出清脆的节奏声，有板有眼。他十几岁学艺时练就“手玉子”绝活，表演时根据剧情紧慢变化，“手玉子”自然随和，节奏准确，增强表演效果。他把舞台上演出的《旋风案》改编成大鼓词，道白加唱词，边说边唱，讲述淫妇黄爱玉勾结奸夫，害死丈夫卜贤，刘大人暗访断案的故事。邵荣说唱的大鼓，曲调以东北大鼓为主，带有西河大鼓韵味，与京东大鼓、辽南大鼓不同。近百年来，东北大鼓在敖汉地区长时间流传，艺人们演唱的同时，不断加工修改，自成体系，具有本地区特殊风格，演艺界有人称其为“敖汉大鼓”。

邵荣完全进入鼓书的情境之中，说到“黄爱玉干妈‘四百钱’来借咸盐，不见干女婿卜贤人影，一问才知道已经死了”一段，道白引人发笑：

干妈：“咋？我干女婿死啦！你咋不告诉我一声。先死为大，我拿两张纸哈哈他两声。”

黄爱玉：“看看干妈你！他都没给你买纸呢——”

干妈：“看你这孩子，说的啥话。我不是没死呢吗？”

唱词语句凝练，通俗入耳，合辙押韵。其中的两段为：

“四百钱”出门来往前就走，

转眼间来到了干丫头门前。

手敲着门板连声唤，

叫一声干丫头快开门闩，

干妈我给你圆好了梦，

一件事情对你来言。

清晨起来做熟饭前去熬菜，

谁承想熬熟菜没有了咸盐。

干丫头借给我咸盐一碗，

等明个买回咸盐我就来还。

故事内容曲折，悬念迭起，在场的三人听得入了迷。唱了一个多小时，见邵荣师傅有些累了，彭乃军示意他停下来歇息。回想起来，邵荣等说书艺人的演唱资料有着重要的艺术价值，如果当初全程录音保留，可以整理代表性曲牌进行研究，考证“敖汉大鼓”流传百余年来有别于其他大鼓的演变过程，使“敖汉大鼓”得以保护和传承，那将有更大的意义。

回首从艺经历，邵荣百感交集，思绪万千，讲述了他“吃张口饭”的大半生。“我 16 岁开始学艺，师傅叫杜老美，唱二人转饰包头，唱戏饰彩旦、小旦，后改唱花脸，民间有‘看到杜老美，一辈子不后悔’之说。师傅的小戏班七八个人，与张宽班同期，在敖汉南部地区唱小戏，到过乌丹、开鲁、天山、黑水多地。他后来在奈曼旗剧团当团长，1983 年过世。1935 年左右，张宽班在山湾子唱‘青苗戏’，人手不够，给杜老美捎信请求帮忙，从此两个戏班经常合伙唱戏，走得较近。和我同期演出的有关里人赵之舫、王老会及妻子王桂芳，凌源人‘小白楼’，奈曼孙凤阁（孙小五）等。

“我跟张平山多年合作，唱二人转、落子戏、大鼓，德力板胡同王凤香给我弹弦，赵树文也弹过。其实，会唱二人转、落子戏的艺人都能唱大鼓，我会唱《刘公案》《西厢记》等几十个大鼓词。每到一处演出，常常招徒传艺，带过的徒弟近百人，远到天山、鲁北，比较有出息的有河北吴桥周家哥俩儿、朝阳姓宋的、沟帮子一姓李的，大都叫不上名了。

“我 1940 年离开师傅杜老美戏班，加入张宽班。29 岁那年正月参军，为八路军八纵队六团步兵，扛过大枪，随部队到过彰武、阜新、法库、锦州、四平，10 月份因病离开部队，重新回到张宽班，当时改称敖汉旗半职业剧团。

“说起当时的张宽班，别提多红火啦。解放军十七旅进驻敖汉，我们去慰问演出，部队赠给戏班 5 块匾，下洼商业会也赠给 1 块。那 6 块匾长 5 尺、宽 2 尺半左右，红布衬面，绿布镶边，用金箔纸刻出赠给张宽戏班、赠给侯家戏班、某某部队字样，往上一粘，精致好看。唱戏间隙，部队首长和我们促膝交谈，告诉我们利用演出机会做好宣传，向老百姓讲解共产党、解放军是消灭国民党反动派，为人民谋利益的政党和军队。6 天大戏结束，部队通信员来送信，请我们去开座谈会。来到营部日头刚好落山，我们和战士们共进晚餐后，举办了两个多小时的联欢会。第二天，贝子府团部来信，邀请戏班演出。我们坐着两辆大马车，中途在宝国吐吃午饭，晚上到达团部驻地顾不上休息。唱戏讲究‘没有哑巴江湖’，无论到演唱点早晚，必须开场演出。在团部驻地唱了 6 天，部队不但给了演出费和 1 块匾，而且给演员颁发了毛主席、朱总司令照片。1955 年，我因病离开敖汉剧团，回乡务农。

“张宽班在下洼娘娘庙戏楼多次演出。娘娘庙戏楼建筑规模和大佛寺戏楼差不多，所不同的是王家以石头为原料砌成，娘娘庙戏楼是土木结构。戏台有两副对联，分别为‘真枪真刀真鼓板，假夫假妻假姻缘’‘行军万里走不远，拨马回头望大营’，横批‘台上台下对目观’。”

邵荣师傅对下洼戏班后期的有关情况略知一二。下洼“福家班”后来归宝国吐沈家，由沈青云领班。演员有王春茂（饰老生）、田德生（饰花脸）、张云桥（饰武生）、赵云（饰武生)、赵云妻子(名不详，饰刀马旦)、张大麻子(饰花脸)、张子久(饰老生)、刘志国(饰胡子生)、“小年儿”(饰小生)。

晚上在邵师傅家唠到半夜，4个人躺在炕上仍无困意，继续听他讲述敖汉梨园往事，谁也不知道自己何时睡着。临走时，邵荣师傅依依不舍，说出埋在心底多时的愿望。他做梦都想成立一个小剧团，把大半生积累的戏曲艺术传授给青年人，以此活跃农村文化生活，希望文化站和普查人员向局领导申请一下。

长胜文化站站长刘才接到戏曲普查通知后，骑着自行车各大队跑了个遍，把调查资料详细整理寄到旗文化局。普查人员根据他提供的线索，7月5日下午由刘才当向导来到乌兰巴苏村，想采访唱落子戏的李凤阁、李龙阁老哥俩。时值农忙，58岁的李凤阁天黑才从地里干活回来。刘才说明来意，他顾不上吃饭，急忙叫来56岁的弟弟李龙阁。喜欢说唱大概是老艺人的“职业病”，只要有人想听，不管忙闲，随时随地都愿意亮开嗓门。电灯下，哥俩身穿背心，拉着二胡，你一段我一段唱了起来。声调粗犷，是浓重的落子戏腔调：

贤良女劝丈夫你且坐下，

叫一声儿他爹你听我言。

你一去三年没回家转，

二老饿死在草堂前。

老艺人对戏曲艺术的痴迷，令普查人员感动。连拉带唱一大通，李龙阁才想起在地里拉了一下午耘锄的毛驴还没添草，忙返回家去。李凤阁饶有兴致地讲述起从艺经历，他19岁跟师傅罗贵学艺。罗贵原籍敖包呆，从喜峰口回来后开始收徒传艺，在奈曼剧团唱过14年戏，现住奈曼旗双河村。师傅戏班有他和郑国军、祁荣、李贵、刘明义、徐万良、梁国刚等10余人，每到正月跟着秧歌队，两人一帮，分成几个帮股，打完场时下场唱二人转，民间称其为“秧歌打底儿，莲花落镶边儿”。演唱的二人转曲目有《杨八姐游春》《回杯记》《洪月娥做梦》等四五十个，秧歌帽《张生游寺》《五更》等二三十个，编穗儿(说口)《高高山上一庙堂》《五层殿》等20多个，拉场戏《梁赛金擀面》《小借年》等10多个。起初打地摊演唱，后来渐渐时兴搭台子，称为“戏台”，把“蹦蹦戏”搬到台上唱，改称“高台落子”。“高台落子”在演出的过程中，艺人把其中的人物拆开，每一个人物由一个角色扮演，逐渐演变为落子戏。李凤阁随师傅落子班辗转开鲁、红山、乌丹和敖汉中北部多地，其间自己招收7个徒弟。25岁那年戏班解散，他开始背起三弦说书，和六合号赵连才、李家营子郑玉一起合作过。郑玉是罗贵的师兄弟，论起来叫师叔。

“文化大革命”结束后，几个老哥们儿又组织到一块儿，冬闲到北部乡村去，白天唱戏，晚上说书，还先后到过奈曼、八仙筒、扎鲁特等地，一唱几个月。刘才好奇地问，你们会唱多少个二人转、大鼓词和落子戏？李凤阁自信地说，100来个吧，凡是敖汉地区流传的都会。刘才问，那么多戏词能记住吗？他笑着回答说，我们会唱“跑梁子”戏，就和说书一样，记住每一出戏的“四梁四柱”，演唱时不离大格就行。我们几个人坐在一起，能把100多出二人转、大鼓词和落子戏从头到尾“噜”下来。他说的“噜”指的是经过多年演唱，每一出戏都熟记于心，能从头到尾说下来。的确，很多老艺人不识字，唱戏全凭口耳相传，演唱时增减情节、丢词落字现象时有发生。落子戏来源于“蹦蹦戏”，二者之间内容与形式相互关联。不管与剧中内容有无关系，适当情节为引人发笑，往往来上一段二人转“说口”，如花旦数板“大小姐，我好不心焦。人家那个脚，都是个脚，越裹越瘦越苗条。我的那个脚，也真是个脚，越裹越肥越上膘。骡马上膘都好看，脚要是上膘可真难瞧”；老旦数板“爹是亲，娘是厚，你是娘身上的肠子两大溜。我的娘家哥，是你的亲大舅。你大舅，六十六，推着小车去卖肉。吃肥的有香里油，吃瘦的割后鞧”等，常常运用于不同的剧中。落子戏口语化、大众化，易于接受，老百姓某种程度上不太在意艺术水平的高低。他们看《小姑贤》之类的戏，喜欢戏中大团圆式的结局；看《秦香莲》等戏，满足内心深处对清平政治的渴求。通过剧情了解历朝历代的传奇故事和人物的悲欢离合，每看一出戏都有不同的满足感、获得感。

长胜乡普查回来，主编王玉珩听了汇报，饶有兴趣地说，这些“跑梁子”戏是敖汉地区几代老艺人珍贵的口头创作脚本，要是能整理出来一部分最好。人力有限，最终未能落实。

7月6日，3人来到六合号村周家店村民组，打听到已故老艺人赵连才家，采访了赵连才的老伴。老人回忆说，赵连才71岁去世，距今已经7年。他26岁时给姜家店老姜家耪青，冬天去朝阳走亲戚，入当地杨海峰广和春戏班，一去3年没回来。他不识字，在戏班给人家打下手，偷偷地学艺，回来后不再安心务农，和“石榴花”、小林子、孙凤阁等人一起唱二人转、落子戏。孙凤阁是奈曼旗苇莲苏人，带过小林子、小黑子、小迷子、小胡锁等徒弟，赵连才称孙凤阁为“师兄”，没少跟他学艺。赵连才天生一副好嗓子，唱戏时声音能唱出一里多地，人称“赵半台”，写戏时有“没有赵半台写不出台口”之说。

1940年左右，赵连才加入“张宽班”，和张宽、张平山、侯凤山关系密切。凭借在朝阳戏班偷艺3年的基本功和良好的天赋条件，成为“张宽班”的主演，饰胡子生声音宽厚洪亮，一出场满台喝彩，“赵半台”名不虚传。他常年在外唱戏，过年回家待不上几天，初二、初三开始帮助操办灯会，接着随戏班到各地唱戏。家里留下老母亲和老婆孩子，日子过得很困难。67岁的老伴说着难过地流下眼泪。“死老头子，一辈子没给儿女挣下啥家业，就知道唱戏。”她哽咽好半天才恢复平静，接着往下回忆。赵连才在多年的演出中争强好胜，不甘示弱。他曾说过，戏班有人比我强，我就不在戏班待，去别的地方。正因如此，一年腊月，他为了不食言，演出之前吸食了大烟，因麻醉用力过度，唱着唱着吐了几口紫檀色的血，元气大伤，嗓音大不如从前。1948 年，经张宽介绍，赵连才成为敖汉剧团演员，几年后因故想离开剧团，便借口回去往新惠街里搬家，请假再没归团。赵连才回家后参加生产劳动，给队里种园田。1958 年曾经担任长胜业余剧团负责人，教过许多徒弟。患脑溢血去世后，生前喜爱的一把二胡被一个叫“徐大官驮子”的人买走，一副竹板送给了一讨饭人。

齐家窝铺村沙子口有位老艺人周宝山，艺名“周小姐”，原籍三官营子村，饰青衣堪称一绝。7 月 6 日下午，3 人来到 89 岁的周宝山家。老人 19 岁开始唱二人转，饰包头，师傅是下洼黑山沟李生，外号“李豁子”，他和郑顺、“乐不够”、赵连才、陈老美、“金蝴蝶”“金布鸽”、崔成、马傻子、董福奎、“万人迷”等艺人，或结班，或合伙唱二人转，到过阜新、通辽等地，常年不回家。下洼王七东家“福家班”在戏楼上唱梆子戏，他们打地摊唱二人转，唱过“对台戏”。每到一个台口，当地乡绅、财主等头面人物点戏，一天“两开腔”，能挣一斗多小米。有一天晚上，遇上一伙“砸明火”的贼团，一出戏没听够，让他们接着唱，早晨牛倌撒牛了还没唱完。贼人的钱只有唱戏人能挣，而且最少赏两块大洋。他们吃张口饭的，四处闯荡，到开鲁一带一路顺风，没人敢打劫，知道穷唱落子的没钱。也有风光的时候，贝子府德王请他们去帮过灯会，好吃好喝还给赏钱。

7 月 7 日，先后和长胜甸子村著名唢呐艺人李凤鸣、孟克敖皮影艺人郝印座谈，了解鼓乐班、皮影班有关方面资料。

8 月 16 日，普查人员到牛古吐乡德力板胡同村北营子，采访当年敖汉剧团主演张平山。老人谈起往事有些兴奋，打开柜掏出一个包裹，那灰旧的包袱皮子大概是他和老伴结婚时的“四合礼”之一。打开一看，里面珍藏着铜章 3 枚：1953 年“热河省首届人民文艺检阅大会”纪念章、1956 年“昭乌达盟第二次民族民间文艺演出”纪念章、1957 年“内蒙古自治区第一届戏曲观摩演出会”奖章。各类证件 6 个：1951 年在沈阳参加东北音乐会戴皮帽子照片一张（看梅兰芳《霸王别姬》戏入迷，烤煳该皮帽子）、1954 年 12 月 6 日由侯凤山介绍被批准的“敖汉旗文联会员证”1 张、1957 年 11 月 25 日参加“内蒙古自治区第一届戏曲观摩演出会”代表证和乌兰恰特剧场入场券（时间 25 日 7：00，楼下 16 排 27 号）、1964 年“昭乌达盟独唱、独舞、独奏会演大会”一等奖日记本 1 个和演出二人转《话家史》导演奖奖状 1 块。普查人员暗暗庆幸，这些“古董”级实物资料可以丰富戏曲志资料汇编内容，不可多得。张平山拿起一件件精心保存的证件，讲述各自来历，大半生从事戏曲艺术的荣誉感溢于言表。有一张 1950 年 10 月 5 日的“文艺剧团会员证”，内容是“敖汉旗十一区本村文艺工作者张平山，男，29 岁，登记人张瑞”，盖有“敖汉旗人委”公章，从证件可以反映出新中国成立初期敖汉旗党和政府对民间文艺工作的管理。

张平山风趣健谈，系统地回顾了“张宽班”的历史，还把唱戏老习俗、老令道和二人转编穗儿，等等，一股脑儿地讲出来。普查人员找到“活资料库”，自然不肯放过，决定住下来和老艺人唠个够。

古鲁板蒿乡白家店有个戏班，1954年改为“白家店京剧团”。7月17日，文化站刘国军和普查人员来到63岁的袁国臣家。袁国臣介绍说，他14岁学艺，在落子班唱过二人转《过江》《打狗劝夫》、拉场戏《西厢记》等。和他同期的艺人有吴忠海（外号“吴大干货”）、宫凤阳、张守业、金司永、郑宝山、于申、胡二等。白家店京剧团的成立，说起来好像传奇故事。民国末年过来一个50多岁瘸腿要饭人，在白家店落脚，新中国成立后给生产队莳弄园田。此人吃斋饭，从来不沾烟酒茶，不去别人家串门，见到妇女低头走。20世纪40年代初，“张宽班”来白家店唱戏，张宽、侯凤山、孙凤仙见到此人，亲切地尊称为“师傅”，并且把他请到台上就座，人们这才知道他的身世。他叫李春亮，1895年出生，山东老槐树底人，8岁在北京某戏班坐科，唱青衣，后来因嗓子缘故改唱花脸、武生。出关后在下洼李秀戏班、四家子韩家戏班驻班，艺名“三老板”。一次在台上演出饰赵云时，不小心被台缝隙别断腿。“江湖老了变柴草”，无处驻班，靠乞讨度日。他年轻时订过婚，没想到张罗着结婚时，未婚妻突然病死了。旧时管这种婚事叫“迈门妨”。李春亮受到打击，后来几次有人提亲都没答应。他孤身一人，生活困窘，常常说没有脸面见江东父老，今生誓死不还乡。为此，特意认村中一个叫袁文义的年轻人为干儿子，指望寿终时将他掩埋。

20世纪50年代初，白家店成立业余剧团，生产队把李春亮从种菜的“老园头”任命为剧团“教头”，人们才得以“识庐山真面目”，领略到这位当年唱戏高手的厉害。李春亮虽然没文化，但是靠记忆力能说出100多出戏，忘了就用口头禅“气哪哈”回想片刻。因为他专教京剧，经演员孙广文建议，剧团改名“白家店京剧团”，李春亮改名李逢春，取“枯木逢春”之意。

白家店京剧团由袁文义、白旭东任负责人，有演员44人，购置5000多元唱戏行头。李春亮口传50多出梆子戏、京剧，教演员习练“大快枪”“小快枪”“满天红”“二龙头”等花枪路子和“大刀切”“短刀”“九摇风”“春秋刀”“双刀”等耍刀路子，培养出袁国臣（饰刀马旦、青衣）、赵申（饰老生）、郑四（饰武生）等一批演员。当时敖汉地区几十个业余剧团大都唱评剧，白家店京剧团以唱京剧为主，独树一帜，远近闻名。无论到哪里演出，京剧团都遵循李春亮立下的旧俗，把一只活鸡拿到台上拧死祭台。该京剧团两次参加全旗文艺会演，一次在乌兰召，演出京剧《芦花荡》《少年得志》，另一次在官家地，演出京剧《八叉庙》《盗御马》，均获得二等奖锦旗。孙广文识字，抄录下李春亮口述的许多剧本，“文化大革命”时连同锦旗、行头被烧掉。

张宽班到红山水库演出，专门把李春亮请去教唱《汜水关》《翠屏山》《虎牢关》等戏。他曾经评价过，全旗称得上艺人的是孙凤仙和付麟童，还夸张贵庭“打鼓够用的”。针对敖汉地区梆子戏、京剧日渐被落子戏、评剧取代的现状，他意识到观众喜好正在发生变化，告诉戏班日后“唱落子别唱戏，唱戏惹人生气”。1973 年，78 岁的李春亮在白家店去世。

在古鲁板蒿还采访了山嘴大队 66 岁的皮影艺人曲海峰，他 15 岁从艺，师爷滕广福，师傅贾成芝，和于申、张臣同期坐科 3 年。他随师傅唱影到过翁牛特、林东、林西多地，7 年在外没回家。1934 年去开鲁唱影，发现那一带好多艺人都是敖汉这边过去的。江湖人讲义气，有钱的帮钱场，没钱的帮人场。据他说，红山王府小王爷的二大爷“老二爷子”有个影箱子，常常往外借。想听影时把艺人请到王府，用自家影箱，曲海峰曾经在府上唱过。府内男女老少都爱听影看戏，小王爷会吹打弹拉，手下的差人也会。几乎每年秋收后都要宰杀几头肥羊，请南部戏班来唱上几天。

9 月 13 日，打听到 71 岁的老艺人郭亮在新惠北大队租房居住，普查人员几经周折找到了他。当年舞台上赫赫有名的大武生郭亮仰卧在行李卷上，因患气管炎身体欠佳，瘦弱不堪。说明来意，他便吃力地拉开了话匣。

“我是宁城二道营子人，郭明是我孪生哥哥。我们从小学艺，18 岁时，为躲避服兵役，父亲郭振中带领我们哥俩儿偷着来到敖汉。父亲早年在老家一带唱过戏，饰胡子生。不久回去把我母亲接来，全家在金厂沟梁街落脚。母亲在金厂沟梁病死后，举家迁到奈曼旗义隆永乡西地村，至今连母亲的坟也找不到了。父亲 10 多岁背井离乡，连老家都不知道在哪儿，75 岁死在西地村。

“我和哥哥 21 岁那年被韩家戏班招去，每人一天挣 3 块多钱。韩虎臣领班，戏班 70 多人，唱梆子戏、京剧。有四个顶台柱，爱月楼饰胡子生、张世香饰花脸、罗凤仙饰武生、蔡金凤饰刀马旦。爱月楼教我们哥俩大刀切、大刀枪、出场、散剑、舞剑、小翻等，演出时给他打了 3 年下手，学到许多功夫。‘三老板’李春亮坐过科，饰大武生，演赵云时脚崴坏，得了漏症后管理大衣箱。我 25 岁那年戏班解散。

“出了韩家戏班，我们在杨永秀戏班唱了一年，唱旦角的有马桂云、马桂兰姐俩儿，唱刀马旦的赵兰英、唱胡子生的罗凤仙还在该班驻过，她们都是口里人，下冰雪那年戏班散了。

“西地有个王子凡戏班，是他和侯凤山合伙办的，唱梆子戏、京剧。我们哥俩儿来到该戏班时，下洼沈青云戏班已经解散了，我们还用过他们的两身蟒靠。

“1940 年左右，在下洼高力板唱戏遇到了张宽落子班，从此两个戏班合伙，主要以落子戏为主，兼唱梆子戏、京剧。后来张宽、侯凤山落子班改为半职业剧团，归旗政府管理，我和侯凤山、孙凤仙、李福宽、郭明五个科班（坐科）演员成为主演，我饰大花脸。1964 年剧团精减老演员，下放到岗岗营子公社沙根大队东号小队务农。”

一段时间以来，普查人员多方查找敖汉地区梆子戏、京剧由盛转衰的年代，始终未采访到有说服力的口碑依据。根据郭亮提供的资料分析，大体上可以推断落子戏、评剧的流入时间，尤其是对下洼戏班、韩家戏班的沿革脉络初步清晰。

9月27日，在位于扎赛营子村的新惠乡敬老院采访了老艺人申春合。他回忆时记不清年份，只知道时年自己的岁数。“我今年81岁，祖籍贝子府巨林营子。15岁在下洼戏班拜王春茂为师开始学艺，坐科6年。师傅饰花脸武生，宁城人。坐科指在某某戏班学艺，是某某人的徒弟，和入科班不一样。科班指戏班为培养小演员而办，大凡进入科班都有各行当老师专门教，比坐科时间短，一般3年，但学的东西多而深。

“我出科后四处驻班唱戏，初期饰青衣，后来饰胡子生、老旦。二十五六岁入驻韩家戏班，当时戏班60多人，能出场的20来人，后台30来人，多为家属。写戏人外行，不知道问多少演员多少戏，只问戏班人数。唱戏按人头要报酬，好多人跟着白得东西。我入班时戏班已经成立多年，我在那里只待了一季。

“从韩家戏班出来，我便入下洼戏班。当时程芝领班，演员大多是科班培养出来的‘福’字辈，还请来爱月楼（武生）及四个女徒弟，十六红（胡子生）和妻子张玉霞（青衣）、张大麻子（老生）和徒弟小顺子、小金子、小荣子、‘一身汗’（彩旦）和徒弟桂枝（青衣），还有张云桥（武生）、张云久（武生）等。桂枝后来跟戏班刘志国（胡子生）搞了对象，刘在张宽班时因传染病死在元宝洼，张宽、邵荣我们几人从地主家买个驴槽将其埋葬。

“程芝后来把戏班给了崔五爷，崔五爷领了七八年又卖给了宝国吐沈君。我30多岁下洼戏班解散，入张宽班，后来进敖汉剧团，当过管理员，‘四清’时下放回家。”

10月5日在贝子府找到79岁的老艺人张勤，了解到早期二人转演员王起发、常三、常五、陈家哥俩（大球子、二球子）、陈真等人的从艺经历。6日，在后坟村采访了该村业余剧团负责人刘显明。后坟村自新中国成立前后成立落子戏班，“文化大革命”期间中断10多年，后恢复业余剧团至今。该村戏曲活动历史悠久，群众热情高。当初落子班去外地演出，用一台花轱辘车拉着服装道具，演员身背小包袱步行。缺少戏装，曾经反穿皮袄当官衣上场。后来从沈阳买绸缎自己做。成立至今历届演员累计达200多人，演出梆子戏、京剧、评剧等，在全旗各地演出，还到过黑龙江、吉林、辽宁多地，影响很大。7日，在设力虎屯王绍明家，和其73岁的老母亲座谈。王绍明是下洼首富王家的直系后裔，其母亲20岁来王家，知道有戏楼，也经常唱戏，但没听说有戏班，在戏楼上唱戏的都是外地戏班，可见下洼戏班确是打着王家旗号，与王家无关。50岁的王绍明也证实，他17岁离开下洼，王家没有家庭戏班。

听说舒家影班很出名，10月9日，普查人员和王家营子文化站徐孝兴3人翻山越岭，步行来到四道岭村大杖子，见到皮影艺人舒占儒。他介绍说：“我祖籍山东，来此定居已经多年，属于占山户，全村百分之八十的户姓舒，我是舒家第十二辈。祖上不会唱影，父亲舒选 30 岁左右和常羊倌在山上放羊，天天取笑拉唱，学会半拉架。后拜一姓郑的为师，出徒后和大梁底孟昭发（艺名孟姜女）、刘家湾子黎树学、王家营子街里张起合班唱影，班号‘福真堂’。父亲自学刻影人，一辈子刻了好多堂影，卖给铁匠营子徐广等人。1983 年去世，终年 78 岁。

“我没跟父亲一起唱过，十七八岁跟大爷舒申学艺。他也有个影班，影箱子让其儿子舒占会继承，现在还唱。敖汉东南部出名的影班，一个是宝国吐蒋家，另一个是舒家。”

下午，来到西营子 78 岁的皮影艺人张起家。他说：“我是宝国吐人，一辈子给别人扛活，住过隋家窝铺、北洼、甸子庙、宫杖子。18 岁拜北票草帽沟王国同学艺，自己没有影箱子，去别人影班唱。有一次，我和贝子府常玉泉、设力虎屯毕振廷、喇嘛板李文瑞去贝子府给小贝子老婆唱影。她当时 38 岁，身体较瘦，可能跟她天天抽大烟有关。小贝子老婆有文化，按自己的喜爱，从影卷中挑选短影卷唱，唱完给我们每人两条烟和几个大烟泡。”

10 月 11 日，大甸子文化站宫悦陪同普查人员来到大甸子业余剧团负责人、50 岁的本家宫玉昌家。他说，剧团 1958 年成立，有男女演员 25 人，演唱的是在贝子府剧团学的落子戏、评剧。沟门子也有个业余剧团，后来合在一块儿。主要在本公社范围活动，去下洼唱过几回，1966 年解散。宫玉昌记忆力很强，知道许多大甸子一带的旧事。借着唱戏话题，不经意间讲起甸子庙的传说。他先从宫成南（宫老道）出家、化缘修庙说起，讲到庙的由来、建筑结构、住庙道士、庙会活动，等等，绘声绘色，听起来如身临其境。关于甸子庙瓷老爷的诸多故事，有几则与唱戏相关。

——有一年宝国吐唱大戏，把瓷老爷连同供台请去，戏台对面搭神棚摆设供台，让瓷老爷端坐其上观戏。原定 6 天大戏，没想到唱到第四天便下了透雨。为不误农时，几个会首决定提前“刹戏”。当人们抬起供台准备往回送瓷老爷时，扁担意外断了。人们见状纷纷跪地祷告：“老爷是没看够戏，不愿回去。张口是愿，再忙也得还完愿。”于是，唱够 6 天戏，瓷老爷像顺利被送回甸子庙。

——大甸子人信奉瓷老爷，多为求雨而唱戏。一年春天久旱无雨，眼看着农时将过，庄稼无法播种，人们只好求助瓷老爷。村里有个姓纪的人，外号“纪大洋人”，平时不好言语，精神恍惚、反应迟钝。每当求雨让他当“神架”，瓷老爷神灵附体，纪有问必答。农历五月十四全村人来庙前求雨，跪地焚香祷告，问纪何时才能下雨。纪说：“五月十六下雨。”这天，人们在庙前敲锣打鼓，果然下了二指雨。十七那天接着求雨，问为何没下透。纪说：“你们心不诚，怕挨浇，刚下雨就都跑回去了。”会首王志问：“咋样才算心诚呢？”纪说：“如果心诚，十九还下雨。许个愿吧，心诚则灵。”王志和大伙儿商量后，对瓷老爷许愿：“十九下透雨，二十唱 3 天戏。倘若食言，我割下脑袋祭奠瓷老爷！”十九那天落了透雨，二十早晨天刚亮，王志安排村子人搭戏台，自己去请戏班，晚上准时开戏。

尽管这些民间传说传得神乎其神，谁也无法考证它的真实性，但是求雨许愿唱戏毋庸置疑。多少年来，敖汉地区大小庙宇庙会之日经常唱戏，大多为还求雨时所许之愿，称为“愿戏”，民间世代传承，带有迷信色彩的宗教仪式逐渐演变为传统民俗活动。

宝国吐蒋氏家族几代人从事皮影、戏曲活动，在该地区很有名气。12 日，普查人员采访了传承人蒋春。他介绍说：“蒋家祖先从关内迁居范家杖子，自老太爷蒋文俊那辈开始唱影，堂号‘荣盛堂’，后改为‘义和班’。父亲蒋凤岐 18 岁跟老太爷学艺，后来拜一外号叫‘张三’的老影匠为师。老太爷曾经购置两次影箱，因没后人最后都挑了。他 74 岁去世后，父亲自己置办影箱领班唱影。同班伙计有后来去奈曼剧团的丁洪生、青山大队南范家杖子范瑞、大甸子新窝铺胡俊臣、陈家窝铺村榆树林子朱文锦、赖草沟李香廷，还教过盖焕福、刘子琴、王守千等徒弟。20 世纪 50 年代宝国吐成立业余剧团，父亲当过团长。”

蒋春 14 岁学掌鼓板，继承父业，影班传承至今。他展示了一大摞影卷及伴奏乐器，看上去年代久远，历经沧桑。皮影行当的老习俗很多，甚至睡觉、吃饭时人员排列位置都有讲究，睡觉自炕头起分别为拿线、拉大弦、拉胡琴、打下手、掌鼓板，吃饭时师傅坐里边，徒弟坐炕沿。

10 月 16 日，在下洼采访了下洼戏班领班人之一的沈青云儿子，时年 77 岁的沈财，了解到该戏班后期基本情况，丰富了编写《下洼戏班》一节内容。

10 月 26 日，普查人员与乌兰召后营子皮影、唢呐艺人林子佩座谈。他是张子林的徒弟、艺名“老沾包”张玉申的表弟。林子佩提供了许多鼓乐班“上买卖”的资料，还演示咯戏、鼻子吹奏等绝活。

11 月 23 日，在高家窝铺乡巴尔当村后布登吐村民组采访了 66 岁的皮影艺人沈连珠。他和牛古吐乡哈拉海吐村李朝珠、原籍牛古吐乡大五家村（后住元宝洼村正北营子）张玉珠、高家窝铺乡万银当村杨国珠，有敖汉“影匠四大珠”之称。沈连珠 18 岁拜“三影匠”任国权为师，坐科 3 年。他从皮影戏的来源讲起，把皮影里面的南海大士、八大学士、蒙帘弟子、大师兄、二师兄、溜口影、翻篇影、徽宗语、唱影习俗、愿影、会影、参神，等等，逐一解释，然后才说到师傅的皮影班。任国权的师傅是下井村大迷风沟吴殿中，任国权出科后自立影班，人员有任秀峰、任秧子、任六子、吴廷章。当时，玛尼罕乡皮匠营子村七家王全有个影箱子，其侄子王瑞堂拉弦功夫极绝，敖汉旗境内没有超过他的，王全影班因此远近闻名。两个皮影班相距十几里，任国权不甘示弱，把科班出身的沈连珠和郭纯堂招来，和王全一比高低。

沈连珠还讲述了几十年唱影中的许多逸闻趣事，最后把敖汉地区与他同期唱影的伙计们点了一遍。下洼田德林，宝国吐蒋凤岐，四德堂“老沾包”之父张子林、“小二子”张瑞方、林国民，王家营子舒申、舒选，铁匠营子金玉琢、金玉喜，扣河林薛荣廷，乌兰召林子佩，丰收张殿阁，长胜后店子周明和、田玉、田凤，格斗营子陈维，坤龙宝河张春，乃林皋程殿奎，五十家子张三、张五，还有鲍兰田、李逢春、丁洪生，等等，如数家珍，娓娓道来。沈连珠在皮影行当资历较老，在他的心目中，拉大弦最花花的是盆底坑人张井玉，拉大弦最稳的是丛景花……边提名边对每个人的艺术造诣加以点评。

（四）

“好德歌沁”为敖汉旗乌兰召地区独有的蒙古族民间艺术，当地人都管它叫“蒙古秧歌”，流传几百年。新中国成立后，旗文化部门多次组织民间艺人演出队，去呼和浩特、海拉尔、通辽等地演出。市集成办要求敖汉旗编写《民族民间舞蹈集成》时，作为重点项目挖掘整理。

1986 年 2 月 25 日，在旗农行会议室召开“敖汉旗戏曲志、民舞集成工作会议”，市集成办池汉中、额尔敦扎布、陈洁、幼林，戏曲志办许国良，旗志办张俊，旗文化局王玉珩，图书馆张果彬，民委梁素香，戏曲志办公室韩殿琮、孟庆华参加。会议主要议题为落实“好德歌沁”挖掘整理工作，区、市两级已经签署合同，将其列为重点项目。此外，督促戏曲志、民舞集成资料汇编尽快脱稿，装订成册。会上，王玉珩汇报了敖汉旗戏曲志、民舞集成工作开展情况，对资料本的编写内容进行了明确分工。接着梁素香讲述对整理“好德歌沁”的建议，一旁的额尔敦扎布边听边若有所思，突然打断话题，对“好德歌沁”名称提出了异议：“30 多年来，我们一直叫‘好德歌沁’，是查玛里丑角的意思。根据音译，我才明白，应该是‘呼图格沁’，是求子的意思。”他用蒙古族汉族两种语言的音译加以解释，阐明自己的观点，在场的人听后感到不理解，流传几百年、挖掘整理几十年的“好德歌沁”，真的连名字都叫错了？没有人反驳，大家都不是专家。自此，“好德歌沁”又有了另一个名称，即“呼图格沁”。

第二天，与会人员继续在旗政府招待所二楼小会议室座谈，梁素香系统地叙述了她所掌握的有关“好德歌沁”的传说、演出过程、演出习俗，大家各抒己见，追根溯源，最后蔡春圃局长决定，组成普查小组去乌兰召实地采访。

3 月 25 日，由旗民委梁素香带队，苏日图、韩殿琮、孟庆华和乌兰召文化站赵宗武 5 人普查小组，带上文化馆几年前为“好德歌沁”会演精心制作的面具和普查所需的录音机、相机，到乌兰召村找“好德歌沁”老艺人采访调查。

乌兰召是梁素香的出生地，论起来全村人都有亲属关系，家乡人亲地熟，有利于普查工作。乌兰召村党支部书记巴根对普查工作十分支持，26 日，他把赵树廷、李维峰、李发、李福山、金生、武凤岐、郑德喜召集到村委会。巴根书记开场白幽默风趣：“整理‘好德歌沁’，是我们乌兰召蒙古族的光荣事。老赵头、老李头岁数不小了，说不定哪年就过去了（大笑）。阴间还不知道要不要‘好德歌沁’，既然阳间认为有价值，我们就要协助，该说就说，该跳就跳，这也是党的事业。”苏日图结合几次带队参加调演的经过，讲了挖掘整理“好德歌沁”的意义及此行的目的。梁素香笑着对众人说，她此次回家乡来，是学唐僧“取经”来了。几位老艺人纷纷表示，尽全力配合工作，知无不言，根据需要择时跳一场“蒙古秧歌”。

一连六七天，普查小组通过座谈了解、演唱录音、表演拍照等方式，完成了“好德歌沁”的初步普查。29日，主编王玉珩坐班车来到乌兰召，为协助普查的7位老艺人支付了报酬。

5月24日，旗民委、文化局在文化馆三楼会议室召开“好德歌沁”学术研讨会，邀请老领导、老同志、“好德歌沁”整理人员、蒙古族汉族兼通人士参加。主管文化的副旗长鲍凤翔主持会议。参会人员有鲍凤珊、李秉章、鲍廷章、吉日木图、梁素香、王玉珩、梁鹏、蔡春圃、郭汉武、苏日图、李彩荣、徐国选、韩殿琮、张俊、张希生、张果彬、舒本阳、王树田、图门乌力吉、鲁文生、罗彦魁、孟庆华。经过一天的讨论，最终形成方案：①用蒙古文汉文两种文字，如实记录整个演出过程。②由苏日图整理汉文本，梁素香整理蒙古文本，要内容一致，共同补充完善。③舞蹈示意图由李彩荣示范，陈玉莲画动作图。④蒙古文、汉文文本完稿后，召集人员修改，一并上报。

6月5日，市群艺馆长乌日娜、文化局额尔敦扎布来敖汉，在旗政府招待所四楼会议室研究《好德歌沁》定稿事宜。吉日木图、蔡春圃、梁素香分别介绍了“好德歌沁”挖掘整理的整个过程，乌日娜对蒙古文、汉文文本语言、文字及唱词等方面存在的不足，提出了修改意见和建议。同时指出“不要再争论名称的问题，可以通过论文的方式，将各自的论点充分论证，用论据得到学术界认可。目前整理，两个名称可以并存”。

（五）

《好德歌沁》计划出资料单行本，梁素香、苏日图、李彩荣、陈玉莲按照各自分工，加班加点。《敖汉旗民族民间舞蹈集成》中“黄河灯会”一章，由多年来搜集整理该方面资料的图书馆馆长张果彬执笔。《敖汉旗戏曲志》资料可谓只鳞片爪，难以成文，编写人员只好四处查遗补漏。

1986年3月9日，韩殿琮、孟庆华在市京剧团侯玉林家，采访了75岁的原敖汉剧团演员孙凤仙。老人讲述了从14岁在北山城子戏园子坐科、父亲和师傅朱富有立下的“合契”、学艺时挨打、出科后驻戏班等经历，细致入微，一直讲到加入“张宽班”和敖汉剧团。3月11日，普查人员邀请旗电影院场务薛桂芹老人来办公室，回忆老伴付麟童等十多人从朝阳剧团来敖汉剧团之后的往事。她当时在剧团负责卖票，亲历剧团十多年的兴衰，每一件事都讲得比较准确。当说到英年早逝的付麟童常常以“屈己从人”“人前富贵，背后受罪”为立身准则时，言语中表达出对老伴的尊敬和怀念，泣不成声：“我要是有半点做人的出息，都是跟付团长学的。”普查人员为之动容，止不住陪她流下泪水。

对两位敖汉剧团团长遗孀的采访，弥补了“张宽班”、敖汉剧团编写资料的不足。为了进一步核对，5 月 12 日，到居住在旗医院西坡的原敖汉剧团文化专职干部、旗图书馆退休老馆长朱子林家了解情况。老人从剧团成立到解散一直任团长，记忆力惊人，从头到尾地讲述了敖汉剧团的建制沿革、人员组成、演出剧目和大事记，等等。

四大财主戏班的资料还需要进一步调查。5 月 29 日，普查人员第二次去四家子，找到后马架子 67 岁的韩家后人韩宝连，聊了整整一上午。“韩家是乾隆二年移民过来的，属于占山户，现在已经十几辈了。爷爷韩青英（韩海峰）那辈过大日子，是这一带大爷派人物，人称韩二爷。四家子方圆 20 里全是韩家的土地，年打粮食 240 多石。他 40 多岁成立家庭戏班，领班唱戏，罗喜田父亲罗景山当揽头，负责写台口。大戏园子的名角唱不红了，就出来流动驻班。爷爷招收张连起、牟文林、金茶壶、茶壶嘴等六七十名流动艺人，全班加起来 100 来人。行头从北京局子买的，跟朝阳‘金堂班’差不多。韩家用自家大马车接送，到北票、通辽等地演出，还办小科班培养演员。

“爷爷领戏班七八年，大爷韩巨青接班。这阶段戏班最为红火，民间有‘看戏看韩家班戏’之说。从农历二月十九皇会开始活动，一直唱到十月末。打冻时主角住下，其他人到老哈河川财主家去，以韩家戏班人的名义待一冬。没有君子不养艺人，那些财主屈于韩家的势力，不敢怠慢。

“裴云霆、爱月楼都在韩家戏班待过，我看过他俩的戏。裴云霆个子大，扮相俊，唱武生，其他情况不太了解。爱月楼比裴云霆矮些，也唱武生，有 4 个女徒弟。他当时 20 来岁，两个牙出奇，唱《金钱豹》时能够伸缩，酷似真豹牙。唱《牧虎关》跳高桌，别人没有他的功夫。《花蝴蝶》是徒弟李小楼的拿手戏，一次演出上木棍时从高处掉下来，差一点把爱月楼吓死。爱月楼是锦州静安剧院的名角，我大爷派人高薪雇来的，驻班几年后回锦州，剧院的海报上写着‘真正的爱月楼又回来了’，人们争相买票。

“大爷领戏班十五六年，韩家的日子渐渐衰落。他 58 岁那年病死，因欠建平县马场高布云 300 元钱，让人家把戏班全部行头给扣下，从此戏班解散。

“民国十三年左右，韩家破产了。日本人来了后，昔日过惯大日子的韩家难以维持生计。七叔韩虎臣去天津投靠一个叫宫术的军阀，宫术当时在‘蓝衣社’，不知道啥职务。他让七叔恢复韩家戏班，领戏谋生。七叔回来后，租了建平县张久香的戏箱，继承旧业。七叔虽然对戏曲外行，但依靠地方警察署几个朋友的势力，戏班仍然挺红火，其看家戏《金钱豹》，每次演出令人拍手叫好。五六年后，韩家戏班演员抽大烟厉害，开支紧张，连演员吃饭都无力解决，七叔只好把戏班解散。”韩宝连接着介绍了韩虎臣的人生沉浮。

下午，在四家子河西见到了 70 岁的车国瑞，采访了杨永秀落子班情况。老车头说：

“杨永秀领过两期戏，早期叫杨永秀落子班，新中国成立后叫四家子业余剧团，我后期给剧团当会计。我10来岁记事时，落子班都成立三四年了。杨永秀脸较黑，唱旦角，文武场兼通，演员有贾福文、‘石榴花’‘赵半台’、小贵子、赵之舫、赵万成等，唱二人转、落子戏，还和张宽、侯凤山合班在下洼唱过。业余剧团演员有王文举、张宝荣、李井阳、徐耀文、司玉明等。杨永秀1968年去世，戏箱由刘恩广保存。1979年公社成立业余剧团，用的是该戏箱行头，主要演员仍然是当年的老艺人。

“金玉霞、窦宝霞都在四家子一带唱过戏。金玉霞在‘福’家班，后归张久香了。她五六年时间到四家子来过3次，《宝龙山》唱得绝。四月二十八朱碌科庙会，她产后刚7天。天下着雨，观众不肯走，等着看她演出《珍珠衫》，登台时累得脸焦黄。警察署为此给她两袋面、200个鸡蛋。窦宝霞是自家戏班，演出后回平泉一带了。

“听说老虎山宫家戏班门头硬，宫二爷（宫森）的戏不用写台口，到哪儿都得唱。宫二爷有句口头禅‘我戏调是好戏调，别人给唱砸了’。儿子宫臣、宫术跟着戏班开赌局，没人敢惹。”

（六）

7月，编辑韩殿琮、孟庆华按照旗县级戏曲志、民族民间舞蹈集成编写体例要求，把一年来普查资料分门别类，陆续整理报送旗文化局。因为是市文化局相关部门布置的资料汇编，旗文化局艺术集成领导小组没有召集成员审稿。主编王玉珩批阅后，安排吴玉洁把手稿打印成文，韩殿琮、孟庆华起早贪黑地用油印机印刷。梁鹏副局长有时晚上来帮忙，他在旗委宣传部工作期间天天印材料，油印技术过关，用墨量和油辊用力大小恰到好处。9月，17份油印稿排好页数送到新惠镇北大队印刷厂，一个星期时间，《敖汉旗戏曲志资料汇编》《敖汉旗民族民间舞蹈集成》《好德歌沁》装订成册。

10月5日—9日，内蒙古自治区艺术集成工作暨先进经验交流会在赤峰市召开，敖汉旗王玉珩、韩殿琮、孟庆华参加。会上，敖汉旗文化局送审的3本油印集子受到专家学者的好评。敖汉旗文化局获市民委、市文联、市文化局联合颁发的“艺术集成工作先进集体”奖旗，韩殿琮、孟庆华获“全市艺术集成工作先进个人”奖状。会议期间，内蒙古“十大艺术集成”主编分别讲课。9日下午，在宾馆四楼会议室，自治区政府主席布赫接见与会全体代表并讲话。

之后的几年里，敖汉旗文化局送交的3本资料汇编，包括《好德歌沁》在内的部分内容被《中国戏曲志·内蒙古卷》《中国民族民间舞蹈集成·内蒙古卷》选用。市文化局退休干部褚广森编著的《塞外梨园谱》，其中选用《敖汉旗戏曲志资料汇编》资料达10余篇。1999年11月，赤峰市文化局作出《关于对我市艺术集成编纂工作总结表彰的决定》，敖汉旗文化局被评为“集成志书工作先进集体”，韩殿琮、苏日图、孟庆华、李彩荣、陈玉莲获优秀编纂工作奖。

35 年前开展的戏曲普查，尽管搜集整理出部分资料，但是留下的缺憾无法弥补。首先，受客观条件限制，许多传统的落子戏、评剧、大鼓、二人转等演唱资料没能够通过录音保存下来，以致失传，给传承带来困难。其次，老艺人的表演绝技，如打“手玉子”“咯戏”“鼻子吹奏唢呐”，等等，没留下影像资料。最后，由于普查人员少、时间紧，加之经验不足，具有地方特色的民族民间艺术挖掘肤浅，脉络不清，代表性老艺人及其所掌握的资料没能翔实记录下来。时至今日，在开展非物质文化遗产保护传承工作中，一些非遗项目由于失传无法申报。人去艺失，无处寻访，想起一座座荒冢掩埋下的老艺人，后人只好发出无可奈何的叹息。

第二节　文艺类

一、“好德歌沁”歌曲

既歌既舞的蒙古族民间艺术“好德歌沁”流传于敖汉旗的萨力巴乡乌兰召一带，在本志的非遗工作篇中对于这一艺术形式进行综合记述。限于篇幅，对于“好德歌沁”在表演中演唱的蒙古族民歌没有详细记载。作为史料，记录于此，以丰富本志。

“好德歌沁”共有歌曲 17 首。这些歌曲在表演中有着严格的演唱顺序。比如在庙上出发、进村的路上、到达请户门前、进屋见佛像、坐在炕上、接受户主敬茶、赞祝户主、辞行出屋、寻找曹门代、走出院门上路、烧面具时等，每一个环节都唱固定的歌，结构是相对严谨的。

（一）麦德尔葛根歌

形成伽兰庙十三世以来，（啊啊哈啊哈嗬咿）
耿直都统掌经的“却吉格”们查看哟，
麦德尔葛根哟，
你是所有兄弟中的“沙格吉图瓦”达。

你出生的地方是西藏喃，
你转世的地方是“张参普勒”哟，
麦德尔葛根哟，

在外蒙古喀尔喀旗把佛威显。

你举法器的是右手嗬，
你除邪的地方是巴林旗哟，
麦德尔葛根哟，
把再兴的邪恶在那里镇压。

菩提山岗西腰侧嗬，
是巴林王府的旧址哟，
麦德尔葛根哪嗬，
再次把瓦庙建在那里哟。

有搬运木材的众和尚嗬，
还有木匠、石匠、鲁班大师来凿制哟，
麦德尔葛根哪嗬，
建起了玉柱大厦你住下了。

在黄水河那边的岸上嗬，
建起黄瓦庙你住下哟，
麦德尔葛根哪嗬依，
你在那里把黄妖降压。

在黑水河北岸嗬，
建起黑瓦庙你住下哟，
麦德尔葛根哪嗬依，
你在那里把黑魔降压。

在青水河彼岸嗬，
建起青瓦庙你住下哟，
麦德尔葛根哪嗬依，
你在那里把青妖降压。

在红水河南岸嗬，
建起红瓦庙你住下哟，
麦德尔葛根哪嗬依，
你在那里把红魔降压。

请葛根骑上花斑走马嗬，
把五尺长的洁白哈达献上哟，
麦德尔葛根哪嗬依，
在北蒙的喀尔喀旗把葛根请上。

请葛根骑上青色马嗬，
把两三条哈达给葛根献上哟，
麦德尔葛根哪嗬依，
把葛根请在北蒙的喀尔喀旗。

（二）班禅活佛歌

稳坐轿里的活佛，
六部督统保驾跟随。
不在京城里下榻，
请到热河的普陀寺里。

活佛经过古北口城门，
毫无危险通过了。
那些背后好闹事的奴才们，
也撒腿望风而逃了。

活佛经过喜峰口城门，
安全稳当地通过了。
那些无赖的奴才们，
解扣扔衣望风而逃了。

（三）西京

那里有永久的美好和幸福，
在西边的北京城里有地盘。
有一颗虔诚的心哟，
还有“甘珠尔”“丹珠尔”神祇经。

在蒙古旗里有猎场，
有看守猎场的喀喇沁王。
有统辖蒙古族满族的王大人，
我们的君主在西边的北京。

有供时辰佛的白塔寺，
有按法规兴建的雍和宫，
有监视时刻的军师和太师，
我们的君主在西边的京都。

北边有“法轮玛尼”经，
有看守“玛尼经”的两位执法僧，
有合法建筑的玉石牌楼，
我们的君主在西边的京都。

发展“章嘉”国师的教法，
维护嘉庆皇帝的权威，
减轻扎兰官吏的差税，
过没有截劫的幸福生活。

弘扬“陶娃”葛根的教法，
维护统治皇帝的权威，
使亿万百姓的庄稼丰收，
让我们共同在一起把福享。

（四）敖汉赞歌

它有牢固的财富宝库，
还有主宰地方的两位王爷，
由九种宝物形成的地方哟，哲嘿嗬咿，
我们的敖汉旗哟，哲嘿嗬咿。

东边有出名的响水瀑布，
并立着带有刻字的红山，
由各种宝物形成的地方哟，哲嘿嗬咿，
我们的敖汉旗哟，哲嘿嗬咿。

前面有东流的老哈河，
还有智谋双全的四个辅佐官，
“满萨尔”活佛附位的地方哟，哲嘿嗬咿，
我们的敖汉旗哟，哲嘿嗬咿。

高平地上长满扫帚草，
腾克力山坳有寺庙，
有四季供奉香火的居民，哲嘿嗬咿，
我们的敖汉旗哟，哲嘿嗬咿。

有很远就能看见的罕山，
罕山坳前有海力王，
有善辨黑黄界线可敬的“占吉姆”，哲嘿嗬咿，
我们的敖汉旗哟，哲嘿嗬咿。

肥壮牲畜撒满草原，
白马石河畔有公爷府。
公爷有白女神转世般的夫人，哲嘿嗬咿，
我们的敖汉旗哟，哲嘿嗬咿。

细水长流的撒力把河哟，
撒力把村中有财主“吉布吉格”，
千年“玛尼”念成的奇妙地方哟，哲嘿嗬咿，
我们的敖汉旗哟，哲嘿嗬咿。

所有的沟岔长满枝杈蓬松的树木，
“哈日哈达”山下有皇后庙，
常有王爷的葛根把法事兴办，哲嘿嗬咿，
我们的敖汉旗哟，哲嘿嗬咿。

丘岗上长满条柳丛，
青山坳里有王子庙，
庙里有七代转世喇嘛，哲嘿嗬咿，
我们的敖汉旗哟！哲嘿嗬咿。

（五）鸭鸡庙歌

王爷亲自领头哟，
带着公差和庶民哪，
建起这座寺院哟，
我们的鸭鸡庙啊！

王爷亲自领头哟，
带着子女和属民哟，
建起这座寺院哪，
我们的鸭鸡庙啊！

登上西面的高处看哟，
好似莲花怒放哟，
高僧密集的寺院哟，
我们的鸭鸡庙啊！

登上北面的高处瞧哟，
像并蒂莲花在怒放，
庙中的喇嘛众多哟，
我们的鸭鸡庙啊！

登上东面的高处看哟，
好像百花在争艳，
庙中的喇嘛众多哟，
我们的鸭鸡庙啊！

登上南面的高处看哟，
好像百花在争艳，
庙中的喇嘛大夫之多哟，
我们的鸭鸡庙啊！

茂盛的树木哟，
好一片红色的檀香林，
缓缓流淌的溪水哟，
圣水一样的清澈。

（六）达拉拉嘎歌

给安详的“必萨曼”苍天，
理好圣洁的祭祀供盏；
漫撒而来的福禄祯祥，
倾盆而至似飞箭。呼热，呼热！

把祭祀用的黄头绵羊放好，
把释迦牟尼前的供器摆上；
闪光而来的福分哟，
顺箭筒中的箭头而降。呼热，呼热！

摆放好装饰后的灰头绵羊，
在活佛前把祭器摆上；
飞扬而来的福寿哟，
顺着臂桡骨尖飞降。呼热，呼热！

给白色的马备上金鞍鞴，
把佩剑马褂反穿上；
飞扬而来的福禄呀，
就在眼前飞降。呼热，呼热！

给三岁儿马备上金鞍鞴，
把狐狸皮马褂反穿上；
跳跃而来的福分哟，
顺着长剑尖而降。呼热，呼热！

豹花马备上金鞍鞴，
把狼皮马褂反穿上；
源源不断而来的福寿哟，
顺着真实的弓箭而降。呼热，呼热！

沙毛马备上金鞍鞴，
把貂皮马褂反穿上；
漫飞而来的福分哟，
就在这里降临。呼热，呼热！

把鬃毛好的儿马作为祭品供上，
给奶汁好的骒马把彩绸带系上；
绽开而来的福禄哟，
就在这里降临。呼热，呼热！

把长角大牤牛作为祭品供上，
给乳汁好的奶牛把彩绸带挂上；
迎面而来的吉祥哟，
就在这个地方临降。呼热，呼热！

把良种绵羊奉作神物摆放，
给繁殖力强的母羊把彩绸带系上；
迅速集中而来的福分哟，
就降临在这个地方。呼热，呼热！

在山丘右侧这个地方，
是巴林王府的旧地址哟，
还是把麦德尔活佛请在那里哟，
砖瓦结构的庙堂。呼热，呼热！

用老鹰翎羽饰尾的箭，
用九色绸缎装饰的箭，
五畜兴旺的福禄哟，
就降临在这个地方。呼热，呼热！

用乌鸦翎羽饰尾的箭，
用五色彩绸装饰的箭，
七畜兴旺的福禄哟，
就在这个地方降临。呼热，呼热！

（七）敖民罕之歌

高岗上建起来的哟，
道隆淖尔庙啊；
七个旗集中一起哟，
建起了大佛寺哟。

岸坎上建起来的哟，
王主的喇嘛庙啊；
九个旗集中一起哟，
建起了大佛寺哟。

山峰上修起来的哟，
皇帝的喇嘛庙啊；
所有旗集中一起哟，
建起了大佛寺哟。

在四只腿的供桌上哟，
点起四盏佛灯啊；
就在四月初二啊，
敬请了敖民罕嘀。

在八条腿的供桌上哟，
点起八盏佛灯啊；
就在八月初二啊，
敬请了敖民罕哟。

奏起庙用管乐哟，
念上“凶煞”喇嘛经啊，
献上七个“巴灵”啊，
安抚地方得太平。

打起念经用的铙和镲哟，
念起了纸页喇嘛经啊，
献上白色的“巴灵”哟，
安抚水土保太平。

金质的大净水壶里，
制成洁净的圣水。
为给厚密的众百姓，
把圣泉水来分配。

银质的大净水壶里，
制成永恒的圣水。
为来叩头的众香客，
把永恒的圣水来分配。

（八）祝福歌

你的五串钥匙哟，主人哪，
箱箱柜柜上面有垂缨，主人哪，
你的箱箱柜柜哟，主人哪，
装满纯正的雪花银吧，主人哪！

你的十串钥匙哟，主人哪，
箱箱柜柜上面有垂缨，主人哪，
你的箱子和柜里哟，主人哪，
装满金子和银子哟，主人哪！

平川地里种的庄稼，主人哪，
割上五万捆庄稼吧，主人哪，
拉满五六个场院吧，主人哪，
一车一车拉也拉不完呀，主人哪！

河湾子里种的庄稼哟，主人哪，
割上三万捆庄稼吧，主人哪，
粮食拉往三座塔，主人哪，
一车一车拉也拉不完呀，主人哪！

平川地里种的庄稼哟，主人哪，
割上五万捆庄稼吧，主人哪，
粮食拉往塔子沟八沟哟，主人哪，
拉也拉不完呀，主人哪！

坎上种的庄稼哟，主人哪，
割上九万捆庄稼吧，主人哪，
拉往九门九关的锦义州啊，主人哪，
拉也拉不完呀，主人哪！

（九）四季歌

春季到来大雁归，
嘹亮的叫声多清脆，
有缘朋友来相会，

共坐一起迎祥瑞。

夏季到来嫩草肥，
青枝绿叶人心醉，
同辈朋友来相会，
共坐一起享富贵。

秋季到来谷穗沉，
满目金黄醉人心。
同代朋友来相会，
共坐一起享福荫。

冬季到来鹿踏霜，
蹄印梅花更芳香，
同年朋友来相会，
永坐一起把福享。

天上的风哟吹不停，
人身的躯体不能永生。
永存的圣水谁能全消化？
趁有限时光我们把福享吧！

宇宙间的风哟刮不均，
落世的人身不能永存。
永流的圣水谁能全饮？
就在有限的时间里我们享福吧！

人生的路啊要认真地走，
遵循着佛门正道走，
人生的路啊要一步一步走，
我们都毕恭毕敬地跟随佛祖走。

（十）幸福歌

五颜六色的鲜花在开放哟，
那么美丽又芬芳。
幸福相聚的我们哟，

比鲜花更芬芳馨香。

五颜六色的绫罗服装哟，
那么华丽漂亮。
要说我们欢聚的心情哟，
比穿绫罗绸缎更舒畅。

美味爽口的蜜和糖哟，
营养丰富又甘甜。
幸福相聚的我们哟，
要比蜜糖更香甜。

高高的侧柏和檀香树哟，
美丽又芬芳。
幸福相聚的我们哟，
比侧柏檀香更芳香。

盼望的“五宝”形成了，
在那悠扬的乐声歌声中哟。
在盼望已久的佛祖面前哟，
欢聚在一起把福享。

（十一）四泉歌（宴会酒歌）

像西泉水一样晶莹，
像芭蕉树的叶子一样柔软绿嫩，
为亲密朋友们的到来，
把美餐“德吉”频频献上请你们品尝。
* 哲嘿珠嗨，哲嘿珠嗨，哲嘿珠，
咱们共同把福享！

像东泉水一样晶莹，
像果树叶一样柔嫩，
为真诚朋友们的到来，
献上杯中酒的“德吉”请你们品尝。

像南泉水一样晶莹，

像葡萄叶一样柔嫩，
为有缘的朋友们到来，
献上奶酒的“德吉”请你们品尝。

像北泉水一样晶莹，
像桦树叶一样柔嫩，
为深情的朋友们到来，
献上壶中酒的“德吉”请你们品尝。

* 此两句为本歌的副歌，重复于各段末尾。

（十二）十相处

十相处而得的人身哟，
获得人身而生存哟，
获得人身而生存哪，
一定有不可估量的福分嘛。

上院是他的故乡哟，
他的脾气太傲慢哪，
对有傲慢脾气的人哟，
要看他上辈品行交朋友嘛。

智慧院子是他的家园哟，
他的性格多温顺哪，
和性格温顺的人相处哟，
要看他的家园交朋友嘛。

自身今生在嘛，
要考虑现在和将来啊，
要考虑现身的相处哟，
就要尊敬你的恩师吧！

北边的高山中哟，
金子般的雉鸡在鸣叫，
哥兄弟虽有十来个哟，
要牢记兄弟间的深情友爱啊！

南边的高山中嘀，
珍宝般的雉鸡在鸣叫，
虽有姐妹十来个哟，
要牢记相互爱抚和关怀吧！

沙海里的水嘀，
要从边上涉过去啊；
一生的罪过哟，
要念着“玛尼”消除吧。

迈不过去的河哟，
乘皮筏子才能渡过啊；
一生的过失哟，
向“阿日雅宝鲁”活佛祈祷吧！

蹚着过不去的河哟，
要乘摆渡船过去呀；
把冤屈和狂妄的罪过哟，
向“格斯尔”活佛祈祷而得免吧。

渡不过去的沙海水哟，
要乘永不停的船渡过吧；
要想在广宇中生活好哟，
要靠自己的努力奋进吧！

（十三）成吉思鸟歌

雨停了，天晴了，
相聚的我们也该回去了。
起飞的成吉思鸟啊，
直向空中飞去了，
远道而来的我们哟，
相聚之后也该散去了。

（十四）求情歌（男用）

从那长满棘刺的地方，
保护着把你领到这里，

来到这南边别的旗里，
怎能把我这老头抛弃？

挤过棕色毛的奶牛哟
养过院里的人们哟，
来到这别人的旗域哟
怎能把年迈的我来抛弃？

挤过花花毛的奶牛哟，
养过营子中的人们哟，
来到这异乡他旗里哟，
怎能把衰老的我抛弃？

从那长满苍耳的地方，
把你扶挪着领到这里，
来到边远的旗域里，
怎能把头发斑白的我抛弃？

给你做的白布大袍哟，
都是提前给你做成啊，
别看我已白发苍苍，
给你也能当个伴吧？

给你的蓝布大袍哟，
都是按季提前给你做成的，
虽然我年迈苍苍哟，
给老伴你也是个伴吧？

能湿鞋底的害哟，
是泡子水造成的。
拆散两相思的人哟，
是那些坏青年人干的。

能湿靴底的害哟，
是河里的水造成的。

想拆散咱们俩的人哪，
是那些调皮的青年人干的。

（十五）求情歌（女用）

你给做的白布大袍嘀，
当什么好套穿的衣服哟。
把你这白发老头啊，
当作什么终身伴侣？

你给做的蓝布大袍嘀，
当什么好套穿的衣服啊。
把你这年迈的老头哟，
当什么好同伴伴随终身哟？

把你的白布大袍哟，
都是提前给你做成嘀，
白发苍苍的老伴啊，
有什么理由将你抛弃哟？

把你的蓝布大袍哟，
都比别人提前给你做成哟，
年迈苍苍的老伴啊，
有什么理由把你抛弃哟！

（十六）四个“杭盖”

西边的“杭盖”是大山，
柳林茂密起啸喧，
友情牢固的朋友们，
还思念什么坐等闲？

北边的“杭盖”是大山，
竹林茂密起啸喧，
有缘相会的朋友们，
还思念什么坐等闲？

东边的“杭盖”是大山，

果林繁茂起啸喧，
正当友情的朋友们，
还思念什么坐等闲？

南边的“杭盖”是大山，
山丁子果林起啸喧，
多么荣耀的朋友们哪，
还思念什么坐等闲？

（十七）祭火歌

细细小河的发源处哟，
升起了金色的太阳。
腊月（那个）二十三把火祭奠哟，
遵照成吉思圣人的规范把福享，我们！

待到深夜五更时分哟，
做好精米干饭，
把玉顶子的官帽往头上戴好，
遵照成吉思圣人的规范享福吧，我们！

待到黄昏的时候，
燃起黄蒿子柴火，
敬上黄油和油脂品把火祭奠，
遵照成吉思圣人的规范享福吧，我们！

将近天黑的时候，
燃起锦鸡儿柴火，
敬上白酒和油脂品把火祭奠哟，
遵照成吉思汗的规范享福吧，我们！

到了晚间的时候，
煮着牛肉和“五叉”，
把零星肉油分给孩子和媳妇们，
遵照成吉思始祖的规范享福吧，我们！

二、敖汉蒙古族民歌选

一辈又一辈的蒙古族民间艺人，在生产生活中创作了大量的民歌，至今仍在草原上流传，记录整理这些民歌，对于丰富民族文艺园地有着重大的意义。本志选录几首蒙古族民歌作为史料留存。

（一）四季农事歌

春季归来的大雁，鸣叫声动人心弦；
尊敬的众乡亲呀，春耕生产莫迟延。
夏季生长的禾苗，节节湛绿好盛茂；
尊敬的众乡亲呀，间苗耪耥除杂草。
秋季荡漾的庄稼，金黄满地子粒佳；
尊敬的众乡亲呀，刈收拉打勿闲暇。
冬季到来解困倦，雪花飘飘飞满天；
尊敬的众乡亲呀，结伴歌舞庆丰年。

（二）好来宝·箴言

拉起四胡调好弦，盘腿大坐就开言。
今天说段好来宝，喝酒的乐子说个全。
一年四季好事连，没有酒席不欢颜。
迎来送去摆喜宴，唯有喝酒乐翻天。
杯中之物有点甜，用好喝好是圣贤。
如果过头又过量，丢人现眼在眼前。
有人喝酒兴了奋，说说笑笑丢本分；
有人喝酒爱伤心，泣泣啼啼伤根本。
生活本是一席宴，酸甜苦辣在其中；
劝君少进一杯酒，幸福美满度人生。
有人喝酒爱骂人，踢踢打打像武松。
有人喝酒说大话，吹吹哨哨没尺寸。
有人喝酒走不动，晃晃荡荡脚没根。
有人喝酒话就长，磨磨唧唧舌根疼。
有人喝酒爱串门，悠悠逛逛不安宁。
有人喝酒装多情，真真假假说不清。
喝酒多了误大事，喝酒多了害家庭。

喝酒多了伤感情，喝酒多了要没命。

（也叫《醉酒歌》）

（三）好来宝·阳高庙

阳高庙自古有古老的传说，很早的时候就听祖辈说过。

牛羊驼马谁知道几多，方圆五百里土地都是肥沃。

百灵鸟鸣叫金凤凰飞跃，湖水明镜在草地上闪烁。

有一年夏天喇嘛大人走过，吉祥的白云飘满了山坡。

宝石做的玛尼珠向天空抛撒，阳高庙从此在这里坐落。

罕山木的立柱大青山的梁柁，赤峰的红岩东山林的石块。

庙仓的鼓瑟一天天弹拨，天经地义阿弥陀佛。

古老的传说转眼间失落，十年运动冲刷了时刻。

改天换地阳高庙倒撤，革命的烈火满天都是红色。

时代的列车南辕北辙，只有革命没有吃喝。

资本主义尾巴割了又割，社会主义事业美好景色。

蒙古人自古就爱吃炒米，十岁的孩子不知奶茶的滋味儿。

手把抓肉是民族的传统，过年杀小鸡是最大的油水儿。

马背上的民族举世晓得，骑上个瘦驴还无限的快乐。

长袍马靴民族的传统，哥俩出门还缺短衫一个。

十一届三中全会春风吹过，温暖着阳高庙牧人的心窝。

民族政策全面落实，海棠花开甜蜜的生活。

阳光普照金色的沙漠，莲花飘香银色的哈河。

阳高庙牧人快快过好生活，我的好来宝再唱最美的赞歌。

（四）好来宝·二十四节气歌

立春阳气转，儿童放纸鸢。日在宫室中，地解气上旋。

雨水沿河边，柳枝绿将泛。日在旦尾中，冷暖多频繁。

惊蛰老鸦鸣，蛰虫睡梦惊。风动欲频仍，润土燥春分。

种麦当清明，犁铧刚顶凌。谷雨时节到，大田待墒情。

立夏天转暖，不再雪飘零。小满鸟来全，登乔相对鸣。

芒种忙铲地，晚田随时宜。夏至天渐热，不再着棉衣。

小暑田神祭，搞地正时机。大暑晒伏天，庄稼长势极。

立秋要放垄，清场垫畜圈。处暑谷穗秀，打草动钐镰。

晨叶凝白露，农人忙收秋。秋分不割地，熟两三粒丢。

寒露不算冷，庄稼进场院。粪起牛羊圈，备迎霜降寒。

立冬交十月，封场狩猎畋。小雪地封住，碌碡闹场院。

大雪不行船，雪多利垄佃。冬至祭囊场，接羔不消闲。

小寒三九天，滴水变冰寒。大寒年味浓，瑞雪迎来年。

三、“参神”仪式

唱影分两种形式。家中有天灾人祸时，在神灵牌位前祈祷“许愿”，所唱之影叫“愿影”；“祈雨”或庆丰年集资唱影叫“会影”。无论“愿影”或“会影”，都有“参神”的习俗。“参神”的地点不同，“愿影”在唱影户主家“天地”牌位处，“会影”在庙上或影台对面为神灵所搭的神棚前。时间是正日子中午，不用影窗子，由 4 位影班艺人扮演四值功曹，加乐器伴奏，演唱《大赐福》（也叫《喜词》）：

（念）“当年值日下清霄，朝察人间无二毫。善恶记在文簿内，全凭一本奏天朝。”

（白）吾乃四值功曹，今有三元下凡赐福，在此伺候。

（念）“神光垂下界，赐福到人间。”

（白）“我乃招财童子。”“我乃吏事天官。”“今有三元下凡赐福，在此伺候。”

（念）“上元赐福到人间，中元赦罪保平安，下元解恶主吉庆，护此一（方）家美事全。”

（白）上元赐福天官，中元赦罪地官，下元解恶水官。今奉玉帝圣职，招财、吏事、四值功曹圣寿，就此驾云前往。

（唱）催云游行离法座，仙乐迎客下天宫。皇王有道国兴旺，祯祥降邦文武忠。上下之人分三等，贫能成富家业兴。上等之人为天贵，当朝一品奉朝廷。中等之人为天富，富贵荣华福禄增。下等之人也兴旺，丰衣足食得安宁。五色祥云临凡界——

（白）来到有福之家，上前赐他年年吉庆，月月平安。遵法旨。

（唱）招财童、把口开，今日赐福到吉宅。年年多吉庆，月月喜满怀。一年四季平顺，大发财源乐在。福如东海长流水，寿比南山不老槐。吏事官、站云台，侍奉敕旨赐福添财。三百六十日，诸事巧安排。自能逢凶化吉，百般俱称心怀。缺子之家休忧虑，不久赐予小婴孩。麒麟子、吉星排，天仙送子下了瑶台。宫花来报喜，贵福喜胎来。自能蟾宫折桂，将来位列三台。老迈年残多增寿，幼子顽童乐自来。斗柄回寅主吉庆，二字平安永无灾。

（白）招财吏事赐罢福。

（唱）招财童子到凡尘，吏事仙官到来临。三元大帝来赐福，合家欢乐太平春。三元大帝来赐福，望着喜门把福添。来到宝宅赐百福，从今以后不受贫寒。增财增福又增寿，田苗茂盛庆丰年。又赐善门福万万，又赐善门禄千千。禄千千寿远远，寿远远喜绵绵，喜绵绵般般有，般般有件件全。件件全多合顺，多合顺中意安。又赐五谷民安乐，一年四季保平安。赐福已毕回天转——

（白）众位星君赐福已毕，回天交旨。正是：赐福挂中堂，诸事多吉祥。天降麒麟子，辈辈状元郎。回天交旨，请——

第三节　逸闻类

一、皮影戏来历的传说

皮影戏在敖汉地区流传二三百年，在传承的过程中，关于皮影戏的来历说法不一。

其一，贝子府镇王家营子村皮影艺人张起说，皮影戏与“大手”有关。“大手”，即影箱子中的“大爪子”，皮影艺人尊称之为“大师兄”。传说，“大师兄”名叫韩文义，自幼丧父，家境贫寒。他以种菜园维持生计，十分孝敬老母。寒冬腊月，韩文义去深山砍柴，遇上一只老虎，被咬掉了一只胳膊，疼得昏死在地。山神土地念他孝顺，将他用仙药救活，让他下山回家。韩文义见自己少了一只胳膊，哭着说日后无法奉养老母。山神土地被他的孝心感化，为他指点一条行医谋生之路，日后去生病人家救治病人。韩文义说自己不懂医术，山神土地叫他每遇病人，在其家里点燃一炷香，神灵即可前往，暗中保佑病除。他听信神仙指路，照此方法治病救人，灵验无比。行医年间劝人行善，心好积德，受到人们的尊崇。后来，南海大士给他托了个梦，有“八大学士”进京科考名落孙山，回来时路过此地，告诉他把“八大学士”留住。这八个人多才多艺，编写警示世人的至理名言，再用纸片刻画人间善恶众生相。韩文义拿到窗户上，用油灯照明，坐在屋里边耍动纸片边念。逐渐演变为支起影窗，变念为唱，并配以乐器伴奏，流传至今。因此，皮影艺人有“八大学士”之称，“大爪子”因创造了皮影戏，皮影艺人被世代供奉。

其二，古鲁板蒿镇山嘴村皮影艺人曲海峰介绍，他听说的皮影来历有两种。据传，“大爪子”名叫宫孝，为人忠厚、善良。他家境贫寒，孝敬老母，以打柴卖钱度日。冬季上山打柴，不小心从山上掉下来，摔断了左胳膊。他再也不能靠打柴侍奉老母，终日痛苦不已。南海观音菩萨念他一片孝心，给他托梦，教给他用纸刻成人像，隔着窗户耍动，讲述自身遭遇，劝人积德行善。也有传说皮影是圣佛为了劝化人类改恶从善、普度众生而创造的一种说唱形式。据说古代中原南部的人作恶，要“恶治”，中原北部的人善良，要“善度”，即“恶治南善度北”之说。宫孝被观音菩萨收为第八个弟子，通过念经的方式劝化世人，后来成为皮影戏影人中的头领。因此，皮影艺人供奉观音菩萨，并尊称“大爪子”

为“大师兄”。

其三，新惠镇后布登吐沈连珠说，皮影戏是佛门弟子诵念经卷的演变，即把经卷改为世人易懂的通俗说唱形式。唱本起源于经卷，所以称为“影卷”。后来，有“八大学士”创造出影人，在影窗上配合说唱，故皮影艺人有“蒙帘弟子”之称。另一种说法是，“大爪子”为皮影的创始人，艺人尊称为“大师兄”。在影箱中，“大爪子”必须放在其他影人的上面，镇守影箱，以防影人作乱。传说他天生左手残疾，从小给别人放牛。受观音菩萨点化，剪纸片做影人，用说唱劝人向善。因为他放牛出身，又是“大师兄”，所以演出时由他第一个出场，大喊一声“撒牛咪——”才能开影。

其四，兴隆洼镇兴隆洼村蒋春介绍说，皮影戏出自宫廷。西汉时，高祖刘邦宫内的侍女们，为了不让婴幼儿哭闹，看护时想出一个办法。屋内一人看哄，屋外一人拿梧桐树叶在窗户上投影做游戏，使其见状止住哭闹。见此方法奏效，便不断变换花样。将树叶做成各种各样的鸟兽形状，配以叫声；用纸剪出人形晃动，模仿不同人的语言说唱。久而久之，流入民间为艺人所效仿。刻影人，编影卷，搬到影窗上表演，逐渐形成了皮影戏。

二、杨虎先生被安排到碾道住宿

1982 年，敖汉旗文化馆组织文物组和文化站工作人员开展全旗文物普查。秋季，中国社会科学院杨虎先生来敖汉，协助指导文物普查工作。一天，他和旗文化馆馆长邵国田、林家地文化站刘爱民 3 人普查小组来到宝国吐镇沟门子村，发现一个较典型的夏家店下层文化遗址，便仔细地测绘、采集标本忙活起来。不知不觉天色已晚，3 个人筋疲力尽，饥肠辘辘，便来到该生产队，打听到队长家，说明身份，请求帮助安排食宿。

队长不明白啥叫文物普查，上下打量了一番，见眼前的 3 个人手提布口袋，衣冠不整，满身尘土，料想肯定不是什么干部。他想了片刻，说：“吃顿饭倒是可以，住宿可是无处安排。这样吧，前几天有个河北省来的张箩人，在我们生产队碾道住的。天也不算忒冷，你们 3 个人也到碾道去将就一宿吧。”

吃完饭天就黑了，总不能让杨虎先生住碾道吧？邵国田十分为难。他想到王家营子乡月明沟村的妹夫家，便决定前去投宿。趁着太阳刚下山，3 人各自背起标本袋往月明沟走。邵国田从小在王家营子家乡长大，基本熟悉沟门子到月明沟十多里山路，便给二人当向导。天色越走越黑，当他们深一脚浅一脚地赶到月明沟时，人们都已经入睡了。

“社科院院士杨虎被沟门子生产队队长安排到碾道住宿”的故事传开后，人们无不为文物专家和普查队员的敬业精神所感动。敖汉旗 8 年间先后进行过 6 次文物普查，普查队员顶风冒雪、翻山越岭，足迹踏遍敖汉旗境内的每一个角落，凝聚着辛劳和汗水，类似挨冷受冻、风餐露宿的事例不胜枚举。杨虎先生 3 人的经历，仅仅是当年文物普查过程中的一个缩影。

三、救场如救火

伞头是秧歌队的主角，其作用举足轻重。新年伊始，家家户户迎接秧歌队进院扭上一番，锣鼓喧天增添喜庆，主人最忌讳拜年时发生不愉快的事情。一旦出现“砸场”现象，救场如救火，有经验的伞头往往会通过几段唱词，马上挽回尴尬局面，恢复喜庆气氛。

1979年春节，玛尼罕公社皮匠营子大队安家沟生产队办秧歌，按惯例到邻近生产队去拜年。秧歌队来到七家，受到老亲旧友的热烈欢迎。阳光明媚，鼓乐声声，男女老少围拢过来，看一个个不同扮相的优美扭姿，听伞头唱给各家各户的新年祝福，喜庆气氛达到了高潮。时近中午，拜年的秧歌队走进单身汉曹大叔的院子。曹大叔人穷志不穷，刚强好胜。秧歌队进院拜年，他喜笑颜开，把八仙桌摆在门口“天地之位”下面，桌上放满了香烟糖果，又点烟又倒水，忙得不亦乐乎。扮演猪八戒的安某挥动着钉耙，做出种种怪相逗人们乐。他一没注意，“哐当”一声，把挂在仓房外墙上的搪瓷鸡食盆钩到地上。扭秧歌的人谁也没留意脚下，你踢过来，我踢过去，满院子“叮当”作响。会首们一个个惊慌失措，曹大叔见此情景，气冲冲地掀翻茶桌，要把秧歌队给“轰”出去。

伞头孟庆和一见不妙，立刻下场，示意鼓乐师傅停止吹奏，举伞亮开嗓门：“恭喜发财喜盈门，天上掉下个聚宝盆。聚宝盆落在向阳院，曹大叔真是有福人。”几段吉利话，唱得曹大叔转怒为喜。他给秧歌队赏了喜钱，抓住孟庆和的手感激地说道：“孟老师，我算是服你这张铁嘴啦。”整个秧歌队人员悬着的心一下子放了下来，移动锣鼓去下一户拜年。

四、《小女婿》的演出轰动全旗

1977年，内蒙古自治区文化厅确定36支旗县级在编乌兰牧骑，对后期组建的乌兰牧骑不予承认，敖汉旗乌兰牧骑亦属此列。文化厅指示，不在编的可沿用乌兰牧骑名称，要求演出形式由歌舞改为戏曲类。1978年，原敖汉剧团老演员张桂云、张贵庭、李淑霞等人落实政策归队，充实了传统戏曲演出人员。为满足全旗农牧区群众需求，旗乌兰牧骑开始排演古装戏，首排剧目为在沈阳评剧院学唱的评剧《小女婿》。剧中人物由张桂云饰演杨香草、李淑霞饰演陈快腿、李景林饰演田喜、王洪儒饰演杨发。

传统戏禁演10多年，许多人念念不忘20世纪五六十年代舞台上的古装戏。《小女婿》要上演的消息传出，人们互相转告。一时间，“又让唱老戏啦”成为全旗各地爆炸性新闻。公演时，镇内居民举家出动，几十里外的群众步行前来观看。应各公社干部和广大社员的强烈要求，旗委宣传部、旗文化局决定在全旗巡演。

旗文化局为此下发《关于旗乌兰牧骑下乡演出的通知》，从7月24日开始，由南部四家子公社依次向北部各公社巡演，共确定36个演出点，绝大部分为公社所在地。当时乌兰牧骑没有交通工具，通知要求由各公社负责接送。演出不收费，以减少各公社开支。每到一处，附近各大队的社员纷纷涌向演出点，毛驴车超载压坏内胎的现象多有发生，好多人怕耽误看戏，翻山越岭抄近道步行往戏台下跑。巡回演出按计划完成任务，于8月28日结束。

《小女婿》的巡演引起轰动，全旗传统戏曲活动由此开始复兴，古装戏再不属于“三黄四旧”“牛鬼蛇神”被禁锢。入冬后，“文化大革命”前成立的各地农村业余剧团纷纷恢复，到1979年已达54支。

五、老干部聊斋

1987年11月，由敖汉旗文化局倡议，旗文化馆和旗总工会组织开展“老干部聊斋”活动，得到旗委、政府的支持。在离退休老干部的积极配合下，成立了老干部聊斋组织。朱子林任斋长，苏日图、魏振鹏任副斋长。12月5日，在文化馆三楼会议室举行“开斋典礼”。参加典礼的有朱子林、魏振鹏、王志等30多人，宣读了组织章程、活动计划和内容。老干部聊斋以聊为主，兼开展琴棋书画等形式多样的文化娱乐活动，即“讲古论今，谈天说地，文化娱乐”，以此愉悦身心、陶冶情操。活动时间为“逢九聊，随时（十）乐，不定期会”。旗委书记宋振国送来贺词，以示重视。

“老干部聊斋”创刊《老干部聊斋报》，蔡春圃题字，主编韩殿琮，责任编辑孟庆华，特邀编辑于战冰。报样在旗委复印室复印近百份，发至有关领导和离退休老干部。

“老干部聊斋”活动坚持了两个多月，春节过后中断。

六、镇内首场露天舞会

1984年8月，赤峰市群众艺术馆举办交谊舞培训班，旗文化馆李彩荣、李淑雅参加学习。9月，根据旗委宣传部的指示，旗文化局从文直各单位抽调40多人，在文化馆集中学习交谊舞，准备国庆期间为新惠镇内群众露天表演。

“文化大革命”结束后，虽然文艺事业迎来“百花齐放”的春天，但是人们对“跳舞”仍然感到陌生，甚至觉得不可思议，有伤大雅。敖汉旗广播站播出《国庆节新惠镇内举办露天舞会》的一则新闻，引起市民的极大兴趣。

10月1日晚8：30左右，近万名镇内居民来到原旗委、旗政府所在地的十字路口。当时路口中心有一个圆形围栏，人们俗称“大圆圈子”。夜幕降临，华灯初上，人群把整个十字路口围个水泄不通。旗公安局出动警员协助，整场舞会秩序井然。

舞会上表演的是交谊舞，男女二人组合。由于男表演者较少，还有几对女子组合。伴随着《金梭和银梭》《阿里山的姑娘》等 3 首舞曲，表演者翩翩起舞。人们终于目睹了翘首以待的露天舞会表演，老年人看后怀旧，青年人感到新奇，小孩子觉得热闹。3 首曲子加起来一共不足 20 分钟，没办法只好一遍遍重复表演。

一场露天舞会能吸引近万名观众，可见当年镇内群众文化生活的匮乏程度。

七、“夕阳红”大秧歌队

1994 年，旗文体局、老年体协、气功协会等部门派人去赤峰考察中老年业余秧歌活动，学习借鉴经验，同时充分听取旗内社会各界有关人士的建议。经过一段时间的筹备工作，于 8 月 2 日在旗总工会小会议室召开会议，宣布新惠“夕阳红”大秧歌队成立，并对有关事宜进行研究部署。

新惠“夕阳红”大秧歌队隶属旗老年体协，归旗文体局、老年体协共同领导。以老年人为对象，业余为主，广泛吸收各界秧歌爱好者参加。秧歌队融健身、欢乐于一体，在“文明、健康、团结、公办”的宗旨下开展秧歌活动。时间以早晨为主，中心场地设在新惠实验小学操场，节假日或庆祝活动在大街上进行。

大秧歌队领导小组由 15 人组成。副旗长孙家理任总会长，主任王德，副主任张宪廷、尉兴文、王英，委员有常景祥等 11 人。领导小组进行明确分工，王德、张宪廷、尉兴文、王英负责常务工作；修凤琴、高铁虹担任教练，负责艺术训练和节目编导；高玉佩任指挥；常景祥负责节目演出；艺术演练由杨洪国、郑兰新、董彦章和两个叫李树霞的同名人负责；音响、道具（含请鼓乐艺人）负责人尉兴文、王英。大秧歌活动时间、场次、演出节目等具体事宜，由领导小组的常务人员和分工者商定并组织实施。

“夕阳红”大秧歌队成立后，丰富了老年人的文化生活，后来改为“老年艺术团”。

第三章　文化系统荣誉录

第十四编表 1　文化行政管理机关受奖情况一览表

机构名称	授奖单位	荣誉称号	授奖时间
文化局（1979.06—1993.11）	市文化局	开发农牧区电影市场工作中作出成绩	1992 年
文化体育局（1993.11—2002.5）	市体委	全市体育工作先进集体	1997 年 3 月
	市文化局	全市专业团体会演“优秀组织奖”	1997 年 5 月
	市委宣传部、文化局	全市电影工作先进集体	1997 年 11 月
	市体委	全市体育工作先进集体	1998 年 1 月
	市文化局	全市文化市场管理先进单位	1998 年 3 月
	市文化局	文物保护法宣传组织奖	1998 年 3 月
	市文化局	文化工作实绩突出单位	1998 年
	市委宣传部	工作实绩突出奖	1998 年
	市委宣传部、市文化局	全市文化信息工作先进集体	1999 年
	市文化局	庆祝中华人民共和国成立 50 周年文艺展演优秀演出组织奖	1999 年
	市政府	艺术集成、志书工作先进集体	1999 年 3 月
	市政府	文化工作先进集体	2000 年 3 月
文化体育广播电视局（旅游局）（2002.05—2010.6）	自治区宣传部、文明办、文化厅	百县千乡宣传文化工程宣传文化示范中心	2004 年
	自治区关工委	关心下一代示范单位	2004 年
	市文化局	全市文物工作先进单位	2004 年
	市体育局	全市体育工作先进单位	2004 年
	市委、市政府	市级文明单位	2005 年
	市委宣传部、市文化大市工作领导小组	全市文化建设工作示范单位	2008 年
	市委、市政府	全市综治工作先进单位	2008 年
	市文化局	全市文化工作先进单位	2008 年
	市文化局	百日消夏广场文化活动先进单位	2008 年
	市体育局	全市体育宣传工作先进单位	2008 年
	自治区党委、自治区人民政府	全区关心下一代工作先进集体	2009 年

续表

机构名称	授奖单位	荣誉称号	授奖时间
文化体育广播电影电视局（对外挂旅游局牌子）（2010.06—2015.11）	自治区新闻出版局	草原书屋先进集体	2012 年 2 月
	市文体局	群众体育工作先进集体	2012 年 3 月
文化广电体育局（挂旅游局、文物局牌子）（2015.11—2018.12）	自治区文化厅	全区信息工作先进单位	2016 年
	“文化和自然遗产日”优秀组织奖	市文化新闻出版广电局	2017 年 6 月
	“非遗”昭乌达长短调民歌大赛优秀组织奖	市文化新闻出版广电局	2018 年 8 月

第十四编表 2　文化局直属单位受市级以上奖励一览表

单位名称	奖励称号	授奖机关	授奖时间
文化馆	全区先进文化馆	自治区文化厅	1980 年
	全区文化艺术工作先进集体	自治区文化厅	1982 年
	全盟群众文化工作成绩显著单位	盟文化局	1982 年
	全盟计划生育宣传工作先进单位	盟委、盟公署	1983 年
	全区文化艺术工作先进集体	自治区文化厅	1984 年
	市级文明单位	市委、市政府	1988 年
	国家三级文化馆	文化部、自治区文化厅	2007 年
	全区“十佳文化馆”	自治区文化厅	2007—2011 年
	2008 年度自治区基层文化单位十佳文化馆	自治区文化厅	2009 年 12 月
	赤峰市首届评剧票友大赛优秀组织奖	市文化局	2010 年 9 月
	国家二级文化馆	文化部、自治区文化厅	2011 年
	赤峰市第 2 届评剧票友大赛组织奖	市文化局	2012 年 8 月
	2011—2012 年度“十佳文化馆”	文化部、自治区文化厅	2013 年
	《舞动赤峰》广场舞电视大赛金奖	市文化新闻出版广电局	2016 年 8 月
	第五届“人川杯”少儿才艺电视大赛优秀组织单位	赤峰广播电视台	2016 年 10 月
	第二届全市农牧民优秀节目文艺会演优秀演出奖	市委宣传部、市文化新闻出版广电局	2017 年 8 月
	第二届内蒙古自治区原创民族广场舞大赛三等奖	自治区文化厅	2018 年 7 月
	第三届《舞动赤峰》广场舞电视大赛金奖	市文化新闻出版广电局	2018 年 8 月
	第三届全市农牧民文艺会演优秀演出奖	市委宣传部、市文化新闻出版广电局	2018 年 8 月
博物馆	全国文物工作博物馆建设先进集体	文化部	1985 年
	全区文物普查先进集体	自治区文化厅	1986 年

续表

单位名称	奖励称号	授奖机关	授奖时间
博物馆	全区文物普查先进单位	自治区文化厅	1988 年
	全区打击盗掘走私和文物犯罪活动先进集体	自治区公安厅、文化厅	1989 年
	全市文物普查先进单位	市文化局	1989 年
	全国优秀爱国主义教育基地	国家文物局	1995 年
	全市爱国主义教育基地	市委、市政府	1998 年
	全市文物工作先进集体	市文化局	2004 年
	全市特色博物馆先进单位	市文化局	2007 年
	博物馆建设先进单位	市文化局	2008 年
	“红山文化文明源头”锦旗	中华文明探源工程红山文化玉器研究课题组	2008 年
	博物馆建设先进单位	市文物局	2009 年
	博物馆建设先进单位	市文物局	2010 年
	先进博物馆	市文物局	2011 年
	全区爱国主义教育示范基地	自治区党委宣传部	2015 年
	第一次全国可移动文物普查先进集体	自治区人力资源和社会保障厅	2017 年
文管所	全国文物战线先进集体	文化部	1985 年
	全区文物战线先进集体	自治区文化厅	1986 年
	第三次文物普查工作先进集体	市文化局	2008 年
图书馆	全国图书馆评估定级中被评为三级图书馆	文化部	1994 年
	农村牧区文化工作先进集体	自治区文化厅	1995 年
	全市公共图书馆评比第五名	市文化局	1998 年
	自治区先进图书馆	自治区文化厅	2017 年
新华书店	市级文明单位	市委、市政府	1994 年
	1995 年清产核资先进集体	自治区新华书店	1995 年
	新华书店“优秀门市部”	市新华书店	1998 年
乌兰牧骑	全市先进乌兰牧骑	市文化局	1983 年
	全市先进乌兰牧骑	市文化局	1984 年
	先进乌兰牧骑	文化部	1985 年
	先进乌兰牧骑	国家民委	1985 年
	全区改革题材小戏调演“精神文明代表队”	自治区文化厅	1985 年
	全市乌兰牧骑会演精神文明奖	市文化局	1991 年

续表

单位名称	奖励称号	授奖机关	授奖时间
乌兰牧骑	演出超 300 场奖	市文化局	1990—1995 年
	《少年英雄赖宁》为农村儿童送戏超百场奖	中宣部、文化部等四部委	1997 年
	全国文化、科技、卫生“三下乡”活动先进集体	中宣部、文化部、农业部等十部委	1997 年
	乌兰牧骑先进集体	市文化局	1997 年
	全市专业团体会演第一名	市文化局	1997 年
	先进乌兰牧骑	市文化局	1997 年
	内蒙古自治区三下乡活动先进集体	自治区党委宣传部、自治区文化厅	1998 年
	小品《门》获表演奖	自治区文化厅	2001 年
	第四届中国评剧艺术节《大漠绿海》获优秀演出奖	文化部艺术司、河北省文化厅、唐山市人民政府	2004 年
	全区专业艺术团体文艺调演银奖	自治区党委宣传部、自治区文化厅等	2004 年
	自治区文化厅通报嘉奖	自治区文化厅	2004 年
	市政府通报嘉奖	市政府	2004 年
	全市乌兰牧骑工作先进单位	市文化局	2004 年
	赤峰市乌兰牧骑先进集体	市文化局	2005 年
	全市乌兰牧骑会演集体奖	市文化局	2005 年
	《大漠绿海》获自治区精神文明建设“五个一工程”入选作品奖	自治区党委宣传部	2006 年
	“关注森林文华艺术奖”二等奖	全国绿化委、国家广播电影电视总局等六部委	2007 年
	全市先进基层党组织	市委	2008 年
	全市文化建设工作示范单位	市委宣传部、市文化大市工作领导小组办公室	2008 年
	全市乌兰牧骑工作先进单位	市文化局	2008 年
	全区一类乌兰牧骑	自治区文化厅	2009 年
	全市先进基层党组织	赤峰市委	2009 年
	赤峰市迎国庆 60 周年乌兰牧骑会演演出金奖	市文化局	2009 年
	全市乌兰牧骑先进单位	市文化局	2009 年
	文化建设工作示范单位	市文化局	2009 年
	“服务基层服务群众”全区先进乌兰牧骑	自治区文化厅等	2010 年
	公共文化设施管理先进单位	中国文化管理学会	2010 年
	自治区一类乌兰牧骑	自治区文化厅	2010 年

续表

单位名称	奖励称号	授奖机关	授奖时间
乌兰牧骑	赤峰市先进乌兰牧骑	市文化局	2011 年
	全区一类乌兰牧骑	自治区文化厅	2012 年
	全区专业艺术团体文化下乡先进典型单位	自治区文化厅	2013 年
	全区文化先进集体	自治区文化厅	2013 年
	全市乌兰牧骑文艺会演荣获演出金奖	市文化局	2013 年
	评为全市文化产业工作先进单位	市文化局	2013 年
	评剧《打渔杀家》在第九届评剧艺术节中，获参演剧目奖	文化部等	2014 年
	全区“服务基层、服务群众”先进集体	自治区文化厅	2014 年
	连续 12 年被评为全区一类乌兰牧骑	自治区党委宣传部 文化厅	2006—2017 年
	全市第二届农牧民文艺会演演出奖、组织奖、创新奖	市文化局	2017 年
	《诺恩吉雅的故事》获第十四届蒙古族服装服饰艺术节团体表演银奖	自治区旅游发展委员会	2017 年
	第十五届中国内蒙古草原文化节《大漠绿魂》获优秀剧目展演优秀剧目奖	自治区党委宣传部	2018 年
	第二届内蒙古地方戏优秀剧目展演暨第五届二人台艺术节《大漠绿魂》获优秀剧目奖	自治区文化厅 包头市人民政府	2018 年
	第十一届中国评剧艺术节《大漠绿魂》获优秀演出奖	文化部等	2018 年
	CCTV 盛世中国梦群星跨年晚会戏曲组合《中国梦》获演出一等奖	中央电视台	2018 年
	内蒙古自治区马头琴大赛获优秀组织奖	自治区文化厅	2018 年
	全区一类乌兰牧骑	自治区文化厅	2018 年
电影公司	全国电影发行放映先进集体	国家广播电影电视部	1989 年
	全区电影发行放映先进单位	自治区文化厅	1989 年
	全市放映单位普查登记工作先进单位	市文化局、市消防支队、市电影公司	1991 年
	开发农村牧区电影市场先进奖	市文化局、市电影公司	1992 年
	农村牧区电影工作先进集体	市文化局	1997 年
	大甸子乡、下洼镇、丰收乡、林家地乡、新地乡、金厂沟梁镇、长胜乡、敖吉乡、南塔乡、古鲁板蒿乡、玛尼罕乡等农村牧区电影工作先进集体	市文化局	1997 年
	全区“科普之春”科教电影汇映活动先进集体	自治区文化厅	1997—2002 年

续表

单位名称	奖励称号	授奖机关	授奖时间
电影公司	“科普之春”成绩突出奖	市文化局	1998 年
	全国送电影下乡先进集体	中宣部、文化部	2005 年
	全区农村牧区电影工作先进集体	自治区文化厅	2005 年
	自治区农村牧区电影放映工作先进集体	自治区文化厅	2008 年
文化市场综合行政执法大队	全国服务农民服务基层文化工作先进单位	中宣部、文化部	2005 年 12 月
	2007 年度文化市场工作先进单位	市文化局	2008 年 3 月
	2011 年度全区文化市场行政执法先进单位	自治区文化厅	2012 年 1 月
	2012 年“扫黄打非”先进集体	市“扫黄打非”工作领导小组	2013 年 3 月
	首届全市文化市场综合执法技能比武大赛团体第二名	市文化局	2013 年 7 月
	2013 年度全市文化市场信息工作先进单位	市文化广播电影电视局	2014 年 1 月
	2014 年度全市文化市场行政执法第一名	市文化新闻出版广电局	2015 年 1 月
	第二届全市文化市场综合执法岗位大练兵与技能大比武团体第二名	市文化市场综合执法局	2015 年 8 月
	2015 年度全市文化市场综合执法第一名	市文化市场管理工作领导小组办公室	2016 年 1 月

大事记

清朝时期

清顺治四年（1647 年），敖汉部族形成之后，在王子庙、萨力巴、乌兰召一带兴起一种蒙古族民间艺术“好德歌沁”，是敖汉地区特有的以歌舞为主，兼有一定戏曲表演形式的民间文艺活动。

乾隆八年（1743 年），乾隆帝恭谒祖陵途经敖汉响水（现在敖润苏莫苏木境内），即兴题诗《观敖汉瀑布》，用满文、汉文、蒙古文三种文字刻在响水北岸石壁上。

乾隆四十四年（1779 年），敖汉札萨克王府召集艺人成立戏班。即敖汉布克道喇“图勒门班”。该班与土默特、科尔沁、巴林、奈曼等 18 个王府供养班众议梨园会盟，共演戏艺伶 793 口，承德人称之为“漠南四十九旗十八班”。十八班年年都到热河避暑山庄演出。

乾隆四十四年（1779 年）八月，蒙旗十八班、四十九旗的“什榜”乐、“布库”（摔跤手）、“教驯公”（驯马能手）等齐集热河（今承德），于八月十三日卯时（七时许）为皇帝及各王公、勋臣、贵族、藩封诸郡王公及外国使节演出昆腔和梆子腔剧目《朱砂痣》《秋胡戏妾》等，首次向皇帝陈奏梆子腔成功。

乾隆四十五年（1780 年），八月十三日是皇帝七十寿辰——万寿节，十三、十四两天，十八班为皇帝庆万寿献戏，演出昆腔《醉轩捞月》和由 500 多演员扮演的献寿大戏《蟠桃上寿》等。乾隆赏银 3000 两，并赐名“乱弹梆子腔”。

嘉庆初年（1796 年）至同治十二年（1873 年），这期间敖汉王府戏班起起落落，随着敖汉札萨克在清廷失宠和王权的削弱，王府戏班逐渐解散。

嘉庆五年（1800 年），随着关内人口的大量流入，相应地带来内地文化，敖汉民间出现“皮影戏”和唱“莲花落”等民间艺术形式。

同治十一年（1872 年），由下洼河西财主“王三老虎”主持集资修建的大佛寺落成，请来沈阳方面的大戏班唱戏开光。

光绪八年（1882 年），王家又在大佛寺门前正南面修建戏楼一座，请来锦州较有名气的“米家戏班”首演亮台。

光绪十一年（1885 年），流行在乌兰召一带的蒙古族民间艺术“好德歌沁”较为盛行，海力王府每年召集附近的民间艺人到府上表演。一名叫宝青江的“好德歌沁”艺人曾获色仍端鲁布多罗郡王爷的全鞍鞴骏马奖。

光绪二十年（1894 年）左右，敖汉地区民间文化活动日益兴盛。南部四家子一带出现“皇会”“黄河灯会”等大型民间艺术形式。

光绪元年至光绪三十四年（1875—1908 年）四家子后马架子韩姓家族、下洼戏班、克力代铁匠营子于姓家族、四家子老虎山宫姓家族，先后召集流动艺人组成戏班，地方上称为“四大戏班”，演出剧种为梆子戏和皮黄戏（京剧），四大戏班对敖汉地区的戏曲活动影响很大。

中华民国时期

民国 9 年（1920 年）左右，敖汉地区出现以唱二人转（俗称“大口落子”）为主的民间小戏班。由于活动方便，对外来的戏曲艺术接受很快，逐渐向初期的评剧发展，有的能兼演梆子戏。

民国 13 年（1924 年），下洼戏班招收小学员 40 名，科班传艺。

民国 19 年（1930 年）以来，敖汉境内每逢庙会唱大戏习俗盛行。

民国 24 年（1935 年）左右，敖汉小柳条沟辽墓被盗，出土文物大多被军阀带走。

民国 26 年（1937 年），民间二人转艺人张宽成立落子班，地方上称“张宽班”。

民国 31 年（1942 年）5 月，民间艺人侯凤山加入“张宽班”，该班又称“张宽、侯凤山落子班”。

民国 34 年（1945 年）11 月，新惠县政府设民教科，管理文化工作。

民国 35 年（1946 年）3 月，新东县政府成立，设民教科，各区、苏木会设一名民教助理，分管文化教育工作。

是年 10 月，“张宽、侯凤山戏班”应解放军冀察热辽军区十七旅邀请，随部队在下洼、敖吉、牛古吐、贝子府等地流动演出。受到部队和地方群众的欢迎。十七旅赠给戏班 5 块匾和毛泽东、朱德画像。

1947 年（民国 36 年）9 月，新东县“文化教育联合会”成立，朱成任主任，李英林任副主任，设委员七人，制定《新东县文化教育联合会简章（草案）》，各地也相应成立分会。

是年，解放军某部在哲里木盟奈曼旗境内歼匪“小白龙”队，邀请敖汉旗牛古吐张宽戏班唱庆功戏。

1948 年（民国 37 年）6 月，敖汉旗政府设文教科，内设文化宣传股，负责全旗的文化事业管理。

中华人民共和国时期

1949 年

3 月，敖汉旗—新惠县联合政府取消，成立敖汉旗人民政府，设文教科，负责全旗文化事业的管理。

11 月，热河省文工团在赤峰初头朗举办短期乡艺培训班，宗旨是团结旧艺人，改进旧艺术，使旧艺人成为新文化工作者。古鲁板蒿皮影艺人曲海峰参加学习，经考核发给毕业证书和新影箱证明。

同月，敖汉旗新华书店成立，称东北书店敖汉支店。

1950 年

1 月 27 日，经热河省批准，“张宽落子班”归旗政府直属，以落子班为单位，成立戏曲学校和戏曲研究会。

2 月，一区康家店村和二区下树林子村等成立村办业余剧团。

3 月，敖汉旗文学艺术工作者联合会筹委会成立。郑庆禄、刘伯仁为正副主任，方正为秘书，下设文艺、美术、戏曲、音乐 4 个小组。

是月，旗宣传部、文联筹委会发出通知，要求各区成立文联小组，全旗 12 个区文联小组相继成立。

4 月，“张宽班”改名为“中苏友好剧团”，旗政府派两名文化干部管理。

5 月，敖汉旗文化馆建馆。

10 月，热河省文工团派文化干部孟广辉来敖汉旗开展文化工作。

12 月，敖汉旗文学艺术联合会成立，有 30 多名会员，由孟广辉和方正主持工作。

是年，东北书店敖汉支店改称敖汉旗新华书店。

是年，全旗各地大力发展农村俱乐部，开展各种形式文化活动。

1951 年

5 月，由宣传部和文联主持，组织全旗业余文艺会演，有 3 个单位获得奖旗。

7 月，热河省第一届戏曲改革工作会议在承德召开，“张宽班”演员张平山参加会议。

8 月，“张宽班”全体演员参加东北局组织的音乐会，观看梅兰芳演出。

9 月，全旗第一个文化站德力胡同区文化站建站。

10 月 1 日，敖汉旗总工会筹委会组织“庆国庆”文艺会演，文艺活动的主题是宣传抗美援朝。

11 月，热河省文联举办第一期文艺培训班，敖汉旗文联孟广辉、高景星、曹明、王志、杨杰参加学习。本月，新惠业余民校歌咏队改为业余剧团，有演职员 52 人，带动镇内各学校业余文艺活动的开展。

12 月，敖汉旗文联召开首届文学艺术工作者代表大会。同月，“张宽、侯凤山戏班”为支援抗美援朝义务演出，并向国家捐献小米 1800 斤。

是月，东北戏曲工作会议在沈阳召开。张平山作为热河省代表之一参加会议，在会上以热河省代表队的名义演出二人转《母女顶嘴》获奖。

是年，“张宽、侯凤山戏班”改称敖汉旗民间半职业剧团。

是年，热河省派电影放映队负责北票、敖汉两县（旗）的电影放映工作。

是年，敖汉籍部队文工团政治部主任石瑛（原名石宝英，新惠街里人）带文工团到中南海怀仁堂为毛主席、周总理、朱德等中央领导演出，朱德等国家领导人与文工团合影留念。

1952 年

3 月，旗文联发出通知，号召各地组建农村业余剧团，到年末全旗业余剧团发展到 45 个。

4 月，《毛泽东选集》第二卷在旗新华书店发行。

6 月，旗政府为压缩编制，各区撤销文联小组。

7 月，旗公安局民警队成立宣传队。以宣传婚姻法为主，巡回全旗各地，演出《刘巧儿》《小女婿》等现代戏。

8 月，根据热河省人民政府文教厅通知，旗文教科配备专职文化干部，加强对文化工作的领导。

同月，敖汉旗人民政府、翁牛特旗人民政府在乌兰召村联合召开爱国主义畜牧丰产评比赛马大会。敖汉旗民间半职业剧团、小河沿剧团、白家店业余剧团和新惠完小演出队在大会期间分别演出戏曲和歌舞节目。

是月，金厂沟梁、下洼文化站建立。

11月，旗文教科召开艺人座谈会，会期4天，来自全旗各地业余剧团的21名代表参加会议。会议主要内容是讨论业余剧团的发展方向，提倡演新戏。本月，旗文教科派小河沿业余剧团团长郭汉清参加热河省文教厅召开的农村业余剧团团长座谈会。

12月，热河省文教厅、文联举办业余文艺培训班，敖汉旗文教科派小河沿业余剧团副团长郝玉山参加学习。同月，旗政府召开各业余剧团、皮影班负责人座谈会。研究贯彻执行新文艺方针政策等问题，全旗有33人参加会议。

是年冬，旗粮食局、土产公司、百货公司分别成立业余剧团。

是年，原负责北票、敖汉两县（旗）的热河省电影第四队固定在敖汉旗设点放映，称“敖汉旗电影放映队”。

1953年

2月，热河省文教厅召开首届人民文艺检阅大会，敖汉旗文教科张振祥、洪秀春和民间半职业剧团演员张平山参加会议，会议期间张平山代表敖汉旗表演二人转《卖线》获个人演出奖。

4月，敖汉旗新华书店发行《毛泽东选集》第三卷。

7月，旗文教科召开艺人座谈会，有20名民间艺人参加，通过讨论，使艺人们明确当时的文艺工作方向和任务。

是年，热河省派人查处旗新华书店原会计鲍凤义贪污公款、挥霍浪费的犯罪案件。

1954年

1月，旗文教科召开民间艺人座谈会，有20名艺人参加，主要议题是如何组织起来开展农村文艺活动。

2月，旗文教科举办全旗业余剧团文艺会演，有小河沿、贝子府、四家子等十几个业余剧团参加演出。

3月，热河省人民政府和省文联召开热河省文学艺术工作者第二次代表大会，敖汉旗派两名民间艺人参加会议。会后，根据省文联关于撤销市、县、区文联的指示，敖汉旗文学艺术工作者联合会撤销。

6月，下洼工农联合业余剧团成立，有演员25人。

9月，德力胡同区文化站迁往四家子，改为四家子文化站。当月，旗政府礼堂（兼做剧场）建成使用。

12 月，旗文教科召开艺人座谈会，出席会议的还有旗直属宣传部门和各区文教助理，共 22 人参加。本月，《列宁全集》中译本在新华书店发行。

1955 年

1 月，旗文教科在旗文化馆召开全旗业余剧团主要演员会议，有 41 名业余剧团骨干参加。会议号召民间艺人积极配合形势，开展群众文化活动。

5 月，旗文教科召开首次业余文化教育先进工作者劳模大会，出席会议代表 43 人，列席代表 13 人。会议主要研究讨论几年来开展业余教育和文化工作的经验，部署落实新的工作任务。

10 月，旗公安宣传队解散。

12 月，全旗农村业余剧团发展到 92 个。

1956 年

5 月，朝阳剧团付麟童等 12 名演员来旗民间半职业剧团工作。

6 月，旗文教科派李海峰、武永贵、冯川等 6 名放映员参加内蒙古自治区举办的电影放映训练班。

7 月，旗文教科分为教育科和文化科。

同月，赤峰京剧团来新惠演出，著名京剧演员靳裴廷主演《击鼓骂曹》。

12 月，旗文教科派朱子林到旗民间半职业剧团任专职干部，管理指导剧团工作。

本月，《马克思恩格斯全集》在旗新华书店发行。

1957 年

3 月，旗政府批准，旗民间半职业剧团正式成为大集体性质的职业剧团，定名“敖汉旗评剧团”。

10 月，旗委宣传部对全旗各业余剧团和民间艺人进行登记。

11 月，旗评剧团参加内蒙古自治区第一届戏曲观摩演出。赵云廷编导的传统评剧《牡丹花》获集体演出“银盾奖”，有 5 人获得表演奖。

是年，旗文化科组织全旗业余剧团分成两组，分别在小河沿、格格召进行文艺会演。

是年，敖汉旗体育运动委员会成立，配备专职干部负责全旗体育工作。

1958 年

1 月 24 日，旗委宣传部发出《关于开展春节宣传活动的指示》，要求调动和组织民间职业剧团、农村牧区业余剧团、电影队、文化馆（站）、广播站、旗报，民间艺人、农村牧区中小学生和其他文化爱好者，广泛开展宣传活动。

8月，文化教育合并，仍称文教科。

9月，旗文化馆组织乌兰召地区的蒙古族民间艺术“好德歌沁”演出队，去通辽参加全区少数民族文艺会演。

10月，敖汉旗委责成文教科组建敖汉旗文化工作队，简称“文化队”。全队有演员18人，主要任务是配合形势排演文艺节目，进行宣传。

是年，旗委宣传部号召社社组建文化站，全旗有18个公社相继建立民办文化站。

是年，宝国吐、贝子府公社后坟、新惠公社新发、白塔子、金厂沟梁、敖吉、四德堂、长胜、王家营子等地相继成立业余剧团。

是年，全旗电影放映队增加到6个，由昭乌达盟统管下放到旗文教科直接管理。秋，文教科组织人员在小河沿举办第一期电影培训班。

1959年

2月，文化队在全盟会演中获集体奖，本队创作演出的山东琴书《九女英雄》获创作二等奖、表演三等奖。

3月，文教科改称文教部。

5月，旗评剧团自编剧目《8月8号》，在全盟文艺会演中部分演员获奖。

6月，文化队为来敖汉考察鉴定细毛羊的苏联专家做专场演出。

8月，文化队为到敖汉参加比赛的全区足球赛代表队做专场演出。本月，文教部复称文教科。

11月，旗文教科召开文艺骨干、文化站长、俱乐部主任、业余剧团团长会议，汇报文化工作及文化活动开展情况，并部署文化工作任务。

12月，旗文教科举办全旗业余剧团文艺会演，铁匠营子、白塔子、小河沿、金厂沟梁、宝国吐等业余剧团参加演出。

是年，敖汉旗电影放映中心总队成立，隶属旗文教科。

是年，全旗业余剧团达130余个。

1960年

1月，旗文教科改为文教局。

4月，旗文教局抽调文化馆、站干部7人，组成文化工作队，到东风人民公社（今长胜镇）搞文化工作试点。

7 月，旗文化馆组织“好德歌沁”演出队去呼和浩特参加全区少数民族文艺调演。

10 月，《毛泽东选集》第四卷在新华书店发行。

11 月，旗文化队为蒙古人民共和国来敖汉考察团演出。

12 月，旗文化队由副旗长李廷圃带队去红山水库，为敖汉兵团及所有奋战在水库建设第一线的劳动者进行慰问演出。

1961 年

2 月，为精简机构，旗文化队并入敖汉评剧团，合并后名称为“敖汉剧团”。

是年，农村俱乐部发展到 140 多个。

1962 年

2 月，文教局改称文教科。

4 月，原昭乌达盟文物工作站和旗文化馆联合组织发掘石羊石虎山新石器时代墓葬一座。该文化类型的墓葬在当时为东北地区首次发掘。

同年夏，原昭乌达盟文物工作站和旗文化馆联合对叫来河、孟克河流域进行考古调查。

10 月，旗文教科举办全旗业余剧团文艺会演。

是年，赤峰市京剧团来下洼戏楼演出由孙龙主演的《练印》等剧目。

1963 年

1 月，旗电影放映中心总队改为敖汉旗电影管理站。

10 月，昭乌达盟举办独唱、独舞、独奏会演。敖汉旗演出的二人转《话家史》、京剧《坐寨盗马》分别获演出奖、导演奖。

是年，在新惠举办的全旗田径、自行车体育检阅大会上，有 5636 名职工和学生参加，在 25 个比赛项目中，11 项打破敖汉旗纪录。

是年，由于受国民经济暂时困难的影响，全旗各地大部分业余剧团和俱乐部停止活动或解散。

1964 年

1 月 15 日，敖汉旗人委召开文艺骨干与各公社文教助理会议，共 81 人参加，其中剧团团长和文艺骨干 55 人，旗长鲍森到会发表专题讲话。

同月，全旗文艺骨干会议之后，旗人委文教科制定下发《关于对农村业余剧团的管理意见》和《关于对流散艺人的管理意见》，进一步规范民间文艺活动。

7月，敖汉剧团为压缩经费开支，把流动演员全部辞退。

8月，旗文化馆组织“好德歌沁”队到呼和浩特参加全区少数民族业余文艺会演。

11月，在戏曲改革过程中，敖汉剧团停演部分传统戏剧。

1965年

1月13日，敖汉旗举办第二次群众业余文艺会演大会。全旗各公社的20个代表队参加，演员200多名。

5月，新地公社新地大队建戏台一座。

11月，旗文教科组织代表队参加全盟农村文艺会演。

1966年

2月，旗文化馆徐国选被抽调到内蒙古自治区组织的东三盟二人转代表队，参加华北局文艺会演的筹备和训练。

4月6日，为庆祝内蒙古自治区成立20周年，旗委宣传部、团旗委、总工会、文教科联合发出通知，成立敖汉旗庆祝内蒙古自治区成立二十周年大庆文艺创作筹备组。拟订全旗文化献礼项目，由文教系统各部门以及各公社分工负责。

5月，岗岗营子文化站（现木头营子站）建站。

7月，敖汉剧团价值两万余元的传统戏曲服装被红卫兵当作“四旧”焚烧。

同月，在破“四旧”中，牛古吐公社腾格力山下的敖汉札萨克王墓地被盗掘。

8月，旗文化馆举办业余文艺骨干培训班，有50多人参加培训。学习内容有表演、导演知识等。

10月，旗文教科组织全旗文艺会演，并选拔出20人组成代表队参加全盟业余文艺会演。二人转《扒墙头》、小戏《小保管上任》、拉场戏《追驴》获奖。

同月，敖汉剧团大部分演员及家属被下放到农村参加农业生产劳动；敖汉旗乌兰牧骑建队，由14人组成。

12月，旗文化系统部分人员去北京串联。

1967年

7月，根据中央“文化大革命”领导小组下达的文艺六条指示精神，敖汉剧团解散。

是年，下洼戏楼被拆毁。

1968 年

6—8 月，旗文化馆举办大型《毛主席伟大革命实践》展览。

8 月，旗文化馆、电影队、新华书店、乌兰牧骑合并，组成敖汉旗革命委员会毛泽东思想文艺宣传队，俗称为“四合一”。

10 月，旗革命委员会成立政工组，主管全旗文教工作，撤销原文教科。

是月，旗革委会毛泽东思想文艺宣传队与旗直机关联合排练样板戏《沙家浜》，到全旗各地演出。

是年，岗岗营子、四家子、林家地、金厂沟梁、玛尼罕、羊场等公社分别建立毛泽东思想业余文艺宣传队。

1969 年

6 月，旗革命委员会毛泽东思想文艺宣传队撤销，仍分为文化馆、电影队、新华书店、乌兰牧骑四个独立单位，各自成立革委会。

12 月，旗革命委员会政工组举办全旗文艺会演，四家子、金厂沟梁等 18 个业余文艺宣传队参加，演出样板戏《红灯记》《沙家浜》等。

1970 年

1 月，新惠电影院建成投入使用。

7 月，旗革命委员会把乌兰牧骑并入文化馆，称敖汉旗文艺宣传队。

9 月，旗文化馆举办样板戏学习班，业余文艺骨干 130 多人参加学习。

10 月，旗革命委员会派苏振江、崔向义、张乃夫带领岗岗营子公社业余文艺宣传队，到天津为下乡来敖汉的知识青年家属做回访慰问演出。

1971 年

1 月，全旗举办“普及样板戏，普及革命歌曲”汇报会，每公社 15—20 人参加，汇报演出节目 182 个。

9 月，旗文化馆举办有 130 多名文艺骨干参加的样板戏学习班，盟京剧团派张晓霞等来辅导。

1972 年

1 月，旗革委会宣传组举办文艺调演，有新惠、下洼、四家子 3 个公社的业余文宣队参加。

9 月，文化馆内设文物专职干部一名，负责全旗文物工作。

是年,《马克思恩格斯选集》四卷本在旗新华书店发行。

是年冬季，中国人民解放军 1375 部队野营拉练来到敖汉旗向阳公社（贝子府），旗委书记牛辑伍、副书记蒋凤鸣，人武部政委苏振江带领毛泽东思想文艺宣传队到部队驻地看望慰问子弟兵。

1973 年

1 月，新惠电影院安装 35 毫米大座机，电影放映质量得到改善。

6 月，旗革委会撤销教育组，恢复文教局，主管全旗文化教育工作。

7 月，旗乌兰牧骑到元宝山为知青家长做回访演出。

12 月，旗电影管理站召开农村电影放映工作会议，总结农村电影队近年来的工作经验。

1974 年

2 月，旗电影管理站为培养技术力量，举办幻灯放映和电影技术普及班，30 多人参加学习。

6 月，赤峰市文物工作站和旗文化馆对康家营子辽代壁画墓进行清理。同月，由辽宁省博物馆、赤峰市文物工作站和敖汉旗文化馆联合，对“沙通铁路”敖汉段的小河沿公社白斯朗营子南台地遗址和古鲁板蒿公社渗金吐遗址进行考古发掘，根据其文化类型的特点，被考古学界命名为“小河沿文化”。

8 月，旗文教局从全旗农村业余剧团中选拔 30 多名演员，参加全盟文艺会演，其中自编的小戏《俩木匠》获演出奖。

9 月，文化馆成立文物组，配备两名专职干部。同月，中国社会科学院考古研究所、辽宁省博物馆、敖汉旗文化馆等单位对大甸子墓地进行首次发掘。

10 月，旗革委会公布第一批旗级重点文物保护单位，有大甸子夏家店下层文化遗址、白塔子塔、五十家子塔、康家营子壁画墓等四处。

是年，毛泽东思想文艺宣传队分设，恢复乌兰牧骑和文化馆建制。

同年冬，在四家子公社老虎山大队发现秦权、燕刀币和战国铁器等出土文物。

1975 年

3 月，在荷也勿苏公社李家营子大队征集到金银器 10 余件，其中银执壶为古波斯萨珊王朝的器物。

5 月，旗电影管理站举办全旗农村电影放映队幻灯调演和培训班，有 20 人参加。

7 月，乌兰牧骑参加全盟文艺调演，舞蹈《百花盛开春满园》获演出奖。

1976 年

3 月，全旗各公社放映员参加全盟幻灯调演，时间 4 天。

6 月，敖汉旗革命委员会文教局分为文化局和教育局。余昭任文化局局长。

同月，旗乌兰牧骑到鞍山、平庄、东电一公司等巡回演出。

是月，中国社会科学考古研究所、辽宁省博物馆、辽宁大学历史系学员对大甸子墓地进行第二次考古发掘，共发掘古墓葬 300 余座。

10 月，旗乌兰牧骑参加全盟文艺调演。

是年，荷也勿苏、双井、古鲁板蒿等公社先后建立文化站。

1977 年

3 月，在白塔子辽代墓葬中发现壁画，出土瓷器、陶器、铜器和古围棋子等，其中宋代的影青瓷钵为古文物中罕见的珍品。

4 月，《毛泽东选集》第五卷在新华书店发行。

6 月，在丰收公社北三家大队发现辽代墓葬，其中一号墓为壁画墓。

7 月，辽宁省毛泽东著作出版工作领导小组在沈阳召开《毛泽东选集》第五卷印刷发行工作总结表彰大会。旗供销社、丰收供销社图书门市受到表彰。

同月，中国社会科学院考古研究所和辽宁省博物馆等单位对大甸子墓群进行第三次发掘，共发掘墓葬 400 余座。

10 月 5 日—26 日，乌兰牧骑参加昭乌达盟委、盟革委会组织的夺煤大会战慰问演出。历时 21 天，先后在东电一公司、红卫煤矿、元宝山煤矿、元宝山露天煤矿筹备处、平局基建公司、机修厂、局医院、古山煤矿、西露天煤矿、五家煤矿等单位演出 32 场，受到煤矿工人的热烈欢迎。

12 月，旗电影管理站在长胜公社举办全旗 8.75 毫米放映机放映员培训班，时间 20 天，有 30 多人参加学习。

是月，长胜电影管理站成立，负责全公社的影片发行工作。

是年，贝子府联合电影管理站成立，负责贝子府、金厂沟梁、克力代、王家营子 4 个公社的影片发行工作。

是年，旗文化馆举办皮影艺人学习班，时间 40 天，7 个公社的 16 名皮影艺人参加学习。

1978 年

3 月，旗乌兰牧骑开始恢复排演传统戏曲节目，并下乡为群众免费演出。

是月，旗电影管理站对无证人员进行技术考核，并举办放映人员技术培训班。

是月，辽宁省出版局在沈阳召开全省新华书店“双学”总结表彰大会，旗新华书店和丰收供销社派人参加并获奖。

4 月 1 日，旗文化局发出通知，公社电影放映队发放夜餐补助，每晚每人补助 0.3 元，从电影队放映收入中列支。

5 月，昭乌达盟文化局、盟供销社在赤峰召开全盟图书发行工作先进代表会，旗供销社、新华书店和丰收供销社图书门市、下洼供销社图书门市、长胜供销社图书门市分别被评为先进集体。

6 月，旗乌兰牧骑参加全盟文艺会演，获 1 项集体演出奖和 7 项个人奖。

7 月，付景辉任旗文化局局长。

是年，由于传统戏曲准演，农村业余剧团开始恢复组建，先后有贝子府后坟、四家子、白塔子、长胜等业余剧团活动演出。

1979 年

1 月，旗文化局举办全旗文艺会演，有 11 个公社的业余剧团或文艺宣传队 249 名演员参加演出，表演各种形式的节目 49 个。

5 月，旗文化馆图书组分出，建立敖汉旗图书馆。

6 月，旗乌兰牧骑王洪儒参加辽宁省文化局在沈阳举办的戏曲导演培训班。

是月，于庆任旗文化局局长。

同月，新地、克力代、敖吉、牛古吐、王家营子、林家地、四德堂、宝国吐、贝子府、下洼、丰收、新惠公社文化站建立。

7 月，旗文化局召开全旗文化馆、站工作会议，会议主要内容是如何解决新建文化站所面临的困难，明确文化馆、站工作性质、任务。

同月，文化馆举办全旗文化站工作人员业务培训班，学习内容主要包括党的文艺政策和戏剧、舞蹈、器乐、文艺创作、图书、美术、摄影、文物等业务知识，共 20 天。

8 月，旗电影管理站改为敖汉旗电影发行放映公司。

9 月，在丰收公社北三家大队发现辽代 3 号壁画墓。旗文化馆组织对北三家 1、3 号辽代壁画墓进行清理，出土一批反映辽代契丹族生活及习俗的珍贵壁画资料，其中的《饮马图》摹本曾到日本展览。

10 月，乌兰牧骑为来敖汉视察的人民解放军副总参谋长李达等领导同志做汇报演出。

是月，旗文化局针对全旗业余文艺队伍中存在的演出作风和演出质量问题，制定印发《农村业余剧团（宣传队）管理办法（试行）》。

11 月，全旗电影放映人员参加辽宁省电影技术考评，名列全盟第一。

是年，在李家营子征集的“波斯银壶”在伊朗召开的国际考古年会上展出。

是年，敖汉旗成立体育学会，具体指导体育科研工作。

1980 年

1 月，旗文化馆举办有岗岗营子、四家子、贝子府后坟 3 个业余剧团参加的文艺调演。

3 月，在小河沿公社四道湾子发掘战国时期遗址，经有关资料考证，该遗址为北燕时期“狗泽都”。

6 月，内蒙古自治区舞蹈家协会副主席肖峰及昭盟文联有关领导到乌兰召地区观看好“好德歌沁”表演，对这一独特的民间艺术给予高度评价。

8 月，经文化馆考核，旗文化局为部分民间零散艺人和业余剧团、皮影队审发演出证。

10 月 17 日—20 日，内蒙古自治区艺术馆辅导部主任刘化非来敖汉检查工作，对旗文化馆阵地活动、四家子公社文化站工作、岗岗营子公社业余文艺宣传队进行指导。

11 月，内蒙古自治区文化局翟奎曾等来敖汉检查文化工作。

12 月，旗文化馆被自治区文化厅授予“先进文化馆”称号。

是年，在全盟文化系统先代会上，旗新华书店被评为先进单位。

是年，旗文化局作出决定，全旗文化站从“以文补文”收入中提取 10%，作为工作人员的生活补助。

1981 年

3 月，内蒙古自治区出版局在呼和浩特召开全区农村牧区图书发行工作会议，旗新华书店门市和丰收供销社图书门市被评为先进集体。

5 月，岗岗营子文艺宣传队到呼和浩特为全区文化馆长和艺术馆长会议汇报演出皮影、幻灯、戏曲、歌舞等节目。归途中又在北京为文化部领导做汇报演出，受到文化部领导的赞扬，著名评剧演员新凤霞在家里接见部分队员。

6月，王玉珩任旗文化局局长。

7月，岗岗营子文化站贾立新被文化部评为先进工作者，并出席全国群众文化工作先进代表大会。同年被评为自治区劳动模范。

是月，文化馆举办创作学习班，时间15天，有43名业余作者参加学习。

8月，旗文化馆、盟文物站配合中国社会科学院考古研究所对古鲁板蒿公社周家地东胡族墓地进行发掘。

同月，由旗文化馆组织的“好德歌沁”演出队去海拉尔参加内蒙古自治区文化厅召开的民族民间艺人学习班。赵树廷、李维峰、李发等艺人在学习班上表演的“好德歌沁”，被中央和内蒙古自治区戏曲、民舞、民歌研究部门联合录制成电视资料片。

10月，旗文化局组织文化馆、站人员进行文物普查工作第一期调查，历时35天，发现了468处遗址点。

1982年

1月，《刘少奇选集》在旗新华书店发行。

3月，赤峰市文化局在敖汉召开全市文物工作现场会议。

同月，旗文化馆被自治区评为先进文化馆，岗岗营子文化站贾立新被评为先进工作者。

4月，在全市图书馆长会议上，旗图书馆获“为科研和读者服务奖”，张果彬出席内蒙古自治区农村牧区文化艺术工作先进集体、先进工作者表彰大会。

同月，赤峰市文化局召开全市文化工作先进表彰会。旗文化馆、新华书店和岗岗营子、贝子府、丰收、双井、长胜、四家子等文化站的先进集体、先进个人代表参加会议。

是月，辽宁作协作家金河（敖汉旗四家子镇人）来敖汉讲学。

是月，旗乌兰牧骑办公楼破土动工。

5月，文化馆对金厂沟梁公社沙沟子辽墓进行发掘，出土陶器、瓷器、铁器、铜器、金器等器物280余件。

5月中旬，内蒙古自治区文化局副局长周戈来敖汉检查文化工作。

6月，内蒙古自治区文化厅举办全区文物考古训练班，在宝国吐公社范杖子大队现场实习，发掘墓葬80余座。

是月，内蒙古自治区舞蹈家协会专家与赤峰市文联的领导，到乌兰公社乌兰召大队观看“好德歌沁”表演。

9月，作家张长弓、杨啸等来敖汉为业余文学作者讲课。

10月，牛古吐、敖吉两个文化站联合组建业余剧团。

是月，文化馆、站人员组成文物普查队，开始全旗第二期文物普查。历时59天，发现遗址点1033处。

是月，内蒙古自治区出版局在呼市召开全区新华书店系统表彰先进暨业务基本功汇报表演大会，旗新华书店李广仁被评为先进个人。

11月，林家地、四家子文化站联合举办戏曲培训班，有50名学员参加学习。

是年，全旗文化室达到173个，占全旗行政村总数的54%；新惠电影院内墙陷裂，成为险房停用；四家子文化站被自治区文化厅命名为先进中心站。

1983年

3月，由文化馆、站人员组成的文物普查队进行第三期文物普查，历时36天，发现遗址点579处。

6月，中国社会科学院考古研究所和内蒙古考古队对大甸子遗址进行第四次发掘，同时发掘的还有王家营子公社柳南墓地，旗文化馆、站部分人员配合工作。

7月12日，经敖汉旗委、旗政府批准，旗乌兰牧骑下乡演出，从7月份开始收取适当的演出费，每场收费50—70元。

是月，《邓小平文选》（1975—1982年）和《朱德选集》上卷在新华书店发行。

同月，旗文化馆长邵国田参加全国文物普查工作会议，并在会上介绍经验。

9月，文化馆办公楼破土动工。

10月，第四期文物普查开始。

是月，中国社会科学院考古研究所和旗文化馆联合组织人员对兴隆洼遗址开始进行发掘，田野工作56天，发现遗址点530处。

11月，全旗农村牧区文艺队伍会演，岗岗营子、贝子府、荷也勿苏、双井、新地5个公社的6支队伍参加演出。

12月，贝子府文化站组建业余剧团，招收演员24人。

1984年

2月，敖汉旗文化局与敖汉旗体育运动委员会合署办公，对外保留敖汉旗体育运动委员会的名称。

4月26日，旗文化局、中国人民银行敖汉旗支行、旗供销社联合发出通知，在全旗部署抢救和保护古钱币工作；当月，内蒙古自治区文化厅在敖汉旗召开全区文物普查工作会议。

5月，文化馆文物组分出，建立敖汉旗文物事业管理所。

6月17日，旗供销社、文化局联合召开全旗农村牧区图书营业员会议，23个基层供销社和新华书店营业员共42人参加会议。

7月，国家文物局副局长庄敏来敖汉检查文物普查工作；当月，中国社会科学院考古研究所对兴隆洼遗址进行第二次发掘。

9月23日，敖汉旗成立全旗技术普查和光源改革领导小组。要求对“文化大革命”后期发展的8.75毫米放映机更新成“南京长江16–4型”放映机。

同月，第五期文物普查开始，历时130多天，发现遗址点601处。

11月7日，旗政府发出〔1984〕108号文件，要求在造林、整地工作中保护古代文化遗址。

11月11日，旗委、旗政府成立敖汉旗群众文化工作委员会，旗政府分管副旗长为主任，相关部门负责人为成员。

是月，旗乌兰牧骑参加全盟乌兰牧骑会演暨经验交流会，被评为先进单位。演出小戏《桃园喜讯》和《嘎二嫂撒鸡》分别获创作奖、演出奖和创作鼓励奖、导演奖和作者奖。

是年，全旗先后有50个个体放映队成立。贝子府文化站被内蒙古自治区文化厅评为先进中心站。

是年，旗乌兰牧骑迁入建筑面积800平方米的办公楼。

1985年

1月，旗新华书店归属为赤峰市新华书店领导，实行人、财、物三权上缴，党务工作仍归旗文化局。

同月，旗电影公司举办无证放映人员培训班，有20多人参加学习。

3月30日，文化局批复电影公司实行职务及岗位津贴。具体标准为，职务津贴：正职每月15元，副职每月12元，班组长每月9元；岗位津贴：每人每月6元。

4月2日，旗体育运动委员会与文化局分设。体委行政编7人，文化局行政编7人。

是月，全旗第六期文物普查开始。

5月21日，从1984年9月29日开始的第五次文物普查结束，历时130余天，普查面积1100平方公里，发现各个不同时代的古遗址601处。

是月，旗乌兰牧骑在内蒙古电视台拍摄本队编导的小戏《桃园喜讯》。

是月，蔡春圃任文化局局长。旗文化局成立艺术集成办公室，开始编纂《敖汉旗戏曲志》和《敖汉旗民族民间舞蹈集成》等。

7月17日，敖汉旗文化局调整敖汉旗《戏曲志》《音乐集成》《舞蹈集成》编写领导小组和编辑组成员，加强对此项工作的领导。

是月，新华书店营业楼破土动工。

9月，由旗文化局主办的《敖汉文化》报创刊，刘才任主编。

同月，文化系统组织举办新惠地区第一次文化夜市，时间3天。

10月26日，旗委、旗政府调整敖汉旗群众文化工作委员会。政府副旗长鲍凤祥任主任。

11月，旗乌兰牧骑参加全区改革题材小戏调演，评剧《桃园喜讯》获集体演出奖、剧本创作奖和精神文明奖。

12月，旗文物事业管理所被评为全国文博先进集体。

是年，中国社会科学院考古研究所杨虎带队对兴隆洼遗址进行第三次发掘，同时发掘的还有宝国吐乡小山遗址。

1986年

2月，宣传系统举办大型秧歌会，有高跷、旱船、跑驴、跑鹿、跑象、猪八戒背媳妇等群众喜闻乐见的节目。同时，文化局派人协助新惠乡格格召村举办大型民俗活动——黄河灯会。

4月，旗图书馆参加全区先进图书馆座谈会，馆长张果彬在会上介绍经验。

是月，旗人大、文化局对全旗第二批文物保护单位进行考察，共50处。

5月，文化系统主办大型“青年之声音乐会”。

7月，文化系统联合有关单位，联合举办“旗直属机关业余歌手有奖大赛”。

是月，中科院考古研究所、旗文管所组成联合工作队，对高家窝铺乡赵宝沟遗址进行发掘。

8月，旗文化馆召集17名文化站人员就“如何搞好文学创作”进行座谈。

9月，旗委宣传部、旗文化馆等单位联合举办“南腔北调戏曲演唱大奖赛”。

10月，旗文化馆邀请赤峰市文联主席张向午来敖汉讲学。

同月，旗文管所被评为内蒙古自治区文博先进单位，邵国田被内蒙古自治区文化厅授予文博先进工作者称号。

12月19日，为加强文物保护法的宣传、贯彻、落实，旗政府制定《乡镇苏木文化站文物保护管理条例》。共10条，其中包括文物保护、文物保护法宣传、文物征集、打击非法收购文物和文物走私。

是年，旗文化馆开办敖汉旗第一所少儿艺校，其后坚持10年，培训少儿1000多人。

1987年

1月，敖汉旗文物管理所库房被撬，被盗走清代铜佛六尊，其中鎏金佛两尊。

2月，《内蒙古日报》记者李世琦撰写的题为《敖汉旗文物普查成果居全国之冠——发现古遗址和墓地3600多处，保护文物蔚然成风》一文发表于《内蒙古日报》第三版。

是月，敖汉旗宣传系统组织举办大型秧歌会，把戏曲舞台上的《宝龙山救驾》《水漫金山》等人物与情景融入传统秧歌中，与现代舞迪斯科结合起来，创造出新的艺术效果。

3月，旗政府副旗长鲍凤祥带队，会同旗人大、旗委宣传部、旗文化局等单位，对旗境内辽武安州旧址的白塔损坏及倾斜情况进行实地考察。

4月，旗政府公布由旗九届人大第九次常委会提出的第二批旗级文物保护单位50处。

5月，新窝铺乡文化站幻灯队参加自治区第二届计划生育宣传节目调演，演出的节目《计划生育》获一等奖，《王大嫂唱戏》获二等奖。

本月，文化局下发《全旗文化站目标管理暂行办法》，对全旗文化站进行目标化管理。

6月，中国社会科学院考古研究所对敖汉旗王家营子乡额附营子村西台地红山文化遗址进行发掘，出土1件在当时属全国最早的青铜器铸造陶范。

同月，内蒙古自治区文化厅在赤峰召开庆祝内蒙古乌兰牧骑建队30周年大会和理论研究会。旗乌兰牧骑派员出席会议，并获文化部、国家民委和内蒙古自治区文化厅的奖励。

7月，旗直文化系统举办为时3天的庆祝内蒙古自治区成立40周年文化夜市活动。

同月，旗文化馆举办全旗大型摄影、书法、美术有奖展览。

是月，位于本旗四家子镇牛夕河村的青城寺内铜佛被盗。

8月，流传在本旗乌兰召地区的蒙古族民间艺术“好德歌沁”，由文化馆组织，在新惠镇街头进行表演；同月，旗文化局组织人员开始编写《敖汉旗文化志》。

9月，全旗文化站工作会议召开，会议主要内容是总结经验，研究开展“大文化”工作方向，扩大文化服务功能，更好地为经济建设服务；同月，旗文化馆举办“两矿一厂”（金厂沟梁金矿、撰山子金矿、贝子府水泥厂）文艺调演，为期4天，演出文艺节目40多个。

10月，新惠地区举办庆“十一”文化夜市，历时3天。

同月，旗文化馆举办全旗皮影调演，并召开皮影艺人座谈会。围绕皮影艺术的挖掘整理和继承发展等问题进行探讨。有3支皮影队和20多名艺人参加；旗乌兰牧骑举办全旗业余剧团骨干表演、导演培训班，有30余名学员参加了学习。

是月，旗文化局和图书馆综合楼竣工交付使用，总建筑面积1500平方米；旗文管所新址办公用房竣工，建筑面积330平方米。

11月，旗文化局召集全旗较有影响的唢呐艺人座谈会，对流传在民间的唢呐曲牌进行挖掘整理。

同月，敖汉旗政府发布《关于文化市场管理的暂行规定》。文化系统内的群文系列、图书系列、文博系列和艺术系列的职称评定工作开始。

12 月 14 日，旗编制委员会批复，敖汉旗文物管理所改为敖汉旗博物馆，隶属于旗文化局。

是月，新窝铺乡文化站贾立新参加内蒙古自治区文化厅召开的文化站工作会议，并在会上作经验介绍；旗文化馆举办老干部“聊斋”活动开幕典礼，旗委、政府、人大、政协及有关部门的领导出席典礼仪式。

1988 年

1 月，旗电影公司召开全旗电影放映员会议。

2 月，双井乡文化站杨秀玲出席文化部召开的“以文补文”先进单位座谈会并获得奖励。

3 月，敖汉旗人民政府批准，“敖汉旗文物事业管理所”改称“敖汉旗博物馆”，履行文物管理所和博物馆两种机构职能。

4 月，旗文化馆组建仿古工程队，开始露天游艺场的设计和施工。

5 月 25 日，旗文化局为落实《敖汉旗脱贫致富，实现“三个奋斗目标”规划》，提出文化系统服务脱贫工作三点意见。

本月，旗新华书店营业楼竣工交付使用，建筑面积 1510 平方米。

6 月，旗文化局购进 130 型业务工作专用车。

同月，旗文化局审定文化馆提出的招聘承包方案。

7 月，中国社会科学院考古研究所对玛尼罕乡德力板榆树山遗址进行发掘。

8 月 1 日，旗总工会和文化馆联合举办中老年迪斯科训练班，旗直各工会分别派出 1—3 人参加为期 3 天的培训。

是月，旗文化馆组织大部分人员参加撰山子金矿仿古工程基建、大型展览和艺术辅导等项工作。

是月，旗文化局对乌兰牧骑进行招聘承包，郭晓光被聘为队长。

同月，旗博物馆对新地英凤沟辽墓进行抢救性清理，出土刻有契丹文字的辽代银盘等文物。

9 月，旗文化馆举办“旗直单位中老年迪斯科比赛”和“戏曲金马奖大赛”。

10 月，新惠影剧院建成投入使用，电影公司不再租用旗政府大礼堂。乌兰牧骑租用礼堂作为排练和演出场所。

11 月，文化馆游艺场主体工程基本完工，在元旦活动中投入使用。

同月，内蒙古自治区文化厅厅长李金喜、副厅长焦雪岱来敖汉检查工作，对近几年来敖汉文化工作所取得的成绩给予充分肯定。

12 月，旗公安局、博物馆分别被内蒙古自治区公安厅、文化厅授予“打击盗掘走私先进单位”。同年，敖汉旗博物馆展厅和文物库房竣工交付使用。

1989 年

1 月，旗文化馆召集有关部门举行招聘承包答辩会议，韩殿琮中标继任馆长；敖汉旗文化局调整《敖汉旗文化志》工作机构，成立《敖汉旗文物志》编纂领导小组，落实编纂人员。

2 月，内蒙古自治区文化厅召开全区电影发行放映经验交流会，旗电影公司经理李秀才出席会议，并在会上作农村电影发行工作经验介绍。

3 月 4 日，敖汉旗委、旗政府研究决定成立敖汉旗社会文化管理委员会，政府主要领导任主任，宣传部、文体局领导为副主任，政府办、公安局、工商局、经委、广播局等为成员单位。

3 月，双井乡文化站被内蒙古自治区文化厅、财政厅评为“以文补文”先进单位。

4 月 29 日，旗博物馆派出专业技术人员，清理四道湾子镇吴家营子村太平营子唐墓，出土的文物为该地区从鲜卑与契丹之间的考古研究提供断代依据。

5 月 8 日，为庆祝中华人民共和国成立 40 周年，旗文体局举办“民族民间工艺品展览”，凡流传在当地的民族民间工艺品、手工艺品均为参展对象。

是月，旗文化馆同团旗委联合举办“五四杯青年钢笔书法大奖赛”，有 15 名作者获奖；金厂沟梁金矿举行金矿职工业余文艺会演，有 11 支队伍参加，文化馆派员进行辅导；文化馆少儿艺术学校开学，招收 5—6 岁学龄前儿童，教授音乐、美术、文化等方面的知识。

7 月 24 日，敖汉旗人民法院对四德堂乡马云龙、刘子文盗掘古墓一案进行公开审理。

是月，中央电视台对外部摄制组来敖汉旗录制有关辽契丹史的文物资料。

同月，新惠影剧院竣工，交付使用；旗电影公司被自治区文化厅评为电影发行放映系统先进集体。

8 月，内蒙古内蒙古自治区出版局局长苏日和市人大领导来敖汉检查书画报刊及文化市场。

9 月 3 日，旗委、旗政府研究决定调整充实“敖汉旗社会文化管理委员会”。主要职责是加强对全旗文化市场的领导和管理，整顿清理书报刊及音像市场。

同月，由张殿阁等 6 人组成的旗文化馆皮影队，去赤峰参加全市首届文化节演出。

10 月，为庆祝中华人民共和国成立 40 周年。旗文化系统举办第四届文化夜市活动，历时 3 天，同时举办“敖汉文化 40 年”成就展览。

同月，旗文化馆皮影队应邀去巴林右旗参加该旗文化夜市活动。在大板镇演出传统皮影节目，受到各界群众的赞赏。

12 月，旗乌兰牧骑排演现代评剧《雷锋的童年》，在新惠镇内和赤峰市内连续公演 19 场，观众达 2 万多人次。《赤峰日报》《内蒙古日报》《中国农民报》等分别刊发消息和通讯，对该剧的上演给予很高的评价。

1990 年

1 月，文化部群众文化管理处处长曾晓田等来敖汉检查群众文化工作，先后视察旗文化馆、图书馆、博物馆和高家窝铺乡文化站等单位。对敖汉旗的群众文化工作给予很高的评价，并提出指导性意见。

2 月 21 日，旗委常委会决定，旗电影公司为准科级事业单位，人事管理归旗政府党组。

是月，《中国文化报》刊载文章，题为《发扬革命传统，坚持两为方向》，介绍敖汉旗乌兰牧骑坚持常年为农牧民服务的事迹。

同月，内蒙古自治区民族文化研究所、市文化局、旗民委、旗文化局等单位联合，对流传在乌兰召地区的蒙古族民间歌舞艺术“好德歌沁”进行实地录像。

是月，宣传系统组织秧歌队，把迪斯科舞蹈与传统的秧歌舞步相结合，形成新的地秧歌，其中加入“娶亲挑椅子”“独杆轿”“天女散花”等艺术杂耍，受到观众的好评。

3 月，内蒙古自治区文化厅文物处处长王晓华、内蒙古自治区考古所副研究员郭树新、市文化局副局长予舒等领导来敖汉检查《文物地图集》绘制情况。

同月，旗文化局成立文化市场管理股，负责文化市场的管理工作。

4 月 9 日，旗委宣传部等四部门联合下发通知，要求旗直各单位组织全体党团员和职工群众，集中观看大型文献纪录片《周恩来》。

是月，旗电影公司被国家广播电影电视部评为全国电影发行放映先进集体。

同月，旗博物馆清理金厂沟梁姚家沟被盗墓一座，出土辽代皇族耶律元宁墓志铭，是研究辽史和敖汉地区的辽代归属等课题不可多得的佐证资料；旗图书馆在全国第二届图书馆服务宣传周期间，开展故事会、座谈会、知识竞赛等 10 多项活动，并开办“少儿阅览室”。

6 月，旗乌兰牧骑为配合人口普查的宣传，编排小戏《围腰记》、单出头《光棍怨爷》等节目，在赤峰电视台播出。

同月，赤峰市人大、文化局、博物馆的领导来敖汉察看四家子镇阎杖子村羊山辽墓和新惠乡野马沟辽墓被盗情况；敖汉旗第十届人大常委会第十二次会议，审议通过旗政府委托旗文化局局长蔡春圃所作的《关于全旗文物保护工作情况的报告》。

7 月 21 日，为落实内蒙古自治区开展《全区百面红旗文化站竞赛活动》的文件精神，旗文体局专题部署此项工作，并拟定 11 条竞赛标准。

24 日，根据基层文化站报告，韩家窝铺 5 座辽代壁画墓被盗掘，旗博物馆组织专业人员对韩家窝铺、白壕沟两处墓地进行抢救性清理，保护墓中辽代壁画。

是月，赤峰市文化局和全市图书馆百分竞赛评比检查团来敖汉进行检查，经评比，敖汉旗图书馆获得全市第一名。

同月，经过编辑合成的“好德歌沁”录像资料片，经中国曲艺家协会推荐参加在山西临汾召开的“中国傩戏学国际学术讨论会”，引起国内外专家和学者的重视。

8 月，旗博物馆在清理宝国吐乡皮匠沟被盗辽墓中发现《马球图》壁画。该壁画是迄今为止全区乃至全国仅发现的第二幅，是研究辽代体育、娱乐习俗的珍贵资料。

9 月，四家子镇农民张殿华和敖润苏莫农民侯凤兰绣的“八仙门帘”和“烟荷包”，参加第二届中国艺术节民间美术展览并获奖。

同月，敖汉旗博物馆被自治区文化厅评为“文物普查先进集体”。

10 月，旗宣传、文化系统组织为期 3 天“庆国庆、庆亚运、庆丰收”为主题的第五届文化夜市活动。

同月，内蒙古自治区文化厅厅长李全喜一行 6 人来敖汉检查工作，对文化馆游艺场建设给予肯定。

是月，全旗民办公助文化站专职工作人员提高一级工资，月增资额 6 元。

11 月 2 日，旗文化局、公安局、电影公司联合成立“全旗电影放映单位普查登记暨开展‘三优’活动领导小组”。

12 月，赤峰市计划生育系统第一支计划生育文艺宣传队在敖汉旗计划生育委员会成立，原新窝铺乡文化站站长贾立新被聘为队长。

1991 年

1 月 10 日，根据《中华人民共和国文化市场管理暂行条例》和敖汉旗人民政府《关于治理整顿文化市场的通知》精神，旗文化局决定对全旗电影放映单位进行清理登记，并核发文化经营许可证。

5 月 15 日，旗政府将大甸子遗址、兴隆洼遗址上报为国家级文物保护单位；城子山遗址、元宁昌路遗址、赵宝沟遗址上报为自治区级文物保护单位；辽代武安州城址、齐大窝铺战国城址上报为市级文物保护单位。

7 月 13 日，旗委宣传部决定，表彰旗经委、旗教育局、新惠镇、旗公安局、金厂沟梁金矿、旗文化馆、木头营子乡、四道湾子镇、贝子府乡等为春节文化活动先进单位。

7月18日，旗政府办公室印发《关于加强文化市场管理的通知》，明确本着“归口管理，协调行动”的原则，全旗文化市场管理除广播电视系统的文化经营活动由本系统负责外，其他的文化经营活动统由文化局负责管理。

8月1日，旗文化局会同旗农牧办等11个涉农部门联合举办全旗第二届农牧林科教电影汇映活动，共推出51部科教片汇映节目单。

9月3日，旗政府为加强学习、宣传、贯彻第七届全国人大第二十次常委会审议通过的《关于修改〈中华人民共和国文物保护法〉第三十条、第三十一条的决定》和《关于惩治盗掘古文化遗址、古墓葬犯罪的补充规定》，作出《关于认真学习、宣传、贯彻全国人大常委会关于文物保护法和刑法的两个决定的安排意见》。

11月25日，旗文化局检查组对全旗文化系统“以文补文”工作进行检查，从8个方面提出《对文化馆、站以文补文加强管理的意见》。

12月10日，旗政府向市里推荐长胜镇、四家子镇、木头营子乡、四道湾子镇、康家营子乡、南塔子乡等8个单位为市级文化先进乡镇。

1992年

1月7日，旗机构编制委员会批复，旗文化局内设文化市场管理股，不增加编制。

3月16日，旗政府决定成立企业文艺会演领导小组，旗政府分管副旗长为组长，领导小组办公室设在文化局。

5月15日，旗文化市场管理委员会制定下发《敖汉地区文化市场管理暂行规定》，共9条。

是月，旗委宣传部等八部门联合下发通知，要求旗直各党政机关、群众团体、各企事业单位，在中共中央、国务院、全国人大关于加强社会治安综合治理的两个决定发布一周年之际，组织观看敖汉旗乌兰牧骑排演的大型现代剧《唤心石》。

6月23日，旗委发出22号文件，明确全旗宣传文化系统干部管理工作有关事宜。

是年，旗电影公司实行定点规划放映，以解决电影收费难的问题，农村牧区电影普及率有较大提高。

1993年

3月20日，旗政府制定并印发《敖汉旗文化市场管理暂行办法》。

5月20日，旗委宣传部、旗文化局表彰“纪念毛主席《在延安文艺座谈会上的讲话》发表51周年报告文学有奖征文”获奖作者。有22篇作品分获一、二、三等奖。

8月14日，敖汉旗书法协会正式组建。

9月20日，旗人民政府发布《关于确定兴隆洼聚落遗址保护范围的通知》，划分一般保护范围和重点保护范围。

9月29日，旗文化局批复组建“三人行文学社”，该社是由一些文学青年自发组织的业余文学创作团体。

10月28日，根据减轻农牧民负担的文件精神，全旗农村牧区电影规划定点放映全部停止，各电影队根据群众的需求开展电影放映活动。

11月，旗文化局和旗体委第二次合并，成立敖汉旗文化体育局。

12月，乔化文任旗文化体育局局长。

1994年

5月17日，旗委宣传部、教育科技局、广播电视局、文体局联合发出通知，要求运用优秀影视片在全旗中小学开展爱国主义教育。

是月，各乡镇苏木文化站改为文化体育工作站，电影队归文化体育工作站管理。

是月，旗文化体育局、总工会、文化馆联合举办“庆五一暨纪念中华全国总工会成立70周年文艺演唱会”，演出29个精彩文艺节目，多以讴歌工人阶级的风采为主题。

6月7日，旗政府《政务信息》第22期，刊发《我旗文化市场走上健康有序的发展轨道》。

9月6日，旗政府印发《敖汉旗文化市场管理暂行办法》，共4部分，48条。

1995年

4月1日，旗文化市场管理办公室制定《敖汉旗音像市场管理暂行规定》，并印发全旗。

7月19日，为进一步加强文化市场管理，净化书刊市场，旗政府制定印发《敖汉旗书报刊市场管理若干规定》。

9月22日，旗委宣传部发出通知，要求旗直各部委办局、企事业单位、群众团体、各学校组织观看历史战争巨片《七七事变》。

12月1日，旗文化市场稽查队人员统一着装上岗。

是年，旗推行国家公务员制度领导小组批复文化体育局职位设置方案。设置公务员职位12个，其中领导职位4个，副主任科员职位1个，科员职位7个。

是年，敖汉旗旅游局成立，与旗经济贸易委员会合署办公。

本年12月至1996年1月，旗文直系统各单位全部建立馆（队）务委员会，实行馆（队）长负责制下的集体领导。

1996 年

3 月 14 日，敖汉旗机构编制委员会批复，敖汉旗文化市场稽查队为股级全额事业单位，定编 2 人。

6 月 8 日，旗公安局批复，旗文化市场稽查队在执法工作中可以着内部单位保安队服装。

6 月 20 日，旗政协五届九次常委会组织开展全旗文物管理工作视察，听取旗文体局负责人的专题报告。

7 月 20 日，旗文体局向市文化局呈送《关于创建市级“文化先进旗”的申报》，从三个方面详述申报理由和创建成果。

9 月 4 日，旗文体局发出《关于制止中小学生涉足电子游戏场所的通告》，严令禁止从事经营电子游戏活动的单位和个人接纳中小学生入室活动。

是年，旗乌兰牧骑排演计划生育专场文艺节目《希望之路》，在全旗 29 个乡镇苏木巡回演出。

是年，全旗 30 个乡镇苏木成立“全民健身计划领导小组”，加强“一纲一法”（《全民健身纲要》《中华人民共和国体育法》）的宣传落实。

1997 年

3 月 24 日，赤峰市政府发布决定，命名敖汉旗为赤峰市文化先进旗。

4 月 21 日，旗政府批准四道湾子镇开发小河沿水乡风光旅游区，拨付前期工作资金 1 万元。

8 月 5 日，敖汉旗旅游局批复，同意赤峰市旅游局劲牛旅游商品有限公司租赁开发小河沿水乡风光旅游区。

是月，由旗委、旗政府主办，敖润苏莫苏木承办的敖汉旗第一届那达慕大会在敖润苏莫苏木隆重举行，这是新中国成立后敖汉地区规模最大的一次那达慕。

12 月，敖汉旗被内蒙古自治区人民政府授予“文化先进旗（县）”荣誉称号。

是年，旗委、旗政府制定下发《敖汉旗农村牧区达小康文化体育事业专项标准》，根据全旗 30 个乡镇苏木的不同情况，制定不同的发展目标。

是年，全旗农村牧区电影队发展到 53 支，有 24 个乡镇实现定点规划放映。本年 11 月，全市农村牧区电影工作经验交流会在敖汉旗召开，旗电影公司及 11 个乡镇受到市文化局表彰。

1998 年

1 月 6 日，旗乌兰牧骑荣获“全国文化科技卫生‘三下乡’活动先进集体”，受到中宣部、文化部等 10 部委的表彰。

7 月 20 日，敖汉旗旅游服务社成立，为旅游局下属集体企业。

8 月 25 日，旅游开发中心建成，为旗经贸委、旅游局所属的事业单位。

10 月 26 日，敖汉旗文化馆被赤峰市精神文明建设委员会办公室认定为市级文明单位。

12 月 4 日，北京市崇文区教委资助旗乌兰牧骑 10 万元，主要用于拍摄儿童剧《赖宁》专题片。

是年，旗政府投资 80 万元，在四道湾子镇、高家窝铺乡建成两个旅游景点，当年接待游客 4 万人，实现旅游收入 16 万元。

是年，旗政府投入 5000 元经费，作为旅游事业费，完成全旗旅游资源的初步普查和总体规划工作。

1999 年

3 月，旅游工作职能划归招商局，内设旅游开发股。

4 月 12 日，内蒙古体育彩票管理中心在敖汉旗投入彩票资金 65 万元，用以修建体育综合训练楼和扩建运动场地。

8 月 20 日，敖汉旗电影公司由企业单位恢复为自收自支事业单位。

9 月 28 日，敖汉旗总工会批复敖汉旗文体局组建文体系统工会委员会，李建东任工会主席，朱国文任副主席；女工委员会主任由杨亚华担任。

9 月 30 日，全旗城乡文艺会演开幕，30 个乡镇（苏木）和旗直 5 个系统的 34 支代表队参加，演职人员 480 名，演出文艺节目 200 个。

是年，全旗 330 个文化室，已有 50% 达到内蒙古自治区标准。

是年，在同“法轮功”斗争过程中，全旗 30 个文体站出宣传板报 50 期，印发科技小册子近万份，发挥文化宣传主阵地作用。

2000 年

6 月 20 日，全旗首届百日消夏广场文化活动开幕，先后有 13 个系统的 49 个单位参加，放映电影 30 场，文艺演出 17 场，表演文艺节目 240 个，演职人员近千人。

7 月，国家体育总局、中国举重协会授予旗体育中心谢建国“国家级举重裁判员”称号。

11 月，国家体育总局授予敖汉旗“全国体育先进县”称号。

是年，敖汉旗艺术创作中心成立，发展骨干创作人员 200 名；旗新华书店在全国青少年“走进新世纪”读书教育活动中，被评为“发行先进单位”。

是年，中国社会科学院考古研究所内蒙古工作队与旗博物馆对城子山遗址进行联合调查，初步确认其为中国北方最大的夏家店下层文化中心性祭祀遗址。

是年，在全区“蒙古王杯”举重锦标赛上，敖汉旗运动员 4 人 6 次破全区少年乙组纪录，获得 3 金、3 银、3 铜的好成绩。

2001 年

1 月 6 日，敖汉旗老年艺术合唱团成立，有团员 60 人。

2 月 20 日，旗电影公司受到自治区文化厅等 10 厅局联合表彰，被评为 2000 年度“科普之春”电影汇映活动先进集体，奖励 16 毫米电影放映机一台。

6 月 20 日，旗文体局、旗公安局、工商局、电信局联合印发《敖汉旗整顿和规范文化市场秩序实施方案》，加大文化市场整治力度。

9 月 28 日，旗政府成立实施农村牧区电影“2131 工程”目标领导小组，旗政府分管领导任组长。

是年，旗图书馆被自治区文化厅评为“全区‘1136’创优活动优秀单位”。

2002 年

4 月，旗文体局组织专业队伍，抢救清理被盗掘的古鲁板蒿乡山嘴村老鹞子山辽代壁画墓，揭取壁画 7 幅。

是月，原旗图书馆办公楼卖给旗网通公司，图书馆休馆 2 年。

5 月，旗文化体育局、旗广播电视服务中心和旗旅游局合并，组建敖汉旗文化体育广播电视局（旅游局）。

8 月 24 日，“皇明杯”全旗农牧民文艺会演在新惠开幕。历时 3 天，28 个乡镇，178 人参演，演出节目 131 个，其中自编节目 55 个。当月 29 日，敖汉旗体育总会调整敖汉旗网球协会。

10 月 12 日，旗委常委会决定，组建敖汉旗旅游管理服务中心，隶属于旗文化体育广电局，内设人秘股、规划发展股、旅游促进股。定编 12 人，中心主任由文体广电局副局长兼任。

2003年

6月27日，旗门球协会为庆祝世界奥林匹克日，举办老年人门球比赛，这是“非典”疫情得到控制以来举办的一次规模比较大的体育赛事，参赛运动员68名。

6月29日，旗文体旅游系统党总支组织大型庆“七一”文体活动。歌舞《与时俱进谱新篇》拉开文艺联欢会序幕，22个各类文艺节目，热情讴歌敖汉旗改革开放以来的建设成就。旗乌兰牧骑为紧密配合学习、贯彻《公民道德建设实施纲要》活动，加强社会主义公德和家庭美德教育，赶排现代评剧《小女婿》，7月同观众见面。

7月1日，以旗人大常委会主任张德奎为组长、副主任刘亚伦为副组长的文化市场监督检查组，听取文化市场管理工作汇报，深入部分“网吧”“游戏厅”等娱乐场所实地检查。

7月10日，以市人大教科文委主任宋英达为组长的执法检查组来敖汉视察文物保护工作。检查组先后视察旗博物馆、大甸子遗址、兴隆洼遗址和武安州城址，实地了解全旗对文物保护法的贯彻落实情况。

20日，由国家旅游局派出的以中科院地理所旅游研究与规划设计中心刘家明博士为组长的专家组，用4天时间，先后对大黑山、热水汤、小河沿、城子山、兴隆洼、黄羊洼、红山水库、萨仁诺尔、大青山、山湾子10个景区进行实地踏查。

是年1—7月，由10多个国家组成的蒙古12—13世纪珍贵文物展分别在美国纽约大都会博物馆、洛杉矶郡立博物馆展出，旗博物馆馆藏元代金簪子2件、金佛、金冠饰等珍贵文物参展。

7月28日—8月4日，北京大学环境与地理研究中心教授邓辉一行4人，在中国社会科学院考古研究所内蒙古考古工作队队长董新林的陪同下，来敖汉旗进行环境考古和地貌研究。

8月6日，内蒙古自治区政协主席王占一行3人，在市政协主席张立华、旗委书记吉玉龙、旗政协主席宋士清等领导同志陪同下，专程视察文物保护和博物馆工作。

同日，在赤峰英才学校举行的2003年全市“英才杯”青少年田径运动会上，敖汉旗运动员夺得男子甲组跳远第一名，400米女子甲组第二名，男子甲组100米第二名，男子甲组4×100米接力银牌。

8月7日，敖汉旗人民政府向市政府呈报，为乌兰牧骑申请扶持资金60万元，主要是解决5个项目：演出用大篷车，舞台灯光，舞台音响，服装道具，活动舞台。

8月11日，市人大常委会副主任张芒来带队的调研组对敖汉旗旅游业的发展情况进行调研；11日—13日，位于四家子镇牛夕河村的藏传佛教圣地青城寺举行隆重的寺院复建3周年暨后殿开光法会。

22日，由32人组成的中国港澳地区记者团，在旗委领导陪同下，参观旗博物馆；27日，内蒙古艺术研究所研究员王景志来旗博物馆调研有关舞蹈的历史文物资料。博物馆有7件文物收录在《中国舞蹈志》一书，其中红山文化的舞蹈雕塑和图像，填补我国北方新石器时代舞蹈史上的一项空白。

是月，旗文体广电局组织力量对全旗12家印刷厂进行全面清查，收缴盗印书刊成品900册，半成品300册，停业整顿3家印刷厂。

9月13日，台湾地区著名作家席慕蓉参观四家子草帽山红山文化积石冢和旗博物馆。

9月23日，以敖汉旗荣获“全球环境500佳”称号为题材，旗乌兰牧骑创编排演的《建设绿色家园》专场文艺节目，到呼和浩特市演出。

9月29日—30日，旗政协常委会组织全体委员对敖汉旗旅游开发工作进行专题调研，并对碾盘沟、城子山、萨仁诺尔进行实地考察。

9月，旗乌兰牧骑编演的《建设绿色家园》环保专题晚会在呼市汇报演出及全区巡演获得圆满成功。

11月，敖汉旗宣传文化中心大楼竣工交付使用，建筑面积4500平方米。

12月，国家体育总局授予敖汉旗“全民健身周先进单位”。

2004年

2月13日，国家旅游局在北京主持《敖汉旗旅游发展规划》论证会。《敖汉旗旅游发展规划》顺利通过专家论证。

3月，继国家“万村书库工程”和内蒙古自治区“彩虹文化计划工程”送书之后，旗图书馆和长胜镇、木头营子乡、牛古吐乡、哈沙吐乡接到文化部、财政部首批送书下乡工程赠送的图书2436册（套），总价值52045.70元。

同月，许景泉任文化体育广播电视局局长。

3月中旬，旗博物馆对新惠镇蒙古营子村喇嘛洞梁一处被盗辽墓进行抢救清理。出土的绢画《群马图》，进一步印证契丹族其富以马，车马为家的史实。

6月11日，旗委办公室、旗政府办公室联合发出通知，印发《加快敖汉旗旅游业发展实施方案》。

6月28日，旗乌兰牧骑排演的全国评剧艺术节选调剧目《大漠绿海》，在旗电影院向自治区、赤峰市、敖汉旗有关领导和专家学者正式汇报演出。

6月30日，敖汉旗“‘皇明杯’庆七一颂家乡文艺创新大赛”落下帷幕。共有30个地区和单位参加演出节目30个，所有节目都是自编。

8月10日，旗文体广电局向全旗通报敖汉旗福利印刷厂盗印书刊一案的处理情况。

10月17日，敖汉旗网球俱乐部“工行杯”网球锦标赛落下帷幕。有近100名运动员，14支代表队参赛。

12月，国家体育总局授予敖汉旗体育活动中心“第五次全国体育场地普查先进单位”。

是年，敖汉旗宣传文化中心被内蒙古自治区党委宣传部、区文明办、区文化厅命名为“百县千乡宣传文化工程宣传文化示范中心”。

是年，在文化部举办的第四届全国评剧艺术节上，旗乌兰牧骑参演的剧目《大漠绿海》，获得“优秀表演奖”；有3名演员获得“个人表演奖”。

是年，在河北省唐山市举办的全国第三届评剧票友大赛，旗文化馆两名参赛选手获得铜奖；一名副领队获得个人组织奖。

是年，为鼓励一部分旗乌兰牧骑队员参与岗外创收，乌兰牧骑与参与创收人员签订协议书。规定乙方在岗外创收期，享受全额工资的80%，享有在岗人员的一切权利。

2005年

2月19日，旗政府专门成立元宵节综合文化活动组委会，统一协调、组织元宵节期间全旗文化活动。

4月28日，碾盘沟（青泉谷）景区正式启动运行。在“五一”黄金周7天时间里，接待游客1500多人次。

本月30日，敖汉旗人民政府发布决定，表彰评剧《大漠绿海》全体演职人员，奖励1万元。

5月1日起，旗图书馆取消星期一、二休馆制，各阅览室常年对外开放。

5月22日，旗政府发布关于进一步加强文物保护与利用工作的6条意见。同日，决定对2004年度四道湾子镇政府等24个文化体育工作先进单位予以表彰。

同日，旗文体广电局组织全旗网吧经营业主法规培训班，对参加培训的28名经营业主进行相关法律规章的辅导学习。

5月24日，旗政府组织召开全旗文体旅游工作会议。

5月28日，赤峰市副市长李雪波在敖汉旗委副书记高玉波、政府副旗长潘晓燕的陪同下，视察旗图书馆。

6月23日，内蒙古自治区文化厅颁发21号文件，批复敖汉旗文工团等16个艺术团体使用“乌兰牧骑”名称，敖汉旗乌兰牧骑正式成为自治区在编乌兰牧骑。

6月30日，由旗委组织部、宣传部、旗文体广电局主办，旗农行协办，文化馆、乌兰牧骑承办的“庆七一颂党功，保持共产党员先进性”大型文艺演唱会于晚8时开幕。

7月21日，赤峰市委宣传部领导在旗委副书记孙仁、宣传部长刘亚琴陪同下，视察旗博物馆展厅。

7月22日，敖汉旗首届农牧民文化艺术节暨农牧民运动会，在新惠中学田径场隆重举行开幕式，旗委、旗政府、旗人大、旗政协领导参加会议。

7月26日，市人大常委会副主任许兆峰、市委宣传部原部长敖日泽在旗人大领导等陪同下视察旗博物馆。

7月29日，旗文体广电局党总支召开全系统先进性教育活动动员大会，文体旅游系统的先进性教育活动全面启动。

8月20日，历时30天的“敖汉旗首届农牧民艺术节书画、摄影、工艺作品展”落下帷幕，来自全旗各地的287件作品参展。

9月23日，英国剑桥大学考古系教授、专攻欧亚大陆早期农业的学者马丁·琼斯来敖汉考察农业起源。

9月29日，“谋发展、创和谐、迎国庆、唱丰收‘中石油杯’全旗文艺展演大赛”颁奖晚会在旗政府礼堂举行。共有175个节目参加展演，演员达到250人。

10月16日，内蒙古大学文博专业研究生班的学员们到敖汉旗进行学术参观调查。

11月1日，根据《敖汉旗人民政府工作规则》，旗文体广电局制定印发《敖汉旗文体旅游系统工作规则》，共11章，49条。

11月，敖汉旗旅游局制订《敖汉旗“十一五”期间旅游业发展规划》，从概况、旅游资源现状及特点、旅游发展规划的指导思想及原则、发展规划及建设内容、效益概算、保障措施6个方面作出全面规划。

12月14日，旗文化市场稽查队荣获“全国服务农民、服务基层文化工作、基层文化市场管理先进集体”称号。

是年，旗电影公司被中宣部、文化部评为2005年度“全国送电影下乡先进集体”；电影公司经理李弘彦被中宣部、文化部授予2005年度“全国送电影下乡先进个人”称号。

是年，新惠镇苏才以其独特的擀画技艺，获得“内蒙古民间工艺大师”称号，成为全旗第一位自治区级“民间工艺大师”。

是年，兴隆洼遗址、大甸子遗址、城子山遗址3处国家级文物保护单位建立应急预案，3处国保单位所在乡镇成立相关组织。

2006年

1月10日，旗委、旗政府作出《关于2006年春节文化活动的安排意见》，对活动内容、形式、负责领导、责任单位等一一落实。

2月10日（正月十三）至13日（正月十六），惠文广场举办大型“盛世之光”元宵灯展。展出由机关单位、企业自主制作的落地式大型彩灯50盏，五光十色，千姿百态。同时，镇内各工商户开展“商家门前一盏灯，共祝敖汉百业兴”活动，节日的城区到处是彩灯高挂，流光溢彩。

2月10日至3月1日（二月初二），“贺新岁、迎新春‘玉犬吠春’书画艺术作品展”在新惠举办，共展出苏才擀画作品和田惠莲剪纸作品100多幅（件）。

4月1日，敖汉旗人民政府制定发布《敖汉旗温泉旅游资源经营管理办法》，共4章，25条。

4月26日，旗政府制定《旅游突发公共事件应急预案》，以规范旅游公共事件应急处理程序。

5月18日，旗保密局发出通知，要求各单位保密领导小组组织观看宣传教育片《小心你的手机》。

7月30日，贝子府镇太吉和窑村北洼子村民孙国忠等人在平整场院取土时挖出16件文物，均系金代和元代窖藏出土。这批文物按程序移交给旗博物馆。

8月6日，敖汉旗旅游局批复，四家子镇老虎山村祥云寺划定为旅游景点。

9月22日，旗委、旗政府发出《关于全旗第二届农牧民文化艺术节受奖情况的通报》，此次艺术节共有16支代表队参演，演出各类文艺节目64个。展出书画、摄影等艺术作品238件（幅）。

10月10日，敖汉旗博物馆突发事件应急预案出台，并成立以旗政府分管副旗长为组长的敖汉旗博物馆紧急事件防范处理领导小组。

是年，由旗文化馆杨锋利作曲的歌曲《天下父母心》（任卫新作词），荣获中国群众文化学会举办的全国征歌大赛“神州歌海——中国群众创作歌曲评比大赛”金奖。

是年，征集《敖汉旗歌》作品8首，制成CD，报有关部门进行评选。

是年，在全市青少年篮球锦标赛中，敖汉旗代表队摘取冠军奖牌，结束敖汉旗27年未获此项冠军的历史。

2007年

1月22日，根据国家10部委《关于开展“保护知识产权，反盗版天天行动”的通知》精神，旗文体广电局印发《敖汉旗“保护知识产权，反盗版天天行动”实施方案》，在全旗范围内进一步净化出版物市场。

4月30日，旗精神文明建设办公室、旗文体广电局联合印发《“文明网吧”“优质服务文化示范窗口”创建评比活动实施方案》。

5月3日—6日，旗委宣传部、文化体育广播电视局、团旗委、中国移动敖汉分公司联合举办“家乡情，草原星”全旗业余歌手大赛。

6 月 29 日，“清风书韵”廉政书画展在旗委党校“敖汉旗党风廉政教育基地”隆重开幕，旗纪委发出通知，要求全体党员干部特别是领导干部积极观看展览。

8 月，旗乌兰牧骑被内蒙古自治区党委宣传部、区文化厅、区民族事务委员会、区广播电影电视局评为一类乌兰牧骑，奖金 1 万元。

10 月，旗政府当年完成的十件实事之一的新惠影剧院交付使用。

2008 年

1 月 30 日，旗委书记吉玉龙在旗委宣传部长王华和旗政府副旗长邢和平的陪同下，到旗文体广电局调研。

2 月 2 日，旗文体广电局举办 2008 迎春书画笔会。旗内 20 多名书法、绘画、剪纸爱好者挥毫泼墨、舞剪弄纸，创作书法作品 30 幅，绘画作品 11 幅，剪纸作品 30 幅。

2 月 15 日，敖汉旗 2008 迎春书画剪纸作品展开幕，共展出各类书画剪纸作品 220 多幅，每天都有上百人参观欣赏，展览历时 1 个月的时间。

2 月 18 日，韩国忠南大学考古学科文学博士朴洋震、汉城大学国史学科教授宋基豪、木浦大学文学博士李准坤、体育大学教授李载元等 16 人到城子山遗址考察。

3 月中旬，《敖汉民间故事集》在第二届内蒙古民族民间文化评比最高奖——“萨尔丁”奖的评比中，获优秀成果奖；敖汉旗非物质文化遗产普查和抢救民族民间遗产工作获得优秀组织奖。

3 月 19 日，位于丰收乡的辽代万寿白塔地宫被盗。经过文管所业务人员现场勘验后，旗公安局进入调查侦破。

3 月 25 日，旗政府通报表彰 2007 年度教育局等 8 个群众文化体育先进单位；建设局等 11 个群众文化工作先进单位；下洼镇等 13 个群众体育工作先进单位；羊场办事处等 2 个文物保护先进单位。

3 月 28 日—4 月 1 日，应香港中文大学中国考古艺术研究中心的邀请，旗博物馆馆长田彦国赴我国香港参加“中国东北史前玉器的源流研讨会”，并在会上作典型发言。

4 月 27 日，全旗职工“庆五一、迎奥运”乒乓球大赛历时 3 天圆满结束。这次赛事共设 6 个比赛项目，有 27 支代表队，120 余名运动员参加。

4 月 28 日，旗精神文明建设委员会办公室、旗旅游局部署在全旗旅游行业开展文明诚信经营评比竞赛活动，制订活动方案和评比细则。

5 月 4 日晚，敖汉旗“弘扬奥运精神，展示青年风采”专场文艺晚会在惠文广场和广大观众见面。来自全旗各地的十几个团组织的 100 多名团员青年，表演 16 个精彩的文艺节目，吸引社会各界5000多人观看演出。

5月17日，由中国社会科学院考古研究所、民族研究所、香港中文大学、北京大学考古文博院、吉林大学考古系等联合组织的“中原与北方早期青铜文化的互动”学术考察团来敖汉进行为期两天的考察。

5月22日上午，为向“5·12”四川地震灾区献爱心，全旗文化市场经营业主响应旗文体广电局的倡议，在惠文广场举行捐款仪式。共有82名业主参加，捐款41600元。

6月8日（端午节），在石羊石虎山公园，举行“理想家园杯”2008我与奥运同行有奖登山暨全民健身月活动启动仪式。

7月1日，旗委隆重举办“颂党功、迎奥运”纪念改革开放30周年庆祝活动。

7月10日，2008北京奥运会火炬接力活动在赤峰市举行，敖汉旗火炬手尹向丽、王久芳圆满完成火炬接力任务。

7月29日，全旗“庆八一，迎奥运”武装系统乒乓球赛在英克莱健身馆举行。本次比赛设3个组别，60多名运动员参加。

同月，旗博物馆的“辽代鎏金银覆面”在首都博物馆举办的“中国记忆·5000年文明瑰宝展”展出，该文物出土于英凤沟辽墓。

是月，敖汉旗委、旗政府邀请中原农耕文明和草原青铜文明互动学术考察团一行65人，进行历时3天的学术考察。

8月3日，旗委、旗政府主办的以“迎奥运、谋发展、创和谐”为主题，以“继承敖汉文明，发掘人文底蕴，彰显敖汉个性，建设文化大旗”为主旨的“全旗首届职工文化艺术节”在惠文广场隆重开幕。

8月5日，内蒙古自治区党委防范办副主任张秀梅和防范一处处长苗立品，在市旗两级领导陪同下，到旗文化馆观看全旗中小学师生“崇尚科学，反对邪教”和“遵守交通法规”书画艺术作品展。

8月22日，全旗老年体育工作会议召开，会上通过敖汉旗老年人体育协会《关于认真组织实施“123”老年人体育工程的意见》。

8月30日，内蒙古自治区党委常委、宣传部长乌兰视察全旗公共文化体系建设。

9月2日—4日，在全市首届农村牧区文艺会演中，敖汉旗代表队取得了两金、一银、一铜的好成绩。

9月24日，旗政府召开全旗文化市场安全工作会议。会后，旗文体局、工商局、公安局、消防大队联合组成检查组，深入全旗各地进行拉网式检查。

9月25日，首届和谐家庭才艺展示大赛在旗政府礼堂举行，来自全旗各地的9个家庭表演了精彩节目。

同日，旗文体广电局、工商局、公安局联合开展全旗文化市场安全集中整治行动。

10月30日，《中国文化报》在第二版用半版篇幅，以《观众需要什么，我们就演什么》为题，报道敖汉乌兰牧骑的事迹。

11月5日，敖汉旗申报6项民族民间文化遗产项目为赤峰市第一批非物质文化遗产名录。其中包括：青城寺蒙古族祭星仪式、敖汉旗民间故事传说、伞头曲、喜歌、娜其布公主、好德歌沁。

11月13日，敖汉旗“深入学习实践科学发展观暨纪念改革开放30周年歌舞晚会”《永远的春天》，在旗政府礼堂精彩上演。

12月4日，旗政府旗长黄国文与有关领导一起，到乌兰牧骑进行工作调研。

12月23日，中国社会科学院少数民族文学研究所研究员、博士生导师扎拉嘎先生一行3人，考察兴隆洼遗址并参观博物馆。

是年，中纪委六室主任耿欣秋一行在各级领导的陪同下，参观考察敖汉旗博物馆。

是年，“青城寺蒙古族祭星仪式”等项目被认定为赤峰市第一批非物质文化遗产名录。

是年，内蒙古自治区文化厅公布第一批自治区级非物质文化遗产项目代表性传承人，萨力巴乡乌兰召村蒙古族村民李福山和金生被认定为民间舞蹈类非遗项目“好德歌沁”的代表性传承人。

是年，旗文化馆在内蒙古群文学会组织的全区第七届群众文化论文评比活动中，有6篇论文获奖，其中二等奖1篇、三等奖2篇、优秀奖3篇。

2009年

2月下旬，中央电视台《百家讲坛》栏目总策划谢如光、新华社摄影部采访中心主任记者汪永基同中华文明探源工程红山文化研究课题组成员到旗博物馆考察，评估四家子镇草帽山遗址出土的5000年前红山文化戴冠石雕人像。

3月20日，全国人大常委会副委员长布赫在北京市东四12条66号一楼接见旗乌兰牧骑部分队员，并同大家合影留念。

3月28日，旗政府对贝子府镇等8个群众文化体育工作先进单位、林业局等9个群众文化工作先进单位、财政局等10个群众体育工作先进单位予以通报表彰。

4月10日，旗乌兰牧骑参加全市“平安之声”文艺演出活动，获得表演奖。

4月中旬，中央电视台十套《探索·发现》栏目组编导陈利、摄影师李洲在中国社会科学院考古所专家的陪同下，来敖汉专程录制《兴隆洼纪事》文物专题片。

4月17日，旗扫黄打非办制定下发《敖汉旗“扫黄打非”集中清理整顿实施方案》，决定在全旗范围内开展以“扫黄打非”，净化校园周边环境，规范文化市场经营秩序为主要内容的集中清理整顿行动。

4月28日—5月6日，第四届杜鹃花节暨“游青泉赏杜鹃，喜迎建国60周年”有奖书画、摄影、诗文大赛在碾盘沟（清泉谷）景区举办。

4月29日，旗政府举办热水温泉旅游开发详细规划评审会，对北京达沃斯巅峰旅游规划设计院编制的《内蒙古敖汉旗华夏第一村温泉旅游区修建性详细规划》进行专题评审。

5月4日，全市群众文化工作交流会在敖汉旗召开。会后，全体与会人员参观下洼镇文化站和志杰文化大院。

5月21日，“敖汉旗草原书屋工程启动仪式”在文化馆三楼举行。仪式上，为18个草原书屋发放了图书、报刊、音像制品、电子出版物，总价值3万余元。

5月28日（端午节），“沙漠之花杯”全民健身有奖登山活动在石羊石虎山公园举行。3万多市民参与活动，发放有奖登山卡5000张，110人获奖。

6月3日，敖汉旗“净化环境，远离网吧，共同关注未成年人健康成长”大型活动，在新惠举行启动仪式。

6月8日，中央电视台十套《人与社会》栏目，播出关于兴隆洼文化专题片《护宝传奇之寻玉》。

6月16日，敖汉旗大型产业项目——“华夏第一村温泉开发项目”奠基仪式，在四家子镇热水汤村华夏第一村项目主体酒店施工现场隆重举行。

6月30日，敖汉旗“庆祝建党88周年，迎接建国60周年爱国金曲大家唱”专场文艺演出在新惠影剧院和广大观众见面。社会各界1000多人观看16个精彩的金曲演唱。

是月，旗电影公司租借《缉毒英雄》《泪血罂粟花》《毒品》等禁毒故事片和科教片，配合旗公安局开展“科普之春——禁毒影片放映周”活动。

8月1日，《敖汉旗“十二五”期间旅游业发展规划》完成，规划共5章，包括概况、旅游资源现状及特点、发展规划的指导思想及原则、建设内容、保护措施。

8月8日，全旗庆祝首个全民健身日暨全民健身项目展演活动在新惠举行。参加活动的12支队伍，800多名运动员进行健身秧歌、健身舞、太极拳、太极扇、武术、八段锦等项目的精彩表演。

8月9日—12日，在第四届红山文化艺术节暨全市第二届社区文艺会演中，敖汉旗代表队获团体第一名和优秀组织奖。

8月16日，中国社会科学院研究生院考古系师生30人，来旗博物馆、兴隆洼遗址参观考察。

8月28日上午，旗关工委和文体广电局联合举办“五老”志愿者网吧监督员启动仪式。为39名老干部、老战士、老教师、老模范、老专家颁发志愿者网吧监督员证书。

9月5日，旗乌兰牧骑为全区财政会议准备的财政晚会精彩演出，著名演员闫学晶应邀参加助演。

9月19日—22日，敖汉旗“心系祖国，情洒家乡”“玉琼杯”业余歌手大赛在新惠举行。30名选手进入决赛，最终决出一等奖3名，二等奖6名，三等奖9名；22日—25日，庆祝中华人民共和国成立60周年“金陶杯”全市职工篮球赛在新惠中学体育馆开赛。全市各旗县区12支代表队，近200名运动员参加比赛；下旬，旗乌兰牧骑在“辉煌的旋律”庆祝建国六十周年全市乌兰牧骑会演中获团体金奖，还获得5个单项一等奖和2个二等奖。

10月21日上午10点，敖汉旗“情系灾民，奉献爱心”抗灾减灾红歌演唱会在绿珠广场隆重举行，1万多各界群众参加演唱会。应邀来现场演唱的著名蒙古族歌唱家齐峰深情地演唱3首歌曲，捐款1万元。有21家企业和单位现场捐款210多万元，这些款项全部用于全旗抗旱减灾。

同日，台湾地区建芳师生古玉研究会会长、众志美术出版社社长陈启贤先生来旗博物馆考察新石器时代、青铜时代和辽代玉器。

10月29日，敖汉旗“六十年奋进，六十年辉煌”“庆祝新中国成立60周年大型成就图片展暨书画摄影艺术作品、非遗成果展”在旗文化馆三楼展厅开展。共展出敖汉成就大型图片365幅，各类书画艺术作品1000余幅，还有“好德歌沁”“敖汉皮影”等非遗成果。

12月28日，在赤峰市第一批市级非物质文化遗产项目代表性传承人评审中，敖汉旗6个市级非遗项目的8名传承人被认定。

是年，旗文化馆和下洼镇“志杰文化大院”被内蒙古自治区文化厅命名为全区“十佳文化馆”“十佳文化大院”。

是年，在庆祝内蒙古自治区关心下一代协会成立25周年暨表彰大会上，敖汉旗文体广电局被自治区党委、政府授予“全区关心下一代工作先进集体”称号。

2010年

2月26日—28日（正月十三至十五），敖汉旗“吉祥神州”大型元宵焰火晚会和“天之骄子，情系桑梓”大学生演出专场，在新惠镇内举行，为各族群众送上丰盛的文化大餐。

3月1日，旗文化市场稽查大队组织开展历时一个月的“净化校园周边环境”活动。

3月8日，旗文体广电局、旗妇联举办纪念“三八”国际劳动妇女节100周年旗直女职工健身活动。共有30个单位，1800余人参加。

4月13日，以旗政府副旗长邢和平为团长、旗政协副主席李丽为副团长的文化体育工作考察团，赴宁城县考察文化体育工作；26日，敖汉旗第三次全国文物普查实地调查阶段工作，顺利通过自治区专家组验收；同日，首届庆“五四”“中国电信杯”象棋大赛圆满落下帷幕。本次大赛160名选手参与角逐，年龄最大的45岁，最小的仅10岁。

4月28日—5月10日，“敖汉旗第五届杜鹃花节”在四家子镇碾盘沟（青泉谷）景区开幕。同时还举办“描绘家乡美景，喜迎世界博览会”为主题的绘画、书法大赛。

5月29日，旗委办公室、旗政府办公室发文，成立“敖汉旗理顺电影管理体制工作领导小组”。下设两个专项推进工作组，具体负责相关工作。决定在明年6月30日前，电影公司由文体广电局划转到广播电视中心。

6月11日，全旗文体旅游系统创先争优活动动员会暨文体旅游业务工作会议召开，会上通过《关于在文体旅游系统基层党组织和党员中深入开展创先争优活动的实施方案》；21日，旗委宣传部印发《敖汉旗文化资源普查工作实施方案》，决定用6个月时间，组织力量对全旗19大类文化资源进行普查；23日，由旗政府主要领导带队的考察申遗团前往北京，将兴隆沟遗址发掘出土并经过浮选出来的碳化粟和黍申报为联合国教科文组织、世界粮农组织全球重要文化遗产。

6月24日，由旗蒙古族民间文化协会主办的祭祀敖包大会在敖润苏莫敖包前举行，参加祭祀活动的农牧民达1000多人。

6月28日，根据机构改革的要求，敖汉旗文化体育广播电视局更名为文化体育广播电影电视局，挂旅游局牌子。同日，许景泉任旗文化体育广播电影电视局局长。

7月23日，澳大利亚锦龙实业有限公司董事长苑锦阳率团来敖汉考察文化旅游产业投资环境。

7月，浙江远见规划设计院专家组一行6人实地考察大黑山、兴隆洼等24个景点。着手制订《敖汉旗文化旅游产业发展规划》。

8月1日，以“创先争优促发展，同心协力建家园”为主题的敖汉旗2010年百日消夏广场文化活动启动仪式暨庆“八一”文艺演出专场，在惠文广场隆重开幕。

8月20日，设在旗图书馆的国家信息资源共享中心正式开通，建成该项目共投资68万元。

9月1日，由北京客商组成的考察小组前来考察文化旅游产业投资环境，旗政府在会议中心就双方合作事宜进行洽谈。

9月18日—21日，全旗首届青年运动会暨全旗第十四届中学生田径运动会在东博学校运动场举行。来自全旗各地的30支代表队，471名运动员参加24个项目的比赛；27日—29日，敖汉旗举办第六届老年运动会。来自全旗各地的35支代表队，680名老年运动员参与10个项目的比赛。

是年，旗文体广电局被内蒙古自治区体育局评为“2006—2009年度全区群众体育先进单位”。

是年，在全国残疾人举重锦标赛中，敖汉籍运动员徐丽丽在女子75公斤比赛中夺得金牌，她是敖汉旗历史上第一位拿到全国冠军的运动员。

是年，旗政府投入5700万元，对滨河路银河公园进行重点改造。

2011年

1月21日，旗委办、政府办发出《关于组织开展好2011年春节期间系列文化活动的通知》，要求全力办好10项重点文体活动。

2月10日（正月初八），被内蒙古自治区列为非物质文化遗产名录的蒙古族“祭星”仪式，在敖汉旗四家子镇青城寺举行。仪式热烈隆重，场面壮观，来自旗内外1000多名信众参加活动；16日（正月十四）至18日（正月十六），华北地区最大的“黄河灯会”在玛尼罕乡草绳营子村举办。占地50亩，扎制成12连城的“黄河”灯会，吸引大量游客。

3月23日，全旗文体旅游工作会议召开。表彰13个群众文化工作先进单位，12个群众体育工作先进单位，6个全国第三次文物普查工作先进单位。

同月，敖汉旗文物巡查队成立，对全旗各级文物保护单位进行安全巡查和文物法规宣传。

4月9日，以“游览清泉美景，感悟敖汉文化”为主题的“2011敖汉旗第六届杜鹃花节”在四家子镇的碾盘沟（青泉谷）景区拉开序幕。

同日，敖汉旗“鸿星尔克杯”网球邀请赛开赛。本次比赛设甲、乙、丙、丁4个组别，有150人参赛。

4月14日，旗政府与天津国际文化产业集团有限公司就开发建设位于宝国吐乡的“龙文化产业园区”签订战略合作框架协议；20日，全旗文化体育市场经营业主培训班举行，160余名文化体育市场经营业主参加了培训；同日，针对全旗体育彩票市场的实际情况，旗文体广电局决定在全旗范围内开展体育彩票市场整治规范行动；29日，旗政府在会议中心召开全旗文化旅游产业发展工作会议。会议颁布《中共敖汉旗委员会、敖汉旗人民政府关于进一步加快发展全旗文化旅游产业的意见》《敖汉旗人民政府办公室关于印发敖汉旗文化旅游产业重点建设项目分解方案》。

5月5日，敖汉旗空竹协会代表赤峰市参加在河北省保定市举办的中国第四届空竹艺术节，获得技艺展示二等奖；6日，旗政府主持召开红石砬山旅游开发座谈会，标志着敖汉旗这一具有丹霞地貌特色的旅游资源全面开发提上日程。

5月12日，旗文体广电局针对富达中亿矿业有限公司在宝国吐乡发来甸子进行的油页岩露天开采区域内涉及一处青铜时代夏家店下层文化遗址的问题，及时发出做好文物保护的通知，要求企业一切施工均在遗址的建设控制带外进行。

5月21日，在赤峰市“龙信杯”第二届残疾人运动会上，敖汉旗残疾人代表队取得1个第一名，2个第二名，5个第五名的好成绩；28日，敖汉旗“人川杯”少儿音乐舞蹈大奖赛在新惠举行。参赛选手300多人，参赛节目80个。

6月1日，全旗首届青少年图书节在旗博物馆楼前广场举行，镇内200多名青少年参加启动仪式。

6月9日—12日，旗政府组团参加在北京举办的“全球重要农业文化遗产（GIAHS）国际论坛”；14日，旗人大常委会对全旗贯彻落实《中华人民共和国文物保护法》情况进行执法检查；下旬，为庆祝建党90周年，旗委组织部、宣传部举办“辉煌九十年，颂歌献给党”，重温入党誓词暨大型红歌演唱会。

7月6日—7日，中国科学院地理科学与资源研究所自然与文化遗产研究中心副主任、联合国粮食及农业组织中国项目办主任闵文庆一行，来敖汉考察旱作农业系统生产情况。

7月11日，中央电视台十套《探索·发现》栏目组一行4人，来敖汉拍摄大型文物专题片《契丹王朝》。

7月19日，旗文体广电局对体育活动中心职工打架事件作出处理意见。要求体育活动中心严格吸取教训，深刻检讨工作中存在的问题，严禁此类问题再次发生。

8月16日，日本奈良市教育委员会、奈良埋葬文化调查中心研究员武田和哉，京都大学文学部、东洋史学讲师毛利英介，神户市立高等教育学校教授町田吉隆等学者，到敖汉考察辽代遗址和辽墓壁画。

8月25日，内蒙古卫视和赤峰电视台记者到敖汉旗宝国吐乡联合采访敖汉皮影演出情况，启动内蒙古卫视走基层活动。

9月2日，旗文体广电局组织敖汉旗网吧协会捐款1万元，前往敖汉羊场学校，救助50名贫困中小学生。

9月22日，旗政府副旗长邢和平主持召开旗长办公会议，专题研究建设内蒙古史前文物博物馆有关问题；30日，旗政府成立以主要领导为组长，常务副旗长、分管副旗长为副组长的内蒙古史前文化博物馆筹备建设工作领导小组，相关部门负责人为成员。职责是规划建设好该项目，加强领导，确保各项工作有序推进。

10月20日，新惠镇等13个乡镇综合文化站建设项目获得赤峰市发展和改革委员会批复。总建筑面积为7740平方米，项目总概算为682万元。

11月14日，赤峰市人大常委会调研组调研文化工作开展情况，深入兴隆洼遗址等9处古遗址进行调研；15日，在文化部主办的2011—2013年度第三次全国文化馆评估定级命名颁牌仪式暨工作总结会议上，旗文化馆被评为国家二级文化馆。

11月22日，“中国电信杯”全旗文化旅游知识大奖赛举行，共有14支代表队参赛。

12月8日，内蒙古自治区“草原书屋”工程建设督查组来敖汉检查“草原书屋”工程建设工作，对敖汉旗种羊场草原书屋、新惠镇扎赛营子村文化活动室、平房村草原书屋进行检查评估。

12月9日—10日，联合国粮农组织驻中国、蒙古、朝鲜办事处代表Percymisika，驻北京办事处官员戴卫东，中国科学院地理科学与资源研究所研究员闵庆文一行6人，考察敖汉旗全球重要农业文化遗产申报工作。

是年，在内蒙古自治区文化厅开展的第五批民间文化艺术之乡评选中，敖汉旗宝国吐乡（皮影）被命名为民间文化艺术之乡；在全区基层文化十佳单位评选中，敖汉旗下洼镇志杰文化大院被评为“十佳文化户”。

2012年

2月3日—5日，内蒙古艺研所研究员王景志以及内蒙古电视台、内蒙古艺术学院专家等一行10人前来拍摄《好德歌沁》专题片。

2月23日（二月初二）晚，在丰收乡举办辽代武安州白塔传统撒龙灯活动。

2月29日，敖汉旗文体广电局被内蒙古自治区新闻出版局授予“草原书屋先进集体”称号。

3月23日，全旗体育彩票工作会议召开。通报2011年体育彩票销售情况，安排部署2012年体彩销售任务，表奖2011年体彩销售先进个人和先进文体站。

4月23日，以“倡导全民读书，打造书香敖汉”为主题的敖汉旗纪念“4·23”第十七个世界读书日活动启动仪式在旗图书馆门前举行。500多名中小学生和社会各界人士参加仪式，向广大社会读者和青少年发放宣传单6000余份、图书2000余册。

4月25日，旗编办发文，组建敖汉旗文化市场综合执法大队，为副科级事业单位。内设执法一队、执法二队和办公室三个机构，定编12人，明确了8条主要职责。

5月1日，敖汉旗自行车协会成立，同时举行全民健身“捷安特”自行车骑行活动。

5月6日，由旗政府组织的“名人名家游敖汉赏珍宝活动”圆满落幕。来自首都北京文化界、考古界、企业界、中央新闻媒体的50多名知名专家、学者、编导和公司主管参加此次活动。

5月22日，内蒙古自治区政府副主席布小林一行在市委书记王中和、市委副书记宋亮等领导的陪同下，来敖汉调研文化旅游产业发展情况。

5月24日，市政协调研组到羊场居委会草原书屋、黄羊洼生态文化产业园、玛尼罕乡综合文化站、敖汉旗图书馆等地调研基层文化工作。

5月24日—26日，在2012年“三利杯”中国保定国际空竹艺术节上，敖汉旗空竹协会代表队在表演中连夺数魁，被艺术节组委会和同行们誉为草原上的“空竹魂”。

同月，由内蒙古发展研究中心副主任包思勤和内蒙古工业大学教授巩芳一行5人组成的文化旅游产业调研组，调研敖汉旗文化旅游产业发展思路及发展规划。

5月下旬，旗博物馆与中国社会科学院考古研究所内蒙古工作队，在敖汉旗兴隆洼镇内的兴隆沟遗址第二地点发现一尊具有重大考古价值的红山文化陶塑人像。

5月30日，市委常委、宣传部长佟国清一行，来敖汉调研文化产业发展工作。

6月2日，旗文体广电局组织旗图书馆人员，赴河北廊坊、北京等地图书馆进行为期3天的参观考察。

6月16日，旗乌兰牧骑在中国第三届岫岩玉文化艺术节上，以“问祖敖汉，寻玉岫岩，续写八千年友谊”为主题，一场《我从草原来》大型文艺演出取得圆满成功。

7月6日，赤峰市委、赤峰市政府在敖汉旗举行新闻发布会，向媒体介绍敖汉旗兴隆沟遗址发现红山文化最大整身陶塑人像的考古发掘情况。相关负责人就陶塑人像的考古价值、重要意义、制作工艺、功能定位等问题回答记者的提问。

7月20日，旗委办公室、旗政府办公室印发《首届中国兴隆洼文化节活动实施方案》。

8月10日，敖汉旗举行第二届古玩奇石文化展，搭建起一个文化交流与文物保护的平台，推进古玩奇石鉴赏和收藏这一新兴产业的发展。

8月16日，敖汉旗与联合国粮农组织中国项目办联合举办的“全球重要农业文化遗产地摄影作品展”在新惠举办。本次展览共收集摄影作品320幅，从中选出79幅精品参展，交流国内外各遗产地保护与发展的经验和做法。

9月5日，在北京人民大会堂河南厅，联合国粮农组织总干事助理Mueller先生、全球重要农业文化遗产指导委员会主席李文华先生向敖汉旗颁授“全球重要农业文化遗产保护试点”牌匾。

10月9日，旗安委会发出《关于大力推进安全文化建设的指导意见》。从充分认识推进安全文化建设的重要意义，强化各项保障措施等几个方面提出具体要求。

10月24日，敖汉旗委、旗政府成立“敖汉旗文化市场管理工作领导小组”，旗委宣传部长为组长，政府分管副旗长为副组长，16个相关部门为成员单位。

12月16日，在全市首届大型百姓选秀娱乐活动《群星大舞台》颁奖晚会上，旗文化馆选送的器乐合奏《牧马人》和川剧绝活《变脸》获得三等奖，旗文化馆获组织奖。

12月28日、29日，中央电视台《寻宝》栏目组在敖汉旗拍摄的《寻宝走进敖汉》上、下集，分别在CCTV—1、CCTV—高清、CCTV—香港等频道同时播出。

是年，在全区文化工作会议上，敖汉旗被内蒙古自治区文化厅评为“全区文化工作先进旗县”。敖汉旗文化市场稽查队被自治区文化厅评为“2011年度文化市场执法先进单位”。

是年，由旗文化馆同旗公安局、司法局合拍的10集电视系列剧《陷阱》，获得全国法制剧三等奖。

2013年

3月4日—5日，中央电视台在首届中国兴隆洼文化节期间拍摄的反映敖汉8000年史前文化的大型纪录片《敖汉问祖》，在CCTV十套《探索·发现》栏目播出。

3月22日，在全市文化工作会议上，敖汉旗被赤峰市人民政府授予“2012年度群众文化先进地区”“2012年度文博工作先进地区”“2012年度专业艺术工作先进地区”“2012年度文化产业工作先进地区”。旗文化市场综合执法大队被赤峰市“扫黄打非”工作领导小组评为“赤峰市2012年‘扫黄打非’先进集体”。

是月，旗文化旅游产业办公室成立，从文体广电局抽调5人，负责文化旅游产业的规划、发展工作。

4月23日，中国社会科学院考古研究所与敖汉旗共建“敖汉史前考古研究基地”合作签约仪式在北京举行，标志着敖汉旗与中国社会科学院考古研究所深度合作进入更高层次和阶段。

是月，国务院印发的《关于核定并公布第七批全国重点文物保护单位的通知》，敖汉旗四处古遗址榜上有名，加上原来公布的5处国保单位，全旗境内文物国保单位达到9处。

5月13日，敖汉旗“扫黄打非”工作会议召开，发布《敖汉旗2013年“扫黄打非”行动方案》。

5月14日，赤峰市摄影协会6名摄影家，到四家子碾盘沟（青泉谷）风景区进行采风。

7月29日，内蒙古自治区文化厅副厅长、文物局局长安永锝一行来敖汉，进行开展群众路线教育实践活动征求意见，对乌兰牧骑改革、文物保护、博物馆事业等进行调研。

8月6日，世界小米起源报告会在旗会议中心大礼堂举行。世界农耕文明的权威学者、英国剑桥大学麦克唐纳科技研究所所长马丁·琼斯，美国华盛顿大学人类学教授刘新益，立陶宛国立大学考古系教授吉尔德，中国社会科学院考古研究所科技考古中心主任、世界农耕文明中国专家组成员赵志军等参加学术报告会。

8月11日，以“激情盛夏，美丽敖汉”为主题的第四届全旗农牧民文艺会演在文化广场拉开序幕，来自全旗16个乡镇苏木办事处的16支代表队参加演出。

同日，为庆祝赤峰市建市30周年，全旗文化旅游图片展在文化广场举行。展出摄影作品360余幅。

9月23日—24日，由赤峰学院历史文化学院承办的内蒙古契丹辽文化研究会常务理事会暨研究成果转化、开发研讨会，在四家子镇温泉旅游度假区召开。

是年，3—9 月，敖汉旗文体广电局面向全国发出《敖汉旗歌》征集启事。

2014 年

2 月 25 日，“敖汉文化系列丛书”首发式暨座谈会在旗会议中心举行，有关部门负责人、部分编辑人员和文艺创作人员 50 多人参加座谈。

2 月，中国社会科学院考古研究所敖汉史前考古研究基地与敖汉旗人民政府在北京联合举办“敖汉玉料新发现与玉文化起源座谈会”。玉石界、地质界、考古界、新闻界部分专家学者参加。

3 月 2 日，韩国仁荷大学人类学教授卜箕大率领由 10 名学者组成的考察团，考察中国北方最大的祭祀中心城子山遗址。

4 月 2 日，全旗“中国梦，万强情，乡村行，群众大舞台”送文化下乡活动，历时 26 天，走遍全旗 17 个乡镇苏木办事处。

4 月 25 日，敖汉旗文化市场综合执法大队成立，为准科级事业单位，核定编制 12 人。

7 月 30 日，旗旅游局批复赤峰市大漠响水民族文化产业发展有限公司关于其经营范围的申请。明确该公司的经营范围是文化旅游景区开发、民族文化产业开发、文化旅游产品设计等。

8 月 7 日，旗文体广电局、旗体育总会为推动《全民健身条例》的贯彻落实，表彰 25 名全民健身活动先进个人。

10 月 11 日—12 日，全市第十六届网球年会在敖汉举行，并组织全市网球邀请赛。

10 月 14 日，赤峰市第二十五届“益寿杯”暨敖汉旗“双宝杯”老年人门球赛在敖汉旗门球馆举行。

11 月 30 日，石柏令编导，寒山月、曾德胜主演的敖汉第一部自编、自导、自演、自制的微电影《红姑》在敖汉和赤峰电视台首映。

12 月 16 日，旗政府向 12 个乡镇和 2 个办事处下拨公共阅览室专项经费 28 万元，重点用于乡镇、街道和社区公共电子阅览室更新和设备补充。

2015 年

4 月 17 日，葛学文任敖汉旗文化体育广播电影电视局局长。

7 月 3 日，旗委第五次常委会研究《第二届中国兴隆洼文化节活动方案》，明确 6 条工作原则。

7 月 15 日，“共话京蒙情，同筑中国梦”北京・内蒙古手拉手——首都艺术家赴赤峰慰问演出在敖汉惠文广场举行，同时，拉开第二届中国兴隆洼文化节的序幕。

8 月，安全部送文化下乡活动小分队，在敖汉进行文艺演出。

9 月 5 日—15 日，旗乌兰牧骑参加文化部在河北省唐山市主办的“中华人民共和国第九届评剧艺术节”，演出评剧《打渔杀家》。

9 月 23 日，“敖汉旗文化体育广播电影电视局”更名为“敖汉旗文化广电体育局”，挂旅游局、文物局牌子。

9 月 25 日，敖汉旗编办发文，撤销敖汉旗乌兰牧骑和文化馆，组建敖汉旗群众文化艺术馆。属于股级事业单位，隶属于旗文化广电体育局。核定编制 48 人，其中专业技术人员 44 人。

10 月 27 日，敖汉旗全民健身馆内部设施得到完善。建筑面积 3800 平方米，内设 2 片网球场地，9 片乒乓球场地，1 个健身室。全年举办各项比赛 7 次，参与人数 15000 多人，日常参加运动健身达 50000 多人次。

是年，旗文化广电体育局党组成立。葛学文任党组书记。

2016 年

1 月 31 日，《敖汉春来早》敖汉旗 2016 年春节联欢晚会完成录制，在敖汉电视台播出。

4 月 26 日—30 日，敖汉旗开展以“数字创新，重塑文化”为主题的知识产权系列宣传活动，进一步增强全社会知识产权保护意识。

5 月，敖汉旗制定出台《敖汉旗机关单位与社区文化服务设施共建共用管理办法（试行）》，该办法为 6 章 25 条。

6 月 5 日，旗文化广电体育局举办戏曲培训班，180 余人参加培训；6 日，旗文化广电体育局出台《加强农村业余文艺团队培育管理意见》。

本月，旗文化广电体育局党委成立，葛学文任党委书记，郭兴志任副书记。

7 月 5 日，全旗 10 个全覆盖农牧民优秀文艺节目大赛复赛在敖汉温泉城举办，18 个乡镇苏木办事处组团参加，演员近千人，节目近百个，绝大多数节目都是原创。

8 月 8 日，旗群众艺术馆举办首届“唱敖汉的歌，跳自己的舞”广场舞大赛培训班，来自全旗各地的广场舞表演队的 100 余人参加培训，为办好大赛奠定基础。

截至 8 月 10 日，以“健康温泉，幸福之源”为主题的“中国 · 敖汉第三届温泉文化旅游节”在四家子镇热水汤村温泉城举办，共开展 9 大主题活动。

10 月 28 日，张红民任敖汉旗文化广电体育局局长。

11 月 17 日，敖汉旗“扫黄打非”办公室在惠文广场举行 2016 年“扫黄打非”侵权盗版及非法物品集中销毁活动。共销毁各类非法图书（杂志）3410 余册，音像制品 653 余盘，20 套电子游戏电路板，320 套非法卫星接收设施。

是年，旗图书馆建立敖汉文化名人墙，张履谦、苏星、金河等一大批敖汉籍文化名人的照片、简历和著作走进图书馆。

是年，全旗 222 个行政村均建起面积达标、设施完备、功能齐全的文化活动室，总面积达到 2 万多平方米。

是年，张红民任旗文化广电体育局党组书记、党委书记。

2017 年

2 月 9 日，旗政府主办，旗文化广电体育局承办“田野之春”全旗文化大院调演，时间 3 天，各乡镇 20 多家文化大院参加演出。同时组织 16 支秧歌队，1200 余人参加秧歌比赛。

3 月 14 日，针对原旗乌兰牧骑与文化馆合署办公后的实际情况，旗文化广电体育局制定 16 条意见，以此指导合并后的敖汉旗群众文化艺术馆的工作。

3 月 18 日开始，旗文化广电体育局开办评剧艺术培训班、戏曲爱好者培训班、音乐基础知识培训班，600 多人次参加培训。

3 月 24 日，新惠二中青少年排球队代表敖汉旗参加全市青少年排球锦标赛，通过 3 天的激烈角逐，取得男子甲组第三名。

3 月 31 日，敖汉旗文化旅游综合行政执法大队成立。为公益一类执法队伍，副科级事业单位，隶属于旗综合行政执法局。旗文化广电体育局下属的文化市场综合执法大队成建制划入文化旅游综合行政执法大队。

4 月 22 日，由市体育局、市教育局主办，旗文化广电体育局、旗教育局承办，敖汉旗新惠中学协办的 2017 年赤峰市青少年篮球锦标赛，在新惠中学体育馆举行。

是月，在宁城举办的“赤峰市青少年 U–12 足球锦标赛”上，新惠六小代表队取得赤峰市青少年 U–12 足球锦标赛男子组第五名。

6 月上旬，敖汉旗群众文化艺术馆在排练大厅举办为期 10 天的“唱赤峰的歌、跳自己的舞”暨第三届“体彩杯”全旗广场舞培训活动。

6 月 14 日—16 日，PIEC 波罗环球旅行家一行 12 人到敖汉部分旅游景区、博物馆观光旅游。

6 月 20 日，赤峰市委宣传部、赤峰电视台主办《百姓大舞台》“敖汉旗专场”，在新惠文化广场举行；21 日，国家图书馆为旗图书馆捐赠图书 25000 册，捐赠仪式在旗图书馆举行；同日，中央电视台《黄金 100 秒》栏目组赤峰赛区，在敖汉旗举行专场选拔赛。

7 月 8 日，由市教育局主办，旗人民政府承办的赤峰市第十三届中学生田径运动会，在旗箭桥中学体育场圆满结束。

7月10日，旗纪律检查委员会发出通知，为进一步加强全旗廉政文化建设，在全旗开展廉政文化“六进”活动，即进机关、进社区、进学校、进企业、进农村、进家庭。

7月22日，“百城千群万里书香”敖汉站图书漂流活动在旗图书馆6楼少儿图书阅览室隆重起航。

7月27日，“精准扶贫，文化同行”文艺演出活动启动，由文化志愿者组成的走进农村牧区惠民演出队，在全旗巡回演出102场。

8月12日上午，“中国·敖汉首届全国传统武术套路锦标赛”在新惠三中隆重开幕。来自8省市13个地区的338名运动员，在为期3天的比赛中参加66个项目的角逐。

8月25日，在赤峰玉龙广场举行的第十二届红山文化旅游节颁奖晚会上，敖汉旗群众艺术馆表演《草原走马》《欢聚》两个节目。

8月26日，全旗非物质文化遗产与文学艺术创作工作座谈会在文化广电体育局8楼会议室召开；同日，中国建筑设计研究院建筑历史研究所所长、文化遗产保护规划国家文物局重点科研基地主任陈同滨，在旗政府旗长于宝君以及相关部门领导陪同下，参观考察兴隆洼遗址、兴隆沟遗址、大甸子遗址和内蒙古史前文化博物馆。

8月31日，全旗体育工作座谈会在文化广电体育局8楼会议室召开。

9月7日，由旗旅游局、旗人力资源与社会保障局、旗总工会、团旗委、旗妇联联合举办的“谷乡敖汉”敖汉旗旅游饭店服务技能大赛在福兴隆酒店举办；10日，由旗文化广电体育局主办、旗民间文学联合会及民间剪纸协会承办的“敖汉民间剪纸艺术作品创作展示交流会”在旗图书馆会议室举行，30多名民间剪纸爱好者参加交流会。

9月28日，敖汉旗七星空竹俱乐部举办庆“十一”空竹展演活动。

10月23日，旗群众文化艺术馆组织“三区”文化志愿者送文化下乡巡演活动，在全旗边远贫困地区、革命老区、民族地区和乡镇敬老院、福利院进行巡演。

11月27日—30日，在全区第十四届蒙古族服装服饰艺术节上，旗乌兰牧骑获得团体银奖。

2018年

1月13日—14日，全旗非物质文化遗产传承人培训班举办。主要任务是完善全旗非物质文化遗产传承人知识结构，提升保护能力，提高综合素质，推进全旗非物质文化遗产保护工作进程。

2月7日，第三届敖汉旗《龙乡谷韵》春节联欢晚会，通过六大网络平台直播，近40万人次观看。

2月28日，旗文化广电体育局组织“舞动全城”千人秧歌大赛，全旗28支秧歌队参加，为全旗群众带来一场新春盛宴。

2 月 25 日—3 月 18 日，以“绘新州梦想·展敖汉风采”为主题的新春灯展，共展出彩灯 108 盏，吸引 10 万余观众参观。

3 月 14 日，召开全旗文物保护员、长城看护员培训班，进行任务分解，落实监管责任和当事人责任。

4 月 3 日，旗群艺馆编导人员在赤峰市文广新局的统一组织下，赴巴林右旗观摩学习。

4 月 6 日，敖汉旗国际小轮车赛场项目开工建设，占地总面积 76325.85 平方米。

4 月 22 日，在四道湾子镇庄头营子村十里杏花坡举办“2018 年敖汉杏花旅游节”自行车越野挑战赛，来自赤峰、平庄、敖汉等多支俱乐部参赛，共 168 人参加男子青年组、男子壮年组、女子组三大组别的比赛。

4 月 26 日，旗文化广电体育局承办首届“中国梦·梨园情”评剧大赛，来自内蒙古、河北、辽宁 3 地 108 名专业演员和票友参与。

4 月 30 日，由旗文化广电体育局主办，旗旅游管理服务中心、文化产业办承办的 2018 年“‘神奇敖汉’摄影大赛”，共收到各类参评摄影作品 653 件。评选出二等奖作品 2 组，三等奖作品 5 组和优秀奖作品 21 组，一等奖空缺。

5 月 12 日，由旗文化广电体育局、老年体协和体育活动中心联合组织举办的中老年乒乓球赛，在敖汉全民健身中心举办。共有 40 名乒乓球爱好者参加此次比赛。

5 月 25 日，举行大型现代评剧《大漠绿魂》复排暨剧组建组启动仪式。

5 月 28 日，旗文化广电体育局部署启动《敖汉旗文化志》编纂工作，张红民任主编，聘任梁久学、孟庆华为专职编辑。

6 月 1 日，由旗文化广电体育局主办，旗旅游管理服务中心、敖汉第一村民俗博物馆承办的“中国·敖汉首届民俗文化节”在第一村民俗博物馆开幕。

6 月 12 日，“第十五届中国·内蒙古草原文化节”优秀剧目选调专家组组长单学文一行，在旗会议中心对敖汉旗原创大型现代评剧《大漠绿魂》进行评审。

6 月 14 日，敖汉旗第三届《舞动敖汉》“体彩杯”唱赤峰的歌、跳家乡的舞全旗广场舞大赛在敖汉旗小轮车国际赛场举行。来自全旗 33 支参赛队伍，1600 多人参加比赛，17 支队伍获得等次奖，16 支队伍获得优秀奖。

6 月 15 日，由旗委宣传部、旗文化广电体育局主办，梅林文化传媒有限公司承办的群星公益演唱会，在敖汉旗小轮车国际赛场隆重上演。梅林组合、彭筝、乌克兰歌唱家 AILA、魔术师孔凡革、俄罗斯歌唱家 YULIA 等演艺明星与敖汉旗文艺工作者同台演出。

6 月 16 日，成功举办 XBM 全国小轮车竞速赛，为打造敖汉旗自行车骑行文化，发展自行车骑行游等特色体育项目起到引领作用。

是月，中国竞速小轮车队在敖汉旗成立，其目的是促进全旗特色体育活动开展，打造特色体育旗县，创办自行车小镇。

6月24日，召开敖汉（大甸子）、河南（二里头）“中原与北方早期青铜文化互动”学术研讨会，对大甸子遗址进行考古发掘、保护、展示规划等工作作出安排。

7月1日，由旗直机关工委、旗文化广电体育局党委在敖汉旗网球运动中心联合举办庆祝中国共产党成立97周年网球赛，旗内10支代表队的68名网球爱好者参加比赛。

7月6日，在旗政府副旗长康月军陪同下，旗政协副主席高韵声带领部分政协委员视察全旗文化旅游产业发展情况。先后实地参观考察岭南农家院、敖汉旗五洲农庄、敖汉旗范家沟景区和鑫泰水上乐园等建设项目，就全旗文化旅游产业发展在金厂沟梁镇进行座谈。

7月22日—26日，由旗委、旗政府主办，旗委宣传部、旗文化广电体育局承办，旗群众文化艺术馆组织的敖汉旗“守望相助好家园——第三届农牧民文艺会演暨业余文艺团体调演”在新惠镇举行。

7月29日晚，敖汉旗“庆祝建军90周年、自治区成立70周年军民联谊会演”在敖汉旗温泉健康城举行，拉开第四届温泉文化节的序幕。

8月1日，总投资1.7亿元的敖汉旗体育场馆设施工程（统称体育公园）全面开工。该项目位于敖汉旗新惠镇河东新区团结路南、惠州街西，项目总占地面积183亩，主要建设内容包括文体中心、游泳馆、室外网球场、篮球场、门球场、排球场、地下停车场以及道路、绿化、停车场、儿童乐园等。项目建筑面积3.4万平方米，其中地上建筑2.4万平方米，包括体育馆、游泳馆，地下停车场约9817平方米。

8月4日，2018千森杯国际自盟公路越野职业一级赛敖汉旗站、2018千森杯国际自盟小轮车竞速职业一级赛敖汉旗站新闻发布会在北京市梅地亚中心召开，50多家媒体记者出席发布会。

8月8日，敖汉旗全民健身月启动仪式暨“健康千里行”大型展演活动在旗政府广场举行，近千名运动员参加10个全民健身项目的展演。

8月19日，由市委宣传部、市文化新闻出版广电局主办的“永远的牧歌·首届赤峰市非物质文化遗产·昭乌达长短调民歌大赛·颁奖晚会暨非遗展演”在玉龙广场举行。敖汉旗在此次大赛中获优秀组织奖，歌手朝鲁门获业余组三等奖。

同日，由木头营子乡份子地村主办，旗教育局、文体局承办的“话扶贫·颂党恩我为家乡作贡献扶贫捐助主题活动暨文艺演出”在木头营子乡份子地村文化广场举行。活动中，来自华侨、扶贫单位、爱心人士、中小型企业40余名爱心人士为木头营子乡份子地村12名贫困户大学生累计捐助善款49800元。

是月，下洼中学和古鲁板蒿中学被教育部拟认定为2018年全国青少年校园足球特色学校。

9月2日，“千森杯国际自盟小轮车竞速赛敖汉旗站”比赛在敖汉旗国际小轮车赛场举行，来自世界各地19个国家30支车队83名国内外职业车手参加比赛。

9月11日下午2点30分，全国残疾人举重锦标赛冠军徐丽丽代表中国国家队参加女子79公斤级举重金牌的角逐。最终以139公斤的成绩夺得79公斤级亚洲残疾人女子锦标赛和世界残疾人女子举重公开赛的两枚金牌，打破她本人2017年在墨西哥创造的138.5公斤的亚洲纪录和世界纪录。

9月13日，内蒙古自治区政协文史委主任姚云峰一行，在赤峰市政协副主席白洪波、旗政协主席王华、旗政府副旗长康月军、旗政协副主席武玉占等领导陪同下，到下洼镇调研传统民俗特色村落的保护和利用工作。

9月15日，敖汉旗承办“千森杯国际自盟公路越野职业一级赛敖汉旗站”比赛。

同日，扎兰屯市乌兰牧骑在新惠六中报告厅演出评剧《八女投江》，现场500多名师生以及评剧爱好者观看此次演出。

9月23日，在兴隆洼镇举办庆祝“兴隆沟祈雨祭祖”入选全国100个乡村文化活动暨敖汉旗首届中国农民丰收节。

9月29日，由旗委宣传部、旗文明办、旗文广体育局、团旗委、旗教育局联合举办的庆祝改革开放40周年“与改革开放同成长，与文明敖汉共奋进”迎国庆旗直中小学生合唱大赛在新惠六中体育场举行。旗直15个中小学校参加此次大赛，参赛学生达800余人。本次大赛采用现场观演和网络直播方式相结合，线上、线下观众达28.71万人次。

11月20日，国家图书馆为敖汉旗捐赠12220本（张）的图书音像制品，通过物流运抵敖汉。其中汉文社科图书5000册、蒙文图书1920册、少儿读物5000册、少儿光盘300张，价值20余万元。

12月1日，敖汉旗乌兰牧骑应2019年“盛世中国梦”·CCTV中央春晚颁奖盛典组委会邀请，在北京中央电视台东门中华世纪坛剧场，全天录制由敖汉旗乌兰牧骑创作演出的京歌表演《敖汉情·中国梦》。CCTV15音乐频道和央视网络高清频道现场直播，CCTV《走遍天下》和《畅谈世界》栏目组全程跟踪报道。

是年，在全区广场舞大赛中敖汉旗群艺馆广场舞队创编的《草原走马》《敖汉组歌》两个曲目以9.64分的成绩获得第三名。

编纂始末

修编《敖汉旗文化志》是敖汉旗文化事业发展史上的一件大事，也是建设文化大旗的一项重大举措。盛世修志，秉笔直书，把敖汉旗文化发展历程客观记录，为后人提供借鉴遵循，以期文化体育旅游事业得到更加健康快速发展，是修编《敖汉旗文化志》的根本目的和意义。

编纂《敖汉旗文化志》是历届文化体育旅游领导机构的心愿和追求。1988 年旗文化局下发 12 号文件，成立《敖汉旗文化志》编纂领导小组和落实编辑人员。领导小组为：

组　长：蔡春圃

副组长：梁鹏

成　员：王玉珩　张果彬　徐国选　郭汉武　邵国田　武永贵　李广仁

《敖汉旗文化志》编辑室为：

主　编：梁鹏　蔡春圃

副主编：韩殿琮

编　辑：韩殿琮　孟庆华　苏日图

1988 年 4 月，开始了修志工作的准备，查阅档案，积累资料，确定提纲。

1989 年 1 月，由于人员变动，《敖汉旗文化志》编辑室人员调整为：

主　编：梁鹏、蔡春圃

编　辑：韩殿琮　刘才　徐国选　苏日图

由于主客观因素，这次修志工作没能坚持下来，被迫中断。

2018 年 5 月，文化广电体育局党组重启修编《敖汉旗文化志》工作，以“敖文体发〔2018〕85 号文件”制订了《关于〈敖汉旗文化志〉编纂工作方案》。要求“以党的十八大、十九大精神和习近平新时代中国特色社会主义思想为指导，以‘存史、资治、教化’为目的，运用现代科学理论和方法，坚持实事求是的态度，全面、客观、真实、公正地记载和反映我旗文化领域的历史与现状，努力做到思想性、科学性和资料性的统一”。并且提出三条工作目标要求：资料翔实，内容全面；图文并茂，版面鲜活，可读性强；不拘惯例，突出特色。

2018 年 5 月 11 日，旗文化广电体育局党组会议研究决定，成立《敖汉旗文化志》编纂工作相关机构。

一、《敖汉旗文化志》编纂委员会

名誉主任：傅晓林（旗委常委，宣传部长）

叶秀丽（敖汉旗人民政府副旗长）

编委会主任：张红民（敖汉旗文化广电体育局局长）

副主任：杨向东　郭兴志　于海永　马文波　田彦国

委　员：（42 人，名单略）

二、编委会协调办公室

主　任：郭兴志（兼）

办公室工作人员根据编纂需要临时抽调，完成任务后自动解散。

三、《敖汉旗文化志》编辑办公室

主　编：张红民

编　辑：梁久学　孟庆华

5 月 18 日，旗文化广电体育局局长张红民与特聘编辑人员进行了关于编纂《敖汉旗文化志》有关事宜的谈话，提出了局党组的指导思想和工作要求。梁久学、孟庆华二同志受局党组的特聘，承担《敖汉旗文化志》的文字编纂工作。这次谈话后，迅速进入工作状态。

5 月 25 日，经过几次讨论修改，《敖汉旗文化志》编纂提纲定稿，搭起了本志的框架结构。同时开始在文体系统内部查阅档案，收集资料。在文直各单位的大力配合下，6 月 20 日，先后查阅了文化局党办、局办、文化馆、乌兰牧骑、图书馆、新华书店、电影公司、体育中心、旅游中心、文化执法大队、博物馆等单位的内部档案。由于诸多因素，档案资料严重缺失。

6 月 21 日，由局办与旗档案馆取得联系，梁久学、孟庆华进入旗档案馆，开始查阅有关文化、体育、旅游等方面的档案资料。历时 25 天，查阅近千卷各时期的文书档案，复印和抄录大量资料。在后来的编写过程中，编辑人员又两次进入档案馆，查遗补漏，档案局副局长李鸿雁、查阅室两名工作人员积极配合，为查档工作提供了很多方便。

为了弥补档案资料的不足，编辑人员在编纂过程中，先后到萨力巴乡、敖润苏莫苏木、黄羊洼镇、兴隆洼镇、贝子府镇、四家子镇、新惠镇、玛尼罕乡、金厂沟梁镇等地，走访相关人士，搜集整理有价值的资料。其中采访萨力巴乡“好德歌沁”传承人李福山、兴隆洼镇皮影传承人蒋春、烘炉传承人张向兵、贝子府镇乡村画家张金、四家子镇乡村雕塑工匠赵振岩、玛尼罕乡乡村画家韩瑞、民间工艺传承人田惠莲、乌兰牧骑退休演员刘淑娟，敖汉旗文化名人齐成玉、冯再武、于清涌等。

《敖汉旗文化志》在整个编修过程中，旗文化广电体育局全体职工通力合作，积极配合，各部门为本志的完成都做了大量工作，局里建立的“文化志群”，成为业务联系的一个比较便捷的平台，许多问题在群里一经提出，便得到领导和同志们积极响应，大家群策群力，一个个具体问题得到圆满解决。可以说《敖汉旗文化志》的顺利出版发行，是全体文化人共同努力的结果。

2018 年 11 月 20 日，文化志编委会协调办公室召开专题会议，研究入志人物的相关问题，决定在媒体发布公告，将入志人物的基本标准和要求明确告知，利用 3 个月的时间征集入志人物资料。11 月 21 日，“中国敖汉网”就将此公告发布，很快就得到相关人员的响应。

在《敖汉旗文化志》编纂过程中，为了减少志书的瑕疵，局党组动员文体旅游系统各二级单位组织力量修改相关章节。文体旅游二级单位抽调骨干力量，集中时间、集中精力，认真修改，认真校对，纠错补遗，形成了众人拾柴火焰高的强大合力。这一有效举措，从内容上保证了志书的质量，为进一步强化编辑奠定了坚实的基础。

各乡镇文化站的沿革与文体旅游业绩，是各乡镇文体旅游工作的缩影。由于种种原因，乡镇文化站资料的厚与薄，在很大程度上影响着乡镇文体旅游工作在志书中的分量。各乡镇党委政府给予高度重视，分管领导亲自安排。现在本志中所反映乡镇文化、体育、旅游工作的篇幅，无不充满了上下同心、苦干实干的印记，在此特向各乡镇致以深深的谢忱。

旗文化体育广电局抽调侯敬东、王敏杰、刘海翔、尚诗军、张晗、刘银玲等同志参与本志的协调、通联、校对、事务等工作。他们一丝不苟、严谨务实的工作态度，确保了志书的质量。为此谨向所有为本志的出版发行作出贡献的同志们致以崇高的敬意！

附《敖汉旗文化志》编辑简介：

梁久学（1956 年 10 月—　）男，汉族，大学文化，中共党员。退休前任旗政府办公室主任科员。1974 年参加工作，历任小学教师，四家子镇广播站编辑，四家子镇团委书记、党委宣传委员、党委秘书、党委副书记、贝子府镇镇长、党委书记，旗政府办公室副主任兼旗行政服务中心主任、党支部书记等职。2006 年 1 月改任非领导职务；2016 年 10 月退休。曾先后担任《贝子府镇志》副主编、《履痕——敖汉旗老干部回忆录》《红色记忆——敖汉旗老军人回忆录》《难忘的记忆——曹凤回忆录》《敖汉旗地名志》编辑，《敖汉地名典故》《敖汉旗革命老区斗争故事》副主编。2018 年 5 月，任《敖汉旗文化志》特聘编辑。

孟庆华（1964 年 9 月—　）男，汉族，高中文化，农民，敖汉旗玛尼罕乡皮匠营子村人。1982 年 9 月参加工作，历任小学教师、乌兰牧骑编剧、《敖汉旗戏曲志》《敖汉旗民族民间舞蹈集成》《敖汉旗文化志》编辑。2018 年 5 月，任《敖汉旗文化志》特聘编辑。

图书在版编目（CIP）数据

敖汉旗文化志／张红民主编. —北京：中国社会出版社，2020.6

ISBN 978－7－5087－6374－3

Ⅰ. ①敖…　Ⅱ. ①张…　Ⅲ. ①文化事业－概况－敖汉旗　Ⅳ. ①G127.264

中国版本图书馆 CIP 数据核字（2020）第 128558 号

书　　名：敖汉旗文化志

主　　编：张红民

出 版 人：浦善新

终 审 人：王　前

策划编辑：郑双梅

责任编辑：孙　研

出版发行：中国社会出版社　　**邮政编码：**100032

通联方式：北京市西城区二龙路甲 33 号

电　　话：编辑部：（010）58124831

邮购部：（010）58124848

销售部：（010）58124845

传　真：（010）58124856

网　　址：www.shcbs.com.cn

shcbs.mca.gov.cn

经　　销：全国各地新华书店

中国社会出版社天猫旗舰店

印刷装订：北京华联印刷有限公司

开　　本：185mm×260mm　1/16

印　　张：62

字　　数：1230 千字

版　　次：2021 年 1 月第 1 版

印　　次：2021 年 1 月第 1 次印刷

定　　价：198.00 元

中国社会出版社微信公众号